JN346495

한국어계통론 上

강길운

한국어계통론 上

강길운

한국문화사

한국어계통론 上

인쇄 · 2012년 6월 25일
발행 · 2012년 6월 30일

지은이 · 강 길 운
펴낸이 · 김 진 수
꾸민이 · 이 지 은 · 조 소 연
펴낸곳 · **한국문화사**
주소 · 133-110 서울특별시 성동구 아차산로 3 두앤캔 502호
전화 · (02)464-7708 / 3409-4488
팩시밀리 · (02)499-0846
등록번호 · 제2-1276호
등록일 · 1991년 11월 9일
홈페이지 · www.hankookmunhwasa.co.kr
이메일 · hkm77@korea.com

ISBN 978-89-5726-966-4 94710
978-89-5726-965-7 (전 2권)

값 50,000원

*잘못된 책은 교환해 드립니다.

이 도서의 국립중앙도서관 출판시도서목록(CIP)은 e-CIP 홈페이지 (http://www.nl.go.kr/cip.php)에서 이용하실 수 있습니다.
(CIP제어번호: CIP2012002846)

초판 머리말

우리는 스스로 半萬年의 悠久를 가진 文化民族이라고 자처하고 있다. 그러면서도 우리 民族의 뿌리를 안다고 자신 있게 대답할 수 있는 사람은 없었다. 言必稱 알타이族에 속하는 單一民族이라고 한다. 그러나 어느 누가 알타이族임을 立證하고 單一民族임을 밝힌 바 있는가? 특히 알타이族이니 알타이語族이니 外國人學者들이 그렇게 말하니까 主體性을 잃은 國內學者들이 그것을 祖述하느라고 급급할 따름이었다. 그것이 立證되지 못한 상태에서 뭇 國學者들이 그것을 전제로 하거나 그렇게 결론을 이끌어 가려고 억지를 부려왔다. 機能負擔量이 큰 文法形態素들 중에서 알타이諸語-터키語 · 蒙古語 · 滿洲-퉁구스語-와만 비교될 수 있는 것이 도시 몇 개나 있는가? 筆者가 알기에는 하나도 없다. 다만 얼마는지 빌어 쓸 수 있는 名詞 몇 백 개가 對應되고 文法構造가 상당히 類似하다는 것만으로는 同系語라고 할 수 없다. 우리는 中國語에서 수 십만 개의 語彙를 借用하여 왔으면서도 우리가 스스로를 中國人이라고 생각하거나 中國語와 韓國語가 同系라고 믿는 사람은 단 한 사람도 없다. 또 구조적으로 같은 膠着語는 부지기수이다.

古代의 地名 · 人名 官職名들을 硏究함에 있어서 新羅 · 百濟 · 高句麗 · 伽倻가 동일한 언어를 썼으려니 하고 李朝語나 알타이諸語와만 比較하려고 애써 온 것이 현실정이다. 다음에 몇 例를 들어 그 잘못됨을 보인다.

所夫里(扶餘)<百濟>를 '서울'(京)이나 徐羅代(慶州)<新羅>과 비교하는 愚를 범하고 있다. 筆者가 알기에는 新羅의 지배층은 퉁구스語<初期>나 터키語<後期>를 썼고 百濟의 지배층은 蒙古系語를 썼던 것이다. 그뿐만 아니라, 「所夫里」라는 地名은 그곳이 百濟의 首都가 되기 전에서부터 써오던 것이니 그것이 '京'(서울)이라는 뜻을 가진 말일 수 없음이 자명하다. 그러나 「所夫里」를 鄕札로 보고 '所'를 訓借하여 [ö](외, *cf.* oru>or '所'<몽고>: oru>*ori>*oi>ö ; 所老狄所里 외노되오리'<衿陽雜錄>)로 읽고, 여기에 '夫里'[buri]를 附加하면, 「所夫里」는 *öburi로 읽게 되는데, 이것은 扶餘<地名>를 본시 漢字語로 「南扶餘」라고도 하였으니 öbür(南)<몽고>과 比較하여야 할 말인 것이다.

한편, 徐羅代은 '東土→京'><梁柱東說>의 뜻이 아니고, 先住民인 伽倻族의 말일 것이면, cērvu(市, *cf.* c<드라비다>는 s<한국>와 대응함)<드라비다>와 비교하여야 하고, 後期新羅支配層(昔氏・金氏王朝)의 말일진대 šehir(市)<터키>과 比較되어야 할 것이다.

또 한 예를 들면, 「居柒」(荒・東萊)<新羅>은 音讀할 것이 아니고 sarsï-sarsïg(荒)<古터키>나 *sar(>sä- 東 *cf.* šark '東'<터키>)-*s : ug(뽁 *cf.* 萊 뽁릐)과 비교되어야 할 것이므로 그것은 *sarsïg나 *sarsï-로 읽어야지 결코 kəč'ïr-<李朝>로 읽어서는 안 된다. '거츨-'이란 말은 「居柒」이란 漢子表記로 끌리어 발달한 말일 뿐인 것이다. 이 例로 미루어서 李朝語나 現代語를 가지고 三國時代의 言語를 헤아린다는 것이 얼마나 어처구니없고 위험한 짓인지를 우리는 알 수 있다.

그러나, 이러한 誤讀은 약과다. 우리는 固有民族名조차 통 모르고 있으니 부끄러운 일이 아닐 수 없다. 사람들은 우리 민족을 가리켜 「朝鮮」이니 「韓」이니 「倍達」이니 「震檀」이니 「濊貊」이니 하지만, 그 語源이 무엇이며, 그것이 民族의 全稱인지 部分稱인지 또는 土着民만을 가리키는지 流入民들만을 가리키는지 어느 누구도 명쾌한 답을 해 준 바 없다. 史學者들은 「濊貊族」에 속한다고들 하지마는 그들조차도 이 말이 한 種族을 가리키는지 두 種族을 가리키는지조차 분명히 단정짓지 못하고 있다. 이렇게 우리 민족의 起源이나 形成過程을 까맣게 모르고 있으면서도 文化民族이라고 자처하고 있으니 한심스럽지 아니할 수 없다.

이와 같이, 우리 民族의 起源을 찾는 作業은 그리 쉬운 일이 아니다. 더욱이 우리는 우리 民族의 起源을 더듬을 만한 文獻史料가 태부족한 형편이어서 民族의 形成過程까지 밝힌다는 것은 매우 어려운 作業임에는 틀림없다.

그렇다고 民族의 起源을 밝힐 수 없는 것은 결코 아니다. 아쉬운 대로 文獻史學・言語學・考古學・民俗學・人類學 등의 연구를 기다려서 民族의 起源은 밝혀질 수 있다. 한 民族이 이 地上에 集團的으로 남아 있는 이상 그들의 言語와

生活樣式·文化遺産을 어떠한 형태로든 남기기 마련이다. 民族이란 그러한 綜合的인 특징을 가지고 인류를 분류한 것이라고 할 수 있을 것이다. 皮相的으로는 形質이나 遺傳的 特徵에 의하여 나뉜 人種이 가장 중요한 因子이려니 생각하기 쉬우나 실은 그렇지 않다. 물론 순수하게 單一人種으로 이루어진 民族도 있기는 하겠지만, 여러 人種이 섞여서 運命의 共同體를 이루고 있는 民族이 대부분이다. 또한 單一民族이라는 概念은 單一言語를 쓰고 있기 때문이지 人種的으로 단일하기 때문에 그렇게 칭하는 경우는 정말로 드문 일이다. 閉鎖的인 小集團이라면 모를까 개방적인 大集團으로 된 민족치고 人種的으로 純粹性을 지니고 있는 民族은 있을 수 없다. 우리는 單一民族이라고 자부하지마는 形質的으로 볼 때 南韓에는 이마가 둥글고 다소 갸름한 얼굴을 한 사람들이 대부분인 반면에, 北韓에는 이마가 평평하며 광대뼈가 튀어나오고 둥글넓적한 얼굴을 한 사람들이 多數를 차지하고 있지 않은가! 그러므로 形質人類學은 민족의 형성과정을 연구하는 데는 매우 중요하나 民族의 起源을 찾는 唯一한 方法은 못 된다고 할 것이다.

그리고 生活樣式은 民族이나 種族의 大移動으로 生活環境이 달라지면 그것도 달라지기 마련이다. 따라서 服飾이나 建築物·墓制 등은 남의 것을 모방하는 경우가 허다하다. G.M. Levin이 "한 民族의 祖上에 관한 遺物들이 실로 古代移民族에 속한다는 사실이 考古學的인 조사로 여러 번 증명된 예가 있다"고 지적한 바와 같이, 考古學的 硏究成果도 그 民族의 뿌리와는 무관한 경우가 많다는 점을 잊어서는 안 된다.

한편, 文化遺産 가운데서는 民俗·信仰·思考方式과 같은 無形文化는 민족의 뿌리를 찾는 데 決定的이지는 못하여도 상당한 도움을 준다. 그와 마찬가지로 無形文化財인 言語- 특히 文法形態素와 音韻體系는 그 民族의 固有性을 가장 많이 보존한다. 한 民族이 民族의 구실을 하자면 一體性이 그 주축이 되는데 그 一體感은 먼저 의사소통이 先行條件이 된다. 따라서 언어야말로 民族을 규정하는 데 있어서 가장 중요한 因子이다. 그리고, 그 言語 자체의 연구에서 뿐만 아니라, 比較言語學的 考察로 부족한 文獻史料에 새로운 解釋을 가함으로써 이제까지 未審하였던 事實들이 밝혀질 수도 있는 것이다. 예를 들어 말하면, 「百濟」·「溫祚」는 史學에서 언급되고 있지마는 「百濟」의 異名인 「十濟」<三史>에 대하여서는 덮어 두고 있는데, 실은 「百濟」나 「十濟」는 다 함께 「溫祚」[*onje~*onjə](高)<王姓>의 異表記에 불과하다(*cf.* öndör '高'<몽고> > onde>*onje : 운두 '高'; on '十'<터키>, yaɣun '百'<몽고> > yaun > yōn > *ōn). 즉 「百濟」는 蒙古系인 支配層의 鄕札式表記이고, 「十濟」는 新羅支配層의 鄕札式表記일 뿐, 「三國史記」의 著者인 金富軾의 "以十臣爲輔翼 國號十濟"라는 敷衍說明 通俗語源解讀에 지나지 않는다. 따라서 百濟나 十濟도 王姓인 高氏를 지칭한 것일 뿐이지 正式國名은 아니며, 日本人들이 百濟를 kudara<種族名>라고 하는 점으로 미루어서도 알 수 있다. 또 伯濟國<魏志韓傳>에서 百濟가 發展한 것이라는 史學者들의 推定도 아무 근거가 없다. 「伯濟」와 「百濟」의 音相은 같지마는 「十濟」나 「溫祚」와 아울러 생각하면 전혀 다른 나라라고 밖에 해석할 도리가 없다. 다시 말하면, 「伯濟」는 [*onje](高)라고 읽을 수 없고, 溫祚王이 高句麗에서 갈라져 나왔다는 文獻記錄밖에 없기 때문이다.

물론 言語라고 해서 절대로 交着되지 않는다고 하는 것은 아니다. 異民族의 侵入을 받아 征服者의 言語(音韻 · 文法)가 公用語로 바뀌는 일도 없지 않다(例, 南美의 스페인語). 그와 반대로 征服者의 言語가 土着民의 言語에 同化되어 그들의 固有言語와 더불어 民族 자체가 말살되는 悲運을 겪게 된 先例도 많다(例, 淸國의 漢洲語).

우리 나라에 있어서도 古代로부터 現代에 이르는 동안에 늘 單一言語가 쓰인 것은 아니었다. 장구한 세월 속에서 그 시대 시대에 流入한 여러 人種의 言語가 土着民의 言語에 同化되면서 동시에 影響도 주어, 지금도 韓國語라는 單一言語가 이 땅에 쓰이고 있다.

그러나 그렇게 살아도 살아진 언어조차도 底層語로서 音韻 · 文法 · 語彙에 걸쳐 다소간이나마 살아남아 있는 법이고, 古代에 올라가면 갈수록 言語의 交着現象은 적을 것이므로 (交通事情으로 강력한 統制가 어렵기 때문임), 民族의 起源을 찾는 데 있어서는 言語的 探求가 여전히 가장 중요한 수단이 된다고 보아야 할 것이다.

돌이켜 생각해 보건대, 筆者가 우리 民族의 뿌리를 찾기 위해서 比較言語學에 처음으로 흥미를 느끼게 된 것은 筆者의 나이 23歲 때인 1946年 여름에 京城大

豫科 附設中等教員養成所 國文科에서 故 一蓑 方鐘鉉 先生님의 「鷄林類事」의 講義를 들으면서, 거기 실린 意味未詳의 高麗語가 알타이 諸語와 比較됨으로써 해명이 된 데서부터였다. 그때만 하여도 國語學에 대한 깊은 이해가 없었기 때문에 그저 관심에 그쳤을 뿐이다.

그러다가 서울大 國語國文學科에서 心岳 李崇寧 先生님의 音韻論과 一石 李熙昇 先生님의 國文法講義를 듣고 나서 國語學研究에 결심을 굳히고 處女論文인 "五大眞言音譯考"(1957)를 쓰면서 國語學研究에 比較言語學的 考察이 얼마나 중요한지를 새삼스레 깨닫게 되었다. 이때부터 國語語源研究와 國語系統論 研究의 꿈을 키워왔던 것이며, 그 동안 學界의 비웃음과 철저한 默殺 속에서 孤軍奮鬪하면서 必要한 外書 한 卷을 빌리는 데도 설움을 겪어야 했던 것이다.

어언간 30年이란 긴 歲月이 흘러 내 나이 65歲가 되어서야 우리 民族의 뿌리와 形成過程을 言語學的으로 素描할 단계에 이르러, 여기에 「韓國語系統論(概說·文法比較篇)」이란 이름의 著書를 펴내게 되니 어찌 感慨인들 無量하지 않겠는가! 본시 「韓國語系統論(語源篇)」과 「古代史의 比較言語學的 研究」를 함께 出版에 옮기려 하였으나, 出版事情이 여의치 않아서 뒤로 미루게 된 것이다.

이 책에서 韓國語는 길약語(樺太와 그 對岸인 黑龍江口 一圓에서 쓰이는 말)와 同系인 土着語라는 사실을 밝혔다. 그리고 아이누語도 辰韓에서 쓰인 土着語의 하나이기는 하지마는 現韓國語로 볼 때 底層語로서만 남아 있고, 日本語는 韓國語의 지대한 영향을 받았기 때문에 日本語의 입장에서 볼 때 가장 가까운 言語는 韓國語라고 할 수 밖에 없으므로 그런 의미에서 同系語라고 할 수 없다.

그러나, 알타이諸語나 드라비다語는 上層語로서 現韓國語에 語彙面에서 많은 影響을 주었을 뿐이지, 결코 韓國語는 알타이語나 드라비다語와 同系일 수 없다. 바꾸어 말하면 이제까지는 우리 國學界가 제 祖上을 알타이族이라고 생각해 온 것은 분명한 잘못임을 알 수 있게 된 것이다. 또한 그 숱한 語源解釋들이 우물 안 개구리式이었음이 확실해진 것이다. 앞으로 이 책의 出版이 계기가 되어서 하루빨리 알타이語와의 同系說이 拂拭되기를 바라마지 않는다. 어떻든 내 딴에는 우리 民族의 뿌리와 形成過程을 어느 정도까지 밝힐 수 있었다고 自負한다.

그리고, 本研究는 祖述한 것이 없이 모두 새로 개척한 것이고, 혼자서 여러

言語-길약語 · 아이누語 · 드라비다語 · 日本語 · 터키語 · 蒙古語 · 滿洲語-퉁구스語 · 梵語 · 其他語-를 다루다 보니, 이 나이에 硏究室에서 자며 工夫에 미친 늙은이라는 소리까지 들어가면서 努力하였어도 時間이 모자라서 筆者 자신의 힘만으로는 도저히 더 깊이 파고들어가는 硏究를 할 수 없어서 本硏究는 심적으로 미진한 감이 없지 않으나 내 나이도 나이인지라 우선 여기서 일단 整理하여 둔다. 따라서 한 가지 言語만을 專門的으로 硏究한 學者의 눈으로 볼 때 마음에 차지 않거나 잘못되었다고 생각되는 점이 많이 있을 줄 안다. 서슴없이 同學이나 讀者 여러분의 叱正이 있기를 바란다.

一石 李熙昇 스승님, 心岳 李崇寧 스승님 및 故 一蓑 方鍾鉉 스승님의 學恩에 보답하는 의미에서 이 小著를 바칩니다.

著者 姜 吉 云

이번에 출간하는 『한국어계통론』은 고 강길운 박사님이 1987년에 형설출판사에서 출판한 『한국어계통론』을 대폭 수정 보완한 개정판입니다. 이 책이 나오기 전에 고 강길운 박사님이 안타깝게 운명하셨습니다. 생전에 본문 교정은 마쳤으나 머리말과 찾아보기는 미처 마무리하지 못한 탓에 초판본의 머리말을 재수록하여 개정판의 머리말로 가름합니다. 아울러 찾아보기는 초판본 색인을 토대로 편집부에서 정리한 것임을 밝혀둡니다.

이 지면을 빌려 고 강길운 박사님의 삼가 명복을 빕니다.

2012년 6월

한국문화사 편집부

차례

第1章
韓國語系統研究의 方法

1. 韓民族과 韓國語[1)]

韓民族은 '朝鮮 사람', '白衣民族' 또는 '倍達民族'이라고도 일컬어지고 있는데, '조선 사람'이란 말은 고조선 삼국(檀君朝鮮, 箕子朝鮮, 衛滿朝鮮)의 國名이 모두 '朝鮮'이었기 때문에 그렇게 불렀고, '백의민족'이라고 한 것은 한민족이 흰옷을 입기를 좋아했고, 日帝下에서는 저항의 의미까지 곁들여서 民俗的·主體的인 명칭이라 할 만한 것이다. 그러나 이집트나 바빌론 같은 데서도 흰옷을 좋아하니 그것을 민족명으로 쓰는 데는 문제가 있다. 그리고 '배달민족'의 '배달'은 '白山'(白頭山)을 의미하는 '박달'로서 '博達' 또는 단군의 '檀'이라고 異記하여 오다가, '白'의 독음이 '*박'에서 [*bɐk>bɐh>pɐi>pᴇ>pä]의 발달을 거쳐 '배'로 변한 까닭에 '배달'이라고 발음하게 되었는데, 그것을 取音하여 '倍達'이라고 異記하게 된 것이거나, '白'과 '倍'가 變音한 데서(*cf.* 倍[bəg>bəi>pɐi>pᴇ>pä] 비롯된 명칭이라 할 것이다. 따라서 '배달'은 아무 의미가 없고, '박달'이라고 고쳐 불러야 할 것이다. 실은 樂浪이나 平壤도 '박달'이라고 향찰로 읽어야 할 것이다(*cf.* baqadal '樂' <W.Mo> : 平壤=柳京, 柳 = 버들).

---

1) 한국어라고 하면 한국의 공용어라는 생각이 먼저 떠올라서 '韓語'라고 하여야 마땅할 것이다. 李基文 教授가 三韓 地域에서 쓰던 架空的 언어의 명칭으로서 韓語를 써 버렸기 때문에 부득이 이렇게 썼음.

그리고 한민족의 '韓'은 본시부터 민족의 搖籃地나 民族名을 가리키던 말이 아니고, 기자조선의 마지막 왕 箕準(혹은 大將軍 貞이라고 함)이 南遷하여 益山에 都邑하여 국명을 '韓'이라고 한 데서 비롯된다. 倭國人들이 그것을 kara라고 읽은 것은 箕準의 韓이 망한 뒤에 그 영역에 駕洛國을 비롯한 六伽倻가 들어섬에서 연유한 것이다.

따라서 민족명으로서는 朝鮮이나 韓보다 '박달'이 나은 것으로 생각되나 여기서는 지금 널리 쓰고 있는 '한민족'이라는 말을 쓰기로 하며, 우리말도 '韓民族語'라는 의미로서는 '韓語'라고 해야 마땅할 것이나 그것을 한글로 썼을 때에 '한어'는 '漢語'로 誤認할 수 있기 때문에 관례대로 '韓國語'라고 불러 둔다.

무릇 민족이란 말은 반드시 人種을 가리키는 것은 아니나, 인종과 무관한 槪念은 결코 아니다. 민족은 대체로 동류의 인종이 大宗을 이루는 것이 보통이다. 인종이 생물학적, 인류학적 개념인 데 대하여 민족은 역사적, 사회적 개념이어서 문화적(언어, 풍속, 관습, 종교, 일반문화 등) 공동체이며, 자연환경에 대해 또는 경쟁사회에 대하서 운명공동체로서 一體를 이루고 있다.

그런데 이러한 운명·문화의 공동체를 형성하자면 먼저 자유로운 의사소통이 가능하여야만 한다. 따라서 민족의 성원은 언어를 공유하여야 한다. 아무리 혈통적으로는 과거의 한민족의 일원이었다 하더라도 이민 가서 이·삼대를 지나 한국어를 모르게 되면 동족이라는 일체감은 없어지고 만다. 그러므로 언어는 피보다 더 일체감을 준다고는 할 수 없을지는 몰라도, 피 못지않은 민족의 구성요소라고 할 수 있다.

따라서 인종의 기원은 물론 민족의 기원을 찾는 데 있어서도 일차로 그들이 쓰고 있거나 쓴 언어의 연구가 선행되어야 한다. 우리가 한국어의 계통연구를 하는 까닭은 한국어 자체의 연구를 위해서이기도 하지만 우리 민족의 기원을 찾는 데 그 주목적이 있다고 할 것이다. 바꾸어 말하면 한국어의 계통연구를 하는 것은 한민족의 뿌리를 찾기 위함이요 조상들이 누구인지를 밝히기 위함이다.

그런데 요즈음에 국학자들이 서슴없이 한국어는 알타이어족에 속하고, 한민족은 퉁구스족과 가까운 알타이족이라고 말하는 것을 자주 듣게 된다. 이 말은 우리 조상이 알타이족에 속한다는 것이나 다를 바 없는 말이다. 이 무슨 妄發이란 말인가! 제 조상을 버리고 남의 조상을 제 조상으로 삼다니! 알타이어족이라는 말 자체도 성립된다느니 안 된다느니(*cf.* G. Doerfer 1963 · 1965, G. Clauson 1959)하는 판국인 데다가(필자도 만주-퉁구스어는 튀르크어나 몽골어와 문법 형태소들이 거의 모두 다르고 음운체계도 다르므로 한데 묶는 것에 문제가 있다고 봄), 알타이어와 한국어는 문법 형태소들이 같은 것이 몇 개 안 되고 구조상에서도 다른 점이 상당히 많아서 현재 상황으로 보아 동계라고 하는 것은 무모하기 짝이 없다.

한편 길약어와 한국어는 문법 형태소들이 거의 모두 對應되므로 同系임이 분명하며 한국어가 그 大宗이고 길약어가 支派라고 할 만하다.

또 일본어와도 비교 연구되고 있는데, 일부 주요한 문법 형태소들을 포함한 상당수의 문법 형태소들이 대응되는 것이 확실하고, 이미 문법 구조가 同軌라는 것은 잘 알려져 있고 유사한 어휘도 상당히 많아서, 길약어를 내놓고서는 아이누어와 더불어 한국어와 가장 가까운 관계에 있는 말이라고 믿어진다.

이미 말한 바와 같이, 한국어를 알타이諸語와 동계라고 하는 일반설은 일부 몰지각한 국내 학자들의 事大思想에 기인한다. 한국어의 알타이어족설을 그런대로 구체화한 사람은 白鳥庫吉(1914~1916, 우랄-알타이어설)이고, 다음이 G.J. Ramstedt · N. Poppe 등인데, 그들의 說을 무조건 받아들여 떠들어 댄 데서 국민이 誤導된 것이다.

한편 한민족이 인류학상 몽고로이드(아시아계 황색인종)에 속한다는 사실에 끌리어 알타이語派說을 주장하게 된 것인지도 모른다.

어떻든지, 한국어의 기원이 밝혀졌다고 해서 한민족의 기원이 당연히 밝혀진다고 할 수는 없어도, 한국어의 기원만 밝혀지면 언어 외적 학문-인류학, 고고학, 민속학, 문헌사학 등의 도움을 받아 한민족의 기원이 분명히 밝혀질 것이다.

金完龍(1976: 9-16)에 의하면 체질 인류학적으로 "한민족은 몽고 · 퉁구스 족에 속하면서 頭骨長徑이 짧은 데서 오는 短頭, 그리고 耳孔-頭頂 즉 顏高가 높은 高顏 등의 특색을 갖추고 있어서 문자 그대로 민족의 개성을 잘 보여 주고 있는데, 이것은 말을 바꾸면 인종적 고립 또는 퉁구스 전통으로부터의 이탈이라고 할 수 있는 것이다."라고 한 사실로 미루어서도 한민족이 알타이족(특히 퉁구스족)이 아니라나는 것이 확실한데도 여전히 알타이어파설이나 퉁구스족설이 판을 치고 있으니 문제가 아닐 수 없다.

고고학적으로도 선사시대에는 櫛文(빗살무늬)土器文化가 앞서고 無文土器가 이에 뒤따라서, 이 두 문화는 인종적으로 분명히 차이가 있었을 것으로 보인다. 有文土器(櫛文)를 쓰던 사람들은 전국 각지에 퍼져 있었으나 주로 해안이나 큰 강 유역에서 살았고, 無文土器를 쓰던 사람들은 江口나 해안에서 살기도 하였으나 주로 구릉지대에서 살았던 것으로 믿어지므로 이들은 서로 인종적으로 달랐던 것으로 추정된다. 따라서 이 두 문화권은 일단 언어도 달랐다고 보아야 할 것이다.

M.G. Levin(1963)에서 無文土器人에게 밀린 櫛文土器人은 古아시아族이라고 말하였고, S.M. Shirokogoroff(1942)에서 한민족은 古아시아族이라고 하였으며, E.A. Krejnovič(1955)에서도 길약족의 原住地를 지금보다 남부 지방으로 보고 한족과의 밀접한 접촉을 가졌다고 말하였다. 이것은 바꾸어 말하면, 길약족이 한족과 근접해서 살았거나 동족이었을 가능성도 있다는 것을 시사하여 준다.

그리고 아이누족이 지금은 北海島 쪽에 밀려 가 살고 있지만, 고대에는 日本全土에 퍼져 살고 있었다는 사실을 감안할 때 우리는 일본어와 마찬가지로 아이누어에도 관심을 가지고 비교 연구를 해 볼 필요가 있고, 또 駕洛國의 首露王이 王妃로 印度의 드라비다족인 阿踰陀國 公主를 맞았으니 그 전부터 드라비다족과의 교류가 있었던 것이 분명하다. 따라서 드라비다어와의 비교도 무엇인가 얻는 것이 있으리라고 믿는다.

그런데 길약어나 아이누어나 드라비다어에 대한 본격적인 비교 연구가 국내에서는 필자의 여러 논문을 제외하고는 없었다. 다만 길약어에 대하여 언어의 접촉에 의한 차용 관계 정도로 생각하고 서로 유사한 어휘 몇 개를 지적하는 데 그쳤을 뿐이다.

요컨대 '우리말'을 여기서는 '韓國語'라고 부르며 그 계통을 밝히기 위해서는 알타이제어뿐만 아니라 우리 주위의 모든 언어에 보다 더 관심을 가져야 할 것이다.

2. 言語의 系統

한 언어의 계통을 밝힌다는 말은 쉽게 말해서 그 언어와 親族關係(relationship)에 있는 다른 언어를 찾아낸다는 것을 의미한다. 따라서 친족관계에 있는 다른 말이 발견되지 못할 때에는 그 언어의 계통이 불분명하다는 것이 된다.

그런데 언어는 얼핏 보기에는 변하지 않는 것처럼 보이면서도 몇 백년만 지나고 보면 상당한 변화를 가져오는 것이 통례이다(*cf.* 松江歌辭). 그러므로 수천 년 지나면 엄청난 변화를 가져와서 한 언어의 그 전의 모습은 거의 알아볼 수 없을 정도에 이르기도 한다.

이와 같이 언어 환경의 차이로 말미암아 시간이 지나감에 따라서 한 뿌리에서 分岐된 말이 서로 달라짐은 우리 방언에서도 익히 보아온 터이다.

여기서 언어 환경이라고 함은 지리적 조건과 언중의 位層差와 외국어의 영향은 물론 정치적, 종교적, 문화적 원인도 포함된다. 이 가운데서도 정치목적을 가진 침략자의 영향은 매우 큰 바 있어서 심하면 한 언어를 정복자들의 언어로 바꾸어 버리기조차 하여, 이런 경우에 정복된 토착 언어를 底層語(sub-strata)라고 한다. 또한 정치, 종교, 문화적으로 우세한 언어가 토착어에 영향을 준 것에 그치면 그것을 上層語(super-strata)라고 한다.

그러나, 한 언어의 어휘가 거의 모두 차용어일지라도 고유의 음운과 문법이 어느 정도 전승되어 있는 한 그 민족은 고유어를 전승하고 있다고 인정된다.

이와 같이 기원적으로 동일언어로부터 분열하여 계속적으로 전승되어 오는 동안에 서로 다른 방향으로 변천하였기 때문에 달라진 두개 또는 그 이상의 언어를 同系語라고 하며, 그들 상호간에는 친족관계가 있다고 한다. 그리고 그들 여러 언어는 같은 語族에 속한다 하고, 그들 언어의 기원이 된 언어를 祖語라고 하며, 큰 어족의 한 부분을 語派라고 부르고, 조어까지 소급하지 않은 중간 단계의 祖語를 共通基語라고 부르기도 한다.

한편 많은 方言이 標準語(한 방언이 母胎가 됨)에 의해서 통일되는 현상으로 미루어서, 다른 언어끼리 접촉하여 차차 양자의 차이가 적어져 드디어는 음운·

문법까지 유사하여 지는 경우도 생각할 수 있어서 이런 언어는 混成語라고 불러야 할 터이나(예: 만주어?), 실제에 있어서 과연 그렇게 보아야 할 만한 언어가 존재하는지 아직 확인된 바 없다. 그뿐만 아니라, 어느 정도까지 유사하게 되면 混成語라고 할 수 있는지 그 기준을 세울 수도 없다. 그리고 모든 언어는 상호차용에 의하여 同系語가 된다고 공통적 기준에서 극단적인 言語聯合說(sprachbund)2)을 주장하게 되면, 共通基語 · 祖語 · 同系語 및 系統論이라는 말은 무의미하여진다.

그러나, 현존 문헌상으로 볼 때 인구어족의 여러 언어를 연대적으로 소급하면 소급할수록 그들 여러 언어 사이의 相似性은 현저해지므로 계통 연구는 여전히 학문적 가치를 인정받아야 할 것이다. 그뿐만 아니라 언어의 친족관계는 生理的인 친족관계와 다르기는 하지만, 言語大衆의 마음 속에 자리 잡고 있는 강한 감정이어서, 그들은 먼 조상 때부터 전하여 온 우리말을 쓰고 있다고 굳게 믿고 있는 점이 중시되지 않으면 안 된다. 언중이 그렇게 생각하는 기저에는 언어의 핵심인 문법체계가 우리 독특한 것이라고 믿고 있기 때문일 것이다. 무릇 언어에 있어서는 무엇보다도 문법체계가 좀처럼 변치 않아서 가장 안전성이 있는 부분이고 다음에 음운체계가 비교적 안정성을 유지하나, 어휘는 가장 불완전하며 대량의 차용이 가능한 부분이다(*cf.* 국어 속의 한자어).

그러므로 우리는 한 언어의 문법체계와 음운체계를 음운대응의 원칙을 통해서 다른 언어의 그것과 비교하는 비교언어학적 방법으로 두 언어의 친족관계를 밝힐 수 있으며 언어 연구에 있어서 계통론이 성립될 수 있는 근거가 된다.

〔참고〕 언어변천의 자연적 요인

언어집단에 속하는 각 개인은 생리적, 유전적으로 언어 능력을 갖추는 것이 아니고, 그가 속하는 사회의 언어 관습을 모방하여 습득하는 것으로서 이 사회적 언어 관습은 매우 완고한 것이며 좀처럼 고유의 언어 관습에서 이탈하기가 어렵다.

그러나, 어린이들은 어른들의 언어를 흉내 내는 데 그치지 않고, 그들은 그

2) N.S. Trubetzkoy(1936), *Gedanken über das Indogermanen Problem.* Acta Linguistica 1, 81-89.

들만으로 언어사회를 형성하여 고유의 언어 관습이 몸에 배기 전의 상태에서 서로 흉내 내는 경향이 강하기 때문에 언어에 세대적인 차이가 생겨날 수 있다(cf. 服部四郎(1959: 2).

3. 比較言語學

위에서 말한 바와 같이, 언어 계통의 연구는 학문적으로서 성립할 수 있고, 한 언어와 다른 언어를 비교하는 방법으로써 한 언어의 계통을 밝힐 수 있다.

언어의 비교에는 內的 比較와 外的 比較가 있다. 내적 비교란 한 언어의 여러 方言(시간적, 공간적, 사회적, 문화적으로 다른 모든 동일언어 내의 변종을 의미함) 및 동일방언 내의 같은 語源의 어휘 또는 형태소의 비교를 연구수단으로 하는 것으로서, 주어진 어군에 속하는 언어의 모든 문헌(문헌이 허용하는 범위에서 가장 고대에 소급하는 것)을 섭렵하여야 할 뿐만 아니라, 현장 조사에 의해서 같은 語源에 속하는 것으로 인정되는 일군의 어휘 또는 형태소를 남김없이 모아야 충분한 비교 효과를 올릴 수 있다. 외적 비교도 여러 언어의 내적 비교가 완전히 된 뒤에야 그 성과를 기대할 수 있는 것이다. 그리고 語源 연구도 이 내적 비교로부터 비롯된다는 것을 잊어서는 안 된다. 왜냐하면 H.J. Gilliéron이나 A. Meillet의 말을 빌릴 것 없이, 고문헌이나 방언 속에서 매우 희귀한 어형이나 의미가 발견되는 경우가 많기 때문이다.

외적 비교는 일반적으로 比較言語學(比較文法)이라고도 하는데, 이것은 한 언어와 다른(그와 친족 관계에 있으리라고 예상되면서도 언중들이 우리말이라고 생각하지 않는) 언어의 비교를 연구수단으로 하는 것으로서, 보통 우리가 比較硏究라고 말하는 것은 바로 이것이다.

이러한 비교 연구는 계통이 같을 것이라고 예견되는 여러 언어를 비교할 뿐만 아니라, 비교의 직접 대상인 어휘나 어형은 각 그 언어의 고유한 것을 비교함으로써 그들 언어간의 유사점과 차이점을 검토하여 그들의 史的 變遷 關係를 밝히고, 나아가서 근원이 된 言語(祖語 또는 共通基語)를 再構(reconstruction)하여서 하위의 여러 언어의 역사적, 발생적 관계 즉 계통(친족) 관계를 밝힌다. 이는 언어의 有史 以前의 연구를 그 영역으로 하여 역사 연구의 보조가 되는 것이기는 하나, 歷史言語學의 한 부분은 아니다.

〔**참고**〕 역사언어학은 작게는 역사문법이라고 하는데, 이것은 문헌을 통해서 한 언어의 문법 체계의 역사적 변천 과정을 연구하는 것으로서 주로 역사 이전의 언어를 연구하는 비교언어학과는 서로 다른 면을 가지고 있다.
그런데 이러한 비교 연구를 가능하게 하는 것은 언어의 恣意性이다. 이 자의성이란 한 개념(singifié)을 표출하는 데 있어서 언어에 따라서 청각 영상(signifiant)이 달라진다는 사실을 두고 한 말이다. 예를 들면, '사람'이란 뜻을 나타내는 여러 나라의 말은 다음과 같이 서로 다르다.

(1)	한국어	중국어	일본어	만주어	아이누어	드라비다어	길약어
	saram	zen	hito	niyalma	ainu	mandi	niğvŋ

따라서 언어 계통이 다르면 말이 다른 것이 통례이고, 언어 계통이 같으면 즉 친족 관계에 있으면 말이 같거나 기원적으로 같은 것이 통례이다.

그러므로 두 언어를 비교하였을 경우에 같거나 기원적으로 같은 점이 많으면 친족 관계에 있다고 할 수 있다.

언어 현상이 달라지면 두 언어는 서로 달라지기 마련이기 때문에, 동계어일지라도 오랜 세월 속에선 전혀 친족 관계가 없는 언어처럼 보이기도 하고(물론 터키어처럼 천 년이 지나도 본질적인 특징에 관해서는 거의 변화가 없는 언어도 있지만), 어휘의 차용이 허다한 경우에는 同系語처럼 보이기도 하여, 소박하게 얼마나 유사하면 동계어라고 기준을 세울 수는 없다. 이미 말한 바와 같이 비교 연구는 문법체계(주로 형태소)나 음운체계(주로 음소)의 비교가 핵심이 되어야 하며, 우연한 피상적인 유사성의 추구가 아니라 기원적인 동질성의 추구에 의해 친족 관계가 증명되어야 한다.

4. 比較(系統)硏究의 方法

위에서 말한 바, 기원적인 동질성을 추구하는 언어의 계통연구는 크게 두 단계로 나누어진다. 즉 첫째가 가정의 단계이고, 둘째가 증명의 단계인데, 우리가 하는 비교 연구가 둘 또는 그 이상의 언어들이 서로 친족 관계에 있으리라는 예측하에서 비교하는 작업이기 때문에, 가정의 단계가 앞서고, 그 가정은 증명을 기다려 연구가 완수된다.

가정의 단계에서는 둘 또는 그 이상의 언어간의 유사성에서 출발할 수도 있고, 혹은 역사적, 인류학적, 문화적, 종교적 관계를 고려하여 그들 언어에 서로 친족 관계가 있으리라고 가정할 수도 있을 것이다. 어떻든 우리는 우선 언어의 유사성에서 출발하여야 한다.

이미 말한 바와 같이 어휘는 매우 불안정하여 교체되고 차용되기 쉬운 것이면서도 비교언어학이 최초의 유일한 단서로 삼는 것은 어휘적 대응이고, 다음이 어형의 대응이다. 이 양자는 서로 곁들여서 비로소 언어의 동계관계를 인식하고 확립시킬 수 있다.

비교언어학은 단순히 音形的인 유사성에만 의존하여서는 증명력이 없고, 유효한 비교는 반드시 音韻對應規則에 의하지 않으면 안 된다. 그러므로 비교 방법은 음운의 대응을 엄밀히 규정하며 그것을 가장 중시하지만, 음운대응은 어휘나 어형의 대응에 의하여 얻어진 결과로부터 귀납적으로 얻어지는 것이다.

그런데 어휘나 어형의 대응은 오로지 意味(문법적 기능도 여기에 포함함)에 의존한다. 의미가 동일하거나 거기서 轉義된 의미를 지닌 것을 모으고(이 때 언어지리학적 방법을 십분 활용할 것), 어형에 있어서도 동일하거나 서로 비슷한 것이 있을 적에 대응은 얻어진다. 이러한 대응이 많은 다른 의미를 가진 말에서도 발견되면, 이러한 대응은 음운대응규칙으로서 확립된 것으로 인정된다. 이와 같이 동일한 음운과 의미(기능 포함)의 대응을 보이는 말들이 많이 얻어지고 또 대응의 짝이 둘 이상의 언어인 경우에는 우연에 의한 일치란 좀처럼 있을 수 없다.

다음에 擬聲語나 象徵語와 관계가 없고, 고유한 것으로 믿어지며 그 의미가 서로 닮거나 관계가 있는 말로서 한눈에 친족 관계에 있다고 직감할 수 있을 정도까지 닮은 음성 형식을 취한 실례를 인구어[3])와 길약어 등에서 보인다.

(2)

의미	영어	독일어	프랑스어	이탈리아어	스페인어
手	hand	Hand	main	mano	mano
	[hænd]	[hɑnt]	[mɛ̃]	[ˈmɑno]	[ˈmɑno]
生命	life	Leben	vie	vita	vida
	[laif]	[ˈle:ben]	[vi]	[ˈvitɑ]	[ˈvidɑ]
夏	summer	Sommer	été	estate	estio
	[ˈsʌmə]	[ˈzɔmer]	[ete]	[eˈstɑte]	[esˈtio]
주다	give	geben	donner	donare	donar
	[giv]	[ˈge:ben]	[dɔne]	[doˈnɑre]	[donɑr]

(3)

의미	영어	독일어	프랑스어	이탈리아어	스페인어
足	foot	Fuss	pied	piede	pie
	[fut]	[fu:s]	[pje]	[piˈɛde]	[piˈe]
二	two	zwei	deux	due	dos
	[tu:]	[tsvɑi]	[dø]	[ˈdue]	[dos]
三	three	drei	trois	tre	tres
	[θri:]	[drɑi]	[trwɑ]	[tre]	[tres]
나를	me	mich	moi	me	me
	[mi:]	[miç]	[mwɑ]	[me]	[me]

위의 예 (2)로 미루어 영어와 독일어가 一群을 이루고, 프랑스어와 이탈리어어와 스페인어가 또 다른 일군을 이루지만, (3)으로 미루어서는 (2)의 二群이 다시 一群으로 뭉쳐 한 차원 높은 언어군을 이루고 있음을 직감할 수 있다.

---

3) R.H. Robins, General Linguistics, An introductory survey(『언어학개설』, 西野和子 外一名 譯, 開文社刊, p.337 참조)

(4)

기능	한국어	길약어
주격토	-ga	-ŋa
의문형어미	-ga(-k'a)/-go(-k'o)	-ŋa/-ŋu
대격토	-kïr(肹)＞-hïr＞-ïr	-kïr/*-hïr(＞hïš)
호격토	-a/-ə/-ya/-yə	-a/-e/-ya/-ei
향격토	-ro/-ru(留)	-roχ(-loχ)/-ruχ(-luχ)
斜格토	*-ake/*-ɪke(阿希, 惡希, 矣改, 衣希)	-aχ/-ïχ(*<-ak/*-ïk)
단정서술형	-ta	-ta
제시(주제격)토	-n/-ʌn/-nʌn	-n/-an/-nan
명령형	-ra/-a/-ə/-kəra/-ke/-p(pl.)	-ra/-ya/-ye/-kaya · -χairo/-ke/-ve(pl.)
관형형	-n/-nʌn(→nïn)	-n/nan

위의 (4)에서는 소쉬르(Ferdinand de Saussure)가 第三證人(troisième témoin)이라고 칭한 제삼·제사의 언어가 없이, 다만 두 언어의 비교이기는 하지만 가장 안정성이 큰 문법 체계의 핵심 형태소들의 다양한 음형이 모두 꼭 같거나 흡사하여서 한눈에 이들 두 언어 즉 한국어와 길약어는 가까운 친족 관계에 있으리라고 직감하게 만든다.

이와 같이 (2), (3), (4)에서 먼저 눈에 띄는 것은 音形의 유사성이지만, 다시 자세히 조사해 보면 여기의 유사성은 의미상으로 관련이 되어 있는 語形 속의 分節音(자음·모음)에서 볼 수 있는 체계를 가진 규칙적 대응의 특례임을 알 수 있다. 이것은 결코 산발적인 우연한 유사성이 아니다.

(5)

의미	그리스어	라틴어	산스크리트어
三	treīs	trēs	trayaḥ
八	okto	okto	ahtau
細, 薄	tauαds	tenuis	tanuḥ
存在	ésti′	est	asti
妻	mētēr	māter	mātar-
父	pαtēr	pater	pitar-

(6)[4]

의미	그리스어	라틴어	산스크리트어
父	patēr	pater	pitar-
足	pon′s	pēs	pǎd-
前	pro′	pro	pra-

위의 (5)에서 그리스어, 라틴어, 산스크리트어의 세 언어 사이에서 어두·어중을 막론하고 많은 예에서 t는 서로 동일음형으로 완전한 대응을 보여주고 있고, (6)에서도 그들 세 언어 사이에서 두음의 p-는 서로 동일음형으로 완전한 대응을 보여주고 있는데, (5), (6)을 통해 우리는 귀납적으로 음운대응규칙—I.E.(印歐語) *t, Gr. t, La. t, Skt. t 및 I.E. *p- Gr. p, La. p, Skt. p를 얻게 된다.

음운대응규칙은 위에서 보인 바와 같이 각 언어의 대응형들이 꼭 같은 음형을 취해야 하는 것은 아니고, 음형은 서로 다르더라도 그들 대응형 사이에서 규칙성이 발견되기만 하면 된다.

(7)

의미	그리스어-아티카어	아르메니아어
二	dy′o	erku
두려워하다	dwi-	erki-
長期間	dwārón	erkar(오랜)

(8)

의미	한국어	길약어
舌	hyə	hilf
心臟	nyəm	nif
서캐	syəkha	hišk
허수아비	čyəŋi<함남>	čiŋai
정강이	čyəŋgaŋi	tinniχ
저고리	čyəguri	čika
채소	čyəŋguji	tiŋger
말하다	yət-	itï-

(7)에서 음운대응규칙—Gr. dw ∞Arm. erk-를, (8)에서 음운대응규칙—Kor.

4) A. Meillet, La méthode comparative en linguistique historique, Oslo. 1925. pp.5~6

yə∞Gily. i를 확립시킬 수 있다.

그런데 음운대응규칙은 동계어 사이에서만 성립되는 것은 아니고, 차용어 사이에서도 성립될 수 있다.

(9)

의미	한국어	일본어	중국어
一	il	iti	iĕt(i)
二	ʒi(ᅀᅵ)	ni	ři(əl)
三	sam	san	sam(san)
四	sʌ	si	si(sï)
五	ŋo	go	ŋo(u:)
六	lyuk	roku	lĭuk(liu)
七	č'il	siti	ts'iet(tɕ'i)
八	p'al	pati	pɐt(pa)

(10)

의미	한국어	일본어	중국어
手	syu	syu	šĭəu(šou)
世	sye	sei	šĭɛi(ših)
少	syo	syo	šĭɛu(šao)
三	sam	san	sam(san)
四	sʌ	si	si(sï)

(9), (10)와 같이 한국어, 일본어, 중국어 사이에서도 음운의 규칙적 대응을 발견할 수 있지만, 이것은 중국어와 그 차용어 사이의 비교일 뿐이어서 친족 관계의 증명에는 도움이 못 된다.

따라서 음운대응규칙의 확립은 그것이 목적이 아니고, 수단일 뿐이므로, 이것을 써서 다시 문법적 제요소(형태소)의 대응을 본격적으로 입증하는 데 그 의미가 있는 것이다.

이제까지 (2)~(10)에서 음운대응규칙이 무엇인지를 보여 왔는데, 이러한 규칙이 성립되는 것은 음운의 변화가 어떠한 특정 어휘에서만 일어나는 것이 아니고, 조음 방식(procédé d'articulation)에 관해서 나타나는 것이기 때문이다. 어떠한 음운변화는 음운체계 전반에 파급되어서 특정한 말에만 국한되는 것이 아니고 그와 같은 조건하에 있는 모든 말에 함께 일어나게 된다.[5)]

다시 말하면, 조어나 공통기어에서 분기하여 수백년이 지나도 그 하위 언어들이 잠재적 원인(유전적, 사회적 언어 관습 등) 때문에 遠隔한 지역에 분포되어서도 병행적인 변천 과정을 밟는 일이 허다하다. 이러한 변화 경향이 언어의 비교연구를 가능하고 용이하게 해 준다.

5. 借用語

비교언어학이 기원을 같이 하는 언어 즉 親族語(同系語)임을 증명하는 것이기 때문에, 그들의 조어 속에 본시부터 있었던 말만을 비교 대상으로 하여야 할 것은 너무나 당연하다. 그러므로 비교언어학자들은 이구동성으로 우선 차용어를 배제해야 한다고 역설한다.

그러나 한 언어가 다른 언어에서 많은 어휘(특히 명사)를 수백년전에 차용하였을 적에는, 직접 차용과 간접 차용의 차이는 있지만 어떻든 借用語가 벌써 被借用語의 음운체계에 동화되어 있기 때문에 음운대응규칙으로도 차용어를 판별해 낼 수 없고, 또 차용어라는 명시된 기록이 없는 한 그것이 차용어임을 구별할 방도가 없다. 기껏해야 차용하기 쉬운 문화어를 비교 대상에서 제외하는 정도가 고작이다.

다시 말하면, 한 언어에만 존재하는 형태소나 음형이 과연 공통기어에 있었던 것을 하위의 한 언어만이 보존하고 있는 것인지, 그렇지 않으면 分岐 이후에 異系語에서 차용한 것인지 전혀 알 수 없고, 또한 어족 전체에 걸쳐 같은 형태소나 음형이 있어도 차용에 의해 전체에 퍼진 것인지, 그렇지 않으면 공통기어로부터의 유산인지 판단이 서지 않는다.

그뿐만 아니라, 언어의 분화 과정을 波紋에 비유한 J. Schmidt의 파문설을 빌

---

5) A. Meillet, Introduction á Pétude comparative des langues Indo-Européennes, Paris, 1922, p.26 참조.

지 않더라도, 차용을 확대 해석하면 타민족의 유입에 의한 언어의 混入, 底層語(sub-strata)의 영향, 표준어의 진전, 유력한 언어의 세력 확대, 유추 등도 차용 현상이라고 말할 수 있어서 거의 모든 어휘를 차용이라고 할 수도 있기 때문에 그것을 골라낸다는 것은 비교 연구를 무의미하게 만들 뿐만 아니라 불가능하게 만든다.

사회적, 문화적, 종교적인 변혁에도 좀처럼 영향을 받지 않는다고 하는 것이 친족어, 대명사, 수사인데도 불구하고, 위의 (9)에서 보인 바와 같이 우리는 중국어에서 수사를 차용하였고, '祖父, 母親, 甥姪, 三寸'이 또한 그렇고, '샛바람, 갈바람'의 '*살(>새, 東), 갈(西) <신라지명>'은 후기 신라 지배층이 쓰던 튀르크어인 šark(東), garb(西)<이상 아랍어 간접 차용>와 비교될 수 있으며, '말(語) ; 묵-(食)<방언>/먹-(食)은 가야지배층이 쓰던 드라비다어의 māṟṟu(語)<Ma> · māṟṟām(語)<Ta> ; mukku(먹다)<Ta> · melku(씹다)<Ta>와 비교될 수 있는 차용어이다.

이렇게 우리가 고유어라고 생각하고 있는 것도 실제는 차용어인 경우가 허나하다. 따라서 고유어와 차용어를 모두 구별해 낸다는 것은 거의 불가능한 일인데다가, 문법 형태소를 제외한 語辭(특히 명사)들은 무제한으로 차용될 수 있어 항구성이 없기 때문에 同系語를 증명하는 데 어휘 비교는 큰 도움이 안 된다. 어휘 비교가 그 증명에 도움이 되는 것처럼 보이는 경우는 語根뿐만 아니라 接辭(접두사, 접미사) · 語尾까지를 포함시켜 비교하였기 때문이지 어근만 비교한다는 것은 자칫 차용어와의 비교가 되기 쉬워서 同系語의 증명에 별 의미가 없다.

따라서 어휘의 비교 연구가 성립되자면 차용어임이 기록으로 입증된 것과 借用期가 日淺하여 피차용어의 음운체계에 미처 동화되지 못한 것과 일부 문화어만을 제외하고 우선 비교 작업을 하는 도리밖에 없다.

그러므로 엄밀히 따지면 무의식적이긴 하지만 어휘 비교의 대상 속에 고대에 차용한 말이 섞이어 들어가는 경우가 허다하기 마련이다.

이렇게 잠재적 차용어를 피할 수 없다고 비교 연구를 포기할 수 없으니, 차선책으로 차용어가 섞이는 불합리성을 극소화하는 방법을 강구할 수밖에 없다.

그러기 위해서는 어휘비교를 음운대응규칙을 세우는 단계에서만 국한시켜야 할 것이다. 다시 말하면 문법적 제요소를 비교하는 수단으로서의 음운대응규칙을 세울 적에만 어휘비교를 하여야 하고, 친족관계를 증명하는 단계에서는 어휘비교는 되도록 피하고 문법 형태소나 음운체계의 비교에서 별 성과가 없을 때에 한해서, 소위 기초어휘라고 하는 대명사, 친족어, 신체어, 천문지리어, 동사(조동사 포함), 형용사 등을 비교하거나 차용어가 섞이는 것을 조금이라도 더 피하기 위하여 單語族(어근을 같이 하는 일군의 말) 대 單語族의 비교나 보수성이 강한 고지명의 비교에 역점을 두어야 할 것이다.

그렇다고 차용어가 비교 연구에 아무 소용이 없는 것은 결코 아니다. 예를 들면 터키어에 차용어가 허다하다는 것은 상식에 속하지만, 그것이 원격한 신라 지역에서 후기 신라 상층어로서 유입어가 그대로 토착어와 병행하여 대량 쓰이고 있었다면, 이것은 단순한 어휘 차용에 그치는 것이 아니고, 튀르크족의 이동에 기인한 것으로 볼 수밖에 없어서, 터키어(또는 튀르크어)와 후기 신라의 지배층어 사이의 친족관계를 밝히는 단서가 될 수 있다. 마치 문법론에서 補充法(suppletion)의 일치가 중요시되는 것과 같은 이치이다. 연구 방법에는 왕도가 있는 것이 아니고, 대상에 따라 새로운 연구 방법도 개척되어야 한다는 것을 강조대 둔다.

6. 文法的 諸要素의 比較

이미 앞에서 음운대응규칙의 확립을 논하였거니와 본절에서는 그 규칙에 입각하여 문법적 제요소(형태소들)의 대응을 구체적으로 입증함으로써 친족 관계를 정립시키는 방법을 살펴보기로 한다.

예로서 한국어와 길약어의 문법 형태소 몇 개를 대조하여 보이면 다음과 같다.

원시한국어	한국어	길약어
*-ŋa(호격조사)	-ga(주격조사)	-ŋa(호격 · 주격조사)
*-ŋa(의문형어미)	-ga/-ka(의문형어미)	-ŋa(의문형어미)
*-ŋu(의문형어미)	-go/-ko(의문형어미)	-ŋu(의문형어미)
*-ŋo(부동사형어미)	-go/ko(부동사형어미)	-ŋạ([ŋə], 부동사형어미)

위의 문법형태소의 의미와 형태의 유사성에 착안하여 한국어의 k/g와 길약어의 ŋ을 비교하여 보면 아래 예와 같이 규칙적으로 대응을 보여 주는 사실을 알 수 있으며, 이들은 함께 원시한국어의 *ŋ에 소급하는 것으로 추정된다. 즉

*-ŋ<P.Kor>
- ŋ<신라> > k/g<Kor>
- ŋ<O. Gilly> > ŋ<Gilly>

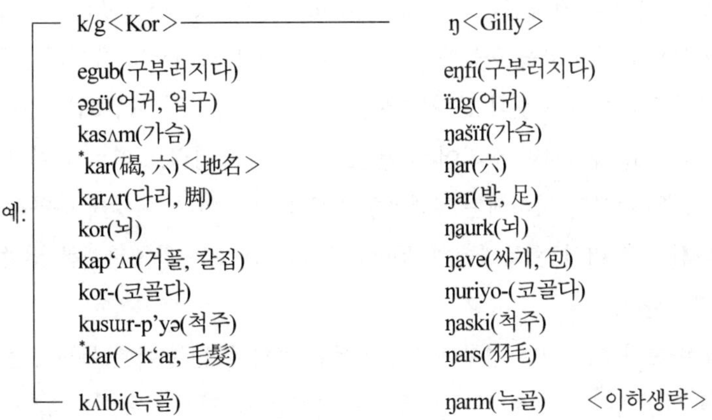

그러므로 한국어의 문법형태소—'-가'(주격조사) · '-가'(의문형어미) · '-고'(의문형어미) · '-고'(부동사형어미)와 길약어의 문법형태소—ŋa(호격 · 주격조사) · '-ŋa'(의문형어미) · '-ŋu'(의문형어미) · '-ŋạ'(부동사형어미)는 음운과 기능의 양면에서 각각 확실한 대응을 보여주고 있다(모음대응례는 생략함). 이러한 사실

은 한국어와 길약어가 친족관계에 있음을 결정적으로 시사해 준다.

그리고, A. Meillet는 "특수한 점을 많이 포함하고 다양하며 복잡한 형태론(touffue et complexe morphologie)을 가진 언어는 스스로 친족성의 증명에 풍부한 단서를 제공할 수 있는 데 반해서, 형태법의 단순한—예컨대 어순과 같이 매우 일반적인 手續에 의해서 기능하는 언어에 있어서는 유효한 증거의 발견이 그만큼 또 곤란해진다" 또한, "두 언어 사이에 일치하는 사실이 보다 특이할수록 그 일치가 가진 증명력이 크다. 따라서 이상한 예외형은 공통기어의 수립에 본시 가장 적합한 형이다"라고 말하였는데[6], 이렇게 말한 까닭은 불규칙형이나 특수형태가 서로 일치한다는 것은 우연이라고 보기 어렵고, 또 유추는 음운규칙에 불규칙성을 가져오지마는, 문법상에서는 규칙성을 가져와서 문법형태의 통일이 이루어지므로, 따라서 불규칙형은 유추의 영향을 받지 않았다는 것을 의미하며 보다 古形일 개연성이 크기 때문이다.

예컨대 한국어의 명령형어미는 -ra/-a/-ə/-kəra/-ke/-p(*pl.*)(-라/-아/-어/-거라/-게/-ㅂ)이고, 길약어의 명령형은 -ra/-ya/-ye/-kara · χairo/-ke /-ve(*pl.*)인데, 이들이 서로 어형상으로 유사함을 한눈에 알 수 있고 실지에 있어서도 음운대응규칙에 입각해 보아도 대응되는 것이 분명한데(*cf.* 구체적인 입증은 7.3.), 이들 명령형어미는 불규칙하고 복잡하며 심지어 複數主語에 대한 명령형도 따로 있어서 여기의 복수기능은 어휘의 의미에는 무관계한 문법적 범주이다. 이렇게 다양하고 복잡하며 어휘의 의미와는 무관계한 문법요소들의 대응은 친족관계를 입증하는 데 큰 몫을 한다.

요컨대 비교연구는 어떤 경우에도 일반적인 변화와 한 언어를 특징짓는 특이한 변화를 판별하여 그 특이형의 대응을 증명하는 데 역점을 두어야 할 것이다.

7. 共通基語(또는 祖語)의 再構

이미 말한 바와 같이, 비교언어학은 둘이나 둘 이상의 언어 사이의 유사점과

---

6) A. Meillet(1925) p. 26.

차이점을 검토하여 그들의 사적 변천관계를 밝히고, 나아가서 근원이 된 언어(祖語 또는 共通基語)를 再構(reconstruction, restitution)하여 여기서 하위의 여러 언어의 역사적 · 발생적 관계 즉 계통관계를 밝힌다.

여기서 공통기어를 재구하여야 하는 까닭은 비교연구에서 얻어진 대응형(對應形)이 본시 한 뿌리라는 것을 전제로 하고 있으므로, 그 근원이 된 원형을 추정하여 공통기어를 설정하는 것이 절대로 필요하다. 바꾸어 말하면 하위언어들은 공통기어의 변종(變種)인데, 그 변종만의 나열에 그치고 공통기어의 재구를 소홀히 한다는 것은 과학적 · 체계적 연구가 되지 못한다.

그러므로 공통기어형을 설정함에 있어서는 그 변종인 하위의 여러 언어의 공통요소의 모든 것을 포함할 수 있는 어형을 구하여야 할 것이다. 바꾸어 말하면 재구형의 추정에 있어서는 거기서 각 하위어형에의 추이를 가장 합리적으로 설명할 수 있는 개연성이 큰 어형을 취하여야 할 것이다.

그러나 재구된 공통기어형은 실재(實在)한 언어가 아니기 때문에 아무리 정밀히 추정하더라도 원어와 꼭 같다는 보장은 없다. 언어의 발달은 심리적 영향이 크기 때문에 언어과학의 지식만 가지고는 완전한 재건이 불가능하다. 음운변화는 조건이 일정하면 대체로 일정한 경향으로 발달하여 가지만, 유추(類推)나 이화작용 때문에 불규칙화 되어 가는 경우가 허다하다. 따라서 재구형은 항상 수정의 가능성을 앙고 있다.

그리하여 재구형에는 다음과 같은 허점이 있다.

첫째로 수천년에 걸치고 광역에 흩어져 있는 여러 언어자료를 동일하게 비교자료로 할 도리밖에 없다.

둘째로 공통기어의 의미는 어근만 가지고 결정한다. 그런데 의미는 숙명적으로 다양화한다. 왜냐하면, 언어기호는 유한한데 전달해야 할 대상은 무한하여서 필연적으로 무한한 대상을 유한한 언어기호 속에 수용하지 않을 수 없기 때문이다. 따라서 현실적으로 재구되는 어원의 의미는 다의화(多義化)를 합리적으로 설명할 수 있는 매우 추상적인 것이 되지 않을 수 없다.

그런데 실지의 의미변화는 이와 반대의 성향이 짙다. 예를 들어, '셩가싀다'는 조선시대에 '파리하다'의 뜻이었으나 오늘날에는 '귀찮다'의 뜻으로 변하였고,

고대어에서는 '피를 토하다'의 뜻으로 소급(遡及)될 것이므로(*cf.* senggi-kaksi '피를 토하다'<MA>, 선지'鮮血'), 여기서 우리는 도리어 구상적(具象的)인 것에서 추상적인 것으로 의미변화한 것을 볼 수 있다.

그리고 추상적인 것은 구상적인 것보다 이해하기 힘든데, 원시어가 모두 추상적인 것일 수 있을까 하는 의문을 자아내게 한다.

셋째로 문법의 여러 요소들이 言語材 중에서 가장 변하는 속도가 느리고 안정성이 있는 부분이지만, 역사적으로 볼 때 어떤 것들은 그 기능 · 형태가 많이 변했다(*cf.* 영어의 굴절어미 소실).

그리고 하위언어에서 병행적으로 변화가 일어나는 경향이 짙기 때문에 그대로 재구형으로 삼을 도리밖에 없다든지, 어떤 현상이 지금은 전혀 안 보인다고 해서 원어에도 없었다고 가정하는 맹점들이 있다.

넷째로, 따라서 재구된 공통기어(또는 祖語)는 일정한 공간과 시대를 확실히 한정할 수 없고 상당한 폭을 가지고 있다. 다시 말하면 재구형은 살아 있었던 고대어가 아니고 계통론을 과학화하고 체계화하기 위해 만들어낸 추정형이다.

그럼에도 불구하고, 공통기어의 재구는 필수적인 것이므로 그것을 재구함에 있어서는 될 수 있는 대로 고대문헌자료와 여러 하위언어의 변종을 망라하고 음운변화 · 유추 · 이화 등을 고려하여 과학적으로 정밀한 추정을 하여야 할 것이다.

공통기어의 결정에 가장 유력한 것으로 인정되는 것은 **지리적으로 원격한 언어 사이에 있는 공통된 형태이다**. 가장 오래된 문헌어도 물론 중시되어야 하지만, 우리는 방언 속에서 고대문헌어에 실려 있는 어형보다 고형스러운 어형을 발견하는 수가 많기 때문이다.

그리고 음운결합법—어떤 음운이 어간 · 어미에 놓일 수 있는지의 여부와 가능한 음운연속이 판명되면 재구형에 실재성을 크게 부여할 수 있다.

또한, 통시 · 공시의 양면을 조화시켜 재구하도록 하되, 차용어의 배제가 어렵기는 하지만 가능한 한 그것에 힘써야 할 것이다.

8. 言語의 類型的 比較

언어는 공통기어에서 분기(分岐)된 뒤에도 유전적 또는 사회적 유산(언어습관) 때문에 원격한 지리적 조건 하에 있는 하위언어들 사이에도 병행적인 변화를 가져오는 경우가 많다고 이미 말한 바 있지만, 한편 그와 반대로 동일 또는 인접한 지역에 있는 이계어(異系語)들이 그 중의 유력한 한 언어의 영향으로 동질화하거나(波紋說), 서로 침투한 결과 서로 동질화 하여 피상적으로 볼 때 동계어처럼 보이는 경우도 적지 않기 때문에 음운대응규칙에 의한 구체적인 문법 요소들의 비교연구가 아닌 단순한 유형적 유사성만 가지고서는 두 언어 사이의 친족관계를 증명하는 결정적 근거로 삼을 수 없다.

계통론에서 자주 거론되고 있는 언어적 유형에는 음운구조로서 모음조화 · 두음법칙 · 어말음의 폐음절형의 여부 · 악센트형 등을 들 수 있고, 문법구조로서 교착성 · 문법범주 · 어순 등을 들 수 있을 것이다.

이것들은 일치가 있어도 유형의 일치이기 때문에 친족관계의 결정적인 증거가 되지 못한다. 바꾸어 말하면 동계(同系)이기 때문일 수도 있지만, 차용(借用)에 의한 것일 수도 있기 때문이다. 예를 들어 말하면, 인구어는 SVO(주어-서술어-목적어)型의 어순을 가지고 있는 것이 통례인데, 그 인구어 중에서 힌드스타니어나 신갈어(singhal)는 SOV형으로 바뀌었다. 또한 SVO형이나 SOV의 어순을 가진 말은 온 세계에 얼마든지 있다.

Laṛkē nē ēk kitāb dēkhi···························SOV형(힌드스타니어)
| | | | |
(소년은 하나의 책을 보았다)

이와 같이 유형적 유사성은 이계어에서도 얼마든지 찾아볼 수 있고, 유력한 이계어의 영향으로 동질화하는 경우도 있기 때문에 친족관계의 결정적 증거가 되지 못한다.

9. 底層語와 上層語의 影響

다른 언어에 정복되어 쓰이지 않게 된 언어를 底層語(sub-strata)[7]라고 하고, 정치적 · 종교적 · 문화적으로 우세한 언어가 토착어에 단지 영향을 주는 데 그친 경우에 그 영향을 준 언어를 上層語(super-strata)라고 한다.

한국어는 본시 길약어와 동계인 토착어를 근간으로 하고 있으나, 한민족이 한반도에 정착함으로써 반도라는 교량적 · 지정학적 조건 때문에 大陸勢와 海洋勢의 영향을 지대하게 받아 왔음을 역사도 말해주지마는, 중국어의 영향 말고도, 필자가 古地名을 주로 한 문헌어를 우리 주변의 모든 언어들과 비교하여 본 바에 의하면, 단군조선(壇君朝鮮) · 박씨신라(朴氏新羅) · 동예(東濊)의 지배층은 퉁구스어를, 기자조선(箕子朝鮮) · 고구려(高句麗) · 부여(夫餘) · 백제(百濟) · 옥저(沃沮)의 지배층은 몽골어를, 위만조선(衛滿朝鮮) · 김씨신라(金氏新羅)의 지배층은 튀르크어를, 가야(伽倻)의 지배층은 드라비다어를 쓴 것으로 추정되고, 또 경상도 일부 지역에서 아이누어가 선착어로 쓰였던 것으로 생각되며, 이밖에 산스크리스트어가 불교와 더불어 영향을 끼친 것으로 믿어진다.

그런데, 한반도의 대종(大宗)은 길약어와 동계의 언어이나, 경상도 지역에서 더러 쓰이던 아이누어는 문헌사에서 그 자취를 찾아볼 수는 없지만 어휘면에서는 물론이고 문법형태소와 · 음운결합법에도 상당한 영향을 한국어에 끼친 것이 분명하다. 그러나, 현 한국어로 볼 때 아이누어는 지금은 저층어로서 잠재하고 있다고 해야 할 것이다.

한편, 어휘면에서 볼 때 중국어 · 드라비다어 · 튀르크어 · 퉁구스어 · 몽골어 들은 한국어에 많은 영향을 끼친 상층어들인 것으로 추정된다. 그리고 일제하에선 일본어가, 지금은 미국어의 영향을 받아 가고 있다.

이와 같이, 한국어는 물론 모든 언어가 형성되어 가는 동안에 크게 또는 작게 다른 여러 언어의 영향을 받고 있어서 어휘면만으로 극단적으로 말하면 모든

7) sub-strata를 基層 또는 基層語라고 번역하여 쓰는 이들이 있는데, 이것은 토착어나 근간이 되는 말을 가리키는 말로 혼동될 수 있기 때문에 底層 · 底層語(또는 潛在層 · 潛在層語)라고 번역하는 것이 나을 것이다.

언어는 혼성어(混成語)라고 할 만한다.

그럼에도 불구하고, 이계어와 구별하는 강력한 '우리말'의 의식은 남아 있기 마련인데, 그것은 주로 문법체계와 그 형태소가 '우리 것'이라는 생각에 기인한다.

그러므로 친족관계의 증명에 있어서는 구체적인 문법형태소들의 비교가 근간이 되어야 한다. 바꾸어 말하면, 계통론연구를 가능케 하는 것은 변하기 어렵고 가장 안정성이 큰 문법형태소들이 있기 때문이다.

그런데 이제까지의 한국어의 계통론연구는 단일민족이라는 생각과 알타이어족에 속한다는 두 가지 선입견에 사로잡히고, 또 연구방법에 있어서도 거의 어휘비교에 그쳤기 때문에 그 연구는 벽에 부딪쳐 있었던 것이 사실이다.

〔참고〕 한민족은 언어상으로 볼 때, 토착인종인 길족(길약족과 동족)과 스키타이족으로 추정되는 선착의 아이누족(경상지역에만) 위에, 문화가 발달한(드라비다족과 무력이 강한 알타이제족 등의 여러 인종들이 차례로 이동해 와서 한동안 지배층을 형성하고 있었으나, 통일신라시대를 거쳐 고려시대를 거치는 동안에 그들은 혼연일체(渾然一體)가 되어서, 주로 길약어와 동계의 문법체계를 가진 한국어라는 중층어(重層語)를 함께 쓰게 되고 운명과 문화의 공동체를 형성하게 된 것이다.

그러나 지금 우리가 쓰고 있는 한국어가 그 문법형태들이 길약어와 거의 같은 점으로 미루어서, 한민족의 대종(大宗)은 길약족과 동계인 것으로 추정된다. 그리고 지배층어에 의해서 토착어가 소멸되는 것이 예사임에도 불구하고, 문화와 무력에 있어서 열세였던 토착민족의 언어가 민족어로 쓰이고 있다는 사실은 길약족과 동계의 인종이 민족의 대부분을 차지하고 있었다는 증거이며, 또 어느 민족도 인종적으로 순수성을 견지한 바 없으므로 그런 관점에서 한민족은 인종적으로도 단일민족에 가깝다고 할 것이다.

第2章
韓國語系統研究의 現況

1. 알타이諸語와의 比較研究

1.1. 比較研究略史

알타이語 즉 튀르크語(>터키어)·몽골語(>몽골어)·滿洲-퉁구스語(筆者는 滿洲-퉁구스語를 알타이語 속에 포함시키느니 차라리 國語와 몽고語와의 混合語로 다루어야 할 것으로 推定하고 있음)들은 構造的인 面에서 또는 語彙面에서 유사성이 상당히 발견되는데, 韓國語에 있어서도 그와 같은 類似性이 더러 발견되므로 혹시 이들이 서로 親族關係에 있지나 않을까 하는 데서 알타이諸語에 대한 소박한 比較研究가 시작된 것이다.

19世紀 후반에 과거의 우랄-알타이語에 해당하는 Tartar 語와 韓國語가 유사하다고 지적한 사람들이 있었으니, L. D. Rosny(1864), Ch. Dallet(1874), J. Ross (1878) 등이다. 이들은 具體的인 言語事實을 비교한 것이 아니다.

그 뒤에 白鳥庫吉(1914~6)이 '朝鮮語와 Ural-Altai語의 比較研究'에서 처음으로 韓國語 595項目(語根上으로는 595개이나 單語上으로는 800개 이상임)에 걸쳐 어휘를 우랄-알타이諸語와 비교연구한 바 있다. 여기서도 音韻對應規則을 세워 가며 비교한 것은 아니어서 방법론상에 문제성이 없는 것은 아니나, 방대한 比較資料를 제공하여 주어 그 뒤에 나온 알타이語와의 비교연구에서 主資料源

이 된 것으로 믿어진다. 즉 G.J. Ramstedt의 「韓國語語源硏究」(1949)나 李基文의 "滿洲語와 韓國語의 比較硏究"(1958)는 여기서 많은 比較語彙資料를 도움받은 것으로 보인다.

E.D. Polivanov의 "韓國語와 알타이諸語와의 親族關係"(1927)는 비록 짧은 글이지마는 韓國語의 음운체계를 알타이諸語와 비교하려 하였고, 16개의 어휘비교도 주목할 만하다.

小倉進平의 "韓國語와 日本語"(1934)와 "朝鮮語의 系統"(1935)에서 代名詞를 비롯한 20여개의 어휘를 알타이諸語와 비교하였고 河野六郎도 「朝鮮方言學試攷」(1945)에서 10여개의 어휘를 비교하되 그것을 통해서 만주어의 h와 한국어의 k가 對應하는 音韻規則을 세우려 한 점이 돋보인다.

알타이語學의 실질적인 창시자라고 불리는 핀란드의 G.J. Ramstedt는 "韓國語에 대한 觀察"(1928)에서 音韻 · 文法 · 語彙(26개)에 걸쳐 그의 견해를 밝힌 것을 시작으로 본격적으로 한국어의 비교연구에 힘써서, 마침내 「韓國語文法」(1939)과 「韓國語語源硏究」(1949)와 「알타이語學入門 I～Ⅲ」(1957, 1952, 1966)에 그것을 반영하였는데, 「韓國語語源硏究」는 불완전하나마 최초의 韓國語語源辭典이라고 할 만한 것으로서 억지스러운 비교도 꽤 있고, 많은 漢字語를 固有語로 잘못 인식한 흠도 있으나, 약 1,900項目에 걸친 알타이諸語의 자료는 물론 우랄諸語 및 아이누語(18개)와 길약語(5개) 자료까지 동원하여 비교하고 있어서, 이 방면 硏究의 後學들이 모두가 다소간의 차이는 있으나 여기서 알타이語의 자료를 인용해 쓰고 있는 실정이다. 그리고 「알타이語學入門」은 말이 入門書이지 알타이 語族說의 기초를 닦은 專門書로서, 音韻對應規則을 대충 세우고 文法形態素도 가능한 한 모두 찾아내어 일치를 증명하려 하였을 뿐만 아니라, 韓國語를 한편으로 튀르크語와, 다른 한편으로는 퉁구스語와 親族關係에 있다는 假說을 세운 바 있다(1957, pp. 15～6). 그러나, 초기에는 한국어를 쉽게 알타이語群에 포함시킬 수 없다고 하였던 것이다. 이러한 한국어에 대한 알타이語派說의 불확실성은, 文法形態素의 일치가 별로 많지 못하고 代名詞를 제외한 基礎語彙에 있어서도 비교될 만한 것이 몇 개 안 되는 것으로 생각되었기 때문인 것으로 믿어진다.

N. Poppe의 "「韓國語語源硏究」의 書評"(1950), 「알타이諸語 比較文法」(1960), 「알타이語學入門」(1965)을 통해서 100여개의 語彙比較로 貢獻한 바 있고, 初期(1950)에는 한국어와 알타이諸語와의 親族性은 의심할 바 없다는 견해를 가지고 있었으나, 나중(1965)에는 한국어의 위치에 회의를 품고, 한국어는 알타이諸語와 親族關係가 있을 수도 있고, 그렇지 않으면 原始韓國語가 매우 이른 시기에 알타이語에서 分岐했거나, 또는 韓國語는 알타이語와 親族關係에 있는 것이 아니고 다만 알타이語의 底層을 가지고 있었을 것이라고 하였다.

J. Street의 "原始 알타이語彙集에 대하여 : 再構形의 한 부분적 索引"(1974)에서는 무리한 再構도 있어 보이나 알타이 共通基語의 再構를 꾀한 작업이다.

R.A Miller의 「日本語와 다른 알타이諸語」(1971)에서 韓國語의 100여 개 어휘와 文法形態素를 알타이諸語와 비교한 바 있고 그는 한국어와 더불어 일본어는 퉁구스諸語와 밀접한 관계에 있다고 하였다.

國內學者의 연구로서는 먼저 解放前으로 돌아가, 安自山의 "朝鮮語의 系統"(「朝鮮文學史」, 1922)과 權悳奎의 "朝鮮語와 姉妹語의 比照"(「朝鮮語文經緯」, 1923)에서 滿洲語·몽골語 및 日本語와의 약간의 語彙比較를 들 수 있다.

解放後에는 먼저 李基文을 들어야 하겠는데, "滿洲語와 韓國語의 比較硏究"(1958)에서 類似性에 의한 236개의 語彙와 약간의 文法形態의 比較를 한 바 있고, "韓國語形成史"(1967), "高句麗의 言語와 그 特徵"(1968)에서 약간의 알타이諸語와의 語彙比較를 하였으며, "韓國語와 알타이諸語의 語彙比較에 대한 基礎的 硏究"(1976)에서 1950年까지의 외국 학자들의 語彙比較를 정리·검토하였다. 또 「國語史槪說」(1961)에서 한국어의 계통에 대하여 람스테트나 포페의 설에 다소의 수정을 가하여 다음 같은 견해를 밝힌 바 있다.

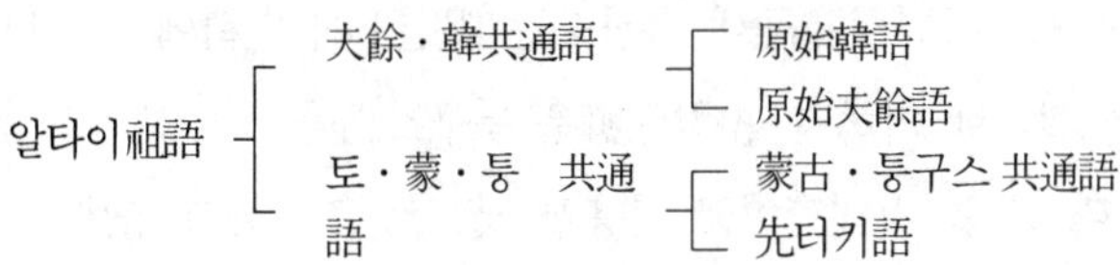

그러다가, "韓國語와 알타이諸語의 比較硏究"(1975)에서는 "한국어의 조상이 알타이祖語와 姉妹關係에 있었을 가능성도 충분히 생각할 수 있는 것이다"라고 종래의 自說에 다시 다소의 수정을 가하는 듯한 말을 남겼다.

朴炳采는 "古代三國의 地名語彙攷"(1968)에서 原地名에 '-일云'식 이름이 別記되어 있는 三國時代의 地名 101개를 李朝語와 日本語 및 알타이諸語와 比較한 것으로서 매우 착실한 成果를 거두었다.

金芳漢은 "韓國語系統硏究의 問題點"(1976)에서 한국어에는 알타이적 요소와 底層의 非알타이적 요소가 있는데 그 非알타이적인 것에 길약語와 비교될 수 있는 것이 있다고 E.A Kreinovič(1955)의 견해를 소개 보충하였다. 또 「韓國語의 系統」(1983)은 그 自身과 國內外의 다른 學者들의 이제까지의 系統硏究의 성과를 정리한 업적이라 할 수 있으나, 유감스럽게도 본인(姜吉云)의 20篇에 달하는 論文에 대하여 一言半句도 언급이 없다.

姜吉云은 "後期新羅支配層語은 土耳其語族에 속한다- 數詞·季節語·方位語의 體系的 比較"[1)](1975)에서 新羅地名이나 그 영향하에 있던 지명에 나타나는 말들은 모두 튀르크語와 起源的인 일치를 보여 준다고 하였고, "韓國語의 土耳其語의 名詞形成接尾辭의 比較硏究"(1976[1])는 알타이諸語와 일본어의 名詞形成接尾辭를 한국어의 그것과 비교한 것이고, "十五世紀의 初聲合用並書의 音價攷(I)-比較言語學的 考察"(1977[2])은 알타이諸語와 비교하여 볼 때 初聲合用並書는 語頭子音群의 表記가 아니어서 韓國語도 알타이諸語와 마찬가지로 語頭子音群을 기피하는 언어라는 것이고, "百濟語의 系統論(I)·(II)"(1977[1]·1978)는 百濟地名 가운데서 100여 개의 어휘를 찾아내어 주로 알타이諸語와 비교하되 통일신라 때에 改名한 漢字地名의 뜻을 고려한 결과, 百濟支配層은 몽골語를 썼음이 분명하다는 것이며, "韓國語의 形成과 系統-民族의 起源"(1979)은 종래의 一般說에 입각하여 한국어를 알타이諸語에 속한다는 假定下에 史料에 나타난 명사들과 지명을 비교한 결과에 의하면, 檀君朝鮮은 퉁구스語를, 箕子朝鮮은 몽골語를, 衛滿朝鮮은 튀르크語를 지배층어로 사용한 것으로 추정하고, 前期(朴氏)新

1) 원 題目은 「三韓語·新羅語는 ……」와 같이 되어 있으나, 이것을 「後期新羅의 支配層語는 ……」으로 고쳐 둔다.

羅는 퉁구스語를, 後期(金氏)新羅는 튀르크語를, 百濟·高句麗는 몽골語를 지배층어로 사용한 것으로 추정하였다. 또 高麗는 비교적 몽골語를 지배층이 즐겨 쓴 것으로 보이며, 伽耶는 나중의 연구로는 드라비다語를 쓴 것이 분명하지만, 드라비다語와 알타이諸語의 어휘상의 유사성 때문에(*cf.* K. Menges, Nostratian. 1964) 여기서는 주로 튀르크語를 쓰고 퉁구스語도 더러 쓴 것으로 誤判하였던 것이다. 어떻든 여기서 韓國語의 上層語로서 알타이諸語를 부각시켰다. "數詞의 硏究(I)·(II)"(1980[1]·1980[2])에서는 'ᄒᆞ나·둘·셓·……,'의 기본체계는 튀르크語(페르시아系 借用語 포함)와 '토·개·걸……'의 체계도 튀르크語와 각각 對應된다고 하였고, "日本語의 系統論小攷"(1980[3])에서는 姜吉云(1975)에 준해서 비교한 것으로서 그것에 의하면 적어도 日本支配層語는 후기신라의 경우와 같이 튀르크語를 주축으로 한 알타이諸語를 쓴 것으로 보았었다. 여기서도 드라비다語와 튀르크語의 語彙가 너무 많은 유사성을 가지고 있는 데서 日本王室이 주로 伽耶支配層語, 즉 드라비다語를 썼음을 看過하였다. "國語系統論散攷"(1981[1])에서 명사하의 '이'가 본시는 수격조사가 아님을 밝히고 한국어에서 人稱語尾의 化石을 발견함으로써 알타이諸語와의 構造上의 차이를 줄이려 노력하였다. 또 "古朝鮮三國에 대한 比較言語學的 考察"(1981[2])에서는 旣述한 바와 같이 檀君朝鮮은 퉁구스語를, 箕子朝鮮은 몽골語를, 衛滿朝鮮은 튀르크語를 지배층들이 사용하였음을 史料의 해독을 통해서 구체적으로 입증한 것이다. 또한 "國語의 轉義語와 死語의 硏究(I)·(II)·(Ⅲ)"(1976[2]·1978[2]·1980[4])에서도 78개 語彙를 알타이諸語와 비교하여 그 起源的인 語形과 語意를 밝혔다.

朴恩用은 "韓國語와 滿洲語의 比較硏究(上)(下)"(1974·1975)에서 滿洲語와 音韻對應規則을 처음으로 시도하고 文法形態素의 비교도 하여 이 방면에서 큰 업적을 남겼다.

金東昭도 「韓國語와 Tungus語의 音韻比較硏究」(1981)에서 滿洲-퉁구우스語 전반에서 방대한 어휘자료를 골라 상당히 믿음직스러운 音韻對應規則을 세웠다.

金炯秀는 "韓國語와 蒙古語의 接尾辭比較"(1981)에서 그것이 造語論的인 것이기는 하지마는 어휘보다 안정성이 있는 形態素의 비교를 시도하였다는 것에 큰 의미가 있다.

成百仁은 "한국어와 만주어의 비교연구(1)-알타이조어의 어두파열음체계에 관한 문제점"(1978)에서 河野六郎(1944), V.I. Cincius(1975)와 마찬가지로 滿洲語의 파열음 체계는 [有聲音 : 無氣無聲音]의 對立이 아니고 [無氣無聲音 : 有氣無聲音]의 對立이라고 보았다.

金善琪는 "한 · 일 · 몽 단어비교-계통론의 긷돌"(1968)에서 매우 조잡한 비교이기는 하지만 M. Swadesh의 기초어휘 100개를 대상으로 하였고, "가라말의 덜"(韓國語의 語源(1976~8)에서는 품사별로 많은 어휘를 대상으로 하여, 韓國語 · 日本語를 주로 蒙古語와 비교하여 그들의 共通祖語를 想定하고 있다.

1.2. 文法形態素의 比較硏究 · 檢討

위에서 알타이諸語와의 비교연구에 관한 국내외 학자들의 주요한 연구업적을 抽象的으로 소개하였으므로 다음에서는 그들이 이룩한 성과를 總體的으로 중요한 것만 골라 소개 검토하기로 한다.

먼저 비교연구에서 가장 중시되는 문법형태소의 비교를 살펴보기로 한다.

(1) 對格助詞, -hər(肹) 〈 O.kor 〉 : -*g 〈 Altai 〉 +ər(對格助詞) 〈 固有 〉

이 비교는 Miller(1977)에서 '肹'은 -*gər에 소급할 것으로 보고, 이것은 알타이諸語의 對格助詞-*g(再構形, 例, täŋri-g '하늘-을'<O. Turk>, ada-ğ '위험-을' <O. Turk>)와 고유의 格助詞-'-을'이 이중으로 첨가된 것으로 보고 있어서, 결국 '肹'도 複合形態로서 [h+ər]의 구조를 가졌다는 것이다.

그러나, 고유한 格助詞라는 -ər을 韓民族의 고유한 것이라는 뜻이면, 결국 -*g는 借用이라는 말이 된다. 그뿐만 아니라 筆者의 생각으로는 Kïr(對格助詞) <Gily>이 있으며 이것이 바로 *Kïr(肹)<新羅>과 對應되는 것으로서 [*cf.* 例文 7.3.(3)], Miller처럼 구차한 설명을 할 필요가 없어진다.

(2) 沿格助詞, *ri 〈 M.kor 〉 : *li(處格助詞) 〈 P.Tung 〉

Benzing(1955[1])에서 韓國語-'이리 · 뎌리 · 어드리'의 「-리」(ri)를 沿格助詞의 化石으로 보고, 그것을 原始 퉁구스語의 處格助詞 *li.(例. ẹli '이리' <Tung>, tali '저리'<Tung>와 비교하고 있다.

그러나, '뎌리도록 ; 이리로 · 져리로 · 그리로'의 '리'는 處所不完全名詞로 볼 수밖에 없을 것이고, 이것은 日本語의 'コチ · ソチ · ヲチ(アチ)/コチラニ · ソチラニ · アチラニ'의 *ti(チ, 處所不完全名詞)와 對應된다. 그런데 '이리'의 -ri는 '이뎌>이려>이리'(*cf.* -이더니>-이러니)의 發達形으로 볼 수 있고, '그리 · 뎌리'의 ri에 類推된 것으로 다룰 수 있어서 'ri'(리)와 *ti(チ)는 우선 함께 tE(뎌, 處所)에 소급하는 형태라고 볼 수도 있을 것이다(그것 뒤에 따로 格助詞 '-로 · -도록' 따위가 잇대이기 때문임). 따라서 ri는 알타이諸語의 處格助詞 *li와 비교될 성질의 형태가 아니라고 일단 보아야 하겠다.

그런데, '이리/뎌리/어드리'나 'コチ · ソチ · ヲチ'는 본시는 副詞語로 쓰이어 그 뒤에 格助詞를 첨가하지 아니하였고, 그뿐만 아니라, 드라비다語(伽耶支配層語와 同系語)에 etōḷi(어드리, 어디로) · itōḷi(여기로, 이리) · atōḷi(저기로, 저리) <Ta> ; elli(어디로) · illi/ili(이리) · alli(저리)<Ka>가 韓國語의 "어드리 · 이리 · 저리"의 -ri<Kor>나 'コチ · ソチ'의 -*ti(チ)<Jap>[*cf.* 9. 1.(9) -r-<Kor> ∞-t-<Jap> 例文]와는 完全한 對應을 보여 주고 있어서 起源的으로는 이들은 沿格助詞 -*li에 遡及될 것으로 推定된다.

(3) 向格助詞, -*ru 〉 -ro 〈 M.Kor 〉 : -ru/rü 〈 W.Mo 〉

Ramstedt(1952)에서 向格助詞 ru/rü(例. ina-ru '이쪽-으로'<W.Mo>)의 비교를 가장 확실성이 있는 것으로 보았다.

그것은 사실이지만, 여기의 *ru>ro(向格助詞)는 蒙古語의 ru/rü와만 比較될 수 있는 것이 아니다.

다시 말하자면, -ru/ro(向格助詞)<Kor>를 -rox/-rux[向格助詞, *cf.* 例文 7. 3.(5)]<Gily>와 비교하면 한국어에서 末字音을 탈락시키는 경향을 고려할 때,

매우 훌륭한 對應을 보여 준다. 굳이 蒙古語와만 비교해야 할 이유가 없다.

例 pfo-rox psïnd(제 마을로 돌아왔다) <高橋 p. 113>

(4) 處格助詞, -ä/-e 〈M.Kor〉 : -a/-e 〈Mo〉

한국어의 處格助詞가 李朝때에는 '-애/-에'이었으나, 新羅때에는 -*ake/ -*eke [>-*ahe/*ehe, -惡中, -矣改, -也中, -良中, -阿希, -衣希, -中, -惡. '斜格助詞' *cf.* 例文 7.3.(4)]도 쓰이고 있었고 [-*eke>-ehe>-ē> -e(-에) : *-ake> -ahe>-ae> ā̈>-ä(-애)]의 발달을 假定할 수 있으므로 -a/-e(處格助詞, 例. gaʒar-a '大地로') <Mo>와의 비교는 의심스럽다. 차라리 古代 튀르크語의 與格助詞 '-*qa/-*ke'와 길약語의 斜格助詞 '-ax/-ïx 및 신라어- *-ake>-eke를 對應시켜 보는 것이 낫지 않을까 한다.

(5) 樣相格助詞, -rə 〈M.Kor〉 : -la/-lä 〈Turk〉

한국어에서 '이러ᄒᆞ다-이러케-이러니' ; '뎌러ᄒᆞ다-뎌러케-뎌러니' 등에서와 같이 '-러/-라'가 쓰이고 있는데, 이것은 '方式'이나 '樣相'을 나타내는 形態의 化石이라고 할 만하고, 한편 터키語에서도 -la/-lä가 樣相을 나타내고 있어서(例. laža-lla '말처럼' <Chuv>, Kihi-li '사람처럼' <yak>, körk-lä '*그림처럼>아름다운', bir-lä '*하나처럼>함께' <Turk>), 이들은 格助詞의 체계를 고려하지 않고 생각하면 분명히 對應된다고 보아야 할 것이다.

그러나, Grube(1892) p.15에 의하면 길약語에 -lauč/-lač/-la(樣相副詞形成接尾辭)가 있고, 高橋盛孝(1942)에도 ha-ra(그렇게)의 -ra(樣相副詞形成接尾辭)가 있으므로 체계상으로 볼 때, 이것과 韓國語의 -ra/-rə(-라-/-러-)를 비교하는 것이 順理일 것이다.

또, 國語에서 "멀위랑 ᄃᆞ래랑 먹고" <靑山別曲>의 '-랑'(=같은 것)이나, "어드우락 도로 ᄒᆡᄂᆞ니" <杜初七23> · "펴락 쥐락 호몰 네 보ᄂᆞ니" <楞嚴一108>의 '-락'(=-는 것 같이, -듯이)은 '-ra+k/ŋ'의 複合構造를 가진 것이 確實한데, 길약語에서도 hum-ranks/-rankt와 같이 쓰이기도 하므로 그 根幹은 -*rank-인 것이

確實하며, 이것은 國語의 末音의 -k과 -ŋ의 交替現象으로 미루어서 -rank-> -raŋ(-랑)/-rak(-락)의 變化를 일으킬 수 있으니 -rank<Gily>와 -raŋ/ -rak(-랑/-락)<Kor>은 분명한 對應을 보여 준다[*cf.* 7.3.(66)]. 여기서 -rank나 -raŋ/-rak의 語根을 -*ra-(樣相.-와 같은 것/-처럼)이라고 볼 수 있다. 따라서 이 -*ra/-rə(樣相) <Kor>는 格助詞로 볼 것이 아니고 副詞나 名詞를 파생하는 接尾辭로 보아야 마땅하다.

(6) 提示補助詞, -ʌn/-ɯn〈M.Kor〉: anu/inu〈W.Mo〉

蒙古文語의 anu/inu(例. ebül inu maši Küiten '겨울은 매우 춥고'는 N.Poppe (1954) p.139에서 i(三人稱單數)·a(三人稱複數)의 屬格(genitive)形이라고 하나 그것은 미안하지만 믿기 어렵다. 왜냐하면, 屬格을 主格 자리에 쓰는 경우는 複文의 成分節에서인데 이 때는 强勢나 俳他의 구실이 첨가될 여지가 없으니, 强勢·排除의 機能을 가진 inu/anu가 第三人稱代名詞의 屬格形이라는 것은 당치 않다. 아마 屬格助詞가 -Vn이고 i/a가 第三人稱代名詞인데서 어형상의 유사성 때문에 오인한 것으로 믿어진다.

어떻든 이 anu/inu<W.Mo>와 한국어의 '-ᄋᆞᆫ/-은'은 그 기능상으로 보아서는 일단 對應되는 것으로 볼 수 있다.

그러나, 한국어에서는 '-ᄋᆞ-/-으-'는 媒介母音으로 쓰이고, 또 따로 '-ㄴ'만으로 거나 '-ᄂᆞᆫ/-는'의 形態로 提示補助詞(소위 主題格助詞)로 쓰이는데, 그 '-ㄴ/-ᄂᆞᆫ/-는'과 對應되는 諸形態가 몽골語에 갖추어져 있지 않고, 그렇다고 i나 a를 함께 媒介母音으로 볼 수도 없어서, 이들 '-ᄋᆞᆫ/-은/-ㄴ/-ᄂᆞᆫ/-는'<M.Kor>과 anu/inu <W.Mo>가 起源的으로 같다고 보기 어렵다.

그런데, 길약語에는 그것들과 같은 기능을 가진 -n/-an/-nan[*cf.* 例文 7.3.(2)] <Gily>을 가지고 있고, 이것들은 분명히 -n(-ㄴ)/-ʌn(-ᄋᆞᆫ)-nʌn(-ᄂᆞᆫ)<M.Kor>과 완전한 對應을 보여 주고 있다. 이들은 기능은 물론, 음운상으로도-hʌ-'ᄒᆞ-, 爲·*在 *cf.* 貞淑-ᄒᆞ-(=貞淑-있다)'∞ha- '있다, 세다, 사냥이나 고기잡이하다'<Gily>, pʌlg-'븕, 赤'∞pagla-'赤'<Gily>, sʌski '새끼' ∞sasku-'동여매다'<Gily>

등의 例로 미루어서 -ʌ(-ᄋᆞ)<M.Kor>는 -a<Gily>와 對應되는 것이 분명하다.

(7) 屬格 · 比較格 · 具格 · 副詞格助詞, -i 〈 M.Kor 〉 : i 〈 Ma 〉

朴恩用(1974)(例. čoohiyan i juse '朝鮮의 아이들', sain i '잘', ilha i adali '꽃과 같이', gala i '손으로')<Ma>에서 언급한 것인데, 姜吉云(1981, 「국어국문학」 85호) pp.18～20에서 韓國語의 體言과 副詞밑에 첨가되는 '-이'나 '-ㅣ'(딴이)는 李朝初만 하여도 格助詞가 아니고 主格은 물론, 補格 · 屬格 · 對格 · 處格 · 在格 · 比較格 · 副詞格에 첨가되었고, 또 體言과 格助詞 사이에 아무 의미기능을 더함이 없이 쓰이고 있어서, 이들 '-이'나 '-ㅣ'는 不變詞임을 지시하는 기능에 겸하여 不變詞가 子音을 末音으로 할 때에는 調音的 機能도 가지고 있었던 形態素인데, 그것이 기능이 축소되어서 지금은 主格 · 副詞格 아래와 人名의 末音이 子音으로 끝날 때에 한해서 쓰이고 있다. 그러므로 만주어의 屬格 · 比較格 · 具格 · 副詞格助詞의 i와는 비슷하면서도 다르다. 아마 한국어의 體言下의 -i나 -hi는 아이누語의 名詞의 所屬形(所屬이 있는 體言에 -i나 -hi를 첨가한 것)과 비교해야 할 것으로 믿는다.

> **例** ak '弟'<單獨形> : a-aki/a-akihi '내 아우'<所屬形>, šik '眼'<單獨形> : a-šiki/a-šikihi '내 눈'<所屬形>

(8) 到及形語尾, -tʌrok 〈 M.Kor 〉 : -tolo/-tele/-tala 〈 Ma 〉

한국어의 '-ᄃᆞ록'(倒及形)을 만주어의 -tolo/-tele/-tala(倒及形 例. otolo '되도록', ebitele '배부르도록')와 比較되기도 하는데, 여기서 '-ᄃᆞ록'의 末子音 -k를 强勢接尾辭가 첨가된 것으로 보아야 하는 문제가 남는다.

그런데, 길약語도 -tox/-tux(向格 · 處格)을 도급형으로 쓰고 있어서, 이것을 모음 간의 r이 탈락한 것으로 보면 *torko로 소급할 수 있어서 이것과 比較가 될 수 있지 않을까 한다[*cf.* 7.1.(74) : 7.3.(6)].

(9) 複數助詞, -tʌr〈M.Kor〉: -ta/-te〈Ma〉, -til〈Evenki〉

이 複數助詞 -ta/-te<Ma>(例. eshe-te '叔父들', amji-ta '伯父들')의 비교는 매우 對應의 蓋然性이 크나, 그에 못지않게 아이누語의 複數助詞 -utar(例. ayay-utar '애기-들')과 日本語의 複數助詞 -tati(例. tomo-tati '벗-들')도 對應의 蓋然性이 큰 것으로 보인다.

(10) 使動接尾辭, -βʌ > -o/-βï > -u〈M.Kor〉: -bu〈Ma〉· -o/-u〈Olča〉

이 使動接尾辭 -bu<Ma>(例. dedu-bu-fi '눕히고'<Ma>, ili-bu-ha '세우-ㄴ'<Ma>)의 비교는 알타이諸語와 韓國語의 문법형태소의 비교 중에서 가장 믿음직스러운 것의 하나라고 생각한다.

그러나, 길약語에도 -u가 使動接尾辭와 동질의 自動詞의 他動詞化接尾辭로서 쓰이고 있고(例. zoosxï-'깨지다'→zoosxu-'*깨지게 하다→깨다'), 아이누語에도 使動接尾辭 -u가 쓰이고 있다(例. teš-'젖다, 젖혀지다'→tešu '젖히다'). 따라서 길약語나 아이누語의 -u가 *-bu에 遡及한다면 한국어의 '-ᄫ-/-ᄫᆞ-' <M.Kor>와도 비교될 수 있을 뿐만 아니라 旣述한 바 같이 핵심적인 문법형태소의 거의 모두가 길약語와 對應되므로 使動接尾辭 '-ᄫ->-오-/-ᄫᆞ->-우-'도 길약語의 *使動接尾辭 -u와 對應시키는 것이 옳지 않을까 한다.

(11) 疑問形語尾, -o〈Kor〉: -o〈Ma〉

만주어에서 -o가 疑問形語尾의 한 종류로 쓰이고 있는데(例. age waka-o '兄이 아니냐', ere gese weile be sambi-o '이런 일을 아는가'), 이것을 한국어의 의문형어미의 일종인 -o(-오)와 對應시키는 것은 있을 법한 일이나, -o<Ma>가 動詞의 語幹 또는 敍述形語尾 -mbi 뒤에 첨가되기도 하는 점이 한국어의 의문형어미와 다른 점이다.

그런데, 길약語의 의문형어미의 일종인 -ï도 만주어의 경우처럼 敍述形語尾 또는 不定形語尾 -nč/-nt 뒤에 첨가된다. 또 伽耶支配層語와 同系인 드라비다語에서도 -o가 의문형어미로 쓰인다(例. evan '누구' : evan-o '누구인-고').

(12) 冠形形語尾, -r〈 Kor 〉: -r/-Vr〈 Turk 〉· -r(-ra/-re/-ro)〈 Ma 〉

알타이諸語에서는 -r, -n, -m이 動詞에서 파생된 名詞 또는 動名詞를 형성할 뿐만 아니라, 時制와도 밀접한 관계가 있다. 그리고, -r과 -n은 動詞의 冠形形으로도 쓰인다. 그런 점에 있어서는 길약語도 마찬가지이나, 다만 -m <Altai>대신에 -Φ(>-*β>-m)로써 對應되는 점이 다를 뿐이다.

알타이諸語에서는 -r이 名詞形成接尾辭로 쓰이는 동시에 不定時制冠形形과 敍述形에 두루 쓰인다.

例 tilä-(請求하다) : tilä-r(女子篤信者)<O.Turk>
ög-üt-(칭찬할 만하다) : ögd-ir(사례)<O.Turk>
ak-ar su(흐르는 물)<Turk>, yara-r čojuk(도움이 되는 아이)<Turk>
kahve ič-er(커피를 마신다), kar yağ-ar(눈이 온다)<Turk>
gene-re de sabufi(갈 제 보고)<Ma>
gaija-ra jakade(가지려 할 사이에)<Ma>
takūra-ra hehesi(부리는 계집)<Ma>
hečen untuhun se-re(城이 비었다고 한다)<Ma>

그런데, 韓國語에서 ‘ᄅ’이 ‘갈 사람’, ‘올 길’, ‘다ᄋᆞᆳ 업슨’, ‘ᄀᆞ술’(收穫. *cf.* ᄀᆞᇫ-‘ᄊᆡ’), ‘버워리’(啞. *cf.* 버우-‘벙어리가 되다’) 등과 같이 名詞形成接尾辭나 動名詞形 · 冠形形語尾로 쓰이고 있다. 그러므로 알타이諸語의 形態素 -r은 한국어의 ‘-ᄅ’과 對應될 가망이 크다.

그러나, 序頭에서 말한 바와 같이 길약語에서도 -r은 名詞形 · 冠形形語尾는 물론[*cf.* 例文 7.3.(49)], 名詞形成接尾辭로서 汎用되고 있다(例. hunïv-‘머무르다’ : hunïv-r ‘宿泊’, kovrat- ‘앓다’ : kovrat-r ‘病’, kxo- ‘잠자다’ : kxo-r ‘잠’).

(13) 冠形形 · 名詞形語尾 -n〈 Kor 〉: -n〈 Turk 〉

알타이諸語에서 -n은 名詞形成接尾辭로 두루 쓰인다.

例 tüt-‘연기나다’ → tüt-ün‘연기’<O.Turk>, šingge-‘吸收하다’ → šingge-n ‘液體’ <W.Mo>, tači- ‘배우다’ → tači-n ‘學習’<Ma>

그리고, 動詞의 冠形形 · 名詞形으로도 쓰인다.

例 Bahčede gezmekte ol-an zat büyük babamdïr '뜰에서 산책하고 있는 사람은 할아버지다' <Turk>, čok bil-en čok yanïlïr '많이 아는 것은 많이 잘못을 저지른다' <Turk>

그러나, 冠形形으로 쓰일 때 被修飾語는 꼭 冠形形으로 표현된 동작의 주체가 됨이 특징인데 그 점이 韓國語와 다르다(*cf.* 動作의 對象을 나타내는 名詞위에 얹히는 冠形形語尾는 따로 -dVk를 씀).

한편, 韓國語에서 '-ㄴ'(-n)이 冠形形으로 쓰이는 것은 常識으로 알 수 있으니, 그것이 名詞形으로 쓰이는 경우의 例만 다음에 들어 둔다.

例 威化振旅ᄒᆞ시ᄂᆞ로<龍歌 11장>
德이여 福이라 ᄒᆞ놀<動動>
그뒷 혼조초 ᄒᆞ야<釋詳 六 8>
自枉詩ᄒᆞᄂᆞ로 <杜重 十一 5>

그런데, 길약語의 -n도 動詞의 冠形形과 名詞形에 매우 생산적으로 쓰인다[例文 7.3.(36)]. 다만, -n形態로는 名詞形成接尾辭로 쓰이지 못하나, -n은 不定法의 -nd(>-nč)에서의 발달형인데, 그 -nd가 uigi-'없다'→uigund '禁忌', pu- '지키다' →pund '弓'과 같이 名詞를 파생하며, 한국어의 경우와 마찬가지로 별로 생산적이 못 된다.

따라서 한국어의 動詞의 冠形形 · 名詞形의 -n를 튀르크語의 그것과 비교하느니보다 차라리 길약語의 -n와 비교하는 것이 나을 것으로 믿는다.

〔參考〕 Ramstedt(1952, p.94)에서 알타이諸語의 -n이 冠形形으로 쓰일 때 '完了相'을 나타낸다고 하나 위에 例示한 바와 같이 時制 · 時相과 無關한 不定法의 形態素로 보아야 할 것이다. 그 점이 또한 지금의 韓國語의 動詞의 冠形形 '-ㄴ'(-n)이 언제나 '完了相'을 나타내는 것과 다르다.

(14) 請誘形語尾 -čya 〈 M.Kor 〉 : -ča-/-če- 〈 Ma 〉 · -ya 〈 W.Mo 〉 · -s 〈 Turk 〉

몽고語의 -ya는 -*ča에 遡及할 수 있을 것이므로 한국어의 請誘形 -čya(-쟈)와 알타이語의 請誘 · 協同形 -*ča와 비교될 수 있을 것으로 보이나, 韓國語의 '-쟈'는 '-ㄴ다'[*cf.* 7.3.(25) -ㄴ다 마다]에 遡及되는 形態일 것이므로 외형적 유사성만 보고 알타이語의 再構形 -*ča와 비교할 것이 아니다.

다음에 알타이諸語에서 '쟈'(請誘形)와 비교될 만한 형태의 예문을 들어 보인다.

例 yabu-ya(가자)<W.Mo>
kele-ye(말하자)<W.Mo>
wei-sioi sung-siyan gemu asha de ili-ča-habi
(魏續과 安憲은 다 곁에 함께-섰다<Ma>
derei juleri ilin-ča-fi ishunde šandume inje-če-mbi
(床 앞에서 함께 -서서 서로 보며 함께 -웃었다)<Ma)
anla-š-(서로 理解하다)<Turk>
sev-iš-(서로 사랑하다)<Turk>

그런데, 이미 언급한 바와 같이 길약語에도 한국어의 請誘形 '-*ㄴ다'와 對應되는 것으로 믿어지는 -uta/-nate(請誘形)가 있다[*cf.* 例文 7.3.(25)].

(15) 連發形語尾, -čya 〈 M.Kor 〉 : jaka/saka 〈 Ma 〉

滿洲語에는 '-쟈'(連發形)와 비교됨 직한 後置詞 jaka/saka가 있다.

例 banjime jaka gisureme mutembi(出生하자 말할 수 있었다)<Ma>
sengge mama donjime saka ši-niyang aifini genehebi(할아범과 할멈이 듣자 十娘은 벌써 갔었다)<Ma>

그러나, 아이누語에도 한국어의 連發形 '-쟈'와 對應됨 직한 aši(始動相)<Ainu>가 있다(*cf.* aši>*ešyə>*čyə).

또한, '-*ㄴ다 만다'([…+請誘形+말-'禁止'+請誘形]→連發形)는 '-쟈 마쟈'로 변하고 그것이 다시 줄어들어 '-쟈'가 된 것으로 볼 수 있기 때문에 길약語의

請誘形 -nta/-nate와도 분명히 對應을 보여 주는 것으로 추정된다[*cf.* 7.3.(25)].

(16) 名詞形語尾, -m〈 Kor 〉: -mV/-m〈 Turk 〉· -m〈 W.Mo 〉

알타이諸語 중에서 -m이 名詞形成接尾辭로 쓰이고 있는 것은 터키語 뿐이고, 몽고語는 거의 造語力을 잃고 있거나 借用語 속에서 그 명맥을 유지하고 있는 것으로 생각된다.

例 talï- '빼다' : talï-m '노획물' <Turk>
istä- '求하다' : istä-m '所願' <Turk>
toqo- '안장을 얹다' : toqo-m '언치' <W.Mo>

그런데, 韓國語에서는 -m이 名詞形成接尾辭로서 흔히 쓰이고 있어서 이들이 造語論上의 일치를 보여 주고는 있으나, 이런 것은 친족관계에 의한 것이라기보다는 후기신라의 지배층이 튀르크族이었던 데서 그들의 말이 上層語로서 한국어 속에 많은 어휘를 보태었기 때문인 것으로 추정된다.

이제 본론에 돌아가서 알타이諸語의 -m이 名詞形에 쓰인 예를 다음에 보인다.

例 gel-me(오는 것, 옴) <Turk>
yap-ma(하는 것, 함)(Turk>

한국어에 있어서도 -m은 名詞形으로 매우 생산적으로 쓰이고 있어서 터키語의 名詞形 -me/-ma와 對應되는 것으로 보아도 무방할 것이다.

그리고 알타이諸語에서 -m이 「現在時制」와 유관한 形態素로 다루어지고 있다.

例 yabu-m/yabu-mu(간다) <W.Mo>
hečen i baru gene-m-bi(城으로 向해 간다) <Ma>
indahūn ini eien be gūwa-m-bi(개가 제 主人-을 짖는다) <Ma>

한편, 한국어에서도 -m이 「現在時制」 또는 「進行相」을 나타낸다.

例 감쩌(가고 있다, 간다)＜濟州＞
먹엄수다(먹고 있읍니다, 먹습니다)＜濟州＞
火條執音馬(「븘가락 잡음아」, 부젓가락을 잡고 있어, …잡아)＜廣修供養歌＞

따라서 알타이諸語의 -m(現在時制 또는 進行相)는 한국어의 -m(現在時制 또는 進行相)은 對應되는 형태로 볼 수 있다.

그런데, 길약語에서도 -f[Φ](＞*β＞*m, 名詞形・進行相)가 있어서 한국어의 -m(名詞形・進行相)와 훌륭히 對應을 보여 주고 있다[*cf.* 7.3.(50)].

(17) 願望形語尾, -sa-/sʌ- 〈 M.Kor 〉 : -sVn 〈 Turk 〉 ・ -su/-say/-sey 〈 W.Mo 〉 ・ -so/-su 〈 Ma 〉

알타이諸語에 본시 命令形語尾가 없으므로 -so/-su(命令形語尾)＜Ma＞도 본시 起源的으로는 願望(希求)形이었던 것으로 보인다.

例 Allah bizi Koru-sun(알라神이 우리를 지켜 주소서)＜Turk＞
yabu-su-ğay(갑시다)＜W.Mo＞
yabu-ğa-say(아아! 그를 가게 하소서)＜W.Mo＞
bai-su(求하여라)＜Ma＞
o-so(되어라)＜Ma＞

따라서 한국어의 婉曲命令形 '-사-/-ᄼ-'와 알타이諸語의 -sVn(祈願形) ＜Turk＞・-su(欲望形)＜W.Mo＞・-say/-sey(祈願形)＜W.Mo＞・-su/-so(命令形)＜Ma＞는 對應되는 것으로 보아도 무방할 것이다.

그러나, 길약語에도 한국어의 婉曲命令形 '-사-/-ᄼ-'와 對應되는 것이 확실한 -za(婉曲命令形)가 있다[*cf.* 7.3.(57)].

(18) 希求形語尾, -ke/-kɪ 〈 M.Kor 〉 : -ğay 〈 Turk 〉 ・ -gay/-gey 〈 W.Mo 〉

알타이諸語에서 希求形語尾로서 -gay＜Turk＞・-ğay/-gey＜W.Mo＞・-ki＜Ma＞ 등이 쓰이고 있는데 그 예를 들면 다음과 같다.

例 är-gäy(있게나, 있어다오)<O.Turk>
bi od-su-ğay(나는 가고자 한다)<W.Mo>
yabu-tu-ğay(그를 가게 하게나)<W.Mo>
suwende bene-ki(너희에게 먹이고 싶다. ……먹이겠다)<Ma>
muke tatara be tači-ki(물 긷기를 배우겠다)<Ma>

그런데, 이런 希求形語尾를 Ranstedt(1952) pp.89～91에서 한국어의 부드러운 命令形 '-게'와 비교한 바 있는데, 과연 그렇다면 본시 알타이語는 命令形語尾가 없으므로 한국어의 命令形語尾 '-게/-긔'도 希求形에 기원하여야 할 것이나, 아시다시피 한국어는 매우 다양한 命令形語尾를 가지고 있어서 그렇게 보기도 어렵다.

그러나, 길약語는 命令形語尾 -ke가 있을 뿐만 아니라, 多樣하여서 한국어의 그것과 모두 對應되는 것이 확실하다[*cf.* 7.3.(24)].

(19) 副詞形語尾, -a/-ə 〈 Kor 〉 : -(y)a/-(y)e 〈 Turk 〉

터키語에 副詞形語尾 -(y)a/-(y)e가 쓰이고 있는데, 보통은 그것이 하나만 나타나는 것이 아니고 거듭 나타나는 것이 특징이다.

例 koš-a koš-a geldi(달리고 달려 왔다)<Turk>
oku-ya oku-ya bilgimiz artajak(읽고 읽어 우리의 知識이 는다)<Turk>

그런데, 韓國語에서는 副詞形語尾 -a(-아)/-ə(-어)가 자주 쓰이나 疊用되는 일이 거의 없다.

한편 길약語에도 副詞形語尾로서 -a가 쓰이고 있다[*cf.* 7.3.(44)].

(20) 過去時制語尾, -tə/-ta 〈 M.Kor 〉 : -tV/-dV 〈 Turk 〉

알타이諸語 중의 터키語에서 -tV/-dV를 가지고 「過去」를 나타내는데(例. gel-di '왔다', git-ti '갔다', yaz-dï '적었다', oku-du '읽었다', čïk-tï '나왔다'), 한국어에 있어서도 -tə-(-더-)/-ta-(-다-)가 「過去」를 나타내는 境遇가 있다(例. 가던

사람, 희던 꽃, 집으로 가더니, 꽃이 희더니).

〔參考〕 "가더라"의 '-더라'는 '더'만을 떼어서 過去를 나타내는 形態素로 보지 말아야 할 것임

그런데, 이 韓國語의 '-다-/-더-'(過去)도 길약語의 -ta/-t(過去)와 對應되는 形態素임이 분명하다[*cf.* 7.3.(70)].

(21) 過去時制語尾, -kə/-ka 〈M.Kor〉 : -ka/-ke/-ko/-ha/-he/-ho 〈Ma〉 · -ğa/ -ge 〈M.Mo〉

알타이諸語에서 -ka/-ke/-ko<Ma>는 「過去冠形形 · 敍述形語尾」로 쓰이고 -ğa/-ge<W.Mo>는 「過去未完冠形形語尾」로 쓰인다.

例 gaimbi seme gisure-he(장가 든다고 말하였다)<Ma>
gaihakū gūwaliya-ka(장가 들지 않고 變心하였다)<Ma>
mimbe ji-he de(내가 왔을 때에)<Ma>
banji-ha inenggi(태어난 날)<Ma>
yabu-ğa Kümün(갔던 사람)<W.Mo>
suu-gaa xün(앉아 있던 사람)<Mo>

한편, 한국어에서는 -kə-/-ka-(-거-/-가-)가 現在完了相을 나타내고 있다.

따라서 알타이諸語에서는 過去時制를 나타내는 데 반하여 한국어에서는 現在完了를 나타내고 있어서 좀 차이가 있다.

그런데, 길약語에는 -ŋan(現在完了相)이 쓰이고 있고 이것은 한국어의 -kan과 音韻對應을 이루고 있으며, -kan(-간)은 母音調和로 -kən(-건)을 만들어 낼 수 있고, -kan/-kən은 -ka/-kə(現在完了)+n(冠形形←*名詞形)으로 분석할 수 있으므로 "오늘도 다 새거다 호믜 메고 가쟈ᄉᆞ라"<松江二3>나 "이 고기 닉거다(這肉熟了)"<老上 20>의 '-거-'(現在完了相)는 차라리 길약語의 -ŋan의 -*ŋa-와 對應시켜야지 알타이語와 비교할 것이 아니다[*cf.* 7.3.(38)].

(22) 同時羅列語尾, -myə(-며) 〈 Kor 〉 : -me 〈 Ma 〉

滿洲語에서 -me는 同時羅列形語尾로 쓰인다.

> **例** sebderi bade teye-me amhaha bihe(그늘에서 쉬며 자더니)<Ma>
> balai too-me yobodo-me fuhali targah-akū(망녕되게 욕하며 희롱하며 삼가지 않았다)<Ma>

한편, 한국어의 -myə(-며)는 -me<Ma>와 기능은 같으나 음운상으로 볼 때 母音의 對應이 좀 의심스럽다.

그런데, 길약語 -fï([Φï] *cf.* ~>*βï>*mï>*myə)가 進行形語尾로 쓰이고 있어서 한국어의 -myə와 音韻上 對應되는 것으로 추정되므로 이것과 비교하거나, 또한 길약語의 進行形助動詞 ixmï-(*cf.* ~imï>~im : -伊音/-音'進行形'<鄕歌>)와 比較되어야 할 것이다[*cf.* 7.3.(50)].

(23) 被動形助動詞, ti- 〈 M.Kor 〉 : -ja/-je/-jo 〈 Ma 〉

滿洲語에는 被動接尾辭 -ja-/-je-/-jo가 쓰이고 있고, 한국어에서는 ti-(디-)가 「被動 또는 自動的 可能」을 나타내는 助動詞이나 그 앞에 놓이는 副詞形語尾 -a/-ə(-아/-어)를 합쳐 편의상 接尾辭로 다루고 있는데, 어떻든 -ja-/-je-/-jo-<Ma>는 動詞語幹에 직접 잇대이고, ti-<M.Kor>는 動詞語幹에 직접 잇대이지 못하는 점이 서로 다르고 또 자음 및 모음의 對應이 의심스럽다.

> **例** hūwa-ja-mbi(허물어지다)<Ma>
> efu-je-he(부서졌다)<Ma>

그러나, 한국어의 底層語로 믿어지는 아이누語에 再歸代名詞 či가 動詞語幹에 接頭되어 被動 또는 自動的 可能을 나타낸다. 다음에 아이누語의 例를 든다.

> **例** kaye(꺾다) : či-kaye makir(꺾어진 칼)
> perpa(쪼개다) : či-perpa ni(쪼개어진 장작)

wente(깨다) : či-wente toke(깨어진 時計)
nuina(숨기다) : či-nuina ape(숨겨진 불, 埋火)
numke(고르다) : či-numke čoipep(골라진 食器)

위에서 動詞의 語幹과 再歸代名詞의 위치가 서로 顚倒되어 있을 뿐, 그 기능이나 音韻은 對應되는 것이 확실하며, 만주어의 被動接尾辭 -ja-/-je-/-jo와 비교하는 것보다 차라리 아이누語의 再歸代名詞 či-와 비교하는 것이 나으리라고 생각한다.

(24) 處格助詞, -rə/-ra 〈 M.Kor 〉 : -la 〈 Tung 〉

여기에 대해서는 李基文(1975) p.184에서 언급되어 있는데 -la를 일부 퉁구스語에서 과연 處格助詞로 쓰고 있다.

例 ǯū-la(집에)<Tung>
mō-la(나무에)<Tung>

한편, 한국어에는 '어드러, 어드러셔, 아모ᄃᆞ라셔'라는 말이 있는데, 여기에 보이는 '-러/-라'가 퉁구스語의 處格助詞 -la와 對應되는 形態素의 化石인 것 같다는 바, 이것은 이미 (2)에서 언급한 바와 같이, 흥미를 끌면서도 매우 위험한 속단이라 아니 할 수 없다. 바꾸어 말하면, '-라/-러'는 알타이語와는 전혀 무관하다.

왜냐하면, '어드'와 '아모'라는 말은 伽耶系인 드라비다語와만 對應되는 말이다. 다시 말하면, '어드 : ētu(어디)<Ta>', '어드러 : etōl(i)(어디로)<Ka>', '아모 : āva(아무, 어느. *cf.* ēv=ēm)<Ka>', '아모ᄃᆞ : āvudu(아무, 어느)<Ka>', '아모ᄃᆞ라 : evaṇḍru(누구, 아무사람, 아무것)<Te>' 등과 비교할 수는 있어도 알타이諸語와는 전혀 연관이 없는 말이기 때문이다. 위의 열거한 語彙와 語根 *ätū-를 같이 하는 드라비다語의 etōl(i)(어디로 · 어디에)<Ka> · eytr(어디서)<Ko> · eyōl(어디)<Ko>이 있어서, 이들 말의 末音 -r/-l은 -ra/-rə(-라/-러)와 對應시킬 만하며, 특히 etō-l/etō-li의 -l~li는 沿格助詞로 볼 수 있고, -li는 -li>-lyə>-ryə>

-rə→-ra와 같은 변화를 고려할 수 있기 때문에 한국어의 "어드러셔, 어드러로, 아모ᄃᆞ라셔"의 '-러/-라'와 비교함 직하다.

x x x

위에서 이미 다른 학자들에 의해 거론된 바 있는 文法形態素 24個項目을 검토하였다. 여기서 우리는 한국어의 格助詞(소위 主題格助詞 포함)를 비롯한 문법 형태소들은 알타이諸語의 그것과 비교하는 것보다는 길약語의 그것과 비교하는 것이 더 확실성이 있을 뿐만 아니라, 알타이諸語와 비교될 수 있는 것들은 主格助詞·對格助詞·定動詞形과 같이 機能負擔量이 큰 것은 하나도 없다. 그뿐만 아니라, 擧論된 形態素조차도 音韻對應規則에 의한 比較는 별로 없었다.

그런데 반하여, 길약語를 一對一로 한국어와 비교하면 모든 格助詞·定動詞形語尾들이 音韻對應規則에 의해 거의 모두 對應됨을 볼 수 있으니(*cf.* 1.3. 및 7.3), 이 어찌 우연의 일치나 단순한 言語接觸에 의한 類推現象으로 보아 넘길 수 있겠는가!

그뿐만 아니라, 위에서 보인 알타이語와 비교됨직하였던 形態素들은 諸語에서 긁어모아서 비교한 것이므로 質的으로 그 증명력은 그나마 반감하여 더욱 보잘 것 없다 할 것이다.

1.3. 派生接尾辭의 比較硏究·檢討

(25) 序數接尾辭, -čahi〈M.Kor〉: -či〈Ma〉·-inji〈Turk〉·-dagār/-degēr〈Mo〉·tağar/-tüger〈W.Mo〉

알타이諸語에서는 序數接尾辭로서 -či＜Ma＞, -inji＜Turk＞, -dagār/-degēr＜Mo＞, -tağar/-tuğar/-tüger＜W.Mo＞이 쓰이고 있는데, 이것과 한국어의 序數接尾辭 -čahi(-자히)를 對應시키고 있으나, 이 가운데서 몽고語의 부리야드方言의 序數接尾辭 -degēr/-dagār과 비교하는 것이 합리적이 아닐까 한다. 왜냐하면 '扶餘·夫餘'는 '부리야드'의 取音漢字語이기 때문에 부여족과 同系인 고구려나 백제의 지배층어도 부리야드 方言과 同根의 序數接尾辭를 썼을 것이고, 또 -degēr(> *jege > *jehi > *čahi) <Mo>과 -čahi <M.Kor>는 音韻對應이 거의 확실한 것으로 생각되기 때문이다.

그런데, 길약語의 序數接尾辭 -int는 -inji <Turk>와 매우 흡사하여 길약語족이 차용일 것으로 생각되는데, 만약 -či <Ma> · -inji <Turk> · -degēr <Mo-Buriat>이 同起源으로 遡及되는 형태라면 -int <Gily>도 알타이 祖語形 *indegēr의 발달형으로 볼 수 있을 것이다.

따라서 한국어와 알타이諸語와의 문법형태소의 비교에서 이제까지 親族關係 증명에 도움이 될 만한 形態素를 발견하기 어렵던 차에, 문법형태소에 준하는 意味形態素에서 알타이語 起源의 '-자히' <M.Kor>를 하나 찾아 낸 것은 의미있는 성과라고 할 수 있다.

(26) 動詞派生接尾辭, -g- 〈 Kor 〉 : -k/-q 〈 Turk 〉

터키語에는 名詞에서 動詞를 派生하는 接尾辭 -k/-q가 있어 다음과 같이 쓰인다.

例 tağ(山)→tağ-ïq-(오르다) <Turk>
yaz(春)→yaz-ïq(봄이 되다) <Turk>
bir(一)→bir-ik-(통합하다) <Turk>
sū(水)→sū-q-(젖다) <Turk>

이런 現象은 日本語에 있어서는 매우 生産的이다.

例 wana(덫)→wana-k-(목을 조르다) <Jap>
sita(下)→sita-k-(짓밟다) <Jap>
makura(枕)→makura-k-(벼개로 벼다) <Jap>
*midu(水)→*midu-k-(적시다) <Jap>
mata(가랭이)→mata-g-(가랭이를 벌려 넘다) <Jap>
*tuna(綱)→*tuna-g-(잇다) <Jap>

한편, 韓國語에서도 그런 派生現象이 몇 개 보이기는 하나, 生産的인 形態素가 아니다.

例 mɯr(水)→*mɯr-g-(>mulg-, 믉- '묽다')<M.Kor>
pɯr(火)→*pɯr-g-(>plug-, 븕- '赤')<M.Kor>. *cf.* Ablaut로 '붉-'(明)에서 '붉-(赤)'이 생겨난 것으로 볼 수 있음
əri(檻)→ər(i)-g-(>əlg-, 얽- '纒')<M.Kor>

그런데, 길약語에서도 한국어의 경우와 마찬가지로 非生産的이기는 하나 몇 개의 그런 派生現象의 例가 보인다.

例 ēri(江)→ēr-xe-/ay-gi-(흐르다)<Gily-G. p.16>
wā(환도, 칼)→wā-ge-/wā-g-(자르다)<〃 〃>

그러므로 그 非生産的인 면을 고려하여 한국어의 動詞派生接尾辭 -g-를 터키어의 그것과 비교하느니 차라리 길약語의 動詞派生接尾辭 -g-에 비교하는 것이 옳을 것으로 믿는다.

여기서 한마디 집고 넘어가야 할 것은, R.A. Miller(1980)에서 이러한 派生法이 일본어가 알타이語와 親族關係에 있다는 결정적인 한 증거가 된다는 견해이다. 이것은 아주 위험한 생각이다. 그러한 派生法接尾辭가 일치한다는 것도 親族關係를 증명하는 데 도움이 되기는 하지마는, 그것이 비교 연구의 핵심자료인 文法機能을 나타내는 形態素가 아니고 造語論的인 것인 바, 어휘는 얼마든지 차용될 수 있기 때문이다.

한국어나 길약語에 -g-(派生接尾辭)를 가진 어휘가 몇 개 안되고 非生産的이라는 사실은, 이들 어휘가 터키語에서의 차용일 수도 있다는 것을 의미하는 것인지도 모른다.

(27) 形容詞派生接尾辭, -tak/-tər/-tuk/-čik/-čïk〈Kor〉: -taka/-teke/-čuka/ -čuke〈Ma〉·-dak〈Uig〉·-čïğ〈O.Turk〉

알타이諸語에는 '같다, 如然'의 뜻을 가진 接尾辭 -taka/-teke(體言下에 附加)/-čuka/-čuke(動詞下에 附加)<Ma> ·-dak<Uig> ·-čïğ<O.Turk>이 다음과 같이 쓰인다.

例 an-taka(어떤)<Ma>
en-teke niyalma(이같은 사람)<Ma>
ten-teke alin(저같은 山)<Ma>
ferguwe-čuke gala(珍奇한 손)<Ma>
ferguwe-čuke sembi(珍奇하다)<Ma>
usa-čuka Fung-siyo!(슬프다 奉孝여!)<Ma> *cf.* usa-'絶望하다'
korkū-dak(두려운)<Uig> *cf.* Korkū(두려움, 놀라움)
qorqï-n-čïğ(두려운)<O.Turk> *cf.* qorqu(두려움, 놀라움)

한편, 한국어에서는 -tak/-tər/-tuk(-닥/-덕/-둑)이나 -čik/-čïk(-직/-즉)이 動詞語幹이나 動詞의 名詞形에 잇대어 形容詞를 형성한다. 이 때 '-닥/-덕/-둑/-직/-즉'은 '…然, 如, 可能, 價値'의 뜻을 나타낸다.

例 납-닥-하다, 넙-덕-하다, 뻿-닥-하다, 절-둑-거리다
法 바담직 홀쎠<釋詳十九 25>
부텨 이롤 맛뎜직 호미(月釋二64>
애롤 긋첨즉 ᄒᆞ니(杜重十一(5>

그러나, 아이누語에도 動詞에 -tek(輕微態?)<金田一京助 1944, p.160>가 있는데, 筆者는 이것을 한국어의 소위 假飾接尾辭 '-척/-체'와 如然接尾辭 '-직/-즉/-닥/-덕/-둑'과 對應시켜 본 바 있는데, 다음에 -tek<Ainu>의 실례를 들어 보인다

例 rikin(오르다)→rikin-tek(오르는 척하다)<Ainu>
arpa(가다)→arpa-tek(가는 척하다, 가는 것같이 하다)<Ainu>
hopuni(일어나다)→hopuni-tek(일어나는 척하다)<Ainu>

요컨대 韓國語의 形容詞派生接尾辭 '-닥/-덕/-둑/-즉/-직'은 알타이諸語와 아이누語에 함께 비교할 수 있어서 그 輕重을 가릴 수 없다. 어떻든 이것도 비교연구

에 있어서 그리 중요하지 않은 造語法上의 意味形態素의 비교에 불과하여, 어휘의 다량의 차용으로 말미암은 것일 수도 있다.

(28) 名詞派生接尾辭, -s 〈 Kor 〉 : -si/-s 〈 Mo 〉

몽고語에서 -si/-s가 動詞에 접미되는 名詞派生接尾辭로서 쓰인다.

例 daru-si(墓碑)<Mo> *cf.* daru-(陰影을 만들어 돋보이게 하다)

한편, 한국어에 있어서도 -s(-ㅅ)가 名詞派生接尾辭로 쓰이기는 하나 名詞에도 접미되는 것이 특징이다.

例 돐(朞) : 돌(朞)<方言> *cf.* 돌-(廻)
낛시/낛(釣) *cf.* 낚-(釣)
넋(魂)/넉(魂)<方言>

그런데, -s/-si는 名詞派生接尾辭로서 별로 생산적이 못 되는데, 길약語에도 -s가 名詞派生接尾辭로서 쓰이고 있다.

例 kan-puke-s(개-썰매)<Gily> *cf.* kan-puke-(개를 매달다)

(29) 名詞派生接尾辭, č'i 〈 Kor 〉 : -či 〈 Ma 〉

만주어에서 職業人을 뜻하는 接尾辭 -či를 첨가함으로써 새로운 名詞를 생산적으로 형성한다.

例 adu-či(牧童)<Ma> *cf.* adu-n(牧群)
mede-či(우체부)<Ma> *cf.* mede(소식)

한편, 한국어에 있어서 -č'i(-치)가 職業人을 뜻하다가 '사람'의 卑稱으로도 쓰이어서 名詞下에 첨가되어 새로운 名詞를 형성한다.

例 장사-치, 그-치

그런데, 한국어에서는 -č'i(-치)가 특정한 한두 단어에만 첨가되어 쓰이고 있어서 만주어에서의 차용일 가능성이 짙다. 그뿐만 아니라 터키어의 -ji와 몽고어의 -ji/-či도 만주어의 -či와 꼭 같은 의미와 기능을 가지고 있어서 한국어의 -či와 비교될 수 있다.

(30) 名詞派生接尾辭, -s'i 〈 Kor 〉 : -si 〈 Ma 〉

만주어에는 -či<Ma>와 마찬가지로 「行爲者」를 뜻하는 -si가 매우 생산적으로 쓰이고 있다.

例 efi-si(배우)<Ma> *cf.* efi-n(놀이)
baita-si(사무관)<Ma> *cf.* baita(사무)

한편, 한국어에 있어서도 -s'i(씨)가 첨가되어(?) 새로운 名詞를 형성하지만 매우 드물게 보는 현상이다.

例 아기씨, 아가씨, 아씨, 아저씨

그런데, 이런 例들은 接尾辭 -s'i가 添加된 것이 아니고 한 단어의 末音節일 가능성도 있어 보인다. 예를 들어 말하면 '아가씨 · 아기씨'는 akači(少女)<Ainu>와 비교가 가능하고, '아씨'는 ācci/ātti(母)<Dr-Ta>와 비교될 수 있으며, '아저씨'는 *ätiki>*ačihi · ačik(伯父)<Gily>>*ačyəsi>ačyəs'i(*cf.* ečige「父」<Mo>, ẹtki '시아버지'<Evenki>, ätkä「父」<Tat>)와 같은 변화를 거쳐 생겨난 말일 수 있다.

(31) 名詞派生接尾辭, -kä/-ke 〈 Kor 〉 : -ku/-kū 〈 Ma 〉

만주어에서 -ku/-kū가 道具를 뜻하는 名詞派生接尾辭로 쓰이고 있다.

例 ilba-kū(흙손)<Ma> *cf.* ilba-(흙을 바르다)

etu-ku(衣)〈Ma〉 *cf.* etu-(옷입다)

한편, 한국어에 있어서는 -kä/-ke(-개/-게)가 도구를 뜻하는 名詞派生接尾辭로 쓰이고 있다.

例 덮-개, 가리-개, 집-게

그런데, 滿洲語의 -ku/-kū와 韓國語의 -kä/-ke(-개/-게)를 비교하는 이가 있는데 여기에는 母音對應에 좀 문제가 있고, 또한 길약語의 道具名詞派生接尾辭 -gu가 있는데 차라리 이것과 滿洲語의 -ku/-kū를 對應시켜 이들의 어느 한쪽이 차용한 것으로 보는 것이 옳지 않을까 한다.

例 mačerla-gu(어린이)〈lily〉 *cf.* mačerla-(어리다)

筆者는 姜吉云(1976.12) pp.11~12에서 -kä/-ke〈Kor〉를 -kač/-keč 〈Turk〉· ğai/-ğar〈Mo〉·-gan/-gen〈Ma〉·-ke〈Jap〉 등과 比較한 바 있었다.

(32) 名詞派生接尾辭, -čir〈Kor〉: -či〈Ma〉

만주어에서 '그런 行爲'를 뜻하는 名詞派生接尾辭로서 -či가 쓰이고 있다.

例 ahū-či-la-(兄노릇을 하다)〈Ma〉 *cf.* ahūn(형)
nika-či-la-(下人노릇을 하다)〈Ma〉 *cf.* nika-n(下人)

한편, 한국어에 있어서는 -čir이 '그런 行爲'를 뜻하는 名詞派生接尾辭로 쓰이고 있다.

例 노략-질, 시어머니-질, 훈장-질

그런데, 드라비다語에도 한국어의 -čir(-질)/-*či와 對應되는 것이 확실한 ceyal

(行爲)<Dr-Ta> · cey(하다, 行爲)<Dr-Ta>가 存在한다.

(33) 名詞派生接尾辭, -kïn〈Kor〉: -hūn〈Ma〉

만주어에는 -hūn이 冠形形으로 쓰이고 있는데 이것은 起源的으로 -*kūn(名詞派生接尾辭?)에 遡及되는 것으로 볼 수 있다.

> **例** gaŋga-hūn(야위고 키가 큰)<Ma> *cf.* gaŋga-ta(야위고 키가 큰 사람)
> subu-hūn(취기가 깬)<Ma> *cf.* subu-(취기가 깨다)

한편, 한국어에는 副詞派生接尾辭(←名詞派生接尾辭?)로서 -kïn(-근)이 더러 쓰이고 있다.

> **例** 얼-근-하다, 넉-근-하다(*cf.* 넉넉하다)

그런데, 한국어의 -kïn과 만주어의 -hūn이 起源的으로 名詞形成接尾辭였다면 이들은 對應되는 것으로 보아도 무방할 것이다.

X X X

위에서 한국어와 알타이諸語의 派生接尾辭 가운데서 이미 다른 학자들에 의해서 거론된 것들을 열거하여 보였는데, 여기서도 그 모든 것이 알타이諸語와만 유사한 것이 아니고 길약語 · 아이누語 · 드라비다語 등과도 유사하여서, 알타이語와만 對應된다고 보기 어려운 것이 대부분이었을 뿐만 아니라, 이들 형태는 문법기능을 나타내는 核心的인 形態素가 아니다. 그러므로 이들 형태들이 설령 알타이語의 한 언어와 모두 對應된다손치더라도, 起源的으로 親族關係에 있어서 對應되는 것인지 그렇지 않으면 借用에 의한 것인지 그것을 판별할 길이 없다. 다시 말하면 派生接尾辭의 비교연구는 친족관계의 결정적인 증거가 될 수 없고, 다만 그들의 친족관계 여부를 규명하는데 길잡이 정도의 구실밖에 못한다. 더우기 音韻規則에 의한 연구도 아니고 단순히 유사성에 의한 소박한 비교이니

言語系統의 증명에 별 의미가 없다.

1.4. 言語構造의 比較研究 · 檢討

우리가 이제까지 한국어를 알타이語族에 속한다고 한 이면에는 文法形態素의 比較에 의한 것이라기보다는 소박하게 構造上의 유사성이 크게 작용한 것으로 볼 수 있다.

알타이諸語와 韓國語에 共有하는 言語構造上의 유사점은 주로 다음과 같다고 한다.

言語構造上의 類似點

(34) 알타이**語**에서는 **語頭**에 **子音群**이 서지 않는다. 예를 들면, brāhmana '파라문' <Skt>→biraman<Mo> · p'aramun<Kor>과 같이 借用語에서 語頭子音群에 母音을 삽입하여 語頭에 子音群이 서는 것을 피하는 현상을 보여 준다.

그런데, 韓國語에 있어서는 15세기에 일시적으로 語頭子音群을 허용하였다고들 한다.

그러나, "十五世紀의 初聲合用並書의 音價攷(I)-比較言語學的 考察-"(姜吉云, 1976)에서 그런 설이 아무런 根據가 없음을 밝힌 바 있다. 더우기 「女兒曰寶姐」<雞林類事>를 임의로 '寶妲'의 誤記라 하고 patala(女兒)<Gol>, fatali(id) <Olča>와 비교한 데는 놀라지 않을 수 없다(*cf.* 李基文, 1955). 「寶姐」는 bajï (姉 · 年上女)<Turk> · bač-gan(女兒)<W.Mo> · paducu(女兒)<Dr-Te> 등과 對應되는 말일 것이다. 여하간, 여기서는 흔히 드는 例를 가지고 語頭子音群이 없었다는 설명을 대신한다.

例 ᄣᅢ(時) : uthai(卽刻)<Ma>, dartai(暫時)<Ma>, ta̱ri(機會) <Dr-Te>
ᄠᅦ(筏) : ada(筏)<Ma>
ᄡᅳᆯ-(掃) : šudu-eriku(掃箒)<Ma>, šür-(쓸다)<Mo>
ᄡᆞᆯ(米) : sari-(밥먹다)<Gily>, cōru(삶은 쌀)<Dr-Ta>, soča(新婦에게 뿌리는 쌀) <Ma>, sačï(id)<Turk> *cf.* sāli(쌀)<Skt>

ᄣᆞ리-(破・碎) : dara-(碎)<Mo>, tahrib-(破)<Turk>, yar-(<*dar-, 裂・破)<Turk>, talli(打破)<Dr-Ta>, tari-(被破)<Dr-Ta>

ᄯᆞᆯ(女兒) : tāze(女兒)<Turk>, *cf.* agari<Kor>∞agïz<Turk>

ᄭᅩ리(尾) : huʒu(尾)<Olča>, kuyruk(尾)<Turk>, hude(船尾)<Ma>

ᄲᅳᆯ(角) : weihe(뿔)<Ma>, ebür(뿔)<Mo>, bujak(뿔, 구석)<Turk>

ᄧᅥᆨ(餠) : talx(떡, 빵)<Mo>, tatïğ(飮食, 맛)<O.Turk>, idege(떡소)<Mo>, tuhe (餠)<Ma>

어떻든 語頭子音群을 피하는 현상은 韓國語・日本語・알타이語는 물론이고, 아이누語도 그렇고, 길약語도 실지로는 그런 현상을 보여 주는 언어다. 따라서 알타이語와만 共有하는 현상이 아니다.

(35) 알타이**語**에서 **語頭**에 **r-**이나 **ŋ-**이 서는 것을 피한다**.** 따라서 알타이諸語에서 r-로 시작되는 단어는 借用語이다.

이러한 특징을 지금의 韓國語도 가지고 있지만, 그러나, 古代에는 韓國語가 語頭 -r・ŋ-를 가지고 있었음이 확실하다.

李朝初만 하여도 '라귀'(驢)<月釋廿 三72>・'라온'(즐거운)<杜初 七25>・'러울'(너구리)<解例 用字例>・'럼난디'(넘난 것)<西京別曲> 등의 보기로 미루어서 古代에는 語頭에서 r-이 보다 많이 쓰였을 것은 틀림없다.

또 ŋ-이 지금 쓰이고 있지 않으나, 「東國正韻」의 漢字音이 모두 당시의 現實音이라고 보기는 어려워도, 業母(疑母)에 속하는 漢字에는 ŋ(ㆁ)이 붙어 있다.

例 凝ᅌᅳᆼ, 玉ᅌᅩᆨ, 仰ᅌᅣᆼ, 獄ᅌᅩᆨ, 銀ᅌᅳᆫ, 顔ᅌᅡᆫ
眼ᅌᅡᆫ, 岸ᅌᅡᆫ, 諺ᅌᅥᆫ, 月ᅌᅯᇙ, 吟ᅌᅳᆷ……

또한 古地名속에서도 쓰이고 있었다. 「平壤」을 「百牙岡」<高麗史 卷122 方技・金謂磾>이라고도 하였는데, 이것은 *taŋŋa-tʌr(*cf.* taŋgū '百'<Ma>, 唐括 탕고 猶言百戶也<龍歌 七23>)의 표기로 추정하는데, 여기서 '牙'를 ŋa로 읽고 있다. 이것은 部族長을 뜻하는 daŋŋa<Ma>가 겨신 山(*cf.* 達'山'<地名>) 또는 '땅'(*cf.* tala '曠野'<Ma>)이라는 뜻의 말인데, 여기서 「牙」는 ŋa로 읽히고 있으

니 적어도 高麗時代까지는 語頭에서 ŋ이 쓰인 것으로 추정된다. 韓國語는 길약語와 분명한 同系語인데 길약語의 ŋ-와 韓國語의 k- 또는 ∅-<Zero>가 對應한다.

이와 같은 여러 가지 점으로 미루어서 韓國語는 古代에 語頭音으로서 r-이나 ŋ-을 가지고 있었는데, 上層語인 알타이諸語와 드라비다語의 영향으로 차차 語頭에서 쓰지 않게 된 것으로 추정된다.

(36) 알타이諸語는 母音調和가 있다. 그리고, 한국어도 李朝時代에는 분명히 母音調和가 있었다. 그런데, 알타이諸語는 母音調和型까지 모두 같은 것은 아니다. 대부분은 前舌母音 對 後舌母音의 對立體系이지만(例. 터키語 : 男性母音 'a o ï u', 女性母音 'e ö i ü'), 몽고語의 부리야드語나 퉁구스語의 골디語 등은 高舌母音 對 低舌母音의 對立體系이며, 李朝時代의 한국어도 高舌母音 對 低舌母音의 對立體系이다. 服部四郎(1959, 1975)에서는 口蓋調和(前舌母 對 後舌母)가 근원적인 것인데 거기서 開閉調和(高舌母 對 低舌母)로 바뀐 것으로 보고 본시는 모두 口蓋調和였다는 것이다.

이 說에 맞추어서 李基文(1972. p.16)・金完鎭(1971)에서 韓國語의 開閉調和(高舌母音 對 低舌母音)도 근원적으로 口蓋調和이었을 것으로 보고, 女性母音(陰性母音)-'ㅓ(ə), ㅡ(ɯ), ㅜ(u)'는 본시 'ㅓ(ä), ㅡ(ɔ̈), ㅜ(ü)'이었으며, 男性母音(陽性母音)-'ㅏ(ɐ), ・(ʌ), ㅗ(o)'는 본시 'ㅏ(a), ・(ɔ), ㅗ(u)'이었다는 新說을 내놓았다. 이것을 圖示하면 다음같이 될 것이다.

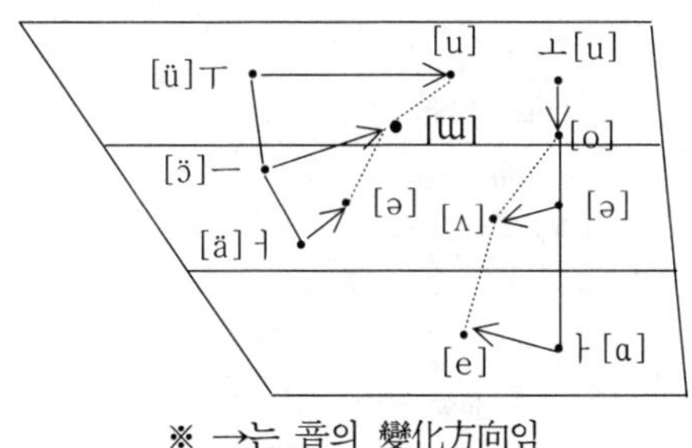

※ →는 音의 變化方向임

ㅏ……a>ɐ(前進)
・……ɔ>ʌ(前進, 低舌母音化)
ㅗ……u>o(低舌音化)
ㅓ……ä>ə(後退, 高舌母音化)
ㅡ……ɔ̈>ï(後退, 高舌母音化)
ㅜ……ü>u(後退)

위에서 圖示한 音의 변천상을 보면 어떤 音은 後舌에서 전진하는가 하면 그 반대로 어떤 音은 前舌에서 후퇴하고, 또 高舌音化하는가 하면 그와 반대로 한쪽에서 低舌音化하였다는 것이 된다. 무릇 音韻의 體系的 變化에는 일정한 원칙이 있다. 發話의 속도가 빨라지고 노력을 덜 들이려는 생각이 곁들여 母音들이 高舌音化하는 世界共通的인 경향이 그 대원칙이고, 母音의 調音位置 즉, 前舌母音이 後舌母音으로, 後舌母音이 前舌母音으로 위치를 함부로 바꾸지는 아니한다. 다만 前舌母音으로서 圓唇母音이 불안정하므로, ü를 u나 i로, ö를 o나 e로 바꾸는 일이 있을 뿐이다. 엘리자베스朝의 英語의 母音大推移도 前舌母音이나 後舌母音이 그 調音位置는 그대로 두고 모두 한 단계씩 高舌母音化한 것이지(æ>e, e>i, a>æ, ɔ>o, o>u 등), 李基文 · 金完鎭이 추정한 것처럼 무원칙하게, 마치, 母音梯形圖란 그라운드를 한 바퀴 돌 듯이, 母音體系를 변혁시키는 音韻變化란 生理學的으로나 努力經濟의 原理나 記憶負擔의 原理로 보아서도 너무 상식에 어긋나는 추정에 불과하다. 물론 이러한 추정의 뒷받침을 하느라고, 알타이諸語의 母音體系(推定)를 韓國語의 그것과 비교한 것이 李基文(1972. pp.16~17)에 보이는데, 여기서 語彙比較를 하였으나, 그것은 비교어휘수도 너무나 적거니와 我田引水格의 語彙比較로 그친 감이 있다.

예를 들면, 알타이助語의 *ö를 韓國語의 '으'에 對應시켰으면서도 예는 '믈'(水)∞mören(江)<Mo>과 參考로 든 '븟-'(注)∞üsür-(撒)<Mo>의 두 예만을 제시하고 있다.

筆者가 幹母音 ö를 가진 터키語 · 蒙古語의 어휘에 비교될 만한 韓國語어휘 몇 개를 골라 다음에 보인다.

	ö<W.Mo>——————	o,u,ə<Kor>
例	nögüle-(陷害하다)	nogi-(id)
	nöle(火陷)	nol(火雲)
	ögele-(도련하다)	ori-(id)
	öljei(壽한)	ora-(久)
	ölmeü sülmeü(參差하다)	olmaŋ-čolmaŋ(id)
	öndür(높이)	*onje(「溫祚 · 百濟 · 十濟」高),

	cf. undu(그릇높이)	
örbi(황새)	orabi(白鷺)cf. 흰-오라비	
öril(오얏)	oyaj(id)	
örni-(화나게 하다)	*olni-(id) cf. 약-올리다	
örune(西・右)	orʌn(id)	
öndege(<*pöndege 蛋, 알)	pondogi(번데기)	以上 11개
böge(무당)	muk'ɯri(卜術)	
čöküre-be(失望하다)	čugur-wi-(萎縮)	
öge-de(위로)	uh(上)	
örüšiyel-tei(<*pörüšinel-tei 불쌍한)	pulšyaŋ-hʌ-(id)	以上 4개
öčügedür(어제)	əje(id)	
ögelei(凡物壯大하다)	əgəri(id) cf. 어거리-장대/풍년	
čögen(적다)	čəgɯn(小)	
ögere(다르다)	əgɯrɯ-(相違)	
önggele-(빈말로 꾸미다)	əŋgəl(陋名) cf. 엉걸-입다	以上 5개
örlüge(<*pörlüge 아침)	pʌlgi(始明)	1개
mören(江)	mɯr(水)	1개
nögülü-(여기가 거꾸루 나ᄋᆞ다)	n⊏gul-(id)	1개

ö<Turk> ———————————— o,u,ə<Kor>

例 öj(仇)	*ora(「久」, 仇)<地名>	
ördak(오리)	ori(id)	
örü(織物)	ori(布條)	
kösä-(欲望)	kojya(id)	
kök(根)	*k'ok(id) cf. 꼭지	
köse(수염 없이)	kojya(고자)	
kötek(때림)	koj-(지르다・때리다)<咸南>	
kör(눈이 먼)	kor-(장님이 되다)	以上 8개
öz(우리, 自身)	uri(我等)	
öhö(우우! 비웃는 소리)	uhu/uu(id)	
öt-(노래부르다)	ur-(새가 울다)	
köše(구석)	kusək(id)	
ör(울타리)	ur(id)	
kötü(궂다, 惡)	kuč-(id)	以上 6개
ör-(머리를 따다)	əlg-(얽다)	
ömür(재미나는)	əwi(興味)	

köpük(거품)	kəpɯm(id)	以上 3개
bölme(壁)	pʌrʌm(id)	1개
ögren-(<*pögren-. 배우다)	pɛho-(學)	1개
özle-(<*pözle-. 羨望)	pɯr-(id)	1개

위에 보인 比較語彙를 통계내면 알타이諸語의 ö를 가진 어휘 43個와 對應될 것으로 생각되는 韓國語 語彙의 모음의 종류와 빈도수는 o(오)[19], u(우)[10], ə(어)[8], ʌ(ᄋᆞ)[2], ɛ(ᄋᆡ)[2], ï(으)[2]의 順序이며 o(오)가 압도적으로 많고, 李基文이 對應시킨 '으'는 44分의 2밖에 안 된다. 따라서 이것 하나만으로도 李基文(1972)・金完鎭(1971)의 古代母音體系의 추정은 아무런 근거 없이 한 推測임이 확실하다. 그뿐만 아니라, 前舌母音과 對應되는 것이 'ᄋᆡ'(ɛ)뿐인데 그것도 44分의 2밖에 안 되고, 주로 o・u와 對應된다는 것은, 韓國語의 古代의 母音體系에 알타이祖語에 있던 前舌母音의 *ö는 없었다는 것을 의미한다. 과연 그렇다면 알타이語와 韓國語는 母音體系에 있어서 근본적으로 다르다는 것이 된다.

다시 본론에 돌아가서 말하면 韓國語는 古代에도 前舌母音 對 後舌母音의 母音調和는 없었다는 결론을 얻게 된다.

참고로 말하면, 알타이語의 母音調和를 후천적인 발달이라고 생각하는 학자도 있다.

(37) 알타이語와 마찬가지로 韓國語도 膠着語라는 것은 事實이다.

그러나, 온 세계의 수많은 언어 중에서 대부분이 膠着語라고 할 수 있다. 우리 주위를 살펴보자. 日本語・아이누語(代名詞를 主語나 目的語로 할 때만 抱合語的임)・길약語・드라비다語・말레이-폴리네시아諸語도 모두 膠着語이다. 그러나 膠着語라고 해서 모든 細部構造가 같은 것은 아니다.

膠着語는 接辭・助詞・語尾・後置詞를 많이 쓰고 대체로 前置詞를 쓰지 않는다. 그런데, 細部構造를 보면 後述한 바와 같이 알타이語와 韓國語는 상당히 다른 점도 가지고 있다. 여기서 한두 가지만 들면 우선 알타이諸語는 接頭辭가 없는데 韓國語는 起源的인 것을 고려하지 않고 볼 때 분명히 接頭辭가 있다. 예를 들면 "짓밟다 · 개살구 · 군말 · 정말 · 들볶다"의 '짓- · 개- · 군- · 정- · 들-' 등이 그것이다. 또 語尾에 있어서도 韓國語에 없는 人稱語尾 · 所屬接尾辭(再歸接尾辭 포함)가 알타이諸語2)에는 있다.

<알타이諸語의 人稱語尾 · 人稱接尾辭>

例 부리야드方言	:	bii yabana-b(나는 간다). -b '第1人稱語尾'
(몽고語)		šii yabana-š(너는 간다). -š '第2人稱語尾'
골디語	:	mi waaram-bi(내가 죽인다). -bi '第1人稱語尾'
(퉁구스語)		si waara-či(네가 죽인다). -či '第2人稱語尾'
		buä waara-pu(우리가 죽인다). -pu '第1人稱複數語尾'
		suä waara-su(너희가 죽인다). -su '第2人稱複數語尾'
터키語	:	defter-im(나의 手帖). -im '第1人稱所屬接尾辭'
		defter-in(너의 手帖). -in '第2人稱所屬接尾辭'
		defter-i(그의 手帖. -i '第3人稱所屬接尾辭'
		defter imiz(우리의 手帖). -imiz '第1人稱複數所屬接尾辭'
		defter-iniz(너희의 手帖). -iniz '第2人稱複數所屬接尾辭'
칼카 方言	:	gär-mini(나의 집). -mini '第1人稱所屬接尾辭'
(몽고語)		gär-čini(너의 집). -čini '第2人稱所屬接尾辭'
		gär-ni(그의 집). -ni '第3人稱所屬接尾辭'
		gär-maani(우리의 집). -maani '第1人稱複數所屬接尾辭'
		gär-tani(너희의 집). -tani '第2人稱複數所屬接尾辭'
		gäriig-ää(자기의 집을). -ää '再歸接尾辭'
에벤키語	:	ju-du-w(나의 집에). -w '第1人稱所屬接尾辭'
(퉁구스語)		ju-du-s(너의 집에). -s '第2人稱所屬接尾辭'
		ju-d-i(자기의 집에). -i '再歸接尾辭'

위에 例示한 바와 같이 敍述語의 末尾에 主語와는 별도로 行動主를 表示하는 人稱語尾를 첨가하는가 하면, 名詞의 소속을 표시하는 人稱接尾辭를 첨가하기

2) (37)~(40)까지 알타이諸語의 資料는 주로 服部四郎(1959)의 "알타이諸言語의 構造"에서 引用함

도 한다. 이런 것은 알타이語와 韓國語가 서로 너무 다른 점인데, 후자의 所屬形人稱接尾辭의 化石이 '아범 · 어멈 · 할멈 · 할아범'등의 末音 -m(第1人稱所屬接尾辭)이 아닐까 하며, '아반＜平安＞ · 아바니＜全羅＞ · 어머니 · 할머니' 등의 末音 -n(第2人稱所屬接尾辭)도 그것일 개연이 크다(*cf.* 姜吉云, 1981[1]).

그러나, 이런 것들은 어디까지나 삼국시대 이전의 言語接觸에 의해서 차용한 語辭들일 뿐이지, 그것은 고유 韓國語의 文法構造와는 무관한 것이다.

(38) 修飾語가 被修飾語 앞에 놓인다는 점에서 알타이諸語와 韓國語는 닮았다고 할 수 있으나 前項에서 언급한 바와 같이 알타이諸語는 修飾語에 해당하는 所屬形人稱接尾辭는 被修飾語 뒤에 첨가되는 예외를 보여 주고 있으나 韓國語에는 名數詞와 어울린 數詞를 드물게 後置하는 경우밖에는 例外가 없다.

그리고, 우리 周邊語는 티베트語 · 타이語 · 베트남語 등을 제외한 모든 말이 대체로 修飾語를 被修飾語 앞에 세운다.

例 터키語 : büyük masa(큰 책상), küčük oda(작은 방)
蒙古語 : ix široä(큰 책상), kilgän xalq(온 사람들)
滿洲語 : amba dere(큰 책상), sahaliyan ihan(검은 소)
日本語 : ohokina tukue(큰 책상), akai hana(빨간 꽃)
아이누語 : retan niš(흰 구름), poro čikuni(큰 나무)＜金田一1944＞
길약語 : urra niğvŋ(예쁜 사람), konïŋ xak(흰 모자)＜高橋 1942＞
드라비다語 : uyarv uṇa(높아진 위쪽), erudina suvadi(쓰여진 책)＜Hulbert 1906＞

(39) 補語나 目的語가 그것을 지배하는 動詞에 앞서는 것이 알타이語와 韓國語의 구조이기는 하나, 이런 구조를 가진 말은 우리 주변에도 얼마든지 있다.

例 터키語 : kaleminizi bana veriniz(그대의 펜을 내게 주시오)
蒙古語 : činii aaba čamda yuu xäläbä?(너의 아버지는 네게 무엇을 말하였느냐?)
滿洲語 : Bi ere bithe be boode hūlaha(나는 이 책을 집에서 읽었다)
에벤키語 : Bi tugenive dyuduvi bidyečev(나는 겨울을 집에서 지냈다)
아이누語 : ku eči kik(내가 너희들을 때린다)＜礒部 p.51＞
길약語 : ni wakkei klïrox šond(내가 箱子를 밖으로 가져 간다)＜高橋 p.62＞

日本語 : hahawa kodomoni okasio ataeta(어미는 아이에게 과자를 주었다)

(40) 알타이語에는 關係代名詞가 없는데 韓國語도 마찬가지이다.

그런데, 아시다시피 關係代名詞는 接續語의 구실을 겸한 代名詞인데, 韓國語나 알타이語처럼 副動詞形(連結語尾)이 다양하면 그런 것을 쓸 필요가 없어서 關係代名詞가 발달할 여지가 없어진다.

그렇다고 알타이諸語에는 전혀 關係代名詞가 안 쓰이는 것이 아니다. 代名詞(주로 疑問代名詞)를 關係代名詞 대신으로 쓰기도 한다.

例 다달語 : kaya teleyseŋ, šunda kuy(어디에 너는 -바란다, 거기에 두어라→네가 바라는 곳에 두어라)
niček teleyseŋ, šulay ešlä(어떻게 너는 -바란다, 그렇게 하여라→네가 바라는 대로 하여라)
蒙古語 : xaanaas abaxa gäbäl, tändääs abaatxal(어디서 빼어 내려고 하면, 거기서 빼어 내어라→네가 빼어 내고 싶어하는 데서 빼어 내어라)
터키語 : ümid ederim ki bu kitabï okursunuz(내가 바란다. 그것(을) 이 책을 네가 읽을 것이다→나는 네가 이 책을 읽을 것을 바란다)
korkarïm ki yarïšï kaybedejeksiniz(나는 두렵다. 그것(을) 네가 경기에 질 것 같다→나는 네가 경기에 질까봐 두렵다)

어떻든 이러한 關係代名詞的 用法이 起源的인 것이냐 印歐語와의 접촉에서 얻어진 것이냐는 확실한 것을 알 길이 없다.

그리고, 膠着語들은 대개 副動詞形語尾를 가지고 있기 때문에 關係代名詞가 발달하지 못하여, 아이누語나 길약語 · 日本語 등도 韓國語와 마찬가지로 關係代名詞를 가지고 있지 않다.

(41) 알타이諸語와 마찬가지로 韓國語로 起源的인 接續詞가 없다는 것인데, 前項에서 말한 바와 같이 알타이諸語나 韓國語는 副動詞形(연결어미)이 발달하였기 때문에 接續詞가 별로 필요없다. 그러므로 문법학자에 따라서 「接續詞」를 설정하기도 하나, 그것들은 어디까지나 他品詞에서 전성된 것이며, 주로 용언의 副動詞形에서의 轉成이다.

그런데, 아이누語도 膠着語이어서(일부 抱合的 活用을 가지고 있으나), “接續詞라고 할 만한 것은 아이누語에서는 대개 動詞의 轉用이거나 副詞이서서”(金田一 1944, p.184)라고 한 바와 같고(例. an ‘有’, an ko ‘만약…면’, an koro ‘…ㄴ 때에’, an kan ‘-ㄴ 사이에’), 길약語나 韓國語도 아이누語와 같이 ha-(*有 *cf.* 貞叔-하다)<Kor> · ha-(有)<Gily>의 副動詞形(例. 하고, 하니, 허나<Kor> ; hat, hata, hatot, hand, hanka, har, hara, hankr, haš<Gily>)이나 ‘그러하-’의 副動詞形(例. 그러니, 그러고, 그러나, 그렇지만, 그래서,…)이 단연 많다. 물론 日本語도 마찬가지로 用言의 副動詞形이 接續語의 구실을 한다(例. sõsite, sorekara, soreto, sonnani,…).

이토록 우리 주변의 대부분의 말이 起源的인 接續詞를 가지고 있지 않다.

(42) 韓國語와 알타이諸語는 함께 母音交替現象이나 子音交替現象이 별로 없는데 길약語나 아이누語도 대체로 마찬가지이다.

그러나, 音韻交替現象이 전혀 없는 것은 아니다. 蒙古語의 第1人稱單數主格이 bin(>bi)인데 그 屬格이 minu이니 여기서 語根의 b-가 m-로 子音이 交替된 것을 볼 수 있으며, 터키語의 第1人稱單數主格이 ben인데 與格은 ban-a이니 여기서도 語根의 -e가 -a-로 母音이 交替된 것을 볼 수 있다.

韓國語에 있어서도 피상적으로 보면 第1人稱單數主格이 nä/nä-ga이고, 屬格은 nä, 其他斜格의 語根은 na-이니 이것도 母音交替로 볼 수 있다.

또 語結合에 있어서 일종의 有聲音化現象인 連聲(sandhi)現象이 일어나는 일이 있는데, 韓國語 · 日本語 · 길약語는 그런 현상을 가지고 있다.

例 韓國語 : tu-s̱ə(二三)>tu-ʒ̱ə(두서), han-s̱um(한숨)>han-ʒ̱um(한숨), -iṯəni >-iṟəni
日本語 : tana-ḵokoro(手中→掌)>tana-gokoro, *p̱ana-*p̱ira(花片)>ẖana-ḇira
길약語 : i-ṯox(江에)>i-ṟox, či-ṯaf(너의 집)>či-ṟaf

(43) 自然性과 關係가 없는 性의 文法範疇가 알타이語나 韓國語에는 없다. 印歐語를 보면 hero(英雄)와 hero-ine(女傑)과 같이 屈折에 의해 性이 구별된다. 또

독일어에서는 Sēgen '十字架'를 男性으로 다루고, Berg '山'도 男性, Bewegung '運動'은 女性으로 다루어 屈折이 달라지고 冠詞가 달라진다.

그러나, 이러한 性의 구별은 印歐語나 셈語 등의 소수의 언어만이 가지고 있고, 여타의 거의 대부분의 언어는 그러한 구별을 하지 않는다. 日本語 · 길약語 · 아이누語 · 드라비다語도 性이 구별되는 文法範疇를 가지고 있지 않다.

(44) 疑問文은 敍述語 끝에 疑問辭를 첨가하는 것이 알타이諸語의 특색이라고 보고 韓國語도 그런 특색을 가지고 있다고 한다.

例 터키語 : bu akšam bize gelir mi-siniz(오늘밤 우리에게 너희들이 올 것인가)
o kïz mï(그녀는 딸인가)
蒙古語 : bi-yū, či-yū(낸가, 넨가)
xen-nei beri-yǖ(누구의 아내인가)
tere osu tuŋgalak-yū(그 물이 깨끗한가)
滿洲語 : si niyalma i fejile banjire niyalma-o(당신이 아래서 살 사람인가)
sini ama eniye tači sembi-o(너의 父母가 배우라고 하던가)
韓國語 : 賞가 罰아(賞인가 罰인가)
아는다 모르는다(아는가 모르는가)

그런데, 日本語나 길약語도 마찬가지다.

例 日本語 : kono kataga anisaŋ-k'a(이분이 兄님인가)
karewa itu kuru-k'a(그는 언제 오는가)
길약語 : šanïx pšïn niğv-ŋa(어디로부터 온 사람인가)
šamčiinkr hunïvnd-ŋa(어찌하고 있을까) <高橋 1942>

이제까지는 알타이諸語의 構造上의 特色이 한국어에도 그대로 나타난다는 데서, 系統論을 연구하는 분들이 구체적인 文法形態素의 比較硏究도 별로 없이 한국어를 알타이語族에 속한다고 말해 온 것이 실정이다.

그러나, 위에서 (34)~(44)에 걸쳐 검토해 본 바로는, 그러한 構造上의 類似性은 비단 알타이諸語에만 있는 특색이 아니고, 우리 주변의 非알타이系諸語들에서도 거의 모두 볼 수 있는 특색임을 알 수 있다. 특히 길약語에는 모두 갖추어져 있는 사실들임이 확인되었다.

그뿐만 아니라, 알타이諸語와 한국어의 구조상의 특색이라고 하는 것이 본질적으로는 상당히 다름도 확인되었다.

言語構造上의 差異點

여기서는 적극적으로 알타이諸語와 韓國語의 구조상의 차이점을 논하기로 한다. 이미 姜吉云(1983²) p.103에서 抽象的으로 언급한 바와 같이, 다른점을 열거하면, 韓國語는,

첫째, 主格助詞・呼格助詞가 있다.

둘째, 人稱語尾(接尾辭 포함)가 없다.

셋째, 形容詞가 活用한다.

넷째, 命令形語尾가 語幹에 따로 붙는다.

다섯째, 數詞가 名數詞(數單位不定全名詞)에 따라 屈折한다.

여섯째, 接頭辭가 쓰인다.

일곱째, 共同稱代名詞(저・남・자기)가 있다.

여덟째, 兩性用言(동사・형용사에 共用되는 것)이 있다.

아홉째, 同一機能을 가진 形態素들이 다양하다.

열째, 알타이語와 對應시켜 볼 만한 具體的인 文法形態素가 몇 개 안된다.

그러나, 韓國語를 길약語와 비교하면 이러한 차이점이 모두 해소될 뿐만 아니라, 거의 모든 중요한 文法形態素가 對應을 보여 준다.

(45) 主格助詞가 韓國語에는 있고, 알타이諸語에는 없다.

例 터키語 : bu adam kimdir(이 사람이 누구인가) *cf.* adam '사람'
蒙古語 : nüxür xedü xün baina(벗이 몇 사람이 있느냐) *cf.* nüxür '벗', xün '사람'
滿洲語 : tese dasan i weile be ulhirakū(그들이 政-事-를 깨치지 못하고) *cf.* tese '그들'
韓國語의 主格助詞 : -이/-가/-이셔(＞-이서)/-끠셔(＞-께서)/-라셔/-에셔

그런데, 길약語에는 主格助詞가 필요에 따라 쓰인다[*cf.* 7.3.(1)]. 한국어의 경우와 마찬가지로 主語는 主格助詞를 따로 붙이지 않는 일이 많기 때문이다.

例 길약語 : čĭtĭk pal-niğvŋ ger(너의 아버지가 山神을 붙잡아)
cf. č-ïtïk(너의 아버지)
pxŋaŋaŋ-ŋa čxïv gusil itr yoskōra(젊은이가 곰을 끌어내고-싶다고 말하고 내를 -건넜다)<高橋 p.117>

또한, 呼格助詞가 한국어에는 여러 가지가 있는데 알타이諸語는 없다.

例 터키語 : allah!(하느님이여!), taksi!(택시여!)
蒙古語 : naran!(太陽이여!), ēji!(어머니여!)
滿洲語 : han!(皇帝여!), edun!(바람이여!)
韓國語 : -아/-야/-여/-이여/-하/*-가

그런데, 길야語에는 한국어의 呼格助詞와 對應되는 呼格助詞 'ɑ/ e/ yɑ/ ei/ -ŋa'가 있다[*cf.* 7.3.(8)].

(46) 알타이諸語에는 人稱語尾(行動主를 표시)나 人稱接尾辭(名詞의 소속을 표시)가 쓰이고 있음을 앞서 (37)에서 예시한 바 있거니와, 한국어나 길약語는 人稱語尾가 없고, 後置되는 人稱接尾辭 대신에 屬格形人稱代名詞가 前置된다.

다만, 길약語에선 人稱代名詞나 共同稱代名詞의 略體가 다음에 오는 名詞에 接頭되어, 알타이諸語의 所屬形人稱接尾辭처럼 기능하는 데 반하여 알타이 諸語의 人稱接尾辭는 人稱代名詞의 略形이 아니다. 그러나, 길약語의 接頭代名詞는 길약語가 다른 接頭辭를 갖고 있지 않은 점으로 보아서도 어디까지나 人稱代名詞의 略形임이 분명하여 의도적으로 分離表記할 수도 있다.

例 ni(吾)+taf(家)>niraf, ni(吾)+hĭšk(虱)>n'ĭšk
či(汝)+ox(衣)>č'ox, či(吾)+eškn(側)>češkn
ya(그분, 그녀, 그)+taf(家)>yaraf, ya(그분, 그녀, 그)+ask(弟・妹)>yask
ye(그)+mlax(귀에서)>yemlax

pi(自己)+atïk(父母)＞perïk＞perk ………………………………………… 以上＜高橋 1942＞

마치 韓國語의 人稱代名詞가 所屬을 나타낼 때 쓰이는데, 그것은 '나의(吾의)·너의(汝의)'가 原形인 데도 實際言語에서는 그것이 안 쓰이고, 그 略體인 '내(吾의)·네(汝의)'가 절대적으로 多用되는 것과 같은데, 그것을 우리는 분리하여 적고 길약語에서는 다음의 名詞와 붙여 적을 뿐이지, 본질적으로 구조에 있어서는 아무런 차이가 없다.

(47) 알타이諸語는 形容詞(수식어)가 활용하지 않는데, 한국어의 形容詞는 自動詞처럼 활용한다.

例 터키語 : čalïškan bir čojuk(부지런한 아이)
bu čojuk čalïškan(이 아이는 부지런하다)
蒙古語 : tere čagan ger(저 하얀 집)
ger čagan(집이 하얗다)
滿洲語 : tačiha akū niyalma(배움이 없는 사람)
boode niyalma akū(집에 사람이 없다)

그러나, 한국어는 冠形形이거나 定動詞形·副動詞形으로 쓰이거나 다양한 活用을 하지마는, 그 品詞의 성질상 形容詞에는 命令形·約束形·許諾形·共同形(請誘形)·意圖形·目的形·所望形 등이 잇대이지 못한다.

그런데, 길약語의 形容詞도 한국어의 그것만큼 다양한 活用形을 가지고 있지는 못하나, 比較級의 -li-, 最上級의 -la-가 붙고, 冠形形語尾 -ŋ이 첨가 되기도 한다(*cf.* 例는 服部 1955에 준함).

例 dakï-(따뜻하-), dakïnt(따뜻하다), dakïŋ(따뜻한), dakïlint(보다 따뜻하다), dakïlant(가장 따뜻하다), ……

〔參考〕 高橋(1942) p.58에 의하면 比較級은 yax를, 최상급은 lïlï를 形容詞 앞에 놓아 yax malxond(보다 많다), lïlï pilaŋ(가장 큰)과 같이 쓴다고도 함

(48) 알타이諸語에는 원칙적으로 命令形語尾가 없이 動詞語幹만으로 命令形이 된다. 그러나, 한국어는 매우 다양한 命令形語尾를 가지고 있어서 그 점이 너무 다르다.

> **例** 터키語 : sus, dinle(다물어라, 들어라) *cf.* sus-mak(다물다), dinle-mek(듣다)
> 蒙古語 : ire(오너라) *cf.* ire-xü(오다), bū sonosu(듣지 마라) *cf.* bū '禁止辭', sonosu-xu(듣다)
> 滿洲語 : giyang ni dalin de aliya(江가에서 기다려라) *cf.* aliya-mbi(기다리다)
> 韓國語의 命令形語尾 : -라/-아라/-어라/-거라/-게/-압(pl.)

그런데, 길약語에는 한국어의 命令形語尾와 對應되는 각종의 命令形語尾 -ra/-ya/-ye/-kaya/-kaye/-xairo/-ke-/-ve(*pl.*)가 있다[*cf.* 7.3.(24)].

(49) 韓國語는 數詞가 數의 質과는 無關한 名數詞에 따라서 屈折한다.

그러니, 알타이諸語의 數詞는 不變詞이고 名數詞(數單位不定全名詞)를 보통 수반하지 않는다.

예를 들어 말하면, 한국어에서는 數詞가

> **例** 한-사람, 한-장, 한-되, 한-말, 첫-째(하나)
> 두-사람, 두-장, 두-되, 두-말, 둘-째(둘)
> 세-사람, 석-장, 서-되, 서-말, 세-째(셋)
> 네-사람, 넉-장, 너-되, 너-말, 네-째(넷)

와 같이 屈折하는데, 알타이諸語의 數詞는 서로 일치도 하지 않거니와, 名數詞도 거의 쓰이지 아니한다.

> **例** 터키語 : iki ev(두 채의 집) *cf.* iki(二), ev(집)
> üč köpek(세 마리의 개) *cf.* üč(三), köpek(개)
> dört čojuk(네 사람의 아이) *cf.* dört(四), čojuk(아이)
> 蒙古語 : arban xoyar sara(십이 개월) *cf.* arban-xoyar(十二), sara(月)
> 滿洲語 : tanggū bira(백 개의 河川) *cf.* tanggū(百), bira(河川)
> tumen morin(만 마리의 말) *cf.* tumen(萬), morin(말)

그런데, 길약語는 한국어의 수사와 마찬가지로, 名數詞도 다양하고 또, 그것에 따라 그 앞에 놓인 數詞가 屈折한다(다만 이 때 數詞와 名數詞가 融合하는 경우가 많음).

例 nar(一)<基本>, nenïŋ(一人), neč(一枚), nakr(一個), neax(一個……긴것들・乾魚), nix/nan(一匹, 一枚……가죽), nim(一隻…배), nir(하루)一 navr(一處), narx(一葉…담배), naxr(一軒…집)……以上 길약語의 例

이런 점에서 한국어와 길약語는 構造上 매우 가깝고 드라비다語와도 유사하나, 알타이諸語와는 다르다.

(50) 알타이諸語는 起源的으로 接頭辭가 없으나 한국어는 李朝語나 現代語속에 接頭辭를 상당히 많이 간직하고 있다. 알타이諸語에 符合시키기 위해서 한국어의 接頭辭는 모두 實辭에서 변한 것이라고 입증도 없이 말하는 사람들뿐이지 실증한 사람은 별로 없다.

例 韓國語의 接頭辭
개-살구, 군-소리, 돌-미나리, 맨-주먹, 별-일, 숫-처녀, 수-인사, 갓-수물, 들-볶다, 드-세다, 올-해, 올-벼(>오려), 짓-누르다, 처-먹다, 헤-벌어지다, 얄-밉다, 새-파랗다, 시-꺼멓다, 맨-먼저, 벌-불, 풋-과일, 몽당-치마,……

이들 중에서 「수-인사」의 '수'는 šu(入口, 戶)<Gily>와, 「별-일」의 '별'은 pila(大)<Gily>와, 「숫처녀」의 '숫'은 sut(純朴한)<Gily>과, 「올-해」의 '올'은 ölğö(未來의)<Gily>/ïlgi(바로 다음의)<Gily>와, 「돌-미나리」의 '돌'은 tïr(결혼하지 않은, *本來의)<Gily>와, 「벌-불」의 '벌'은 pär(無用之物이 되다)<Dr-Ta>와, 「몽당-치마」의 '몽당'은 muntan(짧은)<Dr-Ma>와, 「풋-과일」의 '풋'은 putu(새, 新)<Dr-Ta>와 각각 比較될 수 있을 것으로 생각한다.

따라서 필자도 한국어는 起源的인 接頭辭를 갖고 있지 않았을 것으로 보나, 아이누語를 비롯하여 古아시아語 중에도 接頭辭를 갖고 있는 말이 많으므로 그런 데서의 들어온 借用語가 더러 있을 것으로 본다.

그런데, 길약語도 接頭人稱代名詞(代名詞의 略形)을 제외하고는 接頭辭가 전혀 없는 언어이다.

(51) 韓國語에는 共同稱代名詞](저 · 남 · 자기)가 있으나 알타이諸語는 再歸代名詞(反照代名詞)가 있을 뿐이다.

여기서 韓國語의 '저 · 남 · 자기' 등을 再歸代名詞라고 하지 않고 굳이 共同稱代名詞라고 한 까닭은, 再歸代名詞는 선행한 行動主(名詞나 代名詞)가 있을 적에만 쓰임에 반하여, 韓國語의 '저 · 남 · 자기'는 그것만으로도 주어가 될 수도 있고 동시에 再歸代名詞와 같은 구실도 겸하기 때문에 여기서 구별한 것이다.

例 터키語 : kendi oda-m(내 자신의 房) *cf.* -m(第1人稱單數語尾 '나의') kendi(再歸代名詞) kendi oda-n(네 자신의 房) *cf.* -n(第2人稱單數語尾 '너의')

그런데, 길약語도 韓國語와 마찬가지로 共同稱代名詞(park<G. p.24> ; pi, pe-, p-<高橋. p.38>)를 가지고 있으며, 또 日本語도 共同稱代名詞(onore. zisin)를 가지고 있다.

(52) 韓國語에는 動詞와 形容詞에 두루 쓰이는 兩性用言이 있는 데 반하여, 알타이諸語는 兩性用言이 없다.

例 한국어 : -크다<形>-큰다<動>, 늦다<形>-늦는다<動>, 밝다<形>-밝는다<動>, 맑다<形>-맑는다<動>, 늙다<形>-늙는다<動>, 검다<形>-검는다<動>, 화평하다<形>-화평한다<動>, 감사하다<形>-감사한다<動>, 푸르다<形>-푸른다 · 푸르른다<動>

그런데, 길약語에도 兩性用言이 있다.

例 bilïnt(크다<形> · 커지다<動>)
dakïnt(따뜻하다<形> · 따뜻해지다<動>)
haimïnt(늙다<形> · 늙어지다<動>) ························ 以上<服郎 1955, p.769>

이렇게 兩性用言의 존재는 한국어의 특색이자 길약語의 특징이다.

(53) 韓國語는 同一機能을 가진 形態素들이 다양하여 그 점이 알타이諸語와는 다른 點이기도 한데, 위의 (45)·(48)項에서 呼格助詞와 命令形語尾의 다양성을 보인 바 있듯이 한국어와 길약語는 同一機能을 가진 形態素들이 매우 다양한 데 반하여 알타이諸語는 이와 대응되는 形態素를 母音調和에 의한 變形을 제하고는 대개 한개씩밖에 가지고 있지 않다. 一例를 들면, 비교를 표시할 때 奪格助詞를 쓰는 것이 알타이諸語의 관습이다.

例 滿洲語 : i min-či se ahūn(그는 너보다 나이가 兄벌이다)
sin-či managga(너보다 强하다)
蒙古語 : čima-ača aqa(너보다 兄벌), nama-ača yeke(나보다 크다)
터키語 : Türkiye Lübanan-dan büyüktür(터키는 레바논보다 크다)

한편, 한국어에 있어서도 奪格助詞를 가지고 비교를 나타내기도 하지만, 여러 가지 比較格助詞를 가지고 같은 뜻을 나타내기도 한다.

例 여긔-도곤 낫단 말 몯ᄒᆞ려니<松江 一5>
受苦ᄅᆞᄫᆡ요미 地獄-두고 더으니<月釋 一21>
널-라와 시름 한 나도 자고 니러 우니로라<青山別曲>
나는 너-하고 처지가 다르다.
너-만큼 노력하는 사람도 없다.
그는 곰-처럼 우둔하다.
어머님의 사랑은 바다-보다도 깊다.
이-에서 더 경사가 어디 있느냐!
기술이 선진국-에 뒤지지 않는다.

이와 같이 한국어는 '比較'의 機能을 나타내는 形態素가 수 없이 많은 데 반하여 알타이諸語는 奪格助詞에 의한 비교 한 가지뿐이다.

위에서 (45)~(53)까지 9項에 걸쳐 한국어와 알타이諸語는 構造上에 있어서도 엄청나게 다르다는 사실을 보아 왔고, 또한 한국어의 構造와 길약語의 構造를 비교하면 어느 구석도 닮지 않은 데가 없다는 사실도 알 수 있다.

1.5. 語彙의 比較研究 · 檢討

이미 말한 바와 같이 基礎語彙는 비교적으로 借用되는 일이 적다고는 하지만 그것마저도 借用되는 일이 허다하기 때문에 실지에 있어서는 言語系統의 연구에 語彙比較는 별로 큰 도움을 주지 못한다.

물론, 비교하는 基礎語彙의 대부분이 借用語가 아닌 固有語라는 확실한 保障만 있다면, 語彙比較만으로 그 언어의 계통을 밝힐 수 있을 것이지마는, 借用語를 가려낼 수 있는 경우는 극히 한정되어 있어서, 語彙의 비교는 모르는 사이에 借用語를 대상으로 하는 경우가 너무 많다. 우리가 이것만은 우리의 固有語일 것이라고 믿고 있는 '아버지 · 아빠 · 엄마 · 나(我) · 이(此) · 말(語) · 나라(國)'는 드라비다語의 'appacci(父) · appa(父) · amma(母) · na(我) · i(此) · mār̲r̲u(語) · nār(國)'과 比較될 수 있는 말이다. 그러나, 한국어의 文法形態素와 드라비다語의 그것을 비교하여 보면 도저히 同系語라고 할 수 없으니, 위에 열거한 말들은 言語接觸에 의한 流入語(借用語)로 볼 수밖에 없다. 다시 말하면, 伽耶의 支配層이 드라비다語를 쓴 것으로 보이는데, 그들이 이 땅에 남긴 말일 뿐이지, 결코 토박이말(고유어)은 아니다. 또, 印歐語의 系統을 밝히는 데 큰 몫을 하였던 數詞의 비교는 우리말도 印歐語에 속하는 것이 아닌가 하는 생각을 하게 할 것이다. 왜냐하면 '*두볼 · 셓'은 궁극적으로는 페르시아語의 'dubara(二) · seh(三)'와 비교하여야 할 말이기 때문이다.

따라서 본고에서는 語彙比較는 副次的 意味밖에 부여하지 않는다. 그러므로 語彙比較를 나중에 一括하여 M. Swadesh가 제시한 比較基礎語彙 100개에 依據하여 행하기로 하고, 여기서는 國內學者들에 의해서 자세히 거론된 주요한 語彙에 대해서만 언급하기로 한다.

(54) tōrh(돌, 石)〈 李朝 〉

한국어에서 '石'을 뜻하는 말의 基本形을 '돓'로 보느냐 '돌'로 보느냐도 문제이다. 末尾의 '-ㅎ'을 頭音으로 하는 助詞로 보거나 단어 자체의 末音으로 보기도 하는데, 필자는 語源的으로는 前者에 속하는 것으로 보고자 하며, 前(7)項에서 언급한 바와 같이 問題의 '-ㅎ-'은 아이누語의 名詞의 所屬形語尾[名詞의 所屬이 있을 때는 그 名詞末尾에 -i나 -hi를 附加함. 例. ak '弟' : a(我)-aki/a-akihi '내 아우']와 對應되는 形態素의 化石이라고 생각한다. 그리고 문제의 '-ㅎ'을 가진 名詞의 대부분이 語源的으로 '-ㅎ-'이나 '-ㅎ'으로 변할 수 있는 음을 末尾에 가지고 있지 않기 때문에, 문제의 '-ㅎ'을 일관성 있게 설명하자면 여기 '-ㅎ-'을 助詞나 語尾에 속하는 것으로 보아야 할 것이다. 물론 분명히 '-ㅎ'末音을 가진 '셓'(三, *cf.* seh '三'<페르시아>)같은 것도 있지만, '둟'(二, *cf.* dubara '二'<페르시아>)은 「雞林類事」의 「二曰途孛」로 보아서 *tubur>tuβur>tuur>tūr의 發達過程을 밟은 것이 분명하니 여기서는 '二'을 뜻하는 말은 '둘'로 보아야 할 것이며, 따라서 '셓'의 末音 '-ㅎ'도 一貫性 있게 助詞나 語尾의 頭音으로 보고 '세'를 基本形으로 보아야 統一性을 요구하는 文法意識에도 符合된다. 그러므로 '石'을 뜻하는 말의 기본형도 '돌'(tõr)로 보아야 할 것이다.

그런데, N. Poppe(1960)에 의하면 알타이語의 再構形을 *tala로 보고 여기서 tāla>tāš<Turk>, *tāla>*tīla>tila>čila<Mo>, *tāla>*t^{i}al>čul<Chuv>과 같이 諸語가 發達한 것으로 보고 한국어의 tor(tol)은 母音對應이 의심스러웠던지 다만 여기에 添記하는 데 그쳤다.

그러나, 국내 학자들은 再構形을 *tīla>*tila>*tyaša>taša>tāš<Turk>, *tīl a> *tila>čila(-ğun)<Mo>, *tīla>*tula>tūl>tōl(tor)<Kor>의 발달과정을 밟은 것으로 보았다. 여기서 i의 꺾임(breaking of *i…람스테트의 說)의 是非나 語源研究를 덮어 두고 보면 여하튼 매우 그럴사한 推定이지만, tī->tu의 변화가 쉽지 않고 또 알타이語와 매우 가까운 것으로 알려진 드라비다語에 cilli(小石片)<Dr-Ta>가 있고 산스크리트語에 çilā[silā](石)가 있으며, 아이누語에 širara(岩)가 있는가 하면, 한국어에 '*쟈갈>쟈개(돌)'(石子)가 있어서 이것은 *čila(石)-kal

(石, *cf.* Kal '石'<Dr-Ta>) 또는 *čir(小, *cf.* cir '小'<Dr-Ta>) -kal(石)에 遡及될 것으로 추정되며, 우리 주변어들이 상호 영향을 주고받았으리라고 믿어지기 때문에 이들 전부를 考慮에 넣고 再構하면 *čila(石)로 再構할 수밖에 없다. 즉 幹母音은 -ï가 아니고 -i-여야 한다. 그러므로 國內學者들의 再構形 *tïla는 推定根據가 매우 취약하다고 아니할 수 없다.

그러므로, 幹母音의 對應을 合理的으로 설명할 수 없는 tāš<Turk> · čilağun<Mo> · tol(/tor/)<Kor>을 同起源語로 다루고자 하니 무리가 생긴다. 基礎語彙 하나가 알타이語와 對應된다는 것은 系統論에서 큰 의미나 증명력이 있는 것이 아니다.

필자는 '돌'을 doho(石灰)<Ma>나 tuğla(벽돌)<Turk>등과 비교해 봄직하다고 생각한다. doho<Ma>는 *doko>dor/dok로 변할 수 있으나(*cf.* 圓唇母+k>圓唇母+r), 특히 벽돌이 '石'과의 복합어인 점으로 미루어서 「돌」은 본시 '벽돌'로 쓰이던 것인데, 그 主資料가 본시는 돌이었기 때문에 '石'의 뜻으로도 쓰이게 된 것으로 볼 수 있고, *tuğla>tōla>tōlo>tōl의 발달이 가능하다. 따라서 '돌'(石)<Kor>은 tuğla(벽돌)<Turk>와 比較되어야 할 것이다. 한편, 메도 본시는 돌이었으니 tokï:mak(메. 槌)<O. Turk>와도 비교해 볼 수 있을 것이다(*tokï:mak>tokï:'mak생략'>tolï(원순모음 아래 k>l 변화)>tōl).

(55) pïlg-(븕- 赤)〈 李朝 〉

韓國語에는 '赤'을 뜻하는 말이 漢字語외에도 여럿이 있다. 즉 '븕다 : 볼가ᄒᆞ다(>발갛다) · 발강(赤色)' 등이 있는데 이들은 같은 語源을 가진 말이 아니고, '븕다'와 '발가ᄒᆞ다 · 발강'는 幹母音이 서로 달라 皮相的으로는 '븕-'은 알타이語의 *pulg-(赤)와 비교할 수 있음 직하고, '*ᄇᆞᆰ-'(븕다. *cf.* 볼가하다)은 길약語의 pagla(赤)와 비교할 수 있을 것으로 생각하며, 아이누語의 fure(赤)나 드라비다語의 pūval<Ta>도 알타이語의 *pulg-과 同起源이 아닐까 한다.

물론 *polg-(赤)을 再構하여 여기서 *polg>pʌlg-(ᄇᆞᆰ-)>palg-(밝)/pagl-a : *polg->pulg->fulg->ulg-와 같이 변한 것으로 볼 수 없는 것은 아니다. 그러나, '赤'을

뜻하는 말이 전혀 *polg-로 나타나지 않고, 또 *pïlg-(赤)을 再構하여 pïlg->pɯlg-(븕-)>pulg->fulg->ulg- : pïlg->pʌlg-(볽-)>palg-(밝-) · pagl-a와 같이 변한 것으로 볼 수도 있음 직하나, pï가 pu로는 변하기는 하여도 pʌ나 pa로 변하는 현상은 유추나 모음조화에 의한 변화 이외에는 없는 일이고, 알타이諸語가 *pïlg-에 遡及하지 않고 *pulg-에 遡及할 것이기 때문에, 우리 周邊語의 모든 '赤'을 뜻하는 말을 한 뿌리에서 발달한 것으로 보기 어렵다. 그리고, 韓國語의 '-ᄋᆞ-'([ʌ])와 길약語의 a가 對應되는 類例는 매우 많다. 그러므로 한국어의 '볽-(赤)'은 알타이語의 *pulg-(赤)과 그 起源을 달리한다. 그리고, 韓國語에는 기원을 달리 하는 '赤'을 뜻하는 말이 두세 가지 있다. 漢系의 紅色(眞紅 · 朱紅 · 粉紅) · 赤色이 있고, '볽-(赤)>밝-'은 pagla(赤)<Gily>와 同起源의 고유어이고, '븕-(赤)>붉-'은 알타이語에서의 借用語인 것으로 추정된다. 그뿐만 아니라, '獻花歌'(鄕歌)속에 '赤'을 뜻하는 '紫布'(赤)가 있는데 이것은 伽耶支配層語와 同根인 드라비다語의 cevv(u) (赤色)<Ta>와 비교될 수 있으며, 三國時代의 地名의 '沙伏 · 所比'와도 비교될 수 있는 말이고, 同地名의 '沙非斤'[*sïbigï-n]은 드라비다語의 cuvakka(붉다)<Ma>와 비교될 수 있을 것이다.

그리고, 국내 학자들은 '븕-'(赤)이 '블'(火)에서 派生된 것으로 보고 있는데, 그렇게 보고자 하는 裏面에는 名詞로부터 動詞를 派生하는 알타이語의 接尾辭 -k-(-g-)를 유도해 내려는 데 그 목적이 있는 것으로 보인다.

그러나, 위에서 보인 바와 같이 '*-볽'(赤)은 '볽-'(明)과 형태상 완전 일치를 보여 주고, 해(太陽)를 붉은 것으로 보는 것이 通例이니(*cf.* 日本語도 ak'a '赤'와 ak'a-ru- '明'은 語根이 같은 것으로 생각됨) '볽아ᄒᆞ다'(赤)는 '볽다'(明)와 語根을 같이 하는 것으로 추정된다. 따라서 '븕-'(赤)을 '블'(火)에서 파생되었다고 보느니, 차라리 Ablaut(異母音) 現象으로 '볽-'(明)에서 '븕-'(赤)이 派生된 것으로 보아야 韓國人의 思考方式에 맞지 않을까 한다. 우리는 '빨간 불빛'이라고는 해도 '붉은 불빛'이라고는 하지 않는다.

(56) pïr(블 · 火) 〈 李朝 〉

위 項에서 말한 바와 같이 '블'(火)에서 '븕-'(赤)이 派生되었다고는 보지 않지만 어떻든 여기서는 '블'이 알타이語와 同起源인지 아닌지 그것만 따져 볼까 한다.

알타이諸語에서 '불'(火)을 tuwa(＜*tuba)＜Ma＞ · ğal＜W.Mo＞ · ōt(＜*pōt)＜O.Turk＞라고 하여 이들은 同起源이 아님이 분명하다. 이들 가운데서 ōt＜O.Turk＞가 *pōt에 소급할 수 있다면 이것과 pïr(블＞불)＜Kor＞을 비교해 봄직하다. 그런데, 古代 터키語에는 bïš-(익다, 熱)가 共存하므로 ōt(火)는 *pōt에서의 발달이라고 보기 어렵다. 또한 語頭 *p-는 탈락하나 語頭 b-는 탈락하지 않기 때문에 *bōt에서의 b-의 脫落形이 ōt라고 보기도 어렵다. 그뿐만 아니라, 語頭 b-를 가진 말은 대체로 터키語에서는 차용어로 보고 있다.

그러나, 蒙古語나 滿洲語에 pïr(블)＜李朝＞과 어형이 유사한 것이 있으니, hula-l-(灼熱하다)＜W.Mo＞＞ula-yi-(id), ula(부싯깃)＜Evenki＞, file-(불쬐다)＜Ma＞등이 그것이다. 여기서 *pula(火, 부싯깃)를 재구하여 이것과 pïr(블＞불, 火)과 비교하자는 것인데, 前項에서도 언급한 바와 같이 한국어는 幹母音이 -ï-(으)에서 -u-(우)로 변하였고, 알타이語의 幹母音의 -u-가 -ɯ-나 -ï-로 遡及한다는 立證이 없으므로 母音의 對應에 문제가 있다. 그리고, huči(火, *cf.* ketkeč-ep '개고리')＜Ainu＞나 pori(火陷)＜Dr-Ma＞ · pori(굽다, 炙)＜Dr-Ta＞ · puri(굽다)＜Dr-Ka＞에서도 *pïr(火)＜李朝＞를 誘導할 수 있어서 *o · *u＞ï＞u(脣音同化)의 變化만 가능하다면 알타이語와 마찬가지로 비교가 가능하다. 따라서 한국어의 '블'(火)은 알타이語와만 비교가 가능한 것이 아니고, 伽耶支配層語와 同系인 드라비다語나 古代의 慶尙道(辰韓) 一部地域이나 日本의 先住民이 쓴 아이누語와 비교할 수도 있다.

(57) kahi(가히, 犬) 〈 李朝 〉

'가히'(犬)는 알타이諸語에서 對應語를 찾아 낼 수 없는 것으로 보고 있다가 퉁구스語의 ŋen(犬)＜Lamut＞ · ŋinakin(id)＜Evenki＞ · ŋinda(id)＜Orok＞의 ŋen/ŋin-

을 길약語의 kan(犬)과 더불어 擬聲語로 보는 견해가 생겨서, 이것과 kahi(가히)를 比較하기도 하는데, 여기서는 第1音節만 對應시킬 수밖에 없는 難點이 있다.

필자의 생각으로는 kahi(가히)를 길약語의 ŋaiak(仔犬)<G>와 비교하여야 할 것으로 생각한다. 다음으로 비교해 볼 만한 것으로는 kabari(犬의 一種)<Ma>·köpek(犬)<Turk>이 있다. ŋ-<Gily>와 k-<Kor>는 이미 1.6 및 7.1(34)項에서 예시한 바와 같이 對應하고, k<Gily>와 h<Kor>도 對應되므로 ŋaiak(仔犬)<Gily>와 kahi(犬)<Kor>의 對應은 의심할 여지가 없다. 즉 ŋaiak>naiki>kāki>kahi의 發達을 겪은 것으로 볼 수 있다. k <Gily>가 h<Kor>와 對應되는 예를 다음에 들어 보인다.

	h<Kor>————————	k/g<Gily>
例	holaŋ(虎)	klïnd(虎)
	h$_E$(太陽)	ken/keg(太陽)
	t‘üh$_Λ$-(튀하다)	dok’o-(튀하다)
	k’ɯnh-(끊다)	kunk-(베다, 자르다)
	nyəh-(넣다)	yug-(넣다)
	tahi(方向)	takr(方向)
	anh$_E$(아내)	ainaɣai(아내)

따라서 ‘가히’는 길약語와 對應되는 말이고, köpek은 간모음 -ö가 kahi의 간모음 -a와 대응되지 않아서 결코 알타이諸語와는 거리가 멀다.

(58) hyə(혀, 舌)〈Kor〉

滿洲語 ile-ŋgū(舌)의 語根 ile-를 *xile에 소급하는 것으로 보고 그것과 hyə(혀, 舌)<Kor>를 비교하는데, ile-<Ma>를 *xile에 소급시킨 까닭은 sin’u(舌)<Olča>·sinu(id)<Oroki>·siŋmu(id)<Goldi>가 si-로 시작되었고, 그것이 xi>si의 변화를 거친 것으로 생각되기 때문이다. 또 語中의 [l]이 줄어든 것으로 본다면 일리 있는 推定이기는 하지마는, *xile는 어디까지나 두 가지 假定下의 推定이지 現實音은 아니다.

그런데, 길약語에는 現實音 hi를 頭音으로 하는 hilf(舌)이 있고 여기의 末音 -f는 名詞形成接尾辭로서 쓰이고, -i<Gily>가 -yə<Kor>와 대응되므로 [例. itï-'말하다'∞엳-(여쭈다), nif(심장)∞념-통(심장), hišk(虱, 이)∞셕하(서캐)……] *hil->hyəl>hyə의 音韻變化를 거쳐 한국어의 hyə(혀, 舌)가 형성된 것으로 보는 것이 보다 확실한 추정이 될 것이다. 이렇게 생각하면 '혀'(舌)도 알타이語와 무관하다는 것이 된다.

위에서 알타이語와 比較되었던 '돌'(石)·'븕-'(赤)·'블'(火)·'가히'(犬)·'혀'(舌)의 5개 語彙를 比較·檢討하였지만, 이 가운데서 참으로 알타이語와 비교된다고 생각되는 것은 '돌'밖에 없고, 나머지 넷 중에서 길약語와 3개가, 아이누語·드라비다語·알타이語의 셋 가운데서 그 어느 하나와 1개가 비교될 수 있다. 알타이語와만 비교될 것으로 본 '돌'과의 비교도 국내외 학자들의 종전의 비교는 모두 잘못된 비교임이 틀림없어서 筆者가 그것을 바로잡기 위해서 doho(石灰)<Ma>나 tok-mak(망치)<Turk>·tugla(벽돌)<Turk> 등과 비교할 것을 이미 제기한 바 있다.

이와 같이 語彙比較는 우리 주위의 모든 언어에 精通하지 않고서는 正鵠을 찌를 수 없다. 이렇게 말하고 있는 내 자신이 (54)~(58)까지 5개의 語彙를 다루면서, 더 좋은 比較資料가 있는 데도 그것을 모르고 놓쳤는지도 알 수 없다. 이렇게 애써 語彙比較를 해 보았자 그것이 借用語가 아니라는 보장이 없어서 個個의 語彙는 系統論研究에 큰 도움이 못 된다.

1.6. 알타이語派說에 대한 結論

이제까지 58개 항목에 걸쳐 이미 제시된 다른 학자들의 논저·논문을 중심으로 文法形態素·派生接尾辭·言語構造·語彙의 모든 면에서 알타이語와 韓國語를 比較하여 보았으나 同系語일 가능성을 조금도 찾아볼 수 없었다.

同系語임을 입증하는 데 核心的인 文法形態素의 對應을 확인할 수 없었고,

派生接尾辭에서 알타이語的인 것을 몇 개 찾아볼 수 있으나, 이것은 이미 말한 바와 같이 많은 알타이語系의 語彙를 차용하였을 때에도 발견되므로 系統論研究에 별 의미가 없다.

言語構造의 비교에 있어서도 膠着語라는 유형을 빼면 이렇다 할 특이한 유사성을 발견할 수 없었다. 皮相的으로 보면 유사한 것처럼 보이지만 細部的인 면에서 차이를 보여 주고 있다. 그뿐만 아니라, 非알타이諸語－특히 길약語에서도 모두 찾아볼 수 있는 유사성이고, 語彙比較란 별 의미를 가지지 못하는 데다가 국내외 학자들이 초점을 둔 語彙를 몇 개 검토해 본 결과조차도 알타이諸語와 비교하느니 차라리 길약語·드라비다語·아이누語 등과 比較하는 것이 낫다는 것을 확인하였다.

요컨대 韓國語는 알타이語와 親族關係가 없다는 것이 확인된 셈이고, 語彙面에서 알타이諸語와 對應되는 것으로 믿어지는 것이 상당히 많은 것도 사실이나, 그것은 古代의 建國者들이 통치하는 동안에 남긴 말들이다. 이것은 바로 한국어가 알타이語에서 借用한 것임을 의미한다.

2. 일본어와의 비교연구

2.1. 比較研究略史

일본어는 구조적인 면이나 어휘면에서뿐만 아니라 문법형태소나 조어론상의 파생접미사에 있어서도 한국어와 흡사한 점을 많이 발견할 수 있다. 따라서 일본어와 한국어는 친족관계에 있으리라는 것이 짐작이 되나, 그것을 음운대응규칙에 의해 입증한 바 없어서 현 단계로서는 일본어와 한국어가 동계어라고 단정할 수는 없다. 그러나 일본어보다 훨씬 더 가까운 길약어가 있지마는 일본어의 입장에서 보면 가장 가까운 언어는 역시 한국어라고 할 수밖에 없을 것이다. 물론 길약어도 한국어 못지않게 가깝지 않을까 하는 생각을 가지고 있지만 그것은 나중으로 미룬다.

한국어와 일본어의 비교는 소박하게나마 新井白石의 「東雅」(1717), 藤井貞幹의 「衝口發」(1781), C. Gutzlaff의 "Remarks on the Corean Language"(1833), L. de Rosny의 "Aperçu de la langue Coréenne"(1864) 등에서 시도되었다. 그 뒤, W.G. Aston의 "A Comparative Study of the Japanese and Korean Language" (1879)에 이르러 처음으로 학문적으로 다루어졌다. 비록 한정된 지식이기는 하지마는 여기서 음운조직, 문법상의 특질, 문법적 기능의 세 부분에 걸쳐 연구되었다.

이어서 大矢透의 "日本語와 朝鮮語와의 類似"(1898), 白鳥庫吉의 "日本古語와 朝鮮語와의 比較"(1898), "韓語 '城邑'의 호칭인 '忽'의 원의에 대하여"(1905-6), 宮崎道三郎의 "日韓兩國語의 比較研究"(1906-1907), 金澤庄三郞의 "The Common Origin of the Japanese and Korean Languages"(19101), 「韓語의 硏究」(19102), 「日本文法新論」(1912), 「日朝同祖論」(1943)이 나왔는데, 이 가운데서 白鳥(1898)에서는 「萬葉集」, 「古事記」, 「日本書記」 등의 上古文獻에서 200여 어휘를 비교하였고, 金澤(19101)에서는 형태상의 특징적인 유사점에 역점을 두어 체계적으로 형태소의 일치를 증명하려고 하였고, 150여 개의 어휘를 비교하는가 하면 특히 대명사의 일치를 지적하였는데 그것들이 대부분 음운대응법칙에 의한 입증이 아닌 점이 문제이기는 하나, 그 당시로서는 두 언어의 친족관계가 증명된 것으로 생각하였을 정도로 괄목할 성과였다. 또 金澤(1943)은 그 연구동기는 불순하지만 두 언어의 古地名의 일치를 모색하여 고대사에 나타나는 명사들의 어원연구에 크게 이바지하였다.

新村出의 "國語 및 朝鮮語의 數詞에 대하여"(1916)에서는 고구려지명 속의 4개의 수사가 일본어의 그것과 유사하다고 지적하였다.

한국어학의 기초를 탄탄히 닦아 놓은 恩人인 小倉進平의 "朝鮮語와 日本語"(1934). "朝鮮語의 系統"(1935)에서 한·일어를 우랄-알타이 제어와 비교하였고, 한·일어의 밀접한 관계는 부인 못한다고 하였다.

8.15해방후 계통론에 대한 일본인들의 열의가 높아지면서 服部四郎의 "日本語와 琉球語·朝鮮語·알타이語와의 親族관계"(1948), "日本語는 어디서 왔는가?"(1967), 河野六郎의 "古代의 日本語와 朝鮮語"(1949), "朝鮮語의 系統과 歷

史”(1971), 長田夏樹의 “原始日本語硏究導論-알타이 비교언어학의 전제로서”(1949) 등이 주목을 끌었다.

이 무렵 G.J. Ramstedt도 Studies in Korean Etymology(1949)에서 100여 개의 일본어휘를 한국어와 비교한 바 있다.

櫻井芳郎은 “高句麗의 言語에 관하여”(1953)에서 고구려지명 48개 중에서 수사 4개를 포함하여 16개가 일본어와 유사하여 일본어는 고구려와 가장 가깝다고 하였다.

한국인으로서는 처음으로 李崇寧이 “韓·日 兩語의 語彙比較攷-糞尿語를 中心으로”(1956)라는 논문을 내놓았다.

C. Haguenauer는 *Origines de la civilisation Japanaise*(1956)에서 음운체계와 형태소의 체계적인 비교를 시도하였고 약 150개의 한국어 어휘를 일본어와 대응시켜 놓았다.

S. Martin은 *Lexical Evidence Relating Korean to Japanese*(1966)에서 음운대응규칙을 전면적으로 설정하여 동계어임을 가상하고 한일공통기어 256개(의심스러운 것까지 합치면 320개)를 재구한 것은 획기적인 작업이라고 하겠으나, 재구방법에 수긍하기 어려운 점이 있어서 그 성과는 의문이다.

金善琪도 “한·일·몽 단어비교-계통론의 길돌”(1968)에서 Swadesh의 기초어휘 100개에 의거하여 한국어를 일본어와 알타이제어 특히 몽고어와 비교하였고, “가라말의 덜(한국어의 어원)”(1976-8)에서도 한국어와 알타이 제어·일본어를 상당히 깊이 있게 비교하고 있는데, 음운대응규칙을 세우지 않은 점과 어근부분에 공통점이 없이 다만 어중·어말음에 유사한 것이 보여도 그것을 대응시키는 등, 비교 방법에 문제가 있으나, 아무 설명도 없이 대응한 것보다 진일보한 방법이라고 하겠다.

R.A. Miller는 “*Old Japanese phonology and Korean-Japanese relation ship*”(1967), “*Japanese and the Other Altaic Languages*”(1971), “*Some Old Paekche Fragments*”(1979), “*Old Japanese and The Koguryŏ Fragments*”(1979), “*Old Korean and Altaic*”(1979), “*Origins of the Japanese Language*”(1980) 등을 냈는데, Miller(1967)에서는 Martin(1966)을 修正補足하였고, Miller(1971)에서 100여

개의 한국어의 어휘와 문법형태소를 일본어와 알타이제어와 비교하였고, Miller(1980)에서는 한국어와 일본어는 만주 퉁구스제어와 밀접한 관계가 있다고 보았다. 그는 조어론적인 파생접미사의 비교를 중시하고 있음을 알 수 있다.

大野晉은 「日本語의 起源」(1957), 「日本語의 成立」(1980)을 펴냈다. 大野晉(1957)은 15개의 문법형태소와 10개의 대명사와 명사류를 주로 한 200여 개의 어휘비교를 하여 그 전까지의 한국어와 일본어의 비교연구를 망라하였고 여기서 일본인으로서는 처음으로 전반적인 음운대응규칙을 세우려고 애썼다. 여기에 대해 Miller가 The Origin of the Japanese Language(1980)라는 책에서 비판한 바 있다.

大野晉(1980)에서 일본어에 드라비다어가 문법조직과 많은 기초어휘를 가져왔다고 말하고, 그 뒤에 한국을 거쳐 알타이계어를 쓴 종족이 건너와서 제3차의 일본어를 형성하고 일본의 상층부에 모음조화를 가져왔으며, 한국에서 들어온 언어는 고도의 문화어로서, 법제 · 농기구 · 무기 · 공예 · 복식 등에 관하여 풍부한 단어를 일본에 가져왔다고 하였다.

村山七郎는 "고구려어와 일본어와의 관계에 관한 고찰"(1963), 「일본어의 기원」(大林太郎 공저, 1974) 등에서 일본어의 南方的 요소를 매우 강조하면서도 일본어는 한국어와 가장 친근하다고 보았다.

한편 B. Lewin은 "Japanese and Korean: The Problem and History of Linguistic Comparison"(1976[1]), "Der Koreanische Anteil am Werden Japans"(1976[2]), "Paekche-Adel im Alten Japan"(1981[1]), "Archaic Korean-A Component to Clarify the Origin of Japanese?"(1981[2])의 여러 논문을 썼는데, Lewin(1981[2])에서 백제지명 53개 중에서 12개가, 고구려지명 82개 중에서 34개가, 신라지명 28개 중에서 11개가 각각 일본어와 비교된다 하고, 이러한 대응은 언어접촉에 의한 것이라기보다는 계통적 관계에 있다는 증거라고 하였다. 그리고 한반도에는 4-7세기에 몇 가지 언어가 사용되었고, 이 두 언어는 유사이전부터 밀접한 접촉이 있었다고 보았다.

李基文은 "高句麗의 言語와 그 特徵"(1968), 「國語史槪說」(1972)와 "韓國語와 알타이 諸語의 比較硏究"(1975) 등에서 고구려의 잔존어휘는 고대일본어 어휘

와 매우 현저한 일치를 보여준다고 하고(대부분은 일본학자들이 이미 지적한 어휘들임), 일본어와 가장 가까운 친족관계를 가진 언어는 고대고구려이 언어일 개연성이 크다 하였다.

宋敏은 "韓日兩國語 音韻對應試攷"(1965), "고대일본어에 미친 한어의 영향"(1973), "韓日兩國語 比較硏究史"(1969) 등이 중요한 논문인데 1965, 1973에서 음운대응규칙에 의한 본격적인 비교연구를 부분적이나마 착실히 다져 가고 있어 매우 주목된다. 그러나 그릇된 기존 학설에 맞추려는 경향 때문에 안목이 흐려져 아쉽다. 1969는 한일어의 비교연구를 위한 매우 훌륭한 연구사라고 할 것이다.

朴炳采는 "고대삼국의 지명어휘고"(1968)에서 101개의 삼국지명 중 44개가 일본어와 대응되며 신라어 18개 중 10개가, 고구려어 63개 중 32개가, 백제어 20개 중 2개가 각각 대응됨을 밝혔다.

金思燁의 「고대조선어와 일본어」(1974, 개정증보판 1981)는 한일어의 음운, 문법, 어휘에 걸쳐 광범위하게 자료를 모아 비교를 시도한 것이어서 모든 면에서 일인학자들의 연구를 넘어선 역작이라고 할 수 있을 것이다. 그러나 너무 욕심을 내다보니까 대응된다고 보기 어려운 어휘가 허다하게 비교되어 있어서 그의 음운대응규칙 자체가 의심을 받게 되니 좀 안타깝다. 어떻든 문법형태소 10개 정도와 어휘 450개 정도를 한일 양어의 비교에 첨가해 준 것은 틀림없다.

李男德은 "한일어비교방법에 있어서의 동근파생어연구에 대하여"(1977), 「한국어어원연구 Ⅰ-Ⅳ」(1981-5)에서 한일어가 문법구조상으로는 그렇게 꼭 같을 수가 없는데도 불구하고, 구체적인 문법형태소의 비교나 기초어휘의 비교에서 난관에 부닥쳐 진전이 어려우므로, 그것을 타개하는 방법으로서 한일어에 공통된 單語族을 찾아내어 그것을 가지고 친족관계를 증명해 보자는 매우 주목할 만한 연구인데 우선 연로한 여성의 몸으로서 그 어려운 연구를 감당해 낸 데 경의를 표하지 않을 수 없다. 그러나 김사엽(1974)과 마찬가지로 과욕이 흠이 된 것 같다. 한 어근에서 수십 개가 파생한 것으로 보다 보니, 어간 모음의 차이가 완전히 무시될 뿐만 아니라, 어근말의 자음도 거의 마구 교체되는 현상이 나타나고, 게다가 의미의 전의, 확대도 너무 심한 것 같다. 이남덕(1985) p.47에서 일례를 참고로 든다.

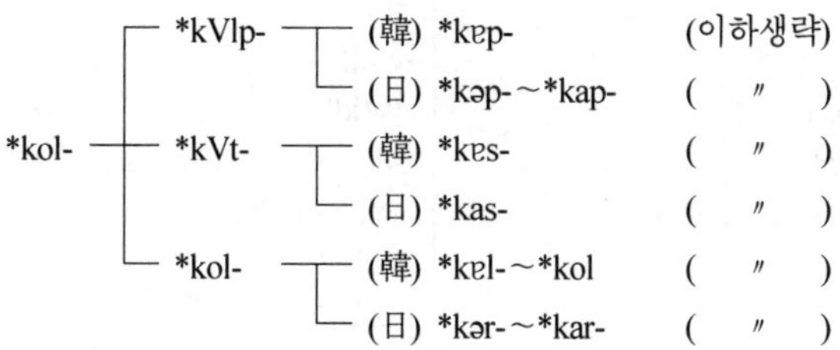

따라서 한일양어의 비교에 실질적으로 얼마만큼 이바지할 것인지 옥석을 가리기 어렵다. 아마 세밀히 검토해 보면 상당수의 비교어휘를 추가하게 될 것으로 본다.

姜吉云은 "일본어의 계통론소고"(1980[3], 수정증보 1986)에서 언어계통의 증명에 단어족과 대등한 중요성을 가진 체계적인 어휘군인 기본수사(1-10)와 춘하추동, 동서남북의 3군과 기타의 어휘 34개 계 52개의 어휘를 일본주변어-한국어, 알타이제어, 드라비다제어, 길약어, 아이누어와 비교하여 일본어 또는 일본어의 상층어가 후기 신라의 상층어인 터키계어와 대응하는 것이 가장 많고, 차례로 가야의 상층어인 드라비다어(일본황실어와 동계), 단군조선이나 전기신라의 상층어인 퉁구스제어, 고구려·백제의 상층어인 몽고어, 길약어, 아이누어와 대응되며, 여기서 음운대응규칙을 세우기 위한 비교어휘까지 합치면 일본어의 비교어휘수는 270여 개에 달한다.

위에서 일본어와의 비교 연구에 관한 국내외 학자들의 주요한 연구업적을 대충 소개하였으므로 다음에서는 그들이 이룩한 총체적 성과 중에서 중요한 것을 골라 소개, 검토하기로 한다.

2.2. 文法形態素의 比較硏究 檢討

인명	한국어	일본어
Rosny	-ga(주격조사)	-ga(id)

(1844)	-nä(속격조사) -ta(과거시제)	*-nə(>-no. id) -ta(id)
Aston (1884)	-i(부사형) -a/ə(완료상) -ya(의문형) -to(양보형) -ra(명령형) *cf.* '-la'로 표기 -teul(복수조사) -to(亦同) ə-(何) *cf.* 어듸 key(그, 其) čə(彼)	-i(id) -e(id) -ya(id) *-də, *-dəmo(-domo. id) *-rə(>-ro. id) -tači(id) -to(열거) i-(id) *cf.* idzure(イヅレ) ka(id) *sə(>so), sa, si(id)
金澤 (1910)	-ke(<kəi 부사형) -nira(지정형) -təra(대화법어미) a(吾) uri(我等) nə(汝) ani(否定副詞) -i(주격조사) -t(사잇소리) -kona(감탄형) -ka(의문형)	-ku(id), *cf.* 형용사의 연용형 nari(지정조동사) tari(id) a(id) ware(id) na(id) ni(부정조동사 'す'의 부사형) -i(id) -tsu(속격) -kana(id) -ka(id)
大野 (1957)	na(吾) nə(汝) <중복> nu(誰) nʌn(제시조사) -si-(주어존대법어미)	ana(吾) *ənə(>ono, 汝) nani(何) namo>namu(강세, 지시계사) su[sɯ](す, id)
金思燁 (1974)	-t'ʌn(강조, 강의) aram(私) nə(汝) <중복> kïm(「今」, 王・神) -sya-(주어존대법어미)<중복> pat-tïr(봉헌) -nama(최소한, 강세조사) -mak'am/-mank'an/-man(정도조사) -kos(강조조사) -ko(소망부사형) *cf.* -고뎌/-고져	-tana(id), -dani(최소한, 강조) are(吾) nare(id) kimi(汝 <존칭>) -sa-(주어조대법조동사) matu-ru(청자존대법조동사) -nomi(唯一, 강세조사) bakari(id) -koso(id) -ga(id)

위에서 나열해 보인 36개는 종래 한일어의 문법형태소를 비교한 것 가운데서 대체로 대응되리라고 생각되는 것의 전부이다. 이 가운데는 10개의 대명사가 포함되어 있으므로 그것을 빼고 나면 순순한 문법형태소의 비교는 26개가 된다. 그러나 인칭대명사의 전면적인 대응과 정동사어미(종지법어미)의 상당한 일치는 한일양어가 친족관계에 있으리라는 추정을 낳게 할 만하다. 다만 이들 문법형태소의 비교가 정밀하게 음운대응규칙에 의거한 것이 아니라는 점이 아쉽다.

따라서 많은 어휘 비교에 의해 한일 양어의 전반적인 음운대응규칙을 세우는 일이 급선무이고, 또 더 많은 문법형태소의 대응을 찾아내야 한일양어의 친족관계를 단정할 수 있을 것이다.

필자의 생각으로는 51개의 문법형태소를 더 추가할 수 있을 것으로 생각하며, 우선 다음에서는 비교가 가능해 보이는 것을 열거하는 데 그친다(제9장 "한국어와 일본어의 비교"에서 구체적인 비교를 할 것임).

한국어	일본어
-nimča(汝)/imma(id)<비칭>	imasi(id)
-ri(-리. 연격조사)	-ni(방위격조사), -ti(방향접미사)
-ga(*속격조사)	-ga(id)
-sa/-ʒa(-사/-ᅀᅡ. 강세,영탄조사)	-so/-zo(id)
mʌc'-(종료)	made(도급조사)
-pʌs(-봇. 강세조사)	*-pa(は, 제시조사)/*-po(を, 대격조사)
-kom(강세조사)	-kamo(영탄조사)
-t'i(>č'i, 강세접미사), -syə(강세형)	-si(강세조사)
-čoč'a(첨가조사)	-sura(id), -sahe(id)
-sʌb-/-ʒʌb-/-čʌb-(대상어존대법어미)	-sabura-(겸양조동사)
sigi-(사동형)	-sɯ(す, せ. 사동형)
-ri/i(피동, 자발접미사)	i-/r-(ゆ/ゐ下二段, id)
mač'i(흡사)	meri(如然助動詞 'き'의 관형사형)
(-a/ə)-si-(완료, 과거)	si(과거조동사 'き'의 관형사형)
-kə-(완료, 과거)/kən(완료명사형)	ki/ke-(과거조동사) *cf.* けむ
-n(완료)	nu(완료조동사)
-r-/-ri-(미래, 추측)	ra-(추측) *cf.* -らし, らむ
tagu/tao(희구)	tasi(たし, たく. 희구조동사)
əs'ï-(無)	*dzɯ(ず, 부정사)

mar-(금지조동사)	maji(추측부정조동사)
-ti>-či/ji(부정명사형)	ji(추측부정조동사)
-ki(명사형)	(-a)-ku(id)
-kɪ/-ke(-긔/게. 방식, 양상부사형)	-ge(양상조동사)
-na(방임형)	-ga(id) *cf.* *ŋ>n, g
sʌ(ᄉ. 형식명사)	sa(id)
kə/kəs(소유형식명사)	-ga(id)
-ra(복합조사)<백제지명>	-ra(id)
-ta(단정서술형)	-da(id)
-kɯryə(감탄서술형)	-kasi(id)
-ka(반복형)	-ka(id)
-ka(감탄서술형)	-ka(id)
-ya(반어형)	-ya(id)
-ya(감탄서술형)	-ya(id)
-yo(완곡, 강세형)	-yo(id)
-ro(구격조사)	-yo(<*-ro. id)
pʌra-(희구)	-baya(희구형)
-βat-(강세 ; 사동접미사)	be-(단정, 가능, 당연. 명령조동사) *cf.* べし, べき
(-n-)pa(장소, 경우)	ba(접속조사)
-ro(향격조사)	-ra(id)
-iyə(열거, 역동조사)	-yara(열거조사)
-rok/-rosyə(시발 · 탈격조사)	-yori(id)
*-ake(惡希> -he. 斜格조사)	-he(향격, 처격, 여격조사)
-tʌro(원인격조사)	-yori(id)
-tugo/-togo(비교격조사)	-yori(id)
-o/-u(서술형)	-u(id)
-r(관형사형, 명사형)	-ru(연체형)
-im(伊音 · 音. 청자존대법)	habe-(id)
-i-(피동접미사)	*-i-(>-y-, ゆ<下二段>, id)
-nö>-ne(감탄서술어)	-na(id)
-marʌnʌn(상반형어미)	*-mənənə(>monono. id)
-tot-/-toso-(완료강세형)	-tutu(*id→지속형)

위에 든 문법형태소마저 음운대응규칙에 의거하여 대응되는 것이 분명해진다면, 합하여 76개에 달하는 문법형태소의 대응을 두고도 한일어의 친족관계를 의심할 사람은 없을 것이다. 방언관계가 아닌 바에는 이만한 일치를 보여주는 친족어도 흔하지 않은 것으로 안다.

2.3. 派生接尾辭의 比較研究 · 檢討

	한국어	일본어
Aston(1884)	-ki(명사형성접미사)	-ki(id)
金澤(1910)	-m(명사형성접미사) -i(명사형성접미사)	-mi(id) -i(id)
姜吉云(1976)	-o/-u(명사형성접미사) -mi(명사형성접미사) -ki(명사형성접미사) -mä/-me(명사형성접미사) -φ(명사형성접미사)	-u(id) -mi(id) -ke/-ge(id) -me(id) -φ(id)
Miller(1980)	-g(동사형성접미사)	-k/-g(id)

위에서 열거한 音相만 보아도 韓日兩語의 파생접미사들이 대응되리라는 것을 의심할 여지가 없다. 음운규칙에 의한 정밀한 비교와 많은 類例를 찾아야 더 신빙성을 가지게 됨은 물론이다.

그러나 이미 「알타이語와의 比較研究 · 檢討」에서 언급한 바와 같이 어휘의 차용은 필요한 말이거나 같은 뜻을 가진 쉬운 말이 나타나면 차용은 제한이 없어서 무한대라고 할 수 있으므로 파생접미사의 비교도 자칫 借用形일 개연성이 크다. 따라서 어떠한 파생접미사가 韓日兩語에 국한하다시피 하면서 매우 생산적(活性化)인 경우에나 겨우 친족관계 증명에 다소간 기여한다고 할 것이다. 어떻든 파생접미사들에 있어서도 韓日兩語는 매우 많은 양의 대응을 보여준다.

2.4. 言語構造의 比較研究 · 檢討

Aston(1884):
(ㄱ) 限定語나 限定句는 被限定語 앞에 온다.
(ㄴ) 文 · 節의 주어는 文의 첫머리에 온다.
(ㄷ) 직설법에서는 동사나 형용사는 文末에 온다.
(ㄹ) 複數助詞 · 격조사 · 후치사는 명사 뒤에 붙으며 복수조사는 다른 조사 앞에 온다.
(ㅁ) 동사의 직접목적어는 동사 바로 앞에 온다.

(ㅂ) 후치사에 의해서 지배되는 명사, 즉 부사어는 동사의 직접목적어 앞에 온다.
(ㅅ) 접속어미는 그가 속하는 단어나 어절 뒤에 놓인다.
(ㅇ) 종속절은 주절에 앞선다.
(ㅈ) 人稱·姓·數에 의한 구별이 없다.

白鳥(1898):
(ㅊ) r 어두음을 가진 말이 없다.
(ㅋ) 존경동사가 있다.

Ramstedt(1924)
(ㅌ) 고대일본어에서는 무성파열음만이 어두음이 될 수 있었다. g, d, b는 후에 連聲(sandhi)으로 발달된 것이다.
(ㅍ) 일본어도 한국어와 마찬가지로 폐음절을 가지고 있었을 것이다.

大野(1957)
(ㅎ) 인칭어미가 없다.
(ㅏ) r·l의 구별이 없다.
(ㅑ) 대명사에 近·中·遠稱의 구별이 있다.
(ㅓ) 高低 악센트를 가지고 있다.
(ㅕ) 성격은 좀 다르지만 모음조화를 가지고 있다.

위에 열거한 구조상의 유사성을 뭉뚱그려 말하면, (ㄱ)~(ㅊ), (ㅌ), (ㅍ), (ㅕ)는 韓日兩語가 알타이諸語와 대체로 그 구조와 유사하다는 것이다. 다시 말하면, 교착어이고 어순이 대체로 같다는 것이고, 나머지의 (ㅋ), (ㅎ)~(ㅓ)는 알타이諸語와는 관계가 없이, 韓日兩語에만 있는 공통 특징이라는 것이다.

이 가운데서 (ㅈ)의 인칭, 성, 수에 의한 명사, 동사의 구별이 없다. (ㅋ)의 존경동사가 있다. (ㅌ)의 어두의 유성파열음기피, (ㅍ)의 고대일본어의 폐음절보유, (ㅓ)의 고저 악센트 보유의 諸主張을 제외하고는 이미 "알타이諸語와의 比較研究史"의 2.1.4에서 논하였으므로 여기서는 再論 않거니와 그 나머지와 함께 뒤의 제9장 "韓國語와 日本語의 比較"에서 詳論할 것이다.

그뿐만 아니라, 그 연구에서 필자는 눈에 보이지 않던 구조인 문법의식(사고방식)의 유사성에 관해서도 폭넓게 언급할까 한다. 이를테면, '提示補助詞 ; 使動詞, 被動詞의 尊待法으로의 轉用 ; 文·節의 主格에 屬格助詞·目的格助詞 使用' 등등에 관해서도 언급할 것이다.

어떻든 문법구조상의 유사성에 있어서도 정밀한 연구가 안 된 상태이기는 하나 韓日兩語는 남달리 유사하다고 하느니, 차라리 흡사하다고 하는 편이 옳은 견해일 것이다.

2.5. 語彙의 比較硏究 · 檢討

이미 여러 번 말한 바와 같이 단순한 어휘의 비교는 음운대응규칙을 세우는데 의미가 있을 분이지, 친족관계증명에는 큰 도움이 안 된다. 다만 유사한 어휘가 많음으로써 친족관계증명의 동기를 주고, 기초어휘나 單語族이나 체계적인 어휘군끼리 대응되는 것이 많이 발견되면 동계어 증명에 다소간 보탬이 될 따름인 것이다. 과거의 연구에서는 너무나 어휘비교에만 집착하고, 핵심이 되는 문법형태소의 비교를 소홀히 하여 왔다.

그러하면서도 韓日兩語의 어휘비교에 의한 전면적인 음운대응규칙의 체계를 세워 놓지 못하였다. 그것은 비교됨직한 유사한 어휘수가 적어서가 아니고, 오로지 음운대응규칙의 체계를 세우고자 하는 강한 의지와 노력이 부족하였기 때문인 것으로 생각된다.

송민(1969)의 "韓日兩國語의 語彙比較 索引"에 실린 것이 모두 타당한 것이라고는 생각되지 않지만, 거기에 실린 어휘수가 총 621개이고, 김사엽(1974)의 "對應資料單語集"에서 비교가 가능하다고 믿고 추가한 것이 약 300개(송민(1969)에 실려 있는 것 제외)이니, 이것을 합하면 약 900개의 어휘가 비교되고 있다. 筆者가 따로 추가할 수 있는 것이 약 450개이니 이것들을 모두 합하면 약 1,350개라는 막대한 어휘수가 된다. 아무리 줄여보아도 대응어휘는 1,200개가 넘을 거시 분명하다.

그뿐만 아니라, M. Swadesh가 제시한 기초어휘 100개를 安本 · 本多(1978)에서 비교한 바 있는데, 여기서는 어두자음만 일치하면(한국어의 초성합용병서-ㅲ · ㅳ · ㅶ · ㅺ · ㅼ · ㅽ · ㅴ · ㅵ-를 자형 그대로의 자음군이라고 보고 있음) 우선 대응되는 것으로 간주한 비교이기는 하나 거기서 東京方言과 中期韓國語

는 31개(31%)가 일치하고 上古日本語와 中期韓國語는 27개(27%)가 일치한다고 하였다. 그러나 필자가 조사한 바로는(어두자음만 비교한 것이 아니고 제2음절의 첫 자음까지 비교한 것임) 東京方言과 古代韓國語는(李朝初以前의 韓國語)는 43개(43%)가 일치하며 비교가능성이 있는 것이 38개(38%)이고, 上古日本語와 古代韓國語와는 42개(42%)가 일치하며 비교가능성이 있는 것이 38개(38%)이다. 따라서 합치면 81% 내지 80%의 대응도 가능하다는 것이 된다. 여기서 安本 · 本多(1978)와의 큰 차이는 安本 · 本多가 한국어에 대한 지식이 빈약한데다가 同意異音語를 염두에 두지 않고 비교하였기 때문에 일치 비율이 낮아진 것이다. 예를 들면 'I. all …mïna<O. Jap> ∞ moto<M.Kor>'와 비교하니 일치하지 않지만, matta-(全)<O. Jap>와 mota<M. Kor>를 비교하면 의미가 일치하고, 피상적으로는 모음대응이 의심스럽게 여겨지나 '순음+a'는 순음동화에 의해서 '순음+o'로 변하는 일이 얼마든지 있으므로 音韻上에서도 matta-<O. Jap>와 mota<M. Kor>는 일치한다. 따라서 이들은 의미와 음운의 양면에서 완전한 대응을 보여준다. 또 하나의 예를 들면 '6. bird…töri<O. Jap> ∞ sāi<M. Kor>'와 비교하니 일치하지 않지만, kasa-sagi(鵲, *cf.* kač'i '鵲' <Kor>)의 sagi(*鳥)<O. Jap>와 sāi(鳥)<O. Jap>를 발견 못한 데서 아까운 비교를 놓친 것이다. 이 sagi의 化石을 kara-su(黑鳥, *cf.* kara '黑'<O. Jap> ∞ kala '黑'<Ma. Mo>)의 su(鳥)에서도 발견할 수 있다. 즉 *sagi(鳥)> sai>sä>se>sï(>su)의 발달과정을 밟은 것이 'からす'의 'す'(鳥)이다.

어떻든 Swadesh가 제시한 기초어휘 100개를 중심으로 한 구체적인 韓日兩語의 어휘비교연구는 후고에 미루고, 여기서는 다만 기초어휘의 비교에 있어서도 확실한 대응을 보여주는 것이 적어도 43~81%나 된다는 사실을 환기시켜 두는데 그친다. 제5장에선 그 가운데서 58개(58%)만 열거하였다.

2.6. 高句麗語와 日本語와의 관계에 대하여

고구려어와 일본어의 관계에 대하여 필자의 소견을 밝혀둘 필요를 느낀다. 맨 먼저 新村出(1916)에서 고구려어라고 생각되는 4개의 수사가 일본어의 그것과 酷似하다고 처음으로 고구려어와 일본어의 친근성을 지적한 이래, 이기문(1961 · 1967), 村山七郎(1962 · 1963)을 통해서 현존하는 고구려 어휘 중에서 30여 개(수사 4개 포함…뒤에 상술할 것임)가 고대일본어와 대응된다 하였고, 그뿐만 아니라 고구려어는 퉁구스어와도 많은 共通言語材을 가지고 있다는 데서 일본어는 고구려어와 가장 가깝고 퉁구스어와 동계일 가능성도 있다는 것이다.

그러나 地名이 古語를 保存한다는 것을 생각할 때, 고구려지역의 지명이라고 하는 것이 과연 고구려시대에 처음 지은 이름이냐가 문제된다. 그곳은 고조선삼국이 차례로 들어선 곳이기 때문에 고조선지배층들이 고구려와 同族이었다면 아무 문제가 없으나, 필자가 연구한 바로는(*cf.* 姜吉云 1981[2]) 단군조선의 지배층이 퉁구스어를 썼고, 기자조선의 지배층은 고구려 지배층과 동계인 몽고어를 썼고, 위만조선의 지배층은 터키어를 썼으며, 토박이는 길약어와 동계의 토박이말을 쓴 것으로 추정된다. 따라서 먼저 자리 잡고 오랜 세월 동안에 지배해 온 단군조선의 지배층이 퉁구스어를 썼기 때문에 고구려지역에는 퉁구스어계의 지명이 고구려 이전부터 많이 전해 내려왔다는 사실을 염두에 두고 생각해야 한다. 다시 말하면 고구려지명은 더러는 고구려지배층어일 수도 있으나 단군조선어를 그대로 답습한 것이 많았다는 사실을 명심해야 한다. 그러므로 고구려지배층은 몽고어를 썼지만 지명은 그 전대로 퉁구스어로 된 것이 많았고, 그것이 고대일본어와 대응되었던 것이다. 고대일본어에는 드라비다어계인 가야지배층어와 이어서 퉁구스어계인 초기신라지배층어와 터키어계인 후기신라어 및 백제 · 고구려의 패망으로 몽고계어인 백제어 · 고구려어가 차례로 일본에 들어가서 일본어의 상층어를 형성하고 있는데, 그러한 고대일본어 속에 퉁구스계 어휘가 단군왕검조선계 지명인 퉁구스계 어휘와 대응된 것일 뿐이다. 따라서 고구려지배층어와 고대일본어가 계통적으로 밀접한 관계가 있는 것이 아니다.

姜吉云(19772 · 1978)의 修正稿에서 백제지명 100여 개 중 일본어와 대응되리라고 생각되는 것이 29개가 있는데, 이것은 다른 학자들이 고구려지명 중에서 일본어와 대응되리라고 하는 30여 개와 맞먹는 어휘수이고, 이들 가운데서 25개가 터키어와, 20개가 몽고어와, 7개가 퉁구스어와 각각 대응되는 것으로 추정하였다.

한편, 姜吉云(19752)에서 신라지명 속에서 비교적 차용이 어려운 체계적인 어휘군인 기본수사와 춘하추동, 동서남북을 뜻하는 18개 어휘를 비교한 바 있다(기본수사 중 지명에 보이지 않는 것이 '二 · 四'이고, '十'은 보이되 퉁구스어와 대응되는 것만이 보이고, 나머지 15개는 터키어와 대응됨). 그런데 姜吉云(19803)에서 다시 일본어의 기본수사와 춘하추동, 동서남북을 뜻하는 18개 어휘를 비교하였던 바, 신라지명과 일치하는 것은 '一 · 二 · 三 · 四 · 五 · 南 · 北 · 春 · 夏 · 秋 · 冬'의 10개이고, 李朝語나 現韓國語와는 13개를 대응시킬 수 있으며, 또 알타이諸語와의 비교에서는 18개 중 13개가 터키어와, 나머지 5개(六 · 七 · 八 · 九 · 十)가 퉁구스어와 대응되는 것으로 추정하였다(*cf.* 姜吉云 1980[3]에서는 가야계인 드라비다어와의 비교가 빠져 있으나 그 영향이 지대함).

위에서 설명한 바로 미루어서 어휘면에서 볼 때 고구려어 · 백제어 · 신라어의 삼국어 중에서는 도리어 후기신라지배층어가 가장 일본어와 친근한 언어이고, 다음에 고구려어와 백제어는 같은 수준으로 일본어와 가깝다고 할 수 있다. 또 알타이諸語와 일본어와의 관계를 보면, 터키어 · 퉁구스어 · 몽고어의 순으로 가깝다고 할 수 있다. 여기서는 드라비다어 · 아이누어 · 길약어와의 관계는 고려되지 않고, 알타이諸語와만 비교하였을 때의 비교가능성을 말했을 따름이다. 따라서 일본어가 고구려어와 가장 가깝다는 종래의 가설은 어디까지나 가설에 그친 것이며, 한국사에 등장하는 고구려지역어의 어설픈 연구밖에 안 되었을 적에나 통하는 가설일 뿐이다.

그뿐만 아니라, 고구려지명 속의 數詞-[密](三) · [于次](五) · [難隱](七) · [德](十)을 음독하여 본즉 일본어의 mi(三) · itu(五) · nana(七) · towo(十)와 대응된다는 것이나, 필자는 姜吉云(1975)에서 '密'(=竹)은 *kur～kïr(三, *cf.* gur-ban '三' <Mo>: qulusu '竹' <Mo> · gizlí '隱密' <Turk> · 그스기 '密' <李朝>: 걸

'三')로, '德'은 *arba(十, *cf.* arba'十' <Mo>, alba-'大' <Mo>, alba-tan '大人·臣' <Mo>: -tan '管掌者' <Mo> : 德 큰 덕 <字會下 31>)로 읽을 것을 提議한 바 있다. '密'은 '竹'과 대응시켜 놓았기 때문에 훈독할 수밖에 없고, towo(十)와 tək~tĭk(德)은 音韻上 대응이 안 된다. 제2음절 이하는 전혀 문제가 안 된다면 비교할 수도 있을 것이나, 언어학에 조금이라도 소양이 있는 사람이라면 감히 그런 말을 못할 것이다.

그리고 于次(五)는 *beč(五)>wïč>uč('于次')의 발달을 겪은 것으로서 beš(五) <Turk>와 비교될 수 있는 후기신라지배층어이다. 지명 자체는 고구려지역인 황해도에 있는 것이나 삼국통일 후 신라 경덕왕 때에 *beč(五)와 음상이 유사한 전래의 지명을 듣고 그 뜻을 알 수 없어서 지명을 고치는 이들이 자기들의 쓰는 말인 터키계어에서 그와 유사한 음상을 가진 말의 뜻을 골라서 漢字로 意譯한 것이 '于次'였던 것으로 믿어진다. 한편 그곳이 禮成江 中流에 있으므로 강가에서 살기 좋아하는 가야족의 말과 동계인 aintu(五)<Dr. -Ta>와 itu(五)<日本>를 비교할 수도 있을 것이다.

또 '難隱'은 퉁구스어의 nadan(七)<Ma>·nada(七)<Olča>와 비교될 수 있는 말인데, 이것이 고구려지역에서 나타난 것은 첫째로 그 지역에 여진족이 살고 있었기 때문이었을 것이나, 한편으로는 그 지명이 본시 단군조선시대부터 전해 내려온 것이었기 때문이거나, 어쩌면 후기신라지배층 가운데는 퉁구스계어를 쓴 초기 신라의 지배층도 상당한 세력을 가지고 있어서 그들이 지명개정사업에 종사하여 의미를 모르는 고구려지역명을 그와 음상이 유사한 퉁구스어로 해석하여 그것을 한자로 다시 의역한 것일 수도 있다.

요컨대 姜吉云(1977l·1978)에서 백제지배층이 몽고어를 쓴 것이 분명해졌으니 그 동족임이 분명한 고구려지배층도 몽고어를 썼을 것이 분명하다. 고구려지역의 지명 속에 나타난 '密·竹'(三)은 *kur~kïr로, '德'(十)은 *alba로 읽어야 하며, 여진족의 땅이기 때문이거나 이것들은 진짜 고구려어인데도 일본어와는 무관하다. '于次'(五)는 *uč로 읽어야 하며, 이것은 후기신라지배층어이고, '難隱'(七)은 *nanïn으로 읽어야 하며 여진족의 땅이기 때문이거나 단군조선이나 초기신라의 지배층어일 것이다. 결코 이들 '于次·難隱'은 고구려지배층어가 아니다. 그러나 일본어와는 대응되는 것이 분명하다. 따라서 수사에 관한 한 고구려 지배층어와 일본어는 아무런 일치도 보여주지 않는다. 고구려 수사에 관한 한 新村出이나 그것을 답습한 李基文의 주장은 아무런 근거가 없는데도 이제까지는 대단한 발견인양 여기저기 인용되어 정설처럼 무비판적으로 쓰여 왔다. 필자는 그 주장의 잘못됨을 지적한 것이 20여 년이 지났으나, 아직 잘못을 자인한다거나 반박론을 제시하지도 않은 채 여전히 「國語史槪說」(李基文 著) 등을 통해 1년에 천 명 이상의 대학의 국문과 학생들이 誤導되고 있으니 문제가 아닐 수 없다.

위에서 고구려지배층어는 몽고어라고 하였는데, 그것을 더 확실히 입증하기 위해 中國古文書에 실린 南下하기 前의 高句麗語의 斷片을 우리 주변의 諸語와 비교하여 보인다.

(ㄱ) 今胡猶名此城爲幘溝漊 溝漊者句麗名城也 <三國志 魏志 東夷傳> …… 溝漊(*kuru, 城→ 國) ∞ gürün(國・州)<W.Mo>, gurun(國)<Ma>

(ㄴ) 家家自有小倉名之爲桴京 <三國志 魏志 東夷傳 高句麗條> …… 桴京(*pukyəŋ, 小倉) ∞ ükeg(箱子・櫃)<W.Mo> < *pükeg<P.Mo>, fuka(外城壁)<Ma>

(ㄷ) 字之曰朱蒙 其俗言朱蒙者善射也 <三國志 魏志 東夷傳> …… 朱蒙(čyumuəŋ, 善射) ∞ sumun(矢)<W.Mo>

(ㄹ) 高句麗呼相似爲立 <三國志 魏書 東夷傳> …… 비슷-(相似, *cf.* bisire-'간과하다' <W.Mo>) ∞ *비슬>벼슬>(官位, *cf.* bičig'文書→ 官: bisire '있는 곳'<Ma>) [참고: 저자가 '相似'와 '位置'를 뜻하는 고구려어의 청각영상이 비슷한 데서 위와 같이 기술한 것으로 보임]

(ㅁ) 凡有五族 有涓奴部 絶奴部 順奴部 灌奴部 桂婁部 按今高麗五部, 一曰內部一名黃部 卽 桂婁部也, 二曰北部 一名後部 卽 絶奴部也(*cf.* 白鳥庫吉는 '絶奴'와 '灌奴'가 뒤바뀐 것으로 봄), 三曰東部 一名左部 卽 順奴部也, 四曰南部 一名前部 卽 灌奴部也, 五曰西部 一名右部 卽 涓奴部也 <後漢書 東夷傳> …… 桂婁(*kuelu 內・中央)∞ ğool(>gol 中央)<W.Mo> ; 順奴(*jïuəna 東・左) ∞ jegün(>jün, 東・左)<W.Mo>, jun(左)<Ma>, 왼(左) ; 涓奴(*yuenno, 西・右) ∞ örüne(>örne, 西・右 <W.Mo>, 오른(右) ; 灌奴(*kuanno, 北・後) ∞ qoyina(>xoina, 後)<W.Mo>, qoyitu(北)<W. Mo>, 곰(後) ; 絶奴(*juelno, 南・前) ∞ degere(上)<W.Mo>, jule-rgi(南・前)<Ma>, 즈려(前에) (*cf.* '奴'는 방위어의 말음일 뿐 na '地'<Tung>와는 무관함)

(ㅂ) 其冠曰骨蘇多 以紫羅爲之 雜以金銀爲飾也<周書> …… 骨蘇多(*yosutuə, 紫羅帽. *cf.* '骨蘇'은 향찰임) ∞ yosu-tu malağa(紗帽)<W. Mo>. *cf.* malaga(冠)<Mo>, yasu(骨)<W.Mo>

(ㅅ) 有蓋蘇文者或號蓋金 姓泉氏<唐書 高句麗條> ; 泉蓋蘇文 伊梨柯須彌<日本書紀> …… 伊梨(iri, 泉) ∞ eri(源流)<Gily> · ēri(湖水 · 貯水池)<Dr-Ta>(*cf.* '蓋金 · 蓋蘇文'은 모두 '金'을 뜻하는 향찰로 보이며 唐書의 著者는 舊伽耶係의 新羅人의 표기를 前載하였을 것임)

위에서 비교하여 보인 바와 같이, 10개의 어휘 중에서 몽고어와 대응이 확실한 것은 8개이고(이 밖에 '絶 ∞ degere<W.Mo>' 또는 '絶奴 ∞ degere<W.MO>'도 비교 가능할 것임), 퉁구스어와 확실한 대응을 보이는 것이 2개이며, 이 밖에 드라비다어와 비교 가능한 것이 2개, 길약어와 비교 가능한 것이 1개가 각각 있다. 따라서 이러한 비교 결과로 미루어서도 고구려지배층어는 분명히 몽고계어라고 단정할 수 있다. 즉 고구려어(지배층어)가 퉁구스어와 비교될 수 있는 지명은 고구려 이전부터 전해 내려오던 것일 뿐이다.

第3章
音韻對應規則

1. 序說

旣述한 바와 같이 言語의 親族關係를 立證하는 데 語彙比較는 그리 중요한 의미를 갖지 않으나 比較硏究의 핵심인 文法形態素의 일치를 證明하기 위한 手段으로서의 音韻對應規則을 세우는 데 語彙比較가 중요한 구실을 한다.

音韻對應規則은 親族語에서 뿐만 아니라 多量의 借用語와의 사이에서도 성립되는데, 比較對象인 A · B · C라는 개별언어에서 音相과 意味가 유사한 어휘들을 골라내어 音韻別로 분류하여 그 속에서, 가령 A언어의 /K/에 B언어의 /h/와 C언어의 /x/가 규칙적으로 對應關係를 보이면 그것이 바로 音韻規則(音韻對應規則)이 되는 것이다. 그러한 對應關係를 보이는 類例가 많으면 많을수록 그 音韻規則은 확실성이 커지며, 그와 반대로 그러한 類例가 몇 짝이 안되면 그 音韻規則은 그만큼 확실성이 적어진다. 또한, A언어의 /K/에는 반드시 B · C언어의 /K/가 對應되어야 하는 것도 아니다. 물론 A언어의 K에 B · C언어의 /K/가 對應되는 경우가 많기 마련이지만, 音韻體系가 다른 여러 言語에서 많은 語彙가 借用되었을 경우에는 그렇지 못한 경우도 있다는 것을 명심하여야 할 것이다.

그리고, 音韻對應規則은 A언어의 한 音에는 B언어의 어떤 한 音만이 一對一로 對應을 보여 주면 가장 理想的이기는 하나, 한국어와 같이 여러 異人種의 集團的인 流入으로 因한 重層語에 있어서는 도저히 그렇지 못하고, 一對二 · 一對

三 또는 一對四의 對應을 보이는 일도 있다. 또한 A언어의 a가 B언어의 x・y와 對應을 보이면서도, 다시 B언어의 x・y 중의 x가 A언어의 z와 對應되기도 한다. 이런 복잡한 對應關係를 인정하지 않으려는 학자도 있으나, 실제 그가 보인 對應例를 보면 그것은 말뿐임을 알 수 있다. 한 音은 그것이 놓인 환경에 따라서 結合的 變化를 일으키기 때문에 한 音이 분화하기도 하고, 때로는 통합하기도 하므로 一對一의 對應은 극히 드문 일이다.

어떤 학자는 單語나 形態素의 語頭子音만 같아도 對應된다고 보는가 하면 多音節語에서 第1音節의 子・母音만 유사하면 對應된다고 보는 등, 語彙比較의 정밀도에도 차이가 있어서 音韻對應規則은 比較語彙의 量뿐만 아니라 質에 의해서도 그 信憑度가 좌우된다. 그렇기 때문에 語彙比較를 정밀히 하기 위해서 共通基語(또는 祖語)를 再構하는 노력을 게을리 하지 않는다. 바꾸어 말하면, 音韻結合體 전체에 걸친 정밀한 語彙比較의 결과가 共通基語의 형태로 나타난다.

위에서 말한 바와 같이 比較語彙마다 共通基語를 再構해 가면서 音韻對應規則을 세운다는 것은 한국어와 같이 복잡다단한 重層語에 있어서는 몇 개의 語彙比較에 국한하는 작업이라면 모를까 전면적인 그러한 작업은 거의 불가능하기 때문에 필자는 우선 아쉬운 대로 音韻變化를 合理的으로 설명할 수 있는 限界內에서 單語의 第2音節의 頭音까지 즉 CVC가 유사한 어휘들을 일단 對應되는 것으로 보고, 그러한 많은 類例를 나열함으로써 音韻對應規則을 이제까지 세워왔다. 그와 같은 方法으로 이미 아이누語・길약語・드라비다語・日本語의 音韻體系 전반에 걸쳐 音韻規則(音韻對應規則)을 세운 바 있고(姜吉云 1982[1], 1983[2], 1983[3], 本稿), 알타이諸語의 전반적인 音韻規則은 此後로 미루고 여기서는 比較語彙의 羅列은 몇 개씩으로 줄이고, 다음 같이 音韻對應規則을 아쉬운 대로 제시한다.

2. 音韻對應規則一覽表

比較言語 / 原始韓國語	韓國語 (李朝語)	길약語	아이누語	드라비다語 (타밀語)	日本語	터키語	만주語	몽고語
*k	k,k‘,k’	k,g,ğ,x	k,h	k	k,h,g	k,q,h,g,y	k,g,h	k,q,g,ğ,h
*t	t,t‘,t’	t,d,č	t	t	t,c,d,y	t,d,y	t,d,y,s	t,d
*p	p,p‘,p’	p,m,w	p,h,ø,m	p,b,m,v	h,w,m, b,ø	ø,b,m,v,f	f,b,m,w	ø,b
*č	c,c‘,c’> č,č‘,č’	č,j,c	č,j	[č]	s,t,c,y, z(ž)	č,š,s,z,y,t	č,j,š,s,h	č,j,š
*s,s’	s,s’	s,š	s,š	s,c	s,t,h	s,š	s,š,y,h	s,š,č,j
Φ	p	Φ,β	—	v	h,b,w	—	—	—
*h	h,s ;ø	h,x,k,p β	h	c,k	k,h,s	k,q,g,h,č(z)	h,s,k, (f,b)	k,q,č,s,b
*r	n(<r)	r,š	r,š,n	r	}(r)	r	—	—
*l	n(<l)	l	—	l		l	l	l
*n	n	n,ŋ	n	n	n(r)	n,r,y	n	n
*m	m	m,Φ,β p,w	m	m,p,v	m,b	m,b	m,b,f,m	m,b
*ŋ	k,ø,n	ŋ	—	—	(k,g,ø)	—	—	—
*y	y	y	y	y	y	y	y,j	y
*w	w	—	w	—	w	w,b,v	w	—
*a	a,ʌ	a	a,e(ä)	a	a,o	a,ï	a,e	a
*ï	ï,u	ï	i,u	u,i	i,u,a	ï,u,ü,i	i,e,u	i,e,u,ü
*o	o,ʌ	o	o,u,e(ɜ)	o,u	o,u,a	o,u,ü,ö	o,u,e	o,u,ö
*u	u,ï,	u	u,i,o	u	u,o,a	u,o,ö,ü,i	u,o,e	u,o,ü
*ɜ(ə)	ə,ï	ə	e(ɜ)	e,a	e,o,u,i,a	ä.a,u,ï,ü,ö	e,u,o,a	e,o,u,a,ö, ü
*i	i,yə,ï	i,ï	i,e	i,yə	i,yu,u	i,ü,ï,yə	i,yə	i,ü,yə

語頭子音 · 第1音節母音의 音韻對應表

(註) 本稿에서 ‘으’<Kor>는 일반적으로 [ɯ]로 表音하였으나 古音은 [ï]였음 ; q는 X로 표기되기도 함 : 알타이제어와 길약어의 e는 거의 [ə]임. č[ʧ] · c[ʦ] · j[ʤ]

比較言語 / 原始韓國語	韓國語 (李朝語)	길약語	아이누語	드라비다語 (타밀語)	日本語	터키語	만주語	몽고語
*k	k,g,k‘,k’	k,g,ğ,x	k,h	k	k,h,g	k,q,g,ğ	k,g,h	k,q,g,ğ
*t	t,d,t‘,t’	t,d,č, rk/lk	t	t,t	t,c,d,y	t,d,y,s rk/-lk	t,d,y, rk/lk	t,d,j,y,s rk/lk
*p	p,b,p‘,p’	p,b,m, w,Φ,β	p,h,ø,m	p	h,b,w,m,ø	p,b	f,b,m,v	b
*c	c,dz,c‘,c’> č,j,č‘,č’,r	č,j,c,r	č	c	s,t(c),y,z(ž)	č,š,s,z,y	č,j,š,s,h,r	č,j,š
*s	s,s’	s,š	s,š	s,c	s,z(ž),t,h	s,š,h	s,š,y,h	s,š,č,j,h
*ʒ	ʒ(z),ø	r,š	r,š	r,t	r,s,t,y,ø	r,s,l,z	r,j,č	r,s,č(j)
*Φ	β	Φ,β	—	v	h,b,w,m,ø	b,w	b,w	b
*h	h,s,ø	h,x,k,ø, p,β	k,p,č	c,v,k	k,h,s,ø	k,q,ğ,č	h,s,k,(f,b)	k,q,s,č,b
*r	r / l	r,š	r,š,n	r,l,ṛ,ḷ	r,n,s,z,t(č),y,ø	r,č	r,l,č,j	r,č,j
*l		l	—			l,č		l,č,j
*n	n	n,ŋ	n	n,ṇ	n,r,y,g,d(t), m	n,r,y	n	n
*m	m	m,Φ,β, p	m	m,p,v	m,b,h,w	m,(b)	m,b,f,w	m,b
*ŋ	ŋ,k,n	ŋ	m	ŋ,n,m,k	g,k,ø,n,u	ŋ,n,ø	ŋ,n,m,l,ø	ŋ,m,n
*y	y	y	y	y	y	y	y,j	y
*w	w	ø	w	—	w	—	w,b,f	—
*a	a,ʌ,ə	a,ï	a,e(ɜ)	a	a	a,ï	a,e	a
*ï	ï,ə,u,i,a	ï	i,u	u,i	i,u,a	ï,u,ü,i	i,e,u	i,e,u,ü
*o	o,u,ʌ	o	o,u,e(ɜ)	o	o,u,a	o,ö,u,ü	o,u,e	o,u,ö
*u	u,o,ə,ï,ʌ	u	u,i,o	u	u,o,a	u,o,ü,ö,i	u,o,e	u,o,ü
*ɜ(ə)	ə,ï,i,ʌ	e,a	e(ɜ)	e,a	e,o,u,i,a	ä,a,u,ï,ü,ö	e,u,o,a	e,o,u,a,ö,ü
*i	i,yə,ï	i	i,e	i	i,yu,u	i,ü,ï	i,yə	i,ü

語中 · 語末子母音의 音韻對應表

3. 音韻對應의 類例

3.1. 韓國語∞길약語[1)]

k/k'/k'/g 〈 Kor 〉∞k/ğ/g/x,h,ŋ 〈 Gily 〉:-

ka-(去・行)∞ka-(下行), koβ(麗)∞kuv-(id), kʌrʌ-(曰)∞kerai-(id) ; kor(谷・溝)∞ğor(川邊), koŋi(杵)∞ğukus(棍棒) ; k'ɯnh-(斷)∞kunk-(切), k'aburɯ-(蕩盡)∞gavrï-(無)<G>, k'əri-(忌)∞geerï-(id)<G> ; k'i(舵)∞kïi(帆)<G>, k'ar(枷)∞xal(id)<G>, k'ɯ-(大)∞ïkï-(昆・大)<G> ; ka(姓氏)∞xa(名), kəgɪ(彼處)∞xukr(id) ; k'wəŋ (雉)∞haŋ(id), kɯ(其)∞hu(id) ; tagɯp-hʌ-(다급하다)∞taxv-(id), t'akči(딱지)∞taxs(장식)<G> ; kasʌm(胸)∞ŋašïf(id), kor(腦)∞ŋaurk(id), kə/kəs(事)∞ŋa(id)

t,t',t',d 〈 Kor 〉 ∞t,d,č, -rk/-lk 〈 Gily 〉:-

tahi(方向)∞takr(向方), tɯr-(入來)∞turgu-(id), tok(甕)∞tïk(水桶) ; t'ak'ɯn(暖)∞tak'ï-(id)<G> ; tadä(*灣・물굽이)∞tadu(id), pada(海)∞wada(id)<G> ; t'ək(頤)∞itï(id)<G> ; tirɯ-(刺)∞čara-(被挿), tɯlβ-(貫)∞čev-(刺), nat'(個)∞neč(一) ; tod(蓆)∞tïrk(id)<G>, ədɯ-β-(暗)∞ïrk(id)<G>, kodo-sö(鏰釘)∞korkr (帶環)<G>

p,p',p',b 〈 Kor 〉∞p,b,m,w 〈 Gily 〉:-

pat-(出產)∞pad-(出生)<G>, pahö(岩)∞pax(id), p'ɯrɯr-(靑)∞pezrrala-(id)<G>, p'um(懷中)∞pïl-mi(id) ; pik'i-(避)∞pigi-(id) ; čyəbi(燕)∞čebrik(박새과의 小鳥), kəbul-kəbul(헝크러진 모양)∞kebes-kebes(id)<G> ; p'ur(뿔)∞murki(id), kalbi(肋)∞ŋarm(id)<G> ; paji(바지)∞waš(id), pajʌ(垣)∞wazir(id)

---

1) <G>는 Grube 1892에서, 나머지는 高橋 1942에서 引用함

č,č‘,č’,j 〈 Kor 〉 ∞č,j,c,r 〈 Gily 〉 :-

čyak(三)∞čiax(三), čor-/čur-(減縮)∞čora-(貧化) ; kaji-kaji(種種)∞kajin- kajin (id) ; čak(密着貌)∞čak’a-(密着), č‘ʌ-(滿)∞ča-(id)＜G＞, č’oŋ(蒜頭)∞čonkr(頭) ; čimt’ä(棒)∞jamda(棒), čaŋk‘ar(小刀)∞jak’o(id) ; kəji(乞人)∞kuzr(大食家), kɯč- (止)∞ker-(id) ; čoji-(强打)∞zoorka-(破壞), čiu-(消)∞ceode-(id)＜G＞

s,s’ 〈 Kor 〉 ∞s,š,h,x 〈 Gily 〉 :-

sʌski(繩)∞sasku-(束), syə-(立)∞sï:-(欲上) : s’ar(米)∞sari-(食飯) ; soŋgos(錐) ∞šoŋkale-(刺)＜G＞, sik’ɯr-(騷)∞šinkr-(使苦惱) ; syəkha(仔虱)∞hišk(虱) ; sid-(載)∞xiji-(乘), sim(力)∞ixmu-(務力), os(衣)∞ox(id)

β,p 〈 Kor 〉 ∞v(β), f(Φ) 〈 Gily 〉 :-

pəski-(使脫)∞vuski-(id)＜G＞, pʌčʌri(*速＞勤)∞fačiur-(速)＜G＞ ; p’ob-(拔) ∞fuvrke-(id)＜G＞ ; koβ-(麗)∞kuv-(id), č‘iβ-(寒)∞tiv-(id)

ʒ(z) 〈 Kor 〉 ∞r,š 〈 Gily 〉 :-

naʒ-(癒)∞ler-(id), muʒu(菁 · 무우)∞muřk(id) ; kɯʒ-(牽)∞guši-(id), moʒi (餌)∞moš(고깃가루죽)＜G＞

h 〈 Kor 〉 ∞ h,x,k,ø,p,v(β) 〈 Gily 〉 : ø(zero) 〈 Kor 〉 ∞x 〈 Gily 〉 :-

hyog-(小)∞yoǧo(小), hullyuŋ(美 · 好)∞urlan(id) ; həp‘a(肺)∞havaf(id), halk‘ö-(搔而傷)∞harkav-(id) ; hat=(綿入)∞xuxt(id)＜G＞, hot‘oŋ(砲)∞xotot-(發砲)＜G＞ ; horuragi(口琴)∞vučraŋa(id) ; hüp‘ʌrʌm(嘯)∞pyofyo- (id), hwando (劍)∞panču (大鉞) ; horaŋi(虎)∞klïnd(id), k’ɯnh-(斷)∞kunk- (id), neh(四)∞nekr(id), ar(卵) ∞xagr(魚卵), arä(前日)∞xara(id)＜G＞

r,l(〉n)〈 Kor 〉∞r,l,š〈 Gily 〉:-

nak(租稅)∞rak(米), nak'-(釣)∞rak'u-(刺) ; naga-(外出)∞laga-(旅行), nor-(遊)∞ler-(id) ; tor(溝)∞tol(川), tur(二)∞tïr-(化二) ; kuru(株)∞ğoš(株根)＜G＞, sʌr(肌)∞čyuš(id)＜G＞

n〈 Kor 〉∞n,ŋ〈 Gily 〉:-

nim(前)∞nef(id), narä(屋蓋)∞nār(衾), nač'(顔)∞netf(id), nyəm(심장)∞ŋif(id), namo(木)∞ŋafan(木材), nʌrʌ(津)∞ŋalo(灣), naj-(低)∞ŋazi(淺, 低平).

m〈 Kor 〉∞m,f(Φ),v(β),p,w 〈 Gily 〉:-

magu(無理, 强)∞māğa-(强)/mağalaŋ(酷毒), mag-(防備)∞magï-(避, 豫防), ma(南)∞mari(id) ; namo(木)∞ŋafan(木材), nim(前)∞nef(id) ; mač'i(恰似)∞vačit(恰似物), mada(每)∞vada(同樣) ; maro(大廳)∞pal(id), muʒi-(恐)∞pēr-(id) ; mag-(遮斷)∞wag-(斷), mogaji(喉)∞woškorai(id).

-ŋ〈 Kor 〉∞-ŋ,k,n〈 Gily 〉: ø〈 Kor 〉ŋ-〈 Gily 〉:-

orhʌn(右)∞ŋïirn(id), aguri(口腔)∞ŋaŋgr(id)＜G＞, yəul(灘)∞ŋïil(id)＜G＞ ; čyəŋg-aŋi(脛)∞tinnix(id)＜G＞, k'əŋč'uŋ(跳躍貌)∞xugonïge-(跳躍)＜G＞ ; kuŋduŋi (胯)∞xunti-(置)＜G＞ ; p'iŋgye(口實)∞piŋgu-(隱, 逃), oraŋk'ä(野人, 胡)∞orïŋgïnt(퉁구스族), kurəŋi(大蛇)∞kïlaŋa(蛇)＜G＞ ; koŋi(杵)∞ğukus(棍棒), k'oŋji(鳥尾)∞ŋïki(id)＜G＞, yaŋ(胃)∞xiger(id)＜G＞

y〈 Kor 〉∞y〈 Gily 〉:-

yaŋp'un(鍮盂)∞yaŋpaŋ(腰鈴), yər-(開)∞yar-(id), yo(此)∞ye(id)

w〈 Kor 〉∞ø 〈 Gily 〉:-

k'wəŋ(雉)∞haŋ(id)＜G＞

a,ʌ,ə〈Kor〉∞a〈Gily〉:-

allak-allak(紋樣貌)∞alaxala(id), ka(姓)∞xa(名), alp‘(前)∞alv(船首) ; həp‘a (肺)∞havaf(id), əru(可)∞aru(id), əm(拇指)∞aam(id) ; kʌrʌm(湖)∞xallu(沼), pʌlg-(赤)∞pagla(id), č‘ʌ-(滿)∞ča-(id), sʌski(繩)∞sasku-(束)

ɯ,ə,u,i,a〈Kor〉∞ï〈Gily〉:-

p‘ɯm(懷)∞pïl-mi(id), tɯlpo(樑)∞tïif(id)＜G＞, kɯʒ-(劃)∞xïze-(裂) ; əmi (母)∞ïmïk(id), əgü(入口)∞ïŋw(id), kəmi(蜘蛛)∞kïvgiv(id) ; tur(二)∞tïr-(化二), turɯ- (廻行)∞tïra-(遠), kurəŋi(大蛇)∞kïlaŋa(蛇)＜G＞ ; tigɯl- tigɯl(廻轉貌)∞ tïk-tïk (id)＜G＞, ni(齒)∞nïgzr(id)＜G＞, čib(家)∞tïf(id) ; kač(皮)∞ŋïgr/ ŋagr(id)＜G＞, parʌr(海)∞pïzru(id)＜G＞, nalgä(＜nʌlgä 翼)∞nïrx/nar(id)＜G＞

o,u,ʌ〈Kor〉∞o〈Gily〉:-

tor(溝)∞tol(id), komkom(熟考貌)∞komlï-(熟考), koni(白鳥)∞konïn(白), *puri (夫里)∞vo(村里) ; kurɯ-(走)∞kloi-(id), pup‘ɯr(膨)∞povri-(起泡) ; tʌm-(沈)∞ tolm- (使沈), nʌrʌ(津)∞ŋalo(灣), mʌsʌ-(粉碎)∞mose-(id).

u,o,ɯ,ə,ʌ〈Kor〉∞u〈Gily〉:-

kud(坑)∞kutï(id), kulm-(餓)∞kurmu-(id), kur-(行爲)∞ku-(id) ; koβ-(麗)∞ kuv-(id), mot‘aŋ(모탕)∞mut(id), tori(桁)∞turs(id)＜G＞ ; čuməg(拳)∞čvux (id) ＜G＞, kəki(其處)∞xukr(id)＜G＞, pənji-(擴散)∞punzi-(添加)＜G＞ ; kɯ (其)∞hu (id), kɯʒ-(牽引)∞guši-(id), k’ɯnh-(斷)∞kunk-(切斷) ; mʌr(馬)∞ mur(id), kʌ ʒ-(切, 刈)∞huv-(切, 斷), t‘ʌ-(燒)∞tāu-(煙)

ə,ɯ,i,a,e,ʌ〈Kor〉∞e[ə]〈Gily〉:-

*əti(＞əsi 父母)∞etk(id), ənɯ(何)∞ena(他), kərɯm(步行)∞kelma(id)＜G＞ ; kɯč-(止)∞ker-(id), p‘ɯ-(汲水)∞pe-(id), kɯje(再昨日)∞gečra(過去)＜G＞ ; nim

(前)∞nef(id), kidä-(寄)∞k‘ene-(id)＜G＞ ; nat‘(個)∞neč(一), naʒ-(癒)∞ler-(id), kanan(貧)∞kela-(貧弱) ; era(嘆聲)∞ela(id)＜G＞, egub-(彎曲)∞eŋfi-(id), mes- ɯk’əb-(厭而口逆)∞weska-(厭) ; kʌrʌm(湖)∞kerxn(海), kʌrʌ-(言)∞kerai-(id), nač‘(顔)∞netf(id)

i,ɯ,yə 〈 Kor 〉 ∞i 〈 Gily 〉 :-

č‘ib-(寒)∞tiv-(id), či(汝)∞či(id), ik’ɯr-(引導)∞ixïl-(牽引) ; ɯri-ɯri(威)∞iğlu- iğlu-(恐)＜G＞, tɯri-(垂)∞tirui(下)＜G＞, mɯr(水)∞miri-(汲水) ; nyəm(心臟)∞nif(id), syəkha(仔虱)∞hišk(虱), čyəguri(上衣)∞čika(上衣)

3.2. 韓國語∞아이누語[2)]

k 〈 Kor 〉 ∞k,h,y 〈 Ainu 〉 :-

kad(>kas 笠)∞kasa(id), kəm-(汚)∞kapa(穢), kama(釜)∞kama(鐵瓶) ; kər-(沃・肥)∞haro(肥大), kaʒ(邊)∞hesaši(id), koma(後)∞hemak(id) ; pige(脂肪)∞piye(id), nək’ɯn(裕足)∞nuye-an(id)

t 〈 Kor 〉 ∞t,y 〈 Ainu 〉 :-

təŋi(塊)∞taku(id), tu(二)∞tu(二), tö-(甚難)∞toi(甚惡) ; tʌrana-(逃)∞yainuina(id), t’ah(地)∞yači(泥), t’aro-(隨)∞yairarire(id)

p 〈 Kor 〉 ∞p,h,m,ø 〈 Ainu 〉 :-

-po(者)∞-pe(者・物), p‘əji-(擴散)∞patu(使散), p‘yənsu(木工)∞pančo(id) ; pəlg-(裸)∞heraske(裸體), pɯlg-(赤)∞hure(id), pɯr(火)∞huči(id) ; p‘ʌri-(蠅)∞moš(id), pusɯsɯ(起於臥床貌)∞mososo(起上), sopi/soma(小便)∞osoma(大便) ; pur-(增加)∞uare(id), p’udagü(突出部)∞etuk(突出), pʌri-(送別)∞irura(id)

2) 礒部精一 1935에서 引用

č 〈 Kor 〉 ∞č,š 〈 Ainu 〉 :-

či(汝, 自己)∞či(id), čɯj-(吠)∞čiš(泣・鳴), čiji-(烹)∞čišuye(煮) ; čyəri(卽時)∞širi(只今), čɯlgi-(樂)∞širapipi(喜), čɯʒ(貌)∞šir(表面)

s 〈 Kor 〉 ∞s,š,č,h 〈 Ainu 〉 :-

sar(變死)∞sarak(id), saü-(弱)∞saure(id), sü-(休)∞sura(不關), sä(草)∞saš(海草) ; sik(樣式)∞šike(id), sinä(溪流)∞šinai(本流) ; susuk'ək'i(謎)∞čičikeu(幽靈), s'eb-(寵)＜咸南＞∞čiomap(id), akas'i(少女)∞akači(id) ; sanäk'i(繩)＜慶尙＞∞haina(id), sum(氣息)∞hum(音)

-ʒ(z) 〈 Kor 〉 ∞-r 〈 Ainu 〉 :-

čɯʒ(貌)∞šir(表面), pʌʒe-(映・照)∞heriat(id), naʒ-(優)∞anare(id)

h 〈 Kor 〉 ∞h,š 〈 Ainu 〉 :-

hot'oŋ(怒號)∞hotui(呼), h'yə-(＞hyə-, 退)∞ha-(id), hwayaŋ(姦淫)∞hoiyo (id) ; hᴇ-(白)∞šiyara(純潔한), hʌna(一)∞šine(一)

n 〈 Kor 〉 ∞n,r 〈 Ainu 〉 :-

nä(川)∞nai/na(id), nʌč(顔)∞nota(id), nob-(高)∞nup(高原)/nupuri(登) ; nʌri-(降下)∞rai(id), nu-(用便)∞ru(便所), nurɯ-(壓)∞rori(沈)

m 〈 Kor 〉 ∞m,p,b,ø 〈 Ainu 〉 :-

mud-(埋)∞mu(閉塞), mᴇ-(結)/mus(束)∞mui(結束), moro/mö(山)∞mori(小山) ; um(芽)∞ebui(id), kirɯm(脂油)∞kiripu(脂), nima(前額)∞noiporo(id) ; kurum(雲)∞kuri(id), kayam(榛)∞kene(id), pʌrʌm(風)∞opara(id)

-ŋ〈Kor〉∞-ø〈Ainu〉:-

siŋgaŋi(喧嘩)∞sakayo(id)

y〈Kor〉∞y〈Ainu〉:-

ya/yä(呼人聲)∞yai(id), yəmɪ(斂衣)∞yaimire(裝衣)

w〈Kor〉∞w〈Ainu〉:-

-wa(名詞下並列助詞)∞-wa(動詞下並列助詞), wä=(惡)<接頭辭>∞wen(id), walp'ä(騷然者)∞warapo(童子)

-ø-〈Kor〉∞-r-〈Ainu〉:-

saü-(弱)∞saure(id), is(苔)∞niruš(苔類), t'ᴇ(垢)∞turu(id)

ø-,i-〈Kor〉∞ ni-〈Ainu〉:-

is(苔)∞niruš(苔類), isag(穗)∞niške(木束) ; kä-(疊)∞niki(id), kɯri-me(影)∞nikuri(id), k'ɯrə-an(抱擁)∞nikoro(抱)

a〈Kor〉∞a,e〈Ainu〉:-

akis'i(少女)∞akači(id), ak'i/äk'i(弟)∞aki(id), akü(入口)∞ahun(id) ; ayam (耳掩)∞eyam(守), alp'(前)∞erupši(前面)

ɯ〈Kor〉∞i,u,e,o〈Ainu〉:-

ɯbu(繼)∞iyepe(id), kɯlg-(搔)∞ikere(id), sɯl-hʌ-(厭)∞širun(惡) ; pɯlg-(赤)∞fure(id), kɯri-me(影)∞nikuri(id), pɯr(火)∞huči(id) ; kɯt'(末)∞keš(末終), hɯt'- (散)∞hečira(散亂), mɯr(>mur, 水・川)∞peči(河) ; kɯsɯr-(焦)∞kohuye(id), kɯjək'ɪ(再昨日)∞hošiki(id), kɯŋe(中). *cf.* -의 그에∞honges̆(中)

o〈Kor〉∞o,u,e〈Ainu〉:-

olh-(可・正當)∞orai(善・良), oji(有潤土器)∞očike(盆), ol=(今)＜接頭辭＞∞oro(在・現在)；nob-(高)∞nup(高原)/nupuri(登), kom(黴)∞kumi(id), orʌ-(登・昇)∞uri(投上)；kom(後)∞hemak(id), poč'(白樺)∞pe'tat(id), -po(者)∞-pe(者)

ʌ〈Kor〉∞a,o,e,u,i〈Ainu〉:-

sʌn(男)∞sanike(子孫), nʌri-(下降)∞rai-(id), -tʌr(複數助詞)∞-utara(id)；tʌr-(懸)∞u'tard(id)；kʌt-hʌ(如)∞koto-m(id), tʌnni-(行・往復)∞i'tone(往復), mʌʒʌr (村)∞moširi(國・島)；pʌlg-(明)∞peker(id), kʌʒ(邊)∞hesaši(id), mas-(壞)∞meške(id)；čʌm-(沈)∞sum(溺), sʌʒi(間)∞šui(id), tʌʒ-(愛)∞tusare(恩惠)；hʌna(一)∞šine(一), mʌlgo'(燦)∞miru(id), č'ʌn-č'ʌn-hi(能搜貌)∞ičimi-ičimi(id)

u〈Kor〉∞u,o,i〈Ainu〉:-

ukyək(戰)∞ukik(id), ubag(雹)∞ubax(id), kurum(雲)∞kuri(id)；kujebi(山燕)∞košuyep(山鳩), kud(坑)∞kot(坑), muŋgɯs(不進陟貌)∞mongeš -na(漸次)；cururuk (滴下貌)∞čiriri(id), čur(鑢)∞iširup(id), kür-(轉)∞kiri (id)

ə〈Kor〉∞a,e,o,i,u〈Ainu〉:-

ənɯ(何)∞anun(他人), kəm-(汚)∞kapa(id), sən(棚) *cf.* 선반 ∞šan(id)；əsi(父母)∞ešikop(id), sənɯr(涼冷)∞seunin(冷), pəlg-(裸)∞heraske(裸體)；əbs-(無)∞obosore(id), əŋdəŋi(臀)∞ohontoki(肛門), məri(髮)∞moru(id)；səri(間)∞šir(id), nəhɯr-(嚙)∞niye(咬), yət'u-(蓄)∞riya(id)；ət(横)∞ut(横腹), kəm-(黑)∞kunne(id), nə'kɯn(裕足)∞nuye-an(id)

i〈Kor〉∞i,e〈Ainu〉:-

igɯr-(歪)∞ikiru(顚), irᴇ(驕態)∞irara(遊戱), kirɯm(脂)∞kiripu(id)；pi(雨)∞

pene(細雨), kimu(「金」・仇)<地名>∞ikemunu(復讎), ibagü(話)∞yep(id)

yə〈Kor〉∞i〈Ainu〉:-

ačyəd-(厭)∞ači(穢), syəm(島)∞*simai(<samai. 島), pyər(涯)∞piš(濱) /peš(崖)

ø-〈Kor〉∞a,i,u,e,o〈Ainu〉:-

salbi(櫂)∞a'sap(id), naʒ-(優・勝)∞anare(勝), mamma(乳兒食)∞amama(飯) ; č'e(篩)∞ičari(id), kɯlg-(搔)∞ikere(id), tanji(壺)∞itangi(椀) ; k'wemä-(縫合)∞ukomuye(結合), kər-(交・繫)∞ukoro(交接), -tʌr(複數助詞)∞-utara(id) ; kak'-ab-(近)∞eka'ki(接近), tʌr-(走)∞etara(突入), tirɯ-(衝)∞ečiure(id) ; sol- sol(緩貌)∞osau-sau(使緩), soma(小便)∞osoma(大便), t'oŋ(糞)∞otom(id)

3.3. 韓國語∞드라비다(타밀)語3)

※ 드라비다어-k・t・p는 輕有氣音(특히 Kananda 방언)

k,k',k',g〈Kor〉∞k〈Dr〉:-

kʌt-hʌ-(如)∞kaṭṭu(id), karä(鍬)∞kāṟu(보습), kəbub(龜)∞kavve(id) ; k'ämur (嚙)∞kavuvu(id), k'ar(枷)∞kaṟu(id) ; nagɯt-nagɯt(柔軟貌)∞nāku(柔軟)

t,t',t',d〈Kor〉∞t〈Dr〉:-

tatok-kəri-(輕打)∞taṭṭu(id), taji-(堅固化)∞tati(id) ; t'oari/t'abar(또아리)∞tamar (id), t'ara-či(末者)∞talai(末), t'ʌri-(破打)∞talli-/taṟi(id) ; t'arä(捲絲)∞tāṟu(id) ; kuŋduŋi(胯・尻)∞kuṇṭi(尻), kondɯre(漫醉貌)∞kontali(騷亂)

---

3) Burrow・Emeneau 1966에서 引用

p,p’,p‘,b 〈 Kor 〉 ∞p 〈 Dr 〉 :-

pek’i-(複寫)∞pakar(移), poji(女陰)∞poccu(id), pā(網)∞pā(id) ; p’ih-(挫)∞piy(挫・弛緩), p’ič‘i-(怒)∞piccu(怒) ; p‘an(長歌)∞pāṇ(歌), p‘ɯr(草)∞pul(id), p‘ɯt(新)∞putu(id) ; təmbur(藪)∞tōppu(id), nubɪ(妹)∞numpi(弟妹)

č,č’,č‘,j,r 〈 Kor 〉 ∞c[č] 〈 Dr 〉

čyərɯ(短)∞ciṟu(id), čʌ-(寢)∞cē(id), čwa-(食. *cf.* 좌시-)∞cuvai(id) ; č’ar(滑落貌)∞cāṟu(滑落), č’uruk-č’uruk(降雨貌)∞cilucilu(降雨) ; č‘ʌp=(糯)∞campā(id), č‘e(＜*č‘ər 篩)∞cali(振篩), č‘orani(假面娼女)∞cūḷan(娼女) ; čəmjan(端正)∞ceñcam(id), tojʌg(賊)∞dōcu(行掠奪)＜ka＞ ; kʌmʌri-t‘i-(卒倒)∞kavuci(id), p‘aryə-hʌ-(懥)∞paca (id). pʌrʌ-(塗)∞pūcu(id)

s 〈 Kor 〉 ∞c,s 〈 Dr 〉 :-

sʌr-(銷)∞cari(id), sidari-(被惱)∞citai(id)/cīdara(惱)＜Te＞, s’ar(米)∞cōṟu(삶은 쌀), sulü-(*廻, *cf.* 술위ㅃ)∞cuṟṟu(id) ; sü-(呼吸)∞sūy(id)＜ka＞, sam-(爲・作)∞same(id)＜ka＞, sät-nim(정직한 사람)∞sayta(id)＜ka＞

-ʒ(z) 〈 Kor 〉 ∞-r, -ṭi 〈 Dr 〉 :-

kaʒ(邊)∞karai(涯), kɯʒ-(劃)∞kiṟu(id), niʒ-(連)∞nere(id) ; kaʒ-(刈・切)∞kaṭi(id), mʌʒ-(破壞)∞maṭi(id), mʌʒʌr(村)∞matil(防柵)

h 〈 Kor 〉 ∞k,c 〈 Dr 〉 :-

haŋari(壜)∞kaṉṉal(id), hon(恐, *cf.* 혼나다)∞koṉ(id), hori(鋤)∞koṛu(보습), hyog-(小)∞cukku(片), hori(瓢, *cf.* 호리병)∞ curai(id), hɯrɯ-(流)∞cel(id)

-r,-l 〈 Kor 〉 ∞-r,-l 〈 Dr 〉 :-

arɯm-dʌb-(善→美)∞aṟam(道德), arö-(告)∞aṛai(告), ar-(知)∞ar-(id) ; kʌrʌm

(湖)∞kuḷam(id), kyəre(親族・同族)∞kiḷai(親族), kor(治匠, *cf.* 골풀무)∞kol(id)

n〈Kor〉∞n,ṇ〈Dr〉:-

nara(國)∞nār(id)＜Ko＞, nir-(起立)∞nil(id), nu(汝)∞nī(id), kɯndu(跳)/kɯndi(鞦)∞kentu/kenti(跳) ; tunam(支持)∞tuṇai(id), p‘an(事務)∞paṇ(id)

m〈Kor〉∞m,p,v〈Dr〉:-

maro(廳)∞maṉru(id), mari(髮)∞mayir(id), mal-(大)∞māl(偉大) ; monji(塵)∞pūñci(id), monnani(劣等者)∞poṇṇan(id)＜Ma＞, mič‘i-(狂)∞piccu(狂氣) ; muʒɪ- (恐)∞veru(id), mʌrʌm(舍音・庄頭)∞vāram(賭地) ; möttugi(螞蚱)∞veṭṭukkili(id)

-ŋ〈Kor〉∞-ŋ,-n,-m,-k〈Dr〉:-

t’uŋgi-t’uŋgi(均衡維持貌)∞tūŋku(均衡維持), nuŋgɯ-(脫麥皮)∞nūŋku(id), nəŋgu-(呑)∞nuŋku(id) ; tuŋt‘i(＞tuŋč‘i, 下幹)∞tuṇti(臀), moŋdaŋ(短)∞muntan(id), toŋi(水壺)∞tōṇti(＞*tōṇyi, id) ; tuməŋ(大鼎)∞tommai(id), *niraŋ(＞iraŋ, 畦)∞niṟam(中央部分), padaŋ(掌)∞paṭam(id) ; čuryən(末尖棒)∞cuḷikku(id), paksaŋi(膨蜀黍)∞pacēk(id), puduŋk‘i-(抱擁)∞pottuka(id)

y〈Kor〉∞y〈Dr〉: -ŋ,-g〈Kor〉∞-y〈Dr〉:-

yənɯ(他)∞yār(誰), *p’ɯy＞p’ɪ(挫)∞piy(id), *mɯy(＞mɪ, 裂)∞piy(id) ; pəŋɯr-(離)∞peyar(id) ; pak’at(外部)∞bayalu(id)＜Te＞

a,ə〈Kor〉∞a〈Dr〉:-

ak’i-(借)∞aḵki-(被滅), ari’-tʌb-(麗)∞ari-(美), arʌm-tʌb-(善→美)∞aṟam(道德・善) ; əd-(得)∞aḍe(id)＜Ka＞, əmma(母)∞ammā(id), əryəbɯm(＞어려움, 難)∞aruppam(id)

ɯ〈Kor〉∞i,u,e〈Dr〉:-

kɯlg-(搔)/kɯʒ-(劃)∞kīr̲u(搔, 劃) ; ɯlp'-(詠)∞urappu(出高聲), kɯri-(畵)∞kūr̲i(id), kup'ɯ-(欲食)∞kōppu(진수성찬), hɯrɯ-(流)∞cel(id), čɯlgi-(樂)∞cerukku(id).

o〈Kor〉∞o,u〈Dr〉:-

olh-(可)∞ollu-(可), kojya(宦)∞koṭṭu(id), kosɯ(曲貌)∞kōsu(id)＜Ka＞ ; kor(邑・村)∞kur̲icci(id), koč(串)∞kucci(id), tori(手段・方法)∞tūra(id)

u〈Kor〉∞u〈Dr〉:-

ulli-(轟)∞ura(騷亂), uh(上)∞uvaṇ(上部), uri-(除垢)∞uri(脫皮)

ʌ〈Kor〉∞a,o,u,e〈Dr〉:-

sʌn(男)∞sannē(婿), mʌʒʌm(心)∞mār(胸), kʌʒ(涯・邊)∞karai(id) ; kʌrä(痰)∞kōṟai(id), mʌr(大小便)∞moḷḷu(小便)＜Ma＞/pēl(大便) ; mʌdᴇ(關節)∞muṭṭu(指關節), mʌt-(長・昆)∞mutal(id0 ; sʌlb-(言)∞ceppu(id), čʌ-(寢)∞cē(id), pʌlg-(明)∞beḷagu(id)

ə〈Kor〉∞e,ay,u〈Dr〉:-

əri-(輝)∞er̲i(id), ədɪ(何處)∞ētu(何處・何・何故), ənje(何時)∞endu(id)＜Ka＞ ; pərɯs(習慣)∞payil(馴・慣), pəd-(繁・廷)∞pāy(繁), məri(髮)∞mayir(id) ; ǝl(精神)∞uḷ(id), məri(腦)∞mūlai(id), əri(漁具)∞ūr̲r̲al(id)

i〈Kor〉∞i〈Dr〉:-

i(此)∞i(id), irᴇ(응석∞iṟai(甚親交), iŋəgI(此處)∞iŋkē(id)

yə 〈 Kor 〉 ∞i 〈 Dr 〉 :-

yəri-(軟)∞iḷa(軟柔・若), yət'u-(貯蓄)∞iṭu(id), yəd-(言・白)∞iḍḍ-(id)<Kol>, kyəre(族)∞kiḷai(id)

3.4. 韓國語∞日本語4)

k,k',k',g 〈 Kor 〉 ∞k,g,h 〈 Jap 〉 :-

kač'i(>k'ač'i, 鵲)∞*kaca-sagi(>kasasagi, id. *cf.* sagi '鳥'), kaji(種類)∞kazu(id) *cf.* カズカズ、kama(釜)∞kama(id) ; k'ɯ-(消)∞kes-(id), k'ɯri-(包)∞kuru-m- (id), k'ämɯr-(嚙)∞kam-(id), k'i(食事)∞ke(id) ; k'ar(枷)∞*kati(>kasi. id) ; nigə-(行)∞ik-(id), nugɯs-hʌ-(溫)∞nukus-(id) ; k'ak'ɯm(崖)<全南>∞gake (id), kʌthʌ-(如)∞goto-(id) ; kʌʒ(邊・端)∞hasi(端)/ heri(邊), kač'(皮膚)∞hada (id), kor(洞)∞hora(id)

t,t',t',d 〈 Kor 〉 ∞t,d,c,y 〈 Jap 〈 :-

tabar(把・束)∞taba(id), tag(楮)∞taku(id), tari(足)∞tari(id). *cf.* 藤原鎌足 ; t'adi- (>t'aji-, 糾明)∞tada-s-(id), t'ɯm(苫)∞toma(id), t'ü(茅)∞*ti(>ci. id). *cf.* チガヤ ; t'ʌ-(燒)∞tak-(id), t'ar(災難・病)∞tatari(id), t'ob(爪)∞*tume(>cume, id) ; tədɯm- (探)∞tadun-(>tazun-, 尋), totak-(叩貌)∞tatak-(id), pada(海)∞wata(id) ; ti-(鑄)∞*duk-(>zuk-, 銑) ; tahi-(燒)∞yak-(id), *tar(壤)<三史地理志>∞yatu (>yacu, 低地), tyoh-(善・宜)∞yok -(id), -tʌro(由・因)∞yosi(id)

p,p',p',b 〈 Kor 〉 ∞h,b,w,m,ø 〈 Jap 〉 :-

pʌʒᴇ-(映)∞hae-r-(id), pʌrʌ-(貼)∞har-(id), pari(鉢)∞*hati(id) ; pəŋɯr-(離・別)∞wakar-(別・分), pata(海)∞wata(id), pač'i(匠人)∞waza(業技)/ haze(匠人→陶工) ; p'an(場・局)∞ba(場), pɯt'-(附)∞butuk-(id) ; čob-(狹)∞seba-/sema-(id),

---

4)「岩波古語辭典」1974,「明解國語辭典」1943에서 引用

səb(薪)∞siba(柴) ; p'ɯri-(撒)∞hur-(降雨), p'ʌrʌ-(速)∞haya-(id) ; p'ʌ-(掘)∞hor-(id), p'ʌri(蠅)∞hahe(id), p'ɯr-(解)∞hodo-k- (id) ; pʌrʌ-(貧・不足)∞madu-si(id), p'ahyə-(拔・秀)∞masar-(勝・秀), pʌrʌ-(正)∞masa-(id) ; pʌlg-(明)∞akar-(id) ; p'ʌr-(販賣)∞ur-(id), palg-(赤)∞aka(id)

č,č',č',j 〈Kor〉∞s,t,c,z,y〈Jap〉:-

čʌra-(育・成長)∞sotat-(id), čah(尺)∞sasi(id), čyarʌ(帒)∞saya(鞘・莢) ; čʌrʌ-(斷)∞tat-(id), čʌra-(足)∞tar-(id), čyap'ati-(倒)∞tahure- r-(id) ; čyəj(乳)∞čiči(id), č'um(唾)∞tuba＞cuba(id), čug-(死)∞cuk-(盡) ; čorɪ(笊)∞zaru(id), kaji(種類)∞kazu(id), čaji(男根)∞sizi(id) ; č'ʌj-(尋・探)∞tazun-(id), č'ʌ-(佩)∞sas-(id) ; č'ingɪ- (顰)∞sika-m-(id), č'ogᴇ-(析)/ č'ᴇ-(裂)∞sak-(裂) ; čyə-nyəg(夕)∞yo(夜), čɯlgəb-(樂)∞yorokob-(喜), čib(家)∞*yihe(＞ihe, id)

s,s'〈Kor〉∞s,z,t,h〈Jap〉:-

sʌn(男・壯丁)∞sena(夫・男), säryə(新)∞sara(更新), sʌlp'i-(省察)∞sira ber-(調査) ; s'ag(芽)∞sak-(咲), s'usi-(刺)∞sas-(id) ; pusʌ-hʌ-(戲弄)∞huzaker-(id), k'imsä (徵候)∞kizasi(id) ; sʌlg(狸)∞tanuki(id), sət'ur-(拙)∞tutana-(id) ; simsim(閑暇貌)∞hima(暇), susemi(絲瓜?)∞hetima(id)

-β〈Kor〉∞-h(-w),-b,-m,-ø〈Jap〉:-

koβ-(麗)∞kuha-si＞kuwa-si(美), koβ-(凍)∞kohor-(id) ; kuβ-(炙・燒)∞kuber-(燒), čʌβorom(眠)∞neburi/nemuri(id), -sʌb-(客體尊待・謙讓法)∞sabu-rah-＞samo-rah-(候・侍) ; mɯgəβ-(重)∞mika-(嚴重), nuβ-(臥)∞ner-(寢)

-ʒ(z)〈Kor〉∞-r,-s,-t,-y,-ø〈Jap〉:-

kaʒ-(刈)∞kar-(刈)/kor-(＜*kər-,樵), kɯʒɯr-(焦)∞kusuber-/kuyur-(燻), kyəʒɯr(冬). *cf.* *kɯʒi'冬'＜新羅＞)∞huyu(id) ; kʌʒ(邊)∞heri(id), mʌʒʌr(村)∞mura(村)

(id) ; kaʒ(邊)∞hasi(端), əʒi(父母)∞usi(大人) ; aʒʌm(族)∞asomi(朝臣). *cf.* 古代에는 朝臣은 大概 一族들이었기 때문임). kʌʒä(鋏)∞hasa-mi(id), kaʒ(邊)∞kisi(岸) ; kɯʒɯm(際, 極)∞kiha(際), pʌʒᴇ-(映)∞haer-(id), suʒɯwəri-(喧・騷)∞sawag-(騷) ; kaʒ(邊)∞hata(邊・側), čoʒ-(啄)∞tutu-(id), naʒi(薺)∞naduna(id)

h〈 Kor 〉∞h,k,s,ø〈 Jap 〉:-

hᴇ(＞hä, 太陽)∞hi(id), *hegari-(＞heari-, 計測)∞hakar-(id), hyə-(引・彈)∞hik-(id) ; həri(腰)∞kosï(id), həbaŋ(陷穽)∞kubo(id), homᴇ(鉏)∞kuwa(鍬) ; hᴇ-(＞hɪ-, 白)∞siro(id), häŋč'a(惡戱)∞sigusa(動作貌)＜卑語＞, hyemᴇ-(彷徨)∞samayoh-(id) ; həsur(虛)∞uturo(id), hɯt'-(散)∞ti-r-(id)

r〈 Kor 〉∞r,s,z,t(č), ø,n,y〈 Jap 〉:-

əri-(愚)∞oroka(id), korʌb-(苦)∞kuru-si(id), koraŋ(畔)∞kuro(id) ; həri(腰)∞kosi(id), kəru-(漉)∞kosu(id), tɯmɯr-(稀)∞tobosi(乏) ; mur(水)∞mizu(id), sur(匙)∞sazi(id) ; nyərɯm(夏)∞natu(＞nacu, id), pari(鉢)∞hati(＞haci, id), *pir(一)＜新羅＞∞hito(一) ; mʌr(藻)∞mo(id), örʌbᴇ-(孤獨)∞wabisi(佗), tʌlbi(髢)∞tabusa(頭髢) ; čyarʌ(帒)∞saya(鞘, 莢), kʌrʌ(粉)∞kona(id), mʌrʌ(棟)∞mune(id), mar-(禁・勿)∞mana(勿), kər-(沃)∞koye-(id), p'ur-(增)∞huye-(id), p'ʌrʌ-(速)∞haya(id)

n〈 Kor 〉∞n,r,y,m,g,d(t)〈 Jap 〉:-

naran(並)∞narab-(id), nabɯk'i-(飄)∞nabik-(id), nʌβᴇ-(ᄂᆞᄫᆡ＞ᄂᆞ외, 復)∞naho(尙・復), nambi(鍋)∞nabe(id) ; neh(四)∞yo(id), nü(代・世)∞yo(id), nug-(緩)∞yu'kuri(id) ; nimna(任那)∞mimana(id), nɯs-ki-(咽)∞mus-(id) ; innä(忍耐)∞nintai (id), noye(奴隷)∞dorey(id) ; nᴇir(來日)∞raizitu(id)＜漢字音＞ ; naŋ(崖)∞gake(id)

m〈Kor〉∞m,b,h,w〈Jap〉:-

mʌʒʌr(村)∞mura(id), mo(方)∞mo(id), moro(山)∞mori(森)/mure(山), mut'(陸)∞mutu(id) ; kumu(穴)∞kubo(凹), mu(武)∞bu(武), č'um(唾)∞cuba(id) ; murup'(膝)∞hiza(id), mɯndɯk(忽)∞huto(id), mər-(遠)∞haru-ka(遠・遙) ; kʌmʌr(旱)∞kawa-ku(乾)

-ŋ〈Kor〉∞-g,-k,-ø,-n,-u〈Jap〉:-

puŋal(부랄)∞huguri(id), tuŋuri(鳥栖)∞togura(id) ; pəŋɯr-(離・別)∞wakar-(別), kwəŋ(雉)∞kigisi(id) ; č'iŋgɪ-(齄)∞sikam-(id), toŋmo(友)∞tomo(id), sut'oŋni(虱)∞sirami(id) ; koŋi(杵)∞kine(id), pəŋɯr-(離)∞hanar-(id) ; mᴇŋgʌr-(造作)∞mauker- (設), kaŋho(江湖)∞kauko(id)

y〈Kor〉∞y〈Jap〉:-

yərəh(多數)∞yorodu(萬), yəri-(軟)∞yahara-ka(id), yat'-(淺)∞yatu-s -(低身)

w〈Kor〉∞w〈Jap〉:-

pahö>pawi(岩)∞iwaho(id), sahwa'tä(>saŋa'tä, 棹)∞sawo(id), wä-(惡)∞waru-(id)

a〈Kor〉∞a,o〈Jap〉:-

agi(乳兒)∞aka(id). *cf.* アカゴ), ač'ʌ-m(朝)∞asa(id), kap'ɯr(皮)∞kawa(id) ; tahi-(點火)∞tobo-s-(id), pak'(外)∞hoka(id), tad-(閉)∞tod-(>toj-, id)

ʌ〈Kor〉∞a,o,u,e〈Jap〉:-

*kʌt'ʌn(「一等」)∞katana(一)<二中曆>, kʌrʌ-(語・曰)∞kata-r-(id), kʌmʌr-(旱)∞kawa-k-(id) ; kʌlb-(對)∞kotah-(答), kʌthʌ-(如)∞goto-k-(id), kʌβʌr(郡・邑・村)∞kohori(郡) ; tʌr-(吊懸)∞turu-s-(id), t'ʌ-(摘)∞tu-m-(id), pʌlb-(踏)∞hum-(id) ; pʌyam(蛇)∞hemi/hebi(id), sʌn(壯丁)∞se(夫), sʌnahᴇ(夫男)∞sena(夫)

ɯ〈Kor〉∞i,a,u〈Jap〉:-

ɯ'tɯm(第一)∞ito(最), kɯje(痕跡)∞kizu(疵・瑕), kɯʒɯm(極)∞kihami(id) ; kɯrim-ja(影)∞kage(id), tɯmɯr-(稀)∞tama-ni(id), kɯryəg(雁)∞kari(id) ; ɯlp'-(詠) ∞utah-(歌), kɯmɯr-(曇)∞kumor-(id), nɯp(沼)∞numa(id)

o〈Kor〉∞o,u,a〈Jap〉:-

koʌr(<ㄱㅗᄅ. 縣・郡・邑)∞kohori(郡), -kos(强勢助詞)∞-koso(id), kob-(凍)∞kohor-(id) ; kogä(峴)∞kuki(峙), korᴇ(鯨)∞kudira(id), koma(熊)∞kuma(id) ; orʌ-(登・昇)∞agar-(id), tomi(鯛)∞tahi(id), kom(黴)∞kabi(id)

u〈Kor〉∞u,o,a〈Jap〉:-

uk'e(稻糠)∞uke(食物), kusɯr(玉)∞kusiro(釧), nubi-(衲)∞nuh-(縫) ; nuri(代・世)∞yo(id), turɯ-(廻)∞tori(id, *cf.*トリコメ), tuŋuri(鳥栖)∞togura(id) ; kud-(固・堅)∞kata-(id), tudɯri-(叩)∞tatak-(id), sugɯri-(伏)∞sager-(下)

ə〈Kor〉∞o,u,i,a,e〈Jap〉:-

əri(檻)∞ori(id), əri-(愚)∞oro-ka(id), əb-(負)∞oh-(id) ; əs'ɯ-(無)∞us-(消), təmɪ (堆積)∞tum-(積), kəmɪ(蜘蛛)∞kumo(id) ; ədi(何處)∞idu(>izu. 何處・何時), ər(斑)∞iro(色), pər-(開)∞hira-k-(id) ; ənni(姉, 兄)∞ani(兄), ənɯ(豈)∞ani(id), nə(汝)∞na(id) ; əd-(得)∞e-(id), kəm-(黑)∞kemu-ri(煙), həm-hʌ-(險)∞keha-si(id)

i〈Kor〉∞i,yu,u〈Jap〉:-

ni-(戴)∞ni(荷), ib(口)∞ih-(云), ib(戶)∞ihe(家) ; isɯras(櫻桃)∞yusura(id), nigə- (行)∞yuk-(id), ilɪ-(搖・汰)∞yurer-(搖) ; kirɯma(鞍)∞kura (id), mir(小麥)∞mugi (麥), p'iri(笛)∞hue(id)

3.5. 韓國語∞터키語5)

※ 터키어-k・t・č는 有氣音이고, e는 [ə]임.
터키어 文字-c・ç・ş는 j・č・š로 바꾸어 표기함.

k,k’,k‘,g 〈 Kor 〉 ∞k,q,g,ğ,h,y 〈 Turk 〉 :-

*kabö(「珂背」＞koö・koɪ, 袴)∞kaba(衣), *kisi/kiji(「吉士・吉支」, 人)∞kiši(id), kad-(監禁)∞qat-(束縛)＜o＞, kur-(行爲)∞qïl-(id)＜o＞, kyəʒɯr(冬)∞qïš(id)＜o＞ ; kabᴇyab-(輕)∞hafif(id), kajɯ-(近)∞hazïz(近地點), karo(橫)∞hač(＞*har, id) ; k’abur-(簸)∞yabala-(id), k’abɯro-(破産)∞yavanla-(id), kurəŋi(蛇)∞yïlan(id), k’ujij-(嘖;)∞yüzle-(id) ; pogɯl-pogɯl(沸貌)∞fokur-fokur(id), kɯlge(鉋)∞kïrkï(削毛用鋏), tigɯl-tigɯl(稍肥貌)∞tïkïz(肥貌) ; k’or (外貌)∞körk(id)＜o＞, k’ɯri-(包・擁)∞köl-(包, 束)＜o＞, k‘ar(髮毛)∞qïl(＞kïl, id)＜o＞ ; tak-t‘i-(到)∞täg-(id)＜o＞, ək’e(肩)∞ägin(id)＜o＞, agari(口)∞ağïz(id)＜o＞, čug(束)∞čuğ(id)＜o＞

t,t’,t‘,d 〈 Kor 〉 ∞t,y,rk/lk 〈 Turk 〉 :-

tam(檣)∞tam(id)＜o＞, təgu-na(添加)∞taqï(id)＜o＞, təg(助)∞täg-(爲助)＜o＞ ; t‘oski(兎)∞tawïšqan(id)＜o＞, t’ah(地)∞topraq(地面)＜o＞, t’ᴇ(垢)∞toz(塵)＜o＞ ; t‘ə(土臺・基礎)∞töz(id) ; tahi-(燒)∞yak-(id), tʌβᴇ-(化)∞yapïl-(id), tʌt=(異)＜接頭辭＞∞yat(id) ; syədur-(忙)∞šitābet-(id), padah(海)∞batïğ(澤・潭), tatä(胡)∞tatar(蒙古人) ; mut‘(陸)∞mülk(id), uduk‘əni(失神貌)∞ürkek(懼), sidɯr-(萎)∞solgun(id)

p,p’,p‘,b 〈 Kor 〉 ∞ø,b,v,f,m 〈 Turk 〉 :-

padag(掌)∞aya(id)＜o＞, pʌra-(欲望)∞az(欲望)＜o＞, pəkɯr(二)∞eki, iki(二)

---

5) ＜o＞는 Gabain 1950, 其他는 Hony 1947에서 引用

＜o＞ ; pa(綱)∞bağïš(id)＜o＞, pᴇ(腹)∞bağïr(id)＜o＞, pag-(固定)∞bäkü-(id)＜o＞ ; paŋgi-(歡時)∞mäŋi(喜)＜o＞, p’ur(角)∞müŋüz/borqu(id)＜o＞, pug(梭)∞mekik(id) ; pāri(稼・收入)∞vāridat(id), para(傍)∞vazan(id), pyəri-(分配)∞ver- (id) ; pak’ad(外)∞fakat(除外)/baška(外部), pam(夜陰)∞fām(陰), pərəg(廢棄雜石)∞ferāg(廢棄) ; *kabä(「珂背」, 袴)∞kabā(衣服), təbɯr-(데리다)∞tâbī(의지하는) ; p’adi-(沈・溺)∞bat-(id), p’omnᴇ-(自慢)∞böbürlen(id) ; p‘ɯr-(解)∞bošu-(被解), p‘ʌtpiri(俄)∞birdenbire(id)

č,č’,č‘,j 〈 Kor 〉∞č,š,s,z,y,t 〈 Turk 〉:-

čᴇ(＞čä, 灰)∞čadar(id)＜o.*cf.*čadar＞čaya＞čä＞, čʌrʌ-(斷)∞čol-(id)＜o＞, čʌm-(潛・沈)/čʌmak-(潛)∞čomur-(潛沈)＜o＞ ; č’uguri-(縮)∞čöküt/sökür-(跪)＜o＞, č‘yəltag-səni(判斷力)∞čiltäg(尊敬)＜o＞, *č‘yərig(＞ č‘yəllig, 軍服)∞čärig(軍・軍隊)＜o＞, č‘ugi(屍水)∞čöbik(不潔物)＜o.*cf.* *추비기＞추위기＞추기) ; čyuryəŋ(막대기)∞sïruq(id)＜o＞, č‘ʌgəb-(寒冷)∞soğïq (id)＜o＞, če(時)∞sö(id)＜o＞ ; koč‘i(繭)∞koza(id), takɯč‘i-(促求)∞takaza(id) ; čur(列)∞yüz(id)＜o＞, čok‘a(甥姪)∞yegen(id), čokag(片)∞yonga(id), čis=(甚)＜接頭辭＞∞yus-(甚) ; kəjəri (딱정벌레 幼虫)∞hašere(昆虫), kara-aj-(鎮定)∞kararlaš-(被定), monjyə(先)∞menše(發祥地) ; čyaraŋ(自慢)∞taazzum (id), čyəbəbo-(恕)∞tasvip(id), čəp‘ɯ-(恐怖)∞tahvif(危脅)

s,s’ 〈 Kor 〉∞s,š 〈 Turk 〉:-

sʌlb-(白)∞sab(語)＜o＞, səksö(炙鐵)∞sögsüg šiš(id)＜o＞, sari-(操身)∞säril-(不爲・中止)＜o＞; s’eb-(愛)＜咸南＞∞säw-/säf-(id)＜o＞. s’ɯr-(掃除)∞sipir-(id)＜o＞; säbag(曙)∞sabah(朝) ; sami(兒僧)∞šabi(修道僧)＜o＞, sat’o(守令)∞šatu(id)＜o＞, sɯlmyəsi(은밀히・뒤에서)∞šarmiri(뒤에)

-β(Φ)〈 Kor 〉∞-b,-w〈 Turk 〉:-

tɯlβ-(穿)∞tübür-(id)＜o＞; *suβɯr(酒)∞suwsuš(id)＜o＞, s'eb-(愛)＜咸南＞∞säw-(id)＜o＞

-ʒ(-z)〈 Kor 〉∞-r,-l,-z,-s〈 Turk 〉:-ʒ-

pɯʒəg(廚)∞fïrïn(釜), kɯʒ-(牽)∞ger(id), saʒʌ(骰)∞zar(id), čʌʒʌ(核)∞zerre (id) ; aʒʌm(親戚)∞aile(家族), naʒ-(癒)∞unal-(id) ; kyəʒɯr(冬)∞qïš(id)＜o＞, kʌʒ- (刈)/kaʒ-(削)∞käs-(斷切)＜o＞, mɯʒɪ-(懼)∞busus(憂)＜o＞; kɯʒɯ-k(隱密)∞kizlä-(隱)＜o＞, pʌʒ-(碎)∞buz-(id)＜o＞, kʌʒʌr(秋)∞küz(id)＜o＞

h(x)〈 Kor 〉∞k,q,ğ,č(z)〈 Turk 〉:-

hyəari-(熟考)∞köŋlä-(id)＜o＞, hᴇ(太陽)∞kün(id)＜o＞, hʌna(一)∞yegâne(유일한)/kändü(唯一)＜o＞; pᴇho-(學)∞bošğun(id)＜o＞, ilh-(失)∞ïčğïn- (id)＜o＞, uh(上)∞uč(頂上)/üzä(上)＜o＞; hʌmk'ɪ(一齊・共同)∞qamağun(id)＜o＞, horaŋi (虎)∞qaplan(id)＜o＞

-r,-l〈 Kor 〉∞-r,-l,t,z,č〈 Turk 〉:-

ərun(大人)∞ärän(大人・男子)＜o＞, alč'ʌ-(充實)∞ärinč(id)＜o＞, əlc'u(可)∞ärtüdin(id)＜o＞; pɯr(火)∞*pot(＞ot, 火)＜o＞, tɯri-(呈)∞tut-(id)＜o＞. ɯsɯr-(破碎)∞üšät-(id)＜o＞; ər(魂・精神)∞özän(精神)/özüt(靈魂)＜o＞, tara-na-(逃)∞täz-(id)＜o＞, agari(口)∞ağïz(口) ; k'ɯri-(擁)∞köl-(束)＜o＞, kəru(無帆小舟)∞kölüŋü(id)＜o＞, kur-(行爲)∞qïl-(id)＜o＞, t'ʌri-(破)∞tala-(id)＜o＞; ilh-(失)∞ïčğïn-(id)＜o＞, kir-(永・長)∞kič(久)＜o＞, kər-(繫・交叉)∞quč-(交叉)＜o＞

n〈 Kor 〉∞n,r,y〈 Turk 〉:-

nat'(個)∞näčä(唯一物)＜o＞, nʌri-(下降)∞nüzul(id), nu(誰)∞ne(何), nabɯraŋi (微片)∞nebze(id) ; nʌj-(低・卑)∞rezil(卑賤), nəg(魂)∞ruh(id), nᴇ(嗅)∞rāyiha (id) ; kondɯl-kondɯl(欲起立貌)∞köntül(id)<o>, tʌnni-(行)∞tän-(放浪)<o>, anhä(妻)∞ana(母)<o>; nar-(生)∞yaš(id)<o>, nʌri-(下降)∞yodun(下落)<o>, nog-(不存)∞yoq(id)<o>

m 〈 Kor 〉 ∞m 〈 Turk 〉 :-

məgi(飼料)∞mäŋ(id)<o>, makä(蓋)∞mäŋ(id)<o>, məsɯ-ma(男)<慶尙> ∞mar(id)

-ŋ 〈 Kor 〉 ∞-ŋ,-n,-ø 〈 Turk 〉 :-

iŋa(綜)∞äŋir-(紡績, 실을 잣다)<o>, paŋgi-(歡待)∞mäŋi(喜)<o>, allyaŋ (淺薄・低質)∞alaŋad-(弊・毁) ; nabɯraŋi(微片)∞nebze(id), sulləŋ(戰爭貌)∞ sülä-(交戰)<o>; horaŋ(虎)∞qaplan(id)<o>, wənsɯŋi(猿)∞bïčïn(id), k'ɯŋ-k'ɯŋ(苦痛貌)∞qïrqïn(苦痛)

y 〈 Kor 〉 ∞y 〈 Turk 〉 :-

yag(敵意)∞yaği(id)<o>. yog(誹謗)∞yoŋa-(id)<o>, yər-(開)∞yul-(裂開)<o>, yog(수고)∞yuŋla-(id)

w 〈 Kor 〉 ∞w,b,v 〈 Turk 〉 :-

wajik'ɯn(大物破音)∞wačir(閃電)<o>; wənsɯŋi(猿)∞bïčïn(id)<o>; wagɯl-wagɯl(騷亂貌)∞vegā(騷亂)

a 〈 Kor 〉 ∞a,ï 〈 Turk 〉 :-

ač'ʌm(朝)/ačyəg(id)/asi(始)∞ač-(開・開放)<o>, alh-(病)∞ağrïğ(病)<o>, *asi/asya(利益)∞asïğ(id)<o>; k'ar(髮)∞qïl(id)<o>, karh(刀, 칼)∞qïlïč(id) <o>, kaji-(持)∞qïd-(執・持)<o>

ʌ〈 Kor 〉∞a,o,ö,u,ü,ä(e)〈 Turk 〉:-

t'ʌri-(破)∞tala-(id)＜o＞, hʌmk'ɪ(偕・同)∞qamağun(id)＜o＞, sʌlb-(白・語)∞sab(語)＜o＞; tʌr(月)∞tolun-ay(滿月)＜o＞, t'ʌ-(誕生)∞toğ-(id)＜o＞, č'ʌ-(寒冷)∞soğïq(id)＜o＞; pʌʒ-(碎)∞buz-(id)＜o＞, pʌrʌ-(塗)∞vur-(id), kʌr-kamgö(牙烏)∞quzğun(id)＜o＞; tʌt'o-(爭)∞tüdüš(id)＜o＞, mʌč'-(終了)∞büt-(id)＜o＞, kʌʒʌl(秋)∞küz(id)＜o＞; kʌrʌm(江)∞köl(id)＜o＞, kʌrik'i-(指示)∞körtkür-(id)＜o＞, sʌrö-(白・告)∞sözlä-(id)＜o＞; kʌʒ-(刈・切)∞käs-(切斷)＜o＞, kʌlö-(侵)∞kärgä(奪)＜o＞, tʌnni-(通行)∞tän-(彷徨)＜o＞

ɯ〈 Kor 〉∞ï,ü,u,i〈 Turk 〉:-

kɯnsim(憂愁)∞qïnčï(使惱者)＜o＞, k'ɯŋ-k'ɯŋ(苦痛貌)∞qïrqïn(苦痛)＜o＞, kɯp-kɯp(渴望貌)∞qïw(渴望)＜o＞, pɯt'i-(送)∞*pïd-(＞ïd-, id)＜o＞, mɯrɯ-(爛熟)∞*bïl-(＞bïš-, id)＜o＞; p'ɯr(角)∞müyüz(id)＜o＞, sɯs-/sɯj-(洗)∞süz-(id)＜o＞, tɯlb-(穿)∞tübür-(id)＜o＞; tɯr-(適合)∞tuš-(適合)＜o＞, pɯri-(使)∞buyur-(命令)＜o＞, t'ɯd-(摘・採)／tɯri-(提出)∞tut-(捕捉・捉出)＜o＞; t'ɯr(機器)∞itiz(id)＜o＞, pɯt'i-(送付)∞*pirt-(＞irt-, id)＜o＞, k'ɯt'(末端)∞kid (id)＜o＞

yə〈 Kor 〉∞ï〈 Turk 〉:-

kyəʒɯr(冬)∞qïš(id), yəd-(云)∞tit-(id), kyəjib(女)∞qïz(少女), kyənho-(比較)∞kïyas(id)

o〈 Kor 〉∞o,u,ö,ü〈 Turk 〉:-

or-(今・*此)∞ol(此)＜o＞, *on(十) *cf.* 十濟 百濟 ∞on(十)＜o＞, mogaji(喉)∞boğaz (id)＜o＞, kondu-pak(倒落)∞qonduq(沒落) ; ora-(久)∞uzan/ür(久)＜o＞, pori (麥)∞buğday(小麥)＜o＞, po-(見)∞bul-(發見)＜o＞; orʌ-(登)∞ör-/örlä-(id)＜o＞, sok'o-t'i-(聳)/sok'ɯlh-(沸)∞sögül-(沸)＜o＞, čoguri(縮)＜čuk'ri-(id)∞čöküd-/sökür- (id)＜o＞; t'oŋt'ɯr-(總)∞tükäti(完

全한)<o>, t'ok-t'ok-i(充分히)∞tükä-(充分)<o>, pogol-pogol(沸貌)∞bükür-(沸)<o>

u〈 Kor 〉∞u,ü,o,ï,ö〈 Turk 〉:-

ur-(泣)∞ulï-(悲嘆)<o>, *kur(>kü, 耳)∞qulaq(id)<o>, kud-(固)∞qudïr-/qurit-(乾燥)<o>; uh(上)∞üzü(id)/uč(頂上)<o>, tup'-(蓋・蔽)∞tüb(閉鎖)<o>, kutse-(剛)∞küčäd-(被剛)<o>; kud-(殘在・餘)∞qod-(id)<o>, k'uk(完全히)∞qoq(id)<o>, tuk'əb-(厚)∞*toğun-(>yoğun-, id)<o>; čuryəŋ(棒・杖)∞sïruq(id)<o>, kur-(行動)∞qïl-(id)<o>, kuk'i-(死)∞qïyïl-(id) <o>; č'ukɯri-(縮)∞čöküt-/sökür-(id)<o>, č'ugi(屍水)∞čöbik(汚物)<o>, čuk-č'i-(칩거)∞čök-(무릎 꿇다)<o>, kuč-(惡)∞köti(나쁜), uri(물에 담가 성분을 빼내다)∞öli-(젖다)<o>

ə(3)〈 Kor 〉∞ä,a,u,ï,ü,ö〈 Turk 〉:-

ərun(大人・男子)∞ärän(男子・人)<o>, ək'ä(肩)∞ägin(id)<o>, əgɯr-(違)∞ägri(斜・違)<o>; ər-(婚)∞al-(id)<o>, məri(頭)∞baš(id)<o>, kərɯgi(多)∞qalïn(id)<o>; əmdu(希望)∞umduq(id)<o>, yər-(開)∞yul-(裂開)<o>; kəd-(收拾)∞qïd-(執・把)<o>, kəlgət'i-(障)∞qïzğut(苦痛・憂)<o>, tədək-tədək(不緊物多附貌)∞tïdïğ(妨害)<o>; kəji/kərəji(乞人)∞qolğuči(id)<o>, təmI(積)∞top-(積)<o>, t'əna-(出發)∞*tola-(>yola-, id)<o>; *t'ər-(落)∞tüš-(id)<o>, əs'ɯ-(無)∞üz-(id)<o>, əjɯl-əjɯl(眩貌)∞üzül-(中斷)<o>; əgü(入口)∞öŋü(先頭)<o>, t'əlgəji(一黨)∞tölüg(勢力)<o>, t'ə(基)∞töz(id)<o>

i〈 Kor 〉∞i,ï,ü〈 Turk 〉:-

ilč'ɯgi(早)∞irtäkän(id)<o>, ir(事)∞iš(id)<o>, siur(絃)∞siŋir(id)<o>; ilh-(失)∞ičğïn-(id)<o>, čimsɯŋ/čɯmsɯŋ(獸)∞tïnlïğ(生物)<o>, čijɯr-(壓)∞tïqïl-(id)<o>; sip'ərə-hʌ-(銳)∞süwri(id)<o>, kiri-(稱讚)∞külä-(id)<o>, pisil-pisil(쓰러질 듯한 모양)∞ejiš-büjüš(구부러진)

3.6. 韓國語∞滿洲語[6]

※만주어-k・t・č는 유기음이고 e는 [ə]임

k.k',k',g 〈Kor〉 ∞k,g,h 〈Ma〉 :-

kʌlbi(肋骨)∞kalbin(id), kam(捲・遮蔽)∞kam(id), kamt'o(宕巾)∞kamtu (id) ; kaji-(所持)∞gaji(挈來), kəru(鵝)∞garu(id), kənir-(散策)∞gene-(去・行) ; k'əri-(忌)∞geke-(id), k'əktari(瘦長者)∞gakdahūri(id), k'aŋgɯri(冒全部)∞kaŋ ūr(冒犯) ; k'ik-k'ik(可笑而不堪貌)∞ki-kū(id), k'äŋgi-(退・避)∞giyaŋkū(退避者) ; kaji(種類)∞hačin(id). kwagɯri(急)∞hahila-(id). kyəre(一族)∞hala(id) ; tägu(大口魚)∞takū(id), tuguk'i-(大喜)∞tukiye-(id), təgɯre(號衣)∞tukule-(蓋表面)

t,t',t',d 〈Kor〉 ∞t,d,y,-rg/-lh 〈Ma〉 :-

təpč'i-(鹵獲)∞tabčila-(id), tam-(盛器)∞tama-(id), tari-(熨)∞tala-(id) ; t'äm(銲)∞tabu-(id), t'ɯr(庭)∞telejen(id), t'ər-(震)∞dargi-(id) ; t'ʌ-(燒)∞dule-(id), t'əsu(職分)∞teisu(id), t'ə(基)∞te-n(id) ; tä(草木本)∞da(id), tasʌri-(治)∞dasa-(id), tʌrᴇ-(활시위를 당기다)∞dara-(id) ; taŋdor(唐突?)∞yoŋturu(id), töbä-hʌ(以紙裝房)∞yebihen(裝天井), tʌri-(率)∞yaru-(id) ; padaŋ(脚底)∞fatan(id), pədɯr(柳)∞fodoho (id), hudul-hudul(大怒貌)∞fotor(id) ; kudu(靴)∞gūlha(id), pat'i-(獻)∞bargiya- (id), pud-/pur-(潤)∞bulhū-(id)

p,p',p',b 〈Kor〉 ∞f,b,m,w 〈Ma〉 :-

pʌri-(剝)∞fahara-(id), pʌrʌm(壁)∞fajiran(id), paji(叉・下衣)∞faju(叉) ; pari(鉢)∞badiri(id), pahi(全無)∞baibi(id), paksu(男巫)∞baksi(儒) ; p'äk-p'äk(叢茂貌)∞fik(id), p'änjil-p'änjil(怠貌)∞banda-(怠), p'on(本領・才能)∞ben(id) ; p'äŋgät'i-(投棄)∞faŋka-(id), p'iri(笛・簫)∞fiča-(吹笛), p'yoju -pak(瓢)∞fiyoose(id) ;

---

6) 羽田亨 1937에서 引用

pori(大麥)∞murfa(id), piski-(橫避)∞misha-(id), pʌr(臂)∞mayan(id) ; parᴇ-(曝)∞walgiya-(id), palč'i(癰疽)∞walu(id), pahö(岩)∞wehe(id) ; kobaŋ(庫房)∞kufan (id), tabu(再)＜方言＞∞dab-ta-(再三), təbɯr-(與)∞debu-(id)

č,č',č',j〈Kor〉∞č,j,s,š,h,-r〈Ma〉:-

*čʌč'uŋ(「慈充・次次雄」. 尊長)∞čaču-(灑酒祭天), čičikö-(雀鳴)∞čečik e(雀), čyəbi(燕)∞čibin(id) ; čab-(拿捕)∞jafa-(id), čagar(小石)∞jahari(id), čuməni(袋)∞jebele(id) ; čyaksar(三支槍)∞saksan(id), čaran-čaran(僅足)∞saliyan(id) ; čobasim(焦燥感)∞sarbaša-(id) ; čyaksal-na-(全滅)∞šakšaha la-(從傍截殺), čəʒ-(攪亂)∞šaša-(id), čukči(硬翎)∞šooge(id) ; č'oč'-(逐)∞čočara-(先驅), č'ᴇ-(裂)∞jaya-(割切), č'ɯj-(撕)∞jisu-(id) ; č'ɯlg(葛)∞jurhu(葛布), č'ʌlh(源)∞juran(出發點), č'əji-(劣勢・疲)∞šada-(疲) ; čohᴇ(紙)∞hoošan(id), čobaü(防寒頭布)∞hūberi(id), čyarʌ(袋)∞hiyalu(id) ; čɯʒ(貌)∞čira(氣色), čəʒ-(漕)∞šuru-(id), suʒɯ-(喧)∞čurgi-(id)

s〈Kor〉∞s,š,y,h〈Ma〉:-

sadon(姻戚)∞sadun(id), sag-(老・朽)∞sakda-(id), saβi(鰕)∞sampa(id) ; syəks(鞍轡)∞šakšaha(id), samgi-(成就)∞šaŋga-(id), sanč'ä(山城)∞ša nčin(id) ; sar(矢)∞yoro(鏃), suri(鷲)∞yolo(id), kusɯr(玉)∞guyoo(瑤); sadʌri(棧)∞hiyatari(柵門), səlk(笥)∞horho(衣裝箱), sosʌr(頭翹起)∞hiyoto ro-/hotoro-(id)

-β〈Kor〉∞-b,-w〈Ma〉:-

hudəβ-(蒸熱)∞hūtambu-(蒸), čɯlgəβ-(樂)∞jirgabu-(使安逸), kʌlβi(肋)∞kalbin (id) ; toβ-(助)∞tuwaša-(看顧), č'uβ-(寒)∞tuweri(冬季)

-ʒ(-z)〈 Kor 〉∞-j,-č,-r,-s〈 Ma 〉:-

saʒʌ(骰)∞jurjun(双陸)/sasuri(麻雀牌), mʌʒʌm(心)∞mujilen(心)/mujin(志), naʒi(薺)∞niyajiba(id) ; čɯʒ(貌・戲)∞jučun(id), č'əʒəm(初)∞sučuŋga (id) ; čəʒ- (掉)∞šuru-(id), niʒ-(連續)∞nurhū-(id), suʒɯ-(喧)∞čurgi-(id) ; kʌʒä(가위)∞hasaha(id), tʌʒ-(寵)∞doshon(id), pʌʒʌ-(映)∞boso-(輝)

h〈 Kor 〉∞h,s,k,(f,b)〈 Ma 〉:-

hap'um(欠伸)∞habgiya-(id), hɛŋjʌ(抹布)∞haŋgisun(id), hakčir(熱病, 마라리야)∞harkasi(id) ; heyum(冰)∞selbi-(id), həbaŋ-tari(陷穽)∞selmin(罠), hyəg-(小)∞siyan(細) ; hɯlle(交尾)/hɯlu-(行交尾)∞kiru-(欲交尾), hɯri-(曇)∞gila-(id), həgiji- (覺飢)∞kengkeše-(id) ; kahi(犬)∞kabari(개의一種), hwar(弓)∞beri(id) ; hog(贅)∞fuhu(瘊), kəhulo-(傾)∞kelfi-(斜)

-r,l-〈 Kor 〉∞-r,-l,-č,-j〈 Ma 〉:-

tor-(廻轉)∞torho-(id), sʌragi(碎米)∞sara-(簸碎米), syəla-mʌr(銀褐色馬)∞sarla (灰色馬) ; *tal(壤)＜地名＞∞tala(曠野), tari-(熨)∞tala-(id), talä-(誘)∞talgi-(愚弄) ; čʌrʌ-(切斷)∞sači-(id), s'ʌr(米)∞soča(祀天用撒米), č'ʌr(根源)∞tučini(id) ; səlləŋ-t'aŋ(설렁탕)∞sija(id), turu-mi(鶴)∞tejihun (id), pori(大麥)∞muji(id)

n〈 Kor 〉∞-n,-l,-r〈 Ma 〉:-

nuri-(享)∞noro-(不變居), nigə-(行・去)∞naka-(退), nʌmʌr(生菜)∞namu(id) ; namsil(下雪片舞貌)∞labsi-(id), nänä(끝까지)∞lala(끝), noko(구리솥)∞loŋko(id) ; tunamtu-(私情에 치우치다)∞derenču-(id), čina-(過)∞dule-(id), sinaü(시나위)∞sirebun(id)

m〈 Kor 〉∞m,b,f,w〈 Ma 〉:-

mʌrʌ-(瘦)∞maču-(id), mʌr(捲)∞mari-(回・捲), mudü-(鈍)∞modo(id) ; mər-

(瞎·盲)∞balu(id), mö(飯)∞be(餌), mor-(詰責)∞beče-(id) ; mar-(禁)∞fafula-(id), mar(糞)∞faja-n(id), məjəri(卑劣者)∞fejun(id) ; mad-(嗅)∞wada-(嗅而尋), mʌi(甚)∞wahai(id), mʌč'ʌm(完了·終了)∞wajin(id)

-ŋ〈Kor〉∞-ŋ,-n,-m,-k,-ø〈Ma〉:-

poŋ(-ori)(蕾)∞boŋko(id), pəŋgəji(掩耳帽)∞boŋkon(id), toŋgu(洞)∞duŋgu(id) ; urəŋi(田螺)∞buren(海螺), toryəŋ(小兒)∞dorohon(身小), pyəraŋ(崖)∞biyoran(id) ; paŋgo(小紡車)∞famha(id), ariraŋ(走山)∞alirame(id), səŋgI-(略粗·稀疎)∞semehuken (id) ; amp'aŋ(尊大)∞ambaki(id), araŋ-ju(燒酒)∞arki(id), t'aŋt'ari(矮而肥者)∞dakdahūn(同貌) ; č'aŋgu(突出額者)∞čoki(id), tɯmsəŋ-tɯmsəŋ(疎略貌)∞dulemše-(疎略), toŋari(同類)∞duwali(id)

y〈Kor〉∞y,j〈Ma〉:-

yač'əŋ(鴉青)∞yačin(淡青黑色), yəs-(伺)∞yasala-(瞥見), yamjən(柔順而着實)∞yebečuŋge(好)/yebčuŋge(麗) ; yət'i(여치)∞jargima(id), ye(答應聲)∞je(id), yəmɯr (飼料)∞jemeŋge(餌·食物)

w〈Kor〉∞w,b,f〈Ma〉:-

wagɯl-wagɯl(彈刻貌)∞wakala-(彈刻), wägari(青鷺)∞wakan(id), wəri-wəri (喚狗聲)∞wer-wer(id) ; tiwi(境界)∞dube(末端), pəwəri(瘂) ∞bebere-(不出聲), tob-/tow-(助)∞dobo(貢獻) ; əwi(興趣)∞efin(遊戲),

a〈Kor〉∞a,e〈Ma〉:-

aji(小)∞ajige(id), arö-(告)∞ala-(id), anju(酒肴)∞anju(id) ; ajᴇ(夫弟)∞eše(id), pari(牛馬之負荷)∞belge-(負荷於牛馬), mag-(防備)∞belhe-(豫備)

ʌ 〈 Kor 〉 ∞o,a,u,e 〈 Ma 〉 :-

p'ʌ-(掘)∞bo-(掘穴), tʌd-/tʌr-(走)∞dori-(疾驅), tʌri(橋)∞doorin(跳板) ; čʌʒ-(紡)∞čada-(id), tʌlɛ-(引)∞dara-(引), pʌri-(剝)∞fahara-(剖取) ; pʌrʌm(機會)∞burgin(id), p'ʌrʌ-(靑)∞buru(id), t'ʌ-(燒)∞dule-(id) ; t'ʌrʌm(而已)∞dere(id), pʌri- (棄・捨)∞fele-(id), mʌdɛ(節)∞meye-n(id)

ɯ 〈 Kor 〉 ∞i,e,u,o 〈 Ma 〉 :-

sɯran(細藍布)∞silan(id), sɯmI-(滲・潤)∞sime-(id), sir(絲)∞sirge(id) ; t'ɯr(庭)∞telejen(id), mɯrɯ-(退)∞melerje-(畏避), nɯp'(沼)∞lebenggi(陷泥地), k'ɯ(時刻)∞ke(id) ; *kɯbur->kɯwur-(轉)∞kurbu-(id), kɯʒɯr-(焦)∞kūrča(id), mɯr (水)∞muke(id) ; sɯlhʌ-(厭)∞soro-(忌)

o 〈 Kor 〉 ∞o,u,e 〈 Ma 〉 :-

oŋgotčyan-(性味不通)∞ongton(id), osor(小)∞osohon(id), kodo(肚)∞kodo(id), kokto(傀儡)∞gohodo-(粧飾) ; pos-(炒)∞buju-(煮), čobaü(婦人用防寒帽)∞čuba(婦人用長上衣), *tor(門)＜伽倻＞∞duka(id), toŋa(冬瓜), ∞duŋga(id) ; tod(蓆)∞derhi(id), kobɯm-kobɯm(柔順貌)∞hebengge(柔順), holč'i-(捲絲)∞herči-(id)

u 〈 Kor 〉 ∞u,o,e 〈 Ma 〉 :-

uran(睾丸)∞uhala(id), ulwər-(仰)∞ujele-(尊待・敬)/olhošo-(敬), uč'ul-hʌ-(首出)∞ujula-(id) ; uhɪ-(搠)∞oholiyo-(id), nuri-(亨)∞noro-(不變居), sum-(隱藏)∞somi-(id) ; tunamtu-(挾私情)∞derenču-(id) ; čuməni(囊)∞jebele(袋), čuč'um-hʌ-(躊躇)∞ječuhunje-(id)

ə 〈 Kor 〉 ∞e,u,o,a 〈 Ma 〉 :-

əβɯr->əur-(共交・合・並)∞efiče-(共遊・共戲), əlbəmɯr-(話無論次)∞elbenfe-(id), k'əri-(忌)∞gele-(懼) ; t'ər-(奪)∞duri-(id), ənjəri(周邊)∞unduri(沿途),

əŋgəjuč‘um(屈腰)∞ungkeshūn(id) ; ər(精・魂)∞oron(魂)/oori(精), əri-(幼)∞ orhočo (初生身小) ; əj->ənj-(架)∞ači-(駝・負荷), əʒi(母親)∞aja(id), pər(族)∞ falga(id)

i 〈 Kor 〉 ∞i,yə 〈 Ma 〉 :-

nir-(起立)∞ili-(立), irəm(畝・畦)∞irun(id), č‘ir(漆)∞čile-(id) ; yər-(開花)∞ ila-(id), yəm(山羊)∞niman(id), pyərɯ-(呪)∞firu-(id)

yə 〈 Kor 〉 ∞i 〈 Ma 〉 :-

yəm-syo(山羊)∞imahū(id), čyəbi(燕)∞čibiin(id), syəkha(虱子)∞čihe(虱)

3.7. 韓國語∞蒙古語[7]

※ 몽고어-k・t・č는 유기음이고 e는 [ə]임

k,k',k‘,g 〈 Kor 〉 ∞k,q(= x),g,ğ 〈 Mo 〉 :-

kədɯb(屢次)∞kedünte(id), kiβɯri-(傾)∞kelberi-(id), kis'ɯ-(勤)∞kičege-(id) ; k'ər-k'ər(噯貌)∞kekere-(噯), k'ulk'ək(呑貌)∞külku-(呑), k'ɯri-(包)∞küli-(縛) ; koh(鼻)>k‘o(id)∞qabar(id), kwagɯri(狼狽)∞qabčiğuri(id), kʌβʌr(郡・村)∞qağalbur (新開地) ; k‘yəre(二個)∞qoyar(id) ; kanjil-kanjil(挏腋窩貌)∞gejigile-(挏腋窩), kubɯl-kubɯl(曲轉貌)∞güberü-(id), kəhurɯ-(抖酒)∞gübi-(id) ; kət‘(表・外面) ∞ğadağa(id), kät‘i(螢)∞ğal-tu(id), kəru(鵝)∞ğalağu(id) ; kʌrʌ-(語・曰)∞ xele-(id), kʌlö-(侵奪)∞xula gai(賊), kʌlb-(並)∞xolb-(id)

t,t',t‘,d 〈 Kor 〉 ∞t,d,-rk/-lk 〈 Mo 〉 :-

tapsi-(拍)∞tabsi-(拍背), tʌlg(雞)∞takiya(id), tagar(蹄釘)∞taqa(id) ; t'aro-(隋・

7) 주로 金炯秀 1974(蒙語類解索引)와 Lessing 1960에서 引用함

從)∞dağuriya-(效法), taʌ-(盡)∞dağusu-(id), t'adoli-(瞞他)∞daldala-(id), t'ʌri-(破)∞daru-(id) ; t'ər(毛)∞del(頭毛), t'osyu/t'osi(手套)∞duğtui (id), t'ɯr(規範)∞dürsü(id) ; pagumji(簞)∞bağbur(id), sige(食糧)∞čikigür(id), kuŋgi(孔)∞qongil(id) ; kodu-sö(鏞釘)∞qorgi(id), pud-(潤)∞bürgilü-(漾), kat'ori(雌雉)∞ğorğool(id)

p,p',p',b 〈 Kor 〉 ∞ø,b 〈 Mo 〉 :-

pʌra-(欲望)∞ere-(id), pɯlg-(赤)∞ulağan(id), potäŋi(女陰)＜濟州＞∞utuğu(id) ; pad-(受容)∞bağta-(容納), paksu(覡)∞bağsi(師傅), pʌrʌ-(塗)∞balalu-(id) ; p'ʌrʌ-(青・碧)∞bara-ğan(鴉青)/boro(青), p'ʌč'(小豆)∞burčağ(大豆), p'ada-hʌ-(廣播)∞badara-(id) ; p'ahyə-(拔)∞buliya-(奪), p'omnä-(誇示)∞bardamla-(誇張) ; həbəkči (大腿)∞ebüdüg(id), əbi(父)∞ebü-ge(祖父), čoba-sim(憂)∞joba-(id)

č,č',č',j 〈 Kor 〉 ∞č,j,š 〈 Mo 〉 :-

čəg/če(時)∞čağ(id), čəj-(濡)∞čerčeyi-(id), čidar(絆)∞čidür(id) ; čwasi-＞časi-(食)∞jajilu-(嚼), čarag(纓)∞jalağa(id), čyəur(秤)∞jiŋle-(秤) ; č'og(向側)∞jüg(向), č'ugɯrəŋi(秕)/čugɯr(id)∞čooqal(id), č'ogɯri-(縮)∞čö küre-(失望) ; č'yəllig(軍服의 一種)∞ čirig(軍士), č'ä(笞)/č'i-(笞打)∞či(笞) /čile-(笞打) ; aji(小兒・縮小辭)∞ači(孫子), əje(昨日)∞öčügedür(id), kijəgü(襁褓)∞qučilğa(id) ; čʌrʌ-(切斷)∞šulu-(切,) čyorE(笊)∞šuur(id), čʌmgi-(沈)∞šuŋğu-(潛水)

s,s' 〈 Kor 〉 ∞s,š,č,j 〈 Mo 〉 :-

sabar(器)∞saba(id), sʌlb-(白)∞salba-(信口說), samak-hʌ-(酷毒而不恕)∞samağun(亂) ; s'ɯrəji-(倒)∞saljii-(id), s'irɯm(角戱)∞siregele-(id), s'ug(艾草)∞suyiqa(id) ; syami(兒僧)∞šabi(徒弟), saŋgo(纘子)∞šaŋqo(id), soč'əg- sä(杜鵑)∞šobsiğol(id) ; sʌsE-namu(白楊・降神木)∞čaču-(降神), syarE(噎)∞čača-(id), siŋgɯl-siŋgɯl(樂了貌)∞čeŋgeldü-(樂了) ; syəg(韂, 轡)∞jiluğu(id), səb-hʌ-(巧彫)∞jabsi-(id), *syər(＞설, 年歲)∞jil(id)

-ʒ(z)〈Kor〉∞-r,-s,-č(-j)〈Mo〉:-

kɯʒe(隱身處)∞ger(房), niʒəmniʒ-(連)∞jarğamjila-(世襲・連), čəʒ-(攪)∞juğura-(攪・和) ; pɯʒ-(注)∞*pösürü-(>ösürü, 洒), čɯʒ(貌・容)∞jisu(顏色・容貌) ; kəʒɪ (殆)∞kübčin(全部), kʌʒä(鋏)∞qayiči(id), muʒu(葍)∞manjin(菁蘿・순무)

-β〈Kor〉∞-b〈Mo〉:-

kʌlβ-(並・對)∞qolbo-(結配), həβjəg(>həwijəg, 搔手足貌)∞sabarda-(抓・搔), sʌlβ-(白)∞salba-(id)

h〈Kor〉∞k,q,s,č(j),b〈Mo〉:-

hɯlgɪ-(睨)∞kiloyi-(id), həmɯr(傷處)∞kübere(鞭痕)/silbura-(傷肌), hᴇŋraŋ(大門間左右房)∞kündelen-ger(id, *cf.* ger '房') ; heyəm(泳)∞qayiba-(id), hwar(弓)∞qarbu-(射箭), ho-(疏縫)∞qaba-(衲) ; habi-(抓搔)∞sabarda-(id), heč'i-(撤)∞saču-(id), hʌlg(土)∞siroi(id) ; hᴇ-(白)∞čegen(白)/čağan(id), həp'a(肺)∞čabao(鰾・부레), horoŋ(燈盞)∞jula(id) ; hog(瘤)∞bökü(駝峯), hyəg-(小)∞bağa(碎小, *cf.* ~>*biğa>*hyəg), hot'oŋ(大砲)∞booda-(放鳥銃)

-r,-l〈Kor〉∞-r,-l,-č〈Mo〉:-

araŋ-ju(燒酒, *cf.* ju'酒')∞ariki(id), pʌra-(望)∞baralqa-(仰), p'ʌrʌ-(青)∞boro(青)/bara-ğan(雅青) ; ari-sä(鶺鴒, 할미새)∞alsegül(鶺), pʌrʌ-(塗)∞balalu-(id), pərəg (雜屑)∞balar(id) ; allak/əllək(斑)∞alağ(紋), pʌlč'i(臥時足向)∞baldači(鳥尻), əlge (疏篩)∞elgeg(篩) ; pyəraŋ(崖)∞baiča(id), hwar(弓)∞kübči(弦), s'əl-mɪ(聰明)∞seče-n(id) ; syarᴇ(사레)∞čača-(사레들리다)

n〈Kor〉∞n,l,d〈Mo〉:-

nar(日)∞naran(太陽), nah(年歲)∞nasu(id), nᴇgur-(煙洞倒風)∞nögülü-(id) ; nabar (吹螺)∞labai(螺), nagü(騾)∞lağusa(id), nogo(小釜)∞loŋqo(礶) ; onʌr(今

日)∞odō(今), nun(眼)∞nidü＞nüd(id), nol(火雲)∞dölü(불꽃), nol(큰 물결)∞dolgi-(파도치다)

m〈Kor〉∞m,b〈Mo〉:-

maŋč'i(槌)∞manču(杵), mandu(만두)∞mantau(id), mač'i(一様)∞metü(id), murü(雹, 누리)∞mündür(id) ; məlt'əguni(膜)∞betege(id), möč'ori(鶉)∞büdüne(id), mɯrɯ-(退)∞buruğula-(敗退)

-ŋ〈Kor〉∞-ŋ,-m,-n〈Mo〉:-

koŋi(杵)∞qoŋqo(id), muŋgɪ-(糊塗)∞muŋqağ-(id), əŋgər(陋名)∞öŋgele-(虛詞假作) ; hᴇŋraŋ(大門左右房)∞kündelen(横), sᴇŋgag(意思)∞sanağa(id) ; paŋori(毬)∞bömürčeg(id), koŋgu-(塡米於臼)∞kemkelü-(擣)

y〈Kor〉∞y〈Mo〉:-

yalgä(狡智而多辯者)∞yariğ(嘴碎的), yəkkyəb-(壓煩)∞yekeüre-(id), taij-(征伐)∞dayila-(id)

a〈Kor〉∞a〈Mo〉:-

ahog(葵)∞abuğa(id), pad-(受容)∞bağta-(容納), taraŋgüt'ü-(懇請)∞daruŋğuyila-(甚督促)

ʌ〈Kor〉∞a,o,u,e〈Mo〉:-

tʌlg(鷄)∞takiya(id), sʌlb-(白)∞salba-(直説), k'ʌ-(破・孵)∞qağa-(id) ; tʌr-/tʌd-(走)∞toğla-(跳躍)/jorči-(走), p'ʌrʌ(青)∞boro(id) ; tʌrami(鼯・松鼠)∞jurama(id), kʌrʌ(紛)∞ğulir(id), p'ʌč'(小豆)∞burčağ(大豆) ; pʌdʌrab-(危)∞berke(險), tʌlᴇ-(引)∞deli-(引弦), kʌrʌ-(曰)∞keleče-(id)

ɯ 〈 Kor 〉 ∞i,u,ü,e 〈 Mo 〉 :-

sɯŋnyaŋi(豺)∞sinanod(id), kɯʒɯgi(密)∞kires(被隱), sɯč'i-(疏縫)∞side-(id) ; tɯr-(撐)∞tulu-(id), hɯri-(濁)∞bulaŋgir(id), mɯrɯ-(退)∞buruğula-(敗退) ; pɯr(腎)∞bügere(id), t'ɯr(規範)∞dürsü(規範)∞dürsü(規範・型), k'ɯri-(包擁)∞küli-(結縛) ; sɯlh-(悲)∞seüresü(歎息), kɯʒe(隱身處)∞ger(房)/ke-ösi(處), k'ɯ-(大)∞ike(id)

o 〈 Kor 〉 ∞o,u,ö 〈 Mo 〉 : -

tot'(豚)/tor(id)<鷄林>∞toroi(id), sogyəŋ(盲人)∞soqor(id), kodu(肚)∞qodoɤğodu (胃) ; kodʌlgä(鞦皮)∞quduršğa(id), t'osi/t'osyu(手套)∞duğtui(id), kolmo(頂針子) ∞qurubči(id) ; č'ogɯri-(縮)∞čöküre-(失望), sor-tä(降神柱)∞sör(支柱)

u 〈 Kor 〉 ∞u,o,ü 〈 Mo 〉 : -

t'ugi-(嗾)∞tukiru-(id), s'ug(艾)∞suyiqa(id), čur(線)∞juru-(劃線) ; puraŋhʌ-(無賴而不良)∞buroŋqol(無賴漢), č'ugɯr(枇)∞čooqal(id), tu-məŋ(大鼎)∞domo(桶) ; turyət-hʌ-(圓)∞tügürig(id), mugəri(米粉滓)∞mükülig(id), murü(雹)∞mündür(id)

ə 〈 Kor 〉 ∞a,u,o,e,ö,ü 〈 Mo 〉 : -

ənɯ(那的・何)∞ali(id), čəg(時)∞čağ(id), kəru(鵝)∞ğalağu(id) ; k'əg-(折)∞quğulu-(id)/quğara-(被折), pəd-(脫)∞bulta-(id), ərɯn-ərɯn(次次)∞ulam-ulam(id) ; təč'(穽)∞torči-(陷於穽), mərɯ(山葡萄)∞moyil(id), əlč'u(殆)∞orto(全部) ; əsi(母・親)∞eji(id), əlge(粗篩)∞elgeg(篩), əmi(母)∞emege(祖母, *cf.* -ge'尊稱接尾辭') ; əgɯrə-di-(違)∞ögere(異), əgɯr-əb-(寬)∞örgen(id), čyəg-(小)∞cöken(id) ; t'ər-(震)∞dürgi-(id), pədəŋ(曠野)∞büdügün(粗大), səlləŋ-t'aŋ(설렁탕)∞sülü(id)

i 〈 Kor 〉 ∞i,ü 〈 Mo 〉 : -

inä(卽時)∞inu(id), iraŋ(畦)∞irağa(id), činä-(過)∞činege-(id) ; ir(事)∞üile(id), kidʌri-(待)∞küliye-(id), kis'ɯ-(用力)∞küčüle-(id)

yə〈Kor〉∞i・e〈Mo〉:-

yəm(山羊, *cf.* 염소)∞imağa(id), pyəri-(硏磨)∞bilegü(磨刀石)/bilegüde-(硏磨), čyəg-(小)∞jigjiger(甚小) ; kyəru-(競)∞kereldü-(서로 다투다), t'yəllig(天翼)∞telig(id), hyəlma(설마)∞kerbe(만약)

第4章
文法의 比較

1. 序說

여기서는 韓國語의 文法形態素들과 文法的 構造들을 우리 주면의 여러 언어들—길약語 · 아이누語 · 드라비다語 · 日本語 · 터키語 · 만주語 · 몽고語—과 비교하고자 한다.

그 가운데서 길약語 · 아이누語 · 일본어의 文法形態素와 構造의 比較는 後稿 제7 · 8 · 9장에서 차례로 구체적인 비교를 보일 것이고, 나머지의 드라비다語와 알타이諸語의 문법의 비교는 筆者가 제3장에서 세운 音韻對應規則에 부합하고 그 文法機能도 거의 같다고 생각되는 것을 실은 것이다.

2. 文法形態素의 比較一覽表

*以上의 표기-e 가운데서 길약어 · 만주어 · 몽고어 · 터키어의 e 표기는 그 실제 발음이 [ə]에 가까움.

韓國語	길약語	아이누語	日本語	드라비다語	터키語	만주語	몽고語	再構形	備　考
主格助詞 -ga	呼格・主格 -ŋa		主格 -ga		與格 -qa/ -kä			呼格 *-ŋa	
提示助詞 -n/-ʌn/-nʌn	提示 -n/-an /-nan	提示 an-i	强勢・ 指示辭 namo＞ namu			提示 inu/ ni	提示 anu/ inu	提示 *-n/ -an/ -nan	종래主題格助詞라고 하던것
斜格助詞 -kir(肹) ＞-hïr＞-ïr	斜格 -kïr＞ -hïr/hïs				(對格 -g/-ğ)			斜格 *-kïr(＞ -hïr＞ -ïr)	具格・對格에 주로 쓰임
斜格助詞 -r/-ʌr/ -ïr/-rʌr /-rïr	斜格 -ox/-ux /-rox/-rux							斜格 *-ok/-uk/- rok/-ruk	-ro (對格, 경상)
斜格助詞 *-ake/-ɪke＞ -ᴇge/-ɪge＞ -hᴇ/-hᴜɪ＞ -ᴇ/-ɪ/-ä/e ; -ᴇ gïŋe /-e gəgi /-ɪ gïŋe /-ɪ gəgi	斜格 -ax/-ïx/-x	處格 e-, 與格 e-ko-, heko-(向)	向格・處格・與格 -he	處格 -e 處格・在格・向格 -age (cf.aŋke '거기')	與格 -qa＞-a/ -kä＞-ä			斜格 *-ake/ -ïke 斜格 *-akïke	阿希/衣希/惡希/矣改＞中(희, 鄕歌 與格에 주로 쓰임) -Ke/Kä (處格, 경상)
斜格助詞 -ro/-ru/-ʌro/ ïro	斜格 -rox/-rux	向格 orun, (具格ari)	具格 -yo/-yu, 始發・奪格 -yori, 方向 -ra	處格-il (具格-āl)	向格 *-ra/-rä ＞-ru/-rü		原因格 -run, 副詞形成接尾辭 -ru	斜格 *-roh	주로向格具格에使用
與格助詞 -tʌryə, 原因格助詞 -tʌro, (處所助詞 -tïrə), 到及形 -tʌrok	斜格 -tox/-tux	與格 -tura	原因 -yori	(處所 tu̱rai)	(理由 dol-ayï)	到及形 -tolo		斜格 *-toko	주로與格處格에使用

韓國語	길약語	아이누語	日本語	드라비다語	터키語	만주語	몽고語	再構形	備 考
與格助詞 -skɪ＞-k'ᴇ ＞k'e	(方面 eskan)			與格 -kku /-ku /-ki /-ke	與格 -kä/ -qa			(*方位 eska)	
呼格助詞 -a/-ə/-ya/-yə /-ha	呼格 -a /-e/-ya /-ei/-ŋa			呼格 -a/-ē 提示-ē				呼格 *-a/-ə/ -ŋa	
比較助詞 -tugo/ -tugon -togon	比較 toğo		比較 -yori					比較 *-togo	
方位助詞 tahi	方位 tax/dax				tapa(쪽으로)	teisu (向하여)		方位 *-tak	
沿格助詞 -tora/-t'ʌra 益甚形 tʌrok	沿格 -tolko		沿格 -yori/-yuri		沿格 *-duli			沿格 *tolko	cf. 黑水로 도라드니 ＜송강＞
taga(轉換形): -etaga＞/-eda (處格·與格助詞)	tağa/tax/ hïta(中間)			eḍa (中間) ＜ka＞				轉換形 *-hɪ-taga (-의 中間) -taga (中間)	
第1人稱主格 näga	第1人稱主格 ni/ nex＜從屬文＞			第1人稱主格 nāŋkaḷ ＜pl＞				第1人稱單數主格 *-nage	
局限助詞 -pʌt	局限 -park/ pïrk	局限 -patek	提示 -pa＞-wa 對格 -wo/-ba	提示 vāy		(對格 be)		局限 *-park	
列擧·亦同助詞 -iyə	亦同·列擧-erra		列擧 -yara	列擧 -ē				亦同·列擧 *-ira	
亦同·共同·列擧 -kwa/-k'aŋ ＜경상＞	亦同 -ka 列擧 -ken	共同 -ko-/ ko-e-						亦同·列擧 *-ka /*koe	

韓國語	길약語	아이누語	日本語	드라비다語	터키語	만주語	몽고語	再構形	備　考
斷定形 -ta	斷定形 -ta		斷定形 -da					斷定形 *-ta	
敍述形 -ra	敍述形 -ra							敍述形 *-ra	
疑問·感嘆·反語形 -ga/-go	疑問·感嘆形 -ŋa/-ŋu	疑問形 -he (不定形 -ko)	疑問·感嘆·反語形 -ka	疑問形 -kol/-kō				疑問形 *-ŋa/-ŋu	
疑問形 -na/-niya/-niyo	疑問形 -na	疑問形 -neya				疑問形 -na/-ne/-nu/-no/-nio		疑問形 *-na/*-niya/*-niyo	
疑問形 -ta	疑問形 -ta	疑問形 -ya	疑問·反語形 -ya	疑問·反語形 -ē		疑問形 -ya		疑問形 *-ta	
敍述形 -ri	敍述形 -r				aorist -r/-er/-ar			敍述形 *-r(-ri)	
未來疑問形 -rya/-ri	未來疑問形 -ra							未來疑問形 *-ria	
反語形·疑問形 -ryo	反語形·疑問形 -lo/-lu							反語形·疑問形 -*lo	疑問形 -lo/-lu/-lï/-la <Gily>
命令形 -a/-ə/-ke/-ra/-kara/-p <pl.>	命令形 -ya/-ye/-ke/-ra/-kaye/-kaya/-xairo/-ve		命令形 -ro(<*-rə)/-e/-eyo(>-iyo)	命令形 -la/-le <pl.> -uŋKaḷ/-um <pl.>	命令形 -a/-ya/-e/-ye	命令形 -fu		命令形 *-a/*-e/*-ke/*-ra/*-kara/*-βə/	
命令·催促形 -rage <濟州>	命令形 -raya							命令形 *-raga	
共同形·連發形 *-nta/-čya/-čyə	共同形 -nta/-nate	始動形 -aši	連發形 -ya		連發形 -nje/-nja		共同形 -ya	共同形 -*nta	

韓國語	길약語	아이누語	日本語	드라비다語	터키語	만주語	몽고語	再構形	備 考
躊躇形・輕共同形 -l kəna	躊躇形・輕共同形 -loyax /-oilo							躊躇形 *-loyā-go lo	
疑問形 (體言下) -inga/ -ingo/ -ikka/ -ikko	疑問形 (體言下) -*ïnkr							疑問形 : *-i(用言化)-n(確認) -ŋa/ŋu(疑問形) -r(敍述形)	
感嘆敍述形 -kuna/ -koya/ -kona/ -konyə -kuryə/ -kïryə/ -kïnyə/	感嘆敍述形 -gura/ -gora	(如然 kane)	感嘆敍述形 -kana/ -kasi					感嘆敍述形 -*kora /-kura	kane ＜Ainu＞는 '내깐에는'의 「깐」과도 比較可能
*推測形＞所望形 -kora/ -koryə -kuryə	推測形 -kuira							推測形 -*kuira	
推測疑問形 -kio	推測疑問形 -haigo							推測疑問形 *-kai-ŋu	
姑捨形(*否定) säro	(否定) har-lo							姑捨形 -*har-lo	
意圖形 -ri /-ryə	意圖形 -l/r							意圖形 -*ri	
過去强勢形 -tatta/ -ratta/ -tas/-ras	過去强勢形 -tata/ -tat/-tta		過去强勢 -teatta ＞-tatta					過去强勢形 -*ta-ata	
完了强勢形 -tot-/-tos-/ -(i)rot-/	完了强勢形 -tot/		持續形 (←完了强勢形)					完了强勢形 -*tot/	

韓國語	길약語	아이누語	日本語	드라비다語	터키語	만주語	몽고語	再構形	備考
-(i)ros-/ -tota/ -(i)rota/ -(i)rora	-ror		-tutu					-*ror	
不定法語尾 -nta/-nʌta/ -nïnta/ -nʌnta, 名詞形 -nti/-ntï/-ntʌ, 感嘆敍述形 -ntyə/ -ntya/-nti	不定法 -č/-nd/-nt/ -nč/-nïč/ -nïnč						現在形 -nai/ -nam	不定法 -*nta	
冠形形・名詞形・敍述形 -n/-nïn/-nʌn 敍述形・連結語尾 -ni/-nïni/nʌni	冠形形 ・名詞形 ・敍述形 ・連結語尾 -n(-ŋ)/ -nan		完了形 -*n(な變)		冠形形・名詞形 -an/ -en, (名詞派生接尾辭-n)	(名詞派生接尾辭-n)	(名詞派生接尾辭-n)	不定法 -*n (略形)/ -*nïn (長形)	
羅列形・副語形 -ko	羅列形 -ŋa 副詞形-ŋ	羅列形・副詞形 -ko						羅列形・副詞形 -*ŋo	
完了形, 確認法 -kə-/-ka-, 現在完了名詞形 -kən/-kan	完了名詞形 -ŋan 完成形 xarï-/xar- /xï-		完了動詞 (終止形) -ki		(過去 -kk-)	完了形 -ka/-ke /-ko	完了形 -ğa/-ge	完了形 -*ŋa>ga 完了名詞形 -*ŋan	
反復 -kon, 强調 -kam/ -kom/-kan /-kon	反復形・强調形 -ŋoṇ		咏嘆 -kamo (<-*kamə)					反復・强調形 *-ŋoṇ 强勢形 -*ŋaŋ	ṇ은 n/m/ŋ으로 쓰임
主格助詞 -*ikki (弋只) /-*ik(强勢形)	强勢・主格 -inkr							主格助詞 -*Vk(强勢) +i(매개모음) /-r(提示)	

韓國語	길약語	아이누語	日本語	드라비다語	터키語	만주語	몽고語	再構形	備 考
否定的列擧 · 亦同 -tyəŋ＞ -čyəŋ	否定的列擧 · 亦同 -čin/-jiŋ							否定的列擧 · 亦同 -*tiŋ	
肯定的列擧 -kəni 肯定的選擇形 -kəna	肯定的列擧 -ken/-xen/ -kin/-xin	(亦 · 자주 kanna)						肯定的列擧 · 亦同 -*kən	
條件法語尾 (原因 · 說明) -lsᴇ	條件法 (原因 · 說明) -rxai/ -(fu)-rsak							條件法 -*r-hay	
敍述形 -o/-u			終止形 -u					敍述形 *-u	
狀態 · 完了副詞形 -a/-ə	完了副詞形 -a(-aa)	完了副詞形 -wa/-a	已然形 -e	完了副詞形 -u	完了副詞形 -a/-e		完了形 -ā/-ē	完了副動形 *-ɑ/-ə	
强調形 -a/-ə hʌ-	强調形 -aa hʌ-	强調形 e-kar-kar						强調形 *-ā ha-/*-ā kar	
方式 · 樣相副詞形 -kɪ/-kᴇ/-ke cf. -겠- (狀態判斷)	方式副詞形 *kïr	方式副詞形 kun(-i)	樣相副詞形 -ge				方式副詞形 -xa/ -xe/ -xai/ -xei	方式副詞形 *-kïr	
具格助詞 -k'ʌji/-k'ïs /k'əs	具格助詞 -kïr＞-kïš＞ -kğ/-kr -kš/-kr							具格助詞 *-kïr	
到及形 -k'ʌjaŋ/ -k'ʌji	到及形 *ak'at (xunï-/ xuŋgunï- 到達하다)				到及形 kadar			到及形 *-kada-	

韓國語	길약語	아이누語	日本語	드라비다語	터키語	만주語	몽고語	再構形	備　考
目的形 -rə/-ra/-ro <경상>	目的形 -r						目的形 -ra/-re	目的形 *-ra	
名詞形・冠形形 -r	名詞形・冠形形 -r		連體形 -ru	名詞形成接尾辭 -al	冠形形 -r/-ar/-er	冠形形 -ru/-ri	名詞形成接尾辭 -r	名詞形・冠形形 *-r	
名詞形・進行形(名詞形成接尾辭) -m	名詞形・進行形 -f		名詞形 -mi 推定形 -mo	名詞形成接尾辭 -ma/-mei	名詞形 -m	現在進行形 -m	(名詞形成接尾辭) 現在形 -m	名詞形・進行形 *-m	
進行形* -im「伊音」	進行形 ixmï-		進行形 ima-s-			進行形 -me-/-m-	現在形 -m-	進行形 -*ikmï-	ivs-(接), iv-(有) <Gily>
名詞形 -ki	名詞形 -ŋ	(名詞形成接辭 -hi)	名詞形 -ku 連體形 -ki	名詞形 -kal	名詞形成接辭 -gi		名詞形成接辭 -ğ/-ŋ	名詞形 *-ŋi	
屬格助詞 -nä/-ne/-in	屬格 -na/-nï	所屬接尾辭 -na	屬格 -na/-no (<*-nə)	屬格 -inadu /-iṉ			屬格 -xai	屬格 *-na/-nï	
歷史的現在疑問形 -lsya/-lsyə	歷史的現在疑問形 -ra-lo >-ra-ro							歷史的現在疑問形 *-ra-lo	
轉換形 -kəʒa/ -koʒa	轉換形 -kura							轉換形 *-ku-ra	
所望形 -kwadya/ -kwadyə/ -kwadᴇyə	所望形 *kuya >kya		所望形 -ga					所望形 *-ku-a-di-a	
意圖形 -ji-/-jya/ -jyə	意圖形 -r/-l							意圖形 *-ri	

韓國語	길약語	아이누語	日本語	드라비다語	터키語	만주語	몽고語	再構形	備 考
所望形 -kojyə /-kojya /-koji-		意圖形 kusu			所望形 -ğsa/ -gsä(küsä -원하다)		所望形 -ğa-say/ -ge-sey	所望形 *-ku-ri >-*kuji	
婉曲命令形 ·勸誘形 -sa->-sʌ (-sʌ-ra) cf. -ᄉᆞ이다	婉曲命令 形·勸誘形 -za				所望形 -sVn/ -se/ -sa	命令形 -so/ -su	所望· 意圖形 -su, 嗜好 -sar	勸誘形 *-sa/ *-so/	‘ᄉᆞ라’ 의 「라」는 命令形 임
否定名詞形 -to/-tʌr/ -tïr:-tïn (=지 는)	否定 名詞形 *-dor> -do/-da							否定 名詞形 *-dor (<-tor)	*-들은 >든
連結語尾 (原因·說 明) -nik'a/-ni	連結語尾 (原因· 說明) -nuŋạ/ -nŋa/-ŋạ	連結語尾 (原因· 說明) -ike		(今後 ika)	說明形 -iken /-ki			連結語 尾(原 因· 說明) *-nïŋa	
相反形 -na	相反形 -ŋạ		相反形 -ga					相反形 *-ŋa	
方途形·羅 列形 -kosyə	方途形 *-kïr-							方途形 *-kïri	
始發格·奪 格助詞 -rosyə	始發格· 奪格 -rox/-rux		始 發 格· 奪格 -yori	奪格 -iliruntu				始發· 奪格 *-rok	
形勢·比喩 副詞形 -tʌs, 形勢副詞形 -toŋ	形勢·比 喩副詞形 -tox							斜格 *-toj cf. 주로 與·處 格에 쓰임	
複數助詞 -kü	複數 -kun							複數 *-kun	콩귀풋귀
肯定質問形 ·感嘆形 -u/-o/-a/(-ya)/-ə)-yə)	肯定質問 形 -ï			疑問形 -a/-o 反語形 -ē		疑問形 -o		肯定質 問形 *-a/-o	

韓國語	길약語	아이누語	日本語	드라비다 語	터키語	만주語	몽고語	再構形	備 考
同樣副詞形 -rak/-rək, 引用格 -ra/-rako	同樣副詞 形・名詞 形 -rank	反復形 ranke			持續形 -arak/ -erek, 樣相形 -la/-lä			同樣 副詞形 *-rak	
屬格助詞 -ᴇ/-ɪ		處屬格 -or(o)				屬格 -i	屬格 -ay /-ey ＜口語＞	處屬格 *-oro	만주어 의 I는 主格・具格 에 도 共用
使動接尾辭 -ku/-ko/ -ki/-hi/ku	使動 助動詞 -ku/-gu /-kï/-gï /-ki	使動 接尾辭 -ke/-ka		使動 接尾辭 -kku- /-kk-	使動 接尾辭 -ğur/ -gür-/ -qur-/ -kür-	使動 接尾辭 -gi- ＜Tung＞	使動 接尾辭 -ğul/ -gül	使動 接尾辭 *-ku/ -ki	
使動・他動 化接尾辭 -βʌ-＞-o- -βï-＞-u-	使動・他 動化接尾 辭 -u	使動 接尾辭 -u-		使動 接尾辭 -ppu- /-pp-		使動 接尾辭 -bu-		使動・ 他動化 接尾辭 *-bu ＞-*u	
對話體敍述 形(경험시) -tara/-təra	對話體敍 述形 -(n)dra /-(n)tra		存續助動詞 tari＜teari					對話體 敍述形 *-ntï-ra	
過去形 -ta-/-tə- ＜소위 回 想形＞	完了・ 過去形 -ta/-t		過去形 -t-	過去形 -tt-/-t-	完了形 -tï/-ti /-tu/-tü/ -dï/-di /-du/-dü			經驗時 過去形 *-ta	
持續接尾辭 -kəri- 完成先行語 尾 -ke-/-kə-	持續・完 成接尾辭 -xarï-/-xar-/ -ğar-/-xï-	進行形 -kor						持續・ 完成 *-karï-	

韓國語	길약語	아이누語	日本語	드라비다語	터키語	만주語	몽고語	再構形	備 考
未定·推定形 -l ke-/-l kəsi-	未定·推定 -rō hai-		未定·推定 -ranka					未定 *-lo kəs-i	
聽者尊待法先行語尾 -im-/-iŋ-	聽者尊待法助動詞 ixmï-		聽者尊待法助動詞 habe-ru					聽者尊待法助動詞 *igmï-	
對象語尊待法先行語尾 -sʌb-/-ʒʌb-/-cʌb-	對象語尊待法助動詞 šopr-/šeppr-/šapr-/šapp-		對象語尊待法助動詞 sabura-hu	守衛 sōvu	待 savul-			對象語尊待法助動詞 *šor-prï	
主語尊待法先行語尾 *-kï-＞-hï-＞-sï-＞-si-＞-syə-＞-sya-	主語尊待法語尾 -ku(n)/-xu(n)/-xï(n)		主語尊待法助動詞 -su-	(尊敬 cīr)				主語尊待法助動詞 *kï-＞sï-/si-	
사잇소리 -t/*-cï「叱」＞-si	사잇소리 -t-		屬格 *cu	屬格 -atu/-attu				사잇소리 *-ct-/-ti＞	
强勢接尾辭 -ït/-ič	强勢接尾辭 -ata/-at				動詞派生接尾辭 äd/-ad/-d			强勢接尾辭 *-ata	
曲用(活用)助詞 -h-/-hi		所屬形 -hi/-he			(所有物-ki)			所屬形 *-hi	
體言下介入母音 -i(＞-y)		所屬形 -i	體言下介入母音 -i			屬格·主格·具格·-i		體言下介入母音 *-i	
複數助詞 -tʌr		複數 -utar	複數 -tači			複數 -dari		複數 *-tari	
(處所 tɛ)		處格 ta	處所 ti	處格 -atu/-attu	處格 -ta/-tä	處格 -de	處格 -ta/-te	(處所 ta)	

韓國語	길약語	아이누語	日本語	드라비다 語	터키語	만주語	몽고語	再構形	備　考
共同・並列 助詞 -wa		並列 wa					並列 -ba	並列 *-ba	
列擧助詞 -e		共同格 e-						列擧 *-e	
强勢形 -(i)syə		强勢形 또는 雅語形 ši (-numa)	强勢形 -si					强勢形 *-si	
輕微形・假飾形 -c'ək/-č'e/ -tak/-tək/ -tuk		輕微形 -tek				副詞形成接尾辭 -taka/ -teke/ -čuka/- čuke		輕微形 *-tək	
名詞形成接尾辭 -p/-po/ -pu		名詞形 成接 尾辭 -p/-pe						名詞形 成接尾 辭 *-p/-pu	
反復形 -a~a/-ə~ə		反復形 -a~a						反復形 *-a~a	
條件形(-l) -cək/-ce		條件形 čiki						條件形 *-cək	
繼起形 -not-	繼起形 -rototo							繼起形 *-rotot	cf. ᄒᆞᄂᆞᆺ다
多回形 -tak/-tək/ -tïk		多回形 -atki						多回形 -*atïk	
想像・感嘆形 -nʌngo		想像・感嘆形 nankor						想像・感嘆形 *-nan- kor	
事實法語尾 -rwa		事實法語尾 -ruwe /-ruhe						事實法 *-ruba	
强勢形・確認・習慣 -kətta		强勢形 -katta						强勢形 *-katta	

韓國語	길약語	아이누語	日本語	드라비다語	터키語	만주語	몽고語	再構形	備考
完了相·過去 -a/-ə is-/ -a/-ə si-		完了相 -wa is- am	過去助動詞 -si(ki의 連體形)		完了相 -eli /-alï			完了相 *-a is-/ *-a si-	
使動接尾辭 -i-/-ri-/ -c'u/-c'i-		使動接尾辭 -i/-e/ -re/-te		使動接尾辭 -rru/-cu/ -ttu	使動接尾辭 -r/-z/-t	使動接尾辭 -ti <Tung>	使動接尾辭 -či-	使動接尾辭 *-i/*ri/ *-tï	
被動接尾辭 -i/-ri/-hi/ -ki		(自動化接尾辭 -i/-re/ -ke)	被動接尾辭 -i/-ru ; -ar/-ir	被動接尾辭 -ar/-ir/-uḷ	被動接尾辭 -l			被動接尾辭 *-i/*-ri/ *-ki	
自動性·被動接尾辭 -ti->-ci-			自發形 -yu			自動性接尾辭 -je/ -ja/-jo		自動性·被動接尾辭 *-ti(>ci)	
使動助動詞 -t'ïri-					使動接尾辭 -tVr/ -dVr			使動助動詞 *-tïri	
重加·對照·引用·强調助詞 -to 亦同副詞形 t'o			重加·列擧·亦同·共同·引用·對照·强調 -to	共同格助詞 -oṭu/-da/ -todu	重加 -de/ -da			列擧 *-to	
列擧助詞 -(i)-myə					列擧 (疊語의 中間挿入) -m			列擧 *-mi	
强調形(形容詞下_ -p-					强調形 (形容詞下) -p-/ -m-			强調形 (形容詞下) *-p-	

韓國語	길약語	아이누語	日本語	드라비다語	터키語	만주語	몽고語	再構形	備　考
同樣助詞 -t'yəro＞ č'yəro		同樣 -širi						同樣 *-tiro	
延音素(副詞下) -i	延音素 -i				延音素 -ï	副詞形 -i		延音素 *-i	
不定法語尾 -mək					不定法 -mek/ -mak			不定法 *-mak/ mək	
(不可・不能接頭辭 mot-)				(mäṭṭu 없애다)	(menet-禁하다)		禁止接頭辭 beteg-ei	(不可・不能接頭辭 *mət)	
約束形 -ma					義務・必要 -malï/ -meli			約束形 *-mal	
終結助動詞 pəri-	終結・完了助動詞 harï-				終結助動詞 ver-			終結助動詞 *pəri	
連續助動詞 (-a/-ə)tä-					連續助動詞 (-a/e) tur	頻繁形 -ta/-te/ -to		連續助動詞 *tur-	
希望助動詞 sik-pï-					希望形 -sïq		希望形 -su- ğay	希望助動詞 *-sïk	
類似接尾辭 -jïk/-jik					類似 接尾辭 -čïk/ -čik	類似 接尾辭 -čuka /-čuke		類似接尾辭 *-cïk	-음직하-
縮小辭 -cä/-ca					縮小辭 -čä/ -ča	縮小辭 -čan/ -čen	縮小辭 -ja	縮小辭 *ca/-ce	그림재
强勢接尾辭 -k					强勢接尾辭 -q/-k			强勢接尾辭 *-k	
序數接尾辭 -cahi /-c'ahi						序數接尾辭 -či	序數接尾辭 -duğar /-düger	序數接尾辭 *-cahi	

韓國語	길약語	아이누語	日本語	드라비다語	터키語	만주語	몽고語	再構形	備考
行爲接尾辭 -cil						行爲接尾辭 -čila/-čile	(名詞形成接尾辭 -čila)	行爲接尾辭 *-cir	
强勢接尾辭 -hyə-						强勢接尾辭 -kiya/-kiye		强勢接尾辭 *-kya/*-kyə	
持續先行語尾 -ni-			持續形 -ri	持續形 -iruṇṭ		持續 -niye-		持續 *-niye-	
强勢接尾辭 -t‘i(-c‘i-)						强勢接尾辭 -ča	行爲接尾辭 -či-	强勢接尾辭 *-ti	
同樣接尾辭 -tahi/-tək						同樣接尾辭 -take/-teke		同樣接尾辭 *-tak/-tək	빗닥하다 (삐딱하다)
縮小辭 -kam/kan						縮小辭 -kan/-ken/-kon	縮小辭 -qan	縮小辭 *-kan	
相反形 -cibi						相反形 -čibe		相反形 *-čibi	
緣由形 -t’ämune						緣由形 -daha-me		緣由形 *-daha-mune	
複數助詞 -nä							複數 -ner/-nar	複數 *-ner	
沿格助詞 -ri			方位格 -ni (位置接尾辭-ti)	沿格 -ḷi		沿格 -li<p. Tung>	(場所 -ri)	沿格 *-li	이리, 그리
强勢·使動接尾辭 -βat-			確信·決意·當然·可能·使動·命令助動詞 besi(<*bɜsi)	强勢助動詞 pēṭu	可能·當然·許可 -bil			强勢·使動助動詞 *-bat	

韓國語	길약語	아이누語	日本語	드라비다語	터키語	만주語	몽고語	再構形	備　考
限定法(挿入母音) -o-/-u-	限定法(挿入母音) -va			確認法 -av->-ō-				確認法 *-av-	
讓步・假定形 -to			讓步・假定形 -do<*-də /-domo<*-də-mə					讓步・假定形 *-to	
規定法語尾 -nira			規定法助動詞 -nari					規定法語尾 -nira	
自體・强勢 -t'an			最小限度・强勢 -dani, 自體 -tana	自體・스스로 -tān̠				自體 *tan	
最小限度・强勢助詞 -nama			唯一・强勢 -nomi <*-nəmï					唯一 *-nama	
程度・局限助詞 -man/-mank'an			程度・局限 -bakari					程度・局限 *man/-mankan	
强勢・助詞 -kos			强勢 -koso(<*-kəsə					强勢 *-kos	
屬格助詞 *-ga/-gə<경상>	屬格 -k'a		屬格 -ga	屬格 -aka				屬格 *-ka	cf.너거집<경상>
强調指示助詞 -sa/-ʒa			强調指示 -sa/-zo					强調指示 *-sa	
添加・類推助詞 -coc'a			添加・類推 -sura/-sora					添加 *-coca	
使動接尾辭 isi-<吏讀>			使動詞 -su/si-	使動接尾辭 -isu				使動接尾辭 *isu	

韓國語	길약語	아이누語	日本語	드라비다語	터키語	만주語	몽고語	再構形	備考
被動接尾辭 -pat-				被動接尾辭 paṭu				被動接尾辭 patu-	
否定性名詞形 -ti(>-ci/-ji)			否定助動詞 -ji					否定性名詞形 *-ti	
形式名詞 sʌ			形式名詞 sa					形式名詞 *sa	
複數助詞 -ra<百濟>			複數 -ra		複數 -lar/-ler			複數 *-lar	
婉曲形 -yo			婉曲形 -yo (<-*yə)					婉曲形 *-yo	
未來·推測形·不定時制 -r/-ri	未來 -r, 未來·現在 -ra		推測形 -ra		不定時制 -r/-ar /-er	未然形 -ra/ -re, 冠形形 -ri		推測形 *-r	
副詞形 -i			副詞形 -i			副詞形 -i		副詞形 *-i	
(所有不完全名詞 kə/kəs)	所有不完全名詞 ŋa	所有不完全名詞 -ike	所有不完全名詞 ga		所有不完全名詞 qaltï	所有不完全名詞 -ŋge	(kereg 事)	(所有不完全名詞 *ŋa /*kalt)	
副詞性不完全名詞 -ba		(副詞性名詞形成接尾辭 -pe)	理由·假定 -ba					副詞性不完全名詞 *ba	
再歸代名詞 ci>cyə		再歸代名詞 či/ši						再歸代名詞 *ci	
(否定副詞 ani)			(否定副詞 ina)	(否定副詞 ā/āta/-a-ni <Tel>)				(否定副詞 *ana)	(反語副詞 -ani <Jap>)

韓國語	길약語	아이누語	日本語	드라비다 語	터키語	만주語	몽고語	再構形	備 考
副詞形成接尾辭 -i/-o/-u/-ki			副詞形成接尾辭 -i/-u/-ki					副詞形成接尾辭 *-i/-o/-u/-ki	
相反形 -marʌnʌn			相反形' -mono-no					相反形 *-maronon	
感嘆・强勢形 -ya/-yə			感嘆・强勢形 -ya					感嘆・强勢形 *-ya	
感嘆・敍述形 -nö＞-ne			感嘆・敍述形 -na/-ne					感嘆・敍述形 *-noi	
進行形 -ko-isi				進行助動詞 koṇṭ -iru				進行助動詞 koṇṭ -iru	
過去冠形形 -n				過去 -(i)n-				過去時題 *-n	
現在・未來 -nʌ-(ㅎ)	長語形 -nug-/ -nïg-/ -nïgi-							長語形 *-nï-	
※159	※87	※48	※※70	※43	※48	※42	※31	※159	

(註) ※ 위의 集計에서는 母音調和나 有聲音 對 無聲音의 대립에 의한 異形態와 같이 原形에서의 發達形은 계산에 넣지 아니하였고, 여기서는 한 形態素에서의 發達形과 代名詞 및 助用言은 거의 모두 除外한 것임.

3. 文法構造의 類型別 比較一覽表

韓國語의 特徵	길약語	아이누語	日本語	드라비다 語	터키語	만주語	몽고語	備 考
語順一致	○ (一致)	○	○	○	△ 部分的一致	△	△	

韓國語의 特徵	길약語	아이누語	日本語	드라비다 語	터키語	만주語	몽고語	備 考
形容詞는 活用하며 敍述語로 쓰인다.	○	○	○	○	× (不一致)	×	×	
數詞屈折	○	×	○	○	×	×	×	
人稱語尾가 없다.	○	○	○	×	×	×	×	골디어 ○
名數詞들의 一致	○	×	×	×	×	×	×	
主格・對格助詞는 恒用 않는다.	○	○	○	○	○	○	○	
複合語 또는 合成語의 先行語의 末尾音 省略	○	×	○	○	×	×	×	
關係代名詞 없다.	○	○	○	○	○	○	○	
節의 主述關係를 '與・對格+使動詞'의 客述關係로 表現하는 習慣이 있다.	○	×	○	×	×	△	△	알타이어는 이 경우에 敍述語를 使動形으로 바꾸지 않음
後置詞가 있다.	○	○	○	○	○	○	○	
指示代名詞에 近・中・遠稱이 있다.	○	×	○	○	×	×	×	
複數助詞는 名詞・副詞・動詞下에도 붙는다.	○	×	×	×	×	×	×	
助動詞가 대부분 一致한다.	○	×	×	×	×	×	×	
接續語의 起源이 대부분 같다.	○	×	△	×	×	×	×	
他動詞가 自動詞로 代用된다.	○	○	×	×	×	×	×	
使動詞를 被動詞로 轉用하는 경우가 있다.	○	×	×	×	×	×	×	
動詞・形容詞에 共用되는 것이 꽤 있다.	○	×	×	×	×	×	×	
否定法樣式이 同一하다.	○	○	○	×	×	△	×	

韓國語의 特徵		길약語	아이누語	日本語	드라비다 語	터키語	만주語	몽고語	備 考
共同稱代名詞가 있다.		○	×	○	○	×	×	×	
語頭音 r-/ŋ-를 共有한다.		○	△	○	×	×	×	×	
語頭子音群의 忌避		○	○	○	○	○	○	○	
高舌母音 對 低舌母音의 母音調和를 한다.		○	×	×	×	×	×	×	골디어 ○ 부리야드어 ○
有聲音化의 連聲現象이 있다.		○	×	○	×	×	×	×	
母音體系가 같다.		○	○	○?	×	×	×	×	日本語의 母音體系를 6母音으로보고자한다.
子音體系가 같다.		○	△	△	△	△	△	△	드라비다어엔捲舌音이있고알타이어에는β·$\mathfrak{z}$·x가 없다.
八終聲法이 있다.		△	○	×	×	△	○	△	
accent가 語幹·語根部에 놓인다. 따라서 第1音節에 주로 accent가 있다.		○	○	×	○	○	○	○	
疊語가 많이 쓰인다.		○	○	○	×	×	×	×	
Ablaut 現象이 있다.		○	×	×	×	×	×	×	
冠形語와 體言의 格의 一致		○	×	○	×	×	×	×	에베키어 ○
一致度	○…29 △… 0 ×… 0	○…28 △… 1 ×… 0	○…13 △… 2 ×…14	○…18 △… 2 ×… 9	○…11 △… 1 ×…17	○… 5 △… 3 ×…21	○… 6 △… 4 ×…19	○… 5 △… 4 ×…20	

4. 結　論

위에서 비교하여 보인 바와 같이 文法形態素의 핵심적인 부분은 모두 길약어와 完全一致할 뿐만 아니라, 一致하는 形態素의 個數에 있어서도 단연 길약語가 우세하다. 따라서 韓國語와 길약語가 同系라는 것은 의심할 여지가 없다.

또한 文法的 構造의 類型的 比較에 있어서도 韓國語와 길약語는 다른 언어들과는 비교가 안 될 정도로 細部構造에 이르기까지 完全一致를 보여준다.

다음으로 일치점이 많은 언어는 日本語와 아이누語이고, 그 다음으로 드라비다語·터키語·滿洲語·蒙古語의 順次로 부분적인 일치를 보여 준다.

여기서 特記할 사실은 漢字語가 그토록 많이 借用되고 있으면서도 文法의 形態素나 構造上에 아무런 영향을 미치지 못한 것과 마찬가지로, 語彙面에서 親族語를 비롯한 많은 基礎語彙까지도 드라비다語에서 借用하였으면서도 文法에 있어서는 드라비다語는 다소의 일치를 보여 주고 있는 점이다. 그리고 알타이語 가운데서는 터키語가 우연한 일치라고 보기 어려운 몇몇 文法形態素의 일치를 보여 주고 있다. 이것은 後期新羅(金氏王 治下)의 支配層이 터키系였고 그들이 三國(실질적으로는 伽倻를 포함한 四國)을 統一하므로 말미암아 土着韓國語에 다소의 영향을 미친 것으로 추정된다.

第5章
基礎語彙 比較一覽表

이미 위에서 말한 바와 같이 한 言語의 親族關係(系統)를 證明하는 데 있어서 어휘비교는 별로 크게 기여하지 못한다. 우리는 고유어의 몇배뿐만 아니라 기초어휘조차도 한자어에서 많은 차용을 하고 있으나, 그렇다고 우리 한국어가 중국어와 동계라고 생각하는 사람은 한 사람도 없다.

그러나 기초어휘의 대부분이 어떤 언어와 대응된다면, 그 어떤 言語와 親族關係에 있을 개연성이 크다고 보아야 할 것이다. 또 그것이 단서가 되어서 그 어떤 언어가 한국어의 文法形態素를 比較하는 契機가 되어 親族關係 證明에 크게 이바지할 수 있다.

그뿐만 아니라, 語彙의 比較研究는 借用語를 音韻 造語法을 총동원하여 가려내고 남은 語彙를 그 對象으로 하여야 하겠지마는, 異民族의 流入이 雜多했던 우리로서는 借用語의 완전한 除去作業은 불가능한 반면, 그 多樣・多量의 流入語를 어느정도까지만이라고 가려냄으로 말미암아 우리 民族의 人種的 構成을 밝혀내는 데 크게 이바지할 것이다.

다음에서 韓國語의 基礎語彙 100個[1])를 우리 주변어와 비교하여 보인다. 비교자료 중에는 터기語・滿洲퉁구스語・蒙古語의 자료만은 主로 安本・本多 공저 「日本語의 誕生」의 附錄의 기초어휘표에서 取擇하고, 나머지는 筆者가 取擇한

---

1) M. Swadesh Diffusional cumulation and archaic residue as historical explanations. 1951 에서 提示한 基礎語彙百選에 의거함.

것이며 다음의 일람표에서 意味가 添加되지 않은 것은 모두 기초어휘항목의 뜻과 같기 때문에 생략되었음을 附記하여 둔다.

〔특수기호〕

<G>=Grube ; 드라비다語의 方言名 :- Te=Telugu, Ma=Malayalam, Ka= Kannaḍa, ko=koṭa, To=Toda, kol=kolami, Tu=Tulu, Ga=Gadba, Pa= parji, Go=Gondi, Malt=Malto, kur=kuṛux, 특수기호가 없는 것은 Tamil語임; Bur=Buryat<몽고어 방언>

기초어휘	한국語	길약語	아이누語	일본語	드라비다語	한자語	터키語	만주語	몽고語
all(모두)	modo/moda /moŋt'aŋ	moloka (완전)		mĩna>mina /matta- si (완전)	mottam		bütün		
	mor-			moərə(여럿)	muṛu				
	*alla <백제>				ella<Te>, cellām			ele	
ashes(재)	cE>cä	ša-(타다)	usat (냉과리)		cūṭṭu(탄것)		čadar	suye(잿물)	saral (잿빛의)
bark(껍질)	kəp-čir kap'-ïr	ŋave(싸개) ŋamač (껍질)	kapu	kawa			kabuk		
belly(배)	pE. cf. pE.-ar (창자)			para. cf. wata (창자)	vayiru. cf. pēgu (창자)		kebeli	hefeli	
big(크다)	k'ĭ-, ha-	ĭkĭ(성장)	iko(매우)	oho-(다대)	ukku (증대하다)				yeke> ixxen
	p'ək(매우) <부사>						büyük		büdügün
	pyəl<부사>	pilĭ-			pēr				
	mal(大) <접두사>				māl				
bird(새)	sE(<*say)		saye (새무리)	*sagi (鳥→鷺)			seče (참새)		šibağun
to bite (물다, 咬)	mĭr-	vovĭ-<G>							
	k'ämĭr-		kem(핥다), ikuba,	kamu-	kavvu		kap- (물어뜯다)		
black (검다)	kəm-. cf. k'əm-/k'am (암흑)		kunne	kuro	kā aḷa(암흑)				
	*kara <고구려>				karu		kara	kara	qara
blood (피, 血)	P'i				pāy (피가 흐르다)				
	sənji							seŋgi	

기초어휘	한국語	길약語	아이누語	일본語	드라비다語	한자語	터키語	만주語	몽고語
bone(뼈)	p'yə			pone	peren <konḍa>				
	*əlbïu <가야>				elumpu				
breast (가슴)	kasʌm	ŋasïf	katčam(心)				kasa		
to burn (타다, 燒)	t'ʌ-	tur(火)		tak-, yak-	teṛu, tī			dule-, da-	türle-
	pït'-/p'ü-			*moye- >moe-	moriyuva<Ma>, vēyu<Ka>, pottu				
	sʌrʌ-	šra-			cu·ṛ(탐) <Ko>		sūle(불꽃)	šolo-	sira-, šara- <Bury>
cloud (구름)	kurum		kuri	kumo	kammu (흐리다)				egüle
cold(춥다) cf. to get cold	c'ib-	tiv-		samu-	sima				
	c'ʌ-/siri-				caḷi				
	sig-						soğuk	šahūrun	jikegün
to come (오다)	o-<*or- <제주>	ölğö (미래의)	roropa (들다), oro (계시다)						oro-
to die (죽다)	cug-			sin-	tegu<Te> cāvu		čök- (무너지다)	čuku- (시루죽다)	čöküre- (절망)
	kuk'i-	kuttı- (떨어지다)		kuti-(썩)					
	kok'ur-	kuŋgula- (파멸)		kakure- <존대>					qokira- (파멸)
dog(개)	kahi	ŋaiak (강아지)	kaikai(개부르는 소리)				köpek	kabari (개의 일종)	
	kanna <함경>	kanïŋ/ kan							
to drink (마시다)	masi-				maṭu			(maša 국자)	
	nəmgu-			nəm-	nuŋku				
dry (마르다) to be dry (가물다)	mʌrʌ-				muḷi/ varru				
	kʌmʌr-			kawa-	kāvu(뜨겁다)<ka>/kā-yv(가물다)		kavruk (말라버리다) /gevre- (말라서 부서지기 쉬워지다)		
ear(귀)	*kur>kü				kuṛai/kiri<ka>		kulak		

기초어휘	한국語	길약語	아이누語	일본語	드라비다語	한자語	터키語	만주語	몽고語
earth(땅)	t'ah(땅)		toi(흙) yači	*tuti(흙)	taricu (미개지)	*t'ag(>t' o. 土)	yer	tala(광야)	tala(광야)
	hʌlg(흙)		ošri		khēkhel		hâk(땅, 흙)	harhū(진흙), hârgi(흙) <Erenki>, horgo(진흙) <gol>	siroi(흙)
	mut'(물)	mif(물)			muṭṭai(지구)		mülk(물)		
	*kōr(흙) <고구려>								körüsü(흙)
to eat (먹다)	məg-		imok(모이)		mukku, mekku<Te>, melku(씹다)		mäŋ(모이)		
	capsu-si-, cwasi-	ža- (마시다)			jabbisu(빨다), cavai(먹다, 씹다) cavaṭṭi(씹다)			je-, cf. jepči<Gol> jeptï<Olča>	
egg(알)	ar (알, 낟알)	alaz(유리 구슬)<G >, ǎla(아기)			arici(낟알)				
eye(눈)	nun, nuk'ar	nigax	num(알), nukar (보다)	*ne. cf. na-mida (눈물)	nuni(凝視), nōkkam, nōkkal (一瞥)<Ma>		yüz<*nüz		nidün, *ni. cf. ni-sun (눈물)
fat(지방 · 기름)	kirïm		kiripu		koṛuppu korvu<ka>				
	pigi		piye		viṛuku bikku(살코기) <ka>				*pögekü(> ögekü)
	kob	ŋox<G>			kobbu<ka>				
feather (깃 · 날개)	cic'(깃)				ceṭṭai(날개)				
	t'ər	tupr(깃)			tïl<kol>		tüy(깃)	dethe(깃)	ödö(깃)
	k'ar (머리털)	ŋars(깃)		ka/ke(털)	gari(깃 · 날개)<ka>				
	nʌlgä(날개)	nïrx(날개)							
fire(불)	pur		fuči, ape	pi/po, abur- (굽다)	pori(불꽃) <Ma>, vē- (사르다) puri-(굽다) <ka>		ōt(<*pōt)	bola- (사르다)	
fish (고기, 魚)	kogi		koiki(포획)						gürüge-le (고기잡이)
	mana-si (나쁜고기) <가야>			mana (고기)	manaŋŋu (나쁜고기) <Ma>				
	aya-si <가야>				ayala				

기초어휘	한국語	길약語	아이누語	일본語	드라비다語	한자語	터키語	만주語	몽고語
to fly(날다)	nʌr-	nïrx(날개) ŋar(날개) <G>							
foot (발, 다리)	par(발)		paraure (발)	asi(<*pasi 발)			bayak (다리)	bethe, palga <gol>, ferge(뒷다리)	
	tari(다리)				tāḷ(다리)		tal(가지)		
	karʌr (다리)	ŋač(다리)		kaci(도보)	kāl(다리)		kadem (다리)		
full(차다)	kʌtʌk-hʌ-							kətə- <Evenki>	ketü (지나치게)
	pïrï-	pulku- (동그라미) <G>	poro (물이 붙다)		paru (부풀다)				
	c'ʌ-	čār-, ča- <G>					tol-	jalu-	čadu- (배부르다)
	tïmbuk				timbu<ka>				
to give (주다)	cu-						sun- (제출하다)		
	tïri-<존대>		turiri		teṟu (지불하다) tiṟa(공물)		tut-		
	ətta(기거리) <하대말>			atah-	itt-<하대말> aṭu				
	nas-<함남, 존대> cf. 나소- (바치다)		nalki		cf. naḷḷu (접근하다), nata (전진하다)				
good (양호한)	tyoh-			yo-si (<*dosi)			jiji	tob(바르다)	jüb(옳다)
	id-	udu <G>			iyal, eḍḍe<ka>		iyi		
green (푸르다)	p'ïrï- cf. pʌrʌ- (푸르다)	pezr-vala, pezr-oala (푸르다) <G>			pacu (푸르다), pu·c<ko>			fula(푸르다)	börte (푸르다), bara-ğan (검푸른빛)
hair (머리칼)	məri/mari		moru		mayir		mūy(깃털)		
	k'ar	ŋars(깃털) <G>		ke(털)	gari(깃털) <ka>, kelku <go>, kergi (깃털)<ko>		kïl		
	sar						sač	salu(수염)	
hand (손 · 手)	son	tem(손가락)	tem(팔뚝)	te			čenk(손발) šube(枝) cf. 솜씨	sunja(다섯), simhun (손가락)	
	*kar(팔) <백제>			kahina (팔뚝)	kai(손)		kol(팔)	gala(손 · 팔)	ğar(손)

기초어휘	한국語	길약語	아이누語	일본語	드라비다語	한자語	터키語	만주語	몽고語
head (머리, 頭)	məri		moru (머리칼)		mūḷai(뇌), mayir (머리칼)		baš, mūy (머리칼)		beyin(뇌)
	tEgor (뇌・머리)								toloğai, degere(위)
	kor (뇌・머리)	ŋaurk(뇌)			koḷ/koḷḷu(목젖 ・목)<ka>		kök(하늘)	giyolo (숫구멍)	ğabala (두개골), qoğolai(목)
	pag cf. 박-치기		pake						
	c'oŋ. cf. 마늘-쫑				coŋr				
to hear (듣다)	tïd-/tïr-	yotot-			tēr (이해하다)		duy- (듣다), duğul-	donji-. dolde-<Gol> doldi- <Olča>	
heart(심장)	nyəm cf. 념-통	nif			neñcu			niyaman	
horn(뿔)	p'ïr>p'ur	murki			pituŋku (돌출한)		büñüz, buluŋ(뿔), borqu (사슴뿔)	uihe, weihe	eder
I(나)	na	ni, n-. cf. nex/ nax(내가)		na/ana	nāŋ, nā <Te>. cf. naŋga(우리) <koḍ>, nānkal(우리)				
to kill (죽이다)	cug-i-							čuku-(피로 해지다)	čôküre- (실망)
	kol (죽음・관)	ku-		koro-su	kol				
	cab-				cāvu(죽음), cavaṭṭi-		čök- (무너지다)	təpu- <Evenki>	
knee(무릎)	mïrïp'	pixtï			moṛi, mora- mpu <Tu> muṛam(돌출한 관절)<Ma>		boğum (관절)	murime (가부좌)	ebüdügči
to know (알다)	ar-				aṛi		anla-	algi- (알려지다) ala-(알리다)	aldar(명성)
leaf(잎)	nip'		niham (나뭇잎)	pa	ilai-pp-(푸르러 지다), ilai				
	nabak			na(잎)			yaprak(< *naprak)		nabči

기초어휘	한국語	길약語	아이누語	일본語	드라비다語	한자語	터키語	만주語	몽고語
to lie(눕다·두다)	nub-(눕다)			nu(자다)	nil̥v-(길다), nīl̥ipp-(길어지다)			niču-(눈감다·자다)	
	tu-(두다)				iṭu(두다), tap<kol>			dedu-(눕다), te-(앉다)	
	noh-(내려놓다)	rote-(내려놓다)<G>	rok-(앉다)					ne-(두다)<Gol>	
	yuha-(눕다)<함남>				nuñcu-(눕다)			dedu-(눕다)	
liver(간, 肝)	*kəb	ŋif	kinop, huype	kimo	kāval̥a(암혹)		kebet. cf. kabid(간)<Ilan>		
	kan					kan(간)			
long(길다)	kir-	kĭl-/kĭlla-<G>, kulaŋ			kūl-(길이)<ka>			golmin-	
louse(이, 蝨)	ni				ir				
	syəkha(서캐)	hišk		sira-mi	sīr<ka>			čihe	
man(남자)	sʌn/sʌn-ahɛ		sanike(자손)		sannē(사위)<Go>				
	ərun(어른)				āl̥aŋ(남편), ō̃l(성인)/mān(남편)		ärän(남자·어른)	eru(건장한), ejen(임금)	ere(남자)
many(많다)	manhʌ-	malğo		mane-si	maŋ				
	p'ʌtpiri		opirika		palavu<ka>, paluvuru(다수인)<Te>				
	kərĭgi	xorla-(풍부하다)			kaṛi, kūr<ka>		gïrla(대단히), hayli(다대하게)	geren	
	hĭn-hʌ-							hon(과다히)	
	ha-(많다)				kaṉa(과다하다)				yike(n)>i-xxen(크다)
	kəp-na-						köp(매우)		
meat(고기·肉)	kogi	ŋax(기름)<G>, ŋoik(알)<G>	koiki(수렵), keuk(도살) ke(기름)	ke-mono(짐승)				gurgu(짐승)	miqa
moon(달)	tʌr			cuki<tuki	tĭgĭl<To>, tiŋgal<ka>		dolun-ay(만월)	cf. toles/t-ulĭs(달)<Ural-voty>	
	*syər(契)								sara

기초어휘	한국語	길약語	아이누語	일본語	드라비다語	한자語	터키語	만주語	몽고語
mountain (메, 山)	mö<moro		mori(小山), metot (산지)	mori(숲)	malai, varai (산), meḷe (숲)<ka>		cf. muran (산맥) <Yakut>	muhu (높은 산)	
	tar	tai(숲)			tiṭaṛu (작은산)		tağ		tologai (小山)
	*sur (봉우리) <고구려, 백제>		širi (산 · 언덕)		sōru<kui>		sïrt(능선) ser(정상)		seer(언덕) šil(평평한산)
	san					san(산)			
mouth(입)	ib	iv-(먹다) <G>	ibe(식품) ipe(먹다)				epi/ipi(빵), yēm(식품)		ama (>*ima)
	agari	ïŋg <G> ŋaŋgr(구강) <G>	ahun(입구)	ago(턱)			agïz	aŋga	
	*koci 「古次」 <고구려>			kuci					qabčil (좁은 입구)
name (이름)	ilhom		reihei					ileŋgū(혀)	nere, irgüle- (부르다)
neck(목)	mog mogaji	molk(곰목) woškorai (목)			mak<kol>, melkhā		boyun, boğaz(목)	moŋgon	
new(새)	sä		ašir, ašin	sara (다시)	cevvi		soylu (순진한)	iče, sain(좋은)	sine, sayin(좋은)
	sut<접두>	č'ud-<G>					surf (순수한)		
	p'ut<접두>				putu				
night(밤)	pam	parïf					fâm(그늘)		
	*iri cf. 이리-내 (은하)				ira				
nose(코)	koh>k'o	ux<G>		hana (<*kana)					qabar
not(아니)	ani/aŋi <방언>	agu-	'ene(할 수 없구나)	ni/nu/ne/ina	aṇṛu, al-<pl.>			akū cf. ana<Gol>	
one(하나)	hʌna(-n) <*kadʌn		šine	kata (쪽, 片)			yagâne(오직 하나·유일한) /kändü(id)	sonio(기수), gargan(단일)	
	*pir			*pi(-to) >hi			bir		
	t'o						tek(단일)		
	ö<*ori				oru				
	*əm cf. 엄두							emu	
	nat' cf. 낱개	naxr, neč					năčă (유일한)		
	ir					iet>yi(壹)			

기초어휘	한국語	길약語	아이누語	일본語	드라비다語	한자語	터키語	만주語	몽고語
person (사람)	sarʌm. cf. sar-(살다)				cāgc(살다) <ko>		sağ(살다), čarp- (맥이 뛰다)		sağu-(거주 하다), sağuriši-(살다)
	kun cf. 장군								kün
	kuri. cf. 멍텅구리		kuru						
red(붉다)	pǐlg- pʌlg-	pagla-	fure, ifurere		pūval			fulgiyan	*pulağan >ulağan
	*cabu. cf. 紫布(赤) <鄕歌>, 「沙伏」(赤) <高句麗>			soho(赤土)	cevvu				
river (강・내)	nä, nari		na/nai				nehri cf. nahr <Arab>		
	sinä(溪)		šinai(本流) činna(도랑)						
	kʌrʌm			kawa	kāri		gol<Uig>	golo(河身)	ğool
	tor(도랑)	tol	torai(河幅)		tūṛai, toṛe<ka>				
road(길)	kir	kullan(길다), kǐlla- (길다) <G>	kiro-ru		kūl(길다) <ka>				kič (오래다)
root(뿌리)	pulhü	vizelex <G>			vēr, bēr<ka>			fulehe	
	*cam「斬」 <고구려>	čamğ					tü:b(기저), tamu(지옥)		tam (깊은 구멍)
round (동그랗다)	tuŋgïr-							tuŋgələmə <Evenki>, toŋgoli-(땅 재주넘다)	duğuriğ- (바퀴・둥근 것)
	turyəb- turyəd-			terv-(동그 래지다) <ka>, terd- (id)<ka>, ter- aṭu-(동 그랗게하다) <ka>				torgl- (글자옆엣점)	
saliva(춤)	c'um		topse	cuba	tuppu, eccam		salya	čifeŋgu	silüsü
sand(모래)	morgä >morä	komer <G>			maṇal ermoḷn<To>		cf. buor(티 끌・모래) <Yakut>	buragi(티끌)	bor(티끌・모 래)
	*sar<新羅 >		satkai (모래톱)	isago, sïna	jari<Tu>		sāhil(물가)		

기초어휘	한국語	길약語	아이누語	일본語	드라비다語	한자語	터키語	만주語	몽고語
to say (말하다 · 이르다)	nirĭ-, yəd- (여쭈다)	it-/itĭ-<G>	itak		iḍḍ<kol>			ildi-(가르치다)<Evenki>	
	kʌrʌ-	kerai		kataru	kūṟu		karet-. cf. kal(말)	*ger- (아뢰다)	kele-
	sʌlb-			syaber-	colv-		sāv (이야기)	subun(입담)	salba- (고백하다)
	nabĭl-kəri-				navil (이르다)				
	sʌro-				cāṟru				
	alö- (아뢰다)				araiv-				
	iyaki(話)				iyakki- (소리내다)				
	mār(말), mārsʌm (말)			mawosu (사뢰다)	māṟru(말) <Ma>, māṟrām (이야기)				
	ibakü (이야기)		ipawe(명령), epaure (입씨름하다)	ihu/iwaku (이르다)	inpi-<Tu> enp-<Ta>				
to see (보다)	po-	abĭ- (지켜보다)	pa-(발견)	miru	pār, ve(발견)				
seed (종자 · 씨)	s'i		ossi(木心)				üze<Uig> cf. üz(心) <Uig>	use	
to sit (앉다)	aj->anj-		a, anu (두다), amse(자리)		ud-<kol>, unḍ-<Ga>, und-<Pa>		otur-		
	kəlt'i-	xurtiv-<G>							
skin(피부)	kac'	ŋalr		hata	kaḍāsu <ka>				
	kap'ĭr(껍질)	ŋamač<G>	kapu(껍질)	kawa(껍질)					
to sleep (자다)	cʌ-				cē				
	cʌor-/čabu-r -(졸다)				cok-(졸다) <ko>				
	*niʒ-(졸다) cf. 寐錦=尼師今			neru/inu	nigire(잠) <koraga>			niču-(졸다)	
small (작다)	cyag-, cyəg-(少)		takne (짧다)	cisa-	cikka<ka>, ciga<ka>		küčük, -čak (축소사)		čögen, üčük(少)
	hyog- hyəg-	hasku (작다 · 적다)		suka- (적다)				osohon	
	sil				ciṟ/ciṟu, sir<Ga>				
smoke (연기)	nE	lax(구름)						nuli <Evenki>	
	näkur <방언>	laxu-. (내굴다)<G>							

기초어휘	한국語	길약語	아이누語	일본語	드라비다語	한자語	터키語	만주語	몽고語
to stand (서다)	syə-	sĭ-(오르려 하다)	aš, aši(세우다)						
	nir (일어서다)				nir			ili-	
star(별)	*pir>pyər			*posi>hosi	veḷḷi, boḷḷi<Tu>				
stone(돌)	tor						taš, tuğla(벽돌)	doho(석회) čoho cf. toli(神鏡)	cf. toli (거울)
	pahö(바위)	pax		iwaho (바위)				wehe	
	cyakar(자갈)				calli(자갈)				čilağun
	cEβyəg (조약돌)				cappai (자갈)				
	togmäŋ						tokmak (메 · 망치)		
sun(해)	*həŋ「姮」 <鷄林> ˎhE	ken/xen /keŋ		hi	vera <kanda>		kün	šun	
to swim (헤엄치다)	heyum			oyog-	o'ge <Malt>			selbi (노를 젓다)	qayiba- >xaiwa
	heŋgu- (목욕하다)	šaŋ-<G>							
	miyəg				muruku	muyiok <沐浴>			
tail(꼬리)	k'ori	ŋĭki<G>			kholā<kur> qoli<Malt>		kuyrut	hude(고물)	segül
	k'oŋji	xunti (궁둥이) ŋauu-ax							
that (그 · 저)	kĭ/ko	hu		ka(저)	hū<kuwi>		kuš<Čuv>		
	tyə	ta			atu		cf. šu	tere	tere
this(이)	i				i			ere. cf. ĭi <Gol, Ol̆ča>	ene, ede(이들)
	yo	ye			itu				
thou(너)	nə		nei (저 · 그)	ənə/ nare	āṉa(저곳)				
	ni				nī				
	kwəre <방언>		ekoro	kare(저)			qa		künei(남), qari(남)
	ci	či	eči(너희)				san, siz(너희)	si	či
	canä (자기>너)	čiŋ(너희)							
	nimja (주인, 당신)			imasi	nīm, nimeṭ<Go>				
tongue(혀)	hyə	hilf		sita		jyet>šye	til		kele

기초어휘	한국語	길약語	아이누語	일본語	드라비다語	한자語	터키語	만주語	몽고語
tooth(이)	ni	nïgzr<G>	nimak		īru(잇몸)				
	ni-p'ar				pal			cf. iktə <Evenki>	
tree(木)	namo	ŋafan(쓰러진 나무), nauwz(몽둥이)<G>			maram				
	cïmge	čumgi<G>							
	*cak. cf. 장-작	čaxr (통나무)							
two(二)	*tuβïr <계림>						dubara	juwe	
	tu	tïr- (이분하다)	tu				du		
	pəgïr (둘·버금)	pak'e (차례로)		*pu>fu			*peki>eki		
	it(다음의)				īr				
	i					ni>ri>ər			
	k'yər- (兩數)								qoyar
to walk (걷다)	kəd-/kər-	kiyudi-, kelma (보행)<G>	kus(통행)	karu (달리다)			kez-	garda- (급행하다)	ğaru- (나가다)
	pʌlb- (밟다)	paže- (점점걷다)			pōv(가다)		bar <Yakut>		
	nigə-(가다) >nyə-				nīŋku(가다), nīkku (옮겨가다), nigu(가다) <ka>		nehič (가는 길)	naka- (사퇴하다) cf. niə- (나가다) <Gol, Olča>	
	nyər- (가다)				naṭa, nar <To>. cf. neṟi(작은길)				
warm(따스하다), hot (따근하다)	təb-(덥다)				tīv-(타다), tapa(덥다)		tav(적당한 열), teybīs (건조하다)	dabu- (점화하다)	
	t'ak'ïn-hʌ- (따끈)	dak'ï-<G> tak'- (따뜻하다)		atataka- (따뜻하다)					
	tasʌ- (따스다), t'ʌt'ʌs-hʌ- (따뜻하다)						tašï-m (끓다)		
water(물)	mïr	mï(江源) <G>, mïri-(發源) <G>		mizu, mi	māri			muke, cf. mu<Gol>	müren (江)

기초어휘	한국語	길약語	아이누語	일본語	드라비다語	한자語	터키語	만주語	몽고語
we(우리)	uri	mer<G>, mïz. cf. urïč(함께)		ware			biz	muse	
what (무엇)	mïʒïs/ mïsïs/ mïsïg/ sïsïm						müševveš (의심스러운), meškûk (의심스러운), meš'um (不吉한), müškül (의문)		
	ənï, ən-	ena(남의), en	anun(남)		ēn, eṉṉa				
white (희다)	hɛ->hɪ-				vāḷ/veḷ				
	koni(흰색)	konï-n							
	c'ʌ=<접두사> cf. 추돌	čaga-							čağağan> čağan
	sye-(세다)		šiyara (순결)	siro- (희다)			šora<Čuv>	šara-(세다)	čayi-(세다)
who(누구)	nu/nugu	nu-(무엇)	ne-(무엇)				ne(무엇)	nui<Gol>	
woman (여자)	kyəji-b						karï(처) kasï- (집에 있다)	haša- (집에 있다)	qasi- (집에 있다)
	eminai	ʁeimanaʌ (늙은 처) <G>, ïmïk (어머니)			ammā (어머니)		ama(여자 · 처)<Čuv>	eme(어머니)	eme(처)
	女-p'enne (여자 · 처)				peṇ (여자 · 처)				
	*hanïn <계림유사>						hanïm (부인)		
	kas(처)	kes(장가들다)					kasï- (집에 있다)	haša- (집에 있다)	qasi- (집에 있다)
	anhɛ(처)	ainagai (처)	unu (어머니), cf. onna (내부)	omina> onna			ana (어머니)		
	as'i(부인)				ācci(어머니), ātti(어머니)			asa<Gol>, aja(어머니)	eji- (어머니)
yellow (노랗다)	*nurï-		ruhure (주황색)				nur(빛), nuranī (빛나는)		
	*kora <百濟>							kūlan (주황색), guilehe (은행나무)	qoŋğor
	*sorʌ <新羅>							sohon. cf. soro-	

								(葉黃)	
	*sarï <百濟>						sarï		
100개	100개	76개	56개	60개	86개	7개	68개	69개	57개

[註] (가) 길약어와의 比較에서 <G>로 표시한 것은 Grube 1892에 실린 것이고, 나머지는 高橋 1942에 실린 것임.
(나) 드라비다어와의 비교에서 아무 기호표시가 없는 것은 Tamil어에서 인용한 것이고, 나머지는 모두 해당 방언을 표시하였으며, 그 자료는 D.E.D. 1961에서 인용함.
(다) 알타이제어에서 인용한 것은 주로 고어를 채택하였으나 또 현대터키어(osman)와 현대 만주어와 현대몽고어(칼카)를 구별표시하지 않았다. 또한 거기에 인용된 어휘는 Gabain 1950 · Hony 1947(이상 터키어) · 羽田亨 1939(만주어) · 蒙語類解 1974 · Lessing 1960(이상 몽고어)에서 인용하였음.
(라) 漢字熟語를 除外하고 자립적으로 쓰이는 한자어만 대상으로 함.

위의 통계상으로 볼 때 한국어와의 대응비율은 최고로 드라비다어가 86%이고, 다음에 길약어가 76%, 차례로 만주어가 69%, 터키어가 68%, 일본어가 60%, 몽고어가 57%, 아이누어가 56%, 한자어가 7%를 차지하고 있다.

따라서 語彙上으로만 비교할 때 한국어는 드라비다어와 동계라고 할 것이나, 문법형태소와 음운체계를 비교하여 보면 이들은 너무나 큰 차이를 보여 주어서, 동계어일 蓋然性은 거의 없어진다. 여기서도 어휘비교가 동계어의 증명에 큰 보탬이 안됨을 재확인하게 된다.

그러나 둘째로 많은 어휘대응을 보여주는 길약어는 문법형태소와 음운체계의 비교에 있어서도 顯著한 일치를 보여 주어서 한국어와 길약어가 동계어이며 이 지구상에서 가장 가까운 언어임을 알 수 있다.

第6章
韓國語의 形成과 系統

1. 韓民族

한민족이 자신들은 단일민족이라고 믿고 있는데, 그것은 우리가 한 가지 말을 사용하고 있기 때문이지 결코 인종적 순수성 때문인 것은 아니다. 소수이기는 하지만 여러 인종이 정치적 이유로 유입되었다. 북쪽에는 이마가 평평하며 광대뼈가 튀어나오고 둥글넓적한 얼굴을 한 사람들이 압도적으로 많은 반면에, 남쪽에는 이마가 둥글며 광대뼈가 안 튀어 나오고 다소 갸름한 얼굴을 한 사람이 많다. 이웃의 일본민족이나 중국민족도 마찬가지로 여러 인종이 모여서 살지만 무엇보다도 그들이 일본어나 중국어라는 동일한 언어를 사용하기 때문에 일본족이나 중국민족이 형성되어 있다. 그러면서도 그들은 단일민족이라고 의식하지도 자랑하지도 않는다. 따라서 우리도 단일민족이란 말에 너무 집착해서는 안 될 것이다.

그리고 민족의 뿌리를 찾는 데 있어서 가장 중요한 수단은 언어이다. 물론 언어라고 해서 절대불변의 요소는 아니다. 작은 민족(또는 인종)이 강력한 이민족의 침입을 받아서 통치자의 언어로 교체되는가 하면(보기: 남미 여러 나라), 큰 민족을 정복한 작은 민족이 도리어 정복당한 민족에 동화되어서 그들 자신의 언어를 잃어버리고 민족 자체마저도 소멸되는 비운을 겪은 선례도 없지 않다(보기: 청나라를 세운 만주족).

그와 마찬가지로 우리민족도 고대에는 여러 인종들이 무력이나 문화를 배경으로 유입되었으나, 길약족과 동계의 토착민인 한민족이 절대다수를 차지하고 있었기 때문에 한국어의 문법만은 여전히 길약어와 동계의 것이 근간을 이루어 왔다.

그러나, 토착의 한민족은 고대의 상당기간 피지배층이 되다 보니 인종명은 왕조사(王朝史)의 이면에 사라지고 말았다. 아마 吉林・吉州・永州・永昌・永陽(永川)・長州・長津・長水・長川・長浦・長坪・長寧・長鎭・長嶺(永興)・長利・長林 등 해안이나 하천변의 지명 속에서 길족＜가칭＞이란 이름만은 어렴풋이 찾아볼 수 있다.

이와는 반대로, 외래의 인종들은 토착민에게 동화되어서 그들은 왕조사와 문화에 그 흔적을 남겼을 뿐, 그들은 청나라를 이룩했던 만주족처럼 인종으로서는 소멸되고 말았다는 것을 의미한다. 그러므로 비록 과거에는 여러 인종들이 섞여 살았으나, 그들은 절대다수를 차지한 토착민에게 동화되어서 지금 단일민족화 하였으며, 언어도 토착민의 언어가 근간을 이루는 한국어라는 단일어를 쓰고 있다.

2. 言語系統과 比較方法

어떻든 민족의 뿌리를 찾는 데 있어 언어적 탐구(비교언어학적 탐구)가 가장 중요한 수단이 된다.

예를 들어 말하면, '十濟'(삼국사기 백제본기 溫祚조)・'百濟'・'溫祚'는 언어학의 도움을 받으면, 그것은 동명이기(同名異記)임이 판명된다.

이제까지는 '十濟'가 묵살되고, '百濟'는 나라이름이고, '溫祚'는 백제의 첫왕의 이름이라는 것이었다. 그러나 이들은 모두 onje~onjə라고 읽어야 하며 그 뜻은 '高'일 뿐이다.

öndör(高, 몽고), on(十, 터키), ōn(百, 백제지배층)[*cf.* jağun(百, 몽고)>yaun>yōn>ōn], 濟[jye] ; 溫祚 öndör>önjer>onje>onjə

cf. ö(몽고)∞o(국어) 보기: ölmeü(올망졸망)∞올망졸망, örune(서쪽)∞오른(서쪽→오른쪽), nöle(불꽃)∞놀:(불꽃) ; ö(몽고)∞E(>e, 국어) 보기: nögülü-(불이내다)∞너굴(연기)

따라서 '百濟·十濟'만으로는 나라이름이 안 되고 '百濟國·十濟國'(*온조구루 또는 *온조국)이라고 해야 된다. 그리고 '溫祚'는 첫 왕의 고유명사가 아니고 왕성(王姓)이 '高'의 뜻을 가진 몽고어 성씨임을 가리킨다. 그뿐만 아니라, 위의 비교어휘로 미루어서 지배층과 피지배층이 서로 다른 말을 썼음도 아울러 알 수 있다 즉 '十濟'라고 쓴 층은 신라인이거나 터키계의 백제서민일 것이고, '百濟'라고 쓴 층은 몽고계의 지배층이었을 것이다.

그러므로 삼국사기에서 '十濟'는 열사람의 신하가 도와서 건국하였기 때문에 十濟라고 하다가, 많은 백성이 모여들었기 때문에 百濟라고 하였다는 김부식이의 설명은 부질없는 통속어원해석임이 분명하다.

어떻든 「삼국사기」·「삼국유사」는 8세기의 옛말의 보고이며, 여기에 나오는 지명·인명·관직명 등을 한자를 빌어서 음훈차(音訓借)표기를 한 것인데, 그 가운데서 고구려의 지명은 훈차가 적으나, 신라·백제의 지명은 훈차가 태반이다.

그런데, 종래의 지명연구는 한자지명을 다른 이기(異記)와는 관계없이 그 음과 유사한 이조어나 현대어의 뜻이려니 하였기 때문에 아무런 성과를 거둘 수 없었다. 다음에 한·두개의 예를 들어 종래의 암중모색과 아울러 새로운 해독방법을 보인다.

백제지명에 '仇知'를 '金池'로 개명한 것이 두 군데 보이는데, 이것을 종래의 학자들이 *kuti(金)~*kuri(金)로 음독하고 있으나, 이런 추정은 우리 주변의 어느 언어와도 대응 시킬 수 없는 가공의 말이다. 그러나 '仇'의 새김을 알타이어에서 āsī(원수, 터키)라 하고, '金'은 그 새김이 alta(金, 몽고)·altï(金, 터키)[*cf.* *alta>alti>ati>asi]와 비교될 수 있는 *asi(金)이기 때문에

仇知(ɑsi-ti)=金池(*ɑsi-ti)

와 같이 읽을 수 있어서 '仇知'를 '金池'로 개명함에 있어서는 동음어 또는 동의어가 되게끔 하였음을 알 수 있다.

〔참고〕 *ɑsi(金): 金城=始林에서 '始'를 ɑsi(cf. 아시-나조 '初夕')로 읽을 수 있고, 「金馬=益山」에서 '益'을 ɑsig(몽고)·아사(益, 용비어천가 七23)라고 함.

또, 신라지명에서 '轉也山'을 '南海'로 고쳤는데, 이것은 산이 바다로 바뀐 기이한 지명이지만, '轉'의 새김은 *kïvïr-(>*kïbïr- '똘똘 말다', 터키), kavvare(>kobir>kubïr- '회전', Dr.-타밀), güberü-(>kübïri->kubïr-'휘어구르다' 몽고문어) 등과 대응될 것이므로 kïbïr-~kübïr-일것이고, '也'의 옛음이 *ie>i(>yə)이니 '轉也'는 *kïbïrie~*kïbïri로 읽을 수 있으며, 또 '山'을 *tɑr>(「達」)이라고 함은 주지의 사실이다. 따라서 '轉也山'은 *kïbïrie(또는 *kïbïri)-tɑr의 표기일 것이다. 한편, '南'을 kïble(터키)라 하고, '海'를 tɑluy(터키)라고 하며, 국어의 습관이 낱말을 차용할 적에 다음절어의 끝소리나 끝음절을 줄이는 경향이 있으니, '南海'는 *kïbïre-tɑr로 새길 수 있다. 따라서 '南海'는 *kubïre-tɑr(轉也山)을 터키계인 후기신라 지배층어로 해석하여 그 뜻에 알맞게 지은 한자 지명임이 틀림없다.

다음부터는 언어상의 특징에 따라서 지배층인 신라어·백제어·고구려어·가야어·진한어(아이누어 포함)·위만조선어·기자조선어·단군조선어 및 토착어(길약어와 동계)의 순으로, 그것이 어떤 계통의 언어인지, 문법자료가 없기 때문에 부득이 어휘비교에 의해서 간략하게 시사하는 데 그치고, 끝으로 토박이말인 길약어와 한국어의 문법이 어떻게 흡사한가를 보일 것이다.

3. 新羅語

이미 말한 백제어의 경우와 마찬가지로 신라 지배층어에 있어서조차 단일어가 쓰인 것이 아니다. 전기의 朴氏新羅의 언어는 居西干(임금칭호: *kese>hese <천자의 뜻>, Ma ; *kağan>*kaan>hān>임금·통치자, Ma), 和白(회의: hebe 회의, Ma), 健牟羅(도성: gemulehe ba 城, Ma)의 비교에서 알 수 있는 바와 같이, 퉁구스계어 즉 단군조선·동예·여진과 같은 말을 썼고, 나중의 金氏新羅로 교체되자 麻立干(임금칭호: *malik>melik 임금, Turk ; kağan>kān 임금·통치자, Turk), 斯羅·斯盧[sïrə]·新羅(*회의→국명 ; sïla 침목회, Turk. 또는 šûra 의회, Turk. *cf.* 新羅를 sira-gi<일본>·sila<Mo>라고 부르고 있으나, 이들의 음운체계에 ï모음이 없어 그렇게 부른 것이며, 이것이 나중에 국호가 되었음), 徐耶伐(도성: šehir '큰 도시', 터키. 또는 serir '왕의 자리', 터키 ; bölge'구역·고을', 터키)과 같은 터키계어 즉 위만조선어와 같은 후기신라어가 등장한다.

다만 昔氏新羅만은 그 중간에서 무슨 말을 주로 썼는지 확실하지 않다. 그러나 「龍城國」에서 昔脫解가 왔다는 기사는 그들이 흉노나 스키타이계임을 시사하여 준다. 尼師今(임금 칭호. niš '하늘, 아이누', -kamui '神, 아이누')이 아이누어와 대응되므로 그 지배층이 아이누족일 것이며, 이제까지 고립어족이이라고 보아 왔으나, 필자의 연구에 의하면 그들은 스키타이족이 분명하다. 신라왕릉에서 많은 스키타이계 유물이 나왔고, 문·무인석이 스라브계처럼 생긴 것이 그 방증이 된다.

다음에 보이는 신라지명은 주로 터키어와 대응되는 사실을 확인할 수 있다.

星山郡本一利郡(삼국사기 지리지 一)
……一利(*piri 一, 향찰)∞bir(一, Turk) ; velli(星, Dr-Ta)∞빌(星, 경북 방언)
八居里日一云仁里別號七谷(동국여지승람 V.28 星州)
……yədïlb(八)≒yedi(七, Turk)
八谿縣本草八兮縣今草谿縣(삼국사기 지리지 一)
……草八(*säki~säke, 八, 향찰, 草'새')∞säkiz(八, Turk)
袴曰柯半(梁書 신라전)
……柯半(*kaban>가비 '袴')∞kabā(의복, Turk)

4. 百濟語

백제의 창시자가 고구려 시조인 주몽왕의 셋째 아들이니 고구려어와 마찬가지로 백제 지배층어는 몽고계였을 것이다. 이미 '十濟 · 百濟 · 溫祚'를 *onje~onjə(高)로 읽어야 할 것이라고 말하면서 지배층과 백성들 사이에 언어상의 큰 차이가 있다고 하였는데, 여기서 더 구체적으로 설명할까 한다.

王姓夫餘氏 號於羅瑕 民呼爲鞬吉支 夏言竝王也 妻號於陸夏言妃也(梁書 백제전)
……於羅瑕(*əraka, 王)∞ere(男子, Mo)-ge(尊者表示접미사, Mo).
……於陸(*əruk. 妃)∞urug(결혼에 의한 친족, Mo).
……鞬吉支(*kən-kilči, 王)∞*kən(王. *cf.* kōn 王, Dr-Ta)-kil (길족 · 즉 한민족의 고유칭)-či(人稱. 보기 ; 內珍朱智 · 莫離支)

위에서 지배층들은 '임금'을 몽고어와 대음되는 於羅瑕라 하고, 백성들은 길약어와 동계인 토착어나 드라비다계어와 대응되는 鞬吉支라 하였음을 알 수 있고, 於陸(왕비)도 몽고어와 대응되는 말이어서 적어도 초기의 백제의 지배층어가 고구려와 마찬가지로 몽고계어임을 알 수 있다. 다음에 백제지명도 주로 몽고어와 대응되는 사실을 알 수 있다.

西林郡本百濟舌林郡(삼국사기 지리지 三)
……西(*kar, 향찰) · garb(西, Turk)∞kele(舌, W.Mo) · ᄀᆞᄅᆞ-(曰)
富城郡本百濟基郡(삼국사기 지리지 三)
……富(*paja, 향찰) · bajan(富, W.Mo)∞baja(基, W.Mo)
稷山縣本慰禮城 百濟溫祚王自卒本扶餘南奔開國建都于此後高句麗取之爲蛇山縣因之高麗初改今名(동국여지승람 직산조)
……慰禮(*ulle>ulne 國都, 향찰) · ulus(國, Mo: ulus>ulu>ule>ulle)→ yïlān(蛇, O.Turk)→yügri(>yüüri, 기장, W.Mo)/üᅶüᆨ(기장, O. Turk)>üir-i '조음소'>üri
扶餘郡本百濟所夫里百濟聖王自熊川來都之號南扶餘景德王改今名(고려사 지리지 一)
……所夫里(*öburi~oburi 南, 향찰, *cf.* 所老狄所里 외노되오리, 금양잡록) ∞öbür(南, W.Mo) *cf.* 所夫里는 '서울 · 서라벌'의 표기가 아니고 南夫餘의 '南'을 뜻한다.

5. 高句麗語

고구려는 고조선 삼국인 단군·기자·위만조선의 판도에 들어앉은 나라인데, 고구려 지배층은 기자조선·옥저와 마찬가지로 몽고계어(扶餘는 몽고의 Buryat의 이기인 것으로 추정됨)를 썼고, 백성은 길약어와 동계인 토착어(韓語) 및 단군조선의 퉁구스계어와, 적기는 하겠지만 위만조선의 터키계어 가 밑바닥에 더러 깔렸던 것을 알 수 있다.

지명은 고어를 보존하는 것이 통례이기 때문에 그렇게 나타나는 것은 당연한 일이다.

그런데, 고구려 지역의 지명을 모두 고구려 지배층어로 보고 고구려어는 일본어·퉁구스어와 친족관계에 있다는 가설이 종래 판쳐 왔으나, 이것은 향찰로 읽어야 할 지명을 음독할 데서 생긴 잘못으로서, 오독한 고구려지역 지명이 더러 고대일본어와 대응되는 것에 착안한 가설로써, 이것은 아무런 근거가 없다.

『삼국시기』 지리지의 한반노내의 고구려지역 지명 가운데서 무작위로 뽑은 124개중, 몽고어와 81개가, 만주어와 42개가, 일본어와 34개가, 터키어와 30개가, 길약어와 13개가 각각 대응되는 것으로 보이며, 위에서 일본어와 대응되는 34개는 또 몽고어와 13개가, 터키어와 11개가, 만주어와 13개가, 길약어와 7개가 각각 대응될 것으로 추정된다(*cf.* 이 책 하권 제13장 말미어휘 비교일람표). 따라서 일본어가 퉁구스어와만 대응되는 것도 아니고 도리어 몽고어·터키어와는 더 많은 대응을 보여주고 있다. 또한, 거의 터키어 일색으로 대응되는 신라지명은 일본어와 더 큰 비율로 대응을 보여주고 있다(*cf.* 이 책 제15장)

그리고, 일본어와 대응한다고 본 말 가운데서 密(三. ∞mi 三)·德(十, ∞töwö 十)·甲比(穴. ∞*kapi 峽)·內 / 奴 / 川 / 惱(壤. ∞na 地)의 비교는 분명히 잘못된 것이다.

甲比(穴)는 kapi(峽, 日本)와 그 뜻이 전혀 다르고, 나머지는 모두 향찰로 읽어야 할 것들이다.

密은 竹과도 대비시켰으니, *kïʒï-(密, 이조어: 그ᅀᅳ-기)·gizili(密, Turk)와

gulusu(竹, W.Mo)와 gur-ban(三, Mo : -ban '접미사' *cf.* kər 三, 윷말)의 비교로서 密≒竹≒三은 그 시대 말로는 모두 *kur로 읽어야 할 것이므로 일본어 mi(三)와는 무관하다.

德[tïk~tək]은 töwö(十와, Jop)와 그 음상이 너무 다르다. 그리고 德에는 大의 뜻(*cf.* 德, 큰 덕)이 있으니 이것은 alba(大, W.Mo)와 arba(十, W.Mo)의 대비이며, 따라서 이것들은 당시의 말로서 *alba로 읽어야 할 것이므로 töwö와는 무관하다.

壤(흙덩이)과 地(na)는 그 뜻이 전혀 다르다. 그리고 內 / 川 / 奴 / 惱의 음을 *nä~nö와 같이 재구하고 na와 비교한 것도 무리이다. 이것들은 körüsü(흙덩이, W.Mo)와 goǒoro(內, 中央, W.Mo). ǒool(川, W.Mo) · qoru-da-(惱, W.Mo) · köle/kul(奴, Turk)과의 비교어휘로서, 그 시대 말로 모두 *kōr로 읽어야 할 것이다.

그리고 보면, 고구려지역 지명 속에 일본어와 대응되는 수사가 두개 남는데, 難隱은 퉁구스계어 nadan(七, Ma)이고, 于次는 드라비다계어 aidu(五, ka)로서 그 수사체계가 서로 다르다. 따라서 이것은 저층어(sub-strata)거나 상층어(super-strata)일 것이며, 적어도 고구려 지배층어는 아니다.

위에서 보인 바와 같이 잡다한 고구려지역의 지명 가운데서 어느 것이 순수 고구려 지배층어인지 구별해내기 위해서는 고구려가 남천하여 평양에 도읍하기 전의 고구려어의 단편들을 중국의 옛 역사책에서 찾아내어 우리 주변의 여러 언어들과 비교하여, 그것이 어느 언어와 가장 가까운 말인지 알아보기로 한다.

溝漊者句麗名城也(삼국지 위지 동이전)
……溝漊(*kuru, 城→國)∞gürün(州 · 國, W.Mo) · gurun(國, Mo)
有小倉爲桴京(삼국지 위지 동이전)
……桴京(*fukyəŋ 小倉)∞ükeg(<*pükeg. 상자 · 궤, Mo)
其俗言朱蒙者善射也(삼국지 위지 동이전)
……朱蒙(*čyumuəŋ>syumuəŋ. 善射)∞sumun(矢, Mo) · maŋga(善射, Ma)
高句麗呼相似爲位(삼국지 위지 동이전)
……bisire(간주하다, Mo) · beŋze:- (닮다, O.Turk) · basa(>*bisa. 똑같이, Turk) · misil

(동등함, Turk) ; 벼슬(*비슬, 官位) · bičig(文書, Mo) · bisire(있는 곳 · 地位, Ma)
一曰內部一名黃部 卽桂婁部也
二曰北部一名後部 卽絶奴*部也
三曰東部一名左部 卽順奴部也
四曰南部一名前部 卽灌奴*部也
五曰西部一名右部 卽涓奴部也(후한서 동이전 고구려조)
※ 白鳥庫吉도 絶奴部와 灌奴部가 뒤바뀐 것으로 본 바 있음

……桂婁(*kwelu, 內←中央)∞ǧool(<qoǧoro. 中央, Mo)
……順奴(*jïuəna. 東 · 左)∞jün(<jegün. 東 · 左, Mo) · jun(左, Ma)
……涓奴(*yuena. 西 · 右)∞örüne(西 · 右, Mo)
cf. *örüne>öüne>üünə>uena
……絶奴(*jelna, 南 · 前)∞jule-rgi(南, Ma) · degere(上, Mo)
cf. *degere>deere>jele>jelle[dʒəllə]
……灌奴(*kuəna, 北 · 後,)∞quyina(後, Mo) · qoyitu (北, Mo)
其冠曰骨蘇多 以紫羅爲之(주서 고구려조)
……骨蘇多(yasutuə. 紫羅帽, 향찰. *cf.* yasu 骨, Mo)∞
yousuto malaǧa(紗帽, Mo. *cf.* malaǧa 帽子, Mo)
有蓋蘇文者 或號蓋金 姓泉氏(당서 고구려조) ; 泉蓋蘇文 伊梨柯須彌(일본서기 皇極왕 2년조)
……伊梨(*iri, 泉)∞ẹ̄ri(本流, Gily) · ēri(호수, Dr-Ta)
……蓋蘇文(*kaysumi. 人名) · 蓋金(*kasum. 金, 향찰)∞kācu/kāsu(<*kā̆cum. 金, Dr-Ta. *cf.* 드라비다어의 명사의 끝소리 -m이 탈락한 예가 많음)
國內城或云尉那巖城或云不而(耐)城(삼국사기 지리지 四)
……國內(*ulus>ullu>ulle>ulne. 國, 향찰, *cf.* 內는 끝소리 ne의 첨기)∞ulus. (國, Mo)
……不耐(*ülü>üle>ulle>ulne 國. *cf.* 耐는 끝소리 ne의 첨기)∞ülü/üle(不, Mo)
……尉那(*ulna>ulne. 國. *cf.* 那는 끝소리 ne의 첨기

위에서 비교하여 보인 바와 같이 고구려 지배층어는 분명히 몽고계어를 썼다. 이로써 고구려어가 일본어나 퉁구스어와 친족관계에 있다는 종래의 가설은 어디까지나 가설로 그침을 알 수 있다.

6. 伽耶語

가락국은 인도 중동부의 고대 阿踰陀國(Ayudhya)과 밀접한 관계가 있다. 아

유타국은 드라비다족(Dravidian)의 나라이며, 일명 訶羅(또는 Kaya)라고 할 뿐만 아니라, 許黃玉 왕비도 아유타국 공주였다고 한다. 그 국명인 駕洛이나 伽耶(伽洛)도 인도의 訶羅와 마찬가지로 Kārai(바닷고기, Dr-Ta), Kāra(물고기, Dr-Ma), Kayal(물고기, Dr-Ma) 등과 대응될 것으로 생각된다. 그렇게 생각한 것은 아유타국의 왕성이 물고기 모양을 하였다는 기록이 있고, 지금도 그곳의 건물 입구마다 마주보는 두 마리의 물고기 문장이 장식되어 있으며, 김수로왕릉 정문에도 그와 같은 문장이 보이기 때문이다.

따라서 「삼국유사」의 가락국기에 나오는 명사나, 「삼국사기」지리지의 가야지명을 다음과 같이 아유타국어와 동계인 드라비다어와 비교하여 보인다.

阿耶斯山(當作摩那斯 此云魚也) (삼국유사 어산불영조)
……阿耶斯(*ayasi, 魚)∞ayala(魚, Dr-Ta. *cf.* ayala＞ayali＞ayaši)
cf. 斯[si](日本 · 가야)
……摩那斯(*manasi, 魚)∞manaŋŋu(惡魚, Dr-Ta) · mana(魚, 日本)
惱窒青裔(金首露王名, 동국여지승람 고령현 건치연혁조註)＞金官＞金海
……惱窒(*kāci. 惱, 향찰. *cf.* 窒은 끝소리 첨기)∞kāci(困難 · 惱,Dr-Ta) ; kācu(＞*kāci. 金, Dr-Ta) · 荷知王(*kāci-王'金氏王'. 駕洛國王, 남제서. *cf.* 荷의 옛음은[ka] ; 青裔(*parï 青, 향찰 *cf.* 裔는 끝소리 첨기)∞프ᄅ-(青, 이조) · paca(＞*pajï＞*parï, 青, Dr-Ta)
……金官(*kāci-barï) ; vāṛi/vāṛu(官, Dr-Ma)
……金海(*kāci-parʌ) ; paravai(海, Dr-Ta) : 바ᄅ(海, 이조)
∴ 惱窒青裔는 *kāci-parï(또는 parʌ)로 읽어야 할 향찰로서 金青 또는 金官(＞金海)의 뜻이었을 것임
咸安郡阿尸良國일云阿那加耶(삼국사기 지리지 -)
……咸安(*alla, 咸 · 모두, 향찰. *cf.* 安은 끝소리 a의 첨기)∞ella(모두, Dr-Ta)
高靈郡本大伽倻國(삼국사기 지리지 -)
……高(*mal, 향찰)∞mēlu(頂 · 高, Dr-Te) ; 大(*mal, 향찰)∞mali(커지다, Dr-Ta)
古寧郡本古寧加耶國今咸寧(삼국사기 지리지 -)
……古(*motu, 향찰)∞mutu(古 · 老, Dr-Ta) ; 咸(*motu, 향찰)∞mottam(모두, Dr-Ta)
首露王…始現故諱首露(삼국유사 가락국기)
……首露(*kolu, 首, 始, 향찰, *cf.* 露는 끝소리 첨가)∞korḷu / koḷḷu / koḷ(首, Dr-ka) · kōlu(始作하다, Dr-Ta)
城門名加羅語謂門爲梁(삼국사기 44권 전 旃檀梁조)
……門(*tor, 향찰. *cf.* 梁돌량, 훈몽자회 上5)∞tūru(들다 · 入, Dr-Ta) 또는 門(*pāri, 향찰, *cf.* vāri '門' Dr-Ta∞pālam '梁' Dr-Ta/pāla '梁' Dr-ka).

위에서 보인 바와 같이 가락국이나 가야에서는 적어도 지배층만은 드라비다계어를 쓴 것으로 추정된다.

그리고 한국어와 드라비다어와의 비교어휘는 1,800여개가 넘고, 기초어휘의 거의 모든 것을 포함하는데 몇 개 예를 들면 '나라 · 집 · 날 · 별 · 돌 · 말 · 아버지 · 어머니 · 옷 · 쌀 · 먹- · 마시- 등은 naˑr(나라) · cāppa(小屋) · naḷ(日) · veḷḷi(星) · tiŋgaḷ(月) · māṟṟu(語) · appacci(아버지) · ammānai(어머니) · uṭu(옷) · coṟu(삶은 쌀) · mukku(먹다) · matu(마시다) 등과 대응된다.

7. 辰韓語(弧 · 邦 · 寇 · 徙 · 阿 · 阿殘 · 行觴)

삼국지 위지 동이전에 진한어라고 하는 것이 7개 전하는데, '弧(활) · 邦(나라) · 寇(도적) · 行觴(술을 돌림) · 徙(서로 부르는 소리) · 阿(나 · 我) · 阿殘(樂浪人)'이 그것이다.

그런데 秦人의 말과 비슷하다고 하였고, 보기에도 일부는 한자어처럼 생각되나, 도저히 '徙 · 阿 · 阿殘'만은 한자어로 볼 수 없고, 한편 이것들은 아이누어(스키타이어?)와 비교하면 '行觴'만 불확실하지 나머지 6개는 모두 대응시킬 수 있다.

弧(*ku, 활) ∞ ku(활, Ainu)
邦(*pʌŋ, 나라) ∞ peni(內地, Ainu)
寇(*ku, 침입자) ∞ guru(外國人, Ainu)
徙(*sʌ, 서로 부르는 소리) ∞ še(외치다, Ainu)
阿(*a, 나) ∞ a(我, Ainu)
阿殘(*ačyan, 樂浪人) ∞ ači(外, Ainu)-han(통치자, 王, 알타이)
行觴(*haŋšiaŋ, 술을 돌림) ∞ heraši wa(위에서 아래로, Ainu) · kaṉṉ-al-ei sāgu 술병을 내밀다, Dr-Ta)

위와 같이 行觴만 좀 의심스럽지, 나머지 모두 아이누어와 대응되는 것으로 추정된다.

그렇다고, 진한에 이이누족(스키타이족?)만 살았다고는 생각되지 않는다. 위략(魏略)에 위만조선이 망할 무렵에 조선상 · 역계경(歷谿卿)이 2,000호를 이끌고 「東之辰國」으로 남하하였다는 사실이 있고, 또 진한의 열두 작은 나라 가운데는 斯盧國(신라의 전신)이 있었기 때문이다.

어떻든 한국어와 아이누어의 어휘가 서로 대응된다고 믿어지는 것이 약650개나 되지마는 그 가운데서 20개만 다음에 보인다.

(한국어)	(아이누어)
ɑkas'i(소녀)	ɑkɑči(id)
ɑi(아이)	ɑi-ɑi(젖먹이)
ɑkki(아우)	ɑki(id)
*ɑjɑ-ɑbi(숙부)	ɑčɑ(id)
məri(머리)	moru(id)
nʌčh(얼굴)	notɑ(id)
kirïm(기름)	kiripu(id)
ojom(소변)	osomɑ(대변)
kogi(물고기 · 수육)	koiki(도살 · 포획)
kod(장소)	ko'či(id)
mᴇ(평야) *cf.* 믜	moi(id)
čas(잣, 성)	čaši(id)
nä(하천)	nɑi(id)
kir(길)	kiroru(id)
pïr(불)	fuči(id)
moro(>mori>mö, 山)	mori(<*moro. 小山)
čis(집) *cf.* 짓아비>지아비	čisei(id)
kɑmɑ(釜)	kɑmɑ(釜, 쇠병)
soth(솥)	šu(id)
ibu'(으븟:)	iyepe(id)

위에 예시한 어휘들은 기초어휘 가운데서도 핵심적인 것이고, 특히 '곶(所) · 길(路) · 뫼(山) · 내(川) · 믜(平野)'와 같은 말이 있다는 사실은 아이누족이 선주

민(원주민을 뜻하지 않고 유입민의 선착자)이었으리라는 추측을 낳게 한다. 왜냐하면, 지명은 옛말을 보존하기 때문이다.

8. 衛滿朝鮮語

(1) 위만은 燕나라왕 盧綰의 부하 장수였는데 나라가 망하자 왕은 흉노(凶奴)쪽으로 도망가고 위만은 1,000명을 데리고 箕準王에게 의지하다가 왕위를 찬탈하였는데(*cf.* 史記朝鮮傳), 왕명인 右渠라는 임금 이름에 '개천'(渠)이란 뜻을 붙일 까닭이 없으니, 이것은 향찰로 읽어야 할 것 인데, '右'의 새김으로서 끝소리가 [gïo](渠)에 가깝거나 그 약음[g]로 끝나는 말을 우리 주변어에서 골라 보면 saǧ(右, 터키)밖에 없다. 따라서 위만은 흉노족(터키족)의 石王이었을 것이며, 그들은 右王·左王과 같이 左·右를 붙인 칭호를 잘 썼다.

(2) 관직명 가운데서 朝鮮相이란 단군조선의 유민(遺民)을 다스리는 대신(大臣)이라면, 尼谿相은 기자조선의 유민을 다스리는 대신일 가능성이 있다. 그런데, 箕子朝鮮은 「高麗(고구려 지칭)本孤竹[*kokuru. *cf.* 孤(ko), 竹(xulusu>kuru. W.Mo)]國」(삼국유사 고조선조)라고 하였고, 高麗를 몽고어로 *solgo(>solho)라고 하는데 尼谿는 *solge라고 읽을 수 있다. 그 까닭은 sör(尼. 터키)이란 말이 있고, 이것은 sör>sor로 소리가 변할 수 있다(*cf.* ö>o, 보기: kör 盲<터키>∞ kor-盲<국어>). 즉 尼谿는 터키어와 비교될 수 있는 향찰이다.

(3) 연나라왕 盧綰의 기사가 「魏志」 匈奴傳 가운데서 다루어지고 있는데, 이미 말한 바와 같이 흉노는 터키족이다. 「漢書」 匈奴傳에 의하면 흉노의 單于(전우, 王)의 정식 칭호가 撑梨孤塗單干인데 여기의 撑梨(*täŋri)는 täŋri(天·神, O.Turk)와, 孤塗(*koto)는 qɑwut/qut(은총, O.Turk)과, 單于(*čənu)는 jenɑb(陛下, O.Turk)과 각각 대응되는 말이므로 흉노가 터키족임은 의심할 여지가 없고, 따

라서 흉노전에 실린 노관왕이 터키족일 것이니 그의 부장이었던 위만과 그의 일당인 위만 조선지배층은 터키계어를 썼음이 더욱 확실해진다.

9. 箕子朝鮮語

(1) 국학자들이 箕子를 중국인으로 보고 있으나, 중국인 자신들의 기록인 魏志나 後漢書도 '箕子'를 濊傳(여기의 濊는 동이족을 지칭) 가운데서 언급하고 있고, 그 당시만 하여도 황하(黃河) 하류인 중원(中原)에는 중국인(漢族)이 크게 진출 못하고, 주로 알타이족 및 한민족을 포함한 고아시아족이 살고 있었다.

(2) 몽고어의 東 Buryɑt어(扶餘는 Buryɑt의 이표기)에는 khori>xori[槖離國에 비정됨: 句麗(kuri, 일본)는 그 일파인듯] 방언과, khudarɑ>xudarɑ[*cf.* kudarɑ(百濟, 일본) 방언과, Bɑrgjin방언의 셋방언으로 나뉘고, 또 khori방언의 하위방언에 본래의 khori방언을 뜻하는 kijingɑ방언이 있어서, 여기의 kijingɑ의 kiji(-nŋɑ '소유접미사', Mɑ)와 箕子의 독음이 거의 일치하는 것도 우연이라고 하기 어렵다(*cf.* 野村正良:蒙古語「世界言語概說」하권 p. 544). 그런데 『삼국유사』 고조선에서 「高麗(=高句麗)本孤竹國周以封箕子爲朝鮮」이라고 하였으니 箕子가 고구려와 마찬가지로 槖離族일 개연성이 크다.

(3) 天津市武清縣에서 발견된 中山國鮮虞璜碑(A.D.165)에 「箕先祖出干殷」이라 하였는데, 殷나라는 본시 알타이족의 나라이고 弧竹과 中山은 함께 몽고어로 *koguru의 표기이다[弧 ko ; qulusu(竹.Mo) · 골(*竹 · 갈대, 이조) ; kogoro(中, Mo). *cf.* 山(*울)은 *koguru의 끝소리 -uru의 첨가임. ɑğulɑ(山, Mo. *cf.* ɑğulɑ>uğulɑ>uulu>uru)]. 따라서 弧竹과 中山은 高句麗의 또 다른 표기로 볼 수 있다. 그리고 「삼국유사」 고조선조에 "高麗(고구려를 지칭)本孤竹國周以封箕子爲朝鮮"이라고 하였는데, 이미 말한 바와 같이 孤竹이 '고구루'의 이표기이고 기자가

거기서 나라를 조선이라고 하였으니 기자 조선도 고구려와 마찬가지로 몽고어가 지배층어로서 쓰인 것으로 보인다.

(4) 기자조선이 남쪽으로 옮아가 세운 「韓」과 관련이 있는 馬韓 · 辰韓 · 弁韓의 馬 · 辰은 baraǧun>barun(西, w.Mo) · jegün>jün(>jin, 東, w.Mo)과, 弁은 *biyan>miyan(中央, turk)과 대응된다. 따라서 馬韓을 西韓이라고도 하였던 것이다.

위의 몇 가지 사실로 미루어서 기자조선의 지배층이 蒙古系語를 쓴 종족인 것으로 추정된다.

10. 檀君朝鮮語

단군조선의 기록전부를 신화라고 일소에 붙여야 진정한 사학자가 되는 것으로 착각하고 있는 이들이 많다. 시간과 공간이 명시된 신화는 없다. 다만 역사적 사실이 통속어원설에 의해 부분적으로 다시 각색되었을 뿐인 것이다. 檀君 또는 壇君은 고유명사가 아니고 *pak-tar-kan(박달겨레의 임금, 향찰)이나, daŋga(長者 · 大人, Ma) · jäŋgi(<daŋga. 主人 · 君主, Gily)라는 말과 대응되는 '부족장'을 의미할 것이기 때문에, 檀君(또는 壇君)이란 이름의 부족장이 약 2,000년 동안 대를 이었고, 나라(아마 부족연맹체일 것임)를 1,5000년동안 유지하였다는 해석이 가능하다(강길운:古代史의 比較言語學的 硏究 Ⅱ. 檀君朝鮮의 比較硏究 참조)

다음에는 단군의 고기록에 나오는 명사들을 퉁구스어 중의 만주어(청나라 지배층어)와 비교하여 보인다.

*pak-tar(檀 · 白山 · 朴達. '湖 · 池+山'→白頭山', 향찰), 白山(白頭山, 만주지명), 泊(湖 · 池, 만주지명. 보기: 圖們泊(백두산 천지), fakū(저수지, Ma), 達(山)
*nimgəm(王儉. '上+神 · 巫→王', 향찰), niŋgu(上 · 頭, Ma), *qam(神 · 巫, P.Altai)
*nimgəm-gəm(王儉. '王+京', 향찰), gemun(京, Ma)
*asi-tar(阿斯達. '宮+山', 향찰), 達(山)[*asari-tar>asar-tar> asa-tar>asi-tar]

*kur-kor(方忽. '國+城', 향찰), gurun(國, Mɑ), 方(*kur, 지명), hošo(<*kolo. 方・角, Mɑ. *cf.* *kolo>kor>kur)
*kəm-tɑr(今旀達. '京+山', (향찰), gemun(京, Mɑ)

위에서 보인 바와 같이, 단군 기록에 나오는 명사들이 대개 퉁구스어계인 만주어와 대응되므로 단군조선의 지배층어는 만주어였을 것으로 추정된다.

11. 土着語와 길약語

한 언어의 친족관계를 증명하는 데 있어서는 문법형태소들의 비교가 핵심이 된다. 어휘는 한자어의 차용과 같이, 수십만개라도 빌어 쓸 수 있고, 쉽기만하면 기초어휘조차도 서슴없이 빌어 쓰게 되는 것이기 때문에, 어휘의 비교는 동계어임을 입증하는 데는 큰 의미를 갖지 못한다.

따라서 한국어가 알타이어가 아니고, 길약어와 동계라는 것을 확인하기 위해서, 다음에 기능부담량(機能負擔量)이 큰 중요한 문법형태소 20개만을 비교하여 보인다.

(한국어)	(길약어)
-gɑ(주격조사)	-ŋɑ(호격・주격조사)
-n/-ʌn/-nʌn(제시보조사)	-n/-ɑn/-nɑn(id)
-*kïr(肹)-hïr>-ïr(대격・조격조사)	-kïr>-hïr・hïš(id)
-ʌr/-ïr(사격조사)	-ox/-ux(id. 다만 대격・조격제외)
-*ɑki/-*eki (「衣希・惡希・阿希」 사격조사)	-ɑx/-ïx(id)
-skɪ>-kke(여격조사):- -kke-syə(주격조사)	-eskɑn(…의 쪽에, 주격조사 대용)
-ro/-ru(향진격조사)	-rox/-rux/-lox/-lux(id)
-ɑ/-ə/-yɑ/-yə(호격조사)	-ɑ/-e/-yɑ/-ei(id)
-togo/-togon/-tugon(비교격조사)	-toǧo(id)
-tɑ(단정서술형・의문형)	-tɑ(id)

-ga/-kka/go/-kko(의문형)	-ŋa/-ŋu(id)
-inga/-ingo/-ikka/-ikko (체언하의 의문형)	-ïnkr(id)
-ra(서술형 · 부동사형)	-ra(id)
-na(의문형)	-na(id)
-guna/-gïnyə/-gïryə/ -goryə/-gona(감탄서술형)	-gura/gora(id)
-tatta/-tota/-tot(완료강세형)	-tata/-tat/-tot(id)
-ra/-a/-ə/-b(pl.)/-kəra/-ke (명령형)	-ra/-ya/-ye/-ve(pl.)/-kaya · -kaye · -xairo/-ke(id)
-n/-nʌn/-nïn(관형형)	-n/-nan(id)
-a/-ə(완료부동사형)	-a(id)
-go/-kko(나열형)	-ŋ(id)

이와 같이 한국어는 지금 사할린(樺太)과 그 대안의 아물강(黑龍江) 강구 일대에서 쓰이는 소수인종의 언어인 길약어(Gilyak, 일명 自稱 nigvïŋ/ nivïx)와 쌍둥이라고 할 수 있을 정도로 그 문법이 속속들이 같다. 방언이 아니고서는 이만큼 문법형태소가 같은 언어는 존재하기 어렵다. 그리고 음운체계도 완전히 일치한다.

그러나, 어휘면에서는 그렇지 못하여서 약 2,300개를 비교 해본 결과 약3분의 1에 해당하는 800개가량이 대응될 뿐이다. 아마 길약어는 지리적조건 때문에 고유어를 잘 보존한 데 반하여, 우리는 많은 이질언어와 접촉함으로써 어휘의 차용이 극심하였기 때문에 그런 차이가 생긴 것으로 믿어진다(강길운, 1988 참조).

다음에는 한국어와 대응되는 길약어 가운데서 20개만 열거하여 둔다.

(한국어)	(길약어)
yo(此)	ye(id)
kï(其)	hu(id)
či(汝)	či(id)
anhä(妻)	ainağai(id)

əmi(母)	ïmïk(id)
həphɑ(肺)	hɑvɑf(id)
kɑsʌm(胸)	ŋɑšïf(id)
hyə(舌)	hilf(id)
koppuri(감기)	kovrɑtr(病)
tog(瓮)	tïk(물동이)
ɑlph(앞)	ɑlv(이물船首)
kɑhi(犬)	ŋɑiɑk(id)<G>
pɑm(夜)	pɑrïf(id)
čhiß-(寒)	tiß-(id)
ttɑkkïn(煖)	tɑkkï-(id)
hʌ-(爲 · *有)>ha-	hɑ-(있다 · 세다 · 사냥하다)
kɑ-(行)	kɑ-(下流쪽으로 가다)
kulm-(飢)	kurmu-(餓死)
koß-(麗)	kuß-(id)
kir-(長)	kïl-(id)

그러므로 韓國語와 길약語는 同系語임이 분명하다.

그리고, 한국어가 알타이어에 속한다던 종래의 학설은 핵심적인 문법형태소로서 두 언어 사이에서만 대응하는 것이 거의 없기 때문에 아무런 근거가 없다. 다만 한국어는 알타이어에서 많은 어휘를 차용하였을 뿐이다.

12. 古文獻에 비친 韓半島語

고대에 韓半島에서 쓰인 여러 언어들의 계통을 중국과 국내의 옛 문헌에서 어떻게 보았는지 살펴보기로 한다.

「삼국지 위지 동이전」에서는 부여어 · 고구려어 · 옥저어가 동계임을 시사하여 준다. 그러나, 예족어(濊族語)까지를 고구려어와 대체로 같다고 하였는데, 이것은 국내의 문헌인 「삼국사기 지리지 강능조」의 「前史以扶餘爲濊地蓋誤」라는 기록으로 보아서 잘못된 관찰이거나 전언임을 알 수 있다. 그뿐만 아니라, 東濊

의 「舞天」이란 말은 mete-(희생물을 바치고 하늘에 제사 드리다, 만주)에서 파생한 명사 meten과 대응하고, 鐵圓은 본시 濊國으로서 「毛乙冬非>鐵城>東州」와 같이 개명되었는데, 여기의 毛乙은 sɑlu(수염, 만주)·살(鬚. *cf.* 살쩍 '鬚際·귀밑털')과, 鐵은 sele(鐵, 만주)와, 東은 šɑrk(東, 터키)·새(<살, 東)와 각각 대응되며 冬非와 圓은 tuŋgələmə(圓, 에벤키)·둥글-(圓)과 대응되므로, 毛乙冬非·鐵圓은 *səl- tuŋgïrï로 읽어야 할 향찰이어서, 이것도 퉁구스어와 대응된다. 따라서 濊族語는 퉁구스어인 것으로 추정된다. 그러므로 예족어는 몽고계어인 부여어·고구려어와는 그 뿌리가 다른 것으로 보아야 한다. 「위지 동이전」의 기사는 아마 몽고어의 부리야드방언에 퉁구스계 어휘와 대응되는 것이 많이 보이는 데서 오인한 것이 아닐까 한다.

㈀ 高句麗…南與朝鮮·濊貊, 東與沃沮, 北與扶餘接…東夷舊語 以爲扶餘別種·言語諸事 多與夫餘同

㈁ 東沃沮 在高句麗 蓋馬大山之東…其言語與句麗大同 時時小異

㈂ 濊南與辰韓 北與高句麗沃沮接 東窮大海 其耆老舊自謂與句麗同種…言語法俗大抵與句麗同 ………………………………………………………………(以上 「삼국지 위지 동이전」)

그리고 같은 책에서 퉁구스계로 추정되는 挹婁語를 고구려어와 다르다고 하였다.

㈃ 挹婁…其人形似夫餘 言語不與夫餘句麗同

「北史 勿吉傳」에서는 퉁구스계로 추정되는 靺鞨語를 고구려어와 다르다고 하였다.

㈄ 勿吉國在高句麗北-일曰靺鞨…言語獨異

한편, 삼한지역의 여러 언어 즉 韓語(箕準國의 지배층어)·馬韓語·辰韓語·弁韓(弁辰)語에 대하여 다음과 같이 말하고 있다.

韓(기준국)은 고구려·부여와 함께 貊族에 속한다고 하였으니 여기서 몽고계임을 알 수 있으며, 「맥족(貊族)」이 또한 몽고계 종족임을 알 수 있다.

한편, 진한어와 마한어는 같지 않다 하고, 진한어와 변진어는 서로 비슷하다고 다음과 같이 적어 놓았다.

(ㅂ) 海東諸夷駒麗扶餘馯貊之屬<尙書>
(ㅅ) 漢書有高駒麗扶餘無此馯 馯卽彼韓也 音同局字異爾<尙書疏>
(ㅇ) 辰韓在馬韓之東 其言語不與馬韓同<삼국지 위지 동이전>

이미 위에서 설명한 바와 같이, 마한지역에서는 몽고계어를 쓴 기자조선이 남천하여 「韓國」을 세웠고, 또 그 자리에 들어선 백제도 몽고계어를 쓴 데 대하여, 진한지역에는 위만조선이 망할 무렵에 2,000호가 조선상 역계경을 따라 유입하였는데, 이들은 주로 터키계어를 썼을 것이고, 박씨신라는 퉁구스계어를, 김씨신라는 터키계어를 각각 쓴 것이 확실하니, 마한어와 진한어는 서로 같지 않다고 한 기사는 정확하다 할 것이다.

그런데, 변진어에 대하여는 엇갈린 기사가 다음과 같이 보인다.

(ㅈ) 弁辰與辰韓雜居 衣服居處與辰韓同 言語法俗相似<삼국지 위지 동이전>
(ㅊ) 弁辰與辰韓雜居 城郭衣服皆同 言語風俗有異<후한서 동이전>

그러면, 이와 같은 기록상의 차이를 어찌 이해할 것인가? 이미 어휘비교를 통해서 알 수 있었던 바와 같이, 변진지역의 가야연맹(가락국 포함)은 드라비다어를 썼고, 진한지역에서는 터키어 · 퉁구스어가 쓰이었을 뿐만 아니라 진한 12국의 주민 가운데는 드라비다계의 가야족도 있었다(경주지역에서조차 가야계의 유물이 많이 발굴되고 있다는 사실이 그 방증임). 또한 변진과 진한은 섞여 살았다고 하였으니 서로 상당한 영향을 받았을 것이다. 따라서 원칙적으로는 다르다고 해야 하겠으나, 관찰의 대상에 따라 진한에서도 더러 드라비다계어를 썼다는 의미에서 서로 비슷하다고 보는 경우도 있었을 것이다.

이와 같이, 각 건국자들은 토착민의 길약계 국어(아이누어가 저층어로서 상당한 영향을 주었음)와는 꽤 다른 어휘를 썼으나, 어법은 국어의 고형을 그대로 썼기 때문에, 그런대로 각국의 지배층과 서민은 서로 말이 통하였던 것으로 믿어진다.

따라서 각국 사이에서도 서로 말이 통하였던 것을 다음의 기사가 입증하여 주고 있다.

> ㈀ 新羅或曰斯羅其國小 不能自通使聘 普通二年 王名募秦始使 使隨百濟奉獻方物…其拜及行與高驪相類 無文字 刻木爲信 語言待百濟而後通焉<양서 신라>

즉 신라는 문자가 없어서(중국인과)말할 때에는 백제사람을 통하여야 한다는 것은 신라사람과 백제사람이 말로서는 통한다는 것을 시사한 것으로서, 이것을 바꾸어 말하면, 김씨신라는 터키계어를 쓰고 백제는 몽고계어를 썼으니, 고대의 알타이제어는 서로 더 가까웠을 것을 고려하면 지배층끼리 말로서 통한 것은 당연하다고 하겠다. 그뿐만 아니라, 그들은 어휘면에서는 상당히 다른말을 썼으나 향가에서 보듯이 어법(문법)은 대체로 현 국어의 고형을 함께 썼기 때문에 말이 서로 더 잘 통하였던 것으로 추정된다. 이것으로 미루어서 한반도 전지역에서는 각국이 고대국어(길약계와 동계)를 근간으로 하고, 여기에 각국 지배층의 고유어휘가 상당히 반영된 말을 쓰기는 하였지마는 그런대로 어디서든지 서로 말이 통하였던 것으로 추정된다.

그리고 신라가 고구려 백제를 당의 힘을 빌어 멸망시키고 난 뒤에, 대당전(對唐戰)을 앞두고 귀족층이 그것을 기피함으로서 백제와 고구려의 패장과 유민을 규합하여, 당나라 군사를 물리쳐 대동강 이남이기는하나 통일국가를 형성함으로서 신라의 귀족층은 몰락하고 왕권이 확립되니, 여기서 상하관계가 왕과 민중의 관계로 압축되면서부터 전지역 어디서든지 통하던 토착어인 민중어(길약어와 동계이면서 다소의 아이누어적인 것이 가미된 우리말)가, 점차 부상하기 시작하여 드디어 그것이 한국어의 주축을 이루게 된 것으로 믿어진다.

허나, 고려가 송도(개성)에 도읍함으로써 통일신라치하에서 쇠잔한 고조선 · 고구려지역에서 쓰이던 몽고계와 퉁구스계의 어휘가 함께 한때 되살아나는 현상을 보인다. 『鷄林類事』(AD.1103)에서 그런 예를 들어 보인다.

虹曰陸橋(*liə'-čiau) ∞ raoči(무지개, 오록고): riwka(다리, 아이누)
兄曰長官(*tiaŋ-kuan) ∞ daŋga(어른, 만주):長-kubegün(아들, 몽고)
勒帛曰實帶(*siə'-tai) ∞ šurde-(선회하다, 만주)
(銀)甁曰蘇乳(*suə'-ziuə) ∞ sučii(甁, 만주)
大曰黑(←*異)根(*hï-kən) ∞ yeken(大, 몽고)
月曰契(*syər) ∞ sara(>sirə>syər. 月, 몽고)
女兒曰寶姐(*pau-ja) ∞ bač-ğan(女兒, 몽고)
樂工曰故作(*ko-ja) ∞ kügjim(음악, 몽고)

그러나, 현재의 국어는 어휘면에선 여전히 드라비다계인 가야지배층어와 알티이계인 삼국의 지배층어가 압도적으로(한자어 제외) 많이 쓰이지마는, 토착민인 길약족의 문법형태소를 유지해 오면서 현재와 같은 언어통일이 이루어진 것이다.

13. 韓國語의 알타이語族說의 批判

위에서 누누이 설명한 바에 의해서 국어가 알타이어족에 속하지 않는다는 것이 명백해졌다.

그러나, 다시 한번 알타이어족설의 이론적 근거를 검토하기로 한다. 즉,

(가) 국어와 알타이어의 구조상의 공통특징을 열거하면 다음과 같다는 것이다. (ㄱ)모음조화가 있다. (ㄴ)어두의 자음조직이 제약을 받고 있다. (ㄷ)교착어(膠着語:모든 단어의 파생과 굴절은 접미사에 의해서 이루어지는 말)이다. (ㅁ)모음·자음의 교체가 없다. (ㄹ)관계대명사 및 접속사가 없다.(ㅂ)부동사(연결·전성어미)가 있다는 것 등인데, 이점은 길약어·일본어·아이누어도 마찬가지다.

그러나, 그 질에 있어서는 상당히 다르다. 모음조화는 알타이어가 구개조화(전설모음 대 후설모음의 조화)인 데 대하여 국어와 길약어는 고설모음 대 저설모음의 조화이고(*cf.* 강길운 1988 pp. 63-66), 어두에서 지금은 알타이어와 같이 r-와 ŋ-으로 시작되는 어휘가 없으나, 고대에는 쓰이고 있었던 흔적이 있다(보기

; 라온 '樂', 라귀 '驢', 럼난디'넘난것', 러울'너구리'). 그뿐만 아니라, 이러한 구조적인 모든 유사성은 비단 알타이제어에만 있는 특색이 아니고, 우리주변의 비알타이계 여러 말에서도 거의 모두 볼 수 있는 특색임을 알 수 있다.

(나) 이와는 반대로, 알타이어와 국어의 구조상의 차이점이 다음과 같이 훨씬 돋보인다. 국어는 첫째, 주격조사 · 호격조사가 있다. 둘째, 인칭어미(접미사 포함)가 없다. 셋째, 형용사가 활용한다. 넷째, 명령형어미가 동사어간에 따로 붙는다. 다섯째, 수사가 명수사(수단위 불완전명사)에 따라 굴절한다(보기: 세개, 석장, 서말, 셋). 여섯째, 접두사가 쓰인다. 일곱째, 공동칭대명사(보기: 저, 남, 자기)가 있다. 여덟째, 양성용언(동사, 형용사에 공용되는것, 보기: 크다/큰다, 늦다/늦는다)이 있다. 아홉째, 동일기능을 가진 형태소가 매우 다양하다(보기: 명령형…라/-아라/-아/-거라/-너라/-게/-㈀ㅂ). 열째, 기능부담량이 큰 문법형태소로서 알타이어와만 대응되는 것은 하나도 없다(*cf.* 강길운 1988 제4장 문법비교).

그러나, 국어를 길약어와 비교하면, 이러한 알타이어와의 차이점이 모두 해소될 뿐만 아니라,거의 모든 중요한 문법형태소가 속속들이 대응을 보여준다.

(다) 이제까지는 알타이어와 비교되어온 문법형태소의 중요한 것을 들어가며, 그것과 비교될 수 있는 제3의 언어도 제시 하여 둔다.

① 처격조사 -ä/-e<kor>∞여격조사 -a<Turk>∞처격조사 -ax/ïx-<Gily>

② 향진격조사 -ru/-ro<kor>∞향진격조사 -ru<Turk> · -ru/rü<W.Mo>∞향진격조사 -rox/-rux<Gily>

③ 연격(沿格)조사 -ri<kor>∞연격조사 -li<Evenki>∞연격조사 -li<Dr-Ta · Ka>

④ 제시보조사(소위 주제격조사) -ʌn/-ïn(-n/-nʌn/-nïn<kor>∞제시보조사 -anu/-inu<W.Mo>∞제시보조사 -an(/-n/-nan)<Gily>

⑤ 관형형 · 명사형 · 명사형성접미사-r<kor>∞관형형 · 명사형성접미사-r <O.Turk>∞명사형접미사-r<Mo>∞관형형-ra/re<Ma>∞관형형 · 명사형 · 명사형성접미사-r<Gily>

⑥ 관형형 · 명사형-n<kor>∞관형형 · 명사형 · 명사형성접미사-n<Turk>∞명사형성접미사-n<Mo>∞명사형성접미사-n<Ma>∞관형형 · 명사형-n<Gily>

⑦ 명사형 · 명사형성접미사 · 현제시제(제주방언-m<kor>∞명사형성접미사 -m<Turk>∞명사형성접미사∞현제시제-m<Mo>∞현재시제-m<Ma>∞명사형 · 현재시제 -ϕ(>β>*m)<Gily>

위에서, ⑤ -r · ⑥ -n · ⑦ -m와 대응되는 언어는 비단 알타이어, 국어 · 길약어에 한하는 것이 아니고, 어지간한 언어에는 이와 유사한 형태가 있어서 특이한 것이 못되며, ①은 그 기능이 알타이어와 서로 좀 다르고, ③은 드라비다어와 더 절실하게 대응되며, ④는 기원적으로 보아서 길약어와만 대응된다. 그리고, ②는 알타이어와 국어의 문법형태소 비교에서 가장 믿음직하고 기능부담량이 큰 유일한 것인데, 이것마저 길약어와도 대응된다.

위의 (가) (나) (다)에서 비교하여 보인 바와 같이, 국어를 알타이어와 친족관계에 있다고 할 만한 확실한 근거가 하나도 없는 반면에, 길약어는 문법형태소의 비교에서 속속들이 대응되므로 친족관계에 있음이 확실하다. 따라서 원시국어를 원시부여어(북반부)와 원시한어(남반부)로 나누는 것이 관례처럼 되어 있는데, 이것도 아무 근거가 없는 이분법이다.

14. 國語와 日本語와의 比較

한민족과 일본족의 근간은 분명히 다르다. 신체형질에서도 서로 다르거니와, 친족어 · 신체어 · 의식주어 등의 기초어휘가 근본적으로 매우 다르다. 그러나, 국어의 입장에서 보면 일본어는 길약어 다음으로 가까운 언어이고, 일본어의 입장에서 보면, 한국어는 가장 가까운 언어이다. 토착인종이 상당히 다르면서도 유입인종이 같고, 그 유입인종들이 오랜 세월동안에 정권을 잡고 있다가 그들이 패망하면 일본으로 건너가 일본의 정권을 잡아 왔는데, 그들은 한반도에서 그들의 고유언어의 어휘를 많이 쓰기는 하였지만 예외없이 어법(문법)만은 한국어의 그것을 따라 써왔고, 그들은 일본에 건너가서도 한국어어법을 위주로 한 언어를 사용하였기 때문에 현 일본어는 언어의 구조는 물론이고, 문법형태소의 태반(70개 이상. cf. pp.95~6)은 한국어의 그것과 대응되는 것을 쓰고 있을 뿐만 아니라, 어휘도 1,400개나 대응되는 것으로 추정된다(*cf.* 강길운 이 책 제9장). 그러나, 이러한 대응은 대부분이 차용어와의 대응으로서 터키어, 드라비다어, 퉁구스어,

몽고어순으로 영향을 받은 것으로 보인다(*cf.* 강길운:日本語의 系統論小攷. 「언어」창간호. 충남대학. 1980).

다음에 서로 대응을 보여주는 중요한 문법형태소를 20개만 열거하여 둔다.

(한국어)	(일본어)
-gɑ(<*ŋɑ. 주격조사)	-gɑ(<*ŋɑ. 주격조사)
-nʌn(제시조사)	-nɑmo(제시・강세조사)
-he/-hä(처격・향격조사)	-he(id)
-ru/-ro(조격・시발격조사)	-yu/-yo(조격조사) yo-ri(시발격조사)
-pʌs(국한조사)	-pɑ(>bɑ>wɑ>wo. *국한→제시・대격조사)
-kos(강세조사)	-koso(id)
-nä/-ne(속격조사)	-nɑ/-nə(>-no, id)
-iyə(열거조사)	-yɑra(id)
-to(거듭・마찬가지・대조・강조조사)	-to(id)
-tʌr(pl. 접미사)	-tɑci(id)
-tɑ(단정서술형)	-dɑ/-tɑ(id)
-gɑ/-go/-kkɑ/-kko (<*-ŋɑ/-ŋo. 의문・반어・감탄형)	-k'ɑ(<*ŋɑ. id)
-rɑ(명령형)	-ro(id)
-u/-o(서술형)	-u(id)
-tɑttɑ(과거강세서술형)	-teɑttɑ>tɑttɑ(id)
-r(관형사형)	-ru(id)
-ke/-kä(양상부사형)	-ge(id)
-do(양보・가정형)	-do(id)
-mʌrʌnʌn(방임형'역접')>-manïn	-mənənə(>monono. id)

다음에는 비교어휘 중에서 가장 돋보이는 대명사의 예만을 들어보인다.

(한국어)	(일본어)
ɑ(吾)<진한어>	ɑ(id)
nɑ(吾)	nɑ/ɑnɑ(id)
uri(我等)	wɑre(id)
nə(汝)	*ənə(>ono. id)
nimjɑ(汝)	imɑši(id)
kï(其)	*kə(>ko. 此)
čyə(<tyə. 彼)	sə(<*čyə. 其)>so
i(此)	i(id)
ə-(何) *cf.* ə-dE(어디)	i(id) *cf.* i-zuko(어디)
ə-nï(何) · nu(誰)	nɑ-ni(何)

第7章
韓國語와 길약語의 比較

이제까지 韓國語를 알타이와 견주어 그 系統이 같다고 하는 것이 定說처럼 되어 왔으나 筆者가 알기에는 알타이語와 韓國語는 그 構造上에 있어서 다른 점이 많을 뿐만 아니라, 비교해 볼만한 文法形態素가 몇 개 안된다.

구체적으로 알타이語가 韓國語와 다른 점을 열거하면, 韓國語는 첫째, 主格助詞·呼格助詞가 있다. 둘째, 인칭어미가 없다. 셋째, 形容詞가 活用한다. 넷째, 命令形語尾가 語幹에 따로 붙는다. 다섯째, 數詞가 數單位不完全名詞에 따라 屈折한다. 여섯째, 接頭辭가 쓰인다. 일곱째, 共同稱代名詞가 있다. 여덟째, 兩性用言(동사·형용사에 공용되는 것)이 있다. 아홉째, 동일 기능을 가진 形態素들이 다양하다. 열째, 알타이와 對應시켜 볼 만한 구체적인 文法形態素가 몇 개 안된다.

그러나, 韓國語를 길약語(흑룡강 江口일대와 사할린 북부에서 쓰이는 언어 이름)와 비교하면 이러한 차이점이 모두 해소될 뿐만 아니라 거의 모든 중요한 文法形態素가 對應을 보여준다.[1)]

그토록 韓國語와 길약語는 모든 면에서 완전한 일치를 보여 주므로, 이들이 옛날 어떤 共通祖語에서 갈라져 나온 同系語임이 분명하다.

한편, 길약인의 土俗도 高橋(다가하시) 1942와 山本(야마모토) 1941에 의하면 우리와 매우 흡사하다. 첫째 男子도 머리를 땋아서 드린다. 둘째, 흙을 바른 집에

1) 第 4 章 및 第 7 章 3 節 참조.

溫突이 있고, 부엌은 지면 위에 돌이 세개 놓여있다(제주도民家). 셋째, 族外婚을 한다(通婚에 의한 平和의 維持가 主目的). 그리고 買婚의 風習이 있다. 넷째, 결혼을 위해 처가살이하는 風習이 있다. 다섯째, 명랑하여 춤과 노래(목청을 떨침)를 좋아한다. 여섯째, 動作이 느리다. 일곱째, 순박하면서도 복수심이 강하다. 여덟째, 저승생활에 대한 信仰이 강하다. 아홉째, 葬禮節次가 복잡하고 火葬하기 때문에 人骨이 발견되기 어렵다. 열째, 불씨를 잘 간수하며, 불과 쇠는 相克이라고 생각한다. 한국에는 火災豫防을 위해 쇠붙이를 집의 四方에 묻는 慣習이 있다. 열한째, 다리가 길고, 빨리 날며, 입이 크고 찢어진 도깨비가 있다고 생각한다. 열두째, 惡魔나 鬼神은 모든 것을 곧이곧대로 믿는 버릇이 있다고 생각한다. —"귀신 듣는 데 떡 소리 말라"<한국속담>. 열셋째, 어른의 이름은 함부로 부르지 않고, '누구의 아비'라고만 하고, 그 집을 이를 때도 아이 이름으로 가리킨다. 열넷째, 고수레 風習이 있다. 열다섯째, 神話·說話의 主題가 비슷하다.—熊女나 海神女를 아내로 맞아들이기, 아내를 石室에 숨기기, 天馬 등. 열여섯째, 공기돌 놀이와 씨름이 있다. 열일곱째, 바느질 방식이 같다.—두세땀 뜨고 실을 늘여 당기곤 한다. 열여덟째, 浪費癖이 있고 술을 매우 좋아한다. 열아홉째, 밤에 휘파람을 불지 않는다. 스무째, 손때 묻은 古物(빗자루, 물동이, 냄비, 솥 등)을 버리면 도깨비가 되기 쉽다고 생각한다. 스물하나째, 벼락 맞은 나무로 목걸이를 만들어서 걸면 病이 들지 않거나 낫는다—벼락을 가장 두려운 것으로 생각했다('벼락 맞을 놈'<한국 속담>). 스물둘째, 서낭당(nau라고 이름)이 있다. 스물셋째, 샤만의 信仰이 두텁다. 스물넷째, '제웅'이 액땜에 쓰인다. '제웅'과 유사한 čiŋai(人形. *cf.* 정이 '허수아비'<定平>)란 말이 쓰이고 있다. 스물다섯째, 階級差가 없어서 추장이나 늙은이도 존경을 받지 못한다. 韓民族도 高麗時代 이전에는 그러했던 것으로 추정된다. 즉 '高麗葬'이라든가, 흉년의 책임을 지워 임금을 죽게 한다든가, 和白制度라든가, 外勢侵入에 즈음하여 執權層과는 관계없이 共同體를 守護하는 民衆의 抗戰 등에서 계급차가 별로 없었음을 알 수 있다. 그러던 것이 儒敎思想이 침투되면서 骨品·官等·男女老少 등의 계급차가 차차 생긴 것으로 보인다. 스물여섯째, 韓民族이 '미리'(龍. 참조: *덜~*들'龍'<고지명>, tacu 'id'<Jap>)를 神靈으로 섬기는데, 오래 묵은 靈物이면 구렁이는 물론

이무기 · 메기와 같은 물속에 사는 動物까지도 龍이 된다고 생각하고 있다. 그런데, 길약인은 변신 잘하는 milk란 신령을 섬긴다. 이 milk>mil(*cf.* [i]아래의 [k] 탈락현상)>mir-i의 音韻發達로 '미리'가 될 수 있고, 길약語 이외의 우리 주변어에서 龍이나 靈物을 '미리'나 '밀그'라고 하는 데가 없다. 따라서 靈物을 '미리'라고 하던 것인데 '龍'을 靈物로 생각한 까닭에 '龍' 자체를 '미리'라고 稱하게 이른 것으로 추정된다. 그러므로 龍神에 대한 信仰은 milk에 대한 信仰의 變形이라고 할 수 있다. 스물일곱째, 장가락에 넓은 銀반지를 낀다. 스물여덟째, 버드나무로 辟邪하는 風習이 있다. 우리는 버드나무를 집 왼쪽에 심거나 그 가지로 때려서 邪鬼를 쫓고, 길약族은 버드나무 가지를 몸에 지녀서 사귀를 쫓는다. 스물아홉째, 탈(假面)도 같다고 한다(손 보기교수에 의함).

다음에 몸의 形體도 퉁구스族이나 韓國사람과 아주 비슷하다(Cheboks-arov와 Yarkho의 연구—손 보기교수에 의함).

위에서 언급한 바와 같이 길약語와 韓國語는 音韻體系와 構造上으로는 물론 구체적인 形態素의 비교에 있어서도 서로 기의 일치를 보여주는 데다, 土俗과 몸의 形體도 韓民族과 길약인은 매우 흡사하며 이들은 먼 옛날에 同族이었던 것이 분명하다고 생각한다.

다음부터는 音韻 · 對應規則을 세워 보고, 이어서 구체적인 문법의 形態와 構造를 비교하여 보일 것이다.

1. 韓國語와 길약語의 音韻對應規則

먼저 800여개가량의 길약語의 比較語彙에 의해 可能性이 있어 보이는 音韻對應規則을 제시한다.2)

---

2) [凡例] 발음기호: E(읙), ɪ(의), ʌ(ㆍ), j(ʤ · dz), č(ʧ. ㅈ), c(ʦ), č'(ʧ'. ㅊ), ʒ/z(ㅿ), β(ㅸ), ğ(=ɣ. 연구개 유성마찰음), ṇ(n/m/ŋ), ř(마찰음적인 r), s′(中舌的 s), ï/ɯ(으), ɜ(e와 ə의 간음), ∅(zero), □'(성문파열음), □'(유기음), □'(약간 구개음화), □̣(약간 高舌化), 母音

(1)

例

a<Kor>	a<Gily>
allak-allak(알락알락)	alaxala(알락알락)
amaŋi(늙은 부인)	agman(친구)<G>
abaŋi(늙은 남자)	apak(아저씨,백부)<G>
ač'yəd-(싫어하다)	ässka-/eska-(원하지 않다)<G>
ahā(감탄사)	ax(감탄사)
ap'ul-sa(아뿔사)	afr(감탄사)
anhɛ(아내)/anak(id)	ainağai(아내)/ anax(id)<G>
arä(아래, 지난날)	ari(뒤, 나중, 자욱)
ajəs'i(큰아버지, 손위의 남자 존칭)	ačik(큰아버지, 아버지, 할아버지)
agami(아가미)	azmi(아가미) *cf.* agami>agimi>aʒimi>
	azmi<G>
asi(아우), agas'i(소녀)<G>,	ask(아우, 누이 동생)
al(알)	alaz(유리 구슬)<G>, als(둥근열매)<G>,
	xagr<물고기 알><G>
aguŋi(아궁이), agü(아귀, 입구)	aui(입)<G>
ak'i/äk'i(아우)	askant(아우)<G>
alp'(앞)	alv(이물, 船首)<G>
ajʌ/aji(아우)	aček(아우)<G>
agi(어린아이)	axarn(자식)
anju(안주)	anz(접시・사발)<G>
aŋi-/ani-(아니다)	agu-(아니다), ağu-(원하지 않다)<G>
araŋ-ču(소주)	arak(소주)<G>
ač'ʌm/ajəg(아침)	tatïŋg(아침 일찍)<G> *cf.* t~t>∅~t
*asi(황금, 金)<백제, 신라 지명>	aisan/aiz(황금, 金)<G> *cf.* 만주어차용?
kyəre(겨레)	karlun(형제, 겨레)
ka(성, 姓)	xa(이름)
kač(피부)	ŋalr(피부)
karʌl(다리, 脚)	ŋač(발, 足)
k'aŋk'äŋi(깡깽이)	kaŋa(입으로 물고 손으로 켜는 거문고)<G>
karä(가래, 鍬)	kar(가래)<G>
kanna(개, 犬) *cf.* 간나-새끼<함남>	kanïŋ(개)<G>, kan(id)
tam(류머티즘)	tarm-nt(류머티즘)
tahi(방향)	takr(방향)
tamʌr-(다물다)	tamï-(다물다)
t'ak'ɯn(따끈)	tak'ï-(따끈하다)<G>
pahö(바위)	pax(돌)
p'ai-(무익하다, 무용하다)<경상>	pai(헛되이)<G>
ma(남쪽)	mari(남쪽)
pam(밤, 夜)	varf(밤)
nak(*쌀→세금)	rak(쌀)
s'ar(쌀)	sari-(밥먹다)
naga-(외출하다)	laga-(여행하다)
naks-(낚다)	rak'u-(찌르다)
paji(바지)	waš(바지)
k'al(머리털)	ŋars(깃털)<G>

위의 半圓(例:ǐ)은 副母音

出典표시: Gily(Gilyak), <G>(Grube1892), <服>(服部健1955), <安本>(安本・本多1978), 出典無表示語는 '高橋1942(語頭連子音처럼 보이는 표기는 그 중간의 모음 -ï가 생략된 것임)'에 의함.

tam-(담다, 盛)	tama(많은)<G>
kaji-kaji(가지가지)	kajin-kajin(가지가지)

(2) 例

ə<Kor>	a<Gily>
həp'a(폐)	havaf(폐)
kəp'ɯl(거풀)	ŋamač(피부)/ŋave(싸개)
yər-(열다)	yargu-(열다)
s'əhɯr-(써흘다)	ša-(써흘다)
əmi(어머니)	amak(어머니)<G>, ïmïk(id)<G>
əru(가히, 可)	aru(가히)
əbs-(없다)	avele(없다)<G> *cf.* -l∞-š
həna(그러나)	hainappa(그러나)
əm-ji(엄지가락) *cf.* -ji(指)	aam(엄지가락)<G>
ənɯ(어찌)	yanïs(어찌)
əyəra/era(에라)	ala/ela(에라 · 자:)<G>
kəs(귀신) cf. 귓것(=귀신)	kask(귀신)
pəkə(다음에)	pak'e(차례로)
tək(덕, 架)	tāga-(우러르다), tïxï(위)
kəru/kəyu(거위, 鵝)	kalxalx(거위)<G>
kəs/kə(것)	ŋa(것)<G>
əgɯ'-na-(어긋나다)	axv(틀림, 어긋남)

(3) 例

ə<Kor>	e<Gily>
*əti(>əsi, 친부모)	etk(친부모)
əs=(가로, 橫)	esko(건너다)
*əl(「於乙」, 샘)<지명>	ẹ̄ri(木流)/erri(id) <G>
əgɯrədi-(어그러지다)	ekzü-(알지 못하다)<G>
ənɯ(어느)	ena/en(다른)
əd-(얻다)	er-(집다)
əryə-b-(어렵-)	rerï-(불가능하다)<服>
əmur-ha-(慧)	ẹ̄mura/ẹmïč(알다)<G>
nəmgi-(넘기다)	yevg-(넘기다, 건네다)
kərɯm(걸음, 보행)	kelma(걸음)<G>
čək-sö(적쇠)	čessk(네모꼴 그물)<G>
əlg-(얽다)	elle-/elə-(꽉 매다)<G>
-əb-(같은)	epə-(같은)<G>
həltəgi-(헐덕이다)	xernage-(헐덕이다)<G>
čəksi-(적시다)	čeax(물)<G>
k'əri-(꺼리다)	geerï-(싫어하다)<G>
čyəbi(제비)	čebrik(박새과의 새)<G>
kyəl(노여움)	ker-(화내다)<G>
nyəp'(옆)	lef(옆)
참고: əmtu(엄두)	enta(첫번에)
əsi-/əsɯ:-(없다)	aicxo-(없다)<G>
ət'ə(어떠)	yago-lo(어떠)<G> *cf.* -golo>-glo>-to

(4) 例

ə<Kor>	ï<Gily>
əmi(어미)	ïmïk(어머니)/emuk(id)
ən(*입) *cf.* 언-청이	ïnk(입)/ïŋg(id)<G>
əndək(언덕)	ïtkr(언덕)<G>
əgü(어귀)/agari(아가리)	ïŋg/ïŋw(입 · 입구)<G>
əgəri(*살찐 · 거대한) *cf.* 어거리-풍년	ŋïgla-(살찐)<G>
nəl(널)	tïr(널)

nəsɯre(너스레)	nĭs(너스레)<G>
nəŋk'ul(넝쿨)	nĭkes(덤불)<G>
pənkä(번개)	plĭŋg(←*pĭlĭŋg. 불꽃, 번쩍임)<G>
kəmi(거미)	kĭvgiv/kĭbgĭb(거미)
nərɯ-(너르다)	tĭla-(너르다)<G>
yər-(열다)	yĭlgi-(열다)<G>
syə-(서다)	sĭ-(오르려 하다)
참고: kər-(걸다, 掛)	kro-(<*kĭro-. 걸다)
čyəgi(제기)<장난감 이름>	čĭxa(제기)<G>
ye(예, 긍정하는 대답소리)	ĭhĭ(예)

(5) 例

ə<Kor>	o<Gily>
yək'-(<*yəsk-. 엮다)	yot-(꿰매다)
əlla(어린애)<사투리>,əri-(어리다)	olla(어린애)/əla(id)<G>
əŋdəŋi(엉덩이)	oŋgte/ongti(엉덩이)<G>
kər-ɯgi(많이)/kər-(진하다)	xorla-/kolla-(풍부하다)<G>
həmɯl(허물)	xomĭte-(생채기내다)<G>

(6) 例

ə<Kor>	u<Gily>
ədɯk-ədɯk(어둑어둑)	utk(밤)<G>
əl(정신)	urgn(생명)
ədir-(어질다)	urra(좋다)
*ər-(좋다) *cf.* 얼시구(=좋구나)	ūr-(좋다)
ədɯβ-(어둡다)	udula(검은)<G>, urk(어두운)<G>
čumək(주먹)	čvux(주먹)<G>
kəm=(잡다) *cf.* 검-잡다	gumu-(잡다)
kəji(거지)	kuzr(대식가)<G>
kəkɪ(거기)	xukr(거기)<G>
pənji-(확산하다)	punzi-(첨가하다)<G>
pəski-(벗기다)	vuski-(벗기다)<G>
참고: adʌl(아들)	utgu-olla(아들)<G>
cf. u~o>ə~o>a~ʌ	

(7) 例

ɯ<Kor>3)	ĭ<Gily>
ɯt'ɯm(으뜸)	ĭjin(주인)
t'akɯn(따끈)	takkĭ-(따끈하다)<G>
nirɯ-(이르다, 云)	itĭ-(이르다)
ik'ɯr-(이끌다)	ixĭl-(끌어당기다)
pɯrɯ-(소환하다)	prĭ-(돌아오다 · ~가다)
p'ɯm(懷)	pĭl-mi(품속)
tɯk-tɯk(거칠게 긁는 모양)	tĭk-rĭk-i(>*tĭk-tĭk-i.거칠다)<G>
tɯlpo(들보)	tĭif(대들보)<G>
kɯʒ-(긋다)	xĭdə-/xĭzə-(찢다)<G>
k'arɯrɯ(웃는 모양)	xarĭ-(웃다)
nɯr-(늘다)	rĭru-(늘이다, 늦추다)<G>
t'ɯli-(틀리다)	tĭr-(둘이 되다)
tɯli-(들리다)	tĭiri-(일떠서다)

---

3) 현대어의 '으'는 약간 후퇴한 중설폐모음이어서 /ɯ/로 표기하였으나, 古音이 /ĭ/이므로 ĭ로 표기하기도 한다. ɯ로 표기하였다고 고음을 후설폐모음으로 본 것은 아니다.

(8) 例

u<Kor>	ï<Gily>
tume(*북쪽→두메)	tïmi(북쪽)
tul(二)	tïr-(둘이 되다)
kumt'ɯ-(굼뜨다)	hïunčo(늦다)
k'um(꿈)	kïnïf(공중)
tuŋgi-taŋgi(거문고 소리)	tïŋkr(거문고)<G>
kurəŋi(구렁이)	kïlaŋa(뱀)<G>
kutu(구두)	ŋïčx(발)<G>
muč'irɯ-(무찌르다)	mïčiŋ(날카로운 손도끼)<G>
turɯ-(두르다)	tïla-(멀리)<G>

(9) 例

o<Kor>	ï<Gily>
k'oŋji(꽁지)	ŋïki(꽁지)<G>
tok'i(돗자리)<함경>	tïrk(돗자리)<G>
koŋgorɯ-(공고르다)	kïŋge-(응결하다)<G>
tol=(본시) *cf.* 돌-배	tïr(본시, 재래의)<G>
tok(독)	tïk(물통)

(10) 例

i<Kor>	ï<Gily>
tigɯl-tigɯl(디글디글)	tïk-tïk(디글디글)<G>
ni(이, 齒)	nïgzr(이)<G>
kis(깃, 巢)	ŋïvi(깃)<G>
č'i(팔찌) *cf.* 풀찌	tïzr(팔찌)<G>/čixr(id)
mirı(용, 미리)/imugi(이무기)	mïlk(귀신, 도깨비)<G>
iɯk'o(이윽고)	ïk'ïk'o(겨우)
isɯk-hʌ-(이슥하-)	ïrk(밤, 어둠)<G> *cf.* r>z>s
it(다음의) *cf.* 읻히, 이틀	ïlgi(바로, 다음의)<G> *cf.* -lg>-t
čip(집)	tïf(집)<G>

(11) 例

i<Kor>	i<Gily>
č'iβ-(<*t'ib-, 춥다)	tïv-(춥다)
tʌri(다리, 橋)	tri(통나무 다리)
či(너)	či(너)
ip(입)	iv-(먹다)<G>
iba-gu(말, 이야기)<경상>	irvai-(말하다)
ib-(입다, 被)	ibï-/ib-/ivï-(가지다)<G>
ik'ɯr-(이끌다)	ixïl-(끌어 당기다)
igɯl-igɯl(이글이글)	ixči-(불씨를 헤쳐 일으키다)
ni-(이다, 蓋, 戴)	ni-(이다)
sid-/sir-(싣다, 載)	siv-(타다)/xiji-(타다)
čim(荷)	čimlaŋ(id)
čim(>kim. 기회)	čimğr(기회)
pik'i-(피하다)	pigi-(피하다)
si-(있다)	ši-(넣다)/si-(놓다, 두다)<G>
p'iŋge(핑계)	piŋiyaka-(달아나다)/piŋgu-(피하다
isi-(있다)	ide-(보존하다)<G>
si'=(*모두)<접두사> *cf.* 싯-꺼멓다.	sik(모두)
pijib-(<*pijig- 비집다)	fizge-(구멍 뚫다)<G>

simaŋ(*욕설) *cf.* 시망-스럽다	čir-monax(욕설)<G>
kis(깃, 襟)	kiyu(셔츠의 가장자리)<G>
kiɯm(<kiʒɯm 논밭의 잡초)	xim(덤불)<G>
-im-(「-伊音-」>-iŋi-(철자존대법)	ixmi-(주다, 건네다)<G>
nigi-(이기다)	ilgi(가죽)<G>
ič'i-(흔들리다)	iči-/ixči-(부치다, 부채질하다)
pit'ɯr-(비틀-)	firfire-(돌리다)<G>
čip(흠집) *cf.* 허물집>허무집	tif(흠집)<G>
nirɯ-(아르다, 云)	itï-(이르다) *cf.* ni>i, -it->-ir-
simgɯ-(심다)	čingr(풀, 채소)<G>

(12) 例

y-<Kor>	y-<Gily>
yamuji-/yəmuji-(야무지다)	yaimu-(이해하다)
yak-(빠르다) *cf.* 약-빠르다	yağa-(빠르다)
yaŋp'un(놋대야)	yaŋ-paŋ(허리에 매어단 놋방울)
hyog-(작다)	yoğo(조금) *cf.* h>∅
yər-(열다)	yargu-(열다)/yar-(id)
yənɯ(여느)	yanïr(어찌)
yo(이, 이것)/yə(id) cf. 여긔	ye(이, 이것) cf. ye[yə]
yoŋ-yoŋ(가엾은 모양) *cf.* 용용 죽겠지	yoŋar-(가엾다)
yəʒ-(엿다, 伺)	yotot-(듣다, 聞)
yəd-(이르다), yət-čʌb-(여쭈다)	yotə-/yotyotə-(묻다)<G>
e-yano-ya(에야노야!)	yaŋola(얼마나 많은)<G> *cf.* ŋ∞n
yək'-(엮다)	yot-(헤매다)
yəh-(<nyəh-. 넣다)	yug-(넣다, 붓다)/yuki-(id)<G>
yudɯl-yudɯl(유들유들)	yōdu-(휘다)<G>

(13) 例

ʌ<Kor>	a<Gily>
kʌrʌm(호수, 강)	xallu(늪)<G>
t'ʌri-(때리다, 破)	ča-(때리다)
hʌ-(하다, 爲)	ha-(있다, 세다, 수렵하다)
pʌlg-(빨갛다)/p'alga-hʌ-(빨갛다)	pagla(빨갛다)
pʌlβ-(밟다)	paʒe-(걸어가다)
mʌndʌr-(만들다)	vantu-(만들다)
sʌrʌ-(사르다, 燒)	šra-(사르다)
č'ʌ-(차다, 滿)	čar-/ča-(차다)
pʌri-(찢다)	wal-(끊다) *cf.* p∞w
sʌski(새끼)	sasku-(동여매다, 묶다)
č'ʌ=(흰)<접두사> *cf.* 츠-돌	čaga-(희다)
kʌlmyəgi(갈매기)	kārwäx(갈매기)<G>
kʌlbi(갈빗대)	ŋarm(갈빗대)<G>
nʌrʌ(나루)	nallu(만, 물구비)<G>
nʌlä(날개)/nʌr-(날다)	ŋar-ŋar(날개)<G> *cf.* ŋ∞n
kʌt'ʌ-(같다)	ŋarla(같다)<G>
pʌjʌri(*빨리→부지런히)	fačur(빨리)<G>
čʌč'ɛ-om(재채기)	xačača-(재채기하다)<G>

(14) **例**

-ʌ<Kor>	-ï<Gily>
kasʌm(가슴)	ŋašïf(가슴)
-pʌs(-뿐, *스스로→강세사)	-pïsk(강세사)/-park(스스로)<G>
nʌmʌč'(주머니)	nïgmi(주머니)<G>
sʌlk(삵)	člïgi(삵)<G>

(15) **例**

yə<Kor>	i<Gily>
hyə(혀)	hilf(혀)
nyəm(염-통)	nif(염통)
h'yə-(>s'ə-. 당기다)	čiu-(빼다)
syəkha(서캐)	hišk/hïšk(이)
*čyəŋ-sɯn(>čyaŋ-sɯŋ. 장승, 堠)	čiŋai-xïn(허수아비들, 인형들)
čyəŋi(허수아비, 인형)<함남>	čiŋai(허수아비, 인형)
*cyəŋguji(>čəŋguji 정구지)	tiŋger(채소)<G>
čyəŋgaŋi(정강이)	tinnix(정강이)<G>
čyəguri(저고리)	čika(솜저고리)/čik-pass(옷의 일종)<G>
yəʒ-(엿보다)	intï-(보다)/inte-/ida-(id)<G>
yəd-(말하다)	itï-(말하다)
yəʒɯ(여우)	iox(여우)<G>
*yagɯm-yagɯm(漸嚙)	ixmï-(계속조동사)<服>
참고: syə-(서다)	sï-(오르려하다)
čyəgi(제기)	čixa(금전)<服>
yəul(灘)	ŋïil(여울)<G> *cf.* ŋ->Ø-

(16) **例**

u<Kor>	i<Gily>
nuk'al(눈)	nigax(눈)
mut'(뭍)	miv(뭍)
pulhü(뿌리)	vizelex(뿌리)<G>
pujij-(울부짖다) *cf.* 울-부짖-	miyuyu-(울부짖다)<G>

(17) **例**

ɯ<Kor>	e(ə)<Gily>
kɯč'-(그치다)	ker-(그치다)
p'ɯ-(푸다, 汲水)	pe-(푸다)
mɯʒi-(무서워하다)/perah-(怪異)	pēr-(무서워하다)
čɯj-(짖다)	če-(지저귀다)
tɯlβ-(뚫다)	čev-(찌르다) cf. *telβ>teβ>čeβ-(=čev-)
kɯmɯl(그물)	kee(그물)
kɯje(그제)	gečra(과거)<G>
*wïrəŋi(>urəŋi, 田螺)	welāx(우렁이)<G>

(18) **例**

i<Kor>	e(ə)<Gily>
nim(님, 앞)	nef(앞)
nig-(익다)	yenï-(익다)
kidä-(기대다)	k'ene-(기대다)<G>
čiu-(지우다, 消)	čeodə-(지우다)<G>
kis(부싯깃)	xeder-tūr(성냥)<G> *cf.* tūr(불)

(19) 例

a<Kor>	e(ə)<Gily>
agi(幼兒)	eğalan/exarn(아이)/axarn(id)
nat'(낟, 個)	neč(하나)
naʒ-(낫다, 癒)	ler-(낫다)
kanan-(가난)	kela-(빈약한)<G>
karʌ-(가르다)	kekar-(찢다)<G>
참고: hɐ(해) cf. *kəŋ>həŋ(「姮」, 해)<계림유사>	ken/keg/keŋ(해)<G>
nʌč'(낯)	netf(낯)
kʌrʌm(호수)	kerxn(바다)
kʌrʌ-(말하다)	xer-/kelai-(말하다)

(20) 例

o<Kor>	o<Gily>
pol(볼)	poč(얼굴)
č'oŋgɯt(쫑긋), 쫑(=마늘의 속대)	čonkr(머리, 頭)
mogaji(모가지)	woškorai(목)
tol(도랑, 하천)	tol(도랑, 하천)
pö(베, 布)	bos(베)
oyaŋ(외양간)<방언>	odoŋ(큰 여물통)<G>
os(衣)	ox(옷), ottu-(바느질하다)<服>
oŋbägi(옹배기)	ombexox(배, 腹)<G>
kol(노여움)	kos-(노하다)
čos-(쪼:다·啄)	čoosxu-(파괴하다)
čoji-(강타하다)	zoorka-(파괴하다)
komkom(깊이 생각하는 모양)	komlĭ-(숙고하다)<G>
koni(백조)	konïn(흰)
*sok(속새) *cf.* 속-새(풀)	čok're(갈대)<G>
sorɯrɯ(소르르)	sōro-(녹다)<G>
t'osi(토시)	toškn(손목)
orʌ-(오르다)	ozi-/od-(일어서다)<G>
oraŋk'ä(夷)	orïŋgïnt(퉁구스족)<G> *cf.* olğonk(집돼지)
odumak(협소한, 협소한 집)	otïmï(협소한)<G>
noŋ(농)	no(저장실)<G>
nogo(노고)	lokk(대야, 물통)<G>
*kor-(잠자다) *cf.* 골아떨어지다	konï-(잠자다)<G>
noh-(놓다)	rotə-(놓다)<G>
p'osil-p'osil(포실포실)	poss(모전)<G>
mosi(모이)	moss(고깃가루죽)<G>
mol=(전부)<접두사> cf. 몰-박다	molho(많은)<G>
mok/moks(몫)	mokə-(나누다)<G>
참고: ol(미래의)<접두사> cf. 올-겨울	ölgö(미래의)<G>

(21) 例

u<Kor>	o<Gily>
*pul~pɯl~pəl(「弗·依·火·夫里」. 고을)<지명>	vo/vu(마을)
kurɯ-(달리다)	kloi-(달리다)
pup'ɯr-(부풀다)/pop'ɯr-(id)	povri-(거품이 일다)
t'uŋgi-(퉁기다)	tonhu-(힘있다)
*p'ure(물푸레)	pola/polo(물푸레)<G>

참고: hüp'ʌram(휘파람)	pyofyo-(휘파람불다)
ɯs-tɯm(근본, 줄기)	os(근본)
kɯrɯ(그루)	ğoš(밑그루)<G>

(22) 例

ʌ<Kor>______________________	o<Gily>
tʌm-(물에 빠지다)	tolm-(물에 빠뜨리다)<G>
tʌd-/tʌr-(달리다)	todĭ-/tozĭ-(뛰어넘다)<G>
nʌrʌ(나루)	ŋalo(만, 물굽이)<G> *cf.* n<ŋ
mʌsʌ-(부수다)	mosə-(분쇄하다)<G>
mʌnji-/mʌni-(만지다)	motə-(키스하다)<G>
kʌlgö-(침범하다)	*korxgūr- (>orxgūr-. 적대하다)

(23) 例

u<Kor>______________________	u<Gily>
uri(我等)	urĭč(함께)<G>/ugr(id)
kut(구덩이)	kutĭ/hutĭ(구멍, 구덩이)
*tul(겨울)<지명>	tul/tulv(겨울)
kulm-(굶다)	kurmu-(굶다)
nu-(용변하다)	nui-(하다)
kur-(하다)	ku-(하다)
hubi-(우비다)	hui-(우비다)
kuŋri-(생각하다)	kumra-/kĭmla(생각하다)
pur-(자백하다)	pur-(말하다)
t'ulh-(뚫다)	tuli-(관통하다)
hullyuŋ(훌륭)	urlan(훌륭한)
uram-hʌ-(壯大)	ūla(높은)<G>
ur-(울다)	wuvu-/wu-(울다)
kusɯl(구슬)	ku(구슬)
kusin(神)<사투리>	kuš(신)
ku'=(강하다)<접두사> *cf.* 굳-세다	k'u-(강하다)/ku-(id)<服>
tuŋ-tuŋ(「動動」, *노래)	tunt(노래)
nuβɪ(누이)	ruof(형제)<G>
kuŋduŋi(궁둥이)	xunti-(놓다)<G>
sut(순박한):숫-처녀	čud-(새롭다)<G>
p'uji-(푸지다)	punzi-(남아 있다)<G>
puk'(북, 培土)	pukeš(식물의 줄기)<G>
musö(무쇠)	wuč(쇠, 鐵)<G>
nu(누구)	nu-nd(누구, 무엇)<G>
ut(동체) cf. 웃-동(胴)	ut(웃동)

(24) 例

ʌ>a · o<Kor>__________________	e<Gily>
kʌrʌ-(말하다)	kerai-/xer-(말하다)
kʌrʌm(호수, 강)	kerxn(바다)
nʌč'(낯)	netf(낯)
kas(아내)	ge-(아내를 맞다)
naʒ-(낫다, 癒)	ler-(낫다)
nat'(낱)	neč(一)
kaji-(가지다)	he-(가지다), ke-(쥐다)
yo(이, 此)	ye(이)
nor-(놀다, 遊)	ler-(놀다)

(25) 例

e<Kor>	e(ə)<Gily>
era(자! 힘차게)	ela(자! 힘차게)
egub-(曲)	eŋfi-(굽다)
eminahi(여자, 아내)	xeimanax(늙은 여자, 아내)
mesɯk'əb-(메시껍다)	weska-(싫어하다)
참고: e-(에다, 말소하다)	yai-(에다, 말소하다)

(26) 例

i<Kor>	u<Gily>
idĭ-(좋다, 착하다)	udu-(좋다, 착하다)<G>
kir-(길다)	kula-(길다), kĭlla-(id)<G>
tirɯ-(지르다, 衝)	tuzi-(부딪다)

(27) 例

ɯ<Kor>	i<Gily>
ɯri-ɯri(으리으리)	iglu-iglu-(무서워하다)<G>
tɯri-(드리다, 垂)	tirui(아래)<G>
mɯl(물, 水)	miri-(물긷다)

(28) 例

o<Kor>	u<Gily>
os(옷, 衣)	utk(긴 웃옷)<G>
olgami(올가미)	ulk(개의 쇠사슬)<G>
orh-(可)	urs(옳게, 잘), urhara(좋구나)
kor-(코 골다)	ŋuriyo-(코풀다)
korh-(곯다, 주리다)	ku-(주리다)
tok'i(도끼)	tux(도끼)
koβ-(곱다, 麗)	kuv-(곱다)
norɛ(노래)	lu-(노래하다)
ko(「弧」,활)<辰韓>	ku(화살)
mot'-aŋ(모탕)	mut(모탕, 벼개)/mot(id)<G>
onjən(온전)	udenč(건강한)<G>
hodɯlgap(호들갑)	uduŋavrĭ-(아프다)<G>
nos(놋)	tuš'(놋)<G>
koŋi(공이)	ğukus(곤봉)<G>
koj(곶, 岬)	xut(지맥)<G>
t'o(「吐」, 둑)	tū(호수)<G>
ko(코)	ux(코)<G>
tori(도리, 樑)	turs(도리)<G>
kok'ura-ti-(죽다, 쓰러지다)	kuŋgula-(잘못되다)<G>
참고: öč'i-(외치다)	uvĭ-/ïgĭ-(외치다)<G>
*oai(>wä.나쁜), *cf.* 왜틀다, 왜걸이	uait(나쁜)<G>

(29) 例

ʌ<Kor>	u<Gily>
pʌʒ-(ᄇᆞᇫ-, 부수다)	pusi-(부수다)<G>
č'ʌ-(ᄎᆞ-, 차다)	č'xui-(차다, 蹴)
kʌʒ-(ᄀᆞᇫ-, 베다)	huv-(끊다)
mʌrʌ(ᄆᆞᄅᆞ, 능선)	mux(배의 대들보)
mʌl(ᄆᆞᆯ, 馬)	mur(말)
sʌlh(살, 肌)	čus'(살)<G>
t'ʌ-(ᄐᆞ-, 燒)	tur(불)<G>, tāu-(연기나다)<G>
참고: adʌl(아들)	utgu-olla(아들)<G>

(30) 例

ɯ(으)<Kor>	u<Gily>
kɯ(그)	hu(그)
kɯʒ-(긋-, 끌다)	guši-(끌다)
hɯt‘-(흩다)	huči-(떨어지다)
kɯmɯl(그물)	kuvan(실)
k'ɯnh-(끊다)	kunk-(베다, 자르다)
tɯlč‘u-(들추다)	tūriči-(불을 들추다)<G>
tɯr-(들다, 擧)	tuk'ə-(머리를 들다)/tu-(오르다)
tɯr-(들어오다)	turgu-(들어오다)
č‘ɯlg(흙)	tuks(흙)<G>
p'ɯl(뿔)	murki(뿔)

(31) 例

k/g/k'/k‘<Kor>	k/g/ğ<Gily>
kyəre(겨레)	karlun(일족)/xark(겨레)/kall(국민)<G>
kas(아내)	ge-(아내를 얻다)
kʌrʌm(호수, 강)	kerxn(바다)/xallu(늪)<G>
kabi/kalbi(눈, 雪) *cf.* 진눈-가비,진-갈비	kabi(눈)<G>
kubi(굽이)	kevui(굽이)
kom(뒤)	komi(옆)
kut(굳, 坑)	kutï(굳, 구멍)
kolh-(주리다)	kur(주리어)/ku-(주리다)
kulm-(굶다)	kurmu-(주려 죽다)
ka-(가다)	ka-(내려가다)
-kä(-개)<명수사>	-kr(-개)
kö-(괴다, 支)	ka-(괴다)
*kərə-~kere(밝다)<지명>/골익-(id)	karala-(밝다)
kʌrʌ-(ᄀᆞᄅᆞ-, 말하다)	kerai-(말하다)/xer(말)
kɯč‘-(그치다), kʌʒ(가, 邊)	ker-(그치게 하다)
kaji-(가지다)	kiji-(가지다), xadi-(들어올리다)<G>
kuk'i-(죽다)	kuŋgula-(잘못되다)<G>
kurɯ-(달리다)	kloi-(달리다)
kər-(걸다, 縣·吊)	kro-(걸다)
koi-(괴다, 溜)	koi-(나오다)
koč‘ä-mok(고채목)	kedraz(고채목)<G>
kol(노여움)	kos-(노하다)
kasɛ-(가싀-, 퇴색하다)	ksa-(퇴색하다)
kir-(길다)	kulan(긴, 長)/kïl-/kïlla-(길다)<G>
kyək-ji(나막신) *cf.* sin>jin>ji	kik(신, 靴)
kuŋri(궁리)	kumra-(생각하다)
k'ɯnh-(끊다)	kunk-(베다)
koβ-(곱다)	kuv-(곱다)
kʌlgö-(침범하다)	*korxgūr-<orxgūr-(적대하다)
kanna(개, 犬): 간나-새끼<한남>	kanïŋ(개)
*ko(「弧」,활)<辰韓>	ku(화살)<G>/gu(id)
kaji-kaji(가지가지)	kajin-kajin(가지가지)
kal(칼, 刀)	kar(칼집)

kit(기둥) cf. *kada>kadi,kida	kar/karš(기둥)/kass(id)<G>/kigi(id)<G>
karʌ-(가르다) · karʌr(분파)	ker(부분)/kekar-(찢다)
kəs(귀신)	kask(귀신)
kɯak-hʌ-(매우 부지런하다)	kïlakan(부지런한)<G>
kɯmɯl(그물) · ko(그물코)	kee(그물)/kuvan(실)
kɯrɯs(그릇)	kïlməs(쟁반)<G>
k'ɯrɯm(<kɯʒɯrɯm, 매연)	gluba-(불에 태우다)<G>
korä(고래)	kalm(고래)
korani(고라니)	kïlaŋe(순록)
kon/koni(백조)	konïn/konïŋ(흰)
kotu(고두, 肚)	kox(배, 腹)<G>
kori(버들의 일종)	korŋaks(버들)
*kuk(사람) *cf.* 진-국	kugi(사람, 아이누)
kusɯl(구슬)	ku(구슬)
kü'kəs(귀신)	kïrxš(神)<G>
kusin(神)<사투리> 鬼神?	kuš(신)
kun(사람들) *cf.* 장-군	-kun/xun(복수접미사)
ku'=(강한)<접두사> 예 굿-세다	k'u-(강하다)
k'u-(꿈꾸다)	k'o-/ko-(잠자다)
k'um(꿈)	kïnïf(공중)
k'aŋk'äŋi(깡깽이)	kaŋa(입으로 물고 손으로 켜는 거문고)<G>
kəru(거위)	kalxalx(거위)<G>
karä(눈치는 가래)	kar(가래)<G>
kʌlmyəgi(갈매기)	kārwäx(갈매기)<G>
kyəʒɯsari(겨우살이)	kana-čwalx(겨우살이)<G>
kanan(가난)	kela-(빈약한, 마른)<G>
kərɯgi(많이)	kolla-(풍부하다)<G>
kərɯm(걸음, 步)	kelma(걸음)<G>
kəbul-kəbul(헝클어진 머리모양)	kebes-kebes(헝클어진)<G>
kor--(잠자다) *cf.* 골아 떨어지다	koč-(침묵하다)<G>
kob(배꼽) *cf.* 빗-곱	kïlmes(배꼽)<G>
k'oŋ-k'oŋ(얼어붙은 모양)	kïŋge-(얼어붙다)<G>
k'əŋgəri(껑거리)	kiŋgi(껑거리)<G>
*kodo(띠, 帶) *cf.* 고도-쇠	korkr(띠)<G> cf. -rk->-t-
k'i(키, 舵)	kïi(돛)<G>
kəji(거지)	kuzr(대식가)<G>
kasikä(가새)<사투리>	kïssk-jakko(탯줄 가르는 칼)<G>
kəmi(거미)	kïvgi(거미)<G>
kunduŋ(부패한) *cf.* 군둥-내	ktuŋi-(부패하다)<G>
kurəŋi(구렁이)	kïlaŋa(배암)<G>
k'ol-pič'(푸른-빛)	klö(하늘)<G>
koč(곶, 岬)	ktö(곶)/xut(산맥의 지맥)<G>
komägi(대님)<平安道>	kuba(매는 끈 실)<G>
kok'ura-ti-(죽다, 쓰러지다)	kuŋgula(잘못되다)<G>
koŋgorɯ-(공고르다)	kïŋge-(응결하다)<G>
kidä-(기대다)	k'ene-(의지하다)<G>
kolh-(감소하다)	kawə-(감소하다)<G>
kis(옷깃)	kiyu(셔츠의 가장자리, 깃)<G>
kyəl(노여움)	ker-(화나다)

ked-(걷다)/kərɯmma(걸음)	kiyudi-(걷다)<G>/kelma(걸다)<G>
kər-(비옥하다, 농후하다)	kolla-(풍부하다)<G>
kon-hʌ-(곤하다)	koni-/ko-(잠자다)<G>
komkom(곰곰)	komlï-(숙고하다)<G>
k'əri-(꺼리다)	geerï-(싫어하다)<服>, kli-(무서워하다)<G>
kəm=(집다, 잡다)<접두사>*cf.* 검잡다	guɯu-(잡다, 잡다)
k'ɯ-(크다)	*ïkï-(크다) *cf.* ïkïn(맏, 長)<G>
kɯʒ-(긋-, 끌다)	guši-(끌다)
kur-(연기나다) *cf.* 내-굴다	kla(굴뚝)<G>
kur-(하다)	gu-/ku-(하다)
kuʒyu/kuʒi(구유), k'ulk'uri(-čug)(잡탕)	kïll(개의 식탁)<G>
kɯje(그제)	gečra(과거)<G>
kamul-kamul(가물가물), k'aburɯ-(탕진하다)	gavrï-(없다)<G>
kol(골짜기)	ğor(냇가)
kɯru(그루) 예 š∞l	ğoš(밑그루)<G>
koŋi(공이)	ğukus(곤봉)<G>, ŋoi/ŋgoi(자지)<G>
kʌnʌl(그늘)	ïgïnč(어둡다)<G>, ungïr(그늘)<G>
kəru(거루, 돛없는 작은 배)	ogri(거루)<G>
kak'aβ-(가깝다), kajʌgi(가까이)	eäkes(<*keäkes. 가까이)<G>
yək'i/yək'äŋi(여우)<사투리>	käk'(여우)<G>
-ku-/-ki-(사동접미사)	ku-/ki-(하다, 시키다)
*kos(머리, 首) *cf.* 곳-갈	kos(목, 頸)<G>
kop'uri(감기)	kovratr(病)

(32) 例

h<Kor>	h/x<Gily>
həp'a(허파)	havaf/xabaf(허파)<G>
hyə(혀)	hilf/xilx(혀)<G>
hʌ-(하다, 爲)	ha-(있다, 세다, 사냥하다)
-hɯl(날 수, 日數)	-x(날 수)<접미사>
halk'ö(할퀴다)	harkav-(할퀴다)
hʌdaga(만일)	hantaxai(하면)
hyəg-(작다)	hasku-(적다)
hiŋ(경쾌한 모양)	xingila-(가볍다)<G>
hubi-(우비다)	hui-(우비다)
hɯt'-(흩다)	huči-(떨어지다)
hɯmɯl-hɯmɯl(무른 모양)	hami-(무르게 하다)<G>
həna(허나)	hainappa(허나)
hyuŋnä(흉내)	hïğïr-(흉내내다)
hamo(암! 그렇지)	humï-(있다)<G>
hat=(솜을 넣은)<접두사> *cf.* 핫바지	xuxt(솜을 넣은), kav/kabe(따뜻한)<G>
həltəgi-(헐덕이다)	xernage-(헐떡이다)<G>
hot'oŋ(대포)	xotot(화승총을 쏘다)<G>
him(힘)	ixmu-(힘쓰다)
himk'əs(힘껏)	ixmukš(힘껏)
həmɯl(허물)	xomïte-(허물 까지다)<G>
halməni(할머니)	xeimanax(할머니, 늙은 아내)<G>
참고: horaŋ(호랑이)	klunč(호랑이)<G>
haŋ<*kaŋ(「姮」. 해)<계림유사>	ken/keŋ(해)

(33) 例

k/g/k'<Kor>	x/h<Gily>
ka	xa(이름)
kaman/kʌmʌni(소리없이, 몰래) ; kamʌn(id) *cf.* ᄀᆞ몬-뵈	xamamla-(가냘프다, 약하다)<G>
kʌrʌm(호수)	xallu(늪)<G>
kəlt'i-(걸터앉다)	xurtiv-(앉다, 앉아 있다)<G>
k'əŋč'uŋ(껑충)	xugonïgə-(껑충 뛰다)<G>
kalβəm(호랑이)	xalowič(호랑이)<G>
kɯʒ-(그ᇫ-,긋다)	xïdə-/xïzə-(찢다)<G>
k'arɯrɯ(크게 웃는 모양)	xarï-(웃다)<G>
kʌrʌ-(말하다)	xer-/xerai-(말하다)
koh(코)	ux(코)<G> *cf.* *xux>ux
-k'ʌʒi(-까지)	xuŋgu-(도달하다)<G>
kuŋtuŋi(궁둥이)	xunti-(놓다)<G>
kuč'i-(굳히다, 고정하다)	xuʒi-(거기 두다)<G>
kal(칼, 枷)	xal(쇠로된 개목걸이, 칼)<G>
k'abur-(탕진하다)	xavr-(가지고 있지 않다)<G>
kis(부시깃)	xeder-tūr(성냥)<G> *cf.* tūr(火)
kiɯm(논밭의 잡초)	xim(덤불)<G>
kitɯri-(기다리다)	ixiloter-(고대하다)
kərɯ-gi(많이)	xorla-(풍부하다)<G>
koj-(꽂다)	xesküd-(꽂다)<G>
koč(곶, 岬)	xut(산맥의 지맥)<G>
*kučï(「古次」,입)<고구려>	xït(입구)<G>
kəgɪ(거기)	xukr(거기)<G>
kək'ur-/kok'ur-(넘어가다)	huk'ï-(엎드리게 하다)<服>, kuŋgula-(잘못되다)<G>
kama(가마, 釜)	xäwuč(가마)<G>
-kəni(반복형어미)	hunïbï-(상태지속 조동사)<服>
kumi(늙은) *cf.* 구미-여우	xeim(늙은) *cf.* xeimat(할아범) xeimanax(할멈)
kɯlg-(긁다)	xerə-(문지르다)<G>
kʌʒä/kasä(가위)	xaza(가위)<G>
kotu(위, 배)	xox(배)/higr(위)
kurək(구럭, 網袋)	xudulk(손그물)<G>
k'ɛ-(깨다, 醒)	exo-/yexo-(깨다)
ik'ɯr-(이끌다)	ixïl-(끌어당기다)
kʌʒ-(ᄀᆞᇫ-, 베다, 자르다)	huv-(자르다)
kumt'ɯ-(굼뜨다)	hïunčo(늦다)
kud-(굳다)	hek'u-(굳어지다)
kat>kas(갓)	hak(모자)
k'wəŋ(꿩)	haŋ(꿩)<G>
kɯ(그)	hu(그)/xïz(id)<G>
kabyəb-(가볍다)	hahaf(가볍다)<ST>
kyərïp(껍질 벗긴 삼대)	hïšk(삼실)

(34) 例	k/k'/k'/g<Kor>	ŋ<Gily>
	kasʌm(가슴)	našïf(가슴)
	kal-pʌrʌm(서풍, 西風)	ŋaluwz(서풍)<G>
	karʌl(다리)	ŋač(발)
	kač(가죽・피부)	ŋagr/ŋïgr(가죽・피부)<G>
	kahi(개, 犬)	ŋaiak(강아지)<G>
	*kal(「碣」, 六)	ŋar(六)
	kol(골, 뇌)	ŋaurk/ŋaur(뇌)<G>
	kogi(고기, 肉)	ŋox(지방, 脂)<G>
	kap'ʌl(칼집)/kəp'ɯl(거풀)	ŋave(싸개), ŋamač(피부)
	kapčaŋ(동갑)<경상도> *cf.* 갑-장	ŋafk(동료, 친구)<G>
	*kəp(간, 肝)	ŋif(간)
	ko-ro(까닭으로)	-ŋu(까닭으로)
	kor-(코골다)	ŋuriyo(코골다)
	-ko(나열형어미)	-ŋa(나열형어미)
	kä(<*kar, 피, 血) *cf.* 개짐(=월경대)	ŋars(피)<G>
	*karä(서까래) *cf.* 셧-가래	ŋas'(서까래) *cf.* s'∞r
	kosʌ-(향기롭다)	ŋavrke(향기)
	kəβuč(>kəuč. 거웇, 陰毛)	ŋavrki(털)
	*kič'(깃, 羽)	ŋaigr(깃)
	k'ori(꼬리)/k'oŋji(꽁지)	ŋaki(꼬리)<G>/ŋïki(꼬리)<G>
	kwaŋ-dä-p'yə(광대-뼈)	ŋaun-ax(광대-뼈)<G>
	k'oŋ-p'ʌč'(신장)	ŋölux(신장)<G>
	kusɯl-p'yə(척주)	ŋaski(척주)<G>
	k'al(모발)	ŋars(깇털)<G>
	kʌlbi(늑골),kari(id),*cf.* 가리-뼈	ŋarm(늑골)<G>
	kə(것)/kəs(것)	ŋa(것)<G>
	kəsiki(발어사, 아무개-아무것을 가리키는 말)	ŋašk(초청된 종친 외의 사람)
	kis(둥지)	ŋïvi(둥지)<G> *cf.* *ŋïfi>*gïhi>kisi
	kak-tagi(큰 모기)	ŋak(모기)<G>
	kudu(구두)	ŋïčx(발)<G>
	kʌt-hʌ(같다)	ŋarla-(같다)<G>
	agari(아가리)	ŋaŋğïr(구개, 구강)<G>
	egub-(구부러지다)	eŋfi-(구부러지다)
	əgü(어귀, 입구)	ïŋg(어귀)

(35) 例	n<Kor>	ŋ<Gily>
	nʌrʌ(나루)	ŋalo(만, 강구)<G>
	nyəm(염통) *cf.* 염-통	ŋif(염통)<G>/ŋif(마음)
	namo(나무)	ŋafan(넘어진 나무)
	nʌr-(날다)	ŋar(날개)<G>
	*nyəul(여울)	ŋïil(여울)<G>
	nurɯk(누룩)	ŋïurk(씨, 종자)<G>
	nəsä(돌지붕)	ŋïs(지붕)<G>
	nəŋgu-(삼키다)<사투리>	ŋaɥu-(삼키다)<G>
	nʌč-(낮다)	ŋazi-(납작하다, 얕다)<G>
	nö-(말하다) *cf.* 되-뇌다	ŋau-(전하다, 부탁하다)
	nəpčək-tari(넓적다리)	ŋafx-tu(넙적다리)<G>
	*čyanä(자네, 너)	

čiŋ(너희, 너<존칭>)<G>

(36) 例

∅<Kor>	ŋ<Gily>
orhʌn(오른쪽)	ŋuirn(오른쪽)
aguŋi(아궁이)	ŋangr(구강)<G>
əgəri(살찐, 풍부한) *cf.* 어거리-장대, 풍년	ŋïgla-(살찐, 뚱뚱한)<G>
yəul(여울)	ŋïil(여울)<G>
iri(이리)	ŋïlk(이리)/ligr(이리)<G>
hət'ü(다리, 넓적다리)	ŋafx-tu(넓적다리)<G>

(37) 例

-ŋ<Kor>	-ŋ<Gily>
p'iŋgye(핑계)	piŋgu-(숨기다)/piŋiyaka-(달아나다)
öyaŋ-kan(외양간)	odoŋ(구유)<G>
oraŋk'ä(오랑캐)	orïŋgïnt(퉁구스족)<G>
k'aŋk'äŋi(깡깽이)	kaŋa(입에 물고 손으로 켜는 현악기)<G>
*čaŋkwan(「長官」, 형)<계림유사>	jäŋgin(주인 · 신사)<G>
taŋ-san(당산, 堂山)	taŋ(신령)
tuŋgi-taŋgi(둥기-당기, 탄금소리)	tïŋkr(현악기)<G>
čəŋguji(정구지)	tiŋger(채소)<G>
k'əŋgəri(껑거리)	kiŋgi(껑거리)<G>
kurəŋi(구렁이)	kïlaŋa(배암)<G>
pəŋgä(번개)	pïlïŋg(번쩍임, 불꽃)<G>
soŋgos(송곳)	šoŋkale-(찌르다)<G>
toŋgos(동곳)	toŋgkale(찌르다)<G>
čyoŋji(종지)	čaŋkr(기름 담는 작은 그릇)<G>
čallyaŋ(모피 자리) *cf.* 개-잘량	čalaŋai(순록)<G> *cf.* 순록가죽으로 자리를 만들었음
koŋkɯrɯ-(공그르다, 감치다)	kïŋge-(응결하다)<G>
čaŋ-čak(장작)	čaŋa-čax(장작←나무한-나무)

(38) 例

t/t'/t'/d<Kor>	t/d<Gily>
tyə(저, 彼)	ta(그)/taa(그)<服>
t'anim(딸)	tanan-olla(딸,소녀)<G> *cf.* olla(아이)
tək(높은 발판, 관람석)	tïxï(위)/tāga-(우러르다, 위를 보다)
tʌd-/tʌr-(달리다)	todï-/tozi-(뛰어넘다)<G>
-taga(-다가) cf. 하다가	toğar(중간에)
tasi-(입맛다시다)	tādï-/tat-(마시다)<G>
t'əl(털, 羽毛)	tupr(털)<Amur>
tü(뒤)	tajurk(뒤)
tagɯ-(접근하다. 다그다)	tager(…을 따라서)<G>
tahi(방향)	tak'r(향하다)/takr(저쪽)<G>
tam(담, 류머티즘)	tarn-nt(담)
taŋ-san(당산) 堂山?	taŋ(신령, 영혼)
tɛgol(대가리, 뇌)	taŋu-(위를 보다)
t'arɯ-(따르다, 붓다)	tač-(마시다)<G>
tʌrami(다람쥐)	tar(다람쥐)/tumr(id)<G>
t'i(진애, 티)	tuy(티)
tirɯ-(내려보다)	taulu-(내려보다), tirui(아래)<G>
tadak-tadak(연접한 모양)	ataŋge(<*tataŋge, 중단하지 않고)<G>

tagɯp-hʌ-(다급하다)	taxv-(붙들어 묶다)
t'ʌ-(받다, 탄생하다)	to-(가져오다), ta-(받다, 受)
t'ʌ-(타다, 乘)	tiv-(타다)
t'a-(타다, 割) cf. 박-타다	ta-(쪼개다)
ti-(떨어지다)	tïv-(내려가다)
t'ä(ᄣᅢ>때, 時)	t'ai(그 때)
tol(도랑)	tol(내, 바다)
tasʌs(五)	toš(五)
t'uŋgi-(퉁기다)	tonhu-(힘 있다)
t'ok'i-(도망가다)	toska-(사라지다)<G>
t'osi(토시)	toškn(손목)
tʌri-(데리다)	taprï-(가져오다, 운반하다)<G>
tʌri(다리, 橋)	tri(통나무다리)
tʌr-(단추달다)	tulgu-(안에 꽂다)<G>
tɯr-(들다)	tuk'ə-(들다, 擧) cf. -uk>-ur(원순모음화의 변화)
tɯk-tɯk(거칠게 긁는 모양)	tïk-rïki-(<*tïk-tïki-. 거칠다)<G>
tul(「突」, 겨울)<지명>	tul(겨울)/tulf/tulv(id)<G>
tɯri(「入伊」, *새워) cf. 밤드리 노니다가<향가>, t'ulh-(뚫다)	tuli-(관통하다)
tɯr-(들어오다)	turgu-(들어 오다)
tɯr-(개다,晴), tɯlk'i-(들통나다)	tïlgi-(열다)<G>
təŋ(덩, 輦)	tu-(오르다, 높게 되다)<G>
tok'ü(<tos-kü. 도끼)	tux(도끼) cf. tuxŋan(곡괭이)
t'yəntuŋ(천둥)	tïnt(천둥)<G>
tirɯ-(시르다)	tuzi-(부딪다)
tok(독)	tïk(물동이, 물통)
t'ɯ-(떨어지다, 離)/tur-(멀리돌다)	tïla-(멀다), tula-/tulö-/tïla-(멀리 떨어지다)<G>
tuŋ-tuŋ(「動動」. 노래 이름)	tunt(노래)
tume(산간벽지←*북쪽)	tïmï(북쪽)
*tip(>čib. 집)	tïf(집)<G>
tɯli-(들리다)	tïri-(일떠서다)
tɯri-(드리다)	tirui(아래에)
tul(二)/t'ɯli-(틀리다)	tïr-(둘이 되다)<G>
tɯm-(충분하다) cf. 듬직하다, 듬뿍	tvi-(충분하다)<G>
t'ü-hʌ-(튀하다)	dok'o-(튀하다)<服>
t'ügi-(튀기다, 彈)	tukin(손톱)<G>
t'akɯn(따끈한)	tak'ï-(따뜻하다)<G>/dakï-(id)<服>
t'akči(딱지)	tagr/taxs(기구에 붙은 장식)<G>
*tol(예절)<지명>	dor(규률)<服> cf. doro(예절, 도리)<만주>
töu(매우, 세게)	tuŋivt(강한, 센)<G>/taf(id)<G>
taptap-hʌ-(답답하다)	dapaxa-(끈적끈적하다)<服>
tä(파이프) cf. 썰대, 담뱃대	taǰï(담배 파이프)<G>
*tari>tä(벌거숭이의) cf. 대-머리	talaga-(벌거숭이의)<G>
tʌri-(당기다)	idele-(당기다)<G>
tʌra-na-(달아나다)/t'ər-(떨어뜨리다)	tala-(더 멀리)<G>
ta-(주다) cf. 다오, 다구	ta-(주다)<G>
tadä(*만, 물굽이) cf. 다대-포<지명>	tadu(만, 물굽이)<G>
tasaha-(바쁘다)	tazafta-(바쁘다)<G>
tahö(띠)	tabrk(바클)<G>

tam-(담다)	tama(많은)<G>
tamʌr-(다물다)	tamār(조용한)<G>
tanji(단지)	tamza(단지)<G>
t'emi(테미)<지명>	täbi(고개, 협곡)<G>
toŋt'ɯ-(동트다)	duŋuši-(시작하다)<服>
toŋgos(동곳)	toŋgkale-(찌르다)<G>
tyosyən(조선)	təosuŋg(퉁구스)<G>
tʌm-(물에 빠지다)	tolm-(물에 빠뜨리다)<G>
tad-(닫다)	tötə-(닫다)/töči-(id)<G>
töngar(서북풍)	tuŋïrš(서북풍, 서풍)<G>
t'o(「吐」, 둑)<지명>	tū(호수)<G>
tač'(닻)	tulač(닻)<G>
*t'ar(>t'ai>t'ä. *불)*cf.* 탯불(횃불)	tūr(불)<G>
t'ʌ-(燒)	tāu-(연기나다)<G>
tori(桁)	turs(도리)<G>
tɯlč'u-(들추다)/tüč'i-(불씨를 헤쳐일으키다)	tūr-iči-(불씨를 들추다)<G>
tɯlpo(들보)	tïif(들보)<G>
t'ɯjək-t'ɯjək(불쾌하거나 부족한 모양)	tco-tca-(그렇지않다, 非)<G>
tigɯl-tigɯl(디글디글)	tïk-tïk-(디글디글 구르다)<G>
tuŋgi-taŋgi(둥기당기)	tïŋkr(현악기)<G>
tol=(본래의) *cf.* 돌-배	tïr=(결혼하지 않은←원생의)<G> *cf.* tïr-umgu(처녀)
tosk(돗자리)	tïrk(돗자리)<G>
təbɯr-(더불어)	topr-/taprï-/tïpri-(가져오다)<G>
teki/täki(여자) cf. 부엌-데기, 진주-댁	tanka/tanxa(여자)
tü(北)	adï(북풍)
t'ü(띠, 茅)	tiufk(띠)<G>
t'ək(턱)	itï(턱)<G>
is-(있다)	ide-(보존하다)<G>
id-(착한, 좋은)	uda-(좋은)<G>
ədɯk-ədɯk(어득어득)	utk(밤, 夜)<G>
ədɯβ-(어둡다)	udula(검은)<G>
ɯt'ɯm(줄기, 머리)	taddom(정수리)<G>

(39) 例

p/p'/p'/b/β<Kor>________________	p/b/b(β)/f(∅)<Gily>
p'algan(빨간), pʌlg-(붉다)	paglan(빨간)/pagla(id)<G>
paguni(바구니)	vakẹi(상자)<G>
pada(바다)	ftol(바다)<G>
parʌl(바다)	pïzru(바다, 못)<G>
pas-(옷을 벗다)	paʒi-(옷을 벗다)<G>
p'ai(무용, 무익) *cf.* 파이-다<경상>	pai-(무용한, 무익한)
pal(발, 脈) *cf.* 구름발, 핏발	pal(산, 山)
pəgə(다음에)	pak'e(차례로)
pad-(조산하다, 助産)	pad-(태어나다)<G>
paŋur(방울, 鈴)	paŋ(*방울)
*pägi(질기릇) *cf.* 뚝-배기	bang uřn(찻잔)
ponɪ(보니, 속껍질)	panir(나무껍질)
poʒʌ/posigi(보시기)	ptïk/putlïk(병,甁)

pənji-/p'əji-(퍼지다, 커지다)	pant-(퍼지다, 커지다)/punzi-(첨가하다)<G>
para(곁←*돌아와)	prï-(돌아오다)
pam(밤, 夜)	parïif(밤)/padbx(id)<G>
palč'ik(무례) *cf.* 발칙하다	valtə-(거짓말하는)<G>, walčk(악한 자)<G>
pahö(바위)	pax(바위)
pəkč'a-(벅차다)	pakə-(짧다)<G>
pʌlβ-(밟다)	paʒe-(점점 걷다)
pək'ugi(뻐꾸기)	pïk(두견새, 소쩍새)<G>
p'ɯ-(푸다, 汲)	pe-(푸다)
pik'i-(피하다)	pigi-(달아나다, 피하다)
p'iyak(병아리 우는 소리)/piyug(병아리)	pyak'a(닭)<服>/pïyŋa(닭)
pandʌsi(반드시)	pantř(되어서)
p'iŋgye(口實)	piŋgu-(숨기다)/piŋiyaka-(달아나다)
pʌri-(버리다)	volu-(던지다, 떨어지다)<G>
p'ʌrʌm(휘파람) *cf.* 슈프룸	pyofyo-(휘파람 불다)
pət'i-(버티다)	pata-(움직이지 않다)<G>
poja-gä(보자기)	plotok(보자기)
ponä-(보내다)	forvï-(운반하다)<G>
pojo-gä(보조개)	poč(얼굴)
ponkwan(본관, 本貫?)	ponogan(큰채의 전면객석)
pup'ɯr-(부풀다)	povri-(거품이 일다)
pudɯl-pudɯl(부들부들)	vedu-(휘다)<G>
pɯrɯ-(부르다, 召)	prï-(돌아가다, 돌아오다)
puk(건어물) *cf.* 북어(말린 명태)	puk'i(건어물)
pusɪ-(부시다, 洗)	pšu-(부시다)
-pʌs(스스로→강세조사)	park/pïsk(스스로, 뿐→강세조사)
pʌʒɛ-(ᄇᆞᅀᆡ-, 반영하다)	pši-(돌아오다)
p'äŋgä-č'i-(팽개치다)	puk'i-(던지다)
pur-(자백하다)	pur-(말하다)
purɯ-(부르다, 飽)	pulku-(둥글다)<G>
pü(篩)	putčis(비)
p'um(품)	pïl-mi(품속)
p'usik'e(훼방)	puzgi-(휘젓다)<G>
pöyahʌro(바야흐로)	banahar(지금 막하여)<服>
pöč'waŋi(메뚜기와 비슷한 곤충)	vogaʒacr(직치류−메뚜기, 여치 등)<G>
pʌʒ-(ᄇᆞᇫ-, 부수다)	pïtï-/futu-(쪼개다)<G>, pusi-(부수다)<G>
pʌri-/palgi-(쪼개다, 벗기다)	vaxtu-(갈기갈기 찢다)<G>
pö(배, 布)	bos(布)<服>/pos(id)<G>
*pɯl~pəl~puri(「火, 伐, 夫里」. 고을)<지명>	vo/vu(마을)/-vr(곳)<명수사>
pyəl(중대한)	pila(큰), pērde-(중대하다)<G>
p'yəm(뼘)	pakma(뼘)<G>
pilpil(빌빌)	pirpir-(비틀다, 떨다)<G>
pek'i-(베끼다)	pitğï(책)<G> cf. bithe(책)<만주어>
*p'ure(물푸레)	pola/polo(물푸레)<G>
p'osil-p'osil(포실포실)	poss(모전, 毛氈)<G>
pusk(붊>붉)	pukes(식물의 줄기)<G>
pɪ-(피다)	pu-(불피우다)<G>
p'uji-(푸지다)	punʒi-(남아 있다, 푸지다)<G>
pəngä(번개)	pïlïŋg(번쩍임, 불꽃)<G>

pulhü(뿌리)	vizelex(뿌리)<G>
pəski-(벗기다)	vuski-(벗기다)<G>
pɯjɯrən(*빨리→부지런히), p'ʌrʌ-(빠르다)	fičur/fačiur(재빠른, 빠른)<G>
p'ɯrɯ-(푸르다, 綠), p'ʌrʌ-푸르다, 青)	pezro-(푸르다, 青), pezrv-(푸르다, 綠)<G>
pit'ɯr-(비틀다)	firfirə-(비틀다)<G>
piŋgɯre(가볍게 웃는 모양)	biŋulï-(쉽다)<G>
pijib-(*<pijik-. 비집다)	fizge-(구멍을 뚫다)<G>
pisɯs-(비슷하다)	vādā-(비슷하다)<G>, voči-(같다)<服>
pur-(불다, 吹)	fuvi-(불다)<G>/ive-(id)<G>
-pun(사람존칭)<접미사>	niğvn̥(사람) *cf.* niğvn̥>nivn̥>ivn̥(>bïn)
p'ob-(뽑다)	fuvrke-(뽑다)<G>
-əb-(같은) *cf.* 믿-업-	epə-(같은)<G>
*ö-t'i-(외치다)	uvï-(외치다)<G>
po-(보다)	abï-(지켜보다)<服>
tɯlβ-(뚫다)	čev(찌르다)
č'iβ-(춥다)	tiv-(춥다)
iβ-(섞갈리다)	if-(괴로워하다)
koβ-(곱다, 麗)	kuv-(곱다)
nuβi(누이)	ruof(형제)<G>

(40) 例

m<Kor>	m<Gily>
mana(「摩那」, 물고기)<伽耶>	ma(건어)
mag-(막다)	magï-(회피하다)<G>
magu(마구)	maga(매우)<G>, mağalaŋ(혹독한)
maru-(「抹樓」. *숭배하는) *cf.* 마루-하님(부인)	magra-/mere-(숭배하다)<G>
mʌrʌ(마루, 宗)	mar-(올라가다)/mux(배의 들보)
maujä(*화승총→러시아인, 약탈자)<함경>	mäoča/meuča(화승총)<G>
amaŋi(할멈)	mam(할멈)
mʌnji-/mʌni-(만지다)	motə-(키스하다)<G>
ma(남쪽)	mari(남쪽)
*man-(오르다)<구미> *cf.* 만-데(정상)<구미>	ma-(오르다)
maŋgaji-(고장나다)	manka-(어렵다, 굳다) *cf.* maŋga(id)<만주>
mut'(물)	miï(물)/miv/mif(id)<G>
majag(마작, 麻雀), mar(장기판의 말)	mačaŋ(장기판의 말)<G>
mas(진수성찬)	mos(진수성찬)
mɯl(물)	miri-(물긷다), mi(강, 원천)<G> mïri(발원하다, 發源)
mɯl(*비누) *cf.* 재(灰)-믈	mul(비누)<服>
mʌl(말, 馬)	mur(말)
miri(용<*靈物)/imugi(큰구렁이)	milk/mïlk(귀신・괴물)
muʒu/muk'i(무우)	murïk(무우)<服>
mɯrɯ-(물러나다)	mïri-(외출하다)<G>
manhʌ-(많다), mol(전부)<접두사>	malho(많이)<G>
majik(마직, 논밭 넓이의 단위)	mačik(작게)
məru(산포도, 머루)	mečak(머루, 漿果)
əmma(엄마)/əmi(어미)	mammï(엄마)<G>/ïmk(어미)
moda(전부)	mloka-(온전하다)<G>
mok(할당, 몫)	mokə-(나누다)<G>

mok(목, 頸)	molk(곰의 목)<G>
mot'aŋ(모탕)	mot/mott(벼개)<G>
mʌʒʌm(마음)	moč(여자의 가슴)
mʌsʌ-(부수다)	mosə-(부수다)<G>
mosi(모이)	moss(고기 가루 죽)<G>
məri(머리) cf. 벼갯머리	mali-(곁에 다가서다)
muryəp(옛적) *cf.* 그 무렵	mu-lorv(옛적)
mu-hʌ-(자식 없이 죽다)<함남>	mu-(죽다)<G>
muč'irɯ-(무찌르다)	mïčiŋ(날카로운 손도끼)<G>
mɯrɯnog-(무르녹다)	mrolv-(낡다)<安本>
murək-murək(잘 성장하는 모양)	mrïmrïŋg(춤)<G>
tam(류머티즘)	tarmnt(류머티즘)<G>
kulm-(주리다, 굶다)	kurmu-(주려 죽다)<G>
čiman-hʌ-(*놀다→소홀하다, 경망하다)	čimanki-(놀다)
čim(기회)<사투리> *cf.* čim>kim?	čimğr(기회)
čim(짐)	čimlaŋ(짐)
čimtä(장대)	jamda(장대)
kom-kom(숙고하는 모양)	komlï-(숙고하다)
kəm=(집다, 잡다) *cf.* 검 -잡다	gemu-(집다)
tamʌr-(입 다물다)	tamï-(입 다물다)

(41) 例

p/b<Kor>	m<Gily>
pɛ(배, 舟)	mu(배)
p'udagü(뿌다귀)	mutki(뿔)<G>
p'ul(뿔)	murki(소의 뿔)
palgwal(陳情)	makər-(고백하다)<G>
kalbi(갈비)	ŋarm(갈비)<G>
pat'-(근접하다)	mala-(근접하다)<G>
pujij-(부짖다) *cf.* 울-부짖다.	miyuyu-(울부짖다)<G>
mʌndʌr-(만들다)	vantu-(만들다)
čumusi-(<*čʌm-musi-. 자다)	poši-(자다)

(42) 例

p<Kor>	w(Gily)
pʌri-(바르다, 베다)	wale-(베다, 자르다)<G>
pagɯl-pagɯl(바글바글)	wakr-(병렬하다)
paji(바지)	waš(바지)/vaš(id)<G>
paguni(바구니)	wak'ei(상자)/vakei(id)<G>
pajʌ(울타리)	wazir(울타리)
*pul~pəl~puri(고을)<지명>	wo(마을)/vo(id)
pik'i-(길에서 벗어나다)	waga-(길에서 벗어나다)<G>
pada(바다)	wada(바다)<G>

(43) 例

m<Kor>	w<Gily>
mak-(차단하다)	wag-(끊다)
maŋgu(아내) *cf.* 할-망구(늙은 아내)	wanx(아내)<G>
mogaji(모가지)	woškorai(목, 喉)
*mʌč'ʌn-kaji(마찬가지)	woč-hïs(마찬가지)

musö(무쇠)	wuč(무쇠)<G>
mesĭk'əb-(메시껍다)	weska-(서로 싫어하다)<服>
kama(가마)	xäwuč(가마)<G>

(44) 例

n<Kor>	n<Gily>
na(我)	ne(나)
nolla-(놀라다) cf. *nağo->noğo->nolʌ-	nağo-(놀라다)
mamɯr(「乃勿」, 납, 鉛)<지명>	nenŋal/nyangal(납)<G>
namo(나무)	ŋafan(목재), nauwz(막대기)<G>
naksi(낚시) *cf.* 낚시-바늘	nux/nuğ(바늘)<G>
nat'(한개)	naxr(한개)/neč(한개)
nä-(가능, 완수조동사)	nĭ-(가능조동사)
nʌč(낯)	netf(낯)
nu-(대소변 보다)	nui-(하다), ōni-(대변보다)<G>
nye/ye(네, 肯定答)	nu/ĭhĭ(네)<G>
neh/nəhi(四)	nĭč/nux/nu(四)
nyəm(심장) *cf.* 념-통	nif(심장)<G>
nu(누구)	nu-nd(무엇)
nun(눈, 眼)	nyunü-/nünü-/nü-(보다)<G>
nim(앞)	nef(앞)
inä(즉시) *cf.* *nana>nina>inä	nāna(요즘)<G>
ənni(언니, 姉)	nanaka(언니)<G>
nʌrʌ(나루)	nallu(만, 물굽이)<G>
nʌlgä(날개), nʌr-(날다)	nĭrx(날개)/naret(id)<G>
narä(이영)	nār(이불)<G>
naʒ-(낫다)	nasxra(좋은)<G>
nagɯ-nä(나그네) *cf.* -nä(사람) : 이내-몸	nunugĭ-(여행하다)<服>
naŋgu(땔나무)<사투리>	nyaŋal-ku(통나무)<G>
nasugi(넉넉히)<사투리>	nasxara(넉넉히, 관대한)<G>
näh(내, 川)	naʝyu(내, 川)<G>
noknok-hʌ-(하잘 것 없다) *cf.* 碌碌(?)	noke-(빈약한)<G>
nor-(드물다)	neš-ak(드물게)<G>
nahi(어린이) *cf.* 갓-나히	nonax(어린이)<G>
nuk'al/nunk'al(눈, 眼)	nigax(눈)
nəŋk'ur(넝쿨)	nĭkes(덤불)<G>
noŋ(나무옷장)	no(저장실)<G>
ni(이, 齒)	nĭgzr(이)<G>
ni(너)	niŋ(나를 제외한 우리)<G>
nʌmʌč'(주머니)	nĭgmi(주머니)<G>
ni-(이다, 戴)	ni-(이다, 머리에 쓰다)
nəsɯre(너스레)	nĭs(너스레)<G>
not'ori(노인)<비칭>	notr-/noter-/notari-(귀가 먹다)<G>
namʌra-(나무라다)	nĭmpi-(나무라다)<G>
ənɯ(어느)	ena/en(다른)
ənɯ(어찌)	yanĭs/yanr(어찌)
anhä(아내)	ainağai(아내)

(45) **例**

s<Kor>	s/š<Gily>
s'o(쏘, 沖)/so(깊은 못, 淵)	sami(沖) *cf.* *sabi>sawi>soi>so>s'o
sʌ̄r>s'al(뿔, 쌀)	sari-(밥먹다)
sʌski(숫기, 새끼)	sasku-(묶다)
sʌ̄-(싸다, 包)	sa-(넣다)
si'=(모두) cf. 싯-꺼멓다	sik(모두)
si-(있다, 存在)	ši-(넣다)/si-(두다, 놓다)<G>
-sʌb-/-ʒʌb-/čʌb-(상대존대어미)	šopr-(섭리하다, 보내다)<G>
sid-(싣다)	siv-(타다, 乘)/šiv-(id)/xiji-(id)
*syu(입구) *cf.* 슈인ᄉ	šu(입구, 戶口)<G>
s'ok(쏙) *cf.* 쏙 빠지다	sog(아리따운)/sug(id)
sorɯrɯ(녹는 모양)	sōro-(녹이다)
srə-(서다, 立)	sī-(오르려하다)
sagi(사기, 瓷)	šağ-nt(보배)
säu-(*이겨내다→새우다)	säw-(이겨내다)<G>
s'əhɯr-(썰다)	ša-(썰다)<服>
sat'uri(방언)	šastar(여기저기의)
s'uk-s'uk(키가 크는 모양)	šug(높은)
subuk(그릇 밖으로 솟은 모양)	šuwo-(밖으로 내다)
sat'-sat'i(샅샅이)	sazsaz(샅샅이)
sʌrʌ-(사르다)	šra-(사르다), šuv-(태우다)<G>
soktak(짬짜미 하는 모양, 密約貌)	šoxtu-(약속하다)<服>
sol(소나무)	šar-nt(소나무과의 한 종류)
sik'ɯr-(시끄럽다)	šinkr-(괴롭히다)
sūsi-(쑤시다)	šulgi-(쑤시다) *cf.* -lgi->-ti->-si-
sos-(솟다), s'uk(빼어난 모양)	šog(높은)
sɯlg-əb-(슬겁다, 內廣)	sulgi-(열다)
sunɯlk(고개, 수늙)	šmunk(위)
syusyu(수수)	suss(수수)<G>
soŋi-(보내다)	šo-(보내다, 휴대하다)
soŋ-čin(송진) *cf.* 송-진(脂)	šox(송진)<G>
soŋgos(송곳)	šoŋkale-(찌르다)<G>
sūč'-(뭋다, 磨)	šu-(갈다)
s'i(님, 氏?)	ïss(님, -씨)<G>
-s'ik=(-씩, 각각)	sik(각각)
asə(아서, 禁止)	ais(아서)

(46) **例**

č/j/č'/č'<Kor>	č/j/c<Gily>
či(너)	či(너)
č'ʌ=(흰)<접두사> *cf.* ᄎᆞ돌	čaga-(희다)
č'ak(달라붙은 모양)	čak'a-(달라붙다)
čas-sä(잣새)	čočranx(잣새)<G>
čyakto(작두), čagü(자귀)	čak'o(칼)
čačaŋ-ka(자장가) *cf.* ka(歌)	čače-(부녀들이 또닥거리거나 북을 치다)<G>
č'am(「斬」, 뿌리)<지명>	camğ(밑그루)
čarɯ(섶나무)<신라 지명>	č'ar(섶나무)
*čaŋ-(나무하다) *cf.* 장작	čaŋa-(나무하다)
čanč'ä(잔치)	čanč(구운 것)<G>
čyə(젓가락)/čyəbun(id)	čapka(젓가락)/čavk(id)<G>

čaŋgu(*손바닥, 손벽) *cf.* 맞-장구	čanx(손바닥)
čab-(잡다, 쥐다)	čaprï-/čapeʒi-(가져오다)
-čaŋ(-장, 枚)	-č(-장, 枚)
*čak(나무) *cf.* 장-작. čari(id) ∞ 회-차리	čaxr/čax(통나무)
čiu-(지우다)	cəōdə-(꺼지다)<G>
*čïbo(「紫布」, 赤)<향가>	čabre-nt(갈색)<G>
č'ʌl(원천)	črạji(원천, 근원)<G>
čim(짐, 荷)	čemraŋ(짐)/čimlaŋ(id)
čɯj-(짓다)	če-(지저귀다)
čyaŋ-sɯŋ(장승, 人形모양의)	čiŋai-xïn(인형들) *cf.* -xïn(pl.)
čyak(셋) *cf.* 쟉-살(삼지창)	čiax(셋)/čak(작살)<G>
*čyək(웃도리) *cf.* 격-삼(麻)	čyurk/čurk(물고기 껍질로 만든 웃도리)<G>
čyəŋgaŋi(정강이)	činif(정강이)
č'yənduŋ(천둥, 우레소리), čiŋ(징, 錚)	čind(천둥)
čəŋi(허수아비)<함남>/čyeyuŋ(人形)	čiŋai(인형)
čip'(짚)	čigr(풀), čomr(잎)
č'i(環) *cf.* 폴찌	čixr(팔찌)
č'i-(치다, 치우다, 완료조동사)	či-(완료하다)<服>
čiman-hʌ-(소홀하다←*놀리다)	čma-(놀다)/čmanki-(놀리다)
čisä(기와)	jigač(지붕)<G>/tedïns(id)<G>
č'oŋgɯs(귀를 세운 모양)/čoŋ(마늘의 장다리)	čonkr(머리, 頭)/čoŋgr(id)<G>
č'ok(쪽, 藍)	čok're/cokar(풀이름)?
čor-/čur-(줄다, 縮, 減)	čorā-/čorra-(가난해지다)
čoʒ-(좄-, 쪼다)	čoosxu-(깨다, 破)
čyəgi(제기, 차는 장난감)	č'a(돈)/čixa(id)<服>
č'ʌ-(차자, 蹴)	č'ui-(차다)
čä-(구워먹을 수 있게 양념하다, 재:다)	ča-(굽다)<G>
cəbək-čəbək(저벅저벅)	čapčabe-(젖다)<G>
č'ən(천, 피륙)	jaŋta(피륙)<G>
čyoŋji(종지)	čaŋkr(종지)<G>
čallyaŋ(모피 자리)	čalanạj-nār(순록-이불)<G>
č'ʌ-(차다, 滿)	čār-(차다)/čar-(id)<G>
-č'yək(-척, 似)	činkut(마찬가지)<服>
čipke(집게)	čapas'(나무집게)<G>
čəksi-(적시다)	čax(물), čaxparki-(젖다)<G>
čyəksö(석쇠)	čessk(석쇠)<G>
čyəbi(제비)	čebrik(박새과의 작은 새)<G>
čyəgori(웃옷)	čika(솜웃옷)<G>
*čyanä(>čanä, 너)	čin(너)<G>/čiŋ(id)
č'ari(가버치)	čalha-(값나가다)<G>
-č'i(물고기)	čo(물고기)<G>
čɯmge(큰 나무 · 수목)	čumgi(큰 나무)<G>
čuməg(주먹)	čvux(주먹)<G>
čö(모두, *더욱더)	č'öi(더욱더)<G>
č'aŋk'al(창칼)	jak'o(창칼)
kaji-(가지다)	kiji-(가지다)
kaji-kaji(가지가지)	kajin-kajin(가지가지)
čimt'ä(장대)	jamda(막대기)<G>

(47)	č-<Kor>	z<Gily>
例	ča-si-(먹다)	za-(마시다)
	čyaŋkuan(「長宮」,형, 兄)<계림유사>	zanki(주인)<服>
	čoji-(강타하다), čoʒ-(쪼다, 啄)	zoosxu-/zoořka(깨다, 깨지다)
	č'i-(<t'i-. 치다)	zai-(치다)<G>
	čač'iki(놀이 이름)	zače-(자치기하다)

(48)	n-<Kor>	l-<Gily>
例	naga-(나가다)/nagɯ-nä(나그네)	laga-(여행하다)
	nasui(넘게)<사투리>	las'i(넘어)
	na-(나다)	lat-(소리나다)
	nɛ(내, 안개, 연기)	lax(구름)
	nyəp'(옆)	lef(곁)
	naʒ-(낳-, 낫다, 癒)	ler-(낫다)
	nägur-(거꾸로 연기나다)	laxu-(두 방면으로 흩어지다)<G>
	nor-(놀다, 遊)	lēri-(놀다)<G>/ler-(id)
	nye(옛)	lorv(옛)
	nolä(노래)	lu-(노래하다)
	nagɯs-nagɯs(나긋나긋)	lager(~을 따라서)<G>
	nəsä(너새)	lazŋ(높은 작은 집)
	nɯp'(늪)	lïrf(강변)<G>
	nil-liri(닐리리, *춤)	ler-(춤추다)<G>
	*niri>iri(이리, 狼)	ligr(이리)<G>
	*nib-(>ib-, 섞갈리다)	lerwiv-(섞갈리다)
	nänä(내내, 끝까지)	lēlē(끝까지)<G>
	nogo(노고)	lok'(물통, 대야)<G>
	nodegi(마누라)<사투리>	lïtï-(친구가 되다)<G>

(49)	-r/-l<Kor>	-l<Gily>
例	*-ryəmɯ(-렴, -려무나)	lixmï-(-르터)<服>
	tor(도랑)	tol(내)
	kʌrʌm(호수)	xallu(늪)<G>
	era(자! 힘차게)	ela(자! 힘차게)
	*tur(「寧」. 겨울)<지명>	tul(겨울)
	ik'ɯr-(이끌다)	ixïl-(끌어당기다)
	kʌrʌ-(말하다)	kelai-/xer-(말하다)
	kuru-(달리다)	kloi-(달리다)
	kir-(길다)	kula-(길다)
	urəŋi(우렁이)	welax(달팽이 껍질)
	tur-(멀리 돌다)	tïla-nt(멀리)
	allak-allak(알락알락)	alaxala(알락알락)
	ap'ul-sa(감탄사)	avr/afr(감탄사)
	holaŋi(호랑이)	klïnd(호랑이)
	sori/sorɛ(소리)	čiulat-(소리나다)
	alla(어린애)<사투리>/əlla(id)	olla(어린애)<G>, əla(id)
	ol(미래의) *cf.* 올-해	ölgö(미래의)<G>
	kal(칼, 枷)	xal(개의 쇠목걸이, 넓은 목걸이)<G>
	čyəlp'yən(흰떡의 일종)	xleb(빵)<服>
	sul(숟가락)	lūbr(숟가락)<G> cf. l∞š>s

(50) 例

n-<Kor>	r-<Gily>
nolla-(놀라다)	rağo-(놀라다) *cf.* rağo > noğa nora > nolla
nak(*쌀→조세)	rak(쌀)/dak(곡식)<G>
nak'-(낚다)	rak'u-(찌르다)
naksi(낚시)	raxč(창, 槍)
ni-(이다)	ri-(머리에 쓰다, 이다)
nog-(녹다)	rošxu-(녹다, 消)
nəur(너울)	rawz(주위의 헝겁, 너울)<G>
nuβɪ(누이)	ruof(형제)<G>
nɯr-(늘어나다)	ruru-(풀다, 늦추다)<G>
noh-(놓다, 置)	rotə(내려놓다)<G>
noh-(놓다, 放)	rïru-(떼어놓다)

(51) 例

-r/-l<Kor>	r<Gily>
əry-əb-(어렵다) *cf.* *r~r>∅~r	rerï-(어렵다)
raon(즐거운)	rovi-(웃다)
kor(골짜기)	ğor(냇가)
tari(다리, 橋)	tri(통나무 다리)
tūl(둘)	tïr-(둘이 되다)
kulm-(주리다)	kurmu-(주려 죽다)
sāl(쌀)	sari-(밥먹다)
kər-(걸다, 吊)	kro-(걸다)
nor-(놀다, 遊)	ler-(놀다)/lēri-(id)<G>
əru(가히, 可)	aru(가히)
araŋ-ču(술 이름)	arak(술)
s'əl(작은 파이프) *cf.* 썰-대	očrai(작은 파이프)<G>
həltəgi-(헐떡이다)	xernage-(헐떡이다)<G>
nilliri(닐닐이, *춤)	ler-(춤추다)<G>
*əl(「於乙」. 샘)<지명>	eri(강의 원줄기)

(52) 例

t<Kor>	č<Gily>
t'ʌri-(때리다)	ča-(때리다)
tirɯ-(찌르다)	čara(꿎히다) *cf.* a~a>i~a
tʌr-(달리다)	čaxu-(뛰다)
tɯlβ-(뚫다)	čev-(찌르다)
tyər(「伽」, 金)<가야지명>	čwar(금)<G>
nat'(낱, 하나)	neč(하나)
tangun(檀君)	jäŋgin(주인, 신사)<G>

(53) 例

č/j/č'/č'<Kor>	t/d<Gily>
č'uk'i-(추키다)/č'ihyə-(인상하다)	teağa-(쳐올리다, 올리다)
č'ima(치마)	telpa(여자의 바지)<G>
č'iu-(완료하다)	tïfi-(완료하다)<服>
čiri-hʌ-(지리하다, 느려 실증나다)	tiezla-(느리다)<G>
čaji(남근, 좆)	tyurk(불알)<G>
čʌ̄-/č'ʌ-(짜다, 鹹)/č'ab-(id)	taps/tafč(소금)<G>
č'iβ-(춥다)	tïv-(춥다)/tiv-(-id)<Sav.1970>

čyəŋguji(정구지)	tiŋger(채소)<G>
čyəŋgaŋi(정강이)	tinnix(정강이)<G> *cf.* -ŋ->-n-
čʻɯlk(흙)	tuks(흙)<G>
čək(적, 꼬챙이에 꿴 불고기)	talk(물고기, 살코기)<G>
koč(곶, 岬)	xut(산맥의 지맥)<G>
čip(*흠집→흔적) *cf.* 흠-집, 허무-집	tif(흠집)<G>
onjən(온전)	udenč(건강한)<G>
čʻig(*줄기) *cf.* 채-찍	tigr(줄기)<G>
čʻi(팔찌): 꽃-찌	tïzr(팔찌)<G>
ačʻʌm/ajyəg(아침). cf. *t~t>~t>~č/j	tatïng(아침)<G>
čiʒ-(짓다)	litï-(짓다)<G>
참고: čip(家)	tav(家)/tïf(id)<G>

(54) 例

č<Kor>	y<Gily>
čəg-(적다, 記)	yarxo-n(기호)
čəʒ-(젛-, 젓다)	yespu-(젓다)
čiri-hʌ-(지루하다)	yulax-(초조하다)
časi-/čwasi-(자시다, 食)	yadə-(먹이다)<G>

(55) 例

n<kor>	t · g<Gily>
nərɯ-(너르다)	tïla-(넓다)<G>
nak(*곡식→세금)	dak(곡식)<G>
nyərɯm(여름, 夏)	tolluf(여름)<G>
nog (기력이 쇠진하다)	toge-(기력이 쇠진하다)<G>
nos(놋쇠)	tus'(놋쇠)<G>
nəl(널)	tïr(널)<G>

(56) 例

n<Kor>	y<Gily>
nəmgi-(넘기다, 渡)	yevg-(넘기다)
nyəh-(넣다)	yuči-(들이다, 부어넣다)
nig-(익다) cf. nenïg->enig->nig-	yenï-(익다) *cf.* *nenïg->yenïg->yeni-

(57) 例

ø<Kor>	x<Gily>
ər-(얼다, 凍)	xoroj(차가운)<G>
yəgɪ(여기)	xeakr(여기)<G>
*maru(「抹樓」남자존칭) *cf.* 抹樓下	xeimar(늙은 남편, 할아버지)<G>
eminahi(여자), mana-nim(늙은 부인)	xeimanax(늙은 아내, 할머니)<G>
arä(요전에)	xara(그리고 나서, 요전에)<G>
yaŋ(위, 胃)	xiger(위)<G>
čʌčʻɛ-om(재채기)	xačača-(재채기하다)<G>
era(에라!)	xella(여보, 이봐)<G>
ərï-(귀엽게 다루다, 어르다)	xere-(문지르다)<G>
ar(알)	xagr(물고기 알)<G>
mallraŋ-mallraŋ(연한 모양)	xamamla-(연하다)<G>
tʻop(*모래톱) *cf.* 모래-톱	xatuč(모래톱)<G>
irɯkʻi-(일으키다)	xililingt(불을 살리다, 일으키다)<G>
pa(밧줄)	xeva(밧줄)

(58) 例 h<kor>	ø<Gily>
hyəari-(생각하다)	yahara-(생각하다)
harh-/hart'-(핥다)	yerer-(핥다)
hüp'ʌram(휘파람)	pyofyo-(휘파람불다)
hodɯlgap(호들갑)	uduŋavrï-(아프다)<G>
hyog-(작다)	yoğo(조금)<G>
hyə(혀, 舌)	ilx(혀)/hilf(id)
hullyuŋ(훌륭)	urlan(훌륭한)
huri-huri(키가 큰 모양)	urra-nt(키가 크다)

(59) 例 -ʒ(ㅿ)<Kor>	-r/-z/-š/-č/-l/-t<Gily>
naʒ-(나ᇫ-, 낫다, 癒)	ler-(낫다)
naʒ-(낫다, 優)	nasxra(좋은)<G>
mɯʒi-(므ᅀᅵ-, 무서워하다)	pēr-(무서워하다)
maʒʌm(마음)	moč(여자의 가슴)<G>
muʒu(무수, 무우)	murïk(무우의 일종)<服>
kʌʒä(가위)	xaza(가위)<G>
kɯʒ-(그ᇫ-, 끌다)	guši-(*>guʒi-. 끌다)
kɯʒ-(긋다, 畫)	xïzə-(찢다)<G>
kiʒɯm(기ᅀᅳᆷ, 기음)	xim(<xiyim<*kiʒïm. 덤불)<G>
kuʒyu(구유)	kïll(개의 식탁)<G>
moʒi(모ᅀᅵ, 모이)	mos's'(>mosi>*moʒi. 고깃가루 죽)<G>
čoʒ-(쪼다)	čoosxu-(깨다)
čiʒ-(짓다)	lïtï-(짓다)<G> cf. l>š>č
pʌʒ-(부수다)	pusi-(부수다)<G>
yəʒ-(여ᇫ-, 엿보다)	inte-(>*inje- 보다)<G>
poʒʌ(보시기)	putlïk(병)
pʌʒɛ-(반영하다・부시다)	pši-(돌아오다)

(60) 例 h<Kor>	k<Gily>
horaŋi(호랑이)	kïlïnd(호랑이)
t'ühʌ-(튀하다)	dok'o-(튀하다)
kahi(개, 犬)	ŋajak(강아지)
k'ɯnh-(끊다)	kunk-(베다, 자르다)
hɛ(해, 天陽) cf. 日日姮<계림유사>	ken/keŋ(해)
hyəh-(넣다)	yug-(넣다)
anhɛ(아내)	ainağai(아내)

(61) 例 t<Kor>	y<Gily>
tyə(저, 彼)	ye/ya(저)
tɯd-/tɯr-(듣다, 聞)	yotot-(듣다)
-tʌs hʌ-(…듯 하다)	yoohari-(…듯 하다)<服>
tʌtni-(다니다)	yat-(조용히 가다)
tʌri-(데리다)	yer(데리고)/ye-(데리다)
tabuji-(다부지다)	yabra-(달라붙다)<G>
tagɯ-(접근하다)	yak'u-(오다, 다닫다)
təp'-(덮다)	yabə-(덮다)<G>
참고: säbi-(<*täbi-. 새비다, 씌우다)	yabgu-(씌우다)<G>

(62) 例

m<Kor>	p,b,v〔β〕,f〔∅〕<Gily>
manjaŋi(큰 나무배)	pinča(큰 나무배, 辨財船)
-mada/-mara(-마다, 每)	vada/vara(똑같이)<G>. varankr(마찬가지로)
morɛ(모래, 明後日)	posx(모래)<G> *cf.* s∞r
mur-(물다, 咬)	vovï-(물다)<G>
mɯʒi-(두려워하다)	pēr-(두려워하다)
mač'i(흡사히)	vačit(…와 같은 것)
maryən(마련)	vāla-(준비하다)<G>
mos(못, 池)	pïzru(못, 바다)<G>
kom(곰, 熊)	č'ïf(곰)<G>
nim(앞)	nef(앞)
namo(나무)	ŋafan(목재, 나무)
čumək(주먹)	čvux(주먹)<G>
-m(진행형 · 명사형어미)	-fo/-fï(진행형어미), -f(명사형 어미)

(63) 例

h<Kor>	p,v<Gily>
horuragi(호루라기), hodɯgi(호드기)	vučraŋa(호루라기, 口琴)<G>
hüp'ʌrʌm(휘파람)	pyofyo-(휘파람불기)
hwando(환도)	panču(큰 도끼)
참조: pəri-(완료조동사)	harï-(완료조동사)

(64) 例

č<Kor>	š/s<Gily>
čib-(집다)	šivu-(뽑다)
čü-(쥐다)	šū-(쥐어내다)
č'ɛo-(채우다, 滿)	sarui-(채우다)<G>
čab-(잡다, 捉)	šorvu-(잡다)
ču-(주다)	šo-(주다 · 가져가다)

(65) 例

s<Kor>	č<Gily>
s'əl(작은 파이프) *cf.* 썰-대	očrai(작은 파이프)
s'ə-(<h'yə-, 빼다, 退)	čiu-(빼다)
sut=(순박한) *cf.* 숫-처녀	čud-(새롭다)<G>
sok(*속새) *cf.* 속-새(草)	čok're(갈대)<G>
sʌlk(狸)	člïgi(삵)<G>
*sal(새, 동녘)	člaŋi(동녘)<G>
sʌlh(살, 근육)	čus's'/čiuš(근육)<G>
simaŋ(*욕설) *cf.* 시망-스럽다	čir-monak(욕설)<G>
səŋk'al(*센→노기, 강인성)	čekala-(강하다, 세다)<G>
simgɯ-(심다)	čingr/tiŋgr(풀)<G>
saks(삯)	čxa/čixa(돈)<服>

(66) 例

s<Kor>	h,x<Gily>
syəkha(서캐)	hišk(이, 虱)
sim(힘)	ixmu-(힘쓰다)
*sim(불켜다) *cf.* 심-지	himï-(불켜다)<服>
sid-/sir-(싣다)	xiji-(타다, 乘)
-si-(주어존대어미)	-xï(n)(주어존대어미)<服>

참고: heŋgu-(헹구다, 浴)	šang-(헤엄치다)<G>
hyən-ma(얼마) *cf.* 마(전도, 양)	šanz(얼마)<G>

(67) 例

s<Kor>	t<Gily>
son(손, 手)	tun(손가락)<G>, tamk(손)
isi-(「教」. 시키다)<吏讀>	itï-(이르다, 言)
soŋkos(송곳)	toŋgkale-/šoŋkale-(찌르다)<G>
sʌlh(살, 肌)	tūt/čus´s´(살)<G>

참고: šanka(여자)<Gily>∞tanka(여자)<Gily>

(68) 例

-č/-j<Kor>	r<Gily>
kəji(거지)	kuzr(대식가)<G>
mogaji(모가지)	woškorai(모가지)
čoji-(매우 때리다)	zoorka-(때리다)
kis(<čič'. 깃, 羽)	ŋaigr(깃, 羽)
kɯč'-(그치다)	ker-(그치다)
čyoŋji(종지)	čaŋkr(종지)<G>
čəŋguji(정구지)	tiŋger(채소)<G>

(69) 例

-∅<Kor>	-r/-l<Gily>
agi(아기)	axarn(아이)
pam(밤, 夜)	varf(밤)
magu(마구, 酷)	mağalan(마구)
ma(남녘, 南)	mari(남녘)
neh(넷, 四)	nukr(넷)
ponɛ(보니, 보미)	panir(나무 껍질)
sik'u-(시끄럽다), sik'ɯl-sik'ɯl(시끌시끌)	šinkr-(괴롭히다)
tahi(방향)	takr(방향)
čyak(셋) *cf.* 쟉살	čakr(셋)
č'ʌ-(차다, 滿)	čār-(차다)<G>
čim(짐, 荷)	čimlan(짐)

(70) 例

∅-<Kor>	母音-<Gily>
kʌnʌl(그늘)	ïgïnč(어두운 곳)<G>, ungïr(그늘)<G>
kəru(거루, 扁舟)	ogri(거루)
k'ɛ-(깨다, 醒)	exo-/yexo-(깨다)
t'ʌk(턱, 頤)	itï-(턱)<G>
t'ü(튀함) cf. 튀-하다	īdi-(가죽 벗기다)<G>
tʌri-(당기다)	idele-(당기다)<G>
him(힘)	ixmu-(힘쓰다)
*s'ər(작은 파이프) *cf.* 썰-대	očrai(작은 파이프)<G>
po-(보다, 見)	abï-(지켜보다)<G>
nu-(대변 보다)	onï-(대변 보다)<G>
kitɯri-(기다리다)	ixiloter-(고대하다)

다음에 길약語의 音韻現象의 特徵的인 것 몇 개를 들어 보인다.

(71) 重音脫落現象(hapology)

	<Gliy>__________	<Kor>__________	<再構>
(ㄱ)	kärx(여우)<G>	yək'i(id)<사투리>	*kerki
	kalxalx(거위)<G>	kəru(id)<사투리>	*kalkalki
	ïk’ïk’o(겨우)<G>	iɯk’o(이윽고)	*ïkïk’o
	nanax(젊은이)<G>	nahi(id) cf. 갓-나히	*nanaki
	nonaka(언니)<G>	ənni(언니)	*nonaki
	mama(어미)<G>	əmi(id)	*mama
	nunugï-(여행하다)<服>	nagɯnä(나그네)	*nunugïn
	ŋaŋgr(구강)<G>	aguri(id)(사투리)	*ŋaŋïri
	kekar-(찢다)<G>	karʌ(가르다)	*kekar-
	taddom(정수리)<G>	ɯt’ɯm(으뜸, 줄기)	*toddom
	nāna(요즘, 지금)<G>	inä(즉시) cf. nana>nina>inä	*nāna
	tatïŋg(아침)<G>	ajyək(아침)	*tatïŋg
	yenï-(익다)<*neni-	nig-(익다)	*nenig-

위와 같이 Amur방언(本土방언. 黑龍江강구일대에서 쓰임)은 重音脫落現象을 보여 주지 않는 例가 많으나, 중음탈락을 일으킨 例도 몇 개 눈에 뜨인다.

(ㄴ) eäkurax/eäkes(가까이)<Amur>—Kak’ai(id)<Kor>—*kēkuraki
pai(무익하다)<Amur>—paivayā(무익하다)<Tïmï>—*paipaiā

한편, Tïmï方言(上사할린東部방언)도 韓國語와의 비교에 의하여 重音脫落現象이 드물게 발견되나, Tïmï方言 자체 내에서는 상당한 發達을 보이고 있다.

(ㄷ) inint(식품)<Tïmï>______________________int(id)<Tïmï>
putïŋ-loŋ(쪼개진 달, 半弦月)<Tïmï>_____putï-loŋ(id)<Tïmï>
paivayā(무익하다)<Tïmï>_____ pai(부질없는)<Tïmï>, p‘ai(무익하다)<Kor>

(72) r/l下의 k/g/x의 默音化現象

이런 現象을 韓國語에서는 ‘ㄱ默音化’라고 하는데, 길약語에서는 크게 발달한 자취를 보여 주지 않으나 더러 발견된다.

	<Gily>	<Kor>
(ㄱ)	yargu-(열다)	yər-(열다)
	kerxn(바다)	kʌrʌm(호수)
	korŋaks/korkr(버들)<G>	kori(버들의 한 종류)
	ŋaurk(골, 뇌)	kor(골, 뇌)
	murki(뿔)	p'ul(뿔)
	zoorka-(파괴하다)	čoji-(강타하다)
	ölğö(미래의)<G>	or=(*미래의) *cf.* 올해, 올가을
	talaga-(벌거숭이)	*tari>tä(*벌거숭이) *cf.* 대-머리
	turgu-(들어오다)	tɯr-(들어오다)
	korkr(띠, 帶)<G>	kori(고리, 環)
	ŋïlk(이리)<G>	iri(이리, 豺)
	molgo(많은)<G>	*mol(모두) *cf.* 몰속(=몽땅)
	milk(귀신, 도깨비)<G>	miri(*영물→용)
	ïk'ïk'o(겨우)<G>	iɯk'o(이윽고)
	urgn(생명)	əl(정신)
(ㄴ)	xerə-(문지르다)<G>	kɯlg-(긁다)
	tuli-(뚫다)	tūlh-(<*tūlk-.뚫다)
	elle-/elə-(꽉매다)<G>	əlg-(얽다)

(73) 口腔閉鎖音에 **先行**하는 **l/r**의 **脫落現象**

이런 현상은 韓國語에서 흔히 일어나는데, 길약語에서도 口腔閉鎖音에 先行하는 l/r을 때로 탈락시킨다.

	<Gily>	<Kor>
(ㄱ)	varf(>*barp. 밤, 夜)	pam(밤)
	irvai-(<irbai-. 말하다)	iba-gü(말)<사투리>
	šorvu-(<*šorbu-. 잡다)	čab-(잡다, 捉)
	ilgi(가죽)<G>	igi-(이기다)
	molk(곰의 목)<G>	mok(목, 頸·喉)
	yarxo-n(<čarko-n. 기호)	čəg-(적다, 記)
	tajurk(뒤)	tü(뒤)
	čart(가득이)	č'ʌ-(차다)
	tolmu-(잠기다)	tʌm(잠기다)
	kïlmer(<*kïlber. 배꼽)	*kob(배꼽) *cf.* 빗곱
(ㄴ)	tuks(흙)	č'ɯlk(흙)

čev-(<čeb-. 찌르다)	tɯlβ-(뚫다)
kabi(눈, 雪)<G>	kalbi/kabi(눈) *cf.* 진갈비,진눈개비
xeimanax(할머니)<G>	halməni(할머니)

(74) 圓脣母音下의 k/g의 r/l化

이 現象은 韓國語에 있어서는 흔히 볼 수 있는데, 길약語에 있어서도 그런 현상이 발견된다. 물론 圓脣母音 아래의 모든 k/g가 r/l로 변하는 것은 아니며, 그런 면에 있어서도 길약語와 韓國語는 같은 양상을 띤다.

	<Gliy>	<Kor>	<再構>
例	miri-(물긷다), mïri-(물줄기가 시작하다)	mul(물)	muke(물)<Ma>
	klö(<kölö. 하늘)	k'ol-pič'(하늘빛)	köke(꿀빛)<W.Mo> *cf.* gök(꿀빛)<Turk>
	tïri(<*turi. 통나무다리)	tʌri(다리)	duğui(통나무다리)<W.Mo>
	kolla-(풍부하다)	kər(걸다)	küge-(걸다)<W.Mo>
참고:	tuk'ə(머리를 늘다)	tɯr-(들다)	—
	mux-(배의 들보)	mʌrʌ(마루, 능선)	—
	—	poŋori(봉오리)	bokuk(봉오리)<O.Turk>

(75) 語中의 閉鎖音(č/j/k/g/ğ/t/d) 앞에 n의 挿入現象

이런 現象은 알타이語나 日本語에서는 찾아보기 어려운 現象으로서, 韓國語와 아이누語에서는 보편적으로 일어나는 특이한 現象인데, 길약語에 있어서도 語中의 閉鎖音(č/j/k/g/ğ/t/d) 앞에 n을 挿入하는 現象이 발견된다.

<Gliy-Tïmï>	<Gily-Amur>	<Kor>
例 čngïs/čgïs(풀 · 草)	čingr(id)	čəŋguji(부추)
yanř-(빠르게)/yağa-(빠르다)	—	yag-(꾀가 바르다)
—	punʒi-(남아있다)	p'uji-(id)
pant-(커지다), punzi-(<*pundi-. 첨가하다)	—	p'əji-(퍼지다) pənji-(번지다)
—	ïnk(입, 어귀)/ïŋw(id)	agü(어귀)
šinkr(괴롭히다)	—	sik'ɯr-(시끄럽다)
intï-(보다)	inte-(id)	yəʒ-(엿보다)
—	ūdenč(건강한)	onjən(온전)

이런 現象은 韓國語의 古代語와 現代語 사이에서, 또는 표준어와 사투리 사이에서 자주 발견된다.

例 aj-(않다)>anj-(id) yəj-(얹다)>ənj-(id)
kač'i(까치)>kanč'i(id) əč'i(언치)>əňc'i(id)
kot'i-(고치다)>konč'i-(id) kɯč'i-(그치다)<kɯnč'i-(id)
yəč'i(여치)>yənč'i(id) nəč'ur(넌출)>nənč'ur<id>
tədi-(던지다)>təndi->tənji-(id) ajik(아직)>anjik(id)
ije(이제)>inje(id) hoʒa(혼자)>honja(id)
kʌč'o-(감추다)>kʌnč'o->kamč'u- məj-(멈추다)>*mənč'u->məmč'u-(id)

(76) V～V〈Gily〉>V～i/i～V/V～ɯ/ɯ～V〈Kor〉

한 單語 속에 같은 母音이 거듭 나타날 때 그 하나를 가끔 i나 ɯ로 바꾸는 現象은 韓國語과 日本語에서 흔히 볼 수 있는데, 길약語에서는 古形이 대체로 유지되나, 이런 현상도 더러 보인다.

	<Gily>	<Kor>
例 (ㄱ)	axarn(자식)	agi(아기)
	harkav-(할퀴다)	halkö-(<*halkab-. 할퀴다)
	yahara-(생각하다)	heari-(<*hegari-. 생각하다)
	udu-(좋다)	id-(<*idï-<*idu-. 좋다, 착하다)
	udula(검은)<G>	ədɯ-β-(어둡다)

	k'ene-(기대하다)<G>	kidä-(기대다)
	sōro-(녹다)	sorɯrɯ(녹는 모양)
	ğukus(곤봉)<G>	koŋi(공이)
	mama(어미)<G>	əmi(어미)
	nāna(요즘)<G>	inä(<*nina. 이내)
	ïk'ïk'o(겨우)<G>	iɯk'o(<*ikïk'o. 이윽고)
(ㄴ)	xunti-(놓다)	kuŋduŋi(궁둥이)

(77) -rk/-rg 〈Gily〉>t/-d 〈Kor〉

이런 現象은 韓國語의 두드러진 音韻現象이며, 알타이語나 아이누語에서도 보기 어려운데, 이 現象이 길약語에서는 그 흔적이 더러 발견된다.

	<Gily>	<Kor>
例	tïrk(돗자리)<G>	tot(돗자리) *cf.* 돍>돋(돗)
(ㄱ)	ïrk(밤)	ədɯ-β-(어듭다)
	ŋavrke(향기롭다)	*kotɯ->kosɯ->kosʌ-(향기롭다)
	korkr(씨, 멜브)<G>	kodo(*띠>허리) *cf.* gürgi(고도-쇠)<Ma>
	ŋarla-<ŋarka-(같다)	kʌt'ʌ-(같다)
(ㄴ)	tyurk(불알)<G>	*čyoti>čoji(자지)

위에서 길약語의 母音現象의 特徵的인 것을 (71)~(77)항에 걸쳐 고찰한 바에 의하면, 첫째로, 길약語는 韓國語에 비해 비교적 古形이 잘 보존되어 있고, 둘째로, 韓國語의 音韻現象의 특색이라고 할 만한 圓脣母音아래의 k/g의 r/l소리 되기, 語中의 閉鎖音(č/j/k/g/ğ/t/d) 앞에 n挿入現象, 口腔閉鎖音에 先行하는 r/l의 脫落現象, 한 單語 속에 같은 母音이 거듭 나타나면 그 하나를 가끔 i나 ï(ɯ)로 바꾸는 現象 등을 길약語도 간직하고 있음을 알 수 있다.

(78) 韓國語와 길약**語**의 **母音體系 比較**

길약語의 母音은 현재 a · e[ə] · o · u · ï · i의 6母音體系로 되어 있고, 韓國語도 본시 6母音體系였는데, 韓國語와 길약語의 基本母音은 각각 起源的으로는 「a · ɜ(ə에 가까운 음이나 약간 前進) · o · u · ï · i」의 6母音體系인 것으로 추정

된다.4)

이렇게 推定한 까닭은 第1音節에 있어서의 길약語彙와 韓國語彙의 對應母音의 頻度表가 다음과 같기 때문이다<A·B표의 숫자는 頻度數임).

[A표] a^{59}<Gily>∞아^{29}, ᄋᆞ^{17}, 어^{13}
e^{33}<Gily>∞어^{17}, 으^{6}, 이^{6}, 아^{4}.
o^{36}<Gily>∞우^{23}, 어^{6}, 우^{4}, ᄋᆞ^{3}.
u^{63}<Gily>∞우^{23}, 오^{17}, 어^{9}, 으^{8}, ᄋᆞ^{6}.
ï^{53}<Gily>∞으^{13}, 어^{12}, 우^{9}, 이^{8}, 오^{7}, ᄋᆞ^{4}.
i^{41}<Gily>∞이^{26}, 야^{10}, 우^{5}
cf. y^{9}([j]반모음)<Gily>∞y^{9}<Kor>
[B표] 아^{33}<Kor>∞a^{29}, e^{4} <Gily>
어^{57}<Kor>∞e^{17}, a^{13}, ï^{12}, u^{9}, o^{6} <Gily>
오^{47}<Kor>∞o^{23}, u^{17}, ï^{7} <Gily>
우^{41}<Kor>∞u^{23}, ï^{9}, i^{5}, o^{4} <Gily>
으^{27}<Kor>∞ï^{13}, u^{8}, e^{6} <Gily>
이^{40}<Kor>∞i^{26}, ï^{8}, e^{6} <Gily>
ᄋᆞ^{30}<Kor>∞a^{17}, u^{6}, ï^{4}, o^{3} <Gily>

위의 표에서 길약語의 母音 e[ə]가 國語의 '어'와 對應되며, 그 소리값(音價)은 [ɜ](ə의 變種으로 다소 ə보다 前進한 것)인 것으로 추정된다. 한편 韓國語의 母音 -'ᄋᆞ'는 '아~오' 또는 '아~오~어'의 간음이라고 하지만, 現代語의 첫 음절에서는 거의 모두 '아'로 변해 버렸는데, 위의 B표의 對應母音의 분포로 보아서도 '아(a)'에 매우 가까운 소리였다는 것을 알 수 있다.

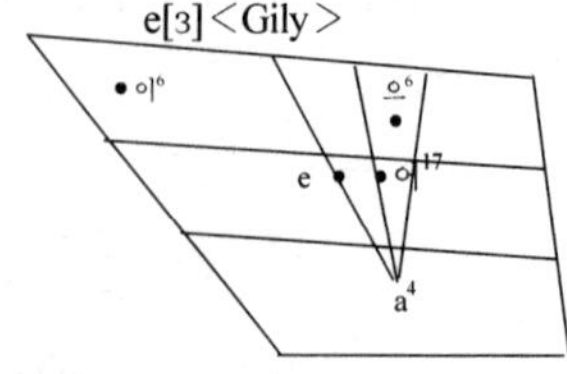

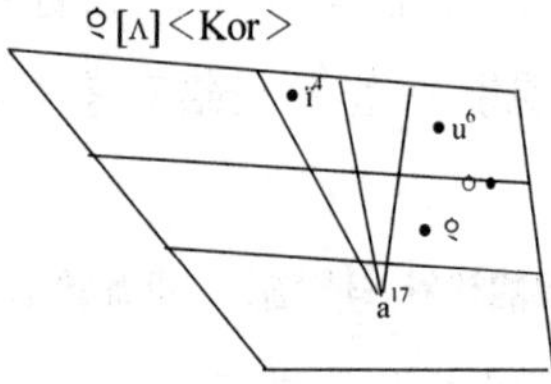

위의 통계로 보아서 主로 a<Gily>∞'아', e<Gily>∞'어', o<Gily>∞'오',

4) 姜吉云, "韓國語와 Ainu語와의 比較" 語文硏究, 第11輯 1982[2]

u<Gily>∞'우', ï<Gily>∞'으', i<Gily>∞'이'가 각각 對應되며, 國語의 '믈>물 · 블>불 · 어듭->어둡-'의 母音變化가 시사하듯이, 길약語의 比較에 있어서도 '으'<Kor>는 길약語의 u와 ï에 가까운 것으로 나타나, 결국 '으'와 '우'는 다소 가까운 자리에서 調音되는 類似音임을 알 수 있다. 다시 말하면 '우'는 다소 前進한 [u]이고, '으'는 다소 後退한 [ï]이기 때문에 때로는 [ɯ]에 가까운 소리로 실현된다.

(79) 韓國語 · 길약**語**의 **共通母音圖**

위에서 고찰한 바에 의해서 다음과 같이 韓國語와 길약語의 古代의 6共通母音圖-ɐ · з · o · u · ï · i-를 推定할 수 있다. 이 母音圖는 아이누語에도 적용된다.5)

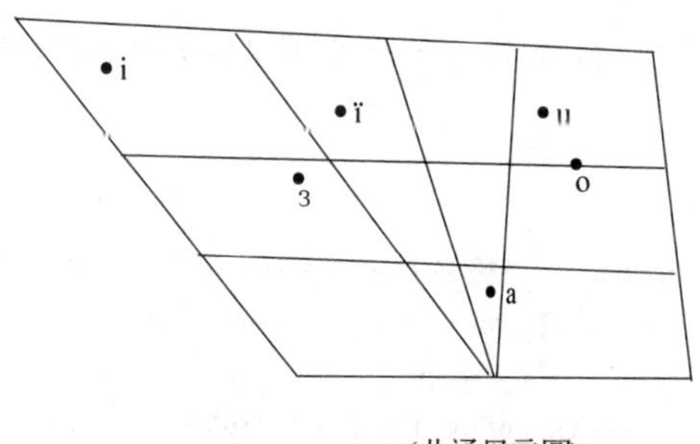

(共通母音圖)

그리고, 길약語의 6母音體系는 그대로 유지되어 오늘에 이르렀는데, 韓國語의 6母音體系는 'a[ɐ]'의 高舌化한 變異音과 'o'의 圓脣性이 이완된 變異音에서 'ʌ(ᄋᆞ)'가 派生되어서 한때 7母音體系가 되는 한편, 下向式 二重母音-aĭ · зĭ · oĭ · uĭ · ʌĭ · ïĭ에서 축약으로 ä · e · ö · ü · ᴇ(ä와 e의 間音) · ɪ(e와 i의 間音)가 생겨나 결국 15세기의 韓國語의 母音體系는 13개 單母音體系로 확대된 것으로 추정된다.

---

5) 第 8 章 (60) 참조

〔參考〕 yai-(에다, 刻)<Gily>∞e-(id)<Kor>
koi-(나오다)<Gily>∞kö-/koi-(괴다, 溜)<Kor>
ŋaiak-(강아지)<Gily>∞kä/kahi(개, 犬)<Kor>
ŋoi-(남근, 男根)<Gily>∞ko/koŋi(공이, 杵)<Kor>

이렇게 下向式 二重母音에서 새로 만들어진 單母音－ä・e・ö・ü들은 上古代부터 이 강토를 征服・君臨해 온 侵略者의 言語의 音韻體系(a,ï,o,u, e,i,ö,ü)와 그들로부터 借用한 다량의 文化語의 流入으로 말미암아 그 影響으로 일찍이(적어도 15세기 이전에) 이미 生成된 것으로 믿어진다. 그리고 上向式 二重母音-'야, 여, 요, 유'들은 길약語에서 지금 쓰이고 있어서(*cf.* 예: 앞의 (12)항) 이 點에 있어서도 길약語와 韓國語는 일치한다.

(80) 母音調和現象

길약語에는 起源的으로는 母音調和가 없으나 때로는 母音調和現象이 나타난다.

例 hunevund(있다) >hunïvïnd <高橋 1942 p.23> ································ 高舌母音化
pi-mu(나의 배) >pïmï <高橋 1942 p.23> ··· 中舌母音化
ya-mu(그의 배) >yumu <高橋 1942 p.23> ································· [6]高舌母音化
*Koni Gofkof-ta> >Koni Gofkof-to(이는 고프고프이다)
<1982 p.23> ·· 圓脣母音化

위에 보인 바와 같이 韓國語와 마찬가지로 高舌母音 대 低舌母音의 대립체계이다. Grube(1892) p.34・35에서도 "사할린方言에서 命令形 -ya/-ye[jə]의 어미의 선택은 바로 앞에 있는 음절의 幹母音으로 인하여 제약되어질 수 있어서, 명령형 -ye는 u나 ü를 편애한다"라고 지적하였다.

아마 國語도 길약語처럼 아득한 옛날에는 母音調和現象이 간혹 일어나다가 'ᄋᆞ'의 파생이 원인이 되고 여기에 알타이語—특히 몽고어의 브리아트(Briat)方言(高舌母音 대 低舌母音의 對立體系로서의 母音調和가 발달되어 있는데 고구

6) 'a>u'의 변화는 高舌母音化와 동시에 後舌母音化가 동시에 일어난 것임.

려의 지배층 언어도 그 일종일 것임)의 影響이 연(緣)이 되어서 15세기 國語의 母音調和(高舌母音 對 低舌母音의 대립)가 완성된 것으로 추정된다.

(81) 韓國語의 길약語의 共通子音體系의 再構

韓國語와 길약語의 子音의 音韻對應規則(31~70)으로 미루어서 韓國語와 길약語의 共通子音體系를 再構하여 보면 다음과 같은 체계가 될 것이다.

파열음 /k(ㄱ)/ · /t(ㄷ)/ · /p(ㅂ)/
파찰음 /c(ㅈ)/
마찰음 /s · š(ㅅ)/ · /ʒ(ㅿ)/ · /β(v. ㅸ)/ · /h(ㅎ)/ · /w/ · /y/
유 음 /r(ㄹ^{1}) · /l(ㄹ^{2})
비 음 /n(ㄴ)/ · /m(ㅁ)/ · /ŋ(ㅇ)/

(가) 현대 韓國語의 破裂音의 激音(거센소리) · 硬音(된소리)은 후세의 발달인 것으로 추정된다. 그리고, /k/ · /t/ · /p/ · /c[ʦ]/는 有聲音 사이에서 有聲音化하여 g(ǧ) · d · b · j(=dz>ʤ)에 가깝게 발음되고(그러나, 삼국시대 이전에는 어두의 g · d · b · j가 쓰였을 개연성이 크다. 왜냐하면 변방인 길약어에선 어두의 ŋ(ㅇ)이 보편적으로 쓰이고 있고, g · d · b · j도 다소 쓰이고 있기 때문이다), x는 k나 h에서의 發達인 것으로 믿어지기 때문에 g(ǧ) · d · b · j는 따로 음운으로 보지 않고 變異音으로 처리하였다. 또 č[ʧ]도 /c/의 變異音으로 보았다.

(나) 流音은 起源的으로 /r//l/이 있었던 것으로 추정되나, 현대 한국어는 [r]과 [l]의 間音처럼 發音되는 彈舌音-[ɾ]로 통합되어 버렸다. 또한 ř<길약>은 閉鎖音의 앞뒤나 語末에서 나온 마찰적 無聲音으로서 r의 變異音이다.

(다) 音節末의 k · t · p는 兩語가 함께 內破音(Implosive)으로 소리난다.

(라) 韓國語의 'ㅿ'는 길약語의 š · z와 r에 對應되는데, 일견 여기의 š는 r의 摩擦的 調音에서의 발달처럼 보이나, 그 r과 ʒ(ㅿ)는 기원적인 š에서의 발달인 것으로 추정된다.

(마) 韓國語의 'ㅸ'[(∅) · β]는 길약어 f[∅] · v[β]와 比較 · 對應시켜야 할 것이나, 길약어에서도 이미 頭音으로서는 덜 쓰이게 된 것으로 믿어진다.

(바) 韓國語에서 /ŋ/이 音節의 頭音으로서는 쓰이지 못하나, 古代의 땅이름 속에서는 頭音으로 다음과 같이 쓰였다. 「平壤」을 「百牙岡」이라고 하는데 이는 '長老·부족장'을 뜻하는 daŋga<Ma>를 「百牙」로, tʌr(山)을 「岡」으로 향찰식 표기를 한 것이다. 「百」을 '탕'(참고: 唐括탕고 猶言百戶也<龍歌七 23> : taŋgū '百'<Ma>)이라고 하므로 그 끝소리 -ŋa～-ga를 「牙」(옛음가[ŋa])로 표기한 것이니, 여기서 「牙」의 두음이 'ŋ' 또는 'g'이었음을 알 수 있다. 즉 「牙」를 지금은 [a]라고 읽지만 三國時代 이전에는 [ŋa]나 [ga]로 읽었음을 알 수 있다.

(사) 韓國語에 「ㄹ」두음을 忌避하는 현상이 있는데, 이것도 '라귀'(驢)<月釋 二-72>·라온(즐거운)<杜初 七-25>·러울(너구리)<解例 用字例>·럼난디(=넘난 것)<西京別曲>등의 例로 미루어 보아서 古代에는 r/l이 頭音으로 쓰이다가 알타이語나 드라비다語의 頭音法則의 영향으로 頭音忌避 현상이 생겨난 것으로 믿어진다.

(아) 길약語는 피상적으로 볼 때 語頭子音群이 존재하는 것 같은 표기가 보이나, 실은 그것들은 모두 두 子音 사이의 약한 母音인 ï가 생략된 표기일 뿐이고 激音을 čx(ㅊ)·kx(ㅋ)·tx(ㅌ)·px(ㅍ)와 같이 표기하는 일이 있을 뿐이다. 요컨대 길약語와 韓國語는 母音體系에 있어서나 子音體系에 있어서 완전한 일치를 보여 준다.

2. 韓國語와 길약語의 比較硏究史

길약語(Gilyak, 일명 自稱 nivïx/nigvïŋ)를 쓰는 길약人의 原住地는 黑龍江(아물江)의 江口였다고 말하기도 하고, 어떤 학자(레오뽀르드슈렌크)는 길약語의 動植物의 名稱硏究로 그들의 原住地를 樺太島라고 말하기도 하며, E.A. Krejnovič는 지금의 거주지보다 南部地方에서 거주하였으며 韓族과 밀접하게 접촉하였다고 한 바 있다.

筆者의 考察한 바로는 Krejnovič가 비슷하게 짐작한 대로 길약族의 原住地는

韓半島임이 확실하다. 다시 말하면 韓半島의 토착민족이자 주인은 길약族(러시아人은 이렇게 부름)과 同系인데, 이들은 여기서 벋어나가 滿洲의 東部와 沿海州・樺太(사할린)北部에 걸쳐 海岸・河川을 중심으로 漁獲・狩獵을 영위하면서 살았던 것으로 믿어진다. 中國文獻上에는 吉里迷・吉烈迷・乞里迷・乞烈迷 등의 이름으로 나타난 民族이며, 퉁구스族들은 이들을 kil・gil・killekko라고 불렀으므로 이 民族의 原名은 *kil이었을 것이며 아마 吉林・吉州・長津・長州・長坪・長川・永州・永川・永坪 등의 海岸이나 河川邊의 地名 속에서 길族의 ·. 그러나, 武力이나 고도의 文化를 가지고 유입된 소수의 異民族(알타이族・드라비다族)이 오래 執權하여 왔으므로 「길」이란 민족명은 王朝史의 裏面으로 사라져 버린 것으로 推定된다.

길약語와 韓國語와의 比較에 처음으로 관심을 보인 것은 G.J. Ramstedt의 Studies in Korea Etymology(1949)에서 具體的으로 5개의 단어를 比較例로 보인 것이다. 즉 '아ᅀᆞ'(弟) ∞ iačx・yačx(弟)＜Gily＞, '가히'(犬) ∞ kan(犬)＜Gily＞, '바라지'(窓) ∞ pax(窓)＜Gily＞, '도긔' ∞ tuk(斧)＜Gily＞, '삭살'(三支槍) ∞ čak(三支槍)＜Gily＞의 5개 예가 우리의 관심을 끌게 한다. 여기서 tuk(斧)과 čak(三支槍)・yačx(弟)만이 확실성이 있는 것으로 생각된다.

다음에 E.A. Krejnovič(1955)가 9개의 比較語彙를 들어[*cf.* (1)~(9)] 한국어와의 관련성을 이야기했고, 李基文 敎授(1967, 1968)도 4개의 比較語彙를[*cf.* (10)~(13)], 金芳漢 敎授(1978, 1980)도 6개의 比較語彙를 각각 추가한 바 있다[*cf.* (14)~(19)].

이들 語彙[(1)~(21)]의 비교가 타당한 것인지 다음에서 하나하나 검토하여 보기로 한다.7)

---

7) [略語]: Gily(Gilyak), Kor(Korea), Dr(Draviadian), Ma(Manchu), Mo(Mongolian) ; 服部 1955/服(ギリヤーク語・服部健, 世界言語概說) ; Grube 1892(Wilhelm Grube : Gilyakisches Wörterverzeichniss Nebst Grammatischen Bemerkungen) ; 高橋 1942/高(樺太ギリセク語, 高橋盛孝)

(1) q'al(칼집)〈Gily〉∞ kar-h(칼)〈M.Kor〉[8)]

이것은 高橋 1942에 kar(刀鞘)의 형태로 다시 실었다.

그러나, 意味의 對應이 의심스럽다. 차라리, 모음의 대응이 의심스러우나 qïlïc(刀)<O.Turk>나 kerub(刀)<Dr-Pa>[9)]과 비교하는 것이 더 나을 것이고, 또 kaleš(劒)<Turk-koib> · kaleš/kališ(id)<Ural-kot> · har/kar(小刀)<Ural-sam> · kargi-(切齊)<Ma> 등은 의미 · 음운의 양면에서 대응될 수 있을 것으로 생각한다.

(2) tux(斧)〈Gily〉∞ tok'ü(斧)〈M.Kor〉

이 말은 姜吉云 1981[1](「국어국문학」誌 85호)에도 실었다. 그런데, t- ∞ s-의 對應을 전제로 하고 보면, tok'ü(斧)<Kor>는 suhe(斧)<Ma> · süke(id)<W.Mo>의 存在로 미루어서 *tuk(斧)<Altai>를 再構할 수 있을 것이다. 그렇지만, 語源的으로는 tux-ŋan(곡괭이)<Turk> · toqï-/toqu-(박아넣다 · 두두리다)<O.Turk>의 存在로 보아서 tuk(斧)의 語源은 '날'(刃)을 가진 연장이 아니었을 가능성이 있다. 즉 *tuk는 '망치'를 뜻하던 것이 아닐까 한다.

韓國語의 toč'ö(斧)와 tok'ü(斧)는 서로 異形態로서, 이것은 어느 한쪽이 다른 한쪽에서 변한 것이 아니고, 이것은 각각 dövdü(망치)<Turk> · tokač(망치 *cf.* toqï-)<Turk>와 對應되는 것으로 생각된다. 즉 도끼는 原始時代에 날(刃)을 가진 도구가 아니어서 망치에서 발달한 연장이고, dövdü>towjö>toč'ö ; tokač>tokar>tokor>tokoi>tokö>tok'ü의 發達이 가능하기 때문이다.

(3) anax(妻)〈Gily〉∞ anhä(妻)〈M.kor〉

이 말은 姜吉云 1981[1]에도 ainağai(妻)<Gily>로 실려 있는 것이다.

알타이語에도 이와 對應될 법한 anne(母)<Turk>가 있고, 드라비다語에도 an̲n̲ai(母)<Ta>가 따로 있다.

---

8) M.kor……中世韓國語 또는 李朝語

9) 드라비다語(Dr.)는 현재 印度中南部에서 1985年의 통계에 의하면 약 1억 8천만 명 이상이 쓰고 있는 말로서 紀元前 流入民인 駕洛國의 支配層도 드라비다語를 쓴 것으로 보인다.

(4) kïl-(長) 〈 Gily 〉 ∞ kir-(長) 〈 Kor 〉

실제로 G.에는 kïlla-의 形態로 나타나 있다. 이 말은 알타이語에서 kič(늦은 · 오랜)<O.Turk>와 比較하여 볼 만할 뿐, 그밖에는 對應될 만한 말을 찾아내기 어렵다. 다만 girin(線條)<Ma>이 *giri(長)-n(名詞形成接尾辭)의 構造를 가진 것이라면 이것과 對應시켜 봄 직하다. 또 kūl(길이, 크기)<Dr-Ka>도 母音對應이 의심스러우나 對應의 가능성이 있어 보인다. 姜吉云 1981[1] p.15에 kulan(긴) <Gily>의 形態로 실려 있다.

(5) ka-(下流로 가다) 〈 Gily 〉 ∞ ka-(去) 〈 Kor 〉

이 말도 姜吉云 1981[1]에 실려 있다. ka-(去)<Kor>는 意味上으로 보아 차라리 ğar-(出去)<W.Mo> · käz-(通過)<O.Turk>[*cf.* xarag(出去)<Arab >]와 對應되는 말로서, -z<Turk>∞-r<Kor>의 對應은 주지의 사실이고 -r<Mo>∞-∅ <Kor>의 對應을 다음과 같이 찾아볼 수 있다.

	-r<Mo>	-∅<Kor>
例	öndür(高)	undu(高)
	öčügedür(昨日)	əče(昨日)
	*pösürü-(>ösürü-, 注)	pɯs-(注)
	jüdegülü-(手苦, 難)	č'odɯri-(貧而難)

또한 kalā(去)<Dr-Kur.>와도 비교됨 직하다. 따라서 ka-(去)<Kor>는 *kar-로 재구할 수 있는 말일 것이다.

(6) ha-(있다, 세다, 쏘다, 사냥하다) 〈 Gily 〉 ∞ hʌ(爲) 〈 M.Kor 〉

이 말은 姜吉云 1981[1]에 실려 있는데 krejnovič에 의하면 意味上, 機能上으로 兩者는 완전히 일치한다고 하지만 좀 의심스럽다. 왜냐하면 ha-<Gily>는 '有'의 뜻도 가지고 있고, 韓國語의 hʌ-(爲)에 해당하는 nui-(爲)<Gily>가 따로 있기 때문이다.

그러나, 語源的으로 볼 때에는 서로 同根일 공산이 크다고 할 수는 있을 것이다. 原始人의 生活로 볼 때 그들의 行動의 대부분이 狩獵이었을 것이고, 그들이 사냥한 鳥獸나 魚類의 數量을 세는 일이었을 것이기 때문에 原始的 意味로 볼 때 hʌ-(爲)<Kor>와의 意味上의 일치를 주장할 수 있을 것으로 보인다. 한편 音韻上으로도 韓國語의 [ʌ](ᄋᆞ)는 알타이諸語나 아이누語 · 길약語와의 比較에서 a나 o에서의 發達인 것으로 推定되므로 ha-<Gily> 對 hʌ-<李朝>는 對應의 確率이 크다고 하겠다. 따라서 Ramstedt처럼 hʌ(爲)<M.Kor>를 滿洲語의 se-(말하다, ……라는)에 比較하느니보다 길약語의 ha-에 비교하는 것이 보다 확실성이 있어 보인다.

다음에 金芳漢 敎授가 의심하면서도 '시키다'(使爲)를 *hʌ-k'i->hi-k'i->si-k'i-와 같이 발달한 것으로 보고자 한 바 있는데(*cf.* 金芳漢 1983 p.131) hʌ-(爲)<M.Kor>와 sigi-(使爲, 令)<M.Kor>의 관계에 대한 筆者의 所見을 參考로 말해 볼까 한다.

우선 '시기-'(使爲, 令)의 語根을 sig-(爲)로 보고자 한다. 그러므로 '시기-'는 sig-i(使動接尾辭)의 구조를 가진 말일 것이며, 이 *sig-에 -bu-(狀態接尾辭)가 첨가된 것이 '식브다'(>시프다, 欲 · 可)란 말이다. 즉,

시기-(sig-i '使動接尾辭'-)→使爲 · 令
식브-(sig-bu '狀態接尾辭'-)→可爲 · 欲

의 發達을 한 것으로 추정된다. 그리고, 이 '시기-'가 激音化하여 '시키-'가 되었는데, 이것은 '使役'이라는 강제성의 音聲象徵으로 激音化現象이 일어난 것이다.

여기의 sig-(爲)과 대응시킬 만한 말이 알타이諸語 · 드라비다語 및 古아시아語에서는 다음같이 실현되어 나타난다. 좁게 볼 때 sig-(爲)<李朝>은 cey(爲)<Dr-Ta> · se-(爲 · 數)<Ma> · say-(數)<Turk> · su- · se- · si-(數)<Jap>와만 對應시켜서 이들의 共通語를 *seg-(爲 · 數)로 再構할 수 있다. 그러나 여기서는 보다 巨視的으로 보아 원시 동아시아語(假稱)의 祖語를 다음같이 재구하여 볼 수도 있을 것이다.

Gily.	ha-(爲・數) ;	Ainu.	Ka-n/ki(爲)/kiri(爲)
Jap.	su-(爲) ;	Turk.	say-(數, *爲)
Mo.	ki-(爲・*數)	Dr.	cey＜Ta＞・key＜Kod＞・ka＜Kol＞
Kor.	sig-(爲)/hʌ-(爲)/hyə-(數)		

따라서, 황당한 생각이기는 하지만 이 말들의 원시 동아시아 共通基語를 *keg-(爲・數)로 再構할 수도 있지 않을까 한다. J. Street(1974)는 共通語를 sā-(思・數)로 再構하고 있지만 전혀 믿을 것이 못 된다.[10)]

그러므로 前期의 *sig-(爲)과 hʌ-(爲)와 hyə-(數)는 다음 같은 뿌리에서 분화된 것으로 假定할 수 있을 것이다.

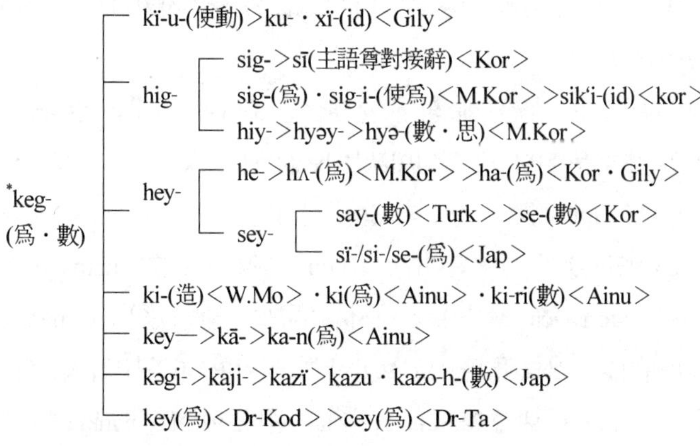

어떻든 cey(＞*sey, 爲・作)＜Dr.-Ta.＞・key(id)＜Dr.-Kod.＞가 sig(爲) ＜Kor＞와 가장 관계가 깊을 것 같다.

(7) n-/nï-/nu-(四)〈Gily〉∞ neh(四)〈M.Kor〉

이 말은 姜吉云 1981[1] p.13에 nukr/nux(四)의 형태로서 실려 있어서 neh의 末音 -h까지 對應시켜 볼 수 있다.

---

10) On the Lexicon of Proto-Altaic ; a partial Index to Reconstructions, The University of Wisconsin 1974, p.25.

筆者는 이미 姜吉云 1981[1] pp.11.12에서 體系上으로 보아서 *dök(四)<新羅>나 čahar(四)<Ilan>의 借用語 jihar(四)<Turk>에서 neh(四)가 발달한 것으로 보았다. 그리고 아이누語와의 비교에서 ine(四)<Ainu>와도 비교한 바 있다. 또한 *dök와 neh가 비교될 수 있다면 *dök>dö>do>yo 의 발달을 생각할 수 있으므로 日本語 yo(四)도 neh(四)<Kor>와 對應시킬 수 있을 것이다. 또한 *na(四, *cf.* 나흘'四日'・나릅'四歲'는 nāl(四)<Dr-Ta・Ka>과 比較됨 직하다.

(8) ni(我)〈 Gily 〉 ∞ na(我)〈 Kor 〉

이 말은 姜吉云 1981[1] 에 보인 바와 같이 nex/nax(我에게)의 형태를 na(我)에 대응시켰다. 여기에 基本形 ni(我)의 형태는 母音의 對應이 불가하다고 본다. 그리고 蒙古語의 第一稱代名詞의 斜格形의 語根-na-와 對應시키기도 한다(金芳漢 1970 pp.327～333).

그러나, 이 斜格形은 補充法에 의한 交替形일 뿐이며, 그것은 알타이諸語로 볼 때 起源的인 것이 못 된다. 즉 알타이語는 ben(我)<Turk> ; *bin>bi・min-(我)<Ma> ; *bin>bi・min-(我)<Mo>과 같이 나타나므로 na-/nama-<Mo>는 분명히 알타이語的인 것이 못 된다(*cf.* na-dur '與格・處格' nama-yi '對格', nama-bar '具格', nama-ača '奪格'). 따라서 蒙古語의 補充法의 na・nama(我)는 길약語나 드라비다語에서의 借用으로 보아야 할 것이며, 따라서 韓國語의 na(我)는 nax(내게・나를. *cf.* 때로 主格으로 쓰이기도 한다. 예: nax winkja '내게 가게 하여라→내가 갈 것이다) <Gily>와 同根의 말이거나, nān(我)<Dr-Ta>・nā-(我)<Dr-Te・Go>・nā(我)<Dr-Koḍ>와도 比較될 수 있을 것이다.

(9) -(n)d/-(n)t(動詞의 敍述形語尾)〈 Gily 〉 ∞ -ta/da(id)〈 Kor 〉

-(n)d/-(n)t<Gily>는 不定時制敍述形語尾라고 해야 할 것이다. 즉 이것은 韓國語의 敍述形語尾-'-다'(斷定形語尾)와는 그 기능이 좀 다르다. -(n)d/-(n)t-는 aorist 및 過去(또는 完了)의 時制를 겸하고 있는 점이 다르다.

그런데, '-다'<Kor>는 터키語의 確認의 形態素--dir・-dïr・-dur・-dür・-ti

r・-tïr・-tur・-tür ; 完了・確認의 形態素-idi>-ti・-tï・-tu・-tü/-ydi・-ydï・-ydu・-ydü 와도 比較됨 직하나, 아무래도 -ta(斷定語尾)<Gily>와 비교하는 것이 옳을 것이다[*cf.* 7.3. (17)].

〔參考〕

터키語 : Türkčeyi öğrenmiššin<u>dir</u>(너는 터키語를 외었겠지)
siz de gelejeksiniz<u>dir</u>(어른께서도 오시겠지요)
ev<u>dir</u>(집이다).　　köpek<u>tir</u>(개다)
anne idi(>anne<u>ydi</u>, 어머니었다)
büyük idi(>büyük<u>tü</u>, 컸다)

길약語 : hu vo n′iğvn̩ malxu<u>nd</u>(저 마을에 사람이 많다)
nauf čo malxo fu<u>nt</u>(오늘 고기가 많이 잡히었다)

(10) pax(石)〈Gily〉∞ *pahe(岩)〈高句麗〉

이 말도 姜吉云 <u>1981</u>[1]에 실려 있는데, 이것은 wche(石)<Ma>・iwaho(岩)<Jap>와도 대응되는 말이며, 「三國史記 地理書」에도 '巴衣・波衣'로 표기되어 나타난다.

한편, pāṟai(岩)<Dr-Ta>・pāṟa(岩)<Dr-Ma>와도 비교됨 직하다.

(11) erri/eri(泉)〈Gily〉∞ *ər(「於乙」, 泉)〈高句麗〉

이 말은 高橋 <u>1942</u>에는 실려 있지 않고, Grube <u>1892</u>에는 '江・流水'의 뜻만으로 쓰이고 있어서 '泉'의 출처가 명확하지 않다. 참고로 말하면 '源'을 길약語로 čraj̥l이라고 한다.

「日本書記」에서 「泉(淵)蓋蘇文」을 '伊梨柯須彌'라고 하여 *iri(泉)<O. Jap>의 存在를 확인할 수 있으나, 차라리 ēri(湖・貯水池, 물탱크)<Dr-Ta>나 yul(泉)<O.Turk>와 비교하는 것이 옳을 것으로 생각된다.

한편 '淵'을 nağur<W.Mo>이라고 하고, 「於」는 吏讀에서 [nʌr](늘)이 라고 새기므로 '於乙'은 nağur의 發達形 *nʌr(淵)<高句麗>일 可能性도 없지 않다(*cf.*

於乙邑‘느릅 · 楡’<救荒撮要 三>).

(12) osk(兎)〈 Gily 〉 ∞ *osĭkam「烏斯含」〈 高句麗 〉

osk(兎)는 高橋 <u>1942</u>에는 실려 있지 않고 Grube <u>1892</u>에 os´s´k의 형태로 실려 있는데, 烏斯含(兎)<高句麗> · usagi(id)<Jap> · tawïšqan(山兎)<O.Turk> · taolai (id)<W.Mo> · ojika/tešika(id)<Orok> · tuksakī(id)<Evenk> · osukeh(id) <Aiun> 등과도 對應되는 말일 것이다. 필자는 「烏斯含」을 *osĭkan(→*osĭkam)으로 再構하고자 한다. 그리고, *tabaga-osĭkan(嶺-兎. *cf.* tabağa‘嶺’<W.Mo>)에서 tawïsgan · taolai · tešika · t‘oski가 발달한 것으로 추정된다(*cf.* *tabağa-osĭkan>tabāoskan>taw skan>toski>t‘oski‘톳기’).

(13) čamǧ(그루 · 根株)〈 Gily 〉 ∞ *čam(「斬」. 根)〈 高句麗 〉

이 말들은 意味의 對應이 좀 未審하나, 그런대로 tūb(根)<O.Turk> · tamu(深孔)<W.Mo>와 對應시킬 수 있지 않을까 한다. 그리고, 어쩌면 dumpa(根)<Dr-Ka>와도 비교될 듯하다.

(14) nallu(灣 · 河口)〈 Gily 〉 ∞ nʌrʌ(津 · 河口)〈 M.Kor 〉

이 말은 高橋 <u>1942</u>의 말미의 語彙集에는 ŋal(灣)로 적혀 있어서, Grube <u>1892</u>에 보이는 ŋalo/nallu(灣 · 河口)<Amur>의 形態와 차이가 있다. 그러나, nʌrʌ(ᄂᆞᄅᆞ, 津)<M.Kor>는 nallu와 對應될 것은 물론, ŋalo와도 對應될 것으로 생각된다. 길약語 자체 내와 한국어와의 사이에 ŋ∞n의 對應體系가 다음같이 成立된다.

	ŋ<Gily>	n<Gily · Kor>
例	ŋal(灣)<Tïmï>	nallu(灣)<Amur> · nʌrʌ(津)<李朝>
	ŋif(心臟)<Tïmï>	nif(心臟)<Amur, Tïmï> · nyəm(id)<李朝>
	ŋauf(腹)<Tïmï>	nauf(腹)<Amur, Tïmï>
	ŋaf(今)<Tïmï>	naf(今)<Amur, Tïmï>
	-ŋon(反復形 또는 强勢形) <Tïmï>	-non(反復形 또는 强勢形) <Amur, Tïmï>

이 밖에 nʌrʌ(津)<M.Kor>와 對應시킬 만한 말로서는 yalï(<*nalï, 涯 · 海邊)<Turk>를 들 수 있을 것으로 생각된다.

(15) neŋgal(鉛)〈 Gily 〉 ∞ *namur(鉛)〈 高句麗 〉

이 *namul「乃勿」(鉛)<高句麗>은 現代國語에서 nab으로 바뀌어 버렸다. neŋgal(ŋyangal<G>)과 *namul은 서로 母音 -a∞-u와 子音 ŋ∞m의 對應이 두루 의심스럽다.

*namur(鉛)<高句麗 · 高麗>은 namari(鉛)<Jap> · *lebam(>lehim 鉛과 錫의 合金)<Turk>[*cf.* lebam(鉛色의)<馬來>]과 對應하는 것으로 보인다. 漢字語 '鑞(=錫)' 자체가 中國의 固有語인지 그것이 의심스럽고, *namul(「乃勿」.鉛)에서 nab(id)<Kor>이 발달한 것인지 확실하지 아니하며, *namur이 '鑞'의 借用語라고 단정하기도 어렵다. 아마 *namul은 neŋgal과 lebam과의 混態에서 생겨난 것인 듯하다.

그러나, 現代語의 nab(鉛 : 錫鉛의 合金)은 '鑞'의 借用으로 볼 수 있을 것이다.

(16) kan(犬)〈 Gily 〉 ∞ kahi(犬)〈 M.Kor 〉

이 말은 kanïŋ/ganïŋ(犬)<高橋 <u>1942</u>. p.231>으로 나타나는데 '가히'(犬)와 對應되는 것으로 보기 어렵다. 아마 이 말은 '간나'(*cf.* 간나-새끼<함경도>)와 비교되어야 할 것이다. 필자는 kaikai(呼犬聲)<Ainu> · ŋaiak(仔犬) <Gily> · köpek(犬)<Turk> · kabari(犬의 一種)<Ma> 등과 비교되어야 할 것으로 본다.

(17) kalm(鯨)〈 Gily 〉 ∞ korä(鯨)〈 M.Kor 〉

이 말은 kalimu(鯨)＜Ma＞와도 對應된다. 金芳漢 教授는 滿洲・퉁구스語의 kalimu는 길약語에서의 차용으로 보고 있다.

(18) tïf/taf/tav(家)〈 Gily 〉 ∞ čip(家)〈 Kor 〉

이 말들과 比較하느니보다는 먼저 滿洲語의 jeofi(지붕을 둥글게 하고 옷칠한 집)와 비교하고 싶다.

taf/tav/tïf와 čib의 母音對應이 좀 의심스럽기는 하나, 전혀 불가능한 것은 아니다.

한편, gību(家)＜Dr-Ka＞도 不正回歸(例. 짖 '翼' → 깃'id', 치'舵' → 키'id')를 겪은 것으로 볼 수만 있다면 비교가 가능할 것이고, cāppa(草家小屋)＜Dr-Ma＞도 *cāppa＞ci̅pa＞čīpï＞či̅p의 發達이 가능하다.

(19) mï(江原)〈 Gily 〉 ∞ *mai(「買」・川)〈 高句麗・新羅 〉

'買'를 [mai＞mä]로 음독할 것이라면 mï(金芳漢 教授는 'my'로 表記함)와 비교하느니 차라리 māri(水・雨)＜Dr-Ta＞(*cf.* māri＞mai＞mä)와 비교되어야 할 것이다.

또한, '買'를 mur-(물다)로 訓讀할 것이라면 müren(江)＜Mo＞・muke(水)＜Ma＞・muran(河川)＜Uigur＞・miz(水)＜Jap＞ 등과 비교될 수 있을 것으로 생각된다.

(20) čak(三・三支)〈 Gily 〉 ∞ *čyak(三支)〈 Kor 〉

이 말은 '쟉-살'(三支槍) 속에 化石化되어 남아 있다.

그런데, '쟉-살'의 「쟉-」(*三・三支)은 šah(三支)＜Turk＞・šaka(三支)＜Ma＞・seriye(三支槍)＜Mo＞・seh(三)＜Turk＞・seh(三)＜M.Kor＞ 등과도 비교될 수 있을 것이다.

(21) yaček(弟) 〈 Gily 〉 ∞ ao(弟) 〈 Kor 〉

이 말은 aček(弟 · 妹)＜Gily＞에 三人稱單數의 接頭辭 'y'가 첨가된 形態로 생각되는데, '아오'(弟)의 古形 '아ᅀᆞ'(弟)＜M.Kor＞와 비교하는 것이 더 이해하기 쉽지 않을까 한다. yaček를 '그의 아우'로 보지 않으면 語頭의 y와 語末連字音의 末音이 탈락한 것으로 보아야 하는 어려움이 있으나, 가능한 비교임에는 틀림없는 것으로 생각된다.

이제까지 다른 學者들이 이미 발표한 論文 · 著書에서 보여 준 比較語彙를 檢討하여 본 결과, 比較語彙 21개 중에서, 第1音節밖에 音韻對應이 안 되거나 意味上 對應이 의심스러워서 제외한 -nd/-nt(敍述形) · pax(窓) · q'al(칼집) · neŋgal(鉛) · kan(犬) · taf/tav/tïf(家) · eri(*泉)의 7새를 제외한 14개가 對應이 확실한 것으로 믿어지며, 이 가운데의 形態素 -nd/-nt(aorist 敍述形語尾)는 다음의 文法形態素의 비교에서 밝혀질 것이나, 다만 '-다'(敍述形)와의 비교는 잘못된 것이라는 것만 말해 둔다.

× × ×

필자는 길약와 韓國語의 語彙 800여개 가량을 비교하고 있다(7.1. 참조).

그러나, 同系語임을 입증함에 있어서는 어휘의 비교는 그리 중요하지 않다. 그것이 비록 基礎語彙라고 불리는 身體語 · 親族語 · 數詞 · 代名詞 · 助動詞 등 일지라도 얼마든지 다른 간편한 말과 대체될 수 있기 때문이다(筆者의 諸論文 참조).

따라서, 語彙들은 音韻體系의 比較와 音韻(對應)規則을 세우는데 그 意味가 있다고 해야 할 것이며, 文法形態素와 構造들의 구체적인 비교야말로 系統論研究에 있어서 핵심이 되어야 한다. 漢文의 構造나 文法形態素를 借用하지 않은 점으로 미루어 보아서도 넉넉히 알 수 있는 일이다.

3. 文法의 比較

※ 길약語 표기가 語末의 終聲을 -r로 적었기 때문에 比較의 편의상으로 국어의 終聲-'ㄹ' 도 /r/로 표기함.

다음에서 文法形態素들과 文法構造의 比較를 보이는데 高橋 1942 · Grube 1892 · 服部 1955의 資料를 중심으로 試圖할 것이다.

(1) -ŋa(呼格助辭)〈Gily〉∞ -ga(-가. 主格助詞)〈Kor〉…*ŋa(呼格助詞)

韓國語의 主格助詞-ga-(-가)는 후세의 발달이라고 한다. 문헌상으로는 李朝明宗(AD.1550경) 때 仁宣王后御筆에 "두드러기가 블의예 도다 브어 오르니"라고 처음 보이는데, 梁柱東 博士는「麗謠箋注」에서 動動의 一節 "새셔가만ᄒᆞ애라"를 '歲序가 晩하여라'로 해석하여 놓은 바가 있으나, 필자는 '새(鳥)-셔(主格助詞) 가만ᄒᆞ애라(靜)'로 풀어야 할 것으로 믿고 있다.

그런데, 主格助詞 '-가'는 現在 남아 있는 鄕歌 속에 보이지 않는다. 그 까닭은 '-가'가 본시 主格助詞가 아니고 呼格助詞였고, 또한 詩歌에서는 제 1 · 2人稱主格語가 별로 쓰이지 않으며, 쓰일 때에는 提示助詞(所謂 主題格助詞 '-ᄋᆞᆫ/-ᄂᆞᆫ')가 붙는 것이 例事인데, 現在 남아있는 李朝以前의 文學作品들이 모두 詩歌이기 때문에 格助詞-'-가'가 나타나지 않은 것으로 믿어진다.

한편, 遺傳된 작품들이 모두 支配層의 것이어서 그들은 庶民이 쓰는 길약語와 同系의 言語를 쓰는 것을 가급적으로 기피하였기 때문에 '가'가 쓰이지 않았다고 생각한다. 後期新羅의 支配層은 터키系語를 썼던 것으로 믿어지며, 高麗朝나 李朝初에 있어서도 양반들은 적어도 공적으로는 庶民이 썼던 것으로 생각되는 길약系語를 기피하였던 것으로 믿어진다.

그런데, 위의 -ŋa<Gily>와 -ga(-가)<Kor>가 對應되자면 音韻上으로도 ŋ<Gily>와 -k(>g)<Kor>가 對應되어야 할 것이며, 다음에 그러한 比較의 가능성을 보여주는 예를 들어 보인다.

ŋ<Gily>	k(>g)<Kor>
例 ŋagr(皮)/ŋalr(膚)	kač(皮膚)
ŋašïf(胸)	kʌsʌm(胸)
ŋač(足)	karʌr/katar(脚)
ŋaurk(腦)	kor(腦)
ŋave(包)	kəp'ɯr(外皮)/kap'ʌr(鞘・型)
ŋif(肝)	kəb(*肝)
ŋoi(男根)	ko(杵)
ŋuriyo-(鼾)	kor-(鼾)
ŋaigr(羽)	kis(羽)/jič(羽)<李朝>

따라서 主格助詞로 쓰이고 있는 -ga(-가)<Kor>는 -ŋa(呼格助詞 또는 主格助詞)<Gily>와 對應되며, 이들의 共通基語는 *-ŋa(呼格助詞)로 추정된다. 아마 韓國語의 呼格助詞 -ha도 ŋa>ga>ha의 發達을 겪은 것으로 믿어진다.

이밖에 우리 주변의 언어 중에서 '-가'와 비교될 만한 것은 -ga(-ガ. 例. あめがふります '비가 옵니다'<Jap>)가 있을 뿐이다. 日本學者들은 이 -ga는 본시 冠形格助詞로 쓰이던 것을 主格助詞로 轉容한 것이라 하나, 우선 길약語의 ïjink-k'a pičat(大將의 印)<高橋 1942. p. 152>에서의 -k'a(高橋는 强勢辭로 보고 있음)를 -ga(冠形格助詞)<Jap>와 비교해야 할 것으로 믿는다.

또 -qa/-kä(與格助詞)<Turk>도 主格助詞로 轉用될 가능성이 없지 않다.

그리고, 길약語의 呼格助詞는 다음과 같이 때로 長音化하여 ŋā의 形態로 主格助詞로 轉用된다. 이런 경우 呼格助詞는 高舌化(開口度를 좁힘) 표지-◌̣를 붙여 ŋạ의 形態로 쓰이기도 한다.

例 ni(나의) wakkei(箱子) warkavr(-만이라도) n'ixmiya(n''내게' ixmi-'주-' -ya'-어라'), niğvŋạ(사람아!) har(…라고) itnd(말하였다)<高.p.159> ………… niğvŋ-ŋạ>niğv-ŋạ takkr(저편의) wonuŋ(마을 사람인) px-ŋa-ŋoŋ-ŋā(젊은이가←自己와 사냥가곤 하는 것이> čxïv(곰을) gusil(끌어내고 싶다) itr(말하고) yoskōra(내를 건넜다)<高.p.117> ………………………………………………………… pxŋaŋoŋ-ŋā

그리고, 한국어에서 -ga가 主格助詞와 用言의 疑問形語尾로 공용되는데, 바로 길약語의 -ŋa도 呼格助詞와 疑問形語尾에 공용되고 있다는 사실은 그저 우연이라고만 볼 수 없다. 그뿐만 아니라 -ŋu(疑問形)＜Gily＞와 對應되는 -go(-고, 疑問形)＜Kor＞와 같은 形態가 處容歌＜高麗歌詞＞ 속에서 主格助詞로 쓰이고 있는 사실도 우연으로 보기 어렵다(例. "누고 저어셰니오 누고 지어셰니오"). 따라서 -ga(主格助詞)＜Kor＞는 呼格助詞에서 轉用된 것으로 추정된다. 본시 알타이諸語와 마찬가지로 길약語도 일반적으로 主格助詞를 쓰지 않는 언어로서, 꼭 主格임을 명시하고 싶을 때에는 呼格助詞를 轉用하거나(例. Ivan-dračok-a činkr-a axr-čin tumčis hunïvundra "이반의 바보여! 그대가 늘 이러하였는가?"＜高 p.153 L.15＞), 與格助詞를 써서 달리 표현하다(例. nax winkya 내게 가게 하여라→내가 가겠다＜高 p.72 L.12＞).

(2) -n/-an/-nan(提示助詞)〈Gily〉 ∞ -n/-ʌn/-nʌn(-ㄴ/-ᄋᆞᆫ/-ᄂᆞᆫ. 提示助詞, 소위 主題格助詞)〈李朝〉…*-n/*-an/*-nan(提示助詞)

-n/-an/-nan(提示助詞)＜Gily＞는 韓國語의 '-ㄴ/-ᄋᆞᆫ/-ᄂᆞᆫ'과 대응된다. 一見 -n/-an/-nan는 主格助詞로 쓰인 것 같기도 하나, 그것이 副詞下에도 첨가되는 점으로 보아서 主格助詞는 아니며, (1)에서 예시한 바와 같이 主格에는 일반적으로 格助詞를 첨가하지 않는 법이고, -n/-an/-nan＜Gily＞이 첨가되면 韓國語의 -n/-ʌn/-nʌn(提示助詞)과 거의 같이 기능하므로 n/-an/-nan＜Gily＞을 提示助詞로 다루어 둔다. 특히 -n＜Gily＞이 '-ㄴ'＜Kor＞처럼 副詞下에도 잇대어서 더욱 그 기능이 提示助詞임을 확신할 수 있게 된다.

다음에 그 實例를 인용하여 보인다.

plotokn(plotok'보자기' ; -n'는')＜高.p.34＞
peflotokn ğušir ruiga niğvŋ pantra(제 보자기는 내어 흔드니 사람이 생겼다)＜高.p.144＞
araki yer rārant paxn kavrŋa izn xuil-itr(술을 사서 마시고 마셨다. 자기에게는 없어 그들을 죽이려고 말하였다)＜高.p.136＞
pitgan commintox pšïnd(文書는 좀민까지 왔다)＜高.p.167＞
huntnan maxtïr untai pāžer-pāžer(그것은 참으로 쯘도라 平原을 점점-걸었다)＜高.p.124＞
izn hifkenan pšïnd(그들이 한참 기다려서는 왔다)＜高. p.176＞

그런데, -an/-nan<Gily>과 '-ᄋᆞᆫ/-ᄂᆞᆫ'(-ʌn/nʌn)<李朝>은 韓國語의 'ᄋᆞ'가 [a]나 [o]에서의 발달이 확실하므로, 이들의 音韻上의 對應은 의심할 여지가 없다. 그런 類例를 다음에 보인다.

a<Gily>	ʌ(ᄋᆞ)<Kor>
例 ŋašïf(胸)	kasʌm(가ᄉᆞᆷ, 胸)
vantu-(作・造)	mʌntʌr-(ᄃᆞᆯᄆᆞᆫ-,作・造)
čaga-(白)	č'ʌ=(白) *cf.* ᄎᆞ-돌(白-石)
pagla(빨갛다)	pʌlg-(ᄇᆞᆯ가-ᄒᆞ-,빨갛다)
paze-(걸어가다)	pʌlβ-(ᄇᆞᆲ다)
čār-(차다, 滿)	č'ʌ-(차다)
sasku-(동여매다, 묶다)	sʌski(새끼)
kārwäx(갈매기)<G>	kʌlmyəgi(갈매기)
ŋar-ŋar(날개)<G> *cf.* ŋ∞n	nʌlgä(>ᄂᆞᆯ애, 날개)
fačur(빨리)<G>	pʌjʌri(부지런히, 빨리)
xačača-(재채기하다)<G> *cf.* x>h>∅	čʌč'E-om(재채기)
xallu(늪)<G>	kʌrʌm(湖水)
ŋarm(살빗대)	kʌlbi(갈비)
nallu(만, 물굽이)	nʌrʌ(나루, 津)
ŋarla(같다)<G>	kʌthʌ-(ᄀᆞᇀ다)

15세기만 하여도 '-ᄋᆞᆫ/-ᄂᆞᆫ'이 母音調和를 배제하듯이 陰性母音下에서도 자주 나타나는 것을 볼 수 있어서, 그것이 *-an/-nan에서의 발달임을 시사하여 주고 있어 '-ᄋᆞᆫ/-ᄂᆞᆫ'<Kor>과 -an/-nan<Gily>과의 對應은 더욱 확실한 것으로 推定된다.

〔**參考**〕 -nan<Gily>에는 時間의 副詞를 만드는 接尾辭도 있다고 G.p.29에서 언급한 바 있으나, 이것도 提示助詞(韓國語의 '-은/-는'과 같이 어느 한 가지를 들어내어 보이는 助詞)로 보아도 무방할 것으로 믿는다. 예를 들면, tït-<u>nan</u>'아침은', xoŋoror-<u>nan</u>'나중에는', nav-<u>nan</u>'이제는'을 거기서는 '아침마다', '나중에', '이제'로 번역하여 -nan을 아무 文法的 機能도 갖지 않고 있는 것처럼 記述하고 있는데, 그것(-nan)이 없이도 副詞로 쓰이므로 그 記述은 분명히 잘못된 것으로 판단된다.

그리고 '-은/-는'은 母音調和에 의하여 '-ᄋᆞᆫ/-ᄂᆞᆫ'에서 발달한 것으로 믿어진다.

그러나, '-ㄴ'에 媒介母音-'ᄋᆞ'가 첨가되어서 '-ᄋᆞᆫ'이 생겨나고, 또 類推로 '-ᄂᆞᆫ'에서 '-는'이 생겨난 것으로 볼 수 없는 것은 아니다.

다음에 '-ㄴ/-ᄋᆞᆫ/-ᄂᆞᆫ/-은/-는'이 쓰인 例文을 보인다.

例 ᄒᆞᆫ녀ᄀᆞ론(=ᄒᆞᆫ-녁-ᄋᆞ로-ㄴ) 분별ᄒᆞ시고 ᄒᆞᆫ녀ᄀᆞ론 깃거(釋詳 六 3> ······················ ㄴ
須達인 舍利弗 위ᄒᆞ야 노ᄑᆞᆫ 座 ᄆᆡᆼᄀᆞ니<釋詳 六 28> ·· ㄴ
불휘 기픈 남ᄀᆞᆫ ᄇᆞᄅᆞ매 아니 뮐ᄊᆡ<龍歌 2장> ·· ᄋᆞᆫ
아ᇫᄋᆞᆫ ᄠᅳᆮ 다ᄅᆞ거늘 나라해 도라오시고<龍歌 24장> ·· ᄋᆞᆫ
次ᄂᆞᆫ 次第 혜여 글왈 ᄆᆡᆼᄀᆞᆯ씨라<釋詳 序> 5 ·· ᄂᆞᆫ
ㄱᄂᆞᆫ 엄쏘리<訓正諺> ··· ᄂᆞᆫ
ᄉᆡ미 기픈 므른 ᄀᆞᄆᆞ래 아니 그츨ᄊᆡ<龍歌 2장> ·· 은
訓은 ᄀᆞᄅᆞ칠씨오<訓正諺> ·· 은
뒤헤는 모딘 즁싱 알ᄑᆡᄂᆞᆫ 어드본 길헤<龍歌 30장> ·· 는/ᄂᆞᆫ
ㄱ는 君ㄷ字 가온뎃 소리 ᄀᆞᄐᆞ니라<訓正諺> ·· 는
그가 빨린(=빨리는) 간다마는 ·· ㄴ/는(副詞下)

요컨대, n/-an/-nan<Gily>과 '-ㄴ/-ᄋᆞᆫ/-ᄂᆞᆫ/-은/-는'<Kor>은 音韻과 機能(특히 副詞下에까지 連接됨)의 兩面으로 보아서 완전한 對應은 보이는 提示助詞(소위 主題格助詞)임이 분명하다. 그리고, 이들의 共通基語는 *-n/*-an/*-nan(提示助詞)으로 추정된다.

이밖에 '-ㄴ/-ᄋᆞᆫ/-ᄂᆞᆫ/-은/-는'과 比較하여 볼 만한 것으로서는 an-i(提示助詞)<Ainu> · anu/inu(id)<Ma> 등이 있다.

例 ku-an-i ainu ku-ne(나는 아이누人이다)<Ainu>
aq-a inu irebey(그의 兄은 왔다)<W.Mo>
blam-a-nar anu quralduba(그들의 라마僧들은 모이었다)<W.Mo>
ere joku inu meni niŋge(이 작도는 우리 것이다)<Ma>

(3) -*kïr(對格 · 具格助詞) ; -ux/-ox/-rux/-rox/-lux/-lox(具格 · 對格以外의 斜格助詞) 〈 Gily 〉 ∞ -kïr/-kʌr/-hïr/-hʌr(對格 · 具格助詞) ; -ïr/-ʌr/-rïr/-rʌr/-r(-글/-ᄀᆞᆯ/-흘/-ᄒᆞᆯ ; -을/-ᄋᆞᆯ/-를/-ᄅᆞᆯ/-ㄹ. 具格 · 對格以外의 斜格助詞) 〈 李朝 〉 …*kïr ; *-ok/*-uk/*-rok /*-ruk(具格 · 對格以外의 斜格助詞)

길약語에서 -kïr/-xïr/-kïs/-gïs/-hïs/-xïs/-kïx＜Tïmï＞ · -gur/-gir＜Amur＞—*kïr＜再構形/)＜Gily＞이 주로 具格 · 對格에 쓰이고, 原因格 · 在格 · 副詞格 · 등에도 다음과 같이 쓰인다.

例 čxïf ken uxmund intïnt kuhïs hant(곰과 싸우는 것을 보고 화살을 쏘았다)＜高.p.112＞ …… hïs(對格 또는 具格)
či lashïs teağant(네가 물결에 의하여 올라갔다)＜高.p.128＞ …… hïs(具格)
pxilgïs mund(山에서 죽었다)＜高.p.132＞ …… gïs(在格)
tïrŋačkïs osir izn zar sik ixund(불씨로써 일어나 그들을 때려 모두 잡았다)＜高.p.132＞ …… kïs(具格)
pxixïs ŋarxor hunïvïnd(山에서 사냥하고 있었다)＜高.p.133＞ …… (在格)
maxtïrgïs tugrux kuizind(정말로 불에서 나왔다)＜高.p.133＞ …… gïs(具格 또는 副詞格)
raxčhïs kant hera(창을 지팡이로 삼고)＜高.p.136＞ …… hïs(對格)
praxčhïs ešpnd(자기-창으로 그것을 찔렀다)＜高.p.136＞ …… hïs(具格)
čakkohïs ŋašïf čevr(창칼로써 가슴을 찔라)＜高.p.137＞ …… hïs(具格)
sintïxkïs čax rukvr(물통으로 물을 길었다)＜高.p.137＞ …… kïs(具格)
paxkïs paxrket tollux pasnt(돌로 추를 달아 내에 던졌다)＜高.p.137＞ …… kïs(具格)
čxïv nağaskïs pngavr posnt(곰의 가죽을 입고 잦다)＜高.p.138＞ …… kïs(對格)
wā ŋaigrgïs kijira tuxŋan amïk kijira(길의 깃을 가시고 고괭이의 입을 가지고)＜高.p.140＞ …… gïs(對格)
murnkïx mar warwinkt kurkurtuxïs najiraki menïŋ pšïndxun yugt(말을 두 마리 나란히 하게 한 썰매로 파수꾼 두 사람이 와서 들어갔다)＜高.p.140＞ …… kïx(對格), xïs(具格)
huŋ kuttïux pottïhïs hiji-vunkror(그 구멍에서 새끼를 붙들고 내려놓다)＜高.p.141＞ …… hïs(對格)
hunt waxïs huvïr(그것을 칼로 잘라)＜高.p.141＞ …… xïs(具格)
i-murŋ ven-čiuhïs wo-niğvŋ kuzit(그-말이 가는-소리 때문에 마을-사람이 나와)＜高.p.152＞ …… hïs(對格)
murṇhïs higr(말을 매고)＜高.p.153＞ …… hïs(對格)
pïtïk pšïnkïr ixiloter(자기-아버지가 돌아오는 것을 기다리다가 지쳤다)＜高. p.157＞ …… kïs(對格)
puntxïs hainuŋa(활을 쏠 수 있었으나)＜高.p.159＞ …… xïs(對格 또는 具格)
pixïs yaint(스스로 그것을 만들었다)＜高.p.168＞ …… xïs(副詞形)
niğaskïs mağïnt(사닥다리를 올라갔다)＜高.p.168＞ …… kïs(對格 또는 具格)
inintxïs čauğund(음식을 神에게 바쳤다)＜高.p.175＞ …… xïs(對格)
pšofkïs čauğund(제-피를 神에게 바쳤다)＜高.p.175＞ …… kïs(對格)
mugir vinïč(배로 간다)＜Grube.p.20＞ …… gir(對格)
naxgir nuč(눈으로 보다)＜Grube.p.20＞ …… gir(對格)
nuğgir ezmač(바늘을 필요로 한다)＜Grube.p.21＞ …… gir(對格)

그리고 h∞x∞g∞k는 相互轉換이 自在하여 變異音으로 볼 수 있고,

h∞x∞g∞k

例 kin—hin—xin(…와/…과, 列擧助詞)
kïs—xïs—hïs—gïs—kïr(…로써, 具格助詞)
kend—xend—gend—xgend(나르다,運 : 입다,着)
-xar-—-ğar-(强意挿入辭)
yarxïnd—yarhïnd(열다, 開)
kund—xund(시키다, 使爲)
ïčig—ïtčïğ—ïčïx—ïčïk(老爺・主人)
ok—ox(衣)
pi-ker＞pxer(내 이야기)
nank—nanx(姉)
kerxn—keskan(海)
xark(族)—karn(種類)
yaharand—yaxrand(생각하다, 思)
ya-xikr—ya-kikr(그 위)
eğalan—exarn(아이, 子)
amïğ—amïk—amïx(口・河口) ………………………………………… 以上 ＜高橋 1942＞

語末・語中의 ř(閉鎖音의 前後에서 매우 摩擦的인 r)의 ř∞s´(s와 š의 間音. 약간 中舌的s)/š의 互轉은 다음 같은 예로 보아서 빈번한 현상임을 알 수 있다(ř・s' 는 /r/의 變異音임으로 本稿에선 r・s로 表記함).

r∞s´(中舌的 s)∞š<Gily>

例 hař—haś—haš(그렇게)
přïnd—prïnd—pšïnd(돌아가다)
pïrk—pïśk—pïšk—park＜Amur＞(-뿐)
pigř—pogś(숨어)
ğoř—ğoś—ğorś(냇가・岸)
viř—viš(가고)/mağř—mağš(올라서)/hupř—hupš(앉아서)
yuřund—yuśund(셈세다)
rumř—rumš(食品)
mořkand—mośkand—moškand(돕다, 살아나다)
ïřk—uśk—ušk(夜)
pařïf—paśïf(晩)

mxoxř—mxokš(十 · 十日)
čigř—čgïś(草)
unřk—uniśk—unišk(도깨비)
zoořkond—zoośxund(깨다, 破)
hařkavnd—haśkavnd(할퀴다) ·· 以上 <高橋 1942>

그리고, 韓國語에서도 語中의 h(ㅎ)이 탈락하는 것이 상례이다.

h>∅(脫落)<Kor>
例 가히>가이>개(犬)
굴헝>구렁(巷)
글흐->끄르->(解)
달호->다로->다루-(取扱)
방하>방아(杵)
불휘>뿌리(根)
싸호->싸오->싸우-(爭)

따라서, -hïs/-xïs/-gïs/-kïs/ kïr/-xïr/-gir/-gur······*-kïr(再構形)은 -ㅣ(-글)>-hïr (-흘)>-ïr(-을)>-r(-ㄹ)의 변천을 거듭하고, 다시 母音調和로 말미암아 -kʌr(-ᄀᆞᆯ)>-hʌr(-ᄒᆞᆯ)>ʌr(-ᄋᆞᆯ)의 交替形이 생겨나고, 여기에 다시 이들의 복합이거나, -r(-ㄹ)에 axr(强勢辭)<Gily>의 同根의 *-ar이 어울려 '*-rar>*rʌr(-ᄅᆞᆯ)'의 變化를 거쳐 또 다시 母音調和로 -rʌr(-를)—rïr(-를)이 생성될 수 있다.

그리고, 길약語의 語中 -x-/-g-가 그와 대응되는 것으로 믿어지는 韓國語語彙에서 탈락한 것으로 보이는 예들을 다음에 들어 보인다.

-x-/-g-<Gily> —————— -∅-<Kor>
例 tugur(火)<Gily>∞tor(烽火)<百濟地名> *cf.* 扶寧縣本百濟皆火縣
čaga-(白)<Gily>∞č'ʌ(白, *cf.* ᄎᆞ돌'白石 · 花崗巖'<Kor>)
ainağai(妻)<Gily>∞anhE>anä(妻)<Kor>
čixr(腕環)<Gily>∞č'i(腕環. *cf.* 팔찌)<Kor>

그런데, 韓國語의 格助詞-'-글/-ᄀᆞᆯ/-흘/-ᄒᆞᆯ'은 對格 · 與格에만 쓰이고 '-을/-ᄋᆞᆯ/-ㄹ/-를/-ᄅᆞᆯ'은 對格 · 與格 · 處格 · 向格 · 奪格 · 具格 · 副詞格 · 原因格 등에 두

루 쓰인다. 다음에 먼저 '-글/-ᄀᆞᆯ/-흘/-ᄒᆞᆯ'의 實例를 들어 보인다.

例 四海를 년글 주리며<龍歌 20章> ······ 글(與格)
므스글 救하리오<杜初 七 4> ······ 글(對格)
손ᄀᆞ락글 근처<三綱孝子圖 三 67> ······ 글(對格)
ᄇᆞᄅᆞ미 紫荊남글 부니(風吹紫荊樹)<杜初 八 29> ······ 글(對格)
造花의 굼글 工巧히 우의여<杜初 十六 37> ······ 글(對格)
羅河밧글 다시 ᄉᆞ랑ᄒᆞ노니<杜初 二十 40> ······ 글(對格)
숫글 沐浴ᄒᆞ야(沐浴其炭)<楞嚴 七 16> ······ 글(對格)
큰 붊글 여희니라<杜重 二 47> *cf.* 붊(=풀무) ······ 글(對格)
딥지즑과 삿글 가져다가(將藁薦席子來)<老上 23> ······ 글(對格)
ᄭᆞᄂᆞᆫ 돗ᄀᆞᆯ 둗거이 덥게 ᄒᆞ노라<法華 二 242> ······ 글(對格)
ᄡᅮᆨ 븟글 노하(艾炷安在)<救簡 六 57> ······ 글(對格)
漆沮ᄀᆞᄉᆡᇫ 움흘 後聖이 니ᄅᆞ시니<龍歌 5章> ······ 흘(對格)
길흘 조차 ᄃᆞᆫ니다가<月釋 九 33> ······ 흘(對格)
城 안ᄒᆞᆯ 재요리라<月曲 50> ······ ᄒᆞᆯ(對格)
프른 ᄆᆡᄒᆞᆯ 디렛도다(俯青郊)<杜初 七 1> ······ ᄒᆞᆯ(對格)
나라ᄒᆞᆯ 맛ᄃᆞ시릴ᄊᆡ<龍歌 6章> ······ ᄒᆞᆯ(對格)
謝安ᄋᆡ ᄠᅳᆯ흘 보니(謝庭瞻)<杜初 八 26> ······ 흘(對格)

위에 보인 바와 같이 '-글/-ᄀᆞᆯ/-흘/-ᄒᆞᆯ'은 對格助詞에 주로 쓰이고 간혹 與格助詞에도 쓰이었다. 그러나, 後述할 (46)項에서 具格에도 쓰이었음을 밝힐 것이다. 따라서 韓國語에서도 -kïr(>-hïr)이 길약語의 -kïr과 마찬가지로 주로 對格·具格에 쓰이었다.

그런데, 新羅時代의 鄕歌에서 對格助詞로서는 '肹'만이 쓰이었는데, 이것을 종전에는 모든 학자들이 [hïr](흘)로 읽어왔고, 또 '-을/-ㄹ'(乙)도 對格助詞로서 공용된 것으로 보아 왔으나, 필자는 '肹'이 [*kïr]로 읽히고, 적어도 新羅時代에는 아직 '-을/-ㄹ'의 형태가 對格助詞로 쓰이지 않은 것으로 본다.

그러면, 다음에서 '肹'을 [*kïr] 또는 [*kur]로 읽어야 할 까닭을 말해 보겠다.

첫째로, 地名에서 [*kïr]로 읽혔던 것으로 보이는 이 會津縣本百濟豆肹縣<三史地理三 : 羅州古跡>/薑原縣本百濟豆肹縣今荳原縣<三史地理三 : 興陽古跡>이 있기 때문이다. 百濟支配層은 蒙古族인 것으로 믿어지며, 百濟以前의 伽倻時代의 支配層은 드라비다語를 쓴 것이 틀림없고[*cf.* 第10章 1~4節 '伽倻語와 드

라비다語와의 比較 '], 百濟以後의 統一新羅時代의 支配層은 터키語를 쓴 것으로 추정되므로, 그들의 말에서 비교될 만한 語彙를 골라 보면, '津≒原≒肹' 등의 등식을 만족 시킬 만한 것으로서 '津'은 qoyir(浦)<W.Mo> · koy(江口)<Turk> 등과 비교 될 수 있을 것이고, '原'은 keger(原)<W.Mo>과 비교될 수 있을 것이기 때문에 '肹'은 ker~kör에 가까운 음일 것이며, 또 東國正韻의 音은 '홀'이고 曉聲勿韻이지만 曉聲은 그 古音이 [k]일 것이므로(*cf.* 日本漢字音: 肹'キツ · コチ' 및 「三史 地理志 · 人名 」: 楊口郡一云要隱忽次, 骨正一作忽争), 적어도 그 子音組織만은 *kVr이었음이 틀림없을 것이며, 勿韻이니 '肹'의 古韻은 *ïr~ur이었을 것으로 생각된다.

그런데, [kur]을 표음하자면 그 음에 걸맞는 '屈 · 掘 · 窟' 같은 借字가 제격일 터인데도 불구하고, '肹'字를 쓴 점으로 미루어 보아서 '肹'字로써 주로 [kïr]을 表記한 것으로 추정된다.

그리하여 '豆肹 · 荳原'은 [*pʌjï-kïr](*cf.* ᄑᆞᆾ'赤豆', burčak'豆'<W.Mo · O.Turk>, bakla'豆'<Turk>)로, '會律'은 [pʌjï-kör](*cf.* bācu'긁어모으다'<Dr-Ka> 또는 peṟukku'會, 모으다'<Dr-Ta>)로, '薑原'은 [pʌjï-ker](예: *purgi su-ker>pʌtis-ker>pʌji-ker ; furgisu'薑'<Ma> · hazikami'生薑' <Jap>)로 읽혀, 이들은 서로 同音 또는 類音이기 때문에 지명에서 對比되었던 것이다.

둘째로, 竹軍縣本豆肹<三史地理四>에서 '軍≒肹'의 等式이 성립되자면, '肹'을 [kur] 또는 [kïr]로 읽어야 '軍'[*kur]과 類音對比를 한 까닭을 알 수 있게 된다. 즉 軍那縣本屈那<三史地理四>에서 '軍'을 '屈[kur]'과 對比시켰고, kuren(軍伍)<Ma> ; kür(隊)<W.Mo>로 미루어 보아서 '軍'을 [kur]로 읽었음을 알 수 있다. 따라서 그와 대비한 '肹'을 前項에서 *[kïr]로 읽은 것이 타당했음을 확인한 셈이다.

셋째로, "二肹隱 吾下於叱古 二肹隱 誰支下焉古"<處容歌>에서 '二肹'은 主格에 쓰인 '二'를 뜻하는 말이다. 그런데, 隱(은)앞에서는 主格助詞가 생략되거나 쓰이지 않는 語法에 따라, '二肹'은 수사 '二'를 뜻하는 말이며 그 末音이 [hïr]이나 [kïr]에 가까운 말일 것이므로, '二肹'은 現代語 '둘'이거나 高麗語 *두볼(途孛)<鶴林類事>은 결코 아니며, pəkïr(버글 ᅀᅵ 貳<字會下 33>)의 表記일 것이

다.11)

梁住東 博士가 「古歌硏究」p.412에서 「肹隱」을 붙여 '흔'으로 읽은 바 있으나 '肹'을 '흐'의 略音借로 보아 예외로 다른 것에 찬동할 수 없다.

요컨대 '二肹'은 [*pəkïr]로 읽어야 할 것이며, 여기서 '肹'은 [*kïr]로 읽힌 것으로 추정된다.

넷째로, "次肹伊遣"(다음으로 미루고)<祭亡妹歌>에서 '次 · 副'를 李朝語로 [pəkïr](*cf.* 버글 부, 副<字會中1. 類合下61>)이라고 하니, 여기서 '肹' [kïr]로 읽혔던 것으로 믿어진다.

이와 마찬가지로 "慚肹伊賜等"(부끄러워하시거든)<獻花歌>에서 '慚肹伊'는 李朝語로 *[pu'kïri](*cf.* 븟그릴 참 慙 <類合下15>)라고 하니, 여기서도 '肹'은 [hïr]보다는 [kïr]로 읽혔다고 보아야 할 것이다.

다섯째로, "際叱肹"<讚耆婆郎歌> "城叱肹良"<彗星歌> 등을 ka´-hïr · ča´-hïr-ran의 표기로 본다면, 그 실제 발음은 [kat'ïr] · [tʃat'ïran]이 되어 'ㅿ(邊 · 際)'이나 '잣(城)의 語原이 末音-t'를 가진 것으로 오인하기 쉽다. 그러므로 차라리 ka´-kïr · ča´-kïr-ran의 表記로 보면, -k 앞에서 ʒ(△)나 s(ㅅ)가 지금처럼 內破音-[t]로 소리난 것이 되어서 어원의 파악에 조금도 곤란을 느끼지 않는다.

또한, "膝肹"< >를 [murïp'ïr]로 읽어야 할 것이라면, "膝乙"로 표기하는 것이 나을 것이고, "膝肹"이 murïp-hïr의 표기라면, 그 實際發音이 [murïp'ïr]이 되므로 구태여 '肹'을 첨가할 필요가 없었을 것이다. 옛날 사람들이 形態音素論的 의식이 그토록 발달하였다고는 볼 수 없기 때문이다.

따라서, "際叱肸 · 城叱肹良 · 膝肹"은 각각 [ka´-kïr](또는 kaʒï-kïr) · [tʃa´-kïr-ran](또는 [tʃasï'kïr-ran] cf. čaiza '城, W. Mo': časi '城, Ainu'), · [murïp-kïr]의 表記로 보아야 할 것이며, 여기서도 '肹'은 hïr보다는 kïr로 읽혔을 가능성이 더 큰 것으로 믿어진다.

여섯째로, '解'를 「東國正韻」에서는 '개'(*cf.* p.458)로 적었으나 지금은 '해'로 發音된다. 즉, 韓國語에서는 k>h와 같은 音韻變化가 있어 왔다. 그러므로 *kïr>

---

11) 姜吉云 1975.9. p.16에서 터키語 eki(二)로 미루어 新羅語를 *peki로 推定한 바 있는데 이것을 여기서 *pəkïr(二)로 修正하여 둔다.

hïr의 발달이 가능하여서, ‘肹’도 *kïr>hïr의 발달을 겪은 漢字로서 그 古音은 *kïr이었다고 믿어진다. 韓國語의 h音韻을 가진 漢字들의 日本音이 모두 k音韻을 지닌 것도 참고가 될 것이다.

이제까지 여섯 項에 걸쳐서 考察한 바에 의해서 新羅時代의 ‘肹’字의 音은 [*kïr](/*kur/에도 代用)이었던 것이 분명하다. 따라서 格助詞 *-kïr이 kïr>hïr>ïr →kʌr>hʌr>ʌr(kur에서의 發達形 또는 母音調和에 의한 交替形)의 과정을 밟아서, 李朝語에서는 -kïr/-kʌr이 化石化 되어 몇 개의 單語에만 접속되어 쓰이고, -hïr(흘)/-hʌr(ᄒᆞᆯ)은 7·80개어에 국한되어 쓰이었으며, 나머지에는 ‘-r(ㄹ)/-ïr(을)/-ʌr(ᄋᆞᆯ)/-rïr(를)/-rʌr(ᄅᆞᆯ)’이 쓰였고 現代에 와서는 ‘-r(ㄹ)/-ïr(을)/-rïr(를)’만이 쓰이게 이른 것이다. 그러면, 다음에 新羅의 鄕歌 속에서 쓰인 格助詞—‘肹’(*kïr)의 예를 보인다.

例 花肹 折叱可<獻花歌> ······ 肹(對格)
吾肹 不喩 慚肹伊賜等<獻花歌> ······ 肹(對格)
窟理叱 大肹 生以支所音 物生<安民歌> ······ 肹(對格)
此 地肹 捨遣只<安民歌> ······ 肹(對格)
此肹 喰惡支 治良羅<安民歌> ······ 肹(對格)
千隱 目肹 一等下叱 放<禱千手觀音歌> ······ 肹(對格)
膝肹 古召旀<禱千手觀音歌> ······ 肹(對格)
一等肹 除惡支<禱千手觀音歌> ······ 肹(對格)
心未 際叱肹 逐內良齊<讚耆婆郎歌> ······ 肹(對格)
遊鳥隱 城叱肹良 望良古<彗星歌> ······ 肹(對格)
cf. 德海肹 間王冬留 讚伊白制<稱讚如來歌> ······ 肹(對格)

위에서 보인 바와 같이 ‘肹’은 對格助詞로만 쓰이었고, 新羅時代의 鄕歌에는 ‘乙’(을/ㄹ)이 對格助詞로 쓰인 일이 없다.

첫째로, “奪叱良乙(=빼앗은 것) 何如爲理古”<處容歌>의 ‘奪叱良乙’은 aʒar (또는 asar)로 읽어야 할 것이며, 여기의 ‘-乙’(-ㄹ)은 名詞形語尾일 뿐이지 對格助詞는 아니다. 이 때의 對格助詞는 생략된 것으로 보아야 한다.

둘째로, “薯童 房乙 夜矣 卯乙 抱遣去如”에서 ‘房乙’은 ‘房애’의 뜻으로서 ‘-乙’(-을)은 處格助詞이고(*cf.* 軒檻ᄋᆞᆯ 비겨서<杜初 十六 54> : 戰陣을 臨ᄒᆞ야

<杜重 十七 30>……-을/-ᄋᆞᆯ '處格助詞') '*卵乙'은 卵의 새김(訓)인 '알'(乳兒)의 표기로서 '-乙'은 그 末音 '-ㄹ'의 添記에 불과하며, 이때에도 對格助詞는 생략된 것으로 보아야 할 것이다.[原文의 '夘'은 卵(夘)의 俗字로 判斷됨. 「三國遺事」에 이 俗字가 몇 군데 보이는데 모두 '卵'의 뜻으로 쓰임].

다음에는 '肹'(*kïr)에서 *kïr>hïr>ïr의 發達過程을 밟은 것으로 볼 수 있는 '-을/-ᄋᆞᆯ/-ㄹ/-를/-ᄅᆞᆯ'의 實例를 든다.

對格: 獨夫受ᄅᆞᆯ 셤기시니 <龍歌 11장>
聖孫ᄋᆞᆯ 내시니이다 <龍歌 8장>
天下ᄅᆞᆯ 맛드리실ᄊᆡ <龍歌 6장>
聖武ᄅᆞᆯ 뵈요리라 <龍歌 46장>
賢君ᄋᆞᆯ 내요리라 <龍歌 46장>
長湍ᄋᆞᆯ 건너싫제 <龍歌 60장>
具格: 기피 사로ᄆᆞᆯ(=사ᄅᆞᆷᄋᆞᆯ) 獨園ᄋᆞᆯ 依賴ᄒᆞ노라 <杜初 七 10>
설으 외다ᄒᆞ야 원망홈ᄋᆞᆯ 말믜암아 <小諺 六 90>
그딋 말ᄋᆞᆯ 말믜암음이라 <內訓重二 79>

處格: 軒檻ᄋᆞᆯ 비겨셔(憑軒) <杜初 十六 54>
戰陣ᄋᆞᆯ 臨ᄒᆞ야 <杜重 十七 30>
奪格: 누늘(=눈ᄋᆞᆯ)브터 나란ᄃᆡ <圓覺 三 11>
與格: 三韓ᄋᆞᆯ ᄂᆞᄆᆞᆯ(=ᄂᆞᆷᄋᆞᆯ) 주리여 <龍歌 20장>
하ᄂᆞᆯ히 부러 우릴(우리ᄅᆞᆯ) 뵈시니 <龍歌 68장>

向格: 도ᄌᆞᄀᆡ ᄉᆞ실(=ᄉᆞᅀᅵᄅᆞᆯ) 디나샤 <龍歌 60장>
原因格: 오ᄂᆞᆳ나래 至德ᄋᆞᆯ 우ᅀᆞᆸᄂᆞ니 <龍歌 56장>
副詞格: 荊州楊州는 ᄇᆞᄅᆞᆷ과 ᄡᅡ쾌 더울ᄉᆡ 肅殺ᄒᆞ요ᄆᆞᆯ(=肅殺하게) 微潋霜ᄋᆞᆯ 기들우ᄂᆞ니라 <杜初 七 35>

그리하여, *kïr(-kïr/-xïs/-kïs/-gïs/-xïs/-hïs/-gur/-gir(對格·具格)<Gily>과 -kïr/-kʌr>-hïr/-hʌr>-ïr>-ʌr(對格·具格助詞)<Kor>는 機能上으로 일치할 뿐만 아니라 音韻上으로도 확실히 對應되며, 이들의 共通基語는 *kïr(對格·具格助詞)로 추정된다.

한편, -ux/-ox/-rux/-rox/-lux/-lox(斜格助詞)<Gily>도 -ïr/-ʌr/-rïr/-rʌr/-r(處格·奪格·與格·向格·原因格·副詞格助詞)<李朝>과 비교될 수 있을 것 같다. 먼

저 다음에 길약語의 例를 들어 보인다.

例 pforox psïnd(제-마을로 돌아왔다)<高 p.113> ························ rox(向格)
kes ŋakkilox ketvnd(대합이 꼬리에 붙었다)<高.p.128> ························ lox(處格)
pxilox pyofyon-au-mund(山에서 휘파람 부는 소리를 들었다)<高.p.129> ······ lox(在格)
maskŋa tollux kuzind(물범이 바다에서 나왔다)<高.p.131> ························ lux(處格)
učïk pxilox vind(할아범이 山으로 갔다)<高.p.134> ························ lox(向格)
korŋaks nax pxokkoruk rakkunt(버들 하나를 제-옷에 꽂아 놓았다)<高.p.133>
························ ruk=rux(處格)
pforox pxunt(제-마을에 돌아갔다)<高.p.134> ························ rox(向格)
taf-tïxïrox pšït čend(집-위에 와서 울었다)<高.p.138> ························ rox(處格)
ïjink keoxatrox yõtotnt(주인이 사환에게 물었다)<高.p.141> ························ rox(與格)
huŋ kuttïux pottïhïs hiji-vunkror(그 구멍에서 새끼를 붙들어-내려놓아)<高.p.141>
························ ux(在格)
šank-xin keoxata-xin taxrux kefïs hïvt wart(女子와 사환과의 사이에서 ≪새끼를≫ 큰 도끼로 잘랐다.)<高.p.142> ························ rux(在格)
pïtklox ïtïka, tu-niğvŋ nogon-nunt niğvŋ tuni-za(자기 아버지에게 아버지여! 이-사람이 나를 구할 수 있는 사람 그이다)<高.p.145> ························ lox(與格)
īkakkarux šank nenïŋ pšïnd(江의 上流에서 여자 한 사람이 왔다)<高.p.159>
························ rux(始發格)
čarwart pallux vnuŋvnuŋgt(나무를-잘라 山에서 굴려서)<高.p.171> ························ lux(奪格)
yugr pašlivux tivnt(들어가 걸상에 앉았다)<高.p.176> ························ ux(奪格)
šikux get azmr tont(모두로부터 얻은 선물을 가지고 왔다)<高.p.176> ····· ux(奪格)

위 예에서 -ux/-ox/-rux/-rox/-lux/-lox<Gily>가 與格·向格·處格·在格·始發格·奪格에 쓰이었는데, '-ㄹ/-을/-올/-를/-롤'의 文法機能과 다른 점이 있다면, 對格과 具格에 쓰이지 못하는 점이 다른 뿐인데, 對格·具格으로 쓰인 '-ㄹ/-을/-올/-를/-롤'은 '-글(肹)>-흘>홀'에서 변한 것이라고 본다면, 이들은 기능상 대체로 對應한다고 할 수 있을 것이다.

그러면, 길약語에서는 k∞g∞ğ∞x∞h와 같은 喉音의 相互轉換이 상례이다(*cf.* (3)의 例).

그리고 韓國語의 圓脣母音(o,u,ö,ü)下의 r/l(ㄹ)은 알타이語·其他語의 k·g·h·x와 對應한다는 것은 필자는 諸論文에서 언급한 바 있지만 여기서 그런 例를 다시 열거하여 보인다.

圓脣母 + r/l<Kor>	圓脣母 + k · g · h · x<諸語>
例 tɯr-(<*tur-.擧)	tuk'ə-(擧頭)<Gily>
mʌrʌ(陵線 · 宗)	mux(船梁)<Gily>
tor(梁)	dogon(渡口)<Ma>
mur(水)	muke(水)<Ma>
purədi-(折)	bukda-(折)<Ma>
tɯle-(喧)	dukji-(喧)<Ma>
por(怒)	fuhun(怒)<Ma>
kərɯm(肥料 · 糞土)	hukun(糞土)<Ma>
kor(管)	kuhen(管)<Ma>
mʌr(糞)	bok(糞)<Turk>
tʌlmagi(鈕)	düğme(鈕)<Turk>
k'or(藍 · 碧)	gök(藍 · 碧)<Turk>, küke(藍)<Mo>
kuri-(惡臭出)	kok-(惡臭出)<Turk>
kurɯ-(驅 · 轉)	koğ-(驅逐)<Turk>
əls'a-(抱擁)	okša-(抱擁)<Turk>
mur-(含口)	muhevi-(包含한)<Turk>
mʌr-(捲)	boğo-(纏包)<W.Mo>
mʌrʌ-(乾)	boğo-(乾)<W.Mo>
čuri-(飢)	čuqağ(貧 · 瘠)<W.Mo>
tʌri(橋)	duğui(獨木橋)<W.Mo>
kər-(沃)	küge-(滋 · 沃)<W.Mo>
kur-(噓)	qoğo-(空虛)<W.Mo>

그러므로, -ux/-ox/rux/-rox/-lox/-loh<Gily>는 韓國語에서 -ur/-or/-rur/-ror로 변할 수 있으며, 이것은 다시 o<諸語>∞ʌ(ᄋᆞ)<Kor>, u<諸語>∞ï.ɯ(으)<Kor>의 對應으로 -ïr(을)/-ʌr(ᄋᆞᆯ)/-rïr(를)/-rʌr(ᄅᆞᆯ)로 변할 수 있다. 그와 같은 音韻對應例를 다음에 보인다.

ʌ<Kor>	o<諸語>
例 sʌlk(狸)	holho(木鼠)<Gily>
*kʌlgö-(>kʌlö- 侵)	*korxgūr-(>orxgūr-, 敵對)<Gily>
p'ʌram(휘파람)	pyofyo-(휘파람불다)<Gily>
mʌr(糞)	bok(糞)<Turk>
bʌʒ-(碎)	boz-(破散)<Turk>
tʌr(月)	doluney(滿月)<Turk>

kʌβʌr(郡・邑)	kovuš(郊外住宅地)<Turk>
kʌrʌ-(曰)	konuš-(曰)/kal(話)<Turk>
č'ʌj-(探)	sor-(探)<Turk>
nʌrʌ-(運)	yolla-(送・遣)<Turk>
mʌlg-(淸)	bolgo-(淸)<Ma>
tʌlk(鷄)	čoko(鷄)<Ma>, doğoğor(笋鷄)<W.Mo>
čʌnhəri(脇腹)	čomboli(脇腹)<Ma>
t'ʌ(乘)	do-(止住・落着)<Ma>
tʌʒ-(愛)	dosho-lo-(寵愛)<Ma>
pʌʒE-(映)	foso-(映)<Ma>
kʌrʌm(江)	golo(河身)<Ma>
kʌlb-(並)	holbo-(連續・配匹)<Ma>, qolbo-(結配)<W.Mo>
mʌr-(捲)	boğo-(纒包)<W.Mo>
mʌrʌ-(乾)	boğoğda-(亢旱)<W.Mo>
p'ʌrʌ-(靑)	boro(靑)<W.Mo>
mʌʒʌr(村里)	moji(省州)<W.Mo>
kʌʒ(邊)	qormoi(邊)<W.Mo>
tʌrä(馬韆)	toqom(馬韆)<W.Mo>
ï/ɯ(으)<Kor>＿＿＿＿＿＿＿＿	u<諸語>
kɯʒ-(牽引)	kui-(牽引)/gusi-(引)<Gily>
kɯmɯr(網)	kuvan(綵)<Gily>
k'ɯnh-(切斷)	kunk-(刈)<Gily>
sunɯlk(頂)	šmunk(上)<Gily>
tirɯ-(臨)	taulu-(臨)<Gily>
tɯr-(擧)	tuk'ə-(擧頭)/tu-(登・昇)<Gily>, tulu-(撐)<W.Mo>
tūr-(>t'ulh-, 貫徹) *cf.* 뚫다	tuli-(貫徹)<Gily>
tɯr-(入)	turgu-(入)<Gily>, duhūl(入場)<Turk>
p'ɯr(角)	bujak(角)<Turk>
puri-(使役)	buyur-(命令)<Turk>
t'ɯm-pä(天馬船)	duba(天馬船)<Turk>
t'ūm(積阻貌)	dum(누구나 알거나 注意하지 않음)<Turk>
kɯrɯ-(違)	hulfu(違約)<Turk>
kɯlβar(文書)	hurufat(文學)<Turk>
murɯ-(退)	burula-(一齊退走)<Ma>, buruğu-la-(敗走)<W.Mo>
pusɯl-pusɯl(細雨濛濛貌)	busu-busu(細雨濛濛貌)<Ma>

t'ɯ̄ri(發疹) *cf.* 쁘리	buturi(發疹)<Ma>
tɯlre-(喧騷)	dukji-(喧騷)<Ma>
tɯri(徹夜) *cf.* 夜入伊<鄕歌>	duli-(徹夜)<Ma>
pɯlg-(赤)	fulahūn(赤)<Ma>
kusɯr(瑤)	guyoo(瑤)<Ma>
nɯj-(遲)	nunji(遲)<W.Mo>
kɯlg-(刮)	qusu-(刮)<W.Mo>
kɯsɯr-(焦)	xuixala-(태워 그스르다)<W.Mo>
tɯre(水斗)	udqur(水斗)<W.Mo>
t'ɯ-(汲水)	udqu-(汲水)<W.Mo>

요컨대, -ux/-ox/-rux/-rox/-lux/-lox(與格・向格・處格・在格・始發格・奪格助詞)<Gily>와 -ïr/-ʌr/-rïr/-rʌr/-r(-을/-올/-를/-롤/-ㄹ,≪對格・具格・kïr에서의 發達≫・與格・向格・處格・原因格・副詞格助詞)<Kor>는 기능면에서 사소한 차이는 있으나, 대체로 대응시킬 수 있음을 알 수 있다. 즉 이들은 서로 광범위하게 斜格助詞로 쓰였으며, 이렇게 한 가지 形態素가 斜格助詞로 두루 쓰이는 言語는 우리 주변에서 韓國語와 길약語뿐이어서 이 兩語의 親族關係를 더욱 미덥게 한다. 그리고 이들의 共通基語는 *-ok/*-uk/*-rok/*-ruk(斜格助詞)로 추정된다.

〔**參考**〕 여기에 보인 길약語의 斜格助詞-ux/-ox/-rux/-rox/-lux/-lox는 音相上으로 얼핏 보기에는 고대 터키語의 對格助詞-ğ/-g/-ïğ/-ig/(圓脣母)-uğ/(圓脣母)-üg와 對應될 성싶게 보이고, 또, 다음에 언급할 길약語의 斜格助詞-ax/-ïx도 古代 터키語의 n方言의 對格助詞-ağ/-äg와 對應될 성싶게 보인다. 그러나, 길약語의 -ux/-ox/-rux/-rox/-lux/-lox는 高p.35에 의하면, 對應에 쓰인 듯이 되어 있으나 실제로는 對格에 전혀 쓰이지 않으며, -ax/-ïx는 斜格一般…與格・對格・相對格・處格・在格・始發格・原因格 등에 쓰이는 데 반하여 고대 터키語의 -ğ/-g/-ïğ/-ig/-uğ/-üg/-ağ/-äg는 對格에만 쓰이므로, 機能面에서 차이가 너무 커서 이들이 同起源이라고 보기는 어렵다. 참고로 古代 터키語의 對格助詞의 예를 다음에 든다.

例 täŋri-g(하늘을), ada-ğ(敵을), ay-ïğ(달을), äw-ig(집을),
altun-uğ(金을), äzük-üg(거짓말), saw-ağ(單語를),
tämir-äg(타일 通路를), ïğač-ağ(나무를)

本論에 들어가서 다시 말하면, 위에서 논한 -ux/-ox/-rux/-rox/-lux/-lox와 '-을/

-올/-를/-롤'의 比較는 기능면에서 볼 때 길약語의 -ux/-ox/-rux/-rox/-lux/-lox가 對格·具格에 쓰이지 못하는 점이 좀 문제가 된다. 따라서 그것을 補完하기 위해서 길약語의 *kïr(-kïr/-xïr/-kïs/-gïs/-xïs/-hïs/-gur/-gir. 對格·具格 등)과 李朝語의 '-글/-골/-흘/-홀/-을/-올/-ㄹ'을 함께 묶어 동시에 비교하여야 할 것이다. 즉 기능상으로 볼 때, 길약語의 -ux/-ox/-rux/-rox/-lux/-lox와 *kïr(-kïr/-xïr/-kïs/-gïs/-xïs/-hïs/-gur/-gir)은 斜格助詞라는 면에서 대략 서로 相補的 關係에 있었던 것인지도 모르겠다. 바꾸어 말하면, 길약語의 -ux/-ox/-rux/-rox/-lux/-lox는 與格·向格·在格·處格·始發格·奪格에 쓰이는 데 반하여, *-kïr은 具格·對格·原因格·副詞格·(在格)에 쓰이어서 이들은 斜格助詞로서 서로 그 機能을 補完하며 韓國語의 斜格助詞-'-을/-올/-를/-롤'과 '-글(肹)/-흘/-홀'의 機能과 거의 일치한다.

즉, *-kïr<Gily>과 同根의 '-글/-골/-흘/-홀'은 본시 對格·具格[*cf.* (46)項 kïr ∞-ᄭᆞ지/-ᄯᆞᆺ/-껏]에 주로 쓰이고, 한편 -ux/-ox/-rux/-rox/-lux/-lox<Gily>와 同根의 '-을/-올/-를/-롤'은 아마 처음에는 向格·處格·始發格·奪格·與格에 주로 쓰이어, 이들은 대세로 서로 相補的으로 斜格助詞의 기능을 담당하다가 -kïr>-hïs>-ïr(을)>-r(ㄹ) : -kʌr>-hʌr>-ʌr(올)의 변천으로 말미암아, -ux/-ox/-rux/-rox/-lux/-lox<Gily>와 同根의 '-을/-올/-ㄹ'과 우연히 同形이 되어, 드디어 李朝後期부터는 兩系列의 斜格助詞가 통합되고 만 것으로 推定된다.

이밖에 '-ᄋᆞ로'(具格·向進格助詞)와 比較될 수 있는 것으로는 orun(向格後置格)<Ainu>, ari/ani(具格助詞)<Ainu> 및 -al(具格助詞)<Dr>을 들 수 있을 것이다.

例 atui orun raošma(바다로 떨어지다)<Ainu>
emuš ani tuye(칼로 베다)<Ainu>
manei-al(집으로써)<Dr-Ta>

(4) -ax/-ïx/-x(斜格助詞)〈Gily〉 ∞ *akke/*-ake/*-ɪke(*악게/*아게/*-의게. 斜格助詞)〈新羅〉: -Ekəgɪ/-ɪkəgi/-Ekïŋe/ -ɪkïŋe/-Eke/-ɪke/-ke/-hE/-hä/-hɪ/-he/-E/-ä/-ɪ/-e(-ᄋᆡ거긔/-의거긔/-ᄋᆡ그에/-의그에/-ᄋᆡ게/-의게/-게/-ᄒᆡ/-해/-희/-헤/-ᄋᆡ/-애/-의/-에. 斜格助詞)〈李朝〉……*-akïke〉*-ake/*-ïke(斜格助詞))

앞에서 조금 언급한 바 있는 길약語의 斜格助詞…-ax/-ïx/-x는 다음과 같이 處格·在格·依格(被動文의 作爲者 표시)·與格·對格·始發格·原因格에 쓰이었다.

例 an-ŋax taftïx plïx-plïgïr čeriont(암캐가 집앞에서 디글디글 굴며 울었다)
＜高.p.120＞ ········· x(在格)
ut-pilax hanta-lo-hantayaka(몸이 큼으로써 그럴 것이다)＜高.p.127＞ ········· x(原因格)
čai komrx maskond(다시 모래에서 스타트 자세를 취하였다)＜高.p.128＞ ········· x(在格)
ye-mlax kulaŋ ŋavrki čai kuzind(그 귀에 긴 털이 다시 나왔다)＜高.p.142＞ ········· x(處格)
čaxarkïs čiŋai yair yerx yottotïrotïrga(나무로 인형을 만들어 그것에 물어도 도저히 알 수 없으니)＜高.p.157＞ ········· x(與格)
Lumpn laŋgr ken čox xen int(룸분이 물범과 고기를 먹었다)＜高.p.170＞ ········· x(對格)
ta vox lerwint-ŋa(어느 마을에서 섞갈리는가?)＜高.p.175＞ ········· x(在格)
amïx sišamhun hunïvund(河口에 日本人들이 있었다)＜高.p.136＞ ········· x(處格)
hunt čivïx vind(그 길을 갔다)＜高.p.141＞ ········· ïx(對格 또는 向格)
hunïx hurhurr pxïr(그러므로 포복하여 돌아와)＜高.p.142＞ ········· ïx(原因格)
sik murŋax čakkarŋa(모두 말을 타니)＜高.p.152＞ ········· ax(對格 또는 向格)
murŋïx mar warwinkt kurkurtuxïs(말을 두 마리 나란히 서게 한 썰매로)＜高.p.140＞
········· ïx(對格)
čamŋax paigunt(샤만에게서 치료받았다)＜高.p.134＞ ········· ax(依格)
hunïx amamunt(거기서부터 걸었다)＜高.p.175＞ ········· ïx(始發格)
enïf(=envux) enate(다른 곳에서 받자)＜高.p.176＞ ········· ïf=ïx(在格)

그런데, 이 -x/-ax/-ïx＜Gily＞와 대응될 것으로 믿어지는 형태가 鄕歌나 吏讀 속에 '衣希·阿希·良中·也中·惡希·惡中·惡之·中'의 諸形態로 나타난다.

例 (ㄱ) 誓音 深史隱 尊衣希 仰支＜願往生歌＞········· 衣希[ɪKɪ→ɪKe](與格助詞)
(ㄴ) 千手觀音叱 前良中 祈以支 白屋尸 置內乎多＜禱千手觀音歌＞ …良中[*ake](與格助詞)
cf. 梁柱東 博士는 「良中」의 '中'을 '히'로 풀고 있으나, '惡中·惡希'와 -ax/-ïx(斜格助詞)＜Gily＞를 위시하여 -ağ/-äg(對格助詞)＜O.Turk＞·akam(中, Dr-Ta)·āga/ā ge(中에·-에, Dr-Ka) 등의 存在로 보아서 '中'字는 '-*ake/-*ɪke 또는 -ke'로 訓讀해야 할 것임.
(ㄷ) 蓬次叱 巷中 宿尸 夜音 有叱下是＜慕竹旨郎歌＞······中[*ɪke](在格助詞)
(ㄹ) 沙是八陵隱 汀理也中 耆郎矣 皃史 是史藪邪＜讚耆婆郎歌＞······也中[ɪke](處格助詞)
(ㅁ) 逸烏 川理叱 磧惡希＜讚耆婆郎歌＞········· 惡希[*ake](在格助詞)

(ㅂ) 一念惡中 涌出去良 <稱讚如來歌>……………… 惡中[-*ake](向格助詞)

(ㅅ) 法界惡之叱 佛會阿希 吾焉 頓(部)叱 進良只 法雨乙 乞白乎叱等耶<請轉法輪歌>…惡之[*-akɪ→*ake](處格助詞) ; 阿希[-*akɪ→ake](在格助詞) *cf.* '之'는 ɪ(屬格)나 i(此)의 표기로 추정됨.

(ㅇ) 世呂中 止以友白乎等耶<請佛住世歌>…………中[*-ɪke/-ake](處格助詞)

(ㅈ) 迷火隱乙 根中 沙音賜焉逸良<恒順衆生歌>… 中[*-ɪke/-ake](具格助詞)

(ㅊ) 衆生叱 海惡中 迷反 群<普皆廻向歌>……………惡中[-*ake](在格助詞)

위에서 鄕歌의 斜格助詞-'-衣希/-阿希/-良中/-也中/-惡希/-惡中/-惡之/-中'은 處格 · 在格 · 向格 · 與格 · *奪格 · *原因格 · *具格 등과 같이 모든 斜格助詞에 두루 쓰이었다. 구체적으로 말하면, 길약語의 -ux/-ox/-rux/-rox/-lox/-lux나 韓國語의 '-을/-올/-를/-롤'의 斜格機能보다 광범위하였으며 그 機能은 -x/-ax/-ïx<Gily>와 완전히 일치하고, 그 讀法은 [*-ake/*-ike/*-ke]의 어느 것으로 읽어야 할 것이다. 물론 請轉法輪歌란 같은 詩歌 속에 있는 '惡之'와 '阿希'는 달리 읽을 수도 있으나, 新羅末에서부터 高麗初까지 사이가 -k>-x로 변하는 過渡期였다고 생각할 수도 있고, 그것이 불가하다면 「希」의 音價를 日本漢字音의 音價-「ki」에 가까운 kɪ(≒ke)로 읽을 수도 있을 것이다. 마치 地名에서 「忽」을 [*kor]이라고 읽다가 지금 漢字音에서 [hor]이라고 읽고, 「東國正韻」에서 「解」를 [kä-]라고 읽었으나 지금은 [hä]라고 읽듯이 말이다. 즉, '中'이나 '希'를 다같이 *ke-의 類音表記로 일률적으로 읽어버릴 수도 있을 것이다.

그런데, 惡希 · 惡中만은 *akke로 재구할 수도 있어서 거기서 阿希 · 良中 · 衣希 · 中(*ake/ɪke) 등이 발달한 것으로 볼 수 있고, 이조초의 '-의거긔/-의그에'를 *-akke의 殘影으로 봄직도 하여서, 다음에 그 발달과정을 추정하여 圖示하여 보인다.

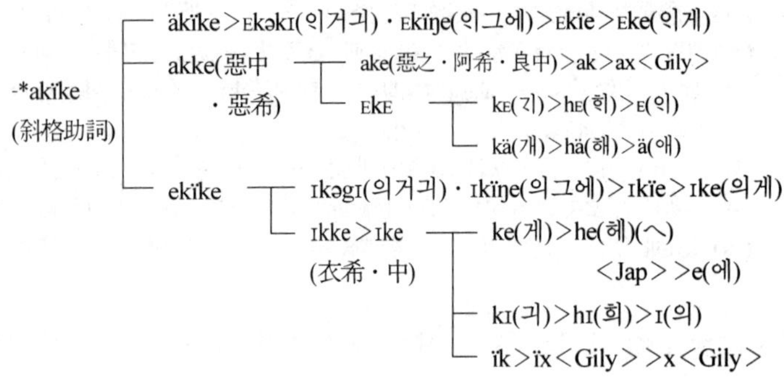

그러나, 위 도표에서 新羅의 ***-akke** 또는 ***-ake/*-ɪke**보다 고형스러운 '-ᄋᆡ거긔/-의거긔/-ᄋᆡ그에/-의그에' <李朝>를 新羅形의 발달형으로 본 것이 꺼림직스럽다. 그 고형은 아마 上古代부터 정치적 중심에서 떨어져 있던 漢城(지금의 서울 지역)에 15세기까지 上古의 土着語의 原形이 남아 있었던 것으로 믿어진다.[12]

〔**參考**〕 '-ᄋᆡ거긔/-의거긔/-ᄋᆡ그에/-의그에'를 '-ᄋᆡ/의+거긔(>그에)'의 **複合形態**로 보고, '거긔(>그에)'를 xukr(거기)<Gily>과 **比較**하는 것이 바람직하다.

그리고, 吏讀文에서는 '-良中·-亦中'을 '-아히·-여히'로 읽는 것이 통례로 되어 있어서, 語中의 k>h의 發達을 확인할 수 있으며, 이것은 後世에 와서는 그 機能이 축소되어 對格 이외의 斜格에만 두루 쓰이었다.

이런 사실을 요약해 말하면 길약語의 斜格助詞-ax/-ïx/-x와 古代韓國語의 斜格助詞-*-ake/*-ɪke>*-ke(阿希·良中·衣希·也中·亦中·中)가 직접 對應되며, 李朝語에서는 '-ᄋᆡ거긔/-의거긔/-ᄋᆡ그에/-의그에/-ᄋᆡ게/-의게/-게/-히/-희/-해/-헤/-ᄋᆡ/-의/-애/-에'의 諸形態로써 그 機能이 축소되어서 對格·具格에는 쓰이지 않고 處格·與格 위주의 斜格助詞로 쓰이었다. 그런 例를 다음에 들어 보인다.

---

12) 方言에 '우-게'(上方)·'아래-게'(下方)라고 하는 말이 있는데 여기의 '-게'도 處格助詞 ke의 化石일 것이다.

例 내거긔 허튀와 볼콰 ᄀᆞᆮᄒᆞ니<內訓 二上30> ························ (處格)
儒術이 내거긔 므슴 됴흘 이리 이시리오<杜初 十五38> ························ (處格)
내그에 모딜언마ᄅᆞᆫ 제 님금 爲타ᄒᆞ실ᄊᆡ<龍歌 121장> ························ (與格)
ᄂᆞᄆᆡ그에 브터 사로ᄃᆡ<釋祥 六5> ························ (處格)
阿藍迦蘭ᄋᆡ그에 不用處定을 三年 니기시니<月曲 58> ·········· (與格 또는 相對格)
大衆의거긔 놈 위ᄒᆞ야 ᄀᆞᆯᄒᆡ내 니르며<釋詳 十九8> ························ (與格)
公侯의거긘 奇異ᄒᆞᆫ 사ᄅᆞ미 나ᄂᆞ니라<杜初 二十一20> ························ (處格)
어버ᅀᅵ그에 갈 사ᄅᆞ미<三綱 孝4> ························ (向格 또는 處格)
엇뎨 獼猴의그에 가ᄌᆞᆯ비시ᄂᆞ니잇고<月釋 七11> ························ (比較格)
내 엇뎨 阿羅漢ᄋᆡ게 새옴 ᄆᆞᅀᆞᄆᆞᆯ 내리어<月釋 九35> ························ (與格)
ᄂᆞᄆᆡ게 布施ᄒᆞᆯ시라<圓覺 序77> ························ (與格)
사ᄅᆞᄆᆡ게 다르시료<牧牛 20> ························ (比較格)
ᄡᅳ리 動ᄒᆞ야 겨틧 사ᄅᆞᄆᆡ게 미츠면<楞嚴 三82> ························ (處格)
사ᄅᆞᄆᆡ게 미ᅇᅦᆫ 고돌 긋아라<蒙法 19> ························ (依格)
衆生의게 브튼 ᄆᆞᅀᆞᆷ 업수ᄃᆡ<月釋 六28> ························ (處格)
祖父의게 傳ᄒᆞᆫ 거시<南明 下48> ························ (與格)
勳業은 ᄆᆞᄎᆞ매 馬伏波의게 가리로소니<杜初 二十一17> ·········· (向格 또는 處格)
楚ㅅ겨지비 堂上애 비치 衆人의게 다ᄅᆞᆫ ᄃᆞᆺ ᄒᆞ더니<杜初 二十一29> ······ (比較格)
狄人ㅅ 서리예 가샤<龍歌 4장> ························ (處格)
幽谷애 시ᄅᆞ샤<龍歌 4장> ························ (在格)
柴扉예 거러 보고<賞春曲> ························ (向格)
ᄇᆞᄅᆞ매 아니 뮐ᄊᆡ<龍歌 2장> ························ (原因格)
ᄃᆞ리예 ᄠᅥ딜 ᄆᆞᆯ<龍歌 87장> ························ (奪格)
英主△ 알ᄑᆡ 내내 븟그리리<龍歌 16장> ························ (處格)
天寶龍光이 斗牛間의 소이ᄂᆞ다<太平歌> ························ (在格)
春風玉笛聲의 첫 ᄌᆞᆷ을 ᄭᆡ돗던디<關東別曲> ························ (原因格)
耶輸 알ᄑᆡ 가 셔니<釋詳 六3> ························ (向格)
바다ᄒᆡ ᄠᅥ날 제는<關東別曲> ························ (奪格)
ᄀᆞᅀᆞᆯᄒᆡ 霜露ㅣ와 草木이<月釋 序16> ························ (處格)
白帝 ᄒᆞᆫ 갈해 주그니<龍歌 22장> ························ (原因格)
뫼해 드러 일 업시 이셔<月釋 一5> ························ (向格)
길헤 ᄇᆞ라ᅀᆞᄫᆞ니<龍歌 10장> ························ (在格)
城우희 닐흔 살 쏘샤<龍歌 40장> ························ (向格)
이 셤 우희 남기 잇고<月釋 一24> ························ (處格)

위 예문 속에는 與格助詞로 쓰인 例가 열거되지는 않았으나, 現代語에서 處格助詞로 일괄해 버리는 것 가운데 與格助詞가 엄연히 쓰이고 있음을 보게 된다. 즉 無情物에 무엇을 줄 때에 與格助詞로 '-에'가 쓰인다(例. 나무에 물을 준다).

따라서 당장 눈에 띠지 않아 위에 例示하지 않았으나, 고전을 자세히 찾아보면 반드시 여러개의 예가 발견될 것이며, 與格助詞는 보다 古形-'-ᄋᆡ게/-의게'가 普遍的으로 쓰이었다.

그러나, 길약語의 斜格助詞-*kïr/-ux/-ox/-rux/-rox/-lux/-lox＜前項＞와 -ax/-ïx/-x는 각각 李朝語의 斜格助詞--kïr/-kʌr/-hïr/-hʌr/-r/-ïr/-ʌr/-rïr/-rʌr(-글/-ᄀᆞᆯ/-흘/-ᄒᆞᆯ/-ㄹ/-을/-ᄋᆞᆯ/-를/-ᄅᆞᆯ)＜前項＞과 -ᴇke/-ɪke/-e/-ᴇ(-ᄋᆡ게/-의게/-에/-ᄋᆡ)에 對應되는 것으로 推定되는데, 이것이 現代韓國語에서 점차로 機能이 축소되어서 對格(與格)에 쓰이게 되고, 後者는 處格·與格·向格에 주로 쓰이기에 이르렀다.

그리고 '阿中·良中·亦中'(斜格助詞)＜鄕歌·吏讀＞ 등은 āga/āge(中에·-에)＜Dr-Ka)·arke(折半)＜Ainu＞와도 對應시켜 이것의 발달형으로 볼 수도 있을 것 같다.

이 밖에 韓國語의 處格助詞-'-에/-애/-ᄋᆡ/-의'와 比較될 수 있는 것은 e-(處格接頭語)＜Ainu＞와 -e(處格助詞)＜Dr＞가 있고, 또 與格助詞-'의게'와 比較될 수 있는 것은 e-ko(與格接頭語)＜Ainu＞ 및 ahi(間)＜Jap＞·-he(向格·處格·與格)＜Jap＞·-qa＞-a/-kä＞-ä(與格)＜Turk＞가 있다.

例 kotan e-širepa(마을에 도착하다)＜Ainu＞
e-orowa huči e-nure(너로부터 할머니께 말하다)＜Ainu＞
manei-gal-e(집들에)＜Dr-Ta＞

(5) -rox/-rux/-lox/-lux(斜格助詞)〈Gily〉 ∞ -ro/*-ru(-로/-루.斜格助詞)〈Kor〉… *-ruk(斜格助詞)

韓國語의 *-ro/-ru(具格·向格·始發格·資格格·原因格·奪格·經由格·對格·變成格의 助詞)의 用法을 우선 다음에 들어 보인다.

例 프른 실로 머리를 ᄆᆡ야＜杜重 十七30＞ ……………… (具格)
어드러로 든닷 말고＜關東別曲＞ ……………… (向格)
그 後로 夫妻라 혼 일후미 나니＜月釋 一44＞ ……………… (始發格)
나그내로 밥 머구믄＜杜初 七12＞ ……………… (資格格)
太平聖代예 病으로 늘거 가뇌＜靑永 p.10＞ ……………… (原因格)

널로 疑心을 덜에 호리니<牧牛 5> ………………………………………………… (奪格)
외나모드리로 홀로 가는 저 禪師야<作者未詳 時調> ……………………… (經由格)
五色이 사르므로 눈멀에 ᄒᆞᄂᆞ다<圓覺 序28> ……………………………… (對格)
含生ᄋᆞᆯ 慈悲로 化호미오<金三解 四1> ……………………………………… (變成格)
心未筆留(=마음의 붇으루)<禮敬諸佛歌> ………………………………………… (具格)
手良每如法叱供乙留(=손애마다 法供으루)<廣修供養歌> ……………………… (具格)
淨戒叱主留卜以支乃遣只(=淨戒主루……)<懺除業障歌> ……………………… (資格格)
曉留朝于萬夜未(=새박으루 아츰 가믄 밤에)<請佛住世歌> …………… (始發格)
舊留然叱爲事置耶(=녀리루 그랏헌 일이드라……)<普皆廻向歌> ………… (始發格)

이와 같이 處格·在格·與格을 제외한 모든 斜格에 두루 쓰이는 多技能的 助詞이며, '-ㄹ/-을/-ᄋᆞᆯ'(斜格助詞)을 '-로/-으로/-ᄋᆞ로'로 代替할 수 있는 경우가 다음과 같이 많다.

例 宗植이를 祕書로 삼았다. (資格格)
宗植이를 祕書를 삼았다.
어디로 간다는 말인가. (向格)
어디를 간다는 말인다.
사람으로 더불어 (對格)
사람을 데리고 간다.
푸른 실로 머리를 믹야 (具格)
亭上牌額ᄋᆞᆯ 세 사를 마치시니<龍歌 32장>
官妓로 怒ᄒᆞ샤미<龍歌 17장> (原因格)
일후믈 놀라ᅀᆞᄫᆞ놀<龍歌 60장>
외나모드리로 홀로 가는 저 禪師야 (輕油格)
도ᄌᆞᄀᆡ 알ᄑᆞᆯ 디나샤<龍歌 60장>
널로 疑心을 덜에 호리니<牧牛 5> (奪格)
집을 나간다.

위에서 보인 바와 같이 處格과 與格에 '-로'가 쓰이지 못할 뿐, 나머지 모든 斜格에 공통으로 쓰이고 있다.

그리고, 韓國語의 斜格助詞-ro/*-ru(「留」<鄕歌>)는 길약語의 斜格助詞--rox/-rux/-lox/-lux(斜格助詞: 例文은 (3)項 참조)<Gily>는 서로 比較·對應시킬 수 있을 것으로 믿어 의심치 아니한다. 이들의 共通基語는 *-ruk(斜格助詞)로 推定

된다.

그런데, 具格助詞로서 yer(데리고, 가지고)<Gily>을 韓國語의 '-으로/-ㅇ로/-로'(具格助詞)와 대응시킬 수도 있을 것으로 생각된다.

이미 위에서 -x/-ïx/-ax/-ux/-ox/-rux/-rox/-lox/-lux<Gily>이 具格을 제외한 모든 斜格助詞로 쓰이고 있음을 보았거니와, 여기에 補充法으로서 *kïr—kïr/-xïr/-gïs/-kïs/-xïs/-hïs(具格助詞)<Gily>이 쓰인 데 대하여 韓國語에서는 그 補充法으로 -kïr과 對應되는 '-ㅅ지(>-쩟)가 쓰이다가[*cf.* (46)項]實辭인 ye-r(데리고, 가지고)<Gily>과 對應하는 것으로 믿어지는 虛辭-ïro/-ʌro/-ro(具格助詞)가 代替된 것으로 생각할 수도 있다. 즉 意味上으로 對應되는 것은 확실하나 音韻上으로도 그것이 가능한지 알아 보기로 한다. 길약語의 e가 韓國語의 ɯ나 ʌ(<a・o)와 對應하는 것으로 믿어지는 例를 다음에 몇 개 들어 보인다.

	ɯ/ï(으)<Kor>	e<Gily>
例	kɯmɯr(網)	ke/kee(網)
	kɯč'-(止)	ker-(止)
	p'ɯ(汲水)	pe-(汲)
	mɯʒi-(恐)	pēr-(恐)
	čɯj-(吠・啼)	če-(啼)

ʌ<Kor>	e<Gily>
kʌrʌ-(言)	kerai-/xer-(言)
kʌrʌm(湖・江)	kerxn(海)
nʌč'(顔)	netf(顔)
halt'-(嘗)	yerer-(嘗)
kas(妻)	kes(娶)
naʒ-(癒)	ler-(癒)
nat'(個)	neč(一)
kaji-(持)	ke-/xge-(取)
yo(此)	ye(此)
nor-(遊)	ler-(遊)

그리고 e의 長音은 ye가 되기 마련이어서 e≦ye가 성립하므로 yer은 길약語가 閉音節로 끝나는 경향을 고려할 적에 -ïro/-ʌro/-ro(-으로/-ㅇ로/-로)<李朝>와 音

韻上으로도 충분히 對應되는 것으로 추정된다.

이밖에 한국어의 '-로/-으로/-ᄋ로'(向格 · 具格조사)와 비교될 수 있는 것으로는 orun(向格後置詞)<Ainu> · ari(具格助詞)<Ainu> · -al(具格助詞)<Dr> · -run(原因格助詞)<W.Mo> · -ru/-rü(向格助詞)<Turk> 등이 있다.

> **例** orun<Ainu>, ari<Ainu>, -al<Dr.>의 例 (3)項末 참조.
> eyin kemen ügülerün(그가 이렇게 말하였기 때문에)(W.Mo)
> äbimrü(내 집으로)<O.Turk>

(6) -tox/-tux(斜格助詞)〈 Gily 〉 ∞ -tʌryə(-ᄃᆞ려.與格助詞)/-tʌrok(-ᄃᆞ록.到及形)/tʌro(-ᄃᆞ로.原因)/*türə(-*드러.處所)〈 李朝 〉…*toko(斜格助詞)

-tox/-tux<Gily>는 高橋(1942)에서 -ax/-ïx/-ux/-ox/-rox/-rux/-lox/-lux(斜格助詞)<Gily>와 同一機能을 가진 것처럼 기술되어 있으나, 실제로 쓰인 例를 조사해 보니 좀 차이가 있는 듯하다. 즉 前者는 주로 向格으로 쓰이고 處格 · 與格 · 在格 · 經出格 · 引用格 · 副詞格(到及)에도 쓰이며, 用言의 不定形에 붙어서 形勢 · 比喩副詞形을 표시하기도 한다. 다음에 그 실례를 들어 보인다.

例 čamŋ ïnjin taftox čmant yugt(샤만인 은진이 집으로 놀러 들어갔다)＜高.p.112＞ ············ tox(向格)

kak tïlftox welor plavlav čakrnd(여우가 멀리로 달려 돌아보며 뛰었다)＜高.p.128＞ ············ tox(向格)

malxtox viŋạ či maxtur moskant-lu har itnt(가까이까지 가서 네가 정말 살았는가 하고 말했다)＜高.p.139＞ ············ tox(向格)

tugurtox čakkant(불 속으로 뛰어 들었다)＜高.p.157＞ ············ tox(向格)

i-ğorstox mağt(江가로 내려가)＜高.p.143＞ ············ tox(向格)

netkxuntox wixai(내 父母에게 가면)＜高.p.143＞ ············ tox(向格)

izntox har šor teağar(그들에게 또 가지고 올라갔다)＜高.p.137＞ ············ tox(向格)

wazirtox teağar hupš hunïvïnd(울타리에 올라 앉아 있었다)＜高.p.153＞ ············ tox(處格)

kanïŋ-ok-xe-niğvŋ-tox teağa(개가죽옷 입은 사람에게 올라갔다)＜高.p.157＞ ············ tox(向格)

keskn sametox ixŋu nan poivoerkoŋa(바다의 소에서 오리가 한마리 기어가니)＜高.p.114＞ ············ tox(在格)

k'ak kakrtox au-latnd(여우의 앞에서 말을 걸었다)＜高.p.128＞ ············ tox(在格)

ye-kakrtox šanka wuv-au-latnd(그 江上에서 女子가 우는-소리를 들었다)＜高.p.158＞ ············ tox(在格)

tomrtox kuzind akke(天窓으로 나올 수 없다)＜高.p.112＞ ············ tox(經由格)

yaŋ wif-weskantox čax jand čiu-latnd(저쪽 가는 方向으로 나무를 두드리는 소리가 났다)＜高.p.130＞ ············ tox(向格)

ximitox tïrŋạ(위를 보니)＜高.p.143＞ ············ tox(向格)

tleolan keaxtox yaharaŋa(흰 갈매기라고 생각하니)＜高.p.118＞ ············ tox(引用格)

pïrgantox pšanka-exarn nenïŋ čix-mindra(제 생명에 대해≪=生命을 救한데 對해≫제 딸의 한 사람을 내게-준다)＜高.p.160＞ ············ tox(原因格 또는 與格)

morka-uftox ŋixuntra(도운 것에 對해 고맙다)＜高.p.160＞ ············ tox(與格)

i-agaftox ŋas gevnt(江 끝까지 새끼를 쳤다)＜高.p.113＞ ············ tox(副詞格-到及格)

huštox warn-vinta(거기까지 달려-가자)＜高.p.176＞ ············ tox(副詞格-到及格)

mu-lorv pitgan čommintox pšïnd(옛날 文書가 좀민까지 왔다)＜高.p.167＞ ············ tox(副詞格-到及格)

pfo-uškrtox māğant(자기-마을로 정말로 내려왔다)＜高.p.160＞ ············ tox(副詞格)

그리고, -tox/-tux＜Gily＞는 주로 向格에 쓰이지만 與格에도 쓰이는데, '-ᄃᆞ려(與格)'도 向格에서의 발달로 볼 수 있다. 왜냐하면 allative(向格)을 與格이라고 번역하기도 하고, 또 '-ᄃᆞ려'를 '率'에 起源하는 것으로 생각하나 그렇지 않아, "目連이ᄃᆞ려 니ᄅᆞ샤ᄃᆡ"의 'ᄃᆞ려'를 '-을 향해, 쪽으로'로 대체하여도 同意가 되기 때문이다.

따라서 -tox＜Gily＞와 '-ᄃᆞ려'의 文法的 機能이 같다고 할 수 있고, 또 -tox은 原因格에도 쓰인다. 한편 音韻上으로도 旣述한 대로 '圓脣母音+k·g·h·x＞圓

脣母音+r/l’와 ‘o(오)>ʌ(ᄋᆞ)’의 變化가 가능하여서 tox이 tor/tʌr과 비교될 수 있으므로(*cf.* 앞의 (3)항), -tʌryə(-ᄃᆞ려, 與格助詞)<李朝> · tʌro(ᄃᆞ려, 原因으로)<李朝>와 -tox(向格 · 原因格助詞)<Gily>는 서로 對應되는 形態素임이 확실하다.

또, -tʌrok(-ᄃᆞ록‘到及’)<李朝>은 -toro-k(k ‘强勢接尾辭’ 例: 가곡, 여희약 ; -k‘a(Gily) 例: ïjink-k‘a pičat‘大將印章’<高. p.152>)의 複合形態로 볼 수도 있어서, 이것도 -tox와 비교할 수 있을 것으로 본다. 禮敬諸佛歌(鄕歌)의 “法界毛叱所只(法界*몿도록>ᄆᆞᆾᄃᆞ록)”의 鄕札表記 ‘所只(도로ㄱ)’의 解讀(梁柱東)은 ‘-ᄃᆞ록’의 語原에 대하여 매우 示唆的이다.

또한 ‘어드러’(何處)는 ‘어(不定 · 疑問接頭辭, *cf.* 어느 · 어듸 · 엇디)—*드로(>ᄃᆞ러, 處所)’의 구조로 분석할 수 있는데, 여기의 *-tïrə(<tʌro<*toko)도 tox(向格 · 處格助詞)와 同根일 것이고, ‘ᄃᆡ’(處所)도 「*toko>tori>tʌri>tʌi>tɛ(ᄃᆡ)」의 발달형으로 볼 수 있다. 禮敬諸佛歌의 “法界毛叱所只(=法界몿도록)”의 ‘所’를 梁柱東 先生은 ‘ᄃᆞ로’로 읽었는데, 이 ‘ᄃᆞ로’는 母音調和 때문에 ‘드로’에서 발달한 형태로 믿어진다.

다음에 ‘ᄃᆞ려’(與格助詞)와 ‘ᄃᆞ록’(到及形) · ‘ᄃᆞ로’(原因) · ‘드러’(處所)의 例文을 들어 보인다.

例 -ᄃᆞ려(與格助詞):
目連이ᄃᆞ려 니ᄅᆞ샤ᄃᆡ<釋詳 六1>
날ᄃᆞ려 니ᄅᆞ샤ᄃᆡ<月釋 序11>
손 이셔 主人ᄃᆞ려 닐오ᄃᆡ<松江 一23>

-ᄃᆞ록(到及):
나리 ᄆᆞᆾᄃᆞ록(=마치기까지) 잇ᄂᆞ니<杜初 七38>
바미 깁ᄃᆞ록(=깊기까지) 불갯도다<杜初 七6>
cf. -tox은 體言 · 用言에 두루 잇대이나, ‘-ᄃᆞ록’은 ‘-까지’와 相補的 分布를 보이게 되어 用言에만 局限하여 잇대이는 點이 조금 差異가 있다.

ᄃᆞ로(原因):
이런 ᄃᆞ로 거므며 희요ᄆᆞᆯ 논호니라<杜初 七27>
그런 ᄃᆞ로 風俗ᄋᆞᆯ 조차(內訓 三62>

-드러(處所):
王이 어드러 가시니잇고<月釋 十14>
cf. *어(何) ; ē(疑問基)<Dr-Ta>
네 어드러 가ᄂᆞ니오<杜初 八6>

요컨대, -tox/-tux(斜格助詞)<Gily>는 李朝語의 '-ᄃᆞ려'(處格)·'-ᄃᆞ록'(到及形)·'ᄃᆞ로'(原因)·'드러/ᄃᆡ'(處所)와 비교할 수 있는 形態素인 것으로 생각된다. 그리고 이들의 共通基語는 *toko(斜格助詞)로 추정된다.

參考로 말하면, 이밖에 'ᄃᆞ로'(原因)는 dolayï(理由)<Turk>와, '-ᄃᆞ록'(到及)은 -tolo(-도록)<Ma>와, '드러/드로>ᄃᆡ'(場所)는 tu̱rai(場所)<Dr-Ta>와 'ᄃᆞ려'(與格助詞)는 -tura(與格後置詞)<Ainu>와도 비교될 수 있을 것이다.

例 harpten dolayï bir oğlum öldü(戰爭때문에 아들 하나가 죽었다)<Turk>
ebitele jekini(배부르도록 먹게 하고)<Ma>
i-tura paye-an(나와 더불어 갔다)<Ainu>

(7) eskan(-쪽, 方面)〈Gily〉 ∞ -*skɪ(-ㅅ긔)〉-k'ɪ(-끠)〈李朝〉〉-k'e(-께,與格·*主格助詞)〈Kor〉……*eska(方位)

먼저 eskan/eskn(-쪽, 方面)<Gily>의 사용 예를 다음에 보인다.

例 tugur tornt-eskn akkindra(불을 끄는 쪽이 나쁘다)<高. p.120> … eskn(-쪽이, 主格)
ŋakki eskn ivnd(꼬리 쪽에 있다)<高.p.127> ………………………… eskn(-쪽에, 處格)
nanagant eskn ïčix(누나 쪽 主人)<高.p.138> ………………… eskn(-쪽, 不完全名詞)
ken kučif eskantox čiv nakr(해가 지는 쪽에 길 하나)<高.p.141>
……………………………………………………………… eskan(-쪽, 不完全名詞)
češkn kikr pira, nex kokr winkra(네-쪽이 위에 있고, 내가 아래에 가다가)
<高.p.142> ……………………………………………………… eskn(-쪽이, 主格)
šankeskn aizan kuivn čivr keoxata himt(女子-쪽이 金-반지를 내어 사환에게 주었다)
<高.p.142> ……………………………………………………… eskn(-쪽이, 主格)
enïf(=enïx) eskantox vind(다른 쪽으로 갔다)<高.p.176> …. eskan(-쪽, 不完全名詞)
askant yeskn kuzir yau hïğrnt(누이동생 그쪽이 나가 그-소리를 흉내냈다)
<高.p.138> ……………………………………………………… eskn(-쪽이, 主格)

위에서 eskan이 方向의 뜻을 가지면서 그것이 主格이나 處格의 표시로도 쓰이고 있음을 볼 수 있다.

한편, 韓國語에서는 '-ㅅ긔 · -끠(>께)'가 *主格(끠-셔) · 與格 · 處格 · 比較格 · 奪格 · 依格(被動文의 作爲者 자리)의 助詞로서 쓰이고 있는데, 이것과 eskan<Gily>이 對應되는 것으로 추정된다. 이 '-끠'가 高麗以前의 古代詩歌에 나타나지 않는 것은 그것이 尊稱語로 쓰이게 되었기 때문에 좀처럼 나타나지 않았던 것으로 생각된다.

*eska>*eske>ske>skɪ>k'ɪ(끠)>k'e(께)의 발달이 가능하고, *-akke>-ake>-ɪke(惡中 · 惡希 · 阿中 · 良中 · 衣希 등)의 發達形-'ɛke(-익게)/-ɪke(-의제)'보다 *eskan이 音韻結合體로서 長形이고 前者가 依存形態인 데 대하여, 後者는 起源的으로 自立語였기 때문에 *eskan에서 발달한 -skɪ(-ㅅ긔)>-k'ɪ(-끠)가 尊待語로 格上된 것으로 추정된다. 즉 "世尊이 金像끠 니르샤 딕"에서 '金像끠'는 '金像에게'로 풀어야 할 대목으로서 '-끠'가 본시는 尊稱語가 아니었음을 示唆한다.

물론 '-익게/-의게'의 發達도 '阿中 · 惡中 · ……'와 결부시키지 않고, 위에 보인 eskan(-의 쪽에)<Gily>과 對應시킬 수 전혀 없는 것은 아니다. 즉 *eska>*eskä>ek'e>ɛke(-익게)/-ɪke(-의게)의 발달을 생각할 수도 있으나, -sk->-'k->-k-의 발달이 매우 의심스럽다. '平音→硬音'의 발달이 歷史的을 事實인데, 여기서는 그와 반대되는 '硬音→平音'의 발달을 假定하였기 때문에 eskan<Gily>과 '-익게/-의게'를 對應시키지 않고, (4)項에서 이미 추정한 대로 '-익게/-의게'(<阿中 · 亦中 · 良中 · 阿希 · 등)는 -ax/-ïx(斜格助詞)<Gily>와 직접 對應시켜야 할 것으로 생각된다. 그리고, '-끠'에 '둘히셔(>둘이서) · 누구셔 · 새셔'(여기서 '둘히 · 누구(>누고) · 새'만으로도 主格이 됨)의 '셔'(<시어, 有)를 添加하여 尊稱主格助詞를 쓰고 있는데 대하여 길약語에서도 -eskn만을 붙여서 그래도 主格助詞로 쓰는 경우가 많아서 '끠'와 -eskn/-eskan의 對應은 더욱 확실하다 할 것이다. 그리고 이들의 共通基語는 *eska(方位)로 推定된다. 다음에 '-끠'가 쓰인 例文을 보인다.

例 아바닚긔와 아즈마닚긔와 아자바님내끠 다 安否ᄒᆞᅀᆞᆸ고<釋詳 六 1>

·· ㅅ긔/-끠(與格)

어마닚긔 오숩더니<月曲 23> ·· -긔(處格)

如來ㅅ긔 곧ᄌᆞ오릴씨<法華 五195> ··· -끠(比較格)

菩薩끠 묻ᄌᆞ봉ᄃᆡ<月釋 二 11> ·· 끠(與格)

父母끠 傳受ᄒᆞ야<眞供 12> ·· 끠(奪格)

도ᄌᆞᆨ ᄒᆞ다가 王끠 자피니<月釋 十25> ··· 끠(依格)

ᄒᆞᄅᆞ 아ᄎᆞᄆᆡ 諸佛끠 곧ᄒᆞ리니<永嘉 跋 2> ·· 끠(比較格)

六祖끠셔 날시<圓覺 序7> ··· -끠-셔(主格)

이밖에 '-끠'와 比較될 만한 것으로서는 古代 터키語의 -kä/-qa(與格助詞)와 드라비다語의 -kku/-ku/-ki/-ke(與格助詞)를 들 수 있다.

例 bägkä(君主께), ataqa(아버지에게)<O.Turk>
manei-kku(집에…與格)<Dr-Ta>

(8) -a/-e/-ai/-ei/-ya(呼格助詞)〈Gily〉 ∞ -a/-ə/-ya/-yə(-아/-어/-야/-여.呼格助詞)〈Kor〉…*-a/*-ə(呼格助詞)

韓國語에서 呼格助詞로 '-아/-어/-야/-여'가 쓰임은 주지의 사실인데 (*cf.* 例文省略), 이것은 길약語의 呼格助詞 -a/-e/-ai/-ei/-ya와 그대로 완전히 對應한다. 그리고 이들의 共通基語는 -*a/-*e(呼格助詞)로 推定된다.

例 ïmïk · emuk(母)—emuka(어머니시여)<高. p.36>
keoxat(使喚)—keoxat'e/keoxat-ei(使喚아)<高.p.36>
cf. -e와 -ei의실제발음은 [ə] · [əi]임
ŋafk(友)—ŋafka/ŋafk-ai(벗이여)<高.p.36>
ak'ana nixya! aska nixya(모이여 기다리오! 아우여 기다려라)<高.p.114>
nankai nigaya har polaxnt(누나여! 나를 데리러 오너라하고 부르짖었다)<高.p.138>
keohata či lunt-avr intïraro(使喚아! 너는 무엇을 보았는가?)<高.p.138>
Ivan-dračoka činkra axr-čin tumčis hunïvundra(이반의 바보여! 그대여! 늘 이러하였는가?)<高.p.153>

그리고, 우리 주변의 言語에서 길약語 이외에서 韓國語와 비교할 만한 呼格助詞는 -a/-e<Dr.>가 있을 뿐이다. 알타이語는 특별한 형태소가 쓰이지 않고, 터

키語에서 한정의 形態素-si가 어쩌다가 轉用되는 일이 있을 뿐이고, 日本語에는 -yo가 쓰이고 있으나 音韻上 對應이 어렵고 -ya도 쓰이는 일이 있으나 상대방을 직접 부르는 韓國語의 感歎詞 -ya!와 대응시켜야 할 말이다.

(9) toğo(程度→比較助詞)〈 Gily 〉 ∞ -tugo/-tugo-n/-togo-n(-두고/-두곤/-도곤, 程度→比較助詞)〈 李朝 〉…*togo(比較格助詞)

韓國語에서 比較를 나타내는 形態素는 '보다'가 쓰이고 있으나, 이조시대만 해도 '-두고/-두곤/-도곤'(*程度→比較助詞)이 쓰이었다.

例 웃사ᄅᆞᆷ두고 더은 양ᄒᆞ야<釋詳 九14>
受苦ᄅᆞᄫᅵ요미 地獄두고 더으니<月釋 一21>
ᄂᆞᆷ두곤 더으니ᄂᆞᆫ(過人者)<飜小學 八35>
平原에 사힌 뼈ᄂᆞᆫ 뫼두곤 노파잇고<蘆溪 太平詞)
이도곤 ᄀᆞ존 ᄃᆡ 또 잇닷말고<松江. 關東別曲>
cf. 만: 그것만(比較) 못하다 ; 지낼 만(程度)도 하다.

그런데, 이 比較助詞 '-두고/-두곤/-도곤'은 길약語 toğo(程度), 예: tuš-toğo-at lele mankorant uigingra=여기 程度는 매우 훌륭한 것이 못된다, 高. p.158)와 比較될 수 있을 것이며, 이들의 共通基語는 -*togo(比較格助詞)로 推定된다.

(10) tax/dax(方位格助詞)〈 Gily-Amur方言 〉 ∞ tahi(다히. 方位格助詞)〈 李朝 〉… *tah 또는 *tak(方位格助詞)

方位格助詞로서는 흔히 -tox/-tux<Gily>가 쓰이는데, 유독 第一人稱이나 第二人稱의 代名詞에 連接될 때에 Amur方言(大陸方言)에서는 그 母音이 교체되어서 -tax/-dax의 형태로 쓰인다.

그런데, 이것과 "님다히 消息을"의 '-다히'(쪽)가 對應되는 것으로 추정된다. 다음에 -tax/-dax<Gily>와 '-다히'<李朝>의 예문을 들어 보인다.

例 ni če<u>dax</u> prič(내가 네 쪽에 왔다→내가 너에게 왔다)
ni<u>tax</u>(내 쪽에→나에게) ………………………………………………………… 以上(G.p.21)

남다히로 가라(南行)<胎要 10>
가온대다히셔 글 읇는 소릐<太平 一6>

한편, takr/takkr(저쪽)<Gily>이란 말이 있는데, 이것과 '다히'(쪽,方位)를 비교해 볼 수도 있을 것이다. 먼저 예문을 다음에 보인다.

例 takkr wonuŋ pxŋaŋoŋ-ŋa(저쪽 마을—사람인 젊은이가…)<高. p.117>
tuŋ keskn takrux enate(이 바다의 저쪽에서 받자!)<高. p.176>

이 takr과 '다히'는 音韻・意味의 兩面으로 對應의 가능성이 짙다. 즉 *takr>taki>tahi와 같은 발달이 가능하다.(*cf.* ∅<Kor>∞r/l<Gily>)

	∅<Kor>	r/l<Gily>
例	agi(小兒)	axarn(子)
	pam(夜)	varf(晩)
	iba-gu(話)<慶南>	irvai-(言)
	ənɯ(何故)	yanr(id)
	čəg-(記)	yarxon(記號)
	*kərə-(>kä-.明)<地名>	kara-la-(id)
	magu(酷)	mağalan(id)
	ma(南)	maRi(id)
	neh(四)	nukr(id)/nux(id)
	ponE(보미, 穲)	panir(木皮)
	p'ɯm(懷中)	pïlmi(id)
	č'äu-(補充)	sarui-(id)
	sik'u-(떠들다, 喧)	šinkr-(虐待)
	čab-(捉)	šorvu-(id)
	tü(後)	taiurk(id)
	tahi(方向의)	takr(id)
	čyak(三支) *cf.* 쟉살	čak'r(三)
	č'a-(滿)	čart(가득히)
	čim(荷)	čimlan(id)
	č'i(環・釧) *cf.* 폴찌(腕環)	čixr(腕環)

그리고, '다히'(方位)를 알타이語 중에서는 teisu(相對)<Ma>・tapa(쪽으로)

<O.Turk>와 比較할 수 있을 것이다. 따라서, 이들의 共通基語는 *-tak(方位格助詞)로 再構될 수 있을 것이다.

(11) tolko(沿格後置詞) 〈 Gily 〉 ∞ tora(도라.沿格後置詞)/-tʌrok(-ᄃᆞ록.益甚形) 〈 李朝 〉…*-tolko(沿格助詞)

韓國語에는 沿格後置詞가 없는 것처럼 보인다. 그러므로 흔히 '江가를 따라' '길을 따라'에서와 같이 '따르다'의 부사형을 써서 沿格을 대신하고 있다.

하지만, 歌辭나 時調 등에 곧잘 쓰이는 '도라 들다'의 '도라'가 그 語原이 '廻'의 뜻이 아니고 '沿'의 뜻이리라고 생각한다.

가령 "平丘驛 ᄆᆞᆯ을 ᄀᆞ라 黑水로 도라 드니 蟾江은 어듸메오 雉岳이 여긔로다" <關東別曲>의 '도라'가 '廻'의 뜻이 아님이 분명하다. '돌다'(廻)는 他動詞이기 때문에 그 앞에 目的語가 와야 하는데, 여기의 '黑水로'는 對格이 아니다. 또 "五百年 都邑地를 匹馬로 도라 드니"<吉再時調>에서도 '도라'가 對格 '都邑地를'과 호응하지 않는다. 왜냐하면 여기서는 그 뜻이 "都邑地를 돌아"가 아니고 "都邑地에 연하여(따라)"의 뜻임이 분명하다. 따라서 위에서 보인 「도라」는 「沿하여」의 뜻으로 보아 무방할 것이다.

그런데, 이 沿格後置詞-「도라」는 길약語의 tolko(-에 沿하여→沿格後置詞)와 對應되는 것으로 믿어진다. 다음에 그 실례를 들어 보인다.

例 ofte-jif <u>tolko</u> jeinuira(便所ㅅ길을 따라 보고 있다)<高. p.117>
čax-pen-jif <u>tolko</u> jenuira(물-긷는-길을 따라 보고 있다)<高. p.117>

그리고, tora<李朝>∞tolko<Gily>의 音韻對應을 확인하려면, r/l下의 k・g・x의 탈락이 가능하여야 할 것인데, 다음같이 그것이 가능해 보이는 例가 상당히 발견된다.

r/l+∅<Kor>	r/l+k · g · x<Gily>
例 yər(開)	yargu-(id)
kʌrʌm(湖 · 江)	kerxn(海)
kori(柳의 一種) *cf.* 고리-버들	korŋaks(柳)
p'ur(角)	murki(id)
kor(腦)	ŋaurk(id)
tɯr-(入)	turgu-(id)
kyəre(族)	xark(id)

한편, tolko(~에 沿하여)<Gily>는 韓國語의 '-ᄃᆞ록(益甚形'~ㄹ수록')>-도록' 과도 比較될 수 있을 것으로 생각된다. 즉 '~ㄹ수록'의 뜻 대신에 '-에 따라'의 뜻을 代入하여도 대체로 같은 뜻이 된다. 그리고, '-ᄃᆞ록'이란 同一形態가 益甚形과 到及形에 두루 쓰이지마는 이들이 본시 同一起源이 아니고, 到及形의 '-ᄃᆞ록'은 tox(到及形)<Gily>와 비교될 수 있는 것인데, 그것이 여기의 益甚形의 '-ᄃᆞ록'은 廢語가 되고 그 대신, '-ㄹᄉᆞ록'이 쓰이게 된 것으로 믿어진다.

다음에 '-ᄃᆞ록'(益甚形)의 用例를 들어 보인다.

例 만히 듣ᄃᆞ록 어둑 信티 아니ᄒᆞᄂᆞ니(多聞多不信)<南明上 36>…듣ᄃᆞ록(=들음에 따라→들을수록>
점그ᄃᆞ록 아ᄃᆞᆨ하야<觀音 2>…점그ᄃᆞ록(=저묾에 따라→저물수록)
cf. 바미 깁ᄃᆞ록 불갯도다<杜初 七6>…깁ᄃᆞ록(=깊기까지)
時刻이 옮ᄃᆞ록 山簡ᄋᆞᆯ 술 勸ᄒᆞ노니<杜初 廿二8>…옮ᄃᆞ록(=옮기기까지)
나리 ᄆᆞᆺᄃᆞ록 머므러<杜初 廿二5>…ᄆᆞᆺᄃᆞ록(=마치기까지)

위의 예문에서 해석하여 보인 바와 같이 '-ᄃᆞ록'(益甚形)<李朝>은 본시 '-*에 따라'의 뜻을 가졌던 말이 차차 意味를 확대 · 분화한 것으로 보인다.

요컨대, tolko(-에 沿하여)<Gily>와 '도라(沿하여)/-ᄃᆞ록(益甚形)'이 서로 對應되며, 이들의 共通基語는 -*tolko(沿格助詞)로 推定된다.

(12) hïta(-의 中間)〈 Gily 〉 ∞ -eda(-에다.*虎格 · 與格)〈 Kor 〉 ; tağa/tax(中途)〈 Gily 〉 ∞ -taga(-다가.轉換形)〈 Kor 〉…*hɪtaga(-의 中間) *taga(中間→)

hïta/tağa/tax(中間)＜Gily＞는 다음과 같이 쓰이고 있다.

例 lorf niğvŋ hankš hïta hant(옛 사람의 물통의 中間을 쏘았다)＜高. p.130＞
yamu wintatā hïtaf putr tïrnt(그 배가 가고 있는데, 中間이 쪼개져 둘이 되었다)＜高.p.135＞ *cf.* hïta-ax＞hïhaf
hïtā rant hvafvaxnt vir(仲氏가 마시고 준비하고 갔다)＜高.p.151＞
hišk-ŋasint-oxto hunt hïtax warš čaxtox gifror yaxnt(이-만한 약을 그 中間을 잘라 물에 넣어 마셨다)＜高.p.160＞ *cf.* hïta-ax＞hïtax
šank xin keoxata xin taxrux kefïs hïvt wart(女子와 사환과의 中間을 도끼로 베어 끊었다)＜高.p.142＞

그런데, 國語의 '-에다/-에다가'는 "名詞 밑에 붙어 무엇이 더하여짐을 나타내는 與格助詞"(「포켓 국어사전」 민중서관 간행)라고 하는 것인데 필자의 생각으로는 그런 것이 아니다. 與格助詞는 受與助詞에 呼應시켜 보면 그 眞僞가 드러날 것인데, "아이에다 돈을 준다"는 부적격문이 되어 버린다. 따라서 一般的 意味의 與格助詞는 아니다.

그러나, 無情物에는 "나무에다 물을 준다"에서와 같이 與格助詞와 같이 쓰인다. 마치 '-에'가 無情物의 與格助詞로 쓰이듯이 쓰인다. 그러면, '-에다가/-에다'는 '에(與格 · 處格助詞)+다가/다'로 분석될 수 있는데 여기의 '-다가/-다'는 아무 의미 없이 첨가된 것인가 한번쯤 알아볼 필요가 있다. 헌데, 動詞의 轉換形(소위 中斷形)이라고 하는 것에 '-다가'가 있는데, 그 기능이 "-에다가"의 '-다가'와 같은 것으로 생각된다. 즉 '-다가'(-는 中間에 '轉換形')는 본시 *taga(中間, 예: tağa-r · tağa-rux · tax-rux'中途에 · 中間에'＜Gily＞)의 發達形일 것이고 '-에다가/-에다'도 본시 -he(＜*ke. 屬格助詞)와 *taga(中間 · 中途)가 어울려, *he-taga＞e-tağa＞etā＞eta(-에다) 또는 *he-taga＞hetā＞hïta의 변천을 겪은 것이다.

과연 그렇다면 "가다가 섰다"는 "가는 中間(中途)에 섰다"로, "물에다가 설탕을 탔다"는 "물의 가운데 설탕을 섞었다"로 解釋될 수 있어서, '-에다가/-에다'는 '~의 中間에'의 뜻으로 一貫性있게 처리될 수 있게 된다. 따라서 "-에다가/-에다"의 「다가/다(中間)」'와 '-다가'(轉換形)는 서로 어원은 같은 中間'이지만, 前者는 속격조사를 매개로 體言에 직결되고 後者는 用言의 語幹이나 先行語尾(prefinalending)에 직결되면서 그 文法機能이 달라진 것으로 믿어진다.

마치 鄕歌나 吏讀의 '-阿希/-良中/-也中/-惡中/-中'이 '中'의 뜻과 깊은 관계가 있으면서도, 모든 斜格助詞에 두루 쓰인 것과 같은 發達過程을 밟은 것으로 추정된다.

다음에는 -eda<Kor>와 hïta<Gily>가 音韻上으로 對應이 확실한지 살펴보기로 한다.

h는 韓國語의 語中에서 흔히 탈락하고 만다. 例를 들면 다음과 같다.

> 가히(犬)>*가이>개, 다히로>다이로>대로, 내히(川이)>*내이>내, 불휘>불희·불위>뿌리, 골회(環)>고리, 바회(岩)>바위, 굴헝(巷)>구렁, 논호다(分)>나누다, 달호다(取扱)>다루다, 달히다(煎)>다리다, 두험(糞土)>두엄

그리고 -e<Kor>와 ï<Gily>의 직접적 대응 例는 드므나, 그 이유는 한국어에서뿐만 아니라 우리 주변의 모든 언어도 [e]가 간모음으로 쓰이는 예가 드물기 때문이다. 다음에 e∞ï·ɯ의 對應의 例를 몇 개 보인다.

	-e<Kor>	-ï<Gily>
例	노데기(늙은 아내)	lïtï-(친구가 되다)<G>
	넿(四)	nïč/nux(四)
	ᄇᆞᅀᅵᆨ-(눈부시다)	pšï-(돌아오다)*
	예(대답하는 소리)	ïhï(>ïi>ē>ye,id)<G>
	두메(*북쪽→산간벽지)	tïmï(북쪽)

그뿐만 아니라, -eda∞-hïta의 비교에서 語幹部位가 아닌 末尾의 文法形態들이 그 音韻의 實現이 정확성을 잃은 경우가 많고, 母音의 차가 별로 없는 e와 ï는 더욱 서로 그의 선행되는 音에 따라 互轉되기 쉬웠을 것이므로 이들 e∞ï는 對應되는 것으로 보아도 좋을 것이다.

요컨대 hïta(의 中間)<Gily>·tağa(中間·中途)<Gily>와 -eda(-에다,*中間

에)<Kor>·-taga(-다가, 轉換形)<Kor>는 後置詞로서 이들은 서로 對應되는 말임이 확실하며, 이들의 共通基語는 *hɪ-taga(의 中間)/-*taga(中間)로 推定된다. 즉 taǧa/tax(中間)<Gily>와 -taga(-다가. *中→轉換形)<Kor>는 *taga(中間)로 再構할 수 있을 것이다.

(13) nex(第一人稱單數의 主格)〈Gily〉 ∞ näga(내가. 第一人稱單數의 主格)〈Kor〉…*ni-ŋa(第一人稱單數主格)

'내가'(第一人稱單數의 主格)의 形態를 우리는 이제까지 상식적으로 '나'(我)+'가'(主格助詞)의 複合으로 생각하여 왔다.

그러나, 이렇게 간단히 생각해 버릴 문제가 아닌 것으로 생각된다. 왜 그러냐 하면, "하나가 둘로 쪼개졌다" "가마가 여기 있다" "신문기자가 왔다"에서 體言의 末音 -a(아)에 主格助詞 -ga(가)가 첨가된 것인데도 體言의 末音 -a가 -ä로 변하지 아니하는 것이 通例이기 때문이다. 따라서 naga(나가)가 안 되고, näga(내가)로 늘 고정된 형태를 보여 주는 事實에 대한 해석을 달리 하여야 할 것으로 생각한다. 마침 韓國語의 文法構造의 根幹을 이루는 있는 것으로 推定되는 길약語에서 從屬文이나 節의 第一人稱單數主格 形態가 nex(主文에서는 ni가 주로 쓰이지만 nex도 쓰임)이므로 이것이 그대로 韓國語에 반영된 것으로 믿고자 한다. 즉 이 na(我)와 主格助詞(←呼格助詞) -ga의 結合體가 지금의 näga(내가)<Kor>라는 형태와 대응되는 것은 아니다. 다시 말하면, nex(<nega<ni-ŋa. 我'主格形')<Gily>의 起源形-*niŋa가 nega>neha>nex와 같이 변한 것이지, 결코 na(我)-ga(主格助詞)가 näga로 변한 것은 아닐 것이다. 따라서 이들의 共通基語는 *ni-ŋa(第一人稱單數主格)일 것으로 추정된다. 이와 같은 不規則形態의 對應은 이들 韓國語와 길약語의 親族關係를 더욱 굳게 믿도록 만든다.

즉 길약語의 主文에서는 第一人稱主格은 ni가 주로 쓰이나 節이나 從屬文에서는 näga(내가)<Kor>와 對應되는 nex가 주로 쓰이고, 第一人稱對格·與格으로는 주로 nax(<*ni-ax)가 쓰이며 한국어의 與格形(被動文의 與格語는 실제의 行動主≒主格)-'내게'도 nex와 對應되는 형태이다.

이러한 人稱代名詞의 幹母音交替現象을 길약語나 韓國語의 第二人稱에서도

볼 수 있다. 즉 길약語의 第二人稱單數主格으로는 主文에서 či가 주로 쓰이나 從屬文이나 節에서는 čex(<*či-ŋa)가 주로 쓰이고, 第二人稱與格·對格으로는 čax(<*či-ax)가 주로 쓰인다. 그와 마찬가지로 韓國語에서도 第二人稱主格은 nega(네가)＞ne(네)/niga(니가)＜方言＞가 쓰이고 第二人稱與格·對格은 nə-ɪge(너의게＞네게)·nə-r(널)이 쓰인다.

이와 같이, 主格形의 幹母音은 前舌母音이었고, 斜格形의 幹母音은 非前舌母音이었음이 주목된다. 그와 같은 代名詞의 例를 다음에 보인다.

例 nex tamrankr morkankenur(내가 어떻게 살아날 수 있게 할 수 있을까?)
＜高.p.159＞ ………………………………………… nex(節에서 一人稱單數主格)
nex kokr winkra(내가 아래로 가서)＜高.p.142＞ … nex(從屬文에서 一人稱單數主格)
ni hïsk ŋanïgintra(내가 이를 찾겠다)＜高.p.141＞ …… ni(主文에서 一人稱單數主格)
ni tauğr yakxai(내가 바닥에 다다르면)＜高.p.141＞ … ni(從屬文에서 一人稱單數主格)
nax winkya(나를 가게 하고자→내가 가고자 한다)＜高.p.37＞ …. nax(主文에서 對格)
nax šamrankr winknintŋa(나를 어떻게 가게 할 수 있을까＞＜高.p.175＞
………………………………………………… nax(主文에서 一人稱單數對格)
nex pi rant oxt yaxnt(내가 네게 먹일 약을 마시게 한다)＜高.p.143＞
………………………………………………… nex(主文에서 一人稱單數主格)
čex-ot p-akkn-kilï exarn kavrntra(네-야말로 자기에게-오리라고 생각하지 아니하였다)＜高.p.158＞ ………………………………………… čex(節에서 二人稱單數主格)
čax pinikund(네게 자기를-먹게 한다)＜高.p.128＞ … čax(主文에서 二人稱單數與格)
ïijink sik čax punkuntxunta(大將이 모두 너를 지키게-하였다)
＜高.p.157＞ ………………………………………… čax(主文에서 二人稱單數對格)
či pigr hunïvya(네가 숨어 있어라)＜高.p.141＞ ……… či(主文에서 二人稱單數主格)

이밖에 '내가'(第一人稱單數主格形)과 比較될 만한 것은 nāŋkaḷ(우리가)＜Dr-Ta＞가 있는데 幹母音의 ä 對 ā의 대응을 입증하기 어려운 흠이 있다.

(14) *park(局限助詞)〈 Gily 〉 ∞ -pʌt(붓. 局限助詞)〈 李朝 〉…*park(局限助詞)

길약語에서 局限助詞로서 park/pïrk/bark/bïrk/pïšk/vïšk 등의 여러 形態가 쓰이고 있는데 그것의 再構形은 *park(局限助詞)일 것이며, 그것이 쓰인 實例를 다음에 들어 보인다.

例 k'ak <u>pašk</u> went(여우만 달렸다)<高. p.128>
nenïŋ <u>bïrk</u> teağant(한 사람만 올라갔다)<高.p.135>
itčin tugur <u>pïrk</u> naxra(지핀 불만 있었다)<高.p.157>
girbr <u>pïšk</u> čakko nakr yugnaur talfan ŋalr ivnt(덜미에만 칼 하나 들어갈 정도의 생살의 피부가 있었다)<高.p.158>
woškorai <u>vïsk</u> niğvŋ ŋanïs kijint(멱에만 사람의 피부가 있었다)<高.p.158>
honnïğraf <u>pïšk</u> wakkei nakr ivnt(빈집에만 상자 하나 있었다)<高.p.158>
šïf <u>park</u> šanka nenïŋ hunïvnd(상처만인 여자 한 사람이 있었다)<高.p.159>
čo <u>bïrk</u> int(고기만 먹는다)<高.p.167>
ŋafan <u>bark</u> intïnt(枯木만이 보였다)<高.p.175>

한편, 한국어에서는 局限助詞(一說 强勢助詞)라고 하는 'ᄫᆺ[pʌt]>봇[pot]>ᄆᆞᆺ[mʌt]'이 있는데, 그 實例를 다음에 들어 준다.

例 王ᄫᆺ 너를 ᄉᆞ랑티 아니ᄒᆞ시린댄<釋詳 十一30>
숨ᄫᆺ 아니면<月釋 八95>
눈ᄫᆺ 업스면<楞嚴 一99>
ᄒᆞ다가 ᄆᆞᄉᆞᄆᆡ 벼봇 아니면<永嘉 下 128>
숨ᄆᆞᆺ 아니면 어느 길헤 다시 보ᅀᆞᄫᆞ리<月釋 八 82>

그런데, *park<Gily>와 pat(ᄫᆺ)<李朝>과는 機能上으로 일치하지마는, 外見上으로 볼 때 音韻上으로 對應이 어려울 듯이 보이나 실은 그렇지 않다. 한국어는 起源的안 語中의 -rk/-rg/-rh/-lk/-lg/-lh-를 -t/-d/-t'-로 바꾸는 뚜렷한 현상을 보여주고 있어서 'ᄫᆺ'과 *park은 훌륭히 對應된다.

例

-t/-d/-t'-<Kor>	-rk/-rg/-rh/-lk/-lg/-lh-<諸語>
satki(繩)	harkika(id)<Ainu>
əkɯt-na-(違)	ehorka(反對)<Ainu>
tʌd-(走)	terke(跳)<Ainu>
pədɯr(柳)	burga(柳條)<Ma>
*put'i-(>puč'i-, 飄)	burgaša-(id)<Ma>
kutu(靴)	gūlha(id)<Ma>
pat'i-(獻)	bargiya-(id)<Ma>
pət'i(對決)	bolgo-(id)<Ma>
pud-(潤)	bulhū-(id)<Ma>

tot'(豚)	dorgori(山猪)<Ma>
pada-ka-(追跡)	farga-(id)<Ma>
*kadi(>kaji, 枝)	gargan(id)<Ma> *cf.* -rg->-d-
küt'ori(蟋蟀)	gergen(id)<Ma>
it=(次) *cf.* 이듬 · 이틀	ilhi(次)<Ma>
pud-(潤)	bürgilü-(涌 · 漾)<Mo>
kodu-sö(고두쇠)	ǧorgi(id)<Mo>
kat'ori(雌雉)	ǧorǧool(id)<Mo>
k'etɯlb-(穿)	kelki-(id)<Mo>
pɯtɯt'i-(撞頭)	mürgüče-(id)<Mo>
pot'ä-(附加)	mülhak(id)<Turk>
*put'i-(>puč'i-. 扇)	mülhem(鼓舞한)<Turk>
mut'(陸地)	mülk(id)<Turk>
uduk'əni(失神貌)	ürkek(두려운)<Turk>
sidɯr-(萎)	solgun(시든)<Turk>

그리고, 본시 '붓'의 發音이 [pʌs]이었을 가능성도 없지 않는데, *park는 실제로 pašk/pïšk/vïšk로도 나타나므로 末子音-k의 탈락을 가정하면 (*cf.* ask '弟 · 妹' <Gily>∞아시 'id', etk'親'<Gily>어시'id', emuk'母'<Gily>∞어미'id') '붓'과 pašk은 對應을 보여준다.

요컨대 길약語의 局限助詞-*park와 한국어의 局限助詞-'붓'은 對應되는 형태소임이 분명하다. 그리고 이들의 共通基語는 *park(局限助詞)로 推定된다.

이밖에 '붓'과 비교할 수 있는 말은 *pa(提示 · 强勢)<Jap> · patek(-만)<Ainu>이 있다.

例 a-onaha patek kor ikon ne ruwe-ne(내 아버지만 가진 보배인 것이다)<Ainu>

(15) -erra(列擧助詞) 〈 Gily 〉∞-iyə(-이여, 列擧助詞) 〈 Kor 〉…*-ira(列擧助詞)

길약語의 Amur 方言(大陸方言)에서는 erra(-도'亦同助詞', -와/과'列擧助詞')가 자주 쓰이는데 그 實例를 들어 보인다.

例 nierra(나도 · 나와), čierra · čyerra(너도 · 너와), xïnčerra(이것도 · 이것과)<G.p.37>

čierra sič xaunč(너도 무어라고 말하느냐?)<G.p.37>

한편, 한국어에서는 *-ira에서 발달한 '-이여'의 形態로서 列擧 · 亦同(-도, -과)의 機能을 가지게 된 것으로 믿어진다.

例 山이여 ᄆᆡ이여 千里外예 處容아비ᄅᆞᆯ 어여러 거져<處容歌>
德이여 福이라 ᄒᆞᄂᆞᆯ 나ᅀᆞ라 오소이다<動動>

길약語의 '-kin=-ken ; ye~e~i(其 · 之)'와 같은 母音轉換(高. p.17)과 韓國語의 母音體系의 高舌化傾向 및 語中의 r脫落現象(예 *kara-'明'>kä-)을 고려할 때 語中에서 'e>i'와 '-ira>-irə>-iə>-iyə'의 변화가 가능하므로 길약語의 erra(列擧 · 亦同助詞)와 '-이여'는 音韻上으로도 충분히 對應될 것으로 생각된다. 高舌母音化現象(개구도가 좁아지는 경향)의 例를 다음에 보인다.

〈高舌母音化〉

例 ᄃᆞᆯᄋᆡ-(牽)>다리-, ᄀᆞᆯᄒᆡ-(擇)>가리-,
딤ᄎᆡ-(沈菜)>김치, 모ᄀᆡ(蚊)>모기,
ᄌᆞᆫᄎᆡ(宴)>잔치, 호ᄆᆡ(鉏)>호미,
어듸(何處)>어디, 제(自己)>—지(id),
네(汝)—니(id)
cf. ᄋᆡ[E], 의[ɪ], 에[e], 이[i]

그리고, 이 '-*이라>-이여'는 日本語의 -yara(列擧助詞)와도 대응되는 것으로 믿어진다.

따라서 '-이여'는 共通基語 *-ira(列擧助詞)에서 다음과 같이 發達한 것으로 추정된다.

*-ira ┬ ira>iyə(이여)<Kor>
├ yəra>yara<Jap>
└ era>erra<Gily>

(16) -ka(亦同 · 共同助詞) · -ken(共同 · 列擧助詞) 〈 Gily 〉 ∞ -kwa · -k'aŋ(id) 〈 Kor 〉 ⋯*-kwa · -kaŋ(亦同 · 列擧助詞)

길약어의 -ka와 -ken이 亦同 · 共同助詞 또는 列擧助詞로서 다음과 같이 쓰이고 있다.

例 sik tvič, tamax tvič, posska(모든 것이 끝나고, 담배가 끝나고, 옷도 ≪끝났다≫) <G.p.38>
niğvŋ čxïv ken uxmund(사람이 곰과 싸우다)(高.p.32)

한편, 한국어에서 亦同 · 共同助詞 또는 列擧助詞로서 '-과'와 '-깡<경상>'이 쓰이고 있음은 주지의 사실이다.

例 龍과 鬼神과 위ᄒᆞ야 說法ᄒᆞ더시다<釋詳 六 1> ⋯⋯⋯⋯ '과'(列擧助詞)
밤과 낮과 法을 니ᄅᆞ시니<月曲 16> ⋯⋯⋯⋯ '과'(亦同 · 共同助詞)
나깡 너깡 같이 먹자 ⋯⋯⋯⋯ '깡'(亦同 · 共同助詞)

그런데, -ka<Gily>와 -kwa(과)<Kor>는 그 기능이 같고, 音韻의 對應이 좀 의심스럽기는 하나, ponogan(本堂正面 客席)<Gily>∞본관(原籍地) ; '좌시-(食)>자시-' · '누웟더니>누엇더니'關東別曲> · 불휘>뿌리 등의 例에서 wa · wə · wi>a · ə · i의 音韻變化現象을 찾아볼 수 있어서 -kwa>-ka의 변천이 가능할 것이므로 音韻上으로 對應이 가능하다(*cf.* 主格助詞 '-가'와의 同音衝突 · 回避로 '列擧'의 -ka를 -kwa로 바꾸었을 가능성도 있다). 따라서 이들의 共通基語는 *-kwa(亦同 · 列擧助詞)로 推定된다.

이 밖에, '-과'(亦同 · 列擧)와 비교될 수 있는 말로서 -ko/-ko-e-(共同格接頭辭) <Ainu>가 있다는 것을 첨기하여 둔다.

例 tureši ko-e-un(그의 누이와 끼어서)<Ainu>

(17) -ta(斷定敍述形語尾)〈Gily〉 ∞ -ta(-다.斷定敍述形語尾)〈Kor〉…*-ta(斷定敍述形)

길약語에는 '확실한 단정'을 표시하기 위하여 다음과 같이 敍述形語尾 -ta를 名詞에 붙여 쓴다.

例 ni nigvŋ-ta(나는 길약인이다)<高. p.55>
nafat maxtur čaimundra, ura nigvŋ-ta(지금이야말로 참으로 너를 알았다. 훌륭한 사람-이다)<高.p.136>
šanka n'enïŋ ŋā-txï-vis vinkt intïntra, hara n'exarn-ta(女子가 한사람이 짐승을-타고(←위에 가고) 간 것을 보았다. 자- 내 子息이다)<高.p.141>
kumrant intŋa, ugmif ŋalt-wonïŋ-ta(생각하여 보니 이 섬 灣-마을사람-이다)<高.p.175>
maxtur-ta. viya(정말-이다. 가라!)<高.p.159> *cf.* maxtur(정말)…副詞
o koni Gofkof-to(아아 이것은 고푸고푸'人名'-이다)<高.p.118>
cf. -to는 母音調和에 의한 -ta의 變形임

한편, 韓國語에서도 -ta(-다)가 '確實한 斷定'을 표시하는 體言의 敍述形語尾로 쓰이고 있다.

例 그것은 소-다.
저것은 말-이-다.
이것은 개가 아니-다. *cf.* 아니…副詞(→形容詞語幹)
가라고 한 것은 정말-이-다 *cf.* 정말…副詞

위에서 언급한 바와 같이 -ta<Gily>와 -ta(-다)<Kor>는 함께 '確實한 斷定'을 나타내면서 體言下에 뿐만 아니라 副詞下에도 잇대인다. 따라서 이들은 意味機能과 音韻의 양면에서 완전히 一致・對應한다. 이들의 共通基語는 *-ta(斷定形)로 推定된다.

그리고, 用言의 敍述格語尾 -ta(-다)도 기원적으로 같을 것인데, 길약語에 있어서도 -ta가 用言의 敍述形語尾(第說1人稱單數 및 제1·2·3人稱複數用. 說明體 歷史的 現在)로 쓰이고 있어서 더욱 이들 -ta<Gily>와 -ta(-다)<Kor>는 완전무결하게 對應되는 것으로 確信한다.

例 그는 집으로 간다.
나는 학교로 왔다.
나는 내일 시골로 떠나겠다.

malxorankt inta(많이 먹었다)<高.p.114>
čaxar kavrta(장작이 없다)<高.p.120>
niğvŋ pantr čaxr tankta čax-ŋankta(사람이 생기고 장작을 패게 하였다. 물을-긷게 하였다)<高.p.144>
čaxr tata čax ŋata(장작을 팼다. 물을 길었다)<高.p.144>
šaldar yenuš arak zaint hunta(兵士가 장가들어서 술을 마시고 있다)<高.p.144>
muind vir yototnta(들으려 가서 들었다)<高.p.151>
kajin-kačin ïijink sik čax pun-kuntxunta(가지가지의 大將이 모두 너를 지키게 하였다)<高.p.157>

다만, 體言下에 '-다'가 添加될 때, '-이다'의 形態로 나타나기도 하는데, 이때의 '-이'는 體言이나 副詞와 같은 不變化詞의 末音이 子音으로 끝날 때에 개입되는 媒介母音인 것으로 추정된다(*cf.* 姜吉云 1958.10 및 1981.5). 그리고 길약어에서도 매개모음으로 -i-가 쓰이는 경우가 있고 (例: win-i-kernt '가는 것을 그만두다'<高. p.137>, 아이누語에는 體言의 所屬形語尾-i가 있는데 즉 名詞가 '누구의(所屬) 무엇'이라는 소속이 있고 原形이 子音으로 끝날 때에 名詞下에 i가 添加되는데[例. ak'弟' : hapo aki(또는 akihi)'어머니의 아우' ; mip'衣服' : miči mipi(또는 mipihi)'아버지의 衣服'],이 때의 添加音는 i는 거의 媒介母音처럼 쓰이며 특히 akihi形의 -i-나 mipihi形의 밑줄 친 -i-는 틀림없이 媒介母音이며 빈도가 높은 形態素이다.

이밖에 '-다'(斷定敍述形)와 比較될수 있는 것으로 -da<Jap>가 있다.

例 かれはたかはしだ(그는 高橋이다)<Jap>

(18) -ra(敍述形語尾:接續法語尾)〈Gily〉∞ -ra(라.敍述形語尾: 接續法語尾)〈Kor〉… *-ra(敍述形)

이미 (17)項에서 언급한 -ta와 같은 구실을 하는 -ra(第2·3人稱單數用 敍述形語尾)가 길약語와 韓國語에서 다음과 같이 쓰이고 있다.

例 konïŋ rask xent čaxr tara, pagla rask xent čaxr takra(흰 셔츠를 입고 나무를 자른다<→자르고>, 붉은 셔츠를 입고 나무를 나른다)
tulwaiga konïŋ xak rira tolwaiga ugrn xak rira(겨울이 되면 흰 모자를 쓴다<→쓰고>, 여름이 되면 검은 모자를 쓴다)<高.p.114>
čxïv-ŋax tmngo ni-jenuira(곰-우리 위로부터 나를-본다)<高.p.117>
yagan itnugra(좋다고 말한다→좋아한다)<高.p.122>
hu niğvŋ inint šora(그 사람이 음식을 날랐다)<高.p.138>
či pigr hunïvya. ax pšïnugra.(너 숨어 있어라. 지금 왔다)<高.p.141>
čirax pšïnd, pšïinugra(너에게 온다. 올 것이다)<高.p.152>
itčin tugur pïrk naxra(지핀 불-만 있었다)<高.p.157>
pŋār niğvŋ punt šora wa hura(젊은 사람이 활을 가졌다<→가지고>, 칼을 찼다.<高.p.175>
oğrğorr-oxto har itnd tunira har itnd(起死回生의 藥이라 말하는 것이 이것 이다라고 말했다)<高.p.160>

즉제 인텨(押印) 날 주더라<杜初 上3>
樓는 다라기라<釋詳 六1>
　第는 次第라<月釋 一1>
　江湖ㅅ ᄀᆞᇫ 가 놀고리라<杜初 二十五40>
긴 녀르메 내 뜯ᄒᆞ요ᄆᆞᆯ ᄉᆞ치거니라<杜初 十六72>
　生死 免ᄒᆞ고디라<月釋 七54>
　밧六塵과 안六根과 가온ᄃᆡᆺ六識올 노하 ᄇᆞ리라<月釋 七54>

그런데, -ra<Gily>나 '-라'<Kor>는 敍述形語尾로서 뿐만 아니라 接續法語尾로서도 꼭같이 쓰인다.

例 šuva ger hera, šuvhak nirā, kuzir tu šxurox mar hippnt(毛皮外套 집어 입고, 毛皮帽子를 쓰고 나가서 썰매 위에 올라가 앉았다)<高. p.132>
kiuš tora, rimš tora, ox xera, pxilgïs mund(짚신을 가지고, 도시락을 가지고, 옷을 입고, 山에서 죽었다)<高.p.132>
kurmund yaxarŋa rumr ivra, kugmund yexarŋa ok ivra(굶어 죽은 것이라 생각하니

도시락이 있고, 얼어 죽은 것이라 생각하니 옷이 있다)<高.p.132>
českn kikr pira, nex kokr winkra(네 쪽이 위에 있고, 내가 아래 가아서)<高.p.142>
ingif sūra, ilx čiura, čif komi yexloror, hunïx teağant(肝을 끄집어 내고, 혀를 빼어, 길 옆에 그것을-걸고서, 그리고 올라갔다)<高.p.158>

四五劫에 善根을 심군디 아니라(=아니고) ᄒᆞ마 千萬劫에 한 善根을 시므니<金剛 35>
다 漏 업슨 法이라(=法이니) 바ᄅᆞ 어루 道證ᄒᆞᆯ똘 아도다<法華 二22>

따라서 -ra<Gily>와 '-라(-ra)<Kor>는 함께 敍述形語尾와 接續法語尾에 두루 쓰이며 음운상으로도 완전히 一致하는 形態素인 것으로 추정된다. 그리고 兩語가 함께 i母音下에서 -ta가 -ra로 변할 수 있음을 添記하여 둔다(後述). 따라서 이들의 共通基語는 *-ra(敍述形)로 추정된다.

(19) -ŋa/-ŋu(疑問形語尾) 〈 Gily 〉 ∞ -ga/-go(-가/-고.疑問形語尾) 〈 Kor 〉 …*-ŋa/ *-ŋu(疑問形)

이미 여기에 대하여서 (1)項의 末尾에서 조금 言及한 바 있는데, 다시 구체적으로 여기서 언급하고자 한다. 길약語에서 疑問形語尾로 -ŋa/-ŋu가 나란히 다음과 같이 쓰이고 있다.

例 šamčinkr hunïvnd-ŋa(어찌하고 있을까)<高.p.54>
yanïs ni ŋākunt-ŋa(왜 나를 불렀을까)<高.p.140>
keoxata, taktox vixund-ŋa(사환아! 어디 가는가)<高.p.143>
taufknan šank šamčinkr hunïvnd-ŋa(前日의 女子가 어찌하고 있을까)<高.p.144>
keoxata šamrankr pšïnt-ŋa(사환아! 어찌하여 왔는가)<高.p.145>
itinïgra, lunt-ŋa noxont-ŋa(말하되, 무언가 냄새 나는가)<高.p.141>
šanïx pšïn niğv-ŋa(어디서부터 온 사람인가)<高.p.152>
tŋaflunt yanïs yugunt-ŋa hat itnt(이런 것이 어떻게 들어왔는가-라고 말하였다) <高.p.153>
nex tamranks moškanken nunt-ŋa har-itr wūvunt(내가 어떻게 살아나게 할 수 있을까 -라고 말하며 물었다)<高.p.158>
nex tamrankr morkankenur hunt-ŋa har intnd(나를 어떻게 살아나게 할 수 있을까-라고 말하였다)<高.p.155>
ŋafk-a šakrux pšïnd-ŋa(벗이여! 어디서 왔는가)<高.p.175>

ta vox lerwint-ŋa(어느 마을에서 섞갈렸는가)<高.p.175>
pvo-xa-jin axšund-ŋa(제-마을-이름-도 모르는가)<高.p.175>
nax šamrankr winknint-ŋa(나를 어떻게 가게 할 수 있는가)<高.p.175>
lunt niğv-ŋa(무슨 사람인가)<高.p.175>
konïn rask xent čaxr tara, pagla rask xent čaxr takra. lunt-ŋu(흰 셔츠를 입고 나무를 자르고, 붉은 셔츠를 입고 나무를 나른다. 무엇인가)<高.p.113>
ŋač-kavr tamïk-čin uigir ŋairuf-čin kavr puiligïnt lunt-ŋu(발이-없고, 손-도 없고, 날개-도 없고 나는 것이 무엇인가)<高.p.113>

한편, 韓國語에 있어서도 '-가/-까'(-ga/-k'a)와 '-고/-꼬'(-go/-k'o)가 疑問形語尾로 쓰이고 있으며, 이들은 일단 -ga/-go에 소급할 것이다.

例 투구 세 사리 녜도 잇더신가<龍歌 89장>
붓그료미 엇뎨 업스신가<月曲 120>
저어홀가 말미ᄒᆞ야<杜初 七22>
天下蒼生을 니ᄌᆞ시리잇가<龍歌 22장>
天縱之才롤 그려ᅀᅡ 아ᅀᆞᄫᆞᆯ까<龍歌 43장>
긴 劫에 몯 볼까 ᄒᆞ나니<月釋 二十三87>
이는 賞가 罰아<蒙法 53> *cf.* 罪아<罪가
이 두 사ᄅᆞ미 眞實로 네 항것가<月釋 八94>
어ᅀᅵ 아ᄃᆞᆯ 離別이 엇던고<月曲 144>
어느 ᄧᅡ흐로 향ᄒᆞ야 가시ᄂᆞᆫ고<杜初 上8>
蒼生ᄋᆞ로 ᄒᆞ여 環堵롤 두게 홀고<杜初 上29>
ᄒᆞ로 몃里롤 녀시ᄂᆞ니잇고<釋詳 六32>
뉘 能히…이 經을 너비 니를꼬<法華 四134>
이ᄅᆞ샤이 이 엇던 光明고<月十久>
엇던 사ᄅᆞᆷ고 너기놋다<杜初 八28>
造像과 그류미 므스기ᅀᅡ 홀꼬<金剛 事實 4>

그리고, -ŋa/-ŋu<Gily>와 ga/-go<Kor>는 음운상으로도 확실한 對應을 보여주고 있다 [예 (1)項 ŋ<Gily>∞k/-g<Kor>].

또, u<Gily>와 o<Kor>도 對應되는 것이 확실하다.

	u<Gily>______________________	o<Kor>
例	tux(斧)<高 1942>	tok'ü(斧)

kuvŋ(最麗)＜ 〃 ＞	kob-(麗)
gu(矢)＜ 〃 ＞	*ko(「弧」.弓)
čiulat-(소리나다)＜ 〃 ＞	sorE(聲)
uxč(衣服)＜Grube 1892＞	os(衣服)
ūde-n(健全한)＜ 〃 ＞	onjən(完全) 예 -j-＞-nj-(添加音-n)
uvï-(叫)＜Grube 1892＞	ö-t'i(叫)
kuiŋi(수양버들)＜ 〃 ＞	kori(*수양버들) *cf.* 고리-버들
kuŋgula-(잘못되다)＜ 〃 ＞	kok'ura-ti-(到)
xut(山脈의 支脈)＜ 〃 ＞	koj(岬)
turs(가로지른 나무)＜ 〃 ＞	tori(기둥 위의 가로지른 목재)

또한, [u]와 [o]는 같은 後舌母音으로서 開口度가 1度差가 있을 뿐이므로 u는 [o]의 高舌化로 생긴 變音일 수 있고 실제에 있어서도 알타이語나 아이누語의 u가 國語의 o와 對應되는 허다한 例를 찾아볼 수 있다(u＜Turk＞∞o＜Kor＞ 例. bul-'見'∞po-'見', huš'樺'∞pos'樺', kuka'球'∞koŋ'球', mukāseme'割當'∞moks '割當', kukulete'고깔'∞kok'ar'고깔' etc).

그리고, -ŋa/-ŋu＜Gily＞와 '-가/-고'＜Kor＞는 함께 體言의 語幹下에 直結되는 점도 一致한다.

따라서 -ŋa/-ŋu(疑問形語尾)＜Gily＞와 -ga/-go(疑問形語尾)＜Kor＞는 완전한 對應을 보여 주며, 이들의 共通基語는 *-ŋa/-ŋu(疑問形)로 推定된다.

이밖에 -ga(疑問形語尾)＜Kor＞와 比較될 만한 것은 -k'a(疑問形語尾)＜Jap＞ · he(疑問形)＜Ainu＞ 등이다.

例 いついくか(언제 가는가)＜Jap＞
pirkap he. wenpe he.(富者인가? 貧者인가?)＜Ainu＞

(20) -na/-ta(疑問形語尾)〈Gily〉∞-na/-ta(-나/-다.疑問形語尾)〈Kor〉…*-na/*-ta (疑問形)

길약語에선 주로 -nt(動詞不定形)이나 -ta/-na/-ra(動詞敍述形)에 -ŋa/-ŋu/-lu/-lo (疑問形語尾)가 접속되어서 疑問文을 만들지마는, 疑問代名詞 · 疑問副詞와 호응한 때에는 不定形-nt만이거나, 歷史的 現在敍述形-ta(第1人稱單數 및 第1 · 2 ·

3人稱複數와 呼應)・-ra(第2・3人稱單數와 呼應)와 未來敍述形-na(第1人稱單數 및 第1・2・3人稱複數와 呼應)・-ra(第2・3人稱單數와 呼應)만을 動詞語幹에 접속시켜 疑問形語尾에 대응하기도 한다(*cf.* 高. pp.52・53).

例 原則的 疑問形 :
maxtur moskant-lu(정말 살았는가)<高.p.139>
ŋafka šakrux pšïnd-ŋa(벗이여! 어디서 왔는가)<高.p.175>
hanta-lo- hantayaka(그럴까. 그럴 것이다)<高.p.127>
či lunt-avr intïraro(<intï-ra-lo. 네가 무엇을 보았느냐)<高.p.141>
či hupnt intïsar(<intï-raro<intï-ra-lo. 네가 앉아서 보았느냐)<高.p.151>
pši-ša-lo(<pšï-ta-lo. 왔느냐)<高.p.53>

代用疑問形 :
yanïs wuvunt(왜 울었는가)<高.p.131>
pšïra(올 것인가)<高.p.131>
čiŋ šaktox vita(너희가 어디로 갔느냐)<高.p.52>
čiŋ šaktox vina(너희가 어디로 가느냐)<高.p.52>
nigvŋkun oxto hat(<hata) itnd. ivšant-lu(사람들! 약이 있는가라고 말했다. 가지고 있는가)<高.pp.159~160>

cf. 敍述形 :
ni vita(내가 간다・갔다), či vita(네가 간다・갔다), hu-niğvŋ vira(그 사람이 간다・갔다), mïzn vita(우리가 간다・갔다), čiŋ vita(너희가 간다・갔다), izn vita(그들이 간다・갔다), ni vina(내가 가겠다), či vira(네가 가겠다), hu-niğvŋ vira(그 사람이 가겠다), mïzn vira(우리가 가겠다), čiŋ vira(너희가 가겠다), izn vira(그들이 가겠다)

한편, 韓國語에 있어서는 '-나'(-na)는 疑問形語尾(*cf.* 먹나?/가나?)로 쓰이지만, "하나이까・하나요・하나이다"의 '-나'로 미루어 보아서 '-나'自體는 기원적으로 볼 때 敍述形이나 疑問形의 語尾가 아니고, 時制나 時相을 나타내는 형태이었던 것으로 추정된다. 그렇다면 "하나"의 '-나'는 "ᄒᆞᄂᆞ다"의 '-ᄂᆞ-'와 起源的으로 같을 것이며(*cf.* ᄒᆞᄂᆞ니잇가>하나이까), 길약語의 경우와 마찬가지로 疑問形語尾를 생략한 형태인 것으로 보아야 할 것이다. 마치 길약語에서 時制의 形態素 -ta/-na/-ra들이 그대로 서술형이나 의문형에 두루 쓰이는 것과 같다(旣述)

또, -ta(疑問形・敍述形語尾)<李朝>가 "ᄒᆞᄂᆞ다・ᄒᆞᆫ다(疑問形)"에서와 같

이 쓰이고 있는데, 이것은 주지하는 바와 같이 현재는 敍述形語尾의 일반형일 뿐 疑問形으로는 쓰이지 않는다.

例 그듸 엇던 사ᄅᆞ민다<月釋 十29>
네 어듸 이셔 趙州 본다<蒙法 53>
므슴 연고로 아니온다<杜初 上56>
여흘란 어듸 두고 소해 자라 온다<滿殿春> ………………………… 以上 疑問形
은혜를 안다 ᄒᆞᄂᆞ니라<杜初 上58>
가ᄇᆡ여이 ᄒᆞᆫ다 니ᄅᆞᄂᆞ뇨<飜小 十4> ………………………… 以上 敍述形

혜ᄂᆞᆫ다 모ᄅᆞᄂᆞᆫ다<老乞上 54>
信ᄒᆞᄂᆞᆫ다 아니ᄒᆞᄂᆞᆫ다<月釋 九46>
어드러 가ᄂᆞᆫ다<老乞 上1>
솔아 너ᄂᆞᆫ 어이 눈서리를 모ᄅᆞᄂᆞᆫ다<古詩潤> ………………………… 以上 疑問形
어서 먹어라 대비 ᄡᅮ지즈니 셜워 아니 먹ᄂᆞᆫ다. ………………………… 以上 敍述形

위에서 例示한 바와 같이 '-다'(-ta)가 敍述形語尾로서 뿐만 아니다. 疑問形語尾로도 쓰인 것은 敍述形語尾가 疑問形語尾로 대용된 것으로 믿어지는데, 이것은 길약語에서 疑問代名詞·疑問副詞와 호응할 때에 疑問形語尾를 따로 첨가함이 없이, 敍述形語尾 -ta/-na/-ra만으로도 疑問文을 만드는 현상과 같다(旣述). 따라서 "ᄒᆞᄂᆞᆫ다·ᄒᆞᆫ다"의 '-다'(-ta)와 길약語의 敍述形語尾에서 전용된 疑問形語尾 -ta를 비교할 수 있을 것이다. 즉 čiŋ šaktox vi<u>ta</u>(너희가 어디로 가느<u>냐</u>?<←간<u>다</u>>)에서 밑줄 친 -ta는 본시 歷史的 現在敍述形이며 그것이 위 문장에서 疑問形語尾로 쓰이고 있는데, "ᄒᆞᄂᆞᆫ다"나 "ᄒᆞᆫ다"의 '-다'(-ta)도 敍述形·疑問形의 語尾로 두루 쓰이므로 이들 疑問形語尾 -ta<Gily>와 '-다'<Kor>는 완전한 對應을 보여주며, 이들의 共通基語는 -*na/-*ta(疑問形)로 추정된다.

이밖에 '-나(疑問形)'와 比較됨직한 形態로서는 na/ne/nu/no/nio(疑問形)<Ma> 등이 있고, 또 '-다'와 比較됨직한 것으로서는 -ya(疑問形)<Jap>·-ya(id)<Ma> 등이 있다.

(21) -r(敍述形語尾)〈Gily〉∞ -ri(-리.敍述形語尾)〈李朝〉…-*r(i) (敍述形)

길약語에서는 이미 (20)項에서 언급한 바와 같이 -ra가 敍述形語尾로 쓰이고 있는데 그것의 略體가 바로 -r이며 그 실례를 다음에 들어 보인다.

例 mun-kavrir pantr(죽지 않고 커질 것이다)<高.p.123>
urra niğvŋ mur(좋은 사람이 될 것이다)<高.p.123>
izn xuil-itr, har araki yer rar(그들을 죽이려고-말하였다. 그리고 술을 사서 마셨다)<高.p.136~137>
čakko-hïs ŋašïf čevr iznax intïnkr(칼로 가슴을 찔러 그들에게 보였다)<高.p.137>
geniğvŋ tolf akkent tïlf kxunt, tolv-aiga pigbignt čaxr turgr niğvŋ-tox yugr pigr(山神이 여름에 弱하고 겨울에 强했다. 여름이-되면 숨는데 나무에 들어가고 사람에게 들어가 숨는다)<高.p.173>

그리고, 길약語에서 語末의 -r은 때로 -ri로 표기되기도 한다. 그뿐 아니라, -i-(未來形)<Gily>가 따로 있어서 -ri의 i는 그것일 수도 있다(動詞語幹에 -i가 添加되어 未來時를 표시하는 데 대하여, 여기서는 -r'不動詞形'에 i가 添加된 것이 좀 다름). 다음에 例示한다.

例 čmankir→čmankiri(놀러오게)<高.p.159>

또한, 媒介母音 i가 -r-이나 -n下에 添加되는 現象을 볼 수 있다.

例 tïr-čin→tïričin(보는 것도)<高.p.219>
win-kernt→winikernt(가는 것을 그친다)<高.p.137>
cf. teŋgeri(天)<Mo>—jonkr(頭)<Gily>

한편, 국어에 있어서도 '-리'(-ri-)가 다음과 같이 敍述形語尾로 쓰이고 있다.

例 英主△알퓌 내내 붓그리리<龍歌 16장>
聖者ㅣ 나샤 正覺 일우시리<月曲 15>

그런데, 길약語의 -r나 -ri는 未來·現在·過去에 두루 쓰여 不定時制인 것에 대하여 韓國語의 '-리'는 未來에만 쓰인다. 허나 '-리'가 기원적으로 '-ㄹ'에 소급한다고 볼 때 다음과 같이 '-ㄹ'은 不定時制를 보여 준다는 事實을 看過해서는 안 될 것이다.

例 ᄃᆞ리예 ᄢᅥ딜 ᄆᆞᄅᆞᆯ 넌즈시 치ᅘᅧ시니(=다리에서 떨어지는 말을…)<龍歌 87장> ……………………………………………… ㄹ(現在)
高山이라 ᄒᆞᆯ 뫼해셔(=高山이라고 하는 山에서)<月釋一27> …………… ㄹ(不定時)
고기 낫ᄀᆞᆯ 낙ᄉᆞᆯ ᄆᆡᆼᄀᆞ노라(=고기를 낚는 낚시를 만든다)<杜初 七4> ……………………………………………… ㄹ(不定時)
兵家ㅣ 間諜ᄒᆞ리ᄅᆞᆯ 아쳗ᄂᆞ니(=兵家가 間諜한 사람을 싫어하나니)<杜初 七27> ……………………………………………… ㄹ(과거)

따라서 '-ㄹ'은 본시 不定時制이던 것이 敍述形 '-리'로 쓰일 때 그 기능이 축소되어 未來나 推測에 국한시켜 쓰이게 된 것으로 추정된다. 그러나 길약語의 未來形 -i로 미루어서 '-리'의 -i-는 未來形의 化石인지도 알 수 없다. 그러므로 길약語의 敍述形語尾 -r(>-ri)와 韓國語의 敍述形語尾 '-리'(-ri)는 意味・機能의 양면에서 완전히 對應된다고 할 것이다. 따라서 이들의 共通基語는 -*r(-i)(敍述形)로 추정된다.

이밖에 敍述形語尾'-리'와 비교될 만한 것은 터키語-r/-er/-ar/-Vr(aorist, 歷史的現在)와도 비교될 법 하다.

例 okur(읽다), gelirsin(네가 오다)<Turk>

(22) -ra(未來疑問形語尾)〈 Gily 〉 ∞ -ria/-ri(-리아/-리.未來疑問形語尾)〈 Kor 〉 …*-ria(未來疑問形)

길약語에는 第二・三人稱單數인 主語와 호응하는 未來說明體語尾 -ra가 다음과 같이 쓰이고 있다.

例 pšïnug-ra(올 것이다)<高.p.27>

itinïg-ra(말할 것이다)<高.p.27>
noxg-ra(냄새 날 것이다)<高.p.27>
či pigr hunïvya ax pšïnug-ra hu milk pšïxai(네가 숨어 있어라. 지금 올 것이다. 그 귀신이 오면)<高.p.27>
hovgạ sik uigi-ra(싸면 모두 없어질 것이다)

그런데, -ra가 때로는 '-ra+疑問形語尾(-lo, -ŋa)'의 略形으로서 그것을 대신하기도 한다.

例 pšï-ra(올 것인가?)<高.p.53>

한편, 韓國語에서는 未來疑問形 또는 反語形語尾로 '-리아(-ria)/-랴(-rya)'와 그의 略形인 '-리(-ri)'가 함께 다음과 같이 쓰이고 있다.

例 騄驥ᄅᆞᆯ 시러곰 두리아<杜初 八3>
家門ㅅ 소리ᄅᆞᆯ ᄯᅡ해 디요ᄆᆞᆯ 즐기리아<杜初 八57>
내 病에 시러곰 머리곰 머므러 이시리아<杜初 二十三41>
이 여희유메 우러셔 서르 니저리아<此別淚相忘)<杜初 二十三47>
구틔여 蘇門엣 됫ᄑᆞ라ᄆᆞᆯ ᄒᆞ리아(敢爲蘇門嘯)<杜初 二十五5>

비록 ᄆᆞ올히나 ᄃᆞᆫ니랴<小學 三5>
ᄒᆞ믈며……ᄇᆞ라랴<禪龜 上36>
내 블 씻기 못ᄒᆞ고 ᄇᆞᄅᆞᆷ 마시랴<老乞 上18>
뎌 ᄒᆞ여 믿ᄃᆞ디 못ᄒᆞ랴<杜重 上15>
山中을 ᄆᆡ양 보랴<松江 一5>
이 四天이 ᄒᆞᆫ갓 다 뷔리여<月釋 一37>
ᄆᆞ숨잇ᄃᆞᆫ 뮈우시리여<月曲 62>
며ᄂᆞᆯ이 ᄃᆞ외야 오리야<月曲 36>

놀애예 일훔 미드니 英主ㅿ 알ᄑᆡ 내내 붓그리리<龍歌 16장>
올모려 님금 오시며 姓 ᄀᆞᆯ히야 員이 오니 오ᄂᆞᆳ나래 내내 웃ᄫᅳ리<龍歌 16장>
뉘 아니 좇ᄌᆞᆸ고져 ᄒᆞ리<龍歌 78장>
뉘 아니 ᄉᆞ랑ᄒᆞᅀᆞᄫᆞ리<龍歌 78장>
ᄒᆞᄂᆞᆳ ᄆᆞᅀᆞᄆᆞᆯ 뉘 고티ᅀᆞᄫᆞ리<龍歌 85장>
天子ㅿ ᄆᆞᅀᆞᄆᆞᆯ 뉘 달애ᅀᆞᄫᆞ리<龍歌 85장>

위에서 例示한 바와 같이 '-라' '-리야' '-리'는 '-리아'의 變形이다.

그런데, (21)항에서 보인 바와 같이 -r/-ri＜Gily＞의 변화가 가능하므로 길약語의 -ra와 韓國語의 '-리아(-ria)'의 對應은 확실한 것으로 믿어지며, 이들의 共通基語는 *-ria(未來疑問形)로 추정된다.

그러나, ㄱ默音化에 의해 '-리아'가 된 것으로 생각하고 그 原形을 '-리가'로 볼 수 없는 바도 아니어서, 그것은 '-리(未來時制)+가(疑問形語尾)'로 분석될 수 있으므로 -ra(未來)의 略形 -r＜Gily＞와 대응되는 '-리' 및 -ŋa＜Gily＞와 對應되는 '-가'의 복합으로 볼 수도 있을 것이다.

이밖에 길약語에는 時相과는 무관한 순수한 疑問形語尾-lo/-lu/-lï/-l＜Timi方言＞와 -la/-al/-ïl＜Amur方言＞이 있어서 '-리'와 비교해 볼 만하다. 또 터키語의 aorist(歷史的 現在)-r/-ar/-er과 滿洲語의 未然形-ra/-re 및 日本語의 推測形'ら'를 韓國語의 '-리'와 비교할 수도 있음직하나, 이들은 疑問形이 아닌 단순한 未來形 '-ㄹ/-리-'와 비교할 수 있을 뿐이다.

(23) -lo/-lu(反語形·疑問形語尾)〈Gily〉∞ -ryo(-료.反語形·疑問形語尾)〈Kor〉… *-lo(反語形·疑問形)

길약語에서는 反語形語尾 및 疑問形語尾로서 -lo/-lu가 쓰이고 있다. 다음에 그 실례를 들어 보인다.

(가) 反語形

例 ni ari-lu(내가 먹이리오)＜高.p.56＞
hunïvïnd-lu(있으랴)＜ 〃 ＞
ni arinït-lo(내가 먹이리오)＜ 〃 ＞
ni arit-lo(내가 먹였으랴)＜ 〃 ＞
āvŋ solğontat. sloğont-lo(훌륭한-사람은 계속-걸었다. 더-걸으랴)＜高.p.124＞
hag! hant-lu(흥! 그려라)＜高.p.176＞

(나) 疑問形

例 vina-lu(가는가)＜高.p.46＞
nenïŋ tïklïkun mund-lu moskand-lu kumland(한-사람이 입을-다문-것을 죽었는가 살았는가 하고 생각하였다)＜高.p.130＞
či maxtur moskant-lu har itnt(네가 정말 살아 있는가 하고 말했다)＜高.p.160＞

urraŋ oxto ivšant-lu(좋은 약을 가지고-있는가)<高.p.160>
taufknan ŋa-lu lunt-lu vinkr intïntra(요전에 짐승인지 무엇인지 가는 것을 보았다) <高.p.141>
lunt-lu kavū-kavū la pšïnd(무엇인가 따스하고-따스한 바람이 불어왔다) <高.p.151>
ni maxtïr ninkr Ivan-dračok-lu xar pxïmront(내가 정말 내야말로 이반의 바보인고 하고 생각하였다)<高.p.153>

한편, 韓國語에서는 '-료'(-ryo)/'리오'(-rio)가 反語形語尾로 쓰이는 同時에 疑問形語尾로도 쓰이는데 다음에 그 實例를 보인다.

(가) 反語形

例 精舍ㅣ 업거니 어드리 가료<釋詳 六22>
네 아드리 허믈 업스니 어드리 내티료<月釋 二6>
엇뎨 疑心ᄒᆞ료<金剛 後序15>
엇뎨 品命의 달오ᄆᆞᆯ 議論ᄒᆞ료<杜初 二十四59>
恭敬 아니 ᄒᆞᅀᆞ오료<法華 五50>
엇뎨 니ᄅᆞ리오<法華 五56>
어듸썬 三分이 몯 ᄀᆞ자…사오나ᄫᆞᆫ 이리 이시리오<釋詳 十九10>
즌ᄒᆞᆰ 길헤 잇거니 어느 구슬 ᄀᆞᄐᆞ리오<杜初 八62>
土氣 少衰ᄒᆞ니 軍中에 엇뎨 겨지비 업스리오<杜初 八 68>
엇뎨 將軍의 촌 갈홀 빌리오<杜初 二十五8>

(나) 疑問形

例 볼기 아논 ᄆᆞᅀᆞ미 根안해 수머슈미 琉璃로 마촘 ᄀᆞᆮ다 ᄒᆞ료<楞嚴 一58>
金 주료 ᄒᆞ야든<南明 上45>
누를 ᄒᆞ야 가 어드라 ᄒᆞ료<杜初 上3>
즁과 뮐와를 현맨돌 알리오<月曲 52>
엇뎨 뫼콰 내쾌 開隔홀 ᄲᅮ니리오<杜初 八59>

위에 든 例文에서 보인 바와 같이 길약語의 '-lo/-lu'와 韓國語의 '-료/-리오(-ryo/-rio)'는 함께 反語形으로 더 많이 쓰이고, 疑問形에 비교적 덜 쓰이고 있다.

그리고, 音韻上으로도 [l](舌側音)은 일반적으로 齒槽音이지만, 길약語의 l(舌側音)은 齒槽音[l]와 口蓋音的인 [ʎ](l'·ꞁ *cf.* G.p.2에는 L.v. Schr- ench에 依해 口蓋音化 l'이 觀察됨. 또한 高.p.13에는 l와 ꞁ '露語文字의 Л[ꞁ]'이 구분되어 있고, 世界言語槪說 下卷 p.756에서, l은 通常 齒槽音이지만 無聲子音 뒤에서는 口蓋音

[ʎ]가 된다)의 두 가지가 있어서 後者는 前者의 變異音이며, klï · kl̥ï(天 · 外 · 空), mla · ml̥a(耳), pal · pal̥(山), tol · tol̥(海 · 河 · 水)<高 1942> ; la · l′a(바람), l′ayuč(폭풍우가 일다) · l′a(r)s(파도) · l′axrič(놀다, 희롱하다)<G. 1892> 등의 여러 어휘에서 볼 수 있다. 따라서 l와 r의 구별이 없어진 한국어에서는 [ʎ]<Gily>이 ry[rj]로 실현될 수 있어서 無聲子音 뒤에서만 -lo/-lu를 變異音 [ʎo] · [ʎu]로 發音하던 것이 慣習化되었거나 口蓋音化現象으로 말미암아 그것은 韓國語에서 -ryo/-ryu로 실현될 수 있을 것이니, -lo/-lu<Gily>와 '-료/리오'<Kor>는 音韻上으로도 對應된다고 보아 無妨할 것이며, 이들의 共通基語는 *-lo(反語形/ · 疑問形)로 推定된다.

그런데, 前項에서 '-리아'가 '-리가'에서의 發達일 가능성이 있었듯이, '-리오'는 '-리'(未來形)와 '-고'(疑問形)의 複合形態에서 ㄱ默音化로 형성된 것으로 볼 수도 있다.

(24) *-ra/-ya/-ye/-ve[βe]/-kaya/-xairo/-raya(命令形語尾)〈Tïmï方言〉〈Gily〉∞ -ra/-a/-ə/-p/-kəra/-rage(-라/-아/-어/-ㅂ/-거라/-라게.命令形語尾)〈Kor〉; -ya/-ye/-ke/-kaye/(-ndra)/-ro(id)〈Amur方言〉∞ -a/-ə/-ke /-kəra/(-nəra)/-ra(-아/-어/-게/-거라/(-너라)/-라. id)〈Kor〉…*-ra/*-a/*-e/*-kara/*-ke/*-ve/*-raga (命令形)

길약語에서는 命令形語尾가 매우 다양하게 나타난다. 즉 *-ra(-ra/-r/-ža *cf.* r<Gily>∞z<Gily>例.rand=zand'飮')/-ya/-ye/-ve/-kaya/-xairo<Tïmï方言> ; -ya/-ye/-ke/-kaye/-ndra/-ra(>-ro *cf.* 圓脣母音化)<Amur方言>의 여러 形態들이 命令形語尾로 쓰이고 있다. 다음에 그 실례를 들어보인다.

(가) Tïmï方言

例 -ra : wāror yūtoir<u>a</u>(대패로 깍아 보아라)<高.p.124>
-r̃a : pilika niğvŋ mur̃<u>a</u>(큰 사람이 되어라)<高.p.123>
-r̃ : urra niğvŋ mur̃(좋은 사람이 되어라)<高.p.123>
mun-kavrir̃ pantr̃(죽지-않고 커라)<高.p.123>
-ža<*-ra : ŋafuš ninar<u>ža</u>(짐승을-잡아서 내게 먹여라)<高.p.123>
-ya : nogari<u>ya</u>(容恕하여라)<高.p.122>
nankai n′iga<u>ya</u> har polaxnt('누나여! 나를-데리러 오너라'라고 부르짖었다)

<高.p.138>

-ye : n′is′avaiye(내게도-만들어다오)<高.p.126>

-ve : au-mun-preve(소리를-들으려오너라)<高.p.131>

s′ik prïve(모두 오너라)<高.p.132>

wiŋ ren šor pšïve(가서 집어 가지고 오너라)<高.p.144>

čaxr tave, čax ŋave, int aive(장작을 패어라, 물을 길어라, 음식을 만들어라)<高.p.144>

-kaya : čiu čiu kokkaya(자장 자장 잠자라)<高.p.123>

-xairo : vixairo(가라)<高.p.45>

(나) Amur方言

例 -ya : itïya(말하여라), ebya(간직하여라), ozya(일어나라)

-ye : iniye(먹어라), oskeye(보내어라), xupiye(앉아라)

-ke : vūvuke(불러라, 외쳐라)

-kaye : yarškaye(먹여라, 사육하여라)

-ndra : yūgindra(들어가라), čargundra(가득 채워라)

-ro : kan pukro(개를 매어 달아라) *cf.* 圓脣母音化: u~a>u~o

한편, 韓國語에서도 길약語의 경우와 마찬가지로 命令形語尾는 그 形態가 다앙히여시 -a/-ə/-ra(-ara · əra)/-ke/-kəra/-nəra/-b[-아/-어/-라(-아라 · 어라)/-게/-거라/-너라/-ㅂ] 등이 쓰인다.

例 밥을 어서 먹어

이것을 받아

밥을 먹으라고 하더라.

밥을 먹어라

이것을 받게

너는 집으로 가거라

삼식아! 집에 있거라

우리집으로 오너라

답장을 빨리 주시압

이 ᄉᆞ연은 館守께도 챡실이 通ᄒᆞ여 주ᄋᆞᆸ<隣語大方 八7>

위에서 보인 '-아/-어'는 반말이라고 하는 형태이고, '-게'는 손아래에 쓰는 말이며, '-ᄋᆞᆸ'(>-압)의 「ᄋᆞ」를 媒介母音으로 보면, '-ㅂ'만이 命令形이라고 볼 수 있다. 濟州道方言의 'ᄒᆞ심'(=하셔요) · 'ᄒᆞᆸ써'(=하십시오)의 '-ㅁ/-ㅂ'도 마찬가지이다. 이렇게 韓國語에서는 尊卑法에 따라서 命令形語尾가 分揀되어 쓰인다. 그런데, 길약語에서도 그런 현상이 있는지 高橋1942나 Grube 1892의 例文으로는 알 길이 없어 뒷날의 연구에 미루는 도리밖에 없다.

이제까지 길약語와 韓國語의 여러 命令形語尾의 實例를 열거하였는데 그 가운데서 -ya/-ye<Gily>∞-a/-ə(-아/-어)<Kor>,*-ra<Gily>∞-ra(-라)[-ara(-아라)/-əra(-어라)]<Kor>,-ke<Gily>∞-ke(-게)<Kor>,-kaya/-kaye<Gily>∞-kəra(-거라)>-ke(게)<Kor>(*cf.* -kara>-kaʒa>-kaya ;*-kara>-kəra ;-kaya>-kayə>-kae>-ke),-xairo<Gily>∞-kəra(-거라)<Kor>, -ndra<Gily>∞-nəra(-너라)<Kor>,-ve<Gily>∞-b(-ㅂ)/-m(-ㅁ)<Kor>이 각각 對應되며, 이들의 共通基語는 *-ra/*-a/*-e/*-kara/*-ke/*-ve(命令形)로 推定된다. 특히 -ve<Gily>와 '-ㅂ'<Kor>이 複數에 쓰이는 점도 신기한 一致를 보여 주고 있다.

다만 위의 '-ndra∞-너라'의 비교는 달리 생각해 볼 수도 있을 것 같다. 먼저 -ndra<Gily>는 敍述形語尾를 命令形語尾로 대용한 것으로 볼 수 있어서, -ndra>-nra>-nəra(-너라)의 발달을 생각해 볼 수도 있으나, 韓國語의 '-너라'는 '오-'(來)와만 잇대이는 데 착안하여 '오-'의 古形 '*올-'(*cf.* 오라서'=와서', 오람수가?'=오고 있습니까', 오란디아'=왔느냐', 오라시냐'=왔느냐'<濟州方言>)에 '-거라'가 잇대어 or-kəra>or-əra>-onəra(오너라)의 발달을 겪은 것이라면, "오너라"의 'ㄴ-'은 '*올-(來)'의 末音 '-ㄹ'의 變形인 '-ㄴ'을 誤分析하여 命令形을 '-너라'로 다루고 있는지도 모른다. 방언 '오너라'를 '오거라'라고도 말하고 있음을 상기시켜 둔다.

그리고 -raya(命令形 *cf.* pant-raya '커져라')<Gily: 高.p.123>를 rage(命令의 催促 *cf.* ᄒᆞ라게)<濟州>와 비교할 수도 있을 것이며 그 共通基語는 *-raga(命令形)로 推定된다.

이밖에 命令形 '-아/-어'와 比較할 만한 것으로는 -a(ya)/-e(ye)<Turk>가 있고, 命令形 '-ㅂ'과 比較할 만한 것으로는 -fu<Ma>가 있다.

例 je-fu(먹어라)<Ma> ; uğur ola(조심하여라)<Turk>

(25) -nta/-nate(共同形語尾)〈Gily〉 ∞ -nta(-ㄴ다)/-ča/-čə(-쟈/-져.共同形・連發形語尾)〈李朝〉…*-nta(共同形)

길약語에서는 共同形語尾로서 -nta/-nate(共同形)가 쓰이고 있다(*cf.* 高. p.52).

例 nauf warnate(지금 경쟁하자)<高.p.128>
nex kokr winkra han mxarnate(네가 아래로 가서 그리고 올라가자)<高.p.142>
hala vinate(여봐 가자)<高.p.143>
keoxata neflotok xin či ŋanïgïf-čiŋai xin rakrjinate(사환아! 내-보자기-와 네 뼈-人形-과 바꾸자)<高.p.143>
vir yototnta(가서 듣자)<高.p.151>
haxai čai vinta har akkant intn(그러면 또 가자-라고 兄이 말하였다)<高.p.153>
ugrn winate(함께 가자)<高.p.175>
envux enata(<ennate). tuŋ-keskn takrux enate. huštox warn-vinta, halā warnta(다른 데서 받자. 이 바다 저쪽에서 받자. 거기까지 달려-가자, 자- 달리자)<高.p.176>

한편 韓國語에 있어서는 共同形語尾로서 -ča(-쟈>-자)/-če(-져)가 쓰이고 있다.

例 平生에 願ᄒᆞ요ᄃᆡ ᄒᆞᆫᄃᆡ 녜쟈 ᄒᆞ얏더니<松江, 思美人曲>
내 죽쟈 사쟈 사괴ᄂᆞᆫ 번 범식을 몯 보왜라<二倫, 范張死友>
이 활을 노피 거쟈<蘆溪, 太平詞>
셔리ᄒᆞ여 어드라 가게 ᄒᆞ져<杜初 上3>
ᄒᆞᆫ녀긔 다ᄉᆞᆺ식 분ᄒᆞ여셔 ᄡᅳ져<杜初 上 54>
이 劫을 賢劫이라 ᄒᆞ져<月釋 一40>

그런데 이 '-쟈/-져'는 共同形語尾로만 쓰이는 것이 아니고, 所望形으로도 쓰이어 그것을 엄격히 구별하기는 어렵다. 위에 보인 思美人曲의 "ᄒᆞᆫᄃᆡ 녜쟈"나 二倫行實圖의 "죽쟈 사쟈"의 '-쟈'는 所望形으로 보아도 좋은 것이다. 그리고,

例 오ᄂᆞᆯ 朝集을 因ᄒᆞ야 연ᄌᆞᆸ져 ᄒᆞ고<月釋 二69>
ᄒᆞᆫᄢᅴ 發行ᄒᆞ져 ᄒᆞᄂᆞ다<杜重 一8>

의 '-져'도 所望形語尾나 共同形語尾의 어느 것으로 풀어도 상관없는 文章이나

所望形語尾로 보는 것이 더 나은 해석이 될 것이다.

이와 같이 길약語의 -nta/-nate와 한국어의 -ča(-쟈>-자)/-čə(져)는 그 機能上으로는 對應되나 音韻上으로도 對應이 가능한지 여기에 좀 설명이 필요하다. 첫째, 길약語의 共同形은 動詞語幹에 직결되는 것이 아니고 -n을 개입시키는 점이 韓國語의 경우와 다르다. 그러나, 이 -n은 不正法語尾 -nd의 略形으로서 動詞뿐만 아니라 名詞 · 冠形詞 · 形容詞 등에도 쓰이며, 그 -nd/-n을 생략하는 경우는 다음 같이 얼마든지 있다.

例 hund—hun—hu(그런, 그러한)
hand—han—ha(그, 저)
tun—tu(이, 此) ; yen—ye(이, 져)
piland—pilan—pila(큰)
karagarnt—karagara(흰, 白)
urrant—urran—urra—ura(훌륭하다, 아름답다)
intnd—ind(보다)
yaxrn—yaxarnd(아이, 子)
ask(弟 · 妹)—askant(弟 · 妹)<他人稱>
akkan(兄)—akkant(兄)<他人稱>
xoto-xotton(거리, 街)<借用語> *cf.* xoton<Mo>

이와 같이 語幹에 직결되던 -n이 韓國語에서는 먼저 탈락하여 버린 것으로 추정된다. 앞서 말한 바와 같이, 共同形語尾 '-쟈'의 反復形에서 起源된 것으로 믿어지는 連發形語尾-'-ㄴ다 마다'(=—자 말자)<李朝>는 「-ㄴ다 *말(不 · 休)-ㄴ다>-ㄴ다 만다>-ㄴ다 마다」의 발달을 겪은 것이 확실할 것인데, 여기서 共同形語尾의 화석 '-ㄴ다'(-nta)를 발견하다.

例 (ㄱ) 부톄 說法ᄒᆞ신다마다 能히 놀애로 브르ᅀᆞᆸᄂᆞ니라<月釋 一15>
뮌다마다 法에 어긔면<金三解 二 · 18>
(ㄴ) 술 닉쟈 체쟝ᄉᆞ 도라가니<靑言 p.75>

따라서, 共同形語尾 '-쟈'는 *-nta(-ㄴ다)>-nča>-ča(-쟈>-자) : *-nta> -nata> -nate의 발달형일 것이며, -nta(共同形語尾)<Gily>와 再構形-'*-ㄴ다'(-nta, 共同

形語尾)<Kor>는 완전한 일치를 보여 주며, 이들의 共通基語는 *-nta(共同形)로 推定된다.

그리고, '-져'는 '-쟈'에서 母音調和로 만들어진 것으로 볼 수 있을 것이나, -nate<Gily>의 존재로 보아서 *-nate[natə]>-nətə>-ntə>-ncə>-čə의 發達過程을 밟아서 '-져'(-čə)가 만들어진 것으로 믿어진다.

cf. t>č (例) atĭk>ačik(父・親・祖父)<Gily>
ïtĭk>ïčĭk(祖父・主人)<Gily>

한편, '*-ㄴ다만나'(連發形)에서 '-쟈마쟈'로 변하고, 다시 줄어들어서 '-쟈'(連發形)가 생겨난 것이 분명하므로 韓國語의 共同形에서 連發形이 轉成된 것이라고 할 수 있다.

이밖에 '-쟈'(共同形)와 比較될 만한 것으로서 -nje/-nja(連發形)<Turk>・jaka(卽時)<Ma>・sača(id)<Mo>・-ya(共同形)<Mo>와도 比較될 법하며, '-쟈마쟈'(連發形)와 比較됨직한 것은 -er…mez(連發形)<Turk>가 있다.

(26) -lo-yaxoilo(躊躇形 또는 輕共同形語尾)〈Gily〉 ∞ -l kəna(-ㄹ거나.躊躇形 또는 輕共同形語尾)〈Kor〉………*-lo-yāgo-lo(躊躇形)

길약語에는 韓國語의 '-ㄹ거나'(躊躇形 또는 輕共同形語尾)에 해당하는 기능을 가진 형태로서 -lo-yaxoilo<Gily>가 쓰이고 있다(*cf.* 高.p.46.53. vin-lo-yaxoilo'갈거나' ; 高> p.196. -koilo'-ㄹ거나', šaktox-vin-koilo'어디로 갈거나').

그런데, -lo-yaxoilo는 '-lo(疑問形語尾)+yāgo(어떻게)-i(未來)-lo(疑問形語尾)'의 구조를 가진 말로서 '-까 어떨까'의 뜻을 지닌 말일 것인데, 이것이 -lo *yāgo-i-la>-l əgo-na>-l kəna의 발달을 거듭하여 한국어의 躊躇形語尾(또는 가벼운 共同形語尾)-'-ㄹ거나'가 된 것으로 추정된다.

〔參考〕 (ㄱ) yāgo '어떻게' <G. p.70>
(ㄴ) 길약語의 疑問形語尾:
Tïmï 方言……-lo/-lu/-lï/-l

Amur 方言……-la/-al/-ïl

(ㄷ) -i- '未來時制'<高.p.48>

例 ni vii̱nd(내가 갈 것이다)

따라서 길약語의 躊躇形語尾(또는 輕共同形語尾)-lo-yaxoilo와 한국어의 躊躇形語尾(또는 輕共同形形語尾)-'-ㄹ거나'는 확실한 對應을 보여 주는 것으로 생각되며, 이들의 共通基語는 *-lo-yāgo-lo(躊躇形)로 推定된다.

(27) *-ïnkr(體言下의 疑問形) 〈 Gily 〉 ∞ -inka/-inko/-ikka/ -ikko(-인가/-인고/-잇가/-잇고.id) 〈 Kor 〉 …*-Vk(强勢)+/*a/*o/*lu(疑問形)

길약語에는 名詞·代名詞에 疑問形語尾 -ïnkr을 붙여서 疑問文을 만드는 일이 있다고 한 L.v. Schrenck의 주장을 高橋 1942 p.61에서 언급하고 있다. 그런데, 불행하게도 實例를 들어 놓지 않았다.

그러나, -ïnkr(疑問形語尾)<Gily>과 유사한 형태로서 (40)項에서 後述할 -inkr/-ankr/-unkr(主格强勢助詞)<Gily>이 있어 *-inkr(疑問形語尾)<Gi ly>의 존재를 추정할 수 있을 것이다. 왜냐하면 (1)項에서 언급한 바와 같이 -ŋa(呼格助詞→主格助詞)<Gily>가 꼭 같은 형태로써 疑問形語尾로 쓰이는가 하면, 한국어의 疑問形語尾-'-고'도 處容歌<高麗俗謠>에서 같은 형태의 '-고'가 主格助詞로 전용되고 있기 때문이다. 즉 이 兩語는 思考方式이 같다.

〔**參考**〕 누고 지어 셰니오 누고 지어 셰니요. 바늘도 실도 어삐 바늘도 실도 어삐 處容아비롤 누고 지어셰니오.……'-고'(主格助詞)

한편, 韓國語에서는 -ïnkr/*-inkr<Gily>과 比較될 말한 것으로서 '-인가/-인고/-잇가/-잇고'(體言·名詞形下의 疑問形)가 다음과 같이 쓰이고 있다.

例 아니 내 鹿母夫人의 나혼 고진가<釋詳 十一32>
사ᄅᆞ민가 사ᄅᆞᆷ 아닌가<月釋 一15>
나민가 나샤미신가<法華 三106>
어늬 作用인고<牧牛 6>
모로리로다 몃 너싀린고<杜初 上35>

므스 일인고 ᄒᆞ여<飜小 八33>
寡人의 民ᄒᆞ니 아니홈은 엇디니잇고<孟諺 梁惠王 上>
긴힛ᄃᆞᆫ 그츠리잇가. 信잇ᄃᆞᆫ 그츠리잇가<鄭石歌>
이러쳐 뎌러쳐 期約이잇가<履霜曲>
가시리 가시리잇고. 나는 ᄇᆞ리고 가시리잇고<가시리>

그러므로 共通基語인 *-Vk(强勢助詞)+a/o/*lu(疑問形語尾)의 複合形態가 口腔閉鎖音 앞에 -n-媒介母音이 곁들어서[*cf.* (40)의 例文]

*-ik+a>-inka>-ikka
*-ik+o>-inko>-ikko
*-ïk+lu>-ïnkl>-ïnkr

과 같이 발달한 것으로 추정된다. 한편, 主格助詞-ikki(弋只)와 -Vnkr (길약어)의 對應을 고려하지 않고 추정하면, '-인가/-인고/-잇가/-잇고'의 共通基語를 「*-i(用言化)-n(口腔閉鎖音 앞의 n개입)-ka/ko(疑問形語尾)」로 再構하는 것이 더 正確힌 추정이 될 것이다. 따라서 '-잇가/-잇고'는 *-in ka>-itka>-ik'a(-잇가) ; *-inko>-itko>-ik'o(-잇고)의 변화를 거친 것이 된다.

어떻든 *-inkr(>-ïnkr. 體言下의 疑問形語尾)<Gily>와 '-인가/-인고/-잇가/-잇고'(體言下의 疑問形語尾)<Kor>는 對應되는 것으로 보아도 될 것이다.

(28) -gura/-gora(感歎敍述形語尾) 〈 Gily 〉 ∞ -kuna/-kona/-kuryo/-koya/-kïryə/-kïnyə (-구나/-고나/-곤여/-고야/-그려/-근여. 感歎敍述形語尾) 〈 Kor 〉 …*-kura(感歎敍述形)

길약語에서 感歎敍述語으로서 -gura/-gora가 쓰이고 있어 다음에 그 實例를 들어 보인다.

例 povrir hefken piŋinungura(거품이-이는 여울을 다라나는구나)<高.p.119>
lamsï-teyaŋā pfyaŋgora(北風이-부니 돌아가는구나)<高.p.119>

한편, 韓國語에서는 感歎敍述形으로서 '-구나/-구랴'<Kor> ; '-그려/-근여/-

고나/-곤여/-고야' <李朝>가 쓰이고 있다. 다음에 그런 實例를 들어 보인다.

例 참으로 한심하구랴<方言形>
매우 많구나!
술만 먹고 노새그려<珍靑 p.83>
ᄒᆞᆫ盞 먹새근여 ᄯᅩ ᄒᆞᆫ盞 먹새근여<松江 二23>
다만 네히 셔 잇고야<松江 上73>
휘드르며 웃는고야<海東 p.38>
됴ᄒᆞᆫ 거슬 모ᄅᆞ는ᄃᆞᆺ ᄒᆞ고나<朴初 上73>
관원을 ᄀᆞ초고 듣디 몯ᄒᆞ엿곤여<小學 四44>

그런데, 이들 여러 형태들의 共通基語는 *-kura(感歎敍述形)인 것으로 추정되며 그들의 發達過程은 다음과 같았을 것이다.

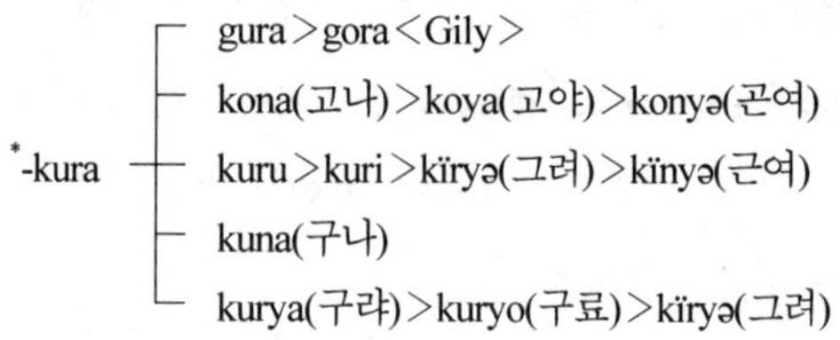

이밖에 '-근여'(感歎敍述形)와 比較됨직한 것으로 kane(그렇다)<Ainu>·-kana/-kasi(感歎敍述形)<Jap>가 있다.

例 mina kane(웃는다 그렇다→웃는구나)<Ainu>

(29) -kuira(推測形語尾) 〈 Gily 〉 ∞ -kora/-koryə(-고라/-고려. 推測形語尾→所望形語尾) 〈 李朝 〉…*-kuira(推測形)

길약語에서는 推測形語尾로서 -kuira/-kayakknd/-haikna/-hayakna의 여러 형태가 쓰이고 있다. 이 가운데서 *-kuira(kuira/kuila/kuil/kilï)의 例文을 들어 보이면 다음과 같다.

例 yanïs intïn-kavrnd-kuira(왜 보이지-않았-을까)<高.p.144>
čxa ğent saz xen-kuira(돈을 받아 어디 쓸-것인가)<高.p.143>
yanïn-kuila(왜 일까)<高.p.153>
tuz-akn-kuil(여기 올 것이다)<高.p.157>
pakkn-kilï(자기에게 올 것이다)<高.p.158> *cf.* p′(자기에게)-yakkn-(오다)>pakkn-

위에서 *-kuira는 -ku(使動接尾辭)+i(未來)+ra(敍述形・命令形)의 複合形態로서 '推測'을 나타내는 것이 분명하지만, 이것들이 때로 '期待'나 '所望'을 나타내기도 한다. 가령 "여기 올 것이다"는 오기를 기대하는 것이고, 바라는 것이다. 또 "왜 보이지 않았을까"는 보이기를 기대하고, 바라는 마음의 표현이다. 이와 같이 推量은 期待나 所望과 밀접한 관계가 있다. 그뿐만이 아니라, kuira는 -ku(使動接尾辭)-i-(未來)-ra(敍述形 또는 命令形)의 複合構造의 形態인 것으로 推定되므로 본시는 間接命令 즉, 勸誘・所望의 形態였을 可能性도 있다. 따라서 이 -kuira(推測形語尾)<Gily>를 韓國語의 所望・期待形接尾辭 '-고라'와 대응시켜 보고자 한다. 다음에 '-고라'의 使用例를 보인다.

例 生生에 내 願을 일티 아니케 ᄒᆞ고라<月釋 一13>
咐囑ᄋᆞᆫ 말ᄊᆞᆷᄇᆞ텨 아ᄆᆞ례 ᄒᆞ고라 請ᄒᆞᆯ씨라<釋詳 六46>
願ᄒᆞᆫᄃᆞᆫ ᄆᆡ햇 므를 부러 金잔애 더으고라(願吹野水添金杯)<杜初 十五39>
ᄃᆞᆯ하 노피곰 도ᄃᆞ샤 어긔야 머리곰 비취오시라<井邑詞>
혀고시라 밀오시라 鄭小年아<樂軌, 翰林別曲> *cf.* -고(使動接尾辭)+시(尊待)+라

그리고 -kuira<Gily>와 -kora(-고라)<Kor>는 音韻上으로도 대응시킬 수 있을 것으로 생각된다. 즉

kuira>küra>kura>kora[*cf.* (19)項의 u<Gily>∞o<Kor>]

와 같이 kuira는 kora(-고라)로 변할 수 있다.

그리고, 또 婉曲한 命令形語尾인 -koryə(-고려)/-kuryə(-구려)와도 對應되는 것으로 믿어진다.

例 어듸ᅀᅡ 됴ᄒᆞᆫ ᄯᅳ리 양ᄌᆞ ᄀᆞᄌᆞ니 잇거뇨. 내 아기 위ᄒᆞ냐 어더 보고려<釋詳 六13>
날 나가다 ᄒᆞ고려<松江 二9>
날ᄃᆞ려 ᄀᆞᄅᆞ치고려<杜初 上13>

위에서 例示한 바와 같이 意味機能上으로는 대응이 가능하지마는, 그것이 音韻上으로도 가능할 것인지 좀 살펴 보기로 한다. 즉 다음과 같이 그 變化過程을 생각할 수 있을 것이다.

kuira > kuiri > kuri > kuryə · koryə(*cf.* i∞yə)
(또는, kuira > kuiryə > küryə > kuryə · koryə)

I<諸語>	yə<Kor>
例 hilf(舌)<Gily>	hyə(id)
nif(心臟)<Gily>	nyəm(id) *cf.* 념-통
hišk(虱)<Gily>	syəkha(蟣)
čixa(金錢)<Gily>	čyəgi(제기)
čiu-(拔)<Gily>	h'yə-(引)
čiŋai(허수아비, 人形)<Gily>	čyəŋi(허수아비)<함남>
tinnix(정강이)<Gily-G>	cyəŋgaŋi(정강이)
čika(솜저고리)<Gily>	čyəguri(저고리)
tiŋger(채소)<Gily-G>	čyəŋguji(>čəŋguji, 정구지)
bira(河川)<Ma>	pyər(涯)
čibin(燕)<Ma>	čyəbi(id)
misun(醬)<Ma>	myəju(醬→麴)
bišu-(摩)<Ma>	pyəri-(硏刀)
čibsi-(嘆)<Ma>	syəlb-(id)
firu-(呪)<Ma>	pyərɯ-(記恨)
ifi-(縫合)<Ma>	nyəmi-(id)
ile-(剝麻皮)<Ma>	yər(麻) *cf.* 열-씨(麻實)
biči(若有)<Ma>	-myən(若有)
imağan(山羊)<Mo>	yəm(山羊) *cf.* 염-쇼
bilegü(磨刀石)<Mo>	pyərɯ-(磨刀)
čiŋğara-(結實)<Mo>	yəmgɯr-(id)
jigjiger(甚小)<Mo>	čyəg-(小)
jiluğu(고삐)<Mo>	syəg/hyəg(id)
nirai(新鮮)<Mo>	yəri-(id)
sibağa(籤 · 제비)<Mo>	čyəbi(id)
iddihar(貯藏)<Turk>	yət'u-(貯)

그러므로 -kuira(推測形語尾)<Gily>와 -kora/-koryə>-kuryə(-고라/-고려>-구려 *推測形語尾→所望形語尾)<Kor>는 분명히 對應된다고 할 것이며, 이들의 共通基語는 *-kuira(推測形)로 推定된다.

그리고, 이 '-고라/-고려'는 李朝時代에 所望形으로 쓰이기는 하였으나, 이것은 본시 推測形이었던 것으로 추정된다.

(30) -haigo(推定疑問形語尾) 〈 Gily 〉 ∞ -kio(-기오.推定疑問形語尾) 〈 慶尙方言 〉 … *-kai-ŋu(推測疑問形)

길약語에는 推測疑問形語尾오서 haigo가 쓰이고 있으며 그 實例를 다음에 들어 둔다.

> 例 vin-haigo(갈까, 갈기오)<高.p.54>
> naxarŋ-ankr tam-čin nig̃vŋ haigo(내 아들이야말로 어떠한가. 사람일까)<高.p.135>

한편, 韓國語에서는 推測疑問形語尾로서 *kio(-기오)<경상방언>가 자주 쓰이고 있다. '-는기오' · '-ㄹ기오'의 「-기오」는 현재 單獨形으로서는 쓰이지 않으나, '-는기오' · '-ㄹ기오'에서 볼 수 있는 바와 같이 冠形形語尾 '-는/-ㄹ'에 접속되고 있는 점으로 미루어 보아서 '-기오'는 본시 形式名詞이거나 그것과의 複合形態였던 것인데, '-는/-ㄹ'과 어느 사이에 유착되어 버린 複合形態가 '-는기오' · '-ㄹ기오'인 것으로 믿어진다. 따라서 *kio(기오)<Kor>와 haigo<Gily>는 비교 될 수 있다. '가는-*기오' · '갈-*기오'는 '-는' · '-ㄹ'과는 관계없이 함께 推測疑問文임에는 틀림없고 '*기오'는 起源的으로 推測疑問形語尾이었던 것으로 추정된다.

그러나, haigo<Gily>로 미루어 보고, 또 韓國語에 있어서의 '이'나 'ㅣ'(딴이) 아래에서 'ㄱ'이 默音化하는 현상을 고려하였을 때, '*기오'의 原形은 *kai-go<Kor>이었을 것이고, haigo의 原形도 *kai-ŋu<Gily>였을 것으로 믿어진다.

즉 不完全名詞 *kai와 疑問形語尾 -go(-고)가 結合되어서 이루어진 것이 [*kai-go>kai-o>keo>kio<kor> : kai-ŋu>kaigo>haigo< Gily>]였을 것으로 확신한다. 따라서 이들의 共通基語는 *kai-ŋu(推測疑問形)로 推定된다. 요컨대, '*-기오'(-는기오/-ㄹ기오)와 haigo<Gily>는 기능상 · 음운상으로 보아서 對應되는 것이 분명하며, 그 기능은 推測疑問形인 것으로 추정된다.

(31) har-lo(아니다) 〈 Gily 〉 ∞ -säro(새로.*아니다→그만 두고) 〈 Kor 〉……
***-har-lo(姑捨形)**

길약語에서는 動詞 ha-nd(그러하다)의 敍述形-har과 反語法(疑問形)語尾 -lu/-lo를 결합하여 否定의 뜻을 나타내기도 한다. 즉 har-lo는 '그러하랴'의 뜻에서 '아니다, 그만두다'로 轉義되었다. 例를 들면 다음과 같이 쓰인다.

例 tund niğvn̩ <u>harlo</u>(이것은 사람이 아니다)<高. p.56,57> *cf.* ha-(그러하다)

한편, 韓國語에서도 위에 harlo<Gily>와 비교될 수 있는 否定形으로서 '새로'(säro)가 쓰이고 있다. 例를 들면 다음과 같다.

例 늘기는 새로 줄기만 한다(←*느는 것은 아니고 줄기만 한다)
오십만 원짜리 옷장은 새로 십만 원짜리 옷장도 못 사겠다.
제 집은 새로 전셋집도 어려운 형편이다.

그런데, 길약語의 h-가 韓國語의 s-와 對應되는 例들이 상당히 있다.

	h<Gily>	s<Kor>
例	hišk(虱)	syəkha(蟣, 서캐)
	hilf(舌)	syə(id), hyə(id)
	hïğïr-(흉내 내다)	syuŋnä, hyuŋnE(흉내)
	holko(木鼠)	sʌlk(狸)
	hak̩(帽子)	sak'ä(id)(咸南)
	haimu-(나이 먹다)	sye-(白髮)
	cf. xiji-(타다, 乘)<Gily>	sid-/sir-(싣다, 載)<Kor>
	pxï-(돌아오다)<Gily>	pšï-(돌아오다)<Gily>

또한, 길약語에서는 旣述한 바((3)項 k∞g∞x∞h)과 같이 h와 x는 흔히 交替되며 또 x와 š도 어중에서 교체되는 일이 간혹 있다.

따라서 [har-lo>hailo>hälo>säro]의 發達이 가능하므로 har-lo(그러하랴?→아니다)<Gily>와 -säro(새로, 그만두고)<Kor>는 대응되며, 이들의 共通基語는 *-har-lo(姑捨形)로 추정된다. 그리고 '-새로'의 起源的인 뜻이 '아니다'이었을 것으로 생각된다.

(32) -r/-l(意圖形語尾) 〈Gily〉 ∞ -ri/-ryə(-리/-려.意圖形語尾) 〈Kor〉…*-ri(意圖形)

길약語에서는 意圖形語尾로서 動詞語幹에 -l이나 副動形 -r/-n을 쓸 뿐 아니라, 動詞의 不定法語尾 -nd에 -tox을 붙여 쓰기도 한다(*cf.* 高.p.54).

그 가운데서 -l와 -r의 例文을 다음에 들어 보인다.

例 pxŋaŋoŋ-ŋā čxïv gusil-itr(젊은이가 곰을 끌어내려(고) 말하고)<高.p.117>
izn xuil-itr(그들을 죽이려고 말하였다)<高.p.136>
čai yagur nu yugur ixmund(다시 들어가 無理로 들어가려고 애썼다)<高.p.153>
čix xen ugrn vir-yaxrunt(너와 함께 가려고 생각하였다)<高.p.175>

그런데, 이미 (21)項에서 -l/-r(語末)>-ri의 發達이 가능하고, 또 (27)에서 i<Gily>∞yə<Kor>의 對應의 충분한 가능성을 보여 주었으므로 -r<Gily>는 -ri/-ryə<Kor>로 실현될 수 있다.

한편, 韓國語에서도 '-리/-려'가 意圖形語尾로 쓰이고 있다.

例 님그미 나가려 ᄒᆞ샤<龍歌 49장>
法을 펴려 ᄒᆞ시니<月曲 12>
어ᄃᆡ셔 망녕의 ᄭᅥ시 눈 홀긔려 ᄒᆞᄂᆞᆫ고<松江 二3>
내 願을 아니 從ᄒᆞ면 고ᄌᆞᆯ 몯 어드리라<月釋 一12>
쐬 한 도ᄌᆞᄀᆞᆯ 모ᄅᆞ샤 보리라 기드리시니
世尊ㅅ 일 ᄉᆞᆯᄫᅩ리니 萬里外ㅅ 일이시나 눈에 보는가 너기ᅀᆞᄫᆞ쇼셔<月曲 2>

그러므로 -r(또는 -l, '意圖形語尾')<Gily>와 '-리/-려'(-ri/-ryə, '意圖形語尾')<Kor>는 완전히 對應되며, 이들의 共通基語는 *-ri(意圖形)로 推定된다.

(33) -tata/-tat/-tta(過去强勢形語尾) 〈 Gily 〉 ∞ -tatta/-ratta/-tas/-ras(-닷다/-랏다/-닷/-랏-.過去强勢形語尾) 〈 Kor 〉 …*-ta-ata(過去-强勢形)

길약語에서는 -tata의 형태가 쓰이고 있는데, 高橋(1942)p.45에서는 그 기능을 '繼續過去'라고 하였으나, '過去强勢'의 뜻으로 보는 것이 옳을 것이다. 왜냐하면, -tata/-tat은 -ta(*過去)/-t(id)와 -ata/-at(强意 · 强勢)<高.p. 62>의 복합형태로 분석될 수 있을 것이기 때문이다. -ta(>-t)<Gily>는 지금 完了 또는 經驗時 基準으로 흔히 쓰이지마는 본시는 過去時制의 形態素였던 것으로 추정된다. 다음에 그 實例를 들어 보인다.

例 yes-ken pumk-xen yaint mlaer inta-kavrntata haimund lund-ŋu(그 아버지와 自己-어머니가 만든 귀마개를 보지-않고 나이-먹었다. 무엇인가)<高.p.113>
yes-ken pumk-xen yain-čif inta-kavrntata haimund lund-ŋu(그-아버지와 自己-어머니가 만든 길을 보지 않고 나이-먹었다. 무엇인가)<高.p.114>
kas čant kas čatata, pau-wačnt pau-wačtata(북을 치고 북을 쳤다. 大砲를 쏘고 大砲를 쏘았다)<高.p.114>
nisak yai-wakkei yargun-kavrntata haimund(한번 만든-바구니를 열지-아니하고 나이-먹었다)<高.p.114>
āvŋ solğontat, solğont-lo(훌륭한-사람들은 걸었다. 걸을까!)<高.p.124>
yamu wintata. hïtaf putr tïrnt(그-배가 가았다. 한가운데가 쪼개져 둘이-되었다)<高.p.135>

한편, 韓國語에서는 '-닷다/-닷-(-tatta/-tat-)'이 過去强勢形語尾로 쓰이고 있으며, 이 形態들은 [i]母音下에서는 '-랏다/-랏-'의 形態로 音韻變化를 일으키는데(例: -이더니>-이러니, -이도다>-이로다) 다음에 그 實例를 보이기로 한다. 국어에 선생어미 -「-더-'는 經驗時(過去現場)을 나타낸다.

例 衆生돌히 이 말 듣고 닐오딕 우리돌히 스승 겨신 짜홀 모르다니 忉利天에 겨시닷다<釋詳 十二11>
記 달오몰 상녜 이셔 推劾ᄒ다니 부텻 아롬 쁘디 아니사 허므리 實로 내게 잇닷다

<法華 二 6>
韓參 게을이 ᄒᆞ몰 ᄌᆞ므 怪異히 너기다니 ᄆᆡ햇 興趣 기루믈 당당이 貪ᄒᆞ닷다 <杜初 十五12>
어젯 바ᄆᆡ ᄇᆞᄅᆞᆷ과 비 ᄲᅧᆯ로몰 도로혀 ᄉᆞ랑호니 이 蒲城에 鬼神이 드닷다 <杜初 十六30>
쟝ᄎᆞ 나비 ᄒᆡ다 너기더니, ᄯᅩ 나비 거므니 잇닷다<金三 四22>
내 일즉 아디 몯호라 ᄇᆞᆯ셔 아더든 보라 가미 됴탓다<杜初 三 37>
나히 언메나 ᄒᆞ더뇨. 올히 ᄀᆞᆺ 三十七歲라 에나도 졈닷다<杜重 下 41>
이 孫行者ᄂᆞᆫ 졍히 올탓다<杜重 下 25>
닛디 아니ᄒᆞ야 念ᄒᆞ다ᄉᆞ니<靈驗 10>
주거 化樂天宮에 몯 보ᅀᆞᄫᆞ니 도ᄅᆞᅘᅧ 地獄애 겨시다ᄉᆞ이다<月釋 卄三 86>
내 쉬닌 時節을 보건댄 번드히 强壯ᄒᆞ다ᄉᆞ이다<楞嚴 二7>
이ᄂᆞᆫ 우리 허므리라 世尊ㅅ 다시 아니시다ᄉᆞ이다<法華 二 5>
世尊하 우리 샹네 이 念을 ᄒᆞ야 내 너교ᄃᆡ ᄒᆞ마 究竟 滅度를 得호라 ᄒᆞ다소니 오ᄂᆞᆯ ᅀᅡ 아로니 智慧업스니 ᄀᆞᆮ다ᄉᆞ이다<法華 四 36>
우리도 得ᄒᆞ야 涅槃에 다ᄃᆞ론가 ᄒᆞ다소니 ᄠᅳ들 몯 아ᅀᆞᄫᆞ리로다<釋詳 十三 43>
굽스러셔 섬기다소니<杜初 九 2>
글 講論호몰 崔蘇의게 니르리 ᄒᆞ다소니 흐르ᄂᆞᆫ 므릐 가ᄂᆞᆫ ᄃᆞ시 ᄀᆞᄅᆞ쳐 다ᄋᆞ거다 <杜初 甘四 30>
ᄉᆞ믈 ᄒᆡ를 조차 ᄃᆞᆫ녀 훤히 長安애셔 醉ᄒᆞ다소라<杜初 十六 18>
特進의 빗나몰 ᄃᆞᆯ히 너기디 아니 ᄒᆞ다소라<杜初 卄四 30>
아쳗노라 ᄒᆞ다소라<杜重 十九 44>
ᄉᆞᆨ졀업시 허비 ᄒᆞ리랏다<朴初 上 54>
내 큰 法을 즐기던댄 오로 맛디샤미 오라시리랏다<法華 二 232>
그듸옷 나그내를 ᄉᆞ랑티 아니 ᄒᆞ더든 그몸나래 시르믈 더으리랏다<杜初 十五 31>
본ᄃᆡ 이 ᄒᆞᆫ 虎精이랏다<杜重 下 24>
부톄 날 위ᄒᆞ야 大乘法을 니ᄅᆞ시리라ᄉᆞ이다<六祖 上 90>

그런데, 길약語의 -tata/-tat/-tta를 -ta(*過去)/-t(id)와 -ata/-at(强意·强勢)의 복합으로 추정한 바 있듯이, '-닷다/-닷-'도 기원적으로는 '過去'를 뜻하는 *-tat/-t와 '强勢'를 뜻하는 *-ata/-at의 複合形態의 발달형인 것으로 추정된다. '-닷다(-tatta)'는 *-ta-ata/tatta의 발달일 것이고, '-닷-(-tat-)'은 *-tat/-tas(*cf.* 破裂音의 摩擦音化: 벋'友'>벗, ᄠᅳᆮ'意'>뜻, 곧'處'>곳), 또는 *-t-ata/*-ta-ata>-tati>-tasi>-taš>-tas의 發達을 겪어 이루어진 형태일 것이다.

따라서 -tata/-tat/-tta(>-tata)<Gily>와 -tatta(-닷다)/-tas(-닷-)/-ratta-(-이랏다)/-ras(-이랏-)<Kor>은 意味機能과 音韻의 양면에서 모두 완전한 대응을 보여 주

고 있다고 할 것이다. 즉 이들 諸形態들은 ‘過去-强勢’→‘確認’의 기능을 가진 異形態들인 것으로 추정된다. 따라서 이들의 共通基語는 *-ta-ata(過去-强勢形)로 再構될 수 있을 것이다.

(34) -tot/-ror(完了强勢形語尾) 〈 Gily 〉 ∞ -tot/-tos-o/-(i)rot/-(i)ros-o-/-to-ta/-(i)rota/-(i)rora(-돗/-도소-/-롯-/-로소-/-도다/로다/-로라. *完了强勢形語尾→强勢形語尾) 〈 李朝 〉 …*-tot 또는*-ror(完了强勢形)

길약語에서 ‘完了强勢形語尾’로 -tot/-ror이 쓰이고 있다. 그 實例를 다음에 들어 보인다.

例 hotot či teağanrtox oroxont(그리고 네가 올라가려 생각하였다)＜高.p.157＞
čai vund čai vitot čai sarğont(다시 갔다. 다시 가서 다시 쉬었다)＜高.p.175＞
čax čaxrïotot plifunt(나무를 두드린-것을 들었다)＜高.p.130＞
hatot taf čart yugt hunïvnd(그리고 집에 가득이 들어 있었다)＜高.p.132＞
hatot tvit intot vindxun(그리고 마치고 밥-먹고 갔다)＜高.p.142＞
orhoror hïnïvya(注意하고 있어라)＜高.p.135＞
yosuror pxunt(잡으러-갔다가 돌아왔다)＜高.p.135＞
kanïŋ ok heror yari mağr(개가죽 옷을 입고 그 자국을 밟아서)＜高.p.135＞
haror nanağant osir intïnt(그리고 누나가 일어나 보았다)＜高.p.138＞
pšaftox yugr iniror kont(제-집에 들어가서 밥-먹고 갔다)＜高.p.140＞
izre-izreror huš kigunt(끌고 끌어서 거기에 매었다)＜高.p.141＞
hantaxai iniror ax p-ïšk ŋanïgya(그리고 밥-먹고 또 제-이를 찾아라)＜高.p.141＞
keoxat tamïr hupr int iniror xond(사환이 입-다물고 앉아 음식을 먹고 갔다)＜高.p.144＞
ixror ingif šūra ilx čiura čif komi yexloror hunïx teağant(죽여 肝을 끄집어내고 혀를 빼어 길 옆에 그것을-걸고 그리고 올라갔다)＜高.p.158＞
vinkror hu wakkei yarhïs intŋa(가서 이 상자를 열어 보니)＜高.p.159＞
ni vindra har itror vind(내가 간다-라고 말하고 갔다)＜高.p.161＞

위에서 보인 바와 같이 -tot/-ror은 從屬文(副文)에만 쓰이는 ‘完了强勢形語尾’인데, 그것이 從屬文에만 쓰이기 때문에, 韓國語 構文의 慣習上으로 볼 때에는 그것이 단지 ‘强勢形語尾’처럼 생각된다. 즉 韓國語 構文에서는 從屬文의 敍述語에 時制나 時相의 表徵을 첨가하지 않는 것이 일반적이다. 예를 들면, “비가 오는데 나는 길을 떠났다. 비가 온 것이 내가 길을 떠난 그 때이니 '비가 오는데'는 '비가 오고 있었는데'와 같이 主文의 時制・時相과 一致시켜야 할 것이나 보통 그렇게 쓰지 않는다. 따라서 -tot/-ror은 그 意味機能이 '完了强勢'일 것이 분명하나 그것이 쓰이는 範圍가 縮小되어서 從屬文에만 쓰이게 되었기 때문에 韓國語 構文의 對應形態에서는 단지 '强勢形 '처럼 기능한다. 그러나, 그 形態의 深層意味는 경우에 따라 여전히 '完了强勢'를 나타낸다.

그런데, -tot/-ror의 기능을 高橋(1942) p.45에 의하면 '大過去'라 하고, 服部(1955)p.763에 의하면 -dot/-ror/-non을 '完了强勢形'이라고 하였으며, Grube (1892) p.34에 의하면 -ror/-tor은 '完了形'이라고 되어 있고, 또 -dot(完了强勢形)<第1人稱用>/-ror(完了・未來-强勢形)<第2・3人稱用>/-non(未來强勢形)<第1人稱用>의 內部構造는 [d+o+t]・[r+o+r]・[n+o+n]으로 분석할 수 있어서 이것들은 각각 t(d)・r・n의 重複形임을 알 수 있다. 그리고 -o-는 흔히 動詞의 接頭辭로서 '서로'의 뜻을 지닌 점으로 미루어 보아서 -dot/-ror/-non이 t・r・n의 重複形임을 더욱 확신케 한다. 따라서 필자의 생각으로는 -tot/-ror은 '完了强勢形'으로 보아 두는 것이 온당할 것으로 믿는다.

한편, 韓國語에서 强勢形語尾로서 '-돗/-도소-/-롯-/-로소-/-도다-/로다-/-로라'(-tot/-tos-o-/-rot/-ros-o/-tota/-rota/-rora)<李朝>의 여러 형태들이 쓰이고 있다. 다음에 그 實例를 들어 보인다.

例 날마다 五萬僧齊ᄒᆞ시돗더이다<月釋 歲卄 74>
鶺鴒을 뵈돗더라<杜初 八 39>
새 그롤 언제 브터 보내돗더라<杜初 卄三 28>
ᄂᆞ미짓 담돌 보니 다 믈어디돗더라<杜初 上 9>
어ᄂᆞ야 놉돗던고<松江一 5>
날 조차 죽으려 ᄒᆞ돗다<內重 二 23>
처엄 보돗다<杜重 十三 30>
노가 흐로미 더으돗다<杜重 十三 27>

모딘 즁ᄉᆡᆼ이 므싀엽도소니 므스므라 바ᄆᆡ 나오나요 ᄒᆞ야<釋詳 六 16>
내 겨지비ᅀᅡ 눈 먼 獼猴 ᄀᆞᆮ도소이다<月釋 七 12>
그러ᄒᆞ도소니야 아니ᄒᆞ도소니야<杜初 卄三 10>

ᄆᆞᄎᆞ매 엇더ᄒᆞ도쇼뇨<蒙山 52>
지비 消息 무룸 더 업도소니 나그내 ᄃᆞ외야 ᄃᆞᆫ뇨ᄆᆞᆯ 乾坤을 믿노라<杜初 七39>
蒼水使ㅣ ᄃᆞ외얫도소니<杜初 卄三 10>
才質을 펴디 몯ᄒᆞ얏도소니<杜初 八 4>
驄馬ㅣ 새려 구블 팻도소니<杜初 卄二 30>
절로 ᄒᆞᆫ 짓 法 이렛도소니<杜初 卄四 43>

도망ᄒᆞ야 나온 이롯더라<老乞 上 43>
ᄆᆞᅀᆳ 한아비돌히 ᄃᆞᆫ니롯다<杜重 六 32>
니ᄅᆞᆯ 말이롯더라<太平 一 19>

네 數ᄅᆞᆯ 알리로소녀<月釋 卄一14>
供養ᄒᆞᅀᆞᄫᅡᅀᅡ ᄒᆞ리로소이다<月釋 九 31>
알리로소니여 모ᄅᆞ리로소니여<釋詳 卄一4>
처ᅀᅥᆷ 사호ᄆᆞᆯ 드르리로소니 나모 지ᄂᆞᆫ 놀애ᄂᆞᆫ 져기 ᄆᆞᅀᆞᆯᄒᆞ로 나오놋다<杜初 七39>
관싄돌히 ᄒᆞ마 각산ᄒᆞ리로소니<杜初 上7>
대도히 돈이 삼쳔나치로소니<杜初 上1>

그듸 가 들 찌비 볼써 이도다 ᄒᆞ고<月釋 六 25>
末世옛 첫機 能히 다 알리 드므도다<楞嚴 一3>
나그내 시르믈 ᄉᆞ로미 잇도다<杜初 七2>
文殊師利等 보ᄆᆞᆯ 爲ᄒᆞ야 이에 오도다<月釋 十八81>
西窓을 여러ᄒᆞ니 桃花ㅣ 發ᄒᆞ두다(=ᄒᆞ도다)<樂章. 滿殿春>
이제 正히 그 時節이로다<月釋 十三 60>
부터 ᄃᆞᄫᆞᆶ 相이로다<月釋一 18>
發現ᄒᆞᆫ돌 알리로다<牧牛 10>
우므를 머믈워숣과 당다이 ᄀᆞᆮᄒᆞ리로다<杜初 七 4>

五百弟子ㅣ 各各 第一이로다 ᄒᆞᄂᆞᆫ다<月釋 卄一 99>
네 ᄠᅳ디 어린 사ᄅᆞ미 엇뎨 釋子ㅣ로라 ᄒᆞᄂᆞᆫ다<月釋 九 35>
우리ᄂᆞᆫ 하ᄂᆞᆳ 驕慢ᄒᆞᆫ 아ᄃᆞ리로라 ᄒᆞ니라<杜重 四 22>

위에서 보인 바와 같이 '-돗-/-도소-/-롯-/-로소-/-도다/-로다/-로라'는 強勢・強調의 구실을 함을 알 수 있다. 특히 '-돗-/-롯-'이 「朴通事」初刊本에서 쓰이고 그 重刊本에서 消失된 比較例文에서 확인할 수 있다.

例 대도히 돈이 삼쳔아치로소니<上 1>

대되 三千낫 銅錢이니<上 1>

관신돌히 ᄒᆞ마 각산ᄒᆞ리로소리<上 7>
官人돌히 ᄒᆞ마 호터딜꺼시니<上 7>

그러나, '-tos-o-(-도소-)/-ros-o(-로소-)'의 형태는 完了나 過去의 形態素-'-앳-/-엣-/-앗-/-엇-'과 어울려 쓰이는 점으로 보아서, 이 形態素의 起源的인 '完了强勢'의 구실 가운데서 '完了'의 구실을 잃어 버린 것으로 보이나, '-tot-(-돗-)/-rot-(-롯-)'의 形態들은 李朝中葉以後까지도 '完了强勢'의 구실을 더러 하고 있었던 것으로 생각된다.

例 이제 오ᄃᆞᆫ 눈이 沙場애도 오돗ᄃᆞᆫ가<=…와있던가)<青水 p.23>
ᄂᆞ미짓 담돌 보니 더 물오디돗더라(都倒了=다 무너져 있더라)<朴通事 上 9>
예 人家墻壁을 보니 다 믄허뎌시니<朴通事 上 10>
어즈버 崔瑩곳 잇돗더면(=있었더면) 썩은 풀 치듯ᄒᆞ랏다<古時調 · 金長壽>
긴 밤의 부던 ᄇᆞᄅᆞᆷ 江湖의도 부돗던가(=불었던가)<松江一2>
아ᄅᆡ야 교ᄐᆡ야 어ᄌᆞ러니 구돗던디(=굴었던지)<松江一15>

또, '-도다'도 '-돗-'과 마찬가지로 起源的인 '完了强勢'의 뜻을 李朝中葉까지는 일부 간직하고 있었던 것으로 믿어진다.

例 그의 가 들 찌비 뵐써 이도다(=完成되었다)<釋詳 六25>
ᄆᆞᆯᄀᆞᆫ ᄀᆞᄅᆞ미 나그내 시르믈 ᄉᆞ로미 잇도다(=있었다)<杜初 七2>

하여간 '-돗-/-도소-/-롯-/-로소-/-도다/-로다/-로라'는 起源的으로 볼 때 그 기능이 '完了强勢'였던 것인데, 그것이 차차 기능이 축소되어서 단순한 '强勢'의 구실만 가지게 된 것으로 믿어진다.

따라서 길약語의 -tot/-ror(-roř)와 韓國語의 '-돗-(-tot-)/-롯-(-rot-)/-도소-(-tos-o-)/-로소-(-ros-o-)/-도다-(-tota-)/-로다-(-rota)/-로라(-rora)'는 文法的 機能은 거의 같다고 보아도 좋을 것이며, 音韻上으로도 이들은 서로 對應되는 것이 확실하다. 따라서 이들의 共通基語는 *-tot 또는 *-ror(完了强勢形)으로 추정된다.

-tot(-돗-)은 한국어의 破裂音-[t]의 摩擦音[s]化 現象(예: 붇'筆'>붓, 뜯'意'>뜻, 벋'友'>벗, 곧'處'>곳, 낟'鎌'>낫, 몯'釘'>못)으로 미루어서 -tot->-tos-의 音韻變化가 가능하고(*cf.* 길약語자체내 互轉例: šanka∞tanka∞ranka'女', tu-∞šu-'硏'등), 다시 陽性媒介母音-'ᄋᆞ'[ʌ]가 介入하여 圓脣母音化로 *-tos-ʌ->-toso-(-도소-)가 생성되었고, 다시 [i]母音下에서 '-tot-/-toso-'가 -i-tot->-i-rot-/-i-toso->-i-roso-의 發達過程을 밟아 '(-이)-롯-/(-이)-로소-'가 만들어진 것으로 생각할 수 있다.

그리고, '-도다'는 '-도-'와 '-다'의 複合으로 분석할 수도 있겠으나, 여기서도 '-도-'를 强勢·强調·感歎語尾로 보는 도리밖에 없는데, 우리 주변의 어느 言語도 感歎·强勢·强調의 뜻을 지닌 -to나 -tu를 가지고 있지 않으므로, 이 '-도다'(-tota)도 -tot-ta(敍述形語尾)>-tota(-도다)(重音脫落>)의 발달을 겪은 것으로 보고자 한다. 따라서 '-로다'는 [i]母音下에서 t>r의 변화를 일으켜 만들어진 형태로 볼 수 있다.

그런데, '-롯/-로소-/-로다'를 [i]母音下의 t>r의 발달로 우선 다루었으나, 길약語에 -ror(-ror)이 있으므로 그것과 비교하여도 무방할 것으로 본다. 허나, 한국어의 '-로라'를 제외한 '-롯-/-로소-/로다'가 [i]母音下라는 特殊環境에서 보편적으로 일어나는 t>r現象의 일부에 지나지 않기 때문에 -ror과의 비교는 참고로 그럴 가능성도 전혀 없지 않다는 意味에서 언급하여 두는 데 그친다. 만약에 '-ror>-ros'의 可能性이 있다면 그것은 音韻上으로 har̲(이와 같이)∞haš̲(id)∞has̲(id) : š̲anka(女)∞t̲anka(id)∞r̲anka (id)와 같은 音韻變化가 길약語에서 일어나기 때문이다.

이밖에 '-돗-'과 比較될 수 있음직한 것으로는 -tutu(>cucu. 完了强勢形→持續形)<Jap>을 들 수 있다.

(35) -č/-nd/-nt/-nč/-nïč/-nïnč(不定形語尾)〈 Gily 〉 ∞ -nta/-nʌ ta/-nïnta/-nʌnta(-ㄴ다/-ᄂᆞ다/-는다/-ᄂᆞᆫ/다. 不定法語尾)·-nti/-ti/-ntyə/-ntï/-ntʌ (-ㄴ디/-디/-ㄴ뎌/-ㄴ드/-ㄴᄃᆞ. 名詞形)·-ntyə/-ntya(-ㄴ뎌/-ㄴ다. 敍述形)·-nti(-ㄴ디. 不動詞形/)〈 李朝 〉…*-ntï(不定法語尾)

길약語에는 不定法語尾 -č/-nd/-nt/-nč/-nïč/-nïnč가 쓰이고 있는데, 그것들이 活用語尾로 쓰일 때 現在時와 過去時에 두루 쓰이는 것이 特徵的이다. 다음에 그 例文을 들어 보인다.

(가) Tïmï方言에서:

例 kak lušund kes intïnt inir exand(여우가 거닐었다. 대합을 보고 먹으려 하였다) <高.p.128>…敍述形

wif-weskantox čax jand čiu-latnd(가고-있는 方向에서 나무를 두드리는 소리가 났다) <高.p.130>…敍述形

mu toms kute tulind hunïvnd(배가 天窓 구멍을 빠져나와 있었다)<高.p.130> …副動詞形・敍述形

kak wūn kavrnt lunt(여우가 울지 않고 노래 불렀다)<高.p.131>…副動詞形・敍述形

enta hïakïs-pent niŋax haskavnt, teağar kajmr yaksïnt mund(제일 물에-가까이 있는 사람 눈을 할퀴었다. 올라가서 덫에 걸리어 죽었다)<高.p.131> …冠形形・敍述形・副動詞形・敍述形

kanïŋ axnt au-mund(개가 짖는 소리가-들렸다)<高.p.133>…冠形形・敍述形

išax yanr vant(그-이마를 왜 숨겼느냐)<高.p.153>…疑問形(←敍述形)

keoxota yanïs pšïnd(사환아 애 왔느냐)<高.p.141>…疑問形(←敍述形)

yanïs wuvunt(왜 울었는가)<高.p.131>…疑問形(←敍述形)

mağalaŋ koravn žxunt. čamŋax paigunt, har lernt- moskant(심한 病에 걸렸다. 무당에게 치료받았다. 그리고 나아-살아났다)<高.p.134> …敍述形・敍述形・副動詞形・敍述形

taurux čignt sintïxkïs čax rukvr(밑이 빠진 물통으로 물을 길어)<高.p.137> …冠形形

tauğur kuzand fukund(밑이 떨어져 물이 뿌려졌다)<高.p.137>…副動詞形・敍述形

kehïs ŋavnt paxkïs paxrket tollux pasnt(그물로 싸고 돌로-추를 달아 내에 던졌다) <高.p.137>…副動詞形・敍述形

yask-eskantox polaxnt au-latnt(-그-동생-쪽에서 부르짖는 소리가-들렸다) <高.p.138>…冠形形・敍述形

či šor-pšïnd ŋavrške-haikna(네가 가지어-온 냄새-일 것이다)<高.p. 141>…冠形形

taufk hunïvïnd šanka hunïvïnd(전날 있던 女子가 있었다)<高.p.141>…冠形形・敍 述形

waxïs malx kuzind ŋavrki huvr wagnt ixunta(칼로 귀에서 나온 털을 베어 잘라 죽였다) <高.p.153>…冠形形・副動詞形

naŋa dakkovux intïŋa ïjink-pičatunt ivnt(그래서 여러 보니 大將-印이-찍혀 있었다) <高.p.153>…副動詞形・敍述形

enta kokr pint mak-ïijin, yaxikr pint klange-uijin, yaxikr pint lifr-uijin, yaxikr pint čxïv-uijin(제일 아래에 있는 것이 사향노루-大將, 그 위에 있는 것이 영양-大將. 그 위에 있는 것이 이리-大將, 그 위에 있는 것이 곰-大將,…)

<高.p.157>…名詞形・名詞形・名詞形・名詞形

ïjink-pičatunt ivnt(主人-도장 찍은 것이 있었다)<高.p.153>……名詞形・敍述形

oğrğon-oxto har itnd tunira har itnd(起死回生의 藥이라고 말하는 것이 이것이다라고 말했다)<高.p.160>…名詞形・敍述形

či yox ŋal-wind nixihorā(네가 신부를 얻으러 간 것이 고맙다)<高.p. 176>…名詞形

čauvrat niğvŋ taŋ čxïf ken uxmund intïnt(곰에-물려-죽은 사람의 넋이 곰-과 싸우는 것을 보았다)<高.p.112>…名詞形・敍述形

ïjink vantun int ğer inint tïnï-vari(主人이 만든 음식을 얻어먹은 것이 이것-뿐이다)<高.p.157>…名詞形

tuštoğoat lele mankorant uigingra(여기까지는 매우 훌륭한 것이 없다)<高.p.158>…名詞形

(가) Amur方言에서:

例 idmunt, idmunïnč, itmunč(기어오르다)<G.p.31>
ōzinanč, ōznanč, oznïč, odnč(일어나다・깨어나다)<G.p.31>
koninč, konč, koč(잠자다)<G.p.31>
geneč, geč, genïč(取하다)<G.p.31>
šoprnïč(맞추다)<G.p.76>
čunïč, čunïnč, čunč(오줌누다)<G.p.80>
tanïč(가져오다)<G.p.88>
nyūnïnč, nyūnč, nūnūnč(보다)<G.p.32>
wanïč, wāič, wānïnč(싸우다)<G.p.106>
mïrnïč(잠자리에서 일어나다)<G.p.112>

위에서 例示한 바와 같이 -č/-nd/-nt/-nč/-nïč/-nïnč/-nünč/-nanč의 여러 形態들은 敍述形에는 물론이고, 副動詞形・冠形形・名詞形에 두루 쓰이는 動詞의 不定法語尾이며, 이들은 동일한 기능을 가진 것들로서, 이들의 共通基語는 *ntï였던 것으로 推定된다. 語中・語末의 t(ㄷ)・č(ㅈ) 앞에 n이 개입하는 現象을 韓國語・아이누語와 길약語(특히 Amur方言)에만 있는 特徵的인 형상으로서 *ntï(再構形)는 다음과 같이 발달한 것으로 믿어진다.

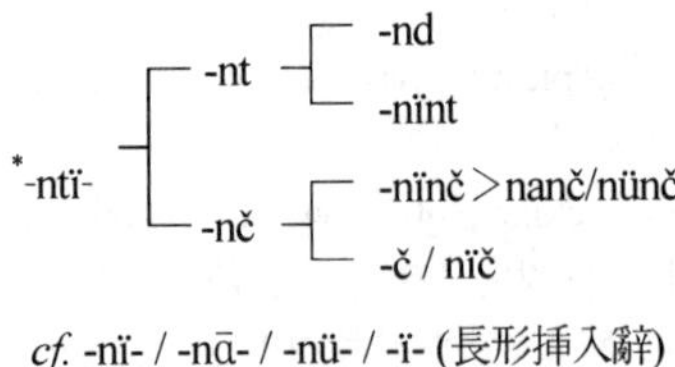

cf. -nï- / -nā- / -nü- / -ï- (長形挿入辭)

한편, 한국어에서도 不定法語尾로 '-ᄂᆞ다/-ㄴ다'<李朝>(*cf.* '-ᄂᆞ다'의 '-ᄂᆞ-'만은 발화시 선행어미임.)가 쓰이고 있다.

다음에 그 例文을 들어 보인다.

(가) 敍述形・疑問形:

例 羅睺羅 ᄃᆞ려다가 沙彌 사모려 ᄒᆞᄂᆞ다 ᄒᆞᆯᄊᆡ<釋詳 六2>
겨집도 精進ᄒᆞ면 沙門ㅅ四道를 得ᄒᆞᄂᆞ다 ᄒᆞᆯᄊᆡ<月釋 十16>
힘 세니 바미 지여 ᄃᆞ라ᄃᆞᆫ 어리닌 모ᄅᆞᄂᆞ다 ᄒᆞᆯᄊᆡ<楞嚴 一16>
네 어미…이제 惡趣에 이셔 至極 手苦ᄒᆞᄂᆞ다<月釋 卄一53>
ᄉᆞ시 조초 노롯ᄒᆞᄂᆞ다<杜初 上18>
져믄 아ᄃᆞᄅᆞᆫ 바ᄂᆞᄅᆞᆯ 두드려 고기 낫ᄀᆞᆯ 낙술 ᄆᆡᄀᆞᄂᆞ다<杜初 七4>
새ᄂᆞᆫ 새 거든 바ᄅᆞᆯ 엿보ᄂᆞ다(鳥窺新券簾)<杜初 七11>
서르 디나가매 사ᄅᆞ미 아니 몯ᄒᆞᄂᆞ다<杜初 七20>
믈앳 그텟 나죗 黃鶴도 번 일코 ᄯᅩ 슬허 우ᄂᆞ다<杜初 八61> ………… 以上 敍述形

그듸 엇던 사ᄅᆞ민다<月釋 十29>
네 어듸 이셔 趙州 본다<法華 53>
므슴 연고로 아니온다<杜初 上56>
네 바리ᄅᆞᆯ 어듸 가 어든다<月釋 七8>
눌 위ᄒᆞ야 가져 간다<月釋 二13> ………………………………………… 以上 過去・疑問形

ᄯᅩ 부모의 은혜를 안다 ᄒᆞᄂᆞ니라<杜初 上58>
가비여이 ᄒᆞᆫ다 니ᄅᆞᄂᆞ뇨<飜小 二13>
한 世間을 산다 ᄒᆞ시며<龜上 50> ………………………………………………… 以上 敍述形

혜ᄂᆞᆫ다 모ᄅᆞᄂᆞᆫ다<釋詳 六8>
信ᄒᆞᄂᆞᆫ다 아니ᄒᆞᄂᆞᆫ다<月釋 九46>
어드리 가ᄂᆞᆫ다<老上 1>
허튀ᄅᆞᆯ 안아 우ᄂᆞᆫ다<月釋 八85>
엇뎨 우ᄂᆞᆫ다<三綱 烈 19>
혜믈 혜ᄂᆞᆫ다<三綱 烈 17> ………………………………………………………… 以上 疑問形

대비 ᄡᅮ지즈니 셜워 아니 먹ᄂᆞᆫ다<發丑 P.196> ……………………………… 敍述形

네 아리 西湖ㅅ경에 녀러 왓ᄂᆞᆫ다<杜初 上67>
아홉 橫死ᄅᆞᆯ 몯 듣ᄌᆞᄫᆡᆺᄂᆞᆫ다<釋詳 九35> ……………………………………… 以上 疑問形

위에서 보인 바와 같이 '-앗-는다'·'-앳-는다'와 같이 完了 또는 過去의 구실을 하는 '-앗/-앳-'이, '-는다'와 어울린 점으로 보아서 '-는다-'가 現在時制를 表徵하는 形態素가 아닌 것이 분명하다. 그러므로, '-는다'는 起源的으로는 길약語의 -nt나 -nït/-nïnt 등과 같이 不定法語尾였던 것으로 생각된다.

그리고, '-ㄴ다'는 現在時와 過去時에 두루 쓰이므로, '-는다/-는다/-ᄂᆞᆫ다/-ᄂᆞ다'도 본시는 모두 現在時制와 過去時制에 두루 쓰였을 것으로 推定된다. 그러나, 이들은 나중에 차차 '-앳-/-엣-/-앗-/-엇-'과 어울려야 過去時를 나타내게 된 것으로 믿어진다.

위의 여러 形態들은 그 祖形을 *-ntï(斷定語尾--ta에 類推되어 -ntï>-nta가 된 것으로 보임)로 再構하면, 다음같이 쉽게 그 發達過程을 설명할 수 있는 동시에 그것이 不定法語尾임을 알 수 있다.

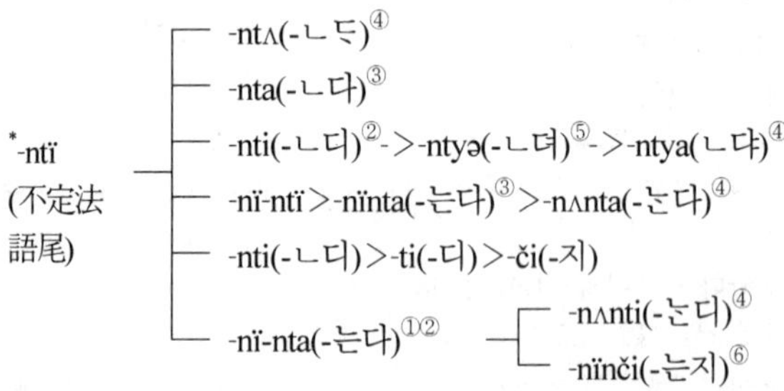

[註]

① 長型接辭 -nïg->*-nï-

例 itnd—itnïgra(말할 것이다)<Gily>

ŋand—ŋanïgnd(찾다)<Gily>

줄다(縮)—*줄늑-들다>주늑들다(萎縮)

-간다(-ㄴ'現在時')→먹는다(-는'現在時')

② ï(ɯ)~ï(ɯ)>ï(ɯ)~i 또는 i~ï(ɯ)(異化現象)

例	
tïk-tïk(디글디글)<Gily>	tigɯl-tigɯl-(id)<Kor>
tïf(家)<Gily>	čib(id)<Kor>
ïrk(=ïrïk. 夜・暗)<Gily>	isɯk-hʌ-(暗)<Kor>
nïgzr(=nïgïzr. 齒)<Gily>	ni(id)<Kor>
ïsïrgïn(여드름)<Turk>	idɯrɯm/yədɯrɯm. (id)<Kor>
ïk'ïk'o(겨우)<Gily>	*ikɯk'o(>iɯk'o. id)<Kor>
sïk'ïn(嫌惡)<Turk>	sik'ɯn(id)<Kor>
sïrit-(冷)<Turk>	sɯri-/siri-(id)<Kor>
đïrđïr(張皇貌)<Turk>	čilčil(id)<Kor>
čïğlïk(떠들썩함)<Turk>	čitkö(id)<Kor>

③ -ta(다. 斷定敍述形)의 類推로

④ 母音調和로

⑤ i>yə 例. hilf '舌'<Gily>∞혀, nif(心臟)<Gily>∞념-통, čiŋai(人形)<Gily>경이(人形)<咸南>

⑥ 口蓋音化로

그러면, 길약語의 *-ntï(不定法語尾)와 韓國語의 *-ntï(不定法語尾)는 함께 共通基語를 *-ntï로 再構할 수 있으니, 이들은 音韻上으로 對應되는 것이 분명하다고 할 것이다.

다음에, 이들 형태들의 文法的 機能이 현재와 과거의 어느 것으로도 다룰 수 있는 不定法語尾라는 점과, 敍述形으로 쓰이는 것이 보편적이지만 疑問副詞・疑問代名詞와 어울릴 때에 疑問形으로 轉用되기도 하는 점에서도 길약語와 완전한 一致를 보여 주는데, 다만 길약語의 *nïtï-(>-nt・-nd・-nč・-nïč・-nïnč・-nïnč・-nanč)는 敍述語에 쓰일 뿐만 아니라 名詞形・冠形形・副動詞形에 두루 쓰이는 데 반하여, 韓國語의 '-ㄴ다/-느다/-ᄂᆞ다/-는다/-ᄂᆞᆫ다'는 敍述形으로서만 쓰이고 있는 점이 皮相的으로 볼 때 다르게 보이지만, *-ntï(再構形)의 變形 즉 異形態등이 다음과 같이 名詞形・敍述形・副動詞形에 두루 쓰이고 있다.

우선 '-ㄴ디(>-ㄴ지)/-는디/-ᄂᆞᆫ디(>-는지)/-ㄴ드/-ㄴᄃᆞ'가 名詞形으로 쓰이고 있으니 그 例를 다음에 둔다.

(나) 名詞形:

例 魴魚ㅣ 술지고 됴호몰 第一인디 아노니<杜初 十六 62>
實로 體 잇논디 아니라<月釋 二 22>
精誠이 至極ᄒᆞ단디면 하늘히 당다이 이 피롤 사름 ᄃᆞ외에 ᄒᆞ리라<月釋一7>
그제로 오신디 오라디 몯거시든 <法華 五 119>
노교놀 得혼디라<圓覺 序38>
重修ᄒᆞ야 나톤디라<牧牛 10>
沙門과 婆羅門과롤 恭敬혼디면 날 위ᄒᆞ야 禮數ᄒᆞ리라<月釋 六29>
뎨 가는 뎌 각시 본듯도 ᄒᆞᆫ뎌이고<松江 一15>
님다히 消息이 더욱 아득ᄒᆞᆫ뎌이고<松江 一16>
헌 나리신돌(<*-ㄴᄃᆞ-ㄹ) 알리<龍歌 112장>
ᄇᆞ란돈(<-ㄴᄃᆞ-ㄴ) 別駕 爲ᄒᆞ야 스고라<六祖 中 44>
不進饍이 현ᄢᅴ신돌(<-ㄴᄃᆞ-ㄹ) 알리<龍歌 113장>
아렛 드렛던 險道ㅣ ㄴ돌 아디 몯ᄒᆞ야<月釋 卄一120>
趙州ㅣ 엇던 面目인돌 아로리라<蒙法 13>
明月은 눈 속에 ᄎᆞᆫ듸(<-ㄴ드-의)<海東 p.9>
일로 혜여 보건덴(<-ㄴ드-에-ㄴ) 므슴 慈悲 겨시거뇨<釋詳 六6>
天女를 보건댄(<-ㄴᄃᆞ-애-ㄴ) 내 겨지비ᅀᅡ 눈먼 獼猴 ᄀᆞᆮ도소이이다<月釋七12>

위 例에서 '-ㄴ돌'·'-ㄴ돈'은 '*-ㄴ디-올'·'-*ㄴ디-온'이 'ᄋᆞ' 앞에서 '이'가 줄어든 形態로 볼 수 있으며, '-ㄴ뎌이고'는 '-ㄴ뎌-이고(疑問形. *cf.* -ㄴ디>-ㄴ뎌)'의 複合形態인 것으로 믿어진다. 여기서 名詞形-'-ㄴ디'·'-ㄴ뎌'·'ㄴ드'·'-ㄴᄃᆞ'를 발견하게 된다. 참고로 말하면, '만데'·'만뎅이'(山頂)<龜尾>는 ma-nd '오르다'<Gily>와 비교할 수 있는 말일 것이다. 여기서 名詞形成接語尾-'-데'의 化石을 발견하는데, 이것은 길약語의 名詞形成接語尾 -nd(*cf.* uigi-'없다'→uigund'禁忌', pu-'지키다'→pund/punt'弓')와 對應되는 것으로 推定된다. 그 뿐만 아니라, '-ㄴ디'에서 n이 脫落한 形態인 '-디>-지(名詞形)'를 여기서 하나 더 첨가할 수 있다. 길약語에 있어서 -nt와 同根의 -č를 발생시켰듯이 한국어에 있어서도 同軌의 發達形이 存在하니 그것이 바로 '-디/-지'(名詞形)인 것이다. 다음에 그 例를 들어 보인다.

(다) 名詞形:

例 ᄆᆞ술히 멀면 乞食ᄒᆞ디 어렵고<釋詳 六23>
나가디 슬ᄒᆞ야<三綱 烈 16>

ᄀ장 보디 됴하니라(好生好看)<杜初 上5>
거스디 아니ᄒ거든<釋詳 六8>
듣지 ᄀ장 새롭도다<杜重 十七16>
幽蘭이 在谷ᄒ니 自然이 둧지 됴희<海東 p.44>

그런데, '-ㄴ뎌'·'-ㄴ져'·'ㄴ댜'·'-ㄴ쟈'는 敍述形(感歎敍述形)·疑問形語尾(代用)로도 쓰인다. 그 例를 다음에 든다.

(라) 感歎名詞形:

例 오직 聖人ㅅ 마리신뎌(永嘉 下36)
므슴다 錄事니믄 녯 나롤 닛고신뎌<動動> *cf.* 'ㄴ뎌'는 疑問副詞와 呼應하며 疑問形代用
汗衫 두퍼 누워 슬훌 ᄉ라온뎌<動動>
슬프다 녯 사ᄅ미 마롤 아디 몯ᄒ논뎌<南明 下30>
從容ᄒ댜 이 氣象 闊遠ᄒ댜 뎌 境界<松江 一7>
설운댜 이제 죄인이로쇠이다<思重 71>

또한 '-ㄴ디'(>-ㄴ지)는 副動詞形으로도 쓰인다. 그 例를 다음에 든다.

(마) 副動詞形·疑問形(代用):

例 아디 몯게라 엇디ᄒ디 구으러<杜重下 9>
비예 이치여 오오니 그러ᄒ온디 밥도 일졀 먹디 몯ᄒ고<新語 二2>
離別ᄒ던 날에 피눈물 난지만지 鴨綠江 ᄂ린 물이 프른 빗 전혀 업니<珍靑 p.21>

그리고, 다음의 (36)항에서 例示한 바와 같이 길약語에서 -nt/-nd/-nč/-nïč/-nïnč/-nanč/-č의 末子音 '-d/-t/-č'가 脫落된 채로 敍述形은 물론 名詞形·冠形形·副動詞形에 두루 쓰인다(*cf.* *-ntï/-nyï/-nï/-n). 바꾸어 말하면, -nt/-nd/-nč/-nïč/-nïnč/ -nanč/-č와 더불어 -n/-nan/(-nïn)도 不定法語尾—冠形形·名詞形·副動詞形·敍述形에 두루 쓰이는데, 韓國語에 있어서도 '-ㄴ다/-는다/-논다'에서 '-다'를 省略한 '-ㄴ/-는/-논'이 冠形形·名詞形·敍述形(→疑問形)에 두루 쓰이며, 여기에 媒介母音 '-이'가 붙은 '-니/-느니/-ᄂ니'는 副動詞形·敍述形으로 두루 쓰인다[*cf.* (36)項].

그러므로 -nt＜Gily＞와 직접 對應되는 形態의 冠形形用法이 韓國語에는 보이지는 않으나, 古代에는 있었을 것이 틀림없는 것으로 推定된다.

따라서, 起源的으로는 길약語에서와 마찬가지로 한국어에 있어서도 上古代에는 '-ㄴ다/-는다/-ᄂᆞᆫ다'의 祖形-*-ntï도 名詞形 · 冠形形 · 不動詞形 · 敍述形에 두루 쓰이는 不定法語尾였을 것인데, 그것이 후세에 내려오면서 定動詞形과 冠形形 · 名詞形 · 副動詞形에는 '-다'를 생략한 형태를 그대로 쓰거나, 여기에 媒介母音-'-이'를 첨가하여 쓰기에 이른 것으로 믿어진다.

그러므로 길약語의 不定法語尾-'-nd/-nt/-nč/-č/-nïč/-nïnč/-ninč/-nünč/-na nč'—*-ntï(再構形)과 韓國語의 不定法語尾-'-ㄴ다/-느다/-ᄂᆞ다/-는다/-ᄂᆞᆫ다(敍述形)' · '-ㄴ디/-디/-ㄴ뎌/-ㄴ드/-ᄃᆞ(名詞形)' · '-ㄴ뎌/-ㄴ다(感歎敍述形 · 疑問形＜代用＞)' · '-ㄴ디(副動詞形)'—*-ntï(再構形)는 音韻과 機能의 兩面에서 완전히 일치하는 것으로 추정된다.

이밖에 '-ᄂᆞ다'와 비교될 수 있음직한 것으로는 nata-ra(持續形)＜Ainu＞의 nata를 들 수 있다.

(36) -n/(-ṇ)(冠形形 · 名詞形 · 副動詞形 · 敍述形語尾) · -nan(冠形形語尾) 〈 Gily 〉 ∞ -n/-nïn/-nʌn(-ㄴ · -은 · -ᄋᆞᆫ/-는/-ᄂᆞᆫ. 冠形形 · 名詞形 · 敍述形語尾) · -n-i/-nïn-i/-nʌn-i(-니/-느니/-ᄂᆞ니. 敍述形 · 副動詞形語尾) 〈 李朝 〉 …*-n/*-nïn (不定法語尾)

길약語에는 (35)項에서 언급한 바와 같이, -nd/-nt/-nč/-nïč/-nïnč/-nanc(不定法語尾)의 末音 -d/-t/-č의 脫落으로 생겨난 -n이 冠形形 · 名詞形 · 副動詞形 · 敍述形에, -nan이 冠形形에 다음과 같이 두루 쓰이고 있다.

(가) 冠形形:

例 koŋgan xin ŋaifln xin silğon̲ čif (공간과 가이프른이 걸은 길)＜高.p.124＞…過去
pasïf pxilox pyofyon̲-au mund(밤에 山에서 휘파람부는-소리가-들렸다) ＜高.p.129＞…現在
čouskan̲ kuz, čouskan̲ hankïs(깨어진 주걱, 깨어진 물동이)＜高. p.130＞…過去
ïjink vantun̲ int nakr bïkkïjint(主人이 만든 하나가 없어졌다)＜高.p.151＞…過去
huškran̲-nigvŋ pxïr(걸터앉은 사람이 와서)＜高.p.152＞…過去

šanïx pšïn niğvŋga(어디서 온 사람인가)＜高.p.152＞…過去
ïjink-exarn pičātun-niğvŋ ŋanïginunt(主人 딸이 도장을-찍은 사람을 찾았다) ＜高.p.153＞…過去
itčin tugur-pïšk naxra(지핀 불만 있었다)
girbr-pïšk čakko-nakr yugn-aur talfan ŋalr ivnt(덜미에 칼-하나 들어갈-정도의 생살의 피부가 있었다)＜高.p.158＞…未來
pi-gen šank ugrt ïijink hivt(自己가 얻은 女子와 함께 고래에 앉았다)＜高.p.161＞ …過去
kenïvŋkun uxmun-axhaxr yaint uxmuil vind(케누붕들이 싸우는-도구를 만들어 싸우러 갔다)＜高.p.171＞…現在
lorv niğvŋ hičin pax ivnt(옛 사람이 들어 올린 바위가 있었다)＜高.p.175＞…過去
pšï-mankoran čif, mağrant rufn čif(오는데 피곤해지는 길, 훌륭한 사람이 택하는 길) ＜高.p.176＞…現在
taiğonan-tif(모르는 길)＜G.p.19＞…現在
pi ŋarxoinan irox wintxun(제가 고기잡으려는 내로 갔다)＜高. p.135＞…現在
torkikn mu：mukhïs piŋiyaknan, povrir hefken piŋinungura:(五人이 젓는 배들로 달아나는, 거품이- 이는 여울을 달아나는구려)＜高.p.119＞
taiğotnan(모르는)＜G.p.34＞
prïdnan=prïŋan(온, 來)＜G.p.34＞
urran murŋ psïnd(좋은 말이 왔다)＜高.p.151＞…現在
čin ŋagr-kavrn niğvŋkun oxto hat itnd(너희들 가죽이-없는 사람들아! 약이 있는가 하고 말하였다)＜高.p.151＞…現在(形容詞下)
tïrŋ niğvŋkun pšarm jat exaŋavntxun(보는 사람들이 제-손바닥을 두드려 웃었다) ＜高.p.153＞…現在 *cf.* ṇ은 日本語의 'ン'[n/m/ŋ]과 같이 쓰이는 音이다.
čamn nïjin taftox čmant yugt(샤만인 은진이 집으로 놀러 들어왔다)＜高.p.112＞ …現在(名詞下)
konïn rask xent čaxr tara, pagla rask xent čaxr takra(흰 셔츠를 입고 나무를 자르고, 붉은 셔츠를 입고 나무를 자른다)＜高.p.113＞…現在(形容詞下)
tulwaiga konïn xak rira tolwaiga ugrn xar rira(겨울이-되면 흰 모자를 쓰고, 여름이-되면 검은 모자 쓴다)＜高.p.114＞…現在)形容詞下)
kuvn-kik fïta, wasn kirn fïta, pilan-tu guita(아리따운-구두를 신고, 물범가죽의 감발을 하고, 큰-썰매를 끌어당기고)＜高.p.120＞…現在(形容詞下)
mla hutïx kulan ŋavrki kuzind(귀-구멍에서 긴 털이 나왔다)＜高. p.142＞…현재(形容詞下)

(나) 名詞形:

例 nisak yai-wakkei yargun-kavrntata haimund(한 번 만든-바구니를 열지 않고 나이 먹었다)＜高.p.114＞
kak wūn kavrnt lunt(여우가 울지 않고 노래를 불렀다)＜高.p. 131＞

································· lunt-jin intïn̲-kavrnd(아무것도 보이지 않았다)<高.p.141>

cf. tuštoğoat lele mankoran̲t uigiŋra(여태까지는 훌륭한 것이 없었다:~훌륭하지 않았다)<高.p.158>

lamslaa keŋ herkan kunkur ittïŋ gavrï akkint(北風은 太陽 편이 이기게 한다고 말함이 없으면 나쁘다<=…太陽이 이겼다 해야 한다>)<服.p.772>

keŋ herkan dakïŋkur, kabïlant guši ŋu,(太陽 쪽이 따뜻한 것을 시켜(따뜻하게 하여), 가장 따뜻한 것을 내었기 때문에)<服.p. 772>

čeax-parxenč tigr un̲č kērenč(젖은 나무는 타지 않는다)<G.p.31>

〔**參考**〕 '-지'를 副詞形이라고 통상 말하고 있으나, 실은 **肯定性名詞形** '-기'에 대한 否定性名詞形임<*cf.* 姜吉云 <u>1971</u> p.70>

(다) 冠形形:

例 tafri vin̲ šank intŋa (집 앞에 가서 女子를 보고)<高.p.112>

malft pšïn̲ plï-lazkš-intïnd(가까이 와 하늘 쪽을 보았다)<高.p.130>

pšax han̲ čiu-lat('푸슥'하고 소리 났다)<高.p.130>

hundxun-tox vin̲ yototnd(거기 가 들었다)<高.p.151>

har itŋa, naxai gen̲ vīndra har itnd(그렇게 말하니, 그러면 얻어 간다)<高.p.160>

unirk-rox uxmun̲ vīndra(귀신에게 싸우러 갈 것이다)<高.p.175>

ni čax dan̲(←ran̲) wiint(나는 물을 마시고 갈 것이다)<高.p.140>

(라) 敍述形:

例 keaxota, uijin či ŋākan̲(사환아! 主人이 너를 부를 것이다)<高.p. 140>

axr vantun̲. xainappu bïkkjint.(또 만들었다. 그러나 없어졌다)<高. p.151>

한편, 韓國語에서도 (35)항에서 언급한 바와 같이 不定法語尾 '-ᄂ다/-ᄂᆞᆫ다/-ᄂᆞᆫ다'<李朝>—*-nta(再構形)에서 末音節의 脫落으로 생겨난 '-ㄴ(-은·-ᄋᆞᆫ)/-ᄂᆞᆫ/-는'(冠形形·名詞形·敍述形)이 쓰이고, 또 여기에 媒介母音'이'를 첨가한 '-니/-ᄂᆞ니/-느니'(不動詞形·敍述形)가 쓰이는데 다음에 그 例를 든다.

(가) 冠形形:

例 불휘 기픈 남ᄀᆞᆫ ᄇᆞᄅᆞ매 아니뮐쌔<龍歌 2장>

블근 새 그를 므러<龍歌 7장>

뙤 한 도ᄌᆞᄀᆞᆯ 모ᄅᆞ샤<龍歌 19장>

구든 城을 모ᄅᆞ샤<龍歌 19장>

큰 화리 常例 아니샤<龍歌 27장>

뒤헤는 모딘 도ᄌᆞᆨ 알ᄑᆡ는 어드ᄫᅳᆫ 길헤 업던 번게를<龍歌 30장>
기픈 모새 열ᄫᅳᆫ 어르믈 하ᄂᆞᆯ히 구티시니<龍歌 30장>
여린 ᄀᆞᄅᆞᆯ 하ᄂᆞᆯ히 구티시니<龍歌 37장>
ᄇᆞᆯᄀᆞᆫ 얼굴 몯ᄒᆞᆯ 거시ᅀᅡ<牧牛 5> ································· 以上 形容詞下 '-ㄴ/-은/-ᄋᆞᆫ'
전 ᄆᆞ리 현 버늘 딘ᄃᆞᆯ<龍歌 31장>
ᄆᆞᆯ ᄐᆞᆫ 자히 건너시니이다<龍歌 34장>
써딘 ᄆᆞᄅᆞᆯ 하ᄂᆞᆯ히 내시니<龍歌 37장>
請 드른 다대와 노니샤<龍歌 52장>
請으로 온 예와 싸호샤<龍歌 52장>
ᄂᆞ믄 즐기ᄂᆞᆫ 나ᄅᆞᆯ 아니 즐겨<龍歌 92장>
주근 사ᄅᆞᆷ 보시고<釋詳 六17>
發願ᄒᆞᆫ 이ᄅᆞᆯ 혜ᄂᆞᆫ다 모ᄅᆞᄂᆞᆫ다<釋詳 六8>
十方佛母ᄂᆞᆫ 곧 나ᄆᆞᆫ 둘히오<楞嚴 一9>
智 사ᄆᆞᆫ 後에ᅀᅡ<圓覺 序4> ··· 以上 動詞下 '-ㄴ/-은/-ᄋᆞᆫ'
叛ᄒᆞᄂᆞᆫ 노ᄆᆞᆯ 부러 노ᄒᆞ시니<龍歌 64장>
싸호ᄂᆞᆫ 한쇼ᄅᆞᆯ 두 소내 자ᄇᆞ시며<龍歌 87장>
祿 해 타먹ᄂᆞᆫ 녯 버든<杜初 一2>
밧ᄂᆞᆫ 오ᄉᆞᆯ 아니 바사<龍歌 92장>
慈悲ㅅ 힝뎌글 ᄒᆞ다 ᄒᆞ논 ᄠᅳ디니<釋詳 六2>
衆生ᄋᆞᆯ 便安케 ᄒᆞ시ᄂᆞᆫ 거시어늘<釋詳 六5>
ᄉᆞ랑ᄒᆞᄂᆞᆫ 아기 아ᄃᆞ리 양ᄌᆡ며<釋詳 六 15>
부텨 뵈ᅀᆞᆸᄂᆞᆫ 禮數를 몰라<釋詳 六20>
恭敬ᄒᆞᅀᆞᆸᄂᆞᆫ 法이 이러ᄒᆞᆫ 거시로다 ᄒᆞ야<釋詳 六20>
사ᄅᆞᆷ ᄒᆞ논 양ᄋᆞ로 禮數ᄒᆞᅀᆞᆸ고<釋詳 六21>
거즛마ᄅᆞᆯ 아니ᄒᆞ시ᄂᆞᆫ 거시니<釋詳 六21> ································ 以上 動詞下 '-ᄂᆞᆫ'

(나) 名詞形:

例 곳니플 잇ᄂᆞᆫ 조초 노코<楞嚴 七12>
그딋 ᄒᆞᆫ 조초 ᄒᆞ야 뉘읏븐 ᄆᆞᅀᆞᄆᆞᆯ 아니호리라<釋詳 六8>
性에 ᄒᆞᆫ 조초 ᄠᅳ며 ᄌᆞ마<任性浮沈> <金三 五15>
제 ᄒᆞᆫ 조초 ᄒᆞ야<蒙法 16>
勸ᄒᆞ샨 다ᄫᅵ 奉行ᄒᆞᅀᆞᄫᆞ리라<月釋 十八19>
ᄀᆞᄅᆞ치샨 다ᄫᅵ 修行ᄒᆞ야<月釋 十四62>
ᄒᆞ낫재 ᄀᆞᆯ온(=말하 바) 여슷 가짓 德이니(一日六德)<小學 一 12>
둘재 ᄀᆞᆯ온 여ᄉᆞᆺ 가지 ᄒᆡᆼ실이니(一日六行)<小學 一 12>
게을리 아니홈이 이 닐온(=이른 바) ᄇᆡ호ᄂᆞᆫ 범이니라<小學 弟子識>
德이여 福이라 호ᄂᆞᆯ(=ᄒᆞᆫᄋᆞᆯ) 나ᅀᆞ라 오소이다<動動>
虞芮質成ᄒᆞᄂᆞ로(=ᄒᆞᆫ ᄋᆞ로) 方國이 해 모ᄃᆞ나<龍歌 11장>
cf. 소ᄂᆞ로 티거늘(티건을) 보니라(見手格)<杜初 卄四12>

(다) 敍述形:

例 빅구야 ᄂᆞ디 마라 네 버딘 줄 엇디 아ᄂᆞᆫ<松江 一5>
　cf. '-ᄂᆞᆫ'은 본시는 不定法語尾이나 여기서는 疑問詞와 呼應하여 疑問辭로 轉用됨
海東六龍이 ᄂᆞᄅᆞ샤 일마나 天福이시니 古聖이 同符ᄒᆞ시니<龍歌 1장>
곶 됴코 여름 하ᄂᆞ니……내히 이러 바ᄅᆞ래 가ᄂᆞ니<龍歌 2장>
엇뎨 怨讐를 니ᄌᆞ시ᄂᆞ니<釋詳 十一34>
부텻긔 받ᄌᆞᄫᅡ 므슴 호여 ᄒᆞ시ᄂᆞ니<月釋 一 10>
어더셔 망녕의 것은 노지 말라 ᄒᆞ는이<海東 p.58>
곳 우희 七寶 여르미 여느니<月釋 八12>

(라) 副動詞形:

例 아시 說法ᄒᆞ시니 羅雲의 ᄆᆞᅀᆞ미 여러 아니라<釋詳 六22>
두 도티 ᄒᆞᆫ 사래 마ᄌᆞ니 希世之事를 그려 뵈시니이다<龍歌 43장>

위에서 보인 바와 같이 '-ㄴ/-ᄂᆞᆫ/-는'이 冠形形과 名詞形 · 敍述形(→疑問形轉用)에 두루 쓰이고. '-ㄴ'은 動詞下에 잇대이면 '過去'를, 形容詞下에 잇대이면 '現在'를 나타내는 것처럼 기능하므로 '-ㄴ' 자체는 본시 時制와 무관한 不定法語尾였음을 짐작할 수 있다. 마치 길약語의 不定法語尾 -nd/-nt>-n · nïni/-nanč> -nan이 現在 · 過去에 함께 쓰인 것처럼 기능하면서 名詞形 · 冠形形 · 敍述形에 두루 쓰인 것과 같다. 또한 '-ㄴ'이 形容詞에 잇대인 경우와 '-ᄂᆞᆫ/-는'이 動詞下에 잇대인 경우의 機能은 꼭같이 現在나 歷史的 現在를 나타내므로 이들 '-ㄴ'과 '-ᄂᆞᆫ/-는'이 비록 지금은 動詞와 形容詞에 분간되어 쓰이는 形態素가 되어 버렸지마는 기원적으로는, 한 뿌리였던 것으로 추정된다.

여기서 남은 문제는 冠形形-「-ㄴ」의 現在的 用法인데, "간 사람"의 '간'의 「-ㄴ」은 過去의 行爲를 나타내는 것으로 보이며, "흰 돌"의 '흰'의 「-ㄴ」은 현재의 상태를 나타내는 것으로 보이지만, 꼭 같은 형태를 두로 하나는 過去時制, 또 하나는 現在時制를 타나내는 형태라고 말하는 것은 적어도 論理的인 矛盾을 면치 못한다. 따라서 이미 (36)項에 지적해 준 바와 같이, 起源的으로 서로 같은 形態素이면서, 皮相的으로 볼 때 그것이 쓰이는 환경에 따라 서로 다른 機能을 가진 것처럼 보였을 뿐이다. 즉, '-ㄴ'은 'ᄂᆞᆫ'과 더불어 起源的으로 時制와 무관한 不定法語尾-*-ntï(*cf.* -nïnč>-nïn/-nanč>-nan>-nʌn/-nč · -nt · nt>-n)에서 발달한

형태인 것으로 추정되나(*cf.* "가-ㄴ다 : 먹-는다"의 '-ㄴ다/-는다'의 機能이 동일함), 지금은 動詞의 限定的 用法(冠形形)에서 '-앳ᄂᆞᆫ/-엣ᄂᆞᆫ>-앗ᄂᆞᆫ/-엇ᄂᆞᆫ'(完了冠形形)<李朝>의 代替形으로 쓰이다보니 '動詞+ㄴ'이 完了冠形形이 되어 버린 것이다.

어떻든, 그렇게 대체된 데에는 그만한 理由가 있을 것이다. 우선 그 起源的인(또는 本來의) 機能을 現在時制나 過去時制로 다루어서는 論理的 矛盾을 해결할 수 없음이 분명하다.

따라서 '-ㄴ'의 機能을 時制와 무관한 冠形形으로 다루어야 하지 않을까 한다. 먼저 古典文에 나타난 冠形形 '-ㄴ'의 用例를 形容詞에 잇대인 경우와 動詞에 잇대인 경우로 나누어 보인다.

例 되뭀ᄐᆞ니(←되뭀ᄐᆞᆫ이) 밦中에 北으로 ᄃᆞ룸직ᄒᆞ도소니<杜初 六十51>
나ᄆᆞᆫ 곧 업시<蒙法 59>
馬兵ᄋᆞᆫ 말ᄐᆞᆫ 兵이오<月釋 一27>
맛닌 사ᄅᆞ미 해 헐븨으니(所遇多被傷) <杜重 一 1>
늙고 사오나오매 흐린 숤盞ᄋᆞᆯ 새려 머믈웻노라(潦倒新停濁酒杯)
님금 가 겨신 ᄃᆡ롤 ᄉᆞ랑호니(戀行在)<杜重一 1> .... 以上 動詞下
늘근 겨지븐 죠ᄒᆡ롤 그려 쟝긔 파놀 ᄆᆡᆼᄀᆞᆯ어놀(老妻畵紙爲碁局)<杜重十一 4>
親ᄒᆞᆫ 버디 ᄒᆞᆫ字ㅅ글월도 업스니(親朋無一字)<杜重 十四13>
ᄆᆞᆯᄀᆞᆫ ᄀᆞ롮 ᄒᆞᆫ 고ᄇᆡ ᄆᆞ술홀 아나 흐르나니<杜重十一 4> .... 以上 兩性用言下
늘거 가매 외ᄅᆞ왼 ᄇᆡ옷 잇도다(老去有孤舟)<杜重 十四13>
긴 녀ᄅᆞᇝ 江村에 일마나 幽深ᄒᆞ도다(長夏江村事事幽)<杜重 十一4>
져믄 아ᄃᆞᄅᆞᆫ 바ᄂᆞᄅᆞᆯ 두두려(稚子敲針)<杜重 十一4> .... 以上 形容詞下

한편, 古典文에 나타난 冠形形 '-ᄂᆞᆫ'의 用例를 다음 같이 예시한다.

例 ᄣᅵ 절로 업ᄂᆞᆫ 젼ᄎᆞ로(垢無故)<楞嚴 一 77>
ᄇᆞᆰ디 몯ᄒᆞᄂᆞᆫ 젼ᄎᆞ로(不明故)<楞嚴 一 77>
서로 親ᄒᆞ며 서로 갓갑ᄂᆞ닌(갓갑ᄂᆞᆫ이ㄴ) 믌 가온ᄃᆡᆺ ᄀᆞᆯ며기로다<杜重 十一4>
物 옮기린…곧 如來 ᄀᆞᆮᄌᆞᆸ나니라(=ᄀᆞᆮᄌᆞᆸᄂᆞᆫ이라)<楞嚴 二45>
머그면 便安ᄒᆞᄂᆞ니라(=便安ᄒᆞᄂᆞᆫ이라)<救方 下 21>
곶 도쿄 여름 하ᄂᆞ니(=하ᄂᆞᆫ이라)<龍歌 2장>
일빅가지 이리 다 맛당ᄒᆞᄂᆞ니(=맛당ᄒᆞᄂᆞᆫ이)<飜小 八14> .... 以上 形容詞下

알의 ᄒᆞᄂᆞᆫ 거시라<釋詳 序1>
ᄀᆞ리ᄂᆞᆫ 거실ᄊᆡ<月釋 六24>
거즛말 아니ᄒᆞᄂᆞᆫ 것시니<月釋 六24>
즐기ᄂᆞᆫ 나ᄅᆞᆫ 아니 즐겨<龍歌 92장>
브텻긔로 가ᄂᆞᆫ 저긔<釋詳 六19> ………………………………………… 以上 動詞下

위에서 예시한 바와 같이 '-ㄴ'과 '-ᄂᆞᆫ'은 지금 분간하여 쓰이고 있지마는 李朝初만 하여도 어느것 써도 꼭 같은 限定的 機能을 가지고 있었다. 즉 '-ᄂᆞᆫ'은 지금 形容詞에는 連接되지 못하지만 李朝初에는 비교적 적기는 하나 그런 대로 상당한 양이 形容詞下에 連接되어서 '-ㄴ'과 꼭 같은 기능을 하였다는 것을 알 수 있다. 마치 現代語의 動詞敍述形語尾로서 '-ㄴ다'와 '-는다'가 꼭같이 現在時制를 나타내듯이 말이다. 따라서 '-ㄴ'과 '-ᄂᆞᆫ'은 다 함께 기원적으로는 時制와 무관한 不定法語尾에서의 發達形임을 再確認한 터이다. 그러므로 그것이 限定的(冠形詞的)으로 쓰일 때에는 지금의 길약語의 -nd(不定法語尾)와 같이 前後文脈으로 보아 現在時制나 過去時制로 解釋하여 오다가 短形인 '-ㄴ'은 차차 靜態를 나타내는 데 쓰이고 되고, 長形 인 '-ᄂᆞᆫ'은 점차 動態를 나타내는 데 쓰이게 이른 것이 분명하다. 그러므로 드디어 形容詞下에는 '-ᄂᆞᆫ'이나 '-ᄂᆞᆫ'에서 발달한 '-는'이 쓰으지 못하게 된 것으로 믿어진다.

또한, 動詞下에서는 '-ᄂᆞᆫ>-는'은 動態를 나타내니 現在의 움직임을 나타내게 되고, '-ㄴ'은 靜態를 타나내니 움직임이 끝난 상태 즉 過去時制를 나타내게 된 것으로 추정된다.

冠形形「-ㄴ」이 動詞下에 連接될 때 李朝時代는 물론 현대에 있어서도 그것이 現在時制(動態)나 過去時制(靜態)의 어느 쪽으로 해석하여도 무방한 경우가 허다하다.

먼저 前揭한 李朝時代의 例文을 가지고 생각해 보면 당장 알 수 있는 일이다.

例 되뭀ᄐᆞ니(←되뭀ᄐᆞᆫ이)→胡馬를 탄 사람 ; 胡馬를 타는 사람
님금 가 겨신 ᄃᆡ→임금이 가 계신데 ; 임금이 가 계시는 데
맛난 사ᄅᆞ미 해 헐믜으니→만난 사람이 많이 다치니 ; 만나는 사람이 많이 다치니
나ᄆᆞᆫ 곧 업시→남은 곳이 없게 ; 남는 곳이 없게

馬兵ᄋᆞᆫ ᄆᆞᆯ ᄐᆞᆫ 兵이오→馬兵는 말을 탄 兵士이고 ; 馬兵은 말을 타는 兵士이고

요컨대 李朝後期에 내려오면서 冠形形-「-ㄴ」은 靜態(狀態)를 한정하고 '-ᄂᆞᆫ >-는'은 動態를 한정하는 형태로 굳어져 갔다.

그리고, 'ᄋᆞ'[ʌ]는 起源的으로 a나 o에 遡及하기 때문에 -nan<Gily>과 -nʌn(-ᄂᆞᆫ)<李朝>은 音韻上으로도 對應된다 할 것이다. 또 參考로 말하면 ŋ<Gily>와 n<Gily · Kor>도 7.1의 (35)의 類例로 보아 對應되는 것으로 생각되므로 ŋ(n̩) '冠形形'<Gily>도 '-ㄴ'과 對應되는 것으로 볼 수 있다.

따라서 길약語의 不定法語尾-*ntï(-nd/-nt/-nč/-nïč/-nïnč/-nanč 등)에서 발달한 -n(冠形形 · 名詞形 · 副動詞形 · 敍述形語尾) · -nan(冠形形語尾)과 韓國語의 不定法語尾-*ntï(-다/-ᄂᆞ다/-는다/-ㄴ디/-ㄴ뎌/-ㄴ댜/-ㄴ드/-ㄴᄃᆞ)<李朝>에서 발달한 'ㄴ'(冠形形 · 名詞形語尾) · '-ᄂᆞᆫ/-는'(冠形形 · 名詞形 · 敍述形語尾) · '-니/-ᄂᆞ니/-느니'(副動詞形 · 敍述形語尾)는 機能과 音韻의 양면에서 완전한 一致를 보여주며, 이들의 共通基語는 *-n/*-nïn(不定法語尾)로 추정된다.

이밖에 '-ㄴ/-는/-ᄂᆞᆫ(名詞形 · 冠形形)'과 比較됨직한 形態로서는 -n(完了형)<Jap> · -n(名詞形成接尾辭)<Ma> · -n(id)<Mo> · -an/-en(名詞形 · 冠形形)<Turk>이 있다.

例 Anasï babasï olmïyan čojuğa (그의 어머니와 그의 아버지가 없는 아이를) <Turk>
čok bilen čok yanïlïr(많이 아는 이는 많이 그르친다)<Turk>

(37) -ŋa/(羅列形語尾)/-ŋ(副詞形語尾) 〈 Gily 〉 ∞ -ko(-고. 羅列形 · 副詞形語尾) 〈 Kor 〉 …*-ŋo(羅列形 · 副詞形)

길약語에서는 羅列形語尾로서 -ŋa[ŋə]가 다음과 같이 쓰이고 있다.

例 huiya-amğ tīvnkta intŋa tleolan keaxtox yaharaŋa pārra pārra-hankt intŋa o koni Gofkof-to(후이야 河口를 내려온 것을 보고 흰 갈매기라고 생각하고 손을 올렸다 내렸다 하는 것을 보고 아아 저 고후고후<老人名>이었다)<高.p.118>

tafti vin šank intŋa̱ šank urxara. yagan itnugra(집 앞에 가서 女子를 보고 女子가 아름답다. 좋다고 말했다)<高.p.122>
taftox yučiŋa̱ čax yaxnt zant(집에 넣고, 물을 마시게 하였다)<高.p.139>
čaxr tankuŋa̱ inira čngïs kunkŋa̱ indra(장작을 패고 밥 먹었다. 풀을 베고 밥 먹었다)<高.p.140>
itŋa̱ kuzind(말하고 나왔다)<高.p.145>
Ivan-dračok murŋŋax čakkarnt. čakkarŋa̱ aru yakknt čai oskor…(이반의 바보가 말을 탔다. 타고 얼추 도달하였다. 다시 되돌아가…)<高.p.152>
wawuŋa̱ rovint haha har tāgar(씹고 웃었다. 하하! 하고 위를 보았다)<高.p.158>
haŋa̱ kuzir wūvr vind(그리고 나가 울며 갔다)<高.p.158>
oğrğon-oxto har-itnd. tunira har-itnd naŋa̱ nixora har itnd(起死回生의 藥이라고 말하는-것이 이것이다 라고 말했다. 그리고 고맙다고 말했다)<高.p.160>
haŋa̱ šametox kontkun viŋa̱ wo nakkrtox teağant(그리고 쏘에 갔다. 가서 한 마을에 올라갔다)<高.p.161>
au ratnkt mund. muŋa̱ tukkər intïnt(소리가 나서 들었다. 듣고 머리 들어 보았다)<高.p.175>
niğvŋ nenïn yoğo kuziŋa̱ miv sik laxvr yugur(사람 하나가 잠깐 나가 땅을 모두 돌아보고 들어왔다)<高.p.114>
yïgčx pšïnd. pšiŋa̱ pčx ker keraint(그 主人이 왔다. 와서 제-남편에게 말하였다)<高.p.138>
yugŋa̱ taf-tïxïrox pšït čend(들어가고 집 위에 와서 울었다)<高.p.138>
klïrox kuziŋa̱ lunt-au mund(밖에 나가서 어떤-소리를 들었다)<高.p.143>
yugŋa̱ urran šank mur(들어가 예쁜 女子가 되었다)<高.p.152>

그리고 ŋa̱의 a̱는 高橋(1942)에서 ŋa̱ve(싸개, 包)・wa̱x(풀, 이끼의 一種) 및 -ŋa̱(羅列形語尾)의 세 군데서만 쓰이고 있는 母音이며 同書 p.12에서 a̱는 英語의 alone의 a 즉 [ə]와 같이 發音된다고 적혀 있다. 또한 ŋa̱ve(싸개, 包)는 '거프-집'(>거푸집. 外型)의 kəp'ɯ와 비교될 수 있어서 a̱<Gily>는 한국어의 '어'[ə,ɔ]와 비교될 수 있는 母音이다.

한편, 한국어에서는 羅列形語尾(副動詞形)로서 '-고[ko]'가 다음과 같이 흔히 쓰이고 있다.

例 곶 됴코 여름 하ᄂᆞ니<龍歌 2장>
ᄀᆞᄅᆞ매 비 없거늘 얼우시고 또 노기시니<龍歌 20장>

바ᄅᆞ래 비 없거늘 녀토시고 ᄯᅩ 기피시니<龍歌 20장>
ᄂᆞ믄 ᄠᅳᆮ 다ᄅᆞ거늘 님그믈 救ᄒᆞ시고 六合애도 精卒ᄋᆞᆯ 자ᄇᆞ시니<龍歌 24장>
앙ᄋᆞᆫ ᄠᅳᆮ 다ᄅᆞ거늘 나라해 도라오시고 雙城에도 逆徒ᄅᆞᆯ 平ᄒᆞ시니<龍歌 24장>
軍容이 녜와 다ᄅᆞ샤 아ᅀᆞᆸ고 물러가니<龍歌 51장>
깂ᄀᆞᅀᅢ 軍馬 두시고 네 사ᄅᆞᆷ ᄃᆞ리샤<龍歌 58장>
東都앳 도ᄌᆞ기 威武를 니기 아ᅀᆞᄫᅡ 二隊玄甲ᄋᆞᆯ 보ᅀᆞᆸ고 저ᄒᆞ니<龍歌 59장>
東海옛 도ᄌᆞ기 智勇ᄋᆞᆯ 니기 아ᅀᆞᄫᅡ 一聲驚慄ᄅᆞᆯ 듣ᄌᆞᆸ고 놀라니<龍歌 59장>

그런데, -ŋạ(羅列形語尾)<Gily>와 -ko/-go(羅列形語尾)<Kor>는 그 기능이 같고, -ŋ<Gily>와 -k/-g<Kor>는 對應되고[*cf.* (1)項 ŋ<Gily>—k<Kor>], ạ[ə]<Gily>와 o<Kor>는 中舌母音과 後舌母音의 차가 있으나 이들은 半閉母音이고 o<Kor>의 圓脣性이 약해져서 그 音色이 [ə]와 유사하여 한국어 자체에서 互轉되는 例가 많다.

例 몬저—먼저, 보션—버선, 봇나모—벚나무, 몬직—먼저, 포곡—벅국새, 비로소—비로서, 골포—거푸, 못거지—모꼬지, 본도기—번데기(<번더기), 새로—새려
cf. 뫼(山)>메, 뵈(布)>베

따라서, -ŋạ(羅列形語尾)<Gily>와 '-고'(羅列形語尾)<Kor>는 대응되는 것으로 추정된다.

이들의 對應에 더욱 확실성을 보태어 주는 사실이 있으니 그것은 바로 -ŋạ의 略形으로 推定되는 -ŋ(副詞形語尾)<Gily>과 '-고'(副詞形語尾)<Kor>의 對應이다.

例 naŋạ koinïŋ-aganint(그래서 자고 싶어졌다)<高.p.151>
hand la pšïnd koinïŋ-aganint(그 바람이 불어와 자고 싶어졌다)<高.p.115>
hand la pšïnd koinïŋ-axnint(그 바람이 불어 와 자고 싶어졌다)<高.p.151>

例 편지를 받고 싶다.
나는 법관이 되고 싶다.
실향민들의 고향에 가고 싶어 하는 심정을 헤아릴 수 있다.

위와 같이 -ŋạ(羅列形語尾)<Gily>와 -ko(-고. 羅列形語尾)<Kor>는 機能上

으로는 물론 音韻上으로도 대응되는 形態素임이 분명하다. 또한 -ŋ(副詞形)<Gily>과 -ko(-고. 副詞形)<Kor>도 기능과 음운의 양면에서 對應되는 形態素임이 분명하다. 이들의 共通基語 *-ŋo(羅列形 · 副詞形)로 추정된다.

이밖에 '-고'(副詞形 · 羅列形)<Kor>과 比較될만 한 것으로 ko(副詞形 · 羅列形)<Ainu>가 있다.

例 yuk koiki ko yuk-sapa kik wa(사슴을 잡고 사슴 머리를 쳐)<Ainu>

(38) -ŋan(完了名詞形) 〈 Gily 〉 ∞ -kən/-kan(-건/-간.完了名詞形) 〈 李朝 〉 …*-ŋan (完了刑名詞/)*-(完了形)

길약語의 Amur方言에서는 完了名詞形語尾로서 -ŋan이 다음과 같이 쓰이고 있다.

例 kiruvzan viror prïŋan tamatumïč(기루브잔이 갔다 돌아와서 머물다) <G. p.33>
moxokr koŋan(10번 잔 것 →열 밤)<G.p.33>
esspŋan(쏜 것)<G.p.33>
ivŋan(가진 것)<G.p.33>
nuŋan(가리킨 것)<G.p.33>
padŋan(태어난 것)<G.p.33>
säwŋan(이겨낸 것)<G.p.33>
muŋan(죽은 것)<G.p.33>

한편, 한국어에 있어서는 完了名詞形으로서 '-건[-kən]'<李朝>이 다음과 같이 쓰이고 있다.

例 ᄂᆞ믄 ᄠᅳᆮ 다ᄅᆞ거늘 님그믈 救ᄒᆞ시고<龍歌 24장>
믈 깊고 ᄇᆡ 업건마ᄅᆞᆫ 하ᄂᆞᆯ히 命ᄒᆞ실ᄊᆡ, 城 높고 ᄃᆞ리 업건마ᄅᆞᆫ 하ᄂᆞᆯ히 도ᄫᆞ실ᄊᆡ<龍歌 34장>
소ᄂᆞ로 티거늘 보니라(見手格)<杜初 卄四12>
일로 혜여 보건덴 무슴 慈悲 겨시거뇨 ᄒᆞ고<釋詳 六6>

어떻든 -ŋan(完了名詞形)<Gily>과 -kən/-kan(-건/-간. 完了名詞形語尾)<Kor>

는 意味上으로는 완전한 일치를 보여 주고 있다. 그리고 音韻上으로 보아서도 -a<Gily>와 -ə(-어)<Kor>는 다음과 같이 對應이 가능하다.

	a<Gily>	ə<Kor>
例	havaf(肺)<高>	həp'a(肺)
	ŋạve(싸개)/ŋamač(피부)<高>	kəp'ɯr(거풀)
	yargu-(열다)<高>	yər-(열다)
	aru(可히)<高>	əru(可히)
	kask(귀신)<高>	kəs(귀신)
	pak'e(차례로)<高>	pəkə(다음에)
	ŋa(것)<G>	kə/kəs(것)
	kalxalx(거위)<G>	kəru(거위, 鵝)

따라서 -ŋan(完了名詞形)<Gily>와 '-건/-간'(-kən/-kan. 完了名詞形語尾)<Kor>은 機能上·音韻上으로 일치하는 形態素임이 분명하며, 이들의 共通基語는 *-ŋan(完了名詞形)으로 推定된다. 또한 -ŋan은 -ŋa(完了形)과 -n(名詞形)으로 分析할 수 있고, '-건/-간'은 '-거/-가'와 '-ㄴ'으로 분석할 수 있어서 '-ㄴ'[*名詞形·冠形形 *cf.* (36)]에 先行한 '-거/-가'는 完了의 機能을 가진 것임도 확인된다. 따라서 이들의 共通基語는 *-ŋa(完了形)로 再構될수 있을 것이다. 과연 한국어에서 '-거'가 複合形態素-'건'으로서가 아니고 單純形態로 다음과 같이 完了의 구실로 쓰이고 있다.

例 安樂國이는 아비ᄅᆞᆯ 보아 가니 어미 몯 보아 시름 깊거다<月釋 八87>
ᄠᅳ디 져기 順ᄒᆞ니 구짓디 마로미 幸커다(=幸ᄒᆞ거다)<法華 一15>
이 고기 닉거다(這肉熟了)<老乞 上20>
오ᄂᆞᆯ도 다 새거다 호믜 메고 가쟈ᄉᆞ라<松江 二3>

그리고, 이밖에 '-거/-가'와 比較될수 있는 말은 xarï-/xar-/xï-(完成形)<Gily>·-ki(過去形)<Jap>·-ğā/-gē(完了形)<Mo>·-ka/-ke/-ko(完了形)<Ma>가 있으나 '-건/-간(完了名詞形)<Kor>과 비교될 수 있는 形態素는 길약語 이외의 다른 말에서 찾아볼 수 없다.

例 bi ere biya iče de juraka(내가 이달 초순에 떠났다)<Ma>
nimeku fuhali duleke(病이 드디어 나았다)<Ma>

(39) -ŋoṇ/-(-ŋon, -ŋoŋ, -ŋom. 反復形・强調形接尾辭)〈 Gily 〉∞ -kon(-곤.反復形語尾)/-kor(反復形・强調形語尾)〈 Kor 〉…*-ŋoṇ(反復形・强調形)

길약語에서 反復形語尾로서 -ŋoṇ/-(-ŋon, -ŋom, -ŋoŋ)이 다음같이 쓰이고 있다.

例 takkr wonuṇ px-ŋon-ŋa čxïv gusil-itr(저쪽 마을 사람인-自己와 사냥하곤-한 이가 곰을 끌어 내려고)<高.p.117>

또한 실제의 例文을 高橋(1942)나 Grube(1892)에서는 더 찾아볼 수 없으나, 服部(1955)에 다음과 같은 例文이 보인다.

wi xunt(反復해서 가다)<p. 768>
xunt(몇 번이고……하다)<p. 767>

여기서 x<Gily>와 k/g<Kor>는 다음과 같이 對應되는 것으로 믿어진다.

	x<Gily>	k<Kor>
例	xa(이름)	ka(姓氏)
	axarn(아기)	agi(아기)
	ixïl-(이끌다)	ik'ɯr-(이끌다)
	xallu(늪)<G>	kʌrʌm(湖水)
	xugonïge-(껑충뛰다)<G>	k'əŋč'uŋ(껑충)
	xïze-(짖다)<G>	kɯʒ-(긋다)
	ux(코)<G>	ko(코)
	xunti-(놓다)<G>	kuŋtuŋi(궁둥이)
	xal(쇠로된 개목걸이, 칼)<G>	k'ar(칼, 枷)
	xim(덤불)<G>	kiɯm(논밭의 잡초)
	xorla-(풍부하다)<G>	kərɯ-gi(많이)
	xut(산맥의 지맥)<G>	koj(곶, 岬)
	xukr(거기)<G>	kəgi(거기)
	xäwuč(가마)<G>	kama(가마, 釜)
	xox(배)<G>	kotu(배, 肚)

또 u<Gily>와 o<Kor>는 이미 (19)項에 그 對應例를 보인바 있고, xunt의 末音 -t는 (36)項에서 보인 바와 같이 자주 생략되므로 따라서 xunt(反復하다)<Gily>와 '-곤'(-kon. 反復形하다)<Gily>와 '-곤'(-kon. 反復形)은 완전한 對應을 보여 준다고 할 것이다. 그리고 ŋ<Gily>와 k<Kor>는 7.1.(24)에서 보인 類例로 보아 對應된다고 할 것이고, -n̥(-ŋ · -n · -m)<Gily>는 7.1.(44) · (40) · (35)에서 보인 類例로 보아서 對應된다고 할 것이므로 -ŋon̥(反復形 · 强調形語尾)<Gily>와 -kon(-곤. 反復形) · -kom(-곰. 强調形 · 反復形)<Kor>도 완전한 對應을 보여 준다고 할 것이다. 이들의 共通基語는 *-ŋon̥(反復形 · 强調形)으로 추정된다. 또한 -kun/-xun(複數助詞)<Gily>도 語原은 같은 것으로 믿어진다. 여하튼 -ŋon̥(反復形 · 强調形語尾)<Gily>와 xunt(反復하다)<Gily>와 -kun/-xun(反復助詞)<Gily>은 韓國語의 '-곤 : -곰'(-kon : -kom. 反復形:强調形)<李朝>과 對應되는 것으로 추정된다.

例 나는 틈이 나는 대로 거기 가곤 하였다.
밤이면 울곤 하였다.
니믈 뫼셔 녀곤 오ᄂᆞᆯ날 嘉俳샷다(=임을 뫼셔 다니곤 하였는데 오늘날…)<樂軌動動>
모미 내 이숌 아니온(<아니곤) ᄒᆞ물며 머리ᄯᆞ녀(=몸이 있음으로써 내가 있는 것이 아니고 더우기 머리가 있음으로써 내가 있는 것이 아니라)<南明上 53>
十二諸國이 모다 지어셰온(=지어셰곤=지어세우곤 하니) 아으 處容아비ᄅᆞᆯ 마야만 ᄒᆞ니여<處容歌>
오히려 업지 아니콘 엇뎨 ᄒᆞ물며 諸子ㅣ ᄯᆞ녀(=…없지 아니하곤 하니…)<法華二 77>
*들어사 자리보곤 가ᄅᆞᆯ이 네히어라(入良沙寢矣見昆 脚烏伊四是良羅=…자리를 보고 보니…)<處容歌>

그리고 '-곰'<李朝>도 反復形語尾로 쓰이고 있어서 다음에 그 例를 보인다.

例 므레 ᄇᆞ리곰 호미 두번이러니(=…버리곤 함이…)<觀音 35>
ᄒᆞᆫ 부체ᄅᆞᆯ 다드니 ᄒᆞᆫ 부체 열이곰 ᄒᆞᄊᆡ(=…열리곤 하므로)<月釋七 9>
아니한 더데 ᄯᅩ 오ᄅᆞ곰 ᄒᆞᄊᆡ(=잠깐 사이에 또 오르곤 하니)<法華一164>
사ᄅᆞᆷ은 ᄀᆞ라곰 ᄒᆞ라(사람을 갈곤 하다)<救簡 三 121>

또한, '-곰'은 强調形語尾로도 다음과 같이 쓰이고 있다.

例 도라보실 니믈 젹곰 좃니노이다<樂軌 動動>
괴시란ᄃᆡ 우러곰 좃니노이다<樂章 西京>
믈과 가히ᄅᆞᆯ 시러곰 가져 오라<杜初 七22>
이리곰 火災호ᄆᆞᆯ 여듧번 ᄒᆞ면<月釋 一49>

〔參考〕 高.p.204에서 -non이 反復形·强調形語尾로 쓰인다고 하였는데, 이것이 事實이라면, "不能은 몯ᄒᆞᄂᆞ다 ᄒᆞ논 ᄠᅳ디오"<月釋 序 pp.1~2>·"제 ᄠᅳ데 맛드논야ᄅᆞᆯ 조차 호니"<月釋十九3> 등의 '-논'(强調形?)과 對應시켜 봄직하다.

(40) -inkr(强勢·主格助詞)〈Gily〉 ∞ -ikki(「戈只」. 强勢主格助詞)〈吏讀〉… *-Vk-(强勢助詞)+r/i(調音素)

길약語에서는 强勢助詞로서 -inkr/-unkr/-ankr이 쓰이고 있는데, 흔히 主格에 쓰인다. 例를 들면 다음과 같다.

例 ninkr Iavn-dračok-lu xar pxïmront(나야말로 이반의 바보일까-하고 스스로 생각하였다) <高.p.153>
činkra axr-čin tumčis hunïvundra(너야말로 늘 이러-하였는가)<高.p.153>
cf. -inkra<-inkr-a(呼格助詞)
nexarŋankr tam-čin niğvŋ haigo has kumrant(내-아들이야말로 어떤가 사람-일까 하고 생각하였다)<高.p.135>

그런데, 이 -inkr/-unkr/-ankr은 高橋(1942)에 실린 예문을 통해서 보면 體言下에선 主格의 자리에서만 쓰이고 있는 形態素인데, 길약語에서는 한국어에서와 마찬가지로 主格과 目的格에 格助詞를 첨가하지 않는 일이 흔하므로 高橋(1942)에서는 主格助詞를 따로 인정하지 않고 있으나, 主格의 자리임을 명시할 필요가 있을 때에는 -r/-ṇ/-n/-at/-inkr/-ankr 등을 첨가하거나 呼格助詞 -a/-e/-ya/-ŋa 등을 代用한다. 따라서 -inkr/-ankr을 본시는 强勢助詞이나 主格助詞로 보아 무방하다. 마치 呼格助詞 -ŋa를 主格助詞 '-가'(-ka)와 비교하였듯이 -inkr을 고대 한국어의 主格助詞-'弋只'(익기)와 비교하여 보고자 한다.

例 法孫傳繼向事乙 所司弋只 界官良中出納下問令是乎矣<洪武戊午長城監務官貼文 :

吏讀集成附錄 p.19 L.5・6＞
祖父母父母弋只 年老有病是遣＜明律一19＞
其所犯御名廟號弋只 聲音相似爲遣 字樣各別爲是果＜明律三3＞
必手年月弋只 久遠爲良置 追問明白爲去等＜明律三5＞

윗글의 "所司弋只"의 '弋只'를 主格助詞로 보거나 强勢助詞로 보거나 별 차이가 나지 않는다.

따라서 -inkr＜Gily＞과 '*익기'(弋只)는 文法的 機能에 있어서는 일치하므로, -inkr＜Gily＞과 *-iiki(弋只)＜Kor＞가 音韻上으로 對應되느냐하는 문제만 남아 있는데, 이것들은 -Vk(强勢)+r(調音素 *cf.* 高.p.34)＞-Vnkr(强勢→主格助詞) ; -ik(强勢)+i(調音素)＞-inki＞ikki(强勢→主格助詞)의 변화가 가능한 것으로 보인다. 有聲音間의 -k-가 -kk-로 변동하는 예가 많기 때문이다[例: jakvnd＞jakkvnd(열다), čakr＞čakkr(셋), yaknd＞yakknd(오다, 다니다, 도착하다), nakr＞nakkr(하나), ŋaki＞ŋakki(尾), takr＞takkr(저쪽)]. 길약語의 末音-r/-l이 韓國語에서는 ø가 되는 類例가 많다[*cf.* (10)項]. 그뿐만 아니라, 길약語와 한국어는 다같이 語中의 口腔閉鎖音(č・j・k・g・ğ・t・d・n) 앞에 -n-을 삽입하는 현상이 발달하여 왔다.

＜口腔閉鎖音 앞에 n介入現象＞

例 šinkr-(괴롭히다)＜Gily-Tïmï＞∞šik'ɯr-(시끄럽다)＜Kor＞
ïnk(어귀)＜Gily-Amur＞∞əgü(어귀)＜Kor＞
intï-(보다)＜Gily-Tïmï＞∞yəʒ-(엿보다)＜Kor＞
ūdenč(건강한)＜Gily-Amur＞∞onjən(온전)＜Kor＞
punʒi-(남아 있다)＜Gily-Amur＞∞p'uji-(남아 있다)＜Kor＞
yank-(빠르다)＜Gily-Tïmï＞∞yag-(꾀가 바르다)＜Kor＞
pant-(커지다)＜Gily-Tïmï＞∞p'əji-(퍼지다)＜Kor＞
čngïs/čgïs(草)＜Gily-Tïmï＞∞čingr(草)＜Gily-Amur＞
pənji-(번지다)＜Kor＞∞p'əji-(퍼지다)＜Kor＞
anj-(앉다)＜Kor＞∞aj-(앉다)＜O.Kor＞
ənč'i(牛衣)＜Kor＞∞ač'i(牛衣)＜O.Kor＞

요컨대, 길약語에서는 -inkr/-ankr-unkr＜Gily＞ 등이 쓰이나, 한국어에서는

-inkr의 對應形인 *-ikki(弋只)만이 쓰이게 되고, -inkr(强勢助詞) <Gily>과 *-ikki(弋只. 强勢助詞→主格助詞)<吏讀>는 그 文法的 機能과 音韻의 兩面에서 對應을 보여주며, 이들은 共通基語 *-ik-(强勢助詞)에 調音素--r이나 -i를 添加한 것으로 추정된다. 아마 常隨佛學歌(鄕歌)의 "身靡只 碎良只 塵伊 去米(몸익 브삭드트리 가미'=몸을 부숴 흙먼지로 돌아가매')"에서 '-익'을 强勢助詞 또는 主格助詞로 볼 수 있을 것인데, 여기의 '-익'은 '弋只'(-ikki)의 原形인 것으로 믿어진다.

(41) -čiṇ/-jiṇ(否定性 列擧 · 亦同助詞) 〈 Gily 〉 ∞ -tyəŋ/-čyəŋ (-뎡 〉-졍 〉-정, 否定性 列擧 · 亦同助詞) 〈 李朝 〉…*-tiṇ(否定性 列擧 · 亦同助詞)

길약語에서 -čiṇ/-jin이 '-도(添加) · -이라도(選擇) · -조차도 · 전혀'의 뜻을 가지나 否定을 豫期하는 形態素로서 名詞나 副詞에 부가되어 쓰이는 否定性의 列擧 · 亦同助詞이다. 다음에 그 實例를 들어 보인다.

例 ŋač-kavr tamïk čiṇ uigir ŋairuf čiṇ kavr…(발도 없고 손도 없고 날개도 없고…) <高.p.113>
mitr hunï-vask runči-jiṇ milk vačit uigind(주검 그런 것-뿐 아무것도 도깨비 같은 것이 없었다)<高.p.130>
komk jiṇ kon-kavr(배도 아프지 않게)<高.p.123>
nexarŋ ankr tam-čiṇ niğvŋ haigo has kumrant(내 아들은 어떤<←그-조차도> 사람일까 하고 생각했다)<高.p.135>
humpat osŋa lunt jiṇ uige(이튿날 일어나니 아무것도 없었다)<高.p.151>
kuzind jiṇ yaxjir pant. klïrof čiṇ kuzn kavrnd(나감도 모르고 있었다. 바깥에-도 나가지 않았다)<高.p.174>
aif-čiṇ(꼭 알맞게+도→일부러)<高.p.182>
axr-čiṇ(그리고+도→늘)<高.p.183>

한편, 韓國語에는 -tyəŋ>čyəŋ(-뎡>-졍)<李朝>이 用言의 名詞形 또는 名詞나 副詞 아래에 부가되고 主文에서 否定을 豫期하고 쓰이는 形態素이기 때문에 文法에서는 '讓步'의 뜻을 가진 不拘束形語尾(副動詞形)로 다루어진다. 다음에 그러한 實例를 들어 보인다.

例 聖人이 機롤 對ᄒᆞ샤 延促ᄋᆞᆯ 뵈시건뎡 本來 延促 업스니라(法華 五88)
출히 내 머리 우희 오롤 쑨뎡(寧上我頭上이언뎡)<法華 七118>
眞實로 能히 侵勞ᄒᆞᄂᆞᆫ닐 制馭홀션뎡(=홀시건뎡) 엇뎨 해 주규메 이시리오(苟能制侵陵，豈在多殺傷)<杜初 五28>
님과 나와 어러 주글 만뎡 情 둔 오ᄂᆞᆳ밤 더듸 새오시라<滿殿春>
져그샤미 겨시건뎡 그 實은…다오미 업스니(=적음이 있을지언정 그 실은…다함이 없으니)<法華 三 189>
보미 맛당컨뎡 모딕 杜撰ᄋᆞᆯ 마롫디니 아란다(=보는 것이 마땅하여도 반드시 杜撰을 말 것이니 알았는가)<蒙法 20>
敢히 請티 몯홀 쑨이언뎡(<쑨이건뎡) 진실로 願ᄒᆞ논 배이니라<孟諺・公孫丑下>
비록 이 세간이 판탕홀 만졍 고온님 괴기옷 괴면 그롤 밋고 살리라<松江 二6>
자셰히 볼디언뎡(←볼디전뎡)…마롤 디어다<南明 上24>
色蘊이 업슬 쑨뎡 受想行識ᄋᆞᆫ 잇ᄂᆞ니나<月釋一37>
我音丁(*아롬뎡)定約爲遣 臨時 爲去沙 卽時 應對不冬爲在乙良 笞五十<明律六 2>
新丁 定役遣<明律 廿七3>
끝장(<*긑뎡. 終末) *cf.* 끝(終末)

위에 보인 바와 같이, '쑨・만'(不完全名詞)과 '-건'[完了名詞形語尾.*cf.*(38)項]에 '-뎡>-졍'이 부가되어 있고 뒤에 否定을 예기하고 있어서, 마치 -čiṇ/-jiṇ<Gily>이 名詞下 에 부가되고 뒤에 否定語가 잇대이거나 否定을 예기하고 있는 것과 같다. 즉 '-뎡'은 否定性 亦同助詞로 쓰이고 있다.

그리고, -čiṇ/-jiṇ<Gily>은 *tiṇ에서 口蓋音化로 발달된 형태로 볼 수 있고, 길약語의 i와 한국어의 yə가 對應되고[*cf.* (27)項], 길약語의 -ṇ은 한국어의 -ŋ과 對應되므로 (*cf.* taṇ'靈'<Gily>∞taṇ-san'堂山'<Kor>) -čiṇ/-jiṇ<Gily>과 tyəŋ>čyəŋ(-뎡>-졍)<Kor>은 音韻上으로도 對應됨이 확실하다.

그러므로 共通基語 *-tiṇ(否定性 列擧・亦同助詞)에서 -čiṇ/-jiṇ<Gily>과 tyəŋ>čyəŋ(-뎡>-졍>-정・否定性 列擧・亦同助詞)<李朝>가 發達된 것으로 추정된다.

〔參考〕 다음 (42)항의 -ken/-xen/-kin/-xin과는 對照的임

(42) -ken[kən]/-xen[xən]/-kin/-xin(共同・列擧助詞)〈Gily〉∞ -kəni/-kəna(-거니/-거나. 列擧語尾・選擇形)〈李朝〉…*-kən(列擧・亦同助詞)

길약語에서 -ken/-xen/-kin/-xin이 列擧(亦同)助詞로서 쓰이고 있다 그 실례를 들어 보인다.

例 kanïn̩ xin varankr(개와 같이)<高.p.32>
azmïč xin šanka xin(男子와 女子와)<高.p.32>
niğvŋ tan̩ čxïv ken uxmund(사람의 넋이 곰과 다투다)<高.p.112>
wan xen hilirn xen(솔과 불꽃과)<高.p.113>
yes ken pumk xen yain-čif inta-kavrntata haimund(그의 아버지와 自己의 어머니와가 만든-길을 보지-않고 나이-먹었다)<高.p.114>
ïčg nenïn̩ pazm-yexarn ken ïgrt ŋarxot wintxun(할아범 한 분이 自己의 아들도 함께 사냥하러 갔다)<高.p.135>
Lumpn lan̩gr ken čox xen int(룬분이 물범과 고기와를 먹었다)<高.p.170>
geniğvŋ ken čint xen axr-čin orx-gūrnt(地神과 天動과 늘 敵對하였다)<高. p.173>
čix xen ugrn vir-yaxrunt(너와 함께 가려 생각하였다)<高.p.175>

한편, 韓國語에 있어서는 -kəni(-거니)<李朝>가 共同・列擧語尾(←*助詞)로 쓰이고 있다. 예를 들면 다음과 같다.

例 길 잡ᄉᆞᆸ거니 미조ᄍᆞᆸ거니 ᄒᆞ야<釋詳 十一 3>
오래 ᄂᆞᆺ갑거니 놉거니 ᄒᆞ니라<杜初 十六47>
기울 계대 니거니 ᄡᅳ나 족박귀 업거니 ᄡᅳ나<松江 二5>
어버ᅀᅵ 子息 ᄉᆞ랑호ᄆᆞᆫ 아니한 ᄉᆞᅀᅵ어니와(<ᄉᆞᅀᅵ거니와)(釋詳 六3>
cf. ᄉᆞᅀᅵ-거니(助詞)-와

또한, 韓國語에 있어서는 -kəna(-거나)<李朝> 選擇形語尾(←*助詞)로 쓰이고 있다. 그러나, 정밀히 조사해 보면, '列擧・亦同의 구실을 하는 -kəna(-거나)가 더 많다는 것을 새삼스럽게 발견하게 된다. 다음에 그런 예를 들어 보인다.

例 넙거나 너븐 天下 엇디ᄒᆞ야 즙닷 말고<松江 一4>
갓갑거나 멀어나 잇ᄂᆞᆫ 香ᄋᆞᆯ 다 시러 드러<法華 六41>
像ᄋᆞᆫ ᄀᆞᄐᆞᆯ씨니 부텻 양ᄌᆞᄅᆞᆯ ᄀᆞᄐᆞ시긔 그리ᅀᆞᆸ거나 ᄆᆡᇰᄀᆞᅀᆞᆸ거나 홀씨라 <月釋 六22>
제 쓰거나 ᄂᆞᆷ ᄀᆞᄅᆞ쳐 쓰거나 ᄒᆞ면<月釋 十七67>
妖怪ᄅᆞᄫᆡᆫ 새 오거나 妖怪 뵈어나(<뵈거나) ᄒᆞ거든<月釋 九43>

내 앉거나 ᄃᆞᆫ뇨매 ᄆᆡ샹 이 念을 호ᄃᆡ<法華 二5>
人間애 나고도 쇠어나(<쇠거나) ᄆᆞ리거나 약대어나(<약대거나) 라귀어나(<라귀거나) ᄃᆞ외야<釋詳 九15>
다ᄅᆞᆫ 나라히 보차ᄂᆞᆫ 難이어나 ᄌᆞ갸 나라해서 거슬ᄡᅳᆫ 양ᄒᆞᄂᆞᆫ 難이어나 星宿ㅅ變怪難이어나 日食月食難이어나 ᄀᆞᄆᆞᆳ難이어나 ᄒᆞ거든<月釋 九33> *cf.* 難이거나(助詞)

위 例에서 "내 앉거나 ᄂᆞᆫ뇨매"는 인견 選擇形語尾가 아닐까 하는 생각도 드나, 이것은 "내 앉거나 ᄃᆞᆫ니거나 호매"로 풀이할 수 있으므로 選擇形과 列擧形(羅列形)과는 실지에 있어선 區別이 안 된다. '-거나'는 起源的으로 '列擧 · 亦同'의 구실을 갖고 있던 것인데, 이것이 때로 選擇形으로도 쓰이게 된 것으로 생각된다. "가거나 말거나"와 같은 용법에서는 의미상 분명히 選擇形이 되나 그렇게 느끼게 하는 것은 '말다'(禁止)라는 實詞때문이지 '-거나'때문은 아니다.

ken/xen<Gily>과 kəni/-kəna(>kən)<Kor>는 音韻上 으로도 對應된다. '거나'는 '-건'으로 줄여 쓰기도 하고, e[ə]<Gily>와 ə<Kor>는 많은 對應例를 보여 주고 있기 때문이다.

	e[ə]<Gily>	ə<Kor>
例	etk(친부모)	*əti(>əsi. 친부모)
	ena(다른)	ənɯ(어느)
	yevg-(넘기다)	nəmgi-(넘기다)
	kelma(걸음)<G>	kərɯm(걸음. 보행)
	čessk(네모꼴그물)<G>	čək-sö(적쇠)
	elle-(꽉매다)<G>	əlg-(얽다)
	epe-(같은)<G>	-əb-(같은)
	xernage-(헐덕이다)<G>	həltəgi-(헐덕이다)
	geerï-(싫어하다)<G>	k'əri-(꺼리다)
	cf. ker-(화내다)<G>	kyər(노여움)
	lef(옆)	nyəp'(옆)
	ela(자!, 힘차게)<G>	era(자!, 힘차게)

이제 남은 문제는 ken/xen<Gily>이 體言 밑에 부가되는 데 반하여 '-거니/-거나>-건'은 用言의 語尾로 쓰이거나, 體言 밑에 '-이-'를 개입시켜 '-이거니/-이거나>-이건'의 형태로 쓰이는 점이 서로 다르다. 그러나, 事物의 列擧뿐만

아니라 動作 · 狀態의 列擧도 얼마든지 있을 수 있으므로 ken/xen<Gily>이 위에 例示된 데서는 體言에만 부각되었으나, 用言의 列擧에 쓰인 예도 반드시 있을 것으로 믿어 의심치 아니한다. 만약 다른 文獻이나 口語에서 전혀 xen/ken이 用言에 쓰이지 않고 있자면, 그것은 副動詞形인 -r/-t/-n을 羅列形(列擧形)으로 대용할 수 있기 때문에 진작 退化되어 버린 것으로 믿어진다.

요컨대 xen/ken(共同 · 列擧助詞)<Gily>와 '-거니/-거나>-건'(-kəni/-kəna> -kən *共同 · 列擧助詞→列擧形語尾)<Kor>는 機能과 音韻의 양면에서 완전한 對應을 보여주며, 이들의 共通基語는 *-kən(共同 · 列擧 · 亦同助詞)으로 추정된다.

이밖에 '-거나'와 比較될 직한 것으로는 hunïvï-(狀態의 繼續相)<Gily>와 kanna(亦)<Ainu>가 있다.

例 šanka neniïŋ taf-pir hunïvïndxun(女子 한 사람이 집에 살고 있다)<高.p. 161>
kanna(亦)<Ainu>

(43) -rxaj(條件法語尾→原因形 · 說明形語尾) 〈 Gily 〉 ∞ -lsE(-ㄹ 씨.條件法語尾 →原因形 · 說明形語尾) 〈 Kor 〉…*-r-hai(條件法語尾)

길약語에서 -rxai/-xai가 條件法語尾로 쓰이고 있으며, -xai는 -rxai에서 發達한 것으로 믿어지는데 다음에 그 實例를 들어 보인다.

例 či prirxai(또는 prïrxai)(네가 오면)<G.p.35>
virxai(또는 vixai)(가면)<G.p.35>
ibxai(가지면)<G.p.35>
murxai(죽으면)<G.p.35>
kes nauf warnate k'ak warn-akkexai čax pinikund(대합은 지금 경쟁하자. 여우에게 경쟁하여-지면 너에게 스스로 먹히마)<高.p.128>
ni tauğr yakxai izre-izreront(내가 바닥에 도착하면 당기고 당기어)<高.p.141>
hu milk pšïxai itinïgra lunt-ŋa noxontŋa(그 귀신이 오면 말하되 무엇인가 냄새나느냐?)<高.p.141>
ŋavrke noxgra haxai ni itinïgra, či šor-pšïnd ŋavrške haikna han itintra(냄새가 났다. 그래서 내가 말하되, 네가 가져-온-냄새-일 것이다 라고 말할 것이다)<高.p.141>
hantaxai ŋutriyōintra ŋutriyoxai yemlax kulaŋ ŋavrki(그리고, 코골 것이다. 코골면

그-귀에서 긴 털이 나온다)<高.p.141>

či netkxuntox wixai, netkxun yesmūind. yesmuxai čirux šurnai makr čifmindra. txai či humrankr itïya(네가 내 父母들에게 가면 네-父母들이 기뻐할 것이다. 기뻐하므로 네게 蒸氣船 두척을 줄 것이다. 그 때 네가 '그러면'라고 말하여라)<高.p.143>

čok čoosxai yotna(네-옷이 해지면 꿰맬 것이다)<高.p.143>

naf worox vixai taufknan šank šamčinkr hunïvnd-ŋa har yototnt(지금 마을에 가면 전일의 女子가 어찌하고 있을까)<高.p.144>

위에서 보인 바와 같이 -rxai<高橋 1942>에는 假定(-면)만이 아니고 原因(-므로, 그래서)·羅列(그리고)·說明(그런데, 그러니)의 여러 기능을 가지고 있는 副動詞形임을 알 수 있다.

한편, 韓國語에서는 'ㄹ씨(>-ᄅᆞ시>ㄹ새)'<李朝>가 原因·假定·說明의 여러 기능을 가진 副動詞形이다. 다음에 그 實例를 보인다.

例 死亡이 迫近ᄒᆞᆯᄉᆡ 不能罷也ㅣ니라<杜初 七25> .... 原因
사ᄅᆞ미 가난ᄒᆞ야 슬퍼 可히 어엿블ᄉᆡ니라(人貧傷可憐)<杜初 廿五39> .... 原因
沙彌 사모려 ᄒᆞᄂᆞ다 ᄒᆞᆯᄊᆡ 耶輸ㅣ 그 긔별 드르시고<釋詳 六2> .... 原因
불휘 기픈 남ᄀᆞᆫ ᄇᆞᄅᆞ매 아니뮐ᄊᆡ 곶 됴코 여름 하ᄂᆞ니<龍歌 2장> .... 原因
즐거우미 ᄀᆞ장ᄒᆞᆯᄉᆡ 如意ᄅᆞᆯ 자바셔 춤추고, 짓부미 할ᄉᆡ ᄃᆞᆫ니락 안ᄌᆞ락ᄒᆞ야 셴머리예 글입노라<杜初 八42> .... 假定 또는 原因
싸히 幽僻ᄒᆞᆯᄉᆡ 옷가외 니부믈 게을이 ᄒᆞ노라<杜初 七5> .... 假定 또는 原因
새로 알외욜 주리 업슬ᄉᆡ 因緣 업슨 慈ㅣ라 ᄒᆞ니<金三 二2> .... 假定 또는 原因
ᄆᆞᅀᆞᆷ월 브터 처ᅀᅥᆷ 날ᄊᆡ 이런ᄃᆞ로 니ᄅᆞ샤ᄃᆡ<楞嚴 二49> .... 說明
제 漢語를 니ᄅᆞ디 몯ᄒᆞᆯᄉᆡ 이런 젼ᄎᆞ로 말 니ᄅᆞ디 몯ᄒᆞᄂᆞ니라<老乞 上46> ... 說明
집으로 돌아와서 이별할새 그 아내 눈물 짓고 당부하는 말이<洪吉童傳> ... 說明

이와 같이 -rxaj/-xaj<Gily>와 '-ㄹ씨/-ㄹ시/-ㄹ새(-lsE/-lsä)<Kor>는 原因·假定·說明의 副動詞形이라는 文法機能에 있어서 對應될 뿐만 아니라, 音韻上으로도 x∞h<Gily>와 s<Kor>가 對應의 可能性이 있으므로[*cf.* (31)항 및 下記]이들의 비교는 확실한 근거가 있다고 할 것이다. 이들의 共通基語는 *-r-hai(條件法語尾)로 推定된다.

x<Gily>-------------------------- h<Gily>

	x<Gily>	h<Gily>
例	noxoxra(고맙다)	nixhora(id)
	heoxat(使喚, 勞動者)	keohata(id)
	yaxru-(생각하다)	yahara-(id)
	yarxï-(열다, 開)	yarhï-(id)
	xin(列擧助詞)	hin(id)
	-xïs(具格助詞)	-hïs(id)
	cf. xeruk(鰊)<Gily>	heroki(id)<Ainu>
	xotton(거리, 街)<Gily>	hitin(id)<Gold>

여기의 -rxaj<Gily>밖에, '-ㄹ씨'와 比較됨 직한 것으로는 (-fu)-rsak(條件法. -니 · -ㄹ새)<Gily>가 따로 있다.

例 keg-mar-heskantox vin-čif tulku wifursak, vifkē tav nakrtox vind
(太陽이-오르는-쪽으로 가는-길 따라 갈새, 한참 가다가 한채의 집에 갔다)
<高.p.141>

(44) -a/-ax(完了副動詞形)〈 Gily 〉 ∞ -a/ə-(-아/어.副動詞形)〈 李朝 〉…*-ā (完了副詞形) ; -aa ha-(强調形語尾)〈 Gily 〉∞-a/ə hʌ-(-아/어 ᄒᆞ-.强調形語尾)〈 Kor 〉…*-ā ha 또는 *-ā kar(强調形)

길약語에서는 完了副動詞形으로 -ŋa가 흔히 쓰이고 있음은 (37)項에서 例示한 대로이지만, -a/-ax(-아/-어 ; 그리하여, 그리고)도 간혹 쓰인다. 다음에 그 例를 들어 보인다.

例 uskan-kař tuziva engfïra(入口-기둥에 부딪쳐 구부러져)<高.p.117>
vint ax vufkē ax yaknt(가아 잠깐 가아 到着하였다)<高.p.41>
tu šxurox mar hoppnt ax jokkot vindxun ax yaknt(썰매 위에 올라가 앉아 나아가 다다랐다)
<高.p.141>

〔**參考**〕 yes ken pumk xen yaint mlaer inta -kavrntata haimund Lund-ŋu(그 아버지와 제-어머니가 만든 큰-귀마개를 보지 않고 나이 먹은-것은 무엇인가?)<高.p.113>
ugrn winate vina-kavrntra. naxnappa ugr winate(함께 가자. 가지 않는다. 어떻든 함께 가자.)
<高.p.175>

위 예에서 참고로 든 inta-kavrntata나 vina-kavrntra의 밑줄 친 -a도 完了副詞形으로 볼 수 있다. 어떤 動作이 이루어진 것을 kavr-(아니하다. 아니다 · 없다)에 의해 否定한 것인데 本用言에 助用言이 잇대어 그 기능을 발휘한 경우이므로 本用言의 語尾-a를 副詞形語尾로 보아도 大過는 없을 것이다. 韓國語文法에서 흔히 '지'를 副詞形語尾이라고 부르는 것도 그런 意味에서이다. 그러나, 形式上으로는 旣述한 바와 같이[*cf.* (35)項 參考欄]'-지'는 '-기'와 대조적인 否定性 名詞形語尾이다.

또한, 韓國語 文法의 '-아/어 ᄒᆞ-'(强調形語尾)의 '-아/어'와 對應되는 -aa ha-(强調形語尾)<Gily>의 -aa도 副動詞形으로 보아 무방하다. 다음에 그 實例를 들어 보인다.

例 či pxuraa(har), ni witaa hant(네가 돌아와 있고, 나는 갔던 것이다)<服. p.763>
či pxuraa(har), ni winaa haint(네가 돌아와 있을 것이고, 나는 갈 것이다)<服. p.763>

한편, 韓國語에서도 '-아/어'(-a/ə)<李朝>가 完了副動詞形으로 자주 쓰인다. 다음에 그런 實例를 들어 보인다.

例 青蓮이 도다 펫더니<月曲 9>
주굼 사로ᄆᆞᆯ 더라 시르미 업거니<月曲 123>
舍利弗의그에 무라(=물어서)<月曲 153>
ᄒᆞ오ᅀᅡ 우수믈 우ᅀᅡ 精舍ㅅ功德 니ᄅᆞ고<月曲 168>
각시 ᄡᅬ노라 ᄂᆾ 고ᄫᅵ 빗여 드라<月曲 49>
三昧에 드라 諸佛ㅅ말ᄋᆞᆯ 다 듣ᄌᆞᄫᆞ니<月釋 七26>
사ᄅᆞᄆᆡ 지블 어다 내 몸ᄋᆞᆯ ᄑᆞ라지이다<月釋 八 80>
讒訴ᄅᆞᆯ 드러 兇謀ㅣ 날로 더을ᄊᆡ<龍歌 12장>
처ᅀᅥᆷ 佛法에 드러<釋詳 六2>
피 무든 ᄒᆞᆯᄀᆞᆯ 파 가져 精舍애 도라와<月釋 一7>
如來ㅣ 藏心에 수머 잇ᄂᆞ니<楞嚴 一8>

感祝ᄒᆞ여 ᄒᆞ오샤<閑中錄>
ᄆᆞᆯ가ᄒᆞᆫ 기프 소희 온갇 고기 ᄧᅱ노ᄂᆞ다<漁父四時詞>
老病死ᄅᆞᆯ 슬ᄒᆞ야 ᄒᆞ거든<釋詳 十三18>
다만 슬ᄒᆞ여 ᄒᆞ시게 ᄉᆞᆲ는 일이언마ᄂᆞᆫ<捷語 九 10>

기피 眷顧호몰 遠客이 놀라ᄒᆞ노라<杜重 一24>
누어 싱각ᄒᆞ고 니러 안자 혜여ᄒᆞ니<續美人曲>
萬二千峰을 歷歷히 혜여ᄒᆞ니<關東別曲>
지블 占ㅏᄒᆞ야 예를 조차셔 늘구리니<杜初 七5>
眷屬 ᄃᆞ외ᅀᆞᄫᅡ셔 셜본 일도 이러홀씨<釋詳 六5>
衛護ᄂᆞᆫ 들어 더브러서 護持홀씨라<月釋 九 62>
ᄣᅡ해 브터셔 좀겨 져저<杜初 七36>

〔**參考**〕 '-아셔/어서'는 '-아/어'와 '셔'(强勢辭 또는 '시어'=有)의 複合形態인 것으로 推定된다(cf. si-'놓다, 구가'<Gily-G>).

이와 같이 -a/aa/ax<Gily>와 '-아/어(-a/ə)<Kor>는 完了副詞形(副動詞形)이라는 文法機能에 있어서 對應될 뿐만 아니라, 音韻上으로도 a<Gily>와 a/ə<Kor>가 對應되기 때문에 이들의 비교는 확실한 對應을 보여 주며, 이들의 共通基語는 *-ā(完了副詞形)로 推定된다[-ax의 末音 -x는 脫落되기 쉬움, (3)項 참조].

그뿐만 아니라, ax<Gily>는 感歎詞에도 쓰이는데, '-아/어 ᄒᆞ-'도 感歎形으로 쓰이어서 이들이 感歎과 接續의 구실을 함께 하는 점도 기이한 일치를 보여주어, 더욱 이들의 對應에 確信을 갖게 하여 준다.

그리고, -aa ha-(强調形語尾)<Gily>와 '-아/어 ᄒᆞ-'(强調形語尾)<李朝>도 대응되는 형태임이 분명하며, 이들의 再構形은 *-a ha-(强調形)로 추정된다. 또한 現在完了나 過去의 狀態를 나타내는 形態- '-앳/-엣->-앗-/-엇->-았-/-었-'은 -aa<Gily>와 '-아/어' 및 '-잇'(有)의 複合體에서의 發達임을 添言하여 둔다.

이밖에, '-아/어'(完了副動詞語尾)와 比較될 수 있는 것으로는 -a/ə(副詞形)<Turk>·-ā/ē(現在完了形)<Mo>가 있고, '-아/어 ᄒᆞ-'(强調形)와 比較될 수 있는 것으로는 e-karkar(强調形)<Ainu>을 들 수 있을 것이다.

例 koša̲ koša̲ geldi(달리고̲ 알려̲ 왔다)<Turk>
čojuk düše̲ kalka̲ büyür(아이는 엎어지고̲ 일어나̲ 자란다)<Turk>
mağuy-a̲(나쁘게̲)…mağuy(나쁜)<W.Mo>
či-ko-onkami e̲-karkar(우리가 禮拜를 하다) *cf.* ko-onkami(~을 禮拜하다) <Ainu>

(45) ***-kïr(副詞形'方式')〈Gily〉 ∞ -kE/-kɪ〉-ke(-긔/-긔〉-게. 副詞形'方式')〈Kor〉…*-kïr(方式副詞形)**

길약語에서 *-kïr(-kïr/-xïr/-hïs/-xïs＜上樺太方言＞; -gir/-gūr＜Amur＞)은 對格·具格助詞로 쓰이는 것이 일반적이나[*cf.* (3)項], 때로 動詞나 形容詞의 不定法語尾-nd(또는 그 略形-n)나 語幹 또는 거기에 -r을 붙인 것에 -kïr이 붙어서 副詞形의 구실을 한다. 한편, 韓國語에서는 그와 꼭 같은 구실을 '-긔/긔＞-게'가 담당하고 있다. 다음에 그러한 例文을 보인다.

例 ūduŋgūr(좋게, 잘)＜G.pp.28.52＞*cf.* uduč(좋다)＜G.p.52＞
ūduŋgūr ütənt(좋게 말하다)＜G.p.52＞
malhogir esskač(많게'많이' 願하지 않다)＜G.pp.21,108＞ *cf.* malhoč(많다) ＜G.p.108＞
nenaxgir ezmač(적게 願하다) <G. p.21, 108> cf. malhoč(많다)＜G.p.108＞
malhogūr čimnïzra(많게'많이' 네게-주겠다)＜G.p.21＞
toŋagūr poss ivora(그렇게 옷감이 있다)＜G.p.21＞
pexarn čixmintra. naŋa esmunthïs hïŋkā hainaxar akkindra, eskant hainaxar akkira har hunïvïnd(내-딸 준다. 그래서 기뻐서'기쁘게' 좋습니다 라고 해도 못 쓰고 必要없다고 해도 못써 그대로 있었다)＜高.p.161＞
esmunthïs(기쁘게, 기뻐서)＜高.p.47＞
pïtïk pšïnkïr ixiloter(제-아버지가 돌아오게'돌아옴을' 기다리다가-지쳤다)＜高.p.157＞
cf. 더울시 肅殺ᄒᆞ요ᄆᆞᆯ 徵霜ᄋᆞᆯ 기들우ᄂᆞ니라＜杜初 七35＞
Ivan-dračok taufk wočhïs hunïvund(이반의 바보는 요전-대로'같게' 있었다)＜高.p.153＞ *cf.* woč—(같-)+hïs(副詞形)=같게/마찬가지(로)/-대로

부텨 ᄀᆞᄐᆞ시긔 ᄒᆞ리이다＜釋詳 六4＞
受苦ㅣ 모댓거든 업긔 ᄒᆞ야＜月釋 二22＞
크긔 너기시ᄂᆞ니＜杜初 上50＞
짐즛 업게 ᄒᆞ시니＜龍歌 64장＞
외롭고 입게 ᄃᆞ외야＜釋詳 六5＞
阿修羅王이 月蝕ᄒᆞ게 ᄒᆞᆯ씨＜月釋 二2＞
오시 ᄌᆞᄆᆞ기 우르시고 니ᄅᆞ샤ᄃᆡ＜月釋 八101＞
아ᄃᆞ리 아비 나해셔 곱기곰 사라＜月釋 一47＞
ᄃᆞ트리 ᄃᆞ외의 봇아디거늘＜釋詳 六31＞

그러나, 우리 문법에서 '-긔＞-게'를 將然形 副詞形語尾＜崔鉉培＞라 하기도 하고 未來形 副詞形語尾라고도 하는데, 과연 이 '-게'의 기능이 언제나 '이루어

질 상태'를 나타내는 데 있는지 면밀히 검토해 볼 필요가 있다.

(ㄱ) 편지를 받게 되어있다.
(ㄴ) 고향으로 돌아가게 하였다.
(ㄷ) 먹게 내버려 두어라.

위에서와 같은 '動詞+게'의 構造를 가진 경우에는 '-게'가 將然形이나 未來形의 副詞形으로 보아도 무방할 것같이 보인다. 이 때의 '-게'는 '-도록'으로 교체하여도 意味上 별차이가 나지 않는다.

(ㄹ) 빨갛게 사과가 익었다.
(ㅁ) 돌담을 높게 하였다.
(ㅂ) 우물을 깊게 팠다.
(ㅅ) 낭비가 없게 하였다.

위 (ㄹ)~(ㅅ)의 例는 '이루어질 狀態'를 나타내는 경우라고 할 수 없는 것인데, 위 문장의 특징은 '形容詞+게'의 構造라는 점에 있다. 이 때 '-게'는 '-도록'으로 交替하면 의미에 차이가 생기거나 意味가 통하지 않게 된다. 따라서 이 경우의 '-게'는 形容詞의 내용이 方式이 됨을 보이는 副詞形 이라고 해야할 것이다.

그러므로 '-게'가 動詞나 形容詞에 두루 接續되는 형태이므로 그의 일반적인 文法機能은 '用言의 內容이 方式이 됨을 보이는 形容詞'이라고 하는 것이 온당할 것이다. '-게'가 動詞에 잇대일 때 앞으로 이루어질 상태를 나타내는 것처럼 보인 것은 動作이나 作用이란 것이 時間의 흐름을 屬性으로 가지고 있는 槪念인 만큼, 그런 움직임이 있게 만든다든가 그런 움직임이 있게 되었다고 할 때 필연적으로 '動詞+게'라는 움직임이 장차 일어나게 되어 있기 때문이다. 그렇지만, (ㄷ)의 例와 같이, "먹게 내버려 둔다"라고 할 때에는 '먹게'가 장차 일어날 動作일 수도 있고 지금 일어나고 있는 動作일 수도 있어서 '動詞+게'가 반드시 '앞으로 이루어질 狀態'를 나타내는 것이 아님을 알 수 있다.

따라서 '-기/긔>-게'(副詞形)는 用言에 接續되는 *kïr(副詞形)<Gily>과 그 기능이 같다고 할 수 있다. 즉 '-게'(副詞形)는 用言(動詞나 形容詞)의 內容이 '方

式'이 됨을 보이는 기능이란 점에서 같으나, 다만 *kïr(副詞形 · 副動詞形)＜Gily＞이 보다 광범위하게 '-ᄀᆡ/-긔＞-게'(疑問形)와 '-고셔/-아셔/-어셔'(拘束形'方式')의 기능을 兼全하고 있는 점이 좀 다를 뿐이다[*cf.* '-고셔'에 대해선 (61)項에서 後述함].

이제 남은 문제는 *-kïr＜Gily＞과 -kE/-kɪ＞-ke(ᄀᆡ/-긔＞-게)＜Kor＞와 音韻上으로 對應되는지의 여부를 따지는 일만 남았는데, *-kïr과 -ke의 共通基語를 *-kïr오 再構할 수 있다면, 그것의 발달은 다음과 같을 것이다.

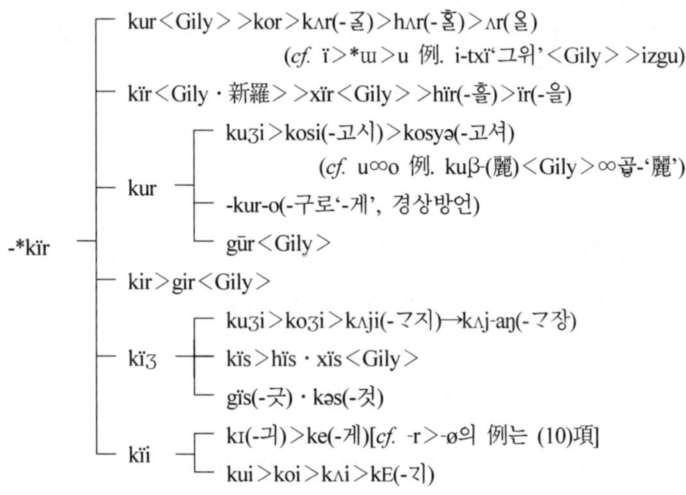

따라서 音韻上으로도 -*kïr＜Gily＞과 -kE/-kɪ＞-ke＜Kor＞도 對應된다고 할 수 있다. 특히 경상방언에서 '-게(方式)'를 '-구로'(예: 먹구로 한다)라고 하는 점으로 미루어서 보아서 의심의 여지가 없다.

그러므로, -kïr(副詞形)＜Gily＞과 '-ᄀᆡ/-긔＞-게'(副詞形)＜Kor＞는 그 文法的 機能과 音韻의 양면으로 보아서 완전한 對應을 보여 주는 형태임을 알 수 있는 동시에, 그것들이 -*kïr(斜格助詞—對格 · 具格 · 原因格 · 在格 등) ＜Gily＞과 -*kïr「肹」(斜格助詞—對格 · 與格 · 處格 · 向格 · 奪格 · 具格 등) ＜Kor＞과 同起源임을 알 수 있다. 다음 例文들은 對格을 交替하여 해석하여도 大同小異한 뜻이 된다.

例 먹게 내버려 두었다=먹는 것을 내버려 두었다. *cf.* '내버리다'가 他動詞이니 '~게'는 目的語이어야 함.
돌아가게 하였다(=만들었다)=돌아가는 것을 만들었다. *cf.* '하다 · 만들다'가 타동사이니 '~게'는 目的語이어야 함
편지를 받게 되어있다=편지를 받는 것이 되어 있다. *cf.* '되다'가 被動語이기 때문에 '받는 것을'이 '받는 것이'로 變形되었음
낭비가 없게 만들었다=낭비가 없기를 만들었다

ūduŋgūr ütənt(좋은 것을'=좋게' 말하다) <G.p.52>
malhogir esskač(많은 것을'=많이' 願하지 않다) <G.p.21.108>
malhogūr čimnïzra(많은 것을'=많이' 네게-주겠다) <G.p.52>
nenaxgir ezmač(적을 것을'=적게' 願한다) <G.p.21,108>
pičatorxïr pšax taxvr(도장 찍은 것을'도장 찍고서' 제-이마를 동여매었다) <高.p.152>
hu wakkei yarhïs intŋa(그 상자를 여는 것을'=열어' 보니) <高.p.159>
pïtïk pšïnkïr ixiloter(제-아버지가 돌아오기를'돌아오게' 기다리다가-지쳤다) <高.p.157>

그리고, 長形 使動詞形(-게 하나)를 가진 文에서 '動詞+게'는 目的節의 敍述語이면서 '-게'는 對格助詞와 꼭 같은 기능을 하고 있다.

例 어머니는 아기가 밥을 먹게 하였다(=만들었다: 他動詞)
目的節
(=어머니는 아기가 밥을 먹는 것을 만들었다)

또한, 被動文-"그가 밥벌이를 하게 되었다"는 使動文-"그는 그에게 밥벌이를 하는 것을 만들었다(=하게 하였다)"의 變形이라고 할 수 있으므로 '하게 되다'의 '-게'도 深層構造에서는 對格助詞의 구실을 하고 있다고 판단된다.

요컨대, -*kïr(副詞形 · 副動詞形←對格助詞) <Gily>과 '-*글>-긔>-게'(副詞形←對格助詞) <Kor>는 音韻 · 機能의 양면에서 완전한 對應을 보여 주는 것으로 추정된다. 따라서 이들의 共通基語는 -*kïr(方式副動詞 ;對格助詞)로 再構될 수 있을 것이다.

그리고, '-게 하다' · '-게 되다'의 '動詞語幹+게'만을 따로 將然形 · 未來形이라고 전혀 볼 수 없는 바는 아니어서, 다시 말하면 '動詞+게'의 경우와 '形容詞+

게'의 경우를 구별하여 前者의 '게'만을 分離하여 이미 (29)項에서 言及한 -kuira/-kuila/-kuil(推測形語尾)<Gily>와 비교할 수도 있을 법하나[例文 (29)項 참조 ; -*kuir'推測形語尾'는 *-kuir>kïir>kïi>kɪ(-긔)>ke(-게)의 發達이 可能함] 여기서는 택하지 아니한다.

그리고, 推測·未來를 나타낸다고 하는 '-겠-'은 '-긔 ᄒᆞ야잇'(使動詞의 完了形)에서 '-긔ᄒᆞ야잇->-긔ᄒᆞ얫->-긔햇->-긔얫->-겟->-겠-'의 發達過程을 밟아 形成된 것임을 附言하여 둔다.

이밖에 '-게'(副詞形)와 비교될 만한 것으로는 -ğa/-ge/-ğay/-gey(方式副詞形)<Mo>가 있고, kin(i)(id)<Ainu>·-ge(樣相副詞形)<Jap>도 들 수 있으나, 機能上 다소 차이가 보인다.

(45) -kïr〉-kïš〉-kš(具格助詞)〈Gily〉 ∞ -k'ʌji/-k'ïs〉k'əs(-ᄭᆞ지/-ᄭᆞᆺ〉껏. *具格助詞)〈李朝〉…*-kïr(具格助詞)

길약語에서 -kïr을 具格助詞로 쓰고 있음은 前 (3)項에서 예시한 바, ixmu-kïr(힘씀으로써·힘껏)>ixmu-kïš>ixmu-kš<高.pp.129~130>와 같이도 變遷하는데, 그것과 同根의 化石化된 '-ᄭᆞ지/-ᄭᆞᆺ>-껏(*具格助詞)<李朝>이 한국어에서 쓰이고 있다 다음에 그 實例를 보인다.

例 ᄆᆞᅀᆞᆷᄭᆞ장 홈올 노다가<釋詳 六11>…마음껏
힘ᄭᆞ장 다ᄒᆞ야<飜小 八35>…힘껏
맛당히 힘ᄭᆞ장 청ᄒᆞ야<小諺 五37>…힘껏
버혀 브텟거나 오ᄆᆞᆯ 힘ᄭᆞ장ᄒᆞ야<杜重 一35>(…힘껏)
ᄆᆞᄋᆞᆷᄭᆞ지 홈올<明小 三4>(…마음껏)
項羽를 맛더 힘ᄭᆞ지 두러메어 ᄢᅵ치과져 離別두ᄌᆞ<歌曲 p.71>…힘껏
힘ᄭᆞᆺᄒᆞ다(盡力)<漢淸文鑑 128b>…힘껏
요령껏 일하다
성심성의껏 봉사하여라

위에서 'ᄭᆞ장'은 'ㅅ(사잇소리)+ᄀᆞ지+앙'의 構造를 가진 複合形態이며('-ᄭᆞ장/-ᄭᆞ지/-ᄭᆞᆺ/-ᄶᅥᆺ'의 頭音 '-ㅅ-'은 사잇소리임), 'ᄀᆞ지'는 「*kïr>kuzi>kʌji(ᄀᆞ지) ;

*kïr>kïʒi>kïsi>kïs(ᄀᆞᆺ)/kəs(것)」의 變遷을 생각할 수 있고, 길약語와 韓國語의 共通基語를 (45)항에서 *-kïr(具格助詞→副詞形語尾)와 같이 再構한 바 있으므로 kïr<Gily>과 '-(ㅅ)ᄀᆞ지·(ㅅ)ᄀᆞᆺ·-(ㅅ)것'<Ko r>은 音韻上으로 對應이 가능하다.

-j/-č<Kor>------------------------	-r<Gily>
例 kəji(거지)	kuzr(대식가)
mogaji(목, 喉)	woškorai(목) *cf.* woškorai<bok'orai
čoji-(强打하다)	zoorka-(破壞하다) *cf.* zoorka>zoora
čəŋguji(정구지)	tiŋger(채소)<G>
čyoŋji(종지)	čaŋkr(기름종지)<G> *cf.* čaŋkr>čaŋr
kɯč'-(그치다)	ker-(그치다)
*kič'(<čič', 깃·羽)	ŋaigr(羽) *cf.* ŋaigr>ŋair

그러나, 意味上·機能上으로도 對應이 가능한지 다음에서 검토해 보기로 한다.

위의 'ᄭᆞ장'·'ᄭᆞ지'의 語原은 'ᄭᅳᆺ'인데, 이것은 '邊'을 뜻하는 'ᄀᆞᇫ'과 같은 말로 생각하기 쉬우나, 'ᄀᆞᇫ'(邊)은 15·6世紀에 있어서는 늘 'ㅿ'終聲을 가지고 있었으므로 同時代의 'ᄭᅳᆺ'의 語原을 다른 데서 구하여야 할 것이다.

그런데, 위에 보인 '힘ᄭᆞ장·힘ᄭᆞ지>힘ᄭᅳᆺ' ; 'ᄆᆞᅀᆞᆷᄭᆞ장·마옴ᄭᆞ지'는 現代語에서 '힘껏'·'마음껏'으로 변하여 쓰이고 있으며, 또한 '성심 성의껏' '요령껏'의 예로 미루어 보아서 '-ᄭᆞ장/-ᄭᆞ지/-ᄭᅳᆺ'은 '-껏'으로 변한 것이 틀림없으며, 이것들은 모두 名詞 뒤에 쓰이고 있으므로 格助詞의 일종일 가능성이 짙다. 즉 具格助詞(-로써)로 다루어도 무방할 것으로 생각한다.

例 마음껏→마음으로써
힘껏→힘으로써
요령껏→요령으로써
성심성의껏→성심성의로써

위 예문에서 '힘ᄭᆞ장 다ᄒᆞ야'는 '힘으로써 다하여' ; 'ᄆᆞᅀᆞᆷᄭᆞ지 ᄒᆞ욘'은 '마음으로써 함은'으로 解釋하여도 될 것이며, '요령껏 일하여라'는 '요령으로써 일하여라' ; '성심성의껏 일하여라'는 '성심성의로써 일하여라'로 풀이하여도 마찬가지 뜻이 된다.

그런데, 이 '-껏'을 '-까지'(迄)의 변형으로 생각하기 쉽다. '-ᄭᆞ장/-ᄭᆞ지'가 '-까지'(迄)로 변한 것이 있기 때문이다.

例 오ᄂᆞᆳ낤ᄀᆞ장 혜면<釋詳 六37>
一切 천량ᄀᆞ장 얻고 ᄀᆞ장 깃거<法華 二245>
이ᄭᆞ자ᄋᆞᆫ 序品이니<釋詳 二 245>
ᄉᆞᆾᄀᆞ지 ᄯᅩ로다(迫到盡頭)<漢淸文鑑 112b>
어ᄃᆡᄭᆞ지 ᄒᆞ엿ᄂᆞ뇨<朴通事 上44>
속ᄭᆞ지 ᄆᆞᄅᆞᆫ ᄧᅡ<譯語補 4>

그러나, 겉모양은 같으나 'ᄆᆞᅀᆞᆷᄭᆞ장 홈올 노다가'를 '마음까지 함을 놀다가'로 풀이하여서는 뜻이 통하지 않고, '마음으로써 함을 놀다가→마음으로써(마음껏) 하여 놀다가'로 풀이하여야 뜻이 통한다. '요령껏 일하다'는 '요령까지 일하다'로 풀이하여서는 뜻이 통하지 않고, '요령으로써 일하다'로 풀이하여야 뜻이 통한다.

따라서, '-ᄭᆞ장(-ᄀᆞ장),-ᄭᆞ지(-ᄀᆞ지)'는 具格助詞(-로써)와 到及補助詞'-까지'의 두 가지 기능을 가지고 있다. 바꾸어 말하면, '-ᄭᆞ장(-ᄀᆞ장),-ᄭᆞ지(-ᄀᆞ지)'는 기원을 달리하는 두개의 형태가 변하여 우연히 同音이 된 것으로서, 겉모양이 같다고 하여 同一形態素라고 속단하여서는 안 된다(古語辭典에서는 모두 同一形態素로 다루고 있어 바로 잡아야 할 것임).

요컨대, '-ᄭᆞ장/-ᄭᆞ지/-ᄉᆞᆾ/-껏'(具格助詞)<李朝>과 kïr(具格助詞)<Gily>은 音韻과 機能의 양면에서 對應된다고 할 것이다. 따라서 이들의 共通基語는 *-kïr(具格助詞)로 再構될 수 있을 것이다.

〔參考〕 (ㄱ) ixmunt(힘쓰다)<Gily> : ixmunt-kïr>*ixmun-kïš>ixmunkš (*힘씀으로서→힘껏<高.pp.129~130> : ixmu-kur(힘껏)<服. p.772>
cf. yagan(빠르다)+<u>kïr</u>>yan-<u>kr</u>

(ㄴ) *vāčĭ-(同一)-*kir ─┬─ voči-kïr>woč-kïz>woč-hïš(마찬가지) <高.p.153>
　　　　　　　　　　　　└─ vʌčĭ-m(名詞化)-kïʒi>mʌčʌn-kʌji>mač'an-kaji(마찬-가지)<Kor>

(ㄷ) 高橋 1942 p.33에서, L.Sternberg의 「길약語硏究의 指針書」에 의하면 kïr(具格助詞)은 動詞-kĭ-・ku-(시키다, 주다)의 語幹에 副動詞形語尾 -r이 添加된 것에서 유래된 것이라고 한다.

(47) *yak'a(-까지.到及助詞) 〈 Gily 〉 ∞ -k'ʌjaŋ(-ᄭᆞ장. 到及助詞) 〈 Kor 〉 …*kaga (到及形)

길약語에서는 '-까지'의 뜻을 첨가할 때, ak'nt나 -tox(向格助詞→到及助詞)를 쓰는데 여기의 ak'nt(*cf.* ak'nt'導達하다')가 한국어의 '-ᄭᆞ장・-ᄭᆞ지'(-까지)와 비교될 것으로 생각한다. 다음에 그 쓰이는 例文을 들어 보인다.

例 čixata tuʒ-ak'n-kuil exarn kavrnt[너야말로 여기-까지-올 것이(라고) 생각하지 아니하였다]<高.p.157>

či tumčin tamïx tar yanïnkr nak'nt har itr(너는 어떤-종류의 담배를 피우면서 어찌하여 내게까지 왔는가-라고 말했다)<高.p.158>

čexot pak'n-kili exarn kavrntra(너야말로 내게까지 올 것이라고 생각하지 아니하였다) <高.p.158>

ak'nt(-까지)<高.p.182> *cf.* ak'-(到達하다)<高.p.182>

이 ak'nt(-까지)<Gily>는 ak'-(<*ak'a-. 到達하다)의 不定法에서 派生된 말인데 ak'-는 yak'-/yak'a-/yak'u-/-yāk/-yak-과 같은 異形態로 나타나기도 한다. 이들의 再構形을 *kaga-(>*yaka-. 到達하다)로 추정할 수 있는데, 이것이 *kaga>kagi>kaji의 發達을 겪은 것이 'ᄭᆞ지'(到及助詞)인 것으로 推定된다. 또 어쩌면 韓國語에서는 語頭母音의 脫落現象으로 *ak'at>ik'at>k'at-i>k'adi>k'ʌji(-ᄭᆞ지)・k'ʌj(i)-aŋ(-ᄭᆞ장)의 發達過程을 겪었을 것으로 볼 수도 있다.

다음의 語頭母音脫落의 類例를 들어 보인다.

ø<Kor>----------------------------	V<Gily>
例 po-(보다, 見)	abï-(지켜보다)<G>
nu-(대변 보다)	ōnï-(대변 보다)<G>
kəru(扁舟)	ogri(扁舟)
s'əl-tä(썰대)	očrai(작은 파이프)<G>
kʌnʌr(그늘)	ïgïnč(어두운 것)<G>, uŋïr(그늘)<G>
t'əg/t'ʌg(턱. 頤)	ïtï(턱)<G>
tʌri-(당기다. 引)	idele-(당기다)<G>
him(힘. 力)	ixmu-(힘쓰다)<G>
t'ü-hʌ-(退毛)	idi-(가죽 벗기다)<G>

한편, Tïmï方言의 ak'nt와 비교하는 대신에, Amur方言의 xuŋgunïnč(到達하다)<G.p.66>의 語幹 xuŋgu-와 비교할 수도 있을 것이다.

*kuŋgu(xuŋgu>kogi>kʌji(-ᄭᆞ지)・kʌj(i)-aŋ(-ᄭᆞ장))의 發達過程을 추정할 수는 있으나, 이들이 실제로 '-까지'의 뜻으로 쓰인 Amur方言의 例文이 자료 부족 탓으로(手中에 Grube 1892・高橋 1942・服部 1955밖에 없음) 발견되지 않아서, 이것이 ak'nt와 比較하는 것보다 音韻上으로는 더 나을 것 같지마는 우선 여기서는 ak'nt(-까지)<Gily>와 '-ᄭᆞ지'를 서로 對應되는 것으로 일단 추정하여 둔다. 따라서 이들의 共通基語는 *kaga(到及形)로 再構될 수 있을 것이다. 그리고 아마 ak'a-(到達하다)와 xuŋgu-(id)는 同起源일 것이다.

이밖에 '-ᄭᆞ지'와 比較될 수 있는 말은 kadar(-까지)<Turk>이 있다.

例 saat ona kadar bekledim(10時까지 나는 기다렸다)<Turk>

(48) -r(目的形語尾)〈 Gily 〉 ∞ -rə/-ra(-러/-라. 目的形語尾)〈 李朝 〉〈 Kor 〉 … *-ra(目的形)

이미 (32)項에서 意圖形語尾 -r/-l<Gily>와 -ryə(-려. id)<Kor>의 比較를 보인 바 있는데, 길약語에서는 그 -r/-l을 目的形語尾로도 쓰며 다음에 그 例를 들어 보인다.

例 ŋanïgïr̲ vind(찾으러 간다)<高.p.54>

čxar-ŋar̲ vīfo(나무-하러 가면서)<高.p.120>
čo ŋanïgir̲ vir̲ hunïfnt(고기를 잡으러 가서 머물렀다)<高.p.160>
kenïvŋkun uxmun-axhaxr yaint uxmil vint(게느붕人들이 싸움하는-연장을 만들어 싸우러갔다)<高.p.171>
kenïvŋtox uxmuil̲ vind(게느붕에게 싸우러 갔다)<高.p.171>
ŋafka či yox ŋal̲-wind nixihorā(벗이여! 네가 신부를 얻으러 간 것이 고맙다) <高.p.176>
yox ŋār̲-vind. yox ŋār-vir gent(신부를 찾으러 갔다. 신부를 찾으러 가서 얻었다) <高.p.176>
ča-ŋas̲(<ŋar̲) vinkt(물 길으러 갔다)<高.p.122>

한편, 韓國語에서는 -rə(-러)/-ra(-라)가 目的形語尾로 쓰이고 있으니 다음에 그 例를 들어 보인다.

例 그는 공부하러 구라파에 갔다.
일요일에 구경하러 극장에 갔다.
궷것 마ᄀᆞ라 사ᄅᆞᄆᆞᆫ 해 才名의 외오 ᄆᆡᆼᄀᆞ로미 ᄃᆞ외에니러<杜初卄一38>
錦官城에 기블 무르라 가놋다<杜初 六十8>

위에서 例示한 바와 같이 -r(目的形語尾)<Gily>와 -ra/-rə(-라/-러. 目的形)<Kor>는 意味機能上으로는 일치하나, 母音對應에 약간 문제가 있으되, -r<Gily>는 起源的으로 *-ra에서 발달한 것으로 추정된다. 즉 -r(目的形語尾)는 副詞形(副動詞形)의 한 機能인 것으로 보이며, 또 副動詞形 -r는 -ra에서의 發達이라는 것이 定說이기 때문이다.

따라서 目的形語尾-r(<*-ra)<Gily>와 -ra/-rə(-라/-러. 目的形語尾)<Kor>는 機能과 音韻의 양면에서 一致하는 것으로 생각되며 그 共通基語는 *-ra(目的形)로 추정된다.

이밖에 -ra/-rə(目的形)<Kor>와 比較할 만한 것으로 -ra/-re(目的形)<Mo>를 들 수가 있을 것이다.

例 yabura̲(가려고), üjire̲(보려고)<W.Mo>

(49) -r(名詞形・冠形形語尾)〈 Gily 〉∞ -r(-名詞形/-冠形形語尾)〈 Kor 〉…
***-r(名詞形・冠形形)**

길약語에서는 -r이 敍述形・副動詞形에 쓰이는 것은 너무 알려진 사실이지만, 그 밖에도 名詞形・冠形形語尾로도 쓰이고 있어서 不定法語尾라고 해도 과언은 아닐 것이며, 그 例는 다음과 같다.

(가) 名詞形:

例 kuttïlox vir yugr̳ intïnt(굴에 가서 들어감을 보았다)<高.p.140>
nex tamrankr morkankenur̳ nuntŋa(내게 살아 나가게 할 수 있는 것이 무엇인가) <高.p.159>
lint-li vinkr̳ intïntra(무엇인지 가는 것을 보았다)<高.p.141>
niğvŋ axr ŋai axr vinkr̳ intïraro har-itr yototnt(사람이거나 짐승이거나 가는 것을 보았느냐라고-말하며 물었다)<高.p.141>
ni wakkei war̳ kavr nixmiya(내게 箱子를 <u>경쟁하</u>지 <u>않고</u><=하나만> 내게 다오) <高.p.159>
Lumpukun i-peškar̳ yaxjunt(<u>룬븝</u>들이 江이 굽은 것을 몰랐다)<高.p.171>

(나) 冠形形:

例 keg-mar̳-heskantox vin čif tulku wifursak(太陽이 오르는 쪽으로 가는 길을 따라 갔다) <高.p.141>…不定時
p′ŋār̳ niğvŋ punt šora wa hura(自己와 함께 사냥하는 사람이 활을 가지고 칼을 찼다) <高.p.175>…現在時
p′ŋār̳ šanx nenïŋ hunïvund(自己와 함께 사냥하는 女子 한 사람이 있었다)<高.p.176>
povir̳ hefken piŋinungura(거품이-이는 여울로 달아나요)<高.p.119>…現在時
irox wintxin. wir̳-mux pšï aint(江으로 갔다. 간-날에 오두막을 만들었다)<高.p.135>…過去時
p′čix wir̳-taiurk masks čxï-vigur nān čend(자기-남편이 간-뒤에 작은 올빼미 하나가 울었다)<高.p.138>…過去時

한편, 韓國語에서도 -r(-ㄹ)은 名詞形語尾와 冠形形語尾에 쓰이고 있으니 그 例는 다음과 같다.

(가) 名詞形:

例 流布호ᄃᆡ 다ᄋᆞᆳ 업시 호리라(流布無窮)<楞嚴 一4>
流落ᄒᆞ야 ᄃᆞᆫ뇨매 쁘디 다ᄋᆞᆳ 업소라<杜初 卄一25>

劫ㅅ因이 아닗 아니며<六祖 上47>
놀애롤 ᄂᆞ외야 슬픐 업시 브르ᄂᆞ니(歌莫哀)<杜初 七26>
밤이조차 우을낫다(=웃을이랏다)<作者未詳. 時調>
놈의 시비 모롤로다(=모롤이로다)< 〃 >

(나) 冠形形:

例 ᄃᆞ리예 뻐딜 ᄆᆞ롤 넌즈시 치혀시니<龍歌 87장>…現在時
製ᄂᆞᆫ 글 지슬 씨니<訓正諺解>…不定時
高山이라 ᄒᆞᆯ 뫼해셔<月釋一27>…不定時
解嘲 지술 ᄆᆞᅀᆞ미 업소라<杜初 七1>…未來時
건네텨 ᄇᆞ리디 말 거시라<杜初 上1>…不定時

위에서 例示한 바와 같이 -r(名詞形 · 冠形形語尾)<Gily>와 -r(-ㄹ. 名詞形 · 冠形形語尾)<李朝>는 音韻 · 機能의 양면에서 완전히 一致한다.

그런데, 현대 길약語에서는 -r이 생산적이 못 되고, 현대 韓國語에서는 -r(-ㄹ)이 名詞形語尾에 쓰이지 않는다.

그리고, '-ㄹ(-r)'이 冠形形에 쓰일 때, 現在 · 過去 · 未來에 관계없이 쓰이는 점도 길약語와 韓國語는 마찬가지이다.

그뿐만 아니라, -r(-ㄹ)<Kor>은 名詞形語尾 · 冠形形語尾에 쓰이었을 뿐만 아니라, 媒介母音 i(이)를 첨가하여 -ri(-리)<Kor>의 형태로써 敍述形에 쓰이고, 또, -ra(-라)의 형태로써 敍述形과 副動詞形으로 쓰이는데 그 例를 다음에 든다.

例 놀애예 일훔 미드니 英主△ 알ᄑᆡ 내내 붓그리리<龍歌 16장> ……………… 敍述形
樓는 다라기라<釋詳 六1> ……………………………………………………… 敍述形
四五劫에 善根을 심군디 아니라 ᄒᆞ마 千萬劫에 한 善根을 시므니(金剛 35)
……………………………………………………………………………… 副動詞形

이와 같이 -r<Gily>이 名詞形 · 冠形形 · 敍述形 · 副動詞形의 語尾로 쓰이듯이, -r(-ㄹ→-리. -라)<Kor>도 그렇게 쓰인다고 볼 수 있어서, 더욱 -r(名詞形 · 冠形形語尾)<Gily>과 -r(-ㄹ. 名詞形 · 冠形形語尾)<Kor >의 대응은 의심할 여지가 없다. 그리고 이들의 共通基語는 *-r(名詞形 · 冠形形)로 추정된다.

이밖에 -r(-ㄹ)<Kor>과 비교할 만한 것으로는 -ru/-ri(冠形形)<Ma> · -r/-ar/

-er(冠形形)<Turk> · -r(名詞形成接語尾辭)<Mo> · -ru(id)<Dr> · -ru(連體形)<Jap>를 들 수 있을 것이다.

例 suisiru si ume tabsitara(罪진 너는 지껄이지 마라)<Ma>
yarar hizmetči(쓸모있는 下女)<Turk>

(50) -f(名詞形 · 進行形語尾) 〈 Gily 〉 ∞ -m(-名詞形/-進行形語尾) 〈 Kor 〉 …… *-m(名詞形 · 進行形) ; ixmï-(進行形助動詞) 〈 Gily 〉 ∞-im-(「伊音」. 進行形助動詞) 〈 Kor, 鄕歌)… *-ixmï-(進行形)

길약語에서 名詞形語尾 · 進行形語尾로서 *-f(-f/-fo/-fï)가 다음과 같이 쓰인다.

(가) 名詞形:

例 yaŋ wif-weskantox čax jand čiu-latnd(저기 가는바-方向에서 나무 두드리는 소리가 났다)<高.p.130>
tuf(말하는 것, 言語)<高.p.128>…tu-(말하다)
aif-čiŋ(故意로, 創作)<高.p.128>…ai-(만들다)

(나) 進行形:

例 čxar-ŋar vīfo āvŋ šanka plīx-plïgïr čērīont(나무-하러 가면서 偉大한 사람인 女子가 디굴디굴-구르면서 울었다)<高.p.120>
p′forox pxïfo šanka gent, p′forox pšïr hunïvund(제-마을로 돌아오면서 女子를 얻어, 제-마을로 돌아와 있었다)<高.p.177>
mağifo(내리면서)<高.p.49>
teağafo(오르면서)<高.p.49>
nikbïn nyeenïn dakïlaŋ xuxit lašifïnt(사람 하나가 매우-따뜻한 外套를 입고 지나가고 있었다)<服.p.771>
koblatifïnt(않으려 하고 있다→病이 들다)<服.p.768>

위에서 보인 바와 같이 -f는 名詞形語尾로 쓰이고, -fo/-fï는 進行形語尾로 쓰이고 있는데, (59) · (65)項에서 例示란 바와 같이 母音 ï는 ø(zero) · o와 흔히 交替되므로 -f/-fï/-fo의 再構形은 *-fï이었을 것으로 일단 추정된다.

한편, 韓國語에서는 *-m(-ㅁ)가 名詞形語尾에, *-myə가 進行形語尾에 쓰이고 있는데 그 例는 다음과 같다.

(가) 名詞形:

例 길 녀미 어려우믄<杜初 卄11>
初觀ᄋᆞᆫ 첫보미라<月釋 八6>
내의 眞情 닐오ᄆᆞᆯ 므던히 너기노라<杜初 七13>
ᄒᆡ를 자보ᄆᆞᆫ 智慧 너비 비칠 ᄂᆞ지오<月釋 一17>

(나) 進行形:

例 이ᄀᆞ티 올ᄆᆞ며(=-옮기면서) ᄋᆞ마 第五十에 니를면<月釋 七13>
보며(=-면서) 또 보ᄃᆡ 그中엣 나는 싸홀 다 보며(=-면서) 다 알리라<月釋 十七58>
逃亡애 命을 미드며(=-면서) 놀애예 일훔 미드니<龍歌 16장>
이 寶樹돌히 行列行列히 서로 마ᄌᆞ셔며(=-면서) 닙니피 서르 次第로 나고<月釋八12>
執音乎手母牛放教遣(*잡음온 손엣 쇼 놓이시고=잡고있는 손에 있는 소를 놓게 하시고) <獻花歌>
火條執音馬(*블져잡음아=부젓가락을 잡고서)<廣修供養歌>
cf. *標는 筆者의 解釋임을 나타냄
감쩌, 감수다(=가고 있다, 가고 있습니다)<濟州>
먹엄쩌, 먹엄수다(=먹고있다, 먹고 있습니다)<濟州>

위에서 '-며'는 *-mï에서 mï>myə(예 ï∞yə 例: sï-'오르려하다, 서다'<Gily>∞셔-'立', ŋïil'여울'<Gily>∞여울, kïš'冬'<Turk>∞겨슬'冬', kïya s'比'<Turk>∞견호-'比')의 發達過程을겪은 형태일 것이고, 또 ï/ɯ(으)는 媒介母音으로 흔히 쓰이므로 그 起源的인 形態는 *-m일 것으로 추정된다.

그리고, 濟州道方言에서 -m이 進行形語尾와 現在形語尾에 두루 쓰이는 것으로 보고 있으나, 鄕歌의 "執音乎 · 執音馬"의 '音'의 기능으로 미루어서 進行形이 起源的인 것으로 생각된다.

따라서, *-f(名詞形 · 進行形語尾)<Gily>와 m<Kor>의 대응이 皮相的으로는 어려울 것 같아 보이는 것이 문제이다. 그러나 길약語의 f는 그 音價가 [ø](ㅸ)이며, v[β]와 자주 교체되고, 韓國語의 p(ㅂ) 또는 m(ㅁ)와 대응되는 類例가 많다.

	-f<Gily>------------------	-v<Gily>
例	čif(路)	čiv(id)
	axf(過誤)	axv(id)
	hunïf-(在・泊)	hunïv-(id)
	kusif(矢)	kusuv(id)
	mif(陸・島)	miv(id)
	tolf(夏)	tolv(id)
	enïf(外)	enïv(id)
	tïlf(秋)	tïlv(id)
	tulf(冬)	tulv(id)
	čxïf(熊)	čxïv(id)
	kuifan(가락지)	kuivan(id)
	čaufrat(곰한테 殺害된다)	čauvrat(id)
	taf(家)	tav(id)

-f<Gily>------------------	-m<Kor>
pašïf(夜)	pam(id)
ŋašïf(胸)	kasʌm(id)
nef(先, 前)	nim(前)
vada/vara(똑같이)<G>	-mada/-mara(每)
vovï(咬)	mur-(id)
cf. pal(大廳)	maro(id)
posx(明後日)	morä(id)
pēr-(恐懼)	mɯʒi-(id)

따라서, -f<Gily>와 -m(-ㅁ ; -며, 名詞形 ; 進行形語尾)<Kor>는 對應되는 그 共通基語는 *-m(進行形・名詞形)로 추정된다.

이런 사실을 -f<Gily>와 -m(-ㅁ)<Kor>이 함께 名詞形成接尾辭로서도 쓰이는 데서 더 확신할 수 있다

例 kuzi-'出'→kusif '矢' <Gily>…-f(名詞形成接尾辭)
수-'現夢'→숨'夢'<Kor>…m(名詞形成接尾辭)

또한 ixmï-<Gily>가 進行形助動詞로 쓰인 것이 확실하다면 -m(進行形語尾)<Kor>와 비교될 수 있을 것이다(高橋 1942에 의하면 ixmu-는 '주다, -고 있다.

힘쓰다, 두려워서 할 수 없다'의 여러 뜻으로 쓰인다 함).

例 yan yinir ixmïnt(저 사람이 그것을 먹고 있다)＜服. p.769＞

위의 ixmï-은 *ixmï＞imï＞im(伊音)의 音韻變遷이 가능하며, 進行形助動詞로 쓰이고 있는데, 「逐好友伊音叱多」＜常隨佛學歌＞에서는 *čoč'oβatimt'a(조초받임싸'좇고 있다' 또는 '좇습니다')와 같이 *im(「伊音」)이 進行形助動詞로 쓰인 것으로 볼 수도 있어서, ixmï＜Gily＞와 im-(「伊音」)＜Kor＞은 그 용법의 一致를 보여 준다고 할 수 있으며 그 共通基語는 *-ixmï(進行形)로 추정된다.

이밖에 -m(-ㅁ, 名詞形・進行形語尾)＜Kor＞과 비교될 만한 것으로는 -m(名詞形成接尾辭・現在形語尾)＜Mo＞・-m(現在進行形語尾)＜Ma＞・-m(名詞形語尾)＜Turk＞・-p/-pe(名詞形成接尾辭)＜Ainu＞ 등을 들 수 있을 것이다.

例 te absi genembi. bi gemun hečen i baru genembi.(이제 어디로 가는가? 내 皇城으로 向하여 간다)＜Ma＞
yabum(그는 간다), yabumu(그는 간다)＜W.Mo＞
nağadum(놀이, 경기) *cf.* vağad-(놀다)＜W.Mo＞
doğum(탄생) *cf.* doğ-(태어나다)＜Turk＞
ölüm(죽음) *cf.* öl-(죽다)＜Turk＞

(51) -ŋ(名詞形語尾)〈Gily〉∞ -ki(기. 名詞形語尾)〈Kor〉…*ŋi (名詞形)

길약語에서는 -ŋ가 名詞形語尾에 쓰인 것으로 믿어지는 예들이 服部(1955)에 의해 例示되어 있음은 이미 (36)項에서 지적된 바 있는데, 여기에 다시 그 例를 들어 보인다.

例 lamslaa keŋ herkan kunkur ittïŋ gavrï akkint(北風이 太陽 쪽을 이기게 한다고 말함이 없으면 나쁘다=…太陽이 이겼다고 해야 한다)＜服.p.972＞
keŋ herkan dakïŋ kur, kabïlant guši ŋu(太陽쪽이 따뜻한—것을 시켜, 가장-따뜻한-것을 내었기 때문에, =太陽 쪽이 따뜻하게 하여 가장…)＜服.p.772＞

한편, 韓國語에는 名詞形語尾로서 -ki-(-기)가 매우 生産的으로 쓰이고 있음은 주지의 사실이다. 다음에 몇 例를 들어보인다.

例 布施ᄒᆞ기ᄅᆞᆯ 즐겨<釋詳 六13>
글스기와 갈쓰기와 ᄇᆡ호니<杜初 七15>
넙고 시브냐 ᄒᆞ시기 내 ᄃᆡᄒᆞᄃᆡ 슬ᄉᆞ오이다<閑中 p.26>

그런데 길약語의 -ŋ(名詞形語尾)과 韓國語의 -ki(名詞形語尾)는 音韻上으로 對應이 가능한지 살펴보기로 한다. 이미 ŋ<Gily>와 k<Kor>의 對應은 (1)項에서 例示한 바 있고, 또 韓國語에 있어서는 名詞나 副詞와 같은 不變化詞가 子音으로 끝나는 경우에 -i-(-이)를 첨가하는 현상은 普遍的이므로 -ŋ<Gily>와 -ki<Kor>는 音韻上으로도 對應이 된다고 할 것이다.

<-i(-이) 添加現象>

例 그력(雁)—그려기(id)
털(毛)—터리(id)
골골(洞洞)—골골이(id)
촌촌(寸寸)—촌촌이(id)
目連을—目連이를
더욱(尤)—더우기(id)
믄듯(忽)—문드시(id)
갑작(驚貌)—갑자기(id)
일즉(曾)—일ᄌᆞ기(id)

그러므로 -ŋ(名詞形語尾)<Gily>과 -ki(名詞形語尾)<Kor>는 機能과 音韻의 양면에서 一致한다고 보아 大過 없을 것이며, 이들의 共通基語는 *-ŋi(名詞形)로 추정된다.

이밖에 -ki(名詞形)<Kor>와 比較될 만한 것으로는 -gi(名詞形成接尾辭)<Turk>·-ğ(id)<Mo>·-ŋ(id)<Mo>·-gei(名詞形)<Dr>·-ku(id)<Jap> 등이 있다.

例 sev-gi(애정) *cf.* sev-(사랑하다)<Turk>
jiru-ğ(그림) *cf.* jiru-(그리다)<W.Mo>

qaldaŋ(더럼) *cf.* qalda-(오염시키다) <W.Mo>
sey-gei(하는 것. 함) > cey-kai *cf.* sey > cey(하다) <Dr-Ta>

(52) -na(屬格助詞) 〈 Gily 〉 ∞ -nä/-ne(-내/-네.屬格助詞) 〈 Kor 〉 …*-na(屬格助詞)

길약語에서는 한국어의 경우와 마찬가지로 體言의 冠形詞로서 다른 體言이 있을 때에는 屬格助詞를 개입시키지 않는 것이 일반적이다.

例 ni hïšk(吾虱), či ox(汝衣) *cf.* ni(吾), či(汝)
kak ŋaki(狐尾), čxïv nağaš(熊皮) *cf.* kak(狐), čxiv(熊)

우리집, 너희집 *cf.* 우리(我等), 너희(汝等)
여우 꼬리, 곰가죽 *cf.* 여우(狐), 곰(熊)

그런데, Grube(1892) p.23 下段을 보면, 單數人稱代名詞가 屬格(所有格)으로 쓰일 때, 특별히 屬格助詞-na를 첨가하는 일이 있다는 것이다. 즉

例 ni-na(나-의), či-na(너-의), vi-na(그-의)

그리고 이 -na(屬格助詞)는 현대 아물方言(大陸方言)에서는 -nï(所有物指示接尾辭)로 實現된다.

例 tï bitgï čiṉïla? hï, niṉïra. (이 책이 너의 것인가? 예, 내 것이다.)
tï dïf merṉï (이 집이 우리의 것) ……………………………… <Savel'eva 1970, p.529>

그러나, 複數人稱代名詞의 屬格은 niŋ(우리, 我等) · čiŋ(너희, 汝等)과 같이 基本形을 그대로 쓰며, 單數人稱代名詞의 屬格도 ni(나, 我) · či(너, 汝)와 같이 基本形을 그대로 써도 무방하다. 어떻든 古代에 人稱代名詞에 屬格助詞 -na(또는 -nï)가 첨가되었던 사실을 알 수 있다.

한편, 韓國語에 있어서도 -nä(-내)/-ne(-네)가 屬格助詞로서 人稱代名詞에 주로 첨가된다.

例 우리내 身勢; 너희-내 집,
저내 마을(=自己들의 마을)<咸南>
선생내 아이
아직 자ᄂᆡ네 앏흔<新語 一2>

위에서 '-내'는 屬格助詞로 쓰인 것이 분명하다. '우리'·'너희'와 "저-내"의 '저'(=저희)는 複數이고 "선생-내"의 '선생'은 單數임이 확실하니 '-내'는 複數를 나타내는 助詞라고 하기 어렵다.

그런데, '-내/-네'가 古典文에서 複數나 '-의 쪽'의 雅語形으로 인식되어 쓰이고 있음을 더러 본다.

例 아자바님내ᄭᅴ 다 安否ᄒᆞᅀᆞᆸ고<釋祥 六1>
어비ᄆᆞᆫ(=族長)내를 모도아<釋祥 六9>
그듸네 큰 일훔 일우믄(子等成大名)<楞嚴 一85>
先生이 ᄀᆞᆯ오ᄃᆡ 그ᄃᆡ네 君子를 되고져 ᄒᆞᄃᆡ(諸君)<小諺五 30>
나그ᄂᆡ네(客人們)<老乞上 18> ………………………………………… 以上 複數助詞
그듸내 기우러 머구믈 보노라(看君傾)<杜初 十五52>
어마님내 뫼ᅀᆞᆸ고 누의님내 더브러<月釋 二6>
녀느 夫人냇 아ᄃᆞᆯ<月釋 二4>
녯 聖人냇 ᄇᆞ라몰 보미 맛당컨뎡<蒙法 20>
현인네 글왈란<野雲 48>
判事네도 同道ᄒᆞ야<新語 一2> …………………………………… 以上 '-의 쪽'의 雅語形

위에서 보인 複數助詞-'-내/-네'는 -nar(複數助詞)<Mo>와 대응되는 것으로서 이것은 高句麗系의 形態素이고, '-의 쪽'의 雅語形接尾辭-'-내/-네'는 -na(-의 쪽)<Ainu>와 對應되는 形態素로서 그것이 기능이 다소 향상된 것으로 추정된다. 이들은 起源的으로 屬格助詞 -nä/-ne와는 다른 것이다. 바꾸어 말하면, '-내/-네'는 서로 起源을 달리하는 '屬格助詞'와 '複數助詞'와 '-의 쪽'의 세 가지의 의미를 가지고 있다.

그리고, 여기서 논하고 있는 屬格助詞-'-내/-네'는 얼핏 보기에는 單數人稱代名詞에 쓰이지 않는 것처럼 보이나 실은 그렇지 않고, '내ᄋᆡ·네의'(屬格形)<李朝> 속에 잠재되어 쓰이고 있는 것으로 생각된다. 다시 말하면, 'ᄂᆡᄋᆡ'와 '네의'는

나(我)—내(屬格助詞)>내내>내:>내ᄋᆡ(長形屬格)
너(汝)—네(屬格助詞)>네네>네:>네의(長形屬格)
또는, nä(내)-*na(屬格)>nä-nä->änä(矣徒)>inä(이내)>nā̈>naE
ne(네)-*na(屬格)>nene>ene>ine>nē>neɪ(네의)

와 같이 일단 長母音化하고, 다시 長母音의 解體現象(breaking)이 일어난 것으로 추정된다. 마치 '내내'(恒常 *cf.* lēlē '끝까지'<Gily>)가 '내내>내[nä]>내이'(*cf.* 三年을 내: 우러 디내니라 <金三 烈 10> ; 내이 나조ᄒᆡ 잔ᄎᆡ홀 제>三譯 八8>)의 變還을 겪은 것과 같다. 따라서 人稱代名詞에도 두루 屬格助詞 '-내/-네'가 첨가되어 쓰였다고 할 수 있다.

다음에 '내ᄋᆡ'(=나의) · '네의'(=너의)의 例文을 들어 보인다.

例 諸佛도 내ᄋᆡ 不可思議功德을 일ᄏᆞ라<月釋 七76>
네 내ᄋᆡ 여러 劫에 중생을…度脫ᄒᆞ논 이ᄅᆞᆯ 보ᄂᆞ니<釋祥 十一7>
내ᄋᆡ ᄆᆞᅀᆞᆷ과 누ᄂᆞᆯ<楞嚴 一45>
내의 疑心ㅅ불휘ᄅᆞᆯ ᄲᅡᅘᅧ<楞嚴 二21>
내의 닐오ᄆᆞᆯ 듣고<金剛 後序11>…(主格的)
내의 眞情 닐오ᄆᆞᆯ 므던히 너기노라<杜初 七13>
剡昴岑參은 내의 이우지 아니라<杜初 七13>
나그내로 사로매 네의 어려우믈 보노라<杜初 八45>…(主格的)
네의 本來 덛더든 거슬 일흔 젼ᄎᆞᆯ씨<楞嚴 一85>…(主格的)
네의 玉山앳 草堂ᄋᆡ 寂靜호ᄆᆞᆯ ᄉᆞ랑ᄒᆞ노니<杜初 七32>
네의 頂門앳 正ᄒᆞᆫ 눈 어로ᄆᆞᆯ 許ᄒᆞ리니<金三 四14>…(主格的)

위에서 예시한 文面內容으로 보아서 '내ᄋᆡ · 내의 · 네의'는 분명히 屬格(所有格)이며, 다음에 잇대이는 名詞나 名詞節의 限定語로 두루 쓰이고 있음을 알 수 있다. 그것이 名詞節의 主語자리에 쓰이기도 하지마는 安秉禧 教授가 지적한 것처럼 전부가 그런 것은 아니다. 다만 短形의 屬格—'내'(나의)나 '네'(너의)가 주로 名詞를 한정하는 데 대하여, 長形의 屬格—'내ᄋᆡ/내의'(나의)나 '네의'(너의)는 名詞를 한정할 뿐만 아니라 名詞節의 主語('-ᄋᆡ/-의'는 主格的 屬格助詞)로도 다분히 쓰였다는 점이 차이라면 차이일 것이다.

따라서 '나ᄋᆡ'와 '네의'의 再構形은 '나-내'와 '너-네'가 될 것이며, 여기의 '-내

/-네'는 屬格助詞가 될 것이다. 이것은 "우리-내 · 너희-네 · 先生-네"의 '-내/-네'와 일치하며, '-내/-네'(屬格助詞)가 古代에는 일반화되어 있었음을 알 수 있다.

또, "이내 ᄆᆞᅀᆞᆷ애 · 이내 가슴에" 등의 '이내'를 常識的으로 '이(是)-내'(我의)의 複合語로만 생각하고 있으나 그렇지 않고, 이것은 na(我)-*na(屬格助詞)>nina >ninä>inä(矣徒, 이내) 또는 ni(我 *cf.* ni'我'<Gily>)-na(屬格助詞)>ninä>inä(이내)의 發達過程을 밟은 '이내'(我의)인 것으로 추정된다. 허나 鄕歌 風謠를 "哀反多 矣徒良"처럼 끊으면 '矣徒'(*나내>내내>애내>의내)는 '나(我)-내(複數)'의 뜻이 될 것이며, 吏讀의 '矣徒'는 '나의'와 '내쪽→우리'의 두가지 뜻으로 두루 쓰인 것으로 볼 수도 있다[이두에서 '矣'가 '이(是)'로 읽힌 일이 없음].

> **例** 矣徒段 全羅道長城地白巖寺乙 祖上文貞公教是 … <永樂七年長城監務關字>→矣徒'내쪽'
> 矣徒父母一同…並三百石 後矣徒四寸兄…< 〃 〃 >→矣徒'나의'

또ᄒᆞᆫ, '내ᄋᆡ'(=나의) · '네의'(=너의)의 末音節 '-ᄋᆡ/-의'가 誤分析으로 말미암아 바로 屬格助詞처럼 인식되어서 그것이 드디어는 그렇게 고정되어 버린 것으로 생각할 수도 있다. 물론 달리 추정할 수도 있지마는, 이렇게 생각하는 까닭은 우리 주위의 여러 言語들 가운데는 '-ᄋᆡ/-의'와 對應될 만한 것으로서 蒙古口語의 屬格助詞-'-ai/-ei'가 있는데, 이것은 文語 -yin/-u/-ü/-un/-ün 등에서의 발달로 보기 어려울 뿐만 아니라 (아마 高句麗語에서의 借用일 것임), -ai/-ei<Mo>가 쓰인 시기가 近世이므로 15世紀에 쓰인 '-ᄋᆡ/-의'를 거기서의 發達이라고 볼 수 없고, 또 한편, 아이누語의 -or(o)(處屬格助詞)<Ainu>와 비교하거나, 위에서와 같이, 屬格助詞-na가 代名詞 '나(na · 我) · 너'(nə. 汝)와 어울려서 일단 '내ᄋᆡ · 네의'의 형태로 변했다고 보고, 이런 형태가 頻出한 데서 그 末音節-'-ᄋᆡ/-의'가 屬格助詞로 오인되게 이르렀다고 보거나 피장파장이기 때문이다. 어떻든 이미 三國時代에 벌써 屬格助詞로서 '-ᄋᆡ/-의'로 굳어졌던 것으로 추정된다(*cf.* -矣/-衣). 한편 '-내/-네'는 실제에 있어서는 屬格助詞로 지금까지 쓰이고 있으면서도, 複數助詞의 '-내/-네' 및 '-의 쪽'의 뜻의 雅語形接尾辭의 '-내/-네'와 混同되어서,

그것이 屬格助詞인 것을 인식 못 한채로 막연히 쓰이고 있는 터이다.

다음에 鄕歌에 나오는 屬格助詞 '-矣(의)/-衣(의)'의 例文을 몇 개 보인다.

例 耆郎矣 皃史 是史藪邪<讚耆婆郎歌>
直等隱 心音矣 命叱 使以惡只<兜率歌>
乾達婆矣 遊烏隱 城叱肹<慧星歌>
三花矣 岳音 見賜烏尸 聞古<慧星歌>
部伊冬衣 南無佛也 白孫 舌良衣<稱讚如來歌>
於內人衣 善陵等沙<隨喜功德歌>
皆 吾衣 修孫 一切 善陵<善皆廻向歌>

요컨대, 길약語의 屬格助詞-na와 韓國語의 屬格助詞-*-na(>-내/-네)는 文法機能과 音韻의 양면에서 완전한 일치를 보여 준다고 할 것이며, 이들의 共通基語는 *-na(屬格助詞)로 추정된다.

(53) -ra-lo 〉-raro/-rral/-sar(歷史的 現在疑問形語尾)〈 Gily 〉 ∞ -lša/- lšə(-ㄹ 샤/-ㄹ 셔. 歷史的 現在疑問形語尾→感歎敍述形語尾)〈 Kor 〉…*ra-ro(歷史的 現在疑問形)

길약語에서는 -ra-lo(>-raro/-rral/-sar)가 歷史的 現在(客觀的 過去) 疑問形語尾로 쓰이고 있어서 그 例文을 다음에 들어 둔다.

例 či lunt-avr intï<u>raro</u>(<intï-ra-lo)(네가 무엇을 보았느냐)<高. p.141>
či hupnt intïsar(<intï-ra-lo)(네가 앉아서 보았느냐)<高. p.151>
niğvŋ axr ŋāaxr vinkr intïraro(<intï-ra-lo) har-itr yototnt(사람이거나 짐승이거나 가는 것을 보았느냐 하고 물었다)<高. p.141>
pšï-ša-lo(<pšï-ra-lo)(왔는가)<高. p.53>
nšï-rra-l(<nšï-ra-lo)(보았는가)<高. p.53>

[참고]
*-ra-lo>-raro>-šaro>-sār
cf. r∞š(har∞haš)<高. p.18> ; r∞l(har-itnt∞hal-itnt)<高. p.18>
*-ra-lo>-rāl>-rral

그런데, 위의 -ra-lo에서 -ra는 二人稱 · 三人稱의 單數인 主語와 呼應하는 語尾

로서, 때로는 歷史的 現在를 나타낸다(때로는 미래를 意味하기도 함). 또한 -lo는 단순한 疑問形語尾이다.

한편 韓國語에 있어서는 起源的으로 *-ra-lo(-lï/-lu/-l)에 遡及할 수 있는 '-ㄹ샤(-ㄹ쌰)/-ㄹ셔(-ㄹ쎠)'가 歷史的 現在(客觀的 過去) 疑問形語尾 또는 그것에서 轉化한 感歎敍述形語尾로 쓰이고 있는 바 그 例文을 들어 둔다.

例 누릿 가온대 나곤 몸하 ᄒᆞ올로 녈셔(=…肉身만 홀로 갔는가. 가려면 내 마음 속의 님도 함께 가버렸어야 그립지나 않을 것을!)＜動動＞
四月 아니 니저 아으 오실셔 곳고리새여(=…아니 잊어 오셨는가…)＜動動＞
汗衫 두퍼 누워 술ᄒᆞᆯ ᄉᆞ라온뎌 고우닐 스싀옴 녈셔(=…사랑하는 님을 제 각기 가게 하였는가)＜動動＞ ……………………………………………… 以上 歷史的 現在疑問形
有情도 有情ᄒᆞᆯ샤＜松江 一4＞
어린 아히 에엿블샤＜朴重 下43＞
胡風도 ᄎᆞ도 ᄎᆞᆯ쌰＜海東 p.38＞
白髮도 하도 할샤＜松江 一1＞
클셔 萬物이 브터 비르수미여＜圓覺 序31＞
荒淫ᄒᆞᆯ셔 膏粱을 먹는 客이여＜杜初 十六72＞
셜ᄫᅳᆫ 일도 이러ᄒᆞᆯ셔＜釋祥 六5＞
두루 안자셔 모다 머그며 맛날쎠 ᄒᆞ던 사ᄅᆞᆷ돌히＜月釋 卄三79＞ …. 以上 感歎敍述形

위에서 우리는 '-ㄹ셔/-ㄹ샤'의 형태가 高麗時代 이전에는 李朝時代와 같은 感歎敍述形이 아닌 歷史的 現在疑問形으로 쓰이었음을 高麗歌謠 속의 使用例로써 확인할 수 있다. 그러던 것이 李朝時代로 내려오면서 그 기능이 변하여 感歎敍述形으로 쓰이게 된 것이다.

그런데, 이 '-ㄹ셔/-ㄹ샤'는 起源的으로 -ra-lo에서 발달된 것으로 추정된다. 즉 -ra-lo＞-rala＞-raša＞-l-ša(-ㄹ샤)→-l-šə(-ㄹ셔)(*cf.* r∞l 例. har-itnt∞hal-itnt ; r∞š 例. har∞haš ＜高. p.18＞)의 變遷이 가능하다.

따라서 길약語의 -ra-lo(＞-raro/-rral/-sar. 歷史的 現在疑問形語尾)와 韓國語의 -lša/-lšə(-ㄹ샤/-ㄹ셔/-ㄹ쌰/-ㄹ쎠. 歷史的 現在疑問形語尾→感歎敍述形語尾)는 기능과 음운의 양면에서 일치하는 同起源의 文法形態이며, 그들의 共通基語는 *-ra-lo(歷史的 現在疑問形)로 추정된다.

(54) *-ku-ra 〉-kra 〉-kr(中止形語尾)〈 Gily 〉 ∞ -kəʒa/-koʒa(-거ᅀᅡ/-고ᅀᅡ. 中止形語尾)〈 李朝 〉…*ku-ra(中止形)

길약語에서 *ku-(使動助詞)+ra(副動詞形語尾)에서 *발달한 -kra>-kr이 中止形語尾(한 動作이나 作用이 끝난 다음에 다른 동작이나 작용이 일어남을 보이는 語尾)가 다음과 같이 쓰이고 있다.

例 vin-k(-u)-ra(가고야, 가고서)<高. p.45>
čakko-hïs ŋašïf čevr iznax intïnkr šivūr, hespezr čuv uiginkr, har iznax intïnkr, araki yer rar iznaivr hunïvnd(창칼로써 가슴을 찔러 그들에게 보이고서 빼내고, 손으로 쓰다듬으니 상처가 없어지고서, 그리고 그들에게 보이고서, 술을 사서 마시고 그들에게 있었다)<高. p.137>
niğvŋ axr ŋāaxr vinkr intïraro har-itr yototnt(사람이거나 짐승이거나 가고서, <너는 그것을> 보았느냐라고 말하며 물었다)<高. p.141>
čai murŋ jankr wenkunt(다시 말을 때려서 가게 하였다)<高. p.152>
tayagant yexarn hestox teağankr, čxïv ğer iniga ŋaurmi vir morkar hunïvïna(海神의 아들이 陸地에 올라가서 곰이≪그것을≫얻어 먹어 뱃속에 가 있었다)<高. p.160>
pal-šanka pal vinkra, tol-šanka tol vinkra har hunïvïnd(山女가 山에 가고서, 海女가 바다에 가고서 그러고 있었다=山-女는 山에 가서 살고, 海-女는 바다에 가서 살았다)<高. p.160>

한편, 韓國語에서는 中止形語尾로서 -koʒa/-kəʒa[-고ᅀᅡ(>-고야)/-거ᅀᅡ(>-거야)=-고서야/-어서야]<李朝>가 다음과 같이 쓰이고 있다.

例 지조 겻구고ᅀᅡ 精舍ᄅᆞᆯ 짓더니<釋祥 六35>
벌에 ᄃᆞ외야ᄂᆞᆯ 보시고ᅀᅡ 안디시<=안듯이>ᄒᆞ시니<月曲 43>
서 맔 수를 먹고ᅀᅡ 비르서 朝會ᄒᆞᄂᆞ니<杜初 十五40>
막대 딥고ᅀᅡ 니더니<譯三 孝29>
회답을 보고야 ᄆᆞ음을 노호시고<閑中 p.86>
밀므리 사ᄋᆞ리로ᄃᆡ 나거ᅀᅡ ᄌᆞᄆᆞ니이다<龍歌 67장>
그 쇠 鐵草를 머거아(<*머거ᅀᅡ) 有德ᄒᆞ신님 여희ᄋᆞ와지이다<鄭石歌>
百千헤 ᄎᆞ거ᅀᅡ 도로 舌相ᄋᆞᆯ 가ᄃᆞ시고<釋祥 六39>
엇뎨 ᄒᆞ거ᅀᅡ 말리오<杜初 七21>
늙거야 므ᄉᆞ 일로 외오 두고 글이ᄂᆞᆫ고<松江 一11>
늙게야 江山에 믈러 와서<靑永 p.118>

위에서 例示한 바와 같이 *-ku-ra>-kra<Gily>와 -koʒa/-kəʒa(-고ᅀᅡ/-거ᅀᅡ)<李朝>는 그 기능상으로는 서로 일치하나, 音韻의 對應이 가능한지 한번 살펴보아야 하겠다. 먼저 母音에 있어서 u<Gily>와 o/ə<Kor>의 차이가 있는데, 그것은 약간의 開口度의 차이일 뿐이고, o와 u의 互轉은 한국어 자체 내에서는 물론 우리 주변의 모든 언어의 자체 내에서도 흔히 볼 수 있는 일이니 문제될 것이 없고 u<Gily>와 ə<Kor>의 대응은 다음의 比較例로 보아 확실하다.

	u<Gily>--------------------	ə(어)<Kor>
例	utk(夜)<G>	ətɯk-ətɯk(어득어득)
	gumu-(붙잡다)	kəm-(붙잡다) *cf.* 검-잡다, 검어쥐다
	čvux(주먹)<G>	čumək(주먹)
	kuzr(大食家)<G>	kəji(乞人)
	xukr(거기)<G>	kəkɪ(거기)
	vuski-(벗기다)<G>	pək'i-(벗기다)
	urgn(生命)	ə̄r(精神・靈)
	punzi-(添加하다)<G>	pənji-(擴散하다)

다음에 z<Gily>와 r<Gily>의 互轉은 高橋(1942) p.18에서 ř-z-r(音韻上으로는 'r-z')의 互轉의 예로서 řand-zand-rand(飮)와 같은 例를 제시한 바 있고, 길약語의 /z/는 [z]・[ʒ]의 여러 音으로 發音되고, 韓國語<李朝>의 'ᅀ'는 [z]라고 흔히 설명되고 있으나 필자는 [ʒ]로 발음되었거나 그렇게 발음된 경우가 더 많은 것으로 생각되며, 이것은 우리 주변의 言語들의 r과도 對應되는 것으로 믿어진다. 다음에 그런 例를 몇 개 든다.

	-ʒ(ᅀ)<Kor>--------------------	-r<諸語>
例	naʒ-(癒)	ler-(id)<Gily>
	muʒu(무우)	muřk(id)<Gily-服.>
	mɯʒi-(懼)	pēr(id)<Gily>
	čɯʒ(貌)	šir(表面)<Ainu>
	pʌʒe-(映・照)	heriat(id)<Ainu>
	naʒ-(優・勝)	anare(id)<Ainu>

kʌʒ(邊) karai(涯)<Dr>
kʌʒ-(切・刈) kuṟai(id)<Dr>
kɯʒ-(劃) kīṟu(id)<Dr>
niʒ-(連) nere(id)<Dr>
pɯʒɯrɯm(瘡) pure(id)<Dr>

따라서 *-kura>-kra>kr(中止形語尾)<Gily>와 한국어의 -koʒa/-kəʒa(-고ᅀᅡ/-거ᅀᅡ. 中止形語尾)<李朝>는 그 기능과 音韻의 양면에서 거의 완전한 一致를 보여주는 동시에 '-고ᅀᅡ/-거ᅀᅡ'는 길약語의 경우로 미루어서 起源的으로 '使動助動詞語幹+副動詞形'의 複合形態일 것이며, 그들의 共通基語는 *-ku-ra(中止形)로 추정된다.

(55) *-kudya 〉 kya(-게 하여져라→所望形語尾) 〈 Gily 〉 ∞ -kodya/-kodyə/-kwadya/-kwadyə/kwadEyə(-고댜/-고뎌/-과댜/-과뎌/-과뎌여. -게 하여져라→所望形語尾) 〈 李朝 〉 …*-kua-dia(所望形)

길약語에서는 與格의 名詞・代名詞의 다음에 動詞의 語幹에 使動助動詞가 附加되어서 '所望' 또는 '請願'의 구실을 한다. 다시 말하면, 'ku-(使動助動詞)+di(自動的 可能)+a(命令形)'>kuyia>kuya>-kya(所望形)가 다음과 같이 쓰이고 있다.

例 nax arinkya(내게 먹게 하여져라→내가 먹고자 한다)<高. p.52>
yaŋax vinkya(저분을 가게 하여져라→저분이 가고자 한다)<高. p.72>
keoxata! haŋa, nex wai vinkya(사환아! 그러니, 내게 아래에 가게 하여져라→…내가 아래로 가고자 한다)<高. p.142>
nex tamïx tankya har itr(내게 담배를 피우게 하여져라 하고 말했다→ 나는 담배를 피우고 싶다고 말했다)<高. p.158>

위에 보인 바와 같이 *-kuya>-kya는 形態上으로 볼 때 '强制'나 '命令'처럼 高橋(1942)는 말하고 있지만, 그 실제 用例를 보면 '所望'이나 '請願'의 구실을 하는 形態임이 확실하다.

한편, 韓國語에 있어서는 '-고댜/-고뎌/-과댜/-과뎌/-과뎌여'(李朝)가 상당히 자주 쓰이고 있는데, 이것은 '-고(使動形)+아(副詞形)+디(自動的 可能)+어(命令形)'의 構造를 가진 말로서 그 例를 들면 다음과 같다.

例 厄이 스러디과뎌 ᄒᆞ노니<月釋 序25>

cf. '-과-'(使動接尾辭) 例 ┌ 새훠를 다가 다 둔녀 헤야 ᄇᆞ리과라 (把新靴子都走破了)<初朴 通事 上35>
└ 새훠롤 다가 다 둔녀 해야 ᄇᆞ리게 ᄒᆞ고 <重朴通事 上32>

가지과뎌 ᄒᆞ시니라(欲持)<楞嚴 九73>
알에 ᄒᆞ시과뎌 願호미오<金剛 13>
그치시과뎌 ᄉᆞ랑ᄒᆞᄂᆞ다(億止)<杜初 卄4>
일흠을 엇과뎌 ᄒᆞ오셔<癸丑 p.42>
므서슬 니ᄅᆞ과뎌 ᄒᆞᄂᆞ뇨<朴重 下56>
사ᄅᆞᆷ이 수이 알과댜ᄒᆞ야<小諺 凡1>
다 버서나과뎌여 願ᄒᆞ노이다<釋祥 十一3>
吹噓ᄒᆞ과뎌여 ᄉᆞ랑ᄒᆞ노라<杜初 卄34>
눈므리 드리고뎌 ᄒᆞ노라<杜重 十一28>

따라서 *-kudya>kya<Gily>와 -kodya/-kodyə/-kwadya/-kwadyə/kwadᴇyə <Kor>는 그 기능이 一致함을 보아 왔으나, 音韻上에서도 對應되는지 알아보기 위해서는 -u<Gily>와 -o<Kor> 및 -y-<Gily>와 -d-(-t-)<Kor>가 각각 對應되는지 그것을 다음에서 살펴보기로 한다.

먼저 u<Gily>가 o<Kor>와 對應됨은 이미 (19)項에서 例證한 바 있으니, 여기서는 y<Gily>가 d<Kor>와 對應될 가능성 여부를 알아보는 데 그친다.

	y<諸語>-----------------------	d/t<Kor>
例	ye/ya(彼)<Gily>	tyə(id)
	yak'u-(來・到着)<Gily>	tagɯ-(近接)
	yat-(조용히 가다)<Gily>	tʌtni-(通行)
	yer(데리고)<Gily>	tʌri-(率)
	yabe-(覆・蓋)<Gily>	təp'-/tup'-(id)
	yabra-/yaberka-(착 달라붙다)<Gily>	tabuji-(冒)
	yak-(燒)<Turk>	tahi-(點火)

yak-la-š(近接)<Turk>	tagɯ-(id)
yapɯl-(化)<Turk>	taβᴇ-(id)
yat(異)<Turk>	tat(id)
yavan(單純)<Turk>	tamᴇn(單)
yāver(助)<Turk>	toβ-(id)
yoğ(厚)<Turk>	tuk'-əb-(id)
hayïr(善良)<Turk>	ədir-(id)
kayïr-(보살피다)<Turk>	kədɯr-(id)
kïyï(端)<Turk>	kɯd(id)
pāye(階)<Turk>	pət'əŋ(id)
yey(良)<Turk>	id-(id)
höyük(爆發)<Turk>	hot'oŋ(憤怒・銃)
y<Jap>------------------------	d<諸語>
例 yak-(燒)	doğ-la-(id)<Turk>
ya(屋)	dar(家・住居)<Turk>
yabur-(破)	darbe-t-(id)<Turk>
yo(四)	dört(id)<Turk>
yama(山)	dabagan(嶺)<Ma>
yasa-si(和順)	dahasu(id)<Ma>
-yori(以由)	deri(id)<Ma>
yoru(夜)	dobori(id)<Ma>
yo(四)	duin(id)<Ma>
yure-(搖)	duri-(id)<Ma>

위에서 例示한 바와 같이 y<Gily>와 d/t<Kor>의 對應은 의심의 여지가 없으니 *-kuya>kya(-게 하여라→所望形)<Gily>와 *-koadiə>-kwadyə/*-koadia>-kwadya(-게 하여져라→所望形)<李朝>는 對應되는 것으로 推定된다.

그리고 *-koadyə/*-koadya<Kor>에서 -ko-는 본시 接尾辭가 아닌 使動詞여서 거기에 副詞形 -a가 添加되고, 여기에 다시 ti-/di-(自動的 可能形助動詞 語幹)+a/ə(命令形)이 어울려 이루어진 形態였을 것이나, 나중에 使動詞 ko-가 虛詞化하여 接尾辭처럼 쓰임에 따라서 그의 副詞形 -a가 脫落하여 -kodyə(-고뎌)/-kodya(-고댜)가 形成된 것으로 생각한다.

따라서 이들의 共通基語는 *-kua-dia(所望形)로 再構할 수 있을 것이다.[*cf.* -kwadᴇyə(-과뎌여)는 *-kua-dia>kwadia>kwadai(母音倒置. -ia>-ai)>kwadayə (*cf.* i>yə)>kwadᴇyə(*cf.* 逆行同化. -ay->-ᴇy-)의 變化를 거친 것으로 본다.]

그런데, 所望形 '-고져/-고쟈'를 '-고뎌/-고댜'에서 口蓋音化하여 생긴 것으로 보기 쉬우나, 그렇지 않을 것이다.

적어도 口蓋音化에 의한 변화라고 보자면, '-고뎌/-고댜'가 '-고져/-고쟈'보다 時代的으로 앞선 形態이어야 하는 데도 불구하고, 도리어 實例上으로는 그것이 '-고져/-고쟈'보다 늦은 시기에 쓰인 것으로 보이므로, 口蓋音化現象으로 생겨난 것이라고 하기 어렵고, 또 그렇다고 훨씬 後世의 音韻變化現象인 逆口蓋音化(不正回歸. 例 : 짗'羽'>깆>깃 · 치'舵'>키 · 질쌈>길쌈 · 그지없다>그디없다 등)으로 '-고져/-그댜'가 된 것으로 볼 수도 없으므로 '-고댜/-고뎌'와 '-고쟈/-고져'는 그 起源을 달리하는 것으로 볼 수밖에 없다(*cf.* kusu'所望形'<Ainu>: kösü '願하여 얻다, O.Turk').

그리고 길약語의 動詞語尾-ya는 Tïmï(上樺太東部)方言에서는 命令形으로만 쓰이지마는, Amur方言에서는 命令形으로는 물론이지만 敍述形 · 疑問形에도 두루 쓰임이 지석되고 있다. Grube(1892) p.35 末尾에 Glehn이 採集한 例文을 두개 들고 있다. 즉 či ezmuya(너는 願하느냐) ; ni emuya(나는 願한다)가 그것인데, 이런 점으로 보아서 [*-ta>-da>-ya]의 발달을 생각할 수 있다면 그 起源的인 機能이 '敍述形'이었는데, 그것이 疑問副詞와 呼應할 때에는 疑問形으로 代用되고, 使動助詞와 어울릴 때에는 所望形처럼 쓰이다가, 드디어 命令形으로 汎用되게 이른 것이라고 할 수도 있을 것이다. 韓國語에선 -ta(-다)가 敍述形(-ᄂ다) · 疑問形(-는다)에는 쓰이지마는 命令形이나 所望形에는 쓰이지 못하므로 -ya(命令形)<Gi ly>의 起源을 -ta에 遡及시킬 수 없다.

이밖에 '-과뎌/-과댜/-고뎌/-고댜' 등과 比較될 수 있을 것으로 보이는 것에는 -ga(所望形)<Jap> · -ğsa/-gsä(id)<O.Turk> · -ğasay/-gesey(id)<W. Mo> 등이 있으나, 原則的으로 이것들은 '-고져'와 比較되어야 할 것이다.

例 körü-gsä(보고자 한다)<O.Turk>
yabu-ğasay(그가 가기를 바란다)<W.Mo>

(56) -r/-l(意圖形) 〈 Gily 〉 ∞ -ji-/-jyə-(-지-/-져-. 意圖形) 〈 Kor 〉 …*-ri(意圖形)

이미 (32)項에서 例示한 바와 같이 길약語에서는 -r/l가 意圖形語尾로 쓰이고 있고, 韓國語에서는 그것과 對應되는 -ri/ryə(-리/려)가 意圖形語尾로 쓰이고 있는데, 한편으로는 -ji>-jyə(-지-/-져)가 쓰이고 있어, 이것은 [-ri>-ʒi>-ji>-jyə]의 변화를 거친 것으로 믿어지므로 길약語의 -ri(意圖形)와 韓國語의 *-ji>-jyə(意圖形)는 對應되는 것으로 추정된다. 따라서 이들의 共通基語는 *-ri(意圖形)가 될 것이다.

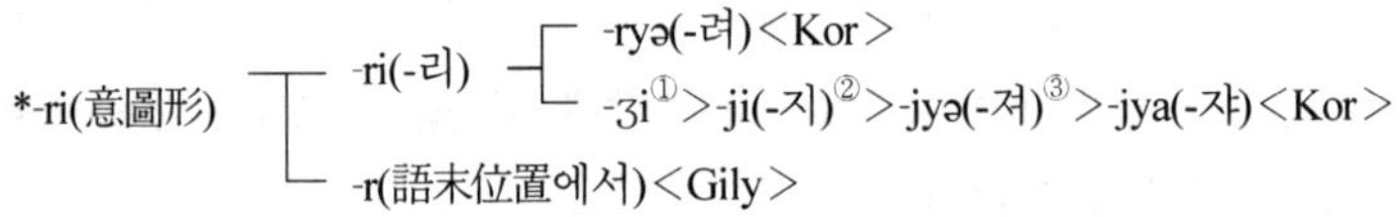

*-ri(意圖形)
- -ri(-리)
  - -ryə(-려)<Kor>
  - -ʒi① > -ji(-지)② > -jyə(-져)③ > -jya(-쟈)<Kor>
- -r(語末位置에서)<Gily>

①	-r<Gily>--------------------------	-ʒ(ㅿ)<Kor>
例	ler-(癒, 낫다)	naʒ-(낫-. id)
	murĭk(무우의 一種)<服>	muʒu(무ᅀᅮ. 무우)
	pēr-(懼)	mɯʒi-(므ᅀᅵ-. id)
②	-r<Gily>--------------------------	-j/-č'<Kor>
例	kuzr(大食家)<G>	kəji(거지. 乞人)
	zoorka-(破打)	čoji-(조지-. id)
	ker-(止)	kɯč'-(긏-. id)
	čaŋkr(기름종지)	čyoŋji(종지)
	tiŋger(채소)	čəŋguji(정구지)
	ŋaigr(羽)	kič'(깇>깃. id)
③	i<諸語> ∞yə<Kor> (例) (29)項 참조	

그리고 위의 도표에서 보인 바와 같이 -ji(-지. 意圖形語尾)에서 새로운 意圖形語尾-jyə(-져)가 생겨난 것으로 생각되는데, 여기에 使動接尾辭 -ko(-고)가 첨가되어 '-고져'의 형태로서 '所望'의 뜻을 나타내게 이른 것이며, 다시 이들에서 母音調和에 의해서 '-쟈'·'-고쟈'가 파생된 것으로 추정된다.

또한 '-지-'(意圖形語尾)는 '-아/-어(副詞形語尾)+지+이다/라(敍述形語

尾)'[-아지이다/-어지이다/-아지라/-어지라(所望形語尾)] · '-고(使動形)＋지＋고(疑問形語尾→感歎形語尾)'[-고지고(所望形語尾)]의 여러 양식으로 표출된다.

다음에 '-지-/-져/-쟈'(意圖形語尾) 및 '-고져/-고쟈/-고지고'(所望形語尾)의 例를 들어 보인다.

例 말 드러 이르ᅀᆞᄫᅡ지이다<釋祥 六22>
비러지이다 請ᄒᆞ거늘<內訓 二上 30>
내 니거지이다<龍歌 58장>
이제 世尊 ᄀᆞᆮ가지이다<月釋 二9>
蒼然히 이ᄅᆞᆯ 議論ᄒᆞ야지라 請ᄒᆞ거늘<杜初 卄二35>
겨ᅀᅳ레 외ᄅᆞᆯ 머거지라 ᄒᆞ거늘<三綱 孝 30>
ᄒᆞᆫ 말 니ᄅᆞ고 죽가지라<三綱 忠 15>
잢간 녀러 오나지라 ᄒᆞ야늘<三綱 孝 29>
高堂素壁에 거러두고 보고지고<靑永 p.33>
일후므란 賢劫이라 ᄒᆞ져<月釋 一40>
뉘 아니 ᄉᆞᆾᄌᆞᆸ고져 ᄒᆞ리<龍歌 78장>
그딋 ᄯᆞᄅᆞᆯ 맛고져 ᄒᆞ더이다<釋祥 六15>
니르고져 홇배 이셔도<訓正諺>
뎌 긔운 흐터내야 人傑을 만들고쟈<松江 一4>
잡아 가고쟈 ᄒᆞ거든<小諺 六18> ………………………………… 以上 所望形
世世에 妻眷이 ᄃᆞ외져 ᄒᆞ거늘<釋祥 六8>
ᄒᆞᆫᄃᆡ 가 듣져 ᄒᆞ야든<釋祥 十九6>
ᄇᆞ리디 마져 ᄒᆞ더라<杜初 十六18>
正月ㅅ 나릿므른 아으 어져녹져 ᄒᆞ논ᄃᆡ<動動>
婚姻ᄒᆞ쟈 期約ᄒᆞ얏더니<續三綱. 烈2> ………………………………… 以上 疑問形

그런데, 新羅時代에서도 「古如」로써 '-고져'를 表記하였던 것으로 推定된다. 「古如」를 解讀한 분들이 모두 '-고다'로 읽고 있으나, 필자는 「如」를 音讀하여야 한다고 생각한다. 「如」의 古音은 'ᅀᅧ'[ʒyə]<東國正韻>이지만, 그것으로 '져'[dʒyə]를 表記한 것으로 보고자 한다.

'古如'(-게 하여라>-고 싶다)

例 民是愛尸知古如[*일건이 도ᅀᆞᆯ 알고져]<安民歌>

(=百姓이 君・臣의 사랑을 알게 하여라)
國惡攴以支知古如[*나라악 디니기 알고져]<安民歌>
(=나라 안에서 사는 것이 낫다는 것을 알게 하여라'-고 싶다')
道修良待是古如[*道 닷가 기드리고져]<祭亡妹歌>
(=道를 닦아 기다리게 하고 싶다)

〔참고〕'-고시라'〔cf. (29)〕도 所望形으로 쓰이나, 이것은 '-고(使動形)-시(尊待)-라(命令形)'의 構造를 가진 것으로서 '-고지고'와는 起源을 달리한다.

例 어느이다 노코시라<井邑詞>
머리곰 비취오시라(<비취고시라)<井邑詞>
[참고]ㅿ ∞ ㅈ

例 손ᅀᅩ(손수)—손조(id)
ᄀᆞᇫ(가, 가생이)—*갓(갓-앙-자리)
남ᅀᅵᆫ(「男人」. 남편)—남진(id)
삼ᅀᅵᆯ(三日)—삼질(id)
호ᅀᅡ(單獨)—호자>혼자(id)

이밖에 '-고져'와 비교됨직한 것으로는 kusu(所望形)<Ainu>가 있다.

例 tonote mošir kor kamui huo-iki-eki kusu-na(추장이 國神으로서 기운을 내게 하소서)<Ainu>

(57) -za(婉曲한 命令形・勸誘形語尾)〈Gily〉∞ -sa->sʌ- ; -sʌ-ra(-사->-ᄉᆞ- ; -ᄉᆞ라-. 婉曲한 命令形・勸誘形語尾)〈李朝〉…*-sa(勸誘形)

이미 (24)項에서 언급한 바와 같이 -ža(žsms z+捲舌音)가 길약語에서는 命令形語尾로 쓰이는데, 그런 例를 다음에 다시 列擧한다(*cf.* -ža는 -ra '명령형'에서의 발달일 수 있음).

例 ŋafus ninarza≪<nix-yari-za≫(짐승을-잡아 내게-먹여라)<高. p.123>
čoxïs ninarza(고기로 내게-먹여라)<高. p.123>
šank-eskn kikr piza, keoxat wai bir mağntxun(아가씨가 위가 되시오, 使喚이 아래가 되어 올라갔다)<高. p.142>

한편, 韓國語에서는 '-사->-ᄉᆞ-'가 單獨으로 쓰이거나 命令形-'-라'와 어울려

'-ᄉᆞ라'의 形態로서 '婉曲한 命令' 또는 '勸誘'의 뜻으로 쓰이고 있어서, 다음에 그 實例를 들어 보인다.

例 가ᄉᆞᆷ을 맛초ᄋᆞᆸ사이다<滿殿春>
명ᄒᆞ사이다 ᄒᆞ오시니<癸丑 p.53>
淨土애 ᄒᆞᆫᄃᆡ 가 나사이다<月釋 八100>
어버ᅀᅵ ᄀᆞ자 이신 저긔 일후믈 一定ᄒᆞ사이다<月釋 八100>
樽酒 잇고 업고 每樣 모다 노ᄉᆞ이다<海東. p.108>
八解脫이 ᄀᆞ조니 너희돌히 아라ᄉᆞ라<月釋 十29>
너ᄃᆞ려 말 뭇쟈 놀래디 마라ᄉᆞ라<蘆溪 涉提>
德이여 福이라 호ᄂᆞᆯ 나ᄋᆞ라 오소이다<動動>
cf. 오ᄉᆞ->오소-<母音同化에 의한 方言形>

위의 形態素 '-사-/-ᄉᆞ-'의 再構形을 -sa-로 잡을 수도 있을 성싶다. 왜냐하면, '-ža'에서 '-ža>-sa(사)>-sʌ(ᄉᆞ)'와 같은 變化가 가능하다. -ža-(打·飮)는 za-로도 표기되는데, ž를 두음으로 하는 표기가 더 보이지 않아서 대신에 길약語 내에서 s의 z는 互轉될 뿐만 아니라 (例. mïz—mïs'我等', ozi—osi-'立', hus'그에'→huz-mi'그 속에', kuzi-'出'→kusif'矢'), 길약語는 借用語의 s를 z로 받아들이는 例가 있기(例: aisin'金'<Ma>→aizin'金'<Gily-Tïmï>) 때문이다.

이와 같이 -za(命令形語尾)<Gily>와 '-사->-ᄉᆞ-'(婉曲한 命令形語尾→勸誘形·所望形語尾)<李朝>는 音韻上으로는 對應된다고 보아도 될 것이고, '命令'에서 '勸誘·所望'의 뜻으로 轉義가 가능하기 때문에(類語의 '-고라'는 그 機能이 '使動命令'인데 그것이 所望·勸誘의 뜻으로 쓰임), 이들은 音韻上·機能上으로 對應되며, 이들의 共通基語는 *-sa(勸誘形)로 추정된다.

이밖에 한국어의 '-사-'(婉曲한 命令形·勸誘形)와 비교될 만한 것으로는 '-so/-su'(命令形)<Ma>가 있다.

例 bi-su(있어라) *cf.* bi-(있다), o-so(되어라) *cf.* o-(되다)<Ma>

(58) *-dor(> -do/-da. 否定性 名詞形)〈Gily〉 ∞ -to/-tʌr/-tïr(-도/-ᄃᆞᆯ/-들. 否定性 名詞形)〈李朝〉…*dor(否定性名詞形)

길약語의 Amur 方言에는 否定辭와 呼應하는 名詞形으로 -do/-da가 쓰이고 있는데 例를 들면 다음과 같다.

例 indo-lïgïč(보이질 않는다)<G. p.36>
ni indo-lïgïzra(나는 보질 않는다 : 나는 못볼 것이다)<G. p.36>
ni indo-lïgïč(나는 보지 못하였다)<G. p.36>
čoskada-lïgïč(부숴지질 않는다)<G. p.36>

한편, 韓國語에서는 否定辭와 呼應하는 名詞形으로서 -to/-tʌr>-tïr(-도/-돌/-들)이 쓰이고 있어 다음에 그 實例를 들어 둔다.

例 업시오ᄃᆞᆯ 아니ᄒᆞ노니<釋祥 十九29>
ᄃᆞ토ᄃᆞᆯ 아니ᄒᆞ노이다<釋祥 十一34>
法 듣ᄃᆞᆯ 아니ᄒᆞ리라<月釋 二36>
業을 주어늘 먹ᄃᆞᆯ 슬히 너기니<月釋 十七19>
오히려 볼기ᄃᆞᆯ 몯ᄒᆞ야<楞嚴 二67>
舜을 닛ᄃᆞᆯ 몯ᄒᆞ야<杜初 七9>
좇ᄃᆞᆯ 아니ᄒᆞ고<金剛三 二21>
머믈우ᄃᆞᆯ 몯ᄒᆞ시니<月釋 十15>
기들우ᄃᆞᆯ 아니ᄒᆞ니<杜初 十六70>
가ᄃᆞ 못한다<方言>/가도 오도 못한다
희들 아니하다

그런데, 한국어의 [ʌ](ᄋᆞ)는 길약語의 a 또는 o와 對應된다는 것을 本稿의 (2)·(3)항에서 언급한 바 있고, 길약語나 韓國語의 [d]는 音韻 /t/에 속하므로 -do/-da<Gily>와 -tʌ(ᄃᆞ)는 對應되는 것이 확실하고, 또 母音調和로 -tʌ(ᄃᆞ)에서 -tï(드)가 생성될 수 있고, [ʌ>ï]의 變化도 가능하다.

그리고, '-도/-ᄃᆞᆯ(>-들)'<Kor>과 -da/-do<Gily>는 機能이 같고, 이들은 音韻上으로도 對應되므로 (*cf.* *do>dʌ>da) -da/-do는 起源的으로 *-dor에 遡及되어야 할 것으로 생각된다. 즉 *-dor(共通基語)에서 다음과 같이 발달해 온 것으로 추정된다.

*-dor ─┬─ -do<Gily・Kor>>-dʌ>-da<Gily>
　　　└─ -dʌr(-돌)<Kor>>-dïr(-들)<Kor>

그러므로 -da/-do(否定辭와 呼應하는 名詞形)<Gily>와 '-도/-돌(>-들)' (否定辭와 呼應하는 名詞形)<李朝>은 對應하는 것으로 추정되며, 그들의 共通基語를 *-dor(否定形名詞形)로 再構될 수 있을 것이다.

(59) -nuŋa̧/-nŋa̧/-ŋa̧(拘束形・說明形)〈Gily〉 ∞ nik'a(-니까. 拘束形・說明形)〈Kor〉…*nïŋa(副動詞形—拘束形・說明形)

길약語에서는 -nuŋa̧/-nŋa̧/-ŋa̧가 羅列形・副詞形에 쓰일 뿐만 아니라, 拘束形(理由)・說明形에도 쓰이고 있다. 다음에 例를 들어 보인다.

例 pinčahïs vinuŋa̧ izn pinča sik čoosxund(빈자船으로 갈 수 있으니까 그들의 빈자船을 모두 부쉈다)<高. p.137>
hokrtox lagant. lagŋa̧ mağalaŋ koravn zxunt(西海岸을 旅行하였다. 旅行히니까 甚한 病에 걸렸다)<高. p.134>
haŋa̧ warnate(그러니까 경쟁하자)<高. p.128>
araki yer rārant paxn-kavrŋa̧ izn xuil-itr(술을 사서 마시고-마셨다. 자기에게 없으니까 그들을 죽이려고 말하였다)<高. p.136>
yaxŋa̧ yan-kin-varanks urğarnt(마시게 하니까 그와 마찬가지로 좋아졌다)<高. p.143> ………………………………………… 以上 拘束形(理由)
ŋaxar-taf hunïvŋa̧ učïk pxilox vind(통나무 집에서 살았는데 할아범이 산으로 갔다)<高. p.132>
hunïfŋa̧ kxor tïind(머무렀는데 좋아 꿈-꾸었다)<高. p.160>
intŋa̧ sik pak, kuzind akke(보니까 모두 돌, 나갈 수 없었다)<高. p.112>
taulŋa̧ runčin uigind(내려다 보니까 아무것도 없었다)<高. p.130>
nanagant osir intïnt. intŋa̧ yask axur-ŋaufk mur hunïvund(누나가 일어나 보았다. 보니까 제-동생이 제일 먼저 죽어 있었다)<高. p.138>
malïr intŋa̧ wakkex osir hups polaxut(다가서 보니까 상자에서 일어나 앉아서 부르짖었다)<高. pp.138~9>
tuŋ inint iniya yasŋa̧ inror taftox šor mağnt(이 음식을 먹어라. 먹이니까 먹고서 집으로 데리고 돌아왔다)<高. p.139>
yugŋa̧ taufk hunïvïnd šanka hunïvïnd(들어가니까 전날 있던 女子가 있었다)<高. p.141>
wakkei yarxïs intïŋa̧ hōmakr hunïvïnd(상자를 열어보니까 甁이 들어 있었다)<高. p.143>

exor tïrŋa lunt čin uigind(눈을-뜨고 보니까 아무것도 없었다)<高. p.160>
vinŋa, vinunŋa, viŋa(갔는데, 가니까)<高. p.45>
rumr gar mağnugu ittšin tugur pïrk naxra(음식을 가지고 다가가니까 지핀 불-만 있었다)<高. p.157> …………………………………………………………… 以上 說明形

한편, 韓國語에 있어서는 -nik'a(-니까)가 拘束形(理由)과 說明形에 쓰이고 있다. 다음에 그 實例를 든다.

例 그분이 가니까 일이 잘 되었다.
고된 여행을 하니까 病에 걸릴 수밖에 없었다.
공부를 잘하니까 장학금을 받게 되었다. ……………………………… 以上 拘束形(理由)
상자를 열어보니까 人形이 있었다.
위를 보니까 참새 한마리 날아 가더라.
집에 돌아오니까 손님이 와 있었다.
한강에 가니까 배가 두 척이 떠 있었다. ………………………………………… 以上 說明形

그런데, 위에서 보인 바와 같이 -nuŋa/-nŋa/-ŋa(拘束形'理由'·說明形)<Gily>과 '-니까(-nik'a)'(拘束形'理由'·說明形)<Kor>은 서로 機能面에서는 一致하나, 이들을 音韻上으로도 對應시킬 수 있는지 생각해 보기로 한다.

지금 길약語에서는 -nuŋa나 -nŋa의 형태보다는 -ŋa의 형태가 압도적으로 많이 쓰이고 있으나 -nuŋa나 -nŋa가 여전히 -ŋa와 꼭 같은 기능을 保有하고 있다는 사실은 -nuŋa나 -nŋa가 古形에 가까운 형태일 거라는 추측을 낳게 하고, 또 -nuŋa에서 -nuŋa>-nŋa>-ŋa의 발달을 유도할 수는 있어도 -ŋa>-nŋa>-nuŋa의 발달을 생각할 수 없으므로 필자는 한국어의 -nik'a(-니까)와 아울러 생각할 때, 그들의 共通基語는 *-nïŋa(副動詞形)이었을 것으로 추정하며, 그것이 다음과 같은 발달 과정을 밟았을 것이다.

*-nïŋa (副動詞形)
- -nuŋa① >-nuŋa② <Gily>
- -nŋa③ >nŋa<Gily>>-ŋa<Gily>>-ga[6)]<Gily>>-go(-고)<Kor>
- -nŋa>-ŋa>-na④(-나)[또는 -nïŋa>-nïa>-na(-나)]<Kor>
- -niŋa⑤>-niga⑥>-nik'a⑦(-니까)<Kor>

〔註〕 ① ï∞u<Gily>

例: pxï-(歸)-pxu-(id), ağï-(그만두다), -agu-(id), hunïvï-(泊)-hunïvu-(id), klïnd(虎)-klund(id), konïn(白)-konunt(id), nšï-(見)-nšu-(id), ŋïirn (右)-ŋuirn(id), -rïx(始發格助詞)-rux(id), zoosxu-(파괴하다)-zoosxï-(id)

② a>ạ<Gily> *cf.* (37)項

③ ï>ø<Gily>

例: amïğ(河口)-amïğ(id), atïk(父·祖父)-atk(id), azmïr(선물)-azmr(id), bïkkïji-(갈앉다)-bïkkji-(id), himï-(주다, 건네다)-him-(id), hunïvï-(泊)-hunïv-(id), huvï-(끓다)-huv-(id), intï-(見)-int-(id), itï-(言)-it-(id), ya nïs(왜, 어찌)-yans(id)

④ ŋ<Gily>∞n<Kor>

例: ŋalo(灣)∞누르(律), ŋif(心臟)∞념-통(id), ŋafan(倒木)∞나모(木), ŋar-nar/ŋar(날개)∞놀개(id), ŋïurk(씨)∞누륵(麴), ŋauu(香)∞넝구-(id), ŋazi-(납작하다, 얕다)∞놏-(低), ŋïs(지붕)∞너새(石屋蓋), ŋau-(傳·付託)∞뇌-(言, *cf.* 뇌까리다, 되-뇌다), čiŋ(汝 '尊稱')∞자내(汝), ŋïil(灘)∞*녀울(id)

⑤ ï<Gily>>i<Kor> *cf.* (35)項

⑥ ŋ<Gily>∞k/g<Kor> *cf.* (1)項

⑦ -g(諸語)∞-k'<Kor>

例: geerï-(厭)<Gily-服>∞k'əri-(忌·厭)<Kor>, guši-(牽)<Gily>∞kɯʒ->k'ɯr-(id)<Kor>, kïŋge-(凍)<Gily>∞k'oŋk'oŋ(凍貌)<Kor>, gavuji(騷動)<Dr-Ka>∞k'abur-(輕動), ganga(꽹과리)<Turk>∞k'äŋkwari(id)<Kor>, gavāil(苦難)<Turk>∞k'əlb-(難)<Kor>, geğir-(트림하다)<Tu rk>∞k'əl-k'əl(트림하는 모양)<Kor>, gemren-(깨물리다)<Turk>∞k'ämur-(id)<Kor>, gïrlï(群集貌)<Turk>∞k'ɯlh-(id)<Kor>

따라서 -nuŋạ/-nŋạ/-ŋạ(拘束形'理由'·說明形)<Gily>와 '-니까'(拘束形'理由'·說明形)<Kor>는 機能과 音韻의 양면에서 對應되는 것으로 추정된다.

이밖에 '-니까'와 比較됨 직한 것으로는 -ike(副動詞形)<Ainu>·ika(今後)<Dr>를 들 수 있을 것이다.

그리고 (36)項에서 이미 '-니'(副動詞形)를 -n(副動詞形)<Gily>와 比較한 바 있으나, -nik'a>-nik>-ni의 發達過程이 허용된다면 '-니'를 '-니까'와 아울러 本項에서 -nuŋạ와 比較할 수도 있을 것이다.

(60) -ŋa(放任形'事實')〈 Gily 〉 ∞ -na(-나. 放任形'事實')〈 Kor 〉 …*-ŋa(放任形)

길약語에서는 *-nïŋa(-nuŋạ/-nŋạ/-ŋạ)는 羅列形·副詞形[*cf.* (59)項]에 두루 쓰임은 이미 언급한 바와 같으나, 이것은 다시 放任形'事實'에도 쓰이는 형태여서 다음에 그 實例를 들어 보인다.

例 kurmund yaxarŋa rumr ivra, kugmund yaxarŋa ok ivra(굶어-죽었는가 생각하였으나 도시락이 있고, 얼어죽었는가 생각하였으나 가죽옷이 있었다)<高. p.132>
moškaŋa ŋanigïf sik buiyant(살아났으나 뼈가 모두 부서졌다)<高. p.142>
intïrifmuŋa lunt-jin uigind(잘 보았으나 아무것도 없었다)<高. p.143>
niğvŋ sik murŋax čakkarŋa akkent(사람이 모두 말을 탔으나 失敗하였다)<高. p.152>
puntxïs hainuŋa tav nušur ağur išntox vind(활로 쏘려 하였으나 집을 보고 그만 두고 그들에게 갔다)<高. p.159>
eŋaft nenïŋ hičind. hičiŋa yarint(그-벗이 한 사람이 들어올렸다. 들어올렸으나 그것이 불가능하였다)<高. p.175>

한편, 韓國語에 있어서는 -na(-나/-으나. 放任形'事實')이 다음과 같이 쓰인다.

例 方國이 해 모ᄃᆞ나 至誠이실ᄊᆡ<龍歌 11장>
人鬼도 하나 數업슬ᄊᆡ 오ᄂᆞᆯ 몯 ᄉᆞᆲ뇌<月曲 26>
德 심고ᄆᆞᆯ ᄒᆞ나 낟비 너기샤<月釋 十4>
알ᄑᆡᆺ境에 나토미 ᄀᆞᆮᄒᆞ나<楞嚴 二89>
프른 시내해 비록 비 해 오나<杜初 七8>
비록 이시나 업ᄉᆞ나<太平 一10>

그리고, -ŋa(放任形'事實')<Gily>와 -na(-나. 放任形'事實')<Kor>은 音韻上으로 볼 때 皮相的으로는 對應이 안 될 듯이 보이나 그렇지 않다. 이미 (59)項末에서 보인 도표와 註④와 같이 이들 ŋ<Gily>와 n<Kor>는 對應되고 a̧는 a의 遡及할 것이므로, -ŋa̧와 '-나'는 起源的으로 對應되는 것으로 믿어진다.

그러므로, -ŋa̧(放任形'事實')<Gily>와 '-나'(放任形'事實')<Kor>는 機能과 音韻의 양면으로 완전한 對應을 보여 주며, 이들의 共通基語는 *-ŋa̧(放任形)으로 추정된다.

그리고, nappa(허나)/-nap(-어도, -나)<Gily>도 nappa>nap>nah>na의 發達過程을 밟았을 可能性이 있어서 '-나'(放任形)<Kor>와 충분히 比較될 수 있다.

例 nappa(허나)<高. p.202> ; xainappa(허나)<高. p.226>
ker-xainap monkavrnd(말렸으나 듣지 않았다)<高. p.129>
naxainap warnd(그러나 경쟁한다)<高. p.128>

(61) *-kïr(〉 xïr · hïs. 拘束形'方法') 〈 Gily 〉 ∞ -kosyə(-고셔. 拘束形'方法') 〈 李朝 〉 …*-kïri(拘束形'方法')

이미 (45)項末尾에서도 언급한 바 있는데, 길약語에서는 *-kïr을 拘束形(方法)語尾로서 다음과 같이 쓰고 있다.

例 wakkei nakr ivnt yarhïs intŋa(箱子 하나가 있었다. 열고서 보니)<高. p.159>
hu wakkei yarhïs intŋa(그 箱子를 열고서 보니)<高. p.159>
hu wakkei yarhïs intïŋa(그 箱子를 열고서 보니)<高. p.143>
pičatorxïr pšax taxvr(도장 찍고서 제-이마를 동여 매였다)<高. p.152>

한편, 韓國語에서는 拘束形(方法)語尾로서 -kosyə(-고셔>-고서)가 쓰이고 있다. 다음에 그 實例를 들어 보인다.

例 本元由處를 得고셔 그 本性이 恒常홀씨<楞嚴 十14>
이에 나몰 아디 몯고셔 佛道애 허믈 널위여<法華 三 180>

그리고, -kïr<Gily>과 -kosyə(-고셔)<Kor>는 이미 (45)項末에서 *-kïr(再構形)의 발달과정을 추정한 바와 같이,

-*kïr-i ┬ -kuri>-kuʒi[*cf.* (56)項. r∞ʒ]>-kosi>-kosyə[-고셔 *cf.* (29) 項. i∞yə]>-kosə(-고서)
　　　　└ -xïr>-hïs<Gily>

의 발달이 가능하므로 音韻上으로도 對應됨을 알 수 있다.

따라서 *-kïr(拘束形'方法'語尾)<Gily>와 '-고셔'(拘束形'方法'語尾)<Kor>는 音韻 · 機能의 양면에서 對應되는 것으로 추정된다.

그리고, '-고셔'는 拘束形(方法)語尾로 쓰이다가 羅列形(先後)語尾로 기능이 확대된 것으로 추정되며, 이들의 共通基語는 *-kïri(拘束形'方法')로 再構될 수 있을 것이다. 例文에서 拘束形(方法)語尾는 모두 羅列形(先後)語尾로 解釋될 수 있고, 또 때로 拘束形(原因)語尾로도 解釋될 수 있는 경우가 있어서, 나중에는 拘束

形(方法)이라고 생각할 수 없는 경우에도 拘束形(原因)으로 쓰이게 이른 것으로 믿어진다. 원래 '-고셔'와 비교한 *-kïr<Gily>의 본래의 기능도 具格이어서 手段·方法을 나타내고 또 여기서 羅列形이 派生된 것으로 믿어진다. 例를 들어 말하면,

pičator-xïr pšax taxvr(도장 찍고서 제-이마를 동여-매었다)<高. p.152>

-에서, 이 문장을 '도장 찍고서<先後羅列> 제-이마를 동여-매었다'와 같이 解釋할 수도 있다. 또 예를 들어

이에 나몰 아디 몯고셔 佛道애 허믈 닐위여<法華 三 180>

-에서, 이 文章도 '여기서 나옴을 알지 못함으로서<方法> 佛道에 허물을 招致하여' 또는 '여기서 나옴을 알지 못하고서<先後羅列> 佛道에 허물을 招致하여'와 같이 解釋하여도 文意에 별 차이가 나지 않는다.

이와 같이 '-고셔'는 원래 '方法'을 뜻하는 拘束形語尾였는데, 그것이 차차 先後羅列形으로 그 機能이 擴大된 것으로 推定된다.

〔參考〕 '-고셔'를 '-고(拘束形)+시(有)어'의 複合으로 볼 수 없는 것은 아니다. 그러나, 音韻과 機能의 양면에서 '-시'(有)와 완전한 一致를 보여 주는 말이 길약語를 비롯한 모든 우리 周邊語에는 발견되지 않아, 확신을 가질 수 없고, 또 한국어에서 末音節이 '-셔'로 된 奪格助詞-'-로셔'를 意味上 '-로+시(有)어'로 分析하기 어렵기 때문에 '-고셔'도 우선 -kïr(>-xïr>-hïš)<Gily>와 비교하여 둔다. 허나, 그런 대로 우리 周邊語中에서 '-시'(有·在)와 가장 근사한 말은 역시 길약語의 si-(넣다, 두다, 놓다)이다. 따라서, 「-고+시어」로 分析될 수만 있다면, 이것을 길약語의 「-ŋa(羅列形·副詞形)+si+a/ax(完了副詞形)」와 比較할 수 있다〔cf. (37)·(44)項〕.

그리고 '-로셔'는 다음 項의 -rox/-lox/-rux/-lux(奪格·始發格助詞)〔-*roh >-roš>-rosyə(-로셔)〕와 비교될 것으로 생각하나, 이것도 위에서와 같이 '-ro(<rox. 向格)+-si-ə(有)'와 비교될 수도 있을 것이다.

이 밖에 '-애셔/-에셔'(在格助詞)의 '-셔'와 '叔氏셔, 둘이셔'의 '셔'도 '시어'(有·在)로 分析할 수 있으며, '-고셔·-로셔'의 '셔'와 함께 '시어'(有·在)에 起源하나 虛詞化하여 强勢辭 또는 雅語形이 되었다고 볼 수도 있을 것이다.

(62) -rox/-lox(始發格 · 奪格助詞) 〈 Gily 〉 ∞ -rosyə(-로셔. 始發格 · 奪格助詞) 〈 李朝 〉…*-rok(始發格 · 奪格助詞)

길약語에서 -ux/-ox/-rux/-rox/-lux/-lox가 斜格助詞(始發格 · 奪格 · 與格 · 向格 · 在格 · 處格 등)로 쓰이고 있음을 (3)項의 後半에서 언급한 바 있는데, 거기서 '-을/-올/-를/-롤'과 비교하고, (5)항에서는 그것을 다시 '-로/-루'와 비교한 바 있다.

그런데, 거기서 始發格 · 奪格助詞로서 '-을'과 '-로'가 쓰시었음을 지적한 일이 있다. 다시 例를 들어 보인다.

例 누늘(=눈을)브터 나란ᄃᆡ(從目出)<圓覺 三 11>…'을'(奪格)
집을 나온다…'-을'(奪格)
널로 疑心을 덜에 ᄒᆞ리니<牧牛 5>…'로'(奪格)
그 後로 夫妻라 ᄒᆞᆫ 일후미 나니<月釋 一 44>…'로'(始發格)

그리고 여기서는 -rux/-rox/-lux/-lox(奪格 · 始發格助詞)<Gily>를 '로셔'(奪格 · 始發格助詞)<李朝>와 비교하고자 한다.

먼저 -ux/-ox/-rux/-rox/-lux/-lox(奪格 · 始發格助詞)<Gily>가 쓰인 實例를 들어 보인다.

例 čar wart pallux vnuŋvnuŋgt(나무를 잘라 山에서 굴려서)<高. p.171> ……… 始發格
šikux get azmr tont(모두로부터 얻은 선물을 가지고 왔다)<高. p.176>
maskŋa tollux kuzind(물범이 바다에서 나왔다)<高. p.131> ……………… 以上 奪格
īkakkarux šank nenïŋ pšïnd(江上流에서 女子 한 사람이 왔다)<高. p.159>
…………………………………………………………………………………… 始發格

한편, 韓國語에서는 '-로셔'가 始發格 · 奪格助詞로 쓰이었다. 다음에 그 例를 든다.

例 나실 나래 하ᄂᆞᆯ로셔 셜흔 두가짓 祥瑞 ᄂᆞ리며<釋祥 六17>
他化天으로셔 ᄂᆞ리리 그지 업스며<月釋 二26>
그ᄢᅴ 부톄 神足 가ᄃᆞ시고 窟로셔 나샤<月釋 七54> ………………………… 以上 奪格

하ᄂᆞᆯ로셔 ᄂᆞ라 오ᄂᆞ니라<月釋 一26>
忠州로셔 오나ᄂᆞᆯ(自忠州)<杜初 七19>
녜로셔 이제 니르도다<金三 三31>
두 엇게로셔 ᄉᆞᄆᆡᆺᄆᆞᄅᆞ 내 치질ᄒᆞ고<杜初 上26> ……………………………… 以上 始發格

그런데, 길약語 자체에서 -x와 š의 互轉現象을 볼 수 있으므로(*cf.* px ïnd '歸'— pšïnd 'id') -rux/-rox/-lux/-lox 는 -roš/-ruš 로도 변할 수 있고, 또 이 -roš/ruš는 다시 -roš >-rosi >-rosyə(-로셔) ; -ruš >-rosi >-rosyə(-로셔)로 발달할 수 있다.

물론 이미 (3)항과 (5)항에서 -rux/-rox/-lux/-lox가 '-를/-ᄅᆞᆯ' 및 -'로/-루'와도 對應된다고 말한 바 있는데, 共時的으로 볼 때에는 -rux/-rox/-lux/-lox(斜格助詞)는 먼저 '-를/-ᄅᆞᆯ'로 변하여 對格 · 與格 · 處格(向格) · 奪格 등의 斜格에 두루 쓰이고, 한편으로는 '-로/-루'로 변하여 具格 · 始發格 · 資格格 · 原因格 · 經由格 · 變成格(對格) · 向格 등의 斜格에 두루 쓰이다가, 그 뒤 다시 奪格 · 始發格만은 '-로셔'로 변해 버린 것으로 믿어진다.

다음에 이들의 共通基語 *-rok(-roh/-rux/-lox/-lux)의 발달과정을 추정하여 보인다.

(63) -tox(形勢 · 比喩副詞形語尾) 〈 Gily 〉 ∞ -tʌsi 〉-tʌs(-ᄃᆞᆺ이/ -ᄃᆞᆺ.形勢 · 比喩副詞形語尾)/-toŋ(-동. 形勢副詞形語尾) 〈 Kor 〉 …*-toho(斜格助詞)

길약語에서는 形勢 · 比喩副詞形으로 -tox가 쓰이고 있어서 다음에 그 例를 들어 보인다(*cf.* (6)項. -tox이 向格 · 與格 · 處格助詞로 쓰임은 물론임).

例 pxuvan-tox(돌아온 ᄃᆞᆺ이/돌아온 동)<高.p.47>
Lumpnkun i-peškar yaxjunt. pi pxuv-xuntox exarnt(룸분人들이 江이-굽은 것을 몰랐

다. 자기네들이 돌아온-듯이 생각하였다)<高.p.171>
či teağantox oroxont(네가 올라갈 듯이 생각하여도)<高.p.157>
nağont kerrantox kutčind raigunror morkand(놀라서 자빠지듯이 넘어져 죽었다가 살아났다)<高.p.174>

한편, 한국에서는 -tʌsi>-tʌs(-ᄃᆞᆺ이>-ᄃᆞᆺ)이 比喩·形勢副詞形으로 쓰이고 있어서 이것은 다시 -tʌsi>-tïsi ; -tʌs>-tïs과 같이 변하여 현재 쓰이고 있는데, 다음에 그런 例를 들어 보인다.

例 제 모맷 고기를 바혀내논ᄃᆞ시 너겨ᄒᆞ며<月釋 九29>
듣고도 몯 드른 ᄃᆞ시 ᄒᆞ며<月釋 十20>
ᄂᆞ라 ᄃᆞᆮᄂᆞᆫ ᄃᆞ시<杜初 八57>
百姓이 져재 가ᄃᆞᆺ 모다 가<月釋 二7>
눉므를 비오ᄃᆞᆺ 흘리시고<月釋 八94> .... 以上 '比喩'

셜온님 보내ᄋᆞᆸ노니 가시는 ᄃᆞᆺ 도셔 오쇼서<가시리>
프른 어이ᄒᆞ야 흐르는 ᄃᆞᆺ 누르ᄂᆞ니
濟度호ᄆᆞᆯ 몯ᄒᆞᇙ ᄃᆞᆺ 疑心ᄃᆞ왼 젼ᄎᆞ로<楞嚴 一26> .... 以上 '形勢'

그런데 -tox<Gily>는 위에서 '動詞語幹+n(冠形形語尾)'밑에 連接되어 쓰이었고, 또 '-ᄃᆞ시/-ᄃᆞᆺ'도 '動詞語幹+n/nʌn(冠形形語尾)'밑에 주로 連接되니, 그 連接되는 環境이 대체로 같고, o<Gily>와 ʌ(ᄋᆞ)<Kor>는 (3)項에서 이미 例示한 바와 같이 對應되며, -x<Gily>은 -š<Gily>와 길약語 자세 내에서 互轉됨은 前 (31)항에서 보아온 바이며(예: pxïnd'歸'—pšïnd 'id'), -rox(始發格·奪格助詞)<Gily>와 '-로셔'(id)<Kor>의 對應에서도 再確認할 수 있으므로 -tox(形勢·比喩副詞形語尾)<Gily>와 '-ᄃᆞ시>-ᄃᆞᆺ'(形勢·比喩副詞形語尾)<李朝>는 機能·音韻의 양면에서 서로 대응되는 형태인 것으로 추정된다.

또한, 韓國語에서는 여기의 '-ᄃᆞᆺ'과 雙形인 '-동>-둥'(形勢副詞形語尾)이 쓰이고 있어 다음에 例를 들어 보인다.

例 아무ᄃᆞ라셔 온동 모ᄅᆞ더시니<月釋 二25>
昭君宅ᄋᆞᆫ 잇ᄂᆞᆫ동 업슨동 ᄒᆞ도다<杜初 一7>

넉시 어느 趣에 간동 몰라이다<月釋 卄一27>
世上이 하 수선ᄒᆞ니 올똥말똥 ᄒᆞ여라<古時調>
샹운이 집픠ᄂᆞᆫ동 눅ᄂᆞᆼ이 바틔ᄂᆞᆫ동<松江 一7>

위에서 보인 바와 같이 '-다시>-듯'과 '-동'은 함께 (6)항에서 언급한 바와 같이 向格助詞에서 발달한 형태로서 그것이 '形勢'의 뜻을 가졌다가 차차 '-ᄃᆞ시>듯'은 비유의 뜻으로 굳어져 가고, '-동>-둥'은 그래도 形勢의 뜻으록 굳어져 버린 것으로 생각된다.

그런데 -tox<Gily>와 -toŋ<Kor>이 音韻上 과연 對應될 것인지 생각해 보기도 한다. 高橋(1942) p.17에서 喉音의 互轉에 언급하기를 k-x-g(旣述)및 g-ŋ(例: log-loŋ'月', keg-keŋ'日')의 互轉現象이 있다고 하였거니와, -ŋ<Kor>∞-x/-ğ/-g/-k<Gily>의 例를 다음에 든다.

例 양(胃)—xiger(id), 우렁이—welax(우렁이)
흥내—jïgïr(흉내내다), 공이(杵)—ğukus(棍棒)<G>
콩꽃—ŋölux(id)<G>

그러므로 -tox/-tux(形勢・比喩副詞形語尾)<Kor>와 '-돗>-듯'(形勢・比喩副詞形語尾)・'-동>둥'(形勢副詞形語尾)<Kor>는 機能과 音韻에서 對應되며, 이들의 共通基語는 *-toho(斜格助詞)로 추정된다(*cf.* toho>toxi>tox/tʌsi)

(64) -kun(複數助詞)〈Gily〉∞ -kü(-귀.複數助詞)〈Kor〉…*-kun(複數助詞)

길약語에서는 複數助辭로서 *-kun(-kun/-xun/-hun)이 쓰이고 있는데, 이것은 한국어의 경우와 마찬가지로 名詞는 물론이고 副詞・動詞에까지 附加되며, 또한 굳이 複數임을 강조할 필요가 없을 때에는 자주 생략된다. 다음에 -kun/-xun/-hun <Gily>의 實例를 들어 보인다.

例 niğvŋ-kun(사람들)<高.p.34> ………………………………………… '名詞+kun'
keoxat yenigax pağasir ŋăğ-mugf šūvnt. makr nigax mxoxr migršk šūvut-kun(사환이 그의-눈을 半分≪一眼≫을 六日 빼어 내었다. 두 눈을 十二日間 빼어 내었다)

<高.p.51> ………………………………………………………………………… '副詞+kun'

p'ŋafk-xun yājind(自己의-벗-들을 불렀다)<高.p.132> …………………… '名詞+xun'

sik pšĭnd-xun(모두 왔다)<高.p.132>…………………………………'動詞+xun'

sikka-amïx sišam-hun hunïvund(敷香河口에 日本人-들이 있었다)<高.p.137>

…………………'名詞+hun'

niğvŋ-kun sik yačgunt-xun(사람들이 모두 부끄러워하였다)<高.p.145>

……'名詞+kun・動詞+xun'

čakka niğvŋ hunïvund. nauf hund-xun-tox vin yototnd(세 사람이 있었다. 지금 그것들에게 가서 들었다)<高.p.151> ……………………………………………… '名詞+xun'

yakkei-xun pšĭnd-xun(그의-兄들이 왔다)<高.p.152> …………………… '名詞+xun'

한편, 韓國語에 있어서는 複數助詞로서 '둘'이 常用되고 있으나, 이것은 *-tati(複數助詞)<Jap>・utara(複數助詞)<Ainu>와 비교될 수 있는 것이다.

그러나, -kun<Gily>과 비교할 수 있는 -kü(-귀. 複數助詞)<Kor>가 化石化되어 李朝語 속에 殘在하고 있으니 다음과 같다.

例 죵귀 밧귀는 엇기에 쉽기니와<青永 p.15>
솟벼 다 쓰리고 죡박귀 업섯괴야<松江 二5>

여기의 '-귀'를 縮小辭로 보는 이도 있지만 옛사람들이나 지금의 농민들에게 있어서 밭(田)은 가볍게 賤하게 볼 대상이 아니므로 '-귀'는 複數助詞로 보아야 할 것이다.

그리고 kun>kun-i>kui>kü(-귀)와 같은 변화가 가능하다. kani(게・蟹)<Jap>∞kəi>ke(id)<Kor>의 對應例 하나만 보아도 알 수 있는 일이다. 그뿐만 아니라, 同系語나 借用語의 末音 -n은 거의 모두 탈락시킴은 너무나 주지의 사실이지만 다음에 例를 몇 개 든다.

	-n<諸語>------------------------	-∅<Kor>
例	konïn(白)<Gily>	koni(白鳥)<Kor>
	kulan(長)<Gily>	kir-(長)<Kor>
	karlun(族)<Gily>	kyəre(族)
	urgn(生命)<Gily>	er(精神)
	axarn(子息)<Gily>	agi(幼兒)
	morin(馬)<Ma>	mʌr(馬)
	misun(醬)<Ma>	myəčo(醬麴)
	soorin(位・座)<Ma>	saori(几)
	ailn(嶺)<Ma>	ari(嶺)
	fatan(筬)<Ma>	pʌti(筬)

그러므로 -kun(複數助詞)<Gily>와 '귀'(複數助詞)<李朝>는 機能과 音韻의 兩面에서 對應되며, 이들의 共通基語는 *-kun(複數助詞)으로 추정된다.

(65) -ï(疑問形) 〈 Gily 〉 ∞ -u/-o/-ə/-a(-우/-오/-어/-아.疑問形) 〈 Kor 〉 …*-ï(또는 *-a/*-o)(疑問形)

길약語의 Amur方言(大陸方言)에서는 肯定的인 답을 기대하는 疑問形語尾로서 -ï를 쓴다고 Grube(1982) p.38에서 지적하고 있다 거기 실린 例文을 다음에 들어 보인다.

例 vinït-ï(나는 갈 것이다. 정말이냐)<G.p.38>
sonč-ï(그것은 좋다. 정말이냐?)<G.p.38> *cf.* sonč(좋다!)

한편, 韓國語에는 疑問形語尾로서 '-우<方言>/-오:-어/-아<반말>'가 쓰이고 있는데 여기서 '-오/-우'와 '-어/-아'는 母音調和上으로 보아서 同起源임을 알 수 있고, 또 '-오/-우'는 尊待語로 쓰이지 않는 점으로 보아서 반말의 '-어/-아'와 기능상으로 큰 차가 없고, ï<Gily>가 한국어의 '어・아・우・오'와 對應하는 모호한 母音이므로 이들 疑問形 '-우/-오/-어/-아'<Kor>를 길약語의 疑問形-ï와 比較하여도 大過없으리라고 생각한다.

-ï<Gily>----------------------------	ə/u/o/a<Kor>
例 ïmïk(母)	əmi(母)
nïkes(덤불)<G>	nəŋk'ul(넝쿨)
ïŋw(口・入口)<G>	əgü(口・入口)
nïs(너스레)<G>	nəsɯre(너스레)
ïtkr(강언덕)<G>	əndək(언덕)
plïŋg(번쩍임, 불꽃)<G>	pənkä(번개)
kïbgïb(거미)	kəmi(거미)
yïlgi-(열다)	yər-(열다)
sï-(오르려 하다)	syə-(서다) ······························ 이상(ï∞ə)
tïmï(北쪽)	tume(*북쪽→山間)
tïr-(둘이 되다)	tur(二)
hïunčo(늦다)	kumt'ɯ-(굼뜨다)
kïnïf(虛空에)	k'um(夢)
kïlaŋa(뱀)<G>	kurəŋi(구렁이)
tïŋkr(거문고)<G>	tuŋgi-taŋgi(거문고소리)
ŋïčx(足)<G>	kutu(靴)
mïčiŋ(날카로운 손도끼)<G>	muč'irɯ-(무찌르다)
tïla-(멀다)<G>	tur-(둘다) ······························ 이상(ï∞u)
ŋïki(상지)	k'oŋji(꽁지)
tïrk(돗자리)<G>	tok'(돗자리)<咸南>
kïŋge-(응결하다)<G>	koŋgorɯ-(공고르다)
tïr(본시, 재래의)<G>	tor(본시, 재래의)<接頭辭> *cf.* 돌-배
tïk(물통)<G>	tok(독) ································ 이상(ï∞o)
ŋïgr/ŋagr(皮)<G>	kač(皮)
pïzru(海)<G>	parʌr(海)
nïrx/nar(날개)<G>	nalgä(<nʌlgä. 날개)
nïmpi(나무라다)<G>	namura-(나무라다)
čïlïgi(삵)<G>	salk(삵) ······························ 이상(ï∞a)

다음에 疑問形-'-우/-오/-어/-아'가 쓰인 例를 몇 개 들어 보인다.

例 나조히 어느 ᄀᆞ욼 남기 깃ᄒᆞ니오(杜初 廿二39>
八百 사오나ᄫᆞᆫ 이리 이시리오<釋詳 十九10>
직금 집으루 가우?<咸南>
시방 가문 언제 오우?<咸南>
슬후미 이어긔 엇디 아니ᄒᆞ니아<杜初 七14>

내 病에 시러곰 머므러 이시리아<杜初 卄三42>
그렇게 일하구두 밥 먹어?
'받아?' 암 받지 안 받을 줄 알았더냐!
馬祖ㅅ 히믈 得ᄒᆞ니야<蒙法 31>
며놀이 ᄃᆞ외야 오리야<月曲 36>
네 겨지비 고ᄫᆞ니여<月釋 七10>
이 四天이 ᄒᆞᆫ갓 다 뷔리여<月釋 一37>

이와 같이 '-우/-오/-어/-아'가 疑問形語尾로 쓰이면서도 이들은 모두 敍述形·命令形·請誘形·約束形·許諾形 등의 모든 定動詞(終止法)語尾로 쓰인다. 이 점이 ï(疑問形語尾)<Gily>와 다르기는 하지마는, 이 疑問形은 肯定形 答을 前提로 하는 것이기 때문에 敍述形語尾로 쓰이는 것은 당연한 발달이라 할 수 있고, 여기에 抑揚(intonation)이 곁들여 모든 定動詞(終止法)語尾에 두루 쓰이게 된 것으로 볼 수 있다. 아마 길약語에 있어서도 그런 現象이 있을 것으로 믿어지나, 길약語의 文法에 대해 별로 깊은 硏究가 되어 있지 않아서, 文獻에 그런 現象이 눈에 띄지 않는 것으로 생각된다. 英文法에 있어서도 敍述文이 疑問形抑揚을 취함으로써 疑問文이 되는 경우가 있듯이, 이런 현상은 모든 言語에 共通的인 것이 아닌가 싶기 때문이다.

따라서 -ï(疑問形語尾)<Gily>와 '-우/-오/-어/-아'(疑問形語尾)<Kor>는 音韻·文法의 兩面에서 대응되며, 이들의 再構形은 -ï(疑問形)로 추정된다. 그러나 드라비다語의 疑問形 -a/-o를 考慮해 넣으면 그들의 再構形을 *-a/*-o(疑問形)로 推定할 수도 있다.

이밖에 '-우/-오/-어/-아'(疑問形語尾)와 比較될 수 있는 것으로서는 -a/-o(疑問形)<Dr>·-o(疑問形語尾)<Ma>를 들 수 있다.

例 avan tandan-a(그가 주었는가?)…avan tandan(그가 주었다)<Dr-Ta>
evan-o(어느 사람인가?)…evan(어느 사람)<Dr-Ta>
niyalma bihe-o hutu bihe-o(사람인가? 귀신인가?)<Ma>

(66) -rank(-와 같은 것은 ; -와 같이)<Gily> ∞ -raŋ(-랑. '와 같은것'→列擧助詞)/-rak·rək·ra(-락·-럭·-라. '-와 같이'→所謂 反復形)/-rako(-라고. '-와

같이'→**引用格助詞〈Kor〉…*-rak(同樣副詞形)**

길약語에서는 *-rank(-rankr/-ranks/-rankt *cf.* 語末의 -r(>-s)/-t 등은 體言・副詞・用言의 語末에 두루 붙이는 語辭로서 用言에서는 敍述形語尾・副動詞語尾로 널리 쓰임)가 '-와 같은 것은/-와 같이・-처럼)과 같은 뜻으로 쓰인다. 다음에 그런 例文을 든다.

例 rankr(-와 같은 것은)<高.p.211>
hum-rankr(그렇게・그와 같이)<高.p.59>
malxo-rankt inta(많은 듯한 것을 먹었다)<高.p.114>
hum-rankr waškit hunïvndxun(그와 같이 실랑이를 하고 있었다)<高.p.142>
yan-kin: varankr urğarant(그와 마찬가지로 좋아졌다)<高.p.143>
hafkē hum-rankr itïnd(이윽고 그와 같이 말하였다)<高.p.143>
keoxata šam-rankr pšïnt-ŋa har itnd(使喚아, 어떻게≪=그와 같이≫왔느냐)<高.p.145>*cf.* tan(其)-varankr(同樣)>šam-rankr
nex tam-ranks moškanken nuntŋa har-itr wūvunt(내게 어떻게≪=그와 같이≫살아나게 할 수 있을까≪-나는 어떻게 살아나갈 것인가≫라고-말하며 울었다)<高.p.158>
nex tam-rankr morkankenur. nuntŋa har-intnd(내게 어떻게≪=그와 같이≫살아나게 할 수 있을까. 무엇인가 라고-말하였다)<高.p.159>
nax šam-rankr winknintŋa(나는 어떻게≪=그와 같이≫가게 할 수 있는가)<高.p.175>

한편, 韓國語에서는 -raŋ(-랑)을 列擧助詞라고들 하나 실은 '-와 같은 것'의 뜻을 가진 語辭이다. 例를 들어 말하자면,

例 멀위랑 ᄃᆞ래랑 먹고<靑山別曲>
대군 싱가그랑 우디마라<癸丑 p.112>
cf. 져므니랑 ᄒᆞᆫ냥ᄒᆞ고<胎要 43>
ᄌᆞᆫ난 아기랑 세환을 머기고<痘要 上5>

위에서 '-랑'을 '-와 같은 것'의 뜻으로 풀이하여도 무방할 뿐만 아니라 더욱 잘 어울린다. '멀위랑 ᄃᆞ래랑 먹고'를 '머루와 다래와 먹고'로 해석하는 것보다는 '머루 같은 것 다래 같은 것 먹고'로 풀이함으로써 더욱 詩情의 폭이 넓어진다 '머루와 다래와' 같이 국한시켜 말할 대목은 아니라고 생각한다. 즉, '-랑'은 '-와 같은 것'의 뜻으로 봄으로써 文意에 餘韻이 커진다. 따라서 '-랑'의 起源的인 뜻

은 '-와 같은것' <等屬>의 뜻이었는데 나중에 列擧의 뜻으로 轉用된 것으로 믿어진다. 그런 例가 위에서 참고로 제시한 '져므니랑' · '아기랑'인데, 이것은 '져므니란' · '아기란'의 誤用인 것으로 생각된다. '-란'은 現代語의 '-은/-는'(提示助詞. 소위 主題格助詞)에 해당하는데 그것이 '-랑'과 音相이 유사한 데서 誤用되게 이른 것으로 보인다.

또 한국어에서는 '-듯이 · -와 같이'의 뜻으로 -rak/-rək(-락-/-럭)이 다음과 같이 쓰이고 있다.

例 오ᄅᆞ락 ᄂᆞ리락 ᄒᆞ야<釋詳 十一13>
사ᄅᆞ미 ᄃᆞ외락 벌에 즁싱이 ᄃᆞ외락<月釋 一12>
ᄌᆞᄆᆞ락 ᄠᅳ락 ᄒᆞᄂᆞ니<杜初 七2>
펴락 쥐락 호ᄆᆞᆯ 네 보ᄂᆞ니<楞嚴 一108>
어드우락 도로 ᄒᆡᄂᆞ니<杜初 七14>
드르락 ᄯᅩ ᄀᆞᆺᄂᆞ니<杜初 七23>
구피락 펼 ᄉᆞᅀᅵ에<觀音 4>
西로 가락 ᄯᅩ 東ᄋᆞ로 오놋다<杜重 十七19>

위에서 보인 바와 같이 '-락'이 單獨으로 나타나거나 重複形의 '-락~-락'으로 나타나는데 여기의 單獨形은 列擧나 反復 · 反覆의 뜻으로 보기 어려운 경우로서 이것은 '-와 같이, -듯(이)'로 해석해야 마땅한 경우임이 분명하다. 즉 '구피락 펼 ᄉᆞᅀᅵ예'는 '굽히는 듯 펼 사이에'로, '西로 가락 ᄯᅩ 東ᄋᆞ로 오놋다'는 '西로 가거니 또 東으로 오도다'로 풀어서는 文意把握이 안 된다.

그러므로 '-락'의 重用形인 '-락~-락'도 '-는 듯~-는 듯'과 같이 해석하는 것이 바른 생각이라고 하겠다. 흔히 이것은 '-거니~거니'와 같이 反覆形으로 풀이하고 있는데 얼핏 보기에는 같은 풀이가 되는 것 같으면서도 엄밀히 따져 생각하면 그 뜻에 있어서 상당한 차이가 있음을 알게 된다. '-거니~거니'는 확실한 두 가지 행동이 번갈아 일어남을 뜻하지만 '-는 듯~는 듯'은 두 가지 행동이 각각 일어난 듯하다는 것으로서 서로 엄연히 다른 표현이라고 해야할 것이다.

이러한 '-락'에서 末音 '-ㄱ'이 脫落되어서 소위 連發形이니 卽續形이니 하는 '-라'가 생겨났는데, 이것도 '-는 듯'과 같이 풀 수 있다.

例 잢간 안ᄌᆞ라 ᄂᆞᄂᆞᆫ 가마괴ᄂᆞᆫ(暫止飛鳥)<杜初 七1>
ᄇᆞᆯ 구피라 펼싸ᅀᅵ예 忉利天에 가샤<月釋 卄一4>

그리고, '~럭'도 '-와 같이'의 뜻이 분명한데 그 例를 들면 다음과 같다.

例 이럭저럭 지내왔지만
그럭저럭 되어 간다.

위의 '이럭저럭'은 '이와 같이 그와 같이 · 이처럼 저처럼'(-정한 方法 없이)의 뜻이 될 것이다.

또한, 우리가 直接話法의 引用助詞라고 하는 '-라고'도 '-와 같이 · -처럼'의 뜻으로 解釋할 수 있다. 다음에 例를 들어 말하면,

例 그는 '어디 가는가'라고 물었다.
그녀는 자기의 남편을 아빠라고 불렀다.

위의 문장은 "그는 '어디 가는가'처럼 물었다" · "그녀는 자기의 남편을 '아빠'처럼 불렀다"의 뜻이다 이들 文章은 '누가 어떻게 한다'는 패턴에 속하는데, 여기서 '어떻게'가 바로「'어디 가는가'처럼」·「'아빠'처럼」에 해당한다.

〔**參考**〕 間接話法의 引用助詞'-고'는 先後-羅列形語尾를 빌어 쓰고 있는 것으로 믿어진다. (例) 나는 여기서 살겠다고 말했다.

그리고, *-rank<Gily>와 -raŋ(-랑)/-rak(-락)/-rək(-럭)/-rako(-라고)<Kor>는 音韻對應이 가능하다. 즉 *rak에서 -raŋ/-rak/-rək/-rak-o/-rank를 유도해 낼 수 있다.

*rak ─┬ *rank<Gily> *cf.* 口腔閉鎖音앞의 n介入現象 제7장 1절(15)
├ rak(-락)>rək(럭)<母音調和로>
├ rak+ko(羅列形語尾)>rako(-라고)<類推作用으로>
└ raŋ<末子音脫落> 例: ask(아우)<Gily>—asi(아우)<Kor>,
garb(西)<Turk>—kar(西 cf. 갈바람)<Kor>

그러므로 -rank(-와 같은 것/-와 같이 · -처엄)<Gily>와 '-랑(-와 같은것. 소위 列擧助詞)/-락 · -럭(-듯이 · -와 같이. 소위 反覆形語尾).-라고(-와 같이. 소위 引用格助詞)' <Kor>는 音韻 · 機能(意味)의 양면에서 對應되는 것으로 추정되며 이들의 共通基語는 *-rak(同樣副詞形)로 再構될 것이다.

이밖에 '-락/-럭'(如然)과 비교해 볼 만한 것으로는 터키語의 -arak/-erak(-면서)가 있는데 좀 意味가 다른 것 같다.

例 Ağlïyarak odadan čïktï(울면서 房에서 나왔다)<Turk>

(67) -ku/-gu/-kï/-gï/-ki(使動助動詞) 〈 Gily 〉 ∞ ku-/-ko-/-ki-(-구-/-고-/-기-.使動助動詞) 〈 Kor 〉 …*ku- 또는 *ki-(使動助動詞)

길약語에는 使動助動詞-ku-/gu-/kï-/gï-/ki-가 다음과 같이 쓰이고 있다.

例 nax arinkya≪<arinkuya≫(내게 먹게 하여라)<高.p.51>
yaŋax vinkya≪<vinkuya≫(저분을 가게 하여라→저분이 갈 것이다)<高. p.72>
huiya-amğ tīvnkta≪<tīvnkuta≫intŋa(후이야 河口를 내려오게 하여 보고)≪→내려오는 것을 보고≫<高.p.118>
pārra-pārra-hankt≪<hankut≫intŋa(손을 내렸다 올렸다 하게 하여≪→하는 것을≫보고)<高.p.118>
ča-ŋas vinkt≪<vinkut≫yari vit(물 길으러 가게하고 그 뒤를 따라갔다)<高.p.122>
k'ak warn-akkexai, čax pinikund(여우에게 경쟁하여-지면, 네게 스스로 먹게 하마)<高.p.128>
pelax mallunkt≪<mallunkut≫intïnt(自己에게 다가서게 하며≪←다가서는 것을≫보았다)<高.p.130>
mama! čïčik munkt≪<munkut≫sappentra(할멈! 할아범을 죽게 하여 넣었다≪할아범이 죽어 데려왔다≫)<高.p.132>
murnkïx mar warwinkt≪<warwinkut≫kurkurtuxïs(말을 두 마리 나란히 서게 하여≪→나란히 선≫썰매로…)<高.p.140>
ni keoxata. haŋa nex wai vinkya≪<vinkuya≫(나는 使喚이다. 그러니 내게 아래로 가게 하여라≪→내가 아래가 되마≫)<高.p.142>
nex tamïx tankya≪<tankuya≫har itr(내게 담배를 피우게 하여라라고 말했다≪→내가 담배를 치우려 한다라고 말했다≫<高.p.159>
au ratnkt≪<ratnkut≫mund(소리를 듣게 하여서≪→소리가 들려서≫들었다)<高.p.175>
vinkt(<vin(d)+kund의 變化=가게 하다)<高.p.45>

vinkund(가게 하다)<高.p.50>
pšïŋgïnd(오게 하다)<高.p.50>
kind(시키다)<高.p.196>

한편, 韓國語에 있어서도 使動接尾辭로서 -ku/-ko/-ki(-구/-고/-기)가 다음과 같이 쓰이고 있다.

例 民是 愛尸 知古如(*일건이 도ᄉᆞᆯ 알고ᅀᅧ=百姓이 '君 · 臣'의 사랑함을 알게 하고 싶다) <安民歌>
國惡攴 持以支 知古如(*나라악 디니 알고ᅀᅧ=나라의 유지를 알게 하고 싶다)<安民歌>
道 修良 待是古如<*道 닷가 기드리고ᅀᅧ=道를 닦아 기다리게 하고 싶다)<祭亡妹歌>
저조 겻구고ᅀᅡ(=겨루게 하여서야) 精舍ᄅᆞᆯ 짓더니<釋詳 六35>
cf. 한국어도 길약語와 마찬가지로 起源的으로는 副詞語節이나 目的語節의 述語로서는 動詞語幹에 ku-(使動助動詞)+副動詞形을 써서, 節의 主述關係를 「目的語 + 使動動詞」 즉 客述 關係로 代置하였던 것으로 믿어진다.
수를 먹고ᅀᅡ 비르서 朝會ᄒᆞᄂᆞ니<杜初 十五40>
막대 집고야 니더니<續三 孝29>
厄이 스리디과녀 ᄒᆞ노니<月釋 序25>
cf. '고(使動助動詞)-아(副詞形)' > '과→-고-(使動接尾辭)

例 새훠를 다가 다 ᄃᆞ녀 ᄒᆡ야 ᄇᆞ리과라<初朴通 上35>
새훠ᄅᆞᆯ 다가 다 ᄃᆞ녀 해야 ᄇᆞ리게 ᄒᆞ고<重朴通 上>32

가지과녀 ᄒᆞ시니라<楞嚴 九 73>
일홈을 엇과뎌 ᄒᆞ오셔<癸丑 p.42>
므서슬 니ᄅᆞ과텨 ᄒᆞᄂᆞ뇨<杜重 下56>

위에서 列擧한 例文으로 보아서는 古代에서는 使動接尾辭로서 '-고'만 쓰이고 '-구-'는 쓰이지 않았으나, 關北(咸鏡道)方言에서 주로 쓰이는 使動接尾辭로서 '-구-'가 있으니 다음에 例示한다.

例 돋구나(提高)<全國> : 얼구다(使凍)<咸南>
메꾸다(使塡)<咸南> : 낑구다(使挾)<咸南>
날구다(使飛)<咸南> : 돌구다(使廻)<咸南>
뿔구다(使潤 · 增)<咸南> : 살구다(使活)<咸南>

알구다(使知・告)<咸南> : 일구다(使起・耕)<咸南>
졸구다(使縮)<咸南> : 걸구다(使步)<咸北>
떨구다(使落)<咸南・慶南・江原> : 달구다(使熱)<全國>

또한 '-기'도 使動接尾辭로서 다음과 같이 쓰이고 있다.

例 마함(=재갈) 벗기고<老上 35>
어이 남기고 머구리잇가<新語 三 11>
몰 싯기라 가쟈<朴重 上 20>
숨기고져 호딕<楞嚴 六95>
반드기 미러 옮기디 몯호리로다<楞嚴 三 27>

그리고 u<Gily>와 o<Kor>의 對應은 이미 (19)항에서 例示한 바 있고, 또 ï<Gily>와 i<Kor>의 對應도 (35)항에서 예시한 바 있으므로 -ku/-gu/-kï/gï-/ki-(使動助動詞)<Gily>와 '-구-/-기'(使動接尾辭)<Kor>는 音韻・機能의 양면으로 對應되며, 이들의 共通基語는 *ku-(使動詞)로 再構할 수 있을 것으로 추정된다.

이밖에 使動接尾辭 '-구-/-기-'와 비교됨직한 것으로는 -ğur-/gür-/-qur-/-kür-(使動接尾辭)<O.Turk> ・-ğul/-gül(使動接尾辭)<W.Mo> ・-ke(id)<Ainu>가 있다

例 tir-gür-(살리다)…tir(살다), az-ğur-(어쩔 줄 모르게 하다)…az-(어긋나다) <O.Turk>
üje-gül-(보이다)…üje-(보다), oro-ğul(들이다)…oro-(들다)<W.Mo>
rai-ke(죽이다)…rai(죽다), ahun-ke(들이다)…ahun(들다)<Ainu>

(68) -u(使動・他動詞化接尾辭)〈Gily〉 ∞ -u/-o(-우/-오.使動・他動詞化接尾辭)〈Kor〉…*-u(使動接尾辭) 또는 *bu

길약語에서는 使動形을 만드는 데 있어서 (67)항과 같이 使動助動詞 ku-/gu-/kï-/gï-를 부가하는데, 한편에서는 自動詞의 語幹에 接尾辭-u-를 첨가함으로써 타동사를 만드는 바, 여기의 接尾辭-u-도 使動接尾辭로 볼 수 있다. 한국어에서 -u-가 使動接尾辭로서 '지우다'와 같이 쓰이고 있으면서 自動詞語幹에 -u-를 添加함으로써 '비우다'와 같이 他動詞를 만들기도 하는 것과 같은 경우여서, 길약語의

他動詞化派生接尾辭-u-는 使動接尾辭와 동질의 것으로 보아도 大過 없을 것이다. 다음에 -u(使動接尾辭)<Gily>의 例를 든다.

例 zoosxï-(깨지다)→zoosxu̠(깨다)
pig-/pigï-(避하다)→piŋu̠-(숨기다)
mağı-(일어나다)→mağu̠-(일으키다)
osi-(서다)→osu̠-(세우다) ………………………………………… <以上 高.pp.181~228>

그런데, 길약語에서 ï∞∅(脫落)의 例는 이미 (59)項에 든 바 있고 여기서는 i∞∅의 例만 들어 보인다.

i<Gily>∅<Kor>

例 ani(年)∞an(id), araki(酒)∞arak(id)
ačik(父·祖父·伯父)∞atk(id), žai-(마시다)∞ža-(id)
ini-(먹다)∞i-(id), yak'ei(그 兄)∞yak'e(id)
kajmir(덫)∞kajmr(id), ŋanïgi-(찾다, 집다)∞ŋanïg-(id)
lamsi(北風)∞lamr(id), kuzi-(나오다, 내다)∞kuz-(id)
niān(한마리)∞nan(id), ŋutriyōi-(코골다)∞ŋu(t)riyo-(id)
osiri-(일어나다)∞osri-(id), pigi-(피하다, 달아나다)∞pig-(id)
posi-(자다)∞pos-(id), taiyagant(海神)∞tayagant(id)
čigr(草)∞čgïs(id), nï-ïtïk(吾父)∞nïtïk(id)
ïijin(大將·主人)∞ïjin(id), ïčik(할아범)∞ïčg(id), mušir(鮭乾竿)∞mušr(id)

i<Gily>ï<Kor>

例 ačik(父·祖父·伯父)∞atïk(id), azmič(男)∞azmïč(id)
higr-(흉내내다)∞hïgïr-(id), hišk(虱)∞hïšk(id)
hunvi(宿泊하다)∞hunïvï(id), -his/-kir(具格)∞-hïs/-kïr(id)
ki-(시키다)∞kï-(id), -ni-(可能助動詞)∞nï-(id)
ŋanigïf(骨)∞ŋanïgïf(id), ŋanïgi-(찾다)∞ŋanïgï-(id)
pigi-(피하다, 달아나다)∞pigï-(id), pri-(돌아가다)∞prï-(id)
sinkr-(괴롭히다)∞sïnk-(id), txi(上)∞tïxï(id)
čiv/čif(道路)∞čïv(id), ïčig(할아범)∞ïčïk(id)

그러므로, zoosxï→zoosxu- ; mağı→mağu- ; osi→osu와 같은 派生은 末音의 -i나 -ï-를 탈락시키고 使動接尾辭-u-를 첨가한 것으로 볼 수 있다.

한편, 한국어에 있어서도 -u-/-o-(-우-/-오-)가 使動接尾辭 내지 自動詞의 他動詞化接尾辭로서 다음과 같이 쓰이고 있다.

例 얼우시고 또 노기시니 <龍歌 20章>
種種ㄱ香 퓌우고 <釋詳 九22>
甘蔗氏 니ᅀᆞ샤몰 大瞿曇이 일우니이다 <月釋一3>
ᄀᆞᄅᆞ쵸ᄆᆞᆯ 드리우샤ᄃᆡ <圓覺 序6>
교훈을 어긔우며 <敬信 5>
우리 시르믈 슬우며(咱們消愁) <杜初 上1>
목수믈 머믈우들 몯ᄒᆞ시니 <月釋 十15>
녀토시고 또 기피시니 <龍歌 20章>
方面을 몰라 보시고 벼스를 도도시니 <龍歌 85章>
天爲建國ᄒᆞ샤 天命을 ᄂᆞ리오시니 <龍歌 32章>

그리고 '오'와 '우'는 母音調和에 의한 異形態이니 그 原形을 -u-(-우-)로 잡을 수 있어서 길약語의 自動詞의 他動詞化接尾辭-u-와 한국어의 自動詞의 他動詞化接尾辭 및 使動接尾辭-'-우-/-오-'는 音韻·機能의 양면에서 對應되며, 이들의 共通基語는 *-u(使動接尾辭)로 추정된다. 그러나, 만주어의 -bu에서 '*bu>-wu>-u'의 변화가 가능하므로 -u는 *bu에 소급하는 형태일 개연성이 크다.

이밖에 '-오-/-우-'와 비교될 수 있는 것으로서 -u-(使動接尾辭)<Ainu>·-bu-(id)<Ma>를 들 수 있다

例 un-u(끼워 있다)…un(끼여 있다), teš-u(젖히다)…teš(젖혀지다)<Ainu>; benebuha(보내게 하였다)…bene-(보내다), usambumbi(失望케 하다)…us am(失望하다)<Ma>

(69) -(n)dra/-(n)tra(對話體 敍述形語尾)〈Gily〉 ∞ -tara/-təra (-다라/-더라. 對話體 敍述形語尾)〈Kor〉…*-nti-ra(對話體 敍述形)

길약語의 動詞語尾 -ndra/-ntra를 高.p.48에서 現在·過去·未來에 두루 쓰이는 敍述形語尾로 보고 있는데, 필자의 생각으로는 經驗時基準(歷史的 現在)의 對話 속에만 나타나는 敍述形, 즉 對話體라는 점이 더 중요하다. 다음에 그 實例를 들어 보인다.

例 či niğvŋ tuf yaimunt-lu. yaxšundra.(당신은 길약語를 아는가? 모른다)<高.p.66>
čiŋ yošnt-lu. yošndra(너희가 바다에 가는가? 바다에 간다)<高.p.80>
tugur tornt-eskn akkindra(불끄는 것은 나쁘다)<高.p.120>
kak yanïs wuvunt. kak wūn kavrnt lunt. masknŋa luindra(여우야! 왜 울었느냐? 여우는 울지 않고 노래 부른다 물범아! 노래 부른다)<高.p. 131>
čam itïnt. orhoror hïnïvya. axf ivrōhaindra har itïnt(무당이 말했다 "注意하고 있어라. 과오가 있을지 모른다"라고 말했다)<高.p.134>
nafat maxtur čaimundra. ura niğvŋta(이제야말로 참으로 너를-알았다 훌륭한 사람이다)<高.p.136>
či maxtur moskant-lu har itnt. naŋa maxtur moskantra(네가 정말 살았느냐 라고 말했다. 헌데 정말 살았더라)<高.p.139>
čaxr tankuŋa inira, čŋïs kunkŋa indra(장작을 패어 밥 먹고, 풀을 베어 밥 먹더라)<高.p.140>
niğvŋ axr ŋā axr vinkr intïraro har-itr yototnt. taufknan ŋa lū lunt lu vinkr intïntra. šanka nenïŋ ŋā-txï-vis vinkt intïntra(사람이거나 짐승이거나 간 것을 보았느냐라고 말하여 물었다. 요전에 짐승인지 무엇인지 간 것을 보았다. 女子 한 사람이 짐승 위에 앉아 간 것을 보았다)<高.p.141>
p-ïsk ŋanïgya itintra. naxai ni hisk ŋanïgintra itntra. hantaxai ŋutriyōintra(자기 이를 찾아라라고 말할 것이다. 그러면, 내가 이를 찾을 것이다라고 말한다. 그리고 코를 골 것이다.)<高.p.141>
ŋutriyoxai yemlax kulaŋ ŋavrki kuzindra(코를 골면 그 귀로부터 긴 털이 나오더라)<高.p.141>
huŋ milk lunt har itïnt. yağo osya har itntra(그 귀신이 무엇이라고 말하였다. 좀 일어나라고 말하더라)<高.p.142>
kaukra humrankt akkindra(나쁘다. 그런 것은 좋지 않더라)<高.p.142>
čirux šurnai makr čifmindra(네게 蒸氣船 두 척을 네게-준다더라)<高.p. 143>
ïijink čigaunt, čex perax čmankiri čingaunt. čingauntra har-itr ugrt vind(主人이 네게-전갈하였다. 너를 自己한테 놀러오게 네게-전갈하였다. 제게-전달하더라 라고 말하고 함께 갔다)<高.p.159>
pšaf lerwirt pšïndra. ta vox lerwint-ŋa. pvo-xa jin axšund-ŋa kumrant(제 집을 잃고 오더라. 어느 마을에서 섞갈렸는가. 제-마을-이름도 모르는가라고 생각하였다)<高.p.175>
esmunt-hïs hïŋkā hainaxar akkindra. eskant halnaxar akkira har hunï vïnd(기뻐서 좋습니다라고 말해도 나쁘다. 必要 없다라고 말해도 나쁘다라고 했다)<高.p.161>
ugrn winate. vinakavrntra. naxnappa ugr winate(함께 가자. 가지-못 한다. 어떻든 함께 가자)<高.p.175>
ni-ŋa šivr viya. ixmundra. unirk-rox uxmun vinindra(내-짐승 타고 가라. 무서워-못한다. 귀신에게 싸우러 갈 것이다.)<高.p.175>
kanïŋ miuyont klï urintra(개가 짖으면 날씨가 좋아진다더라)<高.p.67>

위에서 보인 바와 같이, -ndra/-ntra는 對話속에만 나타날 뿐만 아니라, 한국어의 '-다라/-더라'의 기능과 같이, 주로 第1人稱 이외의 행위나 상태를 말할 때 쓰이고 또 對答하는 말의 敍述形으로 자주 쓰이고 있음을 알 수 있다.

그리고, -ndra/-ntra는 起源的으로 「-nd/-nt(不定法語尾. *cf.* 服部健(1955) p.762~3에서 -nt를 歷史的 現在를 나타낸다 함)+-ra(第2·3人稱單數敍述形)」이거나 「ta(歷史的 現在)+ra」의 구조를 가진 형태인데 나중에 구강폐쇄음인 t 앞에 [n]이 개입한 것으로 추정되는데, 그것이 오랜 세월이 흐르는 동안에 그 기능이 좀 확대되어서 간혹 가다가 第1人稱敍述形으로도 쓰이게 된 것으로 보인다. 마치 한국어에서 '-더라'를 第1人稱敍述形으로 쓰는 일이 간혹 있듯이 말이다.(例. 나 같으면 세시까지는 가겠더라 ; 내 롱담하다라＜釋詳 六30＞).

또한 -ndra/-ntra가 現在·過去·未來(-i-를 더 添加하는 경우도 있음)에 두루 쓰이는 이유는 -ra가 第2·3人稱單數主語와 呼應하며 現在·過去(完了)·未來(未完)에 두루 쓰이는 語尾이기 때문이며, 이 점은 한국어의 '-더라'도 거의 마찬가지로 機能한다.

例
┌ 그는 지금 밥을 먹더라　+ 상관성
└ 그는 지금 밥을 먹는다　– 상관성 ············ '現在'
┌ 그는 내일 시골로 떠나더라(떠난다더라) <傳言>　+ 상관성
└ 그는 내일 시골로 떠난다　– 상관성 ············ '未來'
┌ 그는 벌써 밥을 먹었더라　+ 상관성
└ 그는 벌써 밥을 먹었다　– 상관성 ············ '過去'
┌ 그는 5분 후이면 밥을 다 먹겠더라　+ 상관성
└ 그는 5분 후이면 밥을 다 먹겠다　– 상관성 ············ '未來'

윗 例에서 '-더라'는 絶對時制와 무관하게 쓰이는 形態임을 알 수 있는데. -ndra/-ntra도 現在·過去·未來에 두루 쓰인다는 것은 그것이 바로 經驗時基準(歷史的 現在)의 敍述形임을 말해 준다.

한편, 韓國語에서 '-다라/-더라'는 對話 속에만 나타나는 敍述形으로서, 간혹

第1人稱主語와 呼應하는 일이 있으나, 주로 第2 · 3人稱主語와 呼應하는 것임을 다음 例文으로 미루어 알 수 있다.

例 須達이 닐로ᄃᆡ 니ᄅᆞ샨 양ᄋᆞ로 호리이다. 太子ㅣ 닐오ᄃᆡ 내 롱담ᄒᆞ다라<釋詳 六24>
ᄀᆞ장 모로매 親히 ᄒᆞ다라<杜初 七22>
내 일우려 ᄒᆞ다라<三綱 忠 30>
나ᄂᆞᆫ 波頭 몰애예 자다라<金三 四5>
부톄 니ᄅᆞ샤ᄃᆡ 오ᄂᆞᆳ부니 아니라 녜도 이러 ᄒᆞ다라<月釋 七14>
우리…듣디 몯ᄒᆞ얫다라<法華 五95>
내 요ᄉᆞ이 몰보기 어더셔 몰 ᄠᅳ디몯ᄒᆞ다라<杜初 上37>
사ᄅᆞᆷ과 六師왜 자연히 니러 禮數ᄒᆞ더라<釋詳 六30>
올히와 그려기왜 블 비체셔 자더라<杜初 八9>

우리 닐오ᄃᆡ…ᄆᆞᅀᆞᆷ 업다이다 ᄒᆞ노니<月釋 十三37>
내 일호라 ᄒᆞ다이다<法華 二4>
그딋 ᄯᆞᄅᆞᆯ 맛고져 ᄒᆞ더이다<釋詳 六15>
實로 世尊 말 ᄀᆞᆮ더이다<月釋 十36>

cf. 내…니ᄅᆞ노니 부톄 方便力으로 三乘教ᄅᆞᆯ 뵈요ᄆᆞᆫ 衆生이 곧고대 着홀ᄊᆡ 혀나게 ᄒᆞ다니라<法華 一158>
아래 업더니라 ᄒᆞ시고<釋詳 十一32> ………………… 여기의 '-더'는 過去時制

위에서 例示한 바와 같이 李朝時代만 하여도 '-다라/-더라'는 그 앞에 過去나 未來를 뜻하는 時制先行語尾가 添加되지 않은 채 쓰이어서 前後의 文脈으로 미루어서 現在 · 過去 · 未來의 어느 時制로 해석하여야 했다.

그러므로 -ndra/-ntra<Gily>와 '-다라/-더라'<Kor>의 문법적 기능은 완전한 일치를 보여 준다고 斷定할 수 있으며, 종전의 學說과 같이 "-다라/-더라"의 '-다-/-더-'를 回想法이라 하거나 未完時相으로 다룬 것은 잘못된 일이고, 報告態로 본 것은 一步進展이기는 하나 미흡한 해명이라 할 것이다. 그리고 '더이다'도 對話體 敍述形語尾임을 첨가하여 둔다.

따라서 "-던/-더니"의 '-더-/-다-'는 여기에서 언급한 "-더라/-다라"의 '-더-/-다-'와는 別個의 形態素로 다룰 수도 있을 것이다. 즉 不定法語尾 -nd<Gily>와 對應되는 것이 "-다라/-더라"의 '-다-/-더-'(*cf.* "-ㄴ다"의 '-ㄴ-'이 脫落한 形態임)이고, "-던/-더니/-다니"의 '-더-/-다-'는 過去(→完了)時制의 -t(←ta)<Gily>와 對應되는 것으로 볼 수도 있겠다[*cf.* (70)項].

그러므로 本論에 들어가서, -ndra/-ntra<Gily>와 -tara.-təra(-다라/-더라)<Kor>가 音韻上으로도 對應되는지 다음에서 살펴보기로 한다. 먼저 (35)항에서 不定法語尾-nd는 *ntï에 遡及할 것으로 추정한 바 있는데, 거기서 *-ntï>-tï>-tə/-ta(-더/-다)의 발달과정을 밟은 것으로 보았다. 語中의 -n은 破擦音(-č/-j) 앞에서는 물론 口腔閉鎖音(-k/-t/-p/-ŋ/-n/-m)앞에서는 탈락하는 일이 허다하다.

<破裂音・破擦音 앞에서 n의 脫落 또는 介入現象>

例 -nta/-nate(共同形)<Gily>∞-ㄴ다>-쟈/-져(id) *cf.* (25)項
-ak'nt(-까지)<Gily>∞-ᄭ지>(id) *cf.* (47)項
-ïnkr/-inkr(體言下 疑問形)<Gily>∞-잇가/-잇고(id) *cf.* (27)項
-inkr(强勢助詞)<Gily>∞-*잇기(弋只. 主格助詞←强勢助詞) *cf.* (40)項
-nuŋa>-nŋa>-ŋa(條件・緣由形・序說形)<Gily> *cf.* (59)項
čngïs(草)>čgïs(id)<Gily-Tïmï>
yank-(빠르다)>yağa-(id)<Gily-Tïmï>
pant-(커지다)<Gily-Tïmï>∞퍼지-(擴大)
šinkr-(괴롭히다)<Gily-Tïmï>∞싯글-(시끄럽다)
ınk(입・이귀)<Gily Amur>∞어귀

cf. 韓國語(方言)와 아이누語・길약語 사이에서만 볼 수 있는 -n-의 介入現象이 있다[例는 (40)項 참조].

例 kontukai(使喚)<Ainu>∞kocukai(id)<Jap>
antuki(小豆)<Ainu>∞aduki(id)<Jap>
puntari(酒器)<Ainu>∞hodari(id)<Jap>
funta(札)<Ainu>∞fuda(id)<Jap>
안-(坐)<Kor>∞앉-(id)<Kor>
엿-(架)<Kor>∞얹-(id)<Kor>
더디-(投)<Kor>∞던지-(id)<Kor>
어치-(牛衣)<Kor>∞언치-(id)<Kor>

다음에 ï<Gily>가 ə<Kor>와 對應되는 例를 들어 보인다.

	-ï<Gily>-------------------	-ə<Kor>
例	ïmk(어머니)	əmi(id)
	tïr(널)<G>	nəl(id)
	nïkes(덤불)<G>	nəŋk'ul(넝쿨)
	ïng(입, 어귀)<G>	əgü(어귀)
	ŋïgla-(살찐)<G>	əgəri(*살찐) *cf.* 어거리-풍년
	nïs(너스레)<G>	nəsɯre(id)
	ïtkr(강언덕)<G>	əndək(언덕)
	plïŋg(불꽃, 번쩍임)<G>	pənkä(번개)
	kïvgiv(거미)<G>	kəmɪ(id)
	tïla-(너르다)	nərɯ-(id)
	yïlgi-(열다, 開)	yər-(id)
	sï-(오르려 하다)	syə-(서다, 立)

그리고, ə<Kor>와 a<Kor>는 母音調和에 의한 代替이니 -ndra/-ntra<Gily>와 '-더라/-다라'는 音韻上으로 對應되는 것으로 생각되므로 -ndra/-ntra(對話體 敍述形)<Gily>과 '-더라/-다라'(對話體 敍述形)<Kor>은 音韻과 機能의 양면에서 一致를 보여주며, 이들의 共通基語는 *-ntï-ra(對話體 敍述形)로 추정된다.

(70) -ta 〉 -t(過去 · 歷史的現在) 〈 Gily 〉 ∞ -ta-/-tə-(-다-/-더-. 過去 · 歷史的現在) 〈 Kor 〉 …*-ta(過去 · 歷史的現在)

길약語에서 說明體文章 속에서 -ta/-t는 歷史的 現在를 나타내고, 敍事體文章 속에서는 過去를 나타낸다고 한다(*cf.* 高.p.43). 그런데, 그것들이 쓰인 實例를 조사해 보면 絶對時 기준의 過去 또는 經驗時 기준의 歷史的現在를 두루 나타냄을 알 수 있다. 다음에 例를 들어 보인다.

例 jičibṯ solğont(밟고 걸었다)<高.p.124>
kak lušṯ inind(여우가 거닐며 먹었다)<高.p.128>
yarïṯ wind(밟고 갔다)<高.p.130>
sik pšïndxun. pšïr sik rōğarṯ(모두 왔다. 와서 모두 합심하였다)<高.p.132>
taftox sakṯ. mama, čïčik munkṯ sappentra(집에 들어가게 하였다. 할멈! 할아범이 죽게 되어서 들여 놓았다)<高.p.132>
ïčg nenïŋ pazm-yexarn ken ïgrt ŋarxoṯ wintxun(할아범 한 분이 제-아들과 함께 수렵하러 갔다)<高.p.135>

tūtwot pxūt kat. pini-pšïrox kat hïnïvnd(올라가서 돌아 내려왔다. 제-오두막에 내려 와 있었다)<高.p.135>
hat yerax kost(그래서 그에게 화내었다)<高.p.137>
paxkïs paxr ket. tollux pasnt(돌로 추를 달아서 내어 던졌다)<高.p.>
haŋa kalïst tïrnt(그리고 눈뜨고 보았다)<高.p.140>
yanïs ni ŋākunt-ŋa taiğot(왜 나를 불렀는지 몰랐다)<高.p.140>
ax jok'ot vindxun(그리고 나가 갔다)<高.p.141>
waxïs mlax kuzind ŋavrki huvr wagnt ixunta(칼로 귀에서 나온 털을 베어 잘라 죽였다)<高.p.142>
i-ğorstox mağt hupt hunïvund(江가에 내려가 앉아 있었다)<高.p.142>
čaxr tankta čax-ŋankta. pi tamït hup'ntana. hat hunïvund urnt(장작을 패게 하고 물을 긷게 하였다. 자기는 입을 다물고 앉았다. 그러고 있는 것이 좋았다)<高.p.144>
čaxr tata čax ŋata int aita(장작을 패고 물을 긷고 음식을 만들었다)<高. p.144>
šaldar yenš arak zaint hunta(兵士가 장가들어 술 마시고 있었다)

위에서 보인 바와 같이 -t/-ta<Gily>는 歷史的 現在라는 絶對時의 過去를 나타내는 동시에 敍述形語尾 또는 副動詞語尾로 두루 쓰이고 있는데, 이점이 한국어의 '-다-/-더-'(過去時制)와 다른 점이나, 이미 언급한 (33)項-tata/-tat(過去-强勢形語尾)<Gily> 및 (34)項-tot(id)<Gily>의 -ta/-t-(過去)와 같이 活用語尾에 앞선 先行語尾의(一云 先語末語尾)로서 쓰이고 있어서, 이 경우에는 한국어의 '-다-/-더-'(過去)와 그 기능이 꼭 같음을 알 수 있다.[*cf.* (33)·(34)項 참조]. 특히 위 例 중에서 pi tamït hup'ntana(자기는 입을-다물고 앉았다)<高.p.144>의 -ta-는 (33)·(34)항에서 例示한 -ta>-t와 꼭같이 단순히 過去時制의 機能을 하고 있을 뿐임에 주목할 것이다.

다음에 '-다-/-더-'(過去)가 쓰인 實例를 들어 보인다.

例 이롤ᄉᆞᄫᅳᆺ그리다니<月曲 121>
내…이런 사ᄅᆞᆷ돌ᄒᆞᆯ 濟渡ᄒᆞ려뇨 ᄒᆞ다니<月釋 十三37>
닐오ᄃᆡ 저는 ᄠᅳ디 업다니 엇뎨어뇨 ᄒᆞ란ᄃᆡ<月釋 十三35>
如來아ᄉᆞ…道理 마오려 ᄒᆞ단 젼ᄎᆞ로<月釋 七13>
우리 前生애…恭敬 아니ᄒᆞ단 젼ᄎᆞ로<月釋 卄三80>
奉天討罪실씨 四方諸侯ㅣ 몯더니<龍歌 9장>
뉘읏븐 ᄆᆞᅀᆞ믈 아니호리라 ᄒᆞ더니<釋詳 六9>

ᄂᆞᆷᄃᆞ려 니르디 아니ᄒᆞ더든 三菩提롤 ᄲᆞᆯ리 得긔 몯ᄒᆞ리러니라<釋詳 十九34>
그듸옷 ᄉᆞ랑티 아니ᄒᆞ더든 그믐나래도 시르믈 더으리랏다<杜初 十五31>
ᄇᆞᆯ셔 아더든 보라 가미 됴탓다<杜初 上37>
님그미 나갯더시니<龍歌 49장>
구디 ᄌᆞᆷ겨 뒷더시니<釋詳 六2>
션비를 블으더시니<小諺 六34>
부텨 ᄒᆞ더신 方便力을 念ᄒᆞ야<釋詳 十三58>
업던 번게를 하ᄂᆞᆯ히 ᄇᆞᆯ기시니<龍歌 30장>
須達이 …祭ᄒᆞ던 ᄯᅡ홀 보고 절ᄒᆞ다가<釋詳 六19>
우리 어버ᅀᅵ네 다 모미 편안ᄒᆞ시던가<杜初 上51>
네 이 念을 뒷던다 아니 뒷던다<月釋 九35>

위에서 보인 바와 같이 '-다-/-더-'는 다음에 副動詞形이나 冠形形이 接續되면, 바꾸어 말하면, 대체로 定動詞(敍述形語尾) 이외의 경우에서는 반드시 經驗時過라는 실질적인 過去時制를 표시한다(定動詞에 接續되면 對話體로 다룸).

여기서 우리는 '-다-/-더-'(先行語尾)의 기능을 絶對時의 過去라고 단정하였는데, 이것을 의아하게 생각할 사람이 있을 것이기에 몇 마디 덧붙인다.

흔히 '-나-/-더-'를 回想法을 표시한다고들 말하나, 例를 들어 "어제 서울로 가던 사람이 오늘 죽었다니 어처구니없구나."에서 '가던'은 '가는 途中' 또는 '가고 있는'의 뜻이 아니고, '어제'라는 過去에 '去'(가다)의 행위를 했음을 의미하는데, 말하는 이가 오늘에 와서 그 事實을 말하니 回想처럼 생각될 뿐이다.

"먹던 밥을 개에게 주었다"에서는 '먹던'이 未完相을 표시하는 것처럼 보이나, 실은 그 밥에 대해 '食'(먹다)의 행위를 했음을 의미하기 때문에 결과적으로 개에게 준 밥은 먹다가 남은 밥이었을 것이어서 皮相的으로 생각할 때 '먹던'이 未完相을 나타낸 것처럼 보였을 뿐인 것이다. 이 '-더-'를 動詞가 아닌 形容詞에 接續시켜 보면 그것이 過去時制임이 분명히 들어난다.

例를 들어서 "아름답던 꽃이 벌써 시들었다."에서 '아름답던'은 상태를 표현하는 形容詞이기 때문에 未完相이 존재할 수 없다는 논리에서 그것은 過去의 美的 狀態를 意味한다고 볼 수 밖에 없다.

〔**參考**〕'-던'의 '-ㄴ'은 (36)項에서 言及한 바와 같이 靜態(狀態)임을 보이는 冠形形임.

따라서 '-다-/-더-'(過去)와 -ta->-t-(過去 또는 歷史的 現在)<Gily>는 機能면에서 의심할 여지 없이 對應되며, 音韻面에서도 對應되는 것이 확실하다. 즉 '-다-'와 '-더-'는 母音調和에 의한 雙形이고, '-다-'<Kor>와 -ta<Gily>는 완전한 音韻對應을 보여 주므로 이들은 機能과 音韻 양면에서 對應되는 형태임이 분명하며, 이들의 共通基語는 *-ta(過去·歷史的 現在'經驗時')로 추정된다.

이밖에 '-다-/-더-'와 比較됨직한 것으로는 터키語의 -tï/-ti/-tu/-tü/-dï/-di/-du/-dü(過去)를 들 수 있을 것이다.

例 yaz-dï(글 썼다), gel-di(왔다), koš-tu(달렸다), düš-tü(떨어졌다)<Turk>

(71) -xarï/-xar/-ğar/-xï(持續·完成接尾辭)〈 Gily 〉∞ -kəri-(-거리-. 持續接尾辭)·-kə-/-ke-(-거-/-게-. 完成先行語尾)〈 Kor 〉…*-karï-(持續形)

길약語에서는 接尾辭-xarï-/-xar-/-xï-/-ğar-/-harï-의 形態로서 動作의 '持續'(自動詞化)·'完成', 때로는 '强意'의 뜻을 나타낸다. 例를 들면 다음과 같다.

例 muxarnd(完全히 죽다)<高.p.55> …… 完成
ixuxarït(完全히 죽이다)<高.p.55> …… 完成
upxarnd(完全히 얽다. 얽히다)<高.p.55> …… 完成·持續(自動詞化)
urğarnd(完全히 좋아지다)<高.p.26> …… 持續(自動詞化)
šank urxara≪<urxar-ra≫(女子가 아름답다)<高.p.122> …… 强意
yan-kin varanks urğarnt(그와 마찬가지로 좋아졌다)<高.p.143> …… 持續(自動詞化)
kokr-pin-ŋaxun sik ixuxogarur(아래에-있는-짐승들을 모두 죽이고)<高.p. 157> …… 完成
izn čevnt ixxarnt(그들을 찔러 完全히 죽였다)<高.p.157> …… 完成
šïf-čin kavr urgarnt(상처도 없이 좋아졌다)<高.p.160> …… 持續(自動詞化)
uijinkxun niğvŋ mut taftox uğragart taftox yugtxun(고래들이 사람이 되어 함께 집에 들어갔다)<高.p.161> …… 强意
vixarnt(完全히 가다, 가버리다)<高.p.224> …… 完成
xuxarnt(完全히 죽이다)<高.p.227> …… 完成
un-harïnd(타 버리다, 完全히 타다)<服.p.782> …… 完成

위에 보인 -xarï-/-xar-/-xï-/-ğar-/-harï-는 *karï-로 再構할 수 있을 것이며, 그 기능이 '持續(自動詞化)·完成·强意'의 여러 가지인데, 이것들은 起源的으로 볼 때 그 가운데의 어느 한 가지 기능에서 다른 기능이 派生되었다고 보아야 할 것이므로 '持續'이란 槪念에서 '完成·被動·强意'의 개념을 導出할 수 있으리라고 믿기 때문에 *-karï의 基本機能을 '持續'으로 보고자 한다.

한편, 韓國語에서는 '持續'의 機能을 가진 형태로서 *kəri-(-거리-)가 다음과 같이 쓰이고 있다.

例 구믈어려≪<그믈거려≫ᄂᆞᆫ 거슬(蠢動蜎飛)<青永 上29>
평싱애 ᄒᆞᆫ 무렛 사ᄅᆞ믄 ᄒᆞᆫ갓 그믈어리ᄂᆞ니<杜重 五38>
말 더두어리다≪=더듬거리다≫<漢淸文鑑 七13>
ᄶᅧ쥬어리다(=떠죽거리다)<漢淸文鑑 八24>

까불거리다(連續搖貌)
꿈적거리다(頻微動)
긁적거리다(頻搔)
너울거리다(繼續飄貌)
비비적거리다(頻擦)
찌긋거리다(頻蹙眉)
실긋거리다(貌)
찡긋거리다(頻蹙顔)
흘금거리다(頻睨)
흔들거리다(繼續動搖)
움죽거리다(頻動)
까들거리다(輕驕)
끈적거리다(黏)
피근거리다(無廉貌)

위에서 보인 바와 같이 '-거리'는 行動的 動詞나 副詞에 연접되어 持續的 動作이나 빈번한 동작임을 나타내는 動詞를 만드는 動詞派生接尾辭이다. 여기서 빈번한 동작이라고 한 것은 동작의 持續을 의미한다. 例를 들어 '긁적거리다'는 한번 긁는 동작의 되풀이를 의미하며, 그것은 '긁다'라는 動作의 '持續'을 意味한다.

따라서 '-거리-'<Kor>와 -kərï-<Gily>는 音韻上으로도 對應된다고 할 수 있다. ə<Kor>∞a<Gily>[*cf.* (38)項] ; i<Kor>∞ï<Gily>[*cf.* (35)項]의 對應은 이미 말한 바 있다.

그러므로 '-거리'(持續性 動詞派生接尾辭)<Kor>와 *-karï(-xarï/xar/xï/gar/harï. 持續性 動詞 派生接尾辭)<Gily>는 機能·音韻의 양면으로 對應되는

것으로 추정된다. 그런데, *-karï<Gily>는 지금 주로 '完成 · 持續(自動詞化)'의 뜻으로 쓰이는데, '持續性'을 뜻할 때 대체로 他動詞 語幹에 붙어 그것을 自動詞化하는 것을 볼 수 있는데, 한국어의 '-거리-'도 그 例는 적으나 他動詞의 自動詞化를 겸하는 경우가 있다. 例를 들어 말하면 다음과 같다.

흔들다(他動詞): -

例 흔들이다(自動詞)…他動詞의 自動詞化
흔들거리다<自動詞(持續性)>…他動詞의 自動詞化

다음에 韓國語에서는 '-거리-'가 完成態의 機能을 가지고 있지 않으나, '-거리-'에서의 발달이라고 생각되는 '-게-/-거-'(*cf.* kəri>kəi>ke/kə)가 完成態의 機能을 가지고 있는 것으로 믿어진다. '-거다-/-게라'를 假想法語尾로 보고 있으나 필자는 完成態 또는 强意法으로 보는 것이 나으리라고 생각한다. 먼저 다음에 '-거-/-게-'의 用例를 보인다.

例 간밤의 부던 ᄇᆞ롬 滿庭桃花 다 디거다. 아히ᄂᆞᆫ 뷔를 들고 ᄡᅳ로려 ᄒᆞᄂᆞᆫ고야<鄭敏僑 : 青丘 150>
마자 분별 업거다(適然無處)<永嘉 下107>
青石嶺 디나거냐 草河溝ㅣ 어드ᄆᆡ오 胡風도 ᄎᆞ도 출샤 구즌 비는 므스일고<孝宗 : 青丘 4>
간밤의 우던 여흘 슬피 우러 디내거다. 이제와 ᄉᆡᆼ각ᄒᆞ니 님이 우러 보내도다<元昊 : 青丘 151>
ᄒᆞ다가 ᄒᆞᆫ 터럭근매나 이시면 門外에 잇거다(若有一嘗末且居門外)<蒙法 12>
봆 興에 아디 몯게라. 믈읫 몃마릿 그를 지으니(春興不知凡幾首)<杜重 廿二16>

위 例文에서 '-거-/-게-'는 '디거다=떨어져 버렸다' · '업거다=완전히 없다' · '디나거냐=지나 버렸느냐' · '디내거다=지나 버렸다' · '잇거다=있겠다(强意)' · '몯게라=못하도다'와 같이 풀이하여야 할 대문이지 결코 假定으로 해석될 수는 없다.

그리고, '-거-/-게-'(完成 · 强意)의 先行語尾(先語末語尾)는 -kəri->-kəi->-ke-의 발달이 가능하므로 이것도 *-karï(-xarï/-xar/-xï/-ğar/-harï-. 持續 · 完成 · 强意)

<Gily>와 對應되는 形態素인 것으로 추정된다. 따라서 '-거리->-게->-거-'(持續・完成・强意)<Kor>와 *-karï(id)<Gily>의 共通基語는 *karï-(持續形)로 再構될 수 있을 것이다.

이밖에 '-거-/-게-'(持續・完成・强意)와 비교될 수 있는 형태로서는 -kor(進行形)<Ainu>이 있기는 하나 母音의 對應에 약간 문제가 있다.

例 ainu ek kor-an(아이누가 오고 있다)<Ainu>

(72) -rō hai(未定・不確實한 斷定)〈 Gily 〉 ∞ -lke/-lkəsi(-ㄹ게/-ㄹ것이. 未定・不確實한 斷定)〈 Kor 〉…*-lo kasi-(未定形)

길약語에서는 '未定・不確實한 斷定'의 기능을 -rō hai-의 형태로 표출한다. 이 -rō hai-를 분석해 보면 「-lo(>-ro. 疑問形語尾) + hai(<*kasi-'在')」의 構造를 가진 형태일 것이다. 즉 '未審함이 있-'의 語源에서 '-ㄹ 것이-'의 뜻으로 쓰이고 있다. 다음에 그런 실례를 들어 보인다.

例 virō haindra(감이 있을 것이다≪→갈 것이다≫)<高.pp.45・55>
axf ivrō haindra(過誤를 가짐이 있을 것이다≪→過誤가 있을 것이다 : 過誤가 있을지 모른다≫라고 말했다)<高.p.134>

한편, 韓國語에서는 '未完・不確實한 斷定'의 기능을 '-ㄹ것이-'의 형태로 표출한다. 다음에 그 실례를 들어 보인다.

例 甚히 기픈 이른 곧 ᄆᆞᅀᆞ미 몯 傳ᄒᆞᇙ 것이니<月釋十八 ll>
敢히 ᄉᆞᄉᆞ로이 주디 몯ᄒᆞᇙ 거시니라<小學諺21>
내 ᄒᆡ일 오경두에 갈 거시니<老年 上20>
돈 밧고와 밋디디 아니면 ᄒᆞᆯ 거시니<老年 上58>
우리는 집으로 갈 것이다(>갈게다)

이와 같이 機能面에서 -l kəsi->-l ke-(-ㄹ 것이->-ㄹ게-)<Kor>와 -ro:hai-<Gily>는 對應되는 것이 분명한데, 音韻面에서도 이들은 대체로 對應되는 것으로 믿어진다. 길약어에서 의문형어미가 '-lo/lu>-l'로 나타나는데 그것이 다시

-l>-r의 變化를 일으킨 것으로 보이고, -r-<Gily>∞-l<Kor> ; h-<Gily>∞ k-<Kor>의 對應이 다음같이 가능하다.

-r<Gily>------------------------	-l<Kor>
例 kurmu-(주려 죽다)	kulm-(주리다)
očrai(작은 파이프)<G>	s'əl(작은 파이프) *cf.* 썰-대
xernage-(헐떡이다)<G>	həltəgi-(헐떡이다)
ler-(춤추다)<G>	nilliri(닐닐이. *춤)

cf. 韓國語에서는 -r-와 -l-은 같은 音韻에 속한다. 따라서 이들은 함께 'ㄹ'로 表記된다.

h<Gily>------------------------	k<Kor>
例 huv-(자르다)	kʌʒ-(ᄀᆞᇫ-. 베다, 자르다)
hïunčo(늦다)	kumt'ɯ-(굼뜨다)
hek'u-(굳어지다)	kud-(굳다)
hak(모자)	kad>kas(갓)
haŋ(꿩)<G>	k'wəŋ(꿩)
hu(그)	kɯ(그)

그리고 -l kəsi-(-ㄹ 것이)가 文獻語인 데 반하여 -l ke-(-ㄹ 게-)가 口語로 흔히 쓰이고 있어서 어느것이 더 古形인지 알 수 없다. 즉 -l kəsi->-l kəʒi->-l kəi->-l ke-와 같이 발달한 것이 아닌가 생각되나, 그 중간 단계인 -l kəʒi-(-ㄹ 거ᅀᅵ-)形이 文獻에 보이지 않을 뿐만 아니라, '-ㄹ 것이-(不確實한 斷定)'는 李朝初만 해도 거의 쓰이지 않아서 「月印釋譜」卷 1 · 2 · 7 · 18의 4卷 중에서 한개의 例만 나타날 정도이나 「小學諺解」나 「老乞大諺解」에서 상당한 數를 찾아낼 수 있어서 이 형태들은 主格助詞-'-가'와 마찬가지로 庶民語가 庶民의 自我意識이 高揚됨으로 말미암아 浮上한 것이 아닌가 한다. 그런데 '-ㄹ 것이-'의 '것이-'는 '것'(事物)이 아니고 '겨시'(有在)의 變形으로서 '게'는 交替形인 것으로 믿어진다. 그리고 '겨시-'와 'hai-'는 qasi-(울타리치다 · 정지하다, W.Mo) · kasï-(집에 있다, O. Turk), haša-(울타리치다, Ma)의 공통기어-*kas-(울타리나 집 속에 있다)가 *kasi->kəsi-(것이)/kahi->hai-의 변화를 거친 것으로 보인다. 따라서 -rōhai-<Gily>와 -l kəsi-(-ㄹ 것이-)/-l ke-(-ㄹ 게-)<Kor>는 對應되는 형태임이 분명하다. 이들의 共通基語는 「*-lo(疑問形) + *kasi-(在)」의 複合形態인 것으로 추정된다.

요컨대, -rō hai-(不確實한斷定 · 未定)<Gily>와 '-ㄹ 게-/-ㄹ 것이-'(不確實한 斷定 · 未定)<Kor>는 機能 · 音韻의 양면에서 완전한 對應을 보여 주는 것으로 추정되며 이들의 共通基語는 「*-lo(疑問形) + *kasi-(在)」의 複合形態인 것으로 推定된다.

(73) ixmu-(*聽者尊待助動詞←주다 · 두려워 못하다)〈Gily〉 ∞ *igmu-〉-im (「-伊音-/-音-」)〈鄕歌〉〉-iŋ-(-잉-,聽者尊待先行語尾)〈李朝〉…*-igmï(聽者尊待法助動詞)

길약語에 ixmu-(드리다, 두려워서 못하다, 힘쓰다)<以上 高橋 1942> : ixmi-(주어지다), ixmu-(드리다 · 힘쓰다), ixmï-(계속하다)<以上 服部 1955> : igmu-(바치다, 주다)<Grube 1892>와 같은 일련의 語彙들이 있는데 그 語根을 *igmï-(드리다, 힘쓰다 : 두려워서 못하다)로 再構할 수 있을 것이며, 그것들이 다음과 같이 쓰이고 있다.

例 (ㄱ) ǧeskamt šaprt <u>ixmund</u>xun(≪보자기 속에서 나온 사람들이≫억지로 뺏아 가져왔습니다≪또는 '가져와서 드리었습니다'≫)<高. p.144>

(ㄴ)sïk niǧvŋ tŋaflunt yanïs yugunt-ŋa har itnt. ŋanthuvt gusitxun. čai yugur nu yugur <u>ixmund</u>. (모든 사람이 '이런 것이 어떻게 들어왔는가'라고 말하고 밀어 내었다. 다시 들어가 억지로 들어갔습니다≪또는 '들어가려 하였다'≫.<高. p.153>

yan y'inir <u>ixmï</u>nt(저 사람이 그것을 먹습니다)<服. p.769>

(ㄷ) <u>nixmi</u>ya(내게 주어져라, 내게 다오)<高. p.204>

nirn <u>ixmu</u>nd(잔을 드렸다)<高. p.145>

(ㄹ) vir <u>ixmui</u>rōtïrnd(가려고 힘썼으나 도저히 못했다)<高. p.54>

cf. -rōtïr-(도저히 못하다.)

<u>ixmui</u>-rō-tïrnd(힘썼으나 도저히 못했다)<服. p.191>

humpat tïirifmxař <u>ixmui</u>-rō-tïrnt(이튿날 꿈꾸려고 힘썼으나 무서워서 도저히 못했다)<高. p.157>

<u>ixmu</u>nkš(힘껏)<高. p.129>

lamslaa <u>ixmu</u>nkur puurïr diyagaa(北風은 힘껏 애써 불었다)<服. p.772>

(ㅁ) n'i-ŋa šivr viya. <u>ixmu</u>ndra.(내-짐승을 타고 가라. 무서워서 못한다)<高. p.175>

그런데, 日本語도 그렇듯이 韓國語도 '두려움'의 감정에서 敬語가 발달한 것으로 생각할 수 있다. 우리가 "비가 온다"고 아니 하고 "비가 오신다"고 말하는 것은 古代에 있어서 農事는 비에만 의존하고 있었기 때문에 '비'를 畏敬하여 부르고 또 祈雨祭를 드렸던 것이다.

또 大野晋外編「岩波古語辭典」(1979) p.1430에서 다음같이 말하고 있다.

> 元來 日本人의 尊敬의 槪念은 가장 根本的으로는 相對에 대한 恐怖에서 始作하는 것이다. 恐怖의 대상에 대하여는 그것에 抵觸하지 않게 그것으로부터 멀어지려 한다. ……그렇지 않더라도 失禮를 저지르는 것이 된다. 그러므로, 그것들에 대해서는 멀리 떨어져서 상대방이 하는 대로 맡겨 두어 ……자기는 손을 대지 않는다. 따라서 그토록 恐怖의 對象은 아닌 사람에 대하는 경우에도 그 상대방의 행위를 그와 같은 공포의 대상을 대하듯이 손을 댈 수 없는 것으로서 또는 自然의 攝理라고 생각하고 표현하는 것이……곧 상대방에 대한 尊敬의 뜻을 표명하는 것이 되었던 것이다.

그러므로 윗 예문의 (ㅁ)의 '무서워서 못한다'에서 상대를 존경하는 뜻으로 전의될 수 있을 것이고, (ㄱ)의 '드리다'는 "말씀드리다"처럼 직접 청자존대로 쓰이고 있다.

또한, 위의 例文中 직접으로 청자존대의 뜻으로 쓰인 것은 (ㄴ)의 例들인데, 高橋(1942)나 服部(1955)의 例文에서는 '바치다'·'힘쓰다'·'계속하다'의 뜻으로 해석하고 있으나, 필자의 생각으로는 ixmu-가 [*드리다·두려워 못하다→聽者尊待助動詞]의 發達過程을 밟아 길약語에서도 聽者尊待로 쓰이고 있었던 것으로 추정된다.

"ğeskamt šaprt <u>ixmund</u>xun"은 본문에서, 주인의 심부름으로 보자기 속에서 나온 사람들이 뼈로 된 人形을 '억지로 뺏아 가져와 돌려 주었다'로 번역되어 있으나, 정확히는 '억지로 가져와 두려워 돌려 드렸읍니다'처럼 '로 聽者尊待로 풀어야 할 것이다.

"čai yugur nu yugur <u>ixmund</u>"는 본문에서 '다시 억지로 들어가려 하였다'로 번역되어 있으나, 이것도 '다시 억지로 들어갔습니다'로 풀어야 할 것이다.

또, "yan yinir ixmïnt"는 본문에서 '……그것을 먹고 있다'와 같이 進行形(繼續形)으로 다루고 있는데, 여기에는 그 前後文이 없으므로 무엇이라고 단정적인 말을 할 수 없으나, 분명히 말할 수 있는 것은 길약語에서 進行形語尾로서 -f(韓國語의 進行形-'-m-'과 對應되는 形態)가 따로 쓰이고 있고, 高橋(1942)에서는 ixmu-를 進行形으로 해석한 例文이 한 군데도 없다는 것이다. 그리고 이 文章은 ixmunt의 -nt가 不定法(또는 現在形)이기 때문에 '그것을 먹습니다'와 같이 聽者尊待로 해석하여야 할 것이다.

이렇게 굳이 聽者尊待로 해석하고자 하는 까닭은 對象語尊待와 主語尊待의 形態素도 일관성 있게, 길약語와 비교할 수 있기 때문이고, ixmu-에 '尊敬'의 뜻으로 轉義가 가능한 '두려워서 못 하다 · 드리다'의 뜻이 있기 때문이다.

한편, 한국어에서 新羅時代에 聽者尊待의 形態素로서 '-伊音- 또는 -音-'이 쓰이고 있었으며, 이것이 李朝時代初에는 '-잉-'(*cf.* '-이-'는 잘못임)으로 音韻變化를 일으켰다.

다음에 例를 들어 보인다.

例 獻乎理音如(*받ᄌᆞᄫᆞ리임쪄 '바치겠읍니다')<獻花歌>
太平恨音叱如(*太平ᄒᆞ임쪄 '太平합니다')<安民歌>
出隱伊音叱如支(*난임쪄 '났읍니다')<懺悔業障歌>
逐好友伊音叱多(*조초받임따 '좋게 합니다 ; 좋고 있읍니다')<常隨佛學歌>

그런데, 이 '*-임-'(聽者尊待先行語尾)은 *-igmï-(再構形)가 [i]下의 k 默音化現像과 鼻音化로 *igmï>igm>im/iŋ의 發達을 거친 것으로 믿어진다. 처음에는 im의 형태가 주로 쓰이다가 나중에는 iŋ의 형태가 세력을 얻어 李朝初에 와서는 '-잉-'<李朝>이 고정된 것으로 추정된다. 다음에 '-잉-'(聽者尊待先行語尾)의 用例를 들어 보인다.

例 나라히이다<月釋 八94>
일우샨 藥이이다<月釋 卄一218>
비디 언메잇가<月釋 八81>
大師 ᄒᆞ샨 일 아니면 뉘 혼 거시잇고<釋詳 十一27>
여슷 하ᄂᆞ리 어늬ᅀᅡ 됴ᄒᆞ니잇가<釋詳 六35>

므스므라 오시니잇고<釋詳 六3>
聖孫올 내시니이다<龍駕 8장>
부텨 ᄀᆞᄐᆞ시긔 ᄒᆞ리이다<釋詳 六4>
七代之王올 뉘 마ᄀᆞ리잇가<龍駕 15장>
져믄 아히 어느 듣ᄌᆞᄫᆞ리잇고<釋詳 六11>

다음과 같이 -im>-iŋ의 변화도 가능하다.

-m<諸語>----------------	-ŋ<韓國語>
例 kumra-(생각하다)<Gily>	kuŋri(궁리)
ekoram-koro(乞人)<Ainu>	kərəŋ-päŋi(乞人)
momnatara(多數)<Ainu>	moŋt'aŋ(皆)
tommai(두멍)<Dr-Ta>	tuməŋ(두멍)
niram(中央部分)<Dr-Ta>	nirəm>iraŋ(畦)
paṭam(바닥, 掌)<Dr-Ta>	*patam(「掌音」<禱千手觀音歌>)>pataŋ(掌)
palam(邪惡)<Dr-Ta>	puraŋ(邪惡) *cf.* 부랑-하다<咸南>
mañcikam(바구니)<Dr-Ta>	panjik'wäŋi(바느질감 箱子)
kemkelü-(찧다, 搗)<Mo>	koŋkɯlli-(찧어 다지다)

요컨대, ixmu-(*聽者尊待助動詞←두려워 못하다 · 드리다)<Gily>와 '-伊音-/-音-'<鄕歌> · '-잉-'<李朝>(聽者尊待先行語尾)은 音韻과 機能의 양면에서 완전한 對應을 보여 주고, 그것들의 共通基語는 *igmï-(聽者尊待法助動詞)에 遡及되는 것으로 추정된다.

이밖에 '-잉-'(聽者尊待)과 比較될 수 있는 것으로는 'はべる'(聽者尊待助動詞)<Jap>를 들 수 있다.

例 さらばかく申し侍らむといひて入りぬ(=그러면, 그렇게 말씀드리겠습니다라고 말하고서 들어갔다)<竹取物語>

또, 비교될 직한 것으로는 iki(하다, 爲)<Ainu>가 있으나 意味機能의 對應이 의심스럽다.

(74) šopr-/-šeppr-(*對象語尊待助動詞←드리다 · 攝理하다) 〈 Gi ly-G. 〉 · šapr-/šor-pšï-(*對象語尊待助動詞←가져오다) 〈 Gily-高. 〉 ∞ -sʌb-/-ʒʌb-/-čʌb-(-숩-/솝-/-줍-. 對象語尊待先行語尾) 〈 李朝 〉 …*šor-prï-(보내오다 〉 드리다 →對象語尊待助動詞)

前 (73)項에서 우리는 聽者尊待法이 樺太(사하린)에서 쓰는 길약語에서 더러 쓰이고 있었던 것으로 추정하였거니와, 거기서 '尊敬'이 실제로는 '드리다, 두려워서 못하다'의 뜻을 가진 말이 虛詞化하여 '尊敬'의 기능을 나타낸 것으로 보았다.

그런데, 길약語에는 한국어의 對象語尊待法의 '-숩-/솝-/-줍-'과 음운상으로 對應이 가능하며, 尊待의 機能을 가질 수 있는 '보내다 · 攝理하다'의 뜻을 가진 šopr-/šeppr- <Gily>이 G. p.76에 다음같이 실려 있다.

例 šēpprnïč'schicken(섭리하다 · 보내다)' i. šóprnïč(id)

그러나, Grube(1892)에는 예문이 별로 없고, 존대법에 대하여도 언급한 것이 없어서 šopr-/šeppr-(보내다→드리다 · 攝理하다)가 실지로 尊待法으로 쓰이었는지 확인할 수 없음이 유감이나, 前項(73)의 경우로 미루어서 尊待法으로 쓰이었을 蓋然性이 크다고 할 수 있을 것이다.

그리고, 高橋(1942)p.214에 šoř-pšï-/šapr-(가져오다)가 있어서 다음과 같이 쓰이고 있다.

例 ni itinïgra či <u>šor-pšï</u>nd ŋavrške haikna(내가 말하되 '네가 <u>가져온</u> 냄새일 것이다) <高. p.141> *cf.* pšind<prïnd
či <u>šor-pš</u>ïnd ŋa-ŋavrkai hayakknt(네가 <u>가져온</u> 냄새일 것이다)<高. p.142>
ğeškamt <u>šaprt</u> ixmundxun(억지로 뺏아 <u>가져왔</u>읍니다)<高. p.144>

이러한 길약어의 예들은 '-숩-/솝-/-줍-'과 음운상에서 對應이 가능하며 의미에 있어서도 '드리다'가 '말씀드리다'처럼 객체를 존대하는 데 쓰이고, '가져오다'도 '攝理하다' 즉 '神의 뜻으로 알고 따르다'의 뜻에서의 전의여서 對象語尊待法

과 관계가 있지 않을까 한다.

그런데, 위에 보인 길약어의 예들은 어원적으로 šor-pšï-(가져오다)라는 複合語에서의 發達形인 것으로 믿어진다. 즉 šo-(보내다, 증정하다, 휴대하다, 나르다)와 prï-(오다, 돌아오다)의 複合語가 [*šor-prï-(šor-pšï-) > šo-prï- > šopr-/šaprï > šapr-/šeppr- > ša-pp]의 변화를 거친 것으로 보인다. 앞서 보인 šor-prï-의 šor의 末音-r은 副動詞形(連用形)語尾인 데 대하여 '語幹+語幹'의 構造를 가진 것이 šo-prï-인데 이것이 šapr-/šapp-로 변한 것으로 생각한다. 이것은 위에서 말한 šopr-(보내다, 攝理하다) <Gily-G>과 같은 語源을 가진 것으로 믿어진다.

그런데, 韓國語의 對象語尊待法先行語尾-'-습-/-숩-/-줍-'이 吏讀文에서 '白'으로 나타나는데, 이것을 보고 '숣-'(사뢰다)의 뜻에서 발달된 것으로 속단하기 쉽다. 그러나 한국어와 그 밑뿌리가 같았을 것으로 추정되는 일본어에 samora-h-/sabura-h-(侍·候·贈 *cf.* 末音節-hu는 反復·繼續의 接尾辭)가 있어 그것이 謙讓語(對象語尊待法助動詞)로도 쓰이고 있는데, 그것이 音韻上으로 -sʌb-(-숩-)<Kor>이나 šopr-<Gily-G>·šapp-/šapr-<Gily>과 對應될 뿐만 아니라 [*cf.* 'ᄋᆞ'는 周邊語의 a나 o와 對應됨. 例: (3)項], 그 機能에 있어서도 같다. 그런데 sabura-<Jap>의 語源的인 뜻이 '사뢰다'의 뜻이 아닌 '모시다·드리다'의 뜻이고, 이 뜻은 길약語의 šopr-의 '드리다·攝理하다'나 šapp-/šapr-의 '가져오다'와 함께 語源的으로 '드리다·가져오다'의 뜻으로 소급할 수 있을 것이다. 왜냐하면 '모시다'와 '가져오다'는 신분관계나 有情·無情關係를 떠나면 분명히 같은 말에서 派生한 것이라고 할 수 있다.

따라서 吏讀文에서 '-숩-'을 '白'字로 표기한 것은 '숣-(白)'이란 말이 우리말에 있고, 그것이 다음에 있대이는 子音 앞에서는 '숩'으로 발음되며 文法形態素로 쓰이었기 때문에 그 기능과는 무관하게 訓借된 것으로 추정된다.

그러므로 '-숩-<Kor>·sabura-<Jap>·šopr/šeppr-<Gili-G>·šapp-/šapr-<Gily-樺太>의 共通基語를 再構하면 다음과 같을 것이다.

*šoř-prï- (보내 오다)
- šopr-(*가져오다→攝理하다→보내다)<Gily-G> >šapr-(가져오다)<Gily>
- šopïrï- >saburï- >sabura-h-(*가져오다→모시다 · 바치다→謙讓法助動詞) <Jap>
- šolbr- >solb-(對象語尊待) >-sob-(ᄉᆞᆸ) >-čʌb-(ᄌᆞᆸ)/-ʒʌb-(ᅀᆞᆸ)<李朝>

그뿐만 아니라, saburah-<Jap>의 경우와 마찬가지로 한국어의 對象語尊待法의 형태소가 현대에 와서는 聽者尊待法의 형태소로 변해 버린 데는 무슨 이유가 있을 것인데, 그것을 對象語尊待法과 聽者尊待法(謙讓法)이 함께 謙讓에 의한 尊待라는 점이다. 물론 直接謙讓이나 間接謙讓이냐의 차이는 있다. 즉 聽者尊待는 話者가 표출하고자 하는 내용과는 관계 없이 聽者에 대해서 직접 자기가 하는 말을 삼가는 의미를 가지고 있는 데 대해서, 對象語客尊待는 話者가 직접으로 文의 對象語에 대하여 謙讓하는 것은 아니지마는, 對象語가 主語보다 신분이 相對的으로 낮다는 생각이 전제가 되어 있기 때문에 主語가 對象語에 대하여 謙讓하는 것과 같은 느낌을 주고 있다. 그러므로 安秉禧는 이 對象語尊待法을 主體謙讓法이라고 稱하고 있고 金亨奎도 그냥 謙讓法이라고만 稱하고 있다.

그러면 다음에 對象語尊待法先行語尾-'-ᄉᆞᆸ-/-ᄌᆞᆸ-(ㄷ · ㅈ下에서)/-ᅀᆞᆸ-(有聲音下에서)—*-solb(再構形)'이 쓰인 例를 들어 보인다.

例 巴寶白乎隱 花良 汝隱(돌보ᄉᆞᄫᆞᆫ 곶아! 넌)<兜率歌>
募呂白乎隱 佛體 前衣(그려ᄉᆞᆯᄫᆞᆫ 부텨앒에)<禮敬諸佛歌>
爲白去等(ᄒᆞᄉᆞᆲ거든)<이두사전. 1976>
外道人 五百이 善慧ㅅ德 닙ᄉᆞᄫᅡ<月曲 6>
길 잡ᄉᆞᆸ거니 미조ᄍᆞᆸ거니 ᄒᆞ야<月釋 卄一203>
房ᄋᆞᆯ 아니 받ᄌᆞᄫᅡ 法으로 막ᄉᆞᆸ거늘 龍堂ᄋᆞᆯ 빌이라 ᄒᆞ시니<月曲 100>
道ㅣ 能히 教化ᄅᆞᆯ 돕ᄉᆞᆸ고<楞嚴 一26>
世尊ᄭᅴ 뵈ᅀᆞᄫᅡ 머리 조ᄊᆞᆸ고 ᄒᆞᆫ녀긔 안ᄌᆞ니<釋祥 六46>
업던 이ᄅᆞᆯ 얻ᄌᆞᄫᆞ뇨<釋祥 十三16>
賣花女 俱夷 善慧ᄠᅳᆮ 아ᅀᆞᄫᅡ 夫妻願으로 고ᄌᆞᆯ 받ᄌᆞᄫᆞ시니<月曲 6>
내 부텻 몯아ᄃᆞ리ᅀᆞ오니<法華 一109>
轉輪聖王이 …ᄀᆞ존 道ᄅᆞᆯ 듣ᄌᆞᆸ고져 ᄒᆞᅀᆞᆸᄂᆞ이다<法華 一165>
唯然 世尊하 듣ᄌᆞᆸ고져 願ᄒᆞᅀᆞᆸ노이다<金剛 13>
부텻 기픈 智ᄅᆞᆯ 아ᅀᆞᆸ디 몯ᄒᆞ리로다<法華 一154>

〔參考〕 sabura-h-(侍・候・伺・贈—對象尊敬 : 謙讓助動詞) <Jap>

例 さぶらふ人人を召して, ことにつけつつ歌を奉らしめ給ふ <古今序> …'侍'
心ざしを勵まして,今日はいとひたぶるに强ひてさぶらひつる <源氏 玉鬘> …'伺・候'
浦浦の巻は中宮にさぶらはせ <源氏 繪合> …'贈'
'參り侍り'と申しさぶらひつれば <和泉式部日記> …'謙讓'
海に沈みさぶらひしぞ <平家 灌頂> …'謙讓'

요컨대, 韓國語의 對象語尊待先行語尾-'-숩-/-숩-/-줍-…*solb- 또는 * sob-'은 길약語의 šopr-(드리다, 攝理하다) <Gily-樺太> ・šapr-/šapp-/šor-pšï-(가져오다) <Gily-G>와 對應되는 말인 것으로 추정되며 이들은 共通基語 *šor-prï-(가져오다・보내다)에 遡及될 것이다.

그런데, šopr-・šapr-/šapp- <Gily>과 sabura-h- <Jap>는 前述한 바와 같이 그 形態와 意味의 양면에서 완전한 對應을 보여 주는데, 다만 다른 점이 있다면 日本語의 sabura-h-가 謙讓助動詞로도 쓰이는 데 대하여, 길약語의 šapr-/šapp-・šopr-은 그것이 謙讓助動詞로 쓰인 實例를 자료 부족 때문에 찾을 수 없었거나, 그렇지 않으면 길약語에 있어서는 그것이 謙讓法의 형태로까지는 발달하지 못했던 것으로 믿어진다는 것이다. 어떻든 韓國語의 *-solb-(또는 -*sob-)과 日本語의 sabura-h-의 謙讓法의 기능으로 미루어 보아서 길약語의 šapr-/šapp-・šopr-에도 謙讓法의 機能이 있었거나 장차 그렇게 발달할 충분한 蓋然性을 豫見할 수 있다.

그리고, '-숩-/-숩-/-줍-'과 sāv(말씀, 演說) <O.Turk>・salba-(사뢰다) <W.Mo>・syabe-(떠들다) <Jap>・ceppu(아뢰다, 말하다) <Dr-Ta>의 比較는, 吏讀에서 '白'字로 '숩'을 표기하였고 同系語일 것이라고 지목되는 日本語 속에서 '숩'과는 形態上으로 전혀 다르지만 '사뢰다・아뢰다'의 뜻을 가진 maus-(申)가 '思ひまうし'(=생각하와) 'そむきまうし'(=背反하와)와 같이 謙讓助動詞로 쓰이고 있기 때문에 상당히 가능성이 있어 보이지마는, '-숩-'(-sʌb-)과 形態上 對應될 만한 말로서 실지로 謙讓이나 對象語尊待의 기능을 가진 比較語彙로는 '아뢰다(白)'의 뜻에 起源한 것이 없기 때문에, 對象語尊待法의 '-숩-'을 알타이諸語의 實詞인 sāv(말씀) <O.Turk>・salba-(사뢰다) <W.Mo>나 드라비다語의 ceppu(아뢰다,

말하다)<Ta>나 syabe-(떠들다)<Jap>와 비교하는 것은 옳지 않은 것으로 생각한다.

이밖에 '숩 · 숩 · 줍'과 비교됨직한 것으로는 savul-(곁에 서다)<Turk>와 sōvu(파수서다)<Dr-Tu>가 있다.

(75) -ku(n)/-xu(n)/-xï(n)(主語尊待法語尾)〈 Gily 〉 ∞ *-kï- 〉-sï- 〉-si-(-시-. 主語尊待法語尾)〈 Kor 〉…*kï-(使動助動詞→主語尊待法語尾)

길약語에서 第2人稱의 單 · 複數에 관계 없이 主語에 敬意를 표시할 때는, 主語로 複數形인 čiṇ(čiŋ · čin)을 쓰며, 動詞에 그 主語와 호응하는 -xïn-/xun/-kun이 接尾된다. 마치 한국어에서 敍述語語幹에 主語尊待法先行語尾-'-시-'가 接尾되는 것과 같다(*cf.* 服. p.766).

例 či wiint lu(너는 갈 것인가?)<服. p.776>
čin wiint<u>xïn</u> lu(당신은 가실 것입니까)<服. p.776>
urran šanka nenïŋ taf-pir hunïvuna<u>xun</u>(아름다운 女子 한분이 집에 살고 계시었다)<高. p.161>

한편, 韓國語에는 主語尊待法(所謂 主體尊待法)의 *-sï->-si-「賜」<鄕歌 · 吏讀>가 쓰이고 있다. 종래 '-샤-'를 主語尊待의 '-시-'와 挿入母音 '-오-'의 복합으로 보았고 鄕歌나 吏讀의 「賜 · 史」를 '-샤-'로 解讀하고 있으나 필자의 생각으로는 그렇게 볼 것이 아니고, 主語尊待法의 先行語尾는 본시 *-kï-였는데, 그것이 *kï>xï>sï>si>syə>sya로 변한 것으로 보고자 하며, 「賜 · 史」는 -sï-나 -si-로 읽어야 할 것으로 생각한다. 그렇게 보기 위해서는 ï>i>yə의 발달이 가능해야 하는데, i>yə의 對應實例로 미루어서 그것이 가능함을 알 수 있고, ï>i의 발달도 (35)項에서 보인 諸語의 ï와 한국어의 i의 對應實例로 미루어서 그것이 가능함을 알 수 있다. 또 h(x)>s의 발달은 (31)項에서 보인 실례로 미루어서 가능하다. 따라서

*kï>xï<Gily>>sï>-si-(-시-. 主語尊待)<Kor>/sï-(す四段活用. id)<Jap>>-syə->-

sya(-샤. 主語尊待)＜Kor＞[命令形-'-쎠/-셔'와의 同音衝突 回避現象]

〔參考〕 ㈀ 賜・史[*siə＞*sï] ─┬ sʌ＞sa＜漢字音＞
　　　　　　　　　　　　　　　└ si(主語尊待法)

㈁ čiŋaixïn(人形들)＜Gily＞∞čyaŋ-sïn(장승)＜Kor＞

와 같은 發達過程을 생각할 수 있으며 이들의 共通基語는 *-kï-로 再構하여도 大過 없을 것이다.

그리고, 길약語의 主語尊待法語尾-'xïn/-xun/-kun←*kïn'과 韓國語의 主語尊待法語尾 'si-/-sya←*kï'는 音韻上으로 보아도 對應될 것으로 추정된다. 즉 *kï-n(再構形)＜Gily＞은 본시 使動接尾辭 -kï-/-ku-＜Gily＞에 不定法語尾-n이 添加된 것으로 생각되지만, 主語尊待는 주로 第2人稱單數에 쓰이면서도 複數形인 čin/čiŋ을 쓰므로, 그 複數主語와 호응하는 動詞의 複數助詞-'-kun/-xun/-xïn'에 類推되어서 使動接尾辭-kï/-ku가 kï-n/ku-n＞xï--n/-xun으로 변한 것으로 믿어진다. 과연 그렇다면 起源的인 使動接尾辭 *-kï가 日本語의 形容詞의 'ク活用'(ク・シ・キ・ケレ)처럼 kï＞xï＞sï＞si(-시-)＞syə＞sya(-샤-)와 같이 k＞s의 발달을 겪었을 것으로 추정된다.

그런데, 위에서 主語尊待法의 '시'의 起源을 使動形의 -ku-/-kï-에 둔 까닭은 우리와 언어구조가 거의 같고 同系語로 지목되는 日本語에서 使役의 觀念을 표시하는 助動詞-su(す四段活用＞下二段)가 尊敬의 뜻을 나타내는 助動詞로 쓰이고 있고, 그렇게 轉用된 이유를 "貴人이 行爲・動作을 '相對者가 (누구에게) 시키다'라는 使動形으로 表現하는 것은 相對者의 行爲・動作을 貴人의 行爲・動作에 준하게 하는 것이 된다. 그리하여 그것이 尊敬表現으로 確立되었다" (岩波古語辭典 1979, p.1429)라고 한 바 있으며, 또한 韓國語에 있어서도 그와 같은 표현은 傳統的인 것이어서 그 代表的인 例를 들면, 남의 집 大門간에서 그 집에 하인이 없는 것을 뻔히 알면서도 그 집 하인을 상대하듯이, "이리 오너라. 주인장 계시냐고 여쭈어라" 라고 하는 慣習이 있고, 吏讀에서 使動의 「使(-이시-)」를 가지고 '-시-(主語尊待)'의 뜻으로 썼기(例: 亦敎事 *-여이신일=-라고 하신 일) 때문이다. 따라서 使動接尾辭를 主語尊待法先行語尾로 轉用하는 것은 당연한 경로라고 할 것이다.

그러면 日本語에서 使動助動詞를 主語尊待法(尊敬)助動詞로 쓴 例를 몇 개 들어 보인다.

<す(使動助動詞)>

例 '命ながくとこそ思ひ念ぜめ'など宣はす(='목숨이 길게만 思念하여라'라고 하는 등 말씀하시다)<源氏物話, 桐壺>

嬉しとやと思ふとて,告げ知らするならむ'との給はする御けしきもいとをかし(='기쁘게 생각한다고 아뢰는 것이리라'라고 말씀하시는 모습도 매우 재미있다)<枕草子 六段>

cf. あまる(남다)…あます(남기다), うつる(옮다)…うつす(옮기다), ながる(흐르다)…ながす(흘리다), おこる(일어나다)…おこす(일으키다)

다음에 韓國語에서 쓰이는 主語尊待法先行語尾-'-시-'(<*-ᄉᆞ-)와 '-샤-'의 例를 들어 보인다.

例 臣隱 愛賜尸 母史也(*알바단은 도ᄉᆞ실 어싀여=臣은 사랑하시는 어머니로다)<安民歌>

誓音 深史隱 尊衣希 仰支(*다딤 기프슨 尊의게 울버러=誓願이 깊으신 부처님을 우러러)<願往生歌>

合掌ᄒᆞ야 禮數ᄒᆞ시거늘<釋祥 十一13>

法義ᄅᆞᆯ 펴려 ᄒᆞ시ᄂᆞ다<釋祥 十三26>

三菩提ᄅᆞᆯ 得ᄒᆞ시다 드르시고<釋祥 十三30>

功이 크샤ᄃᆡ 太子ㅿ位 다ᄅᆞ거시늘<龍歌 101장>

미리 定ᄒᆞ샨 韓水北에<龍歌 125장>

御製ᄂᆞᆫ 님금 지ᄉᆞ샨 그리라<訓正諺>

長存ᄒᆞ샬 藥이라 받ᄌᆞᆸ노이다<動動>

요컨대, 길약語의 主語尊待法語尾-*-kï[-ku(n)/-xu(n)/-xï(n)]와 韓國語의 主語尊待法語尾 *kï[>*hï>*sï>si(-시-)>*syə>sya(-샤-)]는 音韻과 機能의 양면에서 확실한 대응을 보여주는 것으로 추정되며, 이들의 共通基語는 *kï-(使動助動詞 *cf.* kï-<Gily>→主語尊待法助動詞)로 再構될 것이다.

〔**参考**〕 이와 같이 '-시-'(尊待法)가 使動詞에서의 轉用이라고 보는 경우, '-시-'의 起源을 '-시기-'(>시키-. 使動詞)에서 찾을 수 있을 것이며, 이것도 다시 더 遡及하면 그 起源은 *kï-가 될 것이다(*cf.* 7.2.(6)). siki>sii(i 아래의 k 默音化현상)>sī

이밖에, 主語尊待法의 '-시-'와 比較됨직한 것으로서는 cīr(尊敬 · 뛰어남)<Dr-Ta>을 들 수 있으나 主語 · 對象語 · 聽者尊待法의 전 체계를 길약語와 비교할 수 있으므로 이 主語尊待法만 떼어서 드라비다語와 비교하는 데 문제가 있고, 또 cīr<Dr-Ta>이 실제로 主語尊待法의 語尾나 助動詞로서 轉用된 예가 전혀 없다.

(76) -t-(사잇소리) 〈 Gily 〉 ∞ -t-(-ㅅ-. 사잇소리) 〈 Kor 〉 …*-t-(사잇소리)

길약語에서 體言과 體言을 이어 複合語를 만들 때 사잇소리(-t-)가 끼어드는 일이 적기는 하나 발견된다.

例 kumrant intŋa. ugmif ŋal-t̲-wonïŋ ta(생각하여 보니 이-섬의 灣ㅅ 마을-사람이다) <高. p.175>

한편, 韓國語에서는 複合體言을 만들 때 사잇소리(-t-)가 끼어드는 것이 일반적이다. 이런 사잇소리를 '사이시옷'이라고 부르며 'ㅅ'(시옷) 또는 'ㅿ'으로써 표기한다.

例 狄人ㅅ서리예 가샤<龍歌 4장>
蓮花ㅅ고지 나거늘<月曲 19>
픐닙과 실 ᄆᆡ조매<楞嚴 一87>
世尊ㅅ일 ᄉᆞᆯᄫᆞ리니<月釋 一1>
나랋일홈 ᄀᆞᄅᆞ시고<龍歌 84장>
英主ㅿ알ᄑᆡ 내내 붓그리리<龍歌 26장>
後ㅿ날 다ᄅᆞ리잇가<龍歌 26장>
오ᄂᆞᆳ나래 내내 웃ᄫᅳ리<龍歌 16장>

그런데, 鄕歌와 吏讀에서는 '叱'字로써 사잇소리를 표기하였다. 그러나 '叱'이 어떤 音價를 표시한 것인지 확실하지는 않지만, '-뿐'(局限)을 '叱分' 또는 '叱分'으로 표기한 점으로 미루어 보아서, 그것이 [čɯt>čɯr](音讀) 또는 [s](略音借)를 표기한 것이라고 하기 어렵고, 아마 된소리 記號로 쓴 것으로 생각된다. 따라서 우선 '叱'도 사이시옷 즉 內破音 [t]의 표기로 보아 두며 다음에 그 實例를 몇 개 들어 보인다.

例 蓬次叱巷中(蓬巷에서)<慕竹旨郎歌>
栢史叱枝次(栢枝)<讚耆婆郎歌>
功德叱身乙(功德身)<稱讚如來歌>
凡他矣戶叱所納貢稅乙<明律 七4>
太廟圜丘等叱大祀壇場乙<明律 十一2>

그리하여 길약語에서나 한국어에서 다 같이 複合名詞를 만들 때 그 前後의 名詞 사이에 사잇소리 [t]를 개입시켰음을 알 수 있다. 다만 차이가 있다면 韓國語에서는 그것이 活性的인 데 대하여 길약語에서는 活性的이지 못하다는 것이다. 따라서 이들의 共通基語는 *-t(사잇소리)로 再構될 수 있을 것이다.

이밖에 한국어의 사잇소리 現像과 비교될 수 있는 것으로는 아이누語에서 複合語나 긴밀한 結合의 句에서 先行語의 末音 [r]이 內破音 [t]로 변하는 現象을 들 수 있을 것이다.

例 rur-teksam(海-傍)>rut-teksam<Ainu>

(77) -ata/-at(强勢接尾辭) 〈 Gily 〉 ∞ -ïč'-/-ič(-잋-/잇-. 强勢接尾辭) 〈 李朝 〉 … *-ata(强勢接尾辭)

길약語에서 -at나 -ata가 '强勢'의 구실을 함은 이미 (33)項의 -tata/-tat(過去-强勢形)<Gily>에서 언급한 터이다. 거기서 -t(過去)+ata/at(强勢辭)의 複合形態가 -tata/-tat라고 하였는데, 이 -ata/-at는 動詞語幹은 물론이지만 名詞·副詞에도 接尾된다.

例 yes-ken pumk-xen yaint mlaer inta-kavrntata(그-아버지와 自己-어머니가 만든 귀마개를 보지-않았다)<高. p.133>

kas čant kas čatata, pau-wačnt pau-wačtata(북을 치고 북을 쳤다. 大砲를 쏘고 쏘았다) <高. p.114>
nisak yai-wakkei yargun-kavrntata(한 번 만든-바구니를 열지 않았다)<高. p.124>
āvŋ solğontat(훌륭한-사람들은 걸었다)<高. p.124>
yamu wintata. hïtaf putr tïrnt(그-배가 갔다. 한가운데가 쪼개져 둘이-되었다) <高. p.135>
intïntat-tï nūx-kuttï ŋasin kuttïlox vir yugr intïnt(보고 있는 동안에 바늘-구멍 같은 구멍에 가서 들어가는 것을 보았다)<高. p.140)
nafat maxtur čaimundra(지금이야말로 정말 너를-알았다)<高. p.136>
čiŋat pšïndra(당신 때문에 왔습니다)<高. p.157>
čixata tuz-akn-kuil exarn-kavrnt(너야말로 여기-올 것이라고 생각하지 아니하였다) <高. p.157>
hain niğvŋ urgntoxat ixunt(늙은 사람의 生命 때문에 죽였다)<高. p.158>
nin akkent niğvŋat(나는 弱한 사람이다)<高. p.176>

그런데, -ata는 ata>ita>itï>ič/ïč' 같이 변할 수 있다. 다음에 a~a>i~a의 변화를 보여 주는 例를 들어 보인다.

	a~a<諸語>--------------------	i~a<Kor>
例	nāna(요즘)<Gily-G>	inä(<*nina. 이내)
	andan(삽시간)<Ma>	inč'a(인차. 卽時)
	amala(然後)<Ma>	imɪ(<*imE<imai<imaši. 旣)
	arga(策略)<Ma>	irE(<*ira, 이러. 策略)
	aya-(펄펄뛰다)<Ma>	iə-(<*iya-, 이어-. 搖)
	madasu(酵母)<Ma>/misun(醬)<Ma>	myəču(<*miyasu, 며주. 醬麴)
	sarla(灰白色)<Ma>	syəla(<sila, 셜아. 灰白色) *cf.* 셜아몰
	šada-(疲倦)<Ma>	šida-ri-,(시달리-. 被疲)
	šala(邊, 角)<Ma>	syəri(<*šili<*šila, 셔리. 角・邊)
	naka-(辭退)<Ma>	nikə-(<*nika, 니거-. 去)
	jafa-(拿)<Ma>	čib-(<*čiba-, 집-. 拿)/čab-(id)
	lata(遲鈍)<Ma>	nɯri-(<*nira-, 느리-. 遲鈍)

한편, 韓國語에는 길약語의 强勢接尾辭-'-ata/-at'에서 *ata>*ita>*iti>ič(-잇-)/ïč'(-읏-)와 같이 변한 것으로 보이는 强勢接尾辭 '-잇-/-읓-/(→-읏)'이 쓰이고 있어 다음에 例示한다.

例 擊은 다이즐 씨라<月釋 二14> *cf.* 다이-잊-을>다이즐 : 다이-‘치다’
ᄇᆞᄅᆞ몰 헤이즐 手質이 잇ᄂᆞ니라(排風有毛質)<杜初 八31> *cf.* 헤-‘헤치다’
뉘으처 도로 오려 ᄒᆞ더니<釋祥 六19>
술ᄋᆞᆺ븐뎌 아으<鄭瓜亭>
고ᄫᆞᆫ님 몯보ᅀᆞᄫᅡ 술ᄋᆞᆺ 우니다니<月釋 八87>
감ᄋᆞᆺ감ᄋᆞᆺ, 프릇프릇, 블긋블긋

따라서 한국어의 强勢接尾辭-‘-ᄋᆞᆺ/-잇’은 *-ata로 遡及될 것이며, 길약語의 强勢接尾辭 -ata/-at와 對應되는 것으로 추정되며, 이들의 共通基語는 *-ata(强勢接尾辭)로 再構할 수 있다. 다만 한국어의 ‘-ᄋᆞᆺ/-잇’은 用言語幹에만 첨가되는 데 대하여 길약語의 ‘-ata/-at’는 用言의 語幹에 첨가될 뿐만 아니라 體言에도 接尾되는 점이 다른데, 이것은 어느 한쪽 말의 强勢機能의 適用範圍가 수천년 동안에 확대되었거나 축소된 것으로 생각된다.

다음부터는 文法構造의 比較를 차례로 試圖할 것이다.

(78) 語順이 同一

길약語와 韓國語는 語順이 완전히 일치한다.

(가) 「主語—目的語—補語—敍述語」의 順으로 나열된다.

例
- 길약語: ni wakkei klïrox šond<高. p.62>
  (내 箱子를 바깥으로 가지고 간다)
- 韓國語: 나는 箱子를 바깥으로 가지고 간다

(나) 修飾語는 被修飾語 바로 앞에 온다.

例
- 길약語: urra nigvŋ(아름다운 사람)<高. p.62>
- 韓國語: 아름다운 사람

그러나, 예외가 있어서 「數詞+名數詞」로 된 修飾語만은 被修飾語 뒤에도 놓이는데 그 점에 있어서도 길약語와 韓國語는 같다. 한편 이런 現像은 알타이諸語에서는 볼 수 없다.

例 길약語: tav nakr(집 한채) ; ni nen-vŋ(나 한 사람)<高>
韓國語: 집 한채 ; 나 ᄒᆞ나<松江, 思美人曲>

cf. 터키語 : bir ev(한 집) ; bir ben(하나의 나)<竹內. p.27>

(다) 副詞語는 限定받는 修飾語나 動詞 앞에 놓인다.

例 길약語: lïlï urra šanka(매우 아름다운 女子)<高 p.58>
韓國語: 매우 아름다운 女子

이와 같이 韓國語와 길약語는 語順의 比較에 있어서 그 規則性에 있어서뿐만 아니라 不規則性에 있어서까지도 완전한 일치를 보여준다. 그런데 반하여 알타이諸語는 所屬形人稱接辭를 예외로 하고는 修飾語가 被修飾語 뒤에 오는 不規則性을 허용하지 아니한다.

이밖에 日本語도 韓國語와 語順이 같을 뿐만 아니라 不規則性에 있어서도 一致를 보여준다.

例 いへ一軒があります : 一軒の家があります
(집 한채가 있다) (한채의 집이 있다)

(79) 形容詞의 活用

길약語와 韓國語는 함께 形容詞가 活用한다.

例 길약語: dakï-, dakïnt, dakïŋ, dakïlint, dakïlant,
(따뜻하-)(따뜻하다)(따뜻한)(보다 따뜻하다)(가장 따뜻하다)
…<服 p.770~772>
韓國語: 따뜻하-, 따뜻하다, 따뜻한, 따뜻하니, 따뜻하고, ……

그러나, 알타이諸語는 活用하지 않는다.

이밖에 形容詞가 活用하는 言語를 우리 주변에서 들면 日本語를 들 수 있다.

例 うつくしい, うつくしく, うつくしけれ, ……
(아름답다) (아름답게) (아름다왔다)

(80) 數詞의 屈折

길약語와 韓國語는 함께 數詞가 屈折하는 言語이다. 구체적으로 말하면 名數詞(數單位不完全名詞)에 따라서 그것과 호응하는 數詞는 일정한 다른 形態를 취하는데, 이 경우, 單獨形 數詞의 末尾의 몇 음이 줄어지는 것이 대부분이며, 주로 1에서 5까지 사이에서 그런 變化가 일어난다.

<길약語 : 韓國語>

例 nar, mar, čakr, nuš, toš, ŋax, ŋamk, minïš, ……
(하나) (둘) (셋) (넷) (다섯) (여섯) (일곱) (여덟)
nakr, makr, čakr, unkr, tokr, ŋax, ŋamk, minïs, ……
(한개) (두개) (세개) (네개) (다섯개) (여섯개) (일곱개) (여덟개)
neč, meč, čeč, nïč, toč, ŋagïč ŋamkeč minïreč, ……
(한장) (두장) (석장) (넉장) (다섯장) (여섯장) (일곱장) (여덟장)
niR, mix, čeax, nux, tox, ŋauf, ŋamk, minïs, ……
(하루) (이틀) (사흘) (나흘) (닷새) (엿새) (이레) (여드레)
nar/nan, mar, čakr, nuš, toš, ŋax, ŋamk, minïš,
(한마리)(두마리)(세마리)(네마리)(다섯마리)(여섯마리)(일곱마리)(여덜마리)
………………………………………… <以上 高. pp.28~31>

이런 現像은 日本語에서도 볼 수 있다.

例 ひとつ ふたつ みっつ よっつ いつっつ むっつ ななっつ やっつ
ひと ふた みつ よつ いつつ むつ ななつ やつ
ひ ふ み よ いつ む なな や
(하나) (둘) (셋) (넷) (다섯) (여섯) (일곱) (여덟)

(81) 名數詞의 多樣한 發達과 對應

韓國語의 名數詞(數單位不完全名詞)가 다양함은 주지의 사실인데, 이에 못지 않게 길약語도 名數詞가 발달하였다.

그러나, 한국어에 있어서는 名數詞를 數詞와 분리시킬 수 있으나, 길약語에 있어서는 數詞와 名數詞가 融合되어서 分離하기 어렵다. 그렇지만 高. p.31에서 "本是는 數詞의 뒤에 그것에 相當한 名詞 그 自體를 더하여 만든 것을 알 수 있다. 例를 들면 mu ni-mu '배 한척'과 같이, 이런 것은 東洋語에 많은 陪件詞의 硏究에 도움이 되는 點이 많다"고 말한 바와 같이, 길약語도 본시는 名數詞가 分離되어 있었으나 數詞가 名數詞 위에서 略體化하면서 融合되어 버린 것으로 추정된다.

例 nakr(한 개), makr(두 개), čakr(세 개)···-kr(-개)
neč(한장), meč(두장), čeč(석장)···-č(-장)
nenïŋ(한분), menïŋ(두분), čakrniğvŋ(세사람)···-nïŋ/niğvŋ(-분/사람)
nar(한마리), mar(두마리), čakr(세마리)···-r(-마리)
nim(한척), mim(두척), čim(세척)···-m(-척) *cf.* mu(舟)
navr(한곳), mevr(두곳), čavr(세곳)···-vr(-곳)
nerax(한잎), merax(두잎), *čerax(>trax. 세잎)···-rax(-잎)
mix(이틀, čeax(사흘), nux(나흘)···-x(···흘, 日) 以上 <高. pp.28~31>

이밖에 우리 周邊語 중에서 名數詞가 발달한 것은 日本語이다. 허나 名數詞 앞에 오는 數詞가 漢字借用語이어서 屈折하지 않는 점이 우리와 다른 점이지마는, 본시는 'ふつか(이틀), むいか(엿새), やうか(여드레)'와 같이 名數詞 앞에 오는 數詞가 屈折하여 略體數詞가 쓰이고 있다.

그리고, 길약語의 名數詞의 대부분은 韓國語의 相當語와 起源的으로 같은 말에서의 발달인 것으로 생각되며, 각 名數詞는 다음과 같이 再構되어야 할 것으로 推定된다.

-*kar(-개, 個數) : *kar>kïr>kr<Gily>, *kar>kari>kai>kä(개)<Kor>
-*č(-장, 枚數) : č<Gily>, *č-aŋ(接尾辭)>čaŋ(장)<Kor>
-*niğvïŋ(-분, 人名數) : *niğvïŋ>niwŋ>nïŋ<Gily>, *niğvïŋ>nivïn>ivun>

bun(분)<Kor>

-*bur(-곳, 處所數) : *bur>bïr>vr<Gily>, *bur(「夫里, 伐」)

*-rap(-잎, -나박, 葉數) : *rap>rax<Gily>, *rap-ag(接尾辭)>nabag(나박, 葉)

위에서 추정한 바와 같이, 이들 名數詞는 분명히 韓國語와 길약語가 한 뿌리라고 단정할 수 있다.

이와 같이 數詞가 그와 호응하는 名數詞에 따라서 屈折한다는 不規則的인 특이한 일치와 名數詞의 대부분이 일치한다는 사실만 가지고도 韓國語와 길약語는 同系語라고 할 만하다고 할 것이다.

(82) 主格 · 對格(目的格)은 一般的으로 特別한 形態를 두지 않는다.

길약어나 한국어는 膠着語이기 때문에 格觀念이 名詞나 代名詞 자체에 附隨되지 않는다. 따라서 印歐語에서처럼 語形變化는 없고, 오직 助詞(또는 語尾)에 의해서 格을 표시하는 데도 불구하고, 主格과 對格(目的格)은 일반적으로 특별한 形態를 첨가하지 않고 名詞나 代名詞의 原形을 그대로 쓴다.

例 či šakrux pšïnd-ŋa(네 어디서 왔는가)<高. p.65> *cf.* či(汝)

hu niğvŋ tonhund(이 사람 힘이 있다)<高. p.65> *cf.* niğvŋ(人)

mu kikr pšïnd(배 저어서 오다)<高. p.72> *cf.* mu(舟)

우리 始祖ㅣ 慶興에 사ᄅᆞ샤<龍歌 3장>

海東六龍이 ᄂᆞᄅᆞ샤<龍歌 1장>

밥 먹디 마롬과<釋祥 六10> *cf.* 밥(飯)

cf. '-ㅣ(딴이)/-이'는 李朝初만 하여도 格助詞가 아니고 不變化詞에 添加되는 調音素였음(*cf.* 姜吉云 1981.5 pp.18~19)

그러나, 그 體言이 主語임을 강조하기 위해서는 呼格助詞나 强意助詞 등을 첨가하여 쓰면서 그것이 主格助詞로 자리를 굳히게 된 것이다. 다음에 그런 例를 들어 보인다.

例 -ŋa(呼格助詞) : ni wakkei warkavr n-ixmiya, niğv-ŋa(<inğvŋ-ŋa)(내 箱子만이라도 내게-주어라, 사람아!)<高. p.159>

-ŋa(主格助詞代用): pxŋaŋoŋ-ŋa čxïv gusil itr yoskōra(젊은이가 곰을 끌어내고 싶다 말하고 내를-건넜다)<高. p.117>

Vnkr(强意助詞) : tamïn tar yanïnkr nakknt(담배를 피우면서 어찌하 여 내게-왔느냐)<高. p.158>

čuv uiginkr(상처가 없어졌구나)<高. p.137>

Vnkr(主格助詞代用): ninkr Ivan-dračok-lu xar pxïmront(나야말로 이반의 -바보일까 하고 스스로 생각했다)<高. p.153>

činkr axr-čin tumčis hunïvundra(너야말로 늘 이러 하였는가?)<高. p.153>

*익기(弋只. *强意助詞→主格助詞代用)

「所司弋只 界官良中 出納下問令是乎矣」<洪武戊午年長城監務官貼文,吏讀集成附錄 p.19>

그리고, 韓國語의 主格助詞 '-가'도 起源的으로는 呼格助詞였으리라고 생각된다. 그렇게 보는 까닭은 길약語의 -ŋa가 疑問形語尾에 쓰이는 동시에 呼格助詞로 쓰이므로, 그것과 對應하는 한국어의 疑問形語尾가 '-가'라면 '-가'는 呼格助詞로도 쓰였을 것이기 때문이다.

한편, 古代韓國語에서는 *-kïr(肹)이 對格助詞로 쓰이었는데 길약語의 kïr이 具格助詞로 代用되었듯이, 이것도 具格助詞에서의 轉用인 것으로 추정된다[*cf.* (3) 項의 例].

요컨대, 길약語와 韓國語는 본시 主格助詞와 對格助詞를 갖지 아니하였고, 그것을 강조하기 위해서 呼格助詞의 代用에서 드디어는 主格助詞 · 對格助詞로 굳어져 버린 것으로 믿어진다. 이와 같이 한국어와 길약語는 主格助詞와 對格助詞의 發生過程까지 완전한 一致를 보여준다.

(83) 合成語에서 **先行語**의 **末尾音**이 **省略**되기도 한다.

길약語에서 人稱代名詞의 略形을 接頭人稱代名詞라고 하는데, 이것은 원래 自立形의 人稱代名詞와 그 다음에 오는 名詞가 集合的(poly-synthetic)으로 쓰일 때 末尾音이 省略된 것이다.

例 ni(我)+hïšk(虱)>n´ïšk(내 이)
nix(내게)+ariya(먹여라)>n´ariya(내게 먹여라)
či(汝)+ox(衣)>č´ox(네 옷)
či(汝)+eškn(…의 쪽에)>češkn(네 쪽에)
pi(自己)+atïk(父母)>perïk>perk(自己 父母)
pix(自己를)+itïnd(보다)>p´intïnd(自己를 보다)
yan(彼)+taf(집)>yaraf(그의 집) ……………………………… 以上 <高. pp.37.38>

그리고, 複合語나 合成語에서도 그 先行語의 末尾音을 省略하는 경우가 많다.

例 pilaŋ(큰)+wo(村)>pilewo, pilwo(大村)
tolv(冬)+taf(집)>torraf(겨울의 집)
enand(他)+wo(村)+ux(-부터)>envux(다른 마을부터)
čaxr(장작)+ŋand(나무하다)>čaŋand(나무하다)
vind(가다)+hafke(그리고)>vifke(한참 가니까) ……………………… 以上 <高. p.24

이와 같이 길약語에서는 二語 이상으로 된 複合語 또는 合成語 중의 先行語의 末尾音을 생략하는 일이 허다한데, 이러한 現象은 알타이諸語에는 없는 現象이다.

그런데, 韓國語나 日本語에는 이러한 現象이 상당히 보인다(例. ミズークサ>ミークサ ; ヨルーアケ>ヨーアケ). 이미 (80)項에서 數詞의 屈折에 대해서 언급한 바 있는데, 그것도 末尾音의 省略現象이다. 그밖에 다음 같은 例를 들 수 있을 것이다.

例 어느(何 · 他)+적(時)>언제(何時)
어느(何 · 他)+마(量)>언마<李朝> >얼마(幾何 · 多少)
므슴 · 므슴(何)+일(事)>므스일 · 므스일(何事)<松江 9>
나의(吾의)+고장(鄕)>내 고장(故鄕)
너의(汝의)+집(家)>네집(汝家)
처쉼(初)+ᄉ랑(戀)>첫사랑(初戀)
겨슬(冬)+살이(生)>겨으살이(蔦 · 寄生草名)
임(食 · 食品)+밥(飯)>이밥(白米飯) cf. iv-(먹다)<Gily-G> · ibe(食品)

위에서 보인 바와 같이, 길약語에서는 이런 省略現象이 活性的이지마는 韓國

語에 있어서는 化石化되어 남아 있을 뿐이다.

그러나, 過去의 어느 時期까지는 韓國語도 그런 現象이 活性的인 한때가 있었던 것은 위의 예로 미루어서 추정할 수 있다. 또 日本語도 마찬가지다.

(84) 關係代名詞가 없다.

길약語나 韓國語는 알타이語와 마찬가지로 印歐語와 같은 關係代名詞를 가지고 있지 않다. 그러한 기능은 動詞나 形容詞의 冠形形(添加的 活用)에 의해서 代置된다.

例 길약語: säta iwn̳ mif(설탕이 있는 땅)<G. p.24>
mer yegzn̳ ŋa(우리가 모르는 動物)<G. p.24>
mu lïtïnt̳ čxar(배를 만드는 나무)<G. p.24>
韓國語: 사람이 사는 마을
우리가 모르는 天體
비 온 날이 바로 내 생일이었다.
마음씨 고운 女子가 참-美人이다.

이밖에 日本語도 關係代名詞를 쓰지 않는 대신에 한국어나 길약語와 마찬가지로 用言의 冠形形(連體形)이 그 기능을 담당한다.

例 ひとがすんでいるむら(=사람이 사는 마을)
われらがしらない天體(=우리가 모르는 天體)
あめのふった日がちようとわたくしのたんじよびだった(=비 온 날이 바로 내 생일이었다.)

(85) 複文(包有文) 속의 節의 主述關係를 '與・對格+使動詞'의 客述關係로 表現한다 ; 副動詞形・敍述形 -'-ta 〉 -t / -na 〉 -n / -ra 〉 -r'를 共有한다.

길약語에서는 複文(包有文) 속의 節의 主述關係의 主格을 與格 또는 對格으로, 能動詞를 使動詞로 代替하는 표현법이 일반적이다. 다시 말하면 節의 主述關係를 客述關係로 표현하는 것을 흔히 볼 수 있다.

例 ni yan y′ininkut y′indunt(=나는 그가 그것을-먹는 것을 보았다)<服. p.769>
(나는 그에게 그것을-먹게 하여 그를-보았다) *cf.* ku-(使動助動詞)<Gily>
yan ni y′ininkur n′indunt(=그는 내가 그것을 먹는 것을 보았다)<服. p. 769>
(그는 내게 그것을-먹게 하여 나를-보았다)
pelax mallunkt intïnt(=<그가>自己에게 다가서는 것을 보았다)<高. p.130>
(=<그를> 自己에게 다가서게-하여 보았다)
murŋ jankr wenkunt(=<그가> 말을 때려 가게 하였다)<高. p.152>
(=<그에게> 말을 때리게-하여 가게 하였다)
Huiya-amǧ tīvnkta intŋa(=후이야 河口에서 <그것이> 내려오는 것을 보고)<高. p.118>(후이야-河口에서 <그것을> 내려오게-하여 보고)

韓國語에 있어서도 節의 主格을 與格 또는 對格으로 바꾸고 단순한 能動詞를 使動詞로 바꾸어서, 실질적으로는 단순한 能動文인 데도 불구하고 그것을 使動文으로 표현하는 實例의 化石을 찾아낼 수 있다.

例 (ㄱ) 수를 먹고사 비르서 朝會ᄒᆞᄂᆞ니<杜初 十五40>
(ㄴ) 벌에 ᄃᆞ외야놀 보시고사 안디시 ᄒᆞ시니<月曲 43>
(ㄷ) 누릿 가운데 나곤 몸하 ᄒᆞ올로 녈셔<動動>
(ㄹ) 니믈 뫼셔 녀곤 오ᄂᆞᆳ 嘉俳샷다<動動>
(ㅁ) 民是 愛尸 知古如(*일건이 랑해줌을≫알고셔 安民歌>
(ㅂ) 눈므리 드리고뎌 ᄒᆞ노라<杜重 十一28>

위의 例文에서 (ㄱ)의 "수를 먹고사 비르서 朝會ᄒᆞᄂᆞ니"에서 '-고사'를 -ko(使動)+ʒa[<*ra. 副動詞形 *cf.* (54)項]로 본다면 그 뜻은 "(자기에게) 술을 먹게 하여서야 비로소 朝會하나니→술을 마시고서야 비로소 朝會하나니"가 될 것이다.

(ㄴ)의 "벌에 ᄃᆞ외야놀 보시고사 안디시 ᄒᆞ시니"의 뜻은 "벌레가 된 것을 보시게 하여서야 안듯이 하시니→벌레가 된 것을 보시고서야 안듯이 하시니"가 될 것이다.

(ㄷ)의 "누릿 가운데 나곤 몸하 ᄒᆞ올로 녈셔"의 '-곤'은 흔히 '反復形'이라고 하지마는 起源的으로는 ko(使動)+n(副動詞形)의 複合形態로 보고자 한다. 따라서 (ㄷ)의 뜻은 "(나를) 누릿 가운데 나게 하여서(임의) 肉身이 홀로 가도다(=偕老 못 할 바에는 내 마음속의 남아 있는 임의 흔적까지 가지고 갈 것이지 그것은

남겨 놓은 채 肉身만 홀로 가다니!)"가 될 것이다.

(ㄹ)의 "니믈 뫼셔 녀곤 오늘낤 嘉俳샷다"는 "(나에게) 임을 모셔 다니게 하여서는 오늘날이 한가위시도다"의 뜻이 된다.

(ㅁ)의 "民是 愛尸 知古如"에서 '-*고셔'를 ko(使動)+ʒyə>jyə(*意圖形→所望形)[*cf.* (56)項]로 본다면 그 뜻은 "百姓이 (君과 臣의 百姓에 대한) 사랑을 알게 하고 싶다."가 될 것이다.

(ㅂ)의 '-고뎌(<-과뎌)'는 '-고(使動)+뎌(願望)'로 분석할 수 있다. "어져 녹져 ᄒᆞ논뎌"<動動>의 '-져'(所望)나 '-아지이다'(所望) 및 '-고뎌'가 단순한 '所望'을 나타내지만 起源的으로는 '-고뎌'의 「-고」가 다른 어떤 기능을 가졌던 것이 분명하다. 그 어떤 기능을 여기서 '使動'으로 보고자 한다. 따라서 "눈므릐 드리고뎌 ᄒᆞ노라"는 "눈물이 흐르게 하고 싶어한다"로 해석된다.

위에 보인 古代韓國語의 化石에서 우리는 길약語처럼 "節의 主述關係를 客述關係(與格・對格+使動詞)로 表現"하던 古代韓國語의 참된 한 모습을 발견 할 수 있다.

그뿐만 아니라, '-*고져(*-kojyə)・-곤(-kon<*-kun)・-고사(-koʒa<-*kora<*-kura)'의 여러 形態에서 우리는 이것을 '*-ku(>-ko. 使動)+jyə(所望形)/n(a)(副動詞形)/ra(副動詞形)'과 같이 分析할 수 있는데, 여기의 -n(<na)/*-ra는 길약語에서도 副動詞形과 敍述形에 쓰이고 있으므로, 비록 지금은 한국어에서 化石化되어 있기는 하지마는 古代에서는 길약語와 마찬가지로, 主語의 人稱에 따라 分揀・使用되는 (-ta>-t)/-na>-n/-ra>-r가 副動詞形과 敍述語에 보편적으로 쓰였던 것으로 추정된다[*cf.* 前(20)項. 別表의 敍述形].

그리고, 韓國語에서는 冠形語節・副詞語節을 제외한 모든 節의 主格을 與格 또는 對格으로 표현하는 것이 일반적이다. 그 代表的인 文型이 바로 「아무개는 누구에게(=누구가) 무엇을 하게 하다」라는 使動文이다.

> 例 어미는 아기에게(=아기가) 밥을 먹게 하였다.
> 어미는 아기를(=아기가) 걷게 하였다.
> 어미는 아들에게(=아들이) 집으로 돌아오도록 만들었다.

〔**參考**〕 冠形語節의 主格的 '-의' :

例 어미는 아들의(=아들이) 돌아오는 것을 바랬다.

大臣이 술보딕 忍辱太子의 일우샨 藥이이다(=大臣이 사뢰되 忍辱太子가 이루신 藥입니다)＜月釋 卄一218＞

이밖에 韓國語의 節의 主述關係를 客述關係로 표현하는 現象과 비교할 수 있는 言語로서는 日本語를 들 수 있다.

例 ははははあかごにごはんをたべさせた(=어미는 아기에게 밥을 먹게 하였다=はははあかごがごはんをたべるようにした)

はははあかごをあるかせた(=어미는 아기를 걷게 하였다=はははあかごがあるくようにした)

(86) 後置詞가 있다.

길약語에서는 印歐語의 前置詞의 기능을 後置詞가 담당하고 있다.

例 huz-mi(그 속에)…mi(속, 속에), pal-txux(山 위에서)…ximi/txï(위, 위에), i-kakr(江 위쪽에)…kikr/kakr(위에), i-kokr(江 아래쪽)…kokr(아래쪽, 아래에), tri-tağar(다릿사이)…tağar(사이, 中間에), prïx-klïrox(오두막 밖에)…klïrox(밖에), i-agaftox(江 끝까지)…agaftox(끝까지), plï-lazkš(하늘-쪽을) …lazkš(쪽, 쪽을), taf-tï/taf-ti(집-앞)…tï/ti(앞), y-au(그 뒤를)…au(뒤), čxar-arahaf(나무-옆에)…arahaf(옆에)………………
以上 ＜高橋 1942＞

韓國語에 있어서는 그런 것을 '名詞+助詞'로 다루거나 一括하여 助詞로 다루고 있으나 理論上으로는 後置詞로 다루어야 할 것이다.

例 山-위에, 山-아래에, 바다-속에, 바닷가운데, 나무-밑에, 사람-곁에, 숲-속으로, 그-앞에, 집-뒤에, 동-쪽으로, 너-마저, 그-조차, 너-밖에, 山-너머, 거기-까지, ……

그리고, 위에 보인 바와 같이 韓國語와 길약語의 後置詞는 함께 實詞(名詞·動詞)나 '實詞+助詞'의 구조를 가지고 있다고 할 수 있다.

그뿐만 아니라, 이들 後置詞는 대부분이 副詞나 副詞語로 쓰이고 있는 점에서

도 一致한다고 하겠다. 또한 日本語도 마찬가지지만 後置詞는 體言 다음에 '木の上に, 木の下に · 木の前に' 등과 같이 屬格助詞가 介入됨이 좀 다르다.

例 副詞 또는 副詞語

- 길약語 : českn <u>kikr</u> pira(네 쪽이 <u>위에</u> 있고), nex kokr winkra (내게 아래에 가게 하여서→내가 <u>아래에</u> 가서)<高.p.142>
- 韓國語 : 네가 <u>위에</u> 있고, 나는 <u>아래에</u> 가서
- 日本語 : おまえが <u>うえに</u> なり わたしが <u>したに</u> なる。

(87) 指示代名詞는 近稱 · 中稱 · 遠稱으로 나뉘어진다.

알타이諸語나 印歐語는 近稱 · 遠稱으로 나뉘어지고 특별히 먼 것을 가리킬 때에는 遠稱에 강한 重念(prominence)을 가하여 소리를 끌어 發音하거나 程度의 큼을 나타내는 副詞를 附加하여 표현한다(例. təndə '저기'>tāndə '아주 저기' <Mo>).

그런데, 길약語와 韓國語 · 日本語 · 드라비다語는 近稱 · 中稱 · 遠稱으로 三分된다.

	<近稱>	<中稱>	<遠稱>
길 약 語:	hu/tu	ha/ta	ern<高. p.39>
韓 國 語:	i(이)	kï(그)	tyə(뎌)
日 本 語:	ko(こ)	so(そ)	a(あ)
드라비다語:	i	u	a

cf. (ㄱ) hu<Gily>는 때로 中稱으로도 쓰인다<高. p.188>
(ㄴ) xunt/xunč/xïnč/xïč/xïz(그 사람, 그녀)<G. p.4>

(88) 複數助詞는 名詞외에 副詞 · 動詞에까지 첨가되고, 婉曲法 · 尊待法으로도 쓰인다.

길약語에 있어서는 한국어에 있어서와 마찬가지로 複數助詞-kun/-xun/-xïn이 名詞에는 물론이지만 動詞 · 副詞에까지 첨가된다. 또한 그것은 服部(1955 p.766)에서 지적한 바와 같이 敬語的 表現에 쓰인다.

例 (ㄱ) nigvŋ-<u>kun</u>(사람들)<高. p.34>…名詞下(複數)

(ㄴ) niğvŋ-kun sik yačgunt-xun(사람들이 모두 부끄러워들-하였다)＜高. p.145＞…名詞・動詞下(複數)

(ㄷ) sik pšïnd-xun(모두들 왔다)＜高. p.132＞…動詞下(複數)

(ㄹ) lamslaa xiŋ keŋ wakrïnt-xïn(北風과 太陽이 입씨름들 하였다)＜服. p.771＞…動詞下(複數)

(ㅁ) nauf hundxuntox vin yototnd(지금 그것에 가서 들었어요)＜高. p.151＞…副詞下(婉曲法)

(ㅂ) mïšn-ŋafk hičind. net vind. čai vindkun(우리의 벗이 들어-올렸다. 지고 갔다. 다시 갔습니다)＜高. p.175＞…動詞下(尊待法)

(ㅅ) šanka nenïŋ taf-pir hunïvundxun(女子 한분이 집에 살고 있었습니다)…動詞下(尊待法)

위에서 (ㄱ)~(ㄹ)의 例는 名詞下에 붙거나 動詞下에 붙어서 複數를 가리키는 것이 분명하지마는 (ㅁ)은 副詞語에 첨가된 것인데 그것(hund)이 複數가 아닌데도 첨가되었고, (ㅂ)(ㅅ)도 動詞에 첨가된 것이지만 複數인 主語와 호응하는 것도 아니므로, 韓國語에서 '-들'이 副詞나 動詞에 複數와 관계 없이 첨가되어 '婉曲・尊待'에 이바지하듯이 (ㅁ)과 (ㅂ)・(ㅅ)의 -xun도 複數와 관계 없이 婉曲・尊待에 이바지한 것으로 보아야 할 것이다. 다음에 韓國語에서의 複數助詞・婉曲法의 '-돌>-들'의 使用例를 들어 보인다.

例 (ㄱ) 학생들이 모여 들었다. ………………………………… 名詞下・複數
(ㄴ) 학생들이 공부하고들 있었다. ……………………… 名詞・動詞下・複數
(ㄷ) 어서들 가거라 ………………………………… 副詞下 : 複數・婉曲法
(ㄹ) 고향으로 돌아들 가니 ………………………………… 動詞下 : 婉曲法

이와 같이 길약語와 한국어의 複數助詞는 그 쓰이는 範圍와 그 機能에 있어서도 대체로 一致를 보여준다. 특히 動詞下에 添加되어 敬語的(雅語體)으로 쓰이는 kun/xun은 겉모양은 같으나 起源的으로는 複數助詞가 아니고 使動詞 ku-에 不定法語尾 -n이 添加된 것으로 치면, 韓國語와 길약語의 複數助詞의 쓰이는 範圍는 물론 그 機能에 있어서까지 完全一致를 보여준다.

(89) 助動詞는 주로 動詞 · 形容詞에서 轉用되며, 大部分이 對應된다.

高橋(1942) p.55에서 "註. 助動詞는 없다. 다만 hand(있다), pind(살다, 되다), kund(시키다) 등의 動詞를 助動詞처럼 쓸 뿐이다"라고 말한 바와 같이 길약語에는 起源的인 助動詞가 거의 없다. 다음에 動詞에서 助動詞로 쓰인 실례를 하나 들어 보인다.

例

動 詞
- keoxot nenïŋ <u>hunïvïnt</u>(사환 한 사람이 있다)<高. p.140>
- warankr urš <u>hunïvnd</u>(같이 잘 있었다)<高. p.139>

助動詞
- šanka nenïŋ taf-pir <u>hunïvundxun</u>(女子 한 분이 집에 살고 있었습니다) <高. p.161>
- ušk-jin muğf-čin kupr <u>hunïvïnd</u>(밤에도 낮에도 서 있다)<高. p. 113>

다음에, 服部(1955)에서 길약語의 助動詞라고 한 말들이 20개가 실려 있는데, 그것을 韓國語와 比較해 보인다.

banaha-(금방 하였다)<Gily>…ᄇᆞ야ᄒᆞ로(바야흐로)
harï-(<*parï-. 完了相)<Gily>…버리-(完了 · 終結)
yoohari-(<*toho karï-. 듯하다)<Gily>…ᄃᆞᆺᄒᆞ-(如然) *cf.* t>y
rerï-(못하다)<Gily>…*어르-업->어렵-(難) *cf.* r~r>ø~r<重音脫落>
voči-(<*vādā-. 같다)<Gily>…*비슥-ᄒᆞ-(似) ; 마치(恰似)
cf. vādā-(如)<Gily-G> >vida->vidi->*visi->visï-
xu-n(<*ku-. 몇번이고 하여)<Gily>…-곤(id)
biŋulï-(쉽다)<Gily>…빙그레(自然스레 웃는 모양)
gavrï-(없다, 아니하다)<Gily>…까블-(蕩盡)
yaga-(동작이 빠르다)<Gily>…약-(id) *cf.* 약삭빠르다
manka-(<*maŋga-. 어렵다)<Gily>…망가-(*어렵다) *cf.* *망가-아지->망가지-(破, 甚難)
uuru-(<*ūru-. 좋다)<Gily>…얼-(*좋다) *cf.* 얼-ㄹ시구>얼시구(좋구나)
fï-(<*vï-. 바로 하려하다, 되다)<Gily>…-ㅁ(進行相 또는 現在時)
cf. 高橋 1942 p.45에서는 -fo/-f을 進行相으로 보았음
lixmï-(<*ligmï-. -ㄹ터이다)<Gily>…-렴/-려무(-나)(許諾形)
nï-(-ㄹ터이다)<Gily>…× *cf.* 高橋 <u>1942</u> p.205에서는 nï-를 '可能'으로 보았음
agani-(…싶다)<Gily>…× *cf.* あこがる(願)<Jap>
duŋuši-(<*duŋuti-. 始作하다)<Gily>…동트-(始明, 曙)
geerï-(<*gēri-. 싫어하다)<Gily>…꺼리-(忌, 厭)

ixmï-(<*igïmï-. 動作의 繼續相)＜Gily＞…야금야금(繼續貌)
hunïbï-(<*knïvï-. 狀態의 繼續相)＜Gily＞…-거니 ~-거니(反復形)
tfi-(<*tïvi-. 完了相)＜Gily＞…치우-(完了하다, 處置하다)

위에 보인 바와 같이 길약語의 助動詞 20개 가운데서 18개가 한국어와 對應되는 것으로 보고 있는데 이런 사실은 매우 주목을 끈다. 助動詞는 意味機能보다 文法機能이 중시되는 語詞이기 때문에 借用이 어렵다. 그런데, 그것이 90%나 서로 對應된다는 것은 놀라운 일이 아닐 수 없다. 성급히 말하면, 이 사실만 가지고도 길약語와 한국어는 同系語라고 말해도 나무랄 수 없을 것이다. 왜냐하면 2. 1. 2. 에서 보인 바와 같이 韓國語를 알타이語라고 주장해 온 根據가 길약語와 韓國語의 助動詞의 比較의 證據力보다 보잘 것 없는 것이기 때문이다.

그리고, 18개의 對應例 가운데서 11개가 動詞·形容에서의 轉用이 확실하고, 나머지 7개는 副詞 3개, 文法形態素 4개와 對應된다. 본시 副詞라는 것은 어떤 言語이건 起源的으로 대개 用言(動詞·形容詞)에서의 轉成인데 韓國語도 18개 중에서 실실적으로는 14개가 動詞·形容詞와 對應된다고 할 수 있을 것이므로 助動詞는 대부분 動詞·形容詞에서 轉用된다고 할 만하다.

그런 점에서 日本語도 마찬가지다.

例 奉る(奉 : 謙讓詞)·給ふ(給 : 謙讓詞)·侍る(侍 : 謙讓詞)·す(爲 : 使動·尊待詞)

(90) 接續詞는 본시 없고, 接續語도 대부분 起源이 같다.

길약語는 旣述한 바[*cf.* 2. (41)]와 같이, 接續語가 대개 動詞·指示代名詞의 轉用이고 나머지 몇 개만 副詞의 轉用이어서 다음에 動詞·指示代名詞에서의 派生例를 들어 보인다.

例 ha-(有・*爲)<Gily>:
hat, hata, hatot, hand, hanka, har, hara, hankr, haš(그리고, 하고, 그래서)
haŋa(그러니, 그러고, 하니, 하고)
haror, hankaror, hafke(이윽고, 그리고 나서)
hainappa, hainappo, hainappï, xainappï(그러나, 허나)
haxai, hantaxai(그러면)
nand(其)<Gily>:
naŋa(그리고, 그래서, 그러니)
nan(그리고)
nakr(그리고, 그러니)
nankuntaxai, naxai(그러면)
hund(此・其)<Gily>:
hunïx(그래서)
hand(其然)
handxai>txai(그러면)
hafr(*거기서>그러므로, 그러니)························ 以上 <高. pp.40-41>

한편, 韓國語에 있어서도 接續語는 대개 動詞나 指示代名詞에서의 派生語이고 나머지 몇 개만 副詞의 轉用이다. 다음에 例를 들어 보인다.

例 ᄒᆞ-(*有・爲) *cf.* 淸潔ᄒᆞ-(=淸潔+有), 그러ᄒᆞ-; 그리ᄒᆞ-
ᄒᆞ니>허니; 그러ᄒᆞ니, 그리ᄒᆞ니(그러니)
ᄒᆞ나>허나; 그러ᄒᆞ나, 그리ᄒᆞ나(그러나)
ᄒᆞ고>하고; 그러ᄒᆞ고, 그리ᄒᆞ고(그러고, 그리고)
ᄒᆞ야셔>해서; 그러ᄒᆞ야셔, 그리ᄒᆞ야셔(그래서)
ᄒᆞᄆᆞ로; 그러ᄒᆞᄆᆞ로, 그리ᄒᆞᄆᆞ로(그러므로)
ᄒᆞ면>허면; 그러ᄒᆞ면, 그리ᄒᆞ면(그러면)
ᄒᆞᄃᆡ>헌데; 그러ᄒᆞᆫᄃᆡ, 그리ᄒᆞᆫᄃᆡ(그런데)

그런데, 위와 같이 대개의 接續語가 用言이나 代名詞에서의 轉用인 言語는 얼마든지 있어서 우리 주변의 아이누語나 日本語도 마찬가지이다.

例 아이누語: an(有) : an ko(…면), an koro(…때에), an kan(…사이에),
············<礒 p.49>
日本語: かくして>こうして(이러고), こんなに(이렇게), これから(이로부

터) ; さうして>そして(그리고, 그러고), そんなに(그렇게), それから(그로부터), すると(그러니), …………

그러나, 아이누語만은 構造上으로는 一致하나 個別接續語의 語根이 對應되는 것이 없는 데 반하여 길약語와 韓國語, 길약語와 日本語는 각각 音韻과 機能의 양면에서 완전한 對應을 보여 주는 것이 상당수 발견된다.

例 ha-(有・*爲)<Gily> : hʌ-(*有・爲)<Kor>…*ha-
hu(其・此)<Gily> : kɯ(其)<Kor>…*ku
haŋa(하고)<Gily> : hʌgo(하고)<Kor>…*haŋo
hainappa(허나)<Gily> : hʌna(허나)<Kor>…*haina
hantaxai(만일～하면)<Gily> : hʌtaga(ᄒᆞ다가, 만일)<Kor>…*hantakay
hu(此)<Gily> : ko(此)<kor>…*ku

요컨대, 길약語와 韓國語의 接續語는 본래적인 接續詞가 아니고 動詞나 指示代名詞에서 轉用되며, 그 語根도 대부분이 一致됨을 알 수 있다.

(91) 他動詞가 自動詞로, 自動詞가 他動詞로 代用된다.

길약語에서도 自動詞・他動詞가 상당히 分揀되어 쓰이지마는 自動詞・他動詞가 구별되지 않고 쓰이는 다음과 같은 例도 적지 않다.

例 if-(괴로워하다)<自動> ; (괴롭히다)<他動>
mu-(죽다)<自動> ; (죽이다)<他動>
rïru-/rïr-(풀어지다, 떨어지다)<自動> ; (풀다, 떼어놓다)<他動>
teağa-(오르다)<自動> ; (올리다)<他動>
turgu-/turkï-(들어가다)<自動> ; (들이다)<他動>
up-(동여매이다)<自動> ; (동여매다)<他動> ………………………… <高橋 1942>

한편, 韓國語에서도 自動詞와 他動詞가 대개 分揀되어 쓰이지마는 다음과 같이 두루 스이는 것도 있다.

例 恩惠로 이바다 제 오는 딕 조쳐오니(恩惠로 供養받아≪←供養하여≫스스로 오는데

따려 오니)<杜重十七30>
海雲이 다 것는 돗(海雲이 다 걷히는≪←걷는≫듯)<松江一5>
龍의 초티 섯돌며(龍의 꼬리가 섞여≪←섞어≫돌며)<松江一2>
심의산 세네 바회 감도라 휘도라(심의산 서너바퀴 감겨≪←감아≫돌아 휘돌아)
<松江一9>
白龍을 살아내시니(白龍을 살려≪←살아≫내시니)<龍歌 22장>

그런데, 위의 例들은 詩歌에서 찾아낸 것인데, 詩歌에선 이런 現象은 흔하다. 그리고, 대개는 他動詞를 自動詞로 轉用한다.

어떻든 길약語와 韓國語는 他動詞를 自動詞로, 自動詞를 他動詞로 轉用하는 慣例를 함께 가지고 있다. 이밖에 日本語도 마찬가지다.

例 國から去る<自動>→妻を去る<他動>; 枝から飛ぶ<自動>→空を飛ぶ<他>

(92) 使動詞를 被動詞로 轉用하는 경우가 종종 있다.

길약語에서는 使動詞를 만들 때, '動詞+ku-(使動助動詞) 또는 -u-(使動接尾辭)'의 構造를 가지는데, 被動詞를 만들 때에는 여기에 p-(再歸接頭代名詞)를 附加하여 쓰는 것이 一般的인 데도 때로는 그 p-를 接頭시키지 않고 使動詞를 그대로 被動詞로 轉用하는 일이 있다. 따라서 이 때에는 使動詞와 被動詞가 同形이 되어 버린다. 다음에 實例를 들어 보인다.

例 ixu-(죽이다)<使動>; (殺害當하다)<被動>
čoosku-(부서지게 하다)<使動>; (破壞되다)<被動> ·········· 以上 <高橋 1942>

한편, 韓國語에서는 使動詞와 被動詞가 同形인 경우가 상당히 많다. 다음에 몇 例를 들어 보인다.

例 보이다(使動; 被動)
들리다(使動; 被動)
안기다(使動; 被動)
읽히다(使動; 被動)

이런 用法도 길약語와 韓國語는 共通性을 가지고 있다.

(93) 動詞 · 形容詞에 **共用**되는 것이 상당히 많다.

길약語의 形容詞들은 動詞로 轉用되는 경우가 상당히 많다. 다음에 例를 들어 보인다.

例 akke-(나쁘다)<形容詞> ; (지다, 失敗하다)<動詞>
kav-(덥다)<形容詞> ; (데우다)<動詞>
uigi-(없다)<形容詞> ; (없어지다)<動詞>
ur-(좋다)<形容詞> ; (좋아하다)<形容詞> ·························· 以上 <高橋 1942>

한편, 韓國語에 있어서도 動詞 · 形容詞에 두루 쓰이는 兩性用言이 상당히 많다. 例를 들면 다음과 같다.

例 있다(有)<形容詞> ; (在)<動詞>
크다(大)<形容詞> ; (大化)<動詞>
밝다(明)<形容詞> ; (明化)<動詞>
맑다(淸)<形容詞> ; (淸化)<動詞>
늦다(遲)<形容詞> ; (遲化)<動詞>
늙다(老)<形容詞> ; (老化)<動詞>
희다(白)<形容詞> ; (白化)<動詞>
검다(黑)<形容詞> ; (黑化)<動詞>

이와 같이 韓國語와 길약語는 起源的인 形容詞를 動詞로 轉用하는 慣例를 가지고 있다는 점에서도 매우 특이한 一致를 보여준다. 대부분의 언어에 있어서는 形容詞에 助動詞를 첨가하거나 接尾辭를 첨가하여 動詞로 쓰는데 대하여 길약語나 韓國語는 아무것도 첨가함이 없이 轉用되는 것이 특징이다.

(94) 否定法 樣式이 **同一**하다.

길약語에서 否定을 표현하는 데 있어서 두 가지 樣式이 쓰인다. 하나는 動詞의 뒤에 否定詞를 첨가하는 경우이고, 다른 하나는 動詞 앞에 否定詞를 첨가하는 경우이다. 특히 否定詞를 動詞 뒤에 첨가할 때에는 動詞語幹에 否定詞와 呼應하는 특이한 名詞形-'-da/-do' <Gily-G>를 附加하는데, 이것은 마치 한국어에서 否定詞인 '아니하다, 못하다, 말다' 앞에 否定詞와 호응하는 名詞形-'-지(<-디)'나 '들(<*돌)'이 놓이는 것과 같은 樣式이다. 그뿐만 아니라 (58)項에서 旣述한 바와 같이 -da/-do <Gily-G>는 '-*돌/-들/도'(例. 가들 못 한다. 가도 못 한다) <Kor>와 對應된다. 또한, kavr-/xavr-(아니하다, 없다) <Gily>은 '까불-'(없애다, 탕진하다) <Kor>과, avele(아니다, 없다) <Gily-G>는 '없-'(無) <Kor>과 각각 對應되는 말이다.

그리고, 動詞 앞에 否定辭를 첨가하는 경우를 한국어에서는 흔히 볼 수 있지만, 알타이諸語에선 좀처럼 볼 수 없는 樣式이다. 다만 滿洲語에서 ume(例. ume ehe gūnire '말다 나쁘게 생각하여라→나쁘게 생각하지 마라')가 쓰일 뿐이다.

<길약語・韓國語의 否定樣式>

例 vind-xavrnd(가지 않는다 : 안 간다) *cf.* xavrnd(아니하다, 없다)
cf. niğvŋ sik uigē (사람이 모두 없다) *cf.* uigind(없다)
ta viya(가지 마라 : 못 간다) *cf.* ta(禁止・未來否定)
ni ta vind(나는 가지 않는다 : 나는 안 간다) ………………………… 以上 <高橋 1942>
ni indo-lïğïč(나는 보지 않는다) *cf.* lïğïč(없다)
čoskada-lïğïč(부숴지지 않는다) …………………………………… 以上 <Grube 1892>

이와 같이 길약語와 韓國語는 否定文을 만드는 양식이 같을 뿐만 아니라, 否定詞와 호응하는 名詞形은 音韻과 機能의 양면에서 對應된다.

이밖에 否定文을 만드는 樣式이 韓國語와 같은 言語로서 아이누語와 日本語를 들 수 있다.

例 아이누語 : shomo pirka(착하지 않다)
Ainu ka shomo-ne koine(사람도 아닌 것 같다)
<金田一 1944 p.176>

日本語 : いたずらをするな(장난을 하지 마라)
さらばな見えそ(그러면 보지 마시오) <枕草子 45段>

(95) 共同稱代名詞를 共有한다.

共同稱代名詞라고 함은 印歐諸語에서 말하는 再歸代名詞(reflexive pro-noun)와 같은 기능을 가지고 있으면서도, 그것이 단독으로도 主語가 될 수 있는 것을 가리킨다(例: 제가 한 일은 제가 책임을 져야 한다). 再歸代名詞는 單獨으로 主語가 될 수 없고 그것에 先行하는 體言과 호응하여서만 쓰이는 代名詞이므로, 단독으로도 主語가 될 수 있는 韓國語의 '저 · 자기 · 남'을 再歸代名詞라고 부를 수 없고, 1 · 2 · 3 · 人稱에 두루 쓰이기 때문에 그것을 共同稱代名詞라고 指稱한다.

'저/자기/스스로(自己)'는 1 · 2 · 3 · 人稱에 두루 쓰이되 선행한 代名詞 · 名詞의 人稱을 따르고, '남'도 1 · 2 · 3 · 人稱에 두루 쓰이되 선행한 代名詞 · 名詞의 人稱 이외의 人稱으로 쓰인다.

例 너는 자기 일에 충실하여라.…(자기는 2人稱)
너는 남의 일에 간섭 말아라.…(남은 1 · 3人稱)
제가 한 일은 제가 책임을 져라.…(저는 單獨主語)

한편, 길약語에서도 共同稱代名詞로서 park/pa-/pe-/p-(自己)가 쓰이고 있다.

例 ni-park(나 자신)<G. p.24>
park lïtenč(스스로 만들다, 혼자 만들다)<G. p.24>
k'ak warn-akkexai čax pinikund,(여우에게 경쟁하여-지면, 네게 자기에게 먹게 하마)<高. p.128>
menïŋ kezt wind.…hat pforox phont(두 사람이 그물 치러 갔다.…그래서 자기-마을로 돌아갔다)<高. p.130>
pxunkunt(殺害당하다)<服. p.766> *cf.* kunkunt(죽이게 하다)
pazankunt(매맞다)<服. p.766> *cf.* zankunt(때리게 하다)

위에 보인 共同稱代名詞는 起源的으로 *park(스스로, 혼자)에 소급하는 말인 것으로 추정되며, 이것은 한국어의 '봇'(局限助詞. 一說 强勢助詞)과 對應되는 형태이다[*cf.* (14)項].

요컨대 길약語와 韓國語는 共同稱代名를 共有하고 있고 park<Gily>와 '-봇'은 對應된다.

이밖에 共同稱代名詞를 가지고 있는 말은 日本語이다.

> **例** 君はおのれの(=자기의)仕事を充實にせよ
> 君は人の(他人의=나나 그의)仕事に干渉するな

다음에서는 造語論에 관한 비교를 試圖할까 한다.

그런데, 이미 말한 바와 같이 語彙는 거의 무제한으로 借用이 가능하고, 借用語라는 것을 分揀하기 또한 어려움으로써 모르고 借用語를 대상으로 造語論을 연구하기 십상이고, 韓國語처럼 여러 言語의 接觸으로 借用語 투성인 경우에는 더욱 借用語를 대상으로 하는 造語論研究가 되기 쉽기 때문에, 실지에 있어서는 韓國語系統論을 연구하는 데 있어서 造語論은 별로 도움이 안 된다.

그러나, 많은 造語論的인 資質 가운데서 길약語와 韓國語에서만 共存하는 것이 立證만 되면 同系語의 證明에 상당히 기여할 수 있기 때문에 造語論에 관한 비교도 意味와 價值가 있을 것으로 생각된다. 따라서 여기서는 그런 獨特한 形態만 골라 比較하여 볼까 한다.

(96) 冠形語와 그 **修飾**을 받는 **體言間**에 **格**의 **一致現象**이 있다.

韓國語에서 "그가 키가 크다"라는 文의 構造를 설명할 때 다음과 같이 분석해 오고 있다. 그러나 이런 文型은 格의 一致現象으로 보아야 한다.

그가(=의) 키가 크다(←冠形語+主語+敍述語)
(ㄱ) 大主語 小主語 敍述語
(ㄴ) 主題語 主語 敍述語
(ㄷ) 主語 敍述語節(主格+敍述語)

또, "장미를(=의) 다섯송이를 샀다"와 같은 文에 대해서는 아무런 설명도 못하고 묵살해 버리고 있는데, 이렇게 主格語나 對格語의 重出現象을 필자는 편의상 聯合主語・聯合目的語라고 칭하고 처리하여 왔으나, 이러한 同格語의 重出現象은 우리말의 뿌리깊은 特異現象으로서, 길약語・에벤키語・日本語에도 있어 왔다.

例 길약語:

kugi šam nenïŋ hunïvund <高. p.136> ························ 主格一致
아이누가 무당이 한사람이 있었다 → 아이누의 무당의 한사람이 있었다

yenigax pağasir ŋāğ mugf šūvnt <高. p.142> ···························· 對格一致
그의-눈을 折半을 六 口(間) 빼어내었다 → 그의 눈의 折半을…

nex ox <高. p.37 참조> ·· 對格一致
나를 옷을 → 내 옷을

ni ox <高. p.37 참조> ·· 主格一致
내가 옷이 → 내 옷이

에벤키語:

nungartïn xegdïldu dïuldu bidïere <服部 1959 p.271> ···················· 處格一致
그들은 큰(-에) 집-에 살고-있다

nungartïn keteve dukuvurva gara <服部 1959 p.271> ·············· 對格一致
그들은 많은(-을) 편지-를 받았다.

日本語:

かれが せが たかい ·· 主格一致
그가 키가 크다(←높다) → 그의 키가 크다

露を おもみ(を) うち拂ふ 袖<金槐集 春>
이슬을 무게를 탁-떨어버리는 소매 → 이슬의 무게를 탁 떨어버리는 소매

ばらを 5ほんを かった
장미를 다섯송이를 샀다 → 장미의 다섯송이를 샀다 ·········· 以上 對格一致

이러한 現象은 점점 쇠퇴해 가기는 하지마는 祖語時代의 遺習이 아닐까 하는

데, 어떻든 體言의 曲用에 一致시켜서 그것을 修飾하는 冠形語가 曲用한다는 점에서 韓國語는 길약語와 一致한다.

(97) -la(形容詞形成接尾辭)〈 Gily 〉 ∞ -ra/-rə(-라/-러. 形容詞形成接尾辭)〈 Kor 〉 …*-la(形容詞形成接尾辭)

길약語에서 形容詞를 형성하는 데 接尾辭—la/-lač/-lanč를 첨가하여 만드는 경우가 많다.

例 ūdāla/ūdālanč(좋다), kiŋula/kiŋulač(좋다),
kinvala/kinvalanč(강하다), kolla/kollač(풍부하다),
kïla/kïlanč(부지런하다), čolla/čollač(불쌍하다),
čleola/čleolant(희다), tamla/tamlač(많다), tovola/tovolač(노랗다),
twirkvala/twirkvalač(푸르다), pagla/paglač(붉다),
piola/piolanč(暗青色이 되자), piula/piulač(검다)
………………………………………………………………………… 以上 <Grube 1892, p.22>

한편, 韓國語에 있어서도 -ra/-rə ; -rahʌ-/-rəhʌ-(-라/-러 ; -라ᄒᆞ-/러ᄒᆞ-)가 첨가되어서 形容詞를 형성하는 例를 많이 볼 수 있다.

例 이러ᄒᆞ다, 뎌러ᄒᆞ다, 그러ᄒᆞ다, 노라ᄒᆞ다>노랗다, ᄑᆞ라ᄒᆞ다>ᄑᆞ랗다, ; 커다랗다, 작다랗다, 넓다랗다(널따랗다), 길다랗다>기다랗다, 곱다랗다, 높다랗다, 이러고, 그러고…

그런데, 韓國語는 後天的으로 r과 l를 같은 音韻으로 생각하는 언어이고, -a-(-아)와 -ə(-어)는 母音調和에 의한 對應音이기 때문에 길약語의 -la(形容詞形成接尾辭)와 한국어의 -ra/-rə(-라/-러. 形容詞形成接尾辭)는 對應되는 것이 분명하다. 그리고 -č<Gily>와 -h-(-ᄒᆞ-)<Kor>의 對應例는 드물지만 있고, 韓國語와 접촉을 가진 드라비다語에서는 c∞h의 많은 例를 발견할 수 있다.

	č<諸語>-------------------	h<Kor>
例	čiu-(拔)<Gily>	h'yə-(혀-. 引)

cukku(조각)<Dr-Ta>
curai(표주박)<Dr-Ta>
citar(흩다)<Dr-Ta>
cel(흐르다)<Dr-Ta>
cey(하다)<Dr-Ta>

hyog-(혹-. 小)
hori(瓢) *cf.* 호리-병, 조롱-박
hɯt'-(흩-. 散)
hɯrɯ-(흐르-. 流)
hʌ-(하-. 爲)

그러나, 위 비교에는 무리한 것도 있지 않을까 생각되고, 類例도 만족할 만큼 풍족하지도 않아서 č<Gily>∞h<Kor>의 對應은 확실하다고 장담할 수 없다.

따라서 本項에서는 -la(形容詞形成接尾辭)<Gily>와 '-라/-러'(形容詞形成接尾辭)<Kor>의 對應을 추정하여 두는 데 그친다.

이밖에 '-라/-러'<Gily>와 比較됨직한 것으로서는 일본어의 'らし'(推定)이나 '-らか'(然. 例 : かるらか'輕然'<源氏物語. 末摘化>, ほがらか'朗')의 -ら(-ra)를 들 수 있을 것이며, 이것은 모양을 나타내는 接尾辭임이 분명하다. 따라서 이들의 共通基語는 *-la(形容詞形成接尾辭)로 再構될 수 있을 것이다.

(98) 名詞＋s(名詞形成接尾辭)〈 Gily 〉 ∞ 名詞＋s(名詞形成接尾辭)〈 Kor…*-s (名詞形成接尾辭)

길약어와 한국어에만 있는 名詞形成接尾辭로서는 -s를 들 수 있다. 이것은 '名詞＋s(接尾辭)'의 구조로서 先行名詞에 아무런 의미를 첨가함이 없이 쓰이는데, 길약語에선 매우 生産的으로 쓰이나 한국어에서는 지금 거의 化石化하여 몇 개의 어휘에만 局限하여 쓰이고 있다. 그러나 李朝時代만 하여도 상당히 生産的이었다. 따라서 이들의 共通基語는 -*s(名詞形成接尾辭)로 再構될 수 있을 것이다. 다음에 例를 들어 둔다.

例 길약語 : xigrs/xiger/xiges(胃 · 下腹)
xïgers/xïgr(魚卵)
lakrs/lakr(다람쥐)
tumrs/tumr(다람쥐)
čoŋrs/čoŋgr(頭)
tigrs/tigr(木材)

turs/tur(豆類)
tïŋrs/tïŋkr(絃樂器)
wars/war(바지)

韓國語 : tors/tor(朞)
nəks̲/nək(魂)
moks̲/mok(持分)
naks̲(낛・釣鉤)/낛다 > 낚다(釣)
taʌls̲(다ᄋᆞᆳ. 다함) *cf.* 다ᄋᆞᆳ(盡)없시 호리라 <楞嚴 一4>
anils̲(아닔. 아님) *cf.* 劫人因이 아닔 아니며 <祖六 上47>

〔**參考**〕 (ㄱ) 本項의 -s(名詞形成接尾辭)와 類似하나 때로 뜻에 차이를 가져오는 -Vš(-ïš/-iš/-üš)<Turk>・-Vs(-ïs/-ɪs : -읏/-읫)<Kor>와 같이, s 앞에 母音을 介入시키는 名詞形成接尾辭가 따로 있다.

例 bağ-ïš(밧줄)<Turk> : bağ(띠)
tärk-iš(躁急)/tärk(id)<Turk>
büg-üš(賢明)<Turk> : bügü(賢者)
pir-ïs(비릇. 始作)<李朝> : *pir(一)<新羅地名>
mïr-ɪs(믈읫. 凡)<李朝> : mïr(믈. 群)<李朝>

(ㄴ) -Vs<Gily>가 動詞語幹에 添加되어 名詞를 形成한다.

例 yupes̲(꾸러미)<Gily-G> : yupi-(묶다)<Gily-G>
kan-pukəs̲(개-썰매)<Gily-G> : pukə-(수레를 매다)<Gily-G>

그러므로 이들의 共通基語는 *-s(名詞形成接尾辭)로 再構될 수 있을 것이다.

(99) -nd(名詞形成接尾辭)〈Gily〉 ∞ -ndɛ(-ㄴ 디. 名詞形成接尾辭)〈Kor〉… *-ntï(名詞形成接尾辭)

길약語에서 接尾辭 -nd가 動詞의 不定形語尾로 쓰임은 주지의 사실인데, 그것이 名詞形으로 쓰임도 이미 (35)項에서 언급한 바 있다.

그런데, 이 -nd/-nt가 動詞의 語幹에 첨가되거나 名詞에 첨가되어서 動詞의 名詞形이 아니고 완전한 名詞를 형성하기도 한다.

例 uigu-nd(禁忌)—uigi-(없다)
pu-nd(弓)—pu-(지키다)
čorra-nt(가난뱅이)—čorra-(가난하다) *cf.* 쪼들리-(<*졸-들이-)
ena-nt(다른) *cf.* 여느(他人)
orïŋgï-nt(오랑캐, 퉁구스) *cf.* 오랑캐
pšu-nd(홍역)—pšu-(오다)
tu-nt/lu-nd(歌) *cf.* 놀애(歌)
nu-nt/lu-nt/ru-nd(무엇) *cf.* 누(誰)
akka-nt(兄)—akkan(兄)
aska-nt(弟) *cf.* 아끼/애끼(弟)<方言>
tarm-nt(류마티스) *cf.* 담(류마티스)

한편, 韓國語에서도 -nd(不定法語尾・名詞形語尾)<Gily>와 對應하는 '-ㄴ다/-ᄂᆞ다/-는다/-논다'(不定法語尾)・'-ㄴ디/-ㄴ뎌/-ㄴ드/-ㄴᄃᆞ/-디'(名詞形語尾)<Kor>가 있는가 하면 '-ㄴ더/-ㄴ디/-ㄴ두/-ㄴ듸'가 名詞形成接尾辭로 쓰이고 있다.

例 *만더>만데(山頂・稜線)<龜尾> *cf.* ma-nd(오르다)<Gily>
헌더/헌듸(瘡) *cf.* xomïte-nt(허물이 까지다)<Gily-G>
간더-롭-(妄發) *cf.* kand(지팡이, 지팡이 짚다)<Gily>
*견더(전대) *cf.* kend(나르다, 運搬)<Gily>
산더(山臺・鰲山) *cf.* šuwond(밖으로 내다)<Gily>, šond(집어내다)<Gily>
한더(露天) *cf.* hand(遠稱代名詞)<Gily>
건디(건데기) *cf.* kend(집다, 取하다)<Gily>
근두(뜀질) *cf.* kend(나르다, 運搬)<Gily>
본디(본시) *cf.* pund(지키다)<Gily>

위에 比較・例擧한 어휘들이 과연 모두 起源的인 *-ntï[再構形, *cf.* (35)項]>-nd에 소급할 수 있는 말이라고 단정할 수는 없어도, 적어도 '만데(山頂・陵線)・산더(山臺)・간더(忘發)'만은 의심할 여지가 없다. 그리고 「다만지(只)・허리지(腰)」의 '-지'도 '-*ㄴ디>-ㄴ지>-지'의 발달을 겪은 接尾辭로 보인다.

요컨대, 길약語와 韓國語는 名詞形成接尾辭-*ntï(>-nd・-ndᴇ・-ndi)를 共有하고 있고, 이것은 이들 두 言語많이 가지고 있는 獨特한 形態이다.

(100) '動詞語幹＋動詞'의 構造를 가진 複合動詞를 共有한다.

길약語에서는 動詞의 語幹에 다른 動詞를 부가하여 複合動詞를 만들어 쓰는 경우가 많다.

例 k'ak alağale-intïnt(alağalend＋intïnt). kes hunïvnd(여우가 되돌아-보았다. 대합이 있었다)<高. p.128>
ini-twind(<inind＋twind. 먹어-버리다)<高. p.190>
n-ini-rnd(<nix＋inind＋exarnd. 나를-먹으려-생각하다)<高. p.204>
tïrifm-xar(<tïrifmund＋exarnd. 꿈꾸려 생각하다)<高. p.219>

한편, 韓國語에서도 動詞語幹에 다른 動詞를 附加하여 複合動詞를 만들어 쓰는 경우가 많다.

例 빌-머거(=빌어먹어) 王舍城의 가니<釋祥 六14>
地神이 솟-나아(=솟아나) 니ᄅᆞ니<月曲 82>
섯-돌며(=섞이어 돌며) 뿜는 소리<松江 一2>
비 잡-쥐유믈(잡아 쥠을)<杜初 十六63>
사ᄅᆞᆷ올 ᄀᆞ리-두프니(=가리어 덮으니)<釋祥 六30>
즘게를 조차 오ᄅᆞ-ᄂᆞ리니(=오르고 내리니)<月釋 八13>
옮-ᄃᆞᆫ녀(=옮아 다녀) 나조히 도라가ᄂᆞᆫ<杜初 九35>
슬-뮘(=싫어 미워함) 뉘 모ᄅᆞ며<月釋 二56>

이렇게 길약語와 韓國語는 다른 주변 언어들과는 달리, 함께 動詞語幹에 다른 動詞를 附加하여 複合動詞를 만드는데, 이것은 매우 生産的인 造語法이다.

(101) 疊語가 많이 쓰인다.

길약語에는 疊語가 매우 많이 쓰인다.

例 wamïf-wamïf(입과 입, 입마다) ; tav-raf(<tav-tav. 집이 많은, 집집에)
kome-home(左右에서) ; mu-mu(배들)
pašïf-pašïf(밤마다) ; ïgrĭkū-ïgrĭku(옛날 옛적)
kavū-kavū la(따뜻하고 따뜻한 바람)
kajin-kajin(가지가지)

peškar-peškarnd(굽고 굽다)
fū-fūnd(바람이 솔솔불다)
izre-izrerond(당기고 당기다)
pārra-pārra(손을 올렸다 내렸다 하다)
vunuŋ-vunuŋgnd(떼굴떼굴 굴리다)
plĩx-plïgïnd(떼굴떼굴 굴러가다)
rā-rand(늘 마시다, 마시고 마시다)

한편, 韓國語·日本語에서도 疊語가 많이 쓰이고 있다.

例 집집에, 나날이(<날날이), 다달이(<달달이), 울긋불긋(<불긋불긋), 올망-졸망(<졸망졸망), 깜깜, 가지가지, 빨리-빨리, 하늘하늘, 떼굴떼굴, 꿈틀-꿈틀, 달달-하다, 습습-하다
かたかた, からから, がさがさ, ばらばら, ころごろ, ごそごそ, ぼろぼろ, ことごと, いへびへ, ときどき, さまざま

이와 같이 길약語와 韓國語는 疊語를 즐겨 쓴다. 어느 言語에도 다소간은 쓰이고 있으나 우리 주변에서 길약語나 韓國語처럼 名詞·動詞에까지 汎用되는 言語는 없다.

(102) 語頭音 r-·l-·ŋ-을 共有한다.

길약語에서는 語頭 r-·l-과 ŋ-이 音韻으로서 존재한다.

例 rak(쌀)<Gily>∞낙(*쌀→稅)
rak'u-(찌르다)<Gily>∞낛->낚-(釣)
raxč(槍)<Gily>∞낡(釣針)>낚시
ri-(이다, 머리에 쓰다)<Gily>∞니-(戴)>이-
rošxu-(녹다, 消)<Gily>∞녹-(消)
rawz(너울)<Gily-G>∞너울
ruof(형제)<Gily-G>∞누뷔(누이)
laga-(여행하다)<Gily>∞나가-(外出)
lef(곁)<Gily>∞녚>옆
ler-(낫다, 癒)∞낳->낫-
lēri-(놀다, 遊)<Gily-G>/ler-(id)<Gily>∞놀-(id)

lēlē(끝까지)<Gily-G>∞내내
lok'(대야, 물통)<Gily-G>∞노고
lax(구름)<Gily>∞너(烟露)
laxu-(두 방향으로 흩어지다)<Gily-G>∞내굴-(거꾸로 연기나다)
ŋašïf(가슴)<Gily>∞가숨>가슴
ŋaur(腦)<Gily-G>∞골(腦)
ŋave(싸개)/ŋamač(피부)<Gily>∞가풀(칼집)/거플(皮)
ŋuriyo-(코골다)<Gily>∞골-(id)
ŋars(깃털)<Gily-G>∞칼(毛髮)
ŋa(것, 事)<Gily-G>∞거/것
ŋavrki(毛)<Gily>∞거부지(陰毛)>거웃(수염)
ŋalo(灣, 물굽이)<Gily-G>∞ᄂᆞᄅᆞ>나루(津)
ŋafan(쓸어진 나무)<Gily>∞나모/남(木)
ŋïil(여울)<Gily-G>∞*녀울>여울
ŋïurk(씨, 종자)<Gily-G>∞누륵>누룩
ŋïs(지붕)<Gily-G>∞너새(돌지붕)
ŋau-(傳하다)<Gily-G>∞뇌-(言) : 되-뇌다
ŋïirn(오른쪽)<Gily>∞올ᄒᆞᆫ>오른(右)
ŋaŋgr(口腔)∞아가리/아구리/아귀
ŋïlk(이리)<Gily>∞이리(豺)
ŋïgla-(살찐, 뚱뚱한)<Gily>∞어거리 *cf.* 어거리-풍년, 어거리-장대

위에서 길약語의 語頭音 r-・l-・ŋ-을 가진 말들을 참고로 韓國語와 對應시켜 놓았는데, 그것으로 미루어서도 韓國語도 上古代에는 語頭 r-・l-・ŋ-을 가지고 있었고, r-과 l-도 辨別力을 가지고 있었던 것으로 추정된다.

그뿐만 아니라, 李朝初만 해도 語頭音 r-/l-(ㄹ)과 ŋ-(ㆁ)이 쓰인 것으로 추정된다.

例 라귀(驢)<月釋 卄三72> ; 라온(樂)<杜初 七29> ; 러울(너구리)<解例 用字例> ・럼난디(넘난 것)<西京別曲>.…'ㄹ'(r-/l-)
凝웅, 玉옥, 仰앙, 嶽악, 銀은, 顔안, 牙앙, 岸안, 諺언, 月웛, 吟음…'ㆁ'
…<以上 東國正韻>
*taŋga-tʌl(「百牙岡」. 部族長-山)<高麗史卷122 方技・金謂磾> *cf.* taŋgū '百'<Ma>, 牙[*ŋa>a], 達'山'<地名>

따라서 길약語와 韓國語는 語頭音 r-・l-/ŋ-(ㄹ-/ㆁ-)을 起源的으로 共有하고

있었던 것으로 推定된다. 이밖에 日本語도 마찬가지다.

例 りきむ(務力)・りえき(利益)・らく(樂) : が(<*ŋa. 我・牙)・ご(<*ŋo. 語・伍)

(103) 語頭子音群의 忌避

길약語에서는 Grube(1892)나 高橋(1942)의 語彙集을 보면 語頭子音群을 가진 말도 실려 있는데, 그 構造는 高橋에 의하면 거의 모두 口腔閉鎖音(k・t・p・m・n・č)을 語頭音으로 하고, 다음에 生理的으로 母音의 개입 없이 發音할 수 있는 摩擦音(s・š・x・h・v(β))・流音(r・l)・鼻音(m・n)으로 구성되어 있고(예외적으로 sm-・xl-・zx-・xg-의 構造를 가진 말이 1개씩 실려 있음), 이런 音韻結合體 사이에 끼인 强勢가 없는 短母音- [ï]는 더욱 弱化되어서 그런 音韻結合體는 얼핏 듣기에 連子音처럼 들린다. 즉 실지의 두 音節이 마치 한 音節의 漸强音처럼 들리기 마련이다.

그리고, 高橋 자신이 p.16에서 "[ï]는 액센트가 없는 경우에 쓰이는 것 같다"고 말한 바와 같이 弱母音이어서, 語中・語末에서는 그것이 있거나 말거나 意味・機能에 아무 상관이 없다.

例 amïğ(河口)—amğ, atïk(父・祖父)—atk, azmïr(선물)—azmr
bïkkïji-(갈앉다)—bïkkji-, himï-(주다)—him-
hunïvï-(있다, 머무르다)—hunïv-, huvï-(끊다)—huv-
intï-(보다)—int-, itï-(말하다)—it-, yanïs(왜, 어찌)—yans,……

그뿐만 아니라, 高橋가 語彙 수집할 때 現場採集도 하였지마는 Grube (1942)를 參考로 하였는데, 이것은 語頭子音群이 許容되는 印歐語를 쓰던 P.v.Glehn・L.v.Schrenk 및 W.Grube가 採集한 것이다. 그러므로 高橋(1942)나 Grube(1892)에 실린 語頭子音群을 가진 語彙들은 口腔閉鎖音과 鼻音・流音・摩擦音 사이에 끼인 길약語의 强勢 없는 短母音-[ï]를 看過한 것들인 것으로 추정된다. 우리가 印歐語의 [straik]를 '스트라익'으로 發音하는 것과 反對現象이 일어난 것으로 믿어진다.

다음에 語頭子音群을 가진 것으로 되어 있는 語彙들을 韓國語와 비교하여 보인다.

例 kloi-<*kïloi-<*koloi-(달리다)∞구르-(轉走)
kro-<*kïro-<*koro-(걸다)∞걸-(吊・懸)
ksa-<*kïsa-<*kasa-(퇴색하다)<服>∞가싀-(퇴색하다, 變하다)
ktö<*kïtö<*kotoi(岬)∞곶(岬)
klö<*kïlö<*koloi(天)<G>∞꼴 *cf.* 꼴-빛(青色)
tri<*tïri<*tori(통나무다리)∞ᄃᆞ리(橋) *cf.* dogon(渡口)<Ma>
pšu-<pïšu-(부시다)∞부ᅀᅳ-(洗)
pšï-<*pïšï-<*pošï-(돌아오다)∞ᄇᆞᅀᅵ-(反映)
ftol<*fïtol<*fatol(바다)<G>∞바다(海)
mrïmrïŋ<*mïrïmïrïŋ(춤)<G>∞무럭무럭(急成長貌)
klïnd<*lïlïnd<*kabland(虎)∞호랑-이<*고란(虎) *cf.* kaplan(虎)<Turk>
tfi-<*tïfi-<*tifi-(完了)∞치우-(完了)

위에서 推定한 바와 같이 連子音 표기 사이의 ï가 약하게 들리는 것을 完全脫落한 것으로 표기한 것이 틀림없다고 하겠다.

따라서 길약語도 起源的으로 語頭子音群을 가지고 있지 않은 것으로 추정된다.

한편, 韓國語도 예나 지금이나 語頭子音群을 가지고 있지 않은 言語이다. 15世紀의 표기에서 볼 수 있는 初聲合用並書들을 連子音으로 보는 것이 通例였으나 필자는 姜吉云 1977²(十五世紀의 初聲合用並書의 音價攷(I)—比較言語學的考察)에서 그런 說이 아무런 근거가 없음을 밝힌 바 있다.

이와 같이 길약語와 韓國語는 起源的인 語頭子音群을 가지고 있지 않다. 이 밖에 日本語도 마찬가지다.

(104) 高舌母音 對 低舌母音의 **母音調和現象**을 **共有**한다.

現代韓國語는 지금 擬聲語・擬態語에서 겨우 母音調和現象의 化石을 발견할 수 있을 뿐이다. 15世紀만 하여도 한국어가 高舌母音 對 低舌母音의 철저한 母音調和體系를 유지하고 있었다는 것은 주지의 사실이다. 즉 陽性母音-'아・ᄋᆞ・

오' 對 陰聲母音-'어 · 으 · 우'의 對立體系를 가지고 있고 '이'는 中性母音이었다. 다시 말하면 陽性母音끼리 어울리거나 陰性母音끼리 어울리고 中性母音은 어느 것과도 어울릴 수 있었다(例의 ∘표 陽母, •표 陰母).

例 불휘 기픈 남ᄀᆞᆫ ᄇᆞᄅᆞ매 아니 뮐ᄊᆡ 곶 됴코 여름 하ᄂᆞ니
ᄉᆡ미 기픈 므른 ᄀᆞᄆᆞ래 아니 그츨ᄊᆡ 내히 이러 바ᄅᆞ래 가ᄂᆞ니 <龍歌 2장>

한편, 길약語에서도 때로는 母音調和現象이 일어난다. 그것도 한국어의 경우와 마찬가지로 高舌母音 對 低舌母音의 對立體系 즉 開閉調和이다. 그뿐만 아니라, 17 · 8世紀의 韓國語처럼 圓脣母音調和現象도 엿보인다. 이것은 詩歌에 자주 나타나는 現象이다.

例 hunevund(있다)>hunïvïnd…高舌母音化
ya-mu(그의 배)>yumu…高舌母音化
koni Gofkof-ta(이분은 고프고프이다)>koni Gofkof-to…圓脣母音化
…………………………………………………………… <以上 高. p.23>

또한, Grube(1892) pp.34 · 35에서도 사할린 方言에서 命令形 -ya/-yə의 選擇은 先行하는 母音으로 인하여 制約되어질 수 있으며, ye는 u나 ü를 편애한다고 지적하고 있다. 아닌 게 아니라, 길약語의 語彙를 분석해 보면, 대체로 a~a, e~a, o~o ; u~u, u~i, ï~ï, i~i의 構造를 가진 말이 大多數이다. 여기서 a · e[3] · o가 陽性母音이고 u · ï가 陰性母音이며, i는 中性母音的이라고 할 수 있고, 現代韓國語보다는 훨씬 母音調和의 자취를 많이 保有하고 있다.

例 a~a : kakka(上流), kanahas(목걸이), karagara(희다), kaška(百合), pagla(붉은), paspar-(파닥이다), tāga-(우러르다)
e~a : kelai-(말하다), kerran-tok(자빠지게), keskan(바다), peska-(굽다), teağa-(오르다)
o~o : olo(草名), orho-(조심하다), osko-(건느다), ponogan(正面客席), pontok(담배쌈지)
u~u : umu-(不許하다), urgtun(夜中), urxu(來年), kugmu-(凍死하다), kurmu-

(餓死하다)

u~i : unigr(별), univn(지붕), uri-(좋아지다), kuji-(나오다), kuči-(떨어지다)
ï~ï : ïmĭk(母), pĭkkïzi-(갈앉다), ïtĭk(父), tĭklĭku-(입다물어버리다), tïxï(위)
i~i : ifmi-(주다), igji-(배를 타다), ini-(먹다), kiji-(가지다), pigi-(비키다)
ï~i : ïjin(主人), tïi-(꿈꾸다), tīri-(일어서다)
a~i : kajin(種類), kajmir(덫), panir(木皮), pasliv(의자)
o~i : osi-(일어서다), oskai(直腸), komi(옆), posi-(자다)

위에서 보인 바와 같이 開母音이나 閉母音에 의한 調和를 보여 주며 i 母音만은 때로 陽性母音인 a나 o와도 자주 어울려서 中性母音처럼 기능한다. 여기서 길약語가 현재는 전면적으로 완전한 母音調和現象을 보여 주지는 못하나, 부분적으로 그런 現象을 보여 줄 뿐만 아니라, 語彙分析한 結果로 미루어서 옛날에는 韓國語처럼 高舌母音 對 低舌母音의 母音調和體系를 갖추고 있었으리라고 추정된다.

(105) 有聲音化의 **連聲現象**을 **共有**한다.

單語와 單語를 連結하여 發音할 때 連聲(sandhi)現象이 일어나는 일이 있는데, 그런 有聲音化現象을 韓國語와 길약語는 共有하고 있으며 日本語도 마찬가지다.

例 길약語: i-tox(江에)>i-rox, či-taf(너의 집)>či-raf
韓國語: ~i-təni>~i-rəni(~이러니), ~i-tota>~i-rota(~이로다)
tu-sə(두서)>tu-ʒə(두서), han-sum(한숨)>hanʒum(한숨)
日本語: tana-kokoro(*手中→掌)>tana-gokoro, *pana-*pira(花片)>hana-bira

그런데, 이런 현상 가운데서도 i 母音下의 t가 r로 변하는 현상은 길약語와 韓國語의 독특한 것이라고 할 수 있다.

(106) Ablaut 現象을 **共有**한다.

길약語에서 Ablaut(異母音化·母音轉換)에 의한 造語를 찾아낼 수 있다.

例 tulf/tuluf(冬)—tolf/toluf(夏)—tïlf/tilf(秋)
čax/čeax(水)—čox/čeox(血) ·· 以上 <Grube 1982 p.16>
hand(저)—hund(그, 이)
tan(그)—tun(이)
yav-(지키다)—yup-(동이다)
kavr-(없다, 아니하다)—kovr-at-(앓다) *cf.* -at-(强勢接尾詞)
hiči-(올리다)—ğoči-(내리다) *cf.* k∞ğ∞h
wi-/vi-(가다)—we-(달리다)
tamk(手)—tomax(肘)
ši-(넣다)—šo-/šū-(끄집어 내다)
pa-/pi-(있다)—pu-(지키다)
nat(누구)—nunt(무엇)
naf(지금)—nef(앞서, 前에)
ka-(내리다, 괴다)—kū-(비가 오다, 下降하다) ·························· 以上 <高橋 1942>

한편, 韓國語에 있어서도 Ablaut 現象은 매우 生産的이며 다음과 같이 母音調和의 對立的인 짝에 의해 이루어진다.

例 살(歲)—설(元旦), 다ᄋᆞ다(盡)—더으다(加), 맛(味)—멋(韻致), ᄂᆞᆰ다(古)—늙다(老), ᄑᆞᄅᆞ다(碧)—프르다(靑綠), 남다(餘)—넘다(溢), 노기다(融)—누기다(弛), ᄇᆞᆰ다(明)—븕다(赤), ᄆᆞᆰ다(淸)—믉다(淡)

이런 Ablaut 現象은 우리 주변의 다른 言語에서는 보기 드문 것으로서 길약語와 韓國語의 한 特徵이라고 할 만하다.

이제까지 長長(1)~(106)項에 걸쳐서 길약語와 韓國語의 文法形態素의 比較를 위시하여 文法構造와 造語法과 音韻現象에 이르기까지 比較하였는데, 여기서 얻은 結論은 한마디로 말해서 同系語임을 疑心할 餘地가 없다는 것이다. 韓國語 자체의 方言을 제외하고는 길약語만큼 닮은 言語는 이 世上에 다시없다고 斷定하여 둔다.

第 8 章

韓國語와 아이누語의 比較

韓國語는 알타이語族에 속한다는 것이 定說처럼 되어 있는 現況에서, 韓國語는 古아시아인 Gilyak語와 Ainu語(스키타이語?)를 바탕으로 하고, 여기에 Altai諸語인 터키系語 · 蒙古系語 · 滿洲 퉁구스系語와 드라비다語 · 中國語 등이 影響을 주어 이루어진 말이라고 하면, 기이한 學說을 내세워 사람을 현혹시킨다고 할 사람이 많을 것이나, 筆者는 감히 이런 주장을 아니 할 수 없다.

우리가 韓國語를 Altai語族에 속한다고 말해 온 까닭은, 첫째로 語順이 같고, 둘째로 膠着語이고, 셋째로 副動詞가 발달하고, 넷째로 動名詞가 중요한 구실을 하며, 다섯째로 母音 · 子音의 交替現象이 없고, 여섯째로 關係代名詞가 없고, 일곱째로 母音調和가 있고, 여덟째로 語頭의 子音組織에 제약—語頭子音群의 기피 및 語頭 r · ŋ 忌避現像에 등이 있기 때문이며, 또한 語彙도 比較될 만한 것이 많아서 漢字語彙를 제하고는 우리 주위의 어느 言語보다도 Altai語的인 語彙가 많기 때문이었다.

그러나 韓國語는 Altai諸語와 다른 점이 더 많다. 例를들면, 첫째로 主格 · 呼格助詞가 있고, 둘째로 形容詞가 活用하며, 셋째로 接頭辭가 있으며, 넷째로 動詞의 語幹이 그대로 命令形으로 使用되지 않고, 다섯째로 人稱語尾의 化石化된 듯한 흔적은 있으나(例. 아범 · 어멈 · 어머니) 현재 人稱語尾가 전혀 쓰이지 않고 있다. 여섯째로 數單位不完全名詞의 다양함과 그것에 선행하는 數詞의 다양한 變形이 있고, 일곱째로 文法形態素들의 對應될 만한 것이 불과 몇 개밖에 없다(向格・沿格・與格助詞・動名詞形語尾 등). 여덟째로 同一機能을 가진 形態素들의 多技多樣한 점은 Altai諸語의 規則的인 單純性과 너무 對照的이다. 아홉째로 原始生活을 하는데 필수적인 基健語彙 —親族語・身體語・天文地理語・代名詞・衣食住語・動詞・形容詞 등— 은 非 Altai語的인 것이 훨씬 더 많다.

그런데 이러한 Altai諸語와 다른 構造・形態素・語彙들의 對應形을 우리 주변의 길약語나 아이누語・드라바다語에서 모두 발견할 수 있고, 또 이들 言語는 그 構造가 韓國語와 같다. 즉 語順이 같고, 膠着語이며 副動詞가 있고, 또 動名詞가 중요한 구실을 하며(길약語), 母音・子音의 交替現象이 없으며, 語頭子音群이 存在하지 않고(아이누語), 關係代名詞도 없다. 다만 構造上 다른 점이 있다면 母音調和가 확실하지 않고 語頭子音의 기피현상이 없다('라온'과 같은 例로 보아 太古 때에는 韓國語도 r 頭音이 쓰이었을 可能性이 있음)는 점뿐이다.

따라서 韓國語의 뿌리(親族關係)를 알타이諸語에서 찾는 것보다 길약語나 아이누語・드라비다語에서 찾는 것이 보다 현명할 것으로 생각한다. 바꾸어 말하면, 韓國語의 뿌리는 길약語와 아이누語・드라비다語인데, 뒤에 流入民의 말인 알타이諸語나 漢字語의 影響을 많이 받았다고 할 수 있을 것이다.

그러면 여기서는 韓國語와 Ainu語와의 比較만 시도하되, 音韻對應規則의 定立과 文法形態素・構造・造語法의 차례로 比較할 것이다.

1. 韓國語와 아이누語의 音韻對應規則[1)]

아이누語 比較語彙에 의해 可能性이 있어 보이는 音韻對應規則을 提示한다. 단 語頭母音의 脫落을 제외한 모든 規則은 第二音節 이하에서도 適用되기 때문에 別記하지 아니한다. 그리고 音韻規則을 세우기 위해서는 單一資料에 의한 比較가 바람직하기 때문에 비교가 가능한 630개가 넘는 어휘 중에서 350개[2)] 정도의 資料만으로 規則을 세워 볼 것이다.

---

1) 特殊旗號 : E(이), ɪ(의), ʌ(ᄋᆞ), j(ʤ, dz), č(ʧ), c(ʦ), č'(ㅊ, ʧ'), ə(어), ɯ(으), ʒ(△), ø(zero), y[j], ɜ(e와 ə의 間音), □'(聲門破裂音), □'(有氣音)

2) 礒部精一著, 「アイヌ語辭典」(1935 東京實業社. 北海道의 아이누語) 所載 어휘.

(1) a-＜Kor＞ ———————— a-＜Ainu＞

例	
akis'i(少女)	akači(少女)
*ari-(麗) *cf.* ari'tab-(麗)	arara/ara(麗)
ahɛ(＞ai. 兒)	ai-ai(乳兒)
ak'i/äk'i(弟)＜咸鏡・慶尙＞	aki(弟)
asi(＞aʒi＞ai＞ä, 始初), ač'ʌ-m(朝)	ašin(新), heaši(起源)
*aja-abi(＞ajabi. 叔父) *cf.* abi(父)	ača(叔父)
ač'yəd-(厭)/či-či(汚物)＜乳兒語＞	a'či(穢)
anj-(坐) *cf.* 앚-(坐)	anu(置), amse(坐席)
*aba(父・祖父・老翁) *cf.* aba-ŋi(id)	aba(親戚)
akü(入口). aku-ŋi(火口)	ahun(入口)
ari-(痛)	araka(痛)
hamo(肯定感嘆詞)＜慶尙＞	hami(判斷・놀람의 感嘆詞)
kama(釜)	kama(鐵瓶)
*kam(神)＜新羅＞	kamui(神)
hanʌr(天)	kando(天)
saü-(弱盡)	saure(弱)
s'ak(남김없이)	sak-no(없이) *cf.* -no(副詞形成接尾辭)
sɑr(惡鬼로 인한 急病)	sarak(變死)
čas(城)	čaši(城・柵)
pak(頭) *cf.* pak-č'igi	pake(頭)
kak'a-b-(近)	hange(近)/eka'ki(接近)
-wa(並列語尾)	-wa(並列語尾)
an(內)	ani(住居), onna(內)

(2) ø-＜Kor＞ ———————— a-＜Ainu＞

例	
*salbi(櫂) *cf.* salbi'tä(id)＜咸南＞	a'sap(櫂)
naʒ-(優)	anare(勝)
pɯr(火)	abe(火), fuči(＜*puči, 火)
mamma(乳兒食)	amama(飯)

(3) i-＜Kor＞ ———————— i-＜Ainu＞

例	
igɯl-igɯl(强火力貌)	ika-ika(沸貌)
*igɯr-(歪) *cf.* igɯr-ə-ti-(id)	ikiru(顚)
iba-gu(話)＜慶尙＞	ipawe(命令)
ibad-(貢獻・奉仕)	ipuni(奉仕)
ibab-(乏)＜咸南＞	ibe-sak(乏)

irɛ(驕態)	irara(장난)
kirɯm(脂・油)	kiripu(脂)
si-(甚大) *cf.* si-k'əməh-(甚黑)	ši-(甚大)<接頭辭>
-sik(樣)	šike(樣式의)
sinä(凋)	šinai(本流), činna(溝)
*sit(楓) *cf.* sit-namo(싯나모. 楓)	*šitope(楓) *cf.* sitope-ni(楓)
-siri(模樣・形便)<咸北>	širiki(模樣), širi(처럼, 그래서)
čiji-(烹)	čišuye(煮)
tisä(>čisä. 蓋瓦), *čis(家), cf. čis-abi>čiabi(夫)	čisei(家)
č'ima(裙)	čimip(衣服), tepa(속치마)
is(苔)	niruš(苔類)
pige(脂肪)	piye(脂防)
niʒ-(連)	ninu(連)
kir(路)	kiroru(大路)

(4) ø-<Kor> ―――――――――― i<Ainu>

例	
kid(柱)	ikušbe(柱)
kir(道)	ikuši-ru(道) *cf.* ru(路)
*kimu(怨讎)「仇知=金池」<百濟地名>	ikemunu(復讎)
kɯlg-(搔)	ikere/kiki(搔)
k'ɯ-(大)	iko(甚)
-kə(것)<接尾辭>	-ike(것)<接尾辭>
čur(鑪) *cf.* čur-k'ar(id)	iširup(鑪)
č'ʌn-č'ʌn-hi(能搜貌)	ičimi-čimi(能搜貌)
tanji(壺)	itangi(椀)
č'e(篩)	ičari(篩)
tahi-(屠)	ituiba(殺)
tʌnni-(行)	i'tone(往復)
nək-nək(裕足)	inunuke(祝福)
ne(四)	ine(四)
pɯlg-(>pulg-. 赤)	ifurere(<*ipurere, 赤染), fure(<*pure, 赤)
por(頬)	iporo(容貌)
məg-(食), məgi(餌)	imok(餌)

(5) u-<Kor> ―――――――――― i, e<Ainu>

例	
č'ururuk(쭈루룩)	čiriri(쭈루룩)
susuk'ək'i(謎)	čičikeu(幽靈)
čur(鑪)	iširup(鑪)
kur-(轉)	kiri(轉)
*sulgü(>sulü. 車)	šikarip(車輪)
sunɯlg(丘陵)	šinup(丘陵)

cf. kid(柱)	ikušbe(柱)
kir(道)	ikuši-ru(道) *cf.* ru(道)
čiman-hʌ-(疎忽)	tuima(遠方)
um(芽)	ebui(芽)
p'udagü(突出部)	*petuk(>etuk, 突出)
kub-(曲)	hepita(曲)
kulm-(飢餓)	kemi uš(饑饉)
kujij-(詰責)	keške(詰責)
nu(誰)	nem(何人)
p'ɯr(>p'ur. 糊)	pe(草木汁)

(6) u-<Kor> ———————— u-<Ainu>

例	
*ukyək(爭) *cf.* ukyək-tajim	ukik(戰)/ukoiki(싸우다)
ubag(雹)	ubaš(雹)<北海道>, ubax(id)<樺太>
utərun(大人) *cf.* 웃-어른	utarapa(主人)
kuru-m(雲), hɯri-(曇)	kuri(雲)
kuri(人) *cf.* məŋt'əŋ-kuri	kuru(人)
tu(二)	tu(二)
sum(氣息)	hum(音)
mud-(埋)	mu(閉塞)
nuk'ar/nunk'ar(眼)<咸南>	nukara(見)
murɯ-(<mɯrɯ-. 爛)	munin(썩은)
nun(眼)	num(球)
nu-(用便)	ru(便所)

(7) o-<Kor> ———————— u-<Ainu>

例	
sot'(鍋)	šu(鍋)
nor(霞・火雲)	nui(焰)
-to(添加接尾辭)	-tu(複數接尾辭)
t'osi(套袖)	tusa(袖)
oč(漆)	usi/ussi(漆)
nob-(高)	nup(高原), nupuri(登)
morʌ(不知)	muk(>*mur, 秘密한)
kom(黴)	kumi(麴)
orʌ-(昇・登)	uri(投上)
ko(「弧」. 弓)<辰韓>	ku(弓)
cf. tʌʒ-(愛)	tusare(恩)
čʌm-(沈)	esum(溺)

(8) ø-<Kor> ———————— u-<Ainu>

例	
k'wemä-(縫合)	ukomuye(結合)

kər-(交・繫)	ukoro(交接)
-tʌr(複數助詞)	-utara(複數助詞)
tʌr-(懸)	u'tara(懸)
pəd-(伸長)	uparu(延燒)
pʌʒɪ-(부시다)	upuš(불꽃튀기다)
mʌr(＞mar. 馬)	umma(馬)

(9) e-＜Kor＞ ———————— e-＜Ainu＞

例 heč'i-(撤), hɯt'-(散)	hečira(散亂)
heč'i-(破開)	hečimi(갈라진)
eramansu(좋다)	eramasu(좋다)
ke(所) *cf.* 아래-게(下所)＜咸南＞	ke(所)
me-(＜mɪ-. 裂)	mesu(切取)

(10) o-＜Kor＞ ———————— e-＜Ainu＞

例 kom(後)	hemak(後)
poč'(白樺)	pe'tat(白樺)
norä(歌), ninano(*歌)	neina(歌)
-po(者)＜接尾辭＞	-pe(者)＜接尾辭＞

(11) i-, a-＜Kor＞ ———————— e-＜Ainu＞

例 pi(雨)	pene(細雨)
*kimu(怨讎)＜地名＞	ikemunu(復讎)
iba-gü(話)＜慶尙＞, ib(口)	yep(話) *cf.* ye-＞*e
cf. tegul-tegul(廻轉貌)	*tikiru(＞šikiru, 廻)
sᴇm(泉・井水)	šimpui(泉・井水)
kä-(疊)	niki-(疊) *cf.* ni＞i＞ø
ayam(耳掩)	eyam(守)
alp'(＞ap'. 前)	erupši(前面)

(12) ø-＜Kor＞ ———————— e-＜Ainu＞

例 karak(曲調)	ekaye/kaye(曲調)
kak'a-b-(近)	eka'ki(接近)/hange(近)
kyəsi-(圍・在家)	ekari(周圍)
kwəre(汝)＜咸鏡・慶尙＞	e-koro(汝의)
čʌm-(沈)	esum/sum(溺)
*čäm(返) *cf.* čäm-č'i-(id)	esep(對答)
tʌr-/tʌd(走)	etara(突入)
či(汝)＜咸鏡・慶尙＞	eči(汝等)
tirɯ-(衝)	ečiure(衝)
čyəb-(容恕)	ečopopo(納入)

t'ə(基)/t'ʌr(根源)	etok(本源)
paksʌ(>paksu, 覡)	epakaši(教訓)
kabᴇ-ab-(輕)/käkab-(輕)<慶尙・咸鏡>	ehapi(輕蔑)
pɯr-(吹)	epara(吹)
pɯs-(注)	epusu(出)
polgi(臀)	epoki(下方)
pup'ɯr-(膨)	ehopuni(膨)

(13) o-<Kor> ——————— o-<Ainu>

例	
oguri-(曲)	oheuge(曲)
olh-(可・正當)	orai(善良)
ora-(久)	ohoro(永永)
oji(有潤士器)	očike(盆)
ol(今)<接頭辭>	oro(있는, 들어있는)
kogi(魚・獸肉)	koiki/keuk(捕獲・屠殺)
kor(谷)	kot(谷)
kod(處)	ko'či(場所)
k'okči(栓)	konkoči(栓)
so(淵)	so(瀧)
solos(<*solgos. 錐)	soyep(錐)
tor/tor-aŋ(溝)	torai(河幅)
no(紐)	noye(노를 꼬다)
not'ori(老夫)<咸鏡>	notonoho(酋長)
poji(女陰)	poki(女陰)

(14) u-<Kor> ——————— o-<Ainu>

例	
kujebi(山燕)	košuyep(山鳩)
kud(坑)	kot(穴・窪)
pusɯsɯ/p'usisi(起床貌)	mososo(起床)
muŋgɯs(不進步貌)	mongeš-na(漸次)
munduŋ(癩病, ~患者)	mondum wen(*氣力이 나쁘다→앓다)
munduŋ(반가운 相對의 呼稱)<慶尙>	mondum(底力・權威)
pup'ɯr-(膨)	ehopuni(膨)
nurɯ-(壓)	rori(沈・潛)
mudı(>mudi-, 鈍)	moire(鈍・遲)

(15) ø-<Kor> ——————— o-<Ainu>

例	
sol-sol(緩柔貌)	osau-sau(使緩)
čɯč'ᴇ-(泄瀉)	oštari(泄瀉)
hʌlg(>hɯlg. 土)	oširi(地面)
soma・sop'i・ojom(小便)	osoma(大便)

čilp‘ən(平坦)	očipep(滑)
t’oŋ(糞)	otom(糞)
kuyək(구역) *cf.* 口逆(?)	ohai-yokke(구역질하다)
pät‘-(吐, 唾)	opa’tek(噴火)
pʌrʌm(風)	opara(風)
p‘ʌ’piri(많이)	opirika(많은)
mas(味)	omau(味)
mag-(終結)	omaka(終結)
mye-(＞me-. 塞)	omu(塞)
mok’oji(宴會)	omekap(宴會)

(16) ə-＜Kor＞ ———————————— a-, i-, e-, o-, u-＜Ainu＞

例

əmɯ(何)	anun(他人)
kəs(事物)	katu/kat(形・狀態)
kəm-(汚穢)	kapa(汚穢)
sən(棚) *cf.* sən-pan(＜板?)	šan(棚)
təŋi(塊)	taku(塊)
kər-(沃・濃)	haro(肥大)
p‘əji-(開廣)	patu(使散)
pəd-(伸長)	uparu(延燒)
kebug(龜)	kinapo(海龜)
*kəb(肝)	kinop(肝)
səri(間)	šir(間)
nəhɯr-(嚙)	niye(咬)
yət‘u-(蓄)	riya(蓄)
əgum-ni(牙齒)	ikui-nimak(牙齒)
əyə’pɯ-(憐)	ihoma(憐)
əši(父母)	ešikop(父母)
əbi(父)	eu(兩親)
sənɯr-(冷)	seunin(冷)
nə(汝)	nei(彼・其)
-kə(것)＜接尾辭＞	-ike(것)＜接尾辭＞
pəlg-(裸) *cf.* pəlg-ə pəs	heraske(裸體)
yəsk-(＞yək’-. 編)	teškas(編)
əkji(强制)	očiu-čiue(强迫)
əbs-(無)	obosore(無)
əŋdəŋi(臀)	ohontoki(肛門)
məri(髮)	moru(髮)
kədər(破裂) *cf.* kədər-na-	hotari(破裂)
t‘ə(基)/t’ʌr(根源)	etok(本源)
ət-(橫)＜接頭辭＞	ut-(橫腹)
kəm-(黑)	kunne(黑・暗)
t’ər-(＜*t:ər-. 使落)	turuse(使落)

nə'kɯn(裕足)	nuye-an(裕足)
nək-nək(豊足)	inunuke(祝福)

(17) ʌ-＜Kor＞ ———————— a-, o-, u-, e-, i-＜Ainu＞

例	
sʌn(男)	sanike(子孫)
tʌrana-(逃)	yainuina(逃)
nʌri-(降下)	rai-(降下)
nʌč'(顔)	nan/nota(顔)
-tʌr(複數助詞)	-utara(複數助詞)
tʌr-(懸)	u'tara(懸)
tʌr-(走)	etara(突入)
pʌrʌ-m(風)	opara(風)
č'ʌm(眞實)	son(眞實)
p'ʌri(蠅)	moš(蠅)
kʌt-hʌ-(如)	koto-m(如)
mʌʒʌr(村)	moširi(國・世・陸)
t'ʌr(根源)	etok(本源)
mʌč'i-(終了)	mongeš-ta(終了)
p'ʌ'p'iri(多)	*popirika(＞opirika, 多)
tʌnni-(行)	i'tone(往復)
čʌm-(沈)	sum/esum(溺)
sʌi(＜sʌʒi. 間隔)	šui(間隙)
tʌʒ-(愛)	tusare(恩)
pʌlg-(明)	peker(明)
kʌʒ(邊)	hesaši(邊)
pʌʒɛ-(映・照)	heriat(照)
mʌs-(碎)	meške(壞)
hʌna(一)	šine(一)
mʌlgo'-mʌlgo'(燦燦)	miru(燦燦)
č'ʌn-č'ʌn-hi(能搜貌)	ičimi-čimi(能搜貌)
hʌlg(土)	oširi(地面)

(18) ɯ-＜Kor＞ ———————— i-, e-, u-, o-＜Ainu＞

例	
ɯbu'(繼)＜接頭辭＞	iyepe(繼)＜接頭辭＞
kɯlg-(搔)	kiki/ikere(搔)
sɯlh-(悲)	šiok(悲)
s'ɯks'ak(無痕貌)	šik-sak(*無眼→盲目的)
čɯʒ(貌)	šir(貌)
čɯlgi-(樂)	širapipi(喜)
sɯl-hʌ-(厭)	širun(나쁜)
čɯj-(吠)	čiš(泣, 鳴)
p'ɯr-(解)	pita(解)

nɯri-(延)	nini(延)
s'ɯr-(磨)	eširu(磨)
čɯčʻᴇ-(泄瀉)	oštari(＜*ošitari. 泄瀉)
kɯtʻ(終)	keš(終)
mɯr(＞mur. 水・*川)	peča/peči(河)
nɯpʻ(沼)	*nem(＞mem. 池)
hɯtʻ-(散), hečʻi-(撤)	hečira(散亂)
pɯlg-(赤)	fure(赤)
kɯri-me(影)	nikuri(影)
pɯs-(注)	epusu(出)
pɯʒɪ-(斜視←*불꽃튀기다)	upuš(불꽃튀기다)
pɯr(＞pur. 火)	fuči(＜*puči, 火)
kʻɯ-(大)	iko(甚)
kɯsɯr-(焦)	kohuye(焦)
kɯjək'ɪ(再昨日)	hošiki(再昨日)
kɯŋe(*中) *cf.* ~의 그에 (助詞)	hongeš(中)

(19) ä-＜Kor＞ —————————— ai-, e-, a-, i-＜Ainu＞

例	
nä(川)	nai(川)
čʻä(*小技→鞭)	čaha(小技)
yä(相對呼出聲)	yai(相對呼出聲)
*čʻä(＞čʻe. 篩)	*čai(＜ičari. 篩)
čäm-čʻi-(返)	esep(對答)
wä-(나쁜)＜接頭辭＞ *cf.* 왜-바람, 왜-틀다. 왜-걸이	wen(나쁜)
kägori(蛙)	ketke-čep(蛙)
sä(草)	saš(海草)
*käma(「蓋馬」, 丘陵)	kim(山脈)

(20) E-(이)＜Kor＞ —————————— oi-, ui-, i-, a-＜Ainu＞

例	
mᴇ(平野)	moi(平野)
hᴇ(所有) cf.내히 (= 내 것)	koro(＞*kori＞*koi. 所有하다)
mᴇ-(結)	mui(結・束)
tʻᴇ(垢)	turu(＞*turi＞*tui. 垢)
sᴇm(泉・井水)	šimpui(泉・井水)
hᴇ-(白)	šiyara(純潔한)
mᴇdɯb(緝)	eibiʼte(緝)
tᴇ(所)	ta(處格助詞)
čᴇ(灰)	usat(灰)

(21) ö-＜Kor＞ ——————— oi-, oe-, we-, o-＜Ainu＞

例 tȫ-(甚難)	toi(甚意)
töge/tö-u(甚)	toiko(甚)
tö-(濃)	toe・toye(＞*tö. 豊多)
ö-(違・非)	ewen(＞*wen. 違, 非)
öt'i-(叫呼), hot'oŋ(怒號)	hotui(呼)

(22) ü-＜Kor＞ ——————— i-, oi-, ue-＜Ainu＞

例 sǖ(尿)＜乳兒語＞	šišiki(放尿)
sü-(休)	šini(休), sura(不關)
-pü(縮小節) *cf.* 님뷔-곰뷔	-poi(縮小節)
hü-(撓)	heuge(*＞heue＞*hue. 屈曲)
saü-(弱盡)	saure(＞*saue. 弱)

(23) yə-＜Kor＞ ——————— i-, a-(ai-), o-＜Ainu＞

例 ač'yəd-(厭)	ači(穢)
syəm(島)	*simai(＜samai. *島)
pyər(涯)	piš(濱), peš(崖)
kyə̄b-(過多・不克)	eikaun(過多) *cf.* ei-＞ø-(?)
hyə-(退)	ha-(退)
p'yənsu(木手)	pančo(木手)
kyəd-ɯr-aŋ(脇)	hat(脇)
nyəmı-(斂衣)	yaimire(裝衣)
čyəb-(容恕)	ečopopo(納入)
kyəlk'o(決코)/horak-horak(不屈貌)	horaku(꺾이다)
tyə(竹)	top(竹)

(24) wa-＜Kor＞ ——————— oe-(awe-), oi-＜Ainu＞

例 kwahʌ-(稱讚)	koerayap(感嘆)
kwa'ta-nä-(喧)＜咸南＞	hawe-ašte(叫, 怒號)
hwayaŋ(姦淫)	hoiyo(姦淫)

(25) k-, k'-, k'-＜Kor＞ ——————— k-＜Ainu＞

例 kas/kəs(事物)	katu/kat(形・狀態)
kad(＜kas. 笠)	kasa(笠)
kəm-(汚)	kapa(穢)
kama(釜)	kama(鐵瓶)
*kam(神)＜新羅＞	kamui(神)
koma(＞kom. 熊)	kamui(熊), hepere(熊子)
kalgi-(毆打)	kara(打)
hanʌr(＜*kanʌr. 天)	kando(天)
kom(黴)	kumi(麴)

kʌm-(＞kam-. 閉眼)	kamuktek(閉眼)
kəbub(＞kəbuk. 龜)	kinapo(＞*kimapo. 海龜)
*kəb(肝)	kinop(＞*kimop. 肝)
*käa(「蓋馬」. 丘陵)＜地名＞	kim(山脈) *cf.* küme(丘陵)＜Turk＞
kir(路)	kiroru(大路)
kirɯm(油脂)	kiripu(油脂)
kor(髓)	kiri(＜*kori＜*koro. 髓)
kur-(＜kubur-. 轉) *cf.* tiŋ-kur-	kiru(轉)
*ko(「弧」. 弓)＜辰韓＞	ku(弓)
kurum(雲), hɯri-(曇)	kuri(雲)
kuri(人) *cf.* məŋt'əŋ-<u>kuri</u>	kuru(人)
kəm-(黑)	kunne(黑・暗)
ke(所) *cf.* arä-ke(下所)	ke(場所)
kosu-məri(旋毛)	keuki-mui(旋毛) *cf.* -ki＞-hi＞-si
kɯt'(＞k'ɯt'. 終)	keš(終) *cf.* ti＞si＞š
kägori(蛙)	ketke-čep(蛙)
kayam(榛)	kene(榛)
kyən(在)＜吏讀＞	kenru(住居)
k'wäŋgwari(괭가리)	koingara(叱)
kwahʌ-(稱讚)	koerayap(感嘆하다)
kogi(魚・獸肉)	koiki/keuk(補獲・屠殺)
kasi-bəsi(夫婦)	koš-mat(嫁)
kujebi(山燕)	košuyep(山鳩)
kud(坑)	kot(坑・穴)
kor(谷)	kot(谷)
kod(處)	ko'či(處)
kʌt-hʌ-(如)	kotom(如)
kaji-(持)	kot(持)
kojaŋ(鄉里)	kotan(村・市街)
kɯsɯr-(焦)	kohuye(焦)
*kor(保)＜地名＞, hᴇ(所有)	koro(所有하다)
k'okci(栓)	konkoči(栓)
kodɯrɯm(氷柱)	konru(氷)
-kə(것)＜接尾辭＞	-ike(것)＜接尾辭＞

(26) s-, s'-＜Kor＞ ———————— s-, š-＜Ainu＞

例	
sar(惡鬼로 인한 急病)	sarak(變死)
siŋgaŋi(sillaŋi, 싸움・다툼)＜咸鏡＞	sakayo(싸움・다툼)
saü-(弱而盡) *cf.* 숯불이 사위다	saure(弱)
s'ak(남김 없이)	sak-no(없이)
sä(草)	saš(海草)
sʌn(男)	sanike(子孫)
*sab(頭) *cf.* sab-kwä(帽子)＜咸鏡＞	sapa(頭)

syəm(<*sima<*sama. 島)	samai(*島) *cf.* samai-moširi (*島國→日本)
si-(*本, 크게)<接頭辭>	ši-(本, 큰)<接頭辭>
sidɯr-(萎)	šičup(亡)
sɯlh-(悲)	šiok(悲)
sulgü(>sulü>sure. 車)	šikarip(車輪)
s'ɯks'ak(無痕)	šik-sak(*無眼→盲目的)
-sik(樣式)	šike(樣式의)
sṻ(尿)<乳兒語>	šišiki(放尿)
sinä(*本流→溪流)	šinai(本流), činna(溝)
sü-(休)	šini(休), sura(不關)
sunɯlg(丘陵)	šinup(丘陵)
sɛm(泉·井水)	šimpui(泉·井水)
sən(棚) *cf.* sən-pan(板?)	šan(棚)
sot'(鍋)	šu(鍋)
sʌi(<sʌʒi. 間隙)	šui(間)
sikur-(酸)<咸南>	šu'kake(酸·시다)
*sebe(「泗沘」. 南) <百濟>	šum(南)
*syur(峯·高原)<地名>	širi(山·岸)
səri(間)	šir(間)
s'i(天氣) *cf.* nar-s'i(日氣)	šir(日氣)
*sit(楓) *cf.* sit-namo(싣-나모. 楓)	*šitope(楓) *cf.* šitope-ni(楓)
-siri(模樣·形便)<咸北>	širiki(模樣), širi(그래서)
sɯl-hʌ-(>silh-. 厭)	širun(나쁜)
sənɯr(冷)	seunin(冷)
so(淵)	so(瀧)
solos(<*solgos. 錐)	soyep(錐)

(27) č-, č'-, h-<Kor> ———————— s-, š-<Ainu>

例	
čyəri(卽時)	širi(只今)
čɯlgi-(樂)	širapipi(喜)
čɯʒ(貌)	šir(貌)
č'yəro(처럼)	širi(처럼)
č'ʌm(眞實)	son(眞實)
hɛ-(白)	šiyara(純潔한)
hʌna(一)	šine(<*sene. 一)

(28) t-, t'-, t'-<Kor> ———————— t-<Ainu>

例	
tyəg-(小)	takne(短)
təŋi(塊)	take(塊)
t'ar(病)	tašum(病)
t'am(「耽」. *圓頂丘)	tap(圓頂丘)

cf. 耽羅(*圓頂丘-地)<地名>	
t'ɯttɯr-(滴下)	*titik(>čičik. 滴下)
tɛ(處)	ta(거기・處格助詞)
tu(二)	tu(二)
-to(添加助詞)	tu(複數助詞)
t'osi(套袖)<군두목>	tusa(袖)
*t'ər-(使落) *cf.* t'ər-ə ti-(落)	turuse(使落)
tʌʒ-(愛)	tusare(恩惠)
tuŋ-tuŋ(打鼓音)	tun-tum(鼓)
tȫ-(甚難)	toi(甚惡)
t'ah(>t'aŋ. 土)	toi(土), yači(泥)
tȫ-ge/tȫ-u(甚)	toiko(甚)
tö-(濃)	toe/toye(豊多)
toŋmo(友)	topa(群集)
tä(竹)・tyə(笛)	top(竹)
tor/tor-aŋ(溝)	torai(河幅)
tirɯ-(衝)	*etiure(>ečiure. 衝)
*tigü(<tiü. 境)	*tingi(>čingi. 境)

(29) č-, č'-, č'-, s<Kor> ——————— č-<Ainu>

例 č'ima(裙)	čimip(衣服), tepa(속치마)
č'ii(鞭←*小枝) *cf.* -ä<-ai<-ahi<-aha	čaha(小枝)
če(*五等→吾<謙辭>), či(自己)	či(五等・自己)
čwa-si-(食)<敬語>	či-ep(汝食)
čɯj-(>čij-. 吠)	čiš(泣・鳴)
čiji-(烹)	čišuye(煮)
*čis(家) *cf.* čis-abi(夫)>čiabi	čisei(家)
čas(城)	čaši(城)
čiman-hʌ-(疎忽)	*čüma(<tuima. 遠方)
č'ururuk(쭈루룩)	čiriri(쭈루룩 떨어지다)
susuk'ək'i(謎)	čičikeu(幽靈)
s'eəb-(竈)<咸南>	čiomap(竈)
akas'i(젊은 女子), akis'i(少女)	akači(少女)
cf. p'yənsu(木手)	panšo(木手)

(30) n-<Kor> ——————————— n-<Ainu>

例 -ne(*-의 쪽) *cf.* 우라-네, 三寸-네	-na(-의 쪽) *cf.* au-na(안-쪽)
nä(川)	nai, nä(川)
*na(地)<地名>	nak(場所) ; ya・yači(地)
nʌč'(顔)	nota/nan(顔)
nanɯn(「難隱」. 七)<地名>	nanči(七) *cf.* nanči-čup(七月)
nəhɯr-(嚙)	niye(咬)

nɯri(延)	nini(延)
niʒ-(連)	ninu(連)
nor(霞・火雲)	nui(焰)
no(紐)	noye(노를 꼬다)
nə'kɯn(裕足)<咸南>	nuye-an(裕足)
nob-(高)	nup(高原), nupuri(登)
nuk'ar/nunk'ar(眼)<咸南>	nukara(見)
nu(誰)	ne(何)
nun(眼)	num(球)
nə(汝)	nei(彼・其)
norä/ninano(歌)	neina(歌)
nər(板)	net(漂木)
nima(前額)	noiporo(前額)
not'ori(老夫)<咸南>	notonoho(酋長)
nyəp'(横・側・脇)	noyap(横顔)
nisï(天) *cf.* 尾師今(天王)	niš(天)

(31) p-, p'-<Kor> —————————— p-<Ainu>

例	
-po/pa-ŋi(>päŋi. 者)	-pe(物・者)
*por(>pom. 春)<新羅>	paikara(春)
pak(*頭) *cf.* pak-č'igi	pake(頭), pa(頭方・上)
p'əji-(開廣)	patu(使散)
puburi(嘴)<咸鏡>	papuš(脣)
paraji(上壁窓)	paraka(天井)
p'yənsu(木手)	pančo(木手)
pige(油脂)	piye(油脂)
pyər(涯)	piš(濱), peš(崖)
-pü/-pyə/-pɛ(縮小辭) cf 솟벼, 님뷔, 곰뷔, 번비	-po/-poi(縮小辭)
polgi(臀)/*pok(下或作蛇卜又伏) <三遺 : 蛇福不言>	epoki(下方)
poč(樺)	pe'tat(白樺)
pi(雨)	pene(細雨)
poji(女陰)	poki(女陰)
p'ɯr-(解)	pita(解)
pʌlg-(明)	peker(明)

(32) h-<Kor> —————————— h-, k-<Ainu>

例	
hot'oŋ(怒號), öt'i-(呼・叫)	hotui(呼)
h'yə-(>hyə-. 退) *cf.* 혤믈(退潮)	ha-(退)
hamo(肯定感嘆詞)	hami(判斷・놀람感嘆詞)
hü-(曲・撓)	heuge(屈曲)/eheu(曲)

h'yə-(＞hyə-. 引)	hehem(引)
hwayaŋ(姦淫)	hoiyo(姦淫)
hɯt'-(散), heč'i-(撒)	hečira(散亂) *cf.* hečira-sa(亂髮)
hanʌr(天)	kando(天)
hʌ-(爲)	kara(爲・造)
hekari(＞heari-. 計)	koskoso(저울질하다)

(33) k-, s-, p-＜Kor＞ —————————— h-＜Ainu＞

例	
kwa'ta(-nä)-(喧)＜咸南＞	hawe-aste(叫, 호통치다)
kyəd-ɯr-aŋ(脇)	hat(脇)
kak'a-b-(近)	hange(近)/eka'ki(接近)
kər-(沃・濃)	haro(肥大)
kyət'(傍)	hekote(傍)
kʌʒ(邊)	kes(端)
karʌ-(分), heč'i-(破開)	hečimi(갈라진)
koma(＞kom. 後)	hemak(後에)
kanan(貧) *cf.* 간난(艱難)＞가난?	heron(貧)
kɯjəkɪ(再昨日)	hošiki(再昨日)
kədər(*破裂) *cf.* 거덜-나다	hotari(破裂)
kotu(肚), kon(魚腹中이리)	honi(腹)
kɯŋe(*中) *cf.* -의 그에(與格助詞)	hongeš(한가운데)
sanäk'i(繩)＜慶尙＞	haina(繩)
sum(氣息)	hum(音)
sup'(林)	hašop(叢林)
pas-(離脫)	haita(離脫)
*pəlg-(裸)	heraske(裸體)
pʌʒe-(映・照)	heriat(照)
pɯr(火)	huči(＜*puči. 火)
pɯlg-(赤)	hure(＜*pure. 赤)

(34) m-＜Kor＞ —————————— m-＜Ainu＞

例	
mʌlgot-mʌlgot(燦燦)	miru(燦燦)
mud-(理)	mu(閉塞)
mᴇ-(結), mus(束)	mui(結・束)
morʌ-(不知)	muk(秘密한)
mɯrɯ-(＞murɯ. 爛)	munin(썩은)
mʌs-(碎)	meške(壞)
mɪ-(＞me-. 裂)	mesu(切取)
moro(＞*mori＞mö. 山)	mori(小山), metot(山地)
mᴇ(平野)	moi(平野)
mudɪ-(鈍)	moire(鈍・遲)
mʌʒʌr(村)	moširi(國・世・陸)

mit'(元・本)	moto(元・本)
məri(髮)	moru(髮)
mʌč'i-(終了)	mongeš-ta(終了)
muŋgɯs(不進步貌)	mongešna(漸次)
munduŋ(癩患者)	mondum-wen(病)
munduŋ(반가운 相對者 呼稱)＜慶尙＞	mondum(權威)

(35) y-, t-＜Kor＞ ———————— y-＜Ainu＞

例 ya/yä(相對를 부르는 소리)	yai(相對를 부르는 소리)
yəmi-(＜nyəmɪ-. 斂衣)	yaimire(裝衣)
*yib(＜ib. 口)	yep(話)
tʌrana-(＞tarana-. 逃)	yainuina(逃)
t'ah(地)	yači(泥), toi(土)
t'aro-(隨)	yairarire(隨)

(36) n-＜Kor＞ ———————— r-＜Ainu＞

例 nʌri-(降下)	rai-(降下)
*nyatɯr-nyatɯr(＞yatɯr-yatɯr. 新鮮而柔貌)	riten(柔)
nurɯ-(壓)	rori(沈・潛)
nu-(用便)	ru(便所)
ne/ye(應答聲)	ruwe-un(應答聲)
*nyət'u(＞yət'u-. 蓄)	riya(蓄)
nurï-(黃・焦)	ruhure(등자 같은 누른 빛)

(37) w-＜Kor＞ ———————— w-＜Ainu＞

例 -wa(竝列助詞)	-wa(竝列語尾)
wä-(나쁜)＜接頭辭＞	wen(나쁜)
cf. 왜-걸이, 왜-바람, 왜-틀다	
walp'ä(떠들석한 사람)	warapo(童子)

(38) p-, p'-, p'-＜Kor＞ ———————— ø-＜Ainu＞

例 pata(海)	atui(＜*patui. 海)
pʌri-(送別)	irura(＜*pirura. 送別)
pur-(增加)	uare(＜*puare. 增加)
p'udagü(突出部)	etuk(＜*petuk. 突出)
p'oksak(覆而無貌)	otek(＜*potek)-sak(貧)

(39) ø-, i-＜Kor＞ ———————— ni-＜Ainu＞

例 is(苔)	niruš(苔類)
isag(穗)	niške(木束)

kä-(疊)	niki(疊)
kɯri-me(影)	nikuri(影)
k'ɯrə-an-(抱)	nikoro(抱)
kwair(果實) *cf.* 과실(果實)＞과일?	nikaop(木實)

(40) p(b) ; m＜Kor＞ ———————— m ; p(b)＜Ainu＞

例	
p'ʌri(蠅)	moš(蠅)
pusɯsɯ/p'usisi(起於臥床貌)	mososo(起上)
sop'i/soma(小便)	osoma(大便)
*sʌbi(「泗沘」. 南)	sum(南)
s'eəb-(竈)＜咸南＞	čiomap(竈)
nɯp'(沼)	mem(＜*nem. 池)
....	
mur(水・河)	peča/peči(河)
um(芽)	ebui(芽)
kirɯm(脂・油)	kiripu(脂)
*t'am(圓頂丘) *cf.* 耽羅(*圓頂丘-地)	tap(圓頂丘)
nima(前額)	noiporo(前額)
cf. pana(塵)＞mana(id)＜Ainu＞	
makiri(小刀)＞pakiri(id)＜Ainu＞	
isam(無)＞sap(id)＜Ainu＞	

(41) -r-＜Kor＞ ———————— -š-＜Ainu＞

例	
kir(道)	ikuši-ru(路) *cf.* ru(道)
pyər(涯)	piš(濱), peš(崖)
t'ar(病)	tašum(病)
puburi(嘴)	papuš(脣)
p'ʌri(蠅)	moš(蠅)
cf. kyəši-(*圍・在家)	ekari(周圍)

(42) -r-＜Kor＞ ———————— -č-＜*-ti-＜Ainu＞

例	
pɯr(火)	fuči(＜*puči. 火)
mɯr(水・河)	peči(河)
kägori(蛙)	ketke-čep(蛙)
karʌ-(分岐)	hečimi(갈라진)

(43) -r(l)-, -ʒ-＜Kor＞ ———————— -r-/-s・š-＜Ainu＞

例	
ari-(痛)	araka(痛)
ari'-tab-(麗)	ara(麗)
kər-(交・繫)	ukoro(交・接)
s'ɯr-(磨)	eširu(id)

irɛ(驕態)　irara(장난)
-tʌr(複數助詞)　-utara(複數助詞)
tʌr-(懸)　u'tara(懸)
tirɯ-(衝)　ečiure(衝)
ora-(古・久)　ohoro(永永)
pʌrʌ-m(風)　opara(風)
kirɯm(脂・油)　kiripu(脂)
kuru-m(雲), hɯri-(曇)　kuri(雲)
kuri(人) *cf.* 멍텅-구리　kuru(人)
sar(惡鬼로 인한 急病・急死)　sarak(變死)
*syur(峯・高原)＜地名＞　širi(山・岸)
-č'yəro(처럼)　širi(-처럼)
-siri(模樣)/-sik(id)　široki(模樣)
č'ururuk(流滴貌)　čiriri(流滴貌)
t'ər-(使落) *cf.* 떠러디다　turuse(使落)
tor(溝)　torai(河幅)
paraji(上壁窓)　paraka(天井)
kər-(沃・濃)　haro(肥大)
kədər(破裂)　hotari(破裂)
mʌʒʌr(村)　moširi(國・世・陸)
məri(髮)　moru(髮)
t'aro-(隨)　yairarire(隨)
*or-(＞o-. 來)　roropa(入)
pʌlg-(明)　peker(明)
sɯl-hʌ-(厭)　širun(나쁜)
kɯlg-(搔)　ikere(搔)
pɯlg-(赤)　fure(＜*pure. 赤)
alp'(前)　erupši(前面)
olh-(可・正當)　orai(善良)
čɯʒ(貌)　šir(貌)
pʌʒe-(照・映)　heriat(照)
naʒ-(優・勝)　anare(優・勝)
tʌʒ-(愛)　tusare(은혜를 입히다)
kʌʒ-(邊)　hesaši(邊)
　cf. niʒ-(連)　ninu(＜*niru. 連)

(44) -r-＜Kor＞ ———————— -n-＜Ainu＞

例 nɯri-(延)　nini(延)
sənɯr(冷)　seunin(冷)
not'ori(老夫)　notonoho(酋長)
norä/ninano(歌)　neina(歌)
mɯrɯ-(爛)　munin(썩은)
tʌrʌna-(逃)　yainuina(逃)
　cf. kanan(貧)　heron(貧)

(45) -ø- <Kor> —————————— -r- <Ainu>

例	
kyən(在)<吏讀>	kenru(住居)
saü-(弱進)	saure(弱)
is(苔)	niruš(苔類)
t'ᴇ(<t'ä. 垢)	turu(垢)
hᴇ-(白)	šiyara(純粹한)
čɯč'ᴇ-(泄瀉)	oštari(泄瀉)
kwahʌ-(稱讚)	koerayap(感嘆하다)

(46) -m <Kor> —————————— -ø <Ainu>

例	
kuru-m(雲)	kuri(雲)
kayam(榛)	kene(榛)
pʌrʌ-m(風)	opara(風)
əgɯm-ni(牙齒)	ikui-nimak(牙齒)

(47) -k(g)-, -ŋ- <Kor> —————————— -y- <Ainu>

例	
pige(脂肪)	piye(脂肪)
nək'ɯn(裕足)	nuye-an(裕足)
karag(曲調)	kaye(<*karaye. 曲調)
*nəkɯr-(>nəhɯr-. 嚙)	niye(咬)
*solgos(>solos. 錐)	*solyep(>soyep. 錐)
*siŋgaŋi(<*sagaŋi. 다듬)<咸南>	sakayo(다듬)

(48) -ʒ --- -r/-š

例	
čɯʒ(貌)	šir(貌)
pʌʒe-(照・映)	heriat(照)
naʒ-(優・勝)	anare(優・勝)
mʌʒʌr(木材)	moširi(園)
pɯʒɪ-(불꽃 튀기다→斜根하다)	upuš(불꽃 튀기다)
tʌʒ-(愛)	tusare(容恕・使活)
kʌʒ(邊)	hešai(邊)

다음에는 比較가 可能할 것으로 보이는 語彙로 미루어서 본 아이누語의 音韻 現象의 特徵的인 것을 몇 개 들어 보인다.

(49) 同音省略(haplogy)

이런 現象은 韓國語에서 흔히 볼 수 있는 것인데, 아이누語도 마찬가지다.

例 čiji(汚物)<Kor. 乳兒語)—eči(汚)<Ainu>
p'ʌ'piri(多)<Kor>—opirika(多)<Ainu>
ka'ka'-(潔)<Kor>—a'kari(潔)<Ainu>
piwat'-(<*pibat'-. 吐)<Kor>—opat-tek(噴火)<Ainu> *cf.* opat-asse(설사)
käkab-(輕)<慶尙・咸鏡>—ehapi(輕蔑)<Ainu>
cf. kyət'(傍)<Kor>—hehote(傍)
*or-(>o-. 來)<Kor>—roropa(入)
*불긋불긋>울긋불긋, *졸망졸망>올망졸망, *살뜰살뜰>알뜰살뜰
*버근버근>어근버근, 공양미>고양미, 목욕>모욕, 평양>펴양

(50) [l] 아래의 [k(g)] 脫落現象

이런 現象은 韓國語에서 'ㄱ'默音化라고 불리는데, 아이누語에서도 볼 수 있다.

例 hʌlg(<*sʌlg. 土)<Kor>—oširi(地面)<Ainu>
kalgi-(毆打)<Kor>—kara(打)<Ainu>
malgot-malgot(燦燦)<Kor>—miru(燦燦)<Ainu>
kɯlg-(搔)<Kor>—ikire(搔)<Ainu>
pɯlg-(赤)<Kor>—fure(<*pure. 赤)<Ainu>
cf. ᄂᆞᆯ개(翼)>나래(id), ᄆᆞᆯ개(沙)>모래(id), *ᄌᆞᆯ괴다(侵)>ᄌᆞᆯ외다(id), ᄃᆞᆰ(鷄)>ᄃᆞᆯ(id) <慶尙>

(51) 破裂音에 先行하는 [l] 脫落現象

이런 現象은 韓國語에서 音節末에서 흔히 일어나는데, 아이누語는 語中에서도 일어난다.

例 polki(*下→臀)<Kor>—epoki(下方)・poki(陰門)<Ainu>
kɯlg-(搔)<Kor>—kiki(搔)<Ainu>
čilp'ən(平坦)<Kor>—očipep(滑)<Ainu>
salbi'tä(櫂)<Kor, 咸南>—a'sap(櫂)<Ainu>

sɯlh-(<*sɯlk-. 悲)<Kor> — šiok(悲)<Ainu>
cf. 돐(鷄)>닥(id), 볽다(明)>박다(id), 븕다(赤)>북다(id), 긁더니(搔)>극더니(id)…實際 發音

(52) [r(l)~k(g)]의 音韻倒置現象

이 現象은 韓國語가 알타이諸語의 影響으로 倒置시킨 것이 아닐까 한다.

例 *sulgü(>sul-ü, 車)<Kor> — šikarip(車輪)<Ainu>
pʌlg-(明)<Kor> — peker(明)<Ainu>

(53) 圓脣母音下의 [k(g)]의 [r]化의 未發達

이런 現象은 韓國語와 日本語에서 흔히 볼 수 있는데(*cf.* 姜吉云. 1980 "數詞의 發達 I"「忠南大 論文集」Ⅶ-1 p.21 및 "日本語의 系統論 小考" 忠南大「언어」 창간호 p.7), 아이누語는 發達이 안 되어 있다.

例 morʌ-(不知)<Kor> — muk(秘密한)<Ainu>
t'ʌr(根源)<Kor> — etok(根源)<Ainu>
oguri-(使凹)<Kor> — oheuge(曲)<Ainu>

(54) 圓脣母音 · 脣音에 先 · 後行하는 [n]의 [m]化

이런 現象은 韓國語와 아이누語에 共通으로 일어난다.

例 (ㄱ) nɯp'(沼)<Kor> — mem(池)<Ainu>
nun(眼)<Kor> — num(球)<Ainu>
cf. nišmu(寂)<Ainu> >mišmu(id)<Ainu>
nima(木皿)<Ainu> >mima(id)<Ainu>
anu(置)<Ainu> >ama(在)<Ainu>
nit-uš(가시 있는 곳)<Ainu> >mit-uš(id)<Ainu>
(ㄴ) miuk(愚拙)<Kor> — niukeš(拙劣)<Ainu>
kəm-(<*kum-<*kun-. 黑)<Kor> — kunne(黑(<Ainu>
č'ʌm(眞實)<Kor> — son(眞實)<Ainu>

(55) 語頭母音의 省略現象

例 (ㄱ) 아이누語 自體內에서 :

ekaye(曲調)<Ainu> — kaye(曲調)<Ainu>
esum(溺)<Ainu> — sum(溺)<Ainu>
eheu(曲)<Ainu> — heuge(曲)<Ainu>
*erusak(愚)<Ainu> — rusak(愚)<Ainu> *cf.* ərisək-(愚)<Kor>
mat-ekači(女兒)<Ainu> — matkači(女兒)<Ainu)
hekat(兒童)-utar(pl.)<Ainu> — hekattar(兒童들)<Ainu>

(ㄴ) ø-<Kor> — 母音<Ainu>: 例 : (2) · (4) · (8) · (12) · (15)의 여러 項 참조

旣述한 바와 같이, 韓國語는 그것과 對應되는 것으로 믿어지는 아이누語의 語頭母音을 대량으로 탈락시키고 있음을 발견하게 된다.

이런 現象은 韓國語와 日本語와의 比較에서도 발견되는 특징이다. 例를 들면 韓國語의 syo(牛) · mʌr(馬)이 日本語에서 usi(牛) · uma(馬)와 對應되는 것과 같다. 물론 이러한 語頭母音은 起源的인 것이 대부분이겠지만, 간혹 후세의 借用語에 添加된 것도 있을 것으로 생각되며, 日本語의 語頭母音은 상당수가 起源的이 아닌 것으로 믿어진다.

(56) [h]의 脫落現象

이런 現象은 韓國語와 아이누語에서 함께 일어난다.

例 (ㄱ) 아이누語 自體內에서 :

mat-hekači(女兒)>mat-ekači(id)<Ainu>
an-hurai(내가 씻다)>an-urai(id)<Ainu-樺太方言>
čikap-hetuku(새가 나오다)>čikap-etuku(id)<Ainu>
eihok(팔다)>eiok(id)<Ainu>
e-ihunar(거기서 찾다)>e-iunar(id)<Ainu>

(ㄴ) 韓國語 自體內에서 :

-tʌs-hʌtoda(如)>-tʌs-toda(id)<Kor>
mot-hʌgənʌl(不爲)>mot-kənʌl(id)<Kor>
hatik-hʌgo(下直)>hʌik-ko(id)<Kor>
kahi(犬)>kai>kä(id)<Kor>
kulhəŋ(巷)>kurəŋ(id)<Kor>
kɯlhɯda(解)>k'ɯrɯda(id)<Kor>
talhoda(取扱)>taroda>taruda(id)<Kor>
p'ahyəda(拔)>p'äda(id)<Kor>
paŋha(杵)>paŋa(id)<Kor>
pulhü(根)>purü>p'uri(id)<Kor>

(57) 語中의 口腔閉鎖音(č · j · k · t · p · n · m) 앞에 [n] 揷入現象

이런 現象은 韓國語와 아이누語에서만 非常하게 발달한 특수한 것이다.

例 (ㄱ) 韓國語에서 : -

aj-(坐)>anj-(id)<Kor>
yəj-(架)>ənj-(id)<Kor>
kač'i(鵲)>kanč'i(id)<Kor>
əč'i(牛衣)>ənč'i(id)<Kor>
kənir-(散策)>kənnir-(id)<Kor>
koč'i-(改)>konč'i-(id)<Kor>
kɯč'i-(止)>kɯnč'i-(id)<Kor>
yəč'i(鼇)>yənč'i(id)<Kor>
nəč'ur(蔓)>nənč'ur(id)<Kor>
tədi-(投)>tənji-(id)<Kor>
mʌni-(摩)>mʌnji-(id)<Kor>
ajik(未)>anjik(id)<Kor>
ije(今)>inje(id)<Kor>
hoʒa(獨自)>hoja>honja(id)<Kor>
kʌč'o-(藏)>kʌnč'o-(id)>kamč'u-(id)<Kor>
məj-(止)>*mənč'u-(id)>məmč'u-(id)<Kor>

(ㄴ) 아이누語에서 : -

kaji(楫)<Jap> >kanči(櫂)<Ainu>
koji(巾子)<Jap> >konči(冠의 一種)<Ainu>
afugi(扇)<Jap> >afunki(扇)<Ainu>
kogane(黃金)<Jap> >konkani(黃金)<Ainu>
*miduči(*龍→河童<東北方言>)<Jap> >mintuči(河童)<Ainu>
kocikai(使喚)<Jap> >kontukai(使喚)<Ainu>
*aduki(小豆)<Jap> >antuki(小豆)<Ainu>
kuji(公事)<Jap> >kunči(公事)<Ainu>
*podari(秀罇)<Jap> >puntari(酒器)<Ainu>
*puda(札)<Jap> >funta(>*punta, 札)<Ainu>
uma(馬)<Jap> >*unma>umma(馬)<Ainu>
*tuba(鍔)<Jap> >*tunpa>tumpa(鍔)<Ainu>
*tubo(壺・局)<Jap> >*tunpu>tumpu(室)<Ainu>
*puči(>fuči, 火)<Jap> >*hunči>unči(火)<Ainu>

이와 같이 語中의 口腔閉鎖音(č・j・k・t・p・n・m) 앞에 [n]을 挿入하는 現象은 알타이諸語나 日本語에서는 찾아보기 어려운 現象으로서, 韓國語와 아이누語에서는 普遍的으로 일어나는 특이한 音韻現象이며, 古代語나 方言에서 많이 발견되기 때문에 韓國語의 音韻體系가 아이누語의 그것과 같다는 確信을 갖게 하는 중요한 音韻現象이다.

(58) 複合語나 緊密한 結合의 句에서 先行語의 末音-[r・l]이 사잇소리[t] 앞에서 脫落 또는 黙音化하는 現象

例 (ㄱ) 아이누語에서 : -

kapar-tuki(薄-盃)>kapat-tuki(id)<Ainu>
rur- teksam(海-傍)>rut-teksam(id)<Ainu>
šir-tukari(山-바로 앞)>šit-tukari(id)<Ainu>
utur-ta(~의 사이)>utut-ta(id)<Ainu>
oar-tun patek(오직 두 사람뿐)>oat-tun patek(id)<Ainu>
yar-čitarpe(낡은 자루)>yat-čitarpe(id)<Ainu>
sar-ta arpa(sar<地名>에 갔다)>sat-ta arpa(id)<Ainu>
repunkur-tureš(他鄕의 누이)>repunkut-tureš(id)<Ainu>
mokor-tuikata(자고 있는 참에)>mokot-tuikata(id)<Ainu>

peker-čikap(白鳥)＞peket-čikap(id)＜Ainu＞
retar-čir(白鳥)＞retat-čir(id)＜Ainu＞
atui-rur-tom(海潮가운데)＞atui-rut-tom(id)＜Ainu＞

위와 같이, 複合語 내지는 緊密한 結合의 句에서 先行語의 末音 [r]이 內破音 [t]로 변하는 現象은 韓國語의 語末 'ㄹ'이 다음의 사잇소리(內破音 [t]) 때문에 탈락 또는 默音化하는 現象과 同質의 것으로 보인다. 왜냐하면 韓國語에서 사잇소리는 'ㅅ'으로 표기되기는 하지만 그 實際發音이 內破音 [t]로 소리나는데 그 것에 先行한 'ㄹ'([r] 또는 [l])이 脫落 또는 默音化하는 경우에 그 先行語의 末音을 文字로 표시하지 아니하는 습관이 있어서, 마치 末音[r]이 內破音 [t]로 직접 변한 것처럼 생각될 수 있기 때문이다. 바꾸어 말하면, -lt>t의 現象이 -r>-t의 變化로 誤認될 수 있다. 그런데 이런 현상은 그 환경이 그 後行語의 頭音이 k・t・p・n・m・č와 같은 口腔閉鎖音일 적에 자주 일어나며, 또한 이런 現象은 古語와 方言에서 흔히 발견된다.

(ㄴ) 韓國語에서 : -
čər-t-karag＞čət-karag(箸)＜Kor＞
sur-t-karag ＞sut-karag(匙)＜Kor＞ cf. 숟가락＜*숫가락
čər-t-kä＞čət-kä(寺浦)＜Kor. 安眠島 地名＞
hanʌr-t-t'ɯd＞hanʌt-t'ɯd(天意)＜杜詩重 十九17＞
kyəʒɯr-t-sək-tʌr＞kyə̆ʒɯt-sək-tʌr(冬三月)＜杜初 七31＞
p'ɯr-t-tyə＞p'ɯt-tyə(笳)＜杜初 二十四19＞
kyəʒɯr-t-muʒu＞kyəʒɯt-muʒu(冬菁)＜杜初 十六70＞
mɯr-t-kəkum＞mɯt-kəkum(水漿)＜三綱行實 不害＞
parʌr-t-mur＞parʌt-mur(海水)＜杜詩 二十15＞
umur-t-nyoŋ＞umut-nyoŋ(井龍)＜雙花店＞
mʌʒʌr-t-nᴇ＞mʌʒʌt-nᴇ(村煙)＜杜初 十五50＞
kʌmʌr-t-nyaŋ＞kʌmʌt-nyaŋ(旱陽)＜杜初 十五2＞
cf. or'pami(鶻)＞otpami(id)(id)＜朴通重 中35＞

그런데 아이누語나 韓國語에서 -rt(-lt)＞-t의 現象이 특히 n-을 頭音으로 하는 後行語 앞에서는 다시 [-rt+n-＞-r+n-＞-n+n-](鼻音同化)의 變化를 일으키는데, 아이누語에서는 表記上 사잇소리를 따로 표시하지 않기 때문에 마치 -r+n-(＞

-*t+n-)＞-n+n- 즉, 先行語의 末音 -r이 後行語의 頭音 n- 앞에서 -n으로 直接同化된 것처럼 보인다.

例 (ㄱ) 韓國語에서 : -

umur(井)-t(사잇소리)-nyoŋ(龍)＞umut-nyoŋ(우믓뇽)＞[umun-nyoŋ](雙花店)
mʌʒʌr(村)-t(사잇소리)-nɛ(煙)＞mʌʒʌt-nɛ(ᄆᆞᅀᆞᆺ내)＞[mʌʒʌn-nɛ]＜杜初 十五50＞
pɯr(火)-t(사잇소리)-naor(炷)＞pɯt-naor＞[pɯn-naor]＜字會 下35＞
kʌmʌr(旱)-t(사잇소리)-nyaŋ(陽)＞kʌmʌt-nyaŋ(ᄀᆞᄆᆞᆺ陽)＞[kʌmʌn-nyaŋ]＜杜初 十五2＞

(ㄴ) 아이누語에서 : -

kukor(나의) nišpa(主人)＞kukon nišpa(id)＜Ainu＞
kotan-kor(마을의) nišpa(主人)＞kotan-kon nišpa(酋長)＜Ainu＞
peker(밝은) nisat(朝)＞peken nisat(id)＜Ainu＞
šine(一)-ramu(心) kor-no(가지고)＞sine-ramu kon-no(id)＜Ainu＞
kapo(母) šir-ne(…와 같이)＞kapo šin-ne(id)＜Ainu＞

그리고 아이누語의 音韻變化現象으로 語末音 -r 다음에 r-을 語頭音으로 하는 말이 잇대이면 語末音 -r이 -n으로 바뀌는데, 이 現象도 [-r(語末音)+t(사잇소리)+r(語頭音)＞-t+r-(＞n-)＞-n+r-(＞n-)]의 音韻變化로 이해될 수 있을 것이다.

例 ar-ramasu(아주 아름다운)＞an-ramasu＜Ainu＞ *cf.* ar-iramasu＞ar+ramasu
ar-rur(한 편의 바다)＞an-rur＜Ainu＞ *cf.* ruru(바다)
akor-ruwesani(우리 洞口)＞akon-ruwesani＜Ainu＞
rir-rui(물결이 甚함, 甚한 물결)＞rin-rui ＜Ainu＞
kor rametok(그가 가진 勇氣)＞kon rametok＜Ainu＞

이런 現象도 旣述한 [rt+n＞-t+n-＞-n+n-]의 音韻變化에 준하는 現象이라고 할 수 있다.

이상에서 보인 音韻變化는 語末音 -r이 사잇소리 앞에서 脫落하는 現象이라고 요약해서 말할 수 있을 것이며, 韓國語와 아이누語에서 普遍的으로 일어나던 現象임을 알 수 있다.

(59) V~i 〈 Kor 〉――――――――V~V 〈 Ainu 〉

한 單語 속에 같은 母音이 거듭 나타날 때 그 하나를 i 로 바꾸는 現象은 韓國語와 日本語에서 흔히 일어나는 것으로서 아이누語에서는 發達이 안되었다.

	<Kor>	<Ainu>
例	akis'i(少女)	akac'i(少女)
	ari-(麗) *cf.* 아릿답-	ara(麗)
	ari-(痛)	araka(痛)
	kalgi-(毆打)	kara(<*kalga. 打)
	*paragi(>paraji. 上壁窓)	paraka(天井)
	abi(父)	aba(親戚)
	not'ori(老夫)	notonoho(酋長)
	kuri(人) *cf.* 멍텅-구리	kuru(人)
	*mori(<moro. 山)	*mori(<moro. 小山)
	cf. igur-(歪)	ikiru(顚)
	kirɯm(脂)	kiripu(脂)

(60) 아이누語의 母音體系의 再構

아이누語의 母音은 a・e・o・u・i의 5音體系로 되어 있으나, 韓國語와의 비교 결과로 미루어서 起源的으로는 6母音體系였던 것으로 推定된다. 즉 a・e・o・u・*ï・i의 基本母音體系를 가진 말이었던 것으로 믿어진다. 그렇게 생각하는 까닭은 아이누語의 i 에 대하여 韓國語의 '이'와 '으'가 주로 對應되기 때문이다. 第 1 音節에 있어서의 아이누語 語彙와 韓國語 語彙의 對應母音의 頻度表를 보이면 다음과 같다(數字는 頻度數임).

(A表) i^{55}<Ainu>∞이^{19}・으^{12}・어^{7}・우^{6}・여^{3}・ᄋᆞ^{3}・위^{2}・ᄋᆡ^{2}・애^{1}<Kor>
a^{46}<Aniu>∞아^{23}・ᄋᆞ^{8}・어^{8}・여^{4}・ᄋᆡ^{2}・애^{1}<Kor>
o^{42}<Aniu>∞오^{16}・우^{9}・ᄋᆞ^{6}・어^{6}・으^{4}・외^{1}<Kor>
e^{32}<Aniu>∞어^{7}・에^{5}・으^{4}・ᄋᆞ^{4}・오^{4}・이^{3}・애^{3}・아^{2}<Kor>
u^{33}<Aniu>∞우^{11}・오^{9}・어^{5}・으^{5}・ᄋᆞ^{3}<Kor>

(B表) ᄋᆞ^{27}<Kor>∞a^{8}・o^{8}・e^{4}・i^{4}・u^{3}<Ainu>
으^{25}<Kor>∞i^{12}・u^{5}・e^{4}・o^{4}<Ainu>
이^{22}<Kor>∞i^{19}・e^{3}<Ainu>

오^{29}<Kor>∞o^{16} · u^{9} · e^{4}<Ainu>
우^{26}<Kor>∞u^{11} · o^{9} · i^{6}<Ainu>
아^{25}<Kor>∞a^{23} · e^{2}<Ainu>
어^{33}<Kor>∞a^{8} · i^{7}(←*ï) · e^{7} · o^{6} · u^{5}<Ainu>
ᄋᆞ^{8}<Kor>∞ui^{2} · oi^{2} · a^{2} · i^{2}<Ainu>
의<Kor>∞——<Ainu>
애^{9}<Kor>∞ai^{4} · e^{3} · a^{1} · i^{1}<Ainu>
에^{5}<Kor>∞e^{5}<Ainu>
외^{4}<Kor>∞oi^{2} · oe^{1} · o^{1}<Ainu>
위^{5}<Kor>∞i^{2} · oi^{1} · ue^{1} · u^{1}<Ainu>
와^{3}<Kor>∞wa^{1}(wea) · oe^{1} · oi^{1}<Ainu>
여^{11}<Kor>∞a^{4} · i^{3} · o^{3} · ai^{1}<Ainu>

그런데 위 表에서 기이하게 [i∞어]의 對應語彙가 7개나 나타난 것은 i<Ainu>가 起源的으로 i 와 *ï가 統合된 音韻이기 때문에 [i∞어]의 對應은 實質的으로 [*ï∞어]의 對應에 해당한다. 그리고 韓國語에서 '어'의 長音은 '으'처럼 들리는 現象이 있으므로 아이누語의 i^{55}는 실질적으로 韓國語의 「이^{19} · 으^{12} · 어^{7} · 우^{6} · 여^{3} · ᄋᆞ^{3} · 위^{2} · ᄋᆡ^{2} · 애^{1}」와 對應하는 것으로 看做될 수 있다. 그러므로 아이누語의 i 는 韓國語의 '이'와 '으'에 동등하게 對應된다고 생각하기 때문에 i<Ainu>는 起源的인 *i와 *ï의 統合된 音素라고 推定한 것이다. 이에 따라서 위 A表를 6母音體系로 再整理하여 보이면 다음과 같이 될 것이다.

(A表^{2}) ï^{28}<Ainu>∞으^{12} · 어^{7} · 우^{6} · ᄋᆞ^{3}<Kor>
i^{27}<Ainu>∞이^{19} · 여^{3} · 위^{2} · ᄋᆡ^{2} · 애^{1}<Kor>
a^{46}<Aniu>∞아^{23} · ᄋᆞ^{8} · 어^{8} · 여^{4} · ᄋᆡ^{2} · 애^{1}<Kor>
e^{32}<Aniu>∞어^{7} · 에^{5} · 으^{4} · ᄋᆞ^{4} · 오^{4} · 이^{3} · 애^{3} · 아^{2}<Kor>
o^{42}<Aniu>∞오^{16} · 우^{9} · ᄋᆞ^{6} · 어^{6} · 으^{4} · 외^{1}<Kor>
u^{33}<Aniu>∞우^{11} · 오^{9} · 어^{5} · 으^{5} · ᄋᆞ^{3}<Kor>

한편, 韓國語의 母音 'ᄋᆞ'의 音價는 韓國語學者들의 견해에 따르면 '아오'의 間音 또는 '아오어'의 間音이라고 하는데(*cf.* 알타이諸語의 a · o와도 對應됨), B表에 따르면 'ᄋᆞ'는 아이누語의 a · o · e · i(<*ï)와 주로 對應되며, 여기서 e<Ainu>는 '어 · 애'와 주로 對應되므로 그 音價를 [ɜ](e와 ə의 間音)로 본다면

‘ᄋᆞ’<Kor>는 ‘a · o · ɜ’(또는 ə)<Ainu>와 對應된다. 다시 말하면 [‘ᄋᆞ’<Kor>=‘아 · 오 · (어)’의 間音<Kor>=a · o · ɜ(또는 ə)의 間音<Ainu>]의 等式을 얻게 되며, 이 等式으로 미루어서 ‘ᄋᆞ’는 起源的인 母音이 아닌 것이 확실하며, ‘아 · 오’에서 後世에 派生된 母音임을 알 수 있다.

이 等式에서 아이누語의 ‘a’와 韓國語의 ‘아’, 아이누語의 ‘o’와 韓國語의 ‘오’가 對應될 뿐만 아니라, A표에서 a<Ainu>가 주로 ‘아’에, o<Ainu>가 주로 ‘오’에 對應되는 사실로 미루어서 a<Ainu>와 ‘아’, o<Ainu>와 ‘오’의 音價(또는 發音位置)가 거의 같다는 사실도 판명된다.

또한 o<Ainu>에 주로 ‘오^{16} · 우^{9}’가 對應되는 반면에, ‘오’에 주로 ‘o^{16} · u^{9}’<Ainu>가 對應되고, u<Ainu>에 주로 ‘우^{11} · 오^{9}’가 對應되는 반면에 ‘우’에 주로 ‘u^{11} · o^{9}’가 對應되는 사실로 미루어서 o<Ainu>와 ‘오’, u<Ainu>와 ‘우’의 音價(또는 發音位置)가 거의 같다는 사실도 판명된다. 즉 u<Ainu>나 ‘우’의 위치가 o<Ainu>나 ‘오’의 位置에 매우 근접해 있음도 알 수 있다.

다음에 「ㅣ相隨合用中聲」이라고 불려지는 ‘ᄋᆡ · 의 · 애 · 에 · 외 · 위’를 第1音節에 가진 語彙와 對應되는 아이누語의 例가 적기 때문에 단정적으로 말하기는 어려우나 ‘에’∞e<Ainu>를 제외하고는 이들이 起源的으로 重母音이었을 蓋然性이 크며 그것이 나중에 알타이諸語의 影響으로 單母音化한 것으로 믿어진다.

위에서도 言及한 바와 같이 ‘에’는 ‘어’와 더불어 e<Ainu>와 對應된다.

이상에서 考察한 바를 요약해 말하면 韓國語와 아이누語의 基本母音體系는 각각 起源的으로 ‘a · ɜ · o · u · ï · i’의 6母音體系인 것으로 推定된다. 또한 對應하는 각 母音의 音價는 거의 같은 것으로 믿어진다. 득 a<Ainu>=‘아’, e<Ainu>=‘어(에)’, o<Ainu>=‘오’, u<Ainu>=‘우’, *ï<Ainu>=‘으’, i<Ainu>=‘이’인 것으로 생각된다. 이 體系는 또한 길약語와도 같다.

(61) 韓國語와 아이누語의 **共通母音 梯形圖**

위에서 推定한 6母音의 基本體系를 母音對應의 頻度表인 A^{2}表와 B表에 의거

하여 母音別로 圖示하여 보이면 다음과 같이 될 것이다.

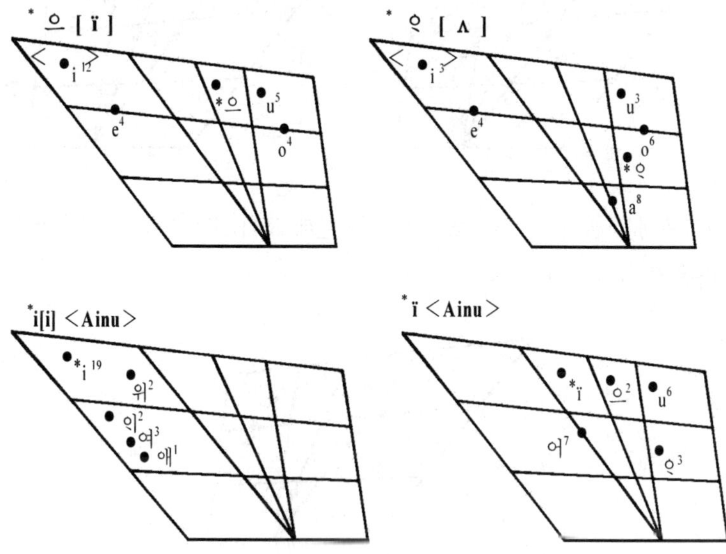

(註) '여'의 位置는 重音의 中間點으로 표시함.

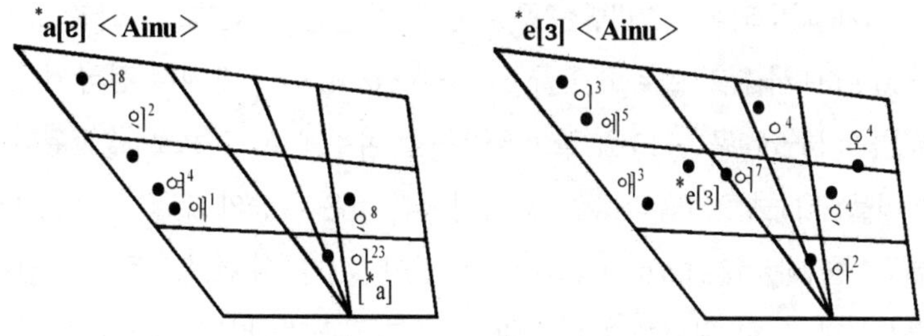

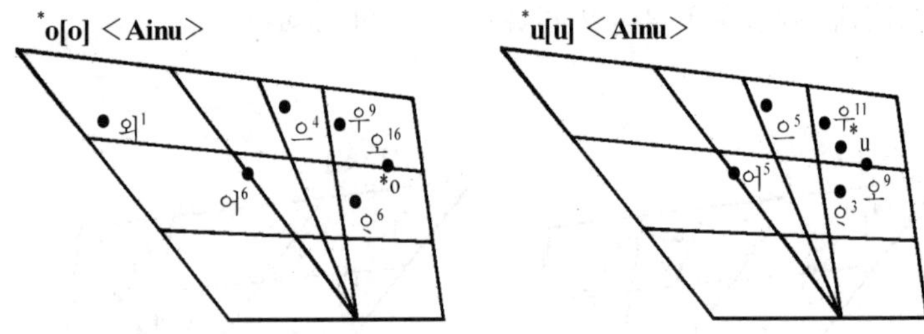

위에서 個別母音의 위치를 推定한 바를 한데 모아 基本母音體系인 6母音體系圖를 다음에 제시한다.

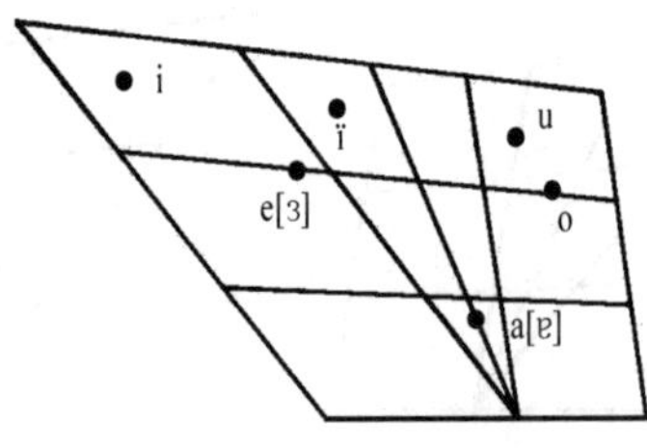

[韓 · 아이누語 共通母音推定圖]

이것이 再構된 韓國語와 아이누語의 共通母音體系의 梯形圖인데, 여기서 아이누語는 a[ɐ] · e[ɜ] · o · u · ï · i에서 ï가 i에 統合되어서 現代語는 5母音體系로 변하고, 韓國語에서는 a[ɐ]의 高舌化한 變異音과 o의 圓脣性이 弛緩된 變異音에서 ʌ(ᄋᆞ)가 派生되어서 7母音體系로 변하는 한편, 下向式二重母音 ai · ei · oi · ui · ʌi · ïi에서 縮約으로 單母音 ä · e · ö · ü · ᴇ · ɪ가 생겨나 결국 十五世紀의 韓國語의 母音體系는 13個 單母音體系를 이루게 된 것으로 推定된다.

물론 이들 下向式重母音의 縮約을 촉진시킨 것은 나중의 流入民의 言語인 알타이諸語의 音韻體系(a ï o u · e i ö ü)와 다량의 文化語의 流入으로 말미암은 것으로 짐작된다. 또한 길약語의 樺太西部海岸方言과 黑龍江方言에서는 몇몇 語彙에 ö · ü가 나타나는데(이것은 Tïmï方言 — 樺太西部海岸方言에서는 e/o · ï/i로 나타남), 이 길약語의 音韻體系로 미루어서 自生的 變化일 가능성도 없지 않다.

(62) 母音調和 問題

本是 韓國語와 아이누語에는 母音調和가 없으나, 15世紀의 韓國語가 13個 單母音體系로 變質되면서 高舌母音과 低舌母音의 對立의 形態로 나타나는데, 이것은 韓國語 · 길약語 · 아이누語의 共通母音體系인 a[ɐ] · e[ɜ] · o · u · ï · i의 6母音 중에서 a[ɐ] · o의 變異音에서 ʌ(ᄋᆞ)가 派生되고 ï · e[ɜ]가 後退하여 ɯ · ə(어)로 變質되면서(그 原因은 /ai/ɜi/oi/ʌi/ïi/의 縮約으로 前舌母音-/ä/e/ö/ü/ᴇ/ɪ/가 새로 생겨나면서 ï와 ɪ(의) 및 ɜ와 ᴇ(ᄋᆡ)의 간격이 너무 좁아져서 통합의 염려가 생겨 그것을 보존하려는 노력으로 ï와 ɜ가 後退하여 ɯ와 ə로 變質함) a[ɐ] · ʌ · o 對 ə · ï · u의 高舌 · 低舌母音의 對立을 보이는 母音調和體系가 생겨난 것으로서 여기서는 ʌ(ᄋᆞ)의 派生과 ï>ɯ(으), ɜ>ə(어)의 變質이 原因이 되고, 여기에 알타이諸語, 특히 蒙古語의 Briat 方言(高句麗支配層語와 同系)의 影響(高舌 · 低舌母音의 對立)이 緣이 되어서 15世紀 韓國語의 母音調和가 완성된 것으로 推定된다. 이것을 圖示하면 다음과 같다.

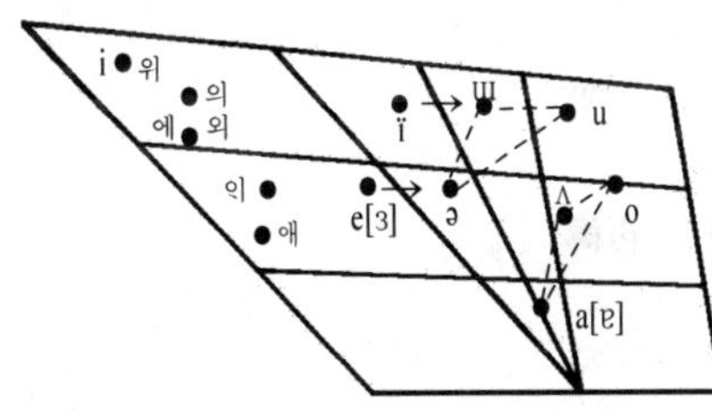

陽性母音 : ɐ(아) · ʌ(ᄋᆞ) · o(오)
陰性母音 : ə(어) · ɯ(으) · u(우)
中性母音 : i(이)
cf. 現代標準語의 '어'는 單母音이 [ɔ]이고 長母音이 [əː]라고 한다. 또 '으'는 後舌的인 母音으로서 [ɯ]이다.

15세기 韓國語母音推定圖

(63) 韓國語와 아이누語의 子音體系의 對應

(가) 語頭子音의 對應[*cf.* (25)~(48)]

<Kor> ———————————— <Ainu>
k-/k'-/kʻ- ———————————— k–
p-/p'-/pʻ/m- ———————————— p-/m-
t-/t'-/tʻ- ———————————— t-
n- ———————————— n-

n- ———————————— r-
m- ———————————— m-
k-/h-/p-/s- ———————————— h-(f-)
s-/s'-/č-/č'-/č'/c-/h- ———————————— s-/š-
č-/c-/č'-/c'-/s- ———————————— č-/c-
y-/t- ———————————— y-
w- ———————————— w-
i-/ø- ———————————— ni-

(나) 語頭 이외의 子音의 對應[*cf.* (25)~(47)]

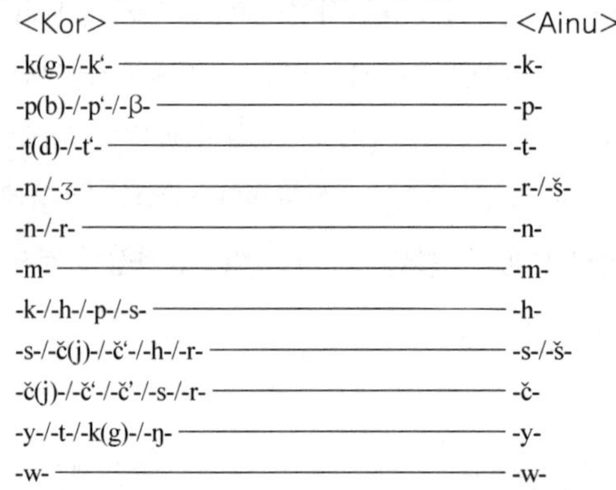

<Kor> ———————————— <Ainu>
-k(g)-/-k'- ———————————— -k-
-p(b)-/-p'-/-β- ———————————— -p-
-t(d)-/-t'- ———————————— -t-
-n-/-ʒ- ———————————— -r-/-š-
-n-/-r- ———————————— -n-
-m- ———————————— -m-
-k-/-h-/-p-/-s- ———————————— -h-
-s-/-č(j)-/-č'-/-h-/-r- ———————————— -s-/-š-
-č(j)-/-č'-/-č'-/-s-/-r- ———————————— -č-
-y-/-t-/-k(g)-/-ŋ- ———————————— -y-
-w- ———————————— -w-

(64) 韓國語와 아이누**語**의 **共通 子音體系**의 **再構**

破裂音 /k/ · /t/ · /p/
破擦音 /c/
摩擦音 /s/ · /h(x)/ · /w/ · /y/ · (/β/)
流 音 /r/
鼻 音 /n/ · /m/ · /ŋ/

(가) 現代韓國語의 激音 · 硬音은 後世의 발달인 것으로 추정된다. 그리고 破裂音 k · t · p가 有聲音間에서 g · d · b로 發音되고, 破裂音 č[ʧ]가 [ʦ]로 발음되는 일이 있으나, 音韻으로써 辨別的 機能이 다르지 않기 때문에, [k] · [g]는 /k/로, [t] · [d]는 /t/로, [p] · [b]는 /p/로, [ʧ] · [ʦ] · [ʤ] · [dz]는 /č/로 音素를 삼았다.

(나) 流音은 [r]과 [l]의 間音처럼 發音되는데, 편의상 /r/로 표시하되 이것은

彈舌音-[ɾ]와 舌側音-[l]의 表記이다.

(다) 아이누語에서는 硬音・激音이 平音의 變異音으로 보인다.

(라) 韓國語의 ʒ(△)는 r의 摩擦的 調音에서의 發達形인 것으로 推定된다.

(마) 音節末의 k・t・p는 兩語 함께 內破音(implosive)으로 난다.

(바) ŋ이 語頭에 서지 못한다. 다만 아이누語에서는 ŋ이 語末에서 音韻으로서 存在하지는 않으나, /-nk-/는 그 實際發音은 [-ŋk-]로 소리나며, 起源的인 /-ŋ-/이 주로 -n-・-y-로 변해 버린 것으로 믿어진다.

(사) 破擦音 /č/는 李朝語에서 口蓋音化하지 않은 c[ʦ]로 소리났다. 이것을 뒷받침하는 것은 'ㅈ・ㅊ'를 北韓地方에서 [ʦ]・[ʦ']로, 南韓地方에서는 [ʧ]・[ʧ']로 발음되고, 아이누語의 /č/가 [ʧ']・[ʧ]・[ʤ]・[ʦ]・[dz]의 여러 變異音으로 소리난다.

(아) 아이누語의 표기에 s・š가 구별되어 있으나 š는 si의 變化에 의한 變異音일 뿐이며, 이와 마찬가지로 韓國語에 있어서도 '시[ši]'의 s는 [š]이다. 또 아이누語의 樺太方言에서는 語末 š가 -x([x]・[ç])로 發音되는데 이것은 韓國語에서 '힘'이 '심'으로, '형'이 '셩'으로 소리나는 것과 유사하다.

(자) 兩語 함께 語頭子音群과 語末子音群을 實際發音上 회피한다.

(차) 脣輕音 β(ㅸ)과 對應될 만한 것으로는 käkab-(輕)<慶尙・咸鏡>∞ehapi (<*kehapi. 輕蔑)<Ainu>의 한 單語밖에 찾지 못해서 斷言하기는 어려우나 'ㅸ'은 起源的인 p 또는 ɸ의 發達形으로 보인다.

이제까지[(1)~(64)項]考察해 온 바를 요약해 보면, 韓國語의 音韻體系는 알타이 祖語의 音韻體系와 상당히 다른 점을 가지고 있는 데 대하여, 아이누語와 길약語(後述)의 音韻體系와도 꼭같고, 또한 個別音素도 각각 그 音價가 같은 것으로 推定된다.

韓・아이누共通母音體系
古代韓國語母音體系 : *ɐ *ɜ *o *u *ï *i　　< ・
아이누語 母音體系 : ɐ ɜ o u ï i ʌ(ɐ o)
: ɐ ɜ o u i i

韓·아이누共通母音體系 : *k *t *p *c *s *h *w *y *r *n *m *w *ŋ
古代韓國語母音體系 : k t -p /β c s *h w y r/ʒ n m w ŋ
아 이 누 語 母音體系 : k t p c/s s h w y r n m n/y

그러나 再構된 알타이 共通語의 音韻體系는 이와 엄청나게 다르다[N. Poppe 나 G.J. Ramsted의 諸論文 참조].

알타이 共通語의 母音體系 : a(ā) o(ō) u(ū) ï(ï̄) ə(ə̄) ü(ǖ) i(ī)
알타이 共通語의 子音體系 : k(g) t(d) p(d) c(j) s y n m ŋ l^1 l^2 r^1 r^2

즉 母音體系에 있어서는 알타이 共通語가 8母音(長音까지 합하면 16母音)인 데 대하여, 韓國·아이누 共通語는 ö·ü가 없는 6母音이고, 子音體系에 있어서는 알타이 共通語가 13(또는 17)개 子音이며, w·h가 없고 有聲破裂音- g·d·b·j가 있다고도 하며 流音에 l^1·l^2·r^1·r^2의 4種이 잇는데 대하여, 韓國·아이누 共通語는 12개 子音이며, w·h가 있고 有聲破裂音- g·d·b·j가 音韻으로 存在하지 않으며, 流音에 彈舌音 [ɾ]와 이의 變異音 [l]이 있으나 音韻으로서는 1種밖에 認定되지 않는다. 따라서 韓國語의 音韻體系는 결코 알타이 諸語的인 것이 아니고, 아니누語·길약語的(前述)인 것임에 틀림이 없다.

이렇게 볼 때 韓國語의 高舌母音 대 低舌母音의 母音調和體系의 수수께끼도 저절로 풀린다[*cf.* (62)]. 구태여 알타이諸語의 前舌母音 對 後舌母音의 調和體系에 迎合하는 a(아)·ɔ(ᄋᆞ)·u(오) 對 ä(어)·ɔ̈(으)·ü(우)의 古代母音調和를 조작해 내지 않아도 될 것이다. 이런 조작은 결과적으로 'ᄋᆞ'는 ɔ>ʌ(張脣音化)로, '으'는 ö>ɯ(張脣音化·高舌音化)로, '우'는 ü>u(後舌音化)로, '어'는 ɜ>ə(高舌音化·中舌音化)로, '오'는 u>o(低舌音化)로 變遷한 것이 되는데, 音韻體系는 高舌音化傾向이라든지 張脣化(非圓脣母音化)傾向이라든지 일정한 傾向을 가지고 自生的 變化를 하는 法이므로 위에서처럼 高舌音化와 低舌音化가 동시에 進行됐다는 推定은 矛盾이고, 後舌圓脣母音이 前進하면서 張脣音化하는가 하면 前舌母音의 後退가 동시에 進行된 것으로 推定한 것은 現代國語의 圓脣母音의 存

在를 설명할 방도가 없게 만든다. 여하튼 종래의 古代母音體系에 대한 假說은 부질없는 수고임을 알 수 있다.

요컨대 韓國語의 音韻體系는 아이누語나 길약語의 그것과 起源을 같이하며, 알타이 共通語의 音韻體系와는 판이하게 다르다.

2. 文法의 比較

다음에서부터 아이누語와 韓國語의 文法을 比較한다.[3)]

(1) 名詞의 所屬形接尾辭 -hi 〈 Ainu 〉 ∞ '-ㅎ'(-h) 曲用接尾辭 〈 Kor 〉 ……*-hi (所屬形)

아이누語의 名詞는 抽象形과 具體形의 2개 形態로 大別되는데, 실제로 '손'(手)을 말할 때 그것이 반드시 누구의 손이거나 무엇의 손일 것이며 이런 경우에 쓰이는 形態를 具體形 또는 所屬形이라고 불러 두며 이 때 抽象形인 原形에 -hV가 附加된다. 예를 들어 所屬形은 ku-teke-he(我手)・e-teke-he(汝手)・teke-he(彼手)이다. 그 原形은 tek(手)이고, 所屬形은 ku-aki-hi(我弟)・e-aki-hi(汝弟)・aki-hi(彼弟)이며 그 原形은 aki(弟)이다. 또 所屬形은 ku-po-ho(我子)・e-po-ho(汝子)・po-ho(彼子)이며 그 原形은 po(子)이다(*cf.* 金. pp.31~38).

이와 같이 原形이 母音으로 끝나면 -hV을 접미사로서 添加하여 所屬形을 만들되 -hV의 V는 語末母音을 중복한다. 또 原形이 子音으로 끝나면 -VhV를 接尾辭로서 添加하되 -VhV의 V는 i나 e를 중복한다. 또한 原形末音이 重母音으로 끝날 때에는 -ehe를 添加하여 所屬形을 만든다(例. 原形-hau'聲'・atui'海', 所屬形-haw-ehe'聲'・atuy-ehe'海').

그런데 이런 所屬形接尾辭와 對應될 것으로 생각되는 形態素가 韓國語에서 'ㅎ'末音名詞라고도 하고 'ㅎ'曲用名詞라고도 하는 일련의 名詞에 添加되는 '-

---

3) 本稿의 아이누語 例文은 金田一京助著, 「虎杖丸の曲」 1944(略稱 '金' 또는 '金田一1994') 의 卷項에 있는 'アイヌユーカラ語法摘要'에서 取擇하였음.

ㅎ'이 아닐까 한다. 이런 名詞가 80여 개가 殘存하는데, 이런 단어들이 언제나 'ㅎ'이 添加되어 쓰이는 것도 아니고 語源的으로 -h을 가졌던 것으로 믿어지는 것도 더러 있지만 '노'(艪) · '쇼'(褥) · '샹'(常) 등에 '-ㅎ'이 잇대인 예가 있어서 語源的으로 -h를 가졌던 名詞라고 단정하는 것은 너무 무모하며, 그렇다고 'ㅎ'으로 시작되는 曲用接尾辭라고 하자니 알타이諸語에 이것과 對應될 만한 形態素들이 없어서 그 正體를 究明하지 못한 채로 있다.

먼저 'ㅎ'이 첨가되는 名詞들을 列擧하여 보인다.

例 나조(夕) · 내(川) · 하ᄂᆞᆯ(天) · 바다(海) · 고(鼻) · 갈(刀) · ᄂᆞᆯ(刃) · ᄃᆞᆯ(月) · 소(淵) · 암(雌) · 수(雄) · ᄯᅡ(地) · ᄀᆞᅀᆞᆯ(秋) · 겨슬(冬) · 돌(石) · 나라(國) · ᄆᆞᅀᆞᆯ(村) · 뫼(山) · ᄆᆡ(野) · ᄒᆞ나(一) · 둘(二) · 세(三) · 네(四) · 열(十) · 스믈(二十) · 자(尺) · 여러(諸) · 시내(澗) · 터(基) · 울(籬) · ᄉᆞᆯ(肌) · 드르(野) · -ᄃᆞᆯ(複數助詞) · ᄠᅳᆯ(庭) · ᄇᆞᆯ(臂) · 서울(京) · 긴(緩) · ᄀᆞᄂᆞᆯ(陰) · ᄀᆞ올(邑) · ᄉᆞ굴(鄕) · 길(路) · 우(上) · 안(內) · 나(年齡) · 조(栗) · 움(窟) · 그루(株) · ᄂᆞ몰(蔬) · ᄂᆞᆯ(經) · 노(繩) · 니마(額) · 님자(主) · ᄯᅩᆯ(根源) · 촐(源) · 뎌(笛) · 뒤안(園) · 드르(笠簷) · 마(薯) · 말(橛) · 모(隅) · 밀(麥) · ᄇᆡᄉᆞᆯ(內臟) · 별(涯 · 崖) · 보(棟) · 언(堤) · 소(範) · 소(枕內藏物) · 쇼(俗人) · 수(藪) · ᄯᅳᆺ돌(礪) · 알(卵) · 열(麻) · 닢(葉) · 노(艫) · 샹(常) · 쇼(褥) · 날(「日尸 恨」曰, 보개회향가) 등

위의 77개의 語彙 중에서 아이누語와 對應될 것이 豫想되는 것은 다음같이 21개가 보인다. 이들의 對應比率은 27% 强이나, 原始生活을 하는 데 필수적인 基礎語彙만을 비교하면 50% 이상의 對應比率을 보여 준다.

例 안(內)—an-i(住居) · onna(內部), ᄆᆡ(野)—moi(平野), ᄆᆞᅀᆞᆯ(村)—moširi(國 · 世), 터(基) · ᄯᅩᆯ(根源)—etok(本源), 길(路)—kiroru(大路), ᄯᅡ(地)—yači(<*dači(泥) · toi(地), 뫼<*모리(山)—mori(小山), 내(川)—nai(川), 시내(澗)—šnai(本流) · činna(溝), 별(涯)—piš(濱) · peš(厓), 소(淵)—so(瀧), 바다(海)—atui<*patui(海), 니마(前額)—noiporo(前額) *cf.* nima(前額)<Samoyed>, 하ᄂᆞᆯ(天)—kando(天), 뎌(笛)—top(竹), ᄒᆞ나(一)—šine<*sene(一), 두(二)—tu(二), 네(四)—ine(四), -ᄃᆞᆯ(複數助詞)—-utara(複數助詞), · 닢(葉)—epui(싹) · ni-ham(나뭇잎)

그리고 아이누語의 原形은 複合語의 先行語末이나 所屬이 없이 단독으로 쓰일 때에는 接尾辭 -hV 또는 -VhV를 添加하지 않는 데 대하여 韓國語의 名詞下에

개입하는 '-ㅎ'도 複合語의 先行語末에서 '수'(雄)・'암'(雌)을 제외하고는 모두 개입하는 일이 없고 단독으로 쓰일 때에도 마찬가지다(例. ᄯᅡ '地', ᄒᆞᄂᆞᆳ 쁟 '天意' 등). 따라서 韓國語의 名詞末에 개입하는 '-ㅎ'과 아이누語의 名詞末에 添加되는 -hV/-VhV는 꼭 같은 기능을 가진 形態素임이 분명하다. 그뿐만 아니라 아이누語의 -hV/-VhV의 V(母音)는 주로 i 이고 다음에 e 차례로 많이 쓰인다. 한편 韓國語의 名詞下에 添加되는 接尾辭 '-ㅣ/-이'도 그것을 종래에 主格助詞라고 일러 왔으나, 筆者의 "國語系統論散考"(1981)나 뒤의 (2)項에서 그것이 主格助詞가 아니고 名詞의 語幹末音下에 添加되어도 調音素로서 역할을 할 뿐 아무런 文法的・意味的 機能을 가지고 있지 않다는 사실이 밝혀졌다.

따라서 아이누語의 名詞下에 添加되는 所屬形接尾辭 -hV/-VhV의 普遍的인 形態素 -hi/-he와 韓國語의 名詞下에 添加되는 機能未詳의 '-ㅎ-/-히'는 起源的으로 동일한 形態素라고 보아도 무방할 것이며, 이들의 共通基語는 *-hi로 再構될 것으로 推定된다.

다음에 '-ㅎ-'이나 '-히'가 名詞 '안'(內) 아래에 添加된 例文을 참고로 조금 列擧하여 보인다.

例 안콰 밧기 貴賤이 다ᄅᆞ니(中外貴賤殊)<杜初 八5>
안ᄒᆞ로 붓그료ᄃᆡ(內愧)<杜初 廿二50>
忠州ᄂᆞᆫ 세 峽ㅅ 안히니(忠州三峽內)<杜初 七10>
안히 ᄃᆞ외오<圓覺 上二之二121>
집앉 사ᄅᆞ몰 다 眷屬이라 ᄒᆞᄂᆞ니라<釋詳 六5>
合掌ᄒᆞ야 안 ᄆᆞᅀᆞ므로 世尊ㅅ 바래 禮數ᄒᆞ더시니<月釋 十9>
內 안 ᄂᆡ<字會 下34>

(2) 名詞下의 所屬形接尾辭 -i 〈 Ainu 〉 ∞ 名詞下의 接尾辭 〈 Kor 〉 -'-이(-i)/-l(딴이)'……*-i(所屬形 또는 體言下介入母音)

위에서 아이누語 名詞下의 所屬形接尾辭를 -hV・-VhV라고 하였으나 그밖에 i 가 口語體로서 아주 널리 쓰이고 있다(*cf.* 金. pp.31~38).

<原形(무엇)>	<所屬形(某의 무엇)>	
例 aki(弟)	aki,	akihi
čep(魚)	čepi,	čepihi
čip(舟)	čipi,	čipihi
otop(髮)	otopi,	otopihi
tupep(緖)	tupepi,	tupepihi
itak(魚)	itaki,	itakihi
šik(目)	šiki,	šikihi
emuš(刀)	emuši,	emušihi
tureš(妹)	tureši,	turešihi
num(球)	numi,	numihi
kem(血)	kemi,	kemihi
tum(力)	tumi,	tumihi
hon(腹)	honi,	honihi
kotan(村)	kotani,	kotanihi
nan(顔)	nani,	nanihi
utar(輩)	utari,	utarihi
ikir(系·列)	ikiri,	ikirihi
čikir(脚)	čikiri,	čikirihi
not(顎)	*noti,	*notihi > noči, nočihi
ramat(魂)	*ramati,	*ramatihi > ramači, ramačihi

그런데 韓國語 名詞下의 接尾辭 '-이/-ㅣ'를 종래에 主格助詞라고 通稱하여 왔지만 그것은 主格에만 붙는 것이 아니고 補格·屬格(所有格)·對格(目的格)·處格·在格·比較格에도 붙였으며, 媒介母音내지 體言標識로 쓰이었다.

禮 主 格 下 : 海東六龍이 ᄂᆞᄅᆞ샤<龍歌 1장>
우리 始祖ㅣ 慶興에 사ᄅᆞ샤<龍歌 3장>
補語格下 : 왼녁 피ᄂᆞᆫ 男子ㅣ ᄃᆞ외요<月釋 一8>
사ᄅᆞ미 ᄃᆞ외오도 ᄂᆞᆽ가ᄫᆞᆫ ᄂᆞᄆᆡ 죵이 ᄃᆞ외야<釋詳 九16>
屬 格 下 : 東州ㅣ 밤 계오 새와<松江 關東別曲>
公州ㅣ 江南ᄋᆞᆯ 저ᄒᆞ샤<龍歌 15장>
臣下ㅣ 말 아니 드러<龍歌 98장>
對 格 下 : 일밧긔 理ㅣ 求호ᄆᆞᆫ<禪宗永嘉 13>
늘근ᄒᆡ예 盖ㅣ 기우류믈 느지 호니<杜初 廿三45>
모ᄃᆡ ᄇᆞ료미 몯ᄒᆞ리라(切不可放棄)<蒙法 38>
져기 得ᄒᆞ고 足 사모미 몯ᄒᆞ리라(不可得少爲足)<蒙法 44>

萬寓에 軍麾ㅣ 고잿도다<杜初 十八8>
處 格 下 : 楊洲ㅣ ᄯᅩ올히여<新都歌>
劉候ㅣ 天機ㅣ 精微ᄒᆞ니<杜初 十六30>
在 格 下 : ᄒᆞᆫᄒᆡ를 梓州ㅣ 사로라<杜重 二1>
比較格下 : 海東六龍이 ᄂᆞᄅᆞ샤 古聖이 同符ᄒᆞ시니<龍歌 1장>
舍利佛이 ᄀᆞᆮᄒᆞ야<釋詳 十三41>
體言下의 媒介母音 내지 體言標識 :
舍利佛이 ᄒᆞᆫ 獅子ㅣ ᄅᆞᆯ 지ᅀᅥ내니<釋詳 六32>
머리터리ᄅᆞᆯ ᄆᆡ자<杜初 八67>
그려기<杜初 七9>∞그력<訓正>
跋提라셔 阿那律이ᄃᆞ려<月釋 七1>

따라서 위 예문에서 보인 '-이/-ㅣ'는 主格 자리에 많이 쓰였다는 것뿐이지 결코 主格助詞는 아니다. 이 '-이/-ㅣ'는 名詞가 단독으로 쓰이거나 複合語의 先行語下에 添加된 예가 없어서 그 機能·環境이 아이누語 名詞下의 所屬形接尾辭-i와 같다고 할 것이다. 그러므로 韓國語 名詞下의 接尾辭 '-이/-ㅣ'(종래 主格助詞라고 通稱하던 것)는 아이누語 名詞下의 所屬形接尾辭 -i와 對應되는 形態素로 보고자 한다. 이들 共通基語는 -i(體言下介入母音)<Jap> · -i(屬格·主格·具格)<Ma> 등의 存在로 미루어서 *-i(所屬形體言下介入母音)로 再構될 수 있을 것으로 推定된다.

(3) 複數助詞-utar 〈 Ainu 〉 ∞ 複數助詞'-ᄃᆞᆯ'(-tʌr) 〈 Kor 〉 ……*-tari(複數助詞)

아이누語와 韓國語는 名詞의 單數·複數를 보통 구별하지 않고 同一形으로 표현하지마는, 특히 꼭 複數를 가져야 할 때에만 아이누語 名詞下에는 -utat(a)을, 韓國語 名詞下에는 -tʌr(ᄃᆞᆯ)을 添加한다. 그리고 이들은 서로 音韻上으로 대응이 가능하다.[*cf.* 8.1.(8)·(17)].

例 아이누語 : Ačapo-utar arki(伯父들이 오다)
kumiči-utar paye(아버지들이 가다) ……………………… 以上 <金. p.48>
韓 國 語 : 有情ᄃᆞᆯᄒᆞᆫ 이에셔 주그면
사ᄅᆞᆷᄃᆞᆯ히 가ᄂᆞ다.

그리고 複數形態素들이 때로는 動詞에 붙어서 敬語나 雅語의 기능을 하는 점도 兩語가 거의 같다.

例 아이누語 : kor-pa(많이 가지다→가지시다) *cf.* pa(複數助詞)
nukar-pa(많이 보다→보시다)
kor-pa-pa(많이 많이 가지다→많이 가지시다)
nurka-pa-pa(많이 많이 보다→많이 보시다)
韓國語 : 가다(去 · 行)→가기들 하다<雅語> *cf.* -돌>-들(複數助詞→雅語形)
마시다(飮)→마시기들 하다<雅語>

그리고 -dari(複數助詞)<Ma>, -taci(id)<Jap> 등도 '돌'과 對應시킬 수 있을 것이다. 이들의 共通基語는 *-tari(複數助詞)로 再構될 수 있을 것으로 推定된다.

(4) 與格接頭辭-e-ko- ; 向하여 *heko 〈 Ainu 〉 ∞ 與格助詞-'-의게'(-ɪke) 〈 Kor 〉 ······*-ake/*-ïke(與格助詞)

아이누語에서는 일반적으로 與格表示가 따로 쓰이지 아니하나 때로 動詞에 e-ko-를 接頭시켜서 與格을 표시하는 일이 있다. 例文(金. p.51)을 들면,

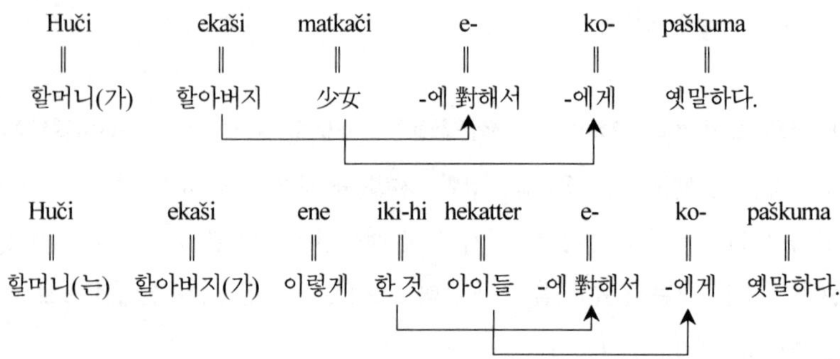

와 같이 e-ko-는 e-(-에 對하여)와 ko-(-에게, -에)가 복합된 형태이지만 그것이 앞에 놓인 두 개의 名詞(또는 代名詞)와 呼應하는 것이기 때문에 語順關係로 어느 사이에 바로 앞에 놓인 한개의 名詞(또는 代名詞)와 呼應한 것으로 誤分析되어 e-ko-를 eko-라는 한개의 與格形態素로 보게 되고 또 動詞 앞에 얹힌 抱合的인 人稱代名詞(人稱接頭辭) e-(汝), ku(我)와의 혼동을 막기 위하여 韓國語에선

어느덧 動詞 앞에 얹히던 것을 분리하여 바로 앞에 놓인 名詞의 後置詞처럼 쓰다가, 다시 名詞와의 긴밀한 結合으로 助詞로 轉化된 것으로 볼 수도 있다. 즉 *e-ko->eko->eko>-ekö>-eke(에게)>-ɪke(-의게)와 같은 過程을 밟아서 한개의 與格助詞로 굳어졌다고 생각할 수 있다. 그렇다면 아이누語의 動詞의 接頭辭 e(-에 對하여) -ko(-에게)와 韓國語의 體言下의 與格助詞 '-의게'는 충분히 對應되며 이들은 起源的인 同根語로 생각할 수 있을 것이다.

한편, hekota(方向-에→向하여. *cf.* 金.p.82)<Ainu>라는 名詞의 處格形에서 轉成되어 與格助詞처럼 쓰이는 것이 따로 있다.

例 i-hekota(내-쪽에), e-hekota(네-쪽에), hekota(ø '彼'-hekota, 그 분-쪽에), e-hekota ku-yu(너-에게 내가-말하다), hekota ye!(그분에게 말하여라) 以上 <金. p.48>

위에 보인 例의 -hekota(-의 쪽에→向하여)는 그 機能이 한국어의 與格助詞와 꼭 같다. 그리고 8.1.(56)에서 지적한 h-/-h-의 脫落現象을 감안한다면 -ɪke(-의게)와 hekota(向하여)의 *heko(方向. *cf.* -ta는 處格助詞)와 音韻上으로도 충분히 對應될 것으로 생각된다. 즉 *heko>eko>ekö>eke>ɪke(의게)의 발달이 가능하다.

요컨대 아이누語 動詞의 與格接尾辭 e-ko- 또는 heko-ta(向하여→與格助詞)의 *heko-(-ta는 處格助詞)와 韓國語의 與格助詞 '-의게<李朝>>-에게'는 충분히 비교될 수 있다.

그러나 길약語의 斜格助詞 -ax/-ïx와 비교할 수 있을 것이기 때문에 이들의 共通基語는 *-ake/*-ïke(與格助詞)로 再構하여 두었으나, 아이누語와만 비교하면 그 共通基語는 *-heko(方向)에 소급될 것이다.

(5) 處格 · 與格接頭辭 e- ∞ 處格 · 與格助詞 '-에'(-e) 〈 Kor 〉 ……*-e(處格 · 與格助詞)

아이누語에서 한국어의 處格助詞-'-에'에 해당하는 기능을 두 가지로 표현한다. 하나는 處格助詞 -ta[*cf.* (6)項]이고 다른 하나는 動詞에 e-라는 接頭辭를 添加하여 쓰는데 이 e-는 與格 · 具格 · 方位格 · 在格助詞와 같은 기능도 가지고 있다.

例 Kotan e-širepa(마을에 到着하다)<김. p.56> ································· e-(處所指示)
Kamui niška e-uko-hum kur(天空上에서 合音이 까가와지다)<金. p.134>
··· e-(運動處指示)
E-orowa huči e-nure(너로부터 할머니에게 말하다)<金. p.51> ······· e-(與格指示)
Sopa e-horari(上座를 돌아보다)<金. p.134> ································· e-(方位指示)
Ikopaksama e-nan kiru(내쪽으로 얼굴을 돌리다)<金. p.134> ········· e-(方位指示)
Sapa-e-puni(머리를 들어 올리다)<金. p.135> ································ e-(具格指示)

아이누語 動詞의 接頭辭 e-는 處格·與格·方位格·在格에 두루 쓰이고 있어서 말하자면 斜格助詞라고 할 만한 광범위한 기능을 가지고 있으며, 이것은 위의 (4)項에서도 언급한 바와 같이 語順이 같고 그것에 선행한 體言과 呼應하기 때문에 어느덧 動詞에서 떨어져 先行體言과 긴밀한 결합을 가지게 된 것으로 보거나 그 反對로 볼 수 있어서 아이누語 動詞의 處格接頭辭 e-는 處格助詞로 轉化될 수 있다.

한편, 韓國語에서 助詞 '-에'도 處格·在格·向進格·原因格·奪格·與格의 여러 助詞로 쓰이며 이것도 斜格助詞로 通稱할 만한 것으로서, 위에 보인 아이누語 動詞의 接頭辭 e-와 비교될 수 있는 말임을 알 수 있다.

例 狄人ㅅ 서리예 가샤<龍歌 4장> ··· (處格助詞)
幽谷애 사ᄅᆞ샤<龍歌 3장> ·· (在格助詞)
柴扉예 거러보고<상춘곡> ·· (向進格助詞)
ᄇᆞᄅᆞ매 아니 뮐씨<龍歌 2장> ·· (原因格助詞)
ᄃᆞ리예 떠딜 ᄆᆞᆯ<龍歌 87장> ·· (奪格助詞)
나무에 물을 준다 ··· (與格助詞)

따라서 아이누語 動詞의 處格·與格接頭辭 e-와 韓國語 名詞에 添加되는 處格·與格助詞 '-에/-애'는 완전히 對應되는 말이다.

물론 알타이諸語의 與格助詞 -qa/-kä>-a/-e와 길약語의 斜格助詞 '-ax/ïχ' 및 드라비다語 '-e'(處格助詞)와도 비교될 수 있을 것이다. 따라서 이들의 共通基語는 *-ake/-ïke>-*a/-e(處格·與格助詞)로 再構될 수 있을 것이다.

(6) 處格後置詞 ta- 〈Ainu〉 ∞ 'ᄃᆡ'(tE. 處所) 〈Kor〉 ……*ta(處所)

아이누語에는 處格標識가 두 가지 있는데 그 하나는 (5)항에서 언급한 動詞의 接頭辭 e-이고 다른 하나가 體言下의 後置詞 ta이다<金. pp. 54~56>.

例 te ta an(여기-에 있다)
rot ta a!(옆자리-에 앉아라)
sa ra roški-p(海邊-에 선-것→海邊에 가까이에 있는 山)
čise ta tureš(집-에 누이동생→親戚妹)
kotan ta širepa(마을-에 到着하다)=kotan e-širepa

그런데 이와 對應할 만한 말이 韓國語의 不完全名詞 'ᄃᆡ'(與所)가 아닐까 한다. 이것에서 발달한 것으로 볼 수 있는 用言의 連結語尾(副動詞形) '-ㄴᄃᆡ(-ᄂᆞᆫᄃᆡ, -는ᄃᆡ)'의 'ᄃᆡ'는 '-ㄴ+ᄃᆡ'의 複合으로 볼 수 있고, 또 '-ㄴ'은 起源的으로 名詞形임이 확실하니(*cf.* ᄒᆞᄂᆞ로=ᄒᆞᆫ-ᄋᆞ로'한 것-으로', ᄒᆞᆫ조초=ᄒᆞ온-조초'한 것을-좇이'), 「-ㄴᄃᆡ」의 '-ᄃᆡ'를 處格助詞로 보아도 大過 없을 것이다. 즉 'ᄒᆞᆫ-ᄃᆡ'는 '한 것-에'와 같은 의미와 기능을 가졌다고 할 것이다.

물론 韓國語의 處格助詞 'ᄃᆡ'는 아니누語의 處格助詞(後置詞라고 하는 것이 보다 합당할 것임) ta뿐만 아니라, 알타이諸語의 處格助詞 -ta/-tä(>-te)/-da/-dä (>-de)<Turk>·-ta/-te(與格助詞)<Mo>·de<Ma>와도 對應시킬 수 있다. 따라서 이들의 共通基語는 *ta(處所)로 再構될 수 있을 것이다.

(7) 共同格接頭辭-ko-·共同·處格接頭辭-ko-e 〈Ainu〉 ∞ 共同·竝列助詞-'-과'(-kwa) 〈Kor〉 …*-koe(共同·處格助詞);

竝列後置詞-wa 〈Ainu〉 ∞ 共同·竝列助詞'-와'(-wa) 〈Kor〉 …*-ba(竝列助詞)

아이누語에 共同格助詞(또는 接頭辭) ko-가 있는데, 이것과 韓國語의 共同格 '-과'를 비교할 수도 있지만, 그 ko-<Ainu>애 -e-('거기서' 또는 處格接頭辭)가 첨가된 複合形態 ko-e와 '-과'를 비교하는 것이 音韻上으로 더욱 바람직하다.

그리고 이 아이누語의 ko-나 ko-e- 이외에 韓國語의 '-과'(共同格助詞)와 對應될 만한 형태를 가진 언어가 우리 주변에 없다. 따라서 아이누語의 共同格의 接頭辭 또는 助詞 ko-/ko-e와 함국어의 共同格助詞 '-과'의 對應은 의심할 여지가 없다고 생각한다.

例 tureši ko-e-un(그의 누이와 끼어서-함께)
menoko yup-ko-e-un arki(女子가 兄과 끼어서 오다) ················ 以上 <金. p.59>
a-pe-ko-tuye(나의 물과 베다→물 속에서 베다)
a-nui-ko-tata(나의 불꽃과 자르다→불 속에서 자르다)
tuš-ko-kira(새끼와 다라나다→捕繩채로 도망치다) ················ 以上 <金. p.143>

그뿐만 아니라, 아이누語에서 -ko가 竝列의 副動詞形(連結後置詞)으로 쓰이며 [例文 (17)項 참조], 韓國語에서도 '-고'가 竝列의 副動詞形(連結語尾)으로 쓰이고, 이것들은 그 起源이 共同格을 표시하는 ko-<Ainu> · '-과'<Kor>와 같다고 볼 수 있기 때문에 더욱 ko-/ko-e<Ainu>와 '-과'는 同一起源의 말이라고 確信한다(ko-e>koa>kwa). 또 ka(添加助詞)<Ainu>도 '-과'와 比較해 봄 직하다. 어떻든 이들의 共通基語를 *-koe(또는 *-ka)로 再構할 수 있을 것이다.

이밖에 길약語의 -ka(亦同 · 列擧助詞)와 國語의 '-과'를 比較할 수 있을 것이다. 그리고 아이누語의 動詞下의 竝列後置詞 wa와 韓國語 名詞下의 竝列 · 共同格助詞 '-와'도 對應되는 형태로 보고 싶다. 물론 그것들이 쓰이는 환경이 서로 다르기는 하지만, 본시는 名詞下거나 動詞下에 두루 쓰이던 것이 後世에 와서 아이누語에서는 動詞下에만 쓰이게 되고 韓國語에서는 體言下에만 쓰이게 된 것으로 볼 수 있다. 왜냐하면 한국어에 있어서는 體言下뿐만 아니라 動詞下의 複合語尾로 보이는 '-거니-와'(對照的 竝列形 · 所謂添加形 例. 나는 그러하거니와 너는 왜 그러냐)의 '-와'에서도 쓰이고, 이들은 起源적으로 같은 것으로 推定되기 때문이다.

다음에 wa(竝列後置詞)<Ainu>의 例文(金. pp.183 · 184)을 든다.

例 nukar <u>wa</u> ek!(보라 同時에 오라→보아 오라)

wakka ta wa hošipi(그는 물을 긷다. 同時에 돌아오다→그는 물을 길어 돌아오다)
tunaš-no suke wa ipere yan!(빨리 밥짓다. 同時에 먹여 주어라!→빨리 밥지어 먹여 주어라!)

그러므로 韓國語의 共同格助詞(列擧助詞로도 쓰임) '-과'와 '-와'는 起源的으로 별개의 形態素이며, '-과'에서 音韻變化를 일으켜 '-과>-와' 또는 '-와>-과'의 과정을 밟아 분화된 것이 아니라는 것을 알 수 있다.

참고로 말하면, 아이누語 名詞下의 共同格後置詞(助詞) newa(-와/-과)가 있는데, 이것도 본시 ne(~네・~이다・~이 되다)+wa(竝列後置詞)로 分析될 수 있는 말이었는데, 그것이 後世에 단순한 竝列後置詞로 변해 버린 것이 아닐까 한다. 만약 그렇다면 -wa<Ainu>도 韓國語의 '-와'와 마찬가지로 體言・用言下에 두루 接續될 수 있는 形態素였던 것으로 믿어진다[*cf.* 뒤의 8.2.(46) : wa '接續形' ∞-아/-아 '副詞形'].

例 čimakani newa samambe(미꾸라지-와 가자미)<金. p.59>

이 newa가 위에서 말한 대로 과연 ne-wa로 分析될 수 있다면, 그것은 韓國語의 用言의 連結語尾 '-(거)니와'와 비교될 수도 있을 것이다.

그리고 '-와'는 wa(竝列後置詞)<Ainu>뿐만 아니라 -ba(竝列助詞)<Mo>와도 對應시킬 수 있을 것이다. 따라서 '-와'(竝列)<Kor>・wa(竝列)<Ainu>・-ba(竝列)<Mo>의 共通基語를 *-ba(竝列助詞)로 再構할 수 있을 것이다.

(8) 動詞의 共同格接頭辭 e-〈Ainu〉 ∞ 體言下의 列擧助詞 '-에'(-e)〈Kor〉 ……*-e(列擧助詞)

아이누語에서 接頭辭 e-는 共同格을 표시하며 이것은 體言과 體言을 이어주는 구실을 한다.

例 turešis e-tun(그의 누이-와 두 사람) *cf.* turešis (그의) 妹

한편 韓國語의 列擧助詞(例. 술에 밥에 부족한 것이 없다)도 體言을 이어주는 구실을 할 뿐만 아니라, (7)項에서도 언급한 바와 같이, 共同格助詞 '-과/와'도 列擧助詞의 구실을 하는 것이 도리어 일반적이다. 따라서 列擧助詞 '-에'도 옛날에는 共同格助詞로도 쓰이던 것이 그 언젠가 기능이 축소되어 버린 것으로 추정할 수 있다. 아이누語에 있어서도 共同格接頭辭(또는 助詞) ko-/ko-e-에 눌리어 共同格接頭辭 -e는 점차 죽어 가는 말이므로, 이것도 이전에는 列擧助詞를 겸하여 표시하던 形態素였을 가능성이 크다. 요컨대 e-(共同格助詞)＜Ainu＞와 -e(에. 列擧助詞)＜Kor＞는 對應될 것이며, 이들의 共通基語는 *-e(列擧助詞)로 再構될 수 있을 것이다.

(9) 向進格後置詞 orun〈Ainu〉 ∞ 向進格助詞 '-ᄋᆞ로/-으로/-로'(-ʌro/-ïro/ -ro)〈Kor〉…*-roh(또는 -*ro. 向格助詞) ; 處屬格助詞-or(o)〈Ainu〉∞屬格助詞-'-ᄋᆡ/-의'(-ᴇ/-ɪ)〈Kor〉…*-oro(處屬格助詞)

아이누語에서는 語源的으로 '內在'를 뜻하는 助詞 or(o)가 處屬格後置詞(또는 助詞 : ~에 있는)로 많이 쓰이는데, 여기서 處格助詞 -un이 添加되어서 -orun의 형태로 向進格後置詞 또는 處格後置詞로 쓰인다. 그리고 아이누語에서는 語末 -n이 i로 변하는 현상이 있다.

例 an-ye(나는 말하다)＞ai-ye
wen yattui(나쁜 보자기)＞wei yattui
iwan šintoko(六個의 漆器)＞iwai šintoko
pon suma(작은 돌)＞poi suma
šimon sam(오른 쪽)＜šimoi sam

따라서 orun＞orui＞ʌru/ïru＞ʌro/ïro의 변화가 가능하므로 아이누語의 向進格後置詞(또는 助詞) orun 또는 oro(*內在)와 韓國語의 向進格助詞 '-ᄋᆞ로/으로/로'가 對應될 것으로 생각한다. 그리고 이들의 共通基語는 -rox(斜格助詞)＜Gily＞로 미루어서 *-roh(또는 -*ro. 向格助詞)로 再構될 수 있을 것이다. 다음에 向進格後置詞 -orun/-or(o)＜Ainu＞의 例(金. p.54)를 든다.

例 pet orun osura(江으로 버리다=江에 버리다)
atui orun raošma(바다로 떨어지다)
su oro wakka o!(솥으로 물을 넣어라!=솥에 물을 넣어라)
šintoko oro omare!(漆器로 넣어 두어라!漆器에 넣어 두어라)
cf. 處屬格助詞의 例 :
kotan orun oka ainu(마을엣 사람→마을에 있는 사람)
čise orun oka utar(집엣 사람들→집에 있는 사람들)
nup-or kotan(들엣 마을→들에 있는 마을)
nut-or kotan(곶<岬>엣 마을→곶에 있는 마을) ······················ 以上 <金. p.63>

그런데 바로 위의 例文에서도 볼 수 있는 바와 같이 or(o)의 機能(-에 있는)은 '-의/-이'(處格 · 屬格助詞)<Kor>의 그것과 같다고 할 수 있다. 바꾸어 말하면, '들엣 마을→들에 있는 마을→들의 말을', '곶엣 마을→곶에 있는 마을→곶의 마을'이라고 할 수 있으므로 韓國語의 處格 · 屬格 또는 處屬格(-에 있는/-엣)에 두루 쓰이는 '-이/의'도 起源적으로는 '*內在→-엣(=-에 있는)→-의/-이'의 발달을 거듭한 것으로 推定되며, '-의/이'가 處格助詞 · 屬格(所有格)助詞로 두루 쓰인 까닭을 알 수 있다(물론 '-애/-에>-이/-의'의 音韻變化로 處格助詞로 쓰이게 된 것으로 볼 수도 있음). 즉 音韻論上으로 or(o)가 다음 같은 發達科程을 밟아 E(이)/ɪ(의)로 변할 수 있기 때문이다.

oro>ori>oi>ʌi>E/ɪ(母音調和로 交替된 形態)
Vri>Vi. (例. 누리>뉘 '世', *나리>내 '川', *모리>뫼 '山')

따라서 or(o)(處屬格, -에 있는)<Ainu>와 '-이/의'(處格 · 屬格)도 비교될 수 있을 것이며[*cf.* 8.1.(17) : o<Ainu>∞ʌ<Kor>], 이들의 共通基語를 -*oro(內→處屬格助詞)로 再構할 수 있을 것이다.

물론 알타이諸語의 處格 · 與格조사 '-a/e'<Turk> · '-a/e'<Mo>와 한국어의 處格助詞 '-이/-의/-애/-에'와도 비교될 수 있음은 말할 나위도 없다.

이밖에도 '-로'(向進格助詞)는 -rox/-rux/-lox/-lux(斜格後置詞)<Gily>, -ru/-rü(向進格助詞)<Turk>와도 비교될 수 있을 것이다.

(10) 提示後置詞-an-i 〈 Ainu 〉 ∞ 提示助詞-'-ᄋᆞᆫ/-은'(-ʌn/-ïn) 〈 Kor 〉 …*-an(提示補助詞) ; -šinuma(雅語形) 〈 Ainu 〉 ∞ '-셔'(-syə. 雅語形 또는 强勢辭) 〈 Kor 〉 ……*-si(强勢形)

아이누語에서는 人稱代名詞의 語基(提示後置詞)로서 -an-i가 쓰이는데 이것이 분명히 提示助詞(소위 主題格助詞) '-ᄋᆞᆫ/-은'과 對應되는 형태인 것으로 推定된다.4)

例 Ku-an-i ainu ku-ne (나는 아니누人이다)
‖ ‖⟍ ‖ ‖
나-있는 것 사람 나이다
E-an-i šisam ene (너는 日本人이다)
‖ ‖⟍ ‖ ‖
너-있는 것 日本人 너-이다
An-i nuča -ne (그는 러시아人이다)………以上 <金. p.79>
‖ ⟍ ‖ ‖
있는 것 러시아人 -이다

그런데 -an-i는 語源的으로 볼 때 an(있다, 在)와 -i(名詞形)의 複合形態로서 人稱代名詞(接頭辭)에 접속되어 쓰이며, 그것이 오랜 세월 속에서 본래의 意味를 잃고 단순히 提示助詞 '-ᄋᆞᆫ/-은'과 같은 기능을 하게 이른 것으로 믿어진다.

마치 韓國語에서 提示助詞 '-이셔/-셔'의 語源이 '시-(在 · 有) · 잇-(在 · 有)'인 것과 마찬가지이다.

例 둘이셔 집으로 갔다.
사군과 숙씨셔 "그렇지 아냐 이제 보리라" 하시되 <意幽堂日記>
黃花고지 안해 드니 새셔 가만ᄒᆞ애라 <動動>
지블 占卜ᄒᆞ야 예를 조차셔 늘구리니 <杜初 七5>
짜해 브터셔 좀겨 져저 <杜初 七36>
이에 나몰 아디 몯고셔 佛道애 허믈 닐위여 <法華 三180>
他化天으로셔 ᄂᆞ리리 그지 업스며 <月釋 二26>

---

4) 아이누語에서는 三人稱代名詞는 發達하지 못하여 人名이라든가 nei ainu(그 사람 · 저 사람)라고 하였고, 韓國語에서도 옛날에는 그러하였다. 그리하여 이 語基만 가지고 三人稱代名詞로 代用되게 이른 것이다. 雅語의 代名詞語基 šinuma(있는 것)도 마찬가지다.

그뿐만 아니라, -an-i와 꼭 같은 機能을 가진 雅語形-šinuma/-široma도 金田一京助(1944) p.79에 의하면 "šinuma/široma도 to be의 일종"이라고 말하고 있는데, 그런 例를 다음에 들어 둔다.

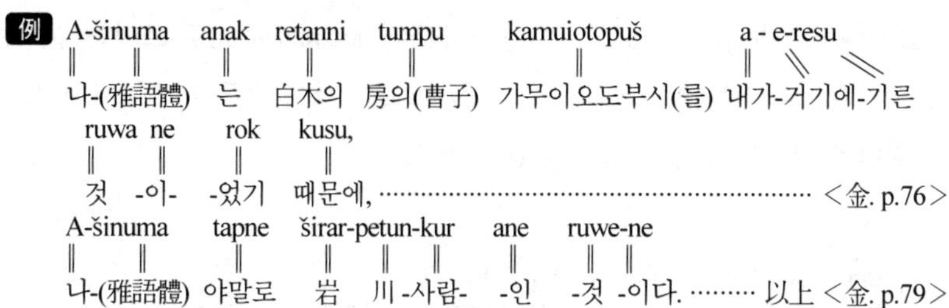
例 A-šinuma anak retanni tumpu kamuiotopuš a - e-resu

나-(雅語體) 는 白木의 房의(曹子) 가무이오도부시(를) 내가-거기에-기른

ruwa ne rok kusu,

것 -이- -었기 때문에, ………… <金. p.76>

A-šinuma tapne širar-petun-kur ane ruwe-ne

나-(雅語體) 야말로 岩 川 -사람- -인 -것 -이다. ……… 以上 <金. p.79>

여기의 šinuma/široma(有・在)는 筆者의 推定으로써는 *ši-(置・納入 *cf.* si- '置・納入'<Gily> ; ši-'在・有'<Kor>)+*rube(>ruwe'事實, 그런 것')의 複合形態가 아닐까 한다. 즉 ši-rube>ši-ruma>siroma/sinuma와 같이 변한 것으로 보고자 한다. 再構形-*rube는 지금 ruwe로 實現되어 쓰이고 있다.

例 Šiknu ruwe o -arai -sam (살 것이 전혀 없다) ………… <金. p.202>

살(生) 事實이 그런것 전혀 없다

Inkar-an ruwe ene oka-hi(내가 본 것이 그렇다) ……… <金. p.202>

본- 吾의 事實이 그렇게 있다(pl.) 所屬形

이와 같은 例文으로 보아서 雅語形 *ši-rube(>ši-ruwe・ši-roma・šinuma)는 起源的으로 '있는 것・둔 것'(to be)의 뜻이 될 것이다. 그리고 *ši-rube의 ši-(入・*在)는 '-셔'와 日本語의 强勢辭 -si(-し)와도 같은 起源일 것으로 推定된다[*cf.* 8.1.(23) : yə<Kor>∞i<Ainu>]. 그리고 이들의 共通基語는 *si(强勢形)로 再構될 수 있을 것이다.

따라서 -an-i도 '-ᄋᆞᆫ'과 對應되는 形態일 것이며, *an-i>ʌn-i[*cf.* 8.1.(17) : ʌ<Kor>∞a<Ainu>]>ʌn(ᄋᆞᆫ)과 같이 발달해서 이루어졌을 가능성이 있다. 이 -ʌn(ᄋᆞᆫ)에서 母音調和의 발달로 母音交替形 -ɯn(은)이 생겨난 것으로 볼 수 있으

며, 다시 -ɯ-가 줄어든 것이 -n(-ㄴ)의 形態일 것이다. 만약 이러한 推定이 맞는다면 '-ᄋᆞᆫ/-은'(提示助詞, 소위 主題格助詞)도 起源的으로 *an-(있다, 在・有)이라는 말에서 유래된 것이라는 결과가 될 것이다. 그리고 이들의 共通基語는 *-an(提示補助詞)으로 再構할 수 있을 것이다.

그러나 아이누語에서 ani(＜ari)가 具格(instrumental)助詞로 쓰이는 일이 있는데, 이것은 an-i(있는 것→ᄋᆞᆫ/-은/-ㄴ : 提示後置詞)와는 다른 형태로서 이것은 '손에 쥐다'의 뜻을 가진 말에서 虛辭化한 것이다.

例 tek ani koiki(손으로 잡다)＜金. p.58＞
makari ari aškepet tuyu(小刀로 손가락을 베다)＜金. p.58＞

그런데 韓國語의 提示助詞 '-ᄋᆞᆫ/-은/-ㄴ'는 위에서 말한 아이누語의 提示後置詞 'an-i'와 비교될 뿐만 아니라, -n/-an/-nan(提示助詞)＜Gily＞・inu(id)＜Ma＞・anu(id)＜Mo＞, -inu＜(主格助詞・强勢)＜Ma＞・-Vn(限定法)＜Turk＞와도 比較될 수 있을 것이다.

例 Plotok-n urrant(보자기-는 아름답다)＜Gily＞
Ere joku-inu meni mukūn-i boo-i ningge(이 작도-는 우리의 겨레-의 집-의 것이다)＜Ma＞

(11) 體言下의 後置詞 patek(뿐・만)〈Ainu〉 ∞ 體言下의 接尾辭 '-ᄇᆞᆺ'(-pʌt)〈Kor〉……*-park(局限助詞)

아이누語에서 體言下의 後置詞 patek가 쓰이는데 그것은 '-뿐・-만'의 뜻을 가지고 있으며, 때로는 自立語처럼 쓰이나 그것은 第三人稱이나 指示의 代名詞가 생략된 형태로 보아야 하는데 다음에 例(金田-・p.60)를 들어 보인다.

例 a(n)-patek(나뿐, 나만)
e-patek(너뿐, 너만)
patek(그뿐, 그것뿐, 그이뿐)
A-onaha patek kor ikon ne ruwe-ne(내-아버지-만 가진 보배인 것이다)

Patek kor kur a-onaha ne ikon ne(그-만이 가진 사람 내-아버지이다 보배이다→내-아버지만 가진 보배이다)
Patek-an amam sakehe-ne kar(그것만 있는 穀物로 술을 만들다)
Tanpe patek nepki-ne a-ki kor an-an(이것-뿐 일을 내가 하-면서 내가 있다→나는 이 일만을 하면서 있었다)
A-yupihi patek yai-kotom-ka(나의 兄-만을 自身과 같게 하다→그는 내兄을 自身처럼 사랑하다)

한편 韓國語의 體言下의 接尾辭 '-봇'이 李朝語에 보이는게 이것은 '-뿐 · 만'으로 풀이하여도 좋을 것 같다.

例 王-봇 너를 ᄉᆞ랑티 아니ᄒᆞ시린대<釋詳 十一30>
ᄭᅮᆷ-봇 아니면<月釋 八97>
눈-봇 업스면<楞嚴 一99>
그윗 請-봇 아니어든<法語 19>
네 因-봇 아니면<上院牒>

이렇게 patek와 pʌt(봇)은 意味가 같을 뿐만 아니라, 音韻上으로도 對應이 잘 되는 것으로 생각된다. 즉 patek>pʌtek[*cf.* 8.1.(17) : a<Ainu>∞ʌ<Kor>]>pʌt(*cf.* 韓國語의 音節數 縮小傾向과 語末子音 省略傾向)의 변화가 가능하다.

그러므로 아이누語의 體言下의 後置詞 patek(-뿐 · -만)과 韓國語의 體言下의 接尾辭 '-봇'(-뿐 · -만)은 比較될 수 있는 對應形인 것으로 생각된다.

이밖에 '-봇'(-뿐 · -만)은 park · pišk(-만)<Gily>와도 對應될 것으로 믿는다. 따라서 이들의 共通基語는 *-park(局限助詞)로 再構될 수 있을 것이다.

(12) 名詞形成接尾辭 -i ; -p/-pe 〈 Ainu 〉 ∞ 名詞形成接尾辭 '-이 ; -ㅂ/-보/-부'(-i ; -p/-po/-pu) 〈 Kor 〉 ……*-i ; *-p/*-pu(名詞形成接尾辭)

아이누語의 動詞 · 形容詞로부터 名詞를 만드는 名詞形成接尾辭에 -i가 있는데 이것은 대체로 抽象名詞를 만드는데 다음에 例示한다(金. p.71).

例 san(出 · 降)→san-i(出現 · 出産 · 子孫), e-san-i(坂)
itak(言)→itak-i(言辯 · 言語)

pirka(善良)→pirka-i(善・善事)
wen(惡)→wen-i(惡・惡事)
ramu(思)→ramu-i(思考)
an(在)→an-i(存在・所在・在時)
kar(爲)→kar-i(行爲・方式)

그런데 韓國語의 動詞・形容詞로부터 名詞를 만드는 名詞派生接尾辭 '-이('-ᄋᆡ/-의>-이' 포함)'도 대체로 抽象名詞를 만든다.

例 ᄀᆞᆯ붉-이(始明),밥먹-이(食飯), 갈-이(耕作), 긂-이(肋), *거르-이(<거리. 距), 죽살-이(死生), *겨슬살-이(>겨으사리. 冬青), ᄒᆞᄅᆞ살-이(蜉), *곻-길-이(<코키리. 象), *집-짒-이(>집지이. 木手), 굽-이(曲部), 길-이(長), *크-이(>키. 身長), 깊-이(深), 높-이(高), 넙-이(>넓이. 幅), 놀-이(遊), 나술-이(>나ᄋᆞ리. 進士), *밀-닫-이(>미다지), 소용-돌-이(渦), 할-이(讒訴), 물-받-이(汲水桶), 붓박-이(不開的 窓), *믈-좀-이(>므ᄌᆞ미. 泳) *cf.* 좀-'潛', *막-낳-이(>막나이>막내), 등-긁-이(孝子손), 바람-막-이(防風), 서말-들-이(三斗容器), 변-둘이(周邊), 니술-이(後繼者), ᄒᆡ-돋-이(日出), ᄡᅳ설-이(淸掃), 싯-이(洗), 안-이(非, 아님), *칩-이(>치위. 寒), 덥-이(>더위. 暑)

아이누語의 名詞形成接尾辭 -i 와 韓國語의 名詞形成接尾辭 '-이'는 분명히 對應되는 것으로 믿어지는데, 이들의 共通基語는 *-i(名詞形成接尾辭)로 再構될 수 있을 것이며, 이들은 매우 生産的인 形態素이다.

그리고 아이누語의 名詞形成接尾辭 -i는 주로 母音 뒤에서 -hi로 실현되기도 하며, 이것은 韓國語의 名詞形成接尾辭 '-기'와 비교될 수 있을 것으로 생각한다(例. oka-hi '있는 일・있는 것').

다음에 아이누語의 名詞形成接尾辭에는 -i와 대조적으로 주로 具體的인 事物을 지시하는 名詞를 만드는 -p/pe가 있는데, 이것이 韓國語의 '-ㅂ/보/부'와 比較될 수도 있지 않을까 하여 여기 添加하여 둔다.

例 pirka(良・美)→pirka-p(良物)
huško(古)→huško-p(古物)
poro(大)→poro-p(大物)
tanne(長)→tanne-p(長物→劍)
či-e(우리가 먹다)→či-e-p(우리의 食物→食物)

či-ku(우리가 마시다)→či-ku-p(우리의 飮料→酒・飮料)以上 ············ 以上 <金. p.71>
pon(小)→pon-pe(小物・小人)
wen(惡・貧)→wen-pe(惡事→戰, 貧者)
ya-un(本土에 있는)→ya-un-pe(本土人)
tek-un(손에 끼다)→tek-un-pe(손에 끼는 것→장갑)
hošiki-ahun(先入)→hošiki-ahun-pe(先入者)
iwan(六)→iwan-pe(六個・六個 物件)
ta-okai(거기 있다)→ta-okai-pe(거기 있는 사람들)
rai(死)→rai-pe(死者) ·· 以上 <金. p.72>

아이누語에선 이와 같이 쓰이는데, 韓國語의 名詞形成接尾辭 '-ㅂ/-보/-부'는 現代語에서 흔히 '사람'을 가리킨다.

例 곰(<굼, 穴・孔)-보, 털-보, 울-보, 떡(餠)-보, 먹-보(大食家), 꾀-보, 뚱뚱-보, 겁-보, 느림보(<*느린보), 홍부・놀부, 겨집(<*겨시'在'-ㅂ. 女子)

그리고 古代에서는 人名・職名의 末音節에 '보'의 類音으로 보이는 '寶・輔・夫・卜・伏・副・弗・本・逢・武' 등이 흔히 쓰이고 있다.

例 (ㄱ) 人名 :

花寶・蓮寶・習寶・期寶・王黼・異斯夫・居柒夫・悉伏(大文)・蛇卜(蛇福)・梅福・密本・玄本 ············ 以上 <新羅>
相夫・丘夫・明臨答夫・乙弗・建武 ············ 以上 <高句麗>
憑野夫・優福・貞福・正武・眞武・千福 ············ 以上 <百濟>
元輔・孝奉・尙逢 ············ 以上 <後百濟>
申 寶 ············ <伽洛>
可毒夫 ············ <渤海>

(ㄴ) 官職名 :

大夫<新羅> : 大輔・左輔・右輔 ············ 以上 <百濟>

위에서 예시한 바와 같이 아이누語의 -p/-pe와 韓國語의 '-ㅂ/-보/-부'는 名詞形成接尾辭로 쓰이고 있으며, 또 pe는 脣音同化現象으로 pe>pu>po의 音韻變化가 가능하므로 이들은 그 機能과 音韻의 양면에서 對應한다고 할 수 있을 것이며 그 共通基語는 *-p/*-pu(名詞形成接尾辭)로 再構될 수 있을 것이다.

그런데 人名이 아니 一般體言에 附加되는 예가 韓國語에 더 적다는 것 뿐이지, 그런 예가 전혀 없는 것이 아니다.

예를 들면, '미좁(結子)=및(結)-옵'·'거듭(重疊)=거들(列擧)-ㅂ'·'트집=틀(捩)-집(把)-ㅂ'·'겹(重疊)=겹(竝)-ㅂ'·'주릅(仲介人)=주름'·'곱(膿膏)=곪(膿)-ㅂ'·'사립(柴門)=사리(盤)-ㅂ' 등의 名詞는 動詞의 語幹에 '-ㅂ(p)'이 附加되어 만들어진 말인 것으로 믿어지므로, 아이누語의 名詞形成接尾辭 -p/pe와 韓國語의 名詞形成接尾辭 '-ㅂ/-보/-부'의 對應이 거의 확실하다고 생각한다. 이밖에 -ba(-者)<Mo. 接尾辭>도 '-보/-부/-ㅂ'와 比較될 수 있을 것이다.

(13) 名詞形成接尾辭 -ike〈Ainu〉∞ 不完全名詞 '거'(kə)〈Kor〉……*ŋa(것)

아이누語의 名詞形成接尾辭 -ike(것)는 때로는 副動詞(連結語尾)로도 쓰이는데 다음에 例(金. pp. 73·74)를 들어 보인다.

例 poro(大)→poro-ike(큰 것 : 大者·大物)
pikar(良·善)→pikar-ike(좋은 것 : 良善·良物)
wen(惡)→wen-ike(나쁜 것 : 惡者·惡物)
pon(小)→pon-ike(작은 것 : 小者·小物)
mat(女)-ne(-이다)→mat-ne-ike(女性인 것 : 雌)
cf. inu-an-ike(듣고 있는 것→듣고 있으니)
oka-an-ike(살고 있는 것→살고 있으니)
Inkar-an-ike iruška keutum ayai-kor-pa-re(보고 있는 것—보고 있는데 憤怒의 情을 가졌다)

마치 韓國語의 不完全名詞 '-바'가 連結語尾의 구실을 겸한 것과 같다. 한편, 韓國語에서는 不完全名詞 '거'(事物)가 ike(것)<Ainu>와 꼭같이 쓰이고 있는데, 그것을 흔히 '것>거'의 發達형으로 보고 있으나 그렇게 보아야 할 필연적 이유가 없을 것 같다. 筆者는 '것'과 '거'는 서로 별개의 起源을 가진 말로 보고자 한다. 즉 '것'(事物)은 Kat(狀態)<Ainu>·qaltï(것) <O.Turk>·husus(事物)<Turk>와, '거'(事物)는 ike(事物)<Ainu>·ŋa(事物)<Gily-G>와 비교될 것으로 생각된다. 一音節語의 末音 -s가 탈락하는 예가 발견되지 않기 때문에 '것>거'의 발달을 생각하기 어렵다. 그러나 *ike>ke[*cf.* 8.1.(54)]<kə[*cf.* 8.1.(16)]의 발달이나 ke 앞에 온 冠形語와 連綴하는 과정에서 ke에 名詞化接頭辭 -i (例: i-omante '물건 보내기' *cf.* omante '보내다')가 添加된 것으로 볼 수 있어서, '거'(事物)<Kor>와 ike(事物)는 前者가 分綴되고 後者가 連綴되기는 하지마는, 起源的으로는 이들이 對應하는 말임이 틀림없을 것이다. 따라서 共通基語는 ŋa(事物, 것)<Gily>로 미루어서 *ŋa(것)로 再構되어야 할 것이다.

(14) 共同格助詞(後置詞) -tura〈Ainu〉 ∞ 與格助詞 '-ᄃᆞ려〉-더러'(-tʌryə〉-tərə)〈Kor〉……*-toho(斜格助詞) 또는 *toro(id)

아이누語의 共同格助詞 또는 後置詞 -tura는 보시 '同伴하다 · 데리다'의 뜻을 가진 말에서 轉成된 것인데, 韓國語의 與格助詞 '-ᄃᆞ려'도 마찬가지로 '同伴하다 · 데리다'의 뜻을 가진 動詞 'ᄃᆞ리-'에서 轉成된 것이다.

例 I-tura paye-an(나와 함께 갔다)
I-tura u-e-neusar-an(나와 이야기하며 즐겼다) ……………………… 以上 <金. p.82>
Tureš-tura-no kar(누이동생과 함께 만들다)
Kamui tura-no paro-čiuši ai-ekarkar(神과 함께 盛饌을 대접받다)
A-kot(=kor) tureš tura-no oka-an ike(내 누이동생과 살았다) …… 以上 <金. p.59>

木連이ᄃᆞ려 니ᄅᆞ샤ᄃᆡ<釋詳 六1>
比丘ᄃᆞ려 니ᄅᆞ시니<月曲 180>
날ᄃᆞ려 니르샤ᄃᆡ<月釋 序11>

따라서 아이누語의 共同助詞 '-tura'(또는 tura-no)와 韓國語의 與格助詞 '-ᄃᆞ려>-더러'는 서로 對應되는 것이 틀림없다고 하겠다[*cf.* 8.1.(17)].

'-ᄃᆞ려'(與格助詞)는 이밖에도 -tox(與格助詞)<Gily>와도 比較될 수 있을 것이어서, 이들의 共通基語는 -*toho(또는 *-toro . 斜格助詞)로 再構될 수 있을 것이다.

(15) 序說名詞形成接尾辭-pe 〈 Ainu 〉 ∞ 序說不完全名詞-'바(pa)' 〈 Kor 〉 ……
***-pe(序說不完全名詞)**

아이누語의 名詞形成接尾辭 -pe[*cf.* (12)項]는 序說形(說明形)의 連結語尾 '-니·-는데'와 같은 구실도 한다.

例 Tunaš ek-pe(빨리 「그가」 왔는데/왔으니)
Ki-rok-pe(「그가」 하였는데/하였으니)
A-ram-rok-pe(내가 생각하였는데/생각하였으니) …………………… 以上 <金. p.73>

한편, 韓國語의 副詞性不完全名詞 '바'도 아이누語의 -pe와 같은 기능을 가지고 있다.

例 金剛山에 가 본 바 과연 絶景이더라.
이왕 한 바(=하였으니) 이것까지 다 하여라.
집을 짓는 바(=짓는데) 아우에게 주려 하오.
같이 있는 바(=있으니) 사이좋게 지냅시다.
줄 바에야(=주는데) 기분 좋게 주어라.

그리고 a<Kor>와 e<Ainu>는 8.1.(11)의 類例로 보아서 音韻上으로도 對應된다고 하겠다.

따라서 아이누語의 名詞形成接尾辭 -pe와 韓國語의 不完全名詞 '바'는 함께 副動詞(序說形)의 기능을 겸한 對應形임을 알 수 있고, 이들의 共通基語는 *pe(序說不完全名詞)로 再構될 수 있을 것이다.

(16) 序說不完全名詞-ike 〈 Ainu) ∞ 序說不完全名詞-'*-이까'(-ik'a cf. -니까) 〈 Kor 〉 …*-ika(序說不完全名詞)

(13)에서 이미 言及한 아이누語의 不完全名詞 -ike(그때)는 때로 連結語尾로서 序說形(說明形)의 구실을 하는데 다음에 例示한다(金. pp.73·74).

例 inu-an-ike(듣고 있는 그때/있는데) *cf.* an(있다)

oka-an-ike(잘고 있는 그때/있는데)
Inkar-an-ike iruška keutum ayai-kor-pa-re
(보고 있는데 憤怒의 情을 나는 가졌다)
Po a-sak-ike a-hokuhu iyomap ne ap
(아이를 내가 갖지 않았는데 내 男便이 나를 사랑하여서)

한편, 韓國語에 序說形(連結語尾) '-니까'가 있는데, 이것은 기원적으로 '-ㄴ(冠形形)+이까'의 複合形態로 推定된다. 왜냐하면 '바'가 不完全名詞로서 連結語尾의 구실한 것처럼 '이까'도 不完全名詞로서 序說形의 구실을 한 것이라고 생각할 수 있고, 이미 推定한 바와 같이 *ike＞ke＞kə(거・'것')＜不完全名詞＞와 같은 발달이 가능하다면 '이까＞이꺼＞꺼＞거＜不完全名詞＞의 變遷도 가능한 것이기 때문이다. 즉

{ -ㄴ바(-었으니까/-었는데)
  -ㄴ*이까(-었으니까/-었는데)→-니

와 같이 '바'와 '-이까'를 함께 起源的으로는 不完全名詞로 볼 수 있고, 그것이 用言의 冠形形 '-ㄴ'과 어울려서 序說形의 구실을 한 것으로 看做 된다.

그리고 不完全名詞 '*이까'에서 '거'(不完全名詞)가 발달된 것임을 알 수 있고, (13)항에서 비교한 아이누語의 名詞形成接尾辭 ike와 韓國語의 不完全名詞 '거'의 比較는 遡及해 올라가면 ike＜Ainu＞와 '*이까(＞거)'의 비교로 볼 수 있어서 一目에 그것의 對應을 알아차릴 수 있게 된다. 그러므로 韓國語와 아이누語의 共通基語는 -*ika(序說不完全名詞)로 再構될 수 있을 것이다.

이밖에 -iken(-ㄴ데. -ㄴ 때)＜Turk＞・ki(-니까)＜Turk＞・-nuŋa(連結語尾 '原因・說明')＜Gily＞도 '*이까'와 比較될 수 있다는 것을 添加하여 둔다. 따라서 이들을 첨가한 共通基語는 *-nïŋa(序說形)로 再構될 수 있을 것이다[*cf.* 7.3.(59)].

(17) 連結語尾-ko 〈 Ainu 〉 ∞ 連結語尾-'-고'(-ko) 〈 Kor 〉 ……*-ŋo(連結語尾)

아이누語의 ko는 體言下에서 動詞의 接頭辭로서 處格・與格・共同格・向格

등을 표시하는 다양한 가능의 形態素이지만, 그밖에 體言下에 後置詞로서 ko가 쓰이고 있다.

이러한 後置詞로서의 ko는 連結語尾로서 羅列形・序說形(一名 說明形)・緣由形의 여러 구실을 담당하는데 다음에 例文(金. p.145)을 들어 보인다.

例 Ainu utar yuk koiki ko čikuni ari yuk-sapa kik, wa iri ko
아이누들이 사슴(을) 잡-고 樹木(을) 쥐고 사슴-머리(를) 치- -어 껍질-벗기 -고
yuk-sapaha neno kenaš kata ŏsurpa wa are. čep koiki ko
사슴-머리(를) 또 林野 위에 버리--어 두게하다. 고기(를) 잡 -고
munin čikuni ari čep-sapa kik kusu. ……
썩은 樹木(을) 쥐(고) 고기-대가리(를) 치- 므로
Rataškep šuipa ko orota ek-an awa, …
나물을 볶- -는데 거기에 오-내가 -았으나(=…내가 왔으나)
Čise-kor-ainu a-ko-onkami ko čise-kor-ainu i-ko-onkami
집 -의 사람(家長) 내가 -에게 절하- -니 家長(이) 나-에게 절하다.
Yai- ko- širamšuye-an ko a-kor makiri epoki-etu-
스스로-에 대하여 잘 생각하-(였) -(으)니 나-의 창칼(이) 끝이 돌출하-
o kane anpe ne ap, ……
게 그러하여 있는 것 -이- 었다(=…빠져 나간 것이었다)
Ikor poronno a-kor-p -are ko upen umurekkur
보배(를) 듬뿍 나-의 것 주게 하- 니(=내가 주니) 젊은 夫婦(가)
čiš kor i-ko-onkami
울- -며 나-에게 절하다.
Inkar-an ko šino toranne ainu ne noine.
보- 내가 -니 참으로 우울한 사람 인 듯하다.(=내가 보니 참으로…)
Samake ta čikuni čieninuipe an ko ne čikuni noškikehe kotne
그 곁 에 나무의 벼개(가) 있- 고 그 나무의 중앙이 우묵하
kane an-i a-nukar.
그러하여 있는 것(을) 내가 보다(=…우묵한 것을…).
Tuimano apkaš-an ko ru-turaši usaine-usaine šir-ikip ne.
멀리 旅行하고 있으면 道中 가지가지의 많은-일(이) 생긴다.

위에 보인 바와 같이 '-고'(羅列形)・'-는데/-(으)니'(序說形)・'-니까/-니(緣由形)・-면(條件形)' 등의 여러 가지 구실을 갖고 있는 連結語尾가 ko인 것이다.

그리고 (13)・(16)항에서 韓國語의 不完全名詞 '거'를 '*이까'(不完全名詞)에서의 발달로 볼 수 있었고, 또 그것은 -ike(名詞形成接尾辭)<Ainu>와 對應시킬 수 있다고 하였는데, 이런 생각에 준하여 後置詞 ko<Ainu>도 ike<Ainu>에서의 발달로 볼 수도 있을 것이다.

한편, 韓國語의 連結語尾-'-고'가 羅列形과 行動의 상황을 나타내는 副詞形과 緣由形 등으로 쓰이고 있다(*cf.* 副詞形 : 나는 가고 싶다 : 나는 가고 있다. ; 羅列形 : 공부하고 왔다 ; 緣由形 : 과식하고 배탈이 났다).

그리고 어미 '-니'가 緣由形과 序說形에 두루 쓰이듯이, 두 連結語尾는 기능이 거의 같으므로 韓國語에서 '-고'가 副詞形에 더 쓰는 차이가 있을 뿐이다. 그러나, 부사형은 助形容詞에 이어지는 특수한 경우이니 '-고 있다 ; -고 싶다'를 한 형태소로 다룰 수도 있다.

따라서 아이누語의 連結語尾-ko와 韓國語의 連結語尾-'-고'는 音韻上・機能上 매우 훌륭한 對應을 보여 주고 있다고 할 것이며[*cf.* 7.1(1) : k＜Kor)∞＜Gily＞]. 이들의 共通基語는 -ŋa([ŋə]. 羅列形)＜Gily＞・-ŋ(副詞形)＜Gily＞의 存在로 미루어서 *-ŋo(羅列・緣由・序說形)로 再構될 수 있을 것이다.

(18) 輕微形 -tek 〈 Ainu 〉 ∞ 輕微形 '-척/-체/-닥/-덕'(-čʻək/-čʻe/-tak/-tək) 〈 Kor 〉 ······*-tek(輕微形)

아이누語에서 動作이 매우 輕微함을 표시하는 輕微形의 形態素로서 tek이 다음과 같이(金. pp.160~161) 쓰인다.

例 rikin(昇)→rikin-tek(조금 오르다, 오르는 척하다)
ran(降)→ran-tek(조금 내리다, 내리는 척하다)
nukar(見)→nukar-tek (조금 보다, 보는 척하다)
arpa(行)→arpa-tek(조금 가다, 가는 척하다)
terke(跳)→terke-tek(조금 뛰다, 뛰는 척하다)
paš(走)→paš-tek(조금 달리다, 달리는 척하다)
hopuni(起)→hopuni-tek(조금 일어나다, 일어나는 척하다)
hepuni(얼굴을 들다)→hepuni-tek(조금 얼굴을 들다, 얼굴을 드는 척하다)

한편 韓國語文法에서 副詞性不完全名詞 '척'을 '假飾'의 뜻을 가졌다고 들 한다. 물론 지금은 그런 뜻도 가지고 있지만, 起源的으로는 '輕微한 動作'을 표시하던 形態素가 아니었을까 한다. 그렇게 생각하는 까닭은 현재도 '假飾'보다 '經微

한 動作'을 표시하는 경우가 많고, 또 假飾을 표시하는 중후한 形態素 '텨로＞쳐로(처럼)'가 따로 있으며, 그것과 '척'의 音相이 유사한 데서 類推되어 輕微形이 假飾形의 機能을 겸하게 되였을 가능성도 있기 때문이다. 우리가 일반적으로 '조금 먹었다'를 '먹은 척 했다'고 하지 '조금 먹였다'고는 별로 하지 않는다. 이때 '먹은 척 했다'가 실제로 '먹는 시늉만 하고 먹지 않았다'의 뜻으로도 쓰이기는 하지만 그런 경우는 극히 드문 일이며, 假飾은 '먹는 것처럼 하였다'라고 하는 것이 通例이다.

그리고 音韻上으로도 아이누語의 tek과 韓國語의 '척/체'는 對應이 가능하다.

*tek ─┬─ tək[*cf.* 8.1.(16)→č'ək(č'e에 類推됨)]
　　　└─ te(語末子音脫落傾向)＞č'e(체)

그러므로 아이누語의 輕微形 tek과 韓國語의 輕微形(假飾包含) '척/체'는 완전한 對應을 보여 준다.

그리고 "먹음-즉(＞-직)하다"의 '-즉'과, "납닥하다, 넘덕하다, 빗닥하다, 절둑거리다"의 '-닥-/-덕-/-둑-'(-tak/-tək/-tuk)도 -tek＜Ainu＞와 比較될 수 있을 것으로 생각한다.

이밖에 이들과 比較될 수 있는 것으로 滿洲語의 副詞形成接尾辭 -taka/-teke/-čuka/-čuke를 들 수 있어서, 이들의 共通基語는 *-tek(輕微形)으로 再構될 수 있을 것이다.

(19) 始動形 *aši 〈 Ainu 〉 ∞ 始動形 '-쟈'(-čya) 〈 Kor 〉 ……*-nta(共同形)

아이누語에서 동작의 始作을 뜻하는 始動形으로서 oaši/heaši가 쓰이고 있는데 다음에 例文(金. pp.163 · 164)을 들어 보인다.

例 Tane anakne eči-u-ekot oaši.
지금 -은 너희들-서로-죽기 始作한다.
Tane u-koiki oaši kor-an.
지금 서로-치기 始作하- -고 있다.

Tane u-koiki heaši.
지금 서로-치기 始作한다.
Tane huči tar-kar heaši.
지금 할머니(가) 새끼(를)-만들기 始作한다.
Tane čiš heaši.
지금 울기 始作한다.
Tane tusa kukarkar heaši kor-an.
지금 소매(를) 수놓기 始作하- -고 있다.

한편 韓國語에서도 共同形의 '-쟈>-자'와 連發形 「…쟈 -말쟈」의 '-쟈>-자'는 起源的으로 그것이 始動形이었던 것으로 推定된다.

例 얼음이 얼자말자(얼자마자) 녹아 버렸다.
술 닉쟈 체 쟝ᄉᆞ 도라가니 <청구. p.75>
婚姻ᄒᆞ쟈 期約ᄒᆞ얏더니 <續三綱 烈2>

위 문장의 '얼자마자'의 뜻은 '얼음이 얼기 시자하다가 말기 시작하여 녹아 버렸다' 이어서, 바꾸어 말하면, '하자말자'는 한 動作이 시작되었다가 곧 中止動作이 시작되었으니, 결국 '한 動作이 잠깐 있었다'는 말이 '하자말자(<하자마자)'인 것이다.

그리고 '하자말자'의 줄어든 形態에 '하자'가 있는데, 이것은 連結語尾이기 때문에 終結語尾인 共同形의 '하자'와는 구별되어야 하겠지마는 共同形의 '-쟈'도 일의 始作을 意味하는 데서 비롯되었다고 推定된다. 따라서 連發形·共同形語尾 '-쟈'는 起源的으로 始動形이 틀림없고 '-쟈>-자'의 발달을 한 말이다.

한편, 아이누語의 heaši/oaši를 金田一京助(1944) p.163는 o(尻)-aši(세우다)의 語源을 가진 것으로 보았으나, 筆者는 he-aši/o-aši로 分析하여 he-/-o-를 向格接頭辭로 보고자하며, 따라서 *asi가 순수한 始動形일 것이며, 이것이 韓國語에서 *aši>aji[*cf.* 8.1.(27)]>ajyə[*cf.* 8.1.(23)]>jyə[*cf.* 8.1.(54)]>jya(陽性母音化)의 과정을 밟을 수 있어서 *aši<Ainu>와 -jya(쟈)<Kor>는 音韻上으로 비교될 수 있다.

그러므로 아이누語의 始動形 *aši와 韓國語의 始動形 '-쟈>자'는 對應되는 것이 확실하다. 더욱이 여타의 언어에서 이 '-쟈'와 對應될 만한 것을 찾아보면, 길약語에 共同形-nta/-nate, 몽고語에 連發形 sača, 터키語에 連發形 -nja/-nje/가 있어서 '-쟈'와 對應의 가능성이 있어 보인다. 그러나 그것이 始終形에서의 발달인지 확실하지 않다.

이밖에 jaka(卽時)〈Ma)·-er(連發形)〈Ma〉·-ya(共同形)〈Mo〉도 比較될 직하다. 따라서 이들의 '-쟈'와 *-aši의 共通基語는 *-ati로 再構될 수 있을 것이나 源泉的인 形態는 '-ㄴ다>-쟈/-져'의 發達을 考慮할 때 *-nta로 再構되어야 할 것으로 推定된다(*cf.* t·č 앞에 n이 介入하는 現象).

(20) 反復形 ~a~a 및 疊語〈Ainu〉∞ 反復形 '~아~아/~어~어'(~a~a/~ə~ə) 및 疊語〈Kor〉……*~a~a(反復形)

아이누語에서 反復되는 動作을 표현하는 데 있어서 韓國語에서와 마찬가지로 두 가지 方式을 쓴다. 그 하나는 ~a~a이고, 다른 하나는 動詞의 貼用인데 다음에 例를 들어 보인다(金. pp. 159·160).

(가) -a-a型 :

例 huma-huma(붕붕 울리다)
čisa-čisa(울고 또 울다, 울어울어)
kika-kika(치고 치다)
ea-ea(먹고 먹어)

(나) 疊用型 :

例 mina(웃다)—mina-mina(방실방실 웃다)
mike(빛 나다)—mike-mike(반짝반짝 빛나다)
omke(기침하다)—omke-omke(자꾸 기침하다)
patu(뛰다)—patu-patu(펄쩍펄쩍 뛰다)
sama(넘어지다)—sama-sama(데굴데굴 구르다)
čari(헤치다)—čari-čari(자꾸 헤치다)
šinu(기다)—šinu-šinu(기고 기다)
cf. 疊用形의 變形으로 첫 音節만 반복하는 경우와 둘째 音節 이하만 반복하는 경우도 있다.

例 { terke(비틀하다)—*ter-terke(>tetterke, 비틀비틀하다)
teške(뛰다)—teš-teške(펄펄뛰다)

{ hočika(구르다)—hočika-čika(데굴데굴 구르다)
hotappa(괴로워하다)—hotappa-tappa (괴로워 몸부림치다)

한편 韓國語에서도 '~아 ~아'型과 疊用型으로 동작의 반복을 표현한다.

(가) '~아~아'型 :
例 몰-아 몰-아(몰고 몰고, 자꾸 몰아)
울-어 울-어(울고 울고, 자꾸 울어)
죽-어 죽-어(죽고 죽고, 자꾸 죽어)
(나) 疊用型 :
例 움직-움직(움직-거리다, 자꾸 움직이다)
번득-번득(번득-거리다, 자꾸 번득이다)
울고-울고(자꾸 울어)

그러므로 아이누語와 韓國語는 어떤 동작이 反復되는 것을 표현할 때 함께 같은 말을 疊用해 쓰는 習慣이 있음을 알 수 있고, 또 語幹에 ~a~a(韓國語에서는 母音調和로 ~ə~ə도 있음)를 添加하여 쓰는 방식도 꼭 같다. 따라서 이 들의 共通基語는 *~a~a(反復形)로 再構될 수 있을 것이다.

(21) 方式後置詞 kun(i) 〈Ainu〉 ∞ 方式副詞形 '기-/-긔/-게'(-kEI/-kI/-ke) 〈Kor) ……*-kïr(方式副詞形)

아이누語에서 可能·未來·婉曲命令形을 표시하는데 kuni가 쓰인다고 하는데, 이것은, 原形이 kun이고 그것의 所屬形이 kun-i이다.

그런데 여기 kun이 韓國語의 方式副詞形(一名 到及形) '-긔/-긔/-게'와 對應하는 것으로 推定된다. 먼저 아이누語에 쓰인 kun-i의 用例(金. p. 207)를 보인다.

例 Nu kuni eke(듣게 온다→들을 수 있게 온다)
Wakka ta kuni arpa(물을 긷-게 간다→물을 길을 수 있게 간다)
A-kor tennep tunašno pirka kuni-ne e-sanniyo wa en-kore(나-의 어린애가 빨리 좋-게 -되다. 그것-決斷하-여 내게-주오.→내 어린애가 빨리 좋아질 수 있게 하는 決斷

을 내게 일러 주오.)
Šiknu <u>kuni</u>-p eči-ne(살-게 한-것이 그 분-이다)
Apa uk <u>kuni</u> koičaotno(문을 잡-게 앞서…→문을 잡으려 함에 앞서…)
Eči-ki <u>kuni</u>-p ne na(너희가 -하 -게 한- 것-이지-요→그대들은 하시오)
Eči-ki <u>kuni</u>-p šomo-tap-an na(너희가-하 -게 한-것이 아닌-이것-이지-요. →그대들이 하면 안 되오.)
K'arpa <u>kuni</u> ye! (내가 -가 -게 말하여라!)
Ne <u>kuni</u> ku-ramu(그렇-게 내가 생각한다.→그런 것같이 나는 생각한다.)

다음에 韓國語에서 쓰인 '-ᄀᆡ/-긔/-게'의 例를 든다.

例 오시 ᄌᆞᄆᆞᄀᆡ 우르시고<月釋 八101>
드트리 다외ᄋᆡ(<ᄀᆡ) 붓아디거늘<釋詳 六31>
짐즛 업게 ᄒᆞ시니<龍歌 64장>
阿修羅王이 月蝕ᄒᆞ게 ᄒᆞᆯᄊᆡ<月繹 二>
부쳐 ᄀᆞᄐᆞ시긔 ᄒᆞ리이다<釋詳 六4>

위에 보인 바와 같이 韓國語의 形態素 '-ᄀᆡ/-긔/-게'는 종래 未來形으로 看做되어 왔으나, 실은 그것이 아이누語의 可能形語尾와 같은 구실을 하는 方式副詞形인 것으로 推定된다. 그리고 '-ᄀᆡ/-긔/-게'는 語尾로 쓰이고 kun(i)은 後置詞이지마는, 後置詞와 語尾는 함께 自立形이 아니고 後置된다는 점에서 그 統辭機能도 거의 같다고 할 수 있다. 또 '-ᄀᆡ/-긔/-게'의 再構形 *kïr[方式副詞形 *cf.* 7.3.(45)]과 kun(i)은 8.1.(18) : ɯ/ï<Kor>∞u<Ainu>와 8.1.(44) : r<Kor>∞-n<Ainu>의 類例로 보아서 音韻上으로 충분히 비교될 수 있으므로, 아이누語의 kun과 韓國語의 '-ᄀᆡ/-긔/-게'는 완전한 對應을 보여 준다고 할 것이며, 이들의 共通基語는 *-kïr(>-kïr · kur · hïš · huš. 方式副詞形)<Gily> · -ge(樣相副詞形)<Jap> · -xa/-xe/-xay/-xey(方式副詞形)<Mo>와도 比較될 수 있어서 이들은 *-kïr(方式副詞形)로 再構될 수 있을 것이다.

(22) 條件不完全名詞 čiki 〈 Ainu 〉 ∞ 條件不完全名詞 '적/제'(čək/če) 〈 Kor 〉 … *čïki(條件不完全名詞)

아이누語에서 '…면' · '…니' · '…어도'와 같이 條件을 붙이는 條件形으로서

čiki가 yak와 함께 쓰이고 있는데 다음에 例文(金. pp.192 · 193)을 보인다.

例 Itak-an čiki pirkano nu!(내가 말하니 잘 들어라!)
Itak-an čiki uwonnure yan!(내가 말하면 양해하여 다오!)
Hempar-pakno emuš-ukoiki-an a- čiki u-oškoni ene siri ka
언제 -까지 칼- 싸움하-우리가-였-어도 서로 따라내게 그렇게 -시리 -도
šomo-ne kusu…
안 되 -므로…(언제까지 우리가 칼싸움을 하였어도 서로 이겨낼 형편도 안되므로…) *cf.* čiki에 접두사 a-가 첨가되면 相反形이 됨

위 例에서 '내가 말하니 잘 들어라'는 '내가 말할 적에(제) 잘 들어라', '내가 말하면 양해하여 다오'는 '매가 말할 적에(제) 양해하여 다오', '우리가 칼싸움하였어도 서로 이겨낼 형편도 안 되므로'는 '우리가 칼싸움할 적에(제) 서로 이겨낼 형편도 안 되므로'라고 바꾸어 말할 수 있다. 다시 말하면 čiki의 '…면', '…니', '…어도'와 같이 細分할 수도 있으나, 이것을 '…적에/…제'로 통합하여 한 가지 기능으로 다룰 수 있다.

그리고 čiki는 8.1.(29) : č<Ainu>∞č<Kor> · 8.1.(18) : i<Ainu>=ɯ<Kor>의 對應類例와 韓國語의 ɯ>ə 및 音節數縮小의 傾向으로 미루어서 *čɯki(∞čiki)>čəki>čək의 발달이 가능하기 때문에 čiki<Ainu>와 '적>제'는 音韻論上으로도 對應이 확실하다.

그리고 韓國語文法에서 보통 不完全名詞라고 하는 '바'가 도리어 連結語尾로 더 많이 쓰이고 있듯이[*cf.* (15)項], 不完全名詞 '적'도 도리어 連結語尾로 더 많이 쓰이고 있다. 즉 '적(제)'은 위에서 말한대로 條件形語尾와 같은 구실을 하는 不完全名詞라고 할 수 있을 것이다.

그러므로 아이누語의 條件不完全名詞-čiki와 韓國語의 *條件不完全名詞 '적/제'는 훌륭한 對應을 보여 주며, 이들의 共通基語는 *-čïki(條件不完全名詞)로 再構될 수 있을 것이다.

(23) 條件形 yak 〈 Ainu 〉 ∞ 條件形 '-약/-악'(-yak/-ak) 〈 Kor 〉 ……*-ak(條件形)

이미 (22)항에서 언급한 대로 yak<Ainu>은 條件文을 표시하는 形態素로서

čik-와 마찬가지로 '-면'의 뜻을 가졌다.

例 an yak(있으면), ne yak(…이면), ki yak(하면)
Rai-an yak anakne i-mošir-arke kem-apto-uš.
죽-내가 -으면 -은 그의-섬-절반(에) 피-비(가) 내린다.
(내가 죽으면은 이 섬의 절반에 血雨가 내린다.) ……………………… 以上 <金. p.190>
Eči-ki yak eašir nekon hawašpe tan
(네가 하면 그것이야말로 어떤 이야기가 될 것인가.) ……………… 以上 <金. p. 191>

그리고 提示助詞(소위 主題格助詞, -은/-는)로 쓰이는 anakne<Ainu>도 본래 an(있-, 在)-yak(으면)-ne(變成格助詞 : translative)로 分析될 것으로서 여기서 yak이 용이하게 yak>ak의 변화를 일으킴을 알 수 있다.

한편, 韓國語의 方途形-'-악/-약'은 '…어서'의 뜻을 가졌다.

例 곧 巾几를 옮겨오ᄆᆞᆯ 지ᅀᅥᆨ ᄀᆞᅀᆶ빗돗ᄀᆞᆯ 내 헌 지브로서 나가라(=곧 巾几를 옮겨 오게 만들어서 가을의 뱃돛을 내 헌 집에서 나가게 하도다)<杜初 卄53>
너와 다ᄆᆞᆺ ᄒᆞ야 山林에 사로ᄆᆞᆯ 서로 일티 마락 모매 藥 ᄡᆞᆫ 거슬 갓가이 ᄒᆞ곡 수를 당샹 가쥬리라(=너와 함께 山林에 사는 것을 서로 잃지 말아서 몸에 藥을 싼 것을 가까이 하고서 술을 늘 가질 터이다)<杜初 八33>
여러 法緣을 여희약 分別性이 업슳딘댄(=여러 法緣을 여이어서 分別性이 없을진댄)<楞嚴 二26>
수를 마셕 당샹 醉케 ᄒᆞ면(=술을 마셔서 늘 취하게 하면)<救方 下64>

그런데 方途形도 일종의 條件法으로 볼 수 있다. 그러므로 아이누語의 條件形 -yak와 韓國語의 條件形-'-악/-약'(종래에는 단순히 强勢形으로 보았음)은 서로 對應되는 形態로 推定되며, 이들의 共通基語는 *-ak(條件形)으로 再構될 수 있을 것이다.

(24) 所望形 kusu〈Ainu〉 ∞ 所望形 '-고지/-고시/-(ㄹ)것이'(-koji-/-kosi-/-(l)kəsi)〈Kor〉……*Kuju(所望形)

아이누語에서 欲望(意圖・目的)을 표시하는 데 kusu를 쓴다(金. p.206).

例 Noški pakno hetattektek a-uina kusu-ne ap kotpoki-un rištektek
半身 -까지 훌쩍 일어나서 내가-줍 -고저 한 것(을) 먼저 낚아채-
hine...
-어서(半身까지 훌쩍 일어나서 내가 줍고저 한 것을 먼저 낚아 채어서…)
…… 欲望(意圖)

Neunneyakka e-kor kusa-ne ap šukušpetun-mat ne rok kusu,
어떻든 네가 가지- -고저 한 것(이) 슈구스베둔-女 -이 -었 -으므로
nani e-kor wa sekor yainu-an
곧 네가 가진-다 -라고 생각한다-내가 (내가 어떻든 네가 차지하고자 한 것이 시구시베둔- 아가씨였으므로, 곧 네가 차지한다고 나는 생각한다.) …… 欲望(意圖)

Wenkasuno menoko pirka ruwe koyai-ramu-sakka a-ki kusu
너무 女子가 아름답- -아서 앞뒤- -생각- -없이 내가-하 -고저
iki-an yakka ikor ani tomi ani a-e-koiašinke ki kusu-ne na
하-였 -지만 보배를 가지고 財物을 가지고 내가-에게-배상 하 -고자한 다.
(너무 女子가 아름다와서 앞뒤 생각없이 내가 하려 하였지만 보배와 재물을 가지고 내가 네게 배상하고자 한다.) …… 欲望(意圖)

A-ekaši-utari a-šinrit-utar-orke a-ko-šinnurappa ki kusu-ne na
우리 할아버지-들 우리-祖上-들-거기 우리가-에 -大祭 하 -고저 한-다.
(우리 할아버지들과 祖上들에게 우리가 大祭를 올리고저 한다.) …… 欲望(意圖)

Wakka ta kusu arpa(물을 길으-려 간다.) …… 欲望(目的)

그런데 이 所望形 kusu는 본래 名詞였기 때문에 -ne가 붙어서 '-고저 하다'의 뜻으로 쓰이게 된 것이며, 韓國語의 詩歌에서 '-고댜ᄒᆞ다'가 '-고쟈'로 줄여 쓰이는 것과 마찬가지로 kusu-ne가 kusu로 줄여 쓰이기도 한다.

그뿐만 아니라 이것이 '婉曲한 命令 내지 期待'나 '將然相'(未來)으로서도 轉用되는데 다음에 例(金. p.206)를 들어 보인다.

例 A-ak-tonote mošir kor kamui huo-iki-eki kusu-na
나의-아우-추장(이) 나라 -의 神(으로) 기운-내-게하 구려
(내 아우인 추장이 國神으로서 기운을 내게 하소서) …… 期待・婉曲命令

Inki-an-kur a-raike yakka raior orunno a-e-ašur-aš
모두-있는 사람 우리가-죽게하 -여도 죽어서 -까지 우리의-그 명성이-서-
kusu-ne na
-구려(우리가 모든 사람이 죽게 하여도 죽어서까지 우리의 명성이 높게 하소서) …… 期待

Ki-wa-ne yakne šukupnuraukot e-kor kusu-ne na

하-고 나 -면 生涯의 부끄럼을 네가 가지 -ㄹ것이 -다
(하고 나면 네가 平生의 부끄럼을 가질 것이다) ………………………………… 推測

한편, 韓國語에서 '-고지(-고져)'가 慾望 · 期待를 '-고시'가 婉曲한 命令을 표시하는 形態素로 쓰이는 것은 주지의 사실이다.

例 뉘 아니 좇ᄌᆞᆸ고져 ᄒᆞ리<龍歌 78장> ………………………………… 欲望
잡아 가고쟈 ᄒᆞ거든<小學 六18> ………………………………… 欲望
뎌 긔운 흐터내야 人傑을 만들고쟈<鄭澈 : 關東別曲> ………………… 期待
그딋 ᄯᆞᄅᆞᆯ 맛고져 ᄒᆞ더이다<釋詳 六15> ………………………………… 欲望
거러 두고 보고지고 〈珍靑 p.33> ………………………………… 期待
어느이다 노코시라<井邑詞> ………………………………… 婉曲命令
혀고시라 밀오시라(<밀고시라)翰林別曲> ………………………………… 婉曲命令
어긔야 머리곰 비취오시라(<비취고시라)<井邑詞> ……………………… 婉曲命令

그런데 이 欲望 · 期待의 '-고지-(-고져/-고쟈)'와 婉曲한 命令의 '고시-'와 그 起源이 같았을 것으로 믿어지는 意志 · 婉曲한 命令 및 未來 · 推測을 표시하는 '-ㄹ 것'이 따로 현재 쓰이고 있다.

例 나는 갈 것이다(=가리라/가려 한다) ………………………………… 意志
너는 오늘 집에 있을 것(=…있어라) ………………………………… 命令
그는 여행 갔을 것이다 ………………………………… 推測
그는 내일 고향에 돌아 갈 것이다 ………………………………… 未來

그리고

*kuju ┬ kusu > kosi > kəsi(> kəs) *cf.* 8.1.(16): u < Ainu > ∞ə < Kor >
└ koji *cf.* 8.1.(7): u < Ainu > ∞o < Kor >

와 같은 音韻變化가 가능하고, 欲望 · 期待 · 婉曲한 命令 · 推測 · 意志를 일관하여 '所望'이라고 할 수 있을 것이다.

그러므로 아이누語의 所望形 kusu와 韓國語의 所望形 '-고지-/-고시-/-(ㄹ)것

이'는 對應되는 形態素들인 것으로 推定된다.

어쩌면 韓國語의 婉曲한 命令形인 '-구려'도 *kuju(>kosi)>kuji>kuri>kuryə의 發達過程을 밟은 '-고시-'의 變形인지도 모르겠다. 따라서 이들의 共通基語는 *ku-ju-(所望形)로 再構될 수 있을 것이다.

參考로 말하면 '-고자'는 kya(所望形)<Gily>와도 比較될 수 있을 것이다.

(25) 强調助動詞 -ekarkar〈Ainu〉 ∞ 强調助動詞 '-아/어 ᄒᆞ-'(-a/ə hʌ-)〈Kor〉 ……*-ā kar(强調形)

아이누語에서 助動詞 ekarkar은 다음과 같이 매우 특이하게 쓰이고 있다.

例 ko-onkami(禮拜하다) ……………………… či-ko-onkami ekarkar(拜禮를 하다)
kiyanne(恭敬하다) ……………………… či-kiyannere ekarkar(恭敬을 하다)
koerayap(感嘆하다) ……………………… či-koerayap ekarkar(感嘆을 하다)
eumšuka(準備하다) ……………………… či-eumšuka ekarkar(準備를 하다)
kohunar(探求하다) ……………………… či-kohunar ekarkar(探求를 하다)
……………………………………… 以上 <金. pp.116…7>

위에서 본 바와 같이 本動詞에 不定稱主語 či-를 接頭시키고, 여기에 助動詞 ekarkar(…을 하다)를 붙여 쓰되, ko-onkami(禮拜하다)와 같은 他動詞는 kamui huči ko-onkami(火神을 拜禮하다)와 같이 꼭 目的語가 필요한 데 반하여, či-ko-onkami ekarkar은 či-ko-onkami가 마치 人稱別이 없고 名詞的(目的語)인 점에서 infinitive와 비슷하고, 助動詞 ekarkar은 '…을 하다'의 뜻을 가졌으나, '强調'의 구실을 하여서, či-ko-onkami ekarkar은 '拜禮를 하다'로서, 이것은 拜禮의 對象이 없이 抽象的으로도 쓰인다. 마치 韓國語의 '보니'는 반드시 目的語를 이어받아야 쓰일 수 있는 데 반하여 '보아 하니'는 目的語없이 抽象的으로 쓰이면서 强調形의 구실을 하는 것과 같다.

韓國語에서 '他動詞語幹+아/어+ᄒᆞ(>하)-'의 構造를 가진 표현을 몇 개 다음에 例示한다.

例 感祝ᄒᆞ여 ᄒᆞ오셔<恨中錄>
슬허호ᄆᆞᆫ 苦로왼 사ᄅᆞ미 ᄠᅳ디니라(慘憺苦士志)<杜初 卄二36>
나도 혜여ᄒᆞ니 올ᄒᆞ시니이다 ᄒᆞ야시ᄂᆞᆯ<三綱 烈 11>
萬二千峰을 歷歷히 혜여ᄒᆞ니<松江・關東別曲>
누어 ᄉᆡᆼ각ᄒᆞ고 니러안자 혜여ᄒᆞ니<松江・續美人曲>
ᄀᆞᅀᆞᆳ ᄃᆞ론 내 ᄆᆞᅀᆞᆷ 슬케호ᄆᆞᆯ 아라ᄒᆞᄂᆞ다<杜初 卄27>
ᄂᆞ출 마조 보와셔 거머호ᄆᆞᆯ 슬코<杜初 卄27>

위에서 ‘感祝ᄒᆞ여 ᄒᆞ오셔’를 ‘感祝ᄒᆞ오셔’로, ‘슬허호ᄆᆞᆫ’을 ‘슬호ᄆᆞᆫ’으로, ‘혜여ᄒᆞ니’를 ‘혜니’로, ‘보아하니’를 ‘보니’, ‘아라 ᄒᆞᄂᆞ다’를 ‘아ᄂᆞ다’로, ‘거머호ᄆᆞᆯ’을 ‘검음을’로 바꾸어도 意味上으로 다를 바 없다. 그러면서도 ‘-아/어ᄒᆞ-’型의 표현은 대개 他動詞로 對象(目的語)을 言外에 省略하고 抽象的으로 쓰이면서 强調의 구실을 하고 있다.

그런 점에서 아이누語의 ‘či+他動詞+ekarkar’型의 표현과 한국어의 ‘他動詞+아/어ᄒᆞ-’型의 표현은 그 着想이 같을 뿐만 아니라, či(不定稱代名詞)는 아무런 意味・機能을 갖고 있지 않으므로 언젠가는 자연히 도태될 運命에 놓여 있는 것으로 본다면 či-를 제외한 ‘他動詞+ekarkar’와 ‘他動詞+아/어ᄒᆞ-’는 音韻上으로도 對應될 것으로 믿어진다. ekarkar의 e-와 ‘-아/어ᄒᆞ-’의 ‘-어(ə)/아(a)’(母音調和에 의한 交替形)는 분명히 音韻上으로 對應되고, 또 -karkar은 한국어의 音韻變化의 특질을 보아서 hʌ(ᄒᆞ)로 충분히 變遷할 수 있다. 즉 重音脫落으로 보거나, *karkar＞arkar[*cf.* 8.1.(48)]＞akar＞kar[*cf.* 8.1.(54)]＞ka(語末子音脫落)ha＞hʌ(ᄒᆞ)와 같은 발달과정을 생각할 수 있다. 한편 助動詞 ekarkar은 ‘e(具格)-kar(만들다)’에서 本動詞 kar과 구별하기 위해 kar을 重疊한 構造를 가지게 된 말로 볼 수 있어서(*cf.* 英語의 progress=make progress, hasten=make haste, answer=make an answer, reply=make reply), 여기의 起源的인 形態 *e-kar이 e-kar＞ə-ka＞ə-ha＞ə-hʌ→a-hʌ의 발달을 겪은 것으로 볼 수도 있을 것이다. 그렇다면 音韻上의 對應이 더욱 확실하다고 할 것이다.

요컨대 아이누語의 强調助動詞 ekar(-kar)와 韓國語의 强調助動詞 ‘-어ᄒᆞ-/-아ᄒᆞ-’(여기서는 比較의 편의상 ‘어/아’을 합쳐 助動詞로 불러둔 것임)는 對應되는 것으로 推定된다. 따라서 이들의 共通基語는 *-ā kar(强調形)로 再構될 수 있을 것이다.

이밖에 길약語의 强調形 '(-r · t · n)-aa ha-'도 '-아/어 ᄒᆞ-'와 比較될 수 있을 것이다.

(26) 反復形-ranke 〈 Ainu 〉 ∞ 反復形-'락'(-rak) 〈 Kor 〉 ……*-rak(同樣副詞形)

아이누語의 反復形은 ranke인데 다음에 例(金. pp.167 · 168)를 든다.

例 Kešto kešto apto aš ranke!(每日 每日 비가 내리곤 하는구나!)
每日 每日 비(가) 내리-곤 하는구나!
O-tu-ka-šinkop ranke-ranke
몇 개 실 보풀(을) 떨어내-곤 하다(실을 켜곤 한다).
Neunne humi ne nankor ya? iošmake un šittaknu ranke
어떤 소리 -이 -ㄹ것인 -가 내 뒤 -에 덜컥-소리-들리 -곤 하고
šinrimnu ranke, kusu hum-aš-pe koyoyamokte
덜컹-소리 들리 -곤 하고, 그래서 소리 -냐는-것 의아하게 -여겨
Kotankor sapo uk wa nukar ranke tasa kampi arpare ranke,
시골의 누님(이) 받아들-고 보- -면서 答- 信(을) 보내- -면서,
tunoiwaisuine širi a-nukar koyoyamokte a-ki ruwe-ne.
몇번이고 그러한 모양(을) 내가 보고 의아한-여김(을) 내가 하-ㄴ것-이다.
Sapo šiyuk-a wa i-ko-ipuni ranke.
누이(가) 盛裝하-고 내게 대접하- -곤하다.

한편, 韓國語에서도 ranke와 유사한 形態를 가지고 있으면서 그 機能이 같은 反復形 '-락'이 다음과 같이 쓰이고 있다.

例 오락가락
들락날락, 들락-거리다
푸르락누르락

그리 *rake>ranke[*cf.* 8.1.(56) 口腔閉鎖音 앞에 n 挿入現象] · rak의 音韻變遷이 가능하다.

그러므로 아이누語의 反復形 ranke와 韓國語의 反復形 '-락'은 對應되는 形態素인 것으로 推定되며, 이 들의 共通基語는 *-rak(同樣副詞形)으로 再構될 수 있

을 것이다.

이밖에 길약語의 同義副詞形 -rank가 있고, 터키語에도 -arak/-erek(하면서)가 있어서 '~락'(反復形)과 比較될 수 있을 것이다.

(27) 持續形-natara 〈 Ainu 〉 ∞ 不定法語尾- '-ᄂᆞ다'(-nʌta) 〈 Kor 〉 ……*-natara (不定法語尾)

아이누語에서 持續相(durative aspect)의 形態素로서 -natara(語幹末音이 子音인 경우) · -hitara(語幹末音이 母音인 경우)가 쓰이고 있는데 繼起相(successive aspect)의 -rototo/rototke나 多回相(multitudious aspect)의 -atki보다는 靜的 · 狀態的이며, 동작이나 상태가 持續的으로 나타나는 것을 표시하는데 다음에 例示한다(金. p.158).

例 tom(빛나다) : *tom-natara(>ton-natara, 빛이 길게 끌다)
par(빛나다) : *par-natara(>pan-natara, 반짝반짝하다)
makmak(번득이다) · makmasa(열다) : mak-natara(밝다, 훤히 트여 있다)
ser(칼을 가는 소리) : *ser-natara(>sen-natara, 석:석: 소리가 길게 끌다)
kunne(어두운) : *kunne-natara(>kun-natara, 어두워져 있다)
yup(기운을 내다) : yup-natara(기운이 들어 있다)
keu(소리) : keu-natara(소리가 계속나다)
yau(힘차고 긴장하다) : yau-natara (화가 치밀어 있다)

한편, 韓國語의 定動詞形(終結語尾) '-ᄂᆞ다'는 종래에 '-ᄂᆞ-'와 '-다'의 複合形態로 보와 왔으나, 이와 대조적인 疑問形이 '-눈다'인 점으로 보아서 起源的으로는 '-ᄂᆞ다'를 單一形態素로 보아야 할 것이며, 이것은 아이누語의 持續相을 표시하는 -natara와 同起源인 것으로 생각할 수도 있다.

例 사시조초 노롯ᄒᆞᄂᆞ다(=四時를 따라 노름을 하고있다)<朴初 上18>
桃花ㅣ 시름업서 笑春風ᄒᆞᄂᆞ다(=桃花는 근심이 없어 笑春風하고 있다)<滿殿春>
힘 세니 바미 지어 ᄃᆞ라든 어리닌 모ᄅᆞᄂᆞ다 ᄒᆞ니라(=힘이 세어서 밤에 만들어 달려든 어린 사람은 모르고 있다고 하니라)<楞嚴 一16>
프른 쥐 녯디샛 서리예 숨ᄂᆞ다(=푸른 쥐가 옛 기와의 사이에 숨고 있다)<朴重 六1>
羅睺羅 ᄃᆞ려다가 沙彌 사모려 ᄒᆞᄂᆞ다 홀씨(=羅睺羅를 데려다가 佛弟子를 삼으려

하고 있다고 하므로)<釋詳 六2>

〔**參考**〕 -ᄂᆞ다 :
信ᄒᆞᄂᆞ다 아니ᄒᆞᄂᆞ다(=믿는가 안믿는가?)<月釋 九46>
어드러 가ᄂᆞ다(=어디로 가는가?)<老乞 上1>
어서 먹어라 대비 ᄭᅮ지즈니 셜워 아니 먹ᄂᆞ다(=어서 먹어라! 대비가 꾸짖으니 슬퍼서 아니 먹는가?)<癸丑 p.196>

'-ᄂᆞ다'는 위 例에서 보인 바와 같이 持續·進行의 뜻을 가지고 있으나 때로는 단순히 現在를 뜻하기도 하는데, 起源的인 機能은 不定法으로 보고자 한다. 다시 말하면, 본시 不定法語尾였는데 한국어에서 動詞에만 국한되어 쓰이고 또 動詞는 動作이나 作用을 나타내는 말이므로, 動作이나 作用의 存在는 바로 動作이 진행되거나 作用이 持續되고 있음을 의미한다. 따라서 '간다'고 하거나 '가고 있다'고 하거나 결국 같은 뜻이 된다. '가다'가 움직이기 때문에 '가는 動作'이 있다는 이야기가 되니 결과적으로 動作의 進行·持續을 의미하게 된다. 다만 '가고 있다'고 하면 움직임의 持續·進行面을 강조하여 말한 것 뿐이지 실질적으로 '간다'와 그 뜻이 다를 바가 없다. 그리고 '간다'라는 現在形은 때로 未來로 代用되기도 하므로 꼭 '가다'라는 動作의 進行相을 明示해야 하겠다고 생각했을 적에는 '가고 있다'고 하는 것이 현명하기 때문에 그렇게 한 것뿐이지, '간다'라고 표출하였다고 '가고 있다'는 뜻이 안되는 것은 아니다. 다음에 단순한 현재를 표시한 것으로 볼 수 있는 用例를 들어 보인다.

例 不能은 몯ᄒᆞᄂᆞ다 하논 ᄠᅳ디오<月釋序1>
廬山 眞面目이 여긔야 다 뵈ᄂᆞ다<松江·關東別曲>

이렇게 본다면, 아이누語의 持續相 -natara도 한국어의 'ᄂᆞ다'와 마찬가지로 본시는 不定法이었을 가능성이 크며, 이들은 機能上으로 일치한다고 할 수 있고, 音韻上으로도 *-natara를 -nata+ra(>--nʌda+ra)와 같이 誤分析하였거나, *-natara> -natar>-nata>-nʌta[-ᄂᆞ다 *cf.* 8.1.(17): a<Ainu>∞a<Kor>]의 발달이 가능하므로 이들은 서로 對應되는 것으로 推定되며, 이들의 共通基語는 -*natara(不定法語尾)로 再構될 수 있을 것이다.

이 밖에 /-nd/-nt/-nïnt(不定法語尾)<Gily>도 '-ᄂ다'와 對應시켜 볼 수 있을 것이고, -nai/-nam(現在)<Mo>도 '-ᄂ/-논'과 比較됨직하다.

(28) 持續形 -hitara 〈Ainu〉 ∞ *持續形 '-이다'(-ita) 〈Kor〉 ……*-kita 또는 *kitara(持續形)

아이누語에는 -natara(*不定法語尾)와 -hitara의 두 가지 持續形이 있다고 前項에서 언급한 바 있는데, -hitara에는 動詞 또는 名詞 · 副詞가 先行하며, 그 쓰임은 다음과 같다(金. p.159).

例 raye(주다, 보내다) : raye-hitara(쭉 보내다, 쭉 밀어 붙이다)
turi(늘이다) : turi-hitara(쭉 늘이다, 쭉 뻗어 있다)
noye(노를 꼬다) : noye-hitara(쭉 꼬다, 쭉 끄을다)
poye(섞이다) : poye-hitara(섞이어 있다, 뒤섞이고 있다)
kuri(그늘) : kuri-hitara(그늘이 짙어져 있다)
rori(가라앉다) : rori-hitara(쭉 가라앉다, 가라앉아 가다)
rari(밀다) : rari-hitara(쭉 밀다)
kitun('텅'하는 소리) : kitun-hitara(텅텅 소리가 계속 나다)

한편, 韓國語에서 '-이다'가 붙어서 動詞가 된 말은 다음과 같다.

例 움즉움즉(>움직움직) : 움즉-이다(>움직-이다)
번득번득 : 번득-이다
복닥복닥 : 복닥-이다(>복대기다)
훌쩍훌쩍 : 훌쩍-이다
끄떡끄떡 : 끄떡-이다
꿈적꿈적 : 꿈적-이다
근뎅근뎅 : 근뎅-이다
노닥노닥 : 노닥-이다
들먹들먹 : 들먹-이다
끔벅끔벅 : 끔벅-이다

위에서 볼 수 있는 바와 같이 '-이다'는 모두 動作의 反復을 나타내는 擬態語에 붙여 動詞를 만드는 接尾辭임을 알 수 있으니 '-이다'는 분명히 持續形을 나타낸다.

그러나 共時論的으로 볼 때 '움즉-이다'는 '움즉이-'가 二次語幹이 되어서 '움직이-고, 움직이-지, 움직이-니' 등과 같이 活用하지마는, 通時論的(起源的)으로는 '-이다'가 單一形態素로서 持續形을 표시하던 것이 活用形에 類推・誤分析되어서 지금과 같이 활용하게 이른 것으로 볼 수 있을 것이다.

그뿐만 아니라, '-이다'에 붙는 擬態語도 語源的으로 動詞였을 가능성이 있다.

例 몸과 ᄆᆞᄉᆞᆷ괘 움즉디 아니ᄒᆞ야 겨시거늘<釋詳 十三12>

위 例에서 '움즉디'의 語幹은 '움즉'으로 分析될 수밖에 없으니 '움즉'은 動詞나 名詞로 보아야 할 것이며, 위에 예시한 擬態語들이 모두 동작을 나타내는 말이니 필시 이들은 語源的으로 動詞였을 것으로 推定된다.

그리고 *hitara>itara[*cf.* 8.1.(55)의 脫落現象]>itaa>itā의 발달이 가능할 뿐만 아니라, 韓國語의 거의 모든 例에서 接尾辭 '-이다' 앞에 k가 先行하고 있어서 -k->-h-의 발달이 가능하므로, 韓國語의 '-이다'나 아이누語의 '-hitara'가 *-kitara에 遡及할 수 있을 것이다.

그러므로 韓國語의 *持續形動詞派生接尾辭 '-이다'와 아이누語의 持續形 -hitara는 機能上・音韻上으로 보아도 對應되는 것으로 推定되며, 이들의 共通基語는 *-kita(또는 *-kirara 持續形)로 再構될 수 있을 것이다.

이밖에 '-이다'의 '-이'를 더키語의 i-(있다)에 견주어 볼 수도 있을 것이다.

(29) 進行形 kor〈 Ainu 〉 ∞ *持續形 '-거리'(kəri-)〈 Kor 〉 ……*-karï(持續形)

아이누語에서 進行j形으로서 kor을 쓰고 있는데, 이것은 본시 '所有하다・가지다'의 뜻은 가진 動詞이며, 따라서 때로는 所有格助動詞처럼 쓰이기도 하는데 다음에 例文(金. p.165, p.187)을 들어 보인다.

例 Ainu ek <u>kor</u>-an(사람이 오고 있다)
A-ačaha …… i-omap-rešpa <u>kor</u> oka-an po-e-ašur-aš,

내 三寸이 …… 나를 사랑하여-기르- -고있- -있다 내가 子息에게 評判이 나서

a-ronnu čikoikip ataye kor wa po-e-nišpa ne kor
내가 많이 잡은 捕獲物 값을 가지고 -서 子息에게 어른이 되- -고있-
oka-an.
있다 -내가(=내 三寸이 나를 사랑하여 기르고 있었다. 子息에게 소문이 나서 내가 잡은 捕獲物代金을 가지고 내가 그들에게 어른 행세를 하고 있다.)

Čep a-e kor oka-an akusu orota ača niške hine
생선을 내가 먹- -고있- 있- (내가) -으니 거기에 三寸이 나무를 지- 고서
iwak.(=고기를 먹고 있으니 거기에 三寸이 나무를 지고 왔다.)
왔다.

Onkami-an kor oro-wa arpa-an.
拜禮하-내가 -면서 거기-서 나가다-내가(=나는 절하면서 거기서 나갔다.)

Čup hetuku kor čupeso ann, čup ahun kor čupeso čupu.
해가 나- -면서 日蓆을 놓고, 해 들어가- -면서 日蓆을 접다.
nisatta-an kor na arsui-no ukesampa!
來日이 있- 면서 다시 한번 함께-쫓아가리라(=해가 나면서 해-자리를 깔고, 해가 지면서 해-자리를 접었다. 내일이 되면서 다시 한번 쫓아가자!)

한편, 韓國語의 動詞派生接尾辭 '-거리-'는 (28)項의 '-이다'와 마찬가지로 動詞起源의 擬態語에 첨가되며, 그 기능도 실질적으로는 같다고 할 수 있다. 「포켓국어사전」(이희승 감수)에 의하면 '움직이다'는 '동작을 계속하다'라고 풀었고, '움직거리다'는 '잇달아 자꾸 움직이다'라고 풀었으니 결국 '움직이다'와 '움직거리다'는 대동소이한 말임을 알 수 있다. 그러므로 古語에 '움즈기다'는 있어도 '움즉거리다'는 없고, 一回相으로 '움즉ᄒᆞ다'가 따로 쓰이고 있다. '노닥이다 · 노닥거리다', 'ㄲ덕이다 · ㄲ덕거리다'는 語感의 차이일 뿐 意味上으로는 같으며, '-거리다'는 '이다'보다 강한 持續形을 표시한다. 이렇게 정도의 차이를 보여주는 것은 본질적인 것이 아니고 '-거리다'가 '-이다'보다 多音節形態素여서 보다 무게 있게 느껴지기 때문인 것이다.

그리고 *kor>kori>kəri[*cf.* 8.1.(16): o<Ainu>∞ə<Kor>]의 音韻變化가 가능하다.

그러므로 아이누語의 進行形 kor과 韓國語의 持續形 '-거리-'는 音韻上 · 機能上으로 對應된다고 할 것이며, 이들의 共通基語는 -xarï(持續 · 完成接尾辭)<Gily>의 存在를 考慮하여 *-karï(持續接尾辭)로 再構될 수 있을 것이다.

이밖에 -ğalja-(持續)<Mo>도 '-거리-'와 比較될 수 있을 것이다.

(30) 繼起形 -rototo 〈 Ainu 〉 ∞ 繼起形 '-놋-'(-not-) 〈 Kor 〉 ……*-rotot(繼起形)

아이누語에서 繼續形으로서 -rototo가 쓰이고 있는데 때로는 -ke를 첨가하여 -rototke의 形態로서도 쓰이는데 다음에 例示한다(金. p.157).

例 hum-rototo/hum-rototke(뿡뿡 소리가 계속 나다. hum '擬聲語')
keu-rototo/keu-rototke(우릉우릉 소리가 계속 나다. heu '擬聲語')
kau-rototo/kau-rototke(파삭파삭 소리가 계속 나다. kau '擬聲語')
puš-rototo/puš-rototke (펑펑 소리가 계속 나다. puš '擬聲語')
nui-rototo(불꽃이 계속 일어나다. nui '불꽃이 일어나다')
puk-rototo(늠늠하게 힘이 온몸에 넘치다. puk '擬聲語')
mešu-rototke(무너지는 소리가 계속 나다. mešu '무너지다')
yaš-rototke(빠개는 소리가 계속 나다. yaš-ke '빠개다', yaš '빠개는 소리')

위에서 보인 바와 같이 語根이 擬聲語 · 擬態語 · 動詞語幹 등으로 되어 있다. 그런데 한편 韓國語에서는 動詞語幹에 '-놋-/-롯-'을 붙여 쓰는 일이 있다.

例 집마다셔 사ᄅᆞᄆᆞᆯ ᄒᆞ놀이놋다(家家惱殺人)<杜初 十五6>
빗나ᄆᆞᆯ ᄒᆞ놀이놋다(弄輝輝)<杜重 十七38>
뎌리도록 아니 앗기놋다 ᄒᆞ약<釋詳 六26>
사ᄅᆞᄆᆞᆫ 오히려 술 살 도ᄂᆞᆯ 주놋다<杜初 廿一42>
ᄀᆞ마니 부ᄂᆞᆫ ᄇᆞᄅᆞ멘 져비 빗 ᄂᆞ놋다<杜初 七7>
虛ᄒᆞᆫ ᄆᆞᅀᆞ미라 오직 내 ᄌᆡ조ᄅᆞᆯ ᄉᆞ랑ᄒᆞ놋다<杜初 七34>
中使ㅣ 나날 서르 타 오놋다<杜初 八8>
글월 議論호ᄆᆞᆯ 웃고 제 ᄆᆞᅀᆞ매 알오 잇놋다<杜初 廿一31>
나라히 ᄌᆞ조 軍師ᄅᆞᆯ 내시놋다(邦家頻出師)<杜初 廿二22>
ᄇᆞᆰᄀᆞᆯ며기ᄂᆞᆫ ᄂᆞᆯ개ᄅᆞᆯ 싯고 우르놋다<杜初 廿21 · >
ᄆᆡ햇지븬 뫼햇므를 혀 오놋다<杜初 八25>
軒檻에 오ᄅᆞ놋도다<杜初 八25>
ᄉᆞᄆᆞ찻놋도다<恩 重7>
ᄆᆞᅀᆞᆶ 한아비ᄃᆞᆯ히 ᄃᆞᆫ니롯다<杜重六32>

위 例로 미루어 '-놋'은 '進行'이나 '繼起'의 뜻을 가진 形態素이며, "ᄉᆞᄆᆞ찻놋도다(사무쳐 있구나!)"의 例로 미루어서 現在時制나 感嘆接辭도 아님이 분명하다. 이 '-놋'이 '집마다', '뎌리도록', '오히려', '나날(日日)', '서르', 'ᄌᆞ조' 등의 副詞와 呼應하는 動詞에 附加되어 있다는 사실이 더욱이 '-놋-'이 繼起形임을 시사하여 준다.

그리고 *rototo > notot > noto > not(-놋-)의 發達이 가능하므로 아이누語의 繼起形 -rototo와 韓國語의 繼起形 '-놋-/-롯-'은 서로 對應되는 形態素인 것으로 推定된다. 따라서 이들의 共通基語는 -rotot(繼起形)로 再構될 수 있을 것이다.

(31) 多回形-atki 〈 Ainu 〉 ∞ 多回形 '-닥-/-덕-/-득-'(tak-/-tək-/-fik-) 〈 Kor 〉 ……*-afik(多回形)

아이누語에는 多回相(multitudious aspect)의 形態素로서 -atki가 다음과 같이 쓰이고 있다(金 p.157).

例 humum-atki(뿌-뿌- 가득히 소리나다). humhum > humum(擬聲語)
šiwiw-atki(슈슈 가득히 소리 나다). šiwšiw > šiwiw(擬聲語)
tunun-atki(찌링찌링 가득히 소리나다). tuntun > tunun(擬聲語)
kurur-atki(가득히 꺼매지다). kurkur > kurur(검고 검은 모양, 어둡고 어두운 모양)
tusus-atki(덜덜 온몸을 떨다). tustus > tusus(덜덜 떠는 모양). tusus-ke(떨게 하다)
puyuy-atki(글성글성 눈물을 가득히 흘리다. 모락모락 연기가 가득히 오르다).
puypuy > puyuy(모락모락 연기가 오르는 모양. 글성글성 눈물을 흘리는 모양)

한편, 韓國語에는 '번-하다'에 대하여 '번-득-이다'라는 말이 있는데, 여기의 '-득-'이 多回相의 形態素가 아닌가 싶다.

그뿐만 아니라, '복다'에 대한 '*복닥이다 > 복닥이다', '뇌다'(말하다. *cf.* 되-뇌다)에 대한 '*뇌닥이다 > 노닥이다'에서도 多回相의 '-닥-'을 찾아 낼 수 있다.

그리고 '끄덕이다', '*움득이다 > 움즉이다(動)', '희뜩희뜩', '휘뚝휘뚝', '따닥따닥', '부드득', '오도독', '으드득' 같은 말에 보이는 '-득-/-뜩-/-닥-/-덕-/-뚝-/-독-' 등도 多回相의 化石이 아닐까 한다.

그러나 音韻上으로 -atki < Ainu >와 '-득-/-뜩-/-덕-/-닥-/-독-/-뚝-'이 비교될 수 있는지 그것이 문제인데, 우선 't~k'의 子音構造는 일치한다. 또 atki는 그 實質發

音이 [*atĭki]나 다름 없을 것이므로 -atki의 ~tki는 '번-득이-다'의 -tĭki-와 일치한다고 할 수 있다. 따라서 atki의 頭音 -a-가 문제인데, 이것은 韓國語의 特色인 音節數縮小의 傾向으로 語中에서 탈락한 것으로 볼 수 있다. 더욱이 그것이 語節의 語根部位가 아닌 接尾辭의 頭音이므로, 그것을 탈락시켜도 전체 意味나 機能이 모호해질 정도는 안 된다.

또한 金田一京助(1944) p.158에서 著者는 -atki의 語源的인 構造를 'at(懸)-ki(爲)'로 보았는데, 그것이 과연 옳다면, *atĭki(懸)>ïtĭki>tĭki(-득이-) <Kor>[*cf.* 8.1.(2) : ø<Kor>∞a-<Ainu>] 또는 *atïiki(懸)>ïtĭki>tĭki> tuki>tori[*cf.* 8.1.(52) : 圓脣母音下의 k>r 現象 : 예: morʌ- '不知'<Kor>∞muk '秘密한'<Ainu>, t'ʌr'根源'<Kor>∞etok'根源'<Ainu])[cf. 8.1.(17) : ʌ<Kor>∞o<Ainu>]와 같은 두 갈래의 발달이 가능하여서, 여기서 '돌-(懸)'과 接尾辭 '-득이-'가 同根語라는 것과 金田一氏의 語源推定이 상당히 신빙성이 있다는 結論을 얻게 된다.

그러므로 아이누語의 多回形 -atki와 韓國語의 多回形 '-득이(드기)->-득-'은 훌륭한 對應을 보여 준다고 하겠다.

그리고 多回形 '-득-/-뜩-/-덕-/-닥-/-독-/-뚝-'은 '-득-'의 變異形態로 보아진다. 따라서 이들의 共通基語는 *-atĭk(多回形)으로 再構될 수 있을 것이다.

(32) 疑問形 he/ya/ne ya 〈 Ainu 〉 ∞ 疑問形 '-가/-다/-니야'(-ka/-da /-niya) 〈 Kor 〉 ……*-ŋa/*-da/*-niya(疑問形)

아이누語에는 疑問形으로서 ya 또는 ne ya와 he가 쓰이고 있다. 또한 이것을 二重으로 써서 he ne ya(ne '繫辭')의 形態로도 쓰인다(金. pp.177~180).

例 Eči-ye ya?(너희가 말하였느냐?)
Pirkap he, wen-pe he?(富者인가? 貧者인가?)
Tanpe he, toanpe he?(이것인가? 저것인가?)
Pirkap ne ya? wen-pe ne ya?(富者인가? 貧者인가?) *cf.* ne(-이다)
Po anakne e-korpe he ne ya?(아이는 당신이- 가진 것이가?)
Nei ta an ya?(어디에 있는가?)
Ene a-e-yehi ne awa he-tap?(그렇게 내가 네게 말한 것인가?) *cf.* tap(此)
Oka-amkir pe ne wa he-tap?(그들이 아는 것이었는가?)

A-sakpe he-tap ikor he ne ye? o-ipep he ne ya?(내게 없는 것인가 그것이 보배인가? 食器인가?) ·· 以上 (金. pp.177~180)

한편, 韓國語에서는 疑問形語尾 '-가'와 '-다>-야', '-니야'가 쓰이고 있는데 다음에 例를 들어 보인다.

例 아니 그 얼굴을 傳ᄒᆞᆫ 것가<杜初 十六36>
이ᄂᆞᆫ 賞가 罰아<蒙山 53>
이 ᄯᆞ리 너희 죵가 이 두 사ᄅᆞ미 眞實로 네 항것가<月釋 八9>
반ᄃᆞ기 보ᄆᆡ 빗가<爲當見色가> <楞嚴 二80>
이 凡가 聖가<南明 下20>
이ᄂᆞᆫ 法身가<金三 三23>
그듸 엇던 사ᄅᆞ민다<月釋 十29>
므슴 연고로 아니온다<朴初 上56>
이ᄂᆞᆫ 恩ᄋᆞᆯ 알아라 ᄒᆞ니야 恩ᄋᆞᆯ 갑가라 ᄒᆞ니야<蒙山 31>
이ᄂᆞᆫ 히믈 得ᄒᆞ니야<蒙山 31>
슬후미 이어긔 잇디 아니ᄒᆞ니아<杜初 七14>
겨슬 ᄃᆞ외요ᄆᆞᆫ ᄯᅩ 어렵디 아니ᄒᆞ니아<爲冬不亦難)<杜初 十42>
무르샤ᄃᆡ 네 겨지비 고ᄫᆞ니여<月釋 七10>
아니 너무 ᄲᆞᄅᆞ니여<杜初 八67>

위에서 보인 '-니아', '-니여'는 '-니야'의 變異形으로 볼 수 있으므로 여기서는 '-니야(>냐)'를 代表形態로 보아 둔다.

그런데 아이누語의 疑問形 he와 韓國語의 疑問形語尾 '-가'는 音韻論上으로 비교될 수 있다. 아이누語의 h-는 日本語와 마찬가지로 韓國語의 k-(또는 s-・p-)와 對應된다[*cf.* 8.1.(33)]. 그리고 아이누語의 e는 韓國語의 a(아)와 比較될 수 있기[*cf.* 8.1.(11)] 때문이다.

이밖에 -ŋa(疑問形語尾)<Gily>와 '-가'(疑問形語尾)도 완전히 對應을 보여준다.

또 아이누語의 y-와 韓國語의 t(d)・y는 對應되기 때문에[*cf.* 8.1.(35)] ya와 '-다・-야'는 比較될 수 있다. 이밖에 '-다・-야'와 比較될 수 있는 것으로는 -ta(疑問形)<Gily>・-ya(id)<Ma>・-ya(id)<Jap>를 들 수 있을 것이다.

그리고 ne ya는 '-니야'와 比較될 수 있을 것은 분명하다[*cf.* 8.1. (11) i-<kor>

∞e-<Ainu>]. 이밖에 -na(疑問形)<Gily>・-na/-ne/-ya(id)<Ma>도 比較될 수 있을 것이다.

따라서 이들의 共通基語는 *-ŋa/*-da>-ya/*-niya(疑問詞)로 再構될 수 있을 것이다.

(33) 아이누語와 韓國語는 함께 疑問文을 感嘆文으로 轉用

아이누語에서는 疑問文을 가지고 感嘆의 뜻을 표현하는 경우가 많은데 韓國語도 그런 표현을 많이 쓰고 있다. 더욱이 口語體에서 따로 感嘆敍述形語尾를 쓰지 않고 疑問形語尾로 맺어 感嘆의 뜻을 나타낸다(金. p.180).

例 아이누語 : Unarpe he?(叔母님이세요!)
Kusapo he?(누님이세요!)
Nep-ne-kunip pirka ruwe oka nankor ya?(무엇이 되-게끔 아름다운 것이 있-을까?→어찌 저렇게 아름다울까?)
韓國語 : 정말 내 아들이냐?(=내 아들이구나)
누님이요?(=누님이구나)

(34) 否定形-*-lko 〉-ko〈Ainu〉 ∞ 否定形-'-(ㄹ)고〉-(ㄹ)꼬'[-(l)ko]〈Kor〉 ……*-r(敍述形)+*-ŋu(疑問形)

아이누語에서는 주로 形容詞에 -ko를 붙여서 그것을 否定하는 뜻을 나타내는 일이 있는데 다음에 例示한다(金. p.89).

例 hanke(가깝다)—hanke-ko(가깝지 않다)
tuima(멀다)—tuima-ko(멀지 않다)
ohor(오래다)—ohor-ko(오래지 않다)
saure(弱하다)—saure-ko(弱하지 않다)
moyo(적다)—moyo-ko(적지 않다)
tanne(길다)—tanne-ko(길지 않다)
hutne(좁다)—hutne-ko(좁지 않다)
sep(넓다)—sep-ko(넓지 않다)
tunaš(이르다, 早)—tunaš-ko(이르지 않다)
moire(늦다)—moire-ko(늦지 않다)

한편, 韓國語에서는 반대의 뜻을 표현하는데 否定副詞 '아니＞안'을 쓰거나, 否定詞와 呼應하는 名詞形 '-지'에 '아니하다＞않다'를 붙여 쓰는 것이 예사이다.

그러나 한국인은 똑 잘라 말하는 것을 싫어하는 思考方式 때문에 疑問(疑心)形 '-ㄹ꼬'를 붙여 간접적으로 반대의 뜻을 표현하는 경우도 꽤 많다.

> 例 그렇게 멀꼬?(=그리 멀지 않다)
> 그렇게 가까울꼬?(=그리 가깝지 않다)
> 저런 좋은 체격인데 약할꼬?(=저런 좋은 체격이니 약하지 않다)
> 아홉자 방인데 좁을꼬?(=아홉자 방이니 좁지 않다)
> 일요일이면 꼭 오곤 했지만 내일부터 시험인데 오늘 올꼬?(=……오지 않는다)

위에서 예시한 바와 같이 韓國語에서도 아이누語의 경우와 마찬가지로 '-ㄹ꼬'가 붙어 '否定'의 뜻을 나타내는 경우는 대개 形容詞에 附加되어 쓰이며 動詞에 附加되는 경우보다 확실한 '否定'의 뜻을 나타낸다. "그렇게 가까운꼬"는 '가깝지 않다'는 단호한 부정이 될 수 있지만(물론 의아함을 나타낼 수도 있다), 動詞에 附加되어 쓰인 경우는 그렇지 못하여 否定의 蓋然性이 별로 크지 않다. "저렇게 病弱한데 밥을 먹을꼬"에서 '먹을꼬'는 疑訝함을 나타낸 것으로서 否定의 뜻이 매우 약하다.

그리고 '-ㄹ꼬'는 "相公이 므슴말 이셔 小人ᄃᆞ려 니ᄅᆞ실고"의 ＜朴通 上52＞의 例로 미루어 '-ㄹ꼬'는 '-ㄹ고'에서의 발달로 볼 수 있다.

그런데 音韻上으로 -ko＜Ainu＞ 對 -lko(-ㄹ고)＜Kor＞는 차이를 보여 주기는 하나 아이누語는 破裂音에 先行하는 [l]을 탈락시키는 경향이 있어서[*cf.* 8.1.(50) 例. polki '*下→臀'＜Kor＞∞epoki '下方' · poki '陰門'＜Ainu＞]. *-lko＜Ainu＞＞-ko의 發達이 가능하므로 音韻上으로도 충분히 비교될 수 있다.

그러므로 아이누語의 否定形 -ko는 직접 用言의 뜻을 否定하는 데 반하여 한국어의 疑問形(疑心) '-ㄹ고'는 文을 否定하여 간접적으로 否定의 뜻을 나타내는 점이 좀 다르기는 하지만, 이들은 서로 起源的으로 對應되는 形態素라고 말할 수 있을 것이며, 이들의 共通基語는 -r*(敍述形)+-ŋu(疑問形)＜Gily＞로 미루어

-r(敍述形)+-ŋu(疑問形)로 再構될 수 있을 것이다.

그리고 '갈꼬'를 '갈-꼬'로만 分析하여 '-고(>-꼬)'를 일률적으로 疑問形語尾로 보는 것은 公示的으로는 그래도 무방하겠으나, 通時的으로는 '갈-고'(疑問形)와 '가-ㄹ고'(不定形)의 두 가지로 분석되어야 할 것인지도 모른다.

이밖에 '-고'(疑問形語尾)는 -ŋu(疑問形語尾)<Gily>와도 對應되는 것으로 推定된다.

(35) 想像 · 感嘆形 nankor〈Ainu〉 ∞ 想像 · 感嘆形 '-ᄂᆞᆫ고'(-nʌngo)〈Kor〉 ……*-nankor(想像 · 感嘆形)

아이누語에서는 한국어의 語尾 '-ᄂᆞᆫ고'와 마찬가지로 想像을 나타내는 形態素 nankor이 未來, 더 나아가 感嘆의 뜻을 겸한다(金. pp.182 · 183).

例 Yaišitoma ki nankor(부끄러운 생각을 할꼬)
Šiknu kunip somo-ne nankor(살게끔 설마 아닐꼬→살게끔 되지 않을꼬) 想像
…poro nankor kusu…(컸을 것이므로, 커질 것이므로) ………………………… 想像
…kusuri korači nei wa pirka nankor(藥같이 거기서부터 좋아지-ㄹ 것이다) …… 想像
Časi he-tap pirka ruwe-an nankor ya!(山城 -인가 이것 아름다운 것이 있을 것인가?
→山城이야말로 아름답구나) ………………………………………………… 感嘆

한편, 韓國語에는 '-ᄂᆞᆫ고(-nʌngo)'<李朝>라는 疑問形語尾가 있는데, 이것이 때로는 想像 · 感嘆의 뜻으로도 쓰이며, "-ᄂᆞᆫ고"의 '-ᄂᆞᆫ-'은 흔히 現在時制라고들 하지만 실은 그렇지 않다. "길 마갓ᄂᆞᆫ ᄒᆞᆫ 퍼깃 사미(當路→科麻)"<朴初 上40> · "內竪ᄂᆞᆫ 뫼ᅀᆞ왓ᄂᆞᆫ 혀근 臣下ㅣ라"<內訓 一39> · "버릿ᄂᆞᆫ 萬像이 다 곧 實相이오"<法華 一227> 등 例文에서 點을 친 '-ᄂᆞᆫ'은 過去를 뜻하는 '-앗-/-엇-' 다음에 附加되어 있으니 現在時制하고 할 수 없을 것이다.

따라서 '-ᄂᆞᆫ고/-ᄂᆞᆫ가'를 起源的인 單一形態素로 볼 수는 없을 것인지 좀 생각해 보기로 한다.

須達이 그 ᄠᅳ들 닐어늘, 舍利佛이 닐오ᄃᆡ, 분별 말라, 大師ᄋᆡ 무리 閻浮提예 ᄀᆞ독ᄒᆞ야도 내 바랫ᄒᆞᆫ 터리롤 몯 무으리니, 므슷 이롤 겻고오려 ᄒᆞᄂᆞᆫ고. 제 홀 양ᄋᆞ로 ᄒᆞ게 ᄒᆞ라<釋詳 六27>

에서 "므슷 이ᄅᆞᆯ 겻고오려 ᄒᆞᄂᆞᆫ고"(=무슨 일을 겨루려 하는고)는 내용상으로는 疑問이 아니고 感嘆(否定)이나 想像이다. 즉 "무슨 일도 겨루지 못한다!" 또는 "무슨 일을 가지고 겨루려고 할꼬"의 내용이지 須達에게 疑問을 던진 것이 아니다.

"이리 니ᄅᆞ시ᄂᆞᆫ고 ᄒᆞ며"<法華 一163>에서도 내용상으로 疑問이 아니고 역시 感嘆이나 想像이다. 즉 '이렇게 말씀하실꼬!'의 내용이지 聽者에게 묻는 것이 아니다.

이와 같이 '-ᄂᆞᆫ고'는 動詞의 終結語尾로서 '想像·感嘆'의 뜻을 표시하는 데 쓰인다. 그 機能은 아이누語의 nankor(想像·感嘆形)과 대체로 같다고 하겠다. 좀 다른 점이 있다면 한쪽이 終結語尾로 쓰이는 데 대하여 다른 쪽은 自立形이란 점일 뿐이나 語辭의 配列順序가 같으므로 起源的인 自立形이 점차로 긴밀한 결합을 이루어 드디어 語尾로 膠着되었다고 할 수 있으므로, '-ᄂᆞᆫ고'와 'nankor'의 機能은 起源的으로 全等하다고 할 수 있다.

그리고 音韻上으로도 충분히 對應된다고 할 수 있다. 즉 *nankor>nʌnkor[*cf.* 8.1.(17): ʌ<Kor>∞a<Ainu>]>nʌngo(-ᄂᆞᆫ고)의 發達이 가능하다.

그러므로 아이누語의 '想像·感嘆'의 'nankor'과 韓國語의 '想像·感嘆'의 終結語尾 '-ᄂᆞᆫ고'(-nʌngo)는 완전한 對應을 보여 주는 것으로 推定되며, 이들의 共通基語는 *-nankor(想像·感嘆形)로 再構될 수 있을 것이다.

여기에서 말한 '-ᄂᆞᆫ고'는 李朝初만 하여도 '想像·感嘆'에 주로 쓰이었으나, 그것이 '-ᄂᆞᆫ가'(疑問)와 유사한 音韻結合體인 데서 '-ᄂᆞᆫ고'(想像·感嘆)는 '-ᄂᆞᆫ가'의 形態로도 쓰이게 되자 '-ᄂᆞᆫ고'도 '-ᄂᆞᆫ가'(疑問)의 뜻으로도 쓰이게 되어, 지금에 와서는 '-는고(<-ᄂᆞᆫ고)'·'-는가(<ᄂᆞᆫ가)'는 함께 想像·感嘆·疑問을 두루 뜻하게 되었다. 그러나 여전히 疑問의 뜻으로 주로 쓰인다. '-ᄂᆞᆫ고'는 起源的으로 서로 다른 두개의 形態素가 統合된 것일 수도 있다.

(36) 如然助動詞-kane 〈Ainu〉 ∞ 感嘆形-'-그녀'(-gïnyə) ; -깐에(-k'ane) 〈Kor〉 ……*-kora(感嘆敍述形)

아이누語에는 '如然'(그렇다)의 뜻을 가진 形態素 kane가 쓰이고 있다.

例 kur-un kane(검게 끼인다 그렇다→어둠이 덮이는구나)
mina kane(웃는다 그렇다→웃는구나)
hotui-pa kane(그들이 외친다 그렇다→그들이 외치는 구나)
…………………………………………………………………………………… 以上 <金. p.189>

한편, 韓國語에는 李朝時代에 그리 흔히 쓰이지는 않았으나 '-그녀'가 쓰이었다.

例 ᄒᆞᆫ盞 먹새근여 ᄯᅩ ᄒᆞᆫ盞 먹새근여<松江・將進酒辭>

그리고 이 '-그녀(-근여)'의 原形인 '-그려'와・'-고녀'가 쓰이고 있다.

例 술만 먹고 노새그려<珍青 p.88>
관원을 ᄀᆞ초고 듣디 몯ᄒᆞ엿곤여<小諺 四44>
오라되 공경ᄒᆞ고녀<小諺 四40>

다시 '-고녀'에서 '-고나/-고야'가 생겨나고 '-고나'에서 母音調和 또는 第2音節 이하의 陰性母音化의 경향으로 '-구나'가 발달하여, 이것이 드디어 현대 感嘆形의 大宗을 이루게 된 것으로 보인다.

例 됴ᄒᆞᆫ 것슬 모ᄅᆞᄂᆞᆫ듯 ᄒᆞ고나<朴初 上73>
白玉樓 나ᄆᆞᆫ 기동 다만 네히 셔 잇고야<松江・關東別曲>
거믄고 시욹 언져 風入松 이야고야<松江 一23>
참으로 아름답구나

따라서 아이누語의 '如然'의 kane와 韓國語의 感嘆形 '-그녀'는 意味上으로는 大差 없으나 音韻上으로 직접 對應된다고 하기에는 母音이 차가 있는 듯하지만, kane>kene(母音同化)>keni(*cf.* [8].1.(59): V^x~i<Kor>∞V^x~V^x<Ainu>>kïni[*cf.* 8.1.(18): ï/ɯ<Kor>∞e<Ainu>]>kïnyə[*cf.* 8.1.(23): yə<Kor>∞i<Ainu>]의 발달을 거친 것으로 생각하면 音韻上으로 비교될 수 있다.

그러므로 kane(如然)<Ainu>와 '-그녀'(-kïnyə)는 對應되는 形態素로 보아도

무방할 것으로 믿는다. 이밖에 '-그녀'와 比較될 수 있는 形態는 -kana/-kasi(id) <Jap>를 들수 있을 것이다.

그러고 「내깐에는」의 接尾辭 '-깐에'도 kane(…然)<Ainu>와 對應될 것으로 믿는다.

따라서 8.1.(44). -r<kor>∞-n<Ainu>와 같은 변화를 고려하여 이들의 共通基語는 *-kora(感嘆敍述形)로 再構될 수 있을 것이다.

(37) 事實法-ruwe 〈 Ainu 〉 ∞ 事實法-'-롸'(-rwa-) 〈 Kor 〉 ……*ruba(事實法語尾)

北海道 아이누語에서 事實法의 形態로 ruwe가 쓰이고 있는데 樺太 아이누語에서는 이것을 ruhe의 形態로 쓰고 있으며 이것은 ru(事實・跡・路)-he(疑問・感嘆形語尾)의 複合으로 보이며 이 ru-he에서 變形 ruwe가 생겨난 것으로 金田一氏는 推定하고 있다(金田一 1994 p.201).

例 Pirka ruwe! (좋은 것이 事實인가!→참으로 좋구나)
Ruwe? (事實인가?)
Ruwe un! (事實이구말구!)
Neun paye-an ruwe? (어디 가고 있는가?)
cf. '어디'라고 했으나 그 場所를 알고 있을 때
Neita reuši-an ruwe? (어디에 머무르고 있는가) *cf.* 上同

韓國語의 敍述形語尾로서 '-롸'를 종래 '-로라'의 준말로 보아 왔으나, -rora>-roa>-rwa와 같은 類型의 音韻變化를 찾아 볼 수 없어서 그것이 믿기 어렵다. 차라리 ruhe<Ainu>와 對應되는 事實法語尾로 보고 싶다.

例 仲冬애 므지게롤 보롸<杜重 一23>
부러 권ᄒᆞ라 오롸<三譯 一3>
빅 우희 허여센 沙工이 처음 보롸 ᄒᆞᄃᆞ라<靑永 p.28>
高麗 王京으로셔브터 오롸<老乞 上1>
ᄂᆞᆽ가온 가지로 집 일워 자롸<杜重 一12>
그ᄃᆡ 숑뉴츈을 ᄌᆞ조 마시롸<太平 一5>

위에서 특히 "ᄂᆺ가온 가지로 집 일워 자롸"의 '-롸'는 "지금 시작되어 가까운 未來로 持續됨을 나타낸다"(李崇寧, 「中世國語文法」 1972, p.183)고 할 만한 內容이 못 되고, 그것은 "낮은 가지를 가지고 집을 만들어 잔다"는 事實의 强調로 볼 수밖에 없다. "그듸 숑뉴츈을 ᄌᆞ조 마시좌"도 '자주 마신다'는 習慣的인 사실을 말한 것이며 "王京으로 셔브터 오롸"도 '王京으로부터 왔던 것이다'라는 사실의 표현인 것이다.

그리고 *ruba＞rowa＞rwa(롸) : *ruba＞ruha/ruwa＞ruhe/ruwe[*cf.* 8.1.(11): a＜Kor＞∞e＜Ainu＞]의 發達이 가능하다. 따라서 아이누語의 事實法後置詞 'ruhe/ruwe'와 韓國語의 事實法語尾 '-롸'는 對應되는 것으로 推定되며, 이들의 共通基語는 *-ruba(事實法語尾)로 再構될 수 있을 것이다.

(38) 强勢形-*-katta 〈 Ainu 〉 ∞ 强勢形-'-것다'(-kətta) 〈 Kor 〉 ……*-katta(强勢形)

아이누語에서 强勢형으로서 -ekatta가 쓰이고 있다(金. p.161).

例 rik(上・高)…rik-e-katta(높이 올라가다)
rau(下・低)…raw-e-katta(쑥 내려가다)
soi(外)…soi-e-katta(훌쩍 나가다)
au(內)…aw-e-katta(쑥 들어오다)
mak(奧)…mak-e-katta(깊숙이 들어오다)
sa(前)…sa-e-katta(훌쩍 앞에 나서다)
ya(丘)…ya-e-katta(쑥 언덕에 오르다)

그런데 이 -ekatta는 'e-(…에 향하는 運動. *cf.* 金田一 1994 p.169)-kat(狀態)-ta(强勢接尾辭)'의 複合形態인 것으로 推定되며, 여기서 -katta는 强勢形인 것으로 믿어진다.

한편, 韓國語에는 '强勢・確認・習慣 敍述形語尾' 등의 意味를 가진 것으로 알려진 語尾 '-것다'가 다음과 같이 쓰이고 있다.

例 牛斗星 ᄇᆞ라오몰 ᄒᆞᆫ갓 잇비 ᄒᆞᆺ것다(徒勞望牛斗)＜杜初 卄一42＞ …… (强調・强勢)
내여 보내여디라 살 길이 업것다＜癸丑 p.174＞ …………………………………… (確認)

져믄 사ᄅᆞ미 즐규믈 쇽졀업시 보갯다<杜重 十一20> ……………… (習慣的 事實)

위 例文에서 볼 수 있는 바와 같이 '-것다'('것'만을 先行語尾라고들 함) 李朝語文法에서 '强調·感嘆'의 意味를 가졌던 것으로 여겨왔으나, 이것이 -kat-ta <Ainu>와 對應되는 형태가 틀림없고 -kat(狀態·事實)-ta(强勢)로 분석될 수 있다면 '어떠한 狀態에 대한 强調'가 起源的인 意味였을 것이므로, '-것다'도 '强勢'의 뜻만이 아니라 '어떠한 狀態' 더 나아가 '習慣的 事實'까지를 의미할 수 있을 것이며, 또한 '確認'을 의미할 수도 있을 것이다.

그리고 *-kat-ta>-kətta[-것다. *cf.* 8.1.(16) : ə(Kor)∞a<Ainu>]의 發達이 가능하다.

따라서 아이누語의 强勢形 -katta와 한국어의 强勢形 '-것다'는 틀림없는 對應을 보여 주는 것으로 推定되며, 이들의 共通基語는 *-katta(强勢形)로 再構될 수 있을 것이다.

여기서 '-것다'를 '語尾'라고만 한 것은 그것이 起源的으로 '-것-'(狀態·事實)과 '-다'(强勢)로 分析될 것으로 생각되며, 결코 '-다'(强勢)가 「간-다」, 「먹-는-다」의 '-다'(敍述形語尾)와 同質의 것이 아닌 것으로 믿기 때문이다. 그러므로 現代文法에서 '-것-'만을 '强勢·確認·習慣的 事實'의 先行語尾로 보고 '-다'를 분리하여 一般敍述形語尾로 본 것은 誤分析인 것으로 믿는다. 허나 共時論的인 實用文法에서는 '-다'(敍述形)에 의한 類推를 認定하여 '-것(强勢·確認·習慣的 事實)-다(敍述形)'로 다루어도 무방할 것이다.

(39) 完了形-a〈Ainu〉∞ 完了形 '-어-/-아-'(-a/-ə)〈Kor〉……*-ā(完了形)

아이누語에서는 -a는 完了形으로 쓰이며, 金田一(1944) p.161에 의하면 이것은 起源的으로 動詞 a(坐)에서의 발달이라고 하는데 다음에 例를 든다(金. p.161, pp.161·162).

例 Ene mošir an-a̲-hi neno an (그렇게 나라가 있던 그대로 되었다)
Yaitupare-an wa an-uina-a̲ čep eči-e širi-an! (내가 注意하여서 내가 감춘 생선을 너희들이 먹은 듯하구나)

A-ačaha ene i-omap-a-p… (내-叔父가 이렇게 우리를- 사랑하였는데…)
Motoho wano kathemat kor šu ne-a ruwe-he an? (本是부터 夫人이 가진 남비이었습니까?)
Kamuiotopuš ye-a itak ne-wa-ne-yakka (가무이오도부시가 말한 말이어도)
Pon a-kor yupi ki-a itak ne-wa-ne-yakka (작은 내 兄이 한 말이어도)
ne-a, ainu (그런 사람 *cf.* ne ainu '그 사람')
ne-a, menoko (그런 女子 *cf.* ne menoko '그 女子')

한편 韓國語에서도 完了形으로서 '-어-/-아-'가 李朝時代에 많이 쓰이었다.

例 나라히 威神을 일허다 ᄒᆞ고<月釋 十9> *cf.* 잃어->일허-
죽사릿 因緣을 듣디 몯호려다<月釋 一11> *cf.* 호리어->호려-
고티기 ᄆᆞ차다(醫了)<朴初 上43> *cf.* 뭋아->ᄆᆞ차-
모다 닐오ᄃᆡ 舍利佛이 여긔여다<釋詳 六31> *cf.* 이긔어->이긔여-
좀든 날을 ᄢᅵ와다<珍青永 p.75> *cf.* ᄢᅵ오아->ᄢᅵ와-
다 ᄃᆞᆫ녀 히야 ᄇᆞ려다(都走破了)<朴通新 一35> *cf.* ᄇᆞ리어->ᄇᆞ려-

그리고 a<Ainu>∞ə<Kor>[*cf.* 8.1.(16)]는 對應될 것으로 믿어진다.

그러므로 아이누語의 完了形 -a와 한국어의 完了形 '-어-/-아-'는 對應되는 것으로 推定되며, 이들의 共通基語는 -ā(完了形)<Gily>・e(已然形)<Jap>・-a/-e(完了副詞形)<Turk>・-ā/-ē(id)<Mo>의 共存으로 미루어서 *-ā(完了形)로 再構될 수 있을 것이다.

(40) 已然形 wa isam〈 Ainu 〉 ∞ 完了相 '-아/-어 잇-'(-a/-ə is-)〈 Kor 〉…*-ā is-(完了相)

아이누語에서는 이미 그렇게 된, 즉 確認의 條件을 나타내는 已然形으로 wa isam(*cf.* isam '無')이 자주 쓰이는데, 이것은 起源的으로 '-아서/어서 없다'의 뜻을 가졌지만, 실제로는 韓國語의 '…아/어 잇-'이나 '…아/어 버리-'(已然・完了)의 뜻으로 다음과 같이 쓰이고 있다(金. pp.166・167).

例 Oman wa isam(가 버리다←가서 없다)
A-e wa isam(내가 먹어 버리다←내가 먹어서 없다)

Šir-kunne-an wa isam(날이 저물어 버리다)
Arura wa isam(運搬되어 버리다)
Akaye wa isam(꺽어 버리다)
Aperpa wa isam(째어 버리다)
Ku-oira wa isam(내가 잊어 버리다)
Oar ku-oira (wa) isam(全혀 내가 잊어 버리다)
Isapkeno-e-tu not-ne e wa isam(한 입 半에 먹어 버리다)

위에서 oar ku-oira (wa) isam는 oira(忘)의 末音이 -a이기 때문에 -a wa>-aa>-ā>-a의 변화를 거쳐 wa(完了副詞形 · -아)가 줄어 든 것이 oar ku-oira isam인 것이다. 여기서 wa가 쉽게 a로 변할 수 있음을 알 수 있다. 이런 사실은 韓國語의 已然形(完了相)의 '-아/-어 잇-'은 매우 많이 쓰인 形態이며, 이것은 '-얫/-엣>-앗-/-엇->-았-/-었-'의 變遷을 거듭했다.

例 現在ᄂᆞᆫ ᄒᆞ야잇ᄂᆞᆫ 劫이라<釋詳 十三50>
ᄒᆞ오ᅀᅡ 안자 잇더시니<月釋 一6>
三年이 몯 차(<ᄎᆞ아) 이셔<釋詳 六4>
ᄒᆞᆫ 말도 몯 ᄒᆞ야 잇더시니<釋詳 六7>
부텨를 맛나 잇ᄂᆞ니 엇뎨 게을어 法을 아니 듣ᄂᆞᆫ다<釋詳 六10>
이 經에 現히 닐어 잇ᄂᆞ니라<釋詳 六43>
羅網이 다 七寶로 이러 이쇼미…<釋詳 九11>
受苦ᄅᆞᄫᅵ 딕희여 이셔<釋詳 九12>
萬億衆이 므레 ᄌᆞ맷거든<月釋 十5>
그므른 ᄆᆞᆯᄀᆞᆫ 못 아래 못댓고<杜初 七3>
므슴 ᄠᅳ드로 琴臺ᄅᆞᆯ 바랫ᄂᆞ니오<杜初 七3>
가마괴ᄂᆞᆫ 두ᅀᅥ 삿기ᄅᆞᆯ 더브렛고<杜初 七1>
ᄀᆞᄅᆞᄆᆞᆯ 버므렛ᄂᆞᆫ 길히 니그니<杜初 七1>
프른 ᄆᆡᄒᆞᆯ 디렛도다<杜初 七1>

諷諫ᄒᆞᆯ 말ᄉᆞ미 답사핫건마ᄅᆞᆫ<杜初 八4>
衰殘ᄒᆞᆫ 프를 므던히 너겻거니라<杜初 八42>
楊僕이 樓船을 ᄀᆞ숨아랏도다<杜初 廿一27>
ᄒᆞᆫ갓 貢公ᄋᆡ 깃구믈 머거실 ᄲᅮ니로다(徒懷貢公喜)<杜初 廿四10>
올ᄒᆞᆫ 엇게를 메왓고 두 허튀를 내얏ᄂᆞ니<杜初 十六34>

그런데, 이 '-아/어- 잇-'을 持續相(*cf.* 李崇寧 1972 p.205)이나 過去形(*cf.* 劉昌

惇 1964 p.167)이라고 하였으나, “現在ᄂᆞᆫ ᄒᆞ야 잇ᄂᆞᆫ 劫이라”는 例文으로 보아 過去가 아니라 확정된 時刻이 바로 現在이다. 또 “羅網이 다 七寶로 이러 이쇼미…”라는 例文으로 미루어 持續相이라고도 하기 어렵다. ‘그물이 다 七寶로 되었음…’은 持續的으로 七寶로 된다거나 되었다는 것을 뜻하지 않으니 ‘-어 잇-’이 持續相이 아니다. 그렇다고 과거의 사실이 아니고 확정된 사실을 의미할 뿐이다. 즉 已然形(完了相)을 뜻한다.

그러고 音韻上으로도 wa isam＜Ainu＞과 ‘-아/어 잇-’은 比較될 수 있을 것 같다. *wa isam＞wa isa(*cf.* 한국어의 末尾子音脫落傾向. 例. šark ‘東’＜Turk＞∞ *sar ‘東’＜新羅＞ ＞sä＜Kor＞, garb ‘西’＜Turk＞∞kar ‘西’＜Kor＞ ＞wa isi＞a isi/a si(*cf.* 語中의 弱摩擦音脫落 : wa ‘副詞形’＜Ainu＞∞-아/어 ‘副詞形’)의 變化가 可能하다. 이미 말한 바와 같이 wa에 先行한 말의 末音이 대부분 -a이기 때문에 結合的 變化로 w가 介入되어 wa가 되거나 -a wa>-aa로 변할 수도 있다. 그러므로 아이누語의 已然形 ‘wa isam’과 한국어의 完了相 ‘-아/어 잇’은 起源的으로 對應되는 것으로 推定된다. 따라서 “-아/어 잇-”의 ‘잇-’은 起源的으로는 ‘在・有’를 뜻하던 말이 아니고, ‘無’를 뜻하던 isam과 對應되는 말이었을 가능성이 크다. 아마 “-아/-어 잇-”의 ‘잇-’을 ‘在・有’의 뜻으로 誤認하게(?) 된 것은 isam(無)＞isa＞isi로 音韻變化한 결과로 isi가 우연히 ‘在・有’을 뜻하는 isi와 同音이 되었기 때문일 수 있다.

아무튼 ‘-아/어 잇-’은 wa isam과 對應되는 形態임이 틀림없으며, 이들의 共通基語는 *-ā is-(完了相)으로 再構될 수 있을 것이다.

(41) 使動形--i/-e/-re/-te/-u/-ke・-ka〈Ainu〉∞ 使動形‘-이・-히/-리/-초・-추/-우・-오/-기/-구・-고’(-i・-hi/-ri/-č‘o・-č‘u/-u・-o/-ki/-ku・-ko)〈Kor〉…
***-i/*-ri/*-ti/*-u/*-ki・*-ku(使動形) ;**
被動形「a(被動接頭辭)+他動詞語幹-i/re/ke]〈Ainu〉∞ 被動形「아(被動接頭辭)+他動詞語幹-이(〉히)/리/기」〈Kor〉……*「a+他動詞語幹+i/ri/ki](被動詞)

아이누語에는 使動接尾辭 -e/-re/-te가 붙어서 使動詞가 된다. 다음에 例를 보인다(金 p.154).

例 nukar(보다)—nukar-e(보이다)
inkar(물건을 보다)—inkar-e(물건을 보이다)
kar(만들다)—kar-e(만들게 하다)
kor(가지다)—kor-e(가지게 하다, 주다)
apekur(불을 쬐다)—apekur-e(불 쬐게 하다) ………………………………… 以上 '-e'
ne(되다)—ne-e(되게 하다)
kore(주다)—kore-re(주게 하다)
ki(하다)—ki-re(하게 하다, 시키다)
arpa(가다)—arpa-re(가게 하다)
paye(가다)—paye-re(가게 하다)
nu(듣다)—nu-re(들리다, 듣게 하다)
nupa(많이 듣다)—nupa-re(많이 듣데 하다)
hopuni(일어 나다)—hopuni-re(일어나게 하다, 일으키다)
šitoma(두려워 하다)—šitoma-re(두렵게 하다)
ta(긷나)—ta-re(긷게 하다)
tere(기다리다)—tere-re(기다리게 하다) ………………………………………… 以上 '-re'
oman(가다)—oman-te(가게 하다)
riwak(돌아가다)—riwak-te(돌아가게 하다)
ek(오다)—ek-te(오게 하다)
yap(오르다)—yap-te(오르게 하다)
sap(내리다, 나가다)—sap-te(내리게 하다, 내보내다)
kuš(通하다)—kuš-te(通하게 하다)
paš(달리다)—paš-te(달리게하다)
čiš(울다)—čiš-te(울리다) ………………………………………………………… 以上 '-te'

그리고 아이누語에는 自動詞 또는 形容詞에 -i/-e/-u/-ke/-ka/-re/-te 등의 使動接尾辭를 붙여서 他動詞를 만드는 경우가 있는데, 이런 現象은 韓國語에서 形容詞나 自動詞에 '-이/-히/-리/-기/-우/-치/-추/-구' 등의 使動接尾辭가 붙어서 他動詞가 되는 現象과 마찬가지다(金. pp.171~173).

例 uš(나다, 붙다)—uš-i(나게 하다, 붙이다)
aš(서다)—aš-i(세우다)
tui(끊어지다)—*tui-e(>tuye. 끊다)
sui(흔들리다)—*sui-e(>suye. 흔들다)
kai(부러지다)—*kai-e(>kaye. 부러뜨리다)
rai(죽다)—*rai-e(>raye. 죽이다)
kot(매이다)—kot-e(매다, 맺다)

un(끼여 있다)—un-u(끼워 있다)
teš(젖혀지다)—teš-u(젖히다)

rai(죽다)—rai-ke(죽이다)
ran(내리다<助動詞>—ran-ke(내리다<他動詞>)
san(나다)—san-ke(내다)
ahun(들다 · 入)—ahun-ke(들이다)
ašin(나타나다)—ašin-ke(나타내다)
sat(마르다)—sat-ke(말리다)
isam(없다)—isam-ka(없애다)
uš(꺼지다)—uš-ka(끄다)
uštek(갑자기 꺼지다)—uštek-ka(갑자기 끄다)
rarak(미끄럽다)—rarak-ka(매끄럽게 하다)

hošipi(돌아가다)—hŏsipi-re(돌아가게 하다)
arpa(가다)—arpa-re(보내다)

iwak(가다)-iwak-ke(보내다)

한편 韓國語에는 使動形-'-이/-히/-기/-고/-구/-오/-우/-후/-브/-ㅂ' 등의 接尾辭가 붙어서 自動詞 · 形容詞를 他動詞로 만들고, 他動詞는 使動詞를 만드는데 다음에 그런 例를 보인다.

例 그울다(轉)—그우리다(=그울이다>굴리다)
넉다(熟)—니기다(=닉이다)
먹다(食)—머기다(=먹이다)
븥다(附)—브티다(=븥이다>붙이다)
젖다(霑)—저지다(=젖이다>적시다)
듣다(聞)—들이다(=들리다)
눕다(臥)—누이다(<눕이다>눕히다)
깊다(深)—기피다(=깊이다)
볽다(明)—볼기다(=볽이다>밝히다)

굽다(曲)—구피다(=굽히다)
긁다(搔)—글키다(=긁히다)
넙다(廣)—너피다(=넙히다>넓히다)
곧다(直)—고티다(=*곧히다>고치다)

굳다(固)—구티다(=굳히다)
늦다(遲)—느치다(=*늦히다>늦추다)
맞다(當)—마치다(=맞히다)
잡다(捕)—자피다(=잡히다)

밧다(脫)—밧기다(=벗기다)
숨다(隱)—숨기다
싯다(洗)—싯기다(=씻기다)
빗다(梳)—빗기다
옮다(移)—옮기다

솟다(湧)—솟고다(>솟구다)
돋다(隆起)—돋고다(>돋구다)
일다(成)—일우다(<일구다)
얼다(凍)—얼구다(=얼리다)

돋다(昇)—도도다(=돋오다)
몯다(集)—모도다(=몯오다. 모으다)
낫다(進)—나소다(=낫오다. '나아오게 하다, 바치다')
녇다(淺)—녀토다(=녇오다. '얕게 하다')
기울다(傾)—기울우다/기울이다(>기울리다)
달다(燒紅)—달오다/달호다(=달구다)
열다(結實)—열우다(=열게 하다)
닐다(起)—일구다/니르혀다
ᄀᆞ리다(蔽)—ᄀᆞ리오다(>가리우다)
없다(無)—업시우다(없이우다)
드리다(垂)—드리우다

낟다(現)—나토다(=낟호다. '나타나게 하다')
ᄂᆞᆾ다(低)—ᄂᆞ초다(=ᄂᆞᆾ호다>낮추다)
맞다(適)—마초다(=맞호다>맞추다)
ᄀᆞᆽ다(備)—ᄀᆞ초다(=ᄀᆞᆽ호다>갖추다)
멎다(停)—머추다(=멎후다>멈추다)
놓다(放)—놓치다(<놓지다)
ᄀᆞ리고(蔽)—ᄀᆞ리ᄫᆞ다(>ᄀᆞ리오다) *cf.* ᄀᆞ리ᄫᅧ며<月釋 十八39>
없다(無)—업시브다(>업시우다) *cf.* 업시ᄫᅳ니<月釋 廿三64>

위에서 보인 바와 같이 아이누語와 韓國語의 使動接尾辭들은 그 機能은 물론이고 音韻上으로도 對應되는 것으로 생각된다. 즉 -i/-e<Ainu>∞'-이(>-리/-히)', -u<Ainu>∞'-오(<-ᄫ)/-우(<브)', -ke<Ainu>∞'-기/-히', -te<Ainu>∞'-추(-후/-호)/-치'가 對應될 것으로 믿는다.

'니기다>닉히다'에서 볼 수 있는 바와 같이 '-히'는 '-이'에서의 發達이 많고 또 '돌이다>돌리다'에서 볼 수 있는 바와 같이 '-리'는 거의 '-이'에서의 발달이다. 또한 -i/-e<Ainu>∞'-이'의 對應은 8.1.(3)·(11)의 類例로 보아서 가능하고, -u<Ainu>∞'-오/-우'의 對應은 8.1.(6)·(7)의 類例로 보아서 가능하다. 따라서 -i/-e<Ainu>∞'-이(-히/-리)'와, -ke<Ainu>∞'-기/-히'와, -u<Ainu>∞'-오/-우'의 對應은 8.1.(32)·(5)·(7)의 類例로 미루어서 확실한 것으로 推定된다.

그리고 te>če>čo[*cf.* 8.1.(10): e-<Ainu>∞-o<Kor)]>ču의 발달이 가능하고, 'ㅎ∞ㅌ'의 類例(例. 훓다>훑다, *다히다>다티다>다치다)로 보아서도 "낟호-·맞호-·ᄀᆞᆽ호-·멎후-"의 使動接尾辭 '-호/-후'는 '-초/-추'로 변할 수도 있을 것이다. 그런데 이러한 변화는 "맞호-·멎후-"의 第一次語幹末音 'ㅈ'이 後行音 '-호/-후'와 잇대어 '초/-추'로 변하고 또 第二次音節에 强勢가 놓이므로 '마초-/머추->맏초-/먿추-'로 변한 것으로써, 이것을 우리는 正書法에서 '맞추-/멎추-'로 표기한 것으로 볼 수 있다.

그리고 아이누語의 使動形 '-ka/-ke'와 한국어의 使動形 '-ko/-ku'의 對應이 좀 힘들어 보이기는 하나, 8.1.(10)·(5)의 類例와 母音調和上 e 對 a의 對應으로 미루어서 可能하며, 또 -ko/-ku<Kor>는 ku-/xu-/gu-/kï-/gï-(使動助動詞)<Gily>·ğul/-gül(使動形)<Mo>와도 對應하는 것이 분명하다. 그리고 -ka<Ainu>도 "-과뎌/-과댜/-과디여"(所望形) 속에 化石化되어 있는 '-과-'와 對應시킬 수 있지 않을까 한다(-kwa>-ka). 흔히 이들 形態를 單一形態素 '-고자'의 古形으로 취급해 오고 있으나 筆者는 '-과뎌/-과댜'를 「-과(<고-아(使動詞語幹+副詞形)+뎌/댜(디어/디아. 自動的 可能助動詞語幹+命令形)→意圖形」로 분석하고자 한다.

例 厄이 스러디과댜 ᄒᆞ노니<月釋 序25>
사ᄅᆞᆷ이 수이 알과댜 ᄒᆞ야<小諺 凡1>

위 例文은 분명히 '厄이 스러지고자 하노니'가 아니고 '厄이 스러지게 하려 하노니'의 뜻이다. 또 '사람이 쉽게 알려고 하여'가 아니고 '사람이 쉽게 알게 하려고 하여'의 뜻이다.

이와 같이 대부분의 예문이 '-게 하려고'의 뜻으로 쓰이고 있는 가운데 다음 例文만은 그렇지 못하고 '-고져'와 같은 구실을 하고 있다.

例 알에 ᄒᆞ시과뎌 願호미오<金剛 13>

이것은 '-과뎌'가 '-고져/-고쟈'와 우연히 그 音韻·機能이 유사한 데서 混態現象이 일어나서 '-고뎌/-고댜'가 새로 생겨나고 이런 現象이 자주 일어남으로써 이 '-과뎌/-과댜/-과디여'는 '-고뎌/-고댜'로도 쓰이다가 '-고져/-고쟈'型에 統合되어 드리어 死滅하고 만 것으로 보인다.

이밖에 '-브/-ᄫᆞ>-우/-오'(使動形)는 -u(使動形)<Gily>·-bu(id)<Ma>와, '-기'(使動形)는 -ki(id)<Gily>와도 對應될 것으로 생각한다. 따라서 -i·-e/-re/-te/-u/-ke·-ka(使動形)<Ainu>와 '-이·-히/-리/-초·-추/-브·-ᄫᆞ>-우·-오/-기·-구·-고'(使動形)<Kor>는 對應된다고 할 것이며, 이들의 共通基語는 *-i/*-ri/*-ti/*-bu>*-u/*-ki·*-ku(使動形)로 再構될 수 있을 것이다.

그런데 이러한 아이누語의 使動接尾辭-i/-re/-ke가 附加된 使動詞에 被動接尾辭 a-가 첨가되어서 被動詞로 탈바꿈하고, 그뿐만 아니라 a-는 他動詞를 自動詞化하기도 한다. 마치 韓國語에서 使動接尾辭-'-이·-히/-리/-기'가 다시 被動形으로 쓰이는가 하면 他動詞의 自動詞化 구실도 하는 것과 같다. 이 때 兩語에 차이점이 있다면 한국어에선 被動接頭辭가 따로 첨 가되지 않는다는 것뿐이다.

그리고 우리 주변의 여러 言語에는 우리의 使動形·被動形 '-이·히/-리/-기'와 比較될 만한 것이라곤 아이누語의 使動形·被動形밖에는 없기 때문에, 起源的으로는 韓國語의 被動形-'-이·-히/-리/-기'도 아이누語의 경우처럼 본시는 아이누語의 被動接頭辭 a=와 對應되는 被動接頭辭 '아='가 쓰이었던 것인데, 後世에 내려와서 對格助詞가 점차 發達하여 使動語와 呼應하는 目的語가 식별하기 쉽게 되는 한편, 그 使動詞와 꼭 같은 形態를 한 것에 先行한 目的語가 보이지 않으면 그것이 被動詞라는 認識이 새로 생겨남으로써 그 被動詞 바로 앞에 놓이던 被動接頭辭 'a-'가 필요 없는 군더더기가 되어서 자연히 도태되어 버린 것으로 추정된다.

따라서 「a+他動詞語幹+i・re・ke」(被動形)<Ainu>과 「(*a)+他動詞語幹+이・히・리・기」(被動形)<Kor>은 本項 使動形의 論議에서 보인 바에 의하여 이들도 對應함이 분명하고, 그 共通基語는 「*a(被動接頭辭)+他動詞語幹+i・ri・ki(被動形)」로 再構될 수 있을 것이다.

다음에는 아이누語와 韓國語의 그러한 被動化・自動詞化의 例를 다음에 들어 보인다.

<아이누語>

例 Ainu Nuča orowa <u>a-raike</u>(사람이 러시아人-에게 <u>殺害되었다</u>)
: a(被動接頭辭)+rai(死)+ke(使動形)<金. p.112>
Kotan teksama <u>a-i-epašte</u>(고을의 近處에 내가- <u>말을 달리게 하여졌다</u>)
: a(被動接頭辭)+i(吾)+e(-에게)+paš(馳)+te(使動形)<金. p.133>
Čaši upšororke <u>a-i-o-rešu</u>(山城의 그 속에 <u>내가- 길려졌다</u>)
: a(被動接頭辭)+i(吾)+o(處格)+rešu(養)<金. p.133>

<韓國語>

例 밥이 먹힌다.
바다가 잘 보인다.
아기가 어머니에게 안겼다.
문이 바람에 열린다.

(42) 再歸代名詞 či 〈 Ainu 〉 ∞ 再歸代名詞 '지 〉 져'(či 〉 čyə)……*či(再歸代名詞)……被動・自動性接尾辭'-(아/어)디- 〉 -(아/어)지-' [-(a/ə)ti- 〉 -(a/ə)ji-] 〈 Kor 〉……*-ti(自動性・被動接尾辭)

아이누語에서 接頭辭 či는 여러 가지 機能을 가지고 있다. 즉 不定人稱代名詞로 쓰이는가 하면 再歸代名詞(金田一 <u>1994</u> p.117에서는 middle voice라고 함)로도 쓰이고, 過去分詞 또는 過去冠形形처럼 쓰이기도 한다.

여기서 언급하고자 하는 것은 再歸代名詞로 쓰이는 경우인데, 이러한 či는 마치 한국어에서 종애 일률적으로 '被動助動詞'로 다루어졌던 '-(아/어)디->-(아/어)지-'와 그 文法的 機能이 같다고 생각되기 때문에 比較될 수 있을 것으로 보고 언급하여 둔다.

물론 이것 말고도 '-(아/어)디-(>지-)'와 對應될 것으로 믿어지는 形態가 滿洲語에서 -je/-ja/-jo(自動性接尾辭)로 쓰이고 있으므로 굳이 či-(Ainu)와 비교한 필요까지는 없지 않느냐 할 지 모르나, 音韻上으로 비교할 때 '디->지'는 'je/ja/jo'보다 či가 더 훌륭한 對應을 보여 주고 있어서 接頭辭와 接尾辭의 차이가 있음에도 불구하고 či와 比較하는 것이 je/ja/jo와 비교하는 것보다 못하지 않다고 보기 때문이다.

例 či-šoina-raye(自己를 바깥에 보내다→밖으로 나가다)
či-osanke(自己를 내다→나가다)
či-oranke(自己를 내리다→내리다<자동사>)
či-oyanke(自己를 올리다→오르다)
či-hopunire (自己를 일으키다→일어나다)
či-omante(自己를 가게 하다→가버리다)

kaye(걱다)—či-kaye makir(꺾어진 칼)
perpa(쪼개다)—či-perpa-ni(쪼개어진 장작)
wente(깨다)—či-wente toke(깨어진 時計)
nuina(숨기다)—či-nuina ape(숨겨진 불, 埋火)
numke(고르다)—či-numke čoipep(골라진 食器) ·············· 以上 <金. pp.117~119>

한편 韓國語의 助動詞'-아/어) 디->-(아/어) 지-'는 作爲者가 文面에 명시되는 일이 드물기 때문에 受與動詞 이외에 잇대인 것은 自動性接尾辭(自動的으로 되거나 되게끔 만들어진 動作임을 나타내는 接尾辭)로 보아야 할 것이나, 受與動詞의 語幹에 잇대인 것은 被動接尾辭로 보아야 할 것이다.

例 돈이 (나로부터) 그에게 주어졌다. ········· 被動
밥이 (돌쇠에게) 먹어졌다. ········· 被動
글이 (김선생으로부터) 학생들에게 가르쳐졌다. ········· 被動

차 타면 거기까지 가아진다. ········· 自動性
나는 그가 좋아진다. ········· 自動性
얼음이 녹아진다. ········· 自動性

그러나 či가 어떻게 해서 構文上에서 轉位되었다는 합리적인 설명이 없이는 이 비교는 성립될 수 없을 것이기에 여기 몇 마디 添加하여 둔다.

či는 본시 再歸代名詞로서 國語의 '저'(自己) · '제(自己)'와 對應되는 形態인데, 이것이 後行하는 動詞와 어울려 쓰이는 동안에 再歸代名詞라는 인식이 적어지면서 被動接辭로 誤認되고, 動詞機能을 補助하는 形態素들이 動詞에 後接되는 原則에 어긋난 것처럼 느껴져 轉位시킨 것으로 볼 수 있다. 그리하여 한국어의 被動助動詞 '-아/어. 副詞形語尾)-디->-지-'를 起源的으로 再歸代名詞에서 발달한 것으로 볼 수 있을 것 같다.

그러므로 아이누語의 再歸代名詞 či와 韓國語의 被動接尾辭(自動性접미사 포함) '-(아/어)디->-지'는 충분히 對應시킬 수 있을 것으로 생각한다. 과연 그렇다면, 이들의 共通基語는 *či(再歸代名詞)로 再構될 수 있을 것이다.

(43) 所屬助詞 -na〈 Ainu 〉 ∞ 所屬助詞 '-내/-늬'(-nä/nE)〈 Kor 〉……*-na(所屬助詞)

아이누語에서 所屬助詞 -na(…의 쪽 · …의 쪽으로)가 다음과 같이 쓰이고 있다(金. p.65).

例 ya-na yanke(언덕 쪽으로 올리다)
sa-na sanke(물가 쪽으로 내다)
ra-na ranke(아래쪽으로 내리다)
soi-na pašte(바깥쪽으로 달리게 하다)
au-na raye(안쪽으로 주다)
rik-na puni(위쪽쪽으로 들어 올리다)

한편 韓國語에서 "우리네 · 너희네 · 이뿐이네"의 '-네/-내/-늬'를 複數助詞로 보고 있으나, 筆者는 '내-/-늬>-네'를 起源的으로 '…의 쪽'의 뜻을 가진 所屬助詞로 보고자 한다.

例 아자바님내ᄭᅴ 다 安否ᄒᆞᅀᆞᆸ고<釋詳 六1>
그듸내 기우려 마구믈 보노라<釋詳 六9>

어머님내 뫼ᅀᆞᆸ고 누의님내 더브러<月釋 二6>
녀느 夫人냇 아ᄃᆞᆯ 네히 어디더니<月釋 二4>
녯 聖人냇 보라ᄆᆞᆯ 보미 맛당컨뎡<蒙法 20>
나그내ᄂᆡ 네 이 ᄆᆞᆯ을 ᄑᆞᆯ고져 ᄒᆞᄂᆞ냐<老上 62>
아기ᄂᆡᄅᆞᆯ ᄒᆞᆫ ᄢᅴ만 ᄀᆞᄅᆞ치지 아니ᄒᆞ시고<閑中 p.102>
그듸네 큰 일흠 일우믄…<杜初 八55>
제왕네 ᄡᅳ실 비단도 아니며<朴初 上14>
先生이 ᄀᆞᆯ오ᄃᆡ 그ᄃᆡ네 君子를 되고져 ᄒᆞᄃᆡ<小諺 五30>
나그ᄂᆡ네(客人們)<老上 18>

그러므로 아이누語의 所屬助詞 -na(-의 쪽)과 韓國語의 所屬助詞 '-내/-ᄂᆡ/-네'(…의 쪽)는 분명한 對應을 보여 주고 있으며, 이들의 共通基語는 -na(所屬助詞)<Gily>・-na/-nə(>-no)(id)<Jap>의 共存으로 미루어서 *-na(所屬助詞)로 再構될 수 있을 것이다.

(44) 아이누**語**와 **韓國語**는 함께 **接辭**의 **添加**로 **「自動詞⇄他動詞」轉換**

아이누語나 韓國語는 自動詞에 接尾辭가 添加되어서 他動詞가 되거나, 他動詞에 接辭(한국어는 接尾辭, 아이누語는 接尾辭 및 接頭再歸代名詞)가 붙어서 自動詞 또는 被動詞가 되는데 그 例는 다음과 같다(金. pp.117・118・113).

	<自動詞>	<他動詞>	<自動詞(被動詞)>
例	hopuni(일어나다)	hopuni-re(일으키다)	či-hopuni-re(일어나다. 일으켜지다)
	hopeku(나가다)	hopeku-re(내보내다)	či-hopeku-re(나가다. 나가지다)
	oman(가다)	oman-te(가게 하다)	či-oman-te(가다・가지다)
	šone(眞實하다)	šone-re(眞實하게 하다)	či-e-šone-re(眞實하다. 眞實하여지다)
	oma(가운데 있다)	e-oma-re(거기에 넣다)	či-e-oma-re(거기 들어오다)
	rai(죽다)	rai-ke(죽이다)	a-rai-ke(죽다. 죽여지다)
	sat(마르다)	sat-ke(말리다)	a-sat-ke(마르다. 말려지다)
		nu(듣다)	a-nu(들리다)
		nukar(보다)	a-nukar(보이다)
	epusu(나타나다)	epusu-kar(나타내다)	a-epusu-kar(냐타나다)

	<自動詞>	<他動詞>	<自動詞(被動詞)>
例	일다(=이루어지다)	일우다(이루다)	일위다(=이루어지다)
	녹다	노기다	

남다	남기다	
듣다	들이다	
숨다	숨기다	
옮다	옮기다	
	빼다(破)	빼여디다
	먹다	먹히다
	보다	보이다
	잡다	잡히다
	안다	안기다

(45) 아이누**語**와 **韓國語**는 함께 **形容詞**를 **敍述語**로 쓰며, 그 **活用**도 **自 動詞**와 같음

알타이語族에 韓國語를 歸屬시키는 데 큰 지장을 주는 것 가운데의 하나가 韓國語에서는 알타이諸語와는 달리 形容詞를 敍述語로 쓴다는 것인데 이 점에 있어서 아이누語와 길약語는 마찬가지로 敍述語로 쓴다. 그 活用樣式도 自動詞의 그것과 같아서 構造上 좋은 대조를 보여 주고 있다.

例 Ku-pirka(내가 아름답다)/pirka-an(id)
E-pirka(네가 아름답다)
Pirka(그가 아름답다) *cf.* 第三人稱代名詞는 따로 안 쓰임 ……………… <金. p.84>

다음에 自動詞의 活用과 形容詞의 活用을 比較하여 보인다.

<自動詞活用>

例 Ku-itak/itak-an(내가 말하다)	Itak-an(우리가 말하다)
E-itak(네가 말하다)	Eči-itak(너희가 말하다)
Itak(그가 말하다)	Itak(그들이 말하다) …………… <金. p.84>

<形容詞活用>

例 Ku-wen/wen-an(내가 나쁘다)	Wen-an(우리가 나쁘다)
E-wen(네가 나쁘다)	Eči-wen(너희가 나쁘다)
Wen(그거 나쁘다)	Wen(그들이 나쁘다) …………… <金. p.84>

위에서 본 바와 같이 形容詞가 敍述語로 쓰이기도 하지만 一般的 用法은 역시 體言 위에 얹혀 그것을 수식하는 데 있다.

例 <u>pirka</u> kuru(아름다운 사람, 좋은 사람. 부유한 사람)
└──↑
<u>wen</u> kuru(미운 사람, 나쁜 사람, 가난한 사람) ······························ <礒. p. 51>
└──↑

그러므로 아이누語와 한국어의 形容詞의 機能은 全等하다고 할 수 있다. 즉 冠形詞的(連體的)・敍述語的인 用法을 서로 갖추고 있고, 形容詞가 自動詞的인 活用을 한다.

(46) 完了副詞形 wa〈Ainu〉 ∞ 完了副詞形 '-아/-어'(-a/-ə)〈Kor〉······*-ā(完了副詞形)

아이누語의 動詞・形容詞下에 wa를 添加하여, 하나가 끝나고 또 하나가 繼起하는 完了副詞形(狀態形)에 쓰는데 다음에 例示한다(金. pp. 183・184).

例 Nukar <u>wa</u> ek! (보고 오너라. 보아 오너라)
Arpa <u>wa</u> nukar (가아 보아라)
Wakka ta <u>wa</u> hošipi (그는 물을 길어 돌아 왔다)
Tunaš-no suke <u>wa</u> ipere yan! (빨리 밥을 지어 먹여 다오)
En-nure <u>wa</u> enkore (내게 들리어 내게 다오→내게 들려 다오)
Epunkine <u>wa</u> an (把守서어 있다)

한편, 韓國語의 完了副詞形(狀態形) '-아/-어'도 動詞・形容詞에 첨가하여 하나가 끝나고 또 하나가 繼起하는 完了副詞形을 쓴다.

例 지ᄇᆡ로 도라오싫 제<龍歌 18장>
龍 자바 머구믈 ᄠᅳ데 足ᄒᆞᆯ씨라<釋詳 十三11>
ᄒᆞᆫ ᄢᅴ 소리 내야 ᄉᆞᆯ보ᄃᆡ<釋詳 九39>
本座애 드러 안ᄌᆞ니라<釋詳 六34>
사ᄅᆞᆷ 위ᄒᆞ야 불어 니ᄅᆞ더니<釋詳 十三35>
사ᄅᆞᄆᆞᆯ 쥐주어(=쥐어주어) 거리칠씨<釋詳 六13>

그리고 wa와 '아/어'가 音韻上으로 對應됨은 旣述한[*cf.* (40)]wa isam(已然形)

<Ainu>과 '-아/어 잇-'의 對應例로 보아서 분명하다.

따라서 아이누語의 副詞形 wa와 韓國語의 副詞形 '-아/어'는 훌륭한 對應을 보여 준다고 할 수 있을 것이며, 이들의 共通基語는 -a(完了副詞形)<Gily> · -e(已然形)<Jap> · -a/-e(完了副詞形)<Turk> · -ā/-ē(id)<Mo>의 共存으로 미루어서 *-ā(完了副詞形)로 再構될 수 있을 것이다.

(47) 具格助詞 ari〈Ainu〉 ∞ 具格助詞 '-ᄋᆞ로/-으로'(-ʌro/-ïro)〈Kor〉…… *-aru(具格助詞)

아이누語에서 具格助詞(後置詞)로서 ari<膽振 · 其他의 北部地方> · ani<日高地方>가 쓰이고 있으며 金田一(1994) p.58에 의하면 ari나 ani의 複數形이 모두 ampa인 점으로 미루어서 ari는 ani의 變形이 아닌가 싶다고 하였는데, 8.1.(44)項의 '-r-<Kor>∞-n-<Ainu>'의 類例로 미루어서도 그렇게 볼 수 있다.

한편, 韓國語의 具格助詞 「-ᄋᆞ로」의 'ᄋᆞ'는 8.1.(17)項의 'ʌ<Kor>∞a<Ainu>'의 類例로 미루어서 아이누語의 a와 比較될 수 있고, '로'는 "대노(大怒)>대로, 회녕(會寧)>회령"과 같은 語中의 n>r의 變化例로 미루어서 '노'에서의 발달일 수도 있으나 鄕歌에는 李朝語의 '-로'가 「留」로 표기되어 나타나므로 그 古形은 '-루'였을 것으로 推定된다.

그런데 8.1.(5) · (18)項의 u(*<ɯ)<Kor>∞i<Ainu>의 類例로 보아서 -ri/-ni<Ainu>는 -ru/-nu(Kor)와 비교될 수 있다.

따라서 아이누語의 具格助詞(또는 後置詞) ani/ari와 韓國語의 具格助詞 '-ᄋᆞ로(<*-ᄋᆞ루)'는 훌륭한 對應을 보여 준다.

그리고 '-ᄋᆞ로'는 母音調和의 發達로 '-으로'形을 派生시켰을 것이며 '-ᄋᆞ-/-으-'가 某介母音으로 誤認되어서 具格助詞-'-로'도 생겨났을 것으로 생각된다. 또 이 兩語만을 볼 때 共通基語는 *aru(具格助詞)이었을 것으로 推定된다.

다음에 ani/ari의 用例와 '-ᄋᆞ로/-으로/-로'의 用例를 다음과 같이 들어둔다(金. p. 58).

例 Emuš ani tuye (칼로 베다)

Op <u>ani</u> raike (창으로 죽이다)
Tek <u>ani</u> koiki (손으로 잡다)
Makiri <u>ari</u> kor aškepet tuye (창칼을 가지고 손가락을 베었다)
cf. Emuš <u>ani</u> tek a-kišma-kar (칼을 <u>쥔</u> 손을 내가 잡았다)
Anipuntari e-ši-muk-ko <u>ani</u> kane… (주전자를 自己 가슴안에 가지고서…)

神通力으로 ᄂᆞ라 올아 <釋詳 六3>
簞食壺漿ᄋᆞ로 길헤 ᄇᆞ라ᅀᆞᄫᆞ니 <龍歌 10장>
부텻 道理로 衆生濟渡ᄒᆞ시ᄂᆞᆫ… <月釋 一5>

그러나 具格助詞 '-로/-ᄋᆞ로/-으로'는 차라리 -rox/-rux/-lox/-lux(斜格助詞) <Gily>와 對應시키는 것이 ari/ani와 對應시키는 것보다 적절할 것으로 생각된다.

(48) kanna(亦) 〈 Ainu 〉 ∞ '-거나'(-kəna. 選擇形) 〈 Kor 〉 ……*-ken(亦同, 肯定的 羅列形)

아이누語에 kanna(亦同)이라는 말이 있는데, 이것은 한국어의 選擇形語尾 '-거나'와 意味上 · 音韻上으로 對應이 잘 될 것으로 믿는다[*cf.* 8.1.(16) : a<Ainu> ∞ə<Kor> 및 韓國語의 音節數의 短小化現象].

例 그리ᅀᆞᆸ거나 ᄆᆡᇰᄀᆞᅀᆞᆸ거나 ᄒᆞᇙ씨라<月釋 二66>

따라서 이들의 共通基語는 -ken/-xen(肯定的 列擧助詞)<Gily>의 共存으로 미루어서 *-ken(亦同 · 肯定的 羅列形)으로 再構할 수 있다.

(49) 아이누語와 韓國語의 構文論上 同質性

(가) 아이누語와 韓國語의 語順이 같다.

主語+敍述語 : <u>Ainu</u> ek (<u>사람이</u> 온다)
Na rai (<u>내가</u> 흐른다)

主語+目的語+敍述語 : Ainu wakka ku (사람이 물을 마신다)
Seikači umma o (少年이 말을 탄다)
目的語+補語+敍述語 : Wakka en-kore! (물을 나에게 주어라)
Yupi kane i-ko-opiči wa (兄이 쇠를 나에게 넘기고)
冠形語+名詞 : Prika kuru (착한 사람)
Wen kuru (나쁜 사람)
副詞語+用言 : Tunaši-no iye! (빨리 알려라)
Si-no pirika (매우 아름답다) ·························· ＜礒 pp. 50 · 51＞

위에서 보안 바와 같이 兩語의 語序는 같다. 그뿐만 아니라 主語를 明記할 필요가 없을 적에는 이것을 생략하는 버릇도 같다.

(나) 아이누語에서 敍述語에 主格 · 目的格 代名詞를 接頭시키는데 이것만은 독특한 語法으로서 일견 韓國語와는 전혀 다르게 보이는 특징이다.

例 Ku-ani ainu ku-ne(나는 아이누 내가 -이다→나는 아니누이다)<全. p.79>
E-ani e-I-konte kambı taxne (네가 네가-나에게-준 편지-이다→네가 나에게 준 편지이다)<全. p.128>

이렇게 動詞가 輯合語(polysynthetic language)의 性格도 띠는데 이 점 이 國語와 매우 다르게 보인다. 허나 語序가 '主語+目的語+敍述語'의 順으로 되어 있고 主格代名詞와 目的格代名詞를 떼어서 發音할 수도 있어서 표기상으로는 엄청나게 다르게 보이나, 실지로는 각 成分간의 결합이 보다 긴밀하다는 것뿐이지 큰 차가 없다. 즉 a-e-konte(나는 너에게 준다) : e-i-konte(너는 나에게 준다) : i-konte(그는 나에게 준다)에서 a-와 e-, e-와 i- 및 i-는 각각 따로 떼어서 發音할 수도 있다.

따라서 아이누語와 韓國語의 構文은 大同小異하며, 그 다른 점인 아이누語에서의 動詞의 人稱接頭語의 添加는 저 알타이諸語에서의 人稱語尾의 첨가와 다를 바 없다.

이렇게 보면 構文上으로 볼 때 韓國語와 아이누語의 關係는 韓國語와 알타이諸語의 관계만 못 하지 않은 類似性을 보여 주고 있다고 할 수 있다.

(다) 우리는 아이누語가 알타이諸語와 다르고 韓國語처럼 다른 일면을 가지고 있음을 발견할 수 있는데, 그것은 바로 接頭辭의 첨가를 좋아한다는 점이다. 물론 한국어의 接頭辭에는 人稱代名詞 · 被動形이 들어 있지 않으나 接頭辭를 쓰고 있다는 점에서만은 서로 같다고 할 수 있다.

(라) 文 · 節 · 句를 연결하는 接續語가 대개 動詞의 轉成이거나 副詞에 이어서 그것이 文 · 節 · 句의 頭部에 위치하는 점도 아이누語와 韓國語는 같다고 할 수 있다(金田一 1944. p.183 · 275 참조).

(50) 아이누**語**와 **韓國語**는 함께 **八終聲法**

아이누語에서 閉音節에 설 수 있는 子音은 실제로 -k/-t/-p/-s/-r/-m/-n/-ŋ의 8音인데, 文字上으로는 -ŋ이 빠진 나머지의 7音으로되어 있다(단, -r은 樺太方言에서 '-rV'로 나타남. 例. kor→koro, kar→kara)<礒部 1935 참조>.

다만 -ŋ은 語中에서 k의 바로 앞에 선 -n-이 k에 同化되어서 나는 소리에 국한된다. 즉 anki>[aŋki], enka>[eŋka], inki>[iŋki]와 같이 소리 난다.

한편 韓國語는 「訓民正音」 終聲解에서 八終聲法을 명시하여 놓은 바 있으나, -k/-t/-p/-s/-r/-m/-n/-ŋ의 8音 가운데서 '시옷'(ㅅ)字만은 李朝初에서조차 그것이 [s]로 發音되었었는지 의심스러운 바 있다. 그러나 新羅時代에는 終聲의 '시옷'은 [s]나 破擦音-[ts]로 發音되었을 것으로 推定된다.

그러므로 아이누語와 韓國語는 다 같이 起源的으로 볼 때 '-k/-t/-p/-s/-r/-m/-n/-ŋ'의 八終聲法이 적용되었던 것으로 생각되며, 이 가운데의 '-k/-t/-p'는 지금 분명한 入聲(內破音)이고 十五世紀에도 入聲이었던 것으로 推定된다.

(51) 아이누**語**와 **韓國語**는 악센트**型**이 **同一**

아이누語의 主악센트는 語幹 · 語根部位에 놓이고, 語幹이 2音節 이상인 경우에는 第2音節에 주 악센트가 놓인다(金. pp.18 · 9).

例 má-ne(암컷의), pîn-ne(수컷의), čúp-ka(東), čúp-pok(西), pón-pe(아이), tán-pe(이것), kún-natara(까만), mák-natara(밝은), yán-ke(올리다), rán-ke(내리다), nú-re(열게 하다), ku-ék(내가 오다), a-sá-na-sán-ke(내 앞에 나오게 하다. *cf.* a '我', sa '前', na '의 쪽', san '나오다', ke '他動詞化接辭'), a-yá-na-yán-ke(나의 뭍 쪽으로 오르게 하다→나를 뭍에 올리다. *cf.* ya '陸', yan '오르다')
čisé(家), kotán(村), setá(犬), iták(말하다), payé(가다), omán(가다), tané(지금), oká(있다 pl.), rayé(주다), amá(두다), numú(毛), čikîr(脚). nukár(보다), nupúr(尊貴한), irára(장난). hekáči(아이), ekáši(翁), mokór(잠자다), teéta(昔), soónno(眞實로), kamú(덮이다), ramú(생각하다), ačápo(叔父), unárpe(叔母), oná(父), unú(母), oóho(깊은), ohór(오랜), poró(큰), čikúni(木)

한편, 韓國語의 主악센트도 대체로 語幹·語根部位에 놓이고, 語幹이 2音節 이상인 경우에는 제2音節에 主악센트가 놓인다(傍點…·去聲, :上聲).

例 ᄀᆞ·새(鋏), ᄀᆞ·오누·르다, ᄀᆞ·장(長), ᄀᆞ·초, ᄀᆞᆮ·가(따라), ᄀᆞᆯ·며기, ᄀᆞᆯ·ᄒᆞ·다, ᄀᆞᆯ·히·다, 가·도·다(囚), 가·롤(分派), 가·래(楸), 가·리·맏, 가·마(釜), 가·마(頭旋), 가·ᄫᆞᆫ·ᄃᆡ, 가·비얍·다, 가·볼오·다(簸), 가·싀(棘), 가·싀·다(洗), ᄀᆞ·싀·야(復), 가·ᄉᆞ멸·다, 가·새, 가·시(條), 가·지·다, 가·리, 각·시, 잠·개(兵器), :감-ᄑᆞ·ᄅᆞ·다(黑青), 갓·ᄀᆞᆯ·다, 갓·기·다, 갓·옷(皮襖), 갓·플(膠), 강-아·지, :개-나·리, 개·오·다(嘔), 빼·티·다, 갸·품, 거·긔, 거·느리·다(統·濟), 거·두·다, 거·름, 거·리(街), 거·믜, 거·붑(龜), 거·문·고, 거·슬·다, 거·의(殆), 거·위(蚯), 거·우·루, 거·유(鵝), :거·즛, 거·츨·다, 거·품, 겨·를, 견·듸·다, 견·주·다, 결·우·다, 겻·구·다(競), 겨·우, 계·우·다, 고·기, 고·개, 고·노·다(採), 고·돌·파, 고·두(肚), 고·라·니, 고·라-몰, 고·로, ᄭᅩ·리, 고·마(妾), :고·맙·다, 고·비(曲), 고·솜-돋, 고·올(郡), 고·이·다(寵), 고·초, 고·치·다, 고·콤(痎), 고-키·리, 고·토·리, 고·티(繭), 고·티·다, 곡:뒤, 골:없·다(醜), 골·회(環), 곳·갈, ᄭᅪ·리, 구·더·기, 구·들, 구·디, 구·르·다, 구·리, 구·무, 구·실, 구·유(槽), ᄢᅮ·이·다, ᄭᅮ·짖·다, 구·쳐(不得已), 굴·헝(巷), 굴·이·다(呪), 굽·슬·다(伏), 긋·블·다, 긋·기·다, 굽·피·다, 귀·엸골·회, 귀·향, 그·듸, ᄢᅳ·리·다, 그·슴, 그·ᅀᅦ(隱處), 그·지(極), 그·치·다, 글·희·다(解), 글·히·다(煮), 긔·별, 긔·지(期), 기·들오·다, 기·릐(長), 기·ᄅᆞ·마, 기·름, 기·리·다, 기·믜, 기·슭, 기·슴(紜), 기·울이·다, 기·울·다, 기·춤, 기·티·다, 기·픠(深), 길·우·다

따라서 아이누語와 한국어의 악센트 型은 同質이라고 할 수 있을 것이다. 즉 主악센트는 語幹·語根部位에 놓이고 語根이 2音節 이상인 경우에는 第2音節에 主악센트가 놓인다.

이제까지 51項目[(1)~(51)]에 걸쳐서 文法(形態素 · 構文論)上의 比較를 시도하여 본 바를 종합하여 보건대, 종래 우리들이 아이누語와 韓國語는 아무 관련이 없거니 생각했던 것이 얼마나 어리석고 무모했던가를 새삼스럽게 깨닫게 한다.

筆者 자신도 이 硏究를 시도하기 전까지만 해도 아이누語는 基礎語彙에 있어서만 韓國語와 상당한 對應을 보이는 것으로 생각했던 것이데, 정작 硏究해 가는 과정에서 차차 文法上에 있어서도 많은 對應을 보이고 있음을 깨닫게 되었던 것이다. 格助詞 · 敍法(mood) · 相(aspect) · 語序 등 51개 項目에 걸쳐 對應의 可能性을 보여 주고 있다.

아마 韓國語文法에 길약語 다음으로 많은 對應을 보여준 것이 日本語 · 터키語 · 아이누語 順이 아닐까 한다. 그리고 퉁구스語 · 드라비다語 · 蒙古語도 조금 對應을 보여 준다.

第9章
韓國語와 日本語의 比較

日本語를 韓國語에다가 比較하기 시작한 것은 日本人 新井白石의 「東雅」(1717)에서 비롯된다고 할 수 있으나, 學問的으로 硏究하기 시작한 것은 W.G. Aston의 "A Comparative Study of the Japanese and Korean Languages"(1879)에서부터라고 하겠다. 이 때로부터 쳐도 어언 1世紀가 넘는 긴 歲月 동안에 꾸준히 比較硏究가 이루어져 왔으나, 다시 말하면 音韻 組織이나 文法的 · 語彙的 類似性이 거듭 강조되었을 뿐이지, 본격적인 音韻 對應規則에 의거한 音素나 文法形態素의 比較는 별로 이루어지지 아니하였다.

그동안 이 方面의 硏究에 크게 이바지한 學者들의 業績은 이미 第2章 韓國語系統論硏究의 現況에서 대강 言及하여 두었기 때문에 자세한 것은 거기에 미루고, 여기서는 다만 核心分野인 文法形態素의 硏究에 남긴 學者들의 名單과 形態素數(確實性있고 先主張한 것만)를 적어 두는 데 그치는데, Rosny(1844)…3개, Aston(1884)…8개, 金澤庄三郞(1910)…10개, 大野晋(1957)…2개, 金思燁(1974)…6개 累計 29개가 지적된 바 있다. 그러므로 이제까지의 硏究結果를 가지고는 日本語는 韓國語와 同系일 可能性은 있으나, 同系라고 斷定하기에는 學問的인 立證資料가 미흡하다고 아니할 수 없다. 따라서 앞으로의 課題는 우선 全面的인 音韻對應規則을 세우고, 그 規則에 의거한 개별 文法形態素의 比較가 이루어져야 할 것이다.

本稿에서는 먼저 총 1,400개나 되는 語彙를 對象으로 音韻對應規則을 세우는데 노력할 것이며 이어서 文法形態素의 比較를 꾀할 것이다.

1. 韓國語와 日本語의 音韻對應規則

※「訓民正音」의 音韻體系의 'ㅈ・ㅊ'는 齒莖音 -ts, ts'였으나 現代語에 내려오면서 口蓋音化한 ʧ(č)・ʧ'(č')로 변하였음.

(1) k, k', k', g ＜Kor＞ ———————— k,g,h＜Jap＞

kač'i(까치, 鵲)	*kača-sagi(＞kasasagi. 鵲) cf. *sagi(鳥)
-ka(疑問形語尾)	-ka(id)
kaji(種類)	kazu(種類・數), kusa(種)
ka(姓氏)	*ka(id) cf. *ka(姓氏)-pone(骨) ＞kabane(姓)
kama(釜)	kama(id)
kadalg(條・縷)	kata(條)
ka-＜*kar-(去)	kar-(去・離)
*kaji(金)＜伽耶＞ cf. kācu(金)＜Dr-Ta＞	kane(金屬・金錢)
karyəβ-(癢)	kayu-(id)
kalm-(藏)	kakuma-h-(藏)
kʌrʌ(粉)	kona(id)/ko(id)
karag(枝・指・椏), karä(派)	kara(枝・枚・幹・柄), kari(椏)
karaŋ(枯) cf. 가랑-닢(葉)	kare(id) cf. カレ-バ(枯葉)
kari-sä(노랑부리저어새), kɯryəg(雁)	kari(雁)
kaya/kara(伽耶・駕洛)	kara(韓・加羅)
kap'ʌr/kəp'ɯr/kəp'i(皮)	*kapa(＞kawa.皮)(id)
kʌβʌr(＞kʌor＞kōr. 邑・村)	kohori(＜*kəhəri. 郡)
kar(刀)＞k'ar	kata-na(＜*kar'刀'-nʌr'刃'→刀. *)
kʌri-(蔽)	*kaduk-(潛・被), kaku-s-(隱)
*kʌman-əbsi(無靜)	kamabisi(喧)
kʌmʌr(旱)	kawak-(乾)
karap-namu(槲・柏), kaduk-namu(id)	kasiha(id)
kari-(分別)	kazoh-(數)
kʌthʌ-(如・等)	goto-(＜*kətə-. 如), hito-s-(等) kata-m-(仿)
kakti(殼), kač'(皮), kət'(表面), kyə(糠)	kara(殼・糠)
kʌrʌ-(云・曰), koda(言) cf・잠 -고대	kata-r-(語)/koto(＜*kata 言)
kayəβ-(憐)	kahayu-(id)
kʌrʌm(江)	*kaha(＞kawa. id)＜母音間 r 脫落＞
kʌʒ(邊), kis-ɯlg(簷). kij(襟)	kisi(＜*kisi, 岸・崖)
kʌʒ-(刈), karʌ-(分岐・斷)	kar-(id)/kor-(＜*kər-. 椎・伐)
*kʌtʌn(一)＜鷄林＞	kata(片)
*kamɯ(神 →王)＜新羅＞ kam(神) cf. 감-다리(神橋)	kami(＜*kamï. 神・王)

kam(柿)	kaki(id) cf. *kakam＞kaki
*kara(黑) cf. 가라-몰 (黑馬)	*kara(id) cf. (カラ-ス'黑鳥'→鳥)
*kʌlgö-(＞kʌlö-. 侵)	karakah-(侵・挑戰)
kʌn(味), kʌn-kʌn(醎貌)	kara-(醎)
kʌskʌs-hʌ-(潔)	kiyosi(id) cf. *kʌskʌs＞kʌgʌs＞kiyos
kajʌlbi-(比較), kalb-(並)	kurab-(id)
kaja-mi(比目魚)	karei(id)
kʌr-(磨)	kosu-r-(擦)
*kabʌ(＜kaβʌ-s, kaβʌ-n. 半), *kaβᴇ(嘉俳, 가위)	*kaba(半) cf. ナカ(中)-カベ(半), kahi(峽)
kʌrʌm-hʌ-(換). kar-(耕)	kahe-s-(耕). kahe-r-(換)
kajʌgi(近, 側近)	kata(側)
kama(頭旋)	kami(上・髮)
kʌlg-(刮)	kedu-r- (＜*kɜdu-r-. 削)
karᴇ(划子, 가래)	kai(櫂)
kar(鹹) cf. 젓-갈	kara-(id)
kan-yalp'ɯ-(細弱)	ka-yowa-si (id)
kalgori(鉤)	kagi(id)
kʌlmyagi(鷗)	kamome/kamame(id)
kʌlg-(醞)	kadi-r-(＞kazi-r-. id)
kʌlmʌ-(代替・換), kar-(id)	kahar-(替・變). kubar-(分配), kah-(交)
kʌm-(眼目)	kam-(閉齒→嚙)
kʌm-(浴←*入水)	kom-(入)
kʌmʌri-t'i-(眩)	kuram-(id)
kam-(捲)cf. *kʌʒ(邊)-kam-(捲) (＞*kʌkam-＞kakom-.圍)	kakom-(圍)
kamɯn(細)	koma-ka(id)
kʌnjirəi-(擽)	kosogur-(id)
kʌlb-(對敵・)	kotah-(對答), kodama(反響)
kasg-(削)	kisag-(刮), kosog(削)
kasi-목(樫), cf. 가시목, 가사목	kasi(id)
kaskasʌ-ro(僅)	katukatu(id)
kʌč'o-(藏・隱), kɯʒɯk(密)	ko'sori(隱密), kura(＜*kuza. 倉), kakus-(隱)
kap'-(報答), kab(價)	kah-(買・代), kahi(代價)
kad(＞kas. 笠)	kasa(id)
kaj-(持)	kacug-(擔)
käur(河川)	kawa(id)

-kä(某) cf. 아모-개	-gasi(id). cf. ナニ-ガシ
kä-(<*kara-. 晴)	kara'-to(晴貌)
*kʌʒ-kʌʒ(邊端)	kagiri(限)
kʌʒ(邊)-č'ʌri-(裝)	ka-zar-(裝飾)
kabi(殼) cf. 조개-가비>조가비	*kapi(>kahi>kai. 殼)
kado-(圍・囚)	kako-m-(圍)
käbi(細技) cf. 성냥-개비	kapi(>kahi>kai. 尖端・穗・匙), kabi(茅・穎), kahi-na(腕)
k'ä(破)-pʌʒ-(碎), k'ähyə-(毁)	ko-has-(毁)
kʌlp'i(重・間)	kabe(壁)
kʌʒʌm(胸)	kokoro(<*kəkərə. 心)
kʌʌl-hʌ-(限定)	kagiri(id)
kʌr(蘆)	kaya(茅)
kʌmč'o-(藏・收)	kabus-(蔽)
kɛgori(蛙)	kaheru(id)
kʌrä(楸子)	kuru-mi(胡挑)
kərɯ-(漉)	kos-(id)
kəuru(鏡)	kaga-mi(id)
kərɯm(肥料)	koye(id)
kəri-mjik(忌)>k'əri-mjik	kohasi(恐)
kər-(濃)	ko-i(id)
kəs(餌)<濟州>, kəri(id) cf. 맷거리	kate(糧食)
*karu(>kəyu>kəü. 鵞)	kari(雁)
kə'kur-əti-(倒), ka'koro(倒)	koker-(id)
kəhurɯ-(傾)	<kosor-(id)<古訓>
kəm$_i$(蜘蛛)	kumo(id)
kəbub(龜)/kabug(id)	kame(<*kamɜ. id)
kəβuj(陰毛)<方言>, kəuj(毛) cf・ 입-거웇(鬚)	keba(id), kami (毛髮)
kəp'ɯm(泡) cf. pək'ɯm(id)	kamo-s-(醸),hukur-(膨)<音韻倒置>
kap'ɯr(外皮), kəp'ɯ-čib(身體-外形)	<kapo(顔)
kyəsku-(競)	kisoh-(id)
kəsg-(折), kuski-(夭折)	kuzik-(挫, 折)
kər-(賭)	kaker-(id)
kwəre(당신・自己)	kare/koro(<*kərə. 自己自身)
kəli-(罹)	kakar-(id)
*kəb(肝)	kimo(id)
kəč'i-(經過)	kos-(越・超)
kyənho-(比・競)	kihoh-(id)
kyər(卽時, 頃)	koro(<*kərə. 頃)
-kəs-(習慣先行語尾)	kuse(癖)
kərik'i-(拘)	kakar-(id)
kəm-(組) cf. 검-잡다	kum-(id)

kəlm-(id) cf. 걸머지다

kədɯp(再)	katu(且)
kənnɯ-(渡)	koye-r-(越)
kəd-/kər-(步)	*kati.(＞kači. 步)
kər(三) cf. 윷놀이의 一伏三起	koro(＜*kərə. id)
kər-(沃)	koye-r-(id)
kəri(莖) cf. 줄-거리	kara(id)
kər-(掛)	kaker-(id)
kəri(音樂曲調) cf. 굿-거리	gura(id) cf. カ-グラ(＜*カミ-グラ)
kəm-(黑, 黑化)	kemu-r-(煙)
kyən-dɪ-(忍耐)	koraher-(id)
kəs(事), kas(物)	koto(＜*kətə. 事)
-ke(地方) cf. 우-게(上方)	kata(方)
ke(蟹) cf. kani＞kai＞kä＞ke	kani(id)
kyər(理) cf. 살-결, 나뭇-결	gara(柄・本性), kime(理) cf. *kir-me(명사화접사)＞kime
kyəre(族)	kara(id)
kyənho-/kyənju-(比・競)	kihoh-/kisoh- (id)
kyəd-/kyər-(編)	kagar-(id)
kyət‘(傍)	kata(id)
ko(琴)	koto(＜*kətə. id)
ko(杵), koŋi(id)	kuhi(杭), ki(杵), kine(杵)
kobɛ(曲,彎), kobi(壁袋)	komura(＜*kəmura. 腓)
kogä(峴), *ko'k(頂) cf. 곡-뒤, 꼭-대기	kuki(山頂)
kogɛyaŋ(고갱-이,木心), k'oji(蔕), kogori(蔕)	kokoro(＜*kəkərə. 心), kuki(莖)
korom(襻) cf. 옷-고름, koro(綾)	koromo(＜*kərəmə. 衣)
koraŋ(畔), koraŋ(凹地)	kuro(畔)
*koda(一)＜新羅＞	koto(一方), goto(gətə.每)
komirä/komurä(丁字形農具)	kumade(id)
kono-(適切取扱)	kona-s-(id)
korɛ(鯨)	kudira(id)
koro(綾)	kinu(絹)
koč(花), kor(id)<옛지명>	kusa(草)
*kuči(「古次」). 口)＜高句麗＞, kure(腔)	*kuti(＞kuci, id)
koh(鼻)	kag-(嗅)
kolh-(空虛・缺減)	kara(空虛), kak-(缺)
koso-(香), *koskos-(＞oskos-, id)	kaguha-si (id)
kolli-(懲)	koras-(id)
kolp'ʌ-(飢)	koh-(乞・請)＜母音間 l 脫落＞
kohä(고니)	kuguhi/kohi (id)
kodʌlp'-(甚疲), kʌtpʌ-(勞)	kodaha-r-(支障), kutabir-(疲)
-kos(强調助詞)	-koso(id)

kor(怒)	i-kari(id)
kor(洞, 街, 谷)	kura(洞)
koma(小, 妾)	koma(仔馬) cf. コマ-ウマ
koma(熊) cf. 고마-ᄂᆞᄅᆞ(熊津)	kuma(id)
kom(黴)	kabi(id)
koβ-(美麗)	kuha-si(＞kuwa-si. id)
kobE(＜*kabE. 谷)	kahi(峽)
kob-/kub-(曲), kubi(曲處)	kuma(隈・曲處), kagam-/kugum-(屈)
kolh-(腐爛)	kusar-(id)
kokto(傀儡)	kugutu(裏, 藁袋)
koŋgorɯ-(絎)	kuker-(id)
kob-sä(傴)	*kugumi(屈)-se(背)
koj(串), koj-(挿)	kusi(串)
koma(敬虔)	*komar-(id) cf. カシ-コマル ;カシ (*困難)≒kaci(id)＜Dr-Ta＞
kob-(＞*koβ-, 凍)	kohor-(id)
komo(難)	koma-r-(id)
*kop(零落) cf. 곱-드러지다	kobo-r-(零)
kot'i(繭)	kahi-ko(蠶) cf. *koc'i＞kʌhi＞kahi
kod(處)	ko(id) cf.
*kowa-ŋi(＞kwäŋi, 鍬)	kuha(id)
kwar-(火力强)	koha=(强) cf. コハ-イヒ(强飯)
kö-/koi-(醱酵)	ko-si(濃)
kolmo(頂針子), kurima(酒注子)	kubi(首)
korʌβ-(苦)	kuru-si(id), koma-r-(困難)
kugi(杓子)	ku-m-(汲)
kudu(靴)	kutu(id)
kubur-(轉)	korob-(id) cf. b～r＞r～b
kuj-(凶・惡)	kuse-m-(有癖)
kud(抗・穴)	kuta(管)
kud-(堅・固), kat'ar(難條件)	kor-(＜*kər- 凝固), kata-(堅)
kurəŋ(栗色)	kuri(栗)
kur(蠣) cf. *koko＞kori＞kuri＞kur	kaki(id) cf. *koki＞kʌki＞kaki
kurum(雲)	kumo(id)＜母音間 r 脫落＞
kub(蹄), kuməri(跟・踵) cf. 뒷구머리	*kuha(id) cf. クハ-ダツ(*蹄立＞企, 跂), kubisu(＜*kupi-pisu. 跟)
kuri-(糞臭)	kusa-(臭), kuso(糞)
kumu(穴・孔 cf. kab(＞kob＞kub＞kumu) ＜高句麗＞	kubo(穴)
kus(祭神儀式)	koto(＜*kətə. 神言) cf. ミ-コト, kusu-(靈妙)
kusɯr(玉)	kusiro(＜*kusirə. 釧)
kuk-č'ʌj(湯-探)	kuka-dači(湯-探＞探湯)
kure(腔)	*kuna(id) cf. クナ-ガヒ(性交)

*kun(處所), *kuru(國) cf. 군-데	kuni(鄕・國)
kur-(呪)	kasir-(id)
kunyəg(孔)	kuči(口), kurah-(食・飮)
*kurɯ(黑) cf. 구름, 그르메(影)	kuro(id)
kult'ug(煙筒), kudɯr(炕)	kudo(구들)
*kü(>ki, 城)<百濟, 新羅>	*kï(>ki, id)
kü(<*kulak 耳, turk)	kik-(聞)
kü-məri(복사뼈)	kuru-busi(id)
kɯ(彼)	ka(id)
*kɯr(<*kïr「盻」, 木)<高句麗>	ki/ko(<*kï/*kə. id)
kɯmjɯk(>k'ɯmjik. 酷毒)	kibisi(嚴・酷毒)
kɯrɯ-(誤・違・非)	kuruh-(狂・違・誤差)
kɯlg-(搔)	kak-(搔)
kɯr(文)	kure(吳) cf. 吳音→文字
kɯri-(畵), kɯʒ-(劃)	kak-(畵・書)
ko(其)	ko(<*kə. 此)
kɯrɯh(株)	kabu(id)<母音間 r 脫落>
kɯrib-(戀)	koh-(id)<母音間 r 脫落>
kɯje(痕跡)	kasa(瘡)/kizu(傷處)
əgɯm-ni(牙)	kiba(id)
əgɯt-na(違)	koto nar (<*kətə-nar-. 異)
kɯrɯ-me(影) cf. *kʌrʌ-m>kɯrɯ-me	ka-ge(id) *cf.* *kʌrʌ-ge>kage
kərïm(暮) cf. 해-거름(日暮)	kure-(暮)
kɯʒi-(避隱)	*ku-(隱) *cf.* クミド(隱處・寢所)
kɯʒɯr-(燻)	kusubur-(id), kuyur(id)
kɯje(再昨日)	kizo(昨日)
kɯsɯm-č'ɯrə-hʌ-(濁)	kasu-m-(曇)
kɯmɯr-(被暗), kɯmɯm(晦)	kumor-(曇)
kɯʒɯm(極・限)	kihami(極), kime(id)
kɯč'-(中止・斷)	kir-(切斷)
kid-/kir-(汲水)	ku-m-(id)
ki´(生) cf. 깃-옷(生木綿衣)	ki(生) cf. キ-ソバ
kirɯma(鞍)	kura(鞍・座)
kib(繒)	kinu(絹) cf. *kibu>kimu>kinu
kiwa(瓦)	kahara(id) cf. -ra(pl.)
*kimi(「祇味」. 君), kum(君) cf. 님-금	kimi(id)
kĭm(氣息) cf. 입-김	iki(id)
kis(<čič'. 羽毛)	ke(毛)
kiur(皮殼)	kara(殼)
kibori(黍)<河東>, kijaŋ(id) cf. *kibori>kiwəʒi>kij-aŋ	kibi(id)
k'ak'ɯm(崖)<全南>	gake(id)

k'ämɯr-(嚙)	kam-(id)
k'al-k'al-hʌ-(荒貌)	kasa-kasa(id)
k'ʌ-(孵) cf. 畇- [kʌ̄]	kaher-(id), ko(仔)
k'ʌdalg(緣故)	kara(id)
k'əri-/k'ɪ-(忌)	kirah-(嫌)
k'alk'al/k'əl-k'əl(洪笑貌)	kara-kara(id)
k'or(現象・形), kor(型)	kata(型), katači(形)
k'oari(酸漿)	kagati(id)
k'u-(借)	koh-(乞・請)
k'ɯ-(消)	ke-s(＜*kɜ-s-, id)/kiy-(id)
k'ɯm(隙)	koma(隙)
k'ɯr(鑿)	kir-(鑽), kiri(錐)
k'ɯri-(包)	kurum-(id), kugur-/kugu-m-(括)
k'ək-sö(ㄷ字形釘)	kugi(釘)
k'wəŋ(雉)	kigisi(＞kizi. id)
k'imsä(兆)	kizasi(id)
k'ɯ(時), k'i(食事)	*kərə(＞koro, 頃), ke(＜kɛ. 食事)
k'ar(毛髮), kalgi(頭毛)	ke(＜*kɜ, 毛), ka-mi(髮)
k'ar(枷)	*kati＞kasi(id)
k'yən(側) cf. 뒷-켠	kaha(id)
karɛ(划子)	kadi(＞kazi. id)
k'i(舵)	kai(＜*kayi＜*kadi. 櫂)
---------------------------	----------------------
kʌʒ(＞kʌ. 邊・端)	hasi/ha(端), heri(邊)
kač'(皮)	hada(id)
käom(＜kaʒi-bam. 榛)＞käʌm	hasi-bami(id)
kä-(晴)	har-(id), hare-(id)
keo-(吐)	ha-k-(id)
*kar-(＞ka-. 去・行)	hasir(走), hanar-(離)
kʌmč'o-(隱・藏)	hisom-(隱)
*karä(椽) cf. 셧-가래(椽)	hari(id)
kʌʒä(鋏)	hasa-mi(id)
kʌʒ-(切), k'i-(挾)	hasa-m-(挾)
kʌthʌ-(同等)	hitos-(id)
kʌlb(重・倍), kəp'u(重)	he(重) cf. *kelb＞heb＞hew＞he
kor(洞)	hora(id)
koj-(揷)	*hoso(揷) cf. ホソイキ(間食)<奈良>
koma-hʌ-(敬・謝)	home-r-(讚)
kur-(行動)	huru-mah-(行動・舞＞擧動)
kir-(一尋)	hiro(id)
kučin(「古省」古)＜百濟＞	huru-(id)
kin(＞k'ɯn. 紐)	himo(id)
k'i(箕)	hir-(＜*hɨ̆r-. 簸)

kyəʒɯr(冬)	huyu(id)
kyəsg-(經)	he-r(id)
kədəl-kədəl(搖身貌)	hura-hura(id)
kərɯ-(隔)	hedat-(id)
kɯr-βar(文)	humi(id)
kɯʒɯr-(燻)	husub-/kusub-(id)
k'ɯrɯ-(解) 또는 p'ɯr-(id)	hogu-s-(id)
kɯʒ-(牽)	hik-(id)
k'ɯm(隙)	hima(暇)
--------------------------	--------------------
nugɯs-hʌ-(溫)	nuku-(id)
nigə-(行)	ik-(id)
agi(乳兒)	aka-go(id)
kogä(峴)	kuki(峙)
*hegari-(>heari-. 計測)	hakar-(id)
č'iŋgɪ-(霾)	sikam-(id)
c'ogᴇ-(析)	sak-(裂)
čɯlgəβ-(樂)	yorokob-(喜)

(2) t,t',t',d<Kor> ——————————— t(>č),d,y,s<Jap>

例 tabar(把, 束)	taba(id)
tab(畓)	dobu(溝)
tag(楮)	taku/tahe(id)
tari(足)	tari(id) cf. 藤原鎌足
*tam(圓) cf. 耽羅(*圓頂丘) <濟州>, tumu(甕)	tama(球) cf. tap(圓頂丘)<Ainu>
tanji(但只) 漢字語?	tada(id) cf. *tada>taji>tanji
taʌ-(>tahʌ-, 盡)	tuku-(>cuku-id), tay-(絶), toge-r-(逐)
tadʌd-/tadʌr-(到)	itar-(id) *cf.* *tatar->titar->itar-, toduk-/todok-(到・届)
tadʌm-(修・整・打砧)	totonoh-(<*tətənoh-. 調整)
tʌri-(率・與・携)	ture-r-(>cure-r-. id)
tʌlp'aŋi(<*tar-bur. 蝸牛)	tuburi(id)
tamʌr-(閉口)	damar-(沈默)
tʌt'o-(鬪爭)	tatakah-(id)
talho-(扱)	atukah-(id)
tahi(如)	*taki(>tai. id)
tahi-(點火)	tobo-s-/tomo-s-(id), tak-(炊・焚)
tari-(煎)	tag-ir-(沸騰)
tawagi(>t'aogi. 朱鷺)	toki(id)
tasʌ-(暖)	a-tusi(>acusi. id)
tahom(還)	tugi(>cugi. 次)

tʌrE-(引)	tur-(>cur-. 鉤)
tadirʌ-(衝突)	tutuk-(>cucuk-. id)
tʌlbi(髢)	tabu-sa(髻), tabo(髱)
*tʌn(谷)<高句麗>	tani(id)
tʌʒ-(愛)	tasi-nam-(嗜)
tadi-(>taji-. 確認)	tasika-m-(id)
tabuji-(冒・剽悍)	take-(武・猛)
taβi(>t'aü. 類)	taguhi(id)
-taβ-/-tʌβ-(如), talm-(似)	taubar-(似)
tʌd-(走)	to-si(敏)
tʌm-(沈)	tama-r-(溜)
tʌro(故)	tame(故・爲) *cf.* *tara-me>tame
tagɯ-(近接)	tika-(<*taka-.近接)
tʌmgɯ-(漬)	tuker-(>cuker-. id)
tak'-(磨)	tog-(磨)
t'am-ha-(羨)	tomos-(id)
tad-(閉)	todi-(<*tədi-. id)
tarʌ-(異)	a-tasi(id)
tʌr(月)	tuki(>cuki. id)
tʌr-(懸・吊)	turu-s-(>curus-. id),
*tʌr(「達」・ 山)<高句麗>	take(岳), tauge(峠)
tʌlg(鷄)	tori (<*təri. 鳥)
tām-(盛・積), təmi(積)	tum-(>cum-. 積), tam-(溜)
tah-(觸)	tuk-(>cuk-. id)
tä(竹)	take(id)
taya(盂)	tarahi(id)
tädo(一切)	tudoh-(>cudoh-. 集)
tEgor(頭)	tuburi(>cuburi. id)
təpk'əč'ɯr-(鬱), tapki-(悶)	tukarer-(疲)
tət'o-(>더듬-.訥), tədɯm-(id)	domo-r-(id)
tədəg(沙蔘)	totoki (id)
tədɯm-(探)	tadun-(>tazun-. 尋)
tyəb-(疊, 折)	tatam-(id)
tərəβ-(汚)	doro(泥)
təβ-(暑)	tobo-s-(點火)
təbur-(與, 共)	tomo-ni(共)
təɯ-(加)	tudoh-(集)
tər-(除)	tor-(id)
tət-tət(常)	tune(>cune. 常)
təm-təm(默默貌)	tamar-(默), tom-(止・停)
təmbi-(挑)	idom-(id)
təg(架・高處), tar-ag(樓)	tuka(>cuka. 塚・高處), taka-(高)
tE(所)	do/to(id), *ti(>ci. id) *cf.* コチ

təɯ-(＞təhʌ-, 加)	tas-(id)
təd(期間)	toko(＜*tətə. 常)＜異化＞
təp'-/tup'-(蓋)	huta(id)＜音韻倒置＞
tyər(寺)	tera(id)
tor/toraŋ(溝)	dobu(id)
toβ-(助)	tabah-(庇)
totkü(斧)	tatuki(＞tacuki. 鐇)
toŋa(栂)	toga(id)
*tor(門)＜伽耶＞	to(門・戶)
tod/tok'(＜tosk, 筵・席)	tuto(＞cuto. 苞)
tosɯrɯ-(勤)	tutom-(＞cutom-. id)
toroŋ(蛟) *cf.* 도롱-뇽(龍)	*tuti(＞cuci. id) *cf.* ミ-ヅチ
tomoji(一概)	tubu-to(都), tubusa-ni(詳細)
tomi(鯛)	tahi(id)
tot'ori/tot'ol-pam(橡)	turu-hami(id), toti(id)
tog(甕), tohE(壺)	tok'uri(壺)
to-/ta-(給・賜) *cf.* 도라, 다오	tab-/tamah-(id), a-tah-(施・與)
tod-(隆・上昇)	tat-(立)
tols(朞)	tosi(＜*təsi. 年)
toŋgɯra-mi(圓)	toguro(id)
toŋmo(伴・友)	tomo(id), tuma,(配偶者), tomo(等, 複數助詞)
toŋl(壺)	tuki(＞cuki. 杯)
tyoh-(好)	tahe(妙) *cf.* suk-(好)
tut'əβ-(厚)/tot'aβ-(id)	atu-(＞acu-. id) *cf.* t~t∞ø~t
tudɯlg(丘陵・岸・堤)	tutu-mi(堤), tuku(築)・tuka(塚)
turɯ-(圍)	*tori (id) *cf.* トリ-マク,トリ-カコム
tugɯn-tugɯn(悸貌)	toki-toki(id)
t'ʌri-(破)	tatak-(id)
turumi(鶴)	turu(＞curu. id)
tumu/tuməŋ(甕)	tubo(＞cubo. 壺)
tur(＜*tuβɯr. 二)	ture(＞cure. 對件), turub-(＞curub-. 婚)
tuŋuri(巢)	togura(id)
tudɯri-(叩)	*tut-(＞ut-. 打)
turyəb-(圓), tumu/tuməŋ(圓形甕)	tubu(球, 粒)＜母音間 r 脫落＞, tubu-te(圓石→礫), tumu-zi(旋風, 渦毛)
tuk'əb-(厚)	atuk-(＞acuk-. id)
tɯlβ-(＞t'ulh-. 貫・穿)	tura(＞cura)-nuk-(id), tohor-(貫通)
tɯd-(落)	otir-(id), tir-(散)
tɯdɪyə(遂)	todo(終極)
tɯr-(擧)	tur-(＞cur- 釣)
-tʌr(複數助詞)	-tati(id)＞tači
tɯr-(利・銳)	tosi-(id)
tɯre-bag(汲水桶)	turube(＞curube, id)

tɯr-p‘an(平野)	tubo(＞cubo. 坪) *cf.* 母音間 r 脫落
tɯmɯr-(稀)	tomosi-(＜*təməsi. 乏)/tobosi(id)
tɯri-(垂)	tar-(id)
tɯt‘ɯr(塵), tɯk’ɯr(id)	tiri(＞ciri. id)
ti-(鑄)	duku(＞zuku. 銑鐵)
ti-(＞či-. 落)	oti-r-(id), *ti(＞*si, 下) *cf.* シ-タ (下處), シ-モ(下方)
tig-(附着・點)	tuk-(＞cuk-, id)
tih-(舂)	tuk-(＞cuk-, id)
tirɯ-(衝)	tuk-(＞cuk-, id), tutuk-(＞cucuk-. id)
tih-i(漬)	tuke(id)
tir(陶土)	tuti(＞cuti. 土)
tü(後)	ato(id)
ədɪ(何處)	iduku/doko(id)
*t’adi-(＞t’aji-. 糾明)	tada-s-(id)
t’ər-(拂・落)	otir-(落)
t’əna-(出發)	tat-(id)
t’ü(＞t’i. 茅)	*ti(＞ci. id) *cf.* チガヤ
t’ü-(躍・走)	tob-(跳躍・飛)
t’ʌ-(摘)	tum-(＞cum-, id)
t’ä-(銲)	tug-(＞cug-. 接)
t’ʌro-(隨・從)	tuk-(從・附), tuka-hi(使喚)
t’ədi-(落)	oti-r-(＜*toti-r-. id)
t’ədɯr-(騷)	todoro-k-(＜*tədərə-k-.轟. 響)
t’ä(時)	toki(＜*təki. id)
t’a~ t’ah(地)	ta(畓), tuti(地)
t’ämun(故・爲)	tame(id)
t‘ɯn-t‘ɯn(强貌)	tuyo-(＞cuyo-. 强)
t’ətʌni-(漂流)	tatayo-h-(id)
t’ɯk’ɯn(熱)	a-tataka-(暖)
t’ɯm(苫)	toma(id)
t’ɯd-(採)	tor-(id)
*t’as(虎) *cf.* 쌋둘홉(虎驚草)	tora(id)
t’ɪ ＞t’i(帶)	darasi(締)
t‘əh(基)	toko(處・床)
t‘əg(頤)	*otoga-hi(id) *cf.* オトガヒ(*ətəga-pi)
t‘əg(丘陵)*cf.* 마루-턱, tudɯlg(岸)	take(嶽), tauge(峴)
t‘e(圍, 緣)	taga(箍)
t‘ɯ-(發芽)	der-(出), id-(＞iz-. id)
t‘ɯm(暇)	itoma(id)
t‘i-(打)	ut-(＞uc-. id)
t‘ər(毛)	*tore(髮) *cf.* オボト-トレ＞オボトレ(蓬髮)

t‘ar(病・災難)	tatari(id)
t‘or(粒)	tubu(id)
t‘ob(爪)	tume(＞cume. id)
t‘ʌ-(燃・燒)	tak-(id)
t‘ɯli-(違)	tigah-(＞cigah-)/tagah-(id)
siru-t’əg(甑-餠)	sitogi(＜*sitəgi. 粢)
pada(海)	wata(id)
ədɪ(何處)	idu(＞izu. 何處・何時)
kodʌlp‘ʌ-(甚疲), kodö-(疲而支障)	kodaha-r-(＞kodawar-. 支障)
kudu(靴)	kutu(＞kucu. id)
moda(皆)/modo(id)	matta-(全)
mundɯk(忽)	huto(id)
padi(簇)	pata(＞hata. 機)
pandö(螢)	potaru(＞hotaru. id)
piduri(鳩)	pato(＞hato. id)
sandä(釣網), sadur(id)	sade(id)
t’ʌt’ʌhʌ-(暖)	atataka-(暖)
--------------------------------------	
taboj(蓬)	yomogi(id)
tasʌri-(治)	*yasu-(治) *cf.* ヤス-ミシシ(天皇의 枕詞), yasiro(社)
*taı(海)＜新羅＞*cf.* taluy(海)＜Turk＞	yara(沼澤地)
tʌro(因・由)	yosi/yori(id)
*tar(壤・野)＜地名＞	yatu(低地)
tah-(＞t’ah-. 結髮)	yuh-(id)
tar-(給)	yar-(id)
tək’-(汚)	yogor-(id)
tahi-(燒)	yak-(燒)
təmbur(藪)	yabu(id)
təüjab-(攀)	yodi-(＞yozi-. id) cf. ヨヂ-ノボル
tolh(石) *cf.* *dolho＞tolh	*yisi(＞isi. id) cf. *dolho＞yoto＞yito＞＞yitï＞yiti＞yisi
ədɯm(闇)	yami(id)
tɯr-(入)	*yir-(＞ir-. id)
tyoh-(善・宜)	yok-/yosi (＜*yək-/*yəsi. id)
tɯr-(寄)	yor-(寄)
t‘ɯr-(捻・撚)	yor-(id)
--------------------------------------	
tyə(彼)	sa/so(＜*sə)/si (id) cf. tə＞sə＞so/sa
tɯŋ(背)	se/so(＜*sə. id)
tü(＜*turi. 後)	siri(尻), usiro(＜*usirə. 後) *cf.* tü＞ti＞si
tirɯ-(刺)	sasar-(被刺)

kad(＞kas. 笠)	kasa(id)
tadi-(＞taji-. 確認)	tasi-ka-m-(id)
tʌd-(走)	tosi(敏)
sad(＞sas. 簞)	sasa(id)
mʌdᴇ(節)	husi(id)
yadan-pəpsəg(騷動貌)	ya'sa-mo'sa(id)

(3) p, p', p', b<Kor> ―――――――― h[1] (<*p), b, p', w, m, ø<Jap>

例 pʌʒE-(映)	hae-r-(id)
pajani-(彷徨)	ho'tuk-(id)
pʌri-(棄・離別)	hahur-(捨・放棄), harah-(拂)
pad-(徵收)	hata-r-(id)
padʌ-rʌβ-(危)	hiya-hiya(危貌)
*pɯt'i(＞put'i. 近親)/həji(id) cf. 피붙이, 허지없다	hito(＜*hitə, 人)
pʌkoni(簞)	hako(箱・筐)
panʌr(針)	hari(id)
pʌdE(筬), pö-t'ɯr(紡織機)	hata(紡織機)
pʌra-(欲望), pɯr-(羨)	hor(＜*hər-. id)
pʌrʌ-(塗)	har-(貼)
para(傍)	hara(id) cf. カタ-ハラ,ヨコ-バラ
pabo(愚者)	aho(＜*haho＜*papo. id)
pahö(岩)	iha(id), ihaho(id)
pat'(田)	hata/hata-ke(id)
pat'aŋi(罇子)	hotoki(缶)
pag(瓠)	huku-be(瓢)
pas/pak' (外)	hoka(id)
pandö(螢)	hotaru(id)
pʌr(一尋) 또는 kir(身長)	hiro(＜*hirə. id)
par(足), pad-(追跡)	*hasi(＞asi. 足), hasi-r-(走), hagi(脛)
*par(齒) cf. 닛발 ; pal(齒)<Dr-Ta>	ha(id)
pag-(打揷)	hak-(履・穿)
pal-pal(匍匐貌)	hah-(匍匐)
pʌlsyə(旣已)	haya(id) cf. モ-ハヤ
pE(腹)	hara(id)
pE-(孕)	hara-m-(id)
pEmiri(這)	hah-/hara-bah- (id)
pE(舟)	he(＜*pɜ. id) cf. ヘ-サキ舳, hune(舟)
pEk'ob(臍)	heso(id)
*päg(伯・長)<地名>	heki/haki/hake(首長)
pʌyam(蛇)	hebi/hemi(id)/hami(蝮)

1) [Fo(ホ)・Fu(フ)]의 F와 [çi(ヒ)]의 ç 및 [ha(ハ)・ he(ヘ)의 h를 /h/로 통일하여 表記함

pari(鉢)	hati(＞haci. id)
pab(飯)	*hahi(＞ihi. id)
*par(旗) *cf.* 깃-발	hata(id)
pä-(敗北・ 滅亡)	horob-(亡・滅)
pʌlβ-(踏)	hum-(id)
pʌlg-(裸)*cf.* 볼가벗다, 벌거숭이	hataka(id)
pədɯr(楊)	hota(榾)
pəl-pəl(畏貌)	hou-hou(id)
pərə-ŋ(周圍)	hiro-(＜*hirə-. 廣), mahari(주위)
pərɯs(習慣)	huri(態度・習慣)
pər(蜂)	hati(＞haci. id)
pər(平野)	hara(原), hira(平)
pəŋɯr-(＞pər-. 離・離間)	hanar-(id), *pakar-(＞wakar-. 別離)
pək'-əji-(禿)＜方言＞	hage-r-(id)
pəli-(＞pəlli-. 開・分離)	hira-k-(id), hiro-(＜*hirə-. 廣)
pəs-/pas-(脫)	hadu-s-(id), hadak-(開・脫塵)
*pəbəri(＞pəwəri. 啞)	*hohusi(＞ohusi＞osi. id)
pep'ɯr-(設)	har-(id)
pəd-(伸・ 延), pər-(列・ 羅)	har-(張), hah-(延)
pəski-(＞pək'i-. 剝)	hag-(id)
pəltək(覆貌)	hitkuri (id)
pəgɯm(副・二), pəg-(副)	hu(二)
pyə(瓮), puč'i(id) *cf.* 솥벼, 그릇-부치	he(＜*hɜ. id)/be(id)
pö(布)	ho(帆)
podi/podäŋi(女陰)	hoto(＜*hətə. id)
poksɯl(深毛貌)	husa(總)
pog(河豚)	hugu(id)
pogämi(塵)	hokori(id)
pogori(怒)	hutuku-m-(憤)
pok'-(炒)	hir-(＜*hïr-.乾涸) ＞ir-(炒)
p'yam(頰), por(id)	hoho(id), ho'-peta(id)
*por(＞pom. 春)＜新羅＞	haru(id)
*pog-(「伏」. 深)＜地名＞, p'uk(深貌)	huka-(id)
pöc'waŋi(베짱이)	hōzuki-ba(id)＜房州方言＞
puri(觜・喙)	*haši(id) *cf.* クチ-バシ, huru(峯)
puhwəŋi(梟)	hukuro(id)
puči-(扇・簸)	huruh-(扇), hir-(＜*hïr-. 簸)
puhwa(肺)	huku(id)<南島方言>/hukuhuku-si(id)/hukuhuku-si(id)
pusʌhʌ-(戲弄)	huzake-r-(id)
purɯrɯ(奮振貌)	huruh-(奮・搖), huru-(振)
put'yə(佛)	hotoke(id)
put'yə(＜put'i, 瞳子)	hito-mi(id)
pup'ɯr-(膨), pogori(怒)＜慶尙＞	hukur-(膨・飽・發怒),

pud-/pur-(潤, 增)	huye-(增), huto-(太)
pok'-(拭) *cf.* 슷븟-	huk-(id)
puŋar(陰囊)/pur-ar(id), pur(陰囊)	huguri(id)
put'umag(竈)	hetuhi(id)
pur-(虛張聲勢)	hora(空)
pɯrɯ-(飽)	har-(脤・腫)
pud(筆)	hude(id)
püt'ɯr-(捻)	hiner-(id)
pü-(＞pɪ-＞pi-. 空虛)	hora(空)
*puri(「夫里」. 村・邑)	hure(村・邑), bure(id)＜方言＞
pɯr(火)	hi(＜*hï. id), ho(id)
pɯsɪ-/pʌʒE-(映)	husi-(id) *cf.* マ-ブシイ, マ(目)
pɯtkɯri-(恥)	haduka-si(＞hazukasi. id)
pɯr-(吹)	huk-(id), hur-(降)
pɯʒɯrɯm(瘡)	horose(風疹)
pɯʒ-(腫)	hare-(id)
p'ɯri-(撒)	hur-(降雨)
piyug(鷄雛)	hiyoko(id)
*pibat'-(吐)＞piwat-/pat'-(唾)	hak-(＜*hihak-. id)
*pir(一)＜新羅＞ *cf.* 비릇다(始)	hito(＜*hitə)/hi(id)/hita(id) *cf.* ヒタ-ウチ
pir(＞pyər. 星)	hosi(＜*həsi. id)
pic'-kar(光・色)	hikari(光)
piduri(鳩)	hato(id)
pidɯm(膚脂粉)	huke(id)
pirɯm(莧)	hiru(id)
pyə(稻) *cf.* vari(稻)＜Dr-Ta＞	hare(*稻・米)
: bele(米)＜Ma＞	
p'ʌrʌ-(速)	haya-(id)
p'ahyə-(拔)	habuk-(除・省略)
p'yə(骨) *cf.* peren(骨)＜Dr-kanḍa＞	hone(id)
p'ak'ɯm-p'akɯm(彈開閉口貌)	p'aku-p'aku(id)
p'ɯr(角)	ho(穗・槍尖)
p'ʌ-(掘)	hor-(id)
p'ʌri(蠅) *cf.* paṟappu(나는 것)＜Dr-Ta＞	hahe(id)
p'ʌr-(販賣)	harah-(支拂)
ip'ar (葉)	ha(id)
p'ʌ-mud-(埋・葬)	habur-/haumur-(葬)
p'aŋgä-č'i-(抛)	hahur-(id), hanat-(放)
p'E-(發穗)	ho(穗)
p'ək(甚多貌), p'o(婁・重)	hoku(多)＜琉球＞, ho(百), oho(多)
p'ɯr-(解)	hodo-k-/hotu-s-/hogu-s-(解)
p'ɯm-(懷)	hukum-(含)/huhum-(id)
p'uk(深貌)	huka-(深)

cf. kip‘-(深)＜音韻倒置?＞	
p‘i(稗)	hie(id)
p‘itung-p‘itung(肥而有彈力貌)	huto-(太)
p‘iri(笛)	hue(id)

---

pak'u-(換)	bakas-(化・魅)
padag(底)	beta(＜heta. 底・端) *cf.* チベタ(＜チ-ヘタ)
padi(袴)	bati(id)＜琉球＞
pa(說明形語尾) *cf.* -는 바	-ba(條件法助詞) cf. スレバ
-po(人) *cf.* 뚱-보, 곰-보	-bo(id) *cf.* アカン-ボ, ドロ-ボ
pudij-(衝)	butuka-r-(id)
pure(魚油)	abura(油)
pɯt‘-(附著・燃)	bu'tu-k-/butu-k-(附著)
pa(場), p‘an(局面)	ba(場)
ilbəʒ-(盜)	ubah-(奪)

---

pa(網・紐)	wo(紐)
p’agä-(析)	waker-(分), war-(割)
*päg(長・伯)＜百濟地名＞	wake(「別」. 長)
pak’at‘(外側)	waki(脇・傍)
pogɯl/pugɯl(沸貌)	wak-(沸)
pada(海)	wata(id), wata-r-(渡)
pahö(輪)	wa(id)
paji/pač‘i(匠)	waza(技)
pEʒʌr(腸)	wata(id)
pəŋɯr-(離)	wakar-(＜hakar-. 分・離)
pomnor-(跳躍)	wodor-(舞踊)
purə-di-(折)	wor-(id)
pʌdE(＞padi. 筬)	wosa(id)
piori(鴛鴦)	wosi(＜*wozi. id)
p‘ʌrʌ-(靑)	awo(id)
p‘ɯr(草)	wara(藁)

---

pʌri-(剝)	muk-(id)
pʌrʌ-(不足)	madusi-(貧)
pač‘i-(呈), patt’ɯr-(捧・奉)	mada-s-(id), matu-r-(奉・祭)
p’ahyə-(*cf.* 밧-스승・秀)	masa-r-(秀)
pat(外)	omote(表面) *cf.* o～o＞ø～o
parʌ-(正)	masa(id)
pəltək(急起貌)	mu'kuri(id)
pərəji(虫)/pəle(id)	musi(id)
pä-(敗亡)	make-r-(id)
pəmgɯr-(＞pəmɯr-, 紆)	mazer-(混)

pEho-(學)	manab-(id)
pəd (友)	mazir-(交)
pajani-(彷徨)	mayoh-(惑)
pyəkä(枕)	makura(id)
puč'E(薤)	mira(id)
porogi/p'odägi(褓)	mutuki(id)
pod-ɯm-(抱)	mudak-(id)
porom(望月)	*moti(id) *cf.* モチ-ツキ(望月)의 略
pori (麥)	mugi(id)
po-(見)	mor-(守・監視)
pɯrɯ-(召)	mes-(id)
*puri(「夫里」, 村・邑)	mura(村)
pü-(空・虛)	muna-si(id)
pubɪ-(揉)	mom-(id)
pɯri-(使)	motih-(用)
pɯrɯ-čij-(＞pɯjij-, 叫)	museb-(咽)
pɯt'ɯr-(把)	mot-(id)
p'ɯrɯ-(綠)	midori(＜*midəri. id)
p'ü-/put'-(燃)	moyu(id)
pöat-pʌ-(催)	moyoho-s-(id)
------------------------	-------------
pad-(受・當) 또는 maj-(當)	at-(當). atah-(id)
par(足)	asi(id)
pad-(獻・奉)	aduk-(預), atah-(與)
pɯlg-/palg-(赤)	aka(id)
pad-(追跡)	ato(跡)
pʌlg-(明)	akar-(id)
pʌlβ-(踏)	ayum-(步)
pʌr(＞p'ʌr, 臂)	ude(id)
pʌʒ-(碎)	ut-(打), but-(id)
pəwəri(啞)	osi(＜ohusi. id)
pok'-(炒)	*or-u(＞ir-u. id)
puč'i(器) *cf.* 그릇부치, poʒʌ(碗・甌)	utuha(器)
pɯri-(下)	oro-s-(＜*ərə-s-. id)
posib(犁)	sahi(鉏)
puŋ(浮揚貌)	uk-(浮)
p'agä-(折)	ak-(開)
p'ʌr-(洗濯)	arah-(id)
pəŋɯr-(分離)	akar-(散・分)
p'ʌr-(販賣)	ur-(id)
p'Ek'i(小豆)＜咸南＞, pʌč'(id)	aduki(id)
------------------------	--------------
tabar(束)	taba(id)

čʌborom(＞čʌβorom＞čorɯm. 睡)	neburi＞nemuri (眠)
həbaŋ(陷穽)	kubo(id)
örʌbE-(＞örʌβ-＞öroβ-. 孤獨)	wabi-si(侘)
tʌlbi(＞tʌlβi＞*tarwi＞tari. 髢)	tabu-sa(髻)
nabɯk'i-(飄)	nabik-(id)
nambi(鍋)	nabe(id)
nubi-(衲)	nuh-(縫)
kəbug(龜)/kəbub(id)	kame(id)
kubur(＞kuβur-＞kūr-. 轉)	korob-(id)＜音韻倒置＞

(4) č, č', č', j＜kor＞ ———————— s, t(c), z, y, r＜Jap＞

例 čʌnE(汝・自己)	sonata (其方・汝)
čyaŋma(霖雨)	same(id) *cf.* ハル-サメ, サミ-ダレ
čʌra-(成長)	sodat-(育)
*čʌnjʌn-hʌ-(＞čanjan-hʌ-.靜貌)	siduka(靜)
*čʌji(＞čaji. 男根)	sizi (id)
čas(城)	sasi(id), siki(id)
čʌjʌl(細小)	sasa(id)
čah(尺)	sasi(id), saka(id)
čač'E(上等)	sati(幸・福)
čʌ-(寢), čʌβor-(睡)	san-(寢)
čʌʒʌ(核)	sane(id)
čyarʌ(＞čaru. 袋)	saya(鞘・莢)
čʌj-(頻), čʌro(id)	sizi(多數), skiri(頻)
čyarag(裾)	suso(id)
čʌmo/čʌmʌt(頗・殊)	sukoburu(頗)
čEn-nab(猿)	saru(id)
čä(峴・嶺)	saka(峴・坂)
čʌo-laβ-(親熟)	sita-si(id)
čʌlmot'ʌ-(過誤)	somuk-(背反)
čʌm-(沈)/tʌm-(id)	sidum-(id)/sime-r-(濕)
čyə(彼)	si(其・汝), so(＜*sə. 其)
čyəg-(少)	suko-si (id)
čyət'i-(＞čyəč'i-. 反・除)	soras-(反), sut-(棄)
čyəbʌri-(背反)	somuk-(id)
čəŋi'tä(逐鳥用人形)	sohodo(id)
čɯmɯn(千)	subete(凡・統)
čəlwe-(痺)	sibire(id)
čorʌ-(絞)	sibor-(id), simar-(締)
čyogomat(小小・若干)	sokoba/sokobaku (id)
čorʌ-(請誘)	sasoh-(誘)
čəŋmal(頗)	sukoburu(id)

čom(蠹)	simi(id)
čob-(狹)	seba-/sema-(id), subo-m-(<*tubo-m-. 窄), sem-(迫)
čäŋgi(鋤)	suki(id)
čaknan(戱)	sakurer-(id)<廣島>
čohE(紙)	suk-(漉)
čoč‘-(隨)	sitah-(id)
čöda(凡・皆)	subete(id)
čyoh-(<tyoh-. 好・良)	suk-(id)
čubi(部)	suber-(統・總)
čyunbi(準備) 漢字語 ?	sonahe(id)
čubɯt(聳貌)	sobi-er-(id)
čug-(死)	sog-(殺)
čur(絃・條)	sudi(id)
čur-(縮)	sizi-m- (id) *cf.* tidi-m-(id)
čurəŋ-čurəŋ(多吊貌)	suzu-nari (id)
čurum(皺・襞)	siha(id)<母音間 r 脫落>
čuk’uri-(蹲)	suku-m-(竦)
čulgot(一貫・專)	sugara(id)
čujə(-anj)-(坐定)	suwer-(据)
čurɯb/čurɯm (仲介人)	sewa(周旋)
čis(>kis, 巢)	su(id)
čɯʒ-k’or(貌-形)	sugata(姿)
či-(負)	se(背)
či(汝)	si(>i. id)
čimi(<kimɪ. 痣)	simi(斑點)
čirɯ-(<tirɯ-. 臨)	sita(下)
čijɯr-(壓)	sik-(敷)
čir-(<tir-. 泥)	siru-(id)
čip‘(藁)	siba(芝)
čin(液)	siru(汁)
či’kö-(叫喚)	sakeb-(id)
či’kuj-(使惱)	sikar-(叱)
č’iŋgɪ-(顰)	sikam-(id)
č’ʌ-(搾)	sibor-(id)
č’ogE-(析, 割), č’E-(裂)	sak-(析)
č’og(藍)	sawo>awo(靑)
č’ɯj-(撕)	sut-(捨)
č‘ʌb-(寒), č‘uβ-/č‘iβ-(寒)	sam-(id), simir-(凍), simo(霜)
č’aŋhwaŋ(倉皇)	sosoka-si(遽)
č‘ʌ-(冷) 또는 sənɯr(涼)	suzu-si(涼)
č‘ʌj-(尋・探)	sagas-(id)
č‘ʌ-(佩)	sa-s-(捕)

č'ʌm(眞)	*sa(id) *cf.* 眞田(サ-ナ-タ)
č'ʌm-(忍)	sinob-(忍)
č'akhʌ-(善良)	saga(本性), saka-si(賢)
č'ʌm-sä(雀)	suzume(id)
č'ɛk-č'ɛk-hʌ-(密)	sige-(密・繁)
č'aji-hʌ-(領有)	sira-s-(領治)
č'äkmaŋ(詰責)	segam-(id)
č'o(醋)	su(id)
č'ʌri-(供・備)	sonah-(id) /soroh-(整)
č'yəb(妾) 漢字語 ?	soba-me(id)
č'ədi-(劣)	sida-r-(垂)
č'əʒəm(初)	*sosome(>some. id). hazim-(id)
č'og(鏃)	saki(尖鋭部・先)
č'ori(尾)	siri(尻)
č'udɯr-(掖・過褒)	soyas-(id)
č'ugi-(使濕)	simer-/sitor-(濕)
č'i-(注)	sas-(id)
č'i-(攻)	se-m-(id)
-č'i(人・者)	-si(id) *cf.* ナニガシ
č'im(醂 람>림)	saha-s-(id)
kɯje(痕迹)	kusa(瘡)
------------------------	------------------------
čʌra-(足), č'ʌ-(滿)	tar-(id)
čʌrʌ-(斷)	tat-(id)
čɛβyəg(礫)	tabi-isi(id), tubute(id)
čwa-si-(食)	tab-(id) / taber-(id)
čab-(防禦・遮)	tah-(遮)
ča'pa-di-(倒)	tahur-(id)
čʌb-(把)	tukam-(>cukam-. id), tuba (>cuba. 鐔)
čob-(狹)	tubo-m-(>cubo-m-. 窄)
čəg(時), čyok-čyok(*時時・每)	toki(id)
čyəj(<*tyəj. 乳)	titi (>čiči. id)
čyəbi(燕)	tuba-me(>cuba-me. id)
čyəur(<*čyəŋur. 秤)	tikiri (>cigiri. 扛秤)
ču-(給・賜)	tab-/tamah-(id)
čʌro(柄)	tuka(<cuka. id)
čoʒ-(啄)	tutu-ki-(>cucu-ki-. 쪼음): tui-bam-(쪼아먹다)
čum(拳・握)<母音間 k 脫>	tukam-(>cukam-. 摑)
čug-(死)	tuk-(>cuk-. 盡)
čur(絃・線)	turu(>curu. 絃・蔓), tur-(>cur-. 連), tuta(蔓)
čur-(縮)	tidi-mi-(>ciji-mi-. id)
čuβ-(拾)	tumam-(>cum-. 撮)

čü-(執・取・握)	tor-(id)
čukči(翼)	tubasa(>cubasa. id)
čih-(命名)	tuke-r-(>cuke-r-. id)
čigɯr-čigɯr(少液沸貌)	tiri-tiri(>ciri-ciri. id)
čɯʒ(貌)	tura(>cura. id)
čis-abi(>čiabi. 夫)	tuma(>cuma. id)
čindʌlö(躑躅)	tutuzi (>cucuzi. id)
čir(<kir. 路)<慶尙>	ti(>ci. id)
č'ʌ-(織・組立)	tukur-(>cukur-. 造)
čaŋ(校)	tiyau(>ciyau.「J」 二・-장)
č'ʌg(雙・對)	tuwi(>cuwi. id),
č'ʌ-(蹴)	tuk-(>cuk-. 衝)
č'ʌm-(忍耐)	tah-(id)
č'ʌj-(尋)	tazun-(id)
č'ugi-(浸漬)	tuk(>cuk-. id)
č'yəmha(檐下) 漢字語？	tuma(>cuma. 端) *cf.* ヤ-ツマ
č'yoma/č'ima(裳)	tuma(>cuma. 褄)
č'im/č'um(唾)	tuba (>cuba. id)
č'um(中間部分) *cf.* 허리-춤	tuba (>cuba. 鐔・鍔)
č'ɯlg(葛)	tudura(>cuzura. id)
ačʌ/aʒʌ(小・弟)	woto(<*wətə. id) *cf.* ヲト-コ: ヲト-ウト(ヲトト)
*uč'(「于次」. 五)<地名>	itu(>icu. id)
kaji-(持)	katug-(>kacug-. 擔)
pajani-(彷徨)	ho'tuk-(>ho'cuk-. id)
-------------------------	-------------------------
čojal-(饒舌貌)	zaza-(id) *cf.* ザザ-メク
čorɪ(笊)	zaru(id)
čyəmɪ-(細刻)	ki-zam-(id) *cf.* キリ(切)-サム(細刻)>キザム
čyənč'ʌ(原因)	zomoto(id)
kaji(種類)	kazu(id)
čaji(男根)	sizi (id)
čɯlbək-čɯlbək(泥貌)	zubu-zubu (id)
č'ɯlg(葛)	cuzura(id)
kɯje(再昨日)	kizo(昨夜)
-paji/-pač'i (匠)	waza(業・技)
čil-čil(曳貌)	zuru-zuru(id)
čʌj-(頻)	sizi(多數)
č'ʌj-(尋)	tazun-(id)
monjyə(先)	mazu(id)
əjir-(賢良)	hiziri(聖賢)
kɯje(痕迹)	kizu(id)
kaʒ-č'ʌri-(邊裝)	ka-zar-(飾)
-------------------------	-------------------------

čyənyəg(夕)	yuhu(夕)
čač'it-hʌmyən(어쩌면)	yayamo-sureba(id)
čyoh-(良好)	yok-/yos-(＜*yək-/*yəs-. id)
čʌn-čʌn (鎭定貌)	yasum-(休)
čib(家)	yihe(＞ihe. id)
čɯlgəβ-(樂)	yorokob-(喜)
č'og(側方)	yoko(横・側)
č'ʌma(忍) *cf.* ᄎᆞ마…몯ᄒᆞ다	yomo-ya(id) *cf.* ヨモヤ…逃ガサズ
------------------------	------------------------
kajami(比目魚)	karei(id)
kʌč'o-(藏)	kura(倉)
kɯč'-(中止・斷)	kir-(切斷)
təpk'əč'ɯr-(鬱)	tukarer-(疲)
puč'ᴇ(薙)	mira(id)
puč'i-(扇・簸)	huruh-(扇), hir-(簸)
čujə-(据) *cf.* 주저 앉다	suwer-(据)
či'kuj-(使惱)	sikar-(叱)
*nijï-(寐) *cf.* 寐錦=尼叱今	ner-(id) *cf.* niču-(瞑目)＜Ma＞
pək'əji-(禿)＜方言＞	hager-(id)
pudij-(衝)	butukar-(id)
həjən(空虛貌)	garan-to(id)
najoh(夕)	yoru(夜)
č'aji-hʌ-(領有)	sira-s-(領治)
mʌč'-(終了)	wohar-(id)
məj-(惡)	waru-(id)
p'äŋgäč'i-(抛)	hahur-(id)

(5) s.s'＜Kor＞ ―――――――――― s.z.t.h＜Jap＞

例

sʌnahᴇ(夫・男), sʌn(壯丁)	sena(夫)
sandä(小網), sadur(id)	sade(id)
sak-sak(切音貌)	saku-saku(id)
sabar(椀)	sabari(id)
sag(＞s'ag. 芽)	sak-(開花・裂)
saho-(爭)	i-sakahi(言爭) cf. *ihi(言)-sakahi (爭), *sohu-(競爭) cf. キ(氣)-ソフ, アラ-ソフ
sahʌr-(切)	sak-(割・裂)
sasʌr(鎖)	*sari(id) ク-サリ cf. kusïr(玉)＞kus＞ku(s)
sʌsʌ-rob-(私的)	sasa-me(私語)
sasʌm(鹿)	sisi(id)
sab(＜*salb. 鍤・鍬)	sahe/sahi(鉏)
sahö'tä(棹)	sawo(id)

sag-(釀). sik'e(甘酒)	sake/sasa(酒)
sar(矢)	satu/sati(id), sa(id)
sarʌm(人). sar-(生・活・住)	sum-(住)＜母音間 r 脫落＞
salgïm-salgïm(步行貌)	saruk-(步)＜福岡＞
*sar-(淸)＜百濟＞	sum-(澄) cf. *sar-ʌm＞sum
sam(麻)	asa(id)
*sar(沙) *cf.* šahïl '砂'＜Turk＞	suna(id)
säryə(新)	sara(更・改)
sar(凶氣)	saru-me(女巫)
sʌlβ-(言)	syabe-r-(id)
sʌlh(肌肉)	sisi (id)
sʌlp'i-(察)	sirabe-r-(調査)
sʌr-(＞sɯr-. 銷)	sar-(去・銷)
saski(雛・子)	sasi(子) *cf.* コニ-サシ
*sʌʒ-kʌlp'E(中間-區間) 또는 *səri-kʌlp'E(id)	sakahi(界)
sam-sam(不忘而如現存)	same-r-(醒)
sam-(爲)	su-r-(id)
sʌʒi(間・隙), səri(間)	suki(d)
sad(＞sas. 簟)	sasa(id)
samč'i(鰆)	saba(鯖)
sä(草)	suga(菅)
säom/sisäom(妬)	sonem-(id)
sä(鳥)	*sagi(id) *cf.* カサ-サギ
saβi(鰕)	*sabi(＞*hebi＞ebi. id)
*sər-(kədi)(浚) *cf.* *뿔-서리＞쁘서리	sarah-(浚)
č'ib-(寒)	simo(霜), simir-(凍)
səsəŋgəri-(慌忙)	sosoka-si(id), soko-soko(倉皇貌)
syə-(立・停)	sas-(閉・停)
sənɯr(涼)	suzu-si(id)
səɪ-hʌ-(疎・涼), syəlb-(悲)	sabi-si(寂涼)
sʌmE(袖)	sode(id)
*syəp'(傍・脇) *cf.* 옷셥, 셥치, 눈셥	soba(側傍・稜)
sənt'ɯt(速悟貌)	sator-(悟)
səhɯre(杷)	suk-(鋤)
sək (三) *cf.* 석-자(三尺)	*saki(三) *cf.* サキ-クサ(三枝)
səhɯr-(細切)	sor-(削髮毛)
*sər-(知) *cf.* 설-믜(慧)	sir-(知)
syəm(島)	sima(id)/sema (id)
syəb(柴)	siba(id)
syesi-(進上)	susu-m-(進), sasage-r-(捧)
*syobi～sEbi(「所比・沙非」. 赤)＜地名＞	sofo(＜*səpo. 赤土)
sogom(鹽)	siho(id)

sora(盆)	sara(皿)
sog(內・裏)	soko(＜*səkə. 底)
sogi-(欺)	suka-s-(id)
sor(刷毛)	sur-(刷)
sos-(聳)	sosor-(id)
sö-pomE(銹)	sabi(銹)
sog-(省・拔除)	sog-(削・省), sok-(＜*sək-. 除), sor-(剃)
syora(螺)	sazai(id)
i'sog(實利)	risoku(利子) cf. 利息?
sod-(覆)	sosog-(注)
sosɯrat'i-(驚)	osor-(＜*əsər-. 懼)
soksagi-(囁)	sasayak-(id)
*sodo(「蘇塗」. 別邑)	sato(里)
soh(淵・潭)	saha(澤)
syo(牛)	usi(id) cf. üker(牛, W. Mo)
sö-(過日)	sug-(過日・過)
suh(雄)	wosu(雄), se(男)
syusyu(蜀黍)	susuki(芒)
sug-(伏), suɯri-(id)	sag-(下), sager-(id)
sur(匙)	sazi(id)
sɯl-sɯl(流貌)	siru(汁)
susk(炭)＞suč'	susu (煤) *cf.* su-mi(炭)
*suβur(＞sür. 酒)	*soro(id) *cf.* モソロ (濁酒, 不純酒)
sur(總)	su(簀)
sut(素・純)＜接頭辭＞	su(id)
suʒɯ-/suʒuwəri-(喧)	sosor-(id)
sum-(隱)	sinob-(id)
sut'oŋi(虱)	sirami(id)
suh/sup'(林・藪)	sono(＜*sənə. 苑)
sul-sul(流動貌)	sura-sura(id)
sɯlgɪ(智慧)	sakasi(賢), sato-(聰) *cf.* -lg-∞-t-
sü(尿)	si/sisi(id)
sü(*天 *cf.* 숫구멍), *sol(id *cf.* 솔-대)	sora(天)
sü(禾)	se/sa(稻) *cf.* ワ-セ(サ)
sü-(吸氣)	suh-(id)
sü-(休息)	suwa-r-(坐)
süb-(＜suβ-. 易)	ya-su-(＜*i-su-. id) *cf.* i (添加音)
sɯs-(拭)	susug-(滌)
sɯsan-ha-(凄)	susamaji-(id), susam-(荒)
sɯmɪ-(滲・浸)	sim-(id)
sɯsʌ-ro(自然)	sozoro(漫然)
sɯl-sɯl/sol-sol(緩動貌)	so'-to(id)
sɪ-/sᴇ-(酸)	su-i/su-p'ai(id), su(酸)

sɪ(＞si. 媤)＜接頭辭＞*cf.* 싀-아비	si(id)＜接頭辭＞ *cf.* シ-ウト(姑)
sɪ-(泯・亡) *cf.* 싀여디-	sin-(死)
*iskar(＞ik'ar. 杉)	sugi(id)
sirɯ-t'əg(甑餠)	sitoki(粢)
siwi(洪水)	sami(霖雨)
sič'imi(裝不知)	sumasi(id)＜s~m>m~s '음운도치'＞
sidɯr-(萎)	siwor-(id), sinabir-(id),
simuruk(不滿以沈默貌)	sidum-(沈・鎮・靜)
sibaŋ(方今)	sibasi(暫間)
sikpɯ-(欲・如)	sik-(如)
simï-(植)	suwe-(据)
sirɯm(捽挍, 씨름)	sumahi(id)
sirɯ-čug-(氣盡)	sin-(死)
sis-(洗濯)	susug-(id)
s'o-(<sōi.螫). s'usi-(刺)	sas-(id)
s'aŋryug(雙六)	sugoroku(id)
s'ö-(曝)	sar-/sara-s-(id)/sabak-(暴)
s'oi-(涼) *cf.* 바람-쏘이다	suzu-m-(id)
s'usikä(刺針)	susudi(＞susuji. 낚시의 일종)
s'uk(忽然)	su'kuri(id)
s'ɯr-(磨)	sur-(摺・磨)
-------------------------	-------------------
sü(蛆)	uzi(id)
sorɯm-k'ič'i-(恐貌)	zo'to(id) cf. sor>zor>zot-to
pusʌ-hʌ-(戲弄)	huzaker-(id)
k'imsä(徵候)	kizasi(id)
əsə(無), əs:ɯ-(id) *cf.* 어쁘다(無)	zu(否定詞)
sɯsʌ-ro(自然)	sozoro(漫然)
-------------------------	--------------------
*sʌnäk'i(＞사내끼. 繩)	tuna(＞cuna. 網)
sʌmᴇ(袖)	tamoto(id)
sʌlg(狸)	tanuki(id)
son/som(手) *cf.* 솜삐＞솜씨	te(id)
sət'ur-(拙)	tutana-(＞cutana-. id)
sero(縱)	tate(id)
sok-kos(女人用內袴)	tahusaki(短袴)
subuk(盛積貌)	tum-(＞cum-. 積)
s'ib(女陰)	tubi(＞cubi. id)
s'i(氏)	udi(id)
s'usi-(疼)	*duduk-(＞uzuk-. id)
-------------------------	-------------------------
susemi(絲瓜)	hetima(＞hečima. id)
sotčəksä(杜鵑)	hototogisu(＜*hətətəgisu. id)

säbi-(嵌)	hame-r-(id)
sim-sim(閑暇貌)	hima(暇)

(6) -β<Kor> ——————————— -b,-h(w),-m,ø(語幹末)<Jap>

例 *kʌβʌs(<kʌbʌs. 半)	*kaba(id) *cf.* ナ(地)-カバ(半)
čɯlgəβ-(樂)	yorokob-(喜)
-taβ-(如)	taubar-(似)
toβ-(助)	tabah-(庇)
tʌlβi(髫)	tabu-sa(髻)
sʌlβ-(白)	syabe-r-(言)
saβi(鰕)	*sabi(>*hebi>ebi. id)
-------------------------	-------------------------
taβi(類)	taguhi(id)
koβ-(美麗)	kuha-si>kuwa-si(id)
kʌβʌr(邑・村・郡)	kohori(郡)
koβ-(凍) cf. 손이 곱다(手凍)	kohor-(id)
pəβəri(>pəwəri. 啞)	*hohusi(>ohusi>osi. id)
*nʌβE(>nʌö. 復)	naho(尙・復)
piβat'-(吐)	hak-(<*ihak-<*hihak. id)
uʒβɯ-(笑)	warah-(id)
-------------------------	-------------------------
pʌlβ-(踏)	hum-(id)
č'iβ-(寒)	simir-(凍)
čuβ-(拾)	tum-(>cum-. 摘), tumam-(撮)
-sʌβ-(-숩-, 對象語尊待)	samorah-(侍・候)
kɯrβar(文)	humi(id)
-------------------------	-------------------------
korʌβ-(苦)	kuru-si (id)
tərəβ-(汚)	doro(泥)
tut'əβ-/tot'aβ-(厚)	atu-(<*tatu-. id)
suβ-(易)	yasu-(<*i-su-. id)
nuβ-(臥)	nebu-r-/nemu-r-(寢)

(7) -ʒ(-z)<Kor> ——————————— -s,-r,-t,-y,ø(母音間)<Jap>

例 kʌʒ-(刈)	hasa-mi(鋏)
kʌʒ(邊)	hasi(端)
kɯʒɯr-(燻)	kusubur-(id)
tʌʒ-(愛)	tasina-m-(嗜好)
č'əʒəm(初)	some(id)
moʒi(餌)	esa(<*wesa. id), wos-(食・飮) *cf.* ヱ[we](餌)
əʒi(父母)	usi(大人)

kʌʒ-(刈)	kar-(刈), kor-(<*kər-. 樵)
kʌʒ(邊)	heri(id)
pɯʒɯrɯm(瘡)	horose(風疹)
pɯʒ-(腫)	hare-(id)
mʌʒʌr(村)	mura(村)
möʒʌβ-(侍)	haber-(id)
uʒβɯ-(笑然)	warah-(笑)

kʌʒ(邊)	hata(邊・側), kata(側)
pʌʒ-(碎)	but-(打)
čoʒ-(啄)	tutu-k-(>cucuk-. 突・啄)
sʌʒi(間)	ahida(id) *cf.* *a-sada>*asida>ahida
naʒi(薺)	naduna(>nazuna. id)
mʌʒʌr(村)	mati(町)
aʒʌ(弟)	oto(<*ətə. id) *cf.* r>ʒ<kor>/t<jap>

kɯʒɯr-(燻)	kuyur-(id)
kyəʒɯr(冬)	huyu(id)
əʒɯrɯm(宵)	yohi(id), yoru(夜)
əʒi(父母)	oya(<*əya. id)
uʒɯm(笑)	*uyemi(>*wemi>emi. id)

suʒɯwəri-(喧・騷)	sawag-(騷)
kɯzɯm(際)	kiha(id)
pʌʒE-(映)	haer-(<*hayer-. id)
*kaʒ(邊)-č'ʌri-(裝)	ka-zar-(飾)
*čɯʒ-k'or(貌-形)	su-gata(姿)

(8) h<Kor> —————————— h,k,s,ø<Jap>

例

hʌri-(癒・減)	her-(減)
hana-han(甚多)	hanahada(id)
hamo(肯定辭)	ham-(嵌・塡)
hEgərɯm(暮)	higure(id)
hE(太陽), *həŋ(「姮」. 太陽)<高麗>	hi(id)
hot'(單一)	hito(一)
həsu(逐鳥用人形) *cf.* 허수-아비	hodu(>hozu. id)
hurimä(掛)	haori(id)
hü-(曲)	hine-r-(捻)

*hyegari-(＞hyeari-. 計測)	hakar-(id)
hyə-(點火)	hi(火)
h'yə-(＞hyə-. 引・彈)	hik-(id)
hE'sar(日光)	hizasi(id)
horo-pag(瓢)	huku-be(id)
hər-(古)	huru-(id)
holi-(惚)	hore-(id)
hwən-hʌ-(曙)	hono-bono(曙貌)
hori-hori(細長貌)	hoso-(細長)

----

hahöyom/hap'ɯm(欠)	*hakubi(＞akubi. id)
həjən(空虛貌)	garan-to (id)
həri(腰)	kosi(id)
he-(泳)	kog-(漕)
hyeari-(考・量)	kaŋgaher-(考)
homE(鉏)	kuha(鍬)
hom(小溝) cf. 홈통	kuma(隈)
hot'(單一・片)	kata(片)
hurimä(袿)	koromo(衣)
hü-(曲)	kuner-(id)
hɯri-(濁)	kitana-(汚)
him(力)	kimo(肝)
hər-(壞)	kudu-s-(＞kuzu-s-. 崩)
həŋur(＞həur. 蛻)	kara(殼)
hwä'pɯr(燧火)	kagari-bi(id)
haŋ(瓷)	kame(瓶)
həbaŋ(陷穽)	kubo(id)
həmhʌ-(險) 漢字語?	keha-(id)
hyə-(數)	kazu(數)
hog(瘤)	kobu(id)

----

hari-(謗)	sosir-(id)
halgɯn-halgɯn(喘息鏡)	solugan(id), seku-(喘息)
häŋč'a(惡戲)	sigusa(id)
halh-/halt'-(嘗)	syabu-r-(id)
hʌ-(爲)	su-(id)
hyə(舌) cf. xilx(舌)＜Gily-G＞	sita(id) cf. xilx＞sit-a
həraŋ(空虛)	sora(空虛・天)
hE-(白)	siro (id), su(素)＜接頭辭＞
hɪjiʒ-(妨害)	sahegir-(id)
hemE-(彷徨)	samayoh-(id)
hu1-čək(速貌)	su'-to(id)
hyəg-(小)	suko-si(少)

-------------------------	-------------------------
heyum(泳)	ami/abi(浴)
həsur(虛)	uturo(>ucuro. id)
hɯt‘-(散)	ti-r- (id)
hE(太陽)	ka/kaga(日數) *cf.* カガ-ナブ(*日-並 →計日數)

(9) -r,-l <Kor> ————————————	**r,-n,-s,-t(-c),-d(-z),-y,-ø(母音間) <Jap>**
例 uri(檻)	wori(id)
arä(下)	or-(<*ər-. 降)
or(縷)	ori(<*əri. 織)
əri-(愚)	oro-ka(id)
kɯryəg(雁)	kari(id)
k’əri-(忌)	kirah-(id)
kirɯma(鞍)	kura(id)
korʌb-(苦)	kuru-si(id)
koraŋ(畔)	kuro(id)
hurimari(褂)	koromo(衣)
säryə(新)	sara(更新)
-------------------------	-------------------------
kʌrʌ(粉)	kona(id)
*sar(沙) <新羅>	sɯna(id)
sʌlg(狸)	tanuki(id)
sət‘ɯr-(拙)	tutana-si(>cutana-si. id)
təbɯr-(與)	tomoni(共)
mar-(禁・勿), mana(말거나)	mana(勿) <副詞>
mʌrʌ(棟)	mune(id)
kulhəŋ(巷)	kuni(鄕里)
čʌβor-(睡)	sane-(寢)
č‘ʌri-(備・供)	sonaher-(id)
-------------------------	-------------------------
həri(腰)	kosi(id)
tɯmɯr-(稀)	tobosi(乏)
p’ʌrʌ-(速)	wasa(早・早稻)
pəle(虫)	musi(id)
kərɯ-(漉)	kosu-(<*kəsu-. id)
čʌjʌr(細小)	sasa(id)
sar(光線)	zasi(<sasi. id) *cf.* ヒサシ>ヒザシ
hori-hori(細身貌)	hoso-(身細)
pʌrʌ-(正)	masa-(id)
p’ahyə-(秀・勝)	masa-r-(勝)
əri-(幼)	wosa-na-(id)

------------------------	------------------------
*pir(一)<新羅>	hito(一)
-tʌr(複數助詞)	-tati(>taci. id)
porogi(褓)	mutuki(>mucuki. id)
porʌm(望月)	moti(>moci. 望) *cf.* モチツキ
pər(蜂)	hati(<haci. id)
pari(鉢)	hati(>haci. id)
nyərɯm(夏)	natu(>nacu. id)
səri(露出部位) *cf.* 모-서리	soto(外)
k'or(形)	kata/katati(>kataci. id)
cf. kʌlb-(對・並)	kotah-(對答)
raon(樂)	tano-si (id)
------------------------	------------------------
pʌrʌ-(貧乏)	madu-si(>mazusi. id)
*ər(泉) *cf.* 於乙(泉)<地名>	wide(井・堰)
ər(斑)	aza(痣)
pʌr(臂)	ude(腕)
murü(雹)	mizore(霙)
mɯr(水)	midu(>mizu. id)
murɯp'(膝)	hiza(id)
sur(匙)	sadi(>sazi. id)
kʌri-(蔽)	kaduk-(>kazuk-. 被・潛)
k'ɯrɯ-(解)	hodo-(id)
kərɯ-(隔)	hedat-(id)
--	
karyəβ-(癢)	kayu-(id)
kərɯm(肥料)	koye(id)
kər-(沃)	koye-(id)
pur-/pud-(潤・增)	huye-(id)
p'ʌrʌ-(速)	haya-(id)
čaru(袋)	saya(鞘・莢)
morak-morak(燃貌)	boya-boya(id), moya-moya(煙貌)
ora-(久)	oyi-(老)
ər(斑)	aya(id)
pʌlsyə(旣已)	haya(id)
--	
kʌrʌm(河・江)	kaha(河)
k'ərimjik(忌)	kohasi(恐懼)
kʌlmʌ-(替)	kahar-(id)
kɯrib-(戀)	koh-(id)
korʌb-(苦・困)	komar-(id)
kurom(雲)	kumo(id)
pʌlb-(踏)	hum-(id)

čurɯm(皺)	siwa(id)
turyəb-(圓)	tubu(>cubu. 圓形物・粒)
tɯlb-(貫通)	tohor- (id)

(10) n<Kor> ———————————— n,m,y,r,g,-d(-t)<Jap>

例	
na-(出)	nar-(成・生)
nad-(現)	ida-s-(<*nida-s. 出)
na(吾)	na(id), ana(己)
najö(夕)	nisi(西)
naran-(竝列)	nara-b-(id)
nʌm(他人・一般人)	nami(並・普通)
namʌr(菜)	na'pa(id), na(id), nama(生)
narʌ-(運)	nos-(載)
nap'ur/noh(紐) *cf.* *끈-나풀>끄나풀	naha(>nawa. 繩)
nʌr-(飛)	nor-(乘) ?
nʌr(生生)	nama(id) *cf.* r과 m의 交替
nabʌk'i-(飄)	nabik-(id)
*nʌbᴇ(>nʌö. 復)	naho(尙・復)
*namɪ(「內米」. 池)<地名>	nami(波)
*nanɯn(「難隱」, 七)<地名>	nana(id)
nʌor(祈・禱)	i-nori(id)
nʌlho-(緩・閑)	nodo-ka(<*nədə-ka-, 閑)
nɯri-(遲)	noro-(遲)
nʌlg-(古), nɯlg-(老)	nare-(古) *cf.* ナム-ハム>ナレバム
naʒ-(癒)	nahor-(id)
nambi(鍋)	nabe(id)
nab/*namur(「乃勿」. 鉛)<地名>	namari(id)
nad(鎌)	nata(鉈)
naʒ-(優) *cf.* nal(훌륭하다・좋다, Dr-Ta)	naho-r-(直)
*nari(>nä. 河)	nare(id)
näom/nä(臭)	nihohi(id)
näh(川) *cf.* nahar(id. Arab)>nehir	nagare (川・流水)
naʒi(薺)	naduna(>nacuna. id)
*na(地)<地名>	na(大地)
non(畓)	nora(田畓)
nyəh-(納入・握) *cf.* 손에 넣다	nigi-r-(握), ir-(入) *cf.* i>ni
nyərɯn(夏)	natu(>nacu. id)
nəgɯl-nəgɯl(餘裕貌)	nokor-(殘)
nəksar(沒廉恥貌)	noko-noko(泰然進出貌)
nəb-(廣)	nob-(<*nəb-. 伸延)
nə(汝)	nare/na/ono(<*ənə. id)
nəm-(溢), nam-(餘)	nami-nami(溢然)
nəmgɯ-(呑・飮)	nom-(id)

nyə-(行・去)	i-n-(去・行)
nyes(舊)	i-nisi-e(id)
nye(應答聲)	nai(id)＜武士語＞
nyənɯ(他)	nani(何)
*nyəʒ-(＞yəʒ-. 伺)	nozo-k-(id) *cf.* nozo ＞nizo ＞nyəʒo
norʌ(獐)	noro(id)
nori-(狙)	nerah-(id), noroh-(呪)
nor-(遊)	nora(怠者)
nolä (歌)	nar-(鳴), nor-(宣)
nop'-(高)	nobor-(登), no'po(키다리)
noh-č'i-(使放・逃)	noga-s-(id)
nor-(稀)	*nore(＞*more＞mare. id)
noh-(置・放)	nok-(除・退), noko-s-(遺)
nubi-(衲・縫)	nuh-(id)
nug-(濡)	nur-(id)
nug-(溫), nugɯt-hʌ-(溫和)	nur-/nuku-(id)
nug-(和)	nago-(id), nag-(凪)
nukča-č'i-(慰)	nagusa-m-(id)
nun(眼)	*ne/na(id) *cf.* ナーミダ(涙)
nun-mɯr(涙)	na-mida(id)
nurɯ-(焦)	nir-(煮)
nub-(臥)	nebu-r-/nemu-r-(眼), ne(寢), inu(id)
nɯli-(＞nɯlli-. 使延)	nur-(塗)
nɯrɯm(楡)	nire(id)
nɯk'i-(＜nɯski-. 咽)	nak-(泣・咽)
nɯj-(遲)	noti(＞noci. 後)
nɯp'(沼)	numa(id)
nim(前), nima(額)	nome-r-(前傾・前倒), nomi(口頭)
ni(稻) *cf.* 니 ᄡᆞᆯ (稻米)	ine(id)
nir-(興・起)	iz-(＜*niz-. 出)
nig-(熱)	nir-(煮)
nip'ari(＞nip'. 葉)	*na'-ha(＞na'p'a. 菜葉)
nis(紅花)	ni(丹)
*niri-mu(＞nim. 主)＜百濟＞	nusi(id)
nirɯ-(云・謂)	nor-(＜*nər-. 宣)
ni-(戴)	ni-(荷・負擔), *no-(載) *cf.* ノル,ノス
*niʒ-~nij-(寐) *cf.* 寐錦(「niʒï-kïm」'王')＜新羅＞	neru/inu(寢)
*ni-kyə(稻糠)	nuka(糠)
nilg-(讀)	*nilgïm(＞nyərïm＞yəïm＞yom. id)
nigi-(揉・煉・練)	neya-s-(鍊・練), ner-(煉・練)
*nəš(＞nïš＞nis＞is. 苔)	nori(＜*nəš. id)
nirɯ-(云・謂)	nor-(告・宣)

ani(否定詞)	ani(豈)
nimgɯm(王)	ninigi(*王) *cf.* ニニギノミコト

----

nirʌ-(到達)	mita-s-(行・來<존대>)
nimna(任那)	mimana(id)
nɯs-ki-(咽)	mus-(id) *cf.* nu>mu
nuč'u-hʌ-(陋醜?)	musa-s(汚・不快)
nodagi-(徒言)	muda-goto(id)
sut'oŋ-ni(虱)	sira-mi(id)
nop'a(老婆?)	muba(>uba. id)
nyək(向方)	muk-(向)

cf. mᴇ-(<mui-<muhi-<*nuhu-. 結)∞yuh-(<yuhu-<*nuhu-. id)<Jap>
*nurü(>nuri. 雹) >murü(id)<Kor>
nubatama(射干玉) >mubatama(id)<Jap>

----

nigə->nyə-(行)	yuk-/yik-(id)
najoh(夕)	yoru(夜)
nug-(緩)	yu'kuri(id)
nari (百合)	yuri (id)
neh(四)	yo(<*yə. id)
nü(世・代)	yo(<*yə. id)
nəmgi-(過・經)	yogi-r-(過), yoko-s-(越・遣)
nyənɯ(他)	yoso(id)
nɯri-(緩慢)	yuru-(緩)
nirʌ-(至・到)	*yita-r-(>ita-r-. 至・到)
naʒ-(癒)	i-yas-(id)

----

k'ɯnh-(斷)	kir-(切斷)
čin(液)	siru(汁)
munɪ(紋)	mura(斑)
kan(鹹味)	kara-(鹹)
kənnɯ-(渡)	koyer-(越)
kyəndɪ-(忍耐)	koraher-(id)
panʌr(針)	hari(id)
čᴇn-nab(猿)	saru(id)
manʌr(蒜)	mira(韮)
cf. nugye(累計)	ruwikey(id)<漢字音>
nogo(勞苦)	rauku(id)<漢字音>

----

naŋ(<*ŋaŋ. 崖)	gake(<*ŋake. id)
nuβe(蠶)	*gahi-ko(>kahi-ko. id)
nü-(悔) *cf.* 뉘-웃-브-(悔)	*guy-(>kuy-. id)
namo(木) *cf.* ŋafan(木) <Gily>	*go(>ko. id)

--------------------------	-------------------------
najʌr(<*dajʌr. 存性)	tati(<*dari. id)
nog-(<*dog-. 溶解)	tok-(<*dok-. id)
nolra-(驚)	o-doro-(id)
nu(誰)	i-dure(何)
nʌron-(怠)	daru-(id)
cf. innä(忍耐)	nintai(id)<漢字音>
norye(>noye. 奴隷)	dorey(id)<漢字音>

(11) m<Kor> ————————	**m, b, w, h<Jap>**
例 ma(薯)	*ima(>imo. id)
manʌr(蒜)	mira(韮)
-mada(每)	mata(又・亦)
maro(廳)	muro(室)
muɯr(窟)	muro(窟)
mʌrʌ(棟)	mune(id)
mʌrʌ(宗)	maro(麻呂), mune(宗)
mʌʒʌm(心)	omoh-(思)
mʌʒʌr(村)	mura(id)
mak(惡・粗雜) *cf.* 막되다, 막말, məj-(凶惡)	maka(惡), maga-(曲・禍)
mal-hʌ-(言), mals'ʌm(言語)	maus-(言・申)
mag-(防)	*mak-(id) *cf.* マケ-ル, マカ-ス
mEŋgʌr-(造・作)	mauker-(設)
manh-(多)	mane-(id), a-mane-(普)
mʌr(馬)	uma(id)
ma(南)	mahe(南・前)
mʌi(最・烈)	ma/mo(id)
mʌt(長・昆)<接頭辭>	mat(id)<接頭辭>, madu(>mazu. 先)
motkʌji(會合・會食) *cf.* maččʌβi(迎神祭)	maturi(>macuri. 祭)
mat(貝類・蟶) *cf.* 맏-살	mate(id)
mʌjʌ(畢・盡)	made(迄)
mʌr(大小便・糞尿)	mar-(用便)
mari(匹)	mura(id)
mam-ma(乳兒食), am-čuk(乳兒粥)	mama(乳兒)
mač'o-(的中)	mato(標的)
maj-(適合・正當)	masa-(正當), ma(眞・正)<接頭辭>
mar(斗)	masu(枡・升)
mʌr(藻)	mo/me(<*mɜ. id)
mʌr-(捲)	maru-(圓), mak-(捲), mato(円)
mʌri(卷)	maki(id), mura(疋・段), mari(球)
motčʌb-(集), molčʌb-(統)	matub-(macub-. 統)

mar-(勿・禁止)	mazi(id), mana(勿)<副詞>
malsʌm(語)	mawos-(申)
mat'i-(>mak'i-. 任)	maka-s-(id)
mas(味)	u-masi(美味)
mak'i-(任)	mak-(id)
maj-(迎)	mat-(>mac-.待), matu-rah-(順・服)
mE-(結)	mak-(捲・結縛)
əmi(母)	imo(女性)
am(雌)	me(id)
mEj-(結), mEjʌb(緝結)	musub-(id)
mat'(場・許)	moto(許)
mäč'ä(鞭)	muti(id)
mEj-(結實)	mi(<*mï. 實), mus-(生産)
məhɯr-(險)	mutuka-si(不快한・險한)
məri(頭)	*muri(頭) *cf.* カン(冠)-ムリ
məgi(餌)	maki(牧場)
monjyə/mənjyə(先)	madu(>mazu. id)
məŋsəg(薦)	musiro(id)
məsɯm(雇奴)	mes-(召・動作)
mye-(咽), nɯskɪ-(id)	museb-(id)
mye-(塡・充)	u-me-r-(id)
mo(方)	*mo(id) *cf.* ヨモ(四方)
mosi(苧)	musi(id)
moro(山)>mö(id)	mure(id), mori(森)
modʌn(諸・皆), moda(皆), mor-(總)	moro(<*mərə. 諸), muta(共), mata-/maru (完全)
mojori(全部)	maso(<*masə. id)
mosi-(>mösi-. 侍)	mes-(飮・食・着衣・謁見)
mom(身)	mi(<*mï. id)
mot(意志的 否定, 未完)	mazi(推測否定), imada(未)
moŋsil-moŋsil(蒸貌)	mus-(蒸)
mon(物)	mono(id)
mö(飯)	mesi(id)
mudi/mudug/mudulgi/mudəgi(堆)	mor-(盛・積)
muŋgɯri-(>muŋɯri-. 圓化)	megur-(繞)
muri/mur(群)	mure(id)
mug-(舊 ・古)	muka-si(昔・舊)
munɪ(紋)	mura(斑)
murü(雹)	mizore(霙)
mud-(埋), mud-əm(墓)	u-mer-(埋)
muji-(削)	musi-r-. (毟)
muʒɯ-(積・築)	mor-(盛)
mus-/musg-(束・結)	musub-(id)

mut‘(陸)	mutu(>mucu, id)
mut’ək(無謀貌)	mutya(>mucya. id)
muhü-(蒸)	mus-(蒸)
mugəb-(重)	omo-(重)
mü-(動) *cf.* *muk>mur>mui>mü	muk-(向)
mɯrɯ-(軟弱・爛)	moro-(id)
mɯrɯ-(退)	modor-(<*mədər-. 戻), makar-(退)
mulhʌ-(群)	muragar-(id)
mɯsuri(鶚)	misago(id)
mɯr-(償・支拂)	mukui-(報答)
mɯr(水)	mizu(id), mi(id)
mi(篩) *cf.* 어레-미	mi(<*mï. 箕)
mirɯ(龍)	midu-ti (>mizuci. id)
mir(小麥)	mugi(麥)
mɪ-/mɪb-(憎・忌)	i-m-(忌)
mič‘-(及)	mit-(>mic-. 滿・及)
mit‘(本)	moto(<*mətə. id)
emina(女)	*əmina(>omina. id)
--------------------------	------------------------
məŋhʌ-(茫然)	bonya-ri(id)
morak-morak(燃貌)	boya-boya(id), moya-moya(煙貌)
moranä-(逐出)	boi-da-s-(id)
mor-(馳驅)	boi-no-s-(id) cf. nos-(하다)<古代東國方言>
mog(頸)	kubi(id)<音韻倒置>
p‘amud-(葬)	habur-(id)
cf. muye(武藝)	bugey(id)<漢字語>
moksəg(木石)	bokuseki(id)<漢字語>
--------------------------	----------------------
mʌč‘-(終了)	wohar-(id)
məj-(凶惡)	waru-(id)
moč‘ʌragi(鶉)	*wudura(>uzura. id)
moʒi/mosi(餌), moʒi-(養育)	wos-(食・飫)
muri(澱)	*wori (>ori. id)
čurɯb(仲介人)	sewa(周旋)
kʌrʌm(江)	kawa(id)
--------------------------	----------------------
masyaŋi(獨木船)	hasike(艀船)
mʌrʌ-(乾)	hir-(<*hïr-. id)
manʌr(蒜)	hiru(id)
mač‘i(程度)>manč‘i	hodo(id)
mar(語)	ha(語) *cf.* コトノハ
mʌt(昆・長)<接頭辭>	hatu(>hacu. 初)
mʌč‘-(終, 畢)	hate(終端), hata-s-/hat-(果・畢)

mʌdᴇ(節)	husi(id)
məwi(蕗)	huki(id)
məgɯm-(含)	hukum-(id), hagukum-(擁)
myənɯri(婦)	u-hanari(後妻) cf. u(上)-hanari(婦)?
mər-(遠)	haru-ka(遙), hedat-(隔)
modu(悉)	hutuku-ni(＞hucuku-ni. id),
mos(澤)	huti(＞huci. 淵)
möʒʌb-(侍)	haber-(id)
mundɯk(忽然)	huto(id)
murɯp‘(膝)	hiza(id)
mur(染色)	huti(＞buci. 斑)
mur-(償, 支拂)	harah-(id)

(12) -ŋ＜Kor＞ ———————————— g, -k, -Ø, -n, -u ＜Jap＞

例

muŋɯri-(圓化)	megur-(繞)
toŋa(冬瓜)	tōga(id)
pulal(睾丸)	huguri(id)
tuŋuri(巢)	togura(id)
puŋar(陰囊)	huguri(id)

---

toŋi(甕)	tokuri(酒壺)
ɯŋəri(凝)	kor-(id)
pat‘aŋi(罎子)	hotoki(id)
pəŋɯr-(離)	wakar-(id)
čəŋi'tä(逐鳥用人形) ＜함남＞	*sokodo(＞sohodo. id)

---

moŋsil-moŋsil(蒸貌)	mus-(蒸)
koŋgorɯ-(絎)	kuker-(id)
č'iŋgɪ-(顰)	sikam-(id)
toŋgɯra-mi(圓)	toguro(蟠曲)
p‘äŋgäč‘i-(抛)	hahur-(id)
čyaŋma(霖雨)	same(id)
toŋmo(友)	tomo(id)
sut‘oŋ-ni(虱)	sira-mi (id)
kurəŋ(栗色)	kuri(栗)
həbaŋ(陷穽)	kubo(id)

---

məŋhʌ-(茫然)	bonyari(id)
pəŋɯr-(離)	hanar-(id)
koŋi(杵)	kine(id)

---

mᴇŋgʌr-(造作)	mauker-(設)
cf. noŋga(農家)	nouka(id)＜漢字語＞
kaŋho(江湖)	kauko(id)＜漢字語＞

(13) *圓脣母+r＜Kor＞ —————— 圓脣母+k/g＜Jap＞

例	
pori(麥), mir(小麥)	mugi(麥) *cf.* mugi＞muri
mur-(償・支拂)	mukui-(報)
pural(고환)	huguri(id)
pɯr-(＞pur- 吹)	huk-(id)
pʌri-(剝)	muk-(id)
səri(間・隙)	suki(隙)
horo-pag(瓢)	huku-be(id)
hori(鋤)	suki(id)
mɯsuri(鶚)	misago(＞*misogo. id)
č'ʌ-(＜*č'or-. 蹴＜*衝)	tuk-(＞cuk-. 衝)
sö-(＜*sor-. 過日)	sug-(id)
tal(山)	take(嶽)

(14) 母音+ø+母音＜Kor＞ —————— 母音+k/g+母音＜Jap＞

例	
mɯrɯ-(退)	makar-(id)
t'ä(時)	toki(id)
t'e(圍緣)	taga(箍)
pä-(敗北)	make-r-(id)
čä(峴・嶺)	saka(峴・坂)
č'ʌj-(尋・探)	sagas-(id)
sä(鳥)	*sagi(id) *cf.* カサ-サギ
hwä'pɯr(烽火)	kagari-bi(＜*kugari-pɯr. id)

(15) -l+破裂・摩擦音＜Kor＞ —————— Ø+破裂・摩擦音＜Jap＞

例	
mulhʌ-(群)	mo-ku/mo-si(茂)
kɯlg-(搔)	kak-(id)
kalguri(鉤)	kagi(id)
kʌlp'i(重)	kabe(壁)
kult'ug(煙筒)	kudo(id)
tʌlbi(髢)	tabu-sa(髻)
tols(朞)	tosi(年)
sil-t'əg(甑餠)<siru-t'əg	sitogi(粢)
kodʌlp'ʌ-(甚疲)	kodaha-r-(支障)
pʌlb-(踏)	hum-(id)
pʌlsyə(旣已)	haya(id)
pəltək(覆貌)	hitkuri(id)
ilbəʒ-(盜)	ubah-(奪)
pəltək(急起貌)	mu'kuri(id) *cf.* t↔k 交替
palg-(赤)	aka(＜*haka＜*paka. id)
pʌlg-(明)	akar-(＜*hakar-＜*pakar-. id)
čəlwe(＜čəlbe-. 痺)	sibire(id)

čʌlmothʌ-(過誤)	somuk-(背反)
čulgot(一貫)	sugara(id)
syəlb-(悲)	sabi-s-(寂涼)
sʌlβ-(言)	syabe-r-(id)
sɯlgɪ(智慧)	sakasi(賢)
halgɯn(喘息貌)	seku-(喘息)
halh-(嘗)>halth-	syabu-r-(id)

(16) -lg-, -lh- <Kor> —————— -t-,-d- <Jap>

例	
kɯlg-(刮)	kedu-r-(>kezu-r-. 削)
kʌlg-(搔)	kadi-r-(>kazi-r-. id)
č'ɯlg(葛)	tudura(>cuzura. id)
sɯlgɪ(智慧)	sato-(聰)
nʌlho-(緩)	nodo-ka(閑)
sʌlh(肌肉)	sisi(<*siti<*sata<*salha. id)
tolh (石)	isi(<*yiti<*tito<tolho. id)
kolh-(腐爛)	kuti-(>kuci-. 朽)
alh-(病)	ita-m-(痛・傷) *cf.* *alha>ata>ita
*pʌlg-(裸) *cf.* 볼가벗다	hata-ka(id)

(17) -lg-,-lk-, -lh- <Kor> —————— -r+ø <Jap>

例	
nʌlg-(古)	nare-(古・慣)
tʌlg(鷄)	tori(<*təri. 鳥)
nʌlho-(緩)	noro-(遲)
əlg-(絡)	or-(<*ər-. 織)
ilk'ʌd-(<*nilk'ʌd-. 稱)	norito(祝詞)

(18) y- <Kor> —————— y- <Jap>

例	
yat'-(淺)	*yata-(>asa. id)
yama(「彌烏邪馬國」) *cf.* yāmai(龜)<Dr-Ta>	yamai(耶馬台)
yəri-(軟)	yahara-(id)
yəm-syo(山羊)	yagi(id)
yədɯn(八十)	yaso(id)
yədɯlb(八)	yatu(id)
yərəh(多數・諸)	yoro-du(>yoro-zu. 多數・萬)
yag(效果・利益) *cf.* 약이 되다	yaku(id)
yag(怒) *cf.* 약이 오르다	ya'ki-(id)
yadan-pəpsəg(騷動貌)	ya'sa-mo'sa(id)
yarɯ'-hʌ-(妖・怪)	oyozure(<*əyədure. 妖言)
yokhʌ-(辱說)	yokos-(id)
-ya<疑問辭・感歎詞>	-ya(id)
-ya<親密辭・呼格助詞>	-ya(id)
cf. -yaŋ(樣)<漢字語>	-yau(id)

(19) w＜Kor＞ ——————————— w＜Jap＞

例 wä(惡)＜接頭辭＞	waru-(id)
wäroβ-(＜örʌβ-. 孤獨)	wabi-si(侘)
*wuri(＞uri. 檻・籬)	wori(id)
*wuri(＞uri. 吾等)	ware(id)
*wuʒɯm(＞usɯm. 笑)	wemi(＞emi. id)
*wuʒɯgwaŋ-(＞usɯgaŋ-, 可笑)	woka-si(可笑)
*wuʒβɯ-(＞uʒβɯ-. 笑然)	warah-(笑)
*wor-(＞or-. 在) *cf.* 올-해	wor-(id)
*we-(＞e-. 彫刻)	we-r-(id)
walp'ä(騷亂童)	warabe(童子)
sahwa'tä(＞saŋa'tä. 棹)	sawo(id)

(20) a＜Kor＞ ——————————— a,o＜Jap＞

例 a(「阿」, 吾)＜辰韓＞	a(吾)
*abʌr-(＞aor-. 併)	ah-(合)
agi(小兒)	ago(id)
*abɯ(雨)＜百濟地名＞	ame(id)
agü(口)	ago(頤・顎)
ani(非・不)	ani(豈), ina(否)
aram(私)	are(吾)
araŋ-ču(燒酒)	araki-zake(id)
ajyən(衙前)	ason＜*asən/asomi(朝臣)
ač'im/ačyəg(朝)	asa(id)
*asi(「金」.仇)＜百濟＞	ata(id) *cf.* *ati＞asi/ata
cf. āsī(仇)＜Turk＞・alti(金)＜Mo＞	
an(內)	ana(穴・孔)
akkɪ(塗氣)	aku(灰汁)
ahami(欠伸)	akubi(id)
ač'yəd-(厭)	asi(惡)
atki-(惜)	atara-(id)
aog(葵)	ahuhi(id)
*atʌr(火)＜百濟＞	atu-(＞acu-. 熱)
ari(脚)	asi(足)
ar(裸) *cf.* 알몸	ara(現)＜接頭辭＞
*ali(粗) *cf.* 알량(＜알이-앙)	ara-(id)
------------------------	------------------------
adʌr(男兒)	oto-ko(id)
tab(畓)	dobu(溝)
tadʌd-(到)	todok-(id)
tad-(閉)	tod-(＞toj-. id)

t'aro-(隨)	yor-(<*dor-. 依)
taboj(蓬)	yomogi(<*domogi. id)
tadʌm-(修・練)	totonoh-(<*tətənoh-. 調整)
tahi-(點火)	tobo-s-(id)
tak'-(磨)	tog-(id)
pandö(螢)	*potaru(>hotaru. id)
pajani-(彷徨)	ho'tuk-(>ho'cuk-. id)
pa(綱・紐)	wo(id)
pak'/pas(外)	hoka(id)
ma(薯)	i-mo(芋)
mat'(場・許)	moto(許)
mač'i(程度)	hodo(id)
sam(麻)	so(id) *cf.* マ-ソ(眞麻)
najoh(夕)	yoru(夜)
hari-(謗)	sosir-(id)
halgɯn(喘貌)	solugan(id)
narʌ-(運)	nos-(載)
yarɯ'-hʌ-(妖・怪)	oyodure(<*əyədure. 妖言)
arä(下)	or-(<*ər-. 降)
	cf. *mi-n͟aru(結實)>mino͟ru(id)<Jap>

(21) ɯ[2]<Kor> ———————— u,o.i,a<Jap>

例	
ɯlp'-(<ip '-. 詠)	utah-(歌)
kɯrɯ-(違・非・誤)	kuruh-(違・狂)
kɯʒɯr-(燻)	kusubur-(id)
k'ɯri-(包)	kurum-(id)
kɯlβar(文)	humi(id)
tɯre-bag(汲水桶)	turube(>curube. id)
tɯr-p'an(平野)	tubo(>cubo. 坪)
t'ɯn-t'ɯn(强貌)	tuyo-(>cuyo-. 强)
p'ɯri-(撒)	hur-(降雨)
pɯr-(吹)	huk-(id)
pɯsɪ-(映)	husi-(id) cf. マ(目)-フシ-(映)>マブシ
p'ɯm-(懷)	hukum-(含)
pɯt'-(附着・燃)	butuk-(>bucuk-. id)
č'ɯlg(葛)	tudura(>cuzura. id)
sɯs-(拭)	susug-(滌)
s'ɯr-(磨)	sur-(id)
nɯp'(沼)	numa(id)
mɯr-(贖)	mukui-(報)

---

2) 한국어의 '으'는 본디 약간 전진한 중설폐모음이어서(순음 뒤에는 후퇴하여 -ɯ로 변함)/ï/로 표기하는 것이 옳을 것이나, 학자들이 그것을 흔히 ɯ로 보고 있기 때문에 그대로 하여 두었을 뿐이지, 결코 후설폐모음으로 본 것은 아니다.

--	
ɯrɯ-(威脅)	odos-(id)
ɯsisi(恐貌)	osor-(恐)
kɯrib-(戀)	koh-(id)
k'ɯm(隙)	koma(id)
tɯmɯr-(稀)	tomo-si/tobo-si (乏)
t'ɯm(苫)	toma(id)
tʻɯm(暇)	i-toma(id)
pɯʒɯrɯm(瘡)	horose(風疹)
pɯr(火)	ho/hï(＞hi. id)
čɯlgəβ-(樂)	yorokob-(喜)
nɯr-(伸延)	nob-(id)
mɯrɯ-(軟弱)	moro-(id)
mɯrɯ-(退)	modor-(＜*mədər-. 戻, 退)
-------------------------	-------------------
*kɯr(「朐」. 木)＜高句麗＞	ki(＜*kï, id)
kɯmjɯk(끔직 . 酷毒)	kibisi(酷毒・嚴)
kɯje(再昨日)	kizo(昨日)
kɯje(痕迹)	kizu(id)
kɯʒɯm(極)	kihami(id)
k'ɯm(隙)	hima(暇)
kɯʒ-(牽)	hik-(id)
tɯtʻɯr(塵)	tiri(＞ciri. id)
pɯr(火)	hi (＜*hï. id)
pʻɯrɯ-(綠)	midori(＜*midəri. id)
nɯrɯm(楡)	nire(id)
mɯsuri(鶚)	misago(id)
mɯr(水)	mizu/mi(id)
--	
kɯlg-(搔)	kak-(id)
kɯri-(畵)	kak-(id)
kɯ(其)	ka(彼)
kɯrɯh(株)	kabu(id)
tɯri-(垂)	tar-(id)
pɯlg-(赤)	aka(＜*halka. id)
nɯski-(咽)	nak-(咽・泣)

(22) o＜Kor＞ ———————————— o,u,a＜Jap＞

例		
例	kono-(適切取扱)	kona-s-(id)
	kodʌlpʻ-(甚疲)	kodahar-(支障)
	*koda(一)＜新羅＞	koto(獨)
	kogᴇyaŋ(＞kogäŋi. 木心)	kokoro(＜*kəkərə. 心)

kolp'ʌ-(飢)	koh-(乞請)
-kos(强調助詞)	-koso(id)
kob-(>koβ-, 凍)	kohor-(id)
kod(處)	ko(id)
ora-(久)	oyi-(老)
orʌ-(上・登) *cf.* -ok>-or	oko-r-(興), oki-r-(起)
obu'-ha-(充足)	oho-(多大)
ori(條・縷)	wo(>o. 緒), ori(織)
oŋgu-paji(繩袋形袴)	oŋguri(狩獵用袴)<廣島>
os(衣)	so(id), osuhi(襲衣)
öwo-(>öo-, 誦)	oboy-(覺・誦)
------------------------------------	
oi(瓜)	uri(id)
oč'(漆)	urusi(id)
olm-(移)	utur-(>ucur-.id)
*osɯgam(「烏斯含」. 兎)<地名>	usagi(id)
ko(杵)	kuhi(杭)
kogä(峴)	kuki(岫)
koraŋ(畔)	kuro(id)
komirä(T字形農具)	kumade(爬子)
korE(鯨)	kudira(id)
kučï(「古次」.口)<地名>	kuti(>kuci. id)
kohä(鵠)	kuguhi(id)
kor(洞)	kura(id)
koma(熊)	kuma(id)
koβ-(美麗)	kuha-si(>kuwasi. id)
kob-/kub-(曲)	kugum-(屈), kuma(曲處)
kokto(傀儡)	kugutu(>kugucu. id・藁袋)
koŋgorɯ-(絎)	kuker-(id)
------------------------------------	
olhi(鴨)	ahiru(id), wosi(鴛鴦)
kor(怒)	i-kari(id)
kom(黴)	kabi(id)
kobE(谷)	kahi(峽)
k'or(形)	kata(id), katači(id)
totkü(斧)	tatuki(>tacuki. 鐇)
toβ-(助)	tabah-(庇)
tomi(鯛)	tahi(id)
tod-(隆・上昇)	tat-(立)

(23) u<Kor> ———————————— **u,o,a<Jap>**

例		
	uʒ-(笑)	ure-si(喜)
	uk'e(稻粒)	uke(食品)

ulwər-(仰)	uyamah-(敬)
uh(上)	uhe(id)
ur-(泣)	ura-mi(怨)
ulh(籬)	udi(氏族)
um(芽)	um-(生産)
um(穴)	umi(海)
uduk'əni(茫然)	uturo(空・虚)
kudu(靴)	kutu(＞kucu. id)
kurəŋ(栗色)cf. 구렁-몰	kuri(栗)
kurum(雲)	kumo(id)
kuri-(糞臭)	kusa-(臭), kuso(糞)
kumu(穴, 孔)	kubo(穴)
kusɯr(玉)	kusiro(＜*kusirə. 釧)
kun(處所) cf. 군-데	kuni(鄕土・國)
kure(腔),*koč(「古次」.口)＜地名＞	kuci(口)
-------------------------	--------------------
ulhi-(脅)	odoka-s-(嚇)
uʒɯkwaŋ-sɯrəb-(可笑)	oka-si(＜*wokasi. id)
ul-(檻・籬)	ori(＜wori. id)
ur-(鳴) cf. 울이다＞울리다	oto(音)
kus(祭神儀式)	koto(＜*kətə. 神言)
turɯ-(圍)	tori(回・廻) cf. トリ-マク
tuŋuri(巢)	togura(id)
put'yə(佛)	hotoke(id)
pur-(虛張聲勢)	hora(id)
purə-di-(折)	wor-(id)
pubɪ-(揉)	mom-(id)
puhyə-(持) cf. 부허-잡-	mot-(＞moc-. id)
suh(藪)	zoker-(草木繁殖)＜方言＞
-------------------------	--------------------
kud-(固・堅)	kata-(id)
kur(蠣)	kaki-(id)
tut'əβ-(厚)	acu-(＜atu-＜*tatu-. id)
tudɯri-(叩)	tatak-(id)
tumu(甕)	tama(球)
puri(觜・喙)	*haši(id) cf. クチ-バシ,huru(峯)
pud-/pur-(增)	mas-(id)
sug-(伏), sugɯri-(id)	sag-(下). sager-(使下)
sur(匙)	sazi(id)
sɯlgi(智慧)	sato-(聰) cf. -lg-∞-t-
nug-(和)	nago-(id)
nun(眼)	na(id) cf. ナ-ミダ
cf. uri(我等)	ware(id)
üßad＞üwad-(敬・奉)	uyamah-(id)

(24) ʌ(ᄋᆞ)<Kor> ——————————— a, o, u, e<Jap>

例	
kʌmʌr(旱)	kahak-(乾)
kʌʒ-(刈)	kar-(id)
kʌr-(代・替)	kaher-(id)
kʌmč'o-(藏)	kabus-(蔽)
kaʒ(邊・端)	hasi(端)
kaʒä(鋏)	hasa-mi(id)
tʌt'o-(爭)	tatakah-(id)
talbi(髱)	tabu-sa(髻), tabo(髱)
*tʌn(谷)<地名>	tani(id)
-tʌr(複數助詞)	tati(id)
tʌm-(沈)	tamar-(溜), yodom-(澱・淀)
pʌʒE-(映)	hae-r-(id)
pʌri-(棄・離別)	harah-(拂), hahur-(放棄)
pʌkoni(簞)	hako(箱)
p'ʌrʌ-(塗)	har-(貼)
pʌlsyə(旣已)	haya(id) *cf.* モ-ハヤ
p'ʌrʌ-(速)	haya-(id)
p'ʌri(蠅) *cf.* parappu(나는 것) <Dr-Ta>	hahe(id)
čas(城)	sasi(id)
č'ʌ-(佩)	sa-s-(id)
čʌjʌr(細小)	sasa(id)
sʌr-(銷)	sar-(去)
------------------------	------------------
kʌβʌr(邑・村・郡)	kohori(郡)
kʌr-(磨)	kosu-r-(id)
kʌrʌ(粉)	kona(id)
kʌlb-(並・對敵)	kotah-(對答), kodama(反響)
kʌč'o-(隱), kɯʒɯgi(密)	ko'sori(隱密)
tʌlg(雞)	tori(鳥)
tʌro(因・由)	yor-(id)
pʌra-(望)	hor-(id)
p'ʌ-(掘)	hor-(id)
čʌnE(汝)	sona-ta (id)
čʌra-(成長)	sodat-(>sodac-. 育)
aʒʌ(弟)	oto(id)
nʌlho-(緩・閑)	nodo-ka(閑), noro-(遲)
mʌr(藻)	mo(id)
--------------------------------------	
tʌri-(率)	ture(>cure. 連・率)

tʌrE-(引)	tur-(>cur-. 釣)
tʌmgɯ-(漬)	tuke-r-(>cuker-. id)
tʌr(月) cf.	tiŋgal(月)<Dr-Ta>, tuki (>cuki. id)
tʌr-(懸, 吊)	turu-s-(>curu-s-. id)
t'ʌ-(摘)	tu-m-(>cum-. id)
pʌlβ-(踏)	hum-(id)
pʌr(>p'ar. 臂)	*wude(>ude. 腕)
čʌb-(把)	tuba(>cuba. 鐔)
čʌro(柄)	tuka(>cuka. id)
hʌ-(爲)	su-r-(id)
pʌʒ-(碎)	but-(打)
pʌri-(剝)	muk-(id)

----

kʌlg-(刮)	kedu-r-(>kezu-r-. 削)
sʌn(壯丁), sʌnahE(夫)	sena(夫)
kʌʒ(邊)	heri(id)
hʌri-(減)	her-(id)
mʌjʌ(皆・盡)	made(迄)

(25) ə<kor> ———————————— o, a, u, e, i<Jap>

例

ərun(大人)	otona(id)
əri-(愚)	oroka(<*ərəka, id)
əmi(母)	omo(<*əmə. id)
əlg-(絡)	or-(<*ər-. 織)
əb-(負)	oh-(<*əh-. id)
əri(檻)	ori(<wori. id)
əmč'əŋ(多大)	ohosi(多)
kə'kur-(倒)	koker-(id)
kərɯ-(漉)	kos-(id)
kərɯm(肥料)	koye(id)
kər-(濃)	ko-i(id)
tər-(除), t'ər-/t'ər-(拂)	tor-(取)
həri(腰)	kosi(id)
nəb-(廣)	nob-(伸延)
nəmgɯ-(呑, 飮)	nom-(id)

əʒi(父母)	usi(大人)
əs'ɯ-(「어브-」. 無)	us-(消), usi-nah-(失), zu(否定辭)
əd-(得)	ur-(id)
kəmɪ(蜘蛛)	kumo(id)
-kəs-(確認・習慣先行語尾) *cf.* 가겄다	kuse(癖)
tət-tət(常)	tune(>cune. id)
təg(架, 高處)	tuka(>cuka. 塚・高處)

pərɯs(習慣)	huri(態度・習慣)
pərəji/pəle(虫)	musi(id)
--	
ənɯ(共)	ani(id)
əur-(交・其・合)	ah-(id)
ənni(姉)	ani(兄)
ər(斑)	aya(id), aza(痣)
kəbub/kəbug(龜)	kame(id)
kəbuj(＞kəuj. 毛)	kami(毛髮)
kəp'ɯr(外皮)	kabur-(冠・被)
kəhurɯ-(傾)	kabu-s-(傾頭)
kəli-(罹)	kakar-(id)
kər-(賭・掛)	kaker-(id)
kəd-/kər-(步)	kati(＞kaci. id)
kəru(渡船)	hasi-ke(id)
tədɯm-(探)	tadun-(＞tazun-. 尋)
təm-təm(默默貌)	tamar-(默)
təg(高處)	taka-(高)
t'ətʌni-(漂流)	tatayo-h-(id)
t'ər-/t'ər-(拂)	tata-k-(叩)
t'əna-(出發)	tat-(＞tac-. id)
pər(蜂)	hati (id)
pər(平野)	hara(id)
pəŋɯr-(離・別), pər-(id)	wakar-/hanar-(id)
pək'i-(剝)	hag-(id)
nəm-(溢)	nami-nami(溢然)
--	
əhi-(＞e-.刻)	e-r-(＜we-r-. id)
əm(芽)	me(＜*eme. id)
əd-(得)	er-(id)
kəbuj(陰毛)＜方言＞	keba(id)
kəm-(黑・黑化)	kemu-r-(煙)
kərɯ-(隔)	hedat-(id)
həmhʌ-(險)	keha-si(id)
--	

ədir-(良・賢)	hiziri(聖・賢)
ədɯrə/ədɪ(何處)	i-dure(＞i-zure. id)
ə'di(何)	idu(＞izu. id)
k'əri-(忌)	kirah-(嫌)
pəli-(開・分離)	hira-k-(id)
pərə-ŋ(周圍)	hiro-(＜*hirə-. 廣)
pəltək(覆貌)	hitkuri (id)
čəlwe-(痺)	sibire(id)
č'ədi-(劣)	sidar-(id)
čyəur(＜*čyəŋur. 秤)	čikiri(id)
səri (霜)	simo(id) *cf.* sinrupus(霜) ＜Ainu＞
*sər-(知) *cf.* 설-믜 (慧)	sir-(知)

(26) i＜Kor＞ ——————————— i, u, yu ＜Jap＞

例

i-(「伊」. 入)＜地名＞	i-r-(入)
i(人)*cf.* 그이, 이이, 저이	i(汝)
igɯl-igɯl(盛燒貌)	ikir-(熱暑)
imma(汝)＜卑＞	imasi(id)
ima-čəg(近者), iman(此程度)	ima(今)
ib(口), ib-(詠)	ih-(言)
irʌsalm-(營爲)	itonam-(id)
ibagu(話)＜方言＞	ihaku(id)
ip'(戶)	ihe(家)
is-(在・有)	ir-(居, 在) *cf.* ide-(保存하다)＜Gily＞
id-(善)	isi (善・美)
isɯs(似)	nir-(似)
ibab(白米飯)	ihi(飯)
kim(氣息) *cf.* 입-김	iki(id)
k'imsä(兆)	kizasi (id)
kir(一尋)	hiro(id)
k'i(箕)	hir-(簸)
nimjʌ(汝)	imasi(id)
nigə-(行)	ik-(id)
č'iŋgɪ-(顰)	sikam-(id)
piyug(鷄雛)	hiyoko(id)
*pir(一) *cf.* 비릇다(始)	hi, hito(一)
pirɯm(莧)	hiru(id)
čir-(泥)	siru-(汁)
-------------------------	---------------------
ilbəʒ-(盜)	ubah-(奪)
kirɯma(鞍)	kura(id)
tig-(附着, 點)	tuk-(＞cuk-. id)

tih-(舂)	tuk-(＞cuk-. id)
p'iri(笛)	hue(id)
čih-(命名)	cuke-r-(id)
čindʌlö(躑躅)	tutuzi(＞cucuzi. id)
č'um＞č'im(唾)	tuba(＞cuba. id)
s'irɯm(씨름)	sumahi(id)
s'ib(女陰)	cubi(id)
*niri-m(＞nim, 主)＜百濟＞	nusi(id), nirem(id) cf. ニレム-セマ(主島)
ip'-(＞ïlp'-. 詠)	ume-k-(吟・呻)
------------------------	---------------------
isɯras(櫻桃)	yusura(id)
nigə-(行)	yuk-(id)
ilɪ-(搖)	yure-r-(id)

(27) ya＜Kor＞ ―――――――――――――――― i, e ＜Jap＞

例 kyəsku-(競)/kyənho-(id)	kisoh-(id)/kihoh-(id)
kyər(理)	ki-me(id)
ač'əd-(厭)	asi-(惡)
čyə(彼)	si(其)
syəm(島)	sima(id)/sema(id)
syəb(柴)	siba(id)
hyə-(引)	hik-(id)
hyə(舌)	si-ta(id)
kɯryəg(雁)	kari(id)
nyə-(＜nikə-. 行)	yik-(id)
------------------------	-------------------
kyəg-(經)	her-(id)
tyər(寺)	tera(寺)
pyə(瓮)	hē(id)
cf. -iraŋ(亦同助詞)	-yara(亦同助詞)

(28) yə/ya～V ; V～yə/ya＜Kor＞ ――――― V～V＜Jap＞

例 kyəre(族)	kara(id)
kyət'(＜*kyəta. 傍)	kata(id)
čyəb-(＜*čyəbə-. 疊・折)	tatam-(id)
syesi-(＜*syese-. 進上)	sasager-(捧)
kyər(＜*kyəre. 卽時・頃)	koro(＜*kəre. 頃)
p'yam(＜*pyəbo. 頰)	hoho(id)
čyarʌ(袋)	saya(鞘・莢)
taya(盂)	tarahi(id)
kyəʒɯr(冬)	huyu(id)
čyarag(裾)	suso(＜*soso. id)

čyəg-(<*čyəgɯ-. 少)	suko-si(<*suku-si. id)
syusyu(<*syusu. 黍)	susu-ki(芒)
nyənɯ-tE(他處)	yoso(id)
nyes(<*nyəsi. 舊・昔)	i-nisi-e(id)
pʌlsyə(旣已)	haya
put'yə(佛)	hotoke
säryə(新)	sara(新・更)

(29) -n+閉鎖音 <Kor> ——————— ø+閉鎖音 <Jap>

例 tanji(但只)	tada(id)
pandö(螢)	hotaru(id)
sandä(釣網)	sade(id)
čindʌlö(躑躅)	tutuzi(>cucuzi. id)
sənt'ɯt(速悟貌)	sator-(悟)
monjyə/mənjyə(先)	madu(>mazu. id)
mundɯk(忽然)	huto(id)
t'ɯn-t'ɯn(强貌)	tuyo-(>cuyo-. id)

(30) ø~C <Kor> ——————— C~C <Jap>

例 kam-(捲)	kakom-(圍)
kər-(賭・掛)	kaker-(id)
kəli-(罹)	kakar-(id)
kohä(鵠)	kuguhi(id)
pʌri-(棄)	hahur-(放棄)
p'ahyə-(拔除)	habuk-(除)
mö-si-/mö-ʒʌb-(侍)	haber-(id)
čorʌ-(請誘)	sasoh-(誘)
č'ʌ-(冷)	suzu-si(涼)
tyəb-(疊)	tatam-(id)
čur-(縮)	tidir-(>cijir-. id)
č'ɯlg(葛)	tudura(>cuzura. id)
təm(加)	tudo-h-(>cudo-h. 集)
syə-(立)	sasa-h-(支)

(31) V~V ∞ i~V / V~i<Kor/Jap>

例 koro(綾)	kinu(<*kuru. 絹)
tagɯ-(<*taga-. 近接)	tika-(>cika-. id)
tolh(<*tolho. 石)	yisi(<*titi<*tito<*tolho. id)
padʌ-rʌβ-(<*pada-raβ-. 危)	hiya-hiya(<*pada-pada. 危貌)
pʌr(<*pərə. 尋)	hiro(<*pirə<*pərə. id)
pərə-ŋ(周圍)	hiro-(<*pərə-. 廣)
pəltək(覆貌)	hitkuri(<*pəltəku-ri. id)

čʌnjʌn-hʌ-(靜)	sizuka(<*sudu-ka. id)
nɯrɯ-m(楡)	nire(<*nɯrɯ. id)
murü(雹)	mizore(<*mozore. 霙)
sʌlh(<*sʌlhʌ. 肌肉)	sisi(<*siti<*sulhi<*sulhu. id)
alh-(<*alha-. 病)	ita-m-(<*ata-m<*alha-m. 痛)
sasʌ-m(<*sasam. 鹿)	sisi(<*sisa<*sasa. id)
sogo-m(鹽)	siho(<*soko. id)
sul-sul(<*sulu-sulu. 流貌)	siru(<*suru. 汁)

----

kama(頭旋)	kami(<*kama. 髮 · 上)
panʌr(<*panar. 針)	hari(<*para<*pana. id)
tarʌ-(異)	a-tasi(id)
nabʌk'i-(飄)	nabik-(id)
karä(*樑 · 椽) *cf.* 셧가래	hari(樑)
*kaba(牛) *cf.* 가뷩,가뷘더,가뷔	kahi(峽)
karap-namu(槲 · 柏)	kasiha(id)
pak'at'(外側)	hoka(<*poka. 外)
kolmo(頂針子)	kubi(首)
mäc'ä(鞭)	muti(>muci. 鞭)
toroŋ(蛟) *cf.* 도롱-龍	tuti(>cuci. id) *cf.* ミ-ツチ
tʌro(由)	yori(id)
madᴇ(節)	husi(id)

----

kiwa(瓦)	kahara(id)
nilg-(<*narag-. 讀)	narah-(學習)
nip'ari(>nip' · 葉)	*na-ha(>na'p'a. 菜蔬)

----

kač'i(鵲)	kasa-sagi(id)
kä-(<*kari-<*kara-. 晴)	kara-t'o(晴貌)
k'ɯri-(<*k'ɯrɯ-. 包)	kuru-m-(id)
agi(<aga. 乳兒)	aka-go(<*aka-ko. id)
tanji(<*tada. 但)	tata(id)
t'adi-(<*tada-. 糾明)	tata-s-(id)
padɪ(*<pada. 筬)	hata(<*pata. 織機)
podi(<*podo. 女陰)	hoto(<*poto. id)
pudij-(<*puduj-. 衝)	butukar-(>bucukar. id)
-paji(<*-paja. 匠)	waza(技)
poro-m(望月)	moci-cuki(<*poro-tuki. id)
s'usi-kä(<*s'usukä. 刺針)	susu-ti (>susu-ci. 釣針)
s'usi-(<*s'usu-. 疼)	*zuzuk-(>uzuk-. id)
nori-(<*noro-. 狙)	noroh-(呪) · nerah(狙)
yəri-(<yərə-. 軟)	yahara-(id)
ali(<*ala. 粗) *cf.* 알랑(=*알리-앙)	ara-(id)

----

k'əri-(<*k'ərə-. 忌)	kirah-(<*karah-. id)
put'yə<put'i(瞳子)	hito-mi(<*pitu-mi<*putu-mi. id)
ani(<*ana. 不・非)	ina(<*ana. id)
čʌji(男根)	sizi(<*siza<*saza. id)
əllə-g/əroŋ(斑)	iro(色)
čʌj-(<*čʌjʌ-. 頻)	sizi(<*siza<*saza. id)
č'aji-hʌ-(<*č'aja-hʌ-. 領有)	sira-s-(<*sara-s-. 領治)
č'ədi-(劣)	sida-r-(<*sada-r-. id・垂)
sʌlp'i-(察)	sirabe-r-(<*sarabe-r-. 調査)

(32) -C<Kor> ———————————— ø ; -C+V<Jap>

例

kərɯm(肥料)	koye(id)
koraŋ(畔)	kuro(id)
kɯryəg(雁)	kari(id)
kod(處)	ko(id)
kis(羽毛)	ke(id)
kɯr-βar(<*kɯr-par. 文)	humi(id)
t'ah(地)	ta(畓)
təmbur(藪)	yabu(id)
pərɯs(習慣)	huri(習慣・態度)
poksɯl(深毛貌)	husa(總)
pirɯm(莧)	hiru(id)
padag(底)	heta(>beta. 底・端)
pak'at'(外側)	hoka(外)
tabar(束)	taba(id)
həbaŋ(陷穽)	kubo(id)
čʌjʌl(細小)	sasa(id)
č'ʌm(眞)	*sa(id) *cf.* 眞-田(サ-ナ-タ)
čɯlbək-čɯlbək(泥貌)	zubu-zubu(id)

----

kac'(皮膚)	hada(id)
k'ar(枷)	kasi(id)
k'ɯm(隙)	koma(id)
kʌβʌr(邑・村)	kohori(郡)
kʌʒ(邊)	heri(id), *kïsi(>kisi. 岸)
kad(>kas. 笠)	kasa(id)
kyər(頃・卽時)	koro(頃)
kəs(事)	*kətə(>koto. id)
kyət'(傍)	kata(id)
kom(黴)	kabi(id)
-kos<强調助詞>	-koso(id)
koj(串)	kusi(id)

kor(洞)	hora(id)
tag(楮)	taku(id)
*tʌn(谷)<高句麗>	tani(id)
təg(架・高處)	tuka(塚・高處), taka-(高)
-tʌr<複數助詞>	-tati (id)
t'ɯm(苫)	toma(id)
t'ər(毛)	*tore(髮) *cf.* オボ-トレ
pat'(田)	hata(id)

(33) ø-<Kor> ——— V-<Jap> ;

例	
mʌr(馬)	uma(id)
mud-(埋)	umer-(id)
sü(蛆)	uzi(id)
syo(牛)	usi(id)
t'i-(打)	ut-(id)
s'i(氏)	udi(id)
kor(怒)	ikari(id)
tadʌd-(到)	itar-(id)
nʌor(祈禱)	inori(id)
nyes(舊)	inisi-e(id)
ni(稻) *cf.* 니발	ine(id)
mɪ-(믜다. 忌)	imu(id)
pahö(岩)	iwaho(id)
kim(氣息)*cf.* 입-김	iki(id)
t'ɯm(暇)	itoma(id)

V-<Kor> ——— ø-<Jap>

例	
ip'ari (葉)	ha(id)
*iskar(>i'kar.杉)	sugi(id)
cf. i'sog(利益)	ri-soku(利子)
um(芽)	me(id)

2. 音題體系의 比較

2.1. 古代 韓國語・日本語의 共通母音體系의 再構

日本語의 母音은 현재 a・i・u・e・o의 5母音體系로 되어 있으나, 橋本進吉博士의 硏究에 의하면 奈良時代(8세기)에는 a・o・u・*ə[3]('オ'의 乙類)・i・*ï('イ'의 乙類)・e・*ɜ('エ'의 乙類)의 8母音體系였다고 한다.

---

3) *ə・*ɜ・*ï는 大野晋(1957)에 의하면 ö・ë・ïː로 표기됨

그러나, e · ɜ* · ï*는 後世의 발달이므로 결국 古代에 있어서도 質은 다르나 여전히 a · o · u · ə · i의 5母音體系라는 것이다.

그런데, 上古代에 있어서도 5母音體系였다고는 믿어지지 않는다. 왜냐하면, 古代韓國語의 6母音體系[4] - a · o · u · ə · ï(또는 ɯ) · i와의 對應關係로 볼 때, 韓國語의 '우 · 으'에 대하여 日本語의 'ウ'가 주로 對應할 뿐만 아니라[*cf.* (21) : ɯ<Kor>-u<Jap>條의 例], 日本語의 ' ウ'는 'サ行(ザ行 포함) · タ行(ダ行 포함)'의 ' · ス · ズ · ツ · ヅ'는 사실상 [ɯ]이며, 其他行의 'ウ'母音도 圓脣性이 매우 약하여서 때로는 [ɯ]에 가깝게 發音되기 때문이다.

따라서, 筆者는 上古代의 日本語의 母音體系는 古代의 韓國語의 母音體系와 꼭같은 6母音體系였을 것으로 推定한다. 즉 이들의 共通母音體系는 'a · o · u · ə · ï(또는 ɯ) · i'이었을 것이다. 具體的으로 말하면, 上古代의 日本語의 'u · ɯ'가 奈良時代 이전에 벌써 'ウ'로 통합되어 버렸으며, 韓國語에 있어서도 주로 脣音의 영향으로 그런 경향이 있음을 다음 같은 例로서 알 수 있다.

	<15C. 韓國語> ————	<現代韓國語>
例	mɯr(水)	mur(id)
	pɯr(火)	pur(id)
	p'ɯr(草)	p'ur(id)
	kɯü(官廳)	kuü/kui(id)
	tɯlb-(穿)	t'ulh-(id)
	mɯsəs(何)	muəs(id)
	mɯgəb-(重)	mugəb-(id)
	mɯrɯ-(退)	murɯ-(id) *cf.* 물러나다
	pɯrɯ-(歌 · 呼 · 召 · 飽)	purɯ-(id)
	pɯri-(使 · 下役)	puri-(id)
	pɯʒəg(廚)	puəg(id)
	pɯt'i-(貼 · 接 · 寄)	put'i-(id)
	čɯrɯm(仲介人)	čurɯm(id)
	č'ɯ-(舞)	č'u-(id)
	p'ɯrɯ-(綠)	p'urɯ-(id)

4) 姜吉云 1993[1] p.98~101, 1983[2] p.9 : 'ᄋᆞ'는 '아'나 '오'에서의 派生임

이러한가 하면, 日本語의 경우와 마찬가지로, 韓國語의 舌端音의 ‘스·즈·드·트’는 거의 모두 ‘수·주·두·투’로 변하지 않고 [ɯ]를 유지하거나 [i]로 변하고 있다. 다음에 그런 例를 보인다.

<15C. 韓國語>	<現代韓國語>
例 sɯ̄-(用·苦)	s’ɯ-(id)
sɯ-(書)	s’ɯ-(id)
sɯrədi-(消)	sɯrəji-(id)
sɯmɯr(二十)	sɯmur(id)
sɯsɯro(自)	sɯsɯro(id)
sɯ̄lge(膽)	s’ɯlgä(id)
sɯ̄r-(掃)	s’ɯr-(id)
sɯlhʌ-(厭)	silh-(id)
sɯj-(拭)	s’is-(id)
čɯʒɯm(頃)	čɯɯm(id)
čɯn-hʌlg(泥)	čin-hɯlg(id)
tɯtkɯr(塵)	t‘ik’ɯr(id)
čɯmsEŋ(獸)	čimsɯŋ(id)
čɯs(貌·動作)	čis(id)
čɯj-(吠)	čij-(id)
čɯ̄j-(撕)	č’ij-(id)
tɯdɪ-(踏)	tidi-(id)
tɯ̄-(挹·灸·慢)	t’ɯ-(id)
tɯ̄-(開眼·離去)	t’ɯ-(id)
tɯrəna-(露出)	tɯrəna-(id)
tɯre(汲器)	tɯre-pag(id)
tɯrɯ(野)	tɯr(id)
tɯr-(入·擧)	tɯr-(id)
tɯri-(垂·納·呈·染)	tɯri-(id)
tɯmɯr-(稀)	tɯmur-(id)
tɯ̄d(意)	t’ɯs(id)
t‘ɯr-(捩)	t‘ɯr-(id)
t‘ɯm(隙)	t‘ɯm(id)

따라서, 上古代에 있어서의 韓·日語의 共通母音體系는 우선 다음의 母音圖와 같이 ‘a[ɐ]·o·u·e[ɜ]·ï(또는 ɯ)· i’의 6母音體系임이 분명하다고 할 것이다. 여기서 ‘우선’이란 말을 쓴 것은 母音對應上으로 볼 때 u가 o에서派生되었을

가능성이 있어서 原始祖語는 5母音體系(a · o · ə · ï · i)이었으리라는 推定도 해 봄직하기 때문이다.

다음 그림에서처럼, 韓國語의 [ə](어)는 上古代에 있어서는 15C 보다 前進하여 있어서 [ɜ](약간 前進的 [ə])에 가까운 音價를 지녔던 것으로 생각되며, 日本語에 있어서는 이런 中舌的 [ɜ]가 차차 불안정하여져 '*ɜ>ə>o ;*ɜ>e'의 과정을 밟아 'オ'([o])와 'エ'([e])로 統合되어서, 결국 *ə('オ'의 乙類)및 *ɜ('エ'의 乙類)는 音韻으로서는 亡失되어 버린 것으로 推定된다.

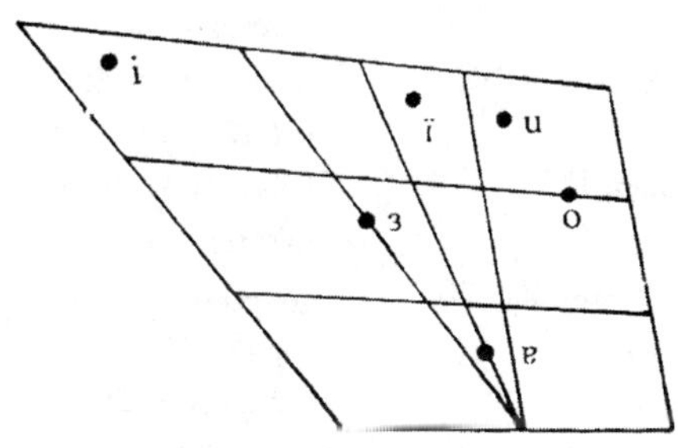

〔韓 · 日 兩語의 共通母音圖〕

여기서 주목되는 것은 日本語의 *ə('オ'의 乙類)가 o(オ)로 통합된 것과 정반대로, 한국어에 있어서는 /어/에 [ə](長母音에서)와 [ɔ](圓脣的'어' : 短母音에서)의 두 音이 相補的으로 공존하다가 차차 [ə]의 한 音으로 통일되어 가고 있다. 그러나, 한국어의 起源的인 /어/는 *ɜ>ə의 변천을 함으로써 日本語의 *ə(乙類의 'オ')가 後舌母音化한 것과 같은 現象을 보여 주고 있다는 것도 우연한 일치 같지 않다.

위에서 筆者가 日本語의 'オ'의 乙類의 音價를 [ə]로 본 것은 그것과 對應될 것으로 믿어지는 한국어의 母音이 주로 ə(어)이기 때문이다.

(1) ***ə<Jap>** ————————	**ə13 · o10 · ʌ7 · ɯ4 · yə4 · a3<Kor>**
例 ərəka(>oroka. 愚)	əri-(id)
əmə(>omo. 母)	əmi(id)
ər-(>or-. 織)	əlg-(絡)

əh-(>oh-. 負)	əb-(id)
əya(>oya. 父母)	əʒi (id)
təkə(>toko. 床)	təg(架・高處)
kətə(>koto. 事)	kəs(id)
*tətə(>toko. 常) *cf.* t~t>t~k	təd(期間), tət-tət(常)
sitəgi(>sitogi 粢)	sirɯ-t'əg(甑-餠)
tədərə-k-(>todorok-. 轟・響)	t'ədɯr-(騷)
ətəga-hi(>otogahi. 頤)	t'əg(id)
hirə-(>hiro-. 廣)	pərəŋ(周圍)/pər-(展開)
hətətəgisu(>hototogisu. 杜鵑)	sotčəksä(id)
--------------------------------------	
kərəmə(>koromo. 衣)	koro(綾)
kətə(>koto '獨', goto '每')	*koda(一)<新羅>
kətə(>koto. 琴)	ko(id)
kəmura(>komura. 腓)	kobe(彎)
təsi(>tosi. 年)	tols(朞)
yək-/yəsi(>yok-/yosi. 善・吉)	tyoh-(id)
səkə(>soko. 底)	sog(內・底)
sək-(>sok-. 退)	sog-(拔除・省)
masəke(>masoke. 全部)	mojori (id)
mərə(>moro. 諸)	modʌn(諸・皆)
--------------------------------------	
kətə-(>goto-. 如)	kʌthʌ-(id)
kətə(>koto. 言)	kʌrʌ-(云・曰)
təri(>tori. 鳥)	tʌlg(鷄)
*pər-(>hor-. 羨)	pʌrʌ-(欲望)
kər-(<kor-. 樵)	kʌʒ-(刈)
wətə(>woto>oto. 弟・小)	ač'ʌ/aʒʌ(id)
nədəka(>nodoka. 閑)	nʌlho-(閑・緩)

əyədure(>oyodure. 妖言)	yarɯ'hʌ-(妖・怪)
tədi-(>toji-. 閉)	tad-(id)
əri-(>ori-. 降)	arä(下)
--------------------------------------	
mədər-(>modor-. 戾・退)	mɯrɯ-(退)
kə(>ko. 木)	kɯr(「肹」, id)<高句麗>
ərə-s-(>oros-. 下) *cf.* *p->h->Ø-	pɯri-(id)
nəb-(>nob-. 伸延)	nɯm-sil(異心以延期)
--------------------------------------	

asən(＞ason. 朝臣)	ajyən(衙前)
kərə(＞koro. 頃)	kyər(卽時・頃)
*pəsi(＞hosi. 星)	pyər/pir (id)
sə(＞so. 其)	čyə(彼)

그리고, 大野晋이 ai＞ë(여기서는 'з'로 表記함), ia＞e, ui/oi＞ï와 같이 二重母音의 單母音化로 推定한 바 있는데5), 筆者는 다음과 같은 日本語의 ë(з)・e・ï에 대한 韓國語의 對應例로 미루어서 大野說에 찬동할 수 없다.

(2)*з(＞e)＜Jap＞ ————	**ɯ^{2}(＜ï)・E^{1}・a^{1}・ʌ^{2}・i^{1}・yə^{1}＜Kor＞**
例 kз-s-(＞ke-s-. 消)	k'ɯ-(id)
kзdu-r-(＞kezu-r-. 削)	kʌlg-(刮), kɯlg-(搔)
kз(＞ke. 食事)	k'i(食事)
kз(＞ke. 毛)	k'ar(毛髮)
*pз(＞he. 舳)	pE(舟)
*pз(＞he. 瓮)	pyə(id)
mз(＞me＞mo. 藻)	mʌr(id)

(3) e＜Jap＞ ————	**u^{8}・ʌ^{8}・ɯ^{4}(＜ï)・i^{4}・o^{3}・ə^{3}・yə^{2}・E^{2}＜Kor＞**
例 hetuhi(竈)	put'umag(id)
hetima(hecima. 糸瓜)	susemi(id)
megur-(繞)	muŋgɯri-(圓化)
umer-(埋)	mud-(id)
sewa(周旋)	čurɯm(仲介人)
ner-(寢), nebur-(眠)	nub-(臥)
*ne/na(眼) *cf.* ナ-ミダ	nun(id)
wemi(＞emi. 笑)	uʒɯm(id)
-------------------------	-----------------
neburi(眠)	čʌborom(id)
sena(夫)	sʌnahE(id), sʌn(壯丁)
sasi(子)	sʌski(雛・子)
her-(減)	hʌri-(id)
me/mo(藻)	mʌr(id)
heri(邊)	kʌʒ(id)
kedur-(＞kezur. 削)	kʌlg-(刮), kɯlg-(搔)

---

5) 大野晋,「日本語の起源」p.163.

hebi(蛇)	pʌyam(id)
------------------------	----------------
mes-(召)	pɯrɯ-(id), məs-ɯm(雇奴)
ke-s-(消)	k'ɯ-(id)
der-(發芽)	t'ɯ-(id)
se(背)	tɯŋ(id)
------------------------	----------------
sem-(攻)	č'i-(id)
neya-s-(鍊), ner-(煉 · 練)	nigi-(煉 · 練)
se(背)	či-(負)
ke(食事)	k'i(id)
sema-(狹)	čob-(id)
*hesa(＞esa. 餌), mesi(飯)	moʒi(餌)
nerah-(狙)	nori-(id)
--	
keha-(險)	həm-hʌ-(id)
keba(陰毛)	kəbuj(id)
hedat-(＞hedac-. 隔)	kərɯ-(id)
--	
tera(寺)	tyər(id)
he(瓮)	pyə(id)
--	
heso(臍)	pᴇk'ob(id)
he(舳)	pᴇ(舟)

(4) *ï＜Jap＞ ———————————— **ɯ^{3}(ï) · u^{2} · ʌ^{2} · o^{1} · ᴇ^{1}＜Kor＞**

例	
kï(＞ki. 木)	kɯr(「肸」. id)＜地名＞
hï(＞hi. 火)	pɯr(id)
kamï(＞kami. 神)	*kamɯ(神 · 王)<新羅>
hïr-(＞hir-. 簸)	puč'i-(id)
kï(＞ki. 城)	*kui(＞kü＞ki. id)
hïr-(＞hir-. 乾)	mʌrʌ-(id)
kïsi(＞kisi. 岸)	kʌʒ(邊)
mï(＞mi. 身)	mom(id)
mï(＞mi. 實)	mᴇj-(結實)

위에 든 比較例 가운데서 韓國語의 yə(여)는 i에서의 발달이므로 起源的인 二重母音이 아니고, ᴇ(익)는 ʌi([ʌy])에서의 발달일 것이므로 본시 二重母音이었다

고 보아도 무방할 것인데, *ɜ(ë)<Jap>와 對應되리라고 믿어지는 ᴇ(이)가 7分의 1이고, e<Jap>와 對應되리라고 믿어지는 ᴇ(이)가 35分의 2에 불과하며, ï<Jap>와 對應되리라고 믿어지는 ᴇ(이)가 9分의 1에 지나지않아서 古代日本語의 *ɜ(ë)·e·*ï가 起源的으로 二重母音이었다고는 도저히 생각할 수가 없다.

그리고, 日本語에서 起源的인 *ɯ는 맨 먼저 'ウ(u)·オ(o)·イ(i)'로 分散·併呑되어 버렸고[*cf.* 9. 1. (21)], 다음에는 起源的인 *ə가 o(オ)로 통합되어서 [*cf.* 9. 2. (1)], 日本語의 母音은 한 시대에 4母音體系 (a·o·u·i)가 되었다가, 이들 母音이 語末이나 語尾의 부위에서, 즉 强音이 없는 位置(非語根部)에서 불명확한 聽覺映像으로 실현되는 동시에 쉽게 발음하고자 하는 노력이 곁들여서 새로이 e(エ)가 생성된 것으로 推定된다[*cf.* 9. 2. 1. (2)·(3)]. 그리하여, 現代日本語의 5母音體系(ア·イ·ウ·エ·オ)가 완성된 것으로 믿어진다.

한편, 韓國語에 있어서도 上古代의 6母音體系*(a·ə·o·u·ï·i)에서 a 또는 o가 意味部가 아닌 語中·語末·語尾에서 불명확하게 실현되어서 새로이 ʌ(ᄋᆞ)가 派生하였다. 이 ʌ(ᄋᆞ)가 語頭에 나다나지 않는 점과 比較言語學的인 考察로 미루어서 起源的인 母音이 아님을 알 수 있다.

게다가 語中子音의 탈락으로 下向式 二重母音이 생겨났다가, 그러한 下向式 二重母音을 기피하는 性向 때문에 다시 縮約現象이 일어나 '애(ä)·에(e)·외(ö)·위(ü)·익(ᴇ)·의 (ɪ)'와 같은 單母音이 대거 새로이 생겨났다가 다시 ʌ(ᄋᆞ)·ᴇ(익)의 상실로 말미암아 현대의 單母音體系-'아·어·오·우·으·이·애·에·외·위·의'(標準語에서는 '외·의'가 다시 亡失되어서 實際發音에는 存在하지 않음)가 誕生된 것이다.

2.2. 母音調和

15C 韓國語의 母音調和는 高舌母音(ə·ï·u) 對 低舌母音(a·ʌ·o)의 調和(一云 開閉調和)이지만 古代에는 ʌ(ᄋᆞ)가 없었으니 低舌母音은 a·o뿐이었을 것이다. 또한, 韓國語의 '우'는 日本語의 'ウ·オ'에 가깝고, '오'는 'オ·ウ'에 가까움

으로 '우'가 '오'에서 派生되었을 가능성이 있으므로 과연 그렇다면 'ᄋᆞ'가 派生되기 전에는 高舌母音은 'ə · ï'뿐이고 低舌母音은 'a · o'뿐 이어서 이들 그룹끼리 母音調和를 하였을 가능성이 충분히 있다.

한편, 古代의 日本語의 母音調和는 後舌母音의 a · o · u와 *ə(大野晋은 ö로 表記)가 그룹끼리 母音調和를 한 것으로 보고 있는데, 위에서도 말한 바와 같이 u는 o에서의 派生이라고 볼 수 있고, 韓國語의 ï(으) 또는 ɯ에는 日本語의 u(ウ)가 주로 對應되므로 日本語의 'ウ'는 起源的인 ï와 o에서의 派生으로 볼 수 있다. 그렇다면 奈良時代 이전의 어느 上代에는 低舌母音의 a · o와 高舌母音의 ə · ï의 그룹끼리의 母音調和가 행해지고 있었던 시기가 있었을 것으로 推定된다. 그러하던 것이 o에서 u가 派生되고 또 ɯ가 u · i와 그 音價가 근사한 데서 u · i에 통합되어 버려 드디어 後舌母音의 a · o · u對 中舌母音의 ə의 母音調和體系가 形成된 것이 아닌가 한다.

그런데, 이렇게 母音調和가 아주 이른 時期에 이루어지고 있었을 것으로 믿는 까닭은 日本語의 造語法을 보면 a~a · o~o · u~u · ə~ə · i~i와 같이, 같은 母音이 거듭나는 語彙가 大宗을 이루기 때문이다[이렇게 거듭된 母音의 先行母音을 i로 바꾸는 異化現象이 나중에 일어나 i~a(a~i) · i~o(o~i) · i~u(u~i) · i~ə(ə~i)와 같은 構造가 생겨났고, o~u(u~o)는 이미 말한 바와 같이 起源的으로 o~o에 遡及할 수 있는 것이므로, a~u(u~a) · a~o(o~a) · a~ə(ə~a)와 같은 다른 母音끼리의 結合體는 낮은 比率을 차지함].

韓國語에 있어서도 일본어와의 語彙比較로 미루어 보면 同類의 母音끼리 거듭되는 語彙가 大宗을 이루었던 것으로 推定된다. 특히 擬聲語 · 擬態語에서 그 흔적을 엿볼 수 있으며, 日本語에 있어서도 그러한 擬聲語 · 擬態語가 많다는 사실에 주목할 필요가 있다. 여기서 參考로 말하면 이러한 母音調和現象으로 미루어 볼 때 아득한 上古語 즉, 祖語에서는 a · o · ə · ï · i의 5母音體系이었을 가능성도 엿보인다.

다시 本論에 돌아가 요약해 말하면, 韓國語는 15세기에 開閉調和(高舌母音 對 低舌母音의 對立)이고, 日本語는 8世紀에 口蓋調和(中舌母音 대 後舌母音의 對立)이었으나, 그 8世紀 이전에는 일본어도 역시 開閉調和이었던 것으로 推定되며, 原始的인 母音調和의 原型은 a・o 對 ə・ï의 對立이었을 것이고 i는 본시부터 中性母音이었을 것으로 생각된다.

2.3. 古代 韓國語와 日本語의 共通子音體系의 再構

한국어와 일본어의 자음의 음운대응규칙[9.1.(1)~(19)]으로 미루어서, 한국어와 일본어의 공통자음체계를 재구하여 보면 다음과 같은 체계가 될 것이다.

<한・일 양어의 공통자음체계>

破裂音 : /k/(ㄱ・ㄲ・ㅋ : カ行・ガ行)・/t/(ㄷ・ㄸ・ㅌ : タ行・ダ行)・/p/
…………………………………………………………… (ㅂ・ㅃ・ㅍ : ハ行・バ行)

破擦音 : /c/(ㅈ・ㅉ・ㅊ : サ行・ザ行・タ行) *cf.* 15세기의 'ㅈ'는 [ts]였음.

摩擦音 : /s/(ㅅ・ㅆ : サ行)・/ʒ/(ㅿ : ラ行・サ行・ヤ行)・/ɸ/(ㅸ: バ行・ハ行)・/h/(ㅎ・ㆅ : カ行・ハ行・サ行)・/y/([j]'ㅑ・ㅕ・ㅛ・ㅠ'의 頭
……………………………………………… 音 : ヤ行) /w/([w]-'ㅘ・ㅝ'의 頭音 : ワ行)

流 音 : /r/(ㄹ ; ラ行)・/l/(ㄹ : ラ行)

鼻 音 : /ŋ/(ㄴ : ナ行・ン)・/m/(ㅁ : マ行)・/ŋ/(ㆁ : ン)

(가) /k/・/t/・/p/・/c/・/ɸ/는 有聲音 사이에서 g(ğ)・d・b・j・β에 가깝게 發音되기 때문에 이런 것들은 따로 音韻으로 設定하지 아니하였다. 그리고, 일본어의 語頭有聲破裂音은 어두에서 거의 쓰이지 않기 때문에 起源的으로는 無聲破裂音에서의 發達形으로 推定된다.

(나) 流音은 起源的으로 /r/(실제로는 彈舌音의 /ɾ/이지만 편리상 r로 표시함)과 /l/이 있었던 것으로 추정되나(한국어와 同系語임이 확실한 길약語에서는 語頭에서 r과 l이 分揀・使用되고 있기 때문임), 현대의 한국어나 일본어는 統合되어 버렸고, 다만 한국어에서 音節末音으로 쓰일 때에는 여전히 [l]로 發音되고 있다.

그리고 한국어에 있어서는 頭音으로서 r/l을 기피하는(15C만 하여도 '라귀・라온・러울 등' 과 같이 頭音으로 더러 쓰임) 現象이 생겨났는데, 이것은 上層語인 알타이語나 드라비다語의 영향인 것으로 추정된다.

(다) 'ㅿ'(半齒音)의 音價를 [z]로 보는 것이 定說처럼 되어 버렸으나, 筆者는

[z]의 口蓋音化된 것, 즉 [ʒ]로 보아왔는데, 그 까닭은 梵文으로 된 眞言(佛經原文)을 漢字音으로 對譯한 것을 다시 仁粹大妃가 訓民正音으로 音譯하여 A.D 1485年(訓正創製後 42年 만임)에 刊行한 「五大眞言」에서 'ㅿ'을 梵音의 口蓋音 [dʒ]에 對當시키고 있기 때문이다.

그런데, 'ㅿ'을 일본어의 比較語彙에서 s·r·t·y등과 比較할 수 있으나 s·r·t도 대부분이 그 뒤에 i가 있거나 i로 발달할 소지를 가진 자리(V~V∞V~i 例: a~a>a~i, u~u>u~i)에 쓰이었으니 y를 비롯하여 위의 s·r·t도 口蓋音化하였거나 그렇게 될 音들이므로 'ㅿ'은 口蓋音으로 보아야 할 것이다.

(라) 'ㅸ'는 漢字音의 主音에 쓰일 때에는 [ɸ]로 쓰이었고 固有語에 쓰일 때에는 반드시 有聲音간에만 쓰이어서 그 音價는 [β]이지만, 上古代에는 語頭에서 쓰이고 있었던 것을 길약語와의 비교로 알 수 있다.

그리고 일본어에 있어서도 上古代에는 쓰이었을 것이나, 일찌기 주로 'ハ行'(<*p)·'バ行(b)'으로 統合되어 버린 것으로 推定된다.

(마) /ŋ/은 現代音에서 頭音으로 쓰이지 못하지만 韓·日語는 古代에 있어서는 頭音으로 쓰이었던 것으로 推定된다. 同系語라고 생각되는 길약語와 비교하여 보이면 다음과 같다.

(5)	ŋ<길약語> ――――	k<韓國語> ――――	k<日本語> ――――
例	ŋašïf(胸)	kasʌm(胸)	
	ŋač(足)	kəd-/kər-(步), karʌr(脚)	kati(步)/asi(足)
	ŋạve(包, 싸개)	*kəp'ï(皮) *cf.* 거플·껍질	kaha(皮)
	ŋif(肝)	*kəb(肝)	kimo(肝)
	ŋavrke(香)	kosʌ-(香)	kahori(香)
	ŋavrki(毛)	*kəβuj(陰毛)	keba(陰毛)
	ŋaigr(羽毛)	*kij(>cij·kis. 羽毛·翼)	ke(羽毛)

위에 보인 語彙들은 대체로 固有語로 보이는데 그것으로 미루어서 韓·日語는 上古代에 語頭 *ŋ를 가지고 있었음이 분명하다.

요컨대 韓國語와 日本語는 母音體系는 물론 子音體系에 있어서도 완전한 一致를 보여 준다고 하겠다.

3. 文法의 比較

한 言語의 系統을 밝히는 지름길은 文法形態素를 比較하는 일이라는 것을 누누이 강조한 바 있는데, 여기서는 韓國語와 日本語의 文法形態素를 직접 比較하여 보이고자 한다.

(1) -i(-이. 主格助詞)〈 李朝 〉 ∞ -i(い. 主格助詞)〈 Jap 〉…*-i(主格助詞)

韓國語의 體言下에 잇대이는 '-이/-ㅣ(딴이)'는 姜吉云(1981) p. 19에서 언급한 바와 같이 主格 · 補格 · 屬格 · 處格 · 在格 · 比較格 등에 두루 잇대일 뿐만 아니라, 不變化詞(體言 · 副詞)下의 媒介母音으로 볼 수도 있어서 전체 用法으로 볼 때, '-이'가 起源的으로는 특정한 格助詞라고 보기 어렵다.

그런데, 字音으로 끝나는 主語가 많고, 文에는 主語가 있기 마련이기 때문에 '-이'가 主格자리에 특별히 많이 쓰였을 것이다. 어떻든 李朝中葉부터 '-이'가 主格助詞로 차차 인식되어 갔던 것이다.

한편, 日本語에 있어서도 드물기는 하나, -i(い)가 主格 · 補格 · *屬格(連體格)의 자리에 놓이는 경우가 있다고 「岩波古語辭典」[6] p.80에서 말하고 있다.

이와 같이 日本語에서도 -i(い)는 主格자리에만 쓰인 것이 아니다. 마치 韓國語의 -i(-이)와 마찬가지로, 韓日兩語에는 본시 主格助詞가 따로 없었는데 -i가 主語(主格語)에 附加되어서 滑音素나 強勢詞와 같은 구실을 하던 것이 어느덧 主格助詞로 認識되게 이른 것이며, 韓日兩語의 共通基語는 -*i로 推定된다.

例 紀伊の　關守いとどめなむかも(=紀의 關守가 막게 할 것인가)＜萬葉集 545＞[7]
近江のや毛野の若子い笛吹き上る(= 近江의 毛野의 어린이가 피리를 불며 올라온다)
＜日本書紀券十七＞ ………………………………………………… 以上 主格

---

6) 大野 外2名, 「岩波古語辭典」, 岩波書店, 1979.

7) 日本語의 例文은 「岩波古語辭典」(大野 外2名), 「古語文法」(影山美知子), 「國文法の統合的 硏究」(保坂弘司), 「日本文法辭典 古語篇」(淺野信), 「古代朝鮮語と日本語」(金思燁) 등에서 취함

cf. 君いかならず逢はざらめやも (= 그대와 반드시 만나지 않을 것이랴)<萬葉集 3287> ……………………………………………………………………………… 補格

春風に亂れぬい間に見せむ子もがも(= 봄바람에 어지러워진 사이에 보일 자식을 바란다)<萬葉集 1851> ………………………………………………… *屬格(>冠形形)

脚伊四是良羅(가ᄅᆞ리 네히어라)<處容歌>

人是有多(사ᄅᆞ미 잇다)<慧星歌> …………………………………………………… 以上 主格

cf. 其他의 機能例는 이 책 8.2.(2)를 참조

(2) -n(-ㄴ. 提示助詞) 〈 李朝 〉 ∞ *-nə(-の. 主格助詞) 〈 Jap 〉

'-ᄂᆞᆫ/-는/-ᄋᆞᆫ/-은/-ㄴ'은 흔히 主題格助詞라고 일컬어지고 있으나 "빨리는 가지 마는"에서 '빨리'가 주제가 된다고 하기 어렵고, "나는 가다"의 '-는'도 마찬가지다. 筆者는 이것을 提示助詞로 다루고 있다. 그 이유는 어느 한 가지를 드러내어 그것을 强調하거나 문제점을 提示하고 있음을 나타내기 때문이다.

그런데, 이 提示助詞 '-ㄴ/-ᄋᆞᆫ/-은/-ᄂᆞᆫ/-는'은 體言(名詞形 포함)이나 副詞나 副詞形 밑에 附加되며, 主格·補格·副詞格에 두루 接續되지마는 使用頻度로 볼 때 主語 자리(主格)에 가장 많이 쓰인다.

例 소는 가고, 개는 오오
빨리는 달리지만 一等은 어렵겠다.
밥은 먹었다.
물이 얼음은 되지만, 얼음이 白玉은 될 수 없다.

한편, 日本語의 *-ne>-no(-の, 主格助詞)는 본시 國語의 屬格助詞 '-의'와 같은 구실을 하던 것인데, 그것의 기능이 擴大되어서 '-에 있는, -인, -이라는 ; -이/-가(主格助詞), -의 것' 등의 여러 뜻으로 쓰이고 있다. 大野(1957)에서 主格助詞와 마찬가지 구실을 하는 경우의 *-nə(-の)를 韓國語의 提示助詞 -n/-nʌn/-nïn(-ㄴ/-ᄂᆞᆫ/-는)과 對應시키고자 한다. 우선 다음에 '-の'(主格助詞 구실)의 용례를 든다.

例 あな尊と修行者の(＝修行者가)通るなりけり＜梁塵秘抄＞
佛の人を教へたまふ(= 佛이 사람을 가르치신다) ＜方丈記, 靜かなる曉＞
雪のふりたるは (＝눈이 내린 것은) いふべきにもあちず＜枕草子 1段＞
白波の浜松が枝の手向け草幾代までにか年の經ぬらむ(=……歲月이 지난 것인가)
＜萬葉集 34＞
cf. 屬格 'の'……誰すみて誰ながむらむ故鄉の吉野の宮の春の夜の月＜金槐集, 春＞
形式名詞 'の'…赤い月あれは誰がの(븕은달 저것이 누구의것)＜一茶＞
譬喩 'の'…白雲の(=흰 구름 같이)こなたかなたにたち分れ, こころをぬさとくだく旅かな＜古今集 巻八＞

그런데, '-の'는 본시 體言과 體言을 이어주는 것이 주였기 때문에 主格助詞로 쓰인 경우에도 그것과 呼應하는 敍述語는 대개 名詞形으로 표출된다.

例 彼の歸る日は近づきにけり(=그가 돌아가는 날은 가까워졌다)……
'歸る'는 '돌아가는 것→돌아가는'
雪のふりたるは……(=눈이 내린 것은……)

마지 韓國語의 '의'가 冠形語節의 主格 자리에 쓰이는 것과 꼭같은 용법이라고 할 수 있을 것이다. 따라서 提示助詞-n(-ㄴ)＜Kor＞와 *nə(-の)＜Jap＞는 起源的으로 同根語라고 보기는 어렵다. 그러므로 이것들의 비교는 잘못된 것이라고 생각한다. 차라리 "이내 몸" "너희내 집"의 '-내'(所屬助詞)와 '-の'(屬格助詞)를 비교하여야 할 것이다(*cf.* (30)項).

(3) -nʌn/-nïn(-ᄂᆞᆫ/-는. 提示助詞)〈 李朝 〉· -nanʌn(-나ᄂᆞᆫ. 强勢形)〈 高麗 〉 ∞ -namo(-なも 〉-なむ. 强勢形)〈 Jap 〉……*-nan(提示助詞)

韓國語에서 '-ᄂᆞᆫ/-는'이 용언의 連體形 즉 冠形形語尾로 쓰이고 있음은 주지의 사실이고, 그것이 名詞形語尾로도 다음과 같이 쓰인다.

例 싸호ᄂᆞᆫ 한쇼ᄅᆞᆯ 두 소내 ＜龍歌 65장＞
즐기ᄂᆞᆫ 나ᄅᆞᆯ 아니 즐겨 ＜龍歌 92장＞ ………………………………………… 以上 冠形形
곳 니플 잇ᄂᆞᆫ 조초 노코 ＜楞嚴 七12＞
그릇 ᄒᆞᆫ 조초 ᄒᆞ야 ＜釋詳 六8＞

性에 혼 조초 쁘며 ᄌᆞ마 <金三, 五16> ……………………………………… 以上名詞形

한편, 日本語에서 係詞(係助詞)라고 일컬어지는 '-なむ'는 韓國語의 '-ᄂᆞᆫ/-는'과 같이 用言에 잇대이기는 하나, 體言에도 잇대여 단순히 强調하여 提示하는 구실만 한다. 바꾸어 말하면 韓國語의 '-ᄂᆞᆫ/-는'은 用言을 體言에 이어주는 구실을 하지마는, 日本語의 '-なむ'은 단순히 强調提示하는 구실밖에 하지 아니하므로 그것은 單語와 單語를 이어주는 구실과 무관하다. 다음에 '-なむ'의 例를 든다.

例 いよいよ笑ひけりとなむ記し置きたる(=드디어 웃었다고는 적어두었다)<駿台雜誌 卷一>
名をば讚岐造麻呂となむいひける(=이름을 讚岐造麻呂라고는 말하였다)<竹取物語一, かぐや姬おひたち>
その竹の中に, 本光る竹なむ一筋ありける(=……밑동이 빛나는 대나무는 한 그루가 있었다)<竹取物語一. かぐや姬おひたち>
今はつらかりける人の契りになむ(= 지금은 슬펐던 人世의 因緣으로요)<源氏物語 桐壺>

따라서 大野(1957)에서 韓國語의 '-ᄂᆞᆫ/-는'(用言의 冠形形語尾)과 日本語의 '-なむ'(强調提示의 係辭)를 對應시킨 것은 잘 된 比較가 아니다.

〔**參考**〕 위와 같은 구실의 '-なむ'은 奈良時代에는 '-なも'形으로 쓰이었고, 이것은 본시 强調終結語尾인데, 그것이 倒置文에 汎用되어 係辭로 쓰이게 된 것이라고 한다. (cf. 岩波古語辭典 p.1452)

例 天つ日嗣は平らけく安くきこしめし來る(は)明き淨き心を以ちて仕へ奉る事によりてなも→明き淨き心を以ちて仕へ奉る事によりてなも天つ日嗣は平らけく安くきこしめし來る <讀紀命 13>

따라서, 차라리 'なむ'를 韓國語의 提示助詞 '-ᄂᆞᆫ/-는'이나 高麗歌詞속에 나오는 强勢詞 '-나ᄂᆞᆫ(-난+ᄋᆞᆫ)'과 비교하는 것이 나은 비교가 될 것이다.

例 나ᄂᆞᆫ 어버ᅀᅵ 여희오<釋詳 六5>
製ᄂᆞᆫ 글 지슬씨니<訓民正音解例>
뒤헤는 모딘 도ᄌᆞᆨ<龍歌 30章>
樓는 다라기라<釋詳 六2>
가시리 가시리-잇고나ᄂᆞᆫ<가시리>
선ᄒᆞ면 아니 올세라나ᄂᆞᆫ<가시리>
긴힛ᄃᆞᆫ 그츠릿가나ᄂᆞᆫ<西京別曲>

‘提示’의 기능은 ‘强調提示’를 의미할 뿐만 아니라, ‘-ᄂᆞᆫ/-는/-나ᄂᆞᆫ’을 빼어 버려도 그 文의 뜻이 그대로 성립하기 때문이다.

그리고 文法的 機能이 일치할 뿐만 아니라 -nʌn(ᄂᆞᆫ)과 -namu(-なむ)의 幹母音의 ʌ(ᄋᆞ)<李朝>와 a(あ)<Jap>는 6. 1. (24)項과 뒤에 나오는 (7)項에서 例示한 바와 같이 對應되므로 ‘-ᄂᆞᆫ’과 ‘-なむ’은 音韻上에 있어서도 對應된다고 할 것이며, 길약語의 提示助詞 -nan의 存在를 考慮할 때 이들의 再構形(共通基語)는 *-nan인 것으로 推定된다.

(4) -ra(-라. 命令形語尾)〈Kor〉∞ *-rə(>-ro, -ろ. 命令形語尾)〈Jap.〉…*-ra(命令形)

ㅣ에서 -ra(-라)가 命令形語尾로 쓰이는데 다음에 例示한다.

例 오라 ᄒᆞᆫ ᄃᆞᆯ 오시리잇가 <龍歌 69장>
샹재 ᄃᆞ외에 ᄒᆞ라 <釋詳 六1>
어울워 ᄡᅮᆯ디면 ᄀᆞᆯᄫᅡ 쓰라<訓正諺>

한편, 日本語에서 *-rə(>-ro, -ろ)가 命令形語尾로 쓰이는데 다음에 例文을 들어 보인다.

例 紐絶えば吾が手と付けろ(=끈이 끊어지면 내 손에 붙여라)<萬葉集4420 防人>
早く起きろ(=일찍 일어나라)

그런데, -ra<Kor>와 *-rə<Jap>가 對應되자면 -a<Kor>와 *-ə(>-o, お)가

對應되는 것이 立證되어야 하는데 그러한 對應을 보여 주는 例가 다음과 같이 많다[*cf.* 9. 1. (33)].

-a(아) <Kor> ————————	*-ə(>-o,-お)<Jap>
例 əma(어마, 母) *cf.* 어마님	amə(「阿母」, 母)>amo
asi(弟)	ətə(弟)>oto
na(吾)	ə-nə(己)>o-no
taogi(朱鷺)	təki(id)>toki
tad-(閉)	tədi-(id)>tozi-
taboj(蓬)	yəməgi(id)>yomogi
t'aro(隨)	yər-u(寄)>yor-u
arä(下)	əri(下)>ori

따라서 -ra(-라, 命令形語尾)<Kor>와 *-rə(>-ro, -ろ. 命令形語尾)<Jap>는 對應되며, 그 共通基語는 -ra(命令形語尾)<Gily>로 미루어서 *-ra(命令形)로 推定된다.

(5) ba(바. 場) 〈 Kor 〉 ∞ ba(ば. 接續助詞) 〈 Jap 〉 …*ba(理由 · 假定 · 方法)

ba(바)<Kor>는 韓國語文法에서 形式名詞로서 '方法 · 理由 · 假定'이나 '일'을 뜻하며 用言의 冠形形下에 잇대이는데 다음에 例示한다.

例 우리의 할 바는 오직 공부이다 …………………………………… '事'
나는 어찌할 바를 몰랐다 …………………………………… '方法'
過飮한 바 어찌 탈인들 안 나겠는가 …………………………………… '理由'
이른바 (=말하면) …………………………………… '假定'

한편, 日本語에서는 *pa(>ha/wa. は)는 差別의 係辭이니 提題의 助詞이니 하는 것인데 이것은 한국어의 題示助詞(소위 主題格助詞)의 '-은/-는'과 그 기능이 꼭같다. 그리고 이것을 한국어의 '바'와 처음으로 비교한 이는 W.G.Aston 이다. 다음에 '-は[wa]'의 用例를 들어 보인다.

例 吾が背子は假廬作らす〈萬葉集 11〉 ………………………………………………… 主格下
わが欲りし野鳥はみせつ＜萬葉集 12＞ ……………………………………………… 對格下
海原はかまめ立ち立つ＜萬葉集 2＞ ………………………………………………… 副詞格下

그러나, '바' <Kor)와 *pa(は)＜Jap＞는 音相은 기원적으로 같으나 意味·機能이 서로 다르다.

金思燁(1974)에서는 接續助詞 ba(ば)와 對應시키고 있다. 이 'ば'는 完了形(已然形)에 接續하여 '理由'를 나타내고, 將然形(未然形)에 잇대이면 '假定'을 나타낸다.

例 見上ぐれば(=올려다보면) 萬仞の青壁刃に削り, 見おろせば(=내려다보면) 千丈の碧潭藍に染めたり＜太平記 巻五 大塔宮十津川御入事＞
別れてはほどをへだつと思へばや(=…路程을 멀리 隔했다고 생각한 까닭인가) かつ見ながらにかねて戀しき〈古今集 巻八〉 …………………………… 以上 '理由'
助からうと申さば(=…여쭈면) 殿は助け給ふべきか＜平家物語 土佐坊斬られの事＞
愚ならん人のいふ事もよくよく察し, 善きことあらば用ふべし (=…옳은 것이 있으면 쓸 것이니라)＜梅園叢書 巻上＞ ……………………………………… 以上 '假定'

위에서 例示한 바와 같이 韓國語의 '바'와 日本語의 '-ば'는 함께 '理由·假定'의 意味·機能을 가지고 있다. 또, 音韻上으로도 9. 1. (3)의 類例로 보아서 ba(바)와 ba(ば)는 對應된다.

	-p/-b<Kor> ――――――――	b<Jap>
例	səp(薪)	siba(柴)
	čob-(狹)	seba-(＞sema-. 狹)
	čyəbi(燕)	tuba-me(燕)
	pʌs(＜*pat＜*park. -ᄇᆞᆺ, 局限·强勢接尾辭)	bakari(許·局限)
	yəp'(側)	soba(側)
	ilbəs-(盜)	ubahu-(奪)
	*kʌbʌ(中) *cf.* ᄀᆞᄫᆞᆫ-ᄃᆡ	*kaba(中) *cf.* な-かば

특히 日本語에서는 韓國語에서와 마찬가지로 有聲音 사이에서 -p-는 -b-로 변

한다.

그러므로 ba(바, 理由·假定·方法)<Kor>와 ba(ば, 理由·假定)<Jap>는 音韻과 意味機能의 兩面에서 對應되며 그 共通基語는 *ba(理由·側定·方法)로 推定된다. 다만 차이가있다면, '바'는 用言의 冠形形(連體形)下에 잇대이는 데 반하여 'ば'는 用言의 未然形(未來)이나 已然形(完了) 下에 잇대이는 점이 다르기는 하나 韓國語의 冠形形(連體形)도 未來形(-ㄹ)·完了形(-ㄴ/-앳ᄂᆞᆫ/-엣ᄂᆞᆫ)·現在形(-ᄂᆞᆫ)의 구별이 있어서 時制나 相(aspect)과 긴밀한 관계가 있기는 마찬가지다.

(6) *-ka(-가/-까. 疑問形語尾) 〈 Kor 〉 ∞ -ka(-か. 疑問形語尾) 〈 Jap 〉 …… *-ŋa (疑問形語尾)

韓日 兩國語에서 疑問形語尾로서 *-ka(-가·-까 : -か)를 쓰고 있는데, 아마 文法形態素의 比較 중에서 확실한 일치를 보이는 것 가운데의 하나가 아닌가 한다.

例 이 ᄂᆞᆫ 賞가 罰아<蒙法 53> *cf.* 罰가>罰아('ㄱ'默音化)
이 두 사ᄅᆞ미 眞實로 네 항것가<月釋 八94>
저허ᄒᆞᆯ가 말미ᄒᆞ야<杜初 七22>
天下蒼生ᄋᆞᆯ 니ᄌᆞ시리잇가<龍歌 22장>
天縱之才ᄅᆞᆯ 그려ᅀᅡ 아ᅀᆞᄫᆞᆯ까<龍歌 22장>

踏み脫きて行くちふ人は岩木より成りでし人か(=…岩木으로 된 사람인가) <萬葉集 800>
若宮はいかにおもほし知るにか(=…헤아려 알고 계실까)<源氏物語 桐壺>
花の雲, 鐘は上野か淺草か(=…鐘소리는 上野에서인가 淺草에서인가)
あくる年は立らなほるべきか(=明年은 回復될 수 있을까)<方文記 養和飢渴>

그런데 이 '-가/-까'와 '-か'는 -ŋa(疑問形語尾)<Gily>와 對應되는 形態素이므로 그 共通基語는 *-ŋa(>-*ka. 疑問形)로 推定된다.

(7) -tʌr(-ᄃᆞᆯ > -들. 複數助詞) 〈 Kor 〉 ∞ tati(-たち. 複數助詞) 〈 Jap 〉 …… *-ta ra(複數助詞)

韓國語의 複數助詞 '-ᄃᆞᆯ>-들'은 體言뿐만 아니라 副詞에도 附加되는 것이 특징이다. 다음에 例를 들어 보인다.

例 憍陳如ᄃᆞᆯ 다ᄉᆞᆺ 사ᄅᆞᆷ<釋詳 六18>
鬼神ᄃᆞᆯ콰 사ᄅᆞᆷ과<釋詳 十三24>
百姓ᄃᆞᆯ 一千 사ᄅᆞ미<月釋 二76>
學生들이 登山 간다.

한편, 日本語에서는 複數助詞로서 tati(たち)와 ra(ら)・domo(ども)가 쓰이고 있다. 여기서는 'たち'의 例만 들어 둔다.

例 吾子を韓國へやる齋へ神たち(=내 아들을 韓國에 보내는 것을 祝願하라 神들)<萬葉集 4240>
更衣たちはまして安からず(=後宮들은 더우기 平安치 않았다)<源氏物語・桐壺>
ゼスキリシトの御弟子たち(=…弟子들)<ロドリゲス大文典>

그런데, 例이 複數助詞 '-ᄃᆞᆯ'과 '-たち'는 함께 複數와 관계 없이 敬意를 표하거나 婉曲한 표현에도 쓴다.

例 어서 빨리들 가거라 …'-들'(婉曲表現)

[朧月夜の] をかしかりつる人のさまかな。女御の御おとうとたちにこそはあらめ(=…後宮의 아우님에게만은 아니었을 것이다)<源氏物語 花宴>
…………'-たち'(敬意表示)<岩波古語辭典 p.784 たち(達・等)條>

위에서 보아온 바와 같이 -tʌr(-ᄃᆞᆯ)<Kor>과 -tati(-たち)<Jap>는 意味機能面에서 완전한 對應을 보여 주며, 音韻面에서도 ʌ(ᄋᆞ)<Kor>와 a(あ)<Jap>, -r(-ㄹ)<Kor>과 -t<Jap>는 다음 類例로 보아서 對應되는 것이 분명하다.

ʌ(ᄋᆞ)<Kor> ―――――――― a(あ)<Jap>
例 kʌrab-(가렵다)/karyəb-(id) kayu-(가렵다)

ač'ʌm(아침 , 朝)	asa(아침)
pʌlg-(밝다, 明)	*paka-(>*haka->aka-. 밝다)
t'ʌt'ʌs-(따뜻하다, 暖)	atata-(따뜻하다)
p'ʌtki(팥, 小豆)	*paduki(>haduki>azuki. 팥)
kʌt'ʌn(한, 一)	katana(一)<二中歷>
kʌr-(갈다, 替·代)	kaher-(갈다)
kʌʒ-(베다, 刈)	kar-(베다)
kʌmʌr(가물, 旱)	kawa-(마르다)
č'ʌ-(차다, 佩)	sas-(차다, 佩)
čʌʒʌ(자위, 核)	sane(자위)
tʌlbö(달비, 髢)	tabusa(달비)
nʌβɛ(ᄂᆞᄫᅵ>ᄂᆞ외, 復)	*nabo(>noho. 尙·復)
nʌlg-(낡다, 古)	narer-(陳腐·古)
pʌʒɛ-(부시다, 映)	*paer-(>haer-. 부시다)
mʌr(마루, 棟)	*pasira(>hasira. 기둥)
mʌč'-(마치다, 終了)	*pate(>hate. 終端)
p'ʌri(파리, 蠅)	*pahe(>hahe. 파리)
p'ʌrʌ(빠르다, 速)	*paya-(>haya-. 빠르다)
pʌrʌ-(바르다, 貼)	*par-(>har-. 바르다)
mʌʒʌr(마을, 村)	mati(거리, 町)
mʌt(맏, 長·最)<接頭辭>	mat(最)<接頭辭> *cf.* マックロ

-r-/-l-<Kor> ————	-t-/-d-<Jap>
例 nər(널, 板)	ita(널)
nirɯ-(이르다, 至·致)	ita-r-(이르다)
ur-(울다, 鳴)	uta(歌)/uta-h-(노래하다)
olm-(옮다, 移)	utur-(옮다)
ulhi-(으르다, 脅)	odoka-s-(으르다)
ərun(어른, 成人)	otona(成人)
k'əri-(꺼리다, 忌)	kata-si(어렵다)
kar(刀)	kata-na(刀)
kʌrʌ-(曰)	katar-(語)/koto(言)
korɛ(고래, 鯨)	kudira(>kuzira. 고래)
kor-(썩다, 朽), kor(죽음)	kuti-(썩다, 죽다)
hər-(破·傷)	kidu(>kizu. 傷)
kʌlb-(對敵하다)	kotah-(對答하다)
čur(線·筋)	sudi(<suzi. 줄)
čʌra-(자라다, 育)	sodat-(자라다)

nyərɯm(여름, 夏)	natu(>nacu. 여름)
*par(旗) *cf.* 깃발	*pata(>hata. 旗)
pari(바리, 鉢)	*pati(>haci. 바리)
pər(벌, 蜂)	*pati(>haci. 벌)
*pir(一)<新羅地名>	*pito(>hito. 一)
mɯr(물, 水)	midu(>mizu. 물)
miri(龍)	miduti(>mizuci. 蛟, 도롱龍)
pʌr(팔, 臂)	*pude(>hude>ude. 팔)

따라서 -tʌr(-ᄃᆞᆯ)<李朝>과 -tati(-たち)<Jap>는 意味機能과 音韻의 兩面에서 완전한 일치를 보이며 이들의 共通基語는 *tara(또는 *tarhi)로 推定된다. 여기서 再構形을 -*tara 또는 -*tarhi로 推定한 까닭은 韓國語의 '-ᄃᆞᆯ'이 母音이나 '-과'와 잇대이면 -h-(ᄒᆞ-)이 개입하는데, 이것이 複數助詞의 末音인지 所屬形語尾의 -hi의 化石인지 확실하지 않기 때문이다. 그러나 아이누語가 -utar(複數助詞)를 가지고 있고, 만주어도 -dari(複數助詞)가 있어서 여기서는 일단 再構形을 *tara(複數助詞)로 推定하는 것이 옳을 것으로 생각한다(*cf.* *tara>tari>dari/taci ; *tara>tar>tʌr).

(8) -rə(方向接尾辭)·-ro/-ru(-로/-루. 向格助詞)〈Kor〉 ∞ -ra(-ら. 向格助詞)〈Jap〉……*-roh(向格助詞)

韓國語에서는 '-로/-루'<鄕歌>를 向格助詞로 쓰고 있어서 다음에 그 例를 들어 보인다.

例 네 어드러 가ᄂᆞ니오 <杜初 八6>
昭陽江 ᄂᆞ린 물이 어드러로 드단 말고……方向接尾辭

ᄉᆞᆷ안해 右脇으로 드리시니 <月曲 15>
모맷 光明이 밧ᄀᆞ로 菩薩ᄋᆞᆯ 비취샤 <月釋 二53>
東녀그로 萬里예 녀가 <杜初 七2>
昭王의 소ᄂᆞᆫ 燕으로 가놋다 <杜初 廿12>
瀋陽등 쳐로 향ᄒᆞ야 <杜初 上8>
向乎仁所留(=*아온 대로) <總結無盡歌>……向格助詞

한편, 日本語에서는 '-ら-'가 '方向'을 意味하는 接尾辭로도 쓰이고 있다. 다음에 그런 例를 들어 보인다.

例 あちら:こちら : そちら
いはた野に宿りする君家人のいづらと我を問はばいかに言はむ(=돌밭들에서 宿泊하는 그대 家族이 어디에 있느냐고 내게 물으면 무엇이라고 말하리오)<萬葉集 3689>
こちらからしかけたは凶ぞ(=이쪽에서부터 저지른 것은 재앙이로구나)<周易祕鈔上>
ぐっとあちらへ突き通すやうなる連歌なり(=깊이 저쪽으로 꿰뚫는 것 같은 連歌이니라)<耳底記>

그리고, -ro/-ru(-로/-루)와 -ra(ら)는 9.1.(25) · (22) · (23)에 의해 ə/o/u<Kor>와 a<Jap>의 對應이 가능하므로 韓國語의 '-러'(方向接尾辭) · '-로/-루'(向格助詞)와 日本語의 '-ら-'(方向接尾辭)는 對應되는 것이 확실하며, 이들의 共通基語는 -rux/-rox(向格助詞)<Gily>의 존재로 미루어서 *-roh(向格助詞)로 再構될 수 있을 것으로 추정된다.

(9) sigi-(시기- 〉시키-. 使動詞)〈 Kor 〉 ∞ *si-(す〈 下二段 活用 〉. 使動詞)〈 Jap 〉…*sigi-(使動詞)

韓國語에서는 使動詞로서 '시기-'(>시키-)가 쓰이고 있으며, 이는 sig-(爲)-i-(使動接尾辭)의 複合形態인데 (*cf.* sig-'爲' : 식'爲'-브'形容詞派生接尾辭'->시프-'所望助形容詞'), 그 쓰임은 다음과 같다.

例 ᄂᆞ몰 시겨 ᄒᆞ야도<釋詳 十三52>
命은 시기논 마리라<月釋序11>
阿難일 시기샤 羅睺羅ᄋᆡ 머리 갓기시니<釋詳 六10>
ᄌᆞ비롤 시기ᅀᆞᄫᆞᆺ더니<釋詳 十一26>

한편, 日本語에서는 使動詞로서 'す'(下二段活用)가 다음과 같이 쓰이고 있다.

例 葵不用なりとてある人の御簾なるを皆とらせられ侍りしが (=해바라기를 쓸데 없다고 어느 사람이 貴人집의 발에 붙은 것을 모두 떼어내게 하셨으나)<徒然草

138段>

賜はりてなにがし男に張らせ候はむ(=받으셔서 아무 男子에게 파수서게 합시다) <徒然草 184段>

大納言ばかりに沓とらせ奉りたまふよ(=大納言 정도의 身分의 사람에게 신발을 집어 올리게 하시는군요) <枕草子 128段>

妻の嫗にあづけて養はす(=아내의 老母에게 맡겨서 기르게 하다) <竹取物語>

嘆けとて月やは物を思はするかこち顔なるわが涙かな (=恨歎하라 하고 달은 괴로워하게 하는 恨스러운 얼굴인 나의 눈물이여) <千載和歌集 戀五>

「あなゆゆし、さるものなし」といはすれば(=아아 ! 두렵다. 그런 것은 없다고 말하게 하니) <枕草子 9段>

かれに物食はせよと言ひければ食はするにうち食ひてけり (=그에게 무얼 먹게 하여요 라고 하였으므로 먹였더니 마구 먹었다) <宇治拾遺物語>

위에서 보인 바와 같이, ‘す’使動詞의 活用形 ‘せ・せ・す・する・すれ・せよ’에서 공통된 語幹部分은 s-이지만, 본시 子音 한개만으로 語幹을 형성할 수 없었을 것이므로 起源的으로 ‘す/せ’는 *si-u/ *si-e에서 si-u>su/si-e>se의 發達過程을 밟은 것으로 볼 수 있을 것이며, 따라서 이들의 語幹은 *si-로 일단 再構할 수 있을 것으로 본다.

한편, ‘시기-’는 sig-(爲)+i(使動接尾辭)->sii(i 아래에서 k・g의 默音化)>sī>si의 발달이 가능하다. 그것은 主語尊待의 si(시)가 使動詞 sigi-(시기-)에서 轉用된 것으로 推定된 바와 같이, 日本語의 使動詞語幹의 再構形 *sī-(>s-)도 더 古代에서는 *sigi-에 遡及될 수 있을 것으로 推定된다.

요컨대, 한국어의 sigi-(시기->시키-. 使動詞)와 일본어의 *sigi->sī->*si->s-(す<下二段活用>. 使動詞)는 文法機能과 音韻의 兩面에서 對應되며, 이들의 共通基語는 *sigi-(使動詞)로 再構될 수 있을 것으로 推定된다.

(10) ani(아니. 否定副詞)〈Kor〉 ∞ ani(あに. 反語副詞)/ina(いな. 否定副詞)〈Jap〉……*ana(否定副詞)

韓國語에서 ‘아니’(否定副詞)가 쓰이고 있는데, 그것이 副詞로 쓰일 뿐 만 아니라, 斷定의 敍述形語尾인 ‘-다’와 어울려서 用言(形容詞)으로 쓰이기도 한다.

例 저 아이는 낮잠을 아니 잔다.
고래는 고기가 아니다
그는 일을 아니한다
cf. '아니하다'는 '아니'(副詞)와 '하다'(動詞 '爲' 또는 代用言 '하-')가 어울려 된 用言이며, 다음에 代用言과 어울린 例를 든다.

例 그 꽃은 아름답지 아니하다(+ 그 꽃은 아니 아름답다)

또한 '아니'는 否定的 對答에 쓰일 뿐만 아니라, 이런 의미에서 다시 疑訝함을 나타내는 感歎詞로도 쓰인다.

例 너는 밥을 먹었니? 아니, 아직 아니 먹었어.
아니 ! 이게 웬 일이냐.

한편, 日本語에 있어서는 ani(あに. 아래의 否定詞와 呼應하여 '결코'의 뜻으로 쓰이거나, 아래의 反語와 呼應하여 '어찌'의 뜻으로 쓰임)가 그대로 否定詞는 아니지만, 그것에서 派生된 意味에 쓰이고 있다.

例 政を行ふにあに障るべきものにはあらず(=政治를 行함에 決코 障害가 될 것은 아니다)＜續日本書紀＞
一杯の濁れる酒にあにまさらめや(=한 잔의 濁酒보다 어찌 나으랴)＜萬葉集＞

그뿐만 아니라, ani(あに)와 그 起源을 같이하는 것으로 믿어지는 ina(いな, 否定詞)를 가지고 있다. 즉, 韓國語의 ani(아니)와 더불어 ani(あに) · ina(いな)는 함께 *ana(否定副詞)에 遡及할 것으로 생각한다.

```
     ┌ ani(아니)＜Kor＞
*ana ┼ ani(あに)＜Jap＞
     └ ina(いな)＜Jap＞ cf. 9.1. (31)
```

例 いな, 我は人の妻なり (=아니, 나는 남의 아내이다)＜古今和歌 六帖＞
うまびとさびて｢いな｣と言はむかも(=貴人인 척하여 ｢아니｣라고 말할 것이구나)
＜萬葉集＞

見むと言はば「いな」と言はめや(=보자고 말하면 「아니」라고 말하랴)<萬葉集 4497>

(11) -ga(-가. 主格助詞)〈Kor〉∞ -ga(-が. 主格助詞)〈Jap〉……*-ŋa(主格助詞)

한국어의 主格助詞 '-가'는 文獻上으로는 明宗 때 仁宣王后 御筆에 처음 등장한다는 것이나, 高麗時代 이전에도 쓰이었을 것이다.

例 두드럭이가 블의예 도다 오르니 <仁宣王后, AD.1550경>

筆者의 생각으로는 高麗歌詞의 '處容歌'에 나타난 '-고'(*cf.* "누고 지어 셰니오. 누고 지어 셰니오")도 主格助詞임에는 틀림없다. 疑問形語尾에 '-가'와 '-고'가 있듯이 옛날에는 主格助詞에도 '-가'와 '-고'가 쓰였던 것이 아닐까 생각한다. 그렇게 보는 까닭은 韓國語와 同系語인 길약語가 疑問形語尾 -ŋa/-ŋu를 가지고 있고, 呼格助詞 또는 主格助詞로서 疑問形語尾와 同形인 -ŋa가 쓰이고 있어서, 이들이 모두 起源的으로는 *咏嘆形 '-ŋa'에서 '-ŋo 또는 ŋu'가 派生되고, 그 기능도 '疑問形 · 反語形 · 呼格助詞 · 主格助詞'의 여러 가지로 다양해진 것으로 推定된다.

그런데, 日本語에 있어서도 疑問形 · 反語 · 咏嘆語尾가 -ka(<*-ga)인가 하면 主格助詞도 -ga 이어서, 이들이 韓國語 및 길약語와 同軌의 발달과정을 밟은 것으로 생각된다. 이들은 모두 '咏嘆'의 *-ŋa에서의 發達일 것이다[*cf.* 9.2. (3) ; 母音間의 破裂音의 有聲音化]. 과연 그렇다면, 高麗時代에 主格助詞 '-고'(-go)가 있었다는 사실은 主格助詞 '-가'(-ga)도 실지로는 쓰이고 있었다는 것을 시사한다.

그러나, 高麗보다 上代인 三國時代의 作品인 鄕歌 속에는 主格助詞 '-가'가 보이지 않는 것이 좀 이상한 생각이 들지 모르나, 그 이유는 '-가'가 본시부터 主格助詞가 아니고 呼格助詞였고, 또 韓國語나 길약語나 알타이語까지도 본시 主格助詞를 따로 가지고 있지 않았기 때문에 韓國語의 主格助詞 '-가'는 呼格助詞*-가 (>-하) 또는 疑問形 '-가'에서 늦게 발달한 것으로 생각되며, 또한, 遺傳된 作品들이 모두 토박이가 아닌 支配層의 말, 즉 알타이系 · 드라비다系의 여러 말로 이루어진, 이른바 文化語를 주축으로 한 말이었기 때문에, 庶民語인 主格助詞 '-가/-고'는 公用語로 쓰이지 못하다가, 文獻上으로는 高麗時代의 庶民의 노래인 俗謠(處容歌) 속에 主格助詞 '-고'가 처음으로 文獻上에 등장하게 된 것이며, 李朝後半에 접어들어 庶民의 地位가 향상되면서 '-가'가 主格助詞로 文章에 나타나게 된 것이 아닌가 한다.

한편, 日本語에 있어서는 우리보다 먼저인 8世紀(奈良時代)의 文獻에서 主格助詞 '-が'의 用例를 발견할 수 있는데 , 日本人 학자들은 主格助詞 '-が'가 屬格助詞(連體助詞) '-が'에서 발달한 것이라고 말하고 있고, 韓國語의 '-가'도 그런 過程을 밟았을 가능성이 전혀 없는 것은 아니나, 筆者는 그렇게 보지 않는다. 이미 말한 바와 같이 日本語의 主格助詞도 韓國語와 마찬가지로 길약語와 同系일 것으로 推定되는데, 그 길약語에는 呼格·主格助詞로 쓰이는 -ŋa와 强勢屬格助詞-k'a가 따로 있기 때문이다(例. ïjink-k'a pičat '大將의 도장'＜高 p.152＞ *cf.* 길약語의 屬格은 일반적으로 格助詞를 요하지 않고 다만 體言과 體言을 나열함으로써 표현함도 韓國語와 마찬가지임). 다시 말하면, 日本語에서는 그 機能과 起源을 달리하는 두 形態素 즉 길약語의 k'a(屬格助詞)·-ŋa(呼格助詞)와 同根의 두 形態素가 우연히 同音이 되어 버려 그것을 피하려는 심리 때문에, 처음에는 强勢屬格助詞로 쓰이다가, 文章構造가 점점 복잡다단해짐에 따라서 主格助詞의 필요성이 절실하여져 呼格助詞를 主格助詞로 代用하게 이른 것으로 믿어진다.

現代韓國語의 重出主語(一云 '大主語+小主語')의 예문에서 先行主語의 主格助詞 '-가'는 日本語의 屬格助詞(連體助詞) '-が'와 꼭 같은 기능을 가지고 있다.

例 삼돌이가 키가 크다(=삼돌이의 키가 크다)

윗글에서 '삼돌이가'는 '삼돌이의'와 같이 屬格助詞(連體助詞)로 보아도 무방하기 때문에, 이런 '-가'의 用法이 길약語의 强勢屬格助詞 -k'a와 同根語의 化石일 수도 없지 않다고 생각된다(물론 被修飾語와 修飾語의 格의 일치로 다루는 것이 나을 것임).

어떻든 韓國語의 主格助詞 -ga(-가)와 日本語의 主格助詞 -ga(-が)는 音韻上·

機能上으로 완전한 일치를 보여 주며, 그 共通基語는 *-ŋa(强勢 · 呼格助詞)라고 할 수 있다. 또한 日本語의 屬格助詞 *-ga(-が)와 對應되는 韓國語의 屬格助詞 *-ga(-가)(所謂 '大主語'의 主格助詞 '-가')의 化石도 발견된다.

다음에 韓日兩語의 主格 -ga(-가 : -が)의 例文을 들어 둔다.

例 ᄎᆞᆫ 구ᄃᆞ리 자니 비가 세니러셔 ᄌᆞ로 ᄃᆞᆫ니니<鄭徹慈堂 安氏 諺簡>
ᄎᆞᆫ ᄇᆞᄅᆞᆷ을 ᄡᅬ여 두드러기가 블의예 도다 브어 오ᄅᆞ니<仁宣王后 諺簡>
ᄉᆞ나히가 ᄒᆞᆫ 거술<癸丑 p.42>

それ故に禦寇が世を諷してこそかくはいひつらめ(=그러므로 禦寇가 世上을 풍자하여써 그렇게 말한 것이 틀림없다)<駿臺雜話卷一>
市にいでて賣るに, 一人が持ち出でめる(=市場에 나가 파는데, 한 사람이 가지고 나왔다)<方丈記, 養和の飢渴>
我が思ふ妹に逢はぬ頃かも(=내가 사랑하는 아내 <또는 님>를 만나지 않은 때이구나)<萬葉集 3650>

〔參考〕 屬格助詞 '-가' (?) : '-が' : -
例 그가 키가 크다(=그의 키가 크다)
아기가 손이 차다(=아기의 손이 차다)
わが宿のいささ群竹吹く風の音のかそけきこの夕べかも(=내 宿所의 아주 적은 群竹에 부는 바람-소리의 그윽한 이 저녁이구나)<萬葉集 4291>
君が世は千世に八千世に(=임금의 治世는 千世로 八千世로)<日本國歌>

(12) -ro/ *-ru(-로/-留. 斜格助詞→具格助詞)〈Kor〉 ∞ -yo/-yu(-よ/-ゆ. 具 格助詞)〈Jap〉……*-roh(具格助詞←斜格助詞)

韓國語의 具格助詞(instrumental)로서는 -ro(-로)가 쓰이고 있다. 그러나, 鄕歌에서는 *-ro~ru(「留」)의 형태가 쓰이고 있다.

例 心未筆留(*ᄆᆞᅀᆞ미 부드로)<禮敬諸佛歌>
手良每如法叱供乙留(*소내마다 법ㅅ공으로)<廣修供養歌>
나랏 글로 고텨 쓸씨라 〈月釋 序6〉
正音으로 飜譯ᄒᆞ야 〈月釋 序126〉

한편, 日本語에서는 具格助詞로서 '-にて · -で · -より · -から' 등이 쓰이고 있

는데, 이 가운데, '-より'는 '-ゆり・-よ・-ゆ'의 형태로서도 쓰이고 있으며, 여기의 '-よ・-ゆ'는 韓國語의 -ro/-ru(-로/-루)와 比較될 수 있을 것이다. 다음에 '-よ・-ゆ'의 用例를 들어 보인다.

例 井の水を賜へな妹が直手よ(=우물의 물을 주어요, 사랑하는 이의 그 손으로)<萬葉集 3439>
心ゆも思はぬ間に(=마음으로도 생각하지 않는 사이에)<萬葉集 794>

위에 보인 바와 같이 文法的 機能面에서는 -ro/-ru(-로/-루)와 -yo/-yu(-よ・-ゆ)는 함께 手段・方法・資料를 意味하는 助詞임이 確實하고, 다음과 같이 -r<Kor>과 -y<Jap>는 對應되는 것으로 믿어진다[*cf.* 9. 1. (9)].

	-r<Kor> ————————	-y<Jap>
例	kər-(沃)	koye-(id)
	p'ʌrʌ-(速)	haya-(id)
	ora-(久)	oyi-(老)
	ər(斑)	aya(id)
	pur-(增)	huye-(id)

그리고, 길약語의 -rox/-rux(斜格助詞)를 考慮할 때 이들의 共通基語는 *-ruh(斜格助詞→具格助詞)로 再構된다. 요컨대, -ro/-ru(-로/-루)<Kor>와-yo/-yu(-よ/-ゆ)<Jap>는 그 文法的 機能과 音韻의 兩面에서 완전한 對應을 보여준다.

(13) -pʌt(-봇. 局限・强調助詞)〈李朝〉∞ -ha(〈*-pa. -は. 提示・强調・局限助詞)・-wo〈*-pa. -を. 對格・感嘆助詞)〈Jap〉・-ba(-ば. 對格助詞)〈九州・東北方言〉……*-park(局限・强調助詞)

李朝語에서 '-봇'이 '局限 또는 强調'의 助詞로서 널리 쓰이고 있다.

例 王봇 너를 ᄉᆞ랑티 아니ᄒᆞ시린댄 커니와 <釋詳 十一30>
숨봇 아니면 어느 길헤 다시 보ᅀᆞᄫᆞ리 <月釋 八82)
ᄒᆞ마 내 눈봇 업스면 내 보미 이미 몯ᄒᆞ리니 <楞嚴 一99>

한편, 日本語에서는 提示助詞로 '-は'(*-pa>-ha) ; 對格助詞로 '-ば'(-ba)<東北方言>・'-を'(*-pa>-bo>-wo)가 다음과 같이 쓰이고 있다.

例 わが朝の始めは天神の種を受けて(=우리 朝廷의 始作은 天神의 씨를 받아서)
<神皇正統記 卷一> ………………………………………………………… 提示助詞
一國の主は一國の人の命これに係る(=一國의 임금은 一國의 人命이 여기에 달려 있다)<梅園叢書 卷中> ……………………………………………… 提示助詞
早苗とる頃, 水鷄のたゝくなど, 心ぼそからぬかは(=……한심하지 않을 리 있을까 마는)<徒然草 19段> ……………………………………………… 局限助詞
さりとも遂に男合せざらむやは(=그럴지라도 마침내 結婚을 하지 않을 수 있을까요)<竹取物語二 つまどひ> ……………………………………… 感嘆詞

위에서 '-は'가 提示助詞로 쓰이는가 하면 限定・嘆辭로 쓰이고 있음을 본다. 그런데 提示助詞는 '强調・局限・排他'의 意味를 가지고 있어서 여기의 '-は'(*局限・强調)<Jap>와 '-븟'(-pʌt. 局限・强調)<李朝>은 그 機能에 있어서 일치하는 것이 분명하고, 또 a<Jap>와 ʌ(ㆍ)<李朝>는 9. 1. (24)에 의하여 확실히 對應을 보여 주고 있을 뿐만 아니라, 韓國語의 末子音을 日本語에서는 開音節로 끝맺는 습관 때문에 그 末子音을 줄이거나, 거기에 母音을 첨가하거나 함이 통례이다[*cf.* 9. 1. (32) : -C<Kor>∞-Ø : -C+V<Jap>]. 따라서 '-は'와 '-븟'은 완전한 對應을 보여 주는 形態素라고 할 수 있다.

또, 日本語에서는 '-を'・'-ば'<九州・東北・琉球方言>가 對格助詞로 쓰이면서도 때로 '感嘆・强調助詞'로 쓰이고 있다.

例 酒ば飮まねえで肴ばかり食う(=술을 마시지 않고 안주만 먹는다)<東北方言: 山中襄太郎, 國語語源辭典 p.636> ……………………………………… 對格助詞
歌ば歌う(=노래를 부른다)<東北・九州・奄美大島・琉球列島 : 上同.637>
………………………………………………………………………… 對格助詞
秋は錦の林を尋ね……富士筑波の嶺々を心にしむるぞ (=가을은 비단-숲을 찾고, ……富士筑波의 재들을 마음에 차지하도다)<雨月物語 卷三> ……… 對格助詞
跡をだに定かに尋ねまほしく(=자취를만이라도 確實히 찾고 싶고)
<玉勝間卷六> ……………………………………………………………… 對格助詞
疑はしきをばよく考へたづねて(=疑心스러운 것을란 잘 생각하여 찾아서)
<玉勝間 六卷> ……………………………………………………………… 强調助詞

都をば霞と共に立ちしかど秋風ぞ吹く白川の關(=서울을란 놀과 함께 떠났지 마는, 가을바람이 부는 白川의 關門)＜能因法師) ………………………… 感嘆(强調)助詞

八重垣つくるその八重垣を(=八重의 울타리를 만드는 그 八重의 울타리여!) ＜古事記 素戔鳴尊＞ ………………………………………… 感嘆助詞

昔もいまも知らずとをいはむ(=옛날도 지금도 모른다고나 말하리라) ＜古今集卷十三) ………………………………………………… 感嘆助詞

위에 예시한 바와 같이 '-を'는 對格助詞로뿐만 아니라 古代에는 感嘆助詞로도 흔히 쓰이었는데, 이들은 함께 '局限 · 强調'의 機能에서 派生되어 '感嘆 · 對格'의 機能을 가지게 되면서 形態도 方言形으로 미루어서 pa＞bo＞wo[*cf.* 9. 1. (24)]의 音韻變化를 거친 것으로 推定된다.

본시 韓國語나 日本語는 對格助詞를 가지고 있지 아니하였다. 古代韓國語의 '-肹(*-kɯr)＞-흘＞-을'도 길약語의 -kïr(起源的으로 具格助詞)의 발달로 미루어서 본시는 對格助詞가 아니었을 것이고, 鄕歌의 '-肹'의 格機能을 보아서도 그것이 對格으로만 쓰인것이 아니고 斜格에 두루 쓰이고 있다. 그 뿐만 아니라, 對格助詞가 쓰이지 않는 文章은 얼마든지 있고, 또 對格助詞를 개입시키지 않은 目的語와 그와 呼應하는 他動詞를 직결하여서 自動詞로 쓰는 경우도 얼마든지 있다(例. 밥먹다, 눈감다, 꿈꾸다, 입다물다).

다시 말하면, '强調 · 局限'의 구실에서 提示助詞 · 對格助詞 · 感嘆助詞로 '-は'(*pa)의 기능이 확대 된 것으로 推定된다.

요컨대, 韓國語의 '-붓'(*-pʌt. 局限 · 强調助詞)와 日本語의 '-は'(-*pa＞ba＞wa. 提示 · 感嘆助詞) 및 '-ば/-を'(-*pa＞-ba＞-*bo＞-wo. 對格 · 感嘆助詞)는 音韻 · 機能의 兩面에서 對應되는 것으로 推定된다.

그리고, 이들은 길약語의 *-park(局限 · 强調助詞) · -be(對格助詞)＜Ma＞ · -ba(對格助詞)＜Orok＞ · -va(對格助詞)＜Evenki＞와 比較될 것으로 믿어지므로 이들의 共通基語는 *-park(局限 · 强調助詞)로 再構될 수 있을 것이다. 즉 *park＞pat＞pʌt(붓) : *park＞par＞pa＞ba(ば)＞bo＞wo(を)의 발달일 것이다.

(14) -iyə(-이여. 列擧 · 亦同助詞) 〈 Kor 〉 ∞-yara(-やら. 列擧助詞) 〈 Jap 〉 … *ira(列擧助詞)

이미 7. 3. (15)에서 언급한 바와 같이 韓國語에서는 *-ira에서 발달한 形態로 믿어지는 '-이야'(-iya)가 列擧·亦同의 助詞로 쓰이고 있다.

例 山이여 미히여 千里外예 處容아비ᄅᆞᆯ 어여러 가져<處容歌>
德이여 福이라 호ᄂᆞᆯ 나ᅀᆞ라 오소이다<動動>

한편, 日本語에서는 -yara(列擧助詞)가 다음과 같이 쓰인다.

例 どうやらかうやら間を合はせました<伎·好色傳授中>
泣くやら叫ぶやら大騷ぎだつた。

위에서 보인 바와 같이 *-ira에서 발달한 -iyə<Kor>와 -yara<Jap>는 꼭 같이 列擧의 機能을 가지고 있고 9. 1. (27)의 例로 보아서 이들은 音韻上으로도 對應되는 것으로 믿어지며, 이들은 -erra(列擧·亦同助詞)<Gily>와 함께 共通基語 *-era(列擧助詞)에서 발달한 것으로 推定된다.

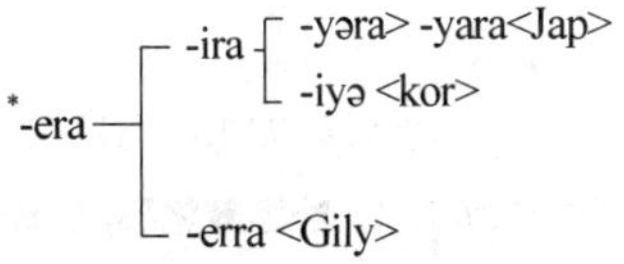

*-era ┬ -ira ┬ -yəra> -yara<Jap>
│ └ -iyə <kor>
└ -erra <Gily>

(15) -ta(-다. 斷定敍述形)〈Kor〉 ∞ -da(-だ. 斷定敍述形)〈Jap〉…*-ta(斷定敍述形)

韓國語에서는 斷定敍述形語尾로서 '-다'(-ta)가 널리 쓰인다.

例 舍利弗을 須達이 조차 가라 ᄒᆞ시다<釋詳 六22>
仙音이 十方界예 ᄀᆞ독ᄒᆞ더시다<楞嚴 一30>
菩薩이시다 ᄒᆞᄂᆞ니라<月釋 一5>

한편, 日本語에서는 '-だ'(-da)가 斷定敍述形語尾로서 쓰이고 있다.

例 伊勢だ, 熊野だ, 白山だと, 社を造り立つる處で(=伊勢다, 熊野다, 白山이다 하여 神社를 만들어 세운 곳으로서)＜扶桑再吟 4＞
異國までもその名かくれない人たちだ(=異國까지도 그 이름이 널리 알려진 사람들이다)＜巨海代抄下＞
氣をしづめて, ろくに居るもんだ(=氣를 가라앉혀 平安히 앉는 것이다)＜雜兵物語下＞

그런데, 學者들이 '-だ'를 '-である'에서 '-de-aru＞-de-a＞-da'의 變遷을 거친 것으로 推定하고 있으나, 그것은 잘못된 생각이다. 본시부터 歷史의 脚光을 받기 이전의 關東地方에서 많이 쓰이었으나, 이 '-だ'는 庶民層의 말로서 길약語의 -ta(斷定形)・韓國語의 '-다'(斷定形) 등과 起源을 같이하는 形態素일 것이며, 이들의 共通基漁語는 *-ta(斷定敍述形)에 遡及될 것으로 推定된다.

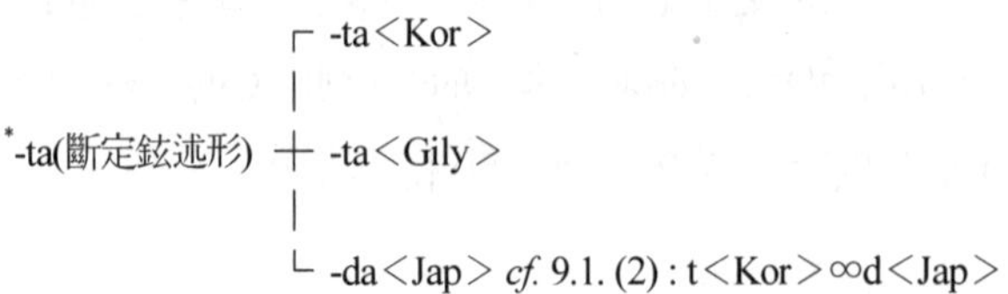

(16) -kuna/-kona/-kïnyə/-kuryo/-kïryə/-koya (-구나/-고나/-그녀/-구료/-그려/-고야.感嘆敍述形)〈 Kor 〉 ∞ -kana/-kasi(-かな/-かし.感嘆敍述形)〈 Jap 〉… *-kora(感嘆敍述形)

韓國語에 있어서는 感嘆敍述形으로 '-구나'가 가장 많이 쓰이는데, 李朝時代 以後 그것과 同起源의 '-구나/-고나/-그녀/-구료/-그려/-고야'의 여러 形態가 쓰이었다.

例 너도 가는구나
세월이 빨리도 흘러 가는구료
참 아름답습니다그려
ᄒᆞᆫ잔 먹새근여 ＜將進酒辭＞
됴ᄒᆞᆫ 거슬 모ᄅᆞᄂᆞᆫ둣 ᄒᆞ고나 ＜朴初 上73＞
다만 네히 셔 잇고야 ＜松江 一6＞

한편, 日本語에서는 '-かな'가 感嘆敍述形으로 쓰이고 '-かし'는 學者의 견해가 다르기는 하나 그 機能을 '感嘆' 또는 '强勢'로 보고 있다.

例 待つ人にあらぬものから初雁の今朝鳴く聲のめづらしきかな(=기다리는 사람은 아닌데 첫기러기의 오늘 아침 우는 소리처럼 만나고 싶구나)<古今206>
能淳水哉 俗云よくたまれるみづかな(=能淳水哉 俗云 잘 고인 물이구나)<常陸風土記>
むすぶ手の雫ににごる山の井のあかでも人にわかれぬるかな(=물을 뜬 손의 떨어지는 물방울로 흐려지는 山井의 빈손과 같이 아쉽게 사람과 헤어졌구나)<古今集 紀貫之>
こはなま物知りの上にあることにていとにくげなりかし(=이런 것은 어설피 學問한 사람에게 있는 일로서 實로 밉살스럽구나)<藤井高尙・松の落葉>
らうたげなる姬君の物思へる見るに片心つくかし(=가냘픈 아기씨의 근심하는 것을 보니 약간 關心이 가는구나)<源氏物語・螢>

위에서 예시한 바와 같이, 韓國語의 '-구나/-고나/-그녀/-고녀/-그려/-고야'와 日本語의 '-かな/-かし'는 그 文法機能에 있어서는 일치하나, 音韻上으로도 이들이 對應되는지 살펴보기로 한다. 그런데 9.1. (22)・(23)에 의해 o/u<Kor>는 a<Jap>와 對應시킬 수 있다. 그리고 韓國語의 -na/-ryə(>-ryo)/-ya와 日本語의 -na/-si가 音韻對應規則에 의해 對應되는지 살펴보기로 한다.

그런데, 9. 1. (10)・(9)에 의해서 -n<Kor>은 -n<Jap>와, -r<Kor>은 -n/-s/-y<Jap>와 對應되는 것으로 생각된다. 그러므로 이들은 敍述形-ra의 變形으로 볼 수 있다.

따라서 이들의 共通基語를-*gora(感歎敍述形)로 再構될 수 있을 것이다.

그러나, "-구나/-고나/-구료/-고야"의 '-구/-고'은 본시 疑問形이었던 것으로 보이며, 여기에 '-나/-료/-야'와 같은 敍述形-ra의 變形이 添加되어 複合形態로서 感嘆形으로 쓰이고 있는 것으로 생각되며, 日本語의 "-かな/-かし"의 '-か'도 疑問形에 起源하며, 여기에 '-な/-し'와 같은 敍述形-ra의 變形이 첨가되어서 다시 感嘆形으로 쓰이고 있는 것으로 믿어진다.

따라서 日本語는 起源的인 疑問形 -*ŋa/*-ŋu 가운데서 *-ŋa만 유지되어서 文獻

上으로는 -ka (<*-ŋa.-か)만 쓰이게 된 것이고, 韓國語는 疑問形 -ka(<*-ŋa.-가)/-ko(<-*ŋu. -고) 가운데서 感嘆形을 만들 때 疑問形 -ko를 선호한 것일 뿐, 感嘆形을 만드는 造語法 자체는 동일하다고 할 수 있다[*cf.* 9.1. (23)].

즉 이들의 각기 遡及形은 -ŋa/ŋu(疑問形)-ra(敍述形)의 複合體로 볼 수 있고, 다시 이들의 共通基語는 *-ŋo-ra(感歎敍述形)로 再構될 수도 있을 것이다. 즉 다음과 같이 發達한 것으로 추정된다.

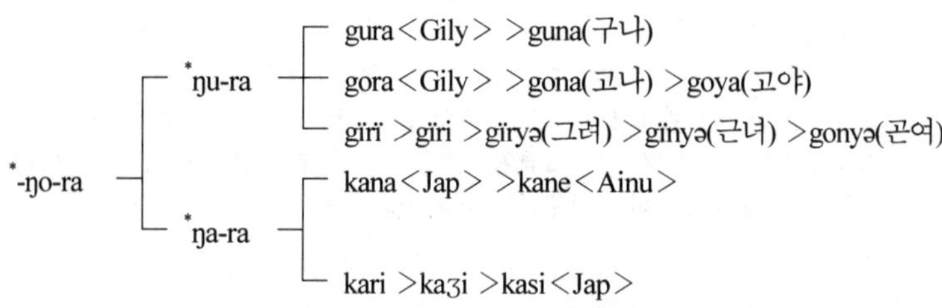

(17) -n(-ㄴ. 完了 · 確認冠形形) 〈 Kor 〉 ∞ *-n(ぬ. 完了 · 確認助動詞語幹) 〈 Jap 〉…*-n(完了 · 確認←不定法語尾)

韓國語에서 動詞語幹에 '-ㄴ'(-n)이 첨가되면 '完了'의 구실을 하고, 이것이 形容詞語幹에 잇대이면 확인(또는 確定)의 구실을 한다.

例 외다 ᄒᆞ샤몰 듣ᄌᆞ온 젼ᄎᆞ로<楞嚴 一86> …………………… '完了'
세ᄉᆞᆯ은 머근 아ᄒᆡ롤 븟들고<太平 一15> …………………… '完了'
누본 남기 니러셔니이다<龍歌 84장> …………………… '完了'
비린 것 누린 것돌 먹디 마오<朴初 上55> …………………… '確認'
꾀 한 도ᄌᆞ골<龍歌 19장> …………………… '確認'

그런데, 文法學者들의 거의 모두가 이 冠形形 '-ㄴ'을 動詞語幹에 잇대이면 '過去'로 치고, 形容詞語幹에 잇대이면 '現在'로 다루고 있어서 매우 불만스럽다. 그리고 이 '-ㄴ'은 본시 不定法語尾-*nt>-n에서의 發達이다(*cf.* 7. 3. (36)).

한편, 日本語에서는 完了助動詞 'ぬ'는 'な(未然形) · に(連用形) · ぬ(終止形) · ぬる(連體形) · ぬれ(已然形) · ね(命令形)'과 같이 활용하는데, 여기서 語

幹의 n-을 抽出할 수 있고 이것의 文法的 機能이 바로 '完了·確認'임을 알 수 있는데 다음에 '完了'를 나타내는 例를 들어 보인다.

> **例** 勘へ問ひ賜ふに事ごとに實と申して皆罪に伏しぬ(=眞僞를 가려 묻자온데 事實이 라고 여쭈어서 모두 罪를 認定하였다)<續紀宣命 19>
> 浮きぬ沈みぬ搖られければ(=떴다 갈앉았다 흔들렸으므로)<平家二·那須與一>
> 松かげにひぐらし鳴きぬ(=소나무 그늘에서 매미가 울었다)<萬葉集 3655>

그런데 이 'ぬ'는 때로 '確認'의 구실을 갖는다고 한다[*cf.* 「岩波古語辭典」 p.1433) 즉 "湖滿ち來なむ"·"散りぬべし"에서 推測助動詞와 더불어 쓰이어서 '完了'뿐만 아니라 確認·確信·굳은 意志를 나타내기도 한다는 것이다.

그러므로 韓國語의 冠形形 '-ㄴ'(-n)과 日本語의 助動詞語幹 -n은 音韻上으로 對應할 뿐만 아니라, 文法的인 意味에 있어서도 '完了·確認'이란 一致를 보여주고 있다. 다만 日本語가 開音節로 끝나야 하기 때문에 母音이 더 첨가된 점이 다를 뿐이다.

그리고 '-ㄴ'은 冠形形에만 쓰이는 것이 아니고 "ᄒᆞ니이다"에서 '-니'의 형태로 마치 -ni(に, 連用形)<Jap>와 꼭같은 형태와 구실을 하기도 한다. 따라서 '-ㄴ'과 'ぬ'는 '完了·確認'의 구실을 하며 그들의 共通基語는 -*n(*不正法語尾→完了·確認)로 再構될 수 있을 것이다.

(18) -ka/-kə(-가/-거 · 完了相)〈Kor〉 ∞ -ki/-ke(-き/-け〈*-か. 完了助動詞)〈Jap〉…*-ga(〈*-ŋa. 完了相?)

韓國語에서 '-가/-거'의 형태가 '完了相'으로 다음과 같이 쓰이고 있다.

> **例** 安樂國이ᄂᆞᆫ 아비롤 보라가니 어미 몯 보아 시름 깊거다<月釋 八87>
> 쁘디 져기 順ᄒᆞ니 구짓디 마로미 幸커다(=幸ᄒᆞ거다)<法華 15>
> 이 고기 닉거다(這肉熟了)<老乞 上20>
> 오ᄂᆞᆯ도 다 새거다 호믜 메고 가쟈ᄉᆞ라<松江 二3>

한편, 日本語에서는 '-き'의 形態로서 '過去 또는 回想'의 機能을 가진 것으로

論議되 어 왔으나, 여기서는 '完了助動詞'로 다루고자 하며 다음에 例를 들어 보인다.

例 人言を繁みこちたみ逢はざりき(=남의 말을 많이 하여 시끄러워서 만나지 아니하였다)＜萬葉集 538＞

昔こそよそにも見しか吾妹子が奧つ城と思へばはしき佐保山 (=옛적은 다른데서도 보았다. 내 사랑하는 女人의 墓所라고 생각하니 사랑스러운 佐保山)＜萬葉集 474＞

天皇の遠き御世にも押し照る難波の國に天の下知らしめしきと今の世に絶えず言ひつつ(=天皇의 먼 治世에도 難波國에서 天下를 다스렸다고 今世에 끊임없이 傳하고 있다)＜萬葉集 4360＞

鬼のやうなものいで來て殺さむとしき(=귀신 같은 것이 나와서 죽이려고 하였다)＜竹取物語＞

위에서 보인 바와 같이 '-가/-거'＜Kor＞와 '-き'＜Jap＞는 文法的 機能이 같고 音韻上에 있어서도 ə＜Kor＞와 i＜Jap＞는 다음과 같이 對應되는 것으로 推定된다.

	ə＜Kor＞ ——————	i＜Jap＞
例	ədɪ(何處)	idu(＞izu, id)
	ər(斑)	iro(色)
	pər-(開)	hira-k-(id)

위에는 몇 개의 例밖에 보이지 않았으나, 9. 1. (25)에 많은 例를 들어 놓았으므로 여기서는 약술하여 두었다. 어떻든 ə＜Kor＞와 i＜Jap＞는 對應된다고 할 수 있고 ə＜Kor＞와 a＜Kor＞는 母音調和에 의한 交替形이므로 '-가/-거'와 'き'는 音韻上으로 보아서도 對應된다고 할 수 있다.

그뿐만 아니라, 助動詞 'き'(完了相→過去時)는 終止形에 쓰이고, 已然形에는 'しき', 連體形에는 'し', 未然形에는 'せ'가 각각 쓰이고 있는데, 여기의 'せ・し・しか'는 'き'의 補充法的인 形態로서 'す(爲)'에 起源하는 것으로 보이며, 특히 'しか'는 'し'와 'か'의 複合形態로 믿어지는데(*cf.* 山田孝雄說) 'しか'의 'か'가 'き'의 原始形의 化石이 아닐까 생각한다. 과연 그렇다면 'き'는 ka＞ki의 발

달과정을 밟은 것이 되고, 그 'か(ka)'가 '가(ka)/거(kə)'와 對應될 것은 例證을 필요로 하지 않는 분명한 사실이다.

요컨대 '-가/-거(完了相)'＜Kor＞와 '-き(＜-*か, 完了相)'＜Jap＞은 文法機能과 音韻의 兩面에서 확실히 對應되는 同根語일 것 이며, 몽고어의 -ğa/-ge(完了相)을 감안하여 그들의 共通基語는 *-ga(完了相)로 推定된다.

이런 *-ka 는 -ke(-け, 完了→過去)와 比較될 수도 있다. 다시 말하면 "-けむ(-けん)/-けり"의 '-け'도 *-ka(完了)에서의 發達形으로 보고자 하며 다음에 그런 예를 들어 보인다.

例 丹後の切戶にて渡守となり給ひけむ(=丹後의 切戶에서 나루의 파수가 되어 있으셨을 것이다)＜東海道名所記 卷三＞
先世の芳緣も淺からずや思はれけん(=前生의 因緣도 얕지 아니하였는고 하고 생각되었을 것이다)＜平家物語卷三＞
むかし壁の中より求めいでたりけん書の名をば今の世の人の子は夢ばかりも身の上の事とは知らざりけりな(=옛날 壁속에서 찾아내었다던가 하는 冊名은 今世의 人了는 꿈에도 身上에 관한 일이라고는 알지 못하였을 것이구나)＜十六夜日記＞
刀伊國のもの俄にこの國をうちとらむとや思ひけむ越えきたりけるに大貳殿弓矢の本末をもしり給はねばいかゞとおぼしけれど(=刀伊國 것들이 갑자기 이 나라를 征服하려고 하였는가, 넘어왔던 것인데 大貳님은 弓矢의 本末도 몰랐으므로 어떨까 싶었으나)＜大鏡, 內大臣道隆條＞
その人歡異して「これ凡童にあらず、後世畏るべし」といひけりとぞ(=그 사람이 매우 감탄하여서 「이는 凡童이 아니고 後世에 두려울 것이다」라고 말하였다고요)＜先哲像傳＞

위에서 보인 바와 같이 '-け-'＜Jap＞는 文法的 機能에서는 '-き'(＜*-か. 完了→過去) ＜Jap＞와 같을 뿐만 아니라 '-가/-거'(完了)＜Kor＞와도 一致하며, 音韻面에서도 9. 1. (25) (*cf.* (19)項의 ə＜Kor＞-e＜Jap＞例)의 例로 미루어 보아서 對應된다고 할 수 있다.

그러므로 '-가/-거'(完了形)＜Kor＞와 '-き/-け(＜-*か. 完了相)＜Jap＞는 文法機能과 音韻의 兩面에서 확실히 對應되며, 이들의 共通基語는 *-ga(完了相)일 것으로 推定되지마는, 길약어의 -ŋa-n(完了-名詞形)을 아울러 생각하면 그 -*ga는

다시 -*ŋa(完了形)에 遡及할 개연성도 있어 보인다.

(19) -a/-ə(-아/-어. 完了 · 羅列形) 〈Kor〉 ∞ -e(〈*ɜ. -え. 已然 · 羅列形) 〈Jap〉… *-ā(完了 · 羅列形)

韓國語에서는 '-아/-어'가 完了副詞形(連結語尾)로 널리 쓰이고 있다.

例 처섬 佛法에 드러 世俗앳 쁘디 한 젼ᄎᆞ로 <釋詳 六2>
피 무든 홀굴 파 가져 精舍애 도라와 <月釋 一7>
如來ㅣ 藏心에 수머 잇ᄂᆞ니 <楞嚴 一8>
迦毗羅國에 가아 淨飯王ᄭᅴ 安否 ᄉᆞᆲ더니 <釋詳 六1>
道理 비환디 오라아 제 노포라 ᄒᆞ야 <釋詳 六18>
靑蓮이 도다 펫더니 <月曲 9>
긔약ᄒᆞᆫ 날 다ᄃᆞ라도 쳔을 갑디 몯ᄒᆞ면 <朴初 上61>
期約올 니저도 尊者ㅅ말 降服ᄒᆞ야 <月曲 78>

한편, 日本語에서는 語幹末音에 -e(奈良時代에는 *ɜ=ë)를 첨가하여 已然形(完了形)으로 쓰고 있는데, 지금은 여기에 假定의 '-ば'와 逆接의 '-ど/-ども'가 첨가되어 쓰이지만, 옛적에는 '-ば'나 '-ど/-ども'가 첨가됨이 없이 假定이나 逆接의 '旣定條件'을 나타내곤 하였다. 그런데, '旣定'은 '어떤 일이 完了되었음'을 意味한다. 다음에 已然形의 例를 들어 보인다.

例 吾妹をとどめかね山隱しつれ心どもなし(=님을 挽留하지 못하여 山에 숨겨 버렸기 때문에 精神조차 없다) <萬葉集 471>
大船を荒海に漕ぎ出や船たけ吾が見し子らが眼見はしるしも(=큰 배를 거칠은 바다에 저어나가 더욱 배를 저었지만 내가 본 子息들의 눈의 表情이 삼삼하도다) <萬葉集 1266>
春なればうべも咲きたる梅の花(=봄이되면 당연히 핀 梅花꽃) <萬葉集 831>
鳴く蟬の聲をし聞けば都し思ほゆ(=우는 매미의 소리를 들으면 行宮이 생각 난다) <萬葉集 3617>
梅の花手折りかざして遊べどもあきだらぬ日は今日にしありけり (=梅花꽃을 손으로 꺾어 머리에 꽂고서 놀았어도 아쉬운 날은 오늘에도 있었다) <萬葉集 836>
二人行けど行きすぎがたき秋山をいかにか君がひとり越ゆらむ (=두 사람이 가도 지나치기 어려운 가을 山을 어찌 그대가 혼자 넘을 것인가) <萬葉集 106>

위에서 보인 바와 같이 '-아/-어' <Kor>와 -e<Jap>는 文法機能上으로 볼 때 '完了形' 이라는 점에서 一致한다. 그뿐만 아니라, 이들은 '完了'의 구실과는 관계 없이, 다만 '羅列 · 重複'의 구실도 함께 가지고 있다.

例 이 몸이 죽고 죽어 일백번 고쳐 죽어(=이 몸이 죽고 죽고……)
雨も降れば風も吹く (=비도 오고 바람도 분다)

이와 같이 '-아/-어'와 -e<Jap>의 文法的 機能은 의심할 여지없이 일치 한다.

그리고, 이들 形態는 音韻面에서도 對應된다[*cf.* 9. 1. (25) · (35) · (34)]. 다음에 ə<Kor>와 e<Jap>의 對應例를 몇 개만 들어 둔다.

	ə<Kor> ———	e<Jap>
例	əd-(得)	e-r-(id)
	kəm-(黑)	kemu-ri(煙)
	həm-hʌ-(險)	keha-si(id)

또 韓國語에서 ə(어)와 a(아)는 母音調和에 의한 對應雙이다.

그러므로 -a/-ə(-아/-어. 完了 · 羅列形)<Kor>과 -e(<*-ɜ, -え. 已然 · 羅列形)<Jap>는 완전한 對應을 보여 주며, 이들의 共通基語는 -ā(完了副動詞形)<Gily>로 미루어서 *-ā(完了 · 羅列形)로 推定된다.

다음에 각종 已然形의 例를 들어 보인다.

例 なけ(泣, nak-e)<四段活用> …………………… e(已然形語尾 · 文語)
かて(勝, kat-e)<四段活用> …………………… e(已然形語尾 · 文語)
すめ(住, sum-e)<四段活用> …………………… e(已然形語尾 · 文語)
わらへ(笑, warah-e)<四段活用> …………………… e(已然形語尾 · 文語)
ませ(增, mas-e)<四段活用> …………………… e(已然形語尾 · 文語)
つくれ(盡, cuk-ur-e)<上二段活用> …………………… e(已然形語尾 · 文語)
おつれ(落, oc-ur-e)<上二段活用> …………………… e(已然形語尾 · 文語)
いくれ(生, ik-ur-e)<上二段活用> …………………… e(已然形語尾 · 文語)
もちふれ(用, mocih-ur-e(<上二段活用> …………………… e(已然形語尾 · 文語)
うれ(得, ur-e)<下二段活用> …………………… e(已然形語尾 · 文語)

かくれ(掛, kak-ur-e)＜下二段活用＞ …………………………… e(已然形語尾・文語)
たつれ(立, tac-ur-e)＜下二段活用＞ …………………………… e(已然形語尾・文語)
つらぬれ(連, curan-ur-e)＜下二段活用＞ ………………………… e(已然形語尾・文語)
こゆれ(越, koy-ur-e)＜下二段活用＞ …………………………… e(已然形語尾・文語)
きれ(着, ki-r-e)＜上一段活用＞ ………………………………… e(已然形語尾・文語)
にれ(煮, ni-r-e)＜上一段活用＞ ………………………………… e(已然形語尾・文語)
ひれ(干, hi-r-e)＜上一段活用＞ ………………………………… e(已然形語尾・文語)
みれ(見, mi-r-e)＜上一段活用＞ ………………………………… e(已然形語尾・文語)
いれ(射, i-r-e)＜上一段活用＞ …………………………………… e(已然形語尾・文語)
ゐれ(居, wi-r-e)＜上一段活用＞ ………………………………… e(已然形語尾・文語)
けれ(蹴, ke-r-e)＜下一段活用＞ ………………………………… e(已然形語尾・文語)
あれ(有, ar-e)＜ら行變格活用＞ ………………………………… e(已然形語尾・文語)
くれ(來, k-ur-e)＜か行變格活用＞ ……………………………… e(已然形語尾・文語)
すれ(爲, s-ur-e)＜さ行變格活用＞ ……………………………… e(已然形語尾・文語)
しぬれ(死, sin-ur-e)＜な行變格活用＞ ………………………… e(已然形語尾・文語)
えれ(得, er-e)＜下一段活用＞ …………………………………… e(已然形語尾・口語)
かけれ(掛, kak-er-e)＜下一段活用＞ …………………………… e(已然形語尾・口語)
たてれ(立, tat-er-e)＜下一段活用＞ …………………………… e(已然形語尾・口語)
つらねれ(連, curan-er-e)＜下一段活用＞ ……………………… e(已然形語尾・口語)
こえれ(越, ko-er-e)＜下一段活用＞ …………………………… e(已然形語尾・口語)
ながれれ(流, nagar-er-e)＜下一段活用＞ ……………………… e(已然形語尾・口語)
かためれ(固, katam-er-e)＜下一段活用＞ ……………………… e(已然形語尾・口語)
つきれ(盡, cuk-ir-e)＜上一段活用＞ …………………………… e(已然形語尾・口語)
いきれ(生, ik-ir-e)＜上一段活用＞ …………………………… e(已然形語尾・口語)
おちれ(落, oc-ir-e)＜上一段活用＞ …………………………… e(已然形語尾・口語)
もちひれ(用, mocih-ir-e)＜上一段活用＞ ……………………… e(已然形語尾・口語)

윗 例에서 已然形語尾 -e 앞에 개입한 -ur-(文語 上二段・下二段活用)・-ir-(口語 上一段活用)・-er-(口語 下一段活用)・-r-(文語 上一段 ・下一段活用)은 四段活用이나 (26)項의 終止形의 例로 보아서 'u/i/e'는 媒介母音이고 -r은 起源的인 名詞形인 것으로 推定된다.

참고로 말하면 韓國語文法에서 '-아/-어'를 副詞形과 羅列形의 두 가지로 다루는데 여기의 副詞形에 해당하는 것을 日本語에서는 連用形이라고 부르며 그 連用形은 -e나 -i의 형태를 취한다. 이 e와 i는 같은 前舌閉母音으로서 開口度 一度의 차밖에 없어서 e＞i의 변화는 흔히 있는 일이기 때문에 ə(→a)＜Kor＞와 e(＞

i)<Jap>는 위에서 對應됨을 보였기 때문에 '-아/-어(副詞形)'<Kor>과 '-e/-i(連用形)'<Jap>도 분명한 對應을 보여 준다.

(20) -i(-이. 副詞形)〈 Kor 〉 ∞ -i(-い. 連用形)〈 Jap 〉……*-i(副詞形)

韓國語에서는 '-이'가 副詞形語尾로 쓰이고 있다. 다음에 그런 例文을 들어 보인다.

例 이 經을 너비 펴며<月釋 九61>
하ᄂᆞ리 몰기 개며 <楞嚴 一107>
노피 하놀해 다핫고<朴初 上68>
四月 아니 니지 오실써<動動> *cf.* '니지'는 '니저'의 誤?

한편, 日本語에서는 韓國語의 경우와 마찬가지로, 대개 副詞는 다른 品詞에서 轉成되어 쓰이는데, 助詞 '-に'나 '-と'가 첨가되거나 助詞가 전혀 첨가됨이 없이 그대로 쓰인다. 그 가운데서도 -ni(-に)가 添加되는 경우가 가장 많다.

여기서 -ni의 末音 i를 볼 수도 있지만, 韓國語의 用言의 副詞形에 해당하는 日本語의 連用形으로서 e도 쓰이지만 주로 i가 쓰이고 있다. 즉 四段活用・上二段活用・上一段活用・か行變格・さ行變格・な行變格・ら行變格은 i를 취하고, 下二段活用・下一段活用만이 e를 취하는데, 이 e도 i와는 1度의 차밖에 없는 相通할 수 있는 音일 뿐만 아니라 强勢가 없는 語末에서는 더욱 그러하다.

例 さ行下二段活用……せ・せ・す・する・すれ・せよ
さ行變格活用………せ・し・す・する・すれ・せよ

위 例에서 'せ(se)>し(si)'의 변화를 발견하게 되는데 여기서 우리는 連用形으로서 e보다 i를 선호함을 알 수 있다. 요컨대 日本語에 있어서도 韓國語의 경우와 마찬가지로 副詞形語尾는 i를 가장 좋아한다는 것을 의미한다. 다음에 連用形 -i의 例를 보인다.

例 四段: 花散りかかる(=꽃이 떨어져 간다)
鹿を射とむ(=사슴을 쏘아 맞추다)
遊びたし(=놀고 싶다)
泣きけり(=울었다, 울었더라)
上二段: 過ぎぬ(=지났다)
起きたり(=일어났다)
上一段: 着(き)けむ(=입었겠다)
見(み)きはむ(=보아 내다)
か變: 來(き)始むる(=오기 시작한다)
さ變: 爲(し)をはる(=하여 버리다)
な變: 死にたり(=죽었다)
ら變: 有りけり(=있었다, 있더라)

따라서 -i(-이. 副詞形)<Kor>와 -i(-い. 連用形)<Jap>은 機能과 音韻의 兩面으로 일치하며, 이들의 共通基語는 *-i(副詞形)로 再構될 수 있을 것으로 推定된다.

(21) -rok(-록. 始發格・奪格)〈Kor〉∞ -yori(-より. 始發格・奪格)〈Jap〉…… *-roh(始發格・奪格←斜格助詞)

韓國語에서 奪格・始發格助詞로서 '-록/-로셔'(-rok/-ro-syə)가 쓰이고 있는데 여기 '-로셔'는 '-로+시어(在)'의 複合形態로서 '-로-'가 주로 文法機能을 담당하고 있는 것으로 믿어진다. 마치 「둘이서(<둘이셔) 일한다」를 「둘이 일한다」와 같이 表現할 수 있는데, 여기서 '둘이셔'의 「셔」는 文法的 機能의 담당량이 거의 없는 것과 같다. 그리고 여기의 '-로'는 '-록'의 形態와 -rox/-rux(斜格助詞)<Gily>로 미루어서 '-록>-로'의 발달한 것으로 볼 수 없는 바는 아니나, '-록'을 '-로+ㄱ(强勢)'의 複合形態로 보는 것이 나을 것이다.

例 녜록 서르 사괴노라<杜初 廿44>
일록 後에 (今後)<老乞 下66>
나실 나래 하놀로셔 셜흔두가짓 祥瑞 └리며<釋詳 六17>
忠州로셔 오나놀<杜初 七19>

한편, 日本語에서는 奪格·始發格助詞로서 '-より'(-yori)가 다음과 같이 쓰이고 있다.

> **例** これより始めて晝夜·晦朔·春秋あり. 地味に耽りしより顏色かじけ衰へき(=이로부터 비로소 晝夜·晦朔·春秋가 있었다. 儉素하게 熱中한 그때부터 낯빛이 여위어 버렸다)＜神皇正統記卷一＞
>
> 禁城の南門のほとりよりあふぎ見れば如意が嶽のすこし南なる山のいたゞきよりきさらぎ十日あまりの月ほのかにさし出で(=宮城의 南門 近處로부터 우러러 보니 如意岳의 조금 南쪽의 山頂으로부터 二月十日이 지난 달이 으스름히 나와)＜蕪村文集＞

위에서 보인 바와 같이 '-록/-로셔'와 '-より'는 그 文法的 機能에 있어서는 일치함을 알 수 있으나 -ro-k＜Kor＞와 -yo-ri＜Jap＞가 音韻上으로 對應될 것인가가 문제이다. 前項 (12)에서 -ro＜Kor＞와 -yo＜Jap＞가 對應됨을 알 수 있다. 또 -rok(-록)의 -k(强勢接尾辭)와 -rosyə(-로셔)의 -syə(强勢接尾辭)와 -yori(-より)의 -ri(强勢接尾辭)를 接尾辭로 나루었다. 그러나, -k/-syə＜Kor＞와 -ri＜Jap＞를 接尾辭로 다루지 않고 音韻對應規則으로 說明할 수도 있을 것 같다. 皮相的으로 생각할 때 -k/-syə＜Kor＞와 -ri＜Jap＞가 對應될 것 같지 아니 하지마는, 圓脣母音 -o/-u에 잇대이는 -h/-x는 -r과 對應된다. 즉 [k·h·x→r/o,u-]와 같은 變形規則이 성립된다[*cf.* 9. 1. (13)]. 또한 [si→syə]의 自由變形規則이 성립되고[*cf.* 9. 1. (27)], hi·xi는 si로 변하는 口蓋音化現象은 韓國語에 있어선 보편적이기 때문에 (例. 힘＞심, 형＞셩＞성, 힐훔＞씨름) -rox+i(添加音)에서 -rosyə(-로셔)가 생겨난 것으로 볼 수도 있다.

따라서, -rok/-rosyə＜Kor＞와 -yori＜Jap＞는 音韻上으로도 對應되는 것이 확실하며, -rox(奪格助詞·始發格助詞)＜Gily＞와도 對應되는 것으로 생각되므로 前 (12)項에서와 마찬가지로 이들의 共通基語는 *-roh(斜格助詞→始發·奪格助詞)로 再構될 수 있을 것으로 보인다.

(22) *-ake/*-ɪke(阿希/衣希. 斜格助詞)〈鄕歌〉: -ᴇgïŋe/-ɪgïŋe/-egəgɪ/-ɪgəgɪ/-ɪge/-hä/-he/-hᴇ/-hɪ/-ä/-e(-ᄋᆡ그에/-의그에/-ᄋᆡ거긔/-의거긔/-의게/-해/-헤/-ᄒᆡ/-

희/-애/-에. id)〈Kor〉 ∞ he(-へ. 向格・與格・處格助詞)〈Jap〉……
***-ake/-ɪke(斜格助詞)**

韓國語에서는 鄕歌나 吏讀에서 斜格助詞로서 '-阿希・-良中・-惡希・-惡中・-惡之(-*아게)/-衣希(-*의게)・-中(-*아게/-*의게)'의 형태가 쓰이었는데, 즉 處格・向格・對格・與格・奪格・在格・原因格・具格 등의 格助詞로서 두루 쓰이었다.

또, 李朝語로서는 '-ᄋᆡ그에 /-의그에/-ᄋᆡ거긔/-의거긔/-의게/-해/-헤/-ᄒᆡ/-희(-애/-에 /-ᄋᆡ/-의)'의 여러 形態가 與格・向格・處格助詞로 쓰이고 있다.

이 가운데서 向格이나 處格・與格에 쓰인 例만 여기서 들어 보인다.

例 沙是八陵隱 汀理也中 耆郎矣 皃史 是史藪邪(새파른 벼리예게 굴마루의 즈스 이스수라)<讚耆婆郎歌> ………………………… 也中(*-Ike. 處格助詞)
一念惡中 涌出去良(一念악아헤 솟나가라)<稱讚如來歌> ………… 中(*ahe. 向格助詞)
法界惡之叱 佛會阿希 吾焉 頓(部)叱 進良只 法雨乙 乞白乎叱等耶(法界악엣 佛會아헤 난 조ᅀᆞ 나삭 法雨ㄹ 비ᅀᆞᄫᆞᆺ드라)<請轉法輪歌>
………………………… 惡之(*ake. 處格助詞) ; 阿希(*akɪ > *ahe. 在格助詞)
千手觀音叱 前良中 祈以支 白屋尸 置內乎多(즈믄 손 관ᅀᅳᆷ 앏아게 비루 ᄉᆞᆲ볼 두노다)<禱千手觀音歌> ………………………… 良中(*ake. 與格助詞)
世呂中 止以友白乎等耶(누례헤 그치받조ᄫᆞᆺ드라)<請佛住世歌>
………………………… 中 (*ahe. 處格助詞)
ᄂᆞᄆᆡ그에 브터 사로ᄃᆡ<釋詳 六5> ………………………… ᄋᆡ그에(處格助詞)
阿藍迦蘭ᄋᆡ그에 下用處定을 三年을 니기시니<月曲 58> ………… ᄋᆡ그에(與格助詞)
내거긔(=나-ᄋᆡ거긔) 허튀와 볼콰 ᄀᆞᆮᄒᆞ니<內訓 二上30> ………… ᄋᆡ거긔(處格助詞)
儒術이 내거긔(=나-ᄋᆡ거긔) 모슴 됴홀 이리이시리오<杜初 十五38>
………………………… ᄋᆡ거긔(處格助詞)
大衆의거긔 ᄂᆞᆷ 위ᄒᆞ야<釋詳 十九8> ………………………… 의거긔(與格助詞)
어버ᅀᅴ그에 갈 사ᄅᆞ미<三綱 孝4> ………………………… 의그에(向格助詞)
祖父의게 傳ᄒᆞᆫ 거시<南明 下48> ………………………… 의게(與格助詞)
뫼해 드러 일 업시 이셔<月釋 一5> ………………………… 해(向格助詞)
이셤 우희 남기 잇고<月釋 一24> ………………………… 희(處格助詞)

한편, 日本語에서는 向格・處格・與格助詞로서 -he(-へ)가 쓰이고 있다. 다음에 그런 例文을 들어 보인다.

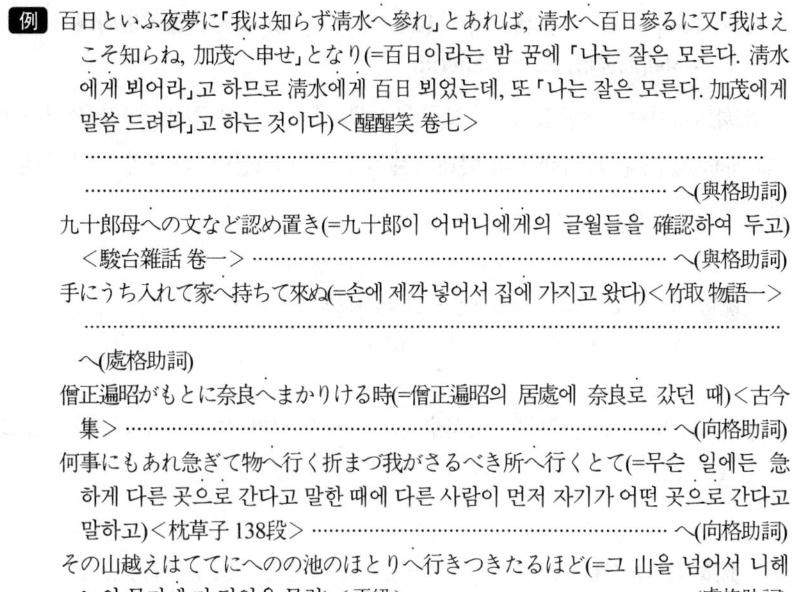
例 百日といふ夜夢に「我は知らず清水へ參れ」とあれば, 清水へ百日參るに又「我はえこそ知らね, 加茂へ申せ」となり(=百日이라는 밤 꿈에 「나는 잘은 모른다. 清水에게 뵈어라」고 하므로 清水에게 百日 뵈었는데, 또 「나는 잘은 모른다. 加茂에게 말씀 드려라」고 하는 것이다)<醒醒笑 卷七>
……………………………………………………………………………………………
……………………………………………………………………………… へ(與格助詞)
九十郎母への文など認め置き(=九十郎이 어머니에게의 글월들을 確認하여 두고)<駿台雜話 卷一> ……………………………………………………… へ(與格助詞)
手にうち入れて家へ持ちて來ぬ(=손에 제깍 넣어서 집에 가지고 왔다)<竹取 物語一>
……………………………………………………………………………………………
へ(處格助詞)
僧正遍昭がもとに奈良へまかりける時(=僧正遍昭의 居處에 奈良로 갔던 때)<古今集> ……………………………………………………………………… へ(向格助詞)
何事にもあれ急ぎて物へ行く折まづ我がさるべき所へ行くとて(=무슨 일에든 急하게 다른 곳으로 간다고 말한 때에 다른 사람이 먼저 자기가 어떤 곳으로 간다고 말하고)<枕草子 138段> ………………………………………………… へ(向格助詞)
その山越えはててにへのの池のほとりへ行きつきたるほど(=그 山을 넘어서 니헤노의 못가에 가 닿았을 무렵)<更級> ……………………………………… へ(處格助詞)

위에서 보인 助詞 'へ'를 '邊(へ)'에서 轉成된 것으로 보고 있으나, 筆者는 '方(*kure)'[*cf.* はしくれ(端方) : くれはし(端)<壹岐> : hošo(方角・隅)<Ma>: kïyï(隅・方角) <Turk>: köse(隅・角)<Turk>]에서 *kure>kue>ke>he[*cf.* 9. 1. (1)]의 發達過程을 밟은 것으로 推定한다.

그런데, 이 *kure(端・方)는 起源的으로는 *aguri(「阿久里」, *末→末子) <O.Jap>에 遡及할 것으로 믿어지며, 이것은 語頭音 a-의 탈락으로 생겨난 말일 것이다. 과연 그렇다면 다시 *aguri는 9. 1. (13)의 類例로 미루어 *aguki에 소급할 수 있을 것이므로, 이들 韓日語의 共通基語는 *akïke(斜格助詞)로 再構될 수 있을 것이다.

〔참고〕 鄕歌의 *-ake/*-ıke「阿希・衣希・阿希・良中 등」만을 따로 -ax/-ïx(斜格助詞)<Gily>・ahi(間・中間)<Jap>과 比較할 수 있을 것이며, 이러한 경우에는 이들의 共通基語는 *-ake/*-ïke(斜格助詞)로 再構할 수도 있을 것이다.

(23) -tʌro(-ᄃᆞ로. 原因格助詞)〈Kor〉 ∞ -yori(-より. 原因格助詞)〈Jap〉… *-toho(原因格) 또는 *-toro(id)

韓國語에서는 原因格助詞로 보통은 '-애/-에 : -로/-ᄋᆞ로/-으로'가 쓰이지 마는, 名詞形成接尾辭(→冠形形) -n 아래서는 '-ᄃᆞ로'가 쓰인다. 다음에 그런 例를 들어 보인다.

例 이런 ᄃᆞ로 거므며 희요ᄆᆞᆯ 논호니라<杜初 七37>
그런 ᄃᆞ로 風俗ᄋᆞᆯ 조차<內訓 三62>

한편, 日本語에 있어서는 原因格助詞로 '-より'가 쓰이고 있다. 다음에 그 예문을 보인다.

例 天つ道のまにまにまつりごちたまふより千五百へてもたひらかなるをしるべきなり(=天道의 自然의 理法에 따라서 政治를 하기 때문에 千五百年 지나도 太平한 것을 알 수 있다)<賀茂翁家集>

위에서 例示한 '-より'는 始發點을 의미하는 '-より'[*cf.* (21)]에서의 발달이라고 볼 수 없는 것은 아니나, 原因格助詞 '-より'는 動詞 '由り'에서의 轉成으로 보는 듯하다.

"金色の鵄下りて皇弓の弭に居たり. その光照り輝けり. これによりて 皇軍大いに勝ちぬ"(=……이것으로 말미암아서 皇軍……)<神皇正統記 卷二>

따라서 韓國語의 -tʌro(-ᄃᆞ로)와 日本語의 -yori(-より)는 그 機能이 같고 音韻上으로도 다음과 같이 對應된다고 할 수 있을 것이다. 韓國語의 t・ʌ・r는 日本語의 y・o・r과 각각 對應된다[*cf.* 9. 1. (2)・(9)・(24)]. 그리고 dolayï(理由)<Turk>로 미루어서 韓日語의 共通基語를 *-toro로 再構할 수 있다면

*toro＞tori[*cf.* 9. 1. (31)]＞yori : *toro＞tʌro

와 같이 발달한 것으로 볼 수 있으므로 末音의 -o<Kor>와 -i<Jap>도 對應되는 것이 분명하다.

그러나, 길약語의 -tox/-tux(斜格助詞)로 미루어서 -tʌro<Kor>와 -yori<Jap>의 共通基語는 *-toho[*cf.* 9. 1. (13) : 圓脣母音+x・h>圓脣母音+r]로 推定된다.

(24) -tugo(-두고. 比較格助詞)〈Kor〉 ∞ -yori(-より. 比較格助詞)〈Jap〉… *-togo(比較格)

韓國語에서는 比較格助詞로 '-두고/-도고(*cf.* 도곤=도고+ㄴ'提示助詞')'<李朝>가 쓰이고 있는데, 다음에 그런 例를 들어 보인다.

例 受苦ᄅᆞᄫᆡ요미 地獄두고 더우니<月釋 一21>
ᄒᆡ요미 서리두고 더으니<金三, 二61>
제 아ᄃᆞᆯ두고 倍히 ᄒᆞ더니<三綱 烈7>
ᄂᆞᆷ두곤 더으니ᄂᆞᆫ(過人者)<飜小 八37>
平原에 사ᄒᆡᆫ ᄢᅦᄂᆞᆫ 뫼두곤 노파 있고<蘆溪, 大平>
바다이 어제 밤도곤 희기 더 ᄒᆞ고<意幽堂>
어듬도곤 나으니라<老乞 上39>

한편, 日本語에서 '-より'가 比較格助詞로 쓰이고 있다. 다음에 그런 例文을 들어 보인다.

例 鶯のはつ聲よりけにめづらしくうれしくなんうけたまはりぬる(=꾀꼬리의 첫 소리보다도 더욱 珍奇하게 기쁘게만 받자왔읍니다)<本居宣長・鈴屋集>
一日の命萬金よりも重し牛の價鵝毛よりも輕し(=하루의 목숨이 萬金보다도 무겁고, 소의 값이 거위털보다도 가볍다)<徒然草 93段>
火事出來て働きし人よりは手柄あるべきを, 却つて何の沙汰もなし(=火災가 생겨 일한 사람보다는 功勳이 있을 법한 것을 도리어 아무런 소식도 없다)<梅園叢書 卷上>

위에서 보인 바와 같이 -tugo/-togo(-두고/-도고. 比較格助詞)<Kor>와 -yori(-より. 比較格助詞)<Jap>는 그 文法的 機能이 일치하고, 音韻上으로도 t<Kor>와 y<Jap>, -og/-ug<Kor>와 -or<Jap> 및 o~o<Kor>와 o~i<Jap>는

對應되는 것으로 믿어진다[*cf.* 9. 1. (2) · (13) · (31)]. 따라서 '-두고/-도고'와 '-より'는 音韻 · 機能의 兩面에서 對應되는 것으로 믿어지며, 이들의 共通基語는 *-togo(比較格)로 再構될 것으로 推定된다.

(25) -kom/-kam/-kan(-곰/-감/-간. 强調助詞) 〈 Kor 〉 ∞ -kamo(〈 -*kamə, -かも. 强調助詞) 〈 Jap 〉 …-*kam~kan(〈 *ŋaŋ. 强調形?)

韓國語에 있어서는 副詞나 副詞形下에 잇대이는 强調助詞로서 '-곰(>-금)'이 쓰이고 있다. 다음에 그런 例를 보인다.

例 種種方便으로 다시곰 술바도＜釋詳 六6＞
아ᄃᆞ리 아비 나해서 곱기곰 사라＜月釋 一47＞
엇뎨 시러곰 쁜 일후믈 崇尙ᄒᆞ리오＜杜初 七7＞
도라 보실 니믈 젹곰 좃니노이다＜樂軌 動動＞
희여곰 드믄 울흘 울후미…＜杜初 七22＞
반드시 희여곰 그 졈어 어려실제＜小諺 題1＞
그로 하여금 집으로 가게 하였다.
너는 다시금 그런 짓을 하지 말아라
그만큼 크면 되었다.

또, 韓國語에는 '-감/-간'이 體言下에 쓰이고 있다.

例 죠그맛감 삿기광대 네 마리라 호리라＜雙花店＞
킈 微塵맛감 ᄒᆞ고＜月釋 十四8＞
道上無源水를 반만싼 디혀 두고＜陋巷詞＞

한편, 日本語에서는 '-かも'가 强調 · 詠嘆助詞로 쓰이고, 이것은 體言副詞 · 冠形形(連體形) 下에 잇대인다.

다음에 그런 例를 들어 보인다.

例 今もかも咲き匂ふらむたちばなの小島のさきの山ぶきの花(=지금도 말이야 피어 향내날 귤나무의 小島곶＜地名＞의 아가위나무의 꽃)＜古今集＞
この庵はもとより見知りたるが契ありけるかも.をとどしの秋なんあがものになりて(=이 암자는 본시부터 보고 알았으나 그렇게 될 운명이 있었구나.
再昨年의 가을에야 내 것이 되어서)＜閑田文草＞

그런데, 韓國語의 '-곰/-감/-간'(-kom/-kam/-kan)은 비록 지금은 쓰이는 자리가 좀 다르지만은, 音韻上으로 볼 때 이들 세 形態는 *-kaṇ(ṇ=n · m · ŋ) 또는 *-kam으로 遡及시킬 수 있을 것이므로, 後世에 내려와서 그것이 쓰이는 위치에 따라서 분화된 것으로 볼 수 있다. 이들이 과연 *-kaṇ이나*-kam으로 遡及될 수 있다면 그것이 쓰이는 자리도 副詞下에는 물론 體言下에도 두루 쓰였을 것으로 보아야 할 것이다.

이렇게 보면 이 *-kaṇ(또는 *-kam)과 日本語의 -kamo(-かも)는 그 쓰임이 같다고 할 수 있다. 다시 말하면, '-かも'가 名詞 · 副詞와 冠形形(連體形) 下에 쓰이는데 *-kaṇ(또는 *-kam)은 副詞 · 名詞下에만 쓰이지만은, 韓國語에서는 名詞는 다른 體言 위에서는 冠形語가 되기 때문에 起源的으로 冠形形은 名詞形에서의 발달이라고 할 수 있다. 따라서 *-kaṇ 또는 *-kam<Kor>과 -kamo(-かも)<Jap>는 그 文法的 機能이 일치한다고 할 수 있다. 따라서 이들의 共通基語는 *-kam~kaṇ(强調形)으로 추정된다.

그리고 이들은 -ŋoṇ(强調形)<Gily>과 아울러 다음같이 分化된 것으로 볼 수도 있다.

*-ŋaṇ(强調) ┬ ŋam>kam<Kor>>kom<M. Kor>>kïm<Kor>
├ ŋan>kan<Kor>
├ ŋam>ŋom<Gily>/ŋon<Gily> *cf.* ŋom/ŋon=ŋoṇ<Gily>
└ ŋam>gama>kamo<Jap>

따라서 -kom/-kam/-kan(-곰/-감/-간. 强調形)<Kor>과 -kamo(-かも. 强調 · 詠嘆)<Jap> · -ŋoṇ<Gily>의 共通基語는 *-ŋaṇ(强調形)으로 再構될 수 있을 것이다[*cf.* 9. 1. (1) · (22) · (11) 및 -a(+脣音)>-o(+脣音) 例: kabi(黴)<Jap>∞kom(id) <Kor>, kahi(<*kapi. 峽)<Jap>∞kobᴇ(谷)<Kor>, tabah-(庇)<Jap>∞toβ-(助) <Kor>, *tahi(<*tapi. 鯛) <Jap>∞tomi(id)<Kor>, tab-(給 · 賜)<Jap>∞to-(id) <Kor>].

(26) -u/-o(-우/-오. 敍述形)〈 Kor 〉 ∞ -u(-う. 終止形)〈 Jap 〉 …*-u(敍述形)

韓國語에서는 敍述形語尾로서 '-오/-우<方言>'가 쓰이고 있다.

例 소가 가오(=가우)
소가 여물을 먹으오

한편, 日本語에서는 敍述形語尾(終止形)로서 '-う'(-u)가 쓰이고 있다.

例 なく(泣, nak-u)<四段活用> ………………………… u(終止形語尾・文語)
かつ(勝, kac-u)<四段活用> ………………………… u(終止形語尾・文語)
すむ(住, sum-u)<四段活用> ………………………… u(終止形語尾・文語)
つく(盡, cuk-u)<上二段活用> ………………………… u(終止形語尾・文語)
おつ(落, oc-u)<上二段活用> ………………………… u(終止形語尾・文語)
もちふ(用, mocih-u)<上二段活用> ………………………… u(終止形語尾・文語)
あむ(浴, am-u)<上二段活用> ………………………… u(終止形語볃・文語)
かく(掛, kak-u)<下二段活用> ………………………… u(終止形語尾・文語)
はす(馳, has-u)<下二段活用> ………………………… u(終止形語尾・文語)
すつ(捨, suc-u)<下二段活用> ………………………… u(終止形語尾・文語)
せむ(責, sem-u)<下二段活用> ………………………… u(終止形語尾・文語)
きる(着, ki-r-u)<上一段活用> ………………………… u(終止形語尾・文語)
cf. ki-r-u 의 -r-(起源的名詞形)
にる(煮, ni-r-u)<上一段活用> ………………………… u(終止形話尾・文語)
みる(見, mi-r-u)<上一段活用> ………………………… u(終止形語尾・文語)
ゐる(居, wi-r-u)<上一段活用> ………………………… u(終止形語尾・文語)
ける(蹴, ke-r-u)<下一段活用> ………………………… u(終止形語尾・文語)
く(來, k-u)<か行變格活用> ………………………… u(終止形語尾・文語)
す(爲, s-u)<さ行變格活用> ………………………… u(終止形語尾・文語)
しぬ(死, sin-u)<な行變格活用> ………………………… u(終止形語尾・文語)

위에서 보인 바와 같이 -o/-u(-오/-우)<Kor>와 -u(-う)<Jap>는 文法機能과 音韻의 兩面에서 對應을 보여 주며[*cf.* 9. 1. (22)・(23)], 이들의 共通基語는 *-u (敍述形)로 再構될 수 있을 것이다. 그리고, 日本語의 語幹과 語尾 -u 사이의 -r-은 語源的인 名詞形語尾의 化石으로서, 마치 알타이諸語에서는 起源的으로 모든 活用形은 名詞形(動名詞形)이었던 것과 同軌의 발달을 한 것으로 推定된다.

韓國語에서 ‘ᄒᆞ리라’(敍述形)나 ‘ᄒᆞᆯ다’(疑問形)등도 起源的으로는 ‘ᄒᆞᆯ’(名詞形)과 ‘-이다’(敍述形) 또는 ‘-다’(疑問形)의 결합으로 解釋될 수 있듯이 말이다.

(27) -kɪ/-kᴇ/-ke(-긔/-ᄀᆡ/-게. 方式 · 樣相副詞形) 〈 Kor 〉 ∞ -ge(-げ. 樣相副詞形) 〈 Jap 〉 …*-kiɾ(方式副詞形←具格助詞)

韓國語에서는 ‘-긔/-ᄀᆡ/-게’가 方式 · 樣相의 副詞形語尾로 쓰이고 있다. 어떤 이들은 이것을 將然形이니 未來形이니 하는 경우가 있으나, 이것이 形容詞의 語幹에 잇대일 때에는 그렇게 볼 수 없으므로 用言 일반을 두고 볼 때에는 그 機能은 方式 · 樣相으로 보아야 할 것이다. 다음에 그런 例를 들어 보인다.

例 부텨 ᄀᆞ트시긔 ᄒᆞ리이다<釋詳 六4>
곧 닛긔 ᄒᆞ니<月曲 112>
受苦ㅣ 모댓거든 업긔 ᄒᆞ야<月釋 二22>
크긔 너기시ᄂᆞ니<朴初上 50>
오시 ᄌᆞᄆᆞᄀᆡ 우르시고 니ᄅᆞ샤ᄃᆡ<月釋 八101>
아ᄃᆞ리 아비 나해셔 곱ᄀᆡ곰 사라<月釋 一47>
ᄃᆞ트리 ᄃᆞ외ᄋᆡ 봇아디거늘<釋詳 六31> cf. ᄃᆞ외ᄀᆡ>ᄃᆞ외ᄋᆡ(正默音化)
짐즛 업게 ᄒᆞ시니<龍歌 64장>
외롭고 입게 ᄃᆞ외야<釋詳 六5>
입게 사노이다<月曲 142>
經典을 크게 펴샤<楞嚴 一3>
工夫롤 그춤 업게 호리니<蒙法 5>

한편, 日本語에서는 樣相名詞形이라고 하는 ‘-げ’가 있는데, 이것이 助動詞 ‘なり(←にあり)’나 副詞形成助詞 ‘に’에 잇대여 쓰이므로 그것은 名詞形이라고 하기보다는 副詞形이라고 보는 것이 옳지 않을까 한다. 다음에 그러한 例를 들어 보인다.

例 清げなる男のにくげなる妻もちたる…(=말쑥하게 생긴 사내가 밉살스럽게 생긴 아내를 가진…)<枕草子 43段>
やがて失ひげなりつるか(=곧 잃게 되었는가=곧 죽게 되었는가)<平家物語 六代の事>

息もたえつゝ聞えまほしげなる事はありげなれど, いと苦しげにたゆげなれば(=숨이 끊어지면서 여쭈게 될<=말씀드릴 듯 한>일은 있게 되었지만(=있는듯 하였지만), 매우 괴롭게 끊어지게 되었으므로<=끊어질듯 하였으므로>)<源氏物語, 桐壺>

鎌倉殿なほも心ゆかずげにて(=鎌倉님이 오히려 安心이 안 되는 듯이)<平家物語, 六代斬られの事>

따라서 -kɪ/-kᴇ/-ke(-긔/-긔/-게. 樣相副詞形)<Kor>과 -ge(-げ. 樣相副詞形)<Jap>는 機能上으로는 물론이고 -ᴇ(-ᄋᆡ)<Kor>와 -e(-え)<Jap>는 9. 2. (2)의 例로 미루어서 對應된다고 할 수 있다. 그리고 -e<Kor>와 -e<Jap>는 같은 音 이고, -ɪ(-의)는 -e와 -i의 間音이라고 할 수 있어서 같은 前舌母音으로 開口度가 좀 좁아진 音일 뿐만 아니라, -ᴇ(-ᄋᆡ)와 母音調和上으로 對應되는 音이기 때문에 -e/-ᴇ/-ɪ(-에/-ᄋᆡ/-의)<Kor>와 -e(-え)<Jap>는 서로 對應되는 音이라고 볼 수 있다. 그리고 k<Kor>와 g<Jap>는 9. 1. (1)에 보인 例에 의하여 對應된다고 할 수 있다.

요컨대, -ke/-kᴇ/-kɪ(-게/-긔/-긔. 樣相副詞形)<Kor>와 -ge(-げ. 樣相副詞形)<Jap>는 對應되는 形態素이며, *-kïr(方式副詞形·具格助詞)<Gily>의 存在로 미루어서 이들의 共通基語를 *-kïr(方式副詞形·具格助詞)로 再構할 수 있을 것으로 推定된다.

*kïr >kïri >kïi >kɪ >ke/kᴇ

이밖에 形容詞의 連用形 -ku<Jap>도 母音의 對應이 좀 의심스럽지마는 '-긔/-긔/-게'(副詞形)과 比較될 수도 있을 것이다.

例 うつくしくかざる(=아름답게 장식한다)
かはいらしくおもふ(=귀엽게 생각한다)

(28) -r(-ㄹ. 冠形形·名詞形)〈Kor〉∞ -ru(-る. 連體形)〈Jap〉…*-r(名詞形·冠形形)

韓國語에서는 '-ㄹ/-ㅭ(-ㅭ)'을 冠形語尾와 名詞形語尾로 쓰고 있다. 그런데, '-ㅭ(-ㅭ)'은 實質的으로는 [l]의 표기로서 音節末의 'ㄹ'을 의미한다. 다음에 冠形形・名詞形의 例를 보인다.

例 ᄃᆞ리예 ᄠᅥ딜 ᄆᆞᄅᆞᆯ 넌즈시 치ᅘᅧ시니<龍歌 87장>
몸 커 구우닐 龍ᄋᆞᆯ 현맛 벌에 비늘을 ᄲᆞ라뇨<月曲 28>
製ᄂᆞᆫ 글 지ᅀᅳᆯ 씨니<訓正諺>
高山이라 ᄒᆞᆯ 뫼해셔<月釋 一27>
解嘲 지ᅀᅮᆯ ᄆᆞᅀᆞ미 업소라<杜初 七1>
건네텨 ᄇᆞ리디 말 거시라<朴初 上1>
어린 百姓이 니르고져 홇 배 이셔도<訓正諺> *cf.* ㅭ=ㄹㅅ・ㄹㅿ(冠形形)
부쳐 나싫 져긔<月釋 8>
오싫 길헤 머므르싫 지비라<釋詳 六23> ································ 以上 冠形形
流布호ᄃᆡ 다ᄋᆞᇝ 업이 호리라<楞嚴 一4>
劫ㅅ因이 아닗 아니며<六祖 上47>
놀애ᄅᆞᆯ 노외야 슬픐 업시 브르ᄂᆞ니<杜初 卄五53> ························ 以上 名詞形

한편, 日本語에서는 連體形(冠形形)語尾로서 -ru(-る)가 주로 쓰이고 있다. 四段活用의 경우를 빼고는 모두 -ru(-る)로 끝나므로 四段活用의 경우도 *-ru>-u의 발달을 한 것으로 推定할 수 있다. 다음에 각종의 連體形을 列擧하여 둔다.

例 連體形活用 (文語) :
なく(泣, nak-u)<四段活用>, かつ(勝, kac-u)<四段活用>,
わらう(笑, warah-u)<四段活用>, すむ(住, sum-u)<四段活用>.
おつる(落, oc-u-ru)<上二段活用>, つくる(盡, cuk-u-ru)<上二段活用>.
もちふる(用, mocih-u-ru)<上二段活用>,
こころむる(試, kokorom-u-ru)<上二段活用>,
むくゆる(報, mukuy-u-ru)<上二段活用>, おるる(下, or-u-ru)<上二段活>
かくる(掛, kak-u-ru)<下二段活用>, はする(馳, has-u-ru)<下二段活用>,
たつる(立, tac-u-ru)<下二段活用>, つらぬる(連, curan-u-ru)<下二段活用>,
あたふる(與, atah-u-ru)<下二段活用>, かたむる(固, katam-u-ru)<下二段活用>,
こゆる(越, koy-u-ru)<下二段活用>, ながるる(流, nagar-u-ru)<下二段活用>,
うける(植, u-u-ru)<下二段活用>, *cf.* -u-(媒介母音)∞-ᄋᆞ-(id)<Kor>
きる(着, ki-ru)<上一段活用>, にる(煮, ni-ru)<上一段活用>,
ひる(干, hi-ru)<上一段活用>, みる(見, mi-ru)<上一段活用>,
いる(射, i-ru)<上一段活用>, ゐる(居. wi-ru)<上一段活用>

ける(蹴, ke-ru)<下一段活用>, くる(來, k-u-ru)<か行變格活用>
する(爲, s-u-ru)<さ行變格活用>, ある(有, ar-u)<ら行變格活用>
しぬる(死, sin-u-ru)<な行變格活用>

위에서 日本語의 連體形(冠形形)語尾- *-ru(-ru/-u)를 韓國語의 冠形形・名詞形語 -r과 對應시킨 것은 길약語에 名詞形・冠形形語尾 -r이 있기 때문에 日本語에 있어서도 本是는 *-r(>-ru)가 冠形形뿐만 아니라 名詞形에도 쓰이다가 後世에 내려와서 그 機能이 縮小된 것으로 보인다. 그러므로 -r(-ㄹ. 名詞形・冠形形)<Kor>・-ru(-る. 連體形)<Jap> 및 -r(名詞形・冠形形)<Gily>의 共通基語를 *-r(名詞形・冠形形)로 再構하여야 할 것으로 推定된다. 따라서 日本語의 連體形 -ru는 日本語가 開音節化(母音으로 音節을 막음함)함으로써 -r>-rï>-ru의 발달을 경험한 것으로 믿어진다. 그리고, 冠形形은 起源的으로는 名詞形(動名詞形)에서의 발달이라고 할 수 있다. 즉 名詞는 名詞 위에 얹혀서 冠形語가 될 수 있으므로 名詞形이 冠形形으로도 쓰이는 것은 당연한 歸結이다.

(29) -ki(-기. 名詞形)〈Kor〉∞ -ku(-く. 名詞形)〈Jap〉…*-ŋi(名詞形)

韓國語에서는 名詞形語尾 '-기'가 다음 같이 쓰이고 있다.

例 布施ᄒᆞ기를 즐겨<釋詳 六13>
글 스기와 갈 쓰기와 비호니<杜初 七15>
ᄆᆞᆯ ᄐᆞ기 ᄒᆞ며<朴初 上18>
브터 ᄒᆞ기를 니르디 말며<飜小 八21>

한편, 日本語에서는 名詞形語尾로서 '-ku'(-く)가 다음과 같이 쓰이고 있다.

例 我宿を見きとないひそ. 人の聞かくに(=내 宿所를 보았다고 말하지 마라! 남이 듣기에)<古今集 卷五>
太公望申さく「その言丹書にあり.……」(=太公望이 여쭈기에 「그 말이 丹書에 있다.……」<駿臺雜話 卷四>
櫻ばな散りかひくもれおいらくの來むといふなる路まがふかに(=벚꽃이 지고 골짜기가 어스레하여서 늙기의 올 것이라는<=늙는다는>길이 섞갈리랴 한데)

<古今集 卷七>

爲朝は又,「恐らくは弓矢とつても, 我こそあらめ.……」(=爲朝는 또「두려워하기는 <=아마도> 弓矢를 가져도 나만 있으리.……」<保元物語 卷一>

위에서 보인 바와 같이 -ki(-기)<Kor>와 -ku(-く)<Jap>는 그 文法機能은 일치하나 音韻上으로 볼 때 母音의 對應이 좀 의심스럽다. 그러나, i<Kor>와 u<Jap>는 9. 1. (26)에 의하여 이들이 對應되는 것은 의심할 여지가 없다. 몇 개의 類例만 다음에 보인다.

例	i<Kor> ――――	u<Jap>
	tih-(舂)	tuk-(>cuk-. id)
	tig-(附着)	tuk-(>cuk-. id)
	p'iri(笛)	hue(id)
	kirɯ-ma(鞍)	kura(id)
	č'im(唾)	tuba(>cuba. id)
	čih-(命名)	cuke-r-(id)
	čindʌlö(躑躅)	cucuzi(id)

따라서 -ki(-기. 名詞形語尾)<Kor>와 -ku(-く. 名詞形詞尾)<Jap>는 對應되는 것으로 推定되며, -ŋ(名詞形語尾)<Gily>나 -gi (id)<Turk>・-ğ/-ŋ(id)<Mo>의 存在로 미루어 보아서 이들의 共通基語는 *-ŋi(名語形)로 再構될 수 있을 것으로 믿어진다.

(30) -nä/-ne(-내/-네. 屬格助詞)〈Kor〉 ∞ -na/-no(〈-nə, -な/-の. 屬格助詞)〈Jap〉……*-na/-nï(屬格助詞)

韓國語에서는 -nä/-ne(-내/-네)가 屬格助詞(所屬助詞)로서 人稱代名詞에 주로 添加된다.

例 우리내 身勢
너희내 집
저:내 마을(=自己들의 마을)<咸南>
선생내 아이
아직 자너네 앎흔<新語 一2>

그러고, 여기서 논하고 있는 屬格助詞 '-내/-네'는 얼핏 보기에는 單數人稱代名詞에는 쓰이지 않는 것처럼 보이나 실은 그렇지 않고, 이조어-'내ᄋᆡ·네의'(屬格) 속에 潛在되어 쓰이고 있는 것으로 생각된다. 다시 말하면, '내ᄋᆡ -네의'는

나(我)-내(屬格助詞) >내내 >내: >내ᄋᆡ(長形屬格)>내의
너(汝)-네(屬格助詞) >네네 >네: >네의(長形屬格)
또는 나(我)-내(屬格助詞) >내내(>니내) >이내(矣徒)

와 같이 일단 長母音化하고, 다시 長母音의 分化現象(breaking)이 일어난 것으로 推定된다. 마치 '내내'(항상, *cf.* lēlē '끝까지' <Gily>)가 '내내>내(上聲)>내이'(*cf.* 三年을 내 우러 디내니라<金三 烈10> ; 내이 나조희 잔치홀 제<三譯八 8>)의 變遷을 겪은 것과 같다. 따라서 人稱代名詞에 두루 屬格助詞 '-내/-네'가 첨가되어 쓰였다고 할 수 있다.

다음에 '내ᄋᆡ'(=나의)·'네의'(=너의)의 例文을 들어 보인다.

例 諸佛도 내ᄋᆡ 不可思議功德을 일ᄏᆞ라<月釋 七76>
내ᄋᆡ 여러 劫에 <釋詳 十一7> .... (主格的)
내ᄋᆡ ᄆᆞᅀᆞᆷ과 누놀<楞嚴 一45>
내의 疑心ㅅ 불휘롤 ᄲᅡ혀<楞嚴 二21>
내의 닐오몰 듣고<金剛 後序 11> .... (主格的)
내의 眞情 닐오몰 므던히 너기노라<杜初 七13> .... (主格的)
鄒昻岑參은 내의 이우지 아니라<杜初 七13>
나그내로 사로매 네의 어려우믈 보노라<杜初 八45>
네의 本來 딛더든 거슬 일흔 젼칠씨<楞嚴 一85> .... (主格的)
네의 玉山앳 草堂ᄋᆡ 寂靜호몰 ᄉᆞ랑ᄒᆞ노니<杜初 七2> .... (主格的)
네의 頂門앳 正ᄒᆞᆫ 눈 어로몰 許ᄒᆞ리니<金三. 四14> .... (主格的)

위에서 예시한 文面內容으로 보아서 '내ᄋᆡ·내의·네의'는 분명히 屬格(所有格)이며, 다음에 잇대이는 名詞나 名詞節의 限定語로 두루 쓰이고 있음을 알 수 있다. 長形屬格-'내ᄋᆡ·내의·네의'는 名詞를 한정할 뿐만 아니라 成分節의 主語로도('-ᄋᆡ/-의'는 主格的 屬格助詞) 다분히 쓰이고 있는 데 대하여, 短形屬格-'내/네'(=나의/너의)는 주로 名詞를 한정하고 있었다는 점이 서로 차이라면 차이

일 것이다.

요컨대 '내의·내의/네의'의 再構形은 "나-내(또는 '내-나' *cf.* nex '나는·내 쪽은' <Gily>)/너-네(또는 '네-나')"가 될 것이며, 여기의 '-내/-네'(또는 '-나')는 屬格助詞임이 분명하다. 이것은 "우리내·너희네·先生내"의 '-내/-네'나 "矣徒·이내"의 '-徒/-내'와 일치하며, '-내/-네'가 屬格助詞로서 古代에는 일반화되어 있었음을 알 수 있다.

한편, 日本語에서는 屬格助詞로서 '-な('の의 母音交替形)/の(*<nə)'가 쓰이고 있어서 다음에 그 例를 보인다.

例 夷を一人百な人人は言へども(=夷를 한 사람이 百名의<=百名에 맞먹는> 사람이라고 사람들이 말하지마는)<神武紀>
行く先に浪な音動ひ(=앞길에 물결의 소리가 흔들려 움직여)<萬葉集 防人歌>
のどけき春のあしたうらうらと紐ときそむる花の心をとはむには先づかしこの野ざはこゝの山ざと……(=閑暇로운 봄날의 아침 활짝 피기 시작하는 꽃의 情趣를 맛보려 함에는 먼저 저기의 들-소택 여기의 산마을…)<琴後集>
誰すみて誰ながむらむ故鄕の吉野の宮の春の夜の月(=누가 살아서 누가 바라 볼 故鄕의 吉野의 宮의 봄의 밤의 달)<金槐集. 春>
たなごころ(手의 心'掌'); まなかひ(目의 間=目前)
紅の色も移ろひ(=붉은 색의 낯빛도 바래어)<萬葉集 4160>
み吉野の芳野の宮は山柄し貴あらし(=거룩한 吉野에 있는 吉野宮은 山格으로도 貴하신 것 같다)<萬葉歌 315>
わが背子が著せる衣の針目落ちず入りにけらしもわが情さへ(=내 남편이 입고 있는 옷의 바늘땀마다에 남김없이 들어가 버린 것 같아요 내 情까지도)<萬葉集 514>

위에서 보인 바와 같이 -nä/-ne(<-*na. 屬格助詞)<Kor>와 -na/*-nə(>-no, 屬格助詞)<Jap>는 그 文法機能은 같으나, 音韻面에서 -ä/-e<Kor>와 a/*ə(>o)<Jap>가 對應을 보일 것인지 그것을 살펴보기로 한다.

	e/ä<Kor> ——————	a<Jap>
例	kyəre(族)	kara(id)
	-ke(所) *cf.* 우게(上所)	-ka(id)
	hemä-(彷)	samayoh-(id)

päal(腸)　　wata(id)
käul(川)　　kawa(id)
säryə(新更)　　sara(更)
k'ämul-(皺)　　kam-(id)
p'äŋgä-č'i-(抛)　　hahur-(id)
sabi-(套) *cf.* 장갑을 새비다 <咸南>　　hame-r-(id)

ä/e<Kor> ―――――――――― *ə(>o)<Jap>

例 t'ä(時)　　*təki(>toki. id)
čəŋi'tä(逐鳥用人形) <함남>　　səhədə(>sohodo. id)
säom(妬)　　sonem(id)
pogä-mi(塵)　　hoko-ri (id)
*kodä(言) *cf.* 잠-고래　　koto(id)
te(所)　　to(id)
kwəre(自己)<함남>　　koro(id)

이와 같이, ä/e<Kor>와 a/*ə(>o)<Jap>는 對應된다고 할 수 있을 것이다. 요컨대, ä(애)와 e(에)는 母音調和의 對應하는 짝이므로 韓國語의 -nä/-ne(-내/-네, 屬格助詞)와 日本語의 -na/*-nə(>-no. -な/-の. 屬格助詞)는 對應하며, 이들의 共通基語는 -na/-nï(屬格助詞)<Gily>로 미루어서 *-na/-nï(屬格助詞)로 再構될 수 있을 것으로 推定된다(*cf.* *nï>nə>no'の', *na>nə<母音交替> >no'の').

(31) -koji(〉-kojyə, -고지 〉-고져. 所望形)/-kwadya(〉-kodya, -과댜 〉-고댜. id) 〈Kor〉 ∞ -ga(-が. 所望形)〈Jap〉…*kuri ~ kuji)/ *-ku-adi-a(所望形)

韓國語에서는 '-고지-'(>-고져. 所望形)이 쓰이고 있다. 다음에 그런 例를 보인다.

例 잡고 가고쟈 ᄒᆞ거든<小諺 六18>
뎌 긔운 흐터내야 人傑을 만들고쟈<松江 一4>
뉘 아니 좃ᄌᆞᆸ고져 ᄒᆞ리<龍歌 78章>
그ᄃᆡᆺ ᄯᆞᄅᆞᆯ 맛고져 ᄒᆞ더이다<釋詳 六15>
니르고져 홇배 이셔도<訓正諺>
올몸 이쇼뫌 블기고졔니<永嘉 下31>
高堂素壁에 거러 두고 보고지고<靑丘. p.33>

그런데, 여기의 '-고져/-고쟈/-고지-'는 7. 3. (56)에서 언급한 바와 같이 '-고져/-고쟈/-고지-'의 「-고」는 起源的으로는 使動接尾辭이고 '-*리>-지-'는 意圖形이었던 것으로 推定되며, 또 '-과뎌>-고뎌/과댜>-고댜'도 所望形으로 쓰이기는 하지마는, 이것은 '-고(使動助動詞語幹)+아(副詞形)+디(自動的 可能)+아/어(命令形)'의 構造를 가진 形態인데, 그것이 口蓋音化하여 '-고뎌>-고져/-고댜>-고쟈'의 변화를 거쳐 위에서 例示한 '-고져/-고쟈'와 우연히 同形이 될 수도 있었을 것이다. 다음에 '-과뎌>-고뎌/-과댜>-고댜/-과ᄃᆡ여'의 例를 들어 보인다.

例 다 버서나과ᄃᆡ여 願ᄒᆞ노이다<釋詳 十一3>
厄이 스러디과뎌 ᄒᆞ노니<月釋 序25>
가지과뎌 ᄒᆞ시니라<楞嚴 九73>
그치시과뎌 ᄉᆞ랑ᄒᆞ놋다<杜初 廿4>
일흠을 엇과뎌 ᄒᆞ오셔<癸丑 p.42>
사ᄅᆞᆷ이 수이 알과댜ᄒᆞ야<小諺 凡1>
눈므리 드리고뎌 ᄒᆞ노라<杜重 十一28>
cf. -과-(使動助動詞語幹 'ᄀᆞ-' + 副詞形 '-아') :

例 ┌새훠를 다가 다 ᄃᆞᆫ녀 ᄒᆡ야 ᄇᆞ리과라<初朴通 上35>(把新靴子都走破了)
└새훠롤 다가 ᄃᆞᆫ녀 해야 ᄇᆞ리게ᄒᆞ고<重朴通 上32>(〃 〃)

한편, 日本語에 있어서는 '-が'(-がも・-がな・-しが)가 所望形으로 쓰이고 있어서 다음에 예시한다.

例 思ふどち春の山べにうちむれてそこともいはぬ旅寝してしが(=뜻이 맞는 同志끼리 봄의 山가에 無心코 패를 지어서 정처 없이 나그네의 잠을 자고 싶구나)<古今集・素性法師>
なにがし法師のいひけむやうになさけある主もがな(=某法師의 말한 바와 같이 風流스러운 主人이 있었으면 싶구나)<松屋文集・藤井高尙>
天橋も長くもがも(=하늘의 다리도 길었으면 싶구나)<萬葉集 卷十三>

위에서 보인 바와 같이 -kojyə(-고져)<Kor>와 -ga(-が)<Jap>는 그 文法的 機能에 있어서는 꼭 같은 所望形이고, *kori>koji>kojyə>koya>kya>kā>gā(-が)와 같은 音韻變化가 가능하므로[*cf.* 9. 1. (2) : d∞y ; 9. 1. (4) : j∞y] 이것들은 音韻上으로도 對應된다고 할 수 있다. 그리고 '-과댜'(ko'使動助動詞語幹' +a

'副詞形' +di'自動的 可能' +a'命令形')에서 kwadya>kwya>kaya>kā>gā와 같이 發達할 수 있으므로 '-과댜'는 '-고져/-고쟈'와 그 起源은 다르지마는 日本語의 '-が'(所望形)과 對應되는 것으로 推定된다. 즉 *kwadya>kaya>kā>gā의 變化가 가능하다. 따라서 이들의 共通基語는 kya(<*kuya. 所望形)<Gily>와 kusu(所望形)<Ainu>의 存在로 미루어서 각각 *-kuadia(所望形)와 *-kuri(>*-kuji. 所望形)로 再構될 수 있을 것이다.

(32) -na(-나. 相反形) 〈Kor〉 ∞ -ga(-が. 相反形) 〈Jap〉 …*-ŋa(相反形)

韓國語에서는 '-나'가 相反形語尾로 쓰이고 있는데, 이 形態는 그것이 붙은 구절의 내용이 일단 事實임을 認定하여 다음의 文에 이어주는 구실을 한다. 다음에 그런 例를 들어 보인다.

例 人鬼도 하나 數업슬씩 오늘 몯숣뇌<月曲 26>
德 심고몰 ᄒᆞ나 낟비 너기샤<月釋 十4>
알퓟 境에 나토미 ᄀᆞᆮᄒᆞ나<楞嚴 二89>
方國이 해 모ᄃᆞ나 至誠이실씩<龍歌 11장>
우리 부텨 如來 비록 妙眞淨身이 常寂光土애 사ᄅᆞ시나 本來ㅅ 悲願으로 無緣慈롤 뮈우샤 神通力을 나토샤<月釋 序>

한편, 日本語에서는 '-が'가 相反形語尾로 쓰이고 있다. 이 '-が'는 윗말을 받아서 아랫말에 이어주는 것이 본래의 구실인데 특히 逆接의 구실을 하는 경우는 아랫말이 윗말과 相反하는 경우이다. 그런 점에 있어서도 韓國語의 '-나'와 같다.

例 가 보았으나 소문대로였다.
行って見たが噂の通りだった.

다음에 '-が'의 用例를 보인다.

例 こゝはよくかしこはあしきもあり打ちみてはいかにもよきが乘りてみればたがふもありて一つもおなじからぬものぞかし(=이 部分은 좋고 저 部分은 나쁜 기 도

하여 얼핏 보아서는 제법 좋으나 타 보니까 보기와는 다른 바 있어서 하나도 같지 않은 것이구나)<花月草紙・松平定信>

あるじの尼は廿とせ餘りこなたうらなきかたらひ人にて絶えず問ひ聞ゆるが身さいはひなく親をとこに早う別れ……(=住持스님은 二十餘年以來의 隔意 없는 이야기 相對로서 끊임없이 訪問하고 있으나 不運하여 兩親과 男便을 일찌기 여의고……)<秋成遺文>

才藝世に聞え給ひしが如何ありけむ, 氏の長者ながら, 神事疎にして威勢を募れば(=才藝가 世上에서 有名하였으나, 어찌된 일인지 氏族의 어른이면서 神事를 疎忽히 하고 威勢를 널리 求하니)<保元物語 巻二>

위에서 보인 바와 같이 -na(-나. 相反形)<Kor>와 -ga(-が. 相反形)<Jap>는 그 文法的 機能이 일치하고 音韻上으로도 -n<Kor>와 -g<Jap>는 다음과 같이 對應하므로 -na<Kor>와 -ga<Jap>는 文法的 機能과 音韻의 兩面에서 對應하며, 이들의 共通基語는 -ŋa(相反形) <Gily>로 미루어서 *-ŋa로 再構될 수 있을 것으로 推定된다[*cf.* 9. 1. (10) : n<Kor>∞g<Jap> ; 3. 3. 1: n<Kor>∞ŋ <Gily>].

	n(Kor)	g<Jap>
例	naŋ(崖)	gake(id)
	nü-(悔)	*guy-(<kuy. id)
	nuβe(蠶)	*gahi-ko(<kahi-ko. id)

	n<Kor>	ŋ(Gily)
例	namo(木)	ŋafan(木材)
	nʌrʌ(津)	ŋalo(灣)
	nʌj-(低)	ŋazi(淺・低平)

(33) -a/-ə(〉-ya/-yə, -아/-어〉-야/-여. 疑問形)〈Kor〉 ∞ -ya(-や. 疑問形)〈Jap〉…*-a(疑問形)

韓國語에서는 疑問形語尾 '-아/-어'(>-야/-여)가 다음과 같이 쓰이고 있다.

例 슬후미 이어긔 엇디 아니 ᄒᆞ니아<杜初 七14>
내 病에 시러곰 머므러 이시리아<杜初 廿三42>
馬祖ㅅ히믈 得ᄒᆞ니야<蒙法 31>

며놀이 드외야 오리야<月曲36>
네 겨지비 고ᄫ니여<月釋 七10>
이 四天이 ᄒᆞᆫ갓 다 뷔리여<月釋 一37>
그렇게 일하구두 밥 먹어
받아? 암! 받지 안 받을줄 알았더냐

위에서 보인 바와 같이 '-야/-여'는 그 앞에 先行音이 '이(i)'일 때 '-아/-어'가 拗音化한 것임을 알 수 있다.

한편, 日本語에서는 疑問形語尾로서 '-や'가 쓰이고 있는데 다음에 그 예를 들어보인다.

例 憂き事を思ひつづくる身は寢られぬままに慰むやとはしにゐざり出でて見れば(=시름을 계속 생각하고 있는 自己는 잘 수 없어 이렇게 해 보면 좀 慰勞가 될까 하여 처마끝에 不具의 다리를 끌고 나와 보니)<松屋文集・藤井高尚>
わが思ふ人はありやなしやと(=나의 생각하는 사람은 있는가 없는가 하고) <伊勢物語 東下り>
世界を建立する姿は天竺の說に似たる方もあるにや(=世界를 建立하는 모습은 天竺의 說에 닮아 있는 面도 있는 것인가)<神皇正統記 卷五>

위에서 보인 바와 같이 -ya(-야. 疑問形)<Kor>와 -ya(-や. 疑問形)<Jap>는 그 文法的 機能과 音韻의 兩面에서 對應된다고 할 수 있다. 다만 韓國語에서 '-야'(-ya)는 起源的으로 우선 '-아'(-a)에 遡及하는 것이 확실한데 대하여, '-や'도 先行音이 i인 경우에 쓰이나 'ン(ŋ)' 뒤에도 쓰이는 点이 조금 차이는 있으나 起源的으로 '-あ'(-a)에 遡及한다고 단정할 수 있다. 그러므로 이들의 共通基語를 일단 -*ya로 再構해 두지만 끝내는 -*a로 遡及되어야 할 것으로 推定된다. 그리고, '-여'는 母音調和로 '-야'에서 派生된 것으로 믿어진다.

(34) -ta-ra/-tə-ra(-다라/-더라. 對話體敍述形)〈Kor〉 ∞ *-te ari〉-tari (-てあり〉-たり. 存續・完了敍述形←對話體敍述形)〈Jap〉…*-tara 또는 *-nfi-ra (對話體敍述形)

韓國語에서는 對話體敍述形으로 '-더라/-다라'가 쓰이고 있다. 종래에는 過去

回想의 '-더/-다'와 敍述形의 '-라'의 複合形態로 다루어 오던 것인데, 이것을 報告形이라고 再考된 바도 있으나, 筆者는 7.3. (69)에서 말한 바와 같이 -ndra/-ntra (對話體敍述形)<Gily>과 對應하는 對話體敍述形으로 보고자 한다.

이 '-더라/-다라'는 對話體 속에서만 나타나며 주로 第2・3人稱의 主語와 呼應하는 敍述語에 쓰이고 있으나 전혀 第1人稱의 主語와 呼應하지 않는 것은 아니다. 例를 들면 "내가 보기에는 그 꽃은 매우 아름답더라"와 같이 쓰이기도 한다.

그리고, 이것은 얼핏 보기에는 過去回想이나 持續(例. 가더라)처럼 쓰이고 있으나, 過去・未來를 나타내는 文法形態素들과 함께 쓰이거나 現在를 나타내는 副詞와 함께 쓰이는 점으로 마루어서 回想態라고 보기 어렵다. 다음에 例文을 보인다.

例 그는 지금 거닐고 있더라.
그는 벌써 다 먹어 버렸더라.
그는 내일이면 그 일을 마치겠더라.
그는 좋아하더라마는 나는 그렇지 않더라.
사ᄅᆞᆷ과 六師왜 自然히 니러 禮數ᄒᆞ더라<釋詳 六30>
올히와 그려기왜 븘 비체셔 자더라<杜初 八9>
須達이 닐오ᄃᆡ 니ᄅᆞ샨 양ᄋᆞ로 호리이다. 太子ㅣ 닐오ᄃᆡ, 내 롱담ᄒᆞ다라<釋詳 六24>
ᄀᆞ장 모로매 親히 ᄒᆞ다라<杜初 七22>
부톄 니ᄅᆞ샤ᄃᆡ 오ᄂᆞᆳ부니 아니라 녜도 이리 ᄒᆞ다라<月釋 七14>

한편, 日本語에서는 '-てあり>-たり'가 '存續・完了'의 助動詞로 쓰이고 있다. 다음에 그런 例文을 보인다.

例 御心より起りてありし事ならず(=마음 속으로부터 일어나 있는 일이 아니다)<源氏 蜻蛉>
橋だにも渡してあらば(=다리조차도 건네어 있으면)<萬葉集 4125>
戀ふといふはえも名づけたり, 言ふすべのたづきもなきは吾が身なりけり(=그리워한다는 것은 잘 이름지었더라. 말할 方便도 없음은 내 신세더라)<萬葉集 18>
めづらしく霞こめたるにやれがちなる垣つの梅のやや綻びそめて(=아름답게 놀이끼고 있는데 군데군데 망가진 울타리 안의 梅花가 좀 펴기 始作하여) <山齋集 塵持雅澄>
御堂の方に法師ども參りたり(=절간쪽에는 중들이 와 있더라)<徒然草>

昔(草を)いと多く植ゑたりける(=옛적에 (풀을) 매우 많이 심어 있었다) <沈草子> ………………………………………………………………… 以上 '存續'

賴朝一臂を奪ひて其の亂を平げたり(=賴朝가 한 팔을 떨쳐서 그 亂을 平定하였다) <神皇正統記 下卷>

橘は數にもあらずけおされたり(=귤나무는 問題없이 壓倒되었다)<玉勝間 十四卷> ………………………………………………………………… 以上 '完了'

위에서 例示한 바와 같이 '存續 · 完了'의 助動詞'たり'는 반드시 '-てあり'에서만 發達한 것이라고 보기 어려워서 原初的인 'たり'도 있었던 것으로 믿어지며, 이것은 보시 現在 · 過去 · 未來의 時制와는 아무 관계도 없고, 단지 어떤 動作이나 進行 · 持續을 뜻할 뿐이라고도 한다. 「萬葉集」 2516에 "敷細布枕人事問哉 其枕苔生負爲"(しきたへの枕を人は言とへや其枕には苔むしにたり)의 '負爲'는 '-にたり'로 訓讀될 것인데, 여기서 '完了'의 '-に'(助動詞'ぬ'의 連用形)가 'たり'에 先行한 것을 보아서도 알 수 있고, 'たり'에서 발달한 現代語의 'た'의 例를 들어 말하면 "とうとう雨が降つて來た" · "探している物があつた"의 'た(<たり)'는 결코 과거가 아니고 현재의 상태이다. 다시 말하면 비가 오고 있는 現在의 사실과 찾고 있는 물건이 있다는 現在의 사실을 뜻하는 말이다. 그리고 "昨日雨が降つた(<降りたり)"의 'た'는 過去를 표시하는 副詞인 '昨日'이 '降つた'를 한정하기 때문에 過去時相처럼 생각될 따름이다. 그리하다가 드디어 用言의 活用形이 現在를 나타내므로 'たり'를 完了에 轉用하게 이른 것으로 推定된다. 그렇게 轉用하게 된 까닭은 音韻上으로 'たり'를 모두 'て(完了)+あり'의 縮約形이라고 믿고 있기 때문이다. 그리고 여기의 完了形-'て'는 事實이나 狀態의 直寫에 쓰이어서 對話文에 주로 쓰인다고 한다(保板弘司, 「國文法の綜合的硏究」 p.182). 따라서 'たり' 또한 直寫나 對話文에서 많이 쓰이는 것은 당연한 이치이다.

이렇게 'たり'의 起源的안 機能을 생각하여 보면, 앞서 말한 '-다라/-더라'가 對話文에 주로 쓰이며 起源的으로는 時制와 무관하고 그것이 過去 · 完了 · 持續의 구실을 가진 것처럼 보이기도 한다는 의미에서 그 文法的 機能이 일치한다고 할 것이다.

다음에 tari (-てあり, たり)는 *-te-ara>tara(-다라)>tari의 발달로 볼 수 있다. [*cf.* 9.1.(31): a~a>a~i. 例: kama '頭旋' <Kar> ∞kami '上·髮'<Jap>. panʌr '針'<Kor> ∞hari '針' <Jap>, pak'at' '外測' (Kor> ∞waki '傍·脇'<Jap>].

요컨대 韓國語의 '-다라/-더라'(對話體敍述形)과 日本語의 'たり'(*對話體敍述形→完了·存續)와는 그 文法的 機能과 音韻의 兩面에서 완천한 對應을 보이며, 이것들은 함께 *tara에 遡及될 수 있을 것이나, -natara(持續形)<Ainu>·-ndra/-ntra(對話體敍述形)<Gily>의 存在를 考慮하고, d/t에 앞서는 n의 脫落의 可能性이 크므로, 이들을 아울러 생각하여서 그 共通基語를 *-ntï-ra(對話體敍述形)로 推定하고자 한다[*cf.* -nt/-nd>-t/-d의 例는 7.3.(25)].

(35) -ta/-tə(-다/-더. 過去形)〈Kor〉∞ -t('-た·-て·-つ'의 子音. 完了)〈Jap〉 …*ta(過去形)

韓國語에 있어서 '-다/-더'가 '過去'를 나타내는 先行語尾로 쓰이고 있는데 例는 다음과 같다.

例 이롤ᄊᆞ 붓그리다니<月曲 121>
이런 사ᄅᆞᆷ돌ᄒᆞᆯ 濟渡ᄒᆞ려뇨 ᄒᆞ다니<釋詳 十三37>
닐오ᄃᆡ 저는 ᄠᅳ디 업다니 엇뎨어뇨 ᄒᆞ란ᄃᆡ<月釋 十三35>
道理 마로려 ᄒᆞ단 젼ᄎᆞ로<月釋 七13>
奉天討罪실ᄊᆡ 四方諸侯ㅣ 몯더니<龍歌 9장>
뉘읏븐 ᄆᆞᅀᆞᄆᆞᆯ 아니호리라 ᄒᆞ더니<月釋 十三35>
ᄂᆞᆷᄃᆞ려 니르디 아니ᄒᆞ더든<釋詳 十九34>
구디 ᄌᆞᆷ겨 뒷더시니<釋詳 六2>
우리 어버ᅀᅵ네 다 모미 편안ᄒᆞ시던가<朴初 上51>

위에서 보인 바와 같이 '-다/-더'는 대체로 定動詞 이외의 환경에서는 반드시 過去時制를 표시한다. 결코 未完相을 표시하지 는 않는다[*cf.* 7.3. (70)].

그러나, 前項에서 보인 바와 같이 定動詞形에서는 '-다라/-더라'의 '-다/-더'가 過去를 나타내지 않음에 유의할 것이다.

한편, 日本語에서는 'つ<下二段>·たり<ら變>'의 頭音 [t]가 '完了'를 표

시하며, 現代에 내려와서 뿐만 아니라, 古代에 있어서도 過去를 표시한 것으로 볼 수 있는 例가 보인다. 다음에 'つ・た(り)'(助動詞)가 過去를 표시한 것으로 믿어지는 例文을 들어 보인다.

例 「いとあやしきさまを人や見つらむ」とてすだれおろしつ(='매우 異狀'한 모양을 사람이 보았을 것이다'라고 말하고 발을 드리었다)＜源氏物語 若紫＞

親のため妻子のためには恥をも忘れ盜みもしつべき事なり(=父母를 위해 妻子를 위해서는 부끄럼도 잊고 도둑질도 하였을 것이다)＜徒然草 142段＞

門のことをこそ聞こえつれ, 障子開け給へとやは聞こえつる(=門의 일은 말씀드리었으나, 장지를 열어 주시라고도 말씀드렸는가)＜枕草子 8段＞

金堂はその後倒れふしたるままにてとり立つるわざもなし(=金堂은 그後 무너진 채로여서 고쳐 짓는 일도 없었다)＜徒然草 25段＞

山へ登つたり, 川を越えたりした＜口語＞

위에서 보인 例文들은 억지로 보면 '完了'라고 볼 수도 있겠으나, 이것들은 원칙적으로 '過去'로 보아야 할 것들이다. 完了란 時間과는 아무 관계없이, 그 動作이 끝남을 가리키거나 끝난 狀態가 持續됨을 가리는 것에 반하여, 過去는 主語가 그 動作을 지난 어느 時點에서 행함을 가리키는 主觀的안 文法範疇일 뿐이지, 客觀的 時間觀念도 아니다. 어떻든 위에 例示한 例文의 'つ・て・たり'는 *t(過去)+u・e・ari(活用語尾)의 複合形態이므로, 여기서 '過去'를 나타내는 形態素는 t로 보아야 할 것이다.

따라서 -ta/-tə(-다/-더)＜Kor＞와 *-t(つ・て・たりの 頭音)＜Jap＞는 함께 '過去'를 나타내는 形態素로 볼 수 있고, 音韻上으로도 -ta/-tə의 母音이 日本語에서 탈락된 것으로 다를 수 있어서 이들은 對應하는 形態로 볼 수 있다.

요컨대 韓國語의 '-다/-더(過去)'와 日本語의 *t(つ・て・たりの 頭音. 過去)는 그 文法的 機能과 音韻의 兩面에서 對應되는 것이 확실하며, 이들의 共通基語는 -ta/ -t(過去・完了)＜Gily＞의 存在를 考慮하여 *-ta(過去形)로 再構될 수 있을 것으로 推定된다.

(36) *-sʌb-(-ᄉᆞᆸ-〉-ᄌᆞᆸ-・-ᄉᆞᆸ. 對象語尊待)〈Kor〉 ∞ sabura-h-(さぶらふ. 對象

語尊待) 〈 **Jap** 〉 …***šor-prï-**(가져오마 · 가져가다**→對象語尊待)**

韓國語에서는 對象語尊待法 先行語尾로서 '-숩->-줍- · -숩-'이 다음과 같이 쓰이고 있다.

例 巴寶白乎隱 花良 汝隱(들보ᄉᆞᄫᆞᆫ 굴아 넌)<兜率歌>
慕呂白乎隱 佛體 前衣(그려ᄉᆞᆯᄫᆞᆫ 부텨 앒에)<禮敬諸佛歌>
길 잡ᄉᆞᆸ거니 마조ᄌᆞᆸ거니 ᄒᆞ야<月釋 卄一203>
世尊ᄭᅴ 뵈ᅀᆞᄫᅡ 머리 조ᅀᆞᆸ고<釋詳 六46>
업던 이롤 얻ᄌᆞᄫᆞ뇨<釋詳 十三16>
世尊하 듣ᄌᆞᆸ고져 願ᄒᆞᅀᆞᆸ노이다<金剛 13>
몯ᄒᆞᅀᆞᄫᆡᆺ다니<金剛 72>

위에서 對象語尊待法이라고 한 것은 話者가 話題中의 動作主 즉 主體를 낮춤으로써 間接的으로 動作의 對象 즉 對象語를 尊敬하는 結果를 가져오는 文法範疇이다. 이것은 일명 客體尊待法 · 主體謙讓法 또는 謙讓法이라고 불리어지는 것인데 日本語에서는 이것을 對象尊敬이라고도 부른다(影山美知子, 「古典文法」 p.137).

그런데, 日本語에 있어서는 對象尊敬(對象語尊待)를 일반적으로 語彙—はべり · さぶらふ(有* · 居 · 侍 · 候 · 贈)[8], まつる · たてまつる(あたふ. 與), たまはる(受), きこゆ · まうす(言), うけたまはる(聞), まいる · まかる(行 · 來), いたす · つかまつる(爲), ぞんず(思), まみゆ(見)—로 표시하는데, 이 중에서 'さぶらふ(-ふ는 反復 · 繼續의 接尾辭)는 '잇숩-(有 · 居)'을 뜻하여 韓國語에서 對象語尊待의 '-숩-'이 形容文의 敍述語에도 添加되는 것과 同軌의 用法을 보이고 있을 뿐만 아니라, 그것이 後世에 내려와서는 韓國語의 對象語尊待法의 '-숩-'이 聽者尊待法(一名 相對尊待法)으로 變身하였듯이 丁寧助動詞, 즉 聽者尊待法의 形態素로도 쓰이고 있어서, 韓國語의 語末音節省略現象을 考慮할 때 韓國語의 '-숩-/-숩-/-줍'의 再構形-'*-sab-(또는 *-sob)'과 對應하는 것으로 推定된다.

다음에 그러한 'さぶらふ'의 用例를 보인다.

---

8) (　)속에 든 말은 괄호 밖에 있는 존대말에 대한 예사말임

例 さぶらふ人人を召して(=侍從하는 사람들을 부르시어서)<古今假名序>
心ざしを勵まして今日はいとひたぶるに强ひてさぶらひつる(=마음을 도스려서 오늘은 매우 오로지 억지로 문후여쭈었다)<源氏物語 玉鬘>
いかなる所にかこの木はさぶらひけむ(=어떠한 데인가, 이 나무는 있겠읍니까)<竹取物語>
浦浦の巻は中宮にさぶらはせ(=浦浦의 篇은 王妃에게 드리시오)<源氏物語 繪合)
…………………………………………………………………… 以上 對象語尊待
'參り侍り'と申しさぶらびつれば(= '가겠읍니다'라고 말씀하였사오니)<和泉 式部日記>
海に沈みさぶらひしぞ(=바다에 가라앉았사옵니까)<平家物語 灌頂>
その上, 年もいまだ幼うさぶらふなるか(=그리고, 나이도 아직 어리시옵니다마는)<平家物語 祇王> ……………………………………………… 以上 聽者尊待

이미 6.2.(74)에서 šopr-/šeppr(攝理하다, 가져오다, 보내다)<Gily>・savul(곁에 있다)<Turk>・sōvu(파수서다)<Dr-Tu> 등과도 비교할 수 있을 것이며, 이들 對象語尊待法의 共通基語를 *šor-prï-(가져오다・가져가다)로 再構할 수 있을 것으로 推定한 바 있다(*cf.* ʌ<Kor>∞a・o<Jap>: 韓國語의 末音節短縮現象).

(37) *-sï(-ᄉᆞ) 〉-si(-시. 主語尊待)〈 Kor 〉 ∞ s-(す〈 四段活用 〉. 主語尊待)〈 Jap 〉…*kï- 〉*sï- 〉si-(使動助動詞・主語尊待法先行語尾)

韓國語에서는 主語尊待法(所謂 主體尊待法)의 先行語尾로서 '-시-'가 쓰이고 있으며, 이것은 文의 主語를 話者가 尊待하는 구실을 한다. 다음에 例를 든다.

例 誓音 深史隱 尊衣希 仰支(*다딤 기프슨 尊의게 울버러=誓願이 깊으신 부쳐님을 우러러)<願往生歌>
臣隱 愛賜尸 母史也(*알바단은 도ᄉᆞ슬 어ᄉᆡ여=臣은 사랑하시는 어머니로다)<安民歌>
合掌ᄒᆞ야 禮數ᄒᆞ시거늘<釋詳 十一13>
法義ᄅᆞᆯ 펴려 ᄒᆞ시ᄂᆞ다<釋詳 十三26>
功이 크샤ᄃᆡ 太子ㅿ位 다ᄅᆞ거시늘<龍歌 10장>
御製는 님금 지ᅀᅳ샨 그리라<訓正序>

한편, 日本語에서는 'す'(四段活用>下二段活用)가 主語尊待法(動作主尊敬)助動詞로 쓰이고 있어서 다음에 그런 例를 들어 보인다.

例 '命ながくとこそ思ひ念ざめ'など宣はす(='목숨이 길게만 思念하여라'라고 하는 등 말씀하시다)<源氏物語 桐壺>

'嬉しとやと思ふとて, 告げ知らするならむ'との給はする御けしきもいとをかし(='기쁘게 생각한다고 아뢰는 것이리라'하고 말씀하시는 모습도 매우 재미있다)<枕草子 6段>

この丘に菜摘ます兒, 家聞かなのらさね(=이 언덕에서 나물 캐시는 아이, 너희 집에 대해서 듣고 싶구나 말하시구려)<萬葉集 巻一>

後を見かへりて'ここへ入らせ給へ'とて所をさりて呼び入れ侍りにき(=뒤를 돌아보고서 '여기에 들게 하시오'라고 말하고 場所를 떠나서 불러 들였읍니다)<徒然草 41>

'昔の鬼のしわざとこそおぼゆれ'などいとまめやかにのたまはすれば(='옛날의 도깨비의 행패라고 생각된다'하고 매우 진지하게 말씀하시니)<枕草子 138段>

위에서 보인 바와 같이 主語尊待의 'す'(さ・し・す・す・せ<四段活用> : せ・せ・す・する・すれ<下二段活用>의 活用形語尾를 제거하면 語幹 *s-가 남는데, 바로 이것이 主語尊待의 기능을 나타내는 形態素인 것이다.

따라서 韓國語의 '-시-'(主語尊待法 先行語尾)와 日本語의 *s-(主語尊待法 助動詞)를 비교하여야할 것이면, 이 *s-는 *sï-에 遡及할 수 있을 것으로 推定된다. 즉 sï-a>sa, sï-i>si, sï-u>su(sï), sï-e>se와 같이 변한 것으로 생각된다.

요컨대 *-sï->-si-(-시-. 主語尊待法 先行語尾)<Kor>와 *s-(す<四段 下二段活用>. 主語尊待法 助動詞)<Jap>는 그 文法機能과 音韻의 兩面에서 對應되는 것으로 推定되며, 이들의 共通基語는 -*sï로 推定되나, cīr(尊敬)<Dr.-Ta.>의 存在로 미루어서 우선 *si-로 再構될 수도 있을 것이다.

그러나, 7.3.(75)에서 '-*스->-시-'를 길약語의 ku-/xu-/-xï-(主語尊待法語尾)와 比較하여 보인 바와 같이 한 차원을 높여서 이들의 祖語를 *kï-(使動助動詞)에 遡及시킬 수도 있을 것이다(*cf.* *kï>xï>xi>si>sya/s).

그런데, 이들 形態素들은 使動詞의 *kï-(>ku-・xu-・xï-)<Gily>나 'す・さす・しむ'<Jap>가 主語尊待로 轉用된 점으로 미루어 봐서 韓國語에 있어서도 使動詞 sigi- (시기->시키-)에서 sigi->sii[k・g가 i 아래에서 默音化]>sī>si와 같은 변화를 일으키면서 轉用된 것으로 추정된다. 貴人은 스스로 손을 대지 않고

남을 시켜서 하기 때문에 轉用된 것이라고 한다(*cf.*「岩波古語辭典」p.1429).

(38) *-im-(「伊音・音」聽者尊待法 先行語尾)〈 Kor 〉 ∞ habe-ru(待る〈 ら變活用 〉. 聽者尊待法 助動詞)〈 Jap 〉…*ikmï-(聽者尊待法)

한국어에서는 聽者尊待法 先行語尾로서 지금은 對象語尊待法 先行語尾 '-숩-/-줍-/-숩-'을 轉用하여 '-읍니다・-읍니까・-습니다・-습니까・-오니・-ㅂ니다・-ㅂ니까'에서와 같이 '-ㅂ-/-읍-/-습-/-오-'의 形態를 쓰고 있지마는, 古代에는 鄕歌에서 '-*임-'「伊音・音」을 쓰다가 李朝初에는 '-잉-'을 썼는데, 이것은 ixmï-(주다, 두려 워 못하다.)＜Gily＞와 對應시킬 수 있으므로 *ikmï＞igm＞im/iŋ의 音韻變遷으로 볼 수 있다[*cf.* 7.3.(73)]

다음에 *-im(또는 -iŋ),「伊音・音」)＜鄕歌＞과 -iŋ(-잉)＜李朝初＞의 用例를 들어 보인다(*cf.* 聽者尊待의 形態素를 다른 學者들은 모두 '이'로 보아 왔음).

例 獻乎理音如(*받즈ᄫ리임쪄 '바치겠습니다')＜安民歌＞
太平恨音叱如(*太平헌임쪄 '太平합니다')＜安民歌＞
出隱伊音叱如支(*난임쪄 '났읍니다')＜懺悔業障歌＞
逐好友伊音叱多(*조초받임짜 '좇게합니다', '좇읍니다'≪强調≫)＜常隨佛學歌＞
나라히이다＜月釋 八94＞
므스므라 오시니잇고＜釋詳 六3＞
聖孫ᄋᆞᆯ 내시니이다＜龍歌 8장＞

한편, 日本語에서는 'はべり'(ら變則活用)가 丁寧語 즉 聽者尊待法 助動詞로 다음과 같이 쓰이고 있다.

例 さらば, かく申し侍らむといひて入りぬ(=그러면, 그렇게 말씀 드리겠습니다라고 말하고 들어갔다)＜竹取物語＞
いみじうこそいひつづけ侍りしか(=興味진진하게 이야기를 계속하였읍니다)＜大鏡序＞
宮仕へ久しうつかうまつらで, 山里にこもり侍りけるに(=宮에서 일하고 오래 奉仕하지 않고서 山마을에 구어박혀 있사온데)＜古今集 282詞書＞
妻のおとうとを持て待りける人に(=妻弟를 ＜아내로서＞가지고 있사온 사람에게)＜古今集 868 詞書＞

위에서 보인 바와 같이 「伊音/音」(-*임-)<鄕歌. 新羅>과 'はべる'는 그 文法的 機能에 있어서는 일치를 보이고 있으나, '*-임-'은 이미 虛詞化하여 單音節인데 대하여 'はべる'는 同年代에도 그냥 實詞로 쓰이고 있어서 音節數에 너무 큰 차가 있다.

그러나, haberu(はべる)의 -ru는 自動詞化의 機能을 가진 語尾로서 본시는 '自發'을 뜻하는 助動詞인데, 그것이 *hab-e(모심, 待衛)<名詞>에 附加되어서 habe-ru(侍)<自動詞>가 된 것으로 볼 수 있을 것이므로, 여기의 *hab-<Jap>와 *im(「伊音/音」)<新羅>·*ikmï(>ixmï-)<Gily>를 比較하여 音韻上으로 對應시킬 수 있는지 살펴보기로 한다.

이미 위에서 언급한 바와 같이 이들의 共通基語를 *ikmï-(주다/두려워 못하다/힘쓰다)로 再構할 수 있을 것이므로 이것과 *hab 또는 *habe와 비교하여 보고자 한다. 먼저 ikmï>ikïmï>ihəmə>hame>habe와 같은 發達過程을 생각할 수 있다.[(*cf.* i- (Kor>∞ø-<Jap>: 例. ip'ari '葉'∞ha 'id' ; *iskar(>ik'ar. 杉) ∞sugi 'id' ; is'og '利益' ∞soku '利了' ; 9.1.(33)].

다시 말하면, 語頭母音의 脫落現象은 너무 보편적이고, 또 日本語는 VCCV와 같은 音韻結合體는 開音節을 유지하는 습성 때문에 VCCV>VCV(ï)-CV로 일단 바뀌고, 後世에 내려오면서 日本語가 ï를 기피하는 습관이 생기자 ï를 ə>a로 바꾼 것으로 推定되며, 다시 日本語는 m을 b로 바꾸는 습관을 가지고 있어서[*cf.* 9.1.(11). 例. 馬[ma>ba], 武[mu>bu], kumu '穴' ∞kubo '凹', čum, '睡' ∞cuba 'id')] *ikmï와 *hab(또는 habe)는 분명히 音韻上으로도 對應된다.

따라서, *im(「伊音/音」. 聽者尊待法先行語尾)<新羅>와 *hab(e)-(はべる. 聽者尊待法 助動詞)<Jap>는 音韻·文法의 兩面에서 완전한 對應을 보여주며, ixmï-(주다, 두려워 못하다)< Gily>의 存在를 考慮하여 이들의 共通基語를 *ikmï-로 再構할 수 있을 것으로 推定된다.

(39) -*čï(叱) 〉-t(-叱.ㅅ/-ㅿ. 사잇소리)〈 Kor〉 ∞ *-cï(〉-*sï 〉-si). -つ 〉-し. 屬格助詞)〈 Jap 〉…-*cï-(사잇소리)

韓國語에서는 사잇소리 記號로서 '-ㅅ'이 쓰이고 있으나, 古代에는 '叱'이 쓰이었고, 李朝時代에는 '-ㅅ/-ㅿ/-ㆆ/-ㄱ/-ㄷ/-ㅂ(-ㅸ)'의 여러 形態가 쓰이었다. '叱'의 讀法은 *-čï이었을 것이나, 적어도 李朝時代에는 사잇소리가 內破音—[ᵗ]인 것으로 推定되며(-*cï>-c[t]'八終聲法에 의해 內破音-t로 소리남), 先行語의 末子音에 順行同化되어서 -ŋ+t>-ŋ+k ; -m+t>-m+p와 같이 內破音—[ᵏ]·[ᵖ]으로 發音되기도 한 것으로 믿어진다(*cf.* 兄ㄱ뜯, 潭ㅂ字).

그런데, 이 사잇소리는 본시 緩慢한 結合을 가진 두 名詞 사이에 끼어들어 그것을 複合語처럼 느끼게 하는 기능을 가져서 거의 대부분의 경우에 사잇소리에 앞선 名詞가 그 아래 名詞의 修飾語가 되기 때문에 現代文法에서 흔히 屬格助詞(또는 冠形格助詞)라고 일컬어지고 있는 형편이다. 사실, 李朝初만 하여도 姜宗勳(姜吉云의 筆名)의 「完全國語」[9]에 例示한 바와 같이 主格·目的格·補格의 자리에도 더러 쓰이었으나, 現代에서는 거의 例外 없이 冠形格(屬格)의 機能을 하고 있다. 다음에 冠形格의 자리에 쓰인 사잇소리의 例文을 보인다.

例 川理叱 磧惡希(*나릿 재박별아게=내의 작벼리에서)<讚耆婆郞歌>
衆生叱 海惡中(*衆生ㅅ바덜 악아혜=衆生의 바다 속에)<普皆廻向歌>
픐닙과실 미조매 니르러도<楞嚴一 87>
世尊ㅅ일 슬보리니<月釋一 1)
英主ㅿ알픠 내내 붓그리리<龍歌 16장>
後ㅿ날 다ᄅᆞ리잇가<龍歌 26장>
오ᄂᆞᆳ나래 내내 웃보리<龍歌 16장>

君ㄷ字, 呑ㄷ字
閭ㆆ字, 那ㆆ字
穰ㄱ字, 乃終ㄱ소리
侵ㅂ字, 覃ㅂ字
斗ㅸ字, 漂ㅸ字<以上 訓民正音>

한편, 日本語에서는 'つ'(cu)가 冠形格助詞로서 古代에는 많이 쓰이다가 現代에 와서는 '目つ毛·わたつみ'와 같이 化石化된 複合語에만 쓰이고 있을 뿐이다. 이 'つ'는 奈良時代에 많이 쓰이었는데, 位置나 存在·時間 등을 나타내는 말

9) 姜宗勳, 「完全國語」, 東亞出版社, 1966, p.30.

밑에 주로 쓰이었다. 한편, 드물게 '-し-'가 'つ'와 같은 구실을 한 것이 고어 속에 보이는데 이것은 아마 *cï(つ)>sï>si의 변화를 거친 것으로 보인다.

例 天つ神, 國つ神, 邊つ櫂, 內つ宮, 外つ宮, 山つみ, 上つ瀨, 中つ瀨, 先つ年, をとつ日, 冲つ波, 天つ風雲 ; はるしあめ(>はるさめ. 春雨)

어떻든, -t-(사잇소리)가 나중에 冠形格助詞로 굳어져 버린 것으로 볼 수 있다. 따라서, '-ㅅ/-ㅿ/-ㆆ/(-ㄷ/-ㄱ/-ㅂ/-ㅸ)'의 再構形-*-cï(사잇소리 · 冠形格助詞) <Kor>와 -cï(-つ. *사잇소리 · 冠形格助詞)<Jap>는 그 文法的 機能과 音韻의 兩面에서 일치하며, 한편, 音韻面에서 日本語는 開音節이 통례이므로 'つ'의 遡及形 -*tï<Jap>는 *-t(사잇소리)+ï(添加母音)의 構造를 가지게 된 것으로 推定할 수도 있다. 따라서, 이들 體言間의 사잇소리의 共通基語는 *-cï(사잇소리)로 再構될 수 있을 것이다.

(40) -syə(-셔. 强勢辭) 〈 Kor 〉 ∞ -si(-し. 强勢辭) 〈 Jap)…*si~*ti-(强勢辭)

韓國語에서는 '·(이)셔'가 '强勢辭'로서 體言下나 用言의 副詞形 '-아/-어/-고'下에 添加되어 쓰이고 있다.

다음에 그러한 例文을 보인다.

例 둘이셔 집으로 갔다
숙씨셔 그렇지 아냐 이제 보리라 하시되<意幽堂日記>
黃花고지 안해 드니 새셔 가만ᄒᆞ애라<動動>
지블 占卜ᄒᆞ야 예롤 조차셔 늘구리나<杜初 七5>
眷屬ᄃᆞ외ᅀᆞᄫᅡ셔 셜본 일도 이러ᄒᆞᆯ식<釋詳 六5>
衛護는 들어 더브러셔 護持ᄒᆞᆯ씨라<月釋 九62>
ᄡᅡ해 브터셔 즘겨 져저<杜初 七36>
本元由處롤 得고셔 그 本性이 恒常ᄒᆞᆯ씨<標嚴 十14>
이에 나몰 아디 몯고셔 佛道애 허믈 닐위여<法華 三180>
나실 나래 하ᄂᆞᆯ로셔 셜흔두가짓 祥瑞 ᄂᆞ리며<釋詳 六17>
他化天으로셔 ᄂᆞ리리 그지 업스며<月釋 二26>
虛空애셔 耶輸ᄭᅴ 니ᄅᆞ샤ᄃᆡ<釋詳 六8>
ᄡᅡ히 훤ᄒᆞ고 됴ᄒᆞᆫ 고지 하거늘 그에셔 사니<月釋 二7>

져근 아히 幽園에셔 오니<杜初 十五23>
누네셔 나디 아니ᄒᆞ도다<楞嚴 二11>
無ㆆ字애셔 너므니 잇ᄂᆞ니야<蒙法 62>
블고미 日月에셔 더으고<蒙法 65>

위에서 '-셔'가 [體言+셔 ; -아/-어(完了副詞形)+셔 ; -고(條件形 · 羅列形)+셔 ; -로(向格→始發格 · 奪格)+셔 ; -애/-에(處格, 向格→奪格, 比較格)+셔]와 같이 여러 形態素와 어울려서 쓰이고 있는데, 始發格과 奪格의 경우를 제외하면 '-셔'는 단지 强勢辭로 볼 수 있고, 또 始發格 · 奪格의 경우에 向格에 强勢辭 '-셔'가 붙은 것으로 볼 수 있다. 따라서 '-셔'는 强勢辭로 볼 수 있는 동시에 '시어'(有 · 在)로 해석하여도 前後文脈이 잘 통한다.

그런데, 아이누어에 있어서도 이와 꼭 같은 語法이 있고, 또 그 形態도 꼭같애서 强勢辭 -si 가 起源的으로는 '有 · 在'를 뜻하는 實詞에서 생겨난 것임을 알 수 있다. 즉 ši-numa · ši-roma(有 · 在)<Ainu>는 金田一京助(1944) p. 79에[10] 의하면 to be를 뜻한다고 하며, 그것은 雅語形으로 쓰인다고 하였으나, 筆者의 생각으로는强勢形으로 보는 것이 옳지 않을까하며, *ši(有 · 在)+*rube(>ruwe. 事實)의 複合形態인 것으로 推定된다.

그리고, 韓國語에는 强勢接尾辭 '-티'가 따로 쓰이고 있는데 그 意味機能이 같으나 統辭機能은 '-셔'와 다르다. 다시 말하면 動詞語幹에 '티'가 直結된다. 그러나 音韻上으로만 보면 t'i는 ti에서의 發達로 볼 수 있고 ti>si의 變化는 흔한 일이기 때문에 '-티'도 '-셔'와 同起源으로 볼 수도 있을 것 같다[*cf.* 9.1.(2) · (5)].

例 어드리 내티료<月釋 二6>
虛空애 티티고 바ᄃᆞ며<月釋 廿一43>

한편, 日本語에서도 이와 對應될 것이 예상되는 '-し(-si)'가 强勢形으로 쓰이고 있어서 다음에 例示한다.

10) 金田一京助, 「虎杖丸の曲」, 1944, p.79.

例 まぎるるかたしなければひとり南の窓によりゐて(=지리함을 풀 길도 없기 때문에 南向의 窓門 가까이에 기대고 있어서)＜擧白集, 木下長嘯子＞

まことにそれことわりたれやし人かはみながらかねそなへたるあらむ(=진실로 道理에 맞는 일이어서 어떤 사람일까요 모든 것을 갖추어 있을까)＜泊洦文選 淸水濱臣＞

世の中にかしこきこともはかなきことも思ひし解けば夢にぞありける(=世上에는 多幸스러운 일도 不幸함도 생각하여서 풀면 꿈같이 덧없는 것이구나)＜金塊集 源實朝＞

위에서 强調의 ‘し’가 韓國語의 ‘-셔’와 마찬가지로 體言이나 助詞나 語尾밑에 잇대이며 그 文法的 機能도 같다.

그리고, syə∞＜Kor＞와 si＜Jap＞는 9.1.(27)에 의하여 이들이 音韻上 對應되는 것이 확실하므로 ‘-셔’(强勢形←*有・在)＜Kor＞와 ‘-し’(强勢形←*有・在)＜Jap＞는 音韻과 文法의 兩面에서 완전한 對應을 보여 주며, 이들은 ‘시’-(有・在)＜濟州＞・*si-(有・在. *cf.* ši-numa・ši-roma ‘to be’)＜Ainu＞와 아울러 생각할 때 그 共通基語는 *si- (强勢辭)로 再構될 수 있을 것으로 推定된다.

(41) -a/-ə(-아/-어. 副詞形)+syə(-셔. 過去・完了相)〈Kor〉∞ -e/-i(連用形)+si(-し. 過去)〈Jap〉…-*a si-(完了相)

韓國語에서는 ‘-아 시-어/-어 시-어’가 完了相을 나타내는데, 때로는 過去를 나타내기도 한다. 여기서 ‘시-’는 ‘有・在’를 뜻하던 말인 것으로 해석된다. 그런데 前項 (40)에서 言及한 바와 같이, 完了副詞形 ‘-아/-어’에 ‘셔(有・在)’가 붙어서 完了狀態의 持續을 뜻하는 소위 現在完了(完了相)를 나타낸다(例. 省略 前頂參照).

한편, 日本語에 있어서는 ‘し’가 過去助動詞 ‘き’의 連體形으로서 쓰이며, 그 用例는 다음과 같다.

例 得べしとは思はずかくせむと思ふ志の一つなりといひし(=얻을 것이라고는 생각하지 않고 그렇게 하려는 決心의 하나라고 말하였다)＜花月草紙 松平定信＞

我未だ人に苦しげなる色見せし事なかりしに(=내가 아직까지 사람에게 괴로운 듯한 얼굴을 보인 적이 없었는데)＜折たく柴の記 新井白石＞

冬ごもりせし梢の枯れたるも，再び花咲けるが如し(=겨울에 구워박힌 잔가지가 말라 죽었어도 다시 꽃이 핀 것과 같다)<樂訓>

その有様從容としてやすらかなりし(=그 모습이 從容하여서 平安하였던 것이다)<駿台雜話 巻一>

この海を今切と名づけたるよし承りし定めて子細の侍るやらむ(=이 바다를 今切이라고 이름 지었다고 들었는데 그와 같은 뜻이 있을 것 입니다)<東海 道名所記 巻三>

그런데, 위의 'し'는 반드시 動詞・助動詞의 連用形(副詞形의 일종)에 잇대이는 점이 특색이다. 마치 韓國語의 副詞形 '-아/-어'에 '셔(시어)'가 잇대이듯이 한다. 그리고, 日本語의 連用形은 -e나 -i로 끝난다. 다음에 각종 連用形의 例를 들어 보인다.

例 なき(泣, nak-i, 四段活用) ………… i(連用形語尾・文語)
かち(勝, kat-i, 四段活用) ………… i(連用形語尾・文語)
つき(盡, tuk-i, 上二段活用) ………… i(連用形語尾・文語)
いき(生, ik-i, 上二段活用) ………… i(連用形語尾・文語)
かけ(掛, kak-e. 下二段活用) ………… e(連用形語尾・文語)
つげ(告, tug-e, 下二段活用) ………… e(連用形語尾・文語)
き(着, k-i, 上一段活用) ………… i(連用形語尾・文語)
み(見,m-i, 上一段活用) ………… i(連用形語尾・文語)
け(蹴, k-e, 下一段活用) ………… e(連用形語尾・文語)

또한, 副詞形의 일종으로 未然形이 따로 있는데, 그것은 -a/-e/-i의 形態를 취한다. 다음에 각종의 未然形의 例를 든다.

例 なか(泣, nak-a, 四段活・用) ………… a(未然形語尾・文語)
かた(勝, kat-a, 四段活用) ………… a(未然形語尾・文語)
つき(盡, tuk-i, 上二段活用) ………… i(未然形語尾・文語)
いき(生, ik-i, 上二段活用) ………… i(未然形語尾・文語)
かけ(掛, kak-e, 下二段活用) ………… e(未然形語尾・文語)
つげ(告, tug-e. 下二段活用) ………… e(未然形語尾・文語)
き(着, k-i, 上一段活用) ………… i(未然形語尾・文語)
み(見, m-i, 上一段活用) ………… i(未然形語尾・文語)
け(蹴, k-e, 下一段活用) ………… e(未然形語尾・文語)

위에서 보인 바와 같이 韓國語의 副詞形에 해당하는 活用形에 連用形·未然形이 있는데, 이들의 形態가 a/e/i를 取하고 있어서, 이것은 韓國語의 副詞形 '-아/-어/-이'와 對應된다고 할 수 있을 것이다. 오랜 歲月 속에서 좀 다른 점이 생겼다면, '-이'<Kor>가 轉成副詞를 만드는 데 주로 쓰이는 것에 대하여 -i(-い)<Jap>는 用言의 副詞形으로 多用된다는 차이뿐이다.

따라서, '副詞形(-a/-ə)+syə'<Kor>와 '副詞形(連用形)+si'<Jap>를 비교함에 있어서 日本語도 副詞形으로 -a/-e가 쓰였으나, 여기서는 連用形에 국한시켜서 -e가 쓰이었으니 -a/-ə<Kor>와 -e<Jap>가 音韻對應이 가능한지 그것을 살피고, 또 syə<Kor>와 si<Jap>가 音韻對應이 가능한지 생각해 보기로 한다.

먼저 -a/-ə<Kor>와 -e<Jap>는 9.2.(2)·(3)에 例示한 例로 보아서 對應하는 것이 확실하며, -ə<Kor>와 -a<Kor>는 母音調和에 의한 交替形이다. 그리고, -yə<Kor>와 -i<Jap>는 9.1.(27)에서 보인 例로 미루어서 또한 對應된다. 그러므로 音韻上으로는 위의 두 形態는 서로 對應된다고 할 것이다.

다음에 文法機能의 비교인데 이들은 서로 過去를 표시하기도 하고, 또 起源的으로 韓國語에서 完了相이었던 것이 後世에 내려와서 過去를 표시하게도 된 것이니 '連用形+si'<Jap>도 본시는 完了相을 나타내다가 後世에 내려와서 過去로 굳어져 버림 것으로 볼 수 있으니 이들은 그 文法機能上에서도 對應된다고 할 것이다.

요컨대, '-아/-어(副詞形)+셔'(完了相→過去)<Kor>와 '-え(連用形)+し'(過去)<Jap>는 音韻과 文法機能의 兩面에서 對應되는 것으로 推定되며, 이들의 共通基語는 *-a si-(完了相)로 再構될 수 있을 것이다.

(42) -ri-(-리-. 被動接尾辭)〈Kor〉∞ -r-(-る〈下二段活用〉. 被動助動詞)〈Jap〉…*-ri-(被動接尾辭)

韓國語에서는 '-리'가 被動接尾辭로서 다음과 같이 쓰이고 있다.

例 믈 젓듯 ᄒᆞ야 날로 들리며<小諺 五73)
낙시예 걸리여 보내니<太平 一2)

새삿기ᄃᆞᆯ 어버의 겨틔셔 놀려<小諺 四16>
동녁크로 ᄃᆞᆯ리기를 아ᄋᆞ라이 ᄒᆞ야<小諺 六91>

위에서 보인 바와 같이 被動接尾辭 ‘라’는 語根末音이 ‘-ㄹ’인 경우에 한해서 쓰이고 있으며 그것은 ‘들이다>들리다’ · ‘걸이다>걸리다’ · ‘놀이다>놀리다’ · ‘들이다>들리다’와 같이 본시는 被動接尾辭 ‘이’가 語根末音 ‘-ㄹ’ 아래에서 同化되어 ‘ㄹ이>ㄹ리’의 변화를 일으킨 것으로 보고 있으나 과연 그렇게 同化現象으로 보아야 할 것인지 좀 생각해 보아야 할 것이다. 다시 말하면 表記體 ‘-ㄹ이’가 [-li]로 發音되었느냐. 그렇지 않으면 [-lri]로 發音되었었는지 그것이 문제이다. [l]은 現代의 發音習慣으로 볼 때, 初聲(音節의 頭音으로서의 子音)으로 쓰이자면 先行音節의 末音이 [l]인 경우에 한하기 때문이다. 따라서 [Vli]라는 發音은 옛적(적어도 15 · 6世紀)에도 우리 생리에 맞지 않은 發音이었을 것이 거의 確實하다. 그러므로 表記體 ’-ㄹ이’는 ‘-ㄹ리’[-lri]로 發音되었을 것으로 推定된다. 그렇게 본 또하나의 이유는 ‘들이다>드리다’ · ‘걸이다>거리다’ · ‘놀이다>노리다’ · ‘ᄃᆞᆯ이다>ᄃᆞ리다’와 같이 [-li](-ㄹ이)가 [-ri](-리)와 같이 발달한 例를 볼 수 없다는 것은 옛사람들이 終聲 ‘-ㄹ’은 母音으로 시작되는 後行音 앞에서 重音 -ll-으로 認識된데서 ‘-ㄹ-≒-ㄹㄹ-’로 간주하였던 것으로 推定된다. 아무리 語源的으로 終聲 [l]을 가진 말이라 하더라도 그 뒤에 母音으로 시작되는 依存形態素들이 잇대이면 그 [l]이 [r]로 바뀌고 그것을 後行音節의 頭音으로 連綴하는 것이 15 · 6世紀의 表記法이자 發音習慣인데도 불구하고 같은 時代에 ‘ㄹ’을 中聲(母音)과 分綴한 사실은 그 ‘-ㄹ’이 [l](舌側音)으로 發音되었음을 示唆하는 同時에 實際發音은 [-lr-]로 소리 났음을 말해 주고 있다고 보아야 할 것이다. 그러므로 15 · 6世紀의 表記體 ‘-ㄹ이-’는 그 以後의 表記體 ‘-ㄹ리-’와 實際에 있어서는 同價의 표기일 것이고, ‘-ㄹ이->-ㄹ리-’(-li>-lri)의 音韻變化로 보기 어렵다. 따라서 15 · 6世紀의 表記體 ‘-ㄹ이-’는 [-lri]을 表示하였을 것이며, 따라서 ‘-ㄹ(語根末音)+리(被動接尾辭)’의 複合形態로 보아야 하며, 여기의 ‘-리’는 起源的으로는 -ri 이지 결코 -i 로 볼 수 없다(15 · 6世紀의 表記體 ‘-ㄹ이-’의 「-이-」에 현혹되어서는 안 될 것임).

한편, 日本語에서는 被動助動詞로서 'る'(下二段活用)가 쓰이고 있는데, 여기서 被動의 機能은 -r-(*-a '未然形' 下에)이 담당하고 있다. 다음에 被動助動詞 'る'의 用例를 들어 보인다.

> **例** 世の常ならぬさまなれども, 人に厭はれずよろづ許されけり(=世上에서 노상 있는 모양은 아니지마는, 사람에게서 미움 사지 않고 모두 용서받았던 것이다)<徒然草 60段>
>
> 名利につかはれて靜かなるいとまなく(=名利에 쫓겨서 조용할 겨를 없이)<徒然草 38段>
>
> 秋の月は見ざらん後の世の先までも思ひやらるる(=가을달은 보지 않은 뒷 世上까지도 마음이 쓰인다)<樂訓, 卷中>
>
> 「はや」などあまたたび遣らはるれどなほ居明せば(=「얼른」하고 몇 번이고 쫓겼으나 여전히 아침까지 앉아 있었으므로)<枕草子 179段>

위에서 보인 바와 같이 -ri-(-리-. 被動接尾辭)<Kor>와 *r-(る<下二段活用>. 被動助動詞)<Jap>는 그 文法的 機能이 같고, 音韻上으로는 i 母音의 탈락으로 보거나, ら行의 下二段活用의 幹母音이 -e/-u(れ・れ・る・るる・るれ・れよ)이니, 이것과 '-리'의 -i를 比較하더라도 對應되는 것이 確實하다[*cf.* 9.1.(26): i<Kor> ∞u<Jap) ; 9.2.(3): i<Kor>∞e<Jap)].

요컨대, 韓國語의 '-리-(被動接尾辭)와 日本語의 'る'(被動助動詞)는 그 文法機能과 音韻의 兩面에서 對應된다고 할 것이며, -re(他動化接尾辭)<Ainu>・-l (被動接尾羅)<Turk>(例. kar '持' : kar-re>kore '與' : a-kore '주어지다'<Ainu> ; yaz- '書' : yaz-ïl- '쓰이다'<Turk>)의 存在를 考慮하여 이들의 共通基語를 -*ri(被動接尾辭)로 再構할 수 있을 것으로 推定된다.

(43) -to(-도. 亦同・重加助詞)/-t'o(-ᄯᅩ. 亦同副詞)〈Kor〉∞ -to(-と. 重加・列擧助詞)〈Jap〉…*-to(列擧助詞)

韓國語에 있어서 '-도'는 亦同・重加・强調・對照・引用助詞로 쓰이고 있으며, 이것과 그 起源이 같은 것으로 믿어지는 '亦同'의 接續副詞 'ᄯᅩ(또)'도 있어서 다음과 같이 쓰이고 있다.

例 岐山 올ᄆᆞ샴도 하ᄂᆞᇙ ᄠᅳ디시니<龍歌 4장>
乃終ㄱ 소리도 ᄒᆞᆫ가지라<訓正諺> ………………………………………… 以上 '重加'
燃燈佛이시다도 ᄒᆞᄂᆞ니<月釋 一8>
甘蔗氏라도 ᄒᆞ더라<月釋 一8> …………………………………………… 以上 '引用'
亦 도 역<類合 上14>
賢聖도 ᄯᅩ 이 ᄆᆞᅀᆞᆷ 닷ᄀᆞ닌<牧牛 3>
나도 ᄯᅩ 모ᄉᆞᆯ ᄆᆡᇰᄀᆞ노라<杜初 七17) …………………………………………… 以上 '亦同'
우리 어미ᄂᆞᆫ 즁ᄉᆡᆼ도 ᄀᆞᆮ디 몯도다<釋詳 十一4> ……………………… '比較(對照)'
ᄒᆞᆫ번도 디만ᄒᆞᆫ 일 업ᄉᆞ니<釋詳 六4>
胡風도 ᄎᆞᆷ도 ᄎᆞᆯ샤 구즌 비는 무스 일고<珍靑 p.53> …………………… 以上 '强調'

한편, 日本語에 있어서는 'と'[to]가 '重加・亦同・列擧・引用・對照・强調'의 助詞로 쓰이고 있어서 다음에 그런 例를 들어 보인다.

例 任ずる所の官司は皆帝の民臣なり. 何ぞ敢て公家と共に百姓に收めむ
(=…. 어찌 감히 官家와 함께 百性에…)<十訓抄第一> ……………… '重加・列畢'
同じ心ならむ物としめやかに物語して(=……사물과 조용히 이야기 하고)
<徒然草 12段> ……………………………………………………………… '共同'
夏と秋と行きかふ空のかよひ路はかたへ涼しき風や吹くらむ
(=여름과 가을에 다니는 하늘의 行路는…)<古今集 夏> ……………………… '列擧'
ありとしある人みな浮雲の思ひをなせり(=있고도 있는 사람 즉 모든 사람……)
<方丈記 都うつり> ……………………………………………………………… '强調'
いきとしいけるもの いづれか歌を詠まざりける(=살고도 산 것 즉 살아있는 모든 것……)<古今集 序> ……………………………………………………… '强調'
そのありじと住家と無常をあらそひ去るさま, いはば朝顔の露に異らず(=그 主人과 살던 집이 덧없음을 겨루며…)<方丈記, ゆく川の流> ……………………… '對照'
さる人あるまじければ, つゆ違はざらむと向かひゐたらむはひとりあるこちやせむ(=…조금도 어그러지지 않으리라고…)<徒然草 12段> ………………… '引用'

위에서 보인 바와 같이, -to(-도)<Kor>와 -to(-と)<Jap>의 文法的 機能에 약간의 차이가 있는 듯이 보이지마는 起源的으로는 같았을 것으로 推定된다. 즉 '列擧'機能에서 '重加・共同・對照(比較)・亦同・强調・引用'의 機能으로 확대될 수 있기 때문이다. '-도'의 機能에 '重加・亦同・比較(對照)・引用・强調'의 여러 구실이 있는데, 이것은 '-と'의 機能에도 꼭 같이 있고, 그 외에 '列擧'의 機能까지 있으니 '-도'에도 본시 그런 機能이 있었던 것으로 생각되며, 이미 위에서 말한 바와 같이 이들 여러 文法的 機能 가운데서 源泉的인 것은 '列擧'인 것으로 推定된다.

요컨대, 韓國語의 '-도'(-to. 重加・亦同・對照・强調・引用의 助詞)와 日本語의 '-と'(-to. 列擧・重加・共同・對照・引用・强調의 助詞)는 音韻・文法機能의 兩面에서 對應되는 것이 확실하며, 이들의 共通基語는 *-to(列擧助詞)로 再構될 수 있을 것으로 推定된다.

이밖에 이들의 形態素와 比較될 직한 것으로서는 odu/-da/-todu (接續助詞) <Dr>와 -de/-da(重加)<Turk>를 들 수 있을 것이다.

(44) -to(-도. 讓步・假定形)〈Kor〉∞ -to/-do(-と/-ど. 讓步・假定形)〈Jap〉…
***-to(讓步・假定形)**

韓國語에서는 '-도'가 完了副詞形이나 敍述形에 잇대어서 '讓步'나 '假定'의 機能을 담당하되, 그 結果가 反對나 不可를 豫想하는 경우에 주로 쓰인다. 그렇다고 해서 반드시 否定的안 結果만 예상하는 것은 아니나. 다음에 例를 든다.

例 永世快樂ᄋᆞᆯ ᄀᆞ장 ᄉᆞᆯᄫᅡ도<月曲 139>
긔약ᄒᆞᆫ 날 다ᄃᆞ라도 쳔을 갑디 몯ᄒᆞ면<朴初 上61>
期約ᄋᆞᆯ 니저도 尊者ㅅ말 降服ᄒᆞ야<月曲 78>
音聲을 ᄀᆞᆯ히야도 耳根이 허디 아니ᄒᆞ리라<月釋 十62>
어린 百姓이 니르고져 ᄒᆞᇙ 배 이셔도<訓正諺>
迷케 ᄒᆞᆯ디라도<圓覺 上二之三29>
비록 丘陵 ᄀᆞᄐᆞᆯ띠라도 ᄒᆞ디 아니ᄒᆞ니<孟諺 滕文公 下>

한편, 日本語에서도 '-と/-ど'가 已然形(完了形)이나 終止形(敍述形)에 잇대어서 '讓步'나 '假定'의 機能을 담당하되, 韓國語의 '-도'와 마찬가지로 그 결과가 反對나 不可를 예상하는 경우에 주로 쓰이고 있다. 다음에 그 例를 들어 보인다.

例 風吹くと枝を離れて落つまじく花とぢつけよ(=바람이 불어도 가지를 벗어나서 떨어지지 않게 꽃을 매어 붙여요)<山家集 西行法師>
太子の監國といふこともあれど, それは暫くの事なり(=太子를 監國이라고 부르는 일도 있었어도, 그것은 暫間의 일이다)<神皇正統記 卷三>

二人行けど行きすぎがたき秋山をいかにか君がひとり越ゆらむ(=두 사람이 가도 지나치기 어려운 가을 山을 어찌하여 그대가 혼자 넘을 것인가)<萬葉集 106>
異夜はありと, かならず今宵は(=다른 밤은 있어도 반드시 오늘밤은)<かげろふ 下>
文を書きてやれども返事もせず(=글을 써 보냈어도 답장도 하지 않았다)<竹取物語, 二. つまどひ>
家康が命終るとも汝が世にあらんを頼みにこそ死すべけれ(=家康가 죽어도 네가 世上에 있을 것을 믿고서 죽을 수 있더라)<藩翰譜 新井白石>

위에서 보인 바와 같이, 韓國語의 '-도'(-to. 讓步・假定形)<Kor>과 日本語의 '-と/-ど'(-to/-do. 讓步・假定形)<Jap>은 音韻과 文法機能의 兩面에서 對應되며, 이들의 共通基語는 -*to(讓步・假定形)로 再構될 수 있을 것으로 推定된다.

(45) -ri(-리. 沿格助詞)〈Kor〉∞ -ni(-に. 方位格助詞), -ti(ち. 方向接尾詞)〈Jap〉… *-li(沿格助詞)

韓國語에서는 '-리'가 沿格助詞로 쓰이고 있는데(*cf.* Benzing 1955[1]), 그것이 指示代名詞에 붙어서 副詞語가 된다. 다시 말하면, '이-리'는 '여기로 이렇게'의 뜻으로 쓰이고 있다. 다음에 그와 같은 例를 들어 보인다.

例 六師ㅣ 이리 니ᄅᆞ나니 그듸 沙門弟子ᄃᆞ려 ………… 무러보라<釋詳 六26>
神力이 이리 세실ᄊᆡ<月曲 40>
ᄂᆞ치 ᄒᆞᆰ 무텨 이리 오샤<金三 二49>
이리 저리<漢淸文鑑 246>
나도 그리 호리라<釋詳 六12>
제 간ᄋᆞᆯ 뎌리 모ᄅᆞᆯᄊᆡ<月曲 40>
精舍ㅣ 업거니 어드리 가료<釋詳 六22>
아ᄃᆞ리 孝道ᄒᆞ고 허믈 업스니 어드리 내티료<月釋 二6>

한편, 日本語에서는 方位格(方向・位置)助詞로서 '-に'가 쓰이고, 方向・接尾辭로서 '-ち'(*-ti>-ci)가 다음과 같이 쓰이고 있다.

例 さて家に歸りつつ切腹の用意して(=그리고 집으로 돌아가서 自決의 준비를 하고)<駿台雜話>
みづから家をこぼちて市に出でて賣るに(=손수 집을 허물어 뜨리고 저자에 나가

서 파는데)<方丈記 承和の飢渴>
有明のいみじうきりわたる庭にありくを聞し召して(=새벽의 매우 안개가 낀 뜰에 내려서 걷는다고 듣잡고)<枕草子 64段>
をちこちに騒ぎ泣くらむ(=저기여기에서 떠들어 울 것이다)<萬葉集 3962>
馬にてあちこち打廻りて(=말로서 여기저기 돌아다녀서)<沙石集五末 二>
そちとこちばかり知る事ぞ(=그쪽과 이쪽만이 아는 일이요)<本則抄一>
知れる人 "……" と呼びければ, そちぞこの男はいにける…(=아는 사람이 "……" 라고 부르니, 거기말이야 하고 그 사내는 가던…)<平中 25)
どちの申すが本ぞ(=어느 쪽의 말씀하신 책인가)<山谷詩抄二>
どちへござるぞ(=어디에 계십니까)<虎明本狂言 腹立てず>

위에 보인 바와 같이 *-ti(-ち)는 본시 沿格助詞 *-li[*cf.* 2.1.2.(2) ; 9.1.(9) : -r<Kor>∞-t<Jap>]에 遡及되는 形態인데, 나중에 '-へ, -に'(助詞) 등이 거기에 添加되어서 쓰이게 됨에, 先行한 '-ち'를 方向接尾辭로 보게 된 것이다.

그리고, 方位格助詞 '-に'도 li>ri>ni의 發達過程을 밟아서 形成된 形態素로서 이것은 沿格助詞 *-li에 遡及되는 것으로 생각된다[*cf.* 9.1.(9) :-r<Kor>∞-n <Jap>].

그러므로 韓國語의 -ri(-리. 沿格助詞)와 日本語의 *-ti(-ち. 方向接尾辭)·-ni(-に. 方位格助詞)는 音韻·文法機能의 兩面에서 對應하는 것으로 推定되며, etōḷi(어디로)·itōḷi(이리)·atōḷi(저리)<Dr-Ta> ; elli(어디로)·illi>ili(이리)·alli(저리)<Dr-Ka>의 存在로 미루어서 드라비다語의 -ḷi/-li가 韓國語의 '이리·뎌리·어드리'의 -ri(-리)와 對應되는 것이 확실하므로 이들 沿格助詞의 共通基語는 *-li로 再構될 수 있을 것이다.

(46) -βad-(-받-. 强勢·使動接尾辭)〈Kor〉 ∞ *bɜsi(〉besi, べし. 當然·可能·命令·使動·確信·決意)〈Jap〉…*-bat(强勢·使動接尾辭)

韓國語에서 '-받->-왇-'(强勢·使動接尾辭)이 쓰이고 있다. 아마 그 起源的인 機能은 '强勢'가 아니었을까 생각한다. 다시 말하면, 논리적으로 보아서 '强勢'에서 使動(使役)·當然·命令·可能·確信·決意 등의 다양한 구실이 派生될 수 있을 것이므로 -βat-(>-wat-. 强勢·使動接尾辭)<Kor>와 *bɜsi(>besi. 當然·可能·命令·使動·確信·決意助動詞)<Jap>는 그 文法機能이 對應된다고 할

수 있을 것이다.

다음에 '-받-' <Kor>과 'besi' <Jap>의 用例를 들어 보인다.

例 罪業을 니르바돌 씨라<月釋 一46>
브텻긔 發心을 니르와다<釋詳 六19> ………………………………………… 以上 '使動'
구루미 니르바다<三綱 孝 29>
나라흘 버으리와다쇼미 머도다<杜初 七5> *cf.* 버으리-(他動詞)
엇디 내 이 一場愁를 헤와드료<杜重 中17> ……………………………………… 以上 '强勢'

山里の門涼みに螢三つ四つ飛びかふには命ものばへなむ心ちもせらるべし(=山마을의 門前의 납량에 반딧불이 세개 네개 날아 엇갈리는 情景에는 목숨도 연장될 것 같은 心情도 날 것이다)<藤簍冊子. 上田秋成> ……………………………… '確信'
ひるよりあめしきりに降りて月見るべくもあらず(=낮부터 비가 자주 내려서 달을 볼 수 있음도 아니다)<鹿島詣. 松尾芭蕉> ……………………………………… '可能'
負けて興なくおぼゆべきことまた知られたり(=패배해서 興味없이 느낄 것임도 또한 알려졌다)<徒然草 130段> ……………………………………………… '當然 · 豫定'
はかなくうち語らはむ友なりともよくその人擇ふべし(=부질없이 잠깐 이야기할 벗이라도 잘 그 사람을 選擇할 것이니라)<十訓抄第五> …………………… '命令'
每度ただ得失なくこの一矢に定むべしと思へといふ(=매번 그저 失敗할 경우에 대한 감정 없이 이 한 살로써 決末을 내려고 생각하라고 말한다)<徒然草 92段> · '決意'
垣根がくれに冬より殘れる雪のところどころはだれに見ゆるもこぞの名殘をしむべし(=울타리의 그늘에 겨울부터 殘雪이 곳곳에 얼룩지게 보임도 昨年의 未練을 가지게 한다)<樂訓. 貝原益軒> …………………………………………………… '使動'

위에서 보인 바와 같이 -βad-(-받-. 强勢 · 使動)<Kor>과 besi(べし. 當然 · 確信 · 決意 · 命令 · 可能 · 使動)<Jap>는 皮相的으로 생각할 경우에는 그 機能에 서로 상당한 차이가 있는 듯이 보이면서도 '當然 · 確信 · 決意 · 可能'은 '强勢'에서, '命令'은 '使動'에서 각각 派生한 機能이라고 볼 수 있기 때문에 besi(べし)의 機能도 -βad-(-받-)과 같이 그 起源的 機能은 '*强勢 · 使動' 또는 '*强勢'로 遡及시킬 수 있을 것이므로 이들은 文法機能上으로 對應한다고 할 만하다.

그라고 音韻上으로 볼 때 besi는 *bɜti에 遡及될 것이고 t/d<Kor>∞s<Jap>[*cf.* 9.1.(2)], β<Kor>∞b<Jap>[*cf.* 9.1.(6)], a<Kor>∞ɜ(ë)<Jap>[*cf.* 9.2.(2)]의 對應이 가능하며, 日本語의 開音節化를 考慮하면, βad<Kor>와 besi(<*bɜti)<Jap>는 완전한 對應을 보여 준다고 할 것이다.

요컨대, '-받-'(强勢·使動接尾辭)<Kor>와 'べし'(當然·可能·命令·使動·確信·決意助動詞)<Jap>는 音韻과 文法機能의 兩面에서 對應되는 것으로 推定되며, 이들의 共通基語는 *-bat-(强勢·使動接尾辭)으로 再構될 수 있을 것이다.

(47) -nira(-니라, 規定法語尾)〈Kor〉∞ -nari(なり〈ら變則活用〉. 規定法助動詞)〈Jap〉…*-nira(規定法)

韓國語에서는 '-니라'가 客觀的 事實을 敍述하는 規定法語尾로 쓰이고 있다.[11] 다음에 例를 들어 보인다.

例 사ᄅᆞ미 살면 주구미 이실ᄊᆡ 모로매 늙ᄂᆞ니라<釋詳 十一36>
東土에셔 皇帝ᄅᆞᆯ 天子ㅣ시다 ᄒᆞᄂᆞ니라<月釋 一69>
셕셕기 됴케 호ᄆᆞᆯ ᄀᆞ티 ᄒᆞ니라<法華 一86>
그제ᅀᅡ 아기나히ᄅᆞᆯ 始作ᄒᆞ니라<月釋 一44>
小瞿曇이 甘庶園에 사ᄅᆞ실ᄊᆡ 甘庶氏라 ᄒᆞ더니라<月釋 一8>
서근 조ᄒᆞᆯ 갈마 ᄀᆞᄃᆞ기 두게 코져 ᄒᆞ더니라<杜初 廿四22>
三菩提를 ᄲᆞᆯ리 得디 몯ᄒᆞ리러니라<釋詳 十九34>

한편, 日本語에서는 'なり'가 '推定·傳聞·詠嘆·指定·所在'의 文法的 機能을 나타낸다고 하는데, 筆者는 그 機能을 '規定法'으로 다루고자 한다. 그리고, 'なり'는 본시 '-にあり'의 縮約으로 이루어진 形態라고 일컬어지고 있다. 다음에 例를 들어 보인다.

例 (ㄱ) 玉かづら花のみ咲きて成らずあるは誰が戀にあらめ吾は戀ひ思ふを(=덩굴의 꽃만 피고 열매가 맺지 않는 것은 누구의 사랑이었을까. 나는 그리워 생각하고 있는데)<萬葉集 102>
(ㄴ) 天ざかる鄙にあるわれを(=하늘에서 멀리 떨어진 시골에 있는 나를)<萬葉集 3949>
(ㄷ) 古き墳多くはこれ少年の人なり(=옛 무덤은 대개는 젊은이의 무덤이니라)<徒然草 49段>
(ㄹ) ゆるくすべき事を急ぎて過ぎにし事のくやしきなり(=천천히 하여야 할 일을

11) 李崇寧,「中世國語文法」, 1972. p.244.

서둘러서 지내온 일이 後悔되느니라)<徒然草 49段>

(ㅁ) 思ひかへしつつつれなく作りて思ひ入れぬさまなり(=돌이켜 생각하면서 아무일도 없었던 듯이 생각에 잠기지 않은 모양이었다)<增鏡, 久米のさら山>

(ㅂ) かへる雁くもぢにまどふ聲すなり(=돌아가는 기러기가 하늘길에서 헤매는 소리가 나느니라)<後選和歌集>

(ㅅ) 笛をいとをかしく吹き澄まして過ぎぬなり(=피리를 매우 훌륭하게 불어 ≪시끄러움을≫ 가라앉히고 지나갔느니라)<更級日記>

(ㅇ) 秋の野に人まつ虫の聲すなり, われかと行きていざとぶらはむ(=가을의 들에 사람을 기다리는 벌레소리가 나느니라. 내가 그이와 가서, 자! 찾으리라)<古今和歌集 秋上>

(ㅈ) きけば侍從大納言の御女なくなり給ひぬなり(=들으니, 侍從大納言의 夫人이 돌아가셨느니라)<更級日記>

그런데, 위 例文의 (ㅂ)~(ㅈ)의 넷은 종래에 그 機能을 '傳聞・推定'이니 '詠嘆'이니 하던 것들인데, 이것들도 筆者는 '規定法'으로 묶을 수 있으리라고 생각한다. 위의 (ㅈ)은 '傳聞'이라고 하던 것인데, 이것은 傳聞한 것이기는 하나 분명히 主觀的인 표현이 아니고 客觀的 敍述이다. 또, (ㅂ)은 '詠嘆'이라고 하던 것인데, 이것도 客觀的 敍述임에는 틀림없다. 또한 (ㅅ)・(ㅇ)은 '詠嘆' 또는 '推定'이라고 하던 것인데, (ㅅ)은 完了確定된 사실의 표현이고, (ㅇ)은 가을 들판의 普遍的 事實을 규정한 것이다. 그리고, '指定・所在'를 뜻한다고 하는 (ㄷ)~(ㅁ)도 客觀的 事實의 表現임이 자명하다. 따라서 'なり'의 文法的 機能을 日本學者들처럼 體言과 連體形下에 잇대이는 경우와 終止形에 잇대이는 경우를 따로 구별할 필요 없이 통합하여 規定法으로 다루는 것이 보다 합리적이라고 생각한다. 다시 말하면 終止形과 連體形은 대부분의 活用에 있어서, 同形이고 또 이 'なり'를 '指示(方位格助詞)의 'に'와 'あり'(有)의 縮約形이라고 생각하는 점으로 미루어서 그것이 客觀的 事實의 指示를 意味하는 것이므로, 이러한 여러 機能을 일괄하여 規定法이라고 부르고자 한다.

다음에 nira<Kor>와 nari<Jap>가 音韻上으로 서로 對應한다고 볼 수 있는지 살펴보기로 한다. 먼저 niari<Jap>가 奈良時代에 쓰인 것도 사실이나 대개의 경우 그것은 '所在'를 표시하였고, 같은 시대에 'なり'도 많이 쓰이었으며 대개는 '指示'의 機能을 가지고 있었다. "富士の山はこの國(=駿河國)なり"의 'なり'

와 같이 간혹 '-에 있다'(所在)의 뜻으로 쓰이기는 하지마는, 마치 韓國語에서 "德壽宮은 어디 있니"하고 묻는 물음에 "서울이니라"(=서울에 있다)와 같이 대답하는 경우가 있듯이 위 例의 'なり'는 '-이니라'(規定法)의 뜻인데 그것을 '-에 있다'(所在)의 뜻에 대응한 것이라고 할 수도 있어서 굳이 'なり'를 '-にあり'의 축약으로 볼 필요가 없다고 본다. 따라서 筆者는 'なり'가 '-にあり'에서 축약에 의해서 形成된 것이라고 보지 않고 -nira<Kor>와 -nari<Jap>는 起源的으로 *-ni(指示)+ra(客觀性敍述形)의 複合形態로서 다음과 같은 발달과정을 밟은 것으로 推定한다.

*nira(-니라)>nyara ┬ nara>nari(なり)
　　　　　　　　　　└ *niari(-にあり)

위의 音韻變化에서 i<Kor>∞ya(Jap>의 對應은 -iraŋ(亦同)<Kor>∞-yara (id)<Jap>의 例[*cf.* 9.1.(27)]로 미루어서 무리 없다고 할 수 있으므로 '-니라'(規定法語尾)<Kor>와 'なり'(規定法助動詞)<Jap>는 文法機能뿐만 아니라 音韻上으로 對應되는 同起源의 形態라고 할 수 있으며, 이들의 共通基語는 *-nira(規定法)로 再構될 수 있을 것이다.

(48) -t'ʌn(-ᄯᆞᆫ. 自體・强勢・最小限度)〈Kor〉∞ -dani/-tana(-だに/-たな. 最小限度・强勢)〈Jap〉…*-tan(自體)

韓國語에서는 '-ᄯᆞᆫ'이 '强勢나 最小限度(뿐)'의 구실을 하는 補助詞로 다루어지고 있으나, 반드시는 그렇지 않다고 생각한다. 마치 日本語의 '-だに'가 '*自體・スス로→最小限度'를 指示한다고 하면서도, "物いはぬよものけだものすらだにも……"에서와 같이 'すら'(限定) 다음에서는 '强勢'의 구실을 하듯이, '-ᄯᆞᆫ'도 源泉的인 뜻은 -tāŋ(自體・スス로)<Dr-Ta>와 같았으나 차차 '强勢'의 機能을 겸하게 된 것으로 보고자 한다. 다음에 例示한다.

例 ᄂᆞᄎᆞᆯ 거우ᅀᆞᄫᆞᆫ돌 ᄆᆞᅀᆞᆷ잇ᄃᆞᆫ 뮈우시리여<月曲 上62>
ᄉᆞᆯ히 여위신돌 金色잇ᄃᆞᆫ 가ᄉᆡ시리여<月曲 上62>
구스리 바회예 디신돌……긴힛ᄃᆞᆫ 그츠리잇가……즈믄ᄒᆡᄅᆞᆯ 외오곰 녀신돌……信잇ᄃᆞᆫ 그츠리잇가<樂章歌詞 · 西京別曲 · 鄭石歌>
ᄒᆞ다가 아로미 업술딘댄 ᄆᆞᄎᆞ매 草木 ᄀᆞᆮ거니ᄯᆞᆫ(若無知者ㅣㄴ대 終如草木거니ᄯᆞᆫ)<楞嚴 三41>
ᄒᆞ다가 나며 드로며 이시면 곧 虛空이 아니어니ᄯᆞᆫ<楞嚴 二10>
ᄒᆞ다가 밧ᄀᆞᆯ브터 올딘댄 몬져 당다이 ᄂᆞᄎᆞᆯ 보려닛ᄃᆞᆫ(楞嚴 一64>
아디 몯ᄒᆞ면 識이 아니어니ᄯᆞᆫ<楞嚴 三47>
내딴은 잘 하느라고 한 일이다.

위 例에서 보인 바와 같이 主格助詞(또는 媒介母音) '-이' 아래에 '-ᄯᆞᆫ'이 잇대는 경우는 '自體 · 스스로'의 뜻으로 해석할 수 있으며, 敍述形語尾末에 쓰인 '-ᄯᆞᆫ'은 '强勢' 또는 '-만'(最小限度)을 機能한다고 할 것인데 ,'만'의 뜻은 '自體'라는 뜻에서 意味擴大로 생겨난 것으로 볼 수 있으리라고 믿는다. 따라서 '-ᄯᆞᆫ'은 그 본래의 意味를 '*自體 · 스스로'로 推定하고자 한다.

한편, 日本語에 있어서는 '-だに'가 '最小限度 또는 强勢'의 구실을 하는 助詞로, '-たな'도 '强勢' 또는 '自體'의 뜻으로 取扱되어 오고 있는데, 여기의 '强勢'도 前述한 '*自體 · 스스로'라는 뜻에서 派生된껏으로 믿고자 하며 다음에 例文을 보인다.

例 花の色は霞にこめて見せずとも香をだに盗め春の山風(=꽃빛은 놀에 싸여 보이지 않더라도, 香氣만도 훔쳐라 봄의 산바람아)<古今和歌集 春下>
命だに心にかなふものならば何か別れの悲しからまし(=목숨만도 마음대로 되는 것이라면 어찌 離別이 슬플 것인가)<古今和歌集 離別>
われは三巻四巻をだにえ見はてじ(=나는 三卷四卷만도 보아내지 못할 것이다)<枕草子 23段>
はかなき事だにかくこそ侍れ(=덧없는 일조차≪←自體≫그러합니다)<源氏物語 帚木>
朝堰に來鳴く貌鳥. 汝だにも君に戀ふれや時終へず鳴く(=아침에 보에 와서 우는 꾀꼬리여! 너조차≪←자제≫도 임금을 그리워하느냐 끊임없이 울도다)<萬葉集 1823>
ものいはめ四方のけだものすらだにもあはれなるかなや親の子を思ふ(=말 못하는 四方의 짐승조차<强勢>도 기특하구나 어버이가 자식을 생각함이)<金塊

和歌集>

今だにならはばやのこころつくに, いはけなきをり……(=지금도≪←자체≫ 배우고 싶다는 마음이 드는데 어린 時節에……)<六帖咏草 小澤蘆庵>

御覽じだにおくらぬ覺束さをいふかひなく思さる(=배웅조차 할 수 없는 不安한 감정을 말한 보람 없이 생각된다)<源氏物語 桐壺>

身はたな知うず(=몸 自體는 모른다)<萬葉集 1739>

身をたな知りて(=몸을 그 自體를 알고서)<萬葉集 1807>

事はたな知れ(=일은 그 自體를 알라)<萬葉集 3279>

위에서 보인 바와 같이 '-조차'나 '만도'의 듯도 '自體→만도→强勢→-조차'의 意味擴大로 볼 수 있을 것이다. 다시 말하면 '너 자체'는 너에게 국한함이니 '너만'과 실질적으로는 同意라고 할 수 있고, 또 '너'의 强勢로 볼 수도 있고, 또, 거기서 '-조차'(添加)가 派生되었다고 할 수 있을 것이므로 '-だに'의 源泉的안 뜻은 '自體'로 推定된다.

그리고, -t'an(-ᄯᅡᆫ)과 -dani(-だに)/-tana(-たな)는 9.1.(2)에 의하여 t'<Kor>와 d・t<Jap>는 對應되고, 日本語가 開音節로 끝나는 慣例로 보아서 이들은 音韻上으로도 對應된다고 생각한다.

요컨대 -t'an(-ᄯᅡᆫ. *自體)<Kor>와 -dani(-だに. *自體)/-tana(-たな. 强勢・自體)<Jap>는 그 機能과 音韻의 兩面에서 對應되며, 이들의 共通基語는 tā$\underline{n}$(自體・스스로)<Dr-Ta>와 더불어 *-tan(自體)에 遡及될 것으로 推定된다.

(49) -nama(-나마. *唯一・强勢→未洽助詞)〈Kor〉 ∞ *-nəmi〉-nomi(-のみ. 唯一・强勢助詞)〈Jap〉…-nama(唯一)

韓國語에서 '-나마'를 不滿補助詞라고 말하여 '아쉬움'을 나타내는 文法形態素로 보고 있다. 다음에 例文을 든다.

例 하찮은 친구나마 없는 것 보다 낫다.
꾸겨진 종이나마 있으니 다행이다.
cf. 맛이 썩 좋지는 않으나마 좀 드시오.
좋지 못하나마 받으시오.

그러나, 體言下의 '-나마'는 强勢의 '-도'로 바꾸더라도 意味上 별차이가 없고, 日本語의 '-だに'로 飜譯될 수도 있어 보인다. 그러므로 이것을 日本語의 '-のみ'(唯一→强勢)와 比較할 수 있지 않을까 한다. 따라서 '-나마'도 그 源泉的인 뜻은 '唯一'이었는데 그것이 後世에 와서 '最小限度 · 强勢'의 뜻으로 바뀐 것으로 推定된다.

한편, 日本語에서는 '-のみ'가 다음과 같이 '唯一→强勢'의 뜻으로 쓰이고 있다.

例 夜鳴くもの何も何もめでたし. 乳兒どものみぞさしもなき(=밤에 우는 것 아무나 좋다. 젖먹이들만은 그렇지 못하다) <枕草子 41段>
御胸のみつとふたがりて, つゆまどろまれず(=가슴만 확 막혀서 조금도 졸리지 않는다) <源氏物語 桐壺>
不定と心得ぬるのみ, まことにてたがはず(=定해지지 않았다고 생각해 두는 것이야말로 眞實하고 어김이 없다) <徒然草 189段>
初雁のはるかに聲を聞きしよりなかぞらにのみ物を思ふかな(=올해 처음 날아온 기러기의 아득하게 우는 소리를 듣고부터 들뜬 채로만 생각하는구나) <古今和歌集 戀一>
雪はいづくもいづくもをかし, ただ海のみすさまじげなり(=눈은 어디도 어디도 興趣가 있다. 바다만 殺風景한 것이구나) <年年隨筆 石原正明>
隱りのみ居ればいぶせみなぐさむと出で立ち聞けば來鳴くひぐらし(=오로지 구어박혀서 울적함을 풀려고 밖에 나서 들으니 와서 우는 가을매암) <萬葉集>

위에서 보인 바와 같이 '-나마'가 不滿補助詞라고 일컬어진 것도 그것이 최소한도의 조건을 표시하고 있어서이고, '-のみ'의 뜻인 '唯一'과 상통하는 개념으로서 '唯一'의 源泉的인 뜻에서 派生한 것으로 볼 수 있다. 그리하여 '-나마'와 '-のみ'는 함께 다시 强勢의 뜻으로도 쓰이게 된 것으로 믿어진다.

그리고, -nama(-나마)와 -nomi(<*-nəmi. -のみ)는 音韻對應規則上으로 보아서 對應함이 확실하다. 즉 9.2.(1) 및 9.1.(31)에 의해서 a<Kor>∞ə<Jap> 및 a~a<Kor>∞a~i(>ə~i)의 對應이 가능하다.

그러므로 -nama(-나마. *唯一→最小限度→强勢)<Kor>와 *-nəmi(>-nomi, -のみ. 唯一→强勢)<Jap>는 그 文法的 權能과 音韻의 兩面에서 비교가 가능하며,

이들의 共通基語를 *-nama(唯一)로 再構할 수 있을 것으로 推定된다.

(50) -mank'an/-mak'am/-mank'ɯm/-manč'i (-만깐/-맛감/-만큼/-만치. 程度局限助詞)〈Kor〉 ∞ -bakari(-ばかり. 程度局限助詞)〈Jap〉…… *-man-kan(程度局限助詞)

韓國語에는 만(程度)과 *-간(縮小辭)의 複合形態로 믿어지는 것이 다음과 같이 音韻變化를 일으켜 여러 가지 異形態를 만들어 낸 것으로 推定된다.

man(만. 程度)>ma(마. id)<末子音脫落> : man(만. 程度)-*kan(縮小辭)>mank'an(만깐)<硬音化>>mank'ʌm<脣音同化>>mank'ɯm(만큼)<激音化> : man-*kan>mak'an>mak'am(맛감)<脣音同化> : man-*k'an>mank'a>mank'i>manč'i(만치)>mač'i(마치)<破裂音 앞의 n脫落>>mač'(및→맛)

다음에 이들의 用例를 보인다.

例 양자 夫人만 몯ᄒᆞ실ᄊᆡ<釋詳 六1>
燈마다 술위ᄢᅵ만 크긔 ᄒᆞ야<月釋 九53>
方寸맛 ᄆᆞᅀᆞ매도 위고기 ᄒᆞ얌직ᄒᆞ니<杜初 八9>
寸맛 프리 나디 아니ᄒᆞᄂᆞ니<金三 四42>
죠고마치 잇다 ᄒᆞ야시ᄂᆞᆯ<南明 上14>
죠고만 말마치 움을 뭇고<靑丘 p.99>
킈 微塵맛감 ᄒᆞ고<月釋 十四8>
죠고맛감 삿기 광대 네 마리라 호리라<雙花店>
道上無源水를 반만깐 디혀 두고<蘆溪 陋巷詞>
그럭저럭 지낼 만도 하다.
먹을 만큼은 있다.

한편, 日本語에서는 '-ばかり'가 程度・局限助詞로 쓰이고 있는데, 이것의 語源을 'はかる'(計)라는 動詞에서 派生되었다고 보고 있으나(「岩波古語辭典」 p.1448.), 日本語에는 여기의 'ばかり'와 꼭 같은 意味를 가진 'はんか>はか'[破裂音 앞에서 ṇ(ん)이 脫落]가 分化되어서 뒤에 否定을 수반하는 경우에 쓰이고 있으므로, 筆者의 생각으로서는 -mank'an(<-*man-kan, -만깐. 程度局限助詞)<Kor>

과 對應되는 말일 것으로 생각한다. 먼저 音韻面에서 m<Kor>와 b<Jap>은 9.1.(11)에 의하여 對應됨이 확실하고, -nk<Kor>와 -k<Jap>는 9.1.(29)에 의하여, 또 -n<Kor>과 -r<Jap>은 9.1.(10)에 의하여 對應됨을 알 수 있다. 그뿐만 아니라 機能面에서 이들 形態들은 함께 體言과 冠形形(連體形) 아래에 잇대임도 마찬가지이다. 따라서 韓國語의 局限助詞 '-만깐'과 日本語의 局限助詞 '-ばかり'는 同根語라고 할 수 있을 것이다. 그리고 이들의 共通基語는 -kan/-ken/-kon(縮小辭)<Ma>과 -qan(縮小辭)<Mo>의 存在로 마루어서 *-man-kan(程度局限助詞)로 再構될 수 있을 것으로 推定된다.

다음에, -ばかり/-はんか/-はか'의 例文을 보인다.

例 夢さめて寝覺めの床の浮くばかり戀ひきと告げよ西へ行く月(=꿈에서 깨어서 깨어난 자리가 뜰 程度 그리워하였다고 알려요 서쪽으로 가는 달)<更級日記>
二十一日卯の時ばかりに舟いだす(=二十一日卯時頃에 배를 내다)<土佐日記>
月影ばりしぞ. 八重葎にもさはらずさして入りたる(=달그림자만이구나. 한삼에도 지장받지 않고 비치어 들었다)<源氏物語 桐壺>
その人の事のあさましさなどばかりいひやりたれば(=그 사람의 일의 不快함들만 말하여 보냈기 때문에)<徒然草 234段>
人の亡きあとばかり悲しきはなし(=사람의 죽은 뒤만큼 슬픈 것은 없다)<徒然草 30段>
こなたの女房は日本に俺はんかない(=내 아내는 日本에 自己밖에 없다)<近松・夕霧七年忌>
こりや百が物はかない(=이바 百文의 물건만이고 없다)<淨・伊賀越道中 雙六>

(51) -kos(-곳. 强勢助詞)〈Kor〉∞ -koso(〈*-kəsə, -こそ. 强勢助詞)〈Jap〉… *-kos(强勢助詞)

韓國語에서는 體言이나 用言의 名詞形 아래에 '-곳'이 强調助詞로 쓰이고 있다. 다음에 그 例文을 들어 보인다.

例 疑心곳 잇거든<月釋 十68)
가락곳 업스면<法華 序23>
시름 근곳 쏘 歲時로 잇도다<杜初 八36>
生곳 이시면 老死苦惱ㅣ 좃느니<月釋 二22>

눈곳 ᄀᆞᆺ디 몯ᄒᆞ면<蒙山 56>
磨滅호매 글ᄒᆞ기 옷(<곳) 나맷ᄂᆞ니<杜初 十五24>

한편, 日本語에서도 '-こそ'가 體言과 用言의 여러 活用形, 아래에서 强勢助詞로 쓰이고 있다. 다음에 그런 例文을 보인다.

> **例** よきもわろきもおしなべてなき後にこそ定かなれ(=좋은 것도 나쁜 것도 모두 죽은 뒤에나 分明해지니라)<兎園小說 · 觀澤馬琴>
> 我こそは新島守よおきの海のあらき浪かぜこころしてふけ(=나는야 새로 섬지기란다. 먼 바다의 거찰은 풍파여 마음을 써서 불어다오)<增鏡 新島守>
> 勤進帳のあらばこそ笈の內より往來の卷物一卷を取出し…(=勤進帳이 있어야 말이지. 책상자 속에서 편지의 두루말이 한 卷을 접어 내어……)<勸進帳 並木五瓶>
> 右近の君こそ. まづ物見給へ(=右近님이야말로 좀 보시옵소서)<源氏物語 夕顔>
> 敷島の大和の國は言靈の佐くる國ぞま幸くありこそ(=大和國은 말의 神秘한 힘이 돕는 나라이다. 더욱이 幸運이 있단 말이다)<萬葉集 3254>

위에서 보인 바와 같이 '-곳'과 '-こそ'는 꼭 같은 强勢의 구실을 가지고 있다. 그리고 '-こそ'는 體言이나 用言의 冠形形 아래에 뿐만 아니라, 連結 · 終結語尾 아래에도 잇대는 점이 다르기는 하지마는, 이런 用法은 기능의 확대로 볼 수도 있을 것이다.

그리고 音韻上으로 -kos(-곳)과 -koso(-こそ)는 日本語의 開音節로 끝내는 관습을 考慮하면 對應되는 것이 확실하다.

요컨대, -kos(-곳. 强勢助詞)<Kor>와 -koso(-こそ. 强勢助詞)<Jap>는 文法機能과 音韻의 兩面에서 對應되며, 이들의 共通基語는 -*kos(强勢助詞)로 再構될 수 있을 것으로 推定된다.

(52) -ga(-가. 主格 · 屬格助詞) 〈 Kor 〉 ∞ -ga(-が. 主格 · 屬格助詞) 〈 Jap 〉… *ŋa(强勢 · 呼格助詞)

韓國語에서 冠形語로 쓰이는 體言은 다음에 잇대어 수식을 받는 體言의 格과 일치시키는 경우가 많다. 이렌 現象은 우리와 同系語안 길약語는 물론이고, 北方 퉁구스語의 에벤키語에서도 볼 수 있다.

例 미도파가 洋服이 값이 싸다(=미도파의 洋服의 값이 싸다) ························ 主格一致
그가 키가 크다(=그의 키가 크다) ·· 主格一致
그는 아이를 키를 재었다(=그는 아이의 키를 재었다) ·································· 對格一致
순이는 장미를 한송이를 샀다(=순이는 장마의 한송이를 샀다) ················· 對格一致

Evenki語 :
nungartïn xegdïl<u>du</u> dïul<u>du</u> bidïere···du(-에. 處格助詞) ································ 處格一致
(그들은 큰 집에 살고 있다)
nungartïn kete<u>ve</u> dukuvur<u>va</u> gara···va/ve(-을. 對格助詞) ······························ 對格一致
(그들은 많은 편지를 받았다)

＜服部四郎,「日本語系統」. p.271＞

Gilyak語(名詞의 主格 · 對格은 格助詞를 따로 添加하지 않는 것이 原則임) :
kugi šam nenïŋ hunïvund＜高. p.136＞ ··························· 主格一致
아이누(가) 무당(이) 한사람(이) 있었다
yenigax pağasir ŋāğ mugf šūvnt＜高. p.142＞ ································· 對格一致
그의 눈(을) 折半(을) 六 日間 빼어내었다
ni ox(＞nox) *cf.* ni(第1人稱單數主格) ·· 主格一致
나(의) 옷이
nex ox(＞nox) *cf.* nex(第1人稱單數對格) ·· 對格一致
나(의) 옷을 ·· ＜高. pp.34 · 35 · 37＞

위에서 예시한 바와 같이, 體言으로 된 冠形語는 그의 수식을 받는 體言의 格이 主格이면 그 위의 冠形語(體言포함)도 主格形을 취하는데, 이 때의 그 主格形의 深層構造는 실질적으로는 屬格이다. 따라서 이렇게 變身한 主格形도 그냥 屬格으로 다루어서 '-가/-이'는 主格助詞로 뿐만 아니라 屬格助詞로 代用하기도 한다고 규정할 수도 있을 것이다. 그런 의미에서 本項에서 '-가'를 屬格助詞로 다루었다. 慶尙道에서 '-거'(例: 너거 집=너의 집)가 속격조사로 실제 쓰이고 있으며, 그것은 '-가'의 모음교체형이다.

한편, 日本語에서도 '-が'는 主格助詞로 뿐만 아니라 屬格助詞로 쓰이고 있다.

그런데, 日本學者들 가운데는 '-が'가 본시 屬格助詞였는데 그것이 後世에 主格助詞로도 쓰이게 되었다고 말하고 있다.

허나, 日本語에서도 韓國語와 마찬가지로, 古代에는 主格助詞가 쓰이지 않았을 것이며, 'が'나 '-가'의 共通基語는 -ŋa(强勢 · 呼格助詞)＜Gily＞로 미루어 보아서 *-ŋa로 推定되며, 그 原初的 機能은 呼格助詞 또는 强勢助詞로 再構될 것이다. 이것이 日本語에서는 特異하게 修飾語와 被修飾語 사이에 개입하는 관습이 먼저 발달하고, 이어서 主格자리에도 쓰이게 되었기 때문에 '-が'가 본시 屬格助詞였다는 學說이 생겨난 것으로 보인다.

또 길약語에서 强勢助詞 -k'a가 屬格助詞처럼 쓰인 例를 발견할 수 있다.

例 ïjink-exarn ešaxtox ïjink-k'a-pičat etvnt <高. p.152>
(大將-딸이 그-이마에 大將의 印을 찍었다)

韓國語의 慶尙道方言에서도 -k'a(屬格助詞, Gily)나 ガ(屬格助詞, Jap)와 對應시킬 수 있는 "너거 집"의 '거'(屬格助詞)가 쓰이고 있다. 여기의 -k'나 ガ나 '-거'도 -ŋa(呼格・强勢助詞)<Gily>나 '-가'(-ga. 主格助詞)<Kor>・'-하'(呼格助詞)<Kor>・'-が'(-ga. 主格・屬格助詞)<Jap>와 함께 同根語라고 推定한다. 그렇게 본 까닭은 그 意味機能이 모두 强勢機能에서 파생될 수 있고, 길약語에선 k와 k'는 音素 /k/에 속하는 自由變異音이고(例. kak/k'ak '여우'), ŋ<Gily>는 g・k<Kor>와 對應되기 때문이다.

다음에 '-が'가 쓰인 例文을 보인다.

例 君が行く道の長手を繰りたたね(=그대가 가는 길의 먼 旅程을 다급하여 접어)<萬葉集 3724>
髮は風に吹きまよはされてすこしうちふくらみたるが肩にかかれるほど(=머리칼은 바람에 불려 헝크러져 조금 부풀어진 것이 어깨에 걸린 모양)<枕草子 200段> ………… 以上 主格
先づ佐々木が先陣をよく合點して見られ候へ(=먼저 佐々木의 先陣을 잘 알아 차라고 보시옵소서)<駿臺雜話 卷二>
衣河は泉が城をみぐりて(=衣河는 和良三郎忠衡의 居城을 돌아서)<奥の細道 松尾芭蕉>
世の中のいみじくうれしき事のあるがなかなるそのひとつなるべし(=世上의 매우 기쁜 일이 있는 境遇中의 그 하나일 것이다)<樂訓 貝原益軒>
本野が原にうち出でたれば(=本野의<=라는> 벌에 나갔더니)<東關紀行 本野が原> ………… 以上 屬格

요컨대, -ga(-가. 主格 · 屬格助詞) · -gə(屬格助詞)<Kor>와 -ga(-が. 主格 · 屬格助詞)<Jap>는 그 文法機能과 音韻의 兩面에서 對應되며, 이들의 共通基語는 *-ŋa(强勢 · 助詞)로 再構될 수 있을 것으로 推定된다. (cf. 9.1. (25) ə<kor>∞ a<Jap>).

(53) -ʒa/-sa/-sya(-ᅀᅡ/-사/-샤. 强調指示助詞)〈Kor〉∞ -so/-zo(-そ/-ぞ. 强調指示助詞)〈Jap〉…*-ʒa(强調指示助詞)

韓國語에서는 '-ᅀᅡ/-사/-샤'가 强調指示助詞로 쓰이고 있었는데 지금은 그것이 '-야'로 音韻變化를 일으켰다. 다음에 그 例文을 보인다.

例 이 각시ᅀᅡ 내 얻니논 ᄆᆞᅀᆞ매 맛도다<釋詳 六14>
寂靜ᄒᆞᆫ 後에ᅀᅡ 定이니라<蒙法 25>
너희 行호미ᅀᅡ 이 菩薩道ㅣ니<法華 三51>
시름으로 사니거늘ᅀᅡ<月釋 八86>
나거ᅀᅡ ᄌᆞᄆᆞ니이다<龍歌 67>
이 말 듣고ᅀᅡ 아라<月釋 廿一118)>
慈悲 ᄒᆡᆼ뎌글 ᄒᆞ야ᅀᅡ ᄒᆞ릴ᄊᆡ<釋詳 六2>
來日ᅀᅡ 보내요리라<月釋 七16>
후에사 가니라<三綱 烈3>
涅槃애 어셔 드ᅀᅡ ᄒᆞ리로다<釋詳 十三58>
내 죽사 ᄒᆞ리로다<三綱 烈5>
게을리 마라사<警民 18>
사 ᄂᆡ(乃)<石峯千字 4>

한편, 日本語에서는 'そ/ぞ'가 强調指示助詞로서 다음과 같이 쓰이고 있다.

例 石磨にわれもの申す夏痩によしといふ物そ(=石磨<人名>에게 내가 말씀드린다. 여름을 타는 데 좋다고 하는 것이요)<萬葉集 卷十六>
いといみじき目な見せ給ひそ(=매우 훌륭한 눈을 보이지 마셔요)<源氏物語 夕顏>
さし入りたる月の色もひときはしみじみと見ゆるぞかし(=들이 비친 달빛도 한결 잘 보이네요)<徒然草 10段>
「さて何事ぞ」とのたまはすれば(=그런데 '웬일이야'라고 말씀하였으므로)<枕草子 8段>
天地のそきへのきはみ眞白にて, ただ刀根の川浪一すぢぞ黒く流れたる(=天地의 멀리 떨어진 끝까지 새하얀데 오직 利根川 한 줄기만이 검게 흐르고 있다)<守部

家集 橋守部>

かかる希代の重寶を敵となる子の許へ遣しける. 親の心ぞ哀なる(=그러한 稀代의 重寶를 敵이 되는 아들 곁에 보냈다. 어버이의 마음이야말로 感服할 만하다)<保元物語 巻一>

위에서 例示한 바와 같이, '-ᅀᅡ/-사'와 '-そ/-ぞ'는 그 意味機能은 같다.

그러나 統辭的 機能에 좀 차이를 보여 주고 있다. 다시 말하면 '-ᅀᅡ/ -사'는 體言(名詞形包含)이나 助詞 아래와 用言의 連結語尾 아래에 쓰이는 것에 대하여, '-そ/-ぞ'는 그런 用法 외에 冠形形 아래에도 終結語尾로서 쓰이고 있다. 이러한 用法은 韓國語의 '-ㄹ셔/-ㄹ샤'와 比較할 수 있는 것으로서(例. 클셔 萬物이 브터 비루수미여<円覺 序31) ; 누릿가온대 나곤 몸하 ᄒᆞ올로 녈셔<動動> ; 됴히 네 올샤<老乞 59>), '-そ/-ぞ'의 統辭機能이 擴大된 것으로 보거나, '-(ㄹ)셔/-(ㄹ)샤'와 '-ᅀᅡ/-사'를 音韻論上으로 보아 同根의 異形態로 다룰 수만 있다면 이들은 모든 면에서 완전한 對應을 보여 준다고 할 것이다.

그런데 a<Kor>와 o<Jap>는 다음과 같은 例로 보아서 對應된다고 하겠나[*cf*・9.1.(20)].

例 a<Kor>	o<Jap>
tahi-(點火)	tobo-s-(id)
pak'(外)	hoka(*<poka. id)
ma(薯)	imo(芋)
sam(痲)	so(id) *cf.* マソ(眞痲)
tad-(閉)	tod-(>toj-. id)
t'aro-(隨)	yor-(<*dor-. 依)
cf. *mi-naru>mi-noru(結實)<Jap>	

다음에 s<Ko>와 s/z<Jap>는 9.1.(5)에 의해서, -ʒ<Kor>와 -s<Jap>는 9.1.(7)에 의해서 각각 對應됨이 확실하다. 또한 -ʒa(-ᅀᅡ)/-sa(-사)>-ya로 변한 점으로 보아서 '-사'도 실지로는 -šа에 가까운 音이 아니었을까 하며, 그것이 완전히 口蓋音 쪽으로 변하여 굳어진 것이 '-(ㄹ)셔/-(ㄹ)샤'가 아닐까 한다. 물론 '-(ㄹ)셔/-(ㄹ)샤'를 '-そ/-ぞ'와 무관한 것으로 볼 수도 있을 것이다.

요컨대 韓國語의 -sa/-ʒa/(-šyə/-šya)[-사/-ᅀᅡ/(-셔/-샤). 强調指示]와 日本語의 -so/-zo(-そ/-ぞ. 强調指示)는 文法機能과 音韻의 兩面에서 對應되며, 이들의 共通基語는 *-ʒa로 再構될 수 있을 것으로 推定된다.

(54) -r/-ri-(-ㄹ/-리-. 推測 · 未來)〈Kor〉∞ ra-(-ら. 推測)〈Jap〉…*-r(推測)

韓國語에서는 '-ㄹ/-리-'가 推測 · 未來形으로 쓰이기도 하지마는, '-ㄹ'는 不定時制의 순수한 冠形形語尾로 쓰이기도 한다. 다음에 '-ㄹ/-리'가 추측이나 미래의 뜻으로 쓰인 例文을 들어 보인다.

例 저허홀가 말미ᄒᆞ야<杜初 七22>
주글가 두리여<三綱 烈21>
긴 劫에 몯 볼까 ᄒᆞ다니<月釋 廿三87>
자바 녀홀까 ᄒᆞ야<月釋 七13>
世尊ㅅ 일 ᄉᆞᆯᄫᆞ리니<月曲 2>
이 피롤 당다이 사롬 ᄃᆞ외에 ᄒᆞ시리라<月釋 一8>
世界옌 千佛이 나시리로소니<月釋 一40>

한편, 日本語에서는 'らむ'(推測)(*cf.* -ㄹ마'=-ㄹ것이다'安東 · 咸陽) · 'らし'(推定)의 'ら'가 '推測'의 뜻을 가진 것으로 믿어지는데 그 用例는 다음과 같다.

例 深山には霰ふるらし(=深山에는 장마가 지고 있을 것이다)<古今集 卷二十>
み吉野の山の白雪積るらし(=吉野山의 흰 눈이 쌓였을 것이다)<古今集 板上是則>
梅ちらす風もこえてや吹きつらむかをれる雪の袖にみだるる(=梅花를 흩뜨리는 바람도 넘어서 불었겠다. 향긋한 눈같은 落花가 소매에 흩어질 것이다)<新古今集 康資母>
宿りせし花橘もかれなくになどほととぎす聲絶えぬらむ(=寄生한 꽃이 향긋한 귤나무도 말라 죽지 않았는데, 어찌 杜鵑의 우는 소리가 들리지 않게 되었을까)<古今集 大江千里>

그리고 -r<Kor>와 -ra<Jap>는 日本語가 開音節로 끝나는 관습 때문에 a가 添加된 것으로 보면, 이들은 서로 對應되는 形態라고 할 수 있다. 또 -ri<Kor>는 -r에 媒介母音-'i'가 첨가된 것으로 볼 수 있다.

따라서 -r/-ri(-ㄹ/-리. 推測・未來)<Kor>와 ra-(ら. 推測)<Jap>는 機能과 音韻의 兩面에서 對應되며, 이들의 共通基語는 -r(未來)<Gily>, -ra(未來・現在)<Gily), -r/-ar/-er(아오리스트)<Turk), -ra/-re(未然形)<Ma>의 存在로 미루어서 *-r(推測形)로 再構될 수 있을 것이다.

(55) -i-(-이-. 被動・自發接尾辭〈Kor〉∞ *-i-(ゆ〈下二段活用〉. 被動・自發助動詞)〈Jap〉…*-i-(被動接尾辭)

韓國語에서는 '-이-'가 被動・自發接尾辭로 다음과 같이 쓰이고 있다.

例 ᄒᆞᄫᆞᅀᅡ 믈리조치샤<龍歌 35장>
사ᄅᆞᄆᆞᆯ 기드려 치이ᄂᆞ니라(需人以養者ㅣ라)<楞嚴 二5>
ᄂᆞᆽ가ᄫᅵ 브리잃 報를 니ᄅᆞ고<月釋 廿一67>
다ᄋᆞᆫ ᄀᆞ술히 正히 이어여 ᄢᅥ디ᄂᆞ니(窮秋正搖落)<杜初 十六25>
괴ᅇᅧ<괴이어. 爲人愛我)<訓正解例 合字解>

한편, 日本語에서는 奈良暗代에 'ゆ'(下二段活用)가 '自發・被動'의 助動詞로 쓰이다가 나중에 'る'와 代替되고 말았다.

例 うり食めば子ども思ほゆ. 栗食めばましてしのばゆ(=오이를 먹으면 아이들이 생각난다. 밤을 먹으면 더욱 그리워진다)<萬葉集 802>
磐代の野中に立てる結び松心も解けず古思ほゆ(=磐代의 들판 가운데 서 있는 盟誓를 위해서 잔가지를 맨 소나무 마음도 놓이지 않고 옛날이 생각난다)<萬葉集 144>
なぐさむる心はなしに雲隱り鳴きゆく鳥の音のみし泣かゆ(=慰勞하는 마음은 없이 구름에 숨어 울어가는 새의 소리만 나서 제절로 눈물난다)<萬葉集 898>

위에서 例示한 바와 같이, -i-(-이-)<Kor>와 *-i-(>-j-:ゆ<下二段活用>)<Jap>는 그 文法機能이 같고 音韻上으로도 對應되는 것이 분명하다. 그리고 이들의 共通基話도 -*i-(被動接尾辭)로 再構할 수 있을 것으로 推定된다.

(56) -yo(-요. 婉曲形)〈Kor〉∞ -yo(-よ. 婉曲形)〈Jap〉…*-yo(婉曲形)

韓國語에서는 '-요'가 婉曲形으로 다음과 같이 쓰이고 있다.

例 그는 웃고 있네요
나는 집으로 가요
이것을 가져요
어디로 가는가요
무엇을 하고 있는지요 알고 싶습니다
저것을 보고 있나요
그 일을 언제 할까요

위에 例示한 바와 같이 '-요'는 특정한 終結法語尾(-아/-어 · -네 · -지 · -나 · -ㄴ가 · -ㄹ까) 뒤에 添加되어 쓰이는데, 日本語의 婉曲形助詞 '-よ'도 마찬가지로 終助詞(終結法語尾)에 다음과 같이 쓰이고 있다.

例 さらばかの人の御子になりておはしませよ(=그러면 저 분의 자제가 되어 계셔요) ＜源氏物語 若紫＞
おのがかく今日明日におぼゆる命をば何ともおぼしたらで雀慕ひ給ふほどよ(=나의 그렇게 오늘 내일이라고 생각되는 목숨을랑 아무렇지도 않게 생각하고 참새를 그리워하실 만큼이요)＜源氏物語 若紫＞
よき人のよしとよく見てよしと言ひし吉野よく見よ(=어진 사람이 좋다고 잘 보고 좋다고 말한 吉野山을 잘 보아요)＜萬葉集 27＞
いとはしたなく「接木するよ」と御いらへ申ししかば(=매우 탐탁치 않게 '接木하고 있어요'라고 대답하시니)＜駿台雜話 巻一＞

따라서 韓國語의 -yo(-요. 婉曲形語尾)와 日本語의 -yo(-よ. 婉曲形語尾)는 機能과 音韻의 兩面에서 對應되며, 이들의 共通基語는 *-yo(婉曲形)로 再構 될 수 있을 것이다.

(57) -coc'a(-조차. 添加 · 類推助詞) 〈 Kor 〉 ∞ -sora/-sura(-そら/-すら. 添加 · 類推助詞) 〈 Jap 〉 …*-coca(添加助詞←*隨)

韓國語에서는 添加助詞로서 '-조차'가 다음과 같이 쓰이고 있다.

例 불휘조차 쁘니라<金三. 二 50>
근본을 傷ᄒᆞ면 가지조차 업ᄂᆞ니라<小諺三 1>

한편, 日本語에서는 添加助詞로서 '-そら/-すら'가 쓰이었는데, 이것은 -coc'a(-조차)에서 coc'a>sora・sura의 發達過程을 밟은 것으로 推定된다. 즉 c<Kor>와 s<Jap>의 對應은 9.1.(4)에 의하고, c(>č)<Kor>와 r<Jap>의 對應도 9.1.(4)에 의해서 확인할 수 있고, o<Kor>와 o/u<Jap>의 對應은 9.1.(22)에 의해 의심할 여지가 없고, '-조차'와 '-すら/-そら'의 機能 또한 '添加'이니 이들의 일치는 분명하며, 그 共通基語는 -coca(*隨→添加助詞)로 再構될 것으로 推定된다.

그리고 "둘이 조차 벼마티 빗쳐니"에서 '조차'는 '좇(隨)+아(副詞形)'의 構造를 가진 實詞로 보아 무방할 것이며, 그 機能 또한 '添加'로 보아도 될 것이므로, 添加助詞 '-조차'의 起源을 動詞 '좇아(隨)'로 推定하여 둔다.

다음에 '-すら/-そら'의 用例를 들어 보인다.

例 青雲の棚曳く日すら小雨そぼ降る(=青雲이 나붓기는 날조차 가랑비가 조용히 내린다)<萬葉集 3883>
言問はぬ木すら妹と兄ありとふをただひり子にあるが苦しさ(=말을 묻지 않는 나무조차 兄妹가 있다고 하는 것을, 오직 외아들로 있는 것의 괴로움이여)<萬葉集 1007>
かくしつつ遊び飲みこそ草木すら春は生ひつつ秋は散りゆく(=이렇게 하면서 놀고 마심은 草木조차 봄은 번성하면서 가을은 落葉져 가기 때문이다)<萬葉集 995>
かねて仰せ有らんにてそら躬恒・貫之が讀みたらんやうには…(=平素에 <詩歌를 읽으라는> 분부가 있으실 것인데도 躬恒・貫之를 읽었으리라는 듯 에는…)<今昔物語>

(58) mar-(말-. 禁止詞)〈Kor〉∞ *maz-(まじ. 推測否定詞〈Jap〉…*mar-(推測否定)

韓國語에서는 '말-'이 禁止詞로 쓰이고 있다. 그런데 이것을 흔히 助動詞로 學校文法에서 다루고 있으나, 이것은 어디까지나 否定名詞形 '-디>-지'(-지를)

에 잇대이므로 本動詞로 보아야 할 것이다. 다음에 '말다'의 例文을 들어 보인다.

例 邪曲ᄒᆞᆫ 마리 이셔도 받고 갑디 마라<月釋 十20>
님하 오ᄂᆞᆳ나래 넉시라 마로리어다<月釋 八102>
議論ᄒᆞ디 마ᄅᆞᇙ 디어다<楞嚴 六42>
출히 說法 마오 涅槃애 어셔 드사 ᄒᆞ리로다<釋詳 十三58>
四座ㅣ 敢히 喧笑호ᄆᆞᆯ 마라리아(四座敢辭喧)<杜初 八25>

한편, 日本語에서는 'まじ'가 推測否定의 助動詞로 쓰이고 있는데, 이 形態는 'べし'의 否定으로 보아도 된다고들 하는 것인 바 'べし'는 '命令·可能'을 나타내니, 'まじ'는 '命令·可能'의 否定이라고 보아도 될 것이므로 그것은 바로 '禁止'를 의미한다. 또한 推測否定이란 將來의 일을 否定하는 것이라고 할 수 있으므로 그것 또한 禁止를 의미한다고 할 수 있으므로 '말다'와 'まじ'의 意味機能이 같다고 할 것이다. 다음에 例示한다.

例 唐のものは藥のほかはなくともことかくまじ(=唐의 것은 약 이외의 것은 없어도 지장이 없을 것이다)<徒然草 120段>
わが身は女なりとも敵の手にはかかるまじ(=내 몸은 女子이지마는 적의 손에 걸리지는 않을 것이다)<平家物語 卷十一>
重き病をしたまへばえいでおはしますまじ(=重病을 앓고 있사와 출타할 수 없을 것이다)<竹取物語>
おろかにもてなし給ふまじ(=소홀히 대접하옵지 말 것이다)<源氏物語 澪標>
妻といふものこそ男のもつまじきものなれ(=아내라는 것이야말로 사내의 갖지 말아야 할 것이다)<徒然草 190段>

그리고 'まじ'도 助動詞라고는 말해지고 있지마는, 그것이 주로 終止形에 接續되는 점으로 미루어 보아서, 다시 말하면, 終止形은 格助詞가 흔히 잇대어 名詞形 구실도 兼하고 있으므로, 源泉的으로는 'まじ'가 本動詞였다고 할 수 있어서 그 統辭機能도 '말다'와 같다고 하겠다.

따라서 mar-(말-. 禁止詞)<Kor>와 maji(<*maz-i, まじ. *禁止詞)<Jap>는 音韻上으로 對應되기만 하면 同根語라고 할 수 있을 것이다.

그런데 -r/-l<Kor>과 -z(-zi>-ji)<Jap>는 9.1.(9) 의 類例로 미루어서 對應된

다고 할 수 있고, maji(まじ)의 語根은 *maz-(maz-i>maji)일 것이므로, mar-(말-. 禁止詞)<Kor>과 *maz-(まじ. *禁止詞)<Jap>는 그 機能과 音韻의 兩面에서 對應됨이 확실하다 할 것이다. 따라서 이들의 共通基語는 *mar-(禁止詞)로 再構될 수 있을 것으로 推定된다.

(59) -nö 〉-ne(-뇌 〉-네. 感嘆敍述形) 〈 Kor 〉 ∞ -na(-な. 感嘆敍述形) 〈 Jap 〉 … *-noi(感嘆敍述形)

韓國語에서는 '-뇌>-네'가 感嘆敍述形으로 쓰이는데, 이것은 본시 '-노이다'의 略形인 것이다. 다음에 그런 例를 보인다.

例 祥瑞도 하시며 光明도 하시나 ㆆ업스실씨 오ᄂᆞᆯ 몯ᄉᆞᆲ뇌<月釋 二45>
天龍도 해 모ᄃᆞ며 人鬼도 하나 數업슬씨 오ᄂᆞᆯ 몯ᄉᆞᆲ뇌<져釋 二45>
太平盛代에 病으로 늘거가뇌<青丘 p.10>
ᄇᆞ롤 功을 잇네 ᄒᆞ며<牧牛 34>

한편, 日本語에서는 '-な'가 感嘆敍述形으로 다음과 같이 쓰이고 있다.

例 みをつくし戀ふるしるしにここまでも廻り逢ひけるえには深しな(=몸을 다하여 사랑하는 정표로 여기까지도 돌아 만난 因緣은 깊구나)<源氏物語 澪標>
かぐや姫にすみ給ふとな(=가구야姫와 同棲하고 있다는구나)<竹取物語, 火鼠の裘>

위에 예시한 바와 같이 '-뇌'와 '-な'는 그 機能이 같고, '-뇌>-네'(nö>ne)로 변할 수 있고(円脣母音→平脣母音), 또 ö는 o나 e로 변하는 것이 통례인데 o<Kor>와 a<Jap>는 9.1.(22)에 의하여 對應되므로 nö>ne<Kor>와 na<Jap>는 音韻上으로 對應된다고 할 수 있을 것이다. 따라서 이들은 音韻과 그 機能이 함께 對應된다고 할 수 있으며, 古代에는 前舌圓唇母音이 未發達이었으므로 ö는 oi에 소급할 것이어서 그 共通基語는 *-noi(感嘆敍述形)으로 再構될 수 있을 것이다(*cf.* ö<Kor>∞a<Jap> 例: 쇠보믜'녹'∞サビ, 갈괴-'침입'∞カラカフ'도전', 쐬-'晒'∞サル'曝'・サラス'晒', 뫼숩-'侍'∞ハベル'id').

(60) -m/-mi/-mᴇ · -mɪ(-ㅁ/-마/-ᄆᆡ- · -믜. 名詞形成接尾辭) 〈 Kor 〉 ∞ -mi/-me(-み/-め. 名詞形成接尾辭) 〈 Jap 〉 …*-me(名詞形成接尾辭)

韓國語에서는 名詞形으로서 '-ㅁ/-음'이 다음과 같이 쓰이고 있다.

例 길 녀미 어려우믄<杜初 廿11>
初觀ᄋᆞᆫ 첫 보미라<月釋 八6>
ᄂᆞᆷ과 ᄃᆞᆫ 나ᄆᆞᆯ(=나옴올) 즐겨<釋詳 九16>

그런데 名詞形成接尾辭로서 '-ㅁ/-미/-ᄆᆡ/-믜'도 다음과 같이 쓰인다.

例 열본 어르믈(=氷을) 하ᄂᆞᆯ히 구티시니<龍歌 30장>
닐굽 거르믈(=步行을) 거르시고<釋詳 六17>
다리미(熨斗) *cf.* 다리다
열ᄆᆡ(實) *cf.* 열다
말ᄆᆡ/말믜(休暇 · 告別) *cf.* 말-(休)

한편, 日本語에서는 名詞形成接尾辭로서 '-み/-め'가 다음과 같이 쓰이고 있다.

例 たかみ(高度) *cf.* たかし(高)
よわみ(弱性) *cf.* よわし(弱)
ほそめ(細性) *cf.* ほそし(細)
ききめ(效驗) *cf.* きく(效)

그리고 -m/-mi/-mᴇ/-mɪ <Kor)와 '-mi/-me' <Jap>는 音韻對應이 분명하다. 즉 *-mᴇ>-me>-mɪ>-mi>-m의 변화가 가능하다. i · ɪ · e · ᴇ는 모두 前舌母音으로서 開口度의 차이가 있을 뿐이기 때문이다.

따라서 '-ㅁ/-미/-ᄆᆡ/-믜' <Kor>와 '-み/-め' <Jap>는 名詞形成接尾辭로서 音韻上으로 對應되며, 이들의 共通基語는 *-m(名詞形成接尾辭)로 再構될 수 있을 것이다.

(61) -i/-ᴇ/-ɪ(-이/-ᄋᆡ/-의. 名詞形成接尾辭)〈Kor〉∞ -i(-い. 名詞形成接尾辭)〈Jap〉…*-i(名詞形成接尾辭)

韓國語에서는 名詞形成接尾辭로서 '-이/-ᄋᆡ/-의'가 다음과 같이 쓰인다.

例 城 싸 사리롤 始作ᄒᆞ니라<月釋 一44>
그 머근 後에 우숨우ᅀᅵ 나니라<月釋 一43>
半길 노핀돌 넌기 디나리잇가<龍歌 48장>
ᄒᆞᆫ줌 기릐예 견주워<朴初 上38)
기픠 여틔 기니 다ᄅᆞ니 되디 몯ᄒᆞ리라<朴初 上67>

한편, 日本語에서는 名詞形成接尾辭로서 '-い'가 다음과 같이 쓰인다.

例 うたひ(謠) *cf.* うたふ(歌)
さむらひ(武士) *cf.* さむらふ(侍)
たたみ(疊) *cf.* たたむ(疊)
あみ(網) *cf.* あむ(編網)

前項에서 설명한 바와 같이, i(이)・ɪ(의)・ᴇ(ᄋᆡ)는 같은 前舌母音이며 開口度가 0.5度씩 差밖에 안 되므로 이들은 對應된다고 보아야 할 것이므로 '-이/-ᄋᆡ/-의'(名詞形成接尾辭)<Kor>와 '-い'(id)<Jap>는 그 音韻上・機能上으로 보아서 對應되는 것이 확실하며, 이들의 共通基語는 *-i(名詞形成接尾辭)로 再構될 수 있을 것이다.

(62) kə/kəs(거/것. 所有名詞)〈Kor〉∞ ga(が. 所有名詞)〈Jap〉…*ŋas(<*kalt. 所有名詞)

韓國語에서는 所有名詞로서 '거/것'이 다음과 같이 쓰이고 있다.

例 ᄒᆞᆫ 것도 업시<釋詳 六31>
내 것(=내 所有物)
네 거(=네 所有物)

한편, 日本語에서는 所有名詞로서 'が'가 다음과 같이 쓰이고 있다.

例 よびよせて「誰がぞ」と問へば(=불러 들여서 「누구의 것이뇨」라고 물으니)<源氏物語 少女>
咲く花の匂ふがごとく今盛りなり(=피는 꽃이 빛나는 것과 같이 지금 한창이다)<萬葉集>
傳說がやうなる賢人(=傳說의 것과 같은 賢人)<中華若木詩抄>

그리고 音韻上으로 kə(거)/kəs(것)<Kor>과 ga(が)<Jap>는 9.1.(1).(25)의 類例로 미루어서 ka와 ga는 對應되고, 末子音 -s의 탈락을 kəs>kə의 변화로 확인할 수 있으므로 kəs>kə>gə>ga의 變遷을 推定할 수 있고, 또 '것'과 '갓'의 雙形의 存在로 미루어서 kas>ka>ga도 생각해 볼 수 있다. 따라서 '것/거'(所有名詞)<Kor>와 'が'(所有名詞)<Jap>는 對應될 것이며, 이들의 共通基語는 일단 *kas으로 再構될 수 있을 것이지마는 ŋa(所有代名詞)<Gily>·-ŋge(所有代名詞)<Ma>의 共存으로 미루어서 *ŋas(所有代名詞)로 再構되어야 할 것으로 推定된다. 그리고 '것/갓'과 qaltï(所有不定全名詞, O. Turk)의 對應이 可能하여서 이들의 共通基語를 따로 *Kalt로 再構할 수 있을 것이다.

(63) -ti > -či/-ji(-디 > -지. 否定性名詞形) < Kor > ∞ ji(じ. 否定助動詞) < Jap > … *-ti(否定性名詞形)

韓國語에서는 否定性名詞形으로서 '-디>-지'가 다음과 같이 쓰이고 있다.

例 거스디 아니 ᄒᆞ거든<釋詳 六8>
ᄉᆞᄆᆞᆺ디 아니 ᄒᆞᆯᄊᆡ<訓正諺>
됴ᄒᆞᆫ 고ᄌᆞ란 ᄑᆞᆯ디 말오 다 가져오라<月釋 一9>

그런데 여기의 '-디'를 종래 副詞形으로 다루어 왔으니 그것은 다음의 例文을 보아서 잘못임을 알게 된다.

例 먹지를 못하였다.

平安하지가 못하다.
아름답지가 못하다.

위에서 보인 바와 같이 '-지' 뒤에 對格助詞 '-을'과 主格助詞 '-가'가 接續되고 있어서 '-지'가 한눈에 名詞形임을 알 수 있다.

한편, 日本語에서는 推測否定助動詞라고 하는 '-じ'가 다음과 같이 쓰이고 있다.

例 加茂の社の姫小松萬代までに色は變らじ(=加茂神社의 姫인 小松이 萬代에까지 요염함이 變하지 않으리라)<梁塵秘抄>
世の中に理非のわかち知らぬもの程おそろしきはあらじ(=世上에서 理非를 分別 못하는 者만큼 두려운 것은 있지 않을 것이다)<梅園叢書 巻下>
いかでなほありと知らせじ(=왜 아직 있다고 알리지 않으리오)<古今六帖>
かく餘所に見侍らじものを(=그렇게 다른 데를 보시지 않을 것을)<徒然草 167段>

위에서 '-じ'는 推測否定을 나타낸다고 하겠으나, 실은 다음과 같이 意志否定이나 否定的인 금지를 나타내기도 하였다. 그러므로 '-じ'는 단순히 否定助動詞라고 보아야 할 것이다.

例 まけじ魂　いくよしもあらじわが身を(=지지 않으려는 氣魄 살아남을 理由도 있지 않은 내 몸을)<古今集>
みな源氏物語・枕草子などにことふりにたれどおなじ事また今さらにいはじともあらず(=모두 源氏物語・枕草子 등에 陳腐해진 것이지만 같은 일 아직 새삼스러이 말하지 말라고 하는 것도 아니다)<徒然草>

이렇게 '-디'<Kor>와 '-じ'<Jap>는 意味機能上 좀 차이가 있어 보이지마는, 즉 [-디+否定詞(禁止詞包含)=-じ]와 같은 等式을 얻을 수 있는데, 이것은 바꾸어 말하면 日本語의 '-じ'는 본시 그 뒤에 否定・禁止詞가 접속 되던 것인데 그것이 옛적 어느 시기에 차차 생략되는 관습이 생기기 시작하여 드디어 完全省略에 이른 것이라고 볼 수 있다. 과연 그렇다면 日本語의 '-じ'도 본시는 韓國語의 '-디'와 마찬가지로 否定性名詞形이었을 것이다. 마치 'な(禁止詞)…そ'에서

'な'가 생략되어 'そ'만으로도 禁止詞가 되듯이 말이다.

例 かかる事には幾度も遇はせ給ひなんず. さのみ御恨み申させ給ひそ (=……・. 그렇게 恨嘆하지 마옵소서)<藩翰譜 巻一>

그리고 ti(디)>di(디)>ji(じ)의 音韻變化(口蓋音化・有聲音化)가 가능하니 이들은 對應되는 形態素라고 할 수 있을 것이고, 또 그 共通基語는 *-ti(否定性名詞形)로 再構될 수 있을 것이다.

(64) sʌ(ᄉᆞ. 形式名詞)〈 Kor 〉∞ sa(さ. *形式名詞)〈 Jap 〉…*sa(形式名詞)

韓國語에서는 'ᄉᆞ'가 形式名詞로 다음과 같이 쓰이고 있다.

例 다토리 업슬 ᄉᆞᆫ 다문인가 너기로라<蘆溪 陋巷詞> *cf.* ᄉᆞᆫ=ᄉᆞ(것)+ㄴ(은)
塵올 여흴 ᄉᆞᆯ 禪이오<蒙法 63> *cf.* ᄉᆞᆯ=ᄉᆞ(것)+ㄹ(을)
種種히 發明홇 ᄉᆞᆯ 일후미 妄想이니<楞嚴 二61> *cf.* ᄉᆞᆯ=ᄉᆞ(것)+ㄹ(을)

한편, 日本語에서는 名詞形成接尾辭로서 '-さ'가 다음과 같이 쓰이고 있다.

例 親の宣給ふ事をひたぶるにいなみ申さむことのいとほしさにとりがたきものをゆかしとは申しつるを(=어버이의 말씀하시는 일을 전적으로 거절하려는 것의 딱함에, 取하기 어려운 것을 듣고 싶다고 말씀 올린 것을)<竹取物語 蓬萊の玉の技>
願をかなふることの嬉しさと宣ひて(=所願成就한 것의 기쁨이라고 말씀하시고)<竹取物語>
あふさきるさ(=맞는 경우 입는 경우), かへるさ(=돌아가는 경우)<岩波古語辭典 p.531>
往くさ來るさ君こそ見らめ(=가는 경우 오는 경우에 너야말로 볼 것이다)<萬葉集 281>

위에서 '-ᄉᆞ'와 '-さ'는 前者는 形式名詞이고 後者는 名詞形成接尾靜라 는 차이가 있기는 하나, 後者도 古代에는 形式名詞였을 가능성이 크다. 위 例에서 'いとほしさ'・'嬉しさ'는 「終止形+さ」의 構造를 가진 것인데 이것을 바꾸어 말하

면 '-さ'는 본시 위의 形容詞와 分離된 形式名詞였다는 것을 시사한다. 動詞에 있어서는 終止形과 連體形이 同形인 경우가 많다는 사실도 위의 推定을 傍證한다. 그러므로 '-さ'는 語幹에 添加되기도 하지마는 起源的으로 *形式名詞였다고 할 것이다.

따라서 sʌ(-ᄉᆞ. 形式名詞)<Kor>와 sa(-さ. *形式名詞→名詞形成接尾辭)<Jap>는 그 機能面에서 對應된다 할 것이며, 音韻面에서도 9.1.(24)의 類例로 보아서 ʌ<Kor>와 a<Jap>는 對應되는 것이 확실하므로 이들은 對應되는 形態素인 것으로 推定되며, 그 共通基語는 *sa(形式名詞)로 再構되어야 할 것이다.

(65) *-ra(*-라. 複數助詞)〈Kor-新羅・百濟〉∞ -ra(-ら. 複數助詞)〈Jap〉…*-lar(複數助詞)

韓國語에서는 지금 複數助詞로서 *-ra가 쓰이고 있지 않으나 地名에서 그 化石을 찾아낼 수 있다. 즉 '等'字가 *-ra로 읽힌 것으로 믿어진다. 姜吉云[12]에 의하면 黃等也(*kora)・烏等(*kara)・史等伊(*siri)・難等良(*sir~*sər)・毛等(*sar)로 再構될 수 있어서 '等'을 *ra 또는 *r로 읽었음을 알 수 있다. 다시 말하면 複數助詞의 *-ra가 옛적에 新羅・百濟地域에서 쓰인 것을 알 수 있다.

한편, 日本語에서는 複數助詞로 '-ら'(ra)가 다음과 같이 쓰이고 있다.

例 憶良らは今は罷らむ(=憶良 등은 지금은 물러나올 것이다)<萬葉集>
よろづにきよらをつくしていみじと思ひ(=온가지로 사치 등을 다하여서 훌륭하다고 생각하여)<徒然草 2段>
賴めりし子らにはあれど(=期待될 듯한 아들들이기는 하였지마는)<萬葉集>

위에서 보인 바와 같이 *-ra(「等」. 複數助詞)<新羅・百濟>와 '-ら'(-ra. 複數助詞)<Jap>는 機能과 音韻의 兩面에서 對應되며, 이들은 -lar/-ler(複數助詞)<Turk>의 共存形으로 미루어서 *-lar(複數助詞)로 再構될 수 있을 것이다.

---

12) 姜吉云, "百濟語系統論(Ⅱ)" 「百濟硏究」, 忠南大學校, 197. pp.31~33

(66) -ya/-yə(-야/-여. 感嘆・强勢形)〈Kor〉 ∞ -ya(-や. 感嘆・强勢形)〈Jap〉…
***-ya(感嘆・强勢形)**

한국어에서는 '-야/-여'가 感嘆・强勢形으로서 다음과 같이 쓰인다.

例 나쟈 바먀 셔긔 나ᄂᆞ니(白日黑夜瑞雲生)<朴初 上68>
굴그니여 혀그니여 우디 아니ᄒᆞ리 업더라<月釋 十12>
귀 느러여 뎌 소곰 실라 갈쟉신ᄃᆞᆯ 필연 千里馬ᄅᆞᆯ 몰라야 보랴마는<松江 二15>
나의 風度야 업다야 ᄒᆞᆯ야마ᄂᆞᆫ<海東 p.74>
다만 네히 셔 잇고야<松江 一6>
휘드르며 웃는고야<海東 p.38>
회답을 보고야 ᄆᆞ음을 노호시니<閑中 p.36>
白玉樓 나ᄆᆞᆫ 기동 다만 네히 셔잇고야<松江 一6>

위에서 종래 感嘆敍述形이라고 하던 '-고야'는 「-고」가 본시 疑問代名詞・副詞와 호응하던 判斷疑問形語尾인데 이런 疑問形에서 感嘆敍述形이 派生되기도 한다. 즉 "-는구나・-는구료・-는고" 등의 '-구/-고' 가 바로 그런 것인데, "-고야"의 '-고'도 그런 것이다. 따라서 "-고야"의 '-야'는 感嘆・强勢形으로 보아 무방할 것이다.

한편, 일본어에서는 感嘆・强勢形으로서 '-や'가 다음과 같이 쓰이고 있다.

例 問ひ給ふことは「大伴の大納言の人や船に乘りて龍殺してその首の玉とれるとや聞く」と問はさる(=묻자옵는 것은 「大伴(人名)의 大納言(官職名)의 사람이야 배를 타고 龍잡이하여 그 목을 자르게 된다고도 들었다」고 물음을 받았다)<竹取物語 六>
古池や蛙とびこむ水の音(=옛 못인고! 개구리 뛰어드는 물의 소리)<芭蕉>
官仕の本意深く物したりしよろこびはかひあるさまにとこそおもひわたりつれ. いふかひなしや(=官仕의 本意가 깊은데 있었다는 기쁨은 效果 있은 듯이 始終 생각하고 있었다. 말한 보람이 없구나)<源氏物語 桐壺>
枯技に烏のとまりたるや秋の暮(=이운 가지에 까마귀가 앉았구나 가을의 저녁)<芭蕉>
信賴といふ大臆病人が侍賢門を早破られつるぞや(=信賴<人名>라는 매우 小心한 사람이 侍賢門을 벌써 擊破當해 버렸구나)<平治物語 卷二>

따라서 '-야/-여'(-ya/-yə. 感嘆・强勢形)<Kor>와 '-や'(-ya. id)<Jap>는 그

기능뿐만 아니라 그 음운상에 있어서도 對應되는 것으로 추정되며, 이들의 共通基語는 '*-ya'(感嘆·强勢形)로 再構될 수 있을 것이다.

(67) mʌč'-(ᄆᆞᆾ- 〉ᄆᆞᄎᆞ 〉마치-. 終了)〈 Kor 〉 ∞ -made(-まで. 迄)〈 Jap 〉… *madi(<modi-. 終了)

한국어에서 動詞 'ᄆᆞᆾ-'(終了)이 다음과 같이 쓰이고 있다.

例 글지ᅀᅵᆯ ᄆᆞᄎᆞ니 鳳이 ᄂᆞᄂᆞᆫᄃᆞᆺ ᄒᆞ도다<杜初 八8>
記 주샤ᄆᆞᆯ ᄒᆞ마 ᄆᆞᄎᆞ시고ᅀᅡ<法華 三64>
내 아ᄃᆞᆯ 小學은 모ᄅᆡ면 ᄆᆞᄎᆞᆯ로다<松江 二2>

한편, 일본어에선 助詞로서 '-まで'(到及)가 다음과 같이 쓰이고 있다.

例 萬代までに色は變らじ(=萬代까지도 美貌는 變치 않을 것이다)<梁塵秘抄>
仕うまつるべき人々皆難波まで御送しけり(=시중 들어야 할 사람들이 모두 大阪까지 배웅하더라)<竹取物語 三>
饗應しののしりて郎等までに物かづけたり(=음식 대접하고 떠들어대고서 머슴들에게까지도 음식물을 주었다)<土佐日記>

위에서 보인 바와 같이 'ᄆᆞᆾ-'은 動詞로 쓰고 '-まで'는 助詞로 쓰이어서 그 기능은 비록 다르지마는 '-まで'는 동작이나 상태의 究極을 표시하므로 이것은 원래 '終了'의 뜻을 가진 動詞에서 派生된 것으로 추정된다. 그러므로 'ᄆᆞᆾ-'(>ᄆᆞᄎᆞ->마치-. 終了)과 '-まで'(*終了→究極)는 의미상으로 對應시킬 수 있을 것이다.

그리고 音韻上으로 mʌč'->mʌč'i-<Kor>와 made<Jap>는 *madi(終了)에 소급될 수 있으나 muḍi '終了'<Dr-Ka>·moho-n(窮極)<Ma)·müeddā(마친)<Turk>까지 고려하면, *modi-(終了)에 소급될 수 있다. 즉 ʌ(ᄋᆞ)<Kor>와 a/e<Jap>는 9.1.(24)에 의하여, č'<Kor>와 d<Jap>는 9.1.(4)에 의하여 각각 對應될 것이고, *modi>mʌt'i>mʌč'i>mač'i<Kor> ; *modi>mʌdi>made<Jap>와 같이 변한 것으로 추정된다. 따라서 이들의 共通基語는 *modi-(終了)로 再構될 수 있을 것이다].

(68) mač'i(마치. 恰似) 〈 Kor 〉 ∞ -meri-(めり 〈 ら變活用 〉. 如然助動詞) 〈 Jap 〉 …*mači-(恰似)

한국어에서 '恰似'의 뜻을 가진 副詞가 '마치'의 형태로 다음과 같이 쓰이고 있다.

例 어누 藏ㅅ金이ᅀᅡ 마치 ᄭᆞᆯ이려뇨＜釋詳 六25＞
마치 天宮 ᄀᆞᆮ더니＜月釋 二26＞
마치 열다ᄉᆞ신 겨지븨 허리 ᄀᆞᆮ도다＜杜初 十9＞

한편, 일본어에서 助動詞 'めり'는 '推定'이나 '想像'의 뜻을 가진 형태라고 하는 것이지마는, 筆者는 '흡사하다'를 뜻하는 形態素로 보고자 한다. 다음에 그 用例를 보인다.

例 あはれ, 今年の秋も往ぬめり(=아-, 今年의 가을도 지나간 듯하다)＜千載和歌集＞
袖の几帳などとり捨てて思ひなほり給ふめりし(=소매의 几帳'칸막이' 등을 떼어 버려 생각을 돌아키는 듯하였다)＜枕草子 83段＞
この侍ぞよく聞かむとあとうつめりし(=이 從者는 잘 들으려고 맞장구치는 듯하였다)＜大鏡序＞
波のはな沖からさきて散りくめり(=물결의 꽃이 바다의 한가운데서부터 피어 흩어져 가는 듯하다)＜古今集 卷十＞
いまやうの世の人のもてはやすめる花どもも(=이마적의 世人이 칭찬하는 듯한 꽃들도)＜玉勝問 六卷＞
參り給はむこととのみなむおぼし急ぐめれば(=오실 것으로만 바라고 서두르는 것 같이 보였기 해문에)＜源氏物語 桐壺＞

그러나, '-めり'(恰似하다)는 本義에서 때로는 '婉曲한 表現'을 뜻하게도 되었다.

例 龍田川紅葉亂れて流るめり(=龍田川의 단풍잎이 흩어져 흐르는 듯하다)＜古今和歌集 秋下＞
「もののあはれは秋こそまされ」と人ごとにいふめれど(=「깊은 感傷은 가을이야말로 더하도다」라고 사람마다 말하는 듯하지마는)＜徒然草 1段＞

위에 例示한 바와 같이 '마치'와 'めり'는 語源的으로 '흡사하다'의 뜻을 가졌던 말일 것으로 추정된다.

그리고, mač'i(마치)와 meri(めり)는 音韻上으로 mač'i>mači>meri와 같은 변천이 가능하다. 즉 9.1.(24)의 類例로 보아서 a와 e가 對應되고, 9.1.(4)의 類例로 미루어서 c・č'와 r가 對應된다고 할 수 있을 것이다.

따라서 '마치'(흡사히)<Kor>와 'めり'(*흡사하다→如然助動詞)<Jap>는 意味와 音韻의 양면에서 對應된다고 할 수 있으며, 이들의 共通基語는 *mači-(흡사하다)로 再構될 수 있을 것으로 推定된다(*cf.* vāta- '類似'<Gily-G>・vači-t '類似物'<Gily-高橋)・voči- '同一'<Gily-服部>: -mVš '不確實推測'<Turk>).

(69) ta-ko(다고. 希求形)〈Kor〉∞ -ta-ku/-ta-si(-たく/-たし. 希求助動詞)〈Jap〉… *ta-(給與)

韓國語에서 '다고/다고려/다오'(주어라・希求形)이 쓰이고 있는데, 이들의 語根은 ta-(給與)인 것으로 믿어지며, 다음에 그 例를 들어 보인다.

例 ᄒᆞ나 다고<老乞 上38>
아희야 粥早飯 다고<海東 p.59>
가져오라 又 다고<漢淸 176>
글 다고 보자<三譯 六17> ………………………… 以上 '給與'
朴국이예 쳐 다고<海東 p.68>
네 나ᄅᆞᆯ 나소와 뎌르게 ᄒᆞ야 다고려<朴通初 上18> ………… 以上 '希求形'

위에서 例示한 바와 같이, '다고/다고려/다오'는 '다-'에 使動接尾辭—命令形 '-고오>-고', 希求形 '-고려', 命令形 '-오'가 첨가된 複合形態이므로 그 語根은 ta-임이 확실하다.

한편, 일본어에서는 'たぶ'(賜・給)란 말이 쓰이는가 하면, 그것에서 派生된 것으로 믿어지는 'たし・たい'가 希求助動詞로 쓰이고 있는데, 여기서도 語根은 ta-(給與)로 歸納할 수 있다 즉 'たし'는 'たく・たく・たし・たき・たけれ'와

같이 활용하여, 여기의 'たく'(taku)는 '다고'(tako)와 音韻上으로도 對應될 뿐만 아니라 그 意味도 같고 副詞形(連用形) 아래 접속되는 統辭機能도 같다. 그리고 ta-(給與)＜Gily＞・taru(id)＜Dr-Ta＞가 있어서 이들의 共通基語는 *ta-(給與)로 再構될 수 있을 것이다.

다음에 'たし'의 用例를 보인다.

例 家にありたき木は松・さくら(=집에 있었으면 싶은 나무는 소나우・벚나무)＜徒然草 139段＞
八島へ歸りたくば(=八島에 돌아가고 싶으면)＜平家物語＞
雀のつくづくならびゐたるころもかしたき心地ぞする(=참새가 쭉 나란히 앉아있는 것이 옷을 빌려 주고 싶은 心情이 드는구나)＜ひとり言. 上島鬼貫＞
………………………… 以上 '希求形'
娘を我にたべ(=따님을 내게 다오)＜竹取物語＞
汝が言葉のやさしさに矢一つたばん(=너의 말이 친절함에 화살 한개를 줄 것 이다)＜保元物語＞ ……………以上 '給與'
九國の地まで着けてたべ(=九國 땅까지 붙여다오)＜平家物語＞
皮衣の質を返したべ(=가죽옷의 바탕을 뒤집어다오)＜竹取物語＞ …· 以上 '希求形'

위에서 希求助動詞 'たぶ'도 ta(給與)+bu(*使動接尾辭)의 복합형태로 보고자 한다. 여기의 化石化된 使動接尾辭 *bu는 使動詞'しむ'(し'爲'+む'使動接尾辭')의 *-mu와 同根일 것이며, 한국어의 使動接尾辭 '-ᄫ-/-ᄫᆞ->-오-/-우-'와도 同根일 것으로 추정된다.

(70) əsï̄-(어ᄡᅳ-. 無) 〈 Kor 〉 ∞ zɯ(ず. 否定詞) 〈 Jap 〉 …*əsï̄-(無)

한국어에서 '無'를 뜻하는 말이 두 가지가 쓰이고 있다. 즉 '없-'와 '어ᄡᅳ-'인데, (*cf.* 合用並書의 'ㅂ'을 長音記號로 보고 있음 : 姜吉云. 「完全國語」 1966. p.9.) 後者를 '없-'의 誤記로 보고 있는 것이 현상이나, 제주도방언의 '어서'(=없어)와 同根의 말이며, 길약語의 ajcxo(無)＜G＞나 일본어의 'ず'(否定詞)와 비교될 수 있는 말일 것이다.

다음에 '어ᄡᅳ-'의 例를 들어 보인다.

例 어마님ᄀᆞ티 괴시리 어ᄲᅦ라<時用 · 思母曲>
낟ᄀᆞ티 들리도 어ᄡᅳ새라<時用 · 思母曲>

한편, 일본어에서는 'ず'가 斷定의 否定詞로 다음과 같이 쓰이고 있다.

例 思ふ事いふべき人にあらねば得いはず(=생각하는 것을 말해야 할 사람을 만나지 않으니 말할 수도 없다)<獨語 太宰春臺>
海ならずたたへる水の底までも清き心は月ぞ照らさむ(=바다에는 아니고 가득찬 바다 밑까지도 맑은 마음은 달이 비출 것이구나)<大鏡>
民の心たへずして遂に靜かなる世もあらず人の國とすらなりはてにけり(=百姓의 마음에 報答하지 않고서 마침내 고요한 世上도 없고 사람 사는 나라라는 것조차 變해 버렸더라)<賀茂翁家集>

그런데, 동작이나 상태를 否定한다는 것은 그런 동작이나 상태가 없다는 것과 같은 말이 되고, 9.1.(33)의 類例와 母音間의 無聲子音의 有聲音 化現象으로 미루어서 əsï-(어ᄡᅳ-)>əsɯ->əzɯ>zɯ(ず)의 변천이 가능하므로 '어ᄡᅳ-'와 'ず'는 對應되는 것으로 보아도 좋을 것이며, 이들의 共通基語는 *əsï-(無)로 再構될 수 있을 것이다.

〔參考〕 '없-'(無)과 比較될 수 있는 말은 obosore(無)<Ainu> · avele(無)<Gily>가 따로 있다.

(71) pʌra-(ᄇᆞ라-. 希望)〈Kor〉∞ -baya(-ばや. 希求助詞)〈Jap〉…*para-(希望)
한국어에서는 'ᄇᆞ라-'(希望)가 다음과 같이 쓰이고 있다.

例 希 ᄇᆞ랄 희<類合 下30>
ᄇᆞ람도 ᄯᅩ 足ᄒᆞ리이다<法華 四48>
머리 돌아 ᄇᆞ라오니<杜初 七10>
셔아 이셔 ᄇᆞ라더니<釋詳 十一29>
울워러 ᄇᆞ라<楞嚴 一4>

한편, 일본어에서는 '-ばや'가 希求助詞로 쓰이고 있는데, 이것은 接續助詞

'ば'와 感嘆・疑問助詞'や'라는 복합형태의 발달로 보고 있으나(*cf.* 影山 1985. p.197: 保坂 1939. p.430), 이것은 한국 의 'ㅂ라-'(希求)와 비교될 수 있을 뿐만 아니라, bēr(希望)<Dr-Ka>・puri(id)<Dr-Ta>・vãcu(希求하다)<Dr-Te>・az(渴望)<0.Turk>・ere-(希求하다)<W.Mo> 등과도 비교될 수 있는 말로서 다음과 같이 쓰이고 있다.

例 旅ならで見ばやとぞ思ふ(=旅行에서가 아니고 보고프다고 생각한다)<岡部日記・賀茂眞淵>
ありかせばやとこそ覺ゆれ(=걷게 하고 싶다라고 생각하여요)<枕草子 44段>
物語といふもののあんなるをいかで見ばや(=說話란 것의 저러함을 어찌하든 보고 싶다)<更級日記>

그리고 音韻上으로도 pʌra-(ㅂ라-)<Kor>와 baya(-ばや)<Jap>는 9.1.(3)・(9)・(24)의 類例에 의하여 p<Kor>∞b<Jap>: r<Kor>∞y<Jap>: ʌ<Kor>∞a<Jap>의 對應이 가능하므로 同起源이라고 볼 수 있으며, 이들의 共通基語는 *para-(또는 *pərə-. 希望)로 再構될 수 있을 것이다.

(72) patɨr-(받들-. 奉)〈Kor〉∞ *matur-(〉macur-, まつる. 對象語尊待法 助動詞)〈Jap〉…*pat-ɨr-(奉・捧)

한국어에서는 '받들-'(奉・捧)이라는 말이 다음과 같이 쓰이는데 對象語尊待法의 '받-숩-'과 꼭같은 의미와 기능을 가지고 있다.

例 두 소놀 받드러<救急簡 一46>
奉 받들 봉<石峯千 15>
소라롤 받들고<小諺 二3>

한편, 일본어에서는 'まつる'(奉・捧. 對象語尊待法 助動詞)가 다음과 같이 쓰이고 있다.

例 ふみはさみに文はさみて, いらなくふるまひてこのおとどに奉るとて(=文書 꽂이

에 文書를 꽂고 모가 나게 굴면서 이 大臣에게 바치려고)＜大鏡 時平傳) …… '奉'
さる君を見おき奉りてこそえ行くまじけれ(=그러한 그대를 남겨 두옵고는 갈 수 없을 것 같더라)＜枕草子 240段＞
服從へぬ人をもやはし掃き清め仕へまつりて(=服從하지 않는 사람도 歸服시키고 쓸어 깨끗이 하며 奉仕하와)＜萬葉集 4465＞
島山に照れる橘うずに挿し仕へまつるはまへつきみ(=島山에 쪼이는 햇빛을 받은 밀감을 冠飾으로 꽂고 從事하옵는 것은 公卿)＜萬葉集 4276＞
……………………………………………………………………… 以上 '對象語尊待法 助動詞'

위에서 보인 바와 같이 對象語尊待法助動詞는 本動詞'まつる'에서 전성된 것이 분명하다. 그러므로 pattïr-(＞pat'ïr-. 奉)＜Kor＞과 *matur-(＞macur-. まつる. 奉)＜Jap＞만 音韻上으로 對應되면 *matur-(まつる. 對象語尊待法助動詞)과도 對應된다고 할 수 있을 것이다.

그런데 p · t' · ï/ɯ＜Kor＞와 m · t · u＜Jap＞는 9.1.(3) · (2) · (21)의 類例로 미루어 보아서 對應되는 것이 확실하니 '받들-'과 'まつる'은 同根의 말일 것이며, 이들의 共通基語는 *pat-tïr-(奉)으로 再構될 수 있을 것으로 추정된다.

이밖에 '받들-'과 비교할 수 있음 직한 것으로는 pacai(獻身)＜Dr-Ta＞를 들 수 있을 것이다.

(73) -marʌnʌn(-마ᄅᆞᄂᆞᆫ. 相反形)〈 Kor 〉 ∞ *-mənənə(〉-monono, ものの. 相反形)〈 Jap 〉…*maranan(相反形)

한국어에서는 '-마ᄅᆞᄂᆞᆫ(＞-마ᄂᆞᄂᆞᆫ＞-마ᄂᆞᆫ/-마는)'이 相反形(逆接)으로서 다음과 같이 쓰이고 있다.

例 님 괴얌즉ᄒᆞ냐 마는＜松江 一15＞
엇뎨 成都에 수리 업스리마ᄂᆞᆫ＜杜重 卄四21＞
아니ᄒᆞ리 잇고마ᄂᆞᆫ＜內訓 二上22＞
므어슬 ᄒᆞ고쟈 ᄒᆞ여 일오디 몯ᄒᆞ리오마는＜小諺 五99＞
아바님도 어이어신마ᄅᆞᄂᆞᆫ＜樂章 思母曲＞
잡ᄉᆞ와 두어리마ᄂᆞᄂᆞᆫ＜樂章 가시리＞

한편, 일본어에서는 '-ものの'가 相反形(逆接)으로 다음과 같이 쓰이고 있다.

例 うつせみの世のひとごとの繁ければ忘れぬものの離れぬべらなり(=이 世上의 사람의 일이 繁多하므로 잊었지마는 벗어나지 않는 듯하다)＜古今集 716＞

.... '忘れぬ' (終止形=終止法語尾)

おかしきもののさすがにあはれと聞き給ふふしもあり(=興味를 끌지마는 그렇기는 하나 가엾게 들으신 境遇도 있다)＜源氏物語 明石＞

.... 'をかしき'(連體形=冠形形)

그런데, 위의 '-ものの'의 「もの」를 '物'이 原義여서 기정 사실이나 법칙·관습 등을 가리킨다고 하고 있으나(*cf.* 「岩波古語辭典」 p.1,445), 筆者의 생각은 그렇지 않다.

'ものの'의 「もの」는 '마ᄅᆞᄂᆞᆫ>마ᄂᆞᆫ>마는'(相反形'逆接')＜Kor＞의 *ma-rʌ->manʌ-(禁·辭·不·休)와 同根의 動詞語幹과 비교되어야 할 것이며, '마ᄅᆞᄂᆞᆫ'은 marʌ(禁·不)-nʌn(*名詞形)의 原義에서 虛詞化하여 相反形語尾(逆接)가 된 것으로 推定된다.

왜냐하면, '마ᄅᆞᄂᆞᆫ'과 'ものの'는 終止法語尾와 冠形形아래에 접속되는 점도 같으며, '마ᄅᆞᄂᆞᆫ'은 名詞나 名詞形 아래에도 접속되는데 冠形形 -nʌn도 起源的으로는 名詞形으로 볼 수 있으므로, 이들은 名詞나 名詞形 아래에 접속된 것으로 일관성 있게 설명할 수도 있고, 그 뒤에 온 動詞가 '마ᄅᆞᄂᆞᆫ'과 'ものの'라고 할 수 있기 때문이다. 또 marʌnʌn(마ᄅᆞᄂᆞᆫ)과 monona(＜*mənənə, ものの)는 9.1.(9)·(20)·(24)의 類例와 일본어의 開音節固守의 습관 때문에 末音 -n이 탈락하였다고 치면, 이들은 音韻上으로도 對應되기 때문이다.

또한, "-하냐 마ᄂᆞᆫ·-잇고 마ᄂᆞᆫ·몯ᄒᆞ리오 마ᄂᆞᆫ" : "忘れぬ ものの"의 '마는 : ものの'는 終止法語尾 아래에 쓰이되, 앞에 있는 것을 부인하는 말임이 틀림없으니, '마ᄂᆞᆫ'은 起源的으로 動詞였다고 해야 할 것이기 때문이다.

따라서 '-마ᄅᆞᄂᆞᆫ'＜Kor＞과 '-ものの'＜Jap＞는 對應되는 형태이며, 이들의 共通基語는 *mara-nʌn(*그만두는 것→相反形'逆接')으로 再構될 수 있을 것이다.

그리고 'ものから'·'ものを'의 「もの」도 위에서 추정한 *mara-(禁·不·辭·

休)의 뜻을 가진 말이었을 것이다.

그러나 "頼まぬものの戀ひつつぞ經る"(=가망이 없는 것을 그리워하면서 지내고 있다)<伊勢物語 23>의 'ものの'도 '-마는'의 뜻이지마는, 여기의 'もの'는 '者'의 뜻으로 볼 수도 있음직하다.

(74) -tos-/-toso-(-돗-/-도소-. 完了强勢形)〈Kor〉∞ -*tutu(〉-cucu, -つつ. 完了强勢形→持續形)〈Jap〉…*-tot(完了强勢形)

한국어에선 '-돗-/-도소-'가 完了强勢形(→强勢形)으로 다음과 같이 쓰이고 있다.

> 例 날 조차 죽으려 ᄒᆞ돗다<內訓重 二23>
> 날마다 五萬僧齋ᄒᆞ시돗더이다<月釋 廿三74>
> 제 다리롤 버히돗더라<龜上 18>
> ᄯᅩ 니ᄅᆞ라 ᄆᆞᄎᆞ매 엇더ᄒᆞ도소뇨<蒙法 52>
> 모진 ᄃᆞᇰ싱이 므싀엽도소니 므스므라 바ᄆᆡ 나오나뇨 ᄒᆞ야<釋詳 六19>
> 지비 消息 무롤 ᄃᆡ 업도소니 나그내 ᄃᆞ외야…<杜初 七39>
> 太子ㅣ 그런 사ᄅᆞ미시면 이 이리 어렵도소이다<釋詳 十一19>

한편, 일본어에선 '-つつ'가 持續形이라고 일컬어지고 있는데, 筆者의 생각으로는 본시 完了强勢形이었을 것으로 생각한다.

保板(1939) p.367에서 "이 말은 完了助動詞 'つ'가 거듭되어 만들어진 것으로서 어떤 동작이 完了하여 계속되고, 완료하여서는 계속되어 가는 뜻을 나타내는 것이 原義이다. 여기서 連續 · 反復의 뜻이 생겼고 변하여서 同時 · 反復의 뜻으로 쓰이게끔 되었다"고 말한 바 있는데, 과연 그렇다면, 이것은 -tot(*完了+完了→完了强勢形)<Gily> -tos<-*tot-/-toso-(-돗-/-도소-. 完了+完了→完了强勢形)<Kor>과도 同軌의 발달이라고 할 수 있다. 다음에 '-つつ'의 用例를 들어 보인다.

> 例 旅路の日記は後にとうでて見るに其の析の事どもの目の前にうかび來つついみじう心なぐさむ(=旅行日記는 나중에 끄집어 내어 보면 그 때의 일들이 目前에 계

속 떠올라 와서 매우 마음을 慰勞할 것이다)<櫃園文集 中島廣足>

野山にまじりて竹を取りつつよろづのことにつかひけり(=野山에 섞여서 대나무를 베면서 온갖 事物에 쓰더라)<竹取物語>

行かむかた知らまほしく見送りつつ行けば(=가려는 쪽을 알고 싶어서 배웅하면서 가니)<徒然草 44段>

梅か枝に來ゐる鶯春かけて鳴けどもいまだ雪は降りつつ(=梅花 가지에 와 있는 꾀꼬리가 봄내 울어도 아직 눈이 와서)<古今和歌集 春上>

からはけうとき山の中にをさめてさるべき日ばかりまうでつつ見れば(=유해는 매우 閑寂한 山中에 묻어두고 그럴싸한 날에만 찾아와서 보니)<徒然草 30段>

田子の浦に打出でて見れば白妙の富士の高嶺に雪は降りつつ(=田子浦에 넓은 데 나가 보니 닥나무빛 같이 흰 富士山 높은 재에 눈이 내렸구나)<新古今集>

さて家に歸りつつ切腹の用意して君命の下るを待ちけるが(=그래서 집에 돌아와서 切腹의 準備를 하고 君命이 내리는 것을 기다렸으나)<平家物語 福原落の事>

그리고 -tos-/-toso-<Kor>와 *-tutu<Jap>는 音韻上으로 9.1.(2)·(22)의 類例로 미루어서 이들은 對應된다고 할 수 있다.

따라서 '-돗-/-도소-'(完了强勢形)<Kor>와 '-つつ'(完了强勢形)<Jap>는 원천적 기능과 음운의 양면에서 對應되는 것으로 추정되며, 이들의 共通基語는 *-tot(完了强勢形)오로 再構될 수 있을 것이다.

(75) 한국어와 일본어는 **語順**이 일치한다**[*cf.* 7.3.(78)].**

(76) 한국어와 일본어에서는 **形容詞**가 활용한다**[*cf.* 7.3.(79)].**

(77) 한국어와 일본어에서는 **數詞**가 **屈折**한다**[*cf.* 7.3.(80)].**

(78) 한국어와 일본어는 **名數詞**가 다양한 발달을 하고 있다**[cf. 7.3. (81)].** 그러나 **漢字語**에 유래한 것을 제외하고는 **名數詞**의 **起源**은 서로 다르다.

例 十里·百度·八軒·三枚·五箇·二本·一羽·三冊·五着·二號
십리·백도·여덟채·석장·다섯개·두자루·한마리·세권·다섯벌·이호
cf. 윗줄은 日本語의 名數詞로서 모두 漢字語에 由來함.

(79) 한국어와 일본어에서는 **主格·目的格(對格)**을 표시하는 특별한 형태소를 기원적으로는 갖고 있지 않다**[cf. 7.3.(82), 9.2.(13)].**

(80) 한국어와 일본어는 합성어를 만들 때 **先行語**의 **末尾音**이 생략되기도 한다 **[cf. 7.3.(83)].**

(81) 한국어와 일본어는 **關係代名詞**를 갖고 있지 않다**[cf. 7.3.(84)].**

(82) 한국어와 일본어는 **複文(包有文)** 속의 **節**의 **主述關係**를 **「與格・對格+使動詞」**의 **客述關係**로 표현하기도 한다**[cf. 7.3. (85)].**

(83) 한국어와 일본어는 **後置詞**가 있다**[cf. 7.3. (86)].**

(84) 한국어와 일본어는 **指示代名詞**에 **近稱・中稱・遠稱**으로 **三分**된다**[cf. 7.3. (87)].**

(85) 한국어와 일본어의 **助動詞**는 대부분 **動詞**에서 전성되어 쓰인다**[cf. 7.3. (89)].**

(86) 한국어와 일본어는 원초적인 **接續詞**는 없고, **動詞**나 **指示代名詞**에서 **轉用**된다**[cf. 7.3.(90)].**

(87) 한국어와 일본어는 **自動詞**가 **他動詞**로, **他動詞**가 **自動詞**로 **轉用**되기도 한다**[*cf.* 7.3.(91)].**

(88) 한국어와 일본어는 **否定法樣式**이 같다**[cf. 7.3.(94)].**

(89) 한국어와 일본어는 **共同稱代名詞**를 **共有**하고 있다**[cf. 7.3. (95)].**

(90) 한국어와 일본어는 기원적으로 **語頭音 r-(l-)**와 **ŋ-**을 가지고 있었다**[cf. 7.3.(102)].**

(91) 한국어와 일본어는 **語頭子音群**을 기피한다**[cf. 7.3.(103)].**

(92) 한국어와 일본어는 함께 **母音調和現象**을 가지고 있으나 원초적으로 **母音調和**를 가지고 있었던 것이 아니기 때문에 **調和樣式**이 서로 다르다. 다시 말하면, 한국어는 **高舌・低舌**의 **對立**인데 반하여 일본어는 **後舌・中舌**의 **對立**이다.

例 아・오・ᄋᆞ…… 低舌母音 } 韓國語
어・우・으…… 高舌母音 }

a・o・u…… 後舌母音 } 日本語
*ə('お'의 乙類)

(93) 한국어와 일본어는 **有聲音化**의 **連聲現象**을 **共有**한다**[*cf.* 7.3.(105)].**

(94) 한국어와 일본어는 **疊語**를 많이 쓰고 있다**[*cf.* 7.3. (101)].**

(95) 한국어와 일본어에는 **修飾體言**과 **被修飾體言** 사이에 **格**의 **一致現象**이 있다 **[*cf.* 7.3.(96)].**

(96) 한국어와 일본어에는 **尊待法**이 **主語尊待法 · 對象語尊待法 · 聽者尊待法**으로 **三分**되어 있다**[*cf.* 9.3.(36) · (37) · (38)].**

위에서 96個項에 걸친 文法形態素 · 統辭構造 및 音韻構造를 차례로 比較하였고, 이에 앞서 音韻體系와 音韻變化現象을 비교한 바 있는데 , 이 가운데는 일본어의 거의 모든 중요 문법형태소의 비교가 포함되어 있어서(74項), 그것만 가지고도 韓國語와 日本語는 同系라고 斷定할 수 있다. 印歐語內의 각 個別言語나 알타이諸語 상호간에 이 만큼 많은 文法形態素들이 일치 하는 것도 없다. 그뿐만 아니라, 대부분의 代名詞-아롬(私)∞あれ(我), 우리(我等)∞われ(id), 뎌(彼)∞し(id), 그(其)∞か(彼), 님(汝)<尊>いまし(id), 니(汝)∞い(id), 녀느(他)∞なに(何) 등을 포함한 1,400개나 되는 어휘를 비교할 수 있는데, 그 가운데서도 M. Swadesh가 선정한 基購語彙 100개 속에 韓日語의 對應比率이 57개에 달한다는 사실도 종래 日本語가 알타이系다 南方系다 하던 숱한 論議를 무색케 만들고도 남음이 있다고 할 것이다. 하물며 言語系統論研究에서 가장 核心部分안 文法形態素의 比較에서 거의 모든 構造와 重要形態素가 對應되니 말이다.

어떻든 韓國語와 日本語는 지금에 와서 外形上 많은 차이를 보여 주고 있으나, 原初的 · 深層的 比較가 보여 주는 바는 同系語라고 아니할 수 없다. 文法上으로만 볼 때에는 日本語는 길약語 다음으로 韓國語와 가장 가까운 親族語임이 분명하다.

第10章
韓國語와 드라비다語의 比較*

1. 伽耶語와 드라비다語의 關係

Dravida語(略號 Dr.)는 지금 印度中南部(주로 半島部)와 스리랑카(Ceylon)의 北部・파키스탄(Pakistan) 등에서 쓰이고 있는 20個 넘는 言語의 總稱인데, 이 言語를 쓰는 총 인구는 약 1억 8천만 명이며, 그 주요한 下位言語 使用者는 AD. 1985年 總計에 의하면 Tamil(4,840만명)・Telugu(5,354만명)・Kannada(3,713만명)・Malayalam(2,545만명)・其他-Brahui・Gadba・Gondi・Kota・Koḍagu・Kolami・Kuṛukx・Malto・Naikṛi・Parji・Toda・Tulu・Konḍa・Kuwi 등의 言語가 있다.1)

이 Dravida諸語는 한 印歐語族(인도-이란系)이 紀元前 千年頃 印度에 到來하기 이전부터 印度에서 쓰이고 있다가 印歐語族의 進出 때문에 그 語域이 축소되어 지금에 이른 것이며, 또 日本語 成立의 중요한 한 言語層으로서 近者에 주목되어 왔다.

그런데, 이 Dravida語를 韓國語와 관련지어 말한 外國人學者들이 있었으니 그

---

* 本稿 중 10.1~10.3의 내용은「언어」제3호(1982.12 忠南大學校)에 실려 있음

1) 略號 : Telugu(Te), Tamil(Ta), Kannaḍa(Ka), Malayalam(Ma), Gadba(Ga), Gondi (Go), Kota(ko). Koḍagu(Koḍ), Kolami(Kol), Kuṛukx(Kur), Malto(Malt), Naikṛi(NK), Parji(Pa), Toda(To), Tulu(Tu), Konḍa(Konḍa), Kuwi(Kuwi) ; Manču(Ma), Turkish (Turk), Mongolian(MO) ; 古語(O.), 文語(W.), Gilyak(Gily), 日本語(Jap)

들은 달레(Ch. Dallet 1874.) · 헐버트(H · B · Hurbert 1861~1949) 등이다.

불란서 宣教師 달레는 1874年에 「朝鮮教會史」의 緖論 '朝鮮語'條에서 文法上의 9個 特質을 들어 韓國語가 타타르(Tartar, 韃靼)語族에 속한다고 論證하면서, 그 文法은 드라비다語와 몹시 닮았다고 주장하였고, 미국인 宣教師 헐버트는 1895年에 "朝鮮民族의 起源"(The Korean Repository Ⅱ)에서 드라비다語와의 同系說을 주장하였을 뿐만 아니라, 「韓國語와 드라비다諸語의 比較文法」(1,906)이란 해박한 著書까지 내놓았다. 이 책의 本文은 第1節이 音聲體系, 第2節~14節은 文法, 第15節은 比較語彙로 大別할 수 있다.

그러나 이러한 韓國語의 드라비다語同系說은 오늘에 이르기까지 그 뒤 7 · 80年間 주목을 끌지 못한 채, 알타이語 또는 우랄-알타이語와 同系說이 學界를 주름잡아 오다가 최근에 와서 筆者에 의해 길약語 · 아이누語 및 드라비다語와의 本格的인 比較研究가 시도된 바 있다.

여기서 유의해야 할 점은 筆者가 말한 길약語 · 아이누語는 韓國語의 核心層과 底層을 형성한다는 것이지 결코 알타이諸語가 上層言語로서도 쓰이지 아니하였다는 것을 의미하지는 아니한다.

그런데, 여기서는 가장 중요한 그 上層言語로서 드라비다語를 韓國語에 하나 더 첨가 할까 한다.

드라비다語는 이미 말한 바와 같이 지금 印度의 中南地域과 세이론(스리랑카) · 파키스탄 등지에서 쓰이고 있는데, 이 印度의 드라비다族과 밀접한 關係가 있었던 古代國家가 바로 駕洛國이다.

(1) 「三國遺事」 卷二 駕洛國記에서 "於是王與后共在御國寢. 從容語王曰 妾是阿踰陀國公主也 姓許名黃玉年二八矣 在本國時 今年五月中 父王與皇后顧妾而語曰 爺孃一昨夢中 同見皇天上帝 謂曰 駕洛國元君首露者 天所降而俾御大寶 乃神乃聖 惟其人乎 且以新莅家邦 未定匹偶 卿等須遣公主而配之 言訖升天 形開之後上帝之言 其猶在耳 你於此而忽辭親向彼乎 往矣"이라 한 바 있고,

(2) 「三國遺事」 卷三 塔像篇 金官城婆娑石塔條에서 "金官虎溪寺婆裟石塔者昔此邑爲金官國時 世祖首露王之妃 許皇后名黃玉 以東漢建武二十四年甲申自西

域阿踰陀國所載來 初公主承二親之命 泛海將指東 阻波神之怒不克而還白父王 父王命載玆塔…塔方四面五層 其彫鏤甚奇 石微赤斑色其質良脆 非此方類也"라고 하였으며,

(3) 同 魚山佛影條에서 "古記云 萬魚寺者 古之慈成山, 又阿耶斯山(當作摩那斯此云魚也) 傍有呵囉國 昔天卵下于海邊 作人御國 卽首露王 當此時 境內有玉池, 池有毒龍焉…棟梁寶林狀奏所稱 山中奇異之迹 與北天竺訶羅國佛影事符同者有三 一山之側近地梁州界玉池 亦毒龍所蟄是也…"이라고 하였다.

다시 말하면 (1)에서 金首露王妃가 阿踰陀國의 公主였음을 알 수 있고, (2)에서 阿踰陀國이 西域에 있었던 나라임을 알 수 있으며, 또 그 때의 婆石搭이 지금도 殘存하고 있다. (3)에서 金首露王의 呵囉國(駕洛國)과 印度(天竺)中東部(캘커타 西北)의 呵囉國(일명 Kaya)의 부처님의 모습에 관한 일이 같은 점이 세 가지가 있었다는 記錄으로 미루어 Kara 라는 나라가 印度에도 있었고 그들은 서로 매우 밀접한 관계를 가진 나라였음을 알 수 있다.

(4) 그런데 李鍾琦氏의 勞著 「駕洛國探査」(一志社 1977)에 의하면, 드라바다族이 세운 아유타國(Ayudhya)은 BC 10 世紀頃부터 AD 20年까지 印度의 캔지스江의 북쪽 사라유江으로 기름진 땅에 있는 코살라(Kosala)의 首都에 있었고, 멸망 후에는 그들의 植民國家(BC.1세기~5세기)인 오늘날의 泰國(Thai)의 메남江邊에 있는 古都市 아유타(Ayudhya)에 옮겨 앉았을 것이며 사실상 金首露王妃는 거기서 AD48年 陰曆5月 중에 출발하여 陰曆七月27日에 아요타國 王都와 같은 江邊인 金海에 到着한 것으로 推定하고 있다.

한편, 許王后의 직접 출발지는 中國重慶 근처인 嘉陵江流域의 普州일 것이며, 그녀는 巴族의 중심세력 가문의 출신으로서 漢室과의 마찰로 탈출한 것으로 보기도 하고(*cf.* 金秉模 · 「駕洛國許黃玉의 出自」1987), 인도의 남동쪽 바닷가의 아요디야 쿠빰(Kuppam, 마드라스 동쪽 소재)에서 출발한 것으로도 추정하고 있다(*cf.* 김정남, 2005.8.16. 뉴스메이카 기사).

그뿐만 아니라 印度의 古代史는 BC. 2世紀에는 벌써 막강한 水軍이 印度支那半島의 해역을 掌握하였고 그 연안에 많은 定着地를 마련하였을 정도이며 이러한 航海를 가능케 한 要因의 하나가 바람과 해류였다는 것은 航海史學의 일치된

결론이라 한다.

(5) 招仙臺의 線刻은 首露王과 아유타국(阿踰陀國) 公主와의 사이에서 태어난 居登王의 肖像이 확실한데 그 容貌의 두터운 입술과 둥글고 넓적한 鼻頭는 Mohenjo-daro에서 出土된 人物相의 容貌와 비슷하여 오늘날 印度의 先住民인 드라비다人에 비슷한 점을 부인할 수 없다는 것이다.

그리고 首露王陵의 納陵正門에 있는 裝飾板과 崇善殿에는 兩便에 마주 보는 물고기와 맞붙은 洋弓과, 駕洛國太祖王陵重修紀念碑의 螭首에 새겨진 太陽紋(여덟 개의 가지가 마치 여덟 개의 뱀의 머리처럼 조각됨)을 보여 주고 있는데,

(6) 두 마리의 물고기는 오늘날 印度북부의 아유타의 건물마다 입구에 장식한 아유타國 傳承의 神魚(善行의 化身)를 象徵하며, 印度의 古記인 Skandapurana에 아유타 或은 비시누(라마)의 王城은 한 마리의 물고기의 모양을 하였다고 하였고,

(7) 洋弓은 아유타國 第2代王 라마(Rama)의 象徵이며,

(8) 太陽紋様은 太陽王朝라고 불리는 아유타國의 상징이라는 것이다.

(9) 「駕洛國記」에서 阿踰陀國公主의 乘船이 茜旗(검붉은 깃발)를 달고 왔다고 하였는데 이 旗는 아유타國의 그것이며 오늘날도 印度의 아유타 도처에서 게양되고 있다는 것이다.

(10) 明月寺趾에서 發見된 塔身의 일부로 보이는 花崗岩에 안경-뱀(코브라)이 佛陀를 감고 있는 形相이 보이는데, 이것은 釋迦牟尼가 解脫의 涅槃 속에 잠겨 있을 동안에 그를 保護하기 위해서 무칠린다(Muchilinda)라고 불리는 蛇王이 몸을 감고 있음을 나타내고 있는 것으로 印度에서 직접 들어온 南傳佛教의 특정이라는 것이다.

(11) 首露王이 父親의 冥福을 빌기 위해서 세웠다는 父恩庵터에서 발견된 뚜껑 없는 거대한 맷돌形의 돌은 힌두교 寺院에서 볼 수 있는 시바링가(Sivalinga)와 크기·형태가 동일한 것으로서, 이것은 힌두教의 主神인 시바에게 牛乳를 供養하는 祭器이며 그 中心部에 나무기둥을 세우고 거기에다 牛乳를 부어 땅에 스며들게 하는 것인데 이 祭器가 印度의 佛教에 도입된 것이다.

(12) 印度人들은 男女가 물건을 머리에 이는 습관이 있으며 또아리를 받쳐

이 기도 하는데 韓國女人들도 마찬가지다. 그밖에 달구지(牛車)나 穀食을 까부르는 키(箕)·연자방아·물레방아·祭器·長鼓 등도 아유타와 韓國이 동일하거나 유사하다.

(13) 연지·곤지를 바르는 결혼 풍습을 비롯하여, 놀이문화의 거의 모두-잣치기·실뜨기·공기놀이·윷놀이·제기·팔방놀이·팽이·쥐불놀이·연날리기-가 우리의 옛 놀이 문화와 같다.

(14) 우리 南韓의 佛寺에서 石燈을 받들고 있는 원숭이(猿)를 볼 수 있는데, 이것은 印度의 아유타國의 第2代王 라마가 太子時節 王의 第2妃의 謀陷으로 王城을 쫓겨나게 되고 사랑하는 아내 시이타妃를 魔王에 빼앗겼을 때, 죽음을 무릅쓰고 太子를 도운 猿王 하누만을 推仰하는 뜻을 나타낸 것으로서 南傳佛敎의 特徵이라고 할 수 있다.

(15) 南韓의 佛寺에서 볼 수 있는 木魚(鼓)도 印度의 아유타의 象徵인 물고기와 有關한 것으로 생각된다. 물고기는 晝夜로 눈을 뜨고 있어서 佛道精進의 상징물로서 齋食이나 讀經 때 木魚를 쳐서, 게으름 피우는 것을 警戒한다는 것이며, 玄奘의 「西域記」에서 阿踰陀國의 位置와 佛緣올 다음같이 말하고 있다. "恆河(갠지스 江)西岸에 있는 나라로 大乘佛敎의 先驅者 無着의 講堂이 있었고 佛敎中興의 발판이 된 곳이며 부처님도 이 곳에서 석달을 머무르면서 설법하였다."(*cf.* 「駕洛國探查」 p.197)

(16) "憩於高嶠 解所著綾袴爲贄 遺于造山靈"＜駕洛國記＞[=도드라진 작은 山에서 쉬고, 입고 있던 비단바지를 벗어서 제물로 삼아 山神靈에게 드렸다]이라는 記錄은 印度에서 드라바다族들이 시집갈 때 친정에서 입고 온 바지를 시집에서 내어준 바지로 갈아입는 習慣과 有關한 것으로 생각된다.

이상과 같이 駕洛國과 印度의 阿踰陀國(直接的으로는 그들의 植民國인 메남江邊의 阿踰陀)과 밀접한 관계가 있다. 따라서 阿踰陀國에서 쓰던 드라비다語가 그 公主(許黃玉) 一行 및 그 후에 交流로 해서 들어온 드라비다人들이 文化民으로서 또는 權力層으로 등장함으로써 상당한 세력을 가지고 있어서 마치 드라비다語가 駕洛國의 公用語처럼 되어 버렸을 가능성이 있다. 더욱이 金首露王이 토박이가 아닌 流入民임이 틀림없고, 그가 등극하자 머나먼 阿踰陀國에 실질적으로는 請婚한것이 분명하니 首露王 자신도 前身이 阿踰陀國의 王族이었는지도 모른다. 여하간 印度의 阿踰陀國과 駕洛國이 聯關이 있는 것이 분명하므로 阿踰陀國에서 쓰던 말인 드라비다語(Dravidian)가 우리 韓國語에, 좁게는 伽耶諸國에 영향을 주었을 것만은 틀림없을 것이다.

筆者는 다음부터 그러한 영향의 결과로 보이는 語彙를 먼저 살펴보고 다음에 文法에 미친 影響올 찾아볼까 한다. 바꾸어 말하면 드라비다語와 伽耶語(정확히는 伽耶支配層語)를 比較硏究하여 보일 것이다.

(1) 위에서 印度의 아유타의 王城이 물고기(魚) 모양을 하였고 지금도 그곳의 건물 입구마다 마주보는 두 마리의 물고기 紋章이 장식되어 있고 金首露王陵正門에도 그 正面과 後面 문설주 위마다 마주보는 두 마리의 물고기 紋章이 보이는데, (cf.金海의 銀河寺의 須彌壇에도 双魚紋이 여러 군데 조각되어 있음) 드라비다語의 諸方言에 Ma. Kayal(魚), NK. Kayye(id), Kol. Kaye(id), Ta. Kayal(鯉), Ta. Kārai(海魚), Ma. Kara(魚)라는 말들이 있어서 「伽耶 · 駕洛 · 伽落」이라는 異記가 물고기(魚)를 뜻하는 드라비다語의 借用인 것으로 믿어진다. 그뿐만 아니라 「伽耶」와 「駕洛 · 伽落」을 함께 *Kara의 表記로도 볼 수도 있다. 「伽耶」는 어디까지나 Kaya로 읽는 것이 예사이나 향가에선 耶를 rafh gmsgl dlfrglsek. 어야할 것임도 분명하다. 原始 드라비다語가 *Kāral(魚)로 推定되므로 *Kāral>Kāra(呵囉 · 駕洛)>Kāya(伽耶 · 加耶)의 發達過程에서 나타난 것이, 즉 駕洛(伽落)>伽耶 · 加耶의 發達形이 아닐까 한다.

이러한 推定이 거의 確實하다고 생각하는 이유는 金首露王의 呵囉國의 佛影事가 北天竺 訶羅國의 佛影事와 더불어 같다는 「三國遺事」 塔像 魚山佛影條의 記錄이 있기 때문이다. 바꾸어 말하면 印度의 아유타國은 그 王城의 形態가 물고기 모양을 하였고 마주 보는 물고기 像이 守護神이었기 때문에 一名 Kara(訶羅國)라고 불리고 그것을 본받아 首露王도의 駕洛國이라는 國名이 생겨난 것이 아닌가 하며, 이것은 추측에 불과하지마는 저 駕洛國의 王城(王都)도 물고기 모양으로 건설되었거나 그런 山 밑에 建設되었을 可能性이 짙다고 생각한다. 金首

露王이 降臨한 龜旨峰을 일명 「가라뫼」라고 하는 것도 이런 緣由에서일 것이다.

(2) 그리고 駕洛國이 阿耶斯山(摩那斯山 · 萬魚寺 · 옛날의 慈成山) 곁에 있었다고 「三國遺事」 塔像 魚山佛影條의 萬魚寺에 관한 이야기에서 언급된 바 있다.

> 古記云 萬魚寺者 古之慈成山, 又阿耶斯山(當作摩那斯 此云魚也) 傍有呵囉國 昔天卵下于海邊 作人御國 卽首露王 當此時 境內有玉池, 池有毒龍焉…楝梁寶林狀奏所稱 山中奇異之迹 與北天竺訶羅國佛影事符同者有三 一山之側近地梁州界玉池 亦毒龍所蟄是也……大略如此 海東人名此山爲阿耶斯當作摩那斯 此翻爲魚 盖取彼北天事而稱之爾.

여기서 呵囉國(駕洛國)이 阿耶斯山이라고도 하고 摩那斯山이라고 하는, 물고기(魚)를 뜻하는 山 곁에 있었음을 알 수 있었고, 또 北天(天竺) 즉 印度의 事緣에서 取하여 稱한 山名임을 알 수 있으니 과연 「摩那斯/黃魚[maŋə]」(魚)와 「阿耶斯」(魚)가 印度에서도 쓰인 말인지 알아보기로 한다.

Dr.-Ta. ayala(魚), aila(id), ayila(id), ayilai(魚의 一種)
Dr.-Ma. maṇaŋŋu(惡魚)　Dr.-Tu. maṇaŋgụ(鯖類)
Dr.-Tu. mīnụ(魚)
Dr.-Ta. mīṉ(魚)　Dr.-Te. mīnu(魚)
Dr.-Ma. mīn(魚)　Dr.-Pa. mīni(pl. mīnul. 魚)
Dr.-Ko. mīn(魚)　Dr.-Ga. mīn(pl. mīnil. 魚)
Dr.-Ka. mīn(魚)　Dr.-Go. mīn(魚)
Dr.-Koḍ mīnï(魚)　Dr-Konḍa mīn(魚)
Dr.-Kuwi (F)mīnu(pl. mrīka. 魚), (S) mīnu(pl. mīnka. 魚)

위에 보안 바와 같이 ayala · aila · ayila · ayilai와 「阿耶斯」와 對應시킬 수 있을 것이다. -la/-lai와 -ši(>-sʌ. 斯)의 對應이 의심스러우나 알타이祖語의 *l이 l과 š로 발달했다는 것이 定說이고 여기 드라비다語도 알타이語와 姉妹語로 보는 견해가 있기도 하니 '-斯[ši]'는 -lai에서의 발달로 보아 무방할 것이다(*cf.* *ayala>ayaša>ayaši '阿耶斯'). 또한 '-斯'를 '山'을 뜻하는 말로 보고, 드라비다語의 末音節 -lai/-la는 韓國語의 音節短縮傾向을 考慮하여 탈락시킨 것으로 볼 수도 있을 것이다. 즉

Dr.-Ko. tiṭ(丘), Dr.-Ma. tiṭṭu(山), Dr.-Ta. tiṭṭu(丘), tiṭṭi(언덕), Dr-To. tiṭṭu(丘)

와 같은 말들이 重音脫落으로 titti＞itti＞tti＞ti＞si와 같이 발달한 것이 '-斯'라고 할 수도 있을 것이다. 여기서 드라비다語 ayala(魚)와 同根의 伽耶語- ayasi(「阿耶斯」. 魚)를 찾아낼 수 있다.

(3) 위에 보인 드라비다諸語 maṇaŋŋu, maṇaŋgu, mīnu, mīn 등과 摩那斯의 「摩那(萬魚)」를 對應시켜 볼 수 있을 것이다. 그뿐만 아니라 王宮內 玉池에 毒龍이 살고 있어서 그로 인해서 阿耶斯 · 摩那斯라는 名稱이 붙었으니 그 毒龍은 惡魚로 볼 수 있는데(印度에는 뿔이 있는 龍의 槪念이 없다 하니 거기서는 龍도 물고기(魚)의 一種으로 볼 수 있었을 것임) 마치 Dr.-Ma. maṇaŋŋu의 뜻이 '惡魚'인 점도 우연 같지 않다(*cf.* *manaŋgu＞managï＞manahi＞manasi'摩那斯')/manai＞mana(摩那)).

따라서 「三遺」 魚山佛影條의 伽耶語 mana 「摩那」(魚)는 드라비다語와 완전한 對應을 보여 주는 말임이 분명하다.

參考로 말하면 지금 日本에서는 저들의 言語系統이 드라비다語라고 주장되기도 하는데(大野晋, 芝烝, 藤原明, 江實 등), 日本古語에 mana(魚), manaita(俎←*魚板)가 있고 그들의 方言에 manaka(한 마리의 1/4의 魚肉)＜富山縣礪波＞, manata(蛙)＜南島宮古島＞ 등이 있어서 주목을 끌게 한다.

또 李鍾琦 著 「駕洛國探查」에서는 mimana(任那)를 mi(御)-mana(魚)로 分析하고 있으나, 그와 달리 任那는 nim(主 *cf.* *neṟṟi-m'頂上, Dr-Ta' 또는 niṟam'中央處, Dr-Ta')-na(土 · 地) 즉 '宗主國'의 뜻일 것인데 그것이 nim-na＞nima-na＞mimana＜n~m＞m~m.脣音同化＞의 發達을 겪은 것으로 볼 수 있다(*cf.* Jap. nuba-tama '射干玉'＞mubatama).

(4) 駕洛國의 建國과 關係 깊은 龜旨峰은 神人 金首露王을 맞는 迎神君歌가 생겨난 곳이다.

그런데 '神'을 O.Turk. Kam, Ainu. Kamui, 新羅. *Kam이고, '龜'를 Dr.-Ta.

Kavve, Dr.-NK. Kavve, Dr.-Pa. Kavva이며, 國語의 音韻體系에 脣齒音이 없으니 v는 p・b(ㅂ)로 借入하거나, m로 借入하는 道理밖에 없다(*cf.* Dr.-Ta. vi<u>r</u>ugu '물리치다' >murū∞Kor, muli-'id' ; Dr.-Ko. verk-'終了하다'>mut∞Kor. mʌč' -'id'). 따라서 國語의 音節短縮傾向을 考慮하면 Kam(神)과 *Kam(龜 *cf.* kavve> kabe>kame>kam)이 同音이 되기 때문에 通俗語源解釋(forks etymology)이 작용하여 *神旨峰이 龜旨峰으로 둔갑한 것으로 볼 수 있지 않을까 한다. 그렇다면 여기서도 드라비다語에서의 借用 伽耶語 *Kam(龜. *cf.* Jap. kame '龜')을 발견할 수 있고, 또 Kor. kəbug/kəbub(龜)도 이 드라비다語에서 由來된 것으로 보인다. 또 金卵이 내린 峰이기 때문에 kuji(龜旨. *cf.* guḍḍi '卵, Dr-Ka' : *guḍḍi>kuji)-峰이라고 한 것으로 볼 수도 있다.

〔參考〕 Ainu. Kamui(神)의 比較例를 든 까닭은 「三國志 東夷傳 韓條」에 辰韓語라고 전해진 7個語 중에서 "弧(弓)・寇(賊)・邦(國)・徙(相呼聲)・防(國)・阿(我)・阿殘(樂浪)"의 7個는 각각 아이누語의 ku(弓)・guru(外人・人)・peni(內地)・še(叫)・peni(內地)・a(我・我等)・ači(外)-han(王・大人)<借用語> 등과 對應시킬 수 있어서 韓地域에 아이누族이 살았던 것이 확실하기 때문임.

(5) 伽耶의 言語는 六伽耶名에서 그 一端을 엿볼 수 있다. 먼저 金官國의 옛 地名부터 살펴보기로 한다.

金海小京古金官國一云伽落國一云伽耶<三史 地理一>

위에서 「伽耶(伽落)≒金」 「官≒海」를 만족시킬 수 있자면 比較語彙 Turk. zer (黃金)과 Turk. türbe(社・墓・宮)・Kor. tyər(伽・寺)을, Dr.-Ta. paravai/parappu (海)・Turk. bahri(海)・Turk. varta(海)・Kor. parʌ(海)와 Dr-Ma. vāṛu/vaṛi(官)(> 마술 '署')를 代入시켰을 경우일 것이다. 그러나 이 地名은 統一新羅時代에 들어서 Dr.-Ta. cēri(都・街・村)와 同起源의 본래의 伽耶語 *čər[ʧər](都・街)을 Turk (匈奴語). zer(黃金)과 同根의 後期新羅語 *čər(黃金)로 通俗語源解釋한 것으로 믿어진다. 이런 推定이 옳다면 여기서 伽耶語 *čər(都市)은 드라비다語(Tamil)의

cēri(都市·街·村)와 對應되는 말이 될 것이다.

그리고 伽耶語 *parï(海)는 parï>pari의 發達을 거쳤을 것이므로 나중에는 「金官」의 '官'의 새김올 Turk Vali(官吏)와 同根의 後期新羅語-*pari(官)로 通俗語源解釋하여 改稱되게 이른 것으로 推定할 수도 있다. 어떻든 伽耶語 *parï(官) pari(海)를 發見할 수 있다. 즉 '바ᄅ/바롤(海)'이 伽耶語였음을 發見하게 된다.

그런데, 金官·金海라는 地名은 본시 首露王의 함자이시다. 즉 향찰명이 「惱窒青裔」<勝覽高靈縣沿革>인데, 이것은 *kāci(金)-parï(青)로 읽어야 할 것이다. 여기서 -窒은 惱의 새김의 말음의 略借이고, 裔는 青의 새김의 말음 표기이며, kāci(惱, Dr-Ta)·kācu(金, Dr-Ta. *kācu>kācï>kāci)·paca(青, Dr-Ta. *paca>pajï>parï)와 대응되는 말이며, 여기서 金을 惱로 표기한 것은 後世에 와서 그것들이 同音으로 변하였기 때문에 誤譯한 것이다. 따라서 여기서 加耶語의 *kāci(金)·*kāci(惱)·*parï(青)가 쓰인 것으로 추정된다.

(6) 六伽耶 중의 하나인 阿那伽耶의 옛 地名을 살펴보기로 한다.

咸安郡…阿尸良國一云阿那加耶<三史 地理一>

에서 보인 바와 같이 「咸安≒阿尸良≒阿那」의 等式이 成立되자면 Dr.-Te. ella(咸), Dr.-Koḍ. ellā(id), Dr.-Ko. el(id). Dr.-Ta·Ma. ellām(id) 또는 Ma. ele(咸)를 代入시켰을 경우일 것이다. 즉 '咸'을 ella로 訓讀하여 '安'을 그 末音 a의 添記로 보고, '阿尸良'는 ella의 音讀表記로 보고 다시 '阿那'는 ella>era>ena의 과정을 밟아 변한 後期의 發達形으로 볼 수 있다. 그렇다면 여기서도 伽耶語 *ella(咸安)는 드라비다語 ellā(id)와 比較될 수 있다는 것을 보여 준다(이 '阿那'는 滿洲語 ele'咸'와 직접 비교할 수도 있다).

다음에 '加耶'는 '魚'의 原意에서 그와 같이 생긴 王城을 뜻하게 된 것이나 그 音讀表記의 '加'를 後期新羅에 와서 改名할 때 王城을 뜻하는 kaya의 이미지를 없애기 위해서 '加耶'를 訓讀하여 '더으-'(加)의 前身인 Dr.-Ta. tūr(채우다)와 同根의 伽耶語 *tur 또는 Turk. dol-(채우다)와 同根의 後期 新羅語 *tor로 읽히게

된 것이니 古寧·咸寧·高靈의 '寧·靈'은 *tur/tor로 訓讀되어야 할 것이다.[2]

그뿐만 아니라 드라비다語에 Dr.-Ko. dēr(神靈), Dr.-Te. tēlika(便安) tēlu(危險에서 벗어나다)가 있어서 伽耶語에 이것과 對應하는 *tur~tor(神靈, 便安)이란 말이 存在하였음도 推定해 낼 수 있다.

(7) 六伽耶 중의 하나인 大伽耶國의 옛 地名을 살펴보기로 한다.

高靈郡本大加耶國<三史 地理一>

과 같이 記錄에 보이는데, 여기서 「高≒大」의 等式이 成立되자면 Dr.-Te. mēlu(頂·上部. 높은 것), Dr.-Ka. mēlu(id), Kor. mʌrʌ(宗. 頂)와 Dr.-Ta. mali(커지다), paru(커지다), Kor. mar(大 *cf.* 말잠자리)을 代入시켰을 경우일 것이다. 즉 'ᄆᆞᄅᆞ'(宗·頂上·高處)와 '말(大)'<接頭辭>의 類音對比로 볼 수 있으므로 여기서도 '말(大)'·'ᄆᆞᄅᆞ(宗)'라는 드라바다語 起源의 伽倻語를 발견하게 된다.

(8) 六伽耶 中의 하나인 古寧加耶國의 옛 地名을 살펴보기로 한다.

古寧郡本古寧加耶國今咸寧<三史地理 一>

과 같이 記錄에 보이는데, 여기서 「古≒咸」의 等式이 成立되자면 Dr-Ta. mutu(늙은, 낡은. *cf.* 아마 Kor. 무듸-'鈍'은 이 말에서 轉義된 것 같다)와 Dr-Ta. mottam(全部), Dr-Ma. mottam(全部), Kor. moto(咸·皆)를 代入시켰을 경우일 것이다. 지금은 死語가 된 Dr.-Ta. mutu(古·昔)와 同根의 伽耶語 *mutu~moto(古)를 찾아낼 수 있다. 아마 Dr-Ta. mottam(全部), Dr-Ma. mottam(id)과 同根의 伽耶語 *mota(全部成)도 찾아낼 수 있다(*cf.* 모다 '皆'<方言>).

(9) 六伽耶 중의 하나인 小伽耶國의 옛 地名을 살펴보기로 한다.

---

2) 馬靈縣本百濟馬突縣; 靈巖郡本百濟月奈郡<三史地理 三>

固城郡本古自郡(本小伽耶國)<三史地理 一(高麗史地理 二)>
(郡名) 古自 固州 鐵城<東國輿地勝覽 固城縣>

과 같이 記錄에 보이는데, 여기서 「小≒鐵」의 等式이 成立되자면, Dr-Ta. ciṟu. cīṟ(小), Dr-Ga. sir(小), Kor. sir(狹小 *cf.* 실-개천), Ainu. sirar(sirar kani 銑鐵) 또는 Ma. sele(鐵)를 代入시켰을 경우일 것이다. 즉 드라비다語 ciru/sir(小)과 同根의 伽耶語 *sir(小)와 아이누語 sirar(-kani)(銑鐵)와 同根의 辰韓語・弁辰語(→伽耶土着語) *sir(鐵) 내지는 Ma. sele(鐵)와 同根의 朴氏新羅語-*ser(鐵)의 對比에서 적어도 드라비다語 起源의 伽耶語 *sir(小)을 발견할 수 있다.

위에서 「古自都」은 Turk. koja(古)와 同根의 新羅語 *koja(古. *cf.* '自'는 末音 -ja의 添記)와 Turk. Kovuš(<*kovul. 郊外住宅地 : 郡)와 同根의 新羅語 *koβur(都・縣・邑)의 鄕札로서 *koja~koβur(古邑)로 읽어야 할 것인데, 이것의 漢字表記音에 끌리어 「固城」('古→固', '自→城')으로 改名된 것으로 믿어지나, 이 「固城」의 '固'를 Turk. sert(固・難)과 同根의 新羅語 *ser(>se. 固・難→講)의 鄕札로 보거나 그 漢譯으로 볼 수도 있어서 「小≒鐵≒固」의 等式이 성립될 수 있다.

(10) 六伽耶 중의 하나인 星山伽倻의 옛 地名을 살펴본다.

星山郡本一利郡一云里山郡今加利縣<三史地理 一>

과 같이 記錄에 보이는데, 여기서 「星≒一利≒里」의 等式이 성립되자면, Dr-Ta. veḷḷi(星・金星). Dr-Ka. beḷḷi(金星), Kor. pyər/pir(星)과 Turk. bir(一, *cf.* '利'는 末音 -r의 添記), 新羅語 *pir(一 *cf.* 비릇-[pir-ïs-]. 始)과 Turk. beled(村・邑・區, *cf.* 多音節의 末子音을 韓國語는 자주 脫落시킨다. 例 : šark '東'<Turk>→*살 '東'>새 ; garb '西'<Turk>→갈 '西')와 同根의 三韓의 國名 「卑里」를 대입시켰을 경우일 것이다. 즉 여기서 한국어의 '별・빌'(星)이 드라비다語와 同根의 伽耶語에 起源함을 알 수 있다.

(11) 駕洛國의 初代王名이 金首露王인데 여기 「首露」라는 表記는 初代를 뜻하는 '始作'이라는 말일 가능성이 크다. 왜냐하면

始現故諱首露 或云首陵 首陵是崩後謚也＜駕洛國記＞(처음으로 나타났다고 하여 諱를 首露라 하고 혹은 首陵이라고 하며…)

이라 하여, 首露는 '首'를 뜻하는 말의 鄕札로 보이므로 '-露'는 그 末音添記일 터이니, 「首露」는 Dr-Ka. korḷu/koḷḷu/koḷ(首・喉), Dr-Ma. kuraḷ(首・喉), Dr-Ta. kural(喉)와 同根의 伽耶語 *koru(>kor. 首)의 表記로 推定되는데, 이 말도 또 Dr.-Ta. Kōlu(始作하다)와 同根의 伽耶語 *koru(始作)와 同音이므로 '始露'(*koru. 初代)라고 표기해야 할 것을 「首露」(*koru. 首)라고 通俗語源解釋한 것이 아닐까 한다. 어떻든 「首露」는 드라비다語와 同根의 伽耶語 *koru의 表記일 것이며, 그 뜻은 '首'나 '始作・初'일 것이다.

(12) 「三國史記」卷四十四 條에 "旃檀梁城名 加羅語謂門爲梁"이라고 적혀 있으니 '門'을 '梁'이라고 하였음을 알 수 있는데, 이것은 pālam(橋梁・洑, Dr-Ta)・pāla(id, Dr-Ka)와 대응되는 *pari(橋梁)와, vāri(門・玄關, Dr-Ta)와 대응되는 *pari(門)를 대비시킨 伽耶語로 추정된다.

(13) 弁韓地域(伽耶地域)에 다음과 같은 地名・城門名이 있다.

玄驍縣本推良火縣一云三良火＜三史 地理一＞
cf. 三峴縣一云密波兮＜三史 地理4＞
柒隄郡本柒吐郡＜三史 地理一＞
旃檀梁 城名 加羅語謂門爲梁云＜三史 卷44＞

여기서 夫餘系의 言語인 高句麗語 *mir(「推・密」 '三')과 *to-tu(「吐」 '異')와 *tor(「梁」 '門')이 發見되므로 "弁韓語가 그런 言語가 아니었던가 하는 疑問을 자아내 준다"(李基文, 「韓國語形成史」 1967. p.92) 또 그들이 "北九州로 갔고 그

들의 言語를 토대로 原始日本語가 形成되었다고 가설을 세운다"(李基文, 「韓國史의 爭點」 千寬宇 編 1975. p.182)라고까지 말하는 이도 있으나 *tor(門)이라고 읽은 것은 잘못임을 前(12)항에서 보여 주었고, 퉁구스系의 滿洲語는 高句麗語·夫餘語(蒙古系語)와 系統이 다르다는 것을 諸論文에서 言及한 바 있으므로 *tor(門)이 duka(門)＜Ma＞와 比較되더라도 高句麗語 起源이 안 된다(*cf.* tūru'入, Dr-Ta·Ka').

또 '密'(三)은 夫餘系語 *kur(三. *cf.* gur-ban '三'＜Mo＞)로 읽어야 할 것이지 결코 mir로 읽을 것이 아니다(姜吉云 1975. p.7). 그리고 이런 말들 이 三韓地域에 들어오게 된 것은 箕準王이 南遷하여 益山에 都邑하면서부터의 일이다(姜吉云1980.10. p.8).

설령 *mir이라는 '三'을 뜻하는 말이 있다고 하더라도 그것은 夫餘系語가 아니고 드라비다諸話—Dr-Ka. mūṟu(三), Dr-Te. mūdu(id). Dr-Ta. mūṇu/mūnṟu(id) ; Dr-Ta. mu(三의), Dr-Te. mu(id)와 對應되는 伽耶語와 同根일 것이다. 따라서 *mir이 쓰인 사실이 있었다 하더라도 高句麗語는 결코 아니다.

그러하니 本項에서는 '吐'(堤)에 대해서만 주로 언급하고자 한다.

이제까지 學者들이 「吐」(堤)를 '둑'과 같은 말로 보고 高句麗語라고들 하는데, 그 근거가 확실하지 않다. 우선 高句麗語를 퉁구스系語로 보고 있는 것부터 의심스럽다. 筆者는 蒙古系語인 것으로 확신하고 있으며, 그 지역이 원래 퉁구스系로 믿어지는 檀君朝鮮의 疆土였기 때문에 高句麗語가 蒙古系이면서도 그 전의 地名이 滿洲-퉁구스系語아기 때문에 高句麗地名 속에 滿洲-퉁구스系語彙들이 많이 발견된 것으로 생각된다.

한편, 「吐」(堤)가 '둑'과 같은 말이라는 假定도 가당치 않다. 왜냐하면 '둑'은 O.Turk. tōg(堤), 또는 Mo. dügün(岸), Dr-tu. tōke(坂)와 比較되어야 할 것이고 *t'o~*t'u(吐)는 Dr-Te. oḍḍu(提), Dr-Ka. oḍḍu(id)(*cf.* *oḍḍu＞ot'u＞t'u), Dr-Ta. tiṭṭu(堤), Dr-Ka. tiṭṭu(提)(*cf.* *tittu＞ittu＞t'u), 또는 Gily. tū(湖水)와 比較되어야 할 것으로 믿기 때문이다. 따라서 *t'o~*t'u(「吐」. 堤防)는 드라비다語와 同根의 伽耶語이거나 길약語와 同根의 土着語인 것으로 推定된다. 따라서 「吐」는 본시부터 高句麗語였던 것은 아니다.

그런데 이 말이 高句麗·百濟地域까지 퍼지고, 게다가 高句麗地域에서 더 많이 발견되는 까닭은 稻作은 韓地域에서부터 北方으로 전파되어 갔을 것이고 또, 北韓地方은 산악이 발달하여 地形이 험준하고 강우량이 비교적 적으므로 農業用水를 확보하기 곤란하여서 더 많이 貯水池 堤防을 쌓아야 했던 탓이 아닐까 한다.

요컨대 李基文 教授가 高句麗語라고 지적한 三個語 즉 *mir(「密」. 三)·*tor(「梁」. 門)·*t'o~*t'u (「吐」. 堤)는 드라비다語와 同根의 伽耶支配層語이지 결코 高句麗支配層語가 아니라는 것이 判明되었으니, 伽耶支配層語가 高句麗語와 밀접한 관계가 있을 것이라는 假說은 가당치 않다.

(14) 金永鎭 教授의 "加耶語에 對하여(伽倻文化 第 1 輯, 1982, 慶南大學校 加羅文化研究所)"에 의하면 mi(水·井·川)라는 加耶語를 推定해 낼 수 있다는 것이다. 그 가운데는 mᴇ(믜. 野·郊)＜李朝語＞·moi(平地)＜Ainu＞와 比較될 수 있는 例들이 허다한 듯하나(*cf.* *moi＞mö＞mE＞me＞mi), 부분적으로 mi는 역시 '水'와 有關한 것으로 보아야 힐 것으로 생각된다.

例 널미(廣井)·서들미(西川)·배내미(溪谷名)＜金永鎭 1982＞

그뿐만 아니라 金教授가 지적한 대로 '미나리' '미더덕'의 mi-도 '水'와 有關한 것으로 믿어진다.

그런데 이 加耶地域의 mi(水)를 mur(믈)과 다른 起源의 말로 본 것은 잘 본 것으로 생각되나, 이것을 高句麗地名에 나오는 '買'(水·川)와 연결지어 '買'를 音讀하여 mi로 읽고 그것과 同根의 高句麗語로 보는 데는 찬성 할 수 없다.

왜냐하면, 筆者는 前述한 바와 같이 高句麗語는 蒙古系語라고 단정하고 있는데 蒙古語에는 mi(水)와 對應시킬 만한 말이 없고 또 일보 양보하여 高句麗語가 蒙古系와 퉁구스系의 混合語라고 보더라도 mi(水)와 比較될 만한 語彙를 찾을 수 없기 때문이다. 筆者는 이미 '買'를 mur-(*買→賠償·支拂)로 訓讀하여 mören(müren. 江)＜Mo＞, muke(水)＜Ma＞, miz(水)＜Jap＞와 比較 하여야 할 것으로 생각했다(cf. 姜吉云 1979.5, p.9).

차라리 mi를 高句麗系語로 보지 않고, 드라비다語 起源의 伽耶語가 半島 전역에 퍼진 것으로는 볼 수 있을 것이다. 드라바다諸語에서 Dr-Ta. māri(水 · 雨), Dr-Ma. māri(id), Dr-Ka. maṟe(雨), Dr-Ko. may(雨), Dr-Ma. maṟa(雨), Dr-Ta. maṟai (水 · 雨)가 쓰이고 있는데, 이들의 共通基語를 *marai(水)로 再構하여 이것이 *marai>maai>māy>mɛ̄>mē>mī로 發達해 온 것이 伽耶方言 *mi(水)라고 推定할 수 있다.

이렇게 보면 '買'의 三國時代音을 굳이 억지로 [mi]로 보아야 할 이유도 없어지며 me(메) 또는 mɪ(믜)로 읽을 수 있게 된다.

(15) 伽耶地域은 물론 三韓地域에 '땀'(<*쏨. 村)이라는 地名이 많이 쓰이고 있다.

例 웃땀(上村)<晉陽郡 · 宜寧郡 · 固城 · 統營>
중땀(中村)<金海水佳里>
안땀(內村)<統營>
들땀(坪里)<統營>
아래땀(下村)<固城 · 統營>

이 '땀'(村)이라는 말은 Dr-Ka. dombe(群衆), tombāra(集團)과 比較됨직하다. 즉 *dombe>dʌmme>dʌm>t'am(땀)의 발달이 가능하다.

따라서 '땀'(村)도 드라비다語와 同根의 伽耶語라고 생각된다.

(16) 伽耶地域에서 흔히 볼 수 있는 '걸/거리'(里 · 村)의 例를 보인다.

例 신걸<統營>
하지땟걸 · 앞냇걸 · 깐칫걸 · 비석걸 · 비찟걸 · 뎃걸<昌原>
물방걸 · 짐댓걸 · 진바걸<咸安>
댓거리<馬山>

이 '걸/거리'(邑 · 村)는 Dr-Ka. kēri(街)와 比較될 수 있는 말로서 '걸/거리'(里 · 村)는 드라비다語와 同根의 伽耶語로 볼 수 있다.

(17) 伽耶地域에만 쓰이는 '깍단'(洞 · 村)이란 말이 다음과 같이 보인다.

例 새깍단(新洞) · 서쪽깍단 · 동쪽깍단<咸安>
안깍단 · 웃깍단 · 큰깍단<金海>

이 '깍단'(村 · 洞)은 伽耶語와 同系인 Dr-ka. kaṭṭaṇa(家屋 · 建物) · Dr-Ta. kaṭṭaṭam(id)과 對應되는 말로서 *kaṭṭaṇa>kakt'ana>k'akt'an의 音韻變化를 거친 말인 것으로 推定된다. 따라서 '깍단'(村)은 드라비다語와 同根의 말인 것으로 믿어진다.

(18) 伽耶地域인 晉州에서 쓰이는 '에나'(眞實)라는 말은 Dr · Ta. ēṇ(堅固 · 安定)과 對應되는 伽耶語인 것으로 推定된다.

例 올히 ㄱ 三十七歲라 에나도 졈닷다<朴通重 下41>

이제까지 정확히 伽耶地方이나 駕洛國과 관계가 있는 語彙들을 골라 그것이 드라비다語와 同根의 말임을 立證하여 왔다. 따라서 적어도 六伽耶(駕洛國 포함)의 支配層만은 드라비다語와 同根의 말을 썼던 사실을 믿지 않을 수 없다. 그렇다고 일반 庶民까지 드라비다語를 썼다고 단정하여 말한다면 그것은 너무 早斷이라고 해야 하겠다. 왜냐하면 가장 중요시되는 音韻體系나 文法까지도 비교하고, 또 基礎語彙(身體語 · 親族語 · 代名詞 · 天文地理語 · 衣食住語 · 用言)마저 비교하고 나서야 同系語의 여부가 단정 지어질 수 있기 때문이다.

2. 音韻體系의 比較

다음에서는 音韻體系를 비교하여 보이기로 한다.

現代韓國語의 單母音體系는 a · ə · o · u · ï · i · ä · e · ö · ü의 10個이고(長短을 區別하지 않았음 또 '의[ɪ]'는 e · i · ïy로 실제 발음되기 때문에 제외함) 15世

紀에는 a・ə・o・u・ʌ(ᄋᆞ)・ï・i・ä・e・ᴇ(ᄋᆡ)・ɪ(의)・ö・ü의 13 個였던 것으로 推定된다(물론 다른 學者들은 a・ə・o・ʌ・u・ï・i의 7母音體系라고 믿고 있으나 「訓民正音과 音韻體系」姜吉云.1992에서 筆者의 見解를 發表함).

그러나 上古時代의 한국어의 單母音體系는 길약語의 音韻體系와 꼭 같은 6母音體系 즉 a・ə・o・u・ï・i의 체계를 가지고 있었고, 아이누語도 지금은 5母音體系이나 古代에는 이것과 같은 6母音體系였던 것으로 믿어진다(姜吉云 1982.6. "韓國語와 Ainu語와의 比較" pp.29-35).

그런데 드라바다語는 a・o・u・e・i의 5개 單母音體系를 가지고 있어 조금 다르다. 즉 ï(으)母音이 드라비다謂에 보이지 않는다. 또한 한국어가 ə를 가지고 있는데 반하여 드다비다語는 e를 가지고 있는 점이 좀 다르다.

현대 한국어의 單子音體系는 11개 子音으로서(文字上으로는 19개), k・t・p・č(ㅈ)・s・r・ŋ・n・m・h・ʔ(聲門破裂音 : 된소리)를 가지고 있으며 15世紀에는 ʒ(△)・β(ㅸ)를 더 가지고 있어서 13개의 單子音體系(文字上으로는 24개)를 이루고 있었던 것으로 생각된다(물론 여기에는 異論이 있어서, 'ㅸ'을 'ㅂ'의 變異音으로 보고, 'ㅋ・ㅌ・ㅍ・ㅊ'과 'ㄲ・ㄸ・ㅃ・ㅆ・ㆅ'도 單子音으로 보면 19개가 될 수도 있음).

그런데 드라비다語의 單子音體系는 k[k]・t[t]・p[p']・c[c'](또는 s)・r・l・n・m・v(齒脣音)・ṭ・ṇ・ṛ・ḷ(이상 捲舌音)의 13개 音韻을 가지고 있어서 한국어의 子畜體系와는 근본적으로 다름을 알 수 있다. 즉 韓國語는 脣齒音(v)이나 捲舌音(ṭ・ṇ・ṛ・ḷ)이 없고 流音에 있어서도 [r]과 [l]을 통합하여 'ㄹ'로만 쓰고 있으며, 激音(k'/t'/p'/c')과 硬音(kk/tt/pp/cc/ss/x)이 따로 있다.

그리고 韓國語의 摩擦音으로 s/s'/c/cc/c'/h/를 가지고 있으나 드라비다語는 c 또는 s만 가지고 있고 硬口蓋摩擦音 č가 없다. 이와 같이 調音方式부터가 현저하게 다르다. 게다가 半母音이라고 불리는 弱子音 y・w가 한국어에 있어서는 빈도 높게 쓰이고 있으나, 드라비다諸語는 y만이 조금 쓰이고 있을 뿐이다(具體的인 音韻結合의 例示는 뒤의 語彙比較條를 參考할 것).

요컨대, 音韻體系上으로 비교하여 볼 때 한국어와 드라비다語는 同系語라고 하기에는 너무나 그 차이가 크다는 것을 알아차릴 수 있다.

3. 文法의 比較

※ 以下에서 드라비다語의 例文은 Hulbert 1906, Kothandara-man 2001, 「日本語の起源」(1994)·「日本語以前」(1987. 大野晋)에서도 취함.

다음에서는 文法의 比較를 꾀한다. 여기에 對하여는 이마 H·B·Hulbert의 *A Comparative Grammar of The Korean Language and The Dravidian Language of India*(1906)라는 책에서 세밀히 論議되어 있으나 여기서는 筆者의 所見도 좀 보태어 볼까 한다.

드라비다語는 그 構造上으로 볼 때 韓國語와 매우 많은 類似한 점을 가지고 있다.

첫째로 膠着語로서 文은 主語-敍述語의 順序이다(例: maṛaiy um peṛy ā kol).
비 도 내리지 않는 가?

둘째로 目的語는 動詞 앞에 온다(例: punal varaippakam puku).
물이 산- 속을 흐른다

셋째로 形容詞는 名詞 앞에 오며 活用한다(例: veṇ tiṅkaḷ ; cem malar).
흰 달 붉은 꽃

넷째로 副詞는 動詞 앞에 온다(例: Mella naṭa ; Eṉṟum aruḷal vēṇṭum).
천천히 걷게 늘 줄- 지어다

다섯째로 關係代名詞가 없다(例: Avar irunta eṉ neñcu).
그가 살고있는 나의 마음

여섯째로 語頭에 流音(r·l)이 나타나지 않는다.

일곱째로 母音交替(母音調和·Ablaut) 및 子音交替(硬音·激音·平音의 교체)가 없다.

여덟째로 接續詞가 없다. 즉 '그리고·그러나'에 해당하는 단어가 없다.

아홉째로 副動詞形(連結語尾·冠形形語尾)이 있다(例: Cāṉṟor irunt-a̱ avai'學者가 있는 宮廷' ; paruntu irunt-u̱ uyakkum '매가 있어서 물 것이다').

열째로 指示代名詞가 近·中·遠稱으로 나뉜다(例: i-tu, u-tu, a-tu, e-tu).
이것 그것 저것 아무것

열한째로 사잇소리 現象은 한국어와 매우 흡사하다.

例 puli(虎)+tol(皮) → puli-t-tol(虎皮)

한편, 드라비다語는 現代韓國語와 比較할 때 構造上으로 상당히 다른 점도 가지고 있다.

첫째로, 敍述語에 人稱語尾가 있다(마라야람語에는 人稱語尾가 없고 타밀語도 紀元前에는 반드시는 쓰이지 않아서 人稱語尾는 後世의 발달이란 학설도 있다).

例 nāṉ vantēṉ (내가 왔다)
nī vantāy (네가 왔다)
avaṉ vantāṉ (그가 왔다)
avaḷ vantāḷ (그녀가 왔다)
nām vantōm (우리가 왔다)
nīr vantīr (너희가 왔다)
avar vantār (그들이 왔다)
atu vantatu (그것이 왔다)
avai vantaṉa (그것들이 왔다)

둘째로, 主格助詞가 없다.[3]

例 vēṉil pōyiṟṟu (봄(이) 지나갔다)
kaṭal peritu (바다(가) 크다)

셋째로, 母音調和가 없다.

例 utaru(털어내다), etār(平野), kōsu(王), toṟuvar(머슴, 시골뜨기)

넷째로, 基本數詞가 名數詞에 따라 변하는 것이 아니고 後行의 母音·子音에 따라 변한다.

例 oru(一)<子音 앞>, ōr(一)<母音 앞> ; iru(二)<子音 앞>, īr(二)<母音 앞>

3) 지금은 主格助詞 '-이/-가'를 가지고 있으나, 李朝初期의 文語는 主格助詞를 가지고 있지 않았다('이/-ㅣ'는 主格뿐만 아니라 모든 格에 두루 쓰이었기 때문에 格助詞가 아님).

다섯째로, 命令形은 動詞의 語幹을 쓴다.

> **例** idei-adi(이것을 딱 때려라. *cf.* adi는 '딱때리다'라는 動詞語幹임 ; Dr-Ta. aṭi '딱 때리다')
>
> *cf.* 「動詞語幹-um」의 形式으로 手下者에게 命令하는 일이 있다. 例: nïr kuṭiyum (너는 마시게)

그뿐만 아니라 具體的으로 文法形態素들을 比較하여 보면 Hulbert(1906)에서 주장된 유사성은 너무 무리하게 조작된 느낌이 있다. 格助詞에는 유사한 形態素가 많은데 그것은 많은 借用名詞 때문에 韓國語가 格助詞마저도 同伴借用한 것으로 볼 수 있다. 그러나, 用言의 活用語尾에는 크게 보았을 때 同起源의 形態素라고 볼 만 한 것이 몇 개 안 된다. 먼저 格助詞부터 比較하여 보인다.

	Tamil(單數)	(複數)	Korean(單數)	(複數)
主　格	manei/manai(집)	-gal/kaḷ	čip-i	-tɯr-i
目的格	manei ei/ai	-gal-ei/kaḷ-ai	čip-ɯl	-tɯr-ɯl
與　格	manei-kku/ukku	-gar-kku/kaḷ-ukku	čip-e(-ɪke)	-tɯr-e
具　格	maneri-al/āl	-gal-al/kaḷ-āl	čip-ɯro/ɯl(ʌl)	-tɯr-ro/ɯl(ʌl)
處　格	manei-idattil/il	-gal-e/kaḷ-il	čip-e/ɯl	-tɯr-e/ɯl
奪　格	manei-ilurundu/ ilíruntu	-gal-ilirundu/ kaḷ-iliruntu	čip-esə(-ɯrosyə)	-tɯr-esə
屬　格	manei-inandu/iṉ	-gal-inadu/kaḷ-inṉ	čip-ɪ(의)	-tɯro-ɪ
呼　格	manei-e/ē	-gal-e/kaḷ-ē	čip-a	-tɯr-a
共同格	manei-odu/ōtu	-gal-odu/kaḷ-ōtu	čip-kwa	-tɯr-kwa

이와 같이 呼格(-아・-야・-여)과 處格(-을)・與格(-께・-의게)・具格(-올 > ᄋ로)・奪格(-으로셔)의 助詞가 유사하고, 共同格助詞-ōtu는 亦是(添加)助詞-'-도'와, 屬格助詞-iṉ은 連體形(冠形形)語尾 '-인'과 각각 比較될 수 있을 것이어서, 대부분의 格助詞가 對應될 것인데, 比較가 안될 것 같은 目的格助詞마저도 咸鏡道方言의 目的格助詞 'ᄋ'와 比較될 수 있을 것이다. 그러나 形容詞가 活用하는 것은 사실이나 그 活用語尾는 전혀 다른 形態를 하고 있다. pēr/peru(偉大하-)의

活用을 보면

per-iya(偉大한) ··· peru-tta(偉大하던)

와 같이-iya(-ㄴ, 現在冠形形)·-utta(-던, 過去冠形形)의 形態를 하고 있다.

위에 보인 바와 같이 한국어와 드라비다語는 서로 크게 構造와 格助詞上으로 보았을 때 매우 유사하면서도, 실제적인 文法形態素 卽 用言의 活用語尾나 先行語尾(先語末語尾)들은 우연한 일치라고 생각되는 것을 제외하면 일치하는 것이 몇이 안된다. 즉 同起源이라고 볼 만한 文法形態素들을 많이 가지고 있지 않다.

다음에 그런대로 比較될 만한 드라비다語의 形態素를 더 추려 보인다.

① -ᄃᆞ려(與格助詞) ∞ tuṟai(處所)
② -리(沿格助詞) ∞ -li(id). 例: illi/ili(이리, Ka), alli(저리, Ka), ulli(그리)
③ -거-(屬格助詞, 慶尚方言) ∞ -aka(id). 例: 너거집(=너의 집) : tōṭṭu aka maṭal 가지 의 잎

④ -만(程度·强勢助詞) ∞ vāy(提示局限). 例: Vacantamālai vāy Mātavi keṭṭu
(人名) -을 만 (人名)이 듣고
⑤ -야/여(强調·提示助詞) ∞ -ē(id). 例: tāṉ-ē kaḷvaṉ
그-야 도둑이다.
⑥ -ᄋᆡ게/의게(處格·與格助詞) ∞ -aŋkē(저기)/-iŋkē(여기)
⑦ -ᄯᆞᆯ/-ㅅ[t]-(屬格助詞) ∞ -atu/attu(屬格助詞). 例: Talai mēl-atu pāmpu
머리 위의 배암
-ㅅ[?](사잇소리) ∞ 後續名詞의 頭音의 硬音化現象.
例: kal(石)+uppu(소금) > kalḻ uppu, avaṉai(그를)+kūppiṭu(부르다) > avaṉaiḵ kūppiṭu, kāṭṭu(野生)+pūṉai(고양이) > kāttuṗ pūṉai, patikka(읽어지다)+teriyumā(확실해질까) > patikkaṯ teriyumā(읽을 수 있겠는가).
⑧ -(의/ᄋᆡ)그에/거긔(>에게) ∞ -ŋkē(處所接尾辭). 例: iŋkē(여기), aŋkē(저기)
⑨ -더-(過去時相) ∞ -tt-/-t-(id). 例: pār-tt-ēṉ(내가 보았다), cey-t-āy(네가 만들었다)
보다 過去 내가 만들다 過去 네가
⑩ -브터>-부터(始發格助詞) ∞ mutal(id)
⑪ -ᄉᆞᆸ-(對象語尊待法) ∞ sōvu(守衛)
⑫ -*ᄉᆞ->-시-(主語尊待法) ∞ cīr(尊敬)
⑬ -오/우-(限定法先行語尾) ∞ -av->-ō-(確認法先行語尾)
例: Vasanta nāḷe ūrg hōgtāḷ-ō (바산타가 내일 마을에 들어온다. 그렇지 않니?)<Ka>

人名　내일 마을에 들어온다

⑭ -받->-왇-(强勢・使動接辭) ∞ vēṉṭu(要求하다)

⑮ -이시-(使動接辭, 吏讀) ∞ -isu-(id). 例: kali-isu (가르치다)<Ka>

배우다 使動接辭

⑯ -고/구/후(→추)/기/히-(使動接辭) ∞ -kku-/-kk-(id). 例: toku-kku(모으다)

모이다 使動接辭

⑰ -오/우-(<-*ㅂ/브-. 使動接辭) ∞ -ppu-/-pp-(id). 例: kaḷi-ppu(보내다)

지나다 使動接辭

⑱ -고?(疑問形) ∞ kō/kol/kollō(id). 例: nāṭaṉ en-kō(都市人이라 말할까), evaṉ-kol(웬일인가), allaṉ kollō(他人인가)

⑲ -오?(疑問形) ∞ -ō(id). 例: uḷar-ō(있는가・가지고 있는가)

⑳ -아?(疑問形) ∞ -a(id). 例: avandan-a(그가 주었는가)<Hulbert. 1906>

㉑ -거라(命令形) ∞ -uŋkaḷ(id). 例: uṭkār-uŋkaḷ(앉아라)

㉒ -옵/압(命令形) ∞ -um(id. 手下의 第2人稱에게). 例: nīr naṭavum(너는 걸어라)

㉓ -ㄹ(名詞形・冠形形) ∞ -al(名詞形). 例: var-al(오기・옴), ceyyal(하기・만들기)

㉔ -기(名詞形) ∞ -kai(id). 例: kēṭ-kai(듣기)・iru-kai>irukkai(있기・있음)

㉕ -ㅁ(名詞形・名詞化接辭) ∞ -ppu/vu/am(名詞形・名詞化接辭)

例: paṭi-ppu(배움), aṟi-vu(지식), ōṭu-am>ōṭṭam(달리기)

㉖ -ㄴ(過去冠形形) ∞ -(i)-ṉ(過去時相). 例: āṭ-i-ṉ-ēn(내가 놀았다)

㉗ -어/아(狀態副詞形) ∞ -u(副詞形)/-a(冠形形)

例: cāṉṟor irund-a̲ avai(學者가 있는 宮廷), parunt-u irunt-u̲ uyakkum(매가 있어 울 것이다)

㉘ -아니-(否定詞) ∞ -ā/āta(id. cf. *āta>ati>ači>ani).

例: cey-ā>ceyyā / cey-āta>ceyyāta(하지 않다・만들지 않다/아니하다・아니 만들다).

㉙ -받-(被動接辭) ∞ paṭu(id)

㉚ -고 있-(進行形) ∞ koṇṭ-iru(id) cf. koṇṭ는 koḷ(받다・잡다)의 過去形

㉛ -거리-(反復形) ∞ koḷ-(id)<助動詞>

㉜ -(ㄹ)것이-(豫定・意圖形) ∞ koṭu-(id)<助動詞>

㉝ -붓(强勢助詞) ∞ pōṭu-(强勢助動詞)

그러므로 言語材로서 비교적 固有性을 잘 保存한다는 文法形態素 中의 活用語尾의 주요(主要)한 것들이 일치하지 않는다는 사실은 現韓國語의 뿌리가 드라비다語와 同根이 아니라는 示唆가 될 것이다.

그러나 그것은 지금의 한국어와 비교하였을 적이 그렇게 推定된다는 것뿐이지 伽耶時代(또는 駕洛國時代)의 支配層語마저 드라이다語와 同起源이 아니라는 증거는 못 된다. 왜냐하면 敍述한 바와 같이 歷史的으로 볼 때 저 駕洛國의

王家에 드라비다語를 쓴 印度의 阿踰陀國의 피가 흐르고 있었던 것이 확실하고, 또 지금도 남아 있는 伽耶地方의 독특한 말들이 모두 드라비다語와 同根의 말이라고 생각되기 때문이며, 그뿐만 아니라 現韓國語 속에서 드라비다語와 比較될 수 있는 語彙들이 派生語를 제외한 1800個는 넘을 것으로 推定되기 때문이다(*cf.* 下卷 제7장). 바꾸어 말하면 現韓國語의 根幹인 길약系語에 밀려 伽倻時代의 支配層語였던 드라비다語는 文法形態素上으로 볼 때에는 큰 影響은 주지 못하였으나, 文法形態의 深層構造라고 할 수 있는 思考方式은 兩語가 서로 매우 유사하므로 現韓國語의 文法體系에 그런 면에서 상당한 影響을 준 것으로 믿어진다.

4. 音韻對應規則

다음에서는 Burrow, Emeneau 共著 *Dravidian Etymological Dictionary*(1984, Oxford)에 收錄된 5618개 語彙 가운데서 1, 800個 이상이 對應될 것으로 믿어지나, 여기서는 우선 그 절반인 約 900個의 語彙를 가지고 音韻對應規則을 세워 보기 위해서 基礎語彙뿐만 아니라 餘他의 語彙들도 함께 比較해 보일 것이다. 아래에 列擧한 例는 주로 Tamil方言을 보인 것이나, 其他의 方言例는 반드시 별도로 方言略號를 붙인다.

(1) a<Dr> ————————	아<**Kor**>
akki(오무라지다)	아끼-(借)
aññai(母), aṇṇu(婦人)<Te, Ka>	안히(妻)
anḍ-(목마르다)<Pa. Ga>	안달-(焦燥)
appa/appappā(痛症의 嘆詞)	알프-(痛)
ampali(오트밀죽), amba(삶은 쌀)<Ko>)	암(-죽. 乳兒用米粥)
ari(美・美人), alari(美)	아릿-답-(美・姸)
algu(白米)<Kui>	알갱이(<*알그-앙이. 白米粒)
arici(껍질벗긴 穀粒)	알(穀粒)
avvai(母・老母)	아마이(老母)<사투리>
aṟukku(斑點)	알락알락/얼럭(斑)
aḷa(섞다)	알랑(<알리-앙. 雜것)
aṟam(美德)	아룸-돕-(善→美)

alac(病)<Pa>	앓-(病)
aṛi(知)	알-(知)
aṛai(말하다)	알외-(告)
ār(痛烈)	아리-(痛烈)
āṉ(암소)	암-(雄)
ācu(小物・細密)	-아지(縮小辭)

(2) a<Dr> ———————————— 어<Kor>

akal(떠나다, 넓히다)	어글-읓(違)/어글-업-(寬大)
akhnā(틀리다)<kur>	어긋나-(違)
aṇḍu(尻), oṇṭa(궁둥이)<tu>	엉덩이(<*언드-엉이. 尻)
aṇṇā(兄), aṇṇu(婦人)<Te, Ka>	언니(姉)
ātti/ācci(母) : attaṉ/accan(父)	어시(親父母)
aḍe(얻다)<Ka>	얻-(得)
ambē(소 울음소리)<Ka>	엄메(소 울음소리)
ammā(母)	엄마(母)
aruppam(어려움)	어려움(難)
aḷa(測定하다)	어림(<어리-ㅁ. 測定)
aṟciram(霜・露・寒)	얼음(氷)
aṟam(境遇・機會)	어름(事物의 中間)
āḷan(男便), āḷ(成人)	어룬(大人・成人)
aiyam(布施・慈善)	어엿-브-(憐)

(3) e<Dr> ———————————— 어<Kor>

ēri(湖水, 灌漑用貯水池)	*얼(「於乙」. 泉, 井)<三史地理 三>
eri(빛나다, 타오르다)	어리-(輝)
ere(淸掃하다)	*어리(淸掃) *cf.* 쓰서리← 어리
eḍḍe(善・公平)	어딜-(善良)
ētu(何・何處), ēḍa(何處)<Te>	어듸(何處), 엇더(何)
ē(疑問基)	*어-(疑問基) *cf.* 어듸, 어드러
eḷḷi(無視하다), eḷḷi(劣等한)<Tu>	어리-(愚)
ēn(境界・限界)	*언-(境界, 限界) cf. 언-*자리>언-저리
ēn(어찌, 무엇, 어떤)	*언-(무엇) *cf.* 언제 '何時'
ēntu(손을 뻗치다)	*엄두-(*손을 뻗치다) cf. 엄두도 못 내다
etta(어느, 어디・어느 쪽)<Ka>	엇다(어찌)
etōḷi(어디로)	어드러(何處)
eṉum(조금이라도)	언마(>얼마. 多少)
ental(過多, 過大), endaṟu(얼마나 많은 사람들)<Te>	언딸(過多大)<咸南>
endu(언제)<Ka>	언제 (何時)

(4) i<Dr> ———————————— 이<Kor>

i(此)	이(此)
ika(優越하다, 넘다)	이기-(克, 勝)
iṛai(애우 親密히 사귀다)	이럭(응석)
iḻi(意氣消沈하다)	잃-(失)
īr(虱)	이(虱)
ira(夜)	이리-내(夜川→銀河)
ir(二)	읻(*二→次) cf. *읻흘날>이튿날
imbu(戶・室)<Ka>	입(戶)
iyai(좋다)	읻-(善)
iyakku(소리나게 하다)	이야기(話)

(5) u<Dr> ———————————— 우<Kor>

ucg-(옆으로 약간 움직이다)<Ko>	우즐~(左右動搖貌)
uyar(올리나, 恭敬하다)	울월-(仰)
urappu(크게 외치다, 높은 소리가 나게 하다)	읊-/잎-(詠)
ura(소란해지다)	울리-(轟)
uri(껍질벗기다)	우리-(除垢)
ūr(村・都)	*우레(「慰禮」. 都)<三史 地名>
uvaṇ(上部)	웋(上)
uru(모양을 가정하다, 나타나다)	우리-(反映)
uṟu(많다)	우람-하(<*우르-암-ᄒ-. 雄大)
urvu/urbu(우습다)<Ka>	웃봏->웃브-(id)

(6) u<Dr> ———————————— 오<Kor>

uṭu(옷입다, 에워싸다)	옷(衣)
umi(새기다), ōr-v-(注意 깊게 熟考하다)	오밀(<*오미-ㄹ. 銘心)<咸鏡>
uri(올가미), oggu(올가미)<Te>	*올-감-이(올가미)
uruku(녹다)	녹-(溶解)
uṭumpu(도마뱀의 일종)	도마뱀(id)
kuṟike(村)<Ka>	골:(村・邑)
cuṟal(선회하다)	소라(螺)
kutta(곧은)	곧-(直)
pukai(속이 타다)	볶-(炒)
kucci(串)	곶(id)

(7) o<Dr> ———————————— 오<Kor>

oru(一)	오리(細長片) *cf.* 한-오리
ollu(適合하다, 可能하다)	옳-(可)
or-(可能하다)<Pa>	-올(未來形・可能形語尾) *cf.* 받올것이다
oḍḍu(둑)<Ka>, tiṭṭu(둑)	*뚜~또(「吐」. 堤)<三史 地名>

occi (婦人의 젖가슴)	*오질(上外衣前垂部) *cf.* 오질앞<오지랖
oṅgu(젖꼭지)<Ka>	*옹(새알) *cf.* 옹-심 (心)
opka(짐을 옮기다)<Kui>	옮기-(移動)
tōren(어린 동생)<Kol>	도령(童子)
kobbu(곱)<Ka>	곱(脂)
poccu(女陰)	보지(id)

(8) k/g<Dr> ———————————— ㄱ/ㄲ/ㅋ<**Kor**>

kaṭi(잘라내다)	*가시-(잘라내다) *cf.* 가시-개(鋏)<慶尙>
kaṭṭu(같다, 比較하다)	ᄀᆞᆮᄒᆞ-(如, 同)
kaṇṭār(關係 없는 사람)	건달(關係 없는 사람)
katir(穗)	*가슬(穗毛) *cf.* 가스라기(*가슬-아기)
katuvu(집다, 꽉쥐다)	가두-(因), 가지-(持)
katti(자르는 道具)	ᄀᆞᅀᅢ(鋏)
kaccān(西風)	ᄀᆞᆯ-바랑(西風)
kod(髮)<To>	곶(毛) *cf.* 불곶(陰毛)
kentu(깡충뛰다)/kenti(id)	근두(뛰는 것), 근다(鞦)
kappu(배고파 마구 먹다)	가쁘-(飽而倦)
kamm(-eṉal)(조용한)	감감-하-(靜寂貌)
kaya(싫어하다)	ᄭᅥ리-(忌), ᄭᅴ-(id)[k'əri-, k'ı-]
karuppu(飢饉), karu(餓)<Ko.>)	ᄀᆞᆶᄇᆞ-(飢), ᄀᆞᆶ-(餓)
karu(鋤), kāṟu(犁)	가래/가리(鍬)
karai(涯)	ᄀᆞᇫ(邊)
kal(배우다)	*ᄀᆞᆯ-(배우다) *cf.* ᄀᆞᆯ-ᄋᆞᆾ(强勢)-이-(使動)>ᄀᆞᄅᆞ치-(敎)
kala(섞다, 짝짓다, 交分을 맺다)	걸-(交・繫)
kalipali(騷亂, 紛爭)	갈팡(-질팡)<無策而失方向>
kalai(散亂해지다)	*가랑(散亂해짐) *cf.* 가랑-잎
kavaku(갑자기)	과ᄀᆞᆯ이(急히), *갑-(急) *cf.* *갑-적-이>갑자기
kavuci(까무러치다), kavali(卒倒)	ᄀᆞᄆᆞ리-티-(卒倒)
gavuji(騷動)<Ka>	까불-(輕擧動)
kavuvu(입으로 물다)	깨물-(囓)
kavve(龜)	거붑(龜)
kavvare(廻轉)<Ka>	구블-(廻轉)
kavir(구부리다)	꼬블-꼬블(曲貌) *cf.* kav->kob-(脣音同化)
kaṟakam(寺院)	가람(寺院) *cf.* 伽藍<取音>
kaṟal(내밀다, 내뱉다), kōṟai(痰, 가래)	ᄀᆞ래(痰)
kayal(어린 가지)	가지(枝)
kaṟi(많은, 偉大한), kūr(많다, 흔하다)<Ka>	거르-기(多・偉)
kaṟu(罪人을 찌르는 막대기)	칼(枷)
kaṟai(竹・竹柄)	ᄀᆞᆯ(*竹, 葦)
kaḷ(掠奪하다)/kaḷahu(竊盜)<Ka>	ᄀᆞᆯ외-(<*ᄀᆞᆯ괴-. 侵)
kaṭi(제, 切)	ᄀᆞᇫ-(切, 제)

kaṟi(野菜, 肉, 후추)	거리(食料)
kaṟy-(웃다)	깔-깔(大笑貌)
gaṟi(翼, 羽毛)<Ka>, kelk(id)<Go>	칼(毛髮) *cf.* 머리-칼
gaṟṟa(껄껄하는 소리)	껄-껄(胞食貌)
kaṉṉal(사탕수수)	강냉이(<*간나-ㅇ-이. 옥수수)
kalā(가라, '去'의 命令形)<Kur>	*갈-(>가-. 去)
kāṭu(林)	갓(林)<全羅>
kāri(河川)	ᄀᆞ롬(<*ᄀᆞᄅᆞ-암. 河川)
kāri(검은 땅)<Ka>, koṟu(기름진, 걸다)	걸-(沃)
kāl(脚)	가롤(脚)
kāvaṇa(오두막)<Ka>, kāvaṇam(id)<Ta>	고방(>광. 庫)
kāvala(暗黑)	검-(黑)
kāḷaga/kāḷega(戰鬪・싸움)<Ka>	갈개-(爭)<咸南>・가래다(id)
kāṟai(金銀色의 목걸이)	-걸이(옥이나 귀에 거는 金銀・寶石)
kāvali(지지거나 굽는 데 쓰는 납작한 남비)	가마(釜)
kisi(이를 드러내고 싱긋 웃다)<Ka>	깃-(喜)
kili(두려움, 놀람)	*길-길-이(길기리. 驚貌)
kiḷar(싹이 나다, 증가하다)	기르-(成長)
kilkul(鸚鵡 pl.)	곳고리(鸚鵡)>꾀고리(id)
kīṟ(굴레)	구레(굴레)
kīṟu(긁다. 긋다), kōru(긁다)<Te>	긋-(劃)/긁-(搔)
kūkaṭimāga(꼬리가 두개난 개고마리)<Te>	개고마리(馬椒)
guggari/gugri (양념해 끓인 穀食)<Ka>	국(湯) *cf.* 국-밥
gujuru(곱슬~)<Ka>, kōsu(구부러진 모양)<Ka>	*고술(捲毛貌) *cf.* 고수-머리
korcu(尿臭)	구리-(糞臭), 고린-내(腐臭)
kucci(찌르는 막대기)	곶(串)
kuṭi(마실 것, 飮酒)	군싀(槽)
kuṭai(坑), guḍugu(id)<Ka>	굳(抗)
guḍḍa(山, 丘)<Ka>	곶(岬)
kuṟi(孔・腔)	구레(腔), 굴(穴), 구렁(구덩이)
kuṇṭi(尻, 底)	궁둥이(<*군드-웅이. 尻, 膀)
kutir(固定되다)	굳-(固)
kumpu(까맣게 타다)	감보-기(깜부기)
gumbu(깊이)<Ka>	깊-(深)
kōli(구루터기), klūju(줄기)<Kui>	그루(株)
kuṟai(귀, 귀거리), kivi(귀)<Ka>	*굴(>귀. 耳)<地名>
kuḷam(물탱크, 湖水)	ᄀᆞ롬(湖水)
kulir(앉다), kūr(앉다)<Ka>	꿇-(跪)
kuṟalai(誹謗)	굴-(呪)
kuṟi(企圖하다, 그리다)	굴-(行動), 그리-(畵)
kuṟicci(村)	골(邑, 村)
kuṟukuṟuppu(코골음)	쿨쿨(鼾音)
kū(비둘기 울음소리)	구-구-(비둘기 울음소리)

kūttu(劇的 演技, 춤), kut(Tamil 춤)<To> 굿(巫事)
kūm(어살)<Kur>, kume(id)<Malt> 그믈(<금-을. 網)
kūrpa(사랑스러운)<Ka>, kūr(탐내다) 귀엽-(可愛)
kūli(동무, 多數) 끼리(輩)
kuru(堅果) ᄀᆞ래(楸)
kūṟu(말하다) ᄀᆞᄅᆞ-(曰, 謂)
gejje(샅, 胯)<Ka>. gajja(id)<Te> 개짐(<개지-ㅁ. 月經帶)
kĭdy(虐待, 惡用)<To> ᄭᅮ중[k'ujyuŋ](<*ᄭᅮ디-옹. 叱責)
kerji(나무잎으로 만든 갈모)<Pa> *갈(갈모) *cf.* 갈-모(帽)
kerub(칼, 刀)<Pa>, kaidu(id)<Tu> 갏(칼, 刀)
kelku(髮)<Go>, kergi(羽毛)<Ko> 갈기(頭毛)
kēry(街) 거리(街)
kēdy(依持)<Ko> 기대-(依持)
kēru(꽥꽥 울다) *거루(거위, 鵝)
kēr vāb(無害蛇)<Ko> kēr(蛇)<To> 거위(蛇, 蛔蟲)/거시(蛔蟲)
kēḷ(血緣, 同族), kiḷai(親族) 겨레(親族, 同族)
kokku(닭우는 소리)<Ma> 꼬꼬(닭 우는 소리)
koccaṉ(작은 아이), koccu(id)<Ma> 고추(男兒)
koṭu(山頂), koṭṭu(骨頭)<Ma> 곡뒤/곡디(頂)
kuḍi(尖端)<Ka> 귿(끝, 末)
koṭṭu(쏘다, 螫), kōr(꽂다) 곶-(꽂다)
goṭṭu(頑固한)<Te> 곧-(直)
koṭṭu(애기 못 낳는 女人), goḍḍi(id)<Ka> 고쟈(宦)
kontali(소란스럽다, 거칠다) 곤드레(滿醉貌)
goṇḍili(춤추는)<Te>, kontaḷam(춤의 一種) 곤들-곤들(搖動貌)
koppuḷam(泡) 거품(泡)
koyya(棒, 竿)<Te> 꼬쟁이(<*꼬자-ㅇ-이. 棒·竿)
korkor in-(臨終時 목에서 가르랑거리다) 골골-하-(臨終에 가깝다)
khorop(고름, 膿)<Kur>, kullum(id)<Go> 고롬(膿)
kol(죽이다) *골(죽음) *cf.* 골로가다
kol(冶匠) 골(*冶匠) *cf.* 골-풀무
kolli(谷)<Ma> 골(谷)
kholā(尾)<Kur>, qoli(id)<Malt> ᄭᅩ리(尾)[k'ori]
golasu(사슬, 鎖環)<Ka> 고리(環)
koḷ(傷하게 하다) 골리-(응징하다, 傷하게 하다)
koṟukoṟu(거품을 물고 화내다) 고래고래 (怒而高喊貌)
kōsu(王)<Ga>, kōc(id)<Pa> *거세(「居世」. 王)
kōṉ, kō(王) *고니, *고(王) *cf.* コニキシ, コニシ(王)
kōṭṭālai(근신, 苦痛) 고단-ᄒᆞ-(孤獨>疲困)
kōṭale(困難, 괴로움)<Ka>
kōppu(진수성찬) 구쁘-(입맛나다)
kūl(길이, 크기)<Ka> 길이(長)
kōrai(沙草類와 큰 고랭이屬 植物) 고랭이(<*고재-ㅇ-이. 植物)
kūṭu(둥지, 巢) 깃(巢)

(9) c<Dr> ———————————— ㅅ<Kor>

ceppll (말하다, 아뢰다), col(말하다) sol(id)<Ka>	숣-(白, 아뢰다), ᄉᆞ로-(id)
cappai(風味가 없는 것)	사위-(火力弱盡)
cari(인사 없이 살짝 떠나다)	술-(鎖) *cf.* ᄉᆞ라디다
cavaṭu(白土)	사발(碗)
caru(화살)<Malt>	살(矢)
cikka(복잡해지다)	섞-(混)
ciŋku(썩다)	*석-(腐)>썩-(id)
citai(상처입다, 망쳐지다), cīar̤-a(괴로움)<Te>	시다리-(被惱)
cī(털다, 씻다), sutk-(빨래하다)<Kol>	싯-(沈), *슷-(洗) *cf.* ᄉᆞᆺ-봇-
cuñcu(突出선반)<Ka>	*션(棚架) *cf.* 선-반(板?)
cuñcu(이마에 둥글게 감은 머리)<Ka> cuncu(상투)<Te>	샹토(상투)
cūr(타는 것, 熱)<Ko>	술-(燒)
cūppu(들이마시다), suy(숨쉬다, 숨)<Ka>	숨(呼吸), 쉬-(吸)
cṭṭu(생각하다)	슷-(思考)
cur̤al(선회하다), curi(나선형이 되다)	소라(螺), 쥬릐(挾棍)
curru(삥 돌다, 싸다)	술위-삐(輪)
culụvu(쉬움)	숩-(容易)/수월(id) *cf.* l~v>v~l
cūrai(약탈)	슬-적(掠取貌) *cf.* スリ(소매치기)
cer̤u(싫어하다)	*슬-(厭) *cf.* 슬-ᄒᆞ->-슳>싫-(厭)
cey(하다·만들다)	시기-(>시키-. 使) cf. *식(爲)-이(使動-接尾辭)

(10) c<Dr> ———————————— ㅈ<Kor>

citar(찢다)	믖-(찢다, 裂)[č:ɯj-]
ciṟu/cir(짜르다, 작다)	져르-(<뎌르-. 短小)
ciluku(괴로움)	*지루(시간을 너무 끌어 싫어짐)
cey(만들다, 行爲)	짓-(造), 짓·질(行爲)
cē(자다, 居住하다)	ᄌᆞ-(寢)
caṅku(기가 꺾이다), januku(두려워하다)<Te>	ᄌᆞ녹-ᄒᆞ-(靜)?
cati(죽이다. 깨다), jadi(놀라게 하다)<Ka>	*자즐-(使驚) *cf.* 자즐-리-(驚縮)
savs-(씹다)<NK>, cavaṭṭi(씹다), cuvai(먹다, 씹다)	*좌-(食), 좌시-(자시다)
cappu(씹다), jabbisu(빨다)<Ka>	잡수-시-(食飮)
carakku(商品), sarku(商品)<Ka>	-짝(商品)[-č'ak] *cf.* 짐-짝
cimpe(전복)<Ka>	전복(<*젼보-ㄱ. 鰒)
cavaṭṭi(죽이다), cāvu(死)	잡-(殺)
cappaṭṭa(김빠진)<Ma>	잡치-(失敗)
caḷi(두려워하다)	저리-(威脅)

cāci(母乳)	젖(乳)
cayvu(坂・傾斜), cāy(기울다)	재(坂, 峴)
cāra(구부린)<Ma>	*잘-(구부린) *cf.* 잘-욱-ᄒᆞ->잘룩하-
cāppai(거적자리), coppa(藁)<Te>	짚(藁)
cāppa(오두막)<Ma>, gibu(집)<Ka>	집(家)
cāri(~번, 回)	~째(次例), ~채(id)
cāl(자라다, 足), cāla(充分히)	ᄌᆞ라-(足)
cāḷikai(돈지갑)	지갑(<*제가-ㅂ. 金錢袋)
cālai(정어리)	*저어리(>정어리)
cēri(都・村・街)	*졀(都)<地名> *cf.* 伽倻[čyər]
cilli(小石片), caralai>aralai(小石)	*쟈-갈(小石片, 礫) *cf.* 쟈-갈 kal(石)<Ta>
cilai(소리나다, 울리다)	지르-(叫)
cāṟu(미끄러져 떨어지다)	*짤-(미끄러져 떨어지는 모양) *cf.* 짤-하
cāga/cēga(速함, 速히)<Ka>, cakka(速히)<Tu>	제깍(速히)<咸鏡>
ciṭṭai(각반)	지달(絆)
cil(질그릇 조각)	질(陶器)
cilu cilu(비가 내리다)	쭈룩쭈룩(쭈루-ㄱ쭈루-ㄱ. 降雨貌)
ciluppu(휘젓다, 선동하다)	지르-(點火・煽動)
ceṭṭai(翼), ciṟaku(翼)	짗(깃, 羽)
civu(서비나)<Ka>	져미-(저미다)
cīcī(싫어하는 소리, 경멸의 소리)	지지(싫어하는 소리)
cīppu(문장부)	*장부(>장부)
cīṟṟam(狂暴)	지랄(癲疾)性)
cukku(조각)	조각(<*족-악, 片)
cuṭṭi(智的人)	줏대(主體性)
curuṅku(주눅들다), juṇugu(id)<Ka>	쥬늑(萎縮)
cuṇṭu(嘴・下唇)	쥬둥이(<*쥬두-ㅇ-이. 嘴)
cumai(짐)	짐(負荷)
cummā(閑暇히)	지만-ᄒᆞ-(閑暇)
curam(좁고 험한 길)	지름-질(捷徑)
curi(나선형이 되다)	쥬릐(挾棍)
curai(표주박)	조롱-박(<*조ᄅᆞ-옹-박. 표주박)
cuḷikku(끝이 뾰죽한 막대)	쥬령(杖)
cuḷḷi(가시나무나 가시 많은 풀)	질늬(찔래꽃)
cuṟukku(急함)	조ᄅᆞ-(急請)
cūḷa(호각, 기적)<Ma>	조라-치(吹螺赤)
cēṟu(汁・樹液)	질-질(流出貌)
cēṟu(泥土)	즐-(泥)
ceñcam(端正) *cf.* 子音倒置 ~n~m>~m~n	*점잖-(>졈잖. 端正)
ceruku(꽂다, 미끄러져 들어가다)	쭈룩(미끄러져 들어가는 모양)
cokucu(淨化), cokku(純粹, 美)	좋-(淨)

coṭṭu(쫓다, 주먹으로 치다)	좃-(啄)
coṭṭa(구불어진 男子)<Ka>	쪼다(意氣消沈者)
coṭṭai(무엇을 거는 혹처럼 생긴 장치)	좆(맷돌 中央의 突出物)
cōṟu(삶은 쌀, 食品)	ᄡᆞᆯ[s:ʌr](米)
cerukku(즐기다, 자랑하다)	즐기-(樂), 자랑(矜)
cok(졸다)<Ka>	졸-(催眠)

(11) c<Dr> ——————————— ㅊ<Kor>

campā(糯 · 찹쌀)	ᄎᆞᆸ-ᄡᆞᆯ[č'ʌbs:ʌr](ᄎᆞᄡᆞᆯ, 糯)
cali(체로 치다)	체(<*철, 篩)
caḷi(寒冷)	ᄎᆞ-(寒冷)
cāṭṭi(채찍)	채찍(<*채찌-ㄱ. 鞭打)
cilaka(문을 잠그는 데 쓰는 건거리 또는 작은 사슬)<Ka>	착고(*<챨가. 足鐐)
cuñcu(집에 있는 突出한 선반)<Ka>	첨하(>처마 檐下)
cuḷḷi(枯技)	초리(*枯技) *cf.* 회초리
cūcu(視察하다)<Te>	촟-(尋 · 探)
cūḷan(娼女)	초란이(女子用假面의 一種), 초라리(浮薄者)<咸南>
cūḷe(舞女)(Koḍ)	츠-(舞)

(12) j<Dr> ——————————— ㅈ<Kor>

jaḍḍa(가까움)<Ka>, jaḍḍa(id)<Te>	좇-(頻繁)
jallu(상앗대)<Ka>, jalle(竹棒)<Ka>	ᄌᆞᄅᆞ(炳)
javugu(沼澤地)	저벅-저벅(踏溜水音)
jāju(紫色)<Ka>	ᄌᆞ지(紫), 자주(id)
jāḍu(자국, 足跡)<Ka>	자죽(足跡)<方言>
jiḍḍu (찌든 것, 더렵혀진 물건)<Ka>	찌들-(汚)
jane(자위, 卵核)<Ka>	ᄌᆞᅀᆞ(核)
jinja(부채질함)<Kui>	진저리(<*진절-이, 振身)
jīva/sīva(許諾하다)<Kui>	접-(許, 恕)
juru juru(훌쩍 마시는 소리)<Ka>	주루-ㄱ 주루-ㄱ/훌훌(훌적 마시는 소리)
juṭṭu(儀式때 얹은 頭上總)<Ka>	*존(兩班 · 貴人의 象徵語) *cf.* 좆도 아닌 것이!<定平>
cf. jïali(화살 쏘다)<Kuwi>	ᄡᅢ리-(以掌打)
joŋge(송이, 束)<Koḍ>	송이(束)
juŋe(천, 布)<Kol>	천(布)
jum(추운 感을 나타내는 소리)<Ka>	ᄎᆞᆸ-(寒)

(13) s<Dr> ——————————— ㅅ<Kor>

saṭṭe(멍석, 깔개)<NK>	ᄉᆞᆫ(簟) *cf.* 삳자리
sappuḷ(소리)<Ka>	소리/소릐(聲)

same(준비하다, 만들다)<Ka>	삼-(爲, 作)
sari(小路)<Koṇḍa>	*사리(小路) *cf.* *사리-길>샛길, *골-살-길>고샛길
sārave(발판)<Ka>	사오리(凳, 발판) *cf.* 音韻倒置
salma(井水)<Kuwi>, sūve(井水)<Go>	싐(泉·井)
sele(돌틈)<Tu>, sela(구멍)<Te>	ᄉᆞᅀᅵ(사이, 問)/서리(間)
sannē(사위)<Go>	손(壯丁), 사내(男便, 男子)
savar(문지르다, 대다)<Ka>	새비-(장갑끼다) ?
siṇḍu(惡臭, 不快한 냄새)<Ka>	시틋-하-(不快感)
sugi(잡아채다, 떼어버리다)<Ka>	숚-(잡아채다, 떼어 버리다)
suḷḷu(거짓, 虛構)<Ka>	수(<*술. 術數)
sokt-(높은 데 오르다)<Kol>, sot-(id)<Ga>	솟-(聳)
sur(液體를 빨아드리는 소리)<Ka>	술-술(液體가 잘 넘어가는 모양)
sumbe(壁小孔)<Tu>	솜-솜(小孔多貌)
sampu(美, 優雅)<Ka>	삼-삼-하-(美)
sōru(丘, 山)<Kui>	*술(「述」. 峯)<三史 地名>
sehi(雄)	숳(雄)

(14) s<Dr> ——————————— ㅈ<Kor>

sañcu(狡滑하다)<Ka>	진(狡滑) *cf.* 진-납(猿)
sīr(땅말줄기, 뿌리)<Go>	즐-기(幹)
sup(鹽)<Kol>	ᄧᆞ-(鹹), *ᄧᅳᆸ-[č:ʌb-](>짭-. id)
sūpē(家鼠)<Go>	쥐(鼠)
sum-(잡다, 쥐다, 사다)<Kol>	줍-(拾)
sūsu(옷이 조금 젖다)<Go>	젖-(濡)

(15) t<Dr> ——————————— ㄷ/ㄸ/ㅌ<Kor>

taṭṭu(두드리다. 다독거리다), taṭṭuka(다독거리다)<Ma>	다독-거리-(輕打)
taṭi(막대기), tai(가지, 若木)<Ma>	대(棒, 杆) *cf.* tati>tayi>tä
ḍoge(구멍을 만들다)<Ka>, ḍogaru(구멍)<Ka>	독(甕)
taŋgi(젊은 姉妹)<Ka>	당기(少女髮係, 少女의 象徵)
tati(단단해지다, 充滿해지다)	다지-(단단해지다)
taṭavu(어르만지다, 쓰다듬다)	다듬-(練, 硏, 修)
taṭi(베다, 죽이다), tac(죽이다)<Ko>	다히-(屠, 죽이다) *cf.* 다티>다시>다히
taṭu(막다)	닫-(閉)
tadaku(때리다, 부수다)<Ka>	타작(마당질, 打作?)
taṭṭam(접시, 쟁반)	다담-상(잘차린 음식상) *cf.* 茶啖床?
daṭṭi(허리띠, 裝飾用帶)<Ka>	ᄯᅴ(帶)[t'ɪ]/다회(裝節用帶)
taṇḍ-(당기다)<Pa>	당기-(引)/ᄃᆞ리-(引)
tattu(날뛰다), tuḷḷu(跳躍하다), dūṭu(뛰다)<Ka>	ᄃᆞᆮ-(走)/ᄠᅱ-[t:ü-](跳躍, 走)
tapukk(경솔하게 서두르는 모양)	담박(경솔하게 서두르는 모양)

dappa(두꺼운)<Ka>	더벅/다박(숱이 많고 흩어진 모양) *cf.* 다박머리
tap-(두다, 놓다, 거꾸로 하다)<Kol>, iṭu(두다)	두-(置)/드뵈-(覆)
talai(極端, 末)	따라-지(末端)
tamar(구멍 뚫어진 道具), tavar(구멍 뚫다)	따발/또아리(구멍이 뚫어져 이는 데 쓰는 道具)
taricu(묵거나 거칠은 땅), etār(平原)	*달(原野)<三史 地名>
taru(주다), tōr-/ta-/tō-(id)<To>	달-/다-/도-(授與) *cf.* 달라/다오/도라
talli(치다, 부수다), taṛi(깨지다)	ᄣᆞ리-[t':ʌri-](破, 打)
taṛayuka(닳다, 해지다)<Ma>	닳-(耗磨)
taṛal(벌겋게 달아 오르다)	달-(燒紅)
taḷar(떠나다)<Ka>, tuṟa(떠나다, 버리다)	ᄃᆞ라나-(逃走)
tāṛi(큰 남비)	다아(盂)
taḷai(단단히 매다), daḷe(바느질로 잇다)<Ka>	돌-(繫, 附着)
taṟi(機會, 適切한 때)<Te>	터(機會) *cf.* 그런-터에
taṭṭai(禿頭)	대(禿頭) *cf.* 대-머리
tākku(닿다)<Kur>, iṭṭānā(id)	닿-(觸)
tātu(粉末, 塵)	드틀(塵)
tamaḷ/tami(孤獨)	다ᄆᆞᆫ/다ᄆᆡᆫ(다만)
tāram(끈)	다리미/대님(足紐)
trāgu(마시다, 들이키다)<Te>	들이키-(飮)
tāṛ(드리다, 매달리다, 減하다)	드리-(垂)/돌-(懸)/덜-(減)
tāṛ(도리, 서까래)	도리(梁)
tāḷ(다리, 脚)	다리(脚)
tāṟu(떨기)	ᄠᅥᆯ기[t:əlgi](叢, 苞)
tāṟu(뜨개질하는 실패)	타래(捲絲)
tāṟu(마르다)<Ka>	따르-(注)
tāṉ(自體, 스스로)	딴(自體) *cf.* 내딴에는
tiguṟu(輪)<Ka>, diŋku(장난으로 뛰놀다)<Ka>	딩굴-(轉轉), 떼굴-떼굴(轉貌)
tiku-tik(찌긋~, 痛貌)	*디긋-디긋(>찌긋찌긋. 痛貌)
tikil(놀람, 두려움)	띠끔(驚貌)·뜨끔(id)
tikkal(빠른)<Ma)>, diḍka(빨리)/dikkane(빨리)<Ka>	*뎍각(>젹각>제깍. 速히)
titīr-(예기치 않음)	*뎌뎔-로(>져졀로. 自然히)
tiṉ(단단한)	띵띵(단단한 모양)
tīṉ(寢台)<To>, tiṉ(들어 올리는 가마)<Ko>	덩(輦)
tube(더미)<Malt>, tuppe(id)	더믜(堆積)
dimmi(높아진 地點)<Ka>	테미(높아진 地點)<忠南>
dimmu(輕卒)<Ka>, dimma(id)<Te>	*디만(>지만. 輕卒) *cf.* 지만-ᄒᆞ-
teraṭu(둥글게 하다)<Ka>	두렫-(圓)
tiri(廻轉하다, 틀리다)	틀-(撚)
tir(벌벌 떨다)<Pa>	*뎔-뎔(>쩔쩔. 懼貌)
tirre(달다, 甘)<Kol>	돌-(甘)
tiṟa(뜨다, 開眼)	ᄠᅳ-[t:ɯ-](開)

tiṇṭi(食料品)	*딘지(>진지. 食饍의 尊待語)
tī(-v-)(타다, 燒)	ᄐᆞ-(燒)
tī(缺點)	티(缺點)
tiṭṭu(타작하다, 문지르다)	ᄃᆞᇰ-(찧-. 搗)
tīḍu(누르다)<Ka>	*디즐-(>지즐-. 壓)
tīḍ(더럽힘)<Ko>	*디뎌-븐(>지져븐, 汚)
tir(끝나다, 滅하다)	디-(落, 滅)
tīr(髮)<Kol>	털(毛, 毛髮)
tu(먹다, 糧食), tuṟu(음식을 입에 가득 넣다)	들-(먹다, 食)
tukku(賤함, 알량함)	*뚝(알량한) *cf.* 뚝-배기
tunṭi(臀)<Te>	둥치(下幹)
tuṇai(도움, 支持)	두남(支持) *cf.* 두남 두다
tutai(두껍다)	두텁-(<*두터-ㅂ-. 厚)
timbu(차다, 채우다)	듬뿍(充滿貌)
turuvu(뚫다), turapp(구멍뚫다)	ᄃᆞᆲ-(穿)
turre(豚)<Kol>	돌(豚), ᄃᆞᆯ(id)
tuvakku(始作하다)	*텻박-새(>첫박새. 始作)<咸南>
tūr(채우다)	*덜-(>더으-. 加)
tura(구멍뚫다), tōḷ(貫通하다)	뚫-(穿)
tuvai(살짝 담그다)	ᄃᆞᆷ-(沈) *cf.* 담그다
tuḷi(뚝뚝 떨어지다), teḷi(뿌리다)	듣-(滴下)
tuḷir(싹이 트다)	트-(發芽)
tuḷḷu(跳躍하다)	*뚜리-(>뛰-[t:ü-] 跳, 走)
turuturu(떨다, 顫), aḍalu(id)<Ka>	ᄠᅥᆯ-(顫)[t:ər]/덜덜(顫貌)
tuṟai(川, 빨랫터), toṟe(川)<Ka>	돌(溝), 도랑(id)
tuṟai(手段, 方法)	도리(手段·方法)
tūk(塵埃, 티끌)<Kol>	듣글(<*드글. 塵埃)
tūŋku(흔들다, 춤추다. 균형을 유지시키다)	뚱기-뚱기(幼兒均衡維持貌)
tūṟu(들다, 入)<Ka>, tūṟu(id)	들-(入)
tūṟṟu(털다, 拂), utaṟu(털어내다)	ᄠᅥᆯ-/ᄩᅥᆯ-[t:ər-/t':ər](拂)
tegu(지우다, 消)	디오-(>지우-. 消)
utir(떨어지다), toṭṭu (水滴)<Ka>, tiḍḍas(떨어지다)<Kur>	ᄠᅳᆮ들-(滴下)
teṇṭu(구걸하다), teṇṭi(乞人)	동양(求乞)
tēṭu(찾다)	더듬-(探, 索)
dombi(싸움, 暴徒)<Ka>, tempu(大膽性)	덤비-(마구 달려들다)
teri(맑아지다), teḷ(id). teḷḷu(id)	들(晴)
telucu(懇請하다), talahkānā(id)<Go>	다랑귀-뛰-(懇請)
teṟi(터지다, 마구 찢어지다). tēy(이지러지다)	ᄢᅥ디-[t':ədi-](柝, 터지다)
terpu(틈, 機會)	틈(暇, 機會)
tiṟa(貢物, 膳物), teṟu(支拂하다)	드리-(貢)
teṟṟi(틀리다, 나쁜짓하다)	틀리-(違)
dēr(竹)<Konḍa>, dēru(竹)<Kuwi>	대(<*더리. 竹)

dondi(束)<Ka> — 동지-(동이다. 結縛)
dobbu/dabbu(떠밀다)<Ka> — 떠밀-(推)
tommai(곡식 넣는 有蓋箱子) — 두멍(大甕)
ḍollu(돌다)<Te>, toṟal(돌다)<Ka> — 돌-(廻)
tol(낡은, 옛적의), toli(옛날, 原始)<Te> — 돌(原始)<接頭辭> *cf.* 돌-배(野生梨)
toy(피로하다, 기운이 없어지다) — 되-(疲勞)
toṟikka(가지나 곤봉으로 치다)<Ma> — 도리깨(打棍)
toṟuvar(머슴, 시골뜨기) — 돌팔이(行匠人)
toṟu(拜禮하다, 敬意를 표하다), tuṟil(절) — 뎔(拜禮)
toḷku(함정用 그물), tōtu(책략, 속임수) — 덫(穽)
tēku(트림하다)<Te>, trēpu(트림)<Te> — 트림(噯氣)
tēlu(뜨다, 浮)<Te>, tēlu(id)<Ka> — ᄠ-(浮)[t:ɯ-]
tekuku(우물을 비우다. 바닥물을 퍼내다) — 데구리(바닥을 훑다) *cf.* 데구릿배
teppar(回復하다)<Ka>, teppiru(id)<Te> — 되푸리(反復)
toŋku(매달다), toŋg-(id)<Ko> — 동개(箭筒)
tuṭar(뒤따르다) — ᄯᅡ로-[t'aro-](隨)
tottu(꼭지, 蒂)<Ma> — ᄃᆞ디(蒂, 꼭지)
toṭṭa(큰, 大) — 돋(大)<接頭辭> cf. 돋-바늘
toduḷ(말더듬다)<Ka> — 더듬-(訥)
dondaḍi(덩어리, 多量)<Ka> — *도다지>노다지(金塊, 多量金)
dōcu(掠奪하다)<Ka>, dōcu(id)<Te> — 도즉(賊) *cf.* 盜賊
tōṉṭi(동이) — 동이(水壺)
tōppu(덤불) — 덤불(藪)
tōren(어린동생)<Kol>, tōren(兄弟)<Nk> — 도령(童男)

(16) n<Dr> ———————————— ㄴ<Kor>

nakar(집, 住居) — 낟가리(집모양의 穀積)
nāṟu(싹이 나다, 낳다) — 낳-(出産)/낟-(出現)
nalakku(더럽히다), naci(해지다) — 낡-(久, 古)
naccu(遲滯) — *늦-(>늦-. 遲) *cf.* ᄒᆞᆰ>흙
nalāgu(퇴색하다)<Te> — 날-(퇴색하다)
navil(말하다) — 나블-나블(多辯貌)
nannā(다른, 여느)<Kur>, nana(id)<Malt> — 녀느(他)
nanucu(싹트다)<Te>, nana(芽)<Te> — 눈(芽)
nāku(유연함) — 나긋-나긋(유연한 모양)
nār(나라)<Ko>, ñālam(大地), nāṭu(國) — 나라(國)
nasi/nasiku(薄明・黃昏)<Ka> — 나죄(暮, 黃昏)
nāṉ(吾), nā-(吾)<Te> — 나(吾)
naŋga(우리)<Koḍ>, nāŋkaḷ(id) — 내가('我'의 主格)
nāmpu(야위다, 쇠약하다) — 낟브-(不足)
nār(纖維, 줄, 끈) — 날(經)
nāl(四), nā(四)<Ka> — 네(四), *날(四) *cf.* 나릅(四歲)
nāḷ(日, 晝間) — 날(日)

nil(起立), niguru(id)<Ka>	닐-(起·興)
nibbaṇa(結婚祝祭)	*니바디(>이바지. 宴)
nirapp(펴다, 擴大하다), nerapu(펴다)<Te>	넓-(廣)
niral(줄서다). ner(id)<Te>	나란-(齊列)
nert-(結實하다)<Ko>, nere(完成하다)<Ka>	*녈-(>열-. 結實), 일-(完成)
niram(中央部分)	*니럼(>이럼. 畦)
nīr(汝)	니(汝)<方言>/널(汝) *cf.* 널로
nīm(汝)	님(汝, 戀主)
nimeṭ/immaṭ/nīmaṭ(汝)<Go>	님자(汝)/임마(汝)<卑稱>
niŋku(가다), nīkku(옮다), nīgu(가버리다, 옮다)<Ka>	니거-(行, 去)
nīrpp-(얇아지다), teḷupu(얇음)	*넓-(>엷-. 薄)
nīḷ(길다, 길이, 伸長), nīṟu(늘어지다)	늘-(延)
nuŋku(삼키다)	넝구-(呑)<方言>
nūṟai(銳利)	놀(刃), 놀-캅-(銳)
nuṇaykka(험담하다)	누내끼(疾視)<慶南>
numpi(너의 弟妹)	누븨(妹) *cf.* 妹餒必<朝鮮語>
nēnu(노끈)<Ka>, nōnē(밧줄)<Go>, nūl(실, 絲)	노내-끈(紐)<慶南>, 노(紐)
nuṉi(열심히 보다, 點)	눈(眼), 뉘(片) *cf.* 별뉘
nuṟai(貫通하다, 좋은 印象을 받다)	누리-(享)
nuri(볏단. 稻束)<Ma>	누리(낟가리)
neyv-(꿰매다, 옷을 짜다)	누비-(衲)
nukku(조각으로 깨지다, 갈다)	녹-(破滅)
nūŋku(밀치다, 밀어젖히다)<Ka>	능그-(脫麥皮)
nevulu(後悔, 不安, 괴로워하다)<Te>	뉘-읓-(悔)
neñcu(心臟), neññu(id)<Ma>	념(心臟) *cf.* 념통>염통
neṟi(길, 小路), nar(걷다)<To>, naṭa(걷다)	녈-(行)
neṟi(손으로 단단히 누르다)	누르(壓)
nēṭu(찾다, 주의하다)	*녕-(>엿-. 伺)
nere(잇다)	닝(連, 聯)
noṭikka(빨리 또는 거만하게 말하다)	노닥-거리-(잔소리 늘어 놓다)
nōkkam(眼). nōkkal(一瞥)<Ma>	누깔/눈깔(眼)
ñāl(기울다. 지다, 매어달다)	누리-(降)
ñāṟa(냄새, 냄새를 뿜다). naru(향기로운)	내(臭)

(17) p<Dr> —————————— ㅂ/ㅃ/ㅍ<Kor>

pakarttu(複寫하다), pakar(옮기다)	베끼-(複寫)
paku(쪼개지다, 쪼개다)	빠개-(析)
paŋga(바지랑대)<Ka, Te>	바질-앙이(兀丫)
paittu(草綠色, 新鮮), pacca(id)<Ma>	빅츠(白菜)
pacai(糊)	플(糊)
pacai(獻身, 信仰)	바티-(貢獻)

pacēk(부풀은 수수)<Ko>	박상-이(膨米豆)
basgi(껍질을 벗기다)<Malt>, puskir-(옷벗다)<Ga>	벗기-(脫)
paḍi(竹細枝로 엮은 門)<Tu>, padi(門짝의 板子)<Ka>	바ᄌᆞ(籬笆)
patam(水), parappu(海)	바다(海), 바ᄅᆞ/바ᄅᆞᆯ(id)
paḍati(婦人), paducu(女兒)<Te>	*보져(「寶姐」. 女兒)<雞林>
pāṭu(工業, 勞動), paṭṭaṭai(대장간)	바지(工匠)
paḍic(少年, 男兒)<Pa>	바디(褲, 바지)
paṭam(손바닥, 발바닥)	바당(掌)/*바담(id)<新羅>
paṭar(펴지다, 뛰다)	퍼디-(>퍼지-. 擴散)
paṭi(앙금이나 먼지를 갈앉히다)	밭-(濾)
paṭukar(畓, 農地), pātti(小平地), pātti(庭園)<Ma>	밭(田)
paṛykaṭ(사다리나 제단의 다리)	바칸(사다리나 계단의 다리)
paṭṭ-/paṭu(水平으로 눕히다, 죽다)	뻗-(死)/벋-(水平으로 伸長)
paḍu(西)<Ka>	*바ᄃᆞ(「豆」. 西)<三史 地名>
paḍu(얻다, 잡다, 받다)<Ka>	받-(受)
pāṭu(場所)	밭(場), 바탕(id)
paḍevaḷla(將軍)<Ka>	*바돌(勇士)<三遺>
paṇ(일, 事務)	판(일, 事務)
pan(u)cu(보내다)<Te>	보내-(送)
paṇi(보리수)<Ka>	보리-수(菩提樹)
paṇpaṇ in-(반반하다)<Ka>	반반-ᄒᆞ-(女子의 美貌)
patam(適當한 密度)	바심(木材를 다듬는 것)
patalai(廣口壺)	배때래-기(廣口容器)<咸南>/배뚜리
pataṛu(덤벙대다, 너무 서둘다)	바돌-(*덤벙대다) *cf.* 바ᄃᆞ랍-(危)
badnā(敬意를 표하여 따르다)<Kur>, badye(따르다)<Malt>	반ᄒᆞ-(魅惑)
pantye(작은 등불)<Tu>	반되(螢)
papalam(밥풀강정)	밥풀(강정)
pampal(넓디넓은)	판판-하-(平廣)
bayalu(外部)<Te>	바깥(外部)
payil(길들다, 習慣)	버릇(習慣)
para(펴다, 넓히다)	벌-(開, 展開)
pār(땅, 넓은 空間)·pūṛil(땅), veli(트인平野)<Ma>, poṛil(灌漑된 땅)<Ma>	벌(野, 넓은 空間)/夫里(벌)<地名>
paraṇ(望臺, 지붕밑房)	바라지(屋上窓, 壁上窓)
pādi(버치)<Te>, pāti(id)<Ka>	버치(大形 자배기)
pār(보다), ve(찾아내다)	보-(見)
pari(나누다, 나뉘다, 조각내다), pāl(割當·分配)	벼르-(分配)
parge(세로 찢다)<Malt>	발기-(割)

pari(가루를 빻다)＜Kol＞	빻-(粉碎)
pariyaḷa(銅盆), mallai(바리)	바리(鍮製食器)
paru(부풀다)	브르-(飽)/불-(增大)
paru(부스럼)＜Ma＞, puṟṟu(딱지)＜Ma＞, pure(부스럼)	브스름(＜*브슬-음. 瘡)
per(겨를 벗긴 쌀)＜Konḍa＞, vari(稻), val(id)＜Kol＞	벼(稻)
paṟicai(侮辱, 冷笑), paḷc(욕하다)＜Ko＞	발칙-ᄒᆞ-(無禮)
baḷaga(家族, 親戚)＜Ka＞	벌(親戚) *cf.* 三寸-벌
palaŋku(억지로 닿다, 밀어붙이다)＜Ka＞	발악(奮發)
paḷḷam(낮음, 谷), paḷḷa(穴)＜Ma＞	*바리(谷)＜三史 地名＞
paṟe(鼓)	바라(鐃鈸)
paṟa(재촉하다)	뵈아-(催促)
panni(뽐내다, 自慢)＜Ka＞, vīmpu(가장 뽐내다)	뽐내-(自誇)
bāknā(던져 넣다)＜Kur＞	팽개치-(抛)
pāŋku(끼리, 同等, 類似)	*배기(끼리) *cf.* 동-배기(同年輩)＜咸南＞
pāc(바늘귀)＜To＞, pācam(id), pūṇūl(神聖한 실)	바놀(針)
pāṭam(料理用 화로)	붓두막(*붓둠-악. 竈臺)
pāṟ-(노래 부르다)＜Konḍa＞, viḷipp-(id)	브르-(唱)
pāṇ(歌·旋律), pāṇu(歌), paṇ-(音樂)	판-소리(長歌)
pāmpu(蛇)	ᄇᆞ얌(蛇)
pāvu(봄놀다. 뛰다)	*봄(躍) *cf.* 봄-놀(遊)
pāy(펴다)	펴-(展開)
pā(밧줄)	바(太繩)
pāsuge(벳트)＜Ka＞, pāsu(자리)＜Ka＞	보존(席) *cf.* 돗-보존(席)
pālam(壁, 防波堤)＜Ma＞, vēli(壁, 垣), varaippu(壁, 境界)	ᄇᆞ롬(壁)
pāviri(기는 쇠비름)	*비름(＜*마르-ㅁ. 植物名) *cf.* 쇠비름
pāvili(耳裝飾)	*밥(耳裝飾) *cf.* 귓밥(耳垂)
pāvai(꼭두각씨, 人形)	바보(愚者)
pāv(路)＜Kol＞, pōv(가다)	볿-(踏)
pāṟ(無用之物이 되다)	벌(無用之物) *cf.* 벌-모, 벌-불
pāṟi(줄·線)＜Ka＞	벼리(綱)
pāṟu(舟)	비(＜*ᄇᆞ리＜*바리. 舟)
pāṟai(岩)	바회(岩), 波衣(岩)＜三史 地名＞
picir(이슬비 오다)	브슬-브슬(細雨貌)
picupicu(粘着하다), piṭi(붙다, 粘着하다), pulku(愛着을 가지다)	븥-(粘着, 附)
picai(빼치다)	빼치-(방아확 속에 곡식을 밀어 넣다)
piccu(역정)	빼치-(怒而拒面對)
piṭi(부여잡다)	*브여(把握) *cf.* 부여-잡-
piṭuŋki(强請하다, 괴롭히다)	*브대끼-(＞부대끼-, 괴로움을 당하다), 브듸(期必)
pillaka(仔, 兒)＜Pa＞, piṭṭe(雛)＜Kol＞	비육(雛)

piṇṭi(밀가루, 가루)	빈대(*粉) *cf.* 빈대-떡
pituŋku(突出한)	뿌다귀(突出物), 삐죽(突出貌)
bitt-(씨뿌리다)<Koḍ>, vittu(씨뿌리다)	삫-[p'ih-](播種)
pinde(昆蟲, 파리)<Ga>, mūṭṭai(빈대)	빈대(鼈蝨)
piy(느슨해지다, 해지다)	씌[p'ɪ-](挫)
piḍucu(비틀다)<Te>	비틀-(撚)
piṟai(靈魂의 救濟를 받다, 풀려나다), pïr-(解放하다)<To>	플-(釋放), 플이(惡鬼에서 풀려남) *cf.* 살-푸리
piṟai(나빠지다. 잃다)	풀리-(잃다) *cf.* 개(眼睛)가 풀리다
pēgul(腸)<Kol>, pēgu(腸・內臟)<Te>	비알(腸)
piḷiru(나팔불다)	*블-(>불-. 吹)
pilucu(召喚하다)<Te>, vili(召還)<Ma>, buḷu(絶叫)<Tu>	브르-(喚, 叫, 召還)
pōkkalṇam(부끄럼), veṭku/veḷku(부끄러워하다)	붓그리-(恥)
piṟe(尻)<Ka>	빌-빌(뒤에 처진 모양)
pise(물을 따르다)<Malt>, puy(붓다)<Ka>	븟-(注水)
piccāŋ-katti(창칼)	삐침(ノ)
pīccu/pīcci(느슨해지다・추방하다)	쁘리-[p'ɯri-](撤)
bīḍu(쇳가루, 먼지)<Te>	비듬(脂粉)
pīr(빨다)<Ka>	쌀-[p'ʌr-](吮)
pīli(孔雀羽毛)	삘기(蘆穗)
pīl(弱하다)<Ko>	빌-빌(弱體貌)
pīlṭu(荒廢한), biḍu(荒廢한, 無用의)<Te>	*브즐-(無用의) *cf.* 브즐-우즐(芒然)
beḷagu(밝다)<Ka>, veḷukka(id)<Ma>	밝-(明)
pukalvu(自矜, 거만함), bigi(건방진)<Ka>	빼기-(自矜)
bugīr(피리)<Ka>, veroṭ(피리의 한가지)<Pa>	피리(笛)
pukai(泡, 蒸氣), pokkuḷa(泡, 水滴)	버끔(泡)
buggi(볼)<Ka>	볼(頰)
buggi(먼지)<Te>	보개미(塵埃)
puṭai(부치다), vīcci(扇, 부채)<Ma>, bīsu(부치다)<Ka>	부치-(扇), 부치(扇)
poḍucu(싸우다)<Te>, muṭṭu(부딪다)	부딪-(衝突)
puṭai(붓다)	븟-(腫)
puṭavai(布, 外皮), mūṭai(帒)	부듸(帒)
bulla(男根)<Ka, Te>	불(男根) *cf.* 불-알(睾丸)
buvva(밥, 飯)<Ka>	밥(飯)
puṇḍa(竹)<Koḍ>, puṇai(id)	분디(*竹) *cf.* 분디(椒子?)
putu(新), posa(id)<Ka>, piñcu(풋과일), hīcu(id)<Ka>	픗-(新) *cf.* 픗-ᄂᆞ물, 픗-좀
puttaṉ(새사람, 新參者), pūnanju(id)<Kui>	픗나기(新參者)
pus-(옷벗다)<Kol>, puce(id)<Malt>	벗-(脫衣)
puravu(注意, 保護, 膳物), purappu(保護)	부럼(正月望日에 먹는 잣・호콩・밤 따위 껍데기 있는 열매)

puri(바라다), vēḷ(바라다, 사랑하다), bēṟ(id)<Ka>	블-(美)
būla(骨)<Pa>, būlā(id)<Go>, peṟen(骨)<Konḍa>	뼈(骨)
pul(草)	플(草)
puṟai(管)	*뿌리(管) *cf.* 물-뿌리
perum-puli(虎), perpul(虎)<Kol>, bebbuli(虎)<Te>	범(虎)
pulla(褐色・黃褐色)	보라(青紫色)
puṟu(蛆), purugu(虫, 蛆)<Te>, piṟka(虫, 蛆)<Konḍa>	벌에(虫)/벌게(id)
puṟuti(培土)	붓(>븕. 培土) *cf.* 붓-도도다(培)
pul(虛言), puḷuku(거짓말하다, 明白한 거짓말)	불-(虛言)
puḷḷi(標), poṟi(id)	보람(標)
burakn(갑자기)<Ko>	불현-듯(急遽)
piṟa(다른 것), vēṟu(다른 것), vēṟu(다른)<Ka>	별(他, 奇異)
puṟṟu(옴, 딱지)	버즘(<*버즈-ㅁ. 癬), 브스름(<*브슬-음. 腫瘡)
puṉai(꾸미다, 裝飾), pūsa(玉)<Te>	비스-(飾)
pū(花, 꽃피다)	프-(開花)
pūcal(떠듦, 수선스러움)	부산(騷) *cf.* 부산-하-
pūcu(바르다)	ᄇᆞᄅᆞ-(塗)
pūc(青・綠)<Ko>, pacu(綠), paca(푸르다)	프르-(綠), ᄑᆞᄅᆞ-(青碧)
pūn(試圖하다)<Ka>, pūpu(試圖)<Te>	보-(試圖)
būtu(不正)<Ka>	부실(不正) *cf.* 부실하-(不正, 不實)
pūval(赤色)	븕-(亦色)
pūṟu(尻, 肛門)	볼기(臀)
poḷa(입벌리다)<Koḍ>	벌-(開口)
poccu(女陰), pocci(id)<Ma>	보지(女陰)
posavisu(連結하다)<Ka>, posāgu(好意를 보이다)	보살피-(保護, 示好意)
pojje(腹)<Ka>, vayiṟu(腹・內部)	비(腹)
poṭi(부서지다), veṭi(부수다)	붓-(부수다, 碎)
poja(包裝하다)<Kui>, poski-(id)<Kui>	보자기(包裝布), 보(id)
puṉmu(부풀다, 튀어오르다)<Ka>	뿜-(噴霧)
poli(增加하다)	붇-/불-(潤, 增加)
poḍḍam(길이, 높이)<NK>, poḍam(走幅)<Kol>	보짱(度量)
puttu(友情)<Te>, pudu(友)<Ka>	벋(友)
pottuka(싸다, 포옹하다)<Ma>	부둥키-(抱擁)
podugu(포대기)<Te>, potti(乳兒衾)<Te>	포더기(乳兒衾)
potteḷu(불알)<Tu>	*불알(睾丸)
pottu(불붙이다)	붙-(點火)
pori(불꽃)<Ma>, puri(굽다)<Ka>	블(火)

porip-(뽑다)<Koḍ>, porpuni(id)<Tu>	쌉-[p'ob-](拔)
pollāṇ(邪惡한 사람), pullan(몹시 나쁜 사람)	부란-당(몹시 나쁜 사람)
polam(邪惡)	부랑(邪惡) *cf.* 부랑하다<咸南>
poli(빛나다)	부리-부리(光彩貌)
pūril(地, 地區), poral(邑 · 市)<Ka> palḷi(住居, 村)<Ka, Ma>	*벌~*블(市, 邑) *cf.* 徐耶伐, 夫里, 火<三史 地名>
polḷu(비어 있는, 空虛)<Ma, Ka>, veḷi(비다)	뷔-(空虛)
polḷu(파다, 뚫다), poḷi(끌로 파다)	프-(掘)
poṟai(小丘), poro(頂)<Go>	부리(峯) *cf.* 묏부리
bōk-(젖다)<Kol>, pōdk-(적시다)<Ga>	*볽-(적시다) *cf.* 닷-붉(拭)
pōl(닮음, 同等)<Ka>, pōli(같은 것)	*볼(같은 것) *cf.* 볼-달다
pōlsu(같게 만들다)<Ka>, pōlcu(비기다)<Te>	불충(<볼추-ㅇ. 補償)<方言>
pōr(쪼개지다, 쪼개다), vaḷai(구부리다)	불-어-디-(折)
pōṟai(穴), pōr(id)<Ka>	볼(신발 보선의 內部 空間) cf. 볼이 좁다
bau(누구, 어느 사람)<Koi>	바우(誰?) *cf.* 바우야 바우야
potu(一般), pottu(普遍性)<Te>	보통(一般) *cf.* 普通?
boṭṭāna(大端히)<Tu>, beṭṭu(많이)<Te>	-보다/-보담(比多)
beṭṭa(굳음, 굳은)<Te>, veṭṭai(굳음)	뻗-(被固)
peṇḍeda(빗, 바디)<Pa>, peḍeya(id) bācu(빗)<Ka>	빗(梳)/바듸(筬)
peṇ(女子, 妻, 新婦)	*편(女子) *cf.* 여(女)-편-내
pey(비오다), peyal(雨, 雨滴), pıyū(雨)<Kuwi>, pir(雨)<Konḍa>	비(雨)
pey(小便보다)	보-(用便)
peyar(떠나다, 向을 바꾸다), pēr(떨어지다, 떠나다)	버을-(>벌-. 離)
pera(蜂의 一種)<Kol>, perya(大形蜂)<Tu>	벌(蜂)
pēsike(지긋지긋함, 싫어함)<Ka>	푸시께(毁謗)
pēsu(싫어하다, 싫음)<Ka>	부ᄉ(戲弄)
pēntu/pēnti-(섞갈리다), pētu(어리석음)	벙티(愚者)
pēṟu(荷)<Ma>, vāru(짐을 묶어 머리에 이다)<Te> pēṟu(짐신다)<Ka>	*바리(荷) *cf.* 짐-바리
pai(자루, 가방)	*바(자루) *cf.* 바-랑(囊)?
bokke(동그라미)<Ka>	보깨(바리 뚜껑)
pog-(끓다)<Ko>, pokukḷi(물방울이 일어나다)	보글-보글(沸騰貌)
pukai(속이 타다)	볶-(炒)
pokkuḷ(臍)	*복-(臍) *cf.* 빗-복
poŋŋu(浮袋 · 浮標)<Ma>	*붕(浮標 · 浮袋) *cf.* 붕-뜨다
pāpakki(박쥐)<Koḍ>	박-쥐(蝙蝠)
bāluni(가버리다)<Tu>	ᄇ리-(離別)
piku(硬直, 팽팽한), bigi(팽팽하게 매다)<Ka>	벼기-(固執)
biḍavu(空間을 남김)<Ka>	비집-(開狹隙)

(18) p<Dr> ——————————— ㅁ<Kor>

pigu(무거운)<Kui>	므겁(<*므거-ㅂ-. 重)
peḍe(苗木)<Go>, piḍka(種子)<Pa>	모종(苗木)
piṇa(멍에)<Ma>	멍에(駕)
piy(찢어지다, 조각나다), pīṟu(찢다)	믜-(裂)
pēti(두려움), pirappu(id), veru(id), veri(id)<Te>	므싀-(畏), 므쉼-(恐)
peṟnēṟ(모래)	모뢰(明後日)
pūñci(먼지)	몬지(塵)
burli/buruli(뫼추리)<Ka>	뫼초리(鶉), 모ᄎᆞ라기(id)
poja(묶다)<Kui>	뭇-(>묶-. 束)
poṉṉan(겁장이, 멍청이)<Ma>	못나-(劣等, 幼稚)
pūttu(무덤)<Ma>	무덤(<*무더-ㅁ. 墓)
bōragilu(거꾸러지다)<Te>	*물구나무(거꾸러짐)
peṭṭu(두다, 멈추다)<Te>	머추-(>멈추-. 停)
pēy(미침), bīṭana(미친 모양)<Ka>	미치-(狂)
plāpa(물어 보다)<Kui>	물어보-(質問)
pari(馬)<Ma>	ᄆᆞᆯ(馬)

(19) v<Dr> ——————————— ㅂ/ㅍ<Kor>

vaku(分離하다), peyar(떠나다, 方向을 바꾸다)	버을-(分離)
vaṅku(돌 나무 등의 구멍)	방귀/방긔(屁)
vāṅku(받다, 줍다, 사다)	반기-(歡迎)
varai(버리다), vadalu(id)<Te>	ᄇᆞ리-(>버리- 棄)
vatti(無用, 無益)	브졀(無用·無益) *cf.* 브졀업시
vayakku(길들이다)	비ᄒᆞᆺ(習慣)
vāri(벌이)	벌이(收入)
valaṉ(右側), bala(id)<Ka>, balanu(id)<Te>	바ᄅᆞᆫ(右側)
vali(빼다, 당기다)	쌔혀-[p'ahyə-](拔)
valayuka(彷徨하다)<Ma>	바라-다니-(彷徨)<方言>
vaṟakku(다툼, 울분)<Ma>	바락(奮發)
vaṟi(훔치다, 拭)	빨래(洗濯)
vaṟu(失敗, 失手), māy(滅亡하다)	배-(失敗)
viṟukku(기름, 脂), bikku(肉)<ka>	비기(脂)
vaḷi(바람)	ᄇᆞᄅᆞᆷ(<*ᄇᆞᄅᆞ-ㅁ. 風) *cf.* 빗발
vaḷai(에워싸다, 周圍를 돌다)	바라(傍)
vasa(마르다)<kui>	바삭-바삭-(乾燥貌)
vācu(强한 欲望을 느끼다)<Te>	ᄇᆞ라-(欲望)
varaṇṭu(손톱으로 긁다), baraṭu(가렵다)<Te>	ᄇᆞᄅᆞᆸ-(<*ᄇᆞ라-ㅂ. 痒)
vāṭa(비탈)<Ka>	비탈(傾斜地)
vāḍi(날카로운, 뾰죽한)<Te>	바ᄃᆞ-랍-(<*바돌-압. 危殆)
vāy(繁昌하다, 進步하다)	번-(延, 繁昌)
vāvl(부풀다)<Ko>, bāvu(부풀음)<Ka>	부풀-(膨)

vāṭu(퇴색하다), vāl(純白)	바래(退色)
vāruka(달리다, 흘러내리다)<Ma>	ᄲᆞᄅᆞ[p'ʌrʌ-](速)
vēl(날다)<Pa>	ᄑᆞ리(蠅)
vāḷ(銳利한 것, 劍 톱 보습 가위 등), vālu(銳利한)	*발(銳利함) *cf.* 서릿발
vāḷ(光輝)	*발(光輝) *cf.* 빛-발
vāḷuka(얇게 벗기다)<Ma>, vāl-(칼로 껍질 벗기다)<Pa>	ᄇᆞ리-(剝皮)
vikku(딸꾹질하다)	패기(딸꾹질)<함경>
viyam(넓이)	뼘(손까락을 서로 잔뜩 편 길이)
viruppu(欲望)	빌-(祈)
vilai(價, 販賣), vil(팔다)	빋(價)
velavela(떨다), vilavila(몹시 떨다)	벌벌(顫貌)
vilaga(不調和, 矛盾)<Ka>, villaŋkam(障碍物, 論爭, 괴로움)	불휘(根) 피락(咀呪)<咸南>
vēr(根), bēr(根)<Ka>, pör(根)<To>, bēri(根)<Koḍ>	불휘>뿌리(根)
vīṭuka(支拂하다)<Ma>	빋(債)
veṭṭukkili(방앗개비)	뵈ᄧᅡᆼ이(蛩)
vīḷai(휘파람 붊), viḷv-(휘파람불다)<Ko>	ᄑᆞ롬(嘯) *cf.* 슈-ᄑᆞ롬
vekkasa(苛酷함, 거칠음, 不愉快), bekkasu(욕지기, 지긋지긋함)<Tu>	벅ᄎᆞ-(困難, 苛酷)
veggaḷa(豊多)<Ka>, veggaḷisu(많이 늘다)<Tu>	바글~(多貌)
veṭṭa(光, 빛)<Ma>, viḍi(光輝)<Te>, veṭi(날이 새다)	빛(光)
veṭṭai(熱), veṭṭei(id)<Ka>, veṭṭa(id)<Te>	볕(陽, 熱)
veṭṭi-(베다, 자르다), veṭ(베다)<Ko>	버히-(切, 斬)
vidrucu(펼치다)<Te>, bidircu(id)<Ka>	펼치-(展開)
veḷiṟu(파리하다), veḷu(id)	*파리(蒼白) *cf.* 파리-하-
veḷḷi(星, 金星), boḷḷi(星)<Tu>	빌(星)<新羅・慶尙>/별(id)
velũgu(불꽃)<Te>	블곷[pɯllk'oj](火焰)
veḷḷam(海, 滿水), parappu(海)	바ᄅᆞᆯ(海)
vēcaṟu(疲勞하다, 분하다), vēcāru(쉬다)	퍼저리(疲而休息貌)
vēlai(勞動)	벌-(稼)

(20) v<Dr> —————————— ㅁ<Kor>

veṭṭi(참혹하다, 포악하다)	모딜-(凶惡)
vāṭai(냄새맡다)	맡(嗅)
vāram(도지, 賃貸借契約)	ᄆᆞ롬(舍音, 庄頭)
vāl(純粹)	ᄆᆞᆰ-(淸)
viṟugu(요격하여 물리치다)	믈리-(擊退)

(21) m<Dr> ——————————— ㅁ<Kor>

mak(목, 首)<Kol>, melkhā(喉首), moga(口)<Ka>	목(首·通路)
mahuri(으스름)<Kui>, masul(어두워지다, 가려지다)<Ka>	머흘-(險)
maṉru(大廳, 集會홀)	마로(廳)
maccu(上層)	마술(署)
māy(갈다, 磨)	ᄆᆞ니-(摩, 撫)
mañcu(雲·霧·露)	*몽(「蒙」. 露)<鷄林>
madaŋgu(머슴두다)	마당-쇠(머슴)
maṇṭu(바보스러운), mottu(멍청이), moddu(愚鈍)<Ka>	멍텅-구리(愚者)/멍청-이(白痴)
maṭi(破壞되다)	ᄆᆞᇫ-(碎)
maḍi(庭園의 苗木꽃밭)<Ka>, maḍi(平野, 庭園)<Te>	마당(<*맏-앙. 庭)
maṭu(마시거나 먹다)	마시-(飮)
maṭu(맺다), mada(結合함)<Ka>, amarcu(連結시키다)<Ka>	맺-(結)
maṭu(池), beñce(id)<Ka>	못(池)
maṭṭu(適當, 廣量)	맞-(適當)
maṭṭa(길이의 單位)<Ma>	마장(십리 못 되는 거리) *cf.* 한마장
maṭṭu(風味, 단맛), maṭu(난밧)	맛(味, 단밋)
mammu(乳兒食)<Ka>	맘마(乳兒食)
mayir(髮), maṇṭai(頭)	마리(髮), 麻帝(頭)<雞林>
mara(木, 木材)<Ka>, maram(id)	말(橛, 木) *cf.* 말-장(丸木, 棒)
māl(偉大), malar(풍부하다, 커지다)<Ka>	말(大) *cf.* 말-벌(大峰)
mala(다른, 다음)<Ka>, maṟu(他·次) matta(id)<Ka>	*마라(「馬洛」. 每)<鄕歌>/마다(每)
malayu(말리다)<Te>, malaku(꼬임, 회전)<Ka>	ᄆᆞᆯ-(捲)
malai(丘陵, 山), meḷe(森)<Ka>	ᄆᆞᄅᆞ(丘陵), 모로(山) *cf.* 피-모로(椵山)
maṟu(拒絶하다), mare(마음에 두지 않다)<Ka>	말-(禁止)
mēl(위에 있는 것), mogalu(지붕마루)<Ka>	ᄆᆞᄅᆞ(宗)
minḍcub(낚시바늘)<pa>, mullu(針)<Kuwi>	미늘(釣鉤)
mācu(汚點, 失敗, 惡德), māsu(더러워지다)<Ka>	멎-(惡)
mētai(壇, 마루, 동산), biḍu(무지, 堆)<Ka>	무디(堆積), 무ᄉᆖ-(積)
māṉ(가득하다, 많다)	만-ᄒᆞ-(多)
mānti-(滅亡하다, 없어지다), māṭṭi-(깨다, 죽이다)	망치-(破滅)
mār(胸, 젖가슴), moṉṉi(胸)	ᄆᆞᅀᆞᆷ(<*ᄆᆞᇫ-ᄋᆞᆷ, 心)
mālar(사냥군)	몰이-꾼(짐승을 모는 사람)
māla(賤한, 낮은)<Te>, māladi(墮落女性層)<Te>, mālādu(墮落者層)<Te>	말짜(邪惡者)
māl(다하다, 끝나다)	말-(終了) *cf.* 먹고 말았다.
māṟṟām(말, 語), māṟṟu(id)<Ma>	말(語)

māri(水・雨)	*미(「買」. 水, 江)<三史 地名> *cf.* māri>māi>mä>mE
māṟu(바꾸다, 교환하다, 물다)	물-(交換, 償)
mūṭu(덮다, 가리다), mūṭuka(묻다, 묻히다)<Ma>	묻-(埋, 隱)
micai(끝장소), miccam(생각나게 하는 것)	미치-(及, 到)
minge(눈감다, 자다)<Malt>	묵-(留宿)
miṭaṟu(食道, 喉, 氣管), miṟ(멱)<Ma>	멱(前喉)
miṭaka(메뚜기)<pa>, meḍuku(뛰어 돌아다니다)<Te>	묏독이(蚱), 메뚜기(飛木)
miṭil(너무 어린 풋果實), midi<Ka>	미시리(幼稚者,愚者)<方言>, 미지근(微溫)
miḍuku(바장이다)<Te>, miḍḍing-miḍḍing(주저하는 모양)<Go>	미적-미적(躊躇貌)
miṭala(미닫이, 장지문), meḍaru(id)<Ka>	미닫이(옆으로 밀어 여닫는 창문)
midi(가루내다, 빻다)<Ka>	미시(麨, 糒)
mannu(먼지)<Te>, maṇ(먼지)	몬지(塵)
maṇa(만나다, 結合하다), maṇam(結合)	맛나-(逢)
manaṇṇu(惡魚의 一種)	*마나시(「麻那斯」. 魚)<三遺 魚山佛影>
maṇiyam(村長事務室)	면(面, 村廳)
matil(防柵, 담)	ᄆᆞ술(村, 里)
muṟuku(목욕하다)	미역(沐浴)
maṇṇu(하다, 만들다), manaint-(만들다, 창조하다)	ᄆᆞᆫᄃᆞᆯ-(造, 作)
miṟuṅku(게걸스럽게 먹다, 꿀꺽 마시다)	미련(*게걸스럽게 먹음→愚) *cf.* 미련스럽게
miḷir(돌리다), meḷḷe(廻轉)<Ka>	미랄(둥그런) *cf.* 미랄-사탕
miḷi(王, 長, 偉人)	밀(*王→龍) *cf.* 龍顔
mūjnā(얼굴 씻다)<Kur>, munje(他人얼굴 씻다)<Malt>	무자이(汲水者)
miṟu(넘다. 限界를 넘다)	미루-(延期)
mukku(꿀꺽 먹다, 먹다), melku(씹다), mek(反芻하다)<Ko>	먹-(食)
mukku(구석, 小路), muk(端緣)<To>	목(*구석, 小路) *cf.* 목-로(路)
musuṇṭar(賤民), musuṇḍi(비겁자, 邪惡人)<Ka>	무수리(官婢, 水賜伊)
maduve(統合함)<Ka>, muṭippu(매듭, 맺음)	ᄆᆡ둡(輯)
muṭi(매다, 매듭을 만들다)	무시(*매듭을 만듦) *cf.* 매-무시
muṭi(마치다, 完了하다), muḍi(id)<Ka>	ᄆᆞᆾ-(終了)
muṭuku(急한 움직임, 서둘다)	문득(突然)
muṇḍate/muṇḍatēṅgi(무단히)	무단히(無理由)
muṭṭu(汚染), muṭṭu(묻다, 닿다, 접촉하다)<Ka>	묻-(染, 觸)
muṭṭu(指關節, 肘)	ᄆᆞ듸(節)
murampu(膝)<Tu>, muram(突出한 마디)<Ma>	무릎(膝)
muntan(짧은)<Ma>, mundi(몽당치마)<Koḍ>	몽당(短) *cf.* 몽당-치마

muṭṭu(當惑하다, 缺하다)<Ka>, muṭṭu(當惑, 欠乏) — 므던(疎忽) *cf.* 므던히

muṭṭai(地球 같은 世界) — 뭍(陸)

mutal(첫째, 맏), muta(始作)<Ma> — 몯(長) *cf.* 몯아돌

mūṭu(바닥, 뿌리)<Ma> — 므윰(<*므유-ㅁ. 根, 底) *cf.* 닛-무윰(敵)

mūkka(나이 먹다)<Ma>, muduki(나이 먹다, 낡다)<Ka> — 묵-(年久)

mutuku(粗野함), muduka(粗野한)<Te> — 무뚝뚝(粗野貌)

mottam(全部), motta(더미)<Ka> — 모도(全部)/몽땅(id)

muṟṟu(익다), mūṟ(익다), murañcu(成熟함) — 므르-(爛熟)

murle(싸움질 좋아하는 男子)<Ma> — *무뢰-한(無賴漢) ?

muruṭu(大凡) — 무릇(大凡)

murutuha(시들다)<Ma>, murutu(시들다)<Ka> — 므르듣-(爛漫, 崩)

muralal(소리지름), moraḷ(울리다)<Ka> — 뫼사리(響)

muri(휘다, 힘이 없다), muravu(깨지다, 지다) — 므르-(退)

muṟi(망쳐지다), muri(부러지다, 破威하다) — *므르-(崩) *cf.* 믈어디-/무너지-

mel(軟한, 부드러운) — 므르-(軟)

mul(짜증나다, 화나다)<Ka>, muṟi(분함)<Ma> — *뭄(화나다) *cf.* 시(強勢)-뭄-욱

muṟu(모든) — 몰(全部) *cf.* 몰-박다

muli(마르다), vaṟṟu(마르다) — ᄆᆞᄅᆞ-(乾)

metti-(칠하다, 바르다), mettu(id)<Ka> — 매질(塗白土)

muskụ(無禮)<Tu> — 메슥-겁-(欲口逆←*無禮然)

munti(前方), muntai(전번), muñcu(먼저 오다)<Ka> — 몬져(先, 전번)

mūlai(구석) — 모롱이(隅, 모퉁이)

mūṟ(둥그렇게 무리짓다) — 물(群)

mūḷai(腦) — 머리(腦)

meruku(반짝거림, 광택) — ᄆᆞᆯ곳-ᄆᆞᆯ곳(輝貌)

mē(羊의 울음소리)<Ka> — 메-(羊鳴聲)

mēy(풀 뜯어 먹이다, 치다) — 뫼-(侍)

mēnu(몸)<Te>, mey(身)<Ta, Ka> — 몸(身)

moṭṭai(무딤) — 무듸-(鈍)

moṭṭai(대머리) — 모지랑(<*모질-앙. 끝이 닳음)

mōṟa(愚鈍)<Ma>, mōrai(id) — 모ᄅᆞ-(不知)

moḷḷu(小便)<Ma>, pēl(糞, 大便보다)<Ka>, pēl(id) — ᄆᆞᆯ(大小便)/마렵(要大小便)

(22) m<Dr> ———————————— ㅂ<Kor>

makri(바구니)<ka>, maŋkri(id)<Ka> — 바구니(籠)

mañcikai(箱子), mañcikam(id) — 반지꽹이(바느질감 箱子)

mayṉ(鈴)<Ko>, maṇi(id)<Ta, Ma> — 바올(鈴)

mayarvu(混亂, 석갈림) — 버믈-(<*벌므. 粉撓)

mallaṇi(바장이다)<Ka>, malāgu(id)<Te> — 바자니-(彷徨)

mār(발, 尋), mār(id)<Ka>, mar(id)<Ma>	발(尋丈)
mālai(함께 줄로 꿴 것)	발(簾)
māṟu(바꾸다, 교환), māṟṟu(id)	풀-(販賣, 商去來)
miñci(무명지에 낀 반지)	반지(指環)
miṇḍe(姦夫, 姦婦)<Tu>, miṇḍaḍu(id)<Te>	빈대(姦夫, 姦婦) *cf.* 빈대-붙다
mucci(鷄冠)	볏(鷄冠)
muṭṭu(짧은)	보득(短矮) *cf.* 보득-솔
muravam(鼓), muravu(id)	붑(鼓)
mūŋkar(벙어리), mūŋga(id)<Ka>	버어리(啞者)
muŋkā(부엉이), mŋkan(id)<Ma>	부훵(鵂)
mēvu(배우다)	비호-(學)

위에서 考察해 온 바와 같이 伽倻語를 쓴 支配層은 분명히 드라비다語를 公用語로 썼으며, 그 말이 韓國語의 語彙에 지대한 影響을 준 것은 事實이지만, 音韻體系나 文法 特히 用言의 活用語尾가 根本的으로 韓國語와는 다르다.

그리고 文化語彙나 基礎語彙에 미친 지대한 影響으로 미루어서, Altai語를 쓴 古朝鮮의 支配層(檀君朝鮮—퉁구스族, 箕子朝解—蒙古族, 衛滿朝鮮—터키族·匈奴)이 大陸에서 차차 南韓地域으로 그 勢力을 擴張하기 以前에 이미 드라비다族들은 南韓地域에 확고한 基盤을 만들어 놓은 것으로 推定된다.

金首露王이 阿踰陀國에서 王妃를 맞은 점으로 보아서 그는 이미 印度의 阿踰陀國이거나 그들의 植民地였던 泰國의 메남江 流域의 阿踰陀國과 교류가 있었던 것이 분명하며, 또한 王妃가 阿踰陀國 出身이더라도 王이 阿踰陀國 出身이 아니면 그토록 드라비다語가 큰 影響을 미칠 수는 결코 없었을 것이다. 따라서 金首露王 自身도 B.C.前에 韓半島南端에 유입해 온 드라비다族 出身이었을 것이며, 그가 土着民의 部族長들이었던 九干에 의해 王으로 推戴된 사실은 적어도 南韓地城(특히 弁辰)에 드라비다族이 이미 확고한 基盤을 構築하고 있었다는 것을 의미한다.

그리고 여기서 韓國語의 語彙를 드라비다語의 그것과 比較함으로써 親族語는 勿論이고 이제까지 그 語源이 확실하지 아니하던 말들이 밝혀진 것이 허다하다. 몇 例를 들어 보인다.

굿(巫事)∞kūttu(戱的 演技·춤)·kut(Tamil 춤) ; 초란이(女子假面의 一種)∞cūḷan(娼女)

; 고추(男兒)∞koccu(작은 아이) ; *얼「於乙」(泉・井)∞ēri(湖水・灌漑用貯水地) ; 지만(疎忽)∞cummā(閑暇히) ; 쥬령(杖)∞cuḷikku(끝이 뾰죽한 막대) ; 조롱-박(*표주박)∞curai(표주박) ; 다담-상(茶啖床?)∞taṭṭam(접시, 쟁반) ; 다랑귀-뛰-(懇請)∞talahkānā(懇請하다) ; 나라(國)∞nār國)・nāṭu(國)・ñālam(大地) ; 노다지(金塊・多量의 金)∞dondaḍi(塊・多量) ; 판(-소리)(長歌)∞pāṉ(歌・旋律)・pāṉu(歌)・paṇ(音樂) ; 빈대(-떡)∞piṇṭi(밀가루・가루) ; 분디-나모(*대나무)∞puṇḍa(竹) ; 골(邑・都・村)∞kuṟicci(村) ; 면(面所)∞maṇiyam(村長事務室) ; 무수리(官婢)∞musuṇṭar(賤民) ; 무자이(汲水者)∞munje(他人의 얼굴 씻다) ; *거세「居世干」(王)∞kōsu(王)・kōc(id) ; 점잖-(端正)∞ceñcam(端正, *cf.* m~n ⟷n~m) ; 빌/별(星)∞veḷḷi(星・金星) ; *마디(「麻帝」. 髮)<雞林>∞mayir(髮) ; *마라-/마다-(每)∞matta(id)・mala(다른・다름) ; 프-(開花)∞pū(꽃피다) ; 눈(眼・芽)∞nuṉi(點・尖端・열심히 보다) ; 누븨(姉妹)∞numpi(너의 弟妹) ; 반되(螢)∞pantye(작은 등불) ; 발칙(-하-)(無禮)∞paṛicai(侮辱・冷笑)・paḷc-(辱하다) ; 벌(親戚. *cf.* 삼촌벌)∞baḷaga(親戚) ; 바보(愚者)∞pāvai(꼭두각시) ; 말(語)∞māṟṟu(語) ; ᄀᆞᄅᆞᆷ(湖水)∞kuḷam(湖水) ; 듣글(塵埃)∞tūk(塵埃)・tūkuṛ(土)…드틀(塵)∞tātu(塵)…보개미(塵埃)∞buggi(塵埃) ; 다독-거리(叩)∞tadaku(때리다)l 대(竹)∞dēr(竹) ; 낟가리(家形露積)∞nakar(家) ; 따발/또아리(구멍 뚫어진 戴具)∞tamar(또아리) ; 진지(食饍)∞tiṇṭi(食料品) ; 卑離<三韓小國地名接尾辭>∞veḷi(트인 平野) ; 夫里<百濟地名>∞pūṛil(땅)

5 結　論

本稿는 駕洛國을 비롯한 伽倻地域에 관한 文獻과 그 地域의 古地名을 통해서 伽倻의 支配層이 어떤 言語를 쓰던 人種인가를 밝혀 보고자 한 것이다.

본시 韓民族운 길약族(지금은 사할린과 그 對岸안 Amur江口 一帶에 살고 있는 少數民族임)과 同根의 人種을 바탕으로 한 韓半島와 滿洲에 걸친 原住民이며 여기에 아이누族(辰韓地域에 살고 있었던 것으로 推定됨)이 곁들이고 있다. 그런데 騎馬民族인 北方의 Altai族—Tungus族・Mongol族・Turk族(匈奴)이 차례로 侵入라여 檀君朝群(퉁구스族), 箕子朝鮮(몽고族), 衛滿朝鮮(匈奴・터키族)의 支配層이 되고, 이어서 新羅(朴氏系—퉁구스族, 昔氏系—아이누族, 金氏系—터키族)・高句麗(몽고族)・百濟(몽고族. 但 後期百濟 제외)를 세워 군림하였던 것으로 믿어진다.

그런데 伽倻地域에는 古代印度中南部의 위대한 海運國인 Ayodhya(阿踰陀)國을 건설한 바 있는 드라비다族이 海流를 타고 西曆紀元前에 벌써 流入하여 확고

한 기반을 잡은 것이 弁辰이고 이어서 駕洛國을 비롯한 六伽倻의 支配層이 되었던 것으로 믿어진다.

이와 같이 伽倻의 支配層을 드라비다族으로 推定하는 까닭은 대략 다음 같다.

(1) 「三國遺事」에서 金首露王이 西域의 阿踰陀國 公主를 아내로 맞았다고 하였고, 그 物的 證據가 되는 婆娑石塔의 殘骸가 지금도 남아 있다.

(2) 首露王陵의 正門에 있는 裝飾板에 '마주 보는 두 마리의 물고기'·'맞붙은 洋弓'·'太陽紋'(8마리의 뱀대가리처럼 생긴 햇살이 그려짐)이 阿踰陀國의 象徵物이고 '伽倻·駕洛·呵囉'란 이름도 아유타國 傳承의 그 神魚(kaye/kayal/kara '魚')에 緣由된 것으로 생각되고, 「三國遺事」에 의하면 印度에도 同名의 呵囉國이 있었다.

(3) 「三國遺事」에서 '阿耶·摩那'는 '魚'를 뜻한다고 하였는데 그것은 드라비다語의 ayala(魚) manaŋŋu(惡魚)의 aya- mana-와 比較될 수 있다.

(4) 六伽倻의 古地名이 모두 드라비다語와 對應된다.

(5) 伽倻方言의 특징적인 語彙들이 모두 드라비다語와 對應된다.

(6) 韓國語의 文法에는 드라비다語가 큰 影響을 주지 못하였으나, 語彙面에서는 가장 많은 影響을 주었으며, 對應될 만한 것(주로 Tamil 方言에서 뽑은 것)이 1, 800餘個나 된다. 요컨대, 駕洛國을 비롯한 六伽倻時代의 支配層은 분명히 드라비다族이었다고 斷定하여도 大過가 없을 것이고, 드라비다語(Dravidian)는 現韓國語에 語彙面에서 지대한 影響을 끼쳤다.

第11章
鷄林類事硏究

1. 鷄林類事小攷[1)]

계림유사는 고려어의 문헌인데, 손목(孫穆)이 北宋의 사신의 일원으로서 숭녕(崇寧)2년(고려숙종3년, A.D.1103) 6월5일부터 7월14일까지 39일간 흑산도(黑山島)를 거쳐 올라가 개성에 머물러 있으면서 350여 개 항목에 걸쳐 수집한 것이다.

본시는 풍토 · 조제(朝制) · 방언의 3권이었으나 지금은 방언편만 남아 있으며, 이 고려어는 종래에는 북송의 변경(卞京)(하남성 개봉지방)의 성운(聲韻)으로 기록된 것으로 보아왔다(*cf.* 진태하 鷄林類事硏究. 台北. 1974).

그러나, 이 기록은 손목이 고려인의 말을 듣고 직접 기록한 것도 있겠으나, 고려인의 손으로 씌어진 문자어(文字語)를 전사(轉寫)한 것이 아닌가 하는 면도 엿보인다. 예를 들면 "毛曰毛, 人曰人, 東西南北同, 田曰田, 海曰海" 등은 한중발음이 상당히 차이가 있기 때문에 이것은 문자어의 전사로 볼 수밖에 없다.

그뿐만 아니라, 여러개의 판본이 남아있는데 순치판(順治版 1647), 고금도서집성(古今圖書集成 1725), 민국판(民國版 1927) 등이 그것이다. 이들 판본에는 서로 차이가 있어서 연구하는 데 상당한 문제를 제기하고 있다. 예를 들면 '女子曰漢吟'이 '女子曰滿吟'과 같이, 말 자체가 바뀐 것이 있는가 하면, 어느 쪽이

---

1) 본고는 수원대학교 「畿甸語文學」 제1집(1986)에 이미 실렸던 것임.

오자로 믿어지는 '椅子曰馳馬: 椅子曰馱馬'나 '前日曰記載: 前日曰訖載' 등과 같이 여러 항목이 있다. 그런데, 위에서 말이 바뀐 경우가 생긴 것은 후세에 내려와서 초판본을 후세의 현실어에 맞게 수정한 것으로 보인다.

어떻든 계림유사에 대한 연구는 다음과 같이 여러 학자들이 관심을 보여 왔다.

① 前問恭作: 鷄林類事麗言攷. 1925
② 劉昌宣: 鷄林類事高麗方言考. 1938
③ 方鍾鉉: 鷄林類事硏究. 1955
④ 劉昌惇: 鷄林類事補敲. 1954
⑤ 李基文: 鷄林類事의 一考察. 1957
⑥ 李基文: 鷄林類事의 再檢討. 1968
⑦ 李敦柱: 鷄林類事表記分析試圖. 1959
⑧ 文璇奎: 鷄林類事片攷. 1961
⑨ 崔鶴根: 文獻以前의 國語事實의 一端에 대하여. 1968
⑩ 陳泰夏: 鷄林類事硏究. 1974
⑪ 姜信沆: 鷄林類事와 宋代音資料. 1975
姜信沆: 鷄林類事「高麗方言」語釋. 1975
姜信沆: 鷄林類事 高麗方言硏究. 1980

그러나, 이제까지의 연구는 모두 이조어나 현대어와 비교될 수 없는 것은 속수무책으로 내버려 두거나, 억지로 이조어나 현대어에 맞추려고 오자로 보는 따위의 고찰에 지나지 아니하였다.

우리가 계림유사를 연구하고자 하는 목적은 주로 고려어의 현대어나 이조어와 다른 점을 찾아내고자 하는 것인데, 그 본질적인 실상을 외면하고, 고려어의 이조어나 현대어와 같은 점만을 추구하여 왔다는 것은 학문적으로 볼 때 큰 의미가 없다. 굳이 성과가 있었다면 국어의 음운사 연구에 조금 도움이 되었을 뿐이다.

따라서 앞으로의 계림유사의 연구는 고려어가 이조어나 현대어와 다른 점을 비교언어학적으로 고찰하여야 할 것이며, 그렇게 함으로써만이 고려어의 실상을 해명할 수 있을 것이다.

필자는 8 · 15해방직후 경성대학예과부설 중등교원양성소국문과에 다닐 때,

고일사(一蓑 方鍾鉉)선생님한테서 계림유사의 강의를 들은바 있는데, 그때 계림유사의 각 항목을 알타이 여러말과 비교하여 보아야 한다고 강조하시며 그 실례를 몇 개 드신 것이 내 기억에 생생하다. 그것이 계기가 되어서 비교언어학에 관심을 가지게 되었고, 그로 말미암아 한국어계통론에 집착하게 되었을 뿐만 아니라, 언젠가는 계림유사를 전반에 걸쳐 비교언어학적으로 조명함으로써 이제까지 정체미상이었던 고려어들을 해명해 보고자 생각해 왔었다.

그러나, 아직 한국어계통이나 한국고대사를 비교언어학적으로 조명하는 작업이 미진하여, 미처 계림유사연구에 손을 못 대고 있는 터이나, 전체 35여 개 항목 중에서 여기서는 '日曰姮'·'月曰契'·'女子曰漢吟'의 세 항목에 대해서만 고찰해 보고자 한다.[2)]

日曰姮

이 항목에 대해서는 모든 학자들이 다음 항목에 나오는 '月曰契(黑隘切)'와 관련지어서 '日曰姮'은 '日曰妲'의 오자로 보고, 여기의 '妲'과 '月曰契'의 '契'가 엇바뀌었다고 생각하였다. 다시 말하면, 원래는 '日曰契(黑隘切)'·'月曰妲'이었는데 그것이 와전되었다는 것이었다.

그렇게 생각하는 것도 무리는 아니다. 지금 우리는 '日'을 '해<히'라고 하는데 그 음과 '黑隘切' 즉 '해[hä]'가 같고, 또 '契'를 '奚(히)'의, '姮(ᄒᆞᆼ)'을 '妲(달)'의 오자나 와전으로 볼 수만 있다면, '日曰姮·月曰契(黑隘切)'는 '日曰奚(黑隘切), 月曰妲'의 오기나 와전으로 다룰 수 있어서, 이들 항목은 이조어나 현대어와 부합한다.

그러나, 두 자나 오자로 보아야 하는데다가 항목의 일부가 서로 엇바뀌었다고 보아야 하는 어려움이 있기 때문에 달리 해독할 도리가 없을 경우라면 부득이하겠지만, 원문대로 두고도 해독할 수 있는 경우이므로 종전과 같은 해독방법은 지양되어야 할 것이다.

---

2) 北宋音은 藤堂明保. 漢字語源辭典. 學燈社(1972)에 의함.

따라서 '日曰姮'의 「姮」은 *həŋ(>훙)[*hïuan(曉聲蒸韻)<옛음>: 胡登切<集韻>]이 그대로 고려초에 쓰이던 말이라고 보고 그것과 비교될 수 있는 말을 찾아보면, keŋ/ken(태양)<Gily> ; küneš(태양)<O.Turk>를 들 수 있다. 즉 keŋ/ken은 한국어와 동계어인 길약어(Gilyak)로서 음운상으로도 hʌŋ<*həŋ(姮)과 대응되는 것이 확실하다.

	h <kor> ―――――	k <Gily>
예:	horaŋi(호랑이)	klïnd(id)
	k'ïnh-(끊다)	kunk-(id)
	neh(넷)	nukr(id)
	anhㅐ(아내)	ainağai(<*ainakai. id)
	tahi(방향)	takr(id)
	tühʌ-(털뽑다)	dokko-(털뽑히다)

	ə <kor> ―――――	e(ə) <Gily>
예:	*əti>əsi(친부모)	etk(친부어)
	ənï(어느)	ena/en(다른)
	kərïm(걸음)	kelma(걸음)<G>
	-əp-(같은)	epə-(같은)<G>
	k'əri-(싫어하다)	geerï-(싫어하다)<G>

또한 küneš는 후기신라지배층어와 동계인 고대 터어키어로서 현대 터어키어는 güneš라고 하는 바, 한국어가 차용어의 말자음이나 말음절을 생략하는 관례로 보아서 küneš > kün의 발달이 가능할 뿐만 아니라, h<kor>∞k<Turk> : ʌ<kor>∞ü <Turk> : ŋ<kor>∞n<Turk>의 음운대응이 가능하므로 *həŋ <kor>과 küneš <Turk>도 대응될 것으로 추정된다.

	h <Kor> ―――――	k <O.Turk>
예:	hobak(호박)	kabak(호박)
	hïri-(흐리-)	kïr(회색)
	han(「干」. 왕, 어른)	qağan(황제) *cf.* ~>kaan>hān

	ə <Kor> ―――――	ü <O.Turk>
	t'əl-(落)	tüš-(<*tül-. 落)

əs'ï-(無) *cf.* 어ᄡ	üz-(無)
kəbuk-(-하다, 괴롭다)	külfet(괴로움)

ŋ <Kor> ———————————— n <O.Turk>

horaŋi(호랑이)	qaplan(id)
wənsïŋi(원숭이)	bïčïn(id) *cf.* -č >-ns
k'ïŋ-k'ïŋ(고통하는 모양)	qïrqïn(고통)

위에서 비교를 시도한 바와 같이, 고구려의 *həŋ(「姮」, 태양)<계림유사>은 keŋ[kəŋ](태양)<Gily>과 küneš(태양)<O.Turk>와 음운상으로도 대응됨을 알 수 있고, küneš<O. Turk>보다는 keŋ[kəŋ]<Gily>이 더 *həŋ<고려>과 가깝다고 할 것이다.

그리고, 이 *həŋ(태양)<고려>에서 *həŋ>hʌŋ-i> hʌi> hɛ(히)의 발달과정을 밟아 '히'(태양)가 탄생된 것으로 추정된다.

그런데, 月曰契(黑隘切)<계림유사>의 '黑隘切'이 부기된 까닭은 본시 '契'에는 '설'과 '세'의 두 음이 있는데, 月曰契에서는 '契'가 '셜'계의 음으로 읽혀야 할 것인 데도 불구하고, 후세에 와서 그것이 '계-' 계의 음으로 오인되고, 이 '계'를 '黑隘切'로 표시한 것이 아닌가 한다.

'黑隘切'은 대체로 [hei/xei]로 보여지나, 일본한자음이 상당히 보수성을 띠고 있는데 '黑'을 [koku]라고 하므로 그 성모는 [k]이고, 또 한국한자음의 '解'가 동국정운에서는 '개'이던 것이 지금은 '해'로 변한 현상 등으로 미루어서 '黑'의 옛 음이 k나 k'를 두음으로 하지 아니하였을까 한다. 따라서 송대의 개봉음(開封音)이 [k'ei]나 [kei]였을 가능성도 있다. 또한, [hei/xei]가 [k'ei]와 유사한 음이기 때문에 잘못 듣고 [xei](黑隘切)로 표기한 것으로 볼 수도 있다(*cf.* ᅘᅧ다>혀다>켜다). 어떻든 '黑隘切'은 '日'을 뜻하는 '히'를 표시한 것이라고 굳이 보아야 할 필연적인 이유가 없다.

요컨대, '日曰姮'은 고려어 -*həŋ(태양)의 표기이며, 그것은 keŋ[kəŋ](태양)<Gily>이나 küneš(태양)<Turk>와 대응되는 말인 것으로 추정된다.

'月曰契'는 위에서 언급한 바와 같이, [syer](셜)의 표기인 것으로 추정된다.

'契'는 집운(集韻)에 의하면 「私列切」(屑韻)이다.

우리 주변어 중에서 [syer]과 대응될 만한 말을 찾아보면, sara(달)<W.Mo>가 있는데, 이것이 현대몽고어에서는 sar로 나타난다. 더욱이 고려는 고구려의 후신임을 자처한 바 있고, 고구려의 지배층이 몽고계라는 점을 필자는 여러 논문을 통해서 증명한바 있으므로, 고려지배층이 sara(달)<W. Mo>와 대응되는 *syər (달)이란 말을 쓴 것은 당연하다고 할 것이다. 즉 sara > sira > syəra > syər의 발달과정을 밟은 것으로 추정된다. a~a는 한국어에서 i~a나 a~i로 변한다.

	i~a <Kor>	a~a <W.Mo>
예:	ib(<im<ima<*ama , 입)	ama(id)
	*irä(>irE. 아양)	arğa(>*ara, 계책)
	kiryəgi(기러기)	ğalağu(거위)
	kib-(<*kiba-, 깁다)	qaba-(누비다)
	sirägi(시래기)	salağa(가는 가지)
	simaŋ(불쾌한일이 이어지는 모양)	samağun (어지럽다)
	cf. 시망-스럽다	
	cf. inä(<*nina. 이내)	nāna(요즘)<Gily>
	ari-(아프다)	araka(id)<Ainu>
	*ari-(곱다) *cf.* 아릿-답다	ara(id)<Ainu>

	yə <Kor>	i <W.Mo>
예:	yəm(염-소)	imağa(id)
	pyəri-(연마하다)	*bile-(id) *cf.* bilegü(숫돌)
	čyəg-(적다)	jigjiger(가장 적다)

그런데, 이 *syər(셜. 月)이란 말은 이미 망실되어 쓰이지 않고 있어서, 계림유사의 기록을 빼놓고는 다른 데서 찾아 볼 수 없다.

다만, '시르'(>시루)의 어원이나 「시르떡(>시루떡)」의 '시르'의 어원이 '사리다/서리다'(蟠)와 같이 '圓'을 뜻하는 말에 기원한다면 「月」과 관련이 있지 않을까 한다.

「月」을 15세기에는 '돌' 이라고 하였는데, 이 '돌' 은 doluney(만월) <Turk>

의 존재와 'ᄋᆞ' 가 [o]에 소급하는 경우가 많으므로[예: ᄆᆞᇫ-(부수다)∞mose-(id) <Gily>, 'ᄂᆞᄅᆞ(나루)∞ŋalo(만, 물굽이)<Gily>, ᄃᆞᆷ-(갈앉다)∞tolm-(갈앉히다) <Gily>] 'ᄃᆞᆯ'(月)도 '돌-(廻 · 圓)'에서 파생되었을 가능성이 있어서, 몽고어나 고려어가 「月」을 '廻 · 圓'을 뜻하는 sara나 *syər(sara >sira>syər)에서 파생시켰다고 할 수 있을 것이다.

한편, 가야지배층어와 동계인 드라비다어(Dravidian)에서 「月」을 tiŋgaḷ<간나다방언> · tinnaḷ<말라야람방언>이라고 하는데, 이것이 tiŋgaḷ>tiŋal > tial (>tʌ:l) >sial>syəl(syər)과 같이 변할 수 있고, 이런 말들은 신라가 일어서기 전부터 경상도에서 쓰이던 말이니 그것이 그대로 통일신라를 거쳐 고려 초까지 명맥을 유지하여 왔던 것인지도 모르겠다. 왜 그렇게 생각하느냐 하면 향가(삼국유사소재)에서 「月」을 향찰로 두 군데서 '月羅理' <찬기파랑가 · 원가>라고 하였기 때문이다. 위에서 언급한 바와 같이 드라비다어의 마라야람방언에 tinnaḷ(月)이라고 하니, 이것은 tinnaḷ>tirral[tillal]>siral>*sirari(月羅理)와 같은 과정을 밟아 *sirari단계의 표기가 '月羅理'일 가능성이 있기 때문에(한편, 月羅理를 doluney(滿月)<Turk>>*torʌri(滿月)나, tiŋgaḷ(月, 간나다방언)-kal(존대접미사)>tialgal>tiarar> tʌrar-i와 대응되는 말로 볼 수도 있음은 물론임), 이 *sirari(月羅理)가 *sirari> siari > syər (契 '月')의 발달을 거듭하여 고려어의 月曰契(syər)이 생긴 것으로 볼 수도 있다.

그뿐만 아니라, "初赫居世二十一年築宮城號金城, 婆娑王二十二年於金城東南築城號月城或號在城"<삼사지리지>이란 기사에서 '月城'을 '在城'이라고도 한 바 있다. 필자는 왕년에 「造語論小攷-'겨집'의 어원을 중심으로」<현대문학 55호 · 56호, 1959>에서 '在'를 [kyəs]으로 읽어 *kəsə(>həsə. 천자)<Ma>와 비교하고 「居西干」(천왕)의 '居西'의 표기와 대응되는 말일 것이라고 하였다.

그러나, 이 '在'를 *sir-로 .읽을 수도 있지 않을까 하는 생각도 해 본다. '在'를 뜻하는 옛말에 '시-'가 있고, 제주도방언에도 '시-(在 · 有)'가 있기 때문이다. 이 '*sir-(在)'이 sir->si-/syər- 의 과정을 밟아 생긴 syər-(在)이 「月」을 뜻하는 *syər(月)과 동음인 데서 "……月城或號在城"이라고 한 것인지도 모르겠다.

이와 같은 추론(推論)은 어디까지나 추론에 그치는 것이기는 하지만, 月曰契

[*syər]의 방증이 될 수도 있으리라고 믿는다.

요컨대, 계림유사의 「日曰姮」의 '姮'은 keŋ(日)＜Gily＞과 대응되는 *kəŋ 또는 *həŋ의 표기로, 「月曰契」의 '契' 은 sara (月)＜W.Mo＞와 대응되거나 tiŋgaḷ(月)＜드라비다-간나다＞과 비교될 수 있는 *syər의 표기로 추정된다.

「女子曰漢吟」＜고금도서집성본＞·「女子曰滿吟」＜명대본 진태하 제시＞과 같이 판본에 따라서 표기된 말이 다른 것이 더러 있다. 그렇게 된 까닭은 이미 앞에서 말한 바와 같이 계림유사가 손목에 의해서 세상에 나온 뒤에, 상당한 세월이 지나서 다른 사신이 또 와서 들은 말이 손목의 초판본과 다름으로, 변한대로 그 항목을 고쳐 수정판을 낸 데 기인한다.

그런데, 이제 계림유사를 연구하신 분들은 '漢吟' 이란 말을 알 수 없으니, 그대로 방치해 두거나 진태하 교수와 같이 '漢吟'은 '滿吟'의 오기라고 해석하는 데 그쳤던 것이다.

'漢吟'은 김씨 신라지배층어와 동계의 hanïm(夫人)＜Turk＞과 대응되는 말로서, 「抹樓下主」의 '下主(하님)'나 "士夫家婢亦曰하님"＜華音方言字義解＞의 '하님'과 같은 말이다. 다만 '漢吟'은 '夫人'이란 존칭으로 쓰이던 말인데, 나중에는 '계집종들의 상호존칭'의 뜻으로 쓰이게 된 차이가 있을 뿐이다. 방언에서는 '新婦'의 뜻으로도 쓰이고 있다 한다(固城地方에서 '하님맞이'는 新歸가 시집오는 것을 가리킨다 함).

한편, '滿吟'은 가야지배층어와 동계의 maṉaivi(夫人)＜드라비다-다밀＞과 대응되는 말로서, maṉaivi＞ maniivi ＞ manimi ＞ manim(마님)의 발달과정을 밟은 말이므로, '漢吟'이 '滿吟'의 오기거나 그와 정반대의 오기도 아니다. '漢吟'과 '滿吟'은 서로 계통을 달리하는 동의어일 뿐이다.

계림유사의 350여항 속에서 불과 세항, 즉 '日曰姮·月曰契·女子曰漢吟 또는 滿吟'에 대해서만 새로운 각도에서 고찰하여 보았다.

여기서 우리가 느낀 것은 문헌을 연구함에 있어서는 함부로 오자이니 오식이니 하여서는 안 된다는 것이다. 문헌도 사람이 만든 것이니 전혀 오자나 오식이 없으란 법은 없겠으나, 확실한 근거도 제시하지 않고 제힘으로 분석·해독할 수 없으면 서슴없이 옛 문헌을 마구 뜯어 고치는 악습은 하루 빨리 청산해야 할 것이다. 이런 행위는 석학이라고 자처하는 분들에게서 흔히 볼 수 있는데, 그것이 선배석학이나 스승의 설이라는 데서 아무런 비판도 없이 추종되는 것은 학문하고자 하는 사람들의 취할 바 태도가 아닌 것이다.

2. 鷄林類事의 基底言語學的 硏究

이미 「鷄林類事小攷」[3](「畿甸語文學」 제1집 水原大學校, 1986)를 통하여 계림유사에 대한 견해를 밝힌 바 있는데, 거기서 "앞으로의 계림유사의 연구는 고려어의 이조어나 현대어와 다른 점을 비교언어학적으로 고찰하여야 할 것이며, 그렇게 함으로써만이 고려어의 실상을 해명할 수 있을 것이다."라고 한 바 있고, 또 그런 취지로 354항목 중에서 '日曰姮'·'月日契'·'女子曰漢吟'의 세 항목에 대해서만 고찰하였었다.

따라서 여기서도 위의 세 항목 이외의 항목 중에서 이조어나 현대어와 다른 고려어에 대하여 몇 개 더 고찰하여 보고자 한다.

종전까지의 연구들은 이조어나 현대어와 같은 항목에 대해서만 논의되고, 이조어나 현대어와 다른 항목은 北宋音을 추정하여 표음하는 데 그치고, 그 말의 어원에 대해서는 도외시하여 왔는데, 이러한 연구방법은 지양되어야 할 것이며, 북송음의 추정도 좀 문제가 있다. 그때의 북방음은 舌內入聲(설내입성. 즉 받침소리-[t](디귿)이 소실되고 韻母의 발음을 促急시키는 데 그쳤다는 것이 정설인데, 계림유사의 표기를 보면, '-ㄹ' 말음을 가진 우리말을 國俗한자음 즉 '-ㄹ-'말음을 가진 한자로 표기한 것들이 대부분이니, 이런 점으로 보아서, 저자인 孫穆이 고려인이 직접 말하는 것을 採錄한 것이 아니고, 그의 물음 항목을 넘겨받은 고려인이 국속한자음으로 필답한 것으로 보인다. 즉 우리말의 '-ㄹ'-받침자를 가지고 표기한 것이 그 단적인 증거이다.

---

3) 본고는 日本 東洋文庫本의 「鷄林類事」를 저본(底本)으로 하고, 『高麗朝鮮語硏究論文集』(韓國國語敎育學會, 2003. 9)에 실렸던 것을 다소 수정한 것임.

天曰漢捺(하날→하늘>하늘), 月曰契(셜→★살), 霜露皆曰率(솔→★설>서리·★슬), 二曰途孛(도벌→두블>두볼), 七曰一急(일급→닐곱), 十曰噎(열), 三十曰實漢(실한→설흔), 七十曰一短(→烜'훤'의 오기? : 일훤→닐흔), 暮曰占沒(졈물→져믈), 今日曰烏捺(오날→오늘), 明日曰轄載(갈재→★걸제. *cf.* gelečcek'가까운 미래' 터키어), 男子曰了(→丫)姐(아달→아돌), 母子兄曰訓鬱(군울→큰 울. *cf.* oğul>★ūl'아들' 터키어), 火曰孛(벌→블), 石曰突(돌), 水曰沒(멀>믈), 井曰烏沒(오멀>우믈), 猪曰突(돌), 馬曰末(멀>물>말), 冷水曰時根沒(시근 멀>시근 믈), 熟水曰泥根沒(니근 멀→닉은 믈), 土曰轄希(★갈긔>할긔→홀기>흙. *cf.* hâk'흙' 터키어<kak'흙' 이란어 ; harhū'진흙탕' 만주어), 乘馬曰轄打(갈타→걸터), 蟆曰虼鋪(★걸보. *cf.* kurbağa'개구리' 터키어), 舌曰蝎(★갈→걸. *cf.* kele'혀' 몽고문어), 足曰潑(발), 肥曰塩骨眞(염골진→염글딘'實'), 麥曰密(밀), 酒曰酥孛(수벌→수볼>술:), 白米曰漢菩薩(한보살>하브살→힙살>햅쌀), 頭目曰麻帝骨(頭目→군두목;마뎨골→마데골. *cf.* mande'머리' 드라비다-간나다어-göz>★kor'눈' 터키어), 珠曰區戌(구슐→구슬), 絲曰實(실), 被曰泥不(니불→닙을), 針曰板捺(판날→바놀>바늘), 染曰沒涕里(멀디리→믈들이>물들이), 斗曰抹(말), 匱曰枯孛(고벌→고볼>고울>골:>고리), 匙曰戌(슐→술), 箸曰折(졀→절), 刀子曰割(갈>할/칼), 骰子曰節(졀'주사이'. *cf.* zar'주사이' 터키어), 讀書曰乞鋪(걸보→글보), 有曰移實(이실>있을), 무왈불오실→烏不實(오불실→어부실>없을. *cf.* obosore '없애다' 아이누어), 弓曰活(활), 箭曰薩(살), 柴曰孛南木(벌남목→블나모>불나무), 射曰活索→活素(활소>활쏘), 綿曰實(실. *cf.* sīre'천→무명→★솜' 드라비다—간나다어 *cf.* somun'매우 말랑말랑한 것' 터키어)

그런데, 북송(北宋)의 변경(卞京 즉 河南省開封)지방의 한자음은 학자들의 추정에 의하면, 고대의 내파음-t를 가졌던 운미(韻尾)가 [ʔ](후두무성파열음) 또는 [ʔh]로 소리 났던 것으로 추정되고 있는데, 앞서 예를 들어 보인 50개 항목은 고려어의 받침소리-'ㄹ'을 동국정운이나 현대의 국속한자음의 '-ㄹ'-받침자로 읽어야 하였으니, 계림유사의 한자음은 당시의 북송한자음으로 표기한 것으로 볼 수 없다.

참고: 국속한자음의 '-ㄹ'-받침이 줄어든 듯한 표기, 즉 북송한자음으로 적은 듯한 표기가 7개 항에 걸쳐 보이나, 그것들은 모두 어중에서의 '-ㄹ'변칙 현상, 바꾸어 말하면 후행자음이 'ㄹ · ㅅ · ㄷ · ㅈ(ㅊ)'인 경우에 선행자음-'-ㄹ'의 소리가 잘 들어나지 않는 현상으로 말미암은 예외적 표기로 볼 수 있다.

예: 醬曰密祖(밀조→*미조>며주. *cf.* misun'장 · 된장' 만주어), 面曰捺翅(날시→나치>놏), 扇曰孛采(벌채→부체), 索縛曰那沒香(→居)(나 멀거→노 묶어. *cf.* 沒[몷] <동국정음>에서 한자음의 받침-'ㄹ'이 [lt]으로 소리났음을 알 수 있으니, 여기서도 'ㄷ' 앞의 'ㄹ'의 묵음화현상으로 볼 수 있다. 국어의 관형형-'ㄹ'도 실제로는 [lt]로 소리남), 問物多少曰密翅易成(밀시 이셩→몇이 이신), 存曰薩囉(살라→살아), 低曰捺則(날즉→나즉>나직)

그리고 국속한자음은 종래 대체로 開封音에 뿌리를 둔 중고한음(中古漢音)으로 보아 왔으나, 필자의 생각으로는, 匣母는 거의 [ㄱ]으로, 曉母는 [ㄱ] 또는 [ㅎ]으로 나타나고, 韻腹(모음)도 비교적 중고한음보다 간소하고 韻尾의 k · p · l (<t)이 유지된 점등으로 보아서, 국속한자음은 상고한음(上古漢音)에 뿌리를 둔 것으로 추정된다.

그뿐만 아니라, 향찰(鄕札, 향가식 표기법. 새김의 頭音 · 末音添記法 또는 새김으로 적힌것)로 추정되는 표기도 몇 개 보인다. 즉 士曰進은 '나ᅀᆞ리>나으리>나:리'로, 尼曰阿尼는 '아마'(*cf.* ama여자-중 · 비구니, 일본어)로, 倡曰水作은 '무자이'(<*믈자히'水尺'←*믈+치='水+-či'(직업인. *cf.* -ji'직업인, 터키어' : 尺曰作<계림> : ci'尺, 만주어' ∴尺=치 · 자히)로, 兄曰長官 · 嫂曰長漢吟의 '長'은 '몯'(>맏'태어나거나 시집온 차례의 첫 번')으로 새겨 읽어야 할 부분이다. 왜냐하면, 위의 항목에서 '官'은 kübegün(아들, 몽고문어)과 대응되는 고구려 지배층어로서, *kübegün > kuwən > kuwan의 표기일 것이고, 漢吟은 hanïm(부인, 터키어)과 대응되는 김씨신라 지배층어일 것인데, '맏='의 뜻으로 쓰인 접두사-'長='은 거의 한자어와만 어울리기 때문이다(예외로 '장=조카'가 있음). 또 席薦曰質薦은 '지즑(>기직. *cf.* 薦지즑쳔 · 집자리쳔')으로, 下曰簾箔耻曰羅는 분명한 오기인데, 이것은 下簾曰箔耻囉로 바로 잡아야 할 것이며, 여기의 '箔'은 '발 박'자이므로 새김으로 읽어, 箔耻囉는 '발 디라'(=발을 내리라)로 읽어야 할 것이다. 또 老曰刀(→刃)斤도 '刃'을 '놀→늘'로 새겨야 '늘근'으로 읽을 수 있다.

위와 같이, 한자의 음(音)을 빌어서 한국어를 기록하는 데 있어서, 한자를 한국어의 새김으로 읽게 만들었다는 것은 결코 중국인의 표기일 수 없다. *cf.* 延客入曰屋裏坐少時(오ᄅ 숩쇼셔 or 방안 앚쇼셔)

한편, 한자음의 운미-k(g) · p(b)도 다음과 같이 쓰인 것으로 추정된다.

> 雹曰藿[★곽](흩어지는 모양 곽. *cf.* kawkaw'우박', 아이누어), 七曰一急(일급→닐곱), 鷄曰喙(<啄 탁→닭>ᄃᆞᆰ *cf.* takiya'닭, 몽고문어' : taqïğu'닭, 고대터키어'), 東西南北(동서남북), 鶴曰鶴(학 · 두루미), 鹿曰鹿(록 · 사슴), 角曰角(각 · ᄲᅳᆯ), 口曰邑(읍→입), 傘曰聚笠(취립→슈룹), 笠曰蓋(갑≪>합≫→갇), 墨曰墨(믁→먹), 鼓曰濮(복→북), 深曰及欣(급흔→깊은)

그런데, 북송음의 운미는 상고음의 k가 [ˀ]이고, p가 [p] 또는 [b]였다고 하니, 위의 k운미만은 국속한자음에 의한 표기임이 분명하다.

위와 같이, 계림유사의 고려어의 표기는 틀림없이 당시의 고려의 국속한자음에 의해서 씌어진 것임을 확인할 수 있다. 따라서 다음에서 추정해 낸 고려어는 당시의 고려의 국속한자음을 추정해가면서(추정 과정은 생략하고, 단행본으로 출판될 때에 미룸), 특수한 항목12개에 한해서 차례로 再構하여 보인다.

雹曰藿

이 항목의 '藿' 자는 東國正韻(세종29年. A.D.1447)에 의하면 聲母는 曉모이고 韻母는 覺운이며 그 자음은 [확]이지마는, 曉모는 중국운서에선 曉모에 속하며 이것의 상고음은 [k] 또는 [g]였던 것으로 추정되고, 보수적인 일본한자음도 [k(漢音)~g(吳音)]로 나타나며, 全韻玉篇(A.D.1796-)에는 [k~h]로 나타나고, 覺운은 廣韻(A.D. 1008. 6세기 이전의 上古音의 재구)에선 藥운에 배정되어 있으며 그 合口音은 [wak]이었고, 현대의 국속한자음은 [곽]이어서, 12세기 초의 국속한자음도 [곽]이었을 것으로 추정한다.

그런데, 현대국어에선 雹의 새김이 '우박 · 누리'이고, 이조어에선 '무뤼'라고 하였으며, 현대방언에서 '박재(박새)·유리'가 더 쓰이고 있을 뿐이지, 어디서도 '곽'이라는 우박을 뜻하는 말은 보이지 않는다.

그러나, 아이누어에서 우박을 kawkaw라고 하므로 여기서 유래된 것이 '곽'이 아닐까 한다. 필자가 이미 한국어 속에 아이누어에 유래된 것으로 보이는 어휘가 600여개가 있다고 한 바 있는데(*cf.* 韓國語系統論-概說·文法比較篇. '제8장 韓國語와 아이누語의 比較' 형설출판사 1988), 거기서 천문지리어의 많은 것이 아이누어와 비교될 수 있음을 보였다. 그뿐만 아니라, 신라 昔氏왕가가 또한 아이누족이었을 것으로 보고 있어 이에 대한 논문은 「한국어계통론 신판」에 실을 예정이다. 여기서는 그러할 가능성을 시사하는 한 단어만 예시하면, 昔氏왕가에서 비롯된 왕칭은 尼師今이다. 朴氏신라의 왕칭인 居西干이 ★kese(>hese'天·天旨' 만주어)-★kan(王. ★kağan>★kan>han'王' 만주어)과 대응되는 '天王'의 뜻을 가진 말인 데 대하여, 尼師[sǐ]今은 nǐš(天, 아이누어)-★kǐm(<kəm<kam <kamui '神' 아이누어 : kam'神·巫·王' 알타이공통어)과 대응되는 '天王'을 뜻하는 말임을 알 수 있다. 한편, 金氏신라의 왕칭은 麻立干인데, 이것은 ★malik (>melik. 王>領主, 터키어, *cf.* malek'王' 이란어 < malik'王' 아랍어)-★kan (<kağan.王, 터키어)과 대응되는 말인데, 이와 같이 왕칭이 왕의 루츠(出自)를 시사하고 있다.

따라서 아이누어의 kawkaw와 藿[kwak]은 대응되는 말임이 분명하다. 즉 ★kawkaw>kawk>kwak의 음운변화가 가능하므로, '곽'(=우박)이라는 아이누어계의 고려어가 씌었던 것으로 추정된다.

霜露皆曰率

여기의 '率'자의 현대 국속한자음은 [솔]과 [률]의 두 가지가 있는데, 이 항목에선 어두음으로 쓰인 경우이니, 국어의 두음법칙(頭音法則)으로서 어두에서 'ㄹ'음이 쓰이지 않으므로 '률'은 버리고 '솔'과 관계있는 음일 것인데, 동국정운에선 率의 음을 戌모·骨운의 [숧]로 다루고 있으며, 광운에서는 心모·質운에 속하는 [syet]이고, 일본한자음이 [syucï~socï(관용음)]이며, 전운옥편에는 [슏~솔(속음)](규장전운에는 '슏'로만 나타남)로 나타나므로, '率'의 고려의 국속한자음은 [슏]에 가까운 음이었을 것이다.

이 [슏]과 대응될 만한 비교어휘는 만주어의 sile-nggi(이슬)일 것이다. 여기서 -nggi는 명사화접사인데, 예를 들면 fongoso-nggi(그을음) : fongoso-(그을다), gira-nggi(뼈) : giran(죽은 사람의 뼈)와 같은데, 여기서 -nggi의 기능은 동사나 명사에 첨가되어서 명사나 그와 유사한 새로운 명사를 만든다. 따라서 sile-nggi에서 -nggi를 떼어낸 어근의 sile는 국어의 "손이 시리다"의 '시리-'(=찬 기운을 느끼다)와 동근(同根)의 말일 것이고, 그 어원은 냉기(冷氣)일 것이며 여기서 '서리・이슬'과 같은 뜻이 파생할 수 있다. 마치 '서리'와 유사한 음인 sali(냉기・찬 것・서리・눈, 드라비다-간나다어)가 '냉기・찬것'에서 '서리・눈'의 뜻이 파생되었듯이, sile나 '시리'가 '냉기・찬것'의 뜻에서 '서리・이슬'의 뜻이 파생할 수 있었을 것이고, 실제에 있어서도 '이슬'의 뜻으로 씌었고, '서리'의 뜻으로 의미확대가 가능하다. 음운론상으로도 siri>syəri>səri(서리)의 변화가 가능하다.

그리고 syul(率. 슏)은 syəl(셜)의 근사치 표기로 볼 수 있고, səri의 어근-səl이 또한 sïl의 근사치 표기이다. 즉 표준어의 yə(여)가 경상방언의 i(이)와 대응됨은 주지의 사실이다(예 : 별'星' ∞빌, 며느리'婦' ∞미누리). 또한 경상도방언에서 [ə](어)와 [ï](으)가 구별이 어려울 뿐만 아니라 표준어에 있어서도 '없다'가 '읎다'로 발음되는 것이 예사이다. 즉 [ə:]와 [ï:]가 잘 구별이 되지 않는다. 따라서 ★sil(-e)>syəl(셜)로 변한 말을 率의 당시의 국속한자음-syul(슏)로 근사치 표기한 것으로 추정되며, 여기의 syəl(셜)에 연음소(延音素) 또는 어형보강소 -i(이)가 첨가되어서 syəri>səri(서리)가 되고, 한편, sil>syəl>səl>sïl(슬)로 변한 말에 이화(異化)작용으로 어두에 i(이)가 첨가되어서 isïl(이슬)이란 말이 생겨난 것으로 볼 수 있다.

그러므로 霜露皆曰率[슏]은 고려어-★syəl(셜)의 근사치 표기로 추정되며, 그것은 '서리・이슬'을 의미하는 말이었을 것이다.

霧曰蒙

여기의 '蒙'자는 동국정운의 음이 [몽]이고 광운의 음은 見모 · 東운이므로 [muŋ](뭉)이다. 여기서는 국속음을 중시하여 고려한자음은 moŋ(몽)이었을 것이다.

그런데, 이것과 대응될 만한 비교어휘를 찾아보면, 몽고문어의 manaŋ(안개)과 드라비다-말라야람어의 maññu(안개 · 이슬)와 대응될 것으로 추정된다. 음운론상으로 ma는 mo로 변하기 쉽다. 즉 a가 순음-m의 영향을 받아서 원순음-o로 변하는 현상은 각 지방사투리에서 흔히 볼 수 있다. 예를 들면, '맏이(長 · 昆)'가 경남방언에서 '모지'로, '막대기'가 함경방언에서 '몽댕이'로, '마름'이 전라방언에서 '모람'으로, '마디(節)'가 경남 · 전라방언에서 '모디'로, '말(馬)'이 경남 · 전남방언에서 '몰'로 나타난다. 따라서 ★manaŋ<몽고문어>>monaŋ>moyaŋ>mōŋ 또는 ★maññu<드라비다-말라야람어>moñu>mõŋ과 같은 음운변화가 가능한데, 고려어가 옛고구려권과 관계가 깊고(수도는 '開京'이고, 고구려의 후신을 표방), 가야어계통인 maññu의 뜻이 '이슬 · 안개 · 눈' 과 같이 넓은 의미를 가지고 있는 데 대하여, manaŋ은 '안개'의 뜻으로만 쓰이므로, 이 항목의 蒙([몽]. 안개)은 몽고문어의 manaŋ(안개)과 대응되는 고려어인 것으로 추정된다.

虹曰陸橋

위의 陸橋의 동국정운의 음은 '륙꼍'이고, 광운의 陸자는 來모 · 屋운이므로 그 음은 [lyuk]이고, 橋자는 群모 · 蕭운이므로 그 음은 [gew]일 것이니, '陸橋'의 음은 [lyuk-gew]가 될 것이나, 그것은 전운옥편에 의하면 [륙교]이니, 고려의 국속한자음으로는 [륙교]에 가까운 음이었으리라고 추정된다.

그런데, 이 음상은 아이누어의 kamuy riuka(★神-橋→무지개)의 riuka/ruika(다리)와 같은 기원의 말인 것으로 추정된다. 즉 무지개를 '뭍의 다리(陸橋)' 또는 '비의 다리(雨橋)'(*cf.* lïx'雨, 길약어-G'이 lyuk'陸'과 유음)라는 생각 때문에, ryuk(陸)/lïx(雨)∞riuk-과 비교되고, riuka의 말음절-ka는 '다리 교(橋)'에 유추되어서 kyo(橋)로 변한 것으로 추정된다. 즉 riuka→riuk-ka→ryukkyo(陸橋)처럼 변한 고려어를 虹曰陸橋라고 적은 것으로 추정된다. 물론 이 陸橋도 새김으로 읽어 '*뭍다리'라고 하던 향찰의 잔영일 개연성도 없지 않다. ㊂ rayoči(무지개, 아이누어)와 陸橋의 北方音인 [lu-čiau]가 매우 유사하여 무슨 관계가 있지 않나 하는 생각이 든다.

仙人曰遷

위의 遷자의 동국정운의 음은 [션~쳔]이고, 같은 형성자(形聲字)인 僊의 음도 [션]이니 遷의 옛음은 [션]이었을 것이다. 그리고 仙자와 같은 음인데도 굳이 다른자를 쓴 것은 그것이 비록 음은 같으나 한자어가 아니라고 생각하였기 때문일 것이다.

그런데, 이 말과 대응될 만한 것은 seŋge(長者, 만주어, *cf.* seŋge＞səŋə＞sən)가 그 하나일 것이다. 그런데 의미상에서 神仙과 長者는 좀 차이가 있기는 하나, 즉 장자의 뜻에 신선처첨 초세속적(超世俗的)인 뉘앙스는 없지마는, 그래도 도덕적이고 나이 많은 사람이라는 공통점이 있어서 장자의 뜻에서 의미확대로 신선의 뜻으로 쓰일 수도 있을 것이다. 따라서 *seŋge(장자)와 대응되는 [션(遷)]이란 신선을 뜻하는 고유어가 쓰였을 개연성이 크다.

그러나, '遷'의 고려 국속한자음이 [쳔]이었다면, 몽고문어의 diyanči(은자 · 신선)와 비교해 볼만도 하다. 의미에 있어서는 확실히 대응되고, 음운면에서도 diyanci의 말음절-ci는 행동주를 뜻하므로 인성(人性)이나 인품(人品)을 나타내는 말은 -ci를 빼도 될 것이어서, 그것을 뺀 것은 diyan＞jiyan＞c'iyan＞c'yən(쳔)처럼 변할 수 있어서, 고려어에서 신선을 '쳔'이라고 하였을 개연성도 크다. 따라서 遷[쳔](신선)은 diyanči(신선)의 어근-*diyan과 대응될 것이다.

一曰河屯

여기의 河屯을 'ᄒᆞ둔(一)'으로 읽고 조금도 의심하지 않고 있는 현실이 안타깝다. hʌdʌn(ᄒᆞᄃᆞᆫ)의 간모음-[ʌ]는 12세기초에는 'ㅏ(a)'나 'ㅗ(o)'에서 파생하지 않았다. 즉 필자의 추정으로는 [ʌ(ᄋᆞ)]는 13세기말에나 생성된 것으로 보아야 할 것이고(*cf.* 姜吉云「國語史精說」1993. pp.98~101), 모음간의 [d]가 [n]로 변하는 현상은 발견되지 않으므로 *hʌdʌn>hʌdʌ>hʌna(ᄒᆞ나)와 같은 음운변화는 생각하기 어렵다. 따라서 다른 각도에서 해독해야 할 것이다.

'河屯'은 동국정운의 음이 [ᅘᅡ똔]이지마는 광운에 의하면, 河는 匣모·歌운이고 규장전운에는 [하]로 나타나지만, 그 옛음은 [ka(가)]일 것이고, 屯은 定모·元운이므로 [duən(뒨)]일 것이며, 규장전운이나 전운옥편의 음은 [둔]이니, 河屯의 고려국속한자음은 [katun]으로 보아야 할 것이다. 따라서 이것과 대응될 만한 비교어휘는 katuñ(제1의, 드라비다-타밀어)인데, 이것은 음운면에선 완전한 대응을 보이고, 의미상으로도 '제一의·첫'은 '하나(一)'의 차례 셈이므로 얼마든지 의미확대가 가능하다. 아마 '같은 가지'는 '한 가지'와 같은 뜻이 되므로, '같다'라는 말도 수사의 하나(一)를 뜻하는 *katu(-n)와 동일 어근일 것이다. 따라서 河屯[katun](하나)는 *katuñ(제일의·첫)과 대응될 것이다.

二曰途孛

현대어의 '두(二의)'는 '둘(二)'에서 발달한 것으로 그렇게 짐작하고 있지마는, 그렇지 않고, '두'는 tu(二)<아이누어>·dü(二. *cf.* du'二'페르샤어)<터키어>와 대응되고, '둘'은 dubara(주사위의 二점. *cf.* dubar'두번·이중'페르샤어)<터키어. 도박장 용어>와 대응되며, dubara는 du(二)에 접미사-bara(-번·-배로. *cf.* -bare'id' 페르샤어)가 첨가되어 이루어진 말이다. 다시 말하면, '둘'은 dubara>tubur>tuβur>tuwur>tur(둘:)과 같이 발달한 말이다. 한편, 途孛의 途는 광운에서 定모·虞운으로 [du]이며, 전운옥편음은 [도]이고, 孛은 並모·月운으로 [buət]이며, 전운옥편음은 [볼]이어서, 고려 국속한자음은 [두벌]일 것으로 추정되므로 *tubər(*두벌)>tubur>tuβur>tuwur>tūr(둘)의 발달을 겪은 것으로 보인다. 따라서 途孛[tubər](二·둘)은 *tubara(두번·주사위의 두점)와 대응되는 것으로 추정된다.

明日曰轄載

위의 轄자의 전운옥편의 음은 [할]이고 동국정운의 음은 [핧]이며, 광운에서는 匣모 · 黠운이므로 그 음은 [kiet]일 것이므로, 그 고려국속한자음은 [걸]이었을 것이다.

한편, 載자의 규장전운의 음은 [쨔], 전운옥편의 음은 [지]이고, 동국정운의 음도 [지]이며, 광운에서는 精모 · 隊운이므로 그 음은 [tsai]이므로, 그 고려 국속 한자음은 [재]인 것으로 추정된다. 따라서 轄載의 고려 국속한자음은 [걸재]일 것이다.

이것과 대응될 만한 말은 터키어의 geleček(가까운 미래. *cf.* ★geleček>kəlčək>kəlčik>kəlči>kəlče'걸제')인데, '가까운 미래' 즉 '明日'을 뜻하게 되었거나, 「kel[kəl]->gel-.來, 옛 터키어)-ce(제. *cf.* čer'때' 옛 터키어)」의 복합어와 대응될 것이다. 따라서 고려어-'★걸제(明日)'는 geleček(가까운 미래)거나 「kəl-(來 · 오다)-cer(때)」의 합성어와 대응될 것이다.

참고 : ① 이 轄載를 '흐제'<이기문>, '후제(後日)'<강신항>, '흘제'<新字典, 광문회>, '후제'<쫀 로스> 등으로 해독한 바있음
② 土曰轄希[걸긔(→헐기>흘기)] cf. khak'地 · 먼지, 페르샤어'→hak'地 · 土, 터키어' · ★karhū>harhū'진흙탕, 만주어'
③ 前日曰記載[긔재→그제] cf. keč->geč-'지나다, 터키어'+ce'때'>kïce(그제)
④ 昨日曰訖載→於載[어제] cf. öčügedür(어제, 몽고문어. cf. öčügedür>ečieyir> əčēr>əče(어제)

谷曰丁蓋

여기의 丁자의 정운옥편음은 [뎡]이고, 동국정운의 음도 [뎡]이며, 광운에서는 端모 · 青운이므로 [teŋ]이어서, 그 고려국속한자음은 [덩~뎡(元음)이었을 것이다.

한편, 蓋자의 전운옥편음은 [개]이고, 동국정운의 음도 [개]이며, 광운에서는

見모·泰운이므로 그 음도 [kä]일 것이어서, 고려국속한자음은 [개]일 것이다.

따라서 丁蓋의 고려음은 [뎡개]일 것인데, 이에 대응될 만한 말은 우선 토박이인 길약어의 tauğuř(바닥)일 것으로 본다. '골짜기'는 두 산 사이의 '바닥'을 가리키는 말이니 의미상의 대응이 가능하고, tauğuř은 ★tauğuř＞toğoi＞tɔ̄gö＞tɔ̄ge로 변할 수 있으며, təŋgä(丁蓋[덩개])는 tə̄ŋe(≒tə̄ge)처럼 들릴 수 있어서, '丁蓋는 tauğuř의 발달형인 ★tə̄ge의 근사치 표기라고 할 수 있다.

한편 däriŋ(계곡, 옛터키어)과 '丁蓋'를 비교할 수도 있을 것이다. 즉 ★däriŋ＞täiŋ-i＞teŋge(뎅게)와 같이 변한 '★뎅게(골짜기)'를 '★뎡개(丁蓋)'라고 근사치 표기한 것으로 볼 수도 있을 것이다. 따라서 '골짜기'를 뜻하는 고려어는 후자와 더 가깝다고 보고 däriŋ(계곡)과 대응되는 것으로 추정된다.

花曰骨

위의 骨지의 전운옥편의 음은 [골]이고, 동국정운의 음도 [곯]이지마는 광유에선 見모·沒운이어서 그 음은 [kuət]일 것이니, 고려 국속한자음은 [굴]이었을 것이다. 「江陰縣本高句麗屈押縣一云江西新羅改今名」 또한 郡名條에 「屈押·江西·花山」＜여지승람43권＞에서 '花'를 屈[굴]자와 대응시키고 있으며, kul(花, 터키어-위글어·우즈벡어)와 대응된다. 또 '江'자와 대응하고 있는데, 고구려 지배층어인 몽고어에서 '江'을 ğoul이라고 하고 그것을 '屈'자와도 대응시켰으니 고려어로 '江'을 [굴:]이라고 하였음을 알 수 있다. 따라서 고려어의 '花'를 뜻하는 말은 [굴]이었을 것이며, 본항에서 花曰骨이라고 기록한 '骨'자도 [굴]이라고 읽힌 것이 분명하다. 결코 '骨'은 '곶'의 불확실한 표기가 아니다.

桃曰枝棘

위의 '枝棘[지극]'은 비교언어학적으로 보아서 오자가 있음이 분명하다. 명대본(明代本. 陳泰夏 제시)에 의하면 技棟[복송]이라고 하니 그럴 듯하기는 하나,

'女子曰嘆(←漢)吟'이 '滿吟[마님]'으로 바뀐 것과 마찬가지로 후대어로 바뀌었을 개연성이 크다. '복성'이란 말은 알타이계어(만주어 · 몽고어 · 터키어)나, 아이누어 · 드라비다어 · 길약어에도 없는 말인 점으로 보아서 그것은 후대에 내려와서 생겨난 말일 것이다. 동계어인 길약어엔 그런 고유어가 없어 러시아어를 차용하여 persik이라 하고, 드라비다어나 아이누어에는 그런 말이 보이지 않고, 터키어도 고유어가 없어서 페르샤의 shaftalu(桃)에서 차용한 šeftali가 쓰이고, 만주어에선 toro라고 하고, 몽고문어에선 toğor이라고 한다. '복숭'이란 말은 추측하건대, 만주어에 bokson(弓腦. 오늬의 활모양으로 굽은 부분으로서 복숭아나무 껍질로 쌈)이란 말이 있는데, 오늬의 굽은 모양이 복숭아 모양을 닮고, 복숭아나무 껍질로 그것을 싼 데 유래한 것으로 본다.

그런데, 삼국사기 지리지4에 鴨淥水以北未降十一城조의 「桃城本波尸忽」이란 지명에서 '桃≒波尸'의 등식을 얻을 수 있는데 이것을 만족시킬 수 있는 말은 toğor(복숭아, 몽고문어)와 dolgiya(-n)(물결, 몽고문어)이다. toğor＞toor＞tōl로, dolgiya＞tolya＞tole＞tōl 로 각각 발달할 수 있고, 실제로 현대몽고어는 tōr(=tōl)로 변하였고, 향찰로 적은 '波尸'은 '波'의 새김의 말음이 [ㅣ](ㄹ)임을 시사하니 위에서 보인 dolgiya(물결)의 추정 발달형-*tōl이 또한 그 말음이 [ㅣ](ㄹ)이므로 위에서 보인 추정은 거의 틀림없을 것이다. 더욱이 수도가 개경(개성)이라는 옛 고구려지역이니 고구려계의 말이 잔존하였을 개연성이 크다. 과연 그렇다면, 「枝棘(지극)은 '棹刺[도라→돌:]'이거나 '棹辣[도랄]'의 오기일 것이다. 다시 말하면 [돌:](복숭아)이란 말을 '突[돌]'로 음사(音寫)하면 '石'이라는 뜻과 혼동될 염려가 있으므로, 장음절을 나타내기 위하여 말음-'-ㄹ'에 '아~알'을 첨가하였거나 어쩌면 이례적이긴 하나 *toğor＞toror(원순모음하의 -g/k＞-r현상)로 변한 것을 근사치 표기한 것으로 추정된다. 즉 본항은 고구려 지배층어인 몽고어계 차용어-[돌: *cf.* toğol＞tōr/torol]이 고려어로 쓰이고 있었음을 알 수 있다. 따라서 *棹棘[돌:] 또는 *棹辣[도랄](복숭아)은 *toğor(id)과 대응될 것이다.

林檎曰悶子訃

이 항목도 분명히 오자가 있을 것이다. '능금'이나 '사과'의 표기가 아니고, 그런 말로써는 우리 주변의 어느 언어들과도 대응시킬 수 없다. 앞에 항목에서 말한 바와 같이, 우선 옛 고구려지역에서 쓰인 말이니 '悶子訃'는 몽고어와 유관한 말일 개연성이 크다. 그런데, 몽고문어에서 alima의 뜻을 '사과'＜몽영사전. F.D.Lessing 1960. 캘포르니아대학＞라고 하고 그것을 '배(梨)'＜몽고유해＞라고도 하였으며, D.A.Troxel이 편찬한 몽영·영몽사전(현대어)에서는 alim이 '사과류'라고 되어 있고, 오자와시게오(小澤重男)가 펴낸 「일본어로 찾는 英蒙土對照單語」(1973. 大學書林)에는 alim(사과, 몽고어)·elim(사과, 터키어)라고 하였으니, 몽고유해에서 alima를 '배'로 본 것은 '배'도 사과종류로 보았기 때문일 것이다(거기서 '사과'를 따로 그것과 유사한 almurad라고 하였음). 그러므로 alima의 어원적 뜻은 '사과'였던 것이 확실하다. 따라서 '悶'자가 '閼[알]'자와 그 자형이 유사한 데 착안하여 alima와 悶子訃를 대소해 보면 alima의 al-로 미루어 보아서 일단 '悶'은 그 자형이 유사한 '閼[al]'의 오자로 보이며, 다음의 '子'는 alima의 -li와 대조되는 것이라고 보면 '吏[li]'자나 '李[li]'자의 오자로 볼 수 있을 것이며, alima의 -ma는 모음 사이에서 'b＞m'의 현상은 흔하니 '訃[pu]'와 대응된다고 하여도 무방할 것이나, '訃'를 '畝[mu]'의 오자로 보면 아주 좋은 대응을 보여 주나, 그렇게 되면 悶子訃의 석자를 모두 오자로 보는 문제에 봉착하는 흠이 있다. 그렇지마는 이 계림유사의 여러 판본이 서로 많은 차이를 보여 주는 점으로 보아서 또한 실제 비교언어학적으로 고찰해 본 결과도 마찬가지로 본 판본은 오자가 많음이 확인되었다. 아마 그렇게 오자가 많이 생긴 것은 필답자가 글자를 흘려 썼기 때문에, 고려어를 모르는 손목(孫穆)이 그것을 책으로 내면서 오독이 많았던 것으로 보인다. 그러므로 悶子訃를 閼李訃의 오자로 보면, 閼李訃[알리부] 또는 閼李畝[알리무](능금·사과)는 ★alima(사과)와 대응될 것이다.

Abstract

A Research on "Gyerim-Yusa" on Linguistic Basis

Kang, Gil-Woon(姜吉云)

The studies made by the traditional research workers on Gyerim-Yusa were limited to the area of Lee Dynasty phoneme or modern phoneme, and others are also limited to phonetic representation of Northern Song Dynasty by mere deduction approach, ignoring the phoneme etymology. And the research of such approach ought to be sublated.

Marking the Koryeo phoneme in Gyerim-Yusa was confirmed as according to the phoneme of Chinese characters in Koryeo.

An attempt is made for the interpretation of the following 12 items by presuming the phonetics of Koryeo to the given Chinese characters.

1) 雹曰霍 : [kwak] is corresponding to the [kawkaw](hail) in Ainu phoneme
2) 霜露皆曰率 : [shul] is corresponding to sile-(to be cold) in Manchurian
3) 霧曰蒙 : [moŋ] is corresponding to koryeo phoneme with Mongolian-[manaŋ](mist)
4) 虹曰陸橋 : Developed to koryeo phoneme-[ryukkyo] from the Ainu-[riuka](bridge)
5) 仙人曰遷 : [shən/čhyən] is corresponding to the wizard/angel in koryeo language from the Manchurian-[sengge](an elder of virtue) or W.Mo-[diyanci](a hermit)
6) 一曰河屯 : [katun] from the Dravidian-Tamil language- [katuñ](first)

7) 二曰途孛 : [tubər] is corresponding to the [dubara](deuce) in Turkish

8) 明日曰轄載 : [kəlje](tomorrow) from O.Turk-[kel-'come'－čer'time'] or Turk-[gelecek'about to come']

9) 谷曰丁蓋: Koryeo-[*tyəŋ-kü] is corresponding to O.Turk-[düriŋ'계곡']

10) 花曰骨 : from Turk-Wigur-[kul](flower) to [*kul] of Koryeo

11) 桃曰枝棘 is a mis-spelling of 棹辣[torar] or 棹剌[tora](peach), it is borrowed from "doğor(peach)[＞toror＞tōr]" in Mongolian

12) 林檎曰悶子訃 is a mis-spelling of 閼李畝[alimu](apple), it is borrowed from "alima(apple)" in Mongolian

第12章
數詞의 發達*

국어의 基數詞는 그 기원이나 계통이 매우 모호하게 생각되어서 어느 누구도 체계적인 고찰을 시도한 바 없다. G.J. Ramstedt박사나 김선기 · 최학근교수1)가 몇 개에 한해서 시도한 바 있을 정도이고, 필자가 신라의 수사체계2)에 대한 재구(再構)를 꽤한 바 있을 뿐이다.

이렇게 현대국어의 수사체계가 해명되기 어려운 까닭은 우리 주위의 제언어 즉 몽고계어 · 만주퉁구스계어 및 일본어 · Ainu어 · 고아세아제어(특히 Gilyak어)나 Dravidia어 · Austronesia어 (Malayo-ploynesian) · 중국어 등의 모든 언어와 비교하여도 단편적으로 유사성을 발견할 수는 있어도 체계적으로 대응되는 것이 보이지 않기 때문이다.

수사가 어휘비교에 있어서 매우 중요시되고 있는 까닭은 문법체계의 경우와 마찬가지로 다른 어휘들에 비하면 체계를 이루어서 비교적 고유성을 많이 유지하는 것으로 믿어지고 있기 때문이다.

그러나, 그렇다고 해서 다른 말로 체계를 보완하는 일이 없는 것이 아니다.

---

* 本稿는 「數詞의 發達(1) · (2)」(1980, 忠南大論文集 Ⅶ- Ⅰ : 1980. 南廣祐博士華甲紀念 論集 所載를 修正하여 실은 것임.

1) G, J, Ramstedt(1952) : Einfhrung in die altaische Sprachwissenschaft Ⅱ. pp.63~65
金善琪(1977): 가라말의 덜(韓國語의 語源, 現代文學 8月號~11月號
崔鶴根(1964):國語數詞와 Altai語族 數詞와의 어느 共通点에 對하여 趙潤齊博士回甲紀念論文集

2) 이 책 제 15장 新羅支配層語의 比較硏究 참조

그 일례를 들면 鷄林類事(1103)에 나타나는 기수사는 一을 뜻하는 河屯만 현대어와 다를 뿐, 기타는 모두 대동소이하다고 하겠다, 즉 '河屯[3]'은 'ᄒᆞ나'의 표기가 아니고 [*ka-t'uən] 또는 [*ko-t'uən]의 표기로서, 이것은 더 고대의 直寧縣本一直縣<삼국사기 지리1>에 나타나는 *goda(一, 新羅)와 대응할 뿐만 아니라, 신라의 향가 -祭亡妹歌 및 禱千手觀音歌 속에 나오는 一等隱([kʌt'ʌn]('같은 · 하나')과 같은 기원의 말인 것으로 추정된다. 그리고, 이 *kʌ-t'uən 또는 *ko-t'uən (河屯)은 국어의 *kʌt'ʌn(ᄀᆞᄐᆞᆫ '一 · 如')의 근사치 표기로 보아 무방할 것이며, 이것이 *kʌt'ʌn(하나>*hʌ'na(id)의 발달을 겪을 가능성은 국어의 음운변화 경향으로 보아 거의 없기 때문에, *kʌt'ʌn(一, 고려)이 hʌnah(一, 李朝)에 의하여 代替되었다고 보는 도리밖에 없다(어중의 t'가 비음동화에 의하지 않고 탈락하거나 n으로 변하는 예는 전혀 찾아 볼 수 없음).

이렇듯이 좀처럼 변하지 않는 것으로 믿어왔던 수사도 체계 속의 일부분이 다른 말에 의하여 교체되는 일이 있어(그런 例를 이 책 제15장에서 이미 지적한 바 있음) 그런 현상이 장구한 세월 동안에 거듭되어 드디어 오늘의 국어의 기수사의 체계가 성립된 것으로 믿어지므로 수사체계의 어원을 밝힌다는 것은 손쉬운 작업이 아닐 것은 당연하다고 할 것이다.

그럼에도 불구하고 필자가 그런 작업을 시도하는 것은 수관념은 우리의 생활과 밀착되어 있어서, 그것은 고유어가 대종을 이루고 있을 것이 예상되고, 또 복잡한 수사체계는 그만큼 언어계통에 우여곡절이 많았다는 것을 의미하며 따라서 국어의 계통을 밝히는데 도움이 될 것으로 믿기 때문이다.

1. ᄒᆞ낳(하나, 一)

hana/han(一, kor)은 hʌnah(하낳, 李朝)에서 발달하여 지금 널리 쓰이고 있는

---

3) '河'는 匣母歌韻인데 이것을 姜信沆교수는 일본 동경대학 平山久雄교수의 추정음에 의거하여 [ha]로 추정한 바 있으나(cf. 鷄林類事「高麗方言」語釋. 대동문화연구 제10집 1975), B · Karlgren의 漢字古音辭典에 의한 古音은 [ĝâ]이고, 또 지리적 조건으로 보아서 보수적이었을 일본고한자음이 韻鏡에 의하면 [ko]인데다가, 북송때 開封音의 영향이 컸을 것으로 생각되는 中原音의 歌韻이 [o]이므로 12세기초의 개봉음 즉 孫穆의 鷄林類事의 漢字音-'河'는 [ko] 또는 [kʌ]로 추정된다.

말이다.

이 말은 언제부터 쓰이었는지 잘 알 수 없으나 오랜 기록은 이씨조선초(?)에 나온 朝鮮館譯語의 '一哈那(ᄒᆞ나)'에 보일 뿐이다.

여러 학자들이 이 'ᄒᆞ나'를 계림유사의 一曰河屯이나 二中曆의 고려어-katana (一)와 동근의 말로 보고 비교를 꾀하고 있으나 이미 말한 바와 같이 어중의 -t-가 비음동화에 의하지 않고 [-t->-n-]와 같이 변하는 일이 없기 때문이다.

그러나 만주어의 s-는 국어의 h-와 대응되고 만주어의 -o-는 국어의 -ʌ-와 대응되기 때문에 sonio(기수 · 외짝, Ma)와 비교될 수 있다. 이미 G.J.Ramstedt도 韓國語源硏究(1949)에서 sonio와의 비교의 가능성을 시사한 바 있다.

1) h-(Kor) ———————— s-(Ma)

예:	hïŋgïl-	sunggelje-(흔들리다)
	hïtpuri-	sabara-(떨어져 흩어지다)
	holgabʌn-	sulfakan(id)/sulakan(관대하다)
	heyɔm	selbi-(id)
	həguri	sihali(id)
	hojəs *cf.* 호젓ᄒᆞ-	soksohon(id)

2) -ʌ-(Kor) ———————— -o-(Ma)

예 :	mʌlg-(맑다)	bolgo-(id)
	cʌnhəri(잔허리)	čomboli(id)
	t'ʌ-(타다)	do-(새나 벌레가 앉다)
	tʌri-(다리)	doohan(id)/ doorin (널다리)
	tʌʒ-(사랑하다)	dosholo-(id)
	pʌʒʌ-(부시다)	foso-(id)
	kʌrʌm(강 · 호수)	golo(강줄기의 물이 흐르는 부분)
	kʌlb-(갊다)	holbo-(짝짓다)
	mʌl(馬)	morin(id)
	mʌnji-(만지다)	monji-(id)
	sʌrʌ-(불사르다)	šolo-(id)

따라서 sonio(기수, 외짝, Ma)는

*sonio > hʌniʌ > hʌna

의 발달이 가능하여 이 두 말은 동근어로 볼만하다.

다음에 'ᄒᆞ나'는 '一'과 '오직' (예 : 나ᄒᆞ나 졈어있고, 思美人曲)의 뜻으로 쓰이고 있는데, 이것은 yegâne(<yaganah '유일한 · 오직', Iran)<Turk>에서 *yaganah > aganah> hanah> hʌnah(ᄒᆞ나ᄒᆞ)> hana(一)와 같이 변한 것으로 볼 수도 있다.

터키어와의 어휘비교에서 어두 -ye-(<ya-)의 탈락이 좀 문제이나 터키어의 어두모음(y-모음 포함)의 탈락으로 보이는 예가 다음과 같이 허다하다.

3)	**ø-(Kor)** ————	**어두모음-(Turk)**
예:	k'i(키) /k'ï-(크다)	yeke(id)
	kət'ïn(거든)	yekten(한꺼번에)
	p'ʌrʌ-(빠르-)	yeper-(빨리 달리다)
	murï-(연하다)	yumuša-(<*yumula-. 연해지다)
	p'əgi-(과시하다)	avag(뽐냄)<O>
	-k'ʌji(-까지)	aŋarū(id)<O>
	kïru(그루)	aŋïz(id)<O>
	s'ï-(苦)	ačï(id)<O>
	p'ʌr-(빨다)	öpül-(빨리다)<O>
	-tʌro(때문에)	ötürü(id)<O>
	kʌrʌm(江)	ögüz(id)<O>-욺
	kirï-(기르다)	igiḏ-(id)<O>
	kyəru-(겨루다)	igiš̄(<*igil. 다툼)<O>
	sak-(朽)	eskī(낡은)<O>
	s'ʌ-(싸다.包)	ešü-(id)<O>

4)	**ø-(Kor)** ————	**y-(Turk)**
예:	ataŋ(아첨)	yaltak(아첨하는)
	ani-(아니다)	yanïl-(틀리다)
	igi-(이기다)	yeğin(승리의)
	əki-c'a-(어기차다)	yekin-(큰 노력하다)
	insʌ-hʌ-(절하다)	yinčür-(id) <o>

ilh-(잃다)	yit-(id) <o>
ïrï-(으르다)	yïlgïn(id)
orʌ-(오르다)	yokuš(오름) *cf.* -ok＞-or
uwa(비웃음 소리)	yuha(id)
əgïrïč'-(틀리다)/əgı-(어기다)	yaŋïl-(틀리다) <o>

한편 kändü(唯一한, O.Turk-G)·ğanča(單一)＜W.Mo＞·kaidu(한필의 말. Ma) 들과 대응되는 말이 아닐까 한다. 이들 ğanča와 kändü·kaidu의 알타이 공통기어(共通基語)를 *kändü로 재구할 수 있을 것이다.

위에서 hʌnah(一, 李朝)를 *kändü에서의 발달로 보는 까닭은 터키어의 k-·-ä-가 국어의 h-·-ʌ-와 대응되므로서다.

5) h-(Kor) ————————	**k-(Turk)**
예: hobag(호박)	kabak(id)
heč'i-(헤치다)	kačïš(id)
häs'ïk(해쓱)	kansïz(빈혈의)
həbaŋ(허방)	kapan(id)
hər-(궤양이 생기다)	karha(id)
hayadi-(해지다)	kašarlan-(id)
hwal(활)	kavis(id)
hʌma-myən(드문모양)	kemyāb(드문)
hʌmatï-myən(하마트면)	kemterin(id)
hïri-(흐리다)	kïr(잿빛)/kül(잿빛의)
həlhʌ-(쉽다)	kolay(id)

6) -ʌ-(Kor) ————————	**-ä- ＞-e-(Turk)**
예: p'ʌ-(파다)	bel-le-(id)
cʌä(물레)	jehre(id)
t'ʌro-(따르다)	dehāl-et(복종)
tʌm-(갈앉다)	dem-le-(id)
cʌrʌ-(자르다)	deš-(＜*del-.절개하다)
tʌβE-(되다)	dev-var(변하기-쉬운)
p'ʌrʌ-(푸르-)	fele-k(창공)
p'ʌrʌ-(빠르다)	fevr-en(빨리)
kʌmʌl-(가물다)	gevre-(말라 부스러지다)
kʌʒ-(베다)	kes-(id)

7) y(Kor) ——————————— t/d(Turk)

예: kənne-(건네다)	gönde-(보내다) *cf.* *gönde＞konye＞kənne
koyaŋi(猫)	kodi(id)-앙이
kumiyəu(狐)	köftehor(교활한) *cf.* *köftehor＞kobiyohor＞kumiyəu
kup'ï-(입맛이 당기다)	gïpta(갈망) *cf.* *gïpta＞kupya＞kupə＞kup'ï
ori(鴨)	ördek(id) *cf.* *ördek＞oryek＞orik＞ori

다음에 *godï(하나, 新羅. *cf.* koto 같다. Jap)[4]나 *gari(하나, 고려)[4] · *kat'un(「河屯」. 하나, 高麗:계림유사) *kaṭuñ(첫, Dr-Ta) · katana(하나, 二中曆 . 고려)[5]는 어떤 기원을 가진 말인지 살펴보기로 한다.

이것은 kaṭuñ(*하나 · 始初, Dr-Ta)＞*kotïn(「一直」, 하나, 新羅)＞*katun(「河屯」. 하나, 高麗:계림유사, 고려)＞katana(하나, 二中曆 . 고려)/koto(같은, Jap)＞kʌt'ʌn(같은)의 변화를 거치고, *gari(「加利」. 하나, 고려)＞gari-gan(명사화 접사)＞gargan(單一, Ma)/gǟda(하나, Orog)/kata(한 쪽, Jap)＞gargan-ta(명사화 접사)＞gakta(單一한 것, Ma)의 변화를 거친 것으로 보인다.

한 편, *gargan(單一 · 하나*)＞gara＞haṅa(하나)＞hʌna(ᄒᆞ나, O.kor)의 변화를 거친 것으로 볼 수도 있을 것 같다. 語中의 -ra＞-na의 변화가 상당히 보이기 때문이다.

8) -t-(Kor) ——————————— -rg-(Ma)

예: pətïl(버들)	burga(버들가지)
puc'i-(＜*put'i-, 나부끼다)	burgaša-(id)
patc'i-(친척)	bargiya-(친척을 친애하다)
tot'(돼지)	dorgori(멧돼지)

---

4) 姜吉云 1975. 전게서 p.4～5 또는 韓國語系統論參 下卷 1992. 第12章 p405 照: 直寧縣本一直縣, 星山郡本一利郡今加利縣

5) 이중력의 'カタナ' (하나)와 계림유사의 河屯(하나)는 katuñ(첫 · 始初, Dr-Ta)과 더 나은 대응을 보인다.

tət'(안) *cf.* 덧-걸이	dorgi(id)
pata-ka-(추적하다)	farga-(id)
kaji.(＜ *kati. 枝)	gargan(id)
küt'ori(귀뚜라미)	gergen(id)
koto-sö(고두쇠)	gūrgi(허리띠 고리)

위에서 보인 *kotïn(一, 新羅)은 신라 · 고려는 물론 한반도 전역에 걸쳐 쓰인 드리비다語(伽耶系語)일 것이며, 신라 · 고구려 · 백제의 지배층은 따로 그들의 민족어를 사용하였다. 그중 신라어로서는 *bir(一, 新羅[6]) *cf.* bir 하나, Turk: 비롯-'비롯하다')이 쓰이었고, 고구려족 · 백제족의 '하나'를 뜻하는 말은 지명에 보이지 않는다. 다만 백제지명에 언어기층의 고조선족(檀君朝鮮族-퉁구스族)의 언어로 믿어지는 *emu(「燕」.하나. cf, emu 하나, Ma)가 보인다.

燕山郡本百濟一牟山郡(삼사지리 3)

그리고 '엄두도 못내다'의 '엄두'를 emu(最初)-de(處格助詞)의 구조로 볼 수 있을 것이다.

그리고, šine(하나, Ainu)는 모음의 대응이 의심스러우나 tu(둘, Ainu) · ine(넷, Ainu)의 존재로 보아서 hʌna(하나, 李朝)와 대응시켜 봄직도 하나 šine의 -ne는 접사로서 어근이 아니므로 대응시키는 것은 바람직스럽지 못하다.

그런데, 이와 같이 'ᄒᆞ나'는 sinio · gargan · yegâne의 소급형-*yaganah · kändü · gargan 등과 비교해 볼 수 있으나, 'ᄒᆞ낳'의 끝소리 -ah의 대응이 잘 되고, '둘 · 셓 · 넿'이 이란계의 터키어와 대응되므로 그것과 한 체계를 이루는 *yaganah(유일한 · 오직)와 대응되는 것으로 추정한다. 더욱이 'ᄒᆞ나'가 이조어에서 '오직'의 뜻으로도 쓰였는데 이것은 '오직'의 뜻도 가지고 있어서 확실한 대응이 아닐까 한다.

한편 우리는 'ᄒᆞ나' (하나)와 'ᄒᆞᄅᆞ' (하루)가 그 음운결합체가 유사하므로 'ᄒᆞᄅᆞ'는 'ᄒᆞ나'에서 파생된 말이거니 생각하고 있으나 사실은 그렇지 않은 것 같다.

---

6) 이 책 下권 제15장 新羅支配層語의 比較硏究 (1)항 참조

kündüz(>gündüz, 하루에, O.Turk)란 말이 알타이어에 있고, 이것이 *ᄒᆞᄅᆞᆯ(>ᄒᆞᄅᆞ>하루)과 음운대응을 이루고 있어서 이들이 동근이 아닌가 하는 생각을 가져 본다. k-(Turk)는 이미 말한 대로 h-(Kor)와 대응하고 -ü-(Turk)는 -ʌ-(Kor)와 대응한다.

9)	**-ʌ-(Kor)** ————	**-ü-(Turk)**
예 :	nʌlli-(용감하다)	yürekle-(대담하다)
	kʌʒ-(베다)	yülü-(id)
	kʌjʌgi(친숙히)	yüzkarasï(id)
	-tʌrh(-들. pl)	türlü (종류 · 다양성)
	c'ʌri-(정리하다)	düz-(id)
	p'ʌr-(팔다)	füruh-t(판매)
	kʌʒʌl(가을)	güz(id)
	kʌrä(가래)	kürek(삽)
	mʌt=(맏) *cf.* 맏-아둘	mübdī(시작하것)
	mʌr-(재단하다)	mürte-(윤곽을 그리다)

즉 *kündüz>künnüz>kʌrrʌr(*cf.* 困難[곤난>곤란>골란])>hʌrʌr(*ᄒᆞᄅᆞᆯ)>hʌrʌ(ᄒᆞᄅᆞ >하루)의 발달이 가능하다.

요컨대 'ᄒᆞᄂᆞᇂ' (하나)와 '*ᄒᆞᄅᆞᆯ>ᄒᆞᄅᆞ'(하루)는 어원을 달리하나 함께 터키계어[7] 인 것으로 추정된다.

2. 둘(二)

tūrh(二, 李朝)은 途孛[tubəl](二, 계림유사) · 覩二[tuər](二, 조선관역어) 등으로 나타나며, tūr · tū로 발달하여 오늘에 이르렀다.

이 말은 *tubəl(둘) >tuβul>tūl>tū의 발달과정을 밟은 것으로 믿어진다. 향가 處容歌의 '二肹'(貳 버글싀, 훈몽자회 하33)은 *pəgïl(둘, 新羅)의, 도천수관음가의 '二尸'은 *dubər의 표기가 아닐까 한다.

---

7) 여기서 터키계어라 함은 지금의 터키공화국어만을 가리키는 것이 아니고, 흉노어 · 돌궐어를 비롯한 동계의 언어를 가리킨다.

Tungus어는 '二'를 뜻하는 말이 juwe(id, Ma) · juru(id, Goldi) · jur(id, Olča) · jur(id, Oroč) · jūr(id, Evenki) · döö(id, Orok) · d'ur(id, Očh) · d'ur, juo(id, Ma-näger) 등으로 나타나므로 그 공통기어를 *dur(二)로 재구할 수 있을 것이다.

그런데, dubara(둘, Iran系 借用, Turk *cf.* du-bar(두번 · 이중, Ilan)) [*cf.* duve · dvih(둘, Skt) · twegen(둘, OE 男性語)]가 따로 있어서 인구어공통기어는 *dubar(二)로 재구될 수 있을 것이다. Tungus어 *dur도 *tubəl(「途孛 · 覩卜」二)과 함께 모두 *dubara에 소급할 수 있을 것으로 생각된다. 이렇게 보면 Altai제어들(적어도 터키系 · 퉁구스系語)이 일찍 천수백년전에 Iran계나 Sanskrit계의 고대어를 차용했을 것이고, 그것이 민족의 대이동으로 말미암아 한반도(辰韓지역까지)에 들어오게 되었다고 보아야 할 것이다. 필자의 지명조사 결과는 8세기이기는 하지만 신라지명이 터키계어로 이루어져 있고, 백제지명들의 일부도 그러한 것으로 확신하게 되었다.[8] 그뿐만 아니라 삼한지역에서 낙랑시대이전의 Scythia유물-銅鐸 · 銅鈴 · 動物意匠帶鉤등의 출토도 바로 그 증거이며, 위의 고대어 -*tubəl(二)도 Iran어나 싼스크릿어를 차용해 쓰던 스키타이족(시금의 아이누속의 조상)이나 고대터키족(흉노)의 일파가 기마술의 발달로(遊牧民族이었기 때문) 한반도 북부를 거쳐 남부에 정착하게 됨으로써, 여기서 *dubara(둘)>tubəl>tuβul>tūl>tū의 변화를 거치면서 쓰여 왔던 것으로 믿어진다. 그리고, Iran계 수사는 터키족이 고대에 1~6을 차용하여 도박장에서 주로 썼던 것인데, 터키계의 고유수사체계가 동음충돌 기타의 원인으로 그 체계를 유지하기 어렵게 되자 Iran계의 터키어수사를 일반적으로 쓰게 된 것이다. 따라서 *tubəl(>tūr. 二, 高麗)은 터키계어로 추정된다.

그러나, tu(둘, Ainu) · tïr-(둘로나누다, Gilk)과 동근의 말이 tul/tu(둘, 李朝)일 수도 있다.

신라의 수사로서는 *peki(二, *cf.* *peki>eki · iki '둘', Turk ; 버글'둘', 버금 · 벅-'副')가 쓰였을 것인데 이것도 고유 터키계어이고, 고구려지명에 퉁구스계어 *jur(<*dur. 二)이 보인다.

---

8) 이 책 下권 제14장 百濟支配層語의 比較研究 참조

雙阜縣古六浦(고려사지리1)
cf. jirğuğan (六, Mo) · kä(浦, kor): 阜≒陸 · 野 : kugɑ(陸,Jɑp), kegere(野, W.Mo)

3. 셓(三)

ses/se, sə, sək(三, kor)은 seh(三, 이조)에서 발달하였는데, 洒[*sei](三, 계림유사), 色二[*sïər](三, 조선관역어) 등이 고문헌에 나타나며, 신라지명에는 三陟郡本悉直國. 悉直郡一云史直(삼사지리)이라 하였으니 '셋'을 *sie~*siər과 서로 가까운 음운결합체로 말하였을 것이므로 古形도 李朝語 seh(三)와 별차가 없는 *serh였을 것으로 추정된다.

이 *serh>seh(三, 신라)은 2절에서 말한 바와 같이 터키족들이 도박장등에서 차용하여 쓰던 Iran계어 se(<*seh.셋, Turk · *cf.* seh 셋, Iran) : *teoir셋,O.Iran ; trih셋, Skt : trēs셋,Latin)와 동기원의 말일 것이니 *serh는 다시 라틴어로 미루어 보아서 궁극적으로는 *ters에 소급할 수 있을 것이다. 이런 도박장용 수사는 1~6 즉 yek(一, *cf.* yek一,Irɑn) · dubɑrɑ(二, *cf.* do 二, Irɑn) · se(三, *cf.* seh 三, Irɑn) · jihɑr/čihɑr(四, *cf.* čɑhār 四,Irɑn) · penče(五. *cf.* pɑnj 五, Irɑn) · šeš(六. *cf.* šeš 六, Irɑn)이 쓰이었는데, 이 가운데서 seh(三, Irɑn)은 우연이기는 하지만 李朝語 -seh(셓)와 완전히 일치한다.

그리고, seriye(작살, W.Mo) · šɑh(id, Turk) · šɑkɑ(id, Mɑ)도 seh(三)와 유관할 것으로 생각되며, sɑr-ïb(세살된 가축)이나 sɑ-hïr(三日) 등에 보이는 sɑr-~sɑ-(三)가 seh(三)의 Ablɑut현상으로 이루어진 이형태일 가능성도 있다. 따라서 seh(三)의 고대형은 *serh로 재구할 수 있지 않을까 한다.

그러고 이것은, čɑk'r · čɑk'ɑ · čiɑx(셋, Gily)와 비교할 수도 있을 것이다.

요컨대 seh(三, 李朝)>ses(三, kor)은 터키계어이며 이는 고대의 Irɑn어에 기원한 것이다.

그런데, 신라어로 *ici(셋. *cf.* üč 셋,Turk)도 쓰이었이며, 고구려 · 백제지명에는 *kul(셋, *cf.* 姜吉云 1975 : ğur-bɑn 셋, W.Mo : 걸 三, 윷말)이 쓰이었고, 신라지역에도 *kul(三)이 쓰이었다. 기자조선을「삼국유사」의 고조선조의 말미부분에서 高麗라고 하였으며, 위만에게 쫓겨서 기준왕이 남천하여 益山에 도읍하여 韓王이라고 함으로써 韓이란 국명이 생기게 되었고, 기자조선의 箕子를 향가식표기로 볼 때 -子(*jiəi>jï:)는 男子 또는 一家의 學說을 세운 사람의 敬稱인데, 마침 箕를 fiyoo(<*pïyə, Mɑ)라고 하며, 이것은 夫餘[*pïuyio]와 유음인 점등으로 미루어서 夫餘와 箕는 동일어의 이표기일 것이다.

따라서 한지역(新羅·百濟·駕洛國)에도 한때 몽고계어 *kul(셋)이 쓰이게 되었을 것으로 믿어진다.

한편, *ici(三, 新羅)는 *güč(三)>hüč>ŭč>ici의 발달로, *kul은 *kul>kəl(걸)의 발달을 생각할 수 있다. 윷놀이를 할 때 우리는 1-t'o, 2-kä, 3-kər, 4-*yuc'(>us. *cf.* 넷이 뒤쳐지면 '웃었다'라고 함), 5-mo라고 하는데, 여기의 t'o는 tek(>təh>t'o. 單一·奇數, Turk)와 kä는 eki(>eke>kē>kä. 二, Turk) 또는 gɑyr(>gɑy>kä, 또하나,Turk)과, *ʒuč'('숫/슻'>yuč')은 dört(>jöt>ʒut>ʒuč''숯'>yuč''윷'. 四, Turk)와, mo는 beš의 소급형 -*bel(>bə>mə>mo, 五, Turk)와 각각 대응되는 것으로 보이기 때문에, kər(3)도 üč(셋, Turk)와 내응될 것이 예상되어서 üč(셋, Turk)은 어두g-가 탈락된 것으로 추정된다. 그렇게 본 까닭은 gūs-in(三十, Mɑ)으로 미루어 *gūs(三)를 재구할 수 있을 것이기 때문이다. 그리고 *gūs>güč>gür(*cf.* 7.절)의 비교예 26)>kəl의 발달이 가능하다. 그러므로 신라지명에 나타나는 *kul(三)은 kər(三, 윷 말)과 더불어 *ici(三, 新羅)와 동근어일 것으로 확신한다.

10)	**ø-(Kor)** ———	**g-/gV-(Turk)**
예:	orm-(移)	göč-(id)/göčebe(유목민·방랑자)
	ul-e (<*ulge. 천둥)	gök gür-le-(천둥치다)
	olk'e (올케)	görümje(id)
	piduri(비둘기)	güverjin (id)
	nɑj(낮)	gündüz(id)
	mʌl(똥) *cf.* *kumul(id, 百濟)	gübre(id)
	c'e(篩)	gözer(id)
	mud-(埋)	göm-(id)
	nɑr-(日)	güneš(해)
	kɑsʌm(가슴)	göğüs/göğsü(id)

11) m-(Kor) ———————— b-(Turk)

예:	
mad-aŋ(마당)	bahče(정원)
makrici	beylikči(관리의 우두머리)
mㅌ-(믿-, 結)	bağ(매듭)
mʌlgot-mʌlgot(빛나는 모양)	balkï-(빛나다)
mac'i(망치)	balyoz(id)
malri-(말리다)	barïš(화해)
mal (말뚝)	basur(id)
mos(＜mosi＜mʌti＜*bati. 池)	batak(id)
muŋk'ul(뭉클)	bĭkkïn(id)
mod(釘)	*boja(id) *cf.* boja-la-(못치다)

12) 脣音+ㅇ (Kor) ———————— 脣音+e(Turk)

예:	
pont'ï-(본뜨다)	benzet-(id)
poyah-(뽀얗다)	beyaz(희다)
poji(女陰)	ferč(id)
posï-p(보습)	bel(가래)
paro(正)	vehle(id)
mončyə(先)	menše(발상지)
morʌ-(不知)	mečhu(모르는)
momïl(左右舷)	meze-borda(id)

13) -ø(Kor) ———————— -子音(Turk)

省略. *cf.* 여듧(八)의 29).

(ㄱ) 三嶺本高句麗三峴縣今方山縣 : 三峴縣一云密波兮
cf. 帶方州本竹軍城 : 軍那縣本屈郡
(「삼사」지리 4. *cf.* kuren 軍伍. Ma: Köše＜*köle. Turk)
三斤或云壬乞(「삼사」백제본기제4. *cf.* 壬클임)
(ㄴ) 玄驍縣本推良縣一云三良火
(「삼사」지리1. *cf.* girgin 推, Turk ; kūru 밀치다, Dr-Te)
密津縣本推浦縣一云竹山
(「삼사」지리1. *cf.* gizli 密, Turk: xulsu 竹. W.Mo)

일본학자와 국내학자들이 고구려지명에서 三을 密자에다 對當시킨 것을 가지고 密이 mi(셋, Jap)의 표기라고 해독하고 있으나, 이 추리의 불합리함은 이미 姜吉云 1975에서 언급한 바 있어 재론하지 않는다.

하여간 *kul(三)은 고구려계어(蒙古語)와 알타이어에 두루 쓰이었음이 분명하며 윷놀이말의 '걸'(三)도 동근인 것으로 생각된다.

4. 넿(四)

옛지명 · 인명에 四자를 별로 쓰지 않았기 때문에 四를 고유어로 무엇이라 불렀는지 매우 추정하기 힘들다. 尙州산명에 四佛山이 있는데, 이것을 亦德山＜삼국유사 塔像 四佛山조＞이라고 하는 한편 功德山(*dər'功德' *cf.* değer[dəğər] 功德, Turk ; değ[dəğ]- 값하다, Turk)＜勝覽 尙州 山川조＞이라고 별칭하기도 하였다는 기록이 있어서 겨우 신라어 *dəl-k(＞h '수접사: 예: ᄒᆞ나ᄒᆞ · 둘ㅎ · 세ㅎ · 네ㅎ · 열ㅎ)＞*dək＞*tək. 四)을 추정할 수 있을 것 같다(*cf.* 姜吉云 1979). 功德을 değer(Turk)이라고 하는데, 국어로서는 tə̄g(＜*değer. 공덕)이라고 하며 이것을 亦德으로 표기한 것으로 믿어진다. 亦을 지금은 '또'(ᄯᅩ)라고 하지만 고대에는 *də(亦. *cf.* de[də] 또, Turk)라고 하였으므로, *tə̄k(덕 · 공덕)이 *te[tə](亦)로 시작되는 말임을 시사하기 위하여 亦德(*deger＞tegə＞tə̄k)이라고 표기한 것으로 보이며, 한편, 이것은 四佛山의 四에 대당하고 여기의 佛은 deger의 er(*cf.* er '大人, Turk)에 대당할 것이다. 이런 亦德 같은 頭音添記식 향찰의 유례는 지명에 상당히 많다.

예 : 八谿縣本草八兮縣今草谿縣(삼사지리 1)
cf. säkiz(八, Turk). sä(草, Kor) ∴草八=八=säke
連城郡本高句麗客連城郡今交州 (삼사지리 2)
cf. 連=客連=交=kər-
利山縣本所利山縣(삼사지리 1)
cf. 利=所利≒sivri(＜*sïvri. 利, Turk) ≒*sïbïri(＞시퍼러-ᄒᆞ-, 신라)

그리고, 四를 뜻하는 알타이제어들이 tört(O.Turk), dör-ben(Mo), duin(Mɑ), dui(Olčɑ), dïgin(Evenki), doi/rui/nū(Orok), yö＜*dö(Jɑp)등으로 나타남으로써 이들의 공통기어를 *dör로 재구할 수 있을 것이다.

〔**참고**〕 김(苔) 40매를 묶은 단위를 '톳'이라고 하는데, 이것도 dör-t(4, Turk)과 관계가 있을 것이다. 지금은 전의되어서 100매 묶음을 '톳'이라고 한다.

따라서 *tə̄k(<*dəğər「亦德」.공덕 · 덕)과 *dör-k(四)의 발달형- *tərk>tə̄k(四)을 신라어로 볼 수 있을 것이다.

또 *təlk(四, 新羅)에서 neh(四, 李朝) · nək(넉 四, 李朝)이 발달한 것으로 볼 수 있을 것이다. 즉 *dör-k>dərk>dək>nək(넉)>nəh-i>nesi>nes(넷)의 발달이 가능하다. 터키어의 d · ö는 국어의 n · ə와도 대응되고 몽고어 · 일본어의 k(g)가 국어의 h와도 대응되는 점으로 미루어서 *dörk>neh의 변화는 가능할 것으로 생각된다.

14) n-(Kor) ——————— d-(Turk)

예:	nyəmı-(여미다)	demet-le-(묶다)
	nəur(너울)	duvak(id)
	nəur-nəur(너울너울)	depre-(흔들다)
	nuri(우박)	dolu(id)
	nuri(세상)	dünya(id)
	nəhïr-(물어뜯다)	deš-(새기다)
	nər-(펼치다)	döse-(id)
	nirʌ-(이르다)	dil(혀, 말)
	nəpč'i(넙치)	dilbaliği(id)
	nʌr(날)	diri(생생한)
	ni(이)	diš(齒)

15) ə (Kor) ——————— ö (Turk)

예:	pəŋïr-(사이가 벌다)	böl-(id)
	nər-(펼치다)	döse-(id)
	kəp'ujib	gövde(신체)
	kənne-	gönder-(보내다)
	kər-(연결하다)	göre(-에 관하여)
	kətu-	götür-(가져가다)
	kəuru(거울)	gözgü(id)
	kərə-ji	köle(노예)
	kəp'um	köpük(id)
	əlg-	ör-(엮다)

sər-cu *cf.* 문설주	söke(id)
sərp'ı-	sölpük(id)

16) -h(Kor) ———————————— -k(Mo, Jap)

예:		
	hïlgï-	kiloyi-(id, W.Mo)
	həsəp(*쪼각. *cf.* 허섭-쓰레기)	keseg(id, W.Mo)
	humul humul	kümüji-(숙성하다, W.Mo)
	hïndïl hïndïl	künde-(흔들다, W.Mo)
	həmul(살갗에 일어나는 꺼플)	kubere(매질한 자욱, W.Mo)
	haŋ(항아리)	kame(id, Jap)
	halk'ïm(피로한 모습)	kutabire(피로, Jap)
	hoŋtu-k'ä	kinuta(id, Jap)
	həpaŋ	kubo(구덩이, Jap)
	həjən *cf.* 허전-하-	garan-to (id, Jap)

허나, '둘' · '셋'이 터키족들이 도박장에서 쓰던 Iran어의 차용인 점으로 미루어서 '넷'이 jihar(넷, Turk, Iran계 차용어)과 동근의 말일 가능성이 더 크다. 이 jihar(넷,Turk)은 čethir > čahar. 넷, O. Iran)[9]에 소급할 수 있고, 터키어의 j는 국어의 n과도 대응되기 때문에 *jihar > nehar > nehä(*cf.* 16) > nehi > neh와 같은 발달 과정을 밟았을 것으로 추정되며, neh(四, 李朝)도 수사체계를 존중하여 생각할 때 *dərg(四, 新羅)에서 발달한 것으로 보느니보다 *čethir(넷, O.Iran)에서의 발달로 보는 것이 합리적인 추정이 될 것이며, 어찌 보든지 이것은 터키계어임에 틀림없다.

17) n-(Kor) ———————————— j-(Turk)

예:		
	nim(앞) *cf.* 니믈(배의 앞머리)	jeb(앞) *cf.* jeb-he(전방)
	nima(이마)	jebhe(id)
	nibuj(> ipuj, 이웃)	jivar(id)
	nuk-(습기가 있다)	jïvïk(젖은)
	nyəg(녘)	jihet(id)
	cf. ᄆᆞ니다 > *ᄆᆞ지다 > ᄆᆞᆫ지다 > 만지다	

9) 高津春繁(1954): 印歐語比較文法 p.258 참조

그런데, nes/ne · nə · nək(四. kor)의 고형은 neh(李朝) · *nuei-i(餒一, 조선관역어) · *nai~n[illegible](迺, 계림유사)로 표기되어 나타나기는 하나, *nuei-i나 *nəi는 함께 neh의 유사표기가 아닐까 한다. 이들은 음운체계가 다른 중국인에 의하여 기록된 것이기 때문에 당시의 정확한 국어발음을 전한 것으로 믿기 어렵다.

그리고 국어의 동계어인 길약어에 nu-kr · nu-x(넷)가 있어서 수사체계만 고려하지 않는다면 '넿/넉'(四)과 가장 잘 대응된다고 할 것이다.

또한 아이누어의 ine(넷)와 비교하기도하나 이 말은 i-ne로 분석되며 -ne는 접속사에 불과하므로 이 비교는 불가하다고 해야 하겠다.

한편 '네살 먹은 소' 를 '나릅' 이라고 하는데 여기의 어근 *nar을 '넿'(四)와 동근으로 보는 것은 잘못이며, 이것은 nāl/nā(넷. Dr-Ka)과 대응되는 별개의 말인 것으로 추정된다. 그런데, 수사체계를 고려하지 않는다면 이 nāl이 *nāl-i>nā i>nä >ne(네)와 같이 변할 수 있어서 '네(四)'와 비교할 수도 있다.

5. 다ᄉᆞᆺ(다섯, 五)

tasəs/tas- .tä- · täs-(五. Kor)의 고형이라고 볼 수 있는 것으로 '打戍' 또는 '打戌'(*tasyu 또는 *tasyu?. 五, 계림유사)와 打色(*tasï 五, 조선관역어) · 다ᄉᆞᆺ(tasʌs 五, 李朝)이 문헌에 보일 뿐이고, 삼국시대의 지명 · 인명에는 이와 동계의 말이 보이지 아니한다.

우리말의 수사체계의 구조와 인구어의 그것과 같은 점으로 보아서(*cf.* 뒤의 22절) 이 말의 어원은 '閉'에 소급될 것으로 믿는다. 즉 손가락을 모두 꼽은 형태가 五를 뜻하게 된것이다. 반면 손가락을 모두 편 형태 즉 '開'가 十의 어원을 의미하게 된 것으로 믿으며 Ramstedt박사도 이와 유사한 의견을 말한 바 있다. 즉 '다ᄉᆞᆺ'은 '닫-'(閉)의 ta-와 son(手)의 복합으로 보고, '열'은 '열'(開)에서 발달한 것으로 생각 하였다. 또 七은 손가락 셋을 꼽은 형태를 뜻하며, 九는 손가락 하나를 꼽은 형태를 뜻하는 것으로 일관성 있게 설명할 수 있기 때문이다.

그뿐만 아니라, 만주 · 퉁구스어는 五와 十의 어원을 閉(折曲)와 開에서 취하였다. 즉

tuya-(折曲, Ma)-*tun-ga>sun-ja(五, Ma)
juwa-(開, Ma)-juwan(十, Ma)

과 같은 발상에서 생긴 말이다. 이것은 우리가 한 손을 가지고 손가락을 꼽아가며 十을 세는 습관의 반영인 것이다. 이와 좀 다르기는 하지만 아이누족은 양손으로 '十'을 세기 때문에 그들은 ashike(손)·wa(양손)에서 ashikne(다섯)·wan(열)을 만들어 낸 것이다. 이토록 기본수사는 '손'과 깊은 관련이 있는 것을 알 수 있다.

본론에 돌아가서 '閉'를 뜻하는 우리말은 tat-(닫다, Kor)이고, dasi-(닫다, Ma)·dasur(id, Manäger)·dasi-(id. Gol)·dasi-(id, Oroč)·yašur-(<*dašur-. 은폐하다, O.Turk)과 동근으로 믿어지며, 이들의 공통기어는 *dašur-(닫다)로 재구될 수 있을 것이다. 따라서, tat-(닫다, Kor)은 다음 같이 발달하여 tasəs(五, Kor)을 파생하였을 것이다.

*dašur - dašu->dasi- >tas- >tat-(閉, Kor)
(閉) - dašuz > dasʌz > tasʌs > tasəs (五, Kor)

그러므로 tasəs(五, Kor)은 퉁구스어 또는 터키계어와 대응되는 것으로 추정된다.

그러나, 동계어인 길약어에서 toš(다섯)이라고 하니 *toš >tʌš> taš(닷. 닷-옷 '강세접미사')의 변천이 가능하므로 국어의 '다숫/ 닷'(五)과 훌륭히 대응되는 것으로 추정된다.

그리고, 삼국시대의 고구려지명에 be:š(다섯, Turk)와 동근의 후기신라어 *be:š(>*uci. 五)[10]가 나타난다. 이것은 「五谷」의 五를 고구려에서는 옛 이름대로 *tungga(>sunja. 다섯, Ma)로 써왔으나 통일신라시대의 경덕왕 때 개명하면

10) 이 책 下권 제15장(3)항 참조

서 후기신라어로 별칭함으로써 생겨난 것이 *be:š(다섯. *cf.* be:š 다섯. Turk)의 발달형이 *uci일 것이다. 이것은 다시 *be:š＞bu:š＞wu:š＞uši＞*uci(于次)의 발달을 겪은 것으로 생각된다.

五關郡本高句麗五谷郡今洞州(삼사지리 2)
cf. dunggu(골 · 굴, Ma) : tunga(다섯, Evenki) · tongga(id, Gol) · tonga(id, Solon) · sunja (id, Ma)
五谷郡一云于次呑忽(「삼사」지리 4)

6. 여슷(六)

yəsəs · yəs · ye(六. Kor)의 고형은 삼국시대의 지명 · 인명에는 보이지 않고 계림유사와 조선관역어 이후의 문헌에만 나타난다.

六曰逸戍 [yəˀ siu] 또는 逸戌[yəˀ siuˀ] (계림유사)
六 耶沁[ye siəm](조선관역어)
六 여슷(李朝)

yəsïs(六, 李朝)과 대응될 만한 동계어의 단일어는 보이지 않는다. 마침 '여듧(八)도 두음절이 yə-이어서 '여슷'의 yə-와 동일형을 간직하고 있고, '여슷'의 -sïs이 '三'을 뜻하는 *seh(三, 新羅 · 高麗) · seh(id, 李朝) · ses(id. Kor)와 유사하고(*cf.* 22), '여듧'의 -dïlb이 四를 뜻하는 dör-ben(넷, Mo) · tör-t(id, O.Turk) · dui-n (id, Ma) · *təlk(id, 新羅)와 유사한 데 착안하여, yə-가 二나 二倍를 뜻할 수만 있다면 매우 흥미 있는 해독이 될 것이다.

18)	**-ï(Kor)** ————————	**-e[ə](Turk)**
예:	kïʒ-(끌다)	ger-(id)
	tïre(물긷는 기구)	delv(물통)
	t'ïl(뜰)	dergâh(궁정)
	tïr-(入)	deru-n(내부)
	t'ïl(機)	tezgâh(베틀)

tïbı-(뒤집다)	devir-(id)
pïrï-(부르다)	feryɑt(절규하다)
kïrïs(그릇)	helke(물통)
kïlcɑ(문자) *cf.* 글-字?	kerte(기호)
tïmïr-(稀)	tebāu-t(id)

그런데, ‘二’를 뜻하는 퉁구스어를 보면, d’ur(Očo) · d’ur(Manäger) · jūr (Evenki) · ziul(Solon) · jur(Oroč) · ju(Udehe) · jul(Negidɑl) · jur(Olčɑ) · juru (Goldi) · juwe(Mɑ)와 같은 분포를 하고 있어서 그 공통기어는 *jur(＜*dur)이었을 것으로 추정된다. 한편, 신라계어인 *tubəl(Irɑn系의 外來터키語)에서 발달한 *dūr이 있다. 우선 *jur이 다음 같은 음운대응으로 국어에서 *yə로 실현될 수 있을 것이다.

19) y-(Kor) ———————— j-(Mɑ)

예:	yəc‘i(여치)	jɑrgi-mɑ(id)
	yət- *cf.* 연좁 ＞ 어쭈-	jɑri-(신가들 부르며 기도하다)
	ye(대답소리)	je(id)
	yəmul(여믈)	jemengge(음식물)
	yəul(여울)	julɑn(id)
	yəl-nɑ-(노하다)	jilidɑ-(id)
	yə(암초)	jubki(섬)/herin(암초)
	ye(＜nye, 옛적)	julge(id)
	yər-(開)	juwɑ-(id)
	yəl(十)	juwɑn(id)
	yərïm(＜nyərïm)	juwɑri(id)
	yɑŋjini(양지니)	juyedun/jukidun(id)
	yuŋdɑn(비단의 일종)	jonŋdon(비단의 일종)

20) -ə- (Kor) ———————— u-(Mɑ)

예:	pədïlc‘i(버들치)	buduhu(id)
	pəbəri(벙어리)	bufuyen(말이 똑똑하지 못한)
	həbək-tɑri(허벅다리)	buhi(id)
	kəuru(거울)	buleku(id. *cf.* b～k＞k～w)
	pədïl(楊)	burgɑ(버들가지)

mər-(눈이 멀다)	busaja-(id)
nəhi(넷)	duin(id)
tə̄l(한도에 미치지 못한 정도)	dulga(가득차지 않은)
t:ər-(진동하다) *cf.* 펄->떨-	durge-(id)
t:ər-(빼앗다) *cf.* 벌->털-	duri-(id)
təmbi-(함부로 달려들다)	duyembu-(기습하다)
təji-(던지다)	dushu(id)
pək'ïm(거품)	fuka(id)
pə:ri(稼)	fulun(봉록)
həŋkəb(천 조각)	fuŋku(수건)

21) -∅ (Kor) ——————————— -r/-l (Ma)

예: cobaü(조바위)	hūberi(id)
kahi(개)	kabari(개의 일종)
ətti(어찌)	adarame(id)
as-(돕다)	aisila-(id)
puru-mʌl(紅沙馬)	burulu(id)
tyəkı(저기)	čargi(id)
tot'(돼지)	dorgori(흰 멧돼지)
tʌʒ-(사랑하다)	dosholo-(id)
yət'ä(지금까지)	ertele(id)
pəhi-(베다)	feyele-(상처를 받다)
mud-(問)	fujurula-(방문하다)
kyətä(순라)	giyari-(id)
hakčil(마라리야)	harksi(열병)
küji(耳垢)	hūsuri(id)
cəŋji (주방)	juŋgala(id)

따라서 *jur(둘, Tung)은 국어에서 *yə로 실현될 수 있다.

다음에 터키계인 *tubəl(二, 新羅)의 발달형 *tūl이 *yə(二)로 발달할 수 있자면 터키어의 d(t) · u가 국어에서 y · ə로 대응하여야 할 것이고 말음-r의 탈락이 가능하여야 할 것인데 다음 같이 그것이 가능하다.

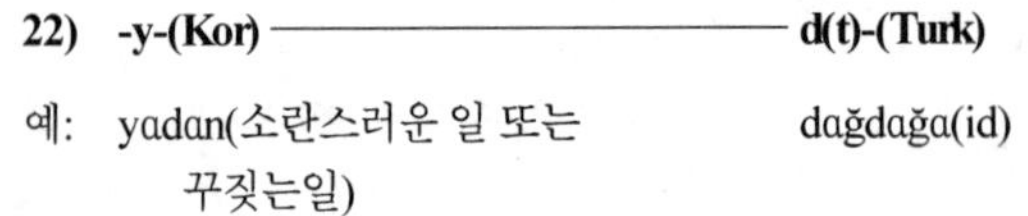

22) -y-(Kor) ——————————— d(t)-(Turk)

예: yadan(소란스러운 일 또는 꾸짖는일)	dağdağa(id)

yaryo(생트집)	dalâlet(탈선 · 과실)
yalgä(얄망궂고 되바라진 태도)	dalga(파동)
yalb-(薄)	dar(좁거나 부족한)
yət-(말하다) *cf.* 엳줍다	de-(말하다)
yəmı-(여미다)	demetle-(id)
yamyəl-c'a-	demir-baš (쇠대가리→고집쟁이)
yənï(여느)	denli(어떤 방법 · 종류 · 정도의)
yabaü(야바위)	tavjï(id)
yəʒï(여우)	tilki(id) *cf.* -lki>ti>si>zi

23) -ə (Kor) ———————— -u(Turk)

예:	
nəul(너울)	duvak(id)
mər-(거리가 멀다)	muhall-et(영구)
k'əp'ul(皮)	gulfe(id)
k'əlk'əl(높은 소리를 내어 웃는 모양)	gulgule(소음모양)
kəkčə-ŋ(근심)	gussa(id)
kəjïs(거짓)	hud'a(속임)
kəs(사물)	husus(id)
kərit'i-(구제하다)	kurtar (id)
məsïm(머슴)	musāhip(시종)
məri(머리칼)	mûy(id)

24) -ø (Kor) ———————— -r · l(Turk)

예:	
kom(곰팡)	hamur(효모)
sup'(숲)	jebel(산, 메)
neh(四)	jihar(id)
s'aho-(싸우다)	čabala-(id)
kəb(공포)	hevil(id)
kor-(코를 골다)	horla-(id)

따라서 dūr>yə의 발달이 가능하다.

그러므로, yəsïs(六, 李朝)은 *jur(二)이나 *dūr(<*dubara. 二)과 seh(三)의 복합어 *jur-seh 또는 *dūr(<*dubara)-seh이 šeš(六,Turk)에 유추되어서 yesïs으로 변한 것으로 추정된다.

한편, šeš(六, Iran계 Turk)를 차용하면서 어두에 i를 첨가한 형태 *išeš이 yəsïs(六, Kor)으로 변한 것으로도 볼 수 있을 것이나, 터키어에서 어두에 i를 첨가하는 외래어는 連子音 앞에만 놓이므로 *išeš의 가정은 불합리하다.

참고로 말하면, 일본어도 6·8은 3과 4를 토대로 하여 모음을 바꿈으로써 형성한 것처럼 일단은 보인다. mi(三)-mu(六) : yo(四)-ya(八)와 같이 실현되었다. 우리말의 형성법과 다른 점은 우리는 3·4에 2를 첨가하여 '2-3'·'2-4'의 형식으로 6·8을 만들었다는 차이가 있다.

또 뒤에서 말할 터이지만 인구어의 기본수사(1~10)의 발상법이 국어의 그것과 거의 동일한 것으로 생각하고 있다.

그리고, 고대지명에 나타나는 수사는 터키계의 *altï[11]·*altan(六, 백제. *cf.* altï 六, Turk)과 몽고계의 *jurguga(六, 고구려. *cf.* jirğuğan·jurgan 六, W.Mo)가 보인다. 또한 길약어와 동계인 토착어- *kar(六, 百濟)이 쓰였음을 확인할 수 있다.

(ㄱ) 地育縣本百濟知六縣今北谷縣(삼사 지리3)
cf. arz(땅, Turk)·doğur-(기르다, Turk) ; ar-(알다. Kor)·anla-(알다, Turk), altï(여섯, Turk) ; ar(북쪽, W.Mo)·tan(골짜기, 고구려)·tan(모래섬, Ma)
可也谷=六谷里(論山地名, *cf.* 可也 옳다)

(ㄴ) 雙阜縣古六浦(「고려사」 지리1)
cf. *jūr(둘, Tungus)·kuga (뭍, Jap)·kegere(들, W.Mo) ;
jirğuğan>jurgan (여섯, W.Mo)·kä (浦, Kor)…말음첨기

(ㄷ) 碣島縣本百濟阿老縣今六昌縣(「삼사」 지리3)
cf. 本百濟阿老縣一云葛草新羅改名碣島
(「승람」 靈光 고적 : 葛·碣[*gar>kar]) : ŋar(六, Gily)

7. 닐굽(일곱, 七)

ilgup/ilgu=(七, Kor)의 고형은 삼국시대의 지명에는 보이지 않고, 계림유사에 一急(*iə-kiəb>il-kub. 七), 조선관역어에 你谷(*ni-ku, 七), 이조문헌에 nilgup(닐굽, 七. 李朝)이 나타날 뿐이다.

모든 퉁구스계어들은 '六·七, 八·九'를 '4-10, 3-10, 2-10, 1-10'과 같이 표현한 것으로 생각되며, 아이누어도 '六, 七, 八, 九'를 '4-10, 3-10, 2-10, 1-10'과

11) 이 책 下권 제15장 (4)항 참조

같이 표현하고 있는데, 국어의 '七 · 九'도 그러한 발상법으로 생겨났을 가능성이 있다.

nil-은 터키계의 *ici(<üč. 三, 新羅)에서 üč>il>nil의 발달을 거친 것으로 추정할 수 있다. 왜냐하면 터키어의 ü · č는 국어에서 i . l(r)과 대응하고(조음위치가 같음), 터키어의 어두i- 는 국어의 ni-와 대응되는 예가 꽤 많다.

	25) i(Kor) ——————	**ü(Turk)**
예:	ciü(목수)	dülger(id)
	c'i(키. 舵)	dümen(id)
	cim(짐)	düyūn(부담)
	kis-(기뻐하다) *cf.* š<l	gül-(id)
	kittä(기를 달아매는 나무때기)	günder(id)
	kirï-(기르다)	güt-(지키다 · 기르다)
	siki-(시키다)	hüküm-et-(id)
	pisïs-(비슷하다)	müšābih(닮은)
	pigi-(서로 견주어보다)	müšahhas(간주한)
	pic'na-(빛나다)/	müšāša(id)
	piz-(아름답게 꾸미다)	
	piski-(가로지르다)	mütekāti(id)
	sitïr-sitïr(시들시들)	süzgün(기력이 없는)
	cil cil(질질 끄는 모양)	sürü(질질 끌다)
	is(이끼)	üšne(이끼의 일종)

	26) ni-(Kor) ——————	**i-(Turk)**
예 :	niʒ-(잇다)	idā-me(id)
	nirïr-(이르다 · 到)	ihrāz et-(id)
	nir-(일어나다)	ilâ(상승 · 고조)
	nirï-(이르다 · 謂)	īzah(설명 · 해명)
	nirʌ-hyə-(일으키다)	iras et-(id)

	27) -r/-l (Kor) ——————	**-č(Turk)**
예:	mul(무리)	fevč(id)
	karo(橫)	hač(id)
	halos(할옷)	kačgöč(id)
	hyəl(얼마. *cf.* 혈마)	kač(id)
	kənir-(거닐다)	huruč(전진)

sal(모발) *cf.* 살쩍	sač (id)
*nikər-(>nikə-. 가다)	nehič(행길)
kyəl-k'o(결코)	hič(id)
mojʌra-(모자라다)	muhtač(id)
*kar->ka-(去)	kač-(달아나다)

한편, nil-은 퉁구스계어의 ilan(셋, Ma)·ilan(id, Evenki)·ilan(id, Solon)·ilan·jilan·jelan(id, Manäger)·ela(id, Oroč)·elan(id, Lamut)·*jil(三, Tungus共通基語)과 동근의 말로 생각할 수 있을 것이다. 즉 *jil>nil(三)이 가능하다. *nil-(三. *cf.* 이리-쇠 '三脚', 老乞 하30)과 kob-(曲, *cf.* kob- id, 李朝: kïvïr-, 오그리다·꼽다. Turk: gohoro- id, Ma)의 복합어가 *nil-kob(三·曲) > nilgup(七, 李朝)의 변화를 거친 것으로 추정된다.

한손으로 셈을 세어 五가 되면 손가락이 모두 꼽히고, 이어 다시 손가락이 두개가 펴지고 세손가락이 그대로 꼽혀진 것이 '七'의 수를 뜻하게 된 것이다.

삼국시대에 八을 터키계어의 *yedi(七, 新羅. *cf.* yetti'>yedi. 七, O.Turk)라고 말해진 것으로 추정된다.[12)]

八居里縣一云仁里別號七谷(「勝覽」 星州)<新羅>
cf. yədïrp(八, 李朝 ; yedi 七, Turk ; dur- 居, Turk)

그리고 고구려지명에 고조선계의 *nä(「乃」·七)와 *nanïn(「難隱」. 七, 고구려 *cf.* nadan 일곱, Ma: nada id, Olča: nada id, Goldi: nadalla id, Evenki: nan-a id, Jap 등)이 보인다.

七重城~乃別(「승람」積城郡名) *cf.* 乃…泥母賄韻 *ney>nä
重城縣本高句麗七重縣一云難隱別(「승람」 積城郡名)
cf. ㉠ 難隱([nanïn]七)
㉡ 羅端([nadan]t)… 山上有七石序立謂之 七寶石 胡語七數爲羅端故因名(「승람」 慶源 山川)

---

12) 이 책 下권 제15장(5)항 참조

8. 여듧(八)

yədəlp/y<yədəl-(八, Kor)은 이조문헌에서 yədïlp/yədʌlp(八, 李朝)이라 하였고, 신라시대에도 퉁구스계(朴氏新羅계)의 주민들 사이에서 쓰이고 있었다. 그러나, 후기신라에선 *süke(八, 新羅)로 쓰고 있었다. 그러한 사실을 다음의 지명으로 알 수 있다.[13]

(ㄱ) 八谿縣本草八兮[새게]縣今草谿[새게](「삼사」지리1)
cf. 草(새). säkiz(八,Turk)
(ㄴ) 八莒[kə]縣本新羅八居縣一云仁里景德王改名八里…別號七谷(「승람」 星州속현).
cf. dur- 거주하다, Turk ; 「居」는 yədïr-'八'의 末音-dïr의 첨기임.
八莒縣本八居里縣一云北恥長里一云仁里(「삼사」 지리1)
cf. yïlduz(>yədi.北. Turk) · 恥[*t'i>ti/c'i]는 yïlduz의 발달형-*yədi의 末音-di의 첨기임, *idi(>iyi/yədi, 仁, Turk) · edgü(어진, O.Turk) · ədi-(仁, kor), yedi[yədi](七, Turk, 新羅)

위의 (ㄴ)에서 '八莒'는 *säkə(八)로, '八居'도 마찬가지로 볼 수 있지만, 八居는 yədïr-(八)의 표기로 볼 수도 있고, 한편, 이 yədïr(八)은 yïldur(>*yədi. 北, 신라. cf. -恥는 末音첨기)과 유음이며, 6.절에서 이미 말한 바와 같이 '여듧'은 yə(<*dūr. 二)와 *dör(四)의 발달형 -*dər(>dʌr>dïr. 四)의 복합형태일 것인데, 이것이 터키계어를 쓰는 후기신라지배층의 귀에는 *yədi(七) · yədi/ədi(仁)와 유사하게 들렸었다는 것을 말해주고 있다.

여기서 우리는 *yïldur(北)과의 대비로 미루어서 yə-dïl-p(八)의 고형이 *yur-dur(<*dör 四)에 가까운 형태였음을 알 수 있다.

그리고 고려시대에 逸答(iə'tāb. 八, 계림유사)이라 쓰고, 그 뒤에 '耶得二(*yɑtəl. 八, 조선관역어)이라고 쓰이었다. 그러나, 위의 기록은 음운체계가 다른 중국인에 의하여 전해진 것이기 때문에 이들은 *yədəlp 또는 *yədïlp(八)의 표기체로 보아 무방할 것이다.

그러므로 yədïlp(八, 李朝)은 *dubara-dör>*dūl-dəl>*yəldïr>yədïl-p의 발달과

---

13) 이 책 下권 제15장(6)항 참조

정을 밟은 것으로 생각된다. 여기서 末音-b는 '아홉 · 닐곱'의 말음에 유추된 첨기다.

다음에 다시 yədĭl-b(八, 李朝)의 어원을 밝혀 보기로 한다. 이미 yəsəs(六)의 yə-를 *dūr 또는 *jur(二)과 대응된다고 보았다. 그때 말음-r의 탈락을 추정한 바 있는데, 그것은 *dūr · *jur>yər>yə(二)의 발달이었다. 따라서 *yə는 '二'를 뜻하는 말임이 분명하다.

다음에 yə-səs이 '2x3'을 뜻한다면, yə-dĭr-b도 '2x4'의 구조일 것이니, *dĭr(四, 新羅)의 존재가능성이 입증되어야 할 것이다. 위에서도 말한 바와 같이 터키 · 몽고계어와 퉁구스계어가 삼한지역에서 함께 쓰이었다면 *dĭr(四)은 그 어느 계통에 속할 것이다. 그런데, dört(<tört. 넷, Turk) · dor-ben(id, Mo)이 있으니 그 어근은 *dör일 것이다. 한편, 퉁구스계어는 dui-n(넷, Ma) · dui-n(id, Goldi) · tūyi-n(id, 여진) · dyi(id, Oroč) · digi-n/degi-n(id, Manäger) · dügü-n(id, Lamut) 등으로 나타나므로 그 공통기어는 *dügü-n(四)으로 볼 수 있을 것이다.

터키어의 ö는 국어의 ĭ와도 대응되고 또 터어키의 다음절어의 말미자음은 국어에서 거의 탈락시키니 *dört · *dörk>dĭr의 발달이 가능하다.

28) ĭ (Kor) ———————— ö (Turk)

예:	k':ĭri-(쁘리-, 묶다)	köl-(묶다)
	tĭtkĭl(티끌)	döküntü(찌꺼기, 부스러기)
	tĭŋsim(등심)	döš(옆구리살)
	kĭrim-ja(그림자)	gölge(id)
	kĭri-(동경하다)	göresi-(id)
	kĭdĭk(그득)	hödük(조밀)
	kĭʒĭr-(그슬다)	köy-(타다)

29) -ø (Kor) ———————— - 末子音(Turk)

예 :	mər-(눈이 멀다)	mürt(죽다)
	cəl(배례)	süjut(id)
	tyə(피리)	düdük(id)
	*sal(>sä. 동쪽)	šark(id)
	t'ĭl(機)	tezgâh(베틀)
	*kal(서쪽) *cf.* 갈바람(서풍)	garb (id)
	pü-(텅비다)	boš(id)

다음에 *dügün(四. Tung)의 ü는 후세 퉁구스어에서 u로 발달하였는데, 그것은 한국어에서 주로 u로 대응되지만 ï로 실현되기도 한다. 그뿐만 아니라, 원순모음 하의 g · k · h는 국어에서 -r · l로 실현되는 경우가 허다하다.

30) -ï (Kor) ———————————— -u(Ma)

예: pusïl-pusïl(부슬부슬)	busu-busu(id)
mïrï-(물러나다)	burula-(일제히 물러나다)
kïce(흔적)	huthe(헌데딱지)
c'oŋgïs(쫑긋)	čukčuhun(id)
tïlre-(떠들다)	dukji-(id)
tïmsəŋ(듬성)	dulemše-(소홀히 하다)
tïri(밤을 새워) *cf.* 밤드리 노니다가	duli-(id)
pïlg-(붉다)	fulahūn(id)
pədïl(버들)	fulha(id)
k':ï-(끄, 끄다)	guku-(id)

31) (圓脣母音)-r · l(Kor) ———————— (圓脣母音)-g · k · h(Ma)

예: tïl-e-(떠들다)	dukji-(id)
purədi-	bukda-(id)
tol(다리)	dogon(냇가의 건널목)
mul(물 · 水)	muke(id)
k'iri(끼리)	hoki(id)
pol(노여움) *cf.* 볼-나다	fuhun(id)
kol(파이프)	kuhen(id)
kori(고리)	goho-nggo(굽은것)
kərïm(비료)	hukun(id)
k':ul(뿔, 꿀)	huhun(젖)

따라서 *dügün(四. Tung)은 *dügün>dugu->durï>dïr로 발달할 수 있다. 그러므로, 터키계어로 볼 수도 있고, 퉁구스계어로 볼 수도 있다.

그리하여, *yur-dur(八, 新羅)은 '2-4'의 형식을 가진 말이며, 그것은 *dubara-dör>yur-dïr>yə-dïr로 발달하였거나 *jur-dügü->yər-dugi>yə-duri>yə-dïr>yə-dïr-b으로 발달한 것으로 추정된다. 여기서 말음-b의 첨가는 ilgob(七) · ahob(九)의

말음에 유추된 것으로 볼 수도 있겠고, 한편, 고구려어와 동계인 몽고어에서는 dür-ben(四)에 -b-가 존재하였고, 고려가 고구려의 후신을 자처하였으므로 고려시대 이후에 yə-dïr(2-4)의 dïr(四)이 dör-b-의 영향으로 -b가 첨가된 형태인 -dïrb(四)이 생겨나서 yə-dïr-p(八, 李朝)이 되었다고 볼 수도 있다.

이 밖에 백제어의 *nayma(八)가 지명에 보인다.

> 平澤縣古河八縣(고려사 지리 1)
> *cf.* namuu(平. W.Mo) · namag(澤. W.Mo) ; nayman(八, W.Mo) · nä(川, kor) · nehir(川, Turk)

위에 河八은 *nayma(八, 百濟)의 표기로 믿어진다. 八이 *nayma로 읽힌 다는 것을 시사하기 위해 두음 nay-(河)를 첨가한 것으로 이런 유형의 향가식 표기법은 상당히 많다. 넷(四)항에 향가식 표기의 유례를 보인바 있다. 한편, 平澤은 *nāma(澤, 百濟)의 표기일 것이며 '平'의 새김은 두음이 nam-이나 na-로부터 시작되는 말임을 시사한 것이다. 요컨대 고구려계의 *nayma(八, 백제)가 쓰인 것으로 추정된다.

9. 아홉(九)

ahop(九, 李朝 · Kor)은 삼국시대 지명 · 인명 등에는 나타나지 않고, 고려이후에서부터 나타난다. 鴉好(a-hau>ho · 九, 계림유사) · 阿戶(a-xu>ho · 九, 조선관역어)가 바로 그것이다.

그런데, 이미 「닐곱」(七)조에서 말한 바와 같이 그 어원은 '손가락을 하나 꼽음'을 뜻할 것으로 믿어진다. 즉 ahop(九)은 a(하나, Ainu) 또는 aŋ(첫째, O.Turk, *cf.* aŋxa '첫째, W.Mo')-kob(曲)의 합성어일 것인데, 그것이 a-kob이나 *aŋ-kob>akob>ahop의 발달과정을 밟았을 것으로 추정된다. '둘'(二)이 dubara(둘, Turk)에서 '셓'(三)이 se(셋, Turk, Iran 系借用語 seh)에서, '넿'(四)이 jihar(넷, Turk)에서 기원된 것으로 보았으므로 aŋ(첫째, O.Turk)-kob(曲)에서 발달한 것으로 봄은 일관성 있는 설명이 될 것이다.

그리고 kob(曲)은 '꼽다'(曲) · kïvïr-(꼽다, Turk) · gohoro-(오구라지다, Ma)와 대응되는 말일 것이며, 또한 어중의 -ŋ-은 탈락하는 경우가 많고(예 : 송아지>쇄지, 망아지>매:지) 터키어의 k는 국어에서 h로 대응되는 경우가 상당히 많으므로 *aŋ-kob>akob>ahop의 추정은 의심할 여지가 없다 할 것이다.

32) h(Kor)	**k(Turk)**
예: hobag	kabak(id)
hec'i-	kačïš-(id)
häs'uk	kansïz(빈혈의)
həbaŋ	kapan(id)
hər-(헐다)	karha(궤양)
hʌri-(덜다)	kasïl-(id)
haya-di-(해지다)	kašarlan-(id)
hwal(활)	kavis(id)
hʌmamyən(드물게)	kemyāb(드문)
həlhʌ-(쉽다)	kolay(id)

한편, 밀러교수가 재구해낸 퉁구스공통조어-*xüjägün(MJO. P. 220)에서 xüjägün > uyagu > yagu > agu-b의 발달을 생각할 수도 있겠으나, 기본수사의 체계상으로 볼 때 '닐곱'(三 · 曲)의 조어법과 같이 보는 것이 합리적일 뿐만 아니라, 어두의 음들이 어근을 이룰 것인데(알타이어는 본시 접두사를 갖고 있지 않았다고 하기 때문임) 여기서는 어두의 세 음-*xüj-가 탈락해서 이루어졌다고 보는 것은 좀 곤란하지 않을까하는 난점이 있어서 결국 앞에서 말한 *aŋ-kob(一 · 曲) > akob > ahop(九)의 발달로 보는 것이 타당할 것으로 생각한다.

이밖에 삼국시대의 백제지명에 堗(dor< *doku 九. *cf.* dokuz id, Turk)이 보이고,[14] 「동국여지승람」 平壤산천조에 九津溺水一云麻屯津이라고 있어 여기서 九=麻屯이 성립되는데, 이것은 *xutʌn(九, *cf.* *xüjägün 九, Tungus共通基語)과 *xuntʌn(麻=*xuntʌ. *cf.* xuntaxa 麻, Goldi ; ~屯=*tʌn≒tuən, 末音節添記)의 유음

14) 이 책 제 15장(7)항 참조

표기가 아닐까 한다. 이런 추정이 가능하다면 *xutʌn(九)은 *xüjägün > xuda-ğun > xutaun > xutʌn의 발달을 생각할 수 있는 퉁구스계어가 될 것이다.

10. 열(十)

yər(十, Kor)은 삼국시대의 지명·인명 등에는 나타나지 않고 고려이후 문헌에서부터 나타난다. 噎([iaʔ]≒yərh. 十, 계림유사)·耶二([yar]≒yər. 十, 조선관역어)·엻(十, 李朝) 등이 바로 그것이다.

그런데, 이미 「다ᄉᆞᆺ」(五)조에서 언급한 바와 같이 '다ᄉᆞᆺ'이 閉를 뜻하는 말에서 생겨나고 '엻'(十)은 開를 뜻하는 말에서 생겨난 것이라고 생각한다. 즉 juwa-(*열다, Ma)→juwa-n(열, Ma)의 경우와 마찬가지로 국어에서도 yər-(開) → yər-hi(十)의 발달을 이룩한 것으로 추정된다. 그리고, '열-'(開)은 yay-(펼치다, Turk): yargu-(開, Gily)나 ila-(開花, Ma)와 대응될 것으로 생각할 수 있을 것이다. 터키어의 a·-y는 국어의 ə·-r(l)와 대응되기도 하기 때문이다.

33)	**ə(Kor)**	**a (Turk)**
예:	əsəl-p'ïn(어설픈)	ajele(서투른)
	ədir-(어질다)	aziz(덕망이 높은)
	ərïm-ərïm(어름어름)	allem kallem (모호한 말)
	ər-(미치다)	alïk(미친)
	əmul əmul(모호한 모양)	apul apul(id)
	əbəl-c'əŋ(어벌쩡)	aval(id)
	pəl(蜂)	bal(꿀)
	pənji-(번지다)	bandïr-(적시다)
	cəg(때)	čağ(id)
	cyəjä(시장)	čaršï(id)

34) **-r(l)(Kor)**	**-y(Turk)**
예: məru (머루)	mey(포도주)
pyərï-(배당하다)	pay (몫)
tʌr-a-na-(달아나다)	tüy(id)
nər-(펼치다, 깔다)	yay-(<*nay-.id)
nyər-(가다)	yay-a(<*nay-a.걸-어서)
nəlb-(넓다)	yayv(<*nayv)-an(id)
hər-(헐다)	zïyā(손해)
kʌnʌl(그늘)	güzey(응달)
purï-(붇다, 증대하다)	büyü-(크다)
p‘ʌr-(팔다 · 賣)	beyi(id)

그리고, yešer-(꽃피다, Turk)과 yər-(열다, Kor)이 동근일 가능성도 없지 않다. 터키어의 e · š가 국어의 ə · r(l)와 대응되며, 터키어의 말음절은 국어에서 탈락하는 것이 예사이기 때문이다.

35) **ə(Kor)**	**e[ə](Turk)**
예: pəl(野)	ferăğ(너른공간)
pənkä(번개)	berk(번갯불)
*səb-un(>서운)	jefa(id)
t’əl-t’əl(떨떨)	deli(제정신이 아닌)
cəjïri(널리 · 고루)	jezri(철저한)
cəp‘u-(두려워하다)	čepel(id)
səlmɪ(총기)	jerbeze(id)
s’əl-mur(退潮)	selli(끌어내림)
cəri(즉시)	derhal(id)
əbi(아버지)	eb/ebu(id)

36) **-r(l) (Kor)**	**-š(Turk)**
예: nal(신선한)	yaš(<*naš. id)
il(일 · 事)	iš(id)
kïlg-(긁다)/kalg-(갉다)	kašï-(<*kalï-,id)
pisil-pisil(비실비실)	ejiš-büjüš(구부러진)
pur-(거짓말하다)	boš(빈)
cf. pü-(비다)	
puri-(下役)	boš(짐을 부린)

*kul(>kü. 귀, 신라)	gûš(id)/kulak(id)
tul-e(주위)	dïš(외곽)
t:əlb-(>t'əlb-. 떫다)	düšvar(id)
pəl *cf.* 혼벌	*peš(>eš. id)

한편 「여슷」(六)조에서 *jur(二. Tungus 共通基語)>yər>*yə(二,[15] 고려)의 발달을 추정하였으니 juwe(二. Ma)도 *yə와 대응된다고 볼 수 있을 것이다. 따라서 juwa-(열다. Ma)의 juwa->jua- >yə:->yər-과 같은 발달도 어쩌면 가능할 것이다(여기서는 ə:>ər의 발달이 문제이지만).

요컨대 yər-h(十, 李朝)은 yər-(開, 李朝)과 동기원의 말이며, 꼽았던 손가락을 모두 편 상태가 十을 뜻함을 시사한 것으로 추정된다.

다음에 삼국시대의 고구려지명에 보이는 것으로 *tywen((鎭의 옛음)의 유음인 *juwan(十, Tung. *cf.* juwan 十,Ma)과 *alba(德=大, 高句麗)의 유음인 *alba(十, 高句麗. *cf.* arban 十, W.Mo)가 있다.[16]

> 鎭湍縣本高句麗十谷城今谷州(「삼사」 지리2)
> 十谷城縣一云德頓忽一云谷城縣一云古谷郡(「고려사」 지리3)
> *cf.* juwan(열, Ma) · juan(id, Olča) · arban(id, W.Mo) · alba(크다, Mo)

한편, 신라(지배층)와 백제(피지배층)에서는 on(十, Turk)과 대응되는 *on(十)이 쓰이고 있었다.[17]

> 十濟[onje]→百濟[onje]…… 溫祚(三國史記 百濟本紀)

위에서 국어의 고유 기본수사라고 생각하고 있는 것의 어원해석을 주로 시도하였다. 그것을 다음 같이 요약할 수 있을 것이다.

---

15) yə-dïlb('2-4' 여듧) · yə-sïs('2-3' 여슷)의 *yə(二)
16) 이 책 下권 제15장(8)항 참조
17) 이 책 下권 제15장(8)항 참조

하낳(一)……*yeğâne(<yaganah, 하나씩, Iran系 Turk)
둘(二)……*tubəl(<dubara, 2, Iran系 Turk)
셓(三)……*seh (<seh 3, Iran系 Turk)
넿(四)……*jihar(<jihar 4, Iran系 Turk) 또는 *dör(4, P.Altai)-k(국어 수접사)
다슷(五)……*tašur-(閉→5, Turk, Altai 共通基語)
여섯(六)……*dubara-seh (2 x 3, Turk)
또는 *jur-seh (2 x 3, Tungus-Turk)
일곱(七)……*üč-kob (3曲, Turk) 또는 *il-kob(3曲, Tung)
cf. 꼽다(손가락을 오그리다)
여듧(八)……*dubara-dör-b(2 x 4, Turk)
또는 *jur-dügü-b(2 x 4. Tung)
아홉(九)……*aŋ-kob(첫째-曲, Turk) *cf.* a(한개, Ainu) -kob-(曲)
열(十)……*yar-(>yay-. 開→10. Turk)
또는 yargu-(>yaru->yər-. 開, Gily)

x x

토(一)……tek(單一, Turk)
개(二)……eki(2, Turk)~gayr(또 하나, Turk)
걸(三)……*gü:č(>üč/gur. 3, Turk)
윷(<숓, 四)……dört(4, Turk)
모(五)……beš(5, Turk)

고대의 수사체계에 대하여서는 이미 姜吉云 1975의 전게서에서 언급한 것을 여기서 다시 싣고, 그 후에 발견한 몇 개를 여기서 더 추가하였으니 그 전모는 다음과 같다.

後期新羅系(터키系)數詞:-
*pir(1), *peki(2), *ici(<*üci<*güc.3), *təlk(4), *uci(<*wuci<*be:š.5), *altï · *alta(6, 백제), *yedi(7), *säke(8), *tol(<*dokï. 9, 백제), *on(十, 백제)
高句麗系(蒙古系)數詞:-
*kur(3, 백제), *jurguga(6), *nayma(8, 백제), *alba(10)
檀君朝鮮系(퉁구스系)數詞:-
*kʌt'ʌn (1, 신라. *cf.* 드라비다어와도 대응), *kodo(1, 신라), *emu(1, 백제) ; *jur(2, 고구려), *tungga(5, 고구려), *nanïn(7, 고구려), *nä(7, 고구려), *xutʌn(9, 고구려), *juwan(10, 고구려)

〔**참고**〕 백제지명 · 인명에 터키계나 몽고계의 수사가 보이는 까닭은 백제지배층이 고구려계이고 지명개명자들이 후기신라지배층들이기 때문임.

11. 스믈(二十)

sïmur(二十, kor)의 古形은 다음 같이 나타난다.

二十曰戍沒[siu-məl] (계림유사)
二十 色悶二[sï-məl] (조선관역어)
스믈(二十, 이조)

그런데, 이 sïmur(二十, kor)은 tūr(<*tubəl · 二)-mïš(十)의 합성어인 것으로 추정된다.

tubəl>tūr->sūr-[*cf.* *tunjɑ(五) >sunjɑ(五, Mɑ): *tunjɑ>sunri>suri(수리, 五月五日, Kor) : tongɑ(五, Goldi) · sunjɑ · tungɑ(id, Manäger) · tungɑ(id, Oroč) · šun-čɑh(id, 여진)]

와 같이 발전한 것으로 생각되며, ɑlt-mïš(六十, Turk) · yet-miš(七十, Turk)의 -mïš · -miš는 十을 나타낸다.

그것이 *tubəl-mïš>tūr-mïš>sūr-mïl(*cf.* 36))>sumul>sïmul(sïmur)로 발달한 것으로 추정된다.

그러나, 한편 yigirmi(二十, O.Turk) · jəgəmə(id, Kɑz) · ziyïrmɑ(id, Blk) · jïyïrmɑ(id, Krč · kkip) · jigirmɑ(id, kkip) · čägirbä(id, Sor) · čibirgi(id, Sɑg · koib · kč · Blt · krg) ; *jur(二, P.Tung) ;-mïš/miš(十)의 여러말로 보아서 '二十'을 뜻하는 알타이共通基語 *jugirmïl(二十)이 추정되는데, 이것과 -mïš(十, Turk)의 복합어로 볼 수 있을 것이다. 즉

*jugirmïl>jur-mïl>sur-mïl>su-mul>sïmul

의 발달을 생각할 수도 있다. 하여간 sïmul(二十, 이조)은 터키계어로 추정된다.

12. 설흔(三十)

sərhïn(三十, Kor)의 고형은 다음 같이 나타날 뿐이다.

三十曰實漢[siəʔ>sil-hɑn] (계림유사)
三十 셜흔(이조)

그런데, 이 sərhïn(三十, Kor)은 이미 3.셋(三)조에서 추정한 고대어 *serh(三)와 on(十, Turk · 후기신라어)과의 합성어로서 다음과 같은 발달을 거친 것으로서 터키계인 후기신라어로 추정된다.

*serh-on > syərhun > syəlhïn(셜흔) > sərhïn(설흔)

위에 보인 e ↔ yə의 교체현상은 국어의 방언간에서 흔히 볼 수 있다.

예 :	
pyə(벼)	pe(id)
syə(셔)	se(id)
kyə(겨)	ke(id)
tyə(뎌)	*te(>če, id)
myənïri(며느리)	menuri(id)
k'yə-(켜다)	k'e-(id)

13. 마흔(四十)

mɑhïn(四十, Kor)의 고형은 다음 같이 나타난다.

四十曰麻雨[mɑ-u] (계림유사:古今圖書集成版)
四十曰麻忍[mɑ-ziən>ʒin] (계림유사:民國版)
四十 마순> 마은(이조)

그런데, 이 mɑhïn(四十, Kor)이란 말은 일견하여서는 그 어원을 찾아내기 어렵기 그지없다.

주변어를 살펴보면 qïrq(四十, O,Turk)·dehi(id, Ma)·döčin(id, W,Mo)·yo-so(id, Jap) 등으로 나타나서 어느것도 maʒʌn(마순)과 유사한 점이 전혀 없다.

그런데, 터키어는 五十·六十을 고유어로 älig(ilig, 五十)·aitmïš(六十)이라고 하지만, 한편에서는 Arab계 차용어 hamsin(五十, *cf.* xamsin id, Arab)과 sittin (六十, *cf.* sittin id, Arab)이 통용되고 있다.

따라서, 四十을 뜻하는 arba'in(四十, Arab. *cf.* arba' 四, Arab)과 동근의 외래어도 터키계어에서 쓰이고 있었을 것으로 생각되며, 그렇다면 후기신라어에서도 쓰였을 것이 틀림없다고 하겠다. 그리고 arba'in(四十, Arab)에서 maʒʌn(마순, 李朝)이 도출될 수 있을 것으로 생각된다. 즉

*arba'-in > abahin > amasin > maʒin > maʒʌn

과 같은 발달이 가능하다고 할 것이다.

그러나, 이 '마순'을 제외한 스믈(20)~아흔(90)의 수사는 모두 Arab계의 차용어와 아무 관계가 없으므로, '마순'도 Arab어와 관련시키지 않고 그 어원이나 구조를 추정해 내는 방도를 생각하여야 할 것으로 믿는다.

이미 4.넷(四)조에서 *čethir(> čahar. 四, O.Iran)에서 neh(四, 이조)가 발달한 것으로 본 바 있는데, neh(四)의 이형이 *nar(四, *cf.* nar-ïb 네살소, Kor ; tas-ïb 다섯살소, Kor)로 실현된 것이 화석화되어 발견된다. 즉

*čahar ┌ jihar > nehar(*cf.* 16) > nehä > nehi > neh(넿, Kor)
(4) └ jahir > nahïr ┬ nahr > nar(*cf.* nar-ïb 네 살소, Kor)
└ nahï > nah(*cf.* nah-ʌr 四日, Kor)

와 같은 발달을 생각할 수 있을 것이다.

그러나 nar(四)을 어원을 달리하는 말로 보고 가야계어와 동계인 드라비다어의 nal(四, Dr-Ta)과 비교하는 것이 더 나을 것 같으나, '十'을 뜻하는 말이 터키어와 대응되므로 드라비다어와의 비교는 체계상 문제가 좀 남는다.

한편, 후기신라지배층(터키계인)들은 十을 *on이라고 하였는데(*cf.* 10.열(十)조 末尾), 이 *on(十)은 *bon 또는 *bun에 소급할 수 있을 것으로 추정된다. 이것과 동기원의 말로 믿어지는 터키계제어들은 다음과 같이 분포되어 있다.

on(十. Turk). un(十, kklp · Bšk),
ōn(十, Trkm · krg · Tob), uon(十, Jak),
von · vonə̂ · vonnə̂ · vun · vunə̂ · vunnə̂ (十, Cuv)

따라서 *nar(四)-*bon(十) 또는 *nar(四)-on(十)이 「n→m/순음 · 원순모음」에 힘입어서 다음 같은 발달과정을 밟아 maʒʌn(마순. 四十, 李朝)이 형성된 것으로 추정된다.

*nar-*bon > marbon(*cf.* 37)) > marwon > maron > maʒʌn (*cf.* 38))
*nar-on > marʌn(*cf.* 37)) > maʒʌn(*cf.* 38))

위의 발달과정표에서 n>m은 순음이나 원순모음의 앞에서 변하는 현상으로서 꽤 많은 예가 보인다. 그리고 r>ʒ의 변화는 G · J · Ramstedt가 지적한바와 같이[18] 흔할 뿐만 아니라, 터키어의 r · 1이 국어에서 ʒ(△字)로 대응되는 예를 많이 들 수 있다.

37) n+脣音 · 圓脣母音(Kor) ——— m+脣音 · 圓脣母音(Turk)

예:	nüïspï-(후회스럽다)	müessif(id)
	nap(원숭이)	maymun(id)
	nïp(늪)	memba(원천)
	nurï-(누르다)	mülga-(id)
	nujirï-(누지르다)	mïjïrïk(짓눌린)
	naʒ-(치유되다)	muāle- / unal-(id)
	nïtas(느닷) *cf.* 느닷없이	müstājel(긴급한)
	cf. noh-(놓다,Kor),nah-(낳다,Kor)	mus-(낳다, Jap)
	nimna(任那, Kor)	mimana(id, Jap)
	nïs-ki-(흐느끼다, Kor)	mus-(id, Jap)

18) Einführung in die Altaische Sprachwissenschaft I Lautlehre p.110, 111.

	nubatama(射干玉, Jap)	mubatama(id, Jap)
	nuri(우박, Kor)	murü-(id, Kor)

38)	**-ʒ-(△, Kor)** ————————	**-r-/-l-(Turk)**
예:	pïʒək(부엌)	fïrïn(가마)
	uʒ-(<*guz-. 우ᇫ-)	gül-(웃다)
	aʒʌ-m(친척)aile (가족)	
	cəʒ-(젓다 · 攪)	ešele-(id)
	kïʒ-(끌다) *cf.* 그ᇫ다	ger-(id)
	naʒ-(나아가다)	ileri(앞선)
	əbəʒi(어버이)	velī(아이의 후견인)
	kuʒyu(구유)	yemlik(id)
	kʌʒ-(깎다) *cf.* ᄀᆞᇫ다	yülü-(id)
	saʒʌ(주사위)	zar(id)
	cʌʒʌ(자위)	zerre(원자)

그러므로 '마흔'(四十, Kor)은 *nar(四)-on(<*bon. 十)>maʒʌn(마ᅀᆞᆫ)>mahïn의 발달을 거친 터키계어로 추정된다.

14. 쉰(五十)

sün(五十, Kor)의 고형은 문헌에 다음같이 나타난다.

> 五十曰舜[siuən>syun] (계림유사)
> 五十 쉰(李朝)

그런데, 이 sün(五十, Kor)은 *beš[bəš]>*buci>wuci>uci(「于次」. 五)[19]와 on(十)의 합성어로 보고자 한다. 즉 *uci-on>usiun>sün(쉰. *cf.* u~u>~u<重音脫落 또는 語頭閉母音脫落>)의 발달을 겪은 것으로 추정된다.

한편, susai(五十, Ma)와 유추현상에 의한 "설흔 · 마흔 · 예순 · 여든 · 아흔"의

---

19) *beš>buci>wuci>uci(五)와 *üč>uci(>ici 三)가 동음충돌을 일으켜 고유신라어의 基數체계가 붕괴되기 시작함(cf. 이 책 제15장(3)항)

말음-n의 첨가로 형성된 것으로 볼 수 있을 것이다. 즉 *susä(五十)>usä>sü-n>sün의 발달을 생각할 수 있겠다. 피상적으로 생각할 때 sunja(五, Ma)와 -on이 *sunja-on>sunyaun>sunun>sunu>suni>sün으로 볼 수 있을 것 같으나 여기서 퉁구스계와 터키계의 혼성어라는 구조상 불합리성 때문에 부적당하다.

하여튼 '五十'을 뜻하는 말을 제외한 십단위의 모든 말이 터키계어로 일관성 있게 설명될 수 있으므로, 이 '쉰'(五十)도 susai(五十, Ma)와 동근으로 보느니보다 *beš(五)-on(十)>wusiun>usiun>sün 또는 *beci(五)-on(十)>wuci-un>usiun (*cf.* 40)>sün의 발달로 보는 것이 합리적일 것이며, 이것도 터키계어인 것으로 추정된다.

39) s(Kor)	**č(Turk)**
예: son(손)	čenk(손발)
saho-(싸우다)	čaba-la-(id) *cf.* saraš-(id)
sol(귀얄)	čalï(id)
surki(수레)	čïkrïk(id)
sat'/saʒi(사이)	čatïlak(틈)
sinä(시내)	čay (id)
sä(풀)	čayïr(목초)
sorkä(수리)	čaylak(id)
sƎm(>säm.샘)	česme(id)
sin(신.靴)	čizme(승마용 신)
siü(홍수)	čïğ(우박 쏟아지듯 하는 것)
sïŋgaŋi(다툼)	čïngar(id)/šikak(id)

그리고 지명상으로 볼 때 *beci(五, 신라)> buci> wuci~huci >uci(于次)와 같이 발달한 것으로 믿어지는데, 여기서 b->h-(*cf.* 41)>Ø(*cf.* 40))의 변화와 e>ï(*cf.* 18)>u(*cf.* 42))의 변화의 가능성을 보여 주는 유례를 다음에 보인다.

40) p-(Kor)	**ø-(Turk)**
예: parʌl(바다)	alarga(큰바다)/bahri(바다)
pərïs(버릇)	alïšïk(버릇된)
p'ahyə-(뺏다)	apar(<*papar-. id)

pəl(관계) *cf.* 동생-벌	ara(id)
pʌra-(바라다)	arzu(id)
pəl(蜂)	arî(id) *cf.* bal(꿀)
pad-ak(바닥)	aya(id)
pisil-pisil(비실비실)	ejiš büjüš(id)
pudïr-əb-(부드럽다)	edālï(id)
pəl(관계자 이윗사람)*cf.* 벌꾼	el(자기가족 이윗사람)

41) h-(Kor) ―――――――――――― b-/p-(Turk)

예:	hewad-(<*헤받-.헤치다)	berbat-(id)
	həri(허리)	bel(id)
	haya-hʌ-(하얗다)	beyaz(id)
	hət'ïn(허튼)	butlan(잘못)
	hori(호리)	pulluk(무거운 쟁기)
	cf. pos(봇나무, Kor)	huš(id, Turk)
	pomnor-(날뛰다, Kor)	hopla(id, Turk)
	pul(불알, Kor)	husye(id, Turk)

42) -u-(Kor) ―――――――――――― -ï-(Turk)

예:	kumul-kumul(꾸물꾸물)	kïvïr-kïvïr(id)
	c'uk(이익, 잉여)	čïgar(id)
	cuk(10개)	čïkï(작은 묶음)
	puc'i(그릇)	fïčï(통)
	pugul-pugul(부글부글)	fïkïr(id)
	huri-(강타하다)	fïrla-(공격하다)
	p'usək-p'usək(옷스치는 소리)	fïs-fïs(ïd)
	k'ul-k'ul(쿨쿨)	gïr-gïr.(ïd)
	kur-(행하다)	kïl-(ïd)
	muldïr-(물들다)	mïrdar(더러운)

참고로 직접 be-와 u-가 대응되는 예를 몇 개 들어 보인다.

besi(사육장, Turk) ………………………………………… 우리 (가두어 두는곳)
ven(난) · biz(우리, Turk) ………………………………………… 우리(id)
bešuš(웃는, Turk) ………………………………… 웃-(웃다) *cf.* 배시시(웃는모양)

15. 여쉰(六十)

yesun(六十, Kor)의 고형은 문헌에 다음같이 나타난다.

六十曰逸舜[iəʔ-siuən」(계림유사)
六十 여쉰(이조)

그런데, 위의 yəsyün(六十, 이조)은 *dubəl(또는 *jur)-seh에서 발달한 *yə-seh (六)와 on(十)의 합성어가 다음 같은 발달과정을 밟아 형성된 것으로 추정된다.

*yə-seh-on＞yəsihun＞yəsiun＞yəsyün

따라서 이 말도 터키계어로 생각된다. 그리고 이 말은 30의 2배를 뜻한다.

16. 닐흔(七十)

ilhïn(七十. Kor)의 고형은 문헌에 다음같이 나타난다.

七十曰一短[iəʔ-tuɑn] (계림유사)
七十 닐흔(李朝)

그런데, 위의 nilhïn(七十, 李朝)은 그 이전의 문헌인 계림유사에서는 一短으로 나타나며, 민국판(民國板) 중간본에서는 '逸短'으로 나타나나 이들의 宋代音은 같다. 즉 [iəʔ-tuɑn]이었을 것으로 추정되는데, 이것은 八十을 뜻하는 yə-tïn(여든)과 아주 비슷하고, 도리어 지금의 nilhïn＞ilhïn(七十)과는 그 음이 너무 달라서 동일어의 고형이라고 보기 어렵다. 설령 '一短' (70)의 一을 '一急'(7)의 一과 같이 il~nil로 읽어도 '短'을 -hïn의 표기로 볼 수 없으므로, 短을 오자로 보고 원본에는 姮[həŋ] · 恒[həŋ] · 桓[han~huan] · 烜[huan] · 垣[huan] 등 가운데서 어느 자로 쓰여 있었다고 가정하는 도리밖에 없다. 그러므로, 우선 一短을 '一≒逸'

(質韻)로 미루어서(*cf.* yə-tïn 逸頓[yə-tuɑn]. 80)에 가까운 표기로 볼 경우, 이 yətuɑn(「一短」70)은 *yedi(七)-*on(十)의 합성어인 것으로 추정된다. 즉 *yedi(七, 신라. *cf.* yetti>yedi. 七, Turk)와 *on(十. 신라. *cf.* on 十, Turk)의 합성어이던 것이 yedi-on> yədion>yədyən(≒一短)의 발달과정을 겪은 것으로 믿어지는데, 이 *yədyən(七十, 高麗)은 계림유사의 저자인 손목(孫穆)이 yə-tuɑn(一短)으로 근사치 표기한 것으로 볼 수 있을 것이다.

한편, 一短의 短을 姮[həŋ]의 오자로 볼 경우에는 一도 一急의 一과 같이 *nil>il의 유사표기로 보면, *一姮[nil-həŋ](七十, 高麗)은 nilgop(七) 또는 그 略形 *nilgo-(七)와 *on(十)의 합성어로 볼 수 있을 것이다. 즉

nilgop-on>niloh-on(-lg->-l-: k/g의 묵음화)>nilho>nilhïn>ilhïn

의 발달을 겪었거나,

nilgo-on>nilhoon(*cf.* 5)항)>nilhūn>nilhïn>ilhïn

의 발달을 거쳤을 것으로 추정된다.

여하튼 '一短(姮 ?)'은 *nilgp(七)-on(十)의 구조를 가졌거나 *yedi(七)-on(十)의 구조를 가진 것이라고 생각되며, '닐흔'(七十, 이조)은 두말 할 것 없이 *nilgop(七)-on(十)의 구조를 가진 것으로서 이들은 모두 터키계어가 된다.

〔**참고**〕 k(g)의 r(l)아래의 默音化:—
pᴇ-kä(梨浦)>pᴇ-ä(용가 三13)
molgä-kogä(砂峴)>molä-ogä(용가 四49)
čyor-kä(照浦)>čyor-ä(용가 六37)
kɑlgö(侵)>kɑlö-(杜初 五17)
nʌl-gä(翼)>nʌl-ä(月釋 十78)

17. 여든(八十)

yədïn(八十, Kor)의 고형은 문헌에 다음같이 나타난다.

八十曰 逸頓[iəˀ-tuən] (鷄林類事)
八十 여든(李朝)

그런데, 위의 yədïn(八十, 이조)은 yədïlb-(八)의 略體 *yədï-(八)와 *on(十)의 합성어인 것으로 추정된다. 즉

*yədï-on > yədïun > yədïn(八十)

의 발달과정을 밟은 것으로서 이것도 터키계어인 것으로 믿어진다.

18. 아흔(九十)

ahïn(九十, Kor)의 고형은 문헌에 다음같이 나타난다.

九十曰雅訓 [a-hiuan > ahun] (계림유사: 민국판)
九十曰雅順 [a-siən 또는 a-suən] (계림유사: 고금도서집성판)

위의 雅訓[a-hiuan]은 ahʌn(九十, 이조)의 이표기로 보아서 무방할 것이며, 이것은 ahob(九)의 *aho-(九)와 *on(十)의 합성어인 것으로 보인다. 즉

*aho-on > ahōn > ahʌn > ahïn(九十)

의 발달을 겪은 것으로 추정된다. 이것 역시 터키계어로 보아야 할 것이다.

한편, 雅順[a-siən]의 順이 오자가 아니라면, 이것은 ahïn과 yisün(九, W.Mo)의 略體-*yisü와 on(十)의 합성어로 볼 수 있을 것이나, 몽고계어인 yisün과 터키계어인 on의 혼합으로 이루어진 특이한 구조를 가진 말이 될 것이다. 고려시대에

들어와서 고려는 고구려의 후신으로 자처하였고, 이때에는 이미 삼국통일이후 꾸준히 언어의 통일이 점차 진척되어 갈 즈음이므로, 위와 같은 이례적인 고어도 생겨날 수 있기는 하겠지만, 체계의 일관성 있는 설명을 위하여 후자의 雅順은 雅訓의 오기로 보아 두고자 한다.

〔**참고**〕 *yisü(九)-on(十)>ihion(cf. 43)>yəhun>əhun>ɑhʌn(九十)

43) h-(Kor) ―――――――――――――― s-(Mo)

예:	hanïl-kəri(하늘-거리다)	sɑjilkilɑ-(id)
	hʌlk(홁)	siroi(id)
	hɑbi-(하비다)	sɑbɑrdɑ-(id)
	hec'i-(헤치다)	sɑču-(id)
	hïr-(흩어지다) *cf.* 흐러(散)	sɑrni-(id)
	həmul-bəs-(허물벗다)	silburɑ-(id)
	himjul(>심줄)	sindɑsu(id)
	həmul(허물)	sorbi(id)
	hət-kɑn(헛간)	sörü(id)
	hobɑk(확)	subɑğ(구렁)

19. 온(百)

on(百, 이조)의 고형은 문헌에 다음과 같이 나타난다.

百曰醞[iuən>on](계림유사)
一百 黑嫩[xə-nun] (조선관역어) *cf.* 본조는 어원미상
百 온(이조)

위의 고형상으로 볼 때 *yōn(百)>ōn의 발달을 겪은 것으로 보인다.

그런데, 종래 ōn(百)을 on(十, Turk)과 비교하여 왔지만, on(十, Turk)은 *bon~bun(十)에 소급할 것으로 생각되며(*cf.* 13절), ōn(百)은 *jağun(百, W.Mo)에 소급할 것으로 추정된다. 이와 같이 기원적으로 서로 다른 말들이 시대의 흐름에 따라 변하여, 드디어 on(十)과 ōn(百)은 동음충돌 때문에 on(十)은 yər(十)로, ōn(百)

은 päk(百)으로 교체되고 만 것으로 보인다.

그리고, 광개토대왕비의 「百殘」이 百濟를 뜻한다는 것이 정설이니 그렇다면 百殘은 [*onje-han](高-王)의 표기일 것이므로 고구려에서는 이때 이미 百을 '온'이라고 하였을 것으로 생각된다.

한편, jağun(百, W.Mo)과 ōn(百, 고려)이 동근의 말인 것으로 추정된다. 즉

*jağun(백) >yaun > yōn >ōn

의 발달을 생각할 수 있다. 그러나, 이미 누차 언급한 바와 같이 체계의 일관성을 고려 할 때 좀 특이한 존재로 아니 볼 수 없다.

또한, 이미 百濟語支配層語의 比較研究(이 책 제14장 첫머리)에서 언급한 바와 같이

十(jyuhu, 百濟音)≒*jağu(-n)(百, 고구려)→百濟[onje]
↓ ↓ > 溫祚
on(十, 후기신라)≒ōn(百, 고려) →十濟[onje]

의 유추로 하여 *onje라는 국명을 표기할 때 당초에는 百濟(삼국사기 百濟本紀 溫祚王조)라고 쓰던 것을 나중에 신라인들이 十濟라고 고쳐 쓰게 된 것인지도 모를 일이다.

20. 즈믄(千)

čïmïn(千, 이조)보다 고형은 문헌에 나타나지 않을 뿐만 아니라, 현대어에선 사어가 되고 한자어-千(천)과 교체되어 버렸다.

그런데, 알타이제어에는 대응되는 말이 보이지 않는다.

그러나, 드라비다어에는 āyiram(千, Ta) · sāvira(id, Ka) · ca·vrm(id, Ko) 등이 쓰이고 있어서 그 공통기어를 čayvirm으로 재구하면, *čayvirm>čemirm>čïmïn(즈믄)의 변화를 거친 것으로 추정되나, 수사체계가 터키어계인 점에 어긋

나는 흠이 있다.

따라서, čïmïn(千, 야조)의 어원을 다른데서 구하지 않으면 안될 것이며, 마침 jem'ɑn(모든, Turk) · jemî(全, Turk) · jemi(集合 · 總計, Turk) · jümle(合計, Turk)와 같이 čïmïn(千)과 유사한 형태가 있고, 고대에는 고단위의 수라고 해도 千을 넘기 어려웠을 시대가 있었을 법도 하기 때문에(*cf.* 온: 百→온: 全部),

jem'ɑn(모든)>čïmïn(千) ; *jemī(全)→*jemi-n(千)>čïmïn(千, *cf.* 18))

의 발달을 거친 것으로 추정된다. 그렇다면 이 čïmïn(千, 이조)도 터키계어라고 할 수 있을 것이다.

한편, 기어이 miŋ(千, O.Turk) · miŋğɑn(id, W.Mo) · miŋgɑn(id, Mɑ) · məŋ · mïŋ · muŋ · bïŋ · pin · bin (id, 터키계제어) 등과 비교를 꾀하자면 čïmïŋ(千)을 재구하여

*čïmïŋ(千)> yïmïŋ> ïmïŋ> mïŋ · miŋ> biŋ…….

의 변천을 거듭하여 현재 알타이제어의 형태가 생겨난 것으로 가정하는 도리밖에 없다. 과연 그렇게 발달되었을 것이라면 어근부위의 čï-가 탈락하지 않으면 안 되었을 까닭이 있었을 것인데, 그것은 '萬'을 뜻하는 tümen(Turk) · tümen(W.Mo) · tumen(Mɑ)과 '千'을 뜻하던 *čïmïŋ(再構成)이 변화과정에서 다음과 같이 유사하여져, 드디어 이화작용이 일어난 탓으로 생각할 수 있을 것이다(*cf.* Rɑmstedt SKE p.38에서 čïmïn 1000, Kor을 tümen과 比較하였음).

tümen>*čümen(萬) ≒ *čïmïŋ>čïmïn(千)

그런데, 따로 千을 뜻하는 말로서 *doro~*duru(千)가 쓰인 것으로 믿어진다.

千丁(=巴只 · 宣威 · 中山 · 定州, 勝覽 V.48 定平 郡名)
千日菴在法弘山 (勝覽 V.52 順安縣 佛宇)

위에서 '千'을 '巴 · 宣 · 中 · 定≒法'과 대응시키고 있는데, 여기서 巴는 tolga-(廻, Turk) · dorho-(廻, Ma) · tor-(廻, Kor)과, 宣은 dukji-(喧, Ma) · tule-(喧, Kor)와, 中은 dorgi(中央, Ma) · dolo(內. 中央, W.Mo) · tïr-(入, Kor)과, 定은 toro-(風定, Ma) · tokto-(定, Ma)와, 法은 dursun(規則, Ma) · dürem(規則, Mo) · turu(心法, Ma). doro(道理, Ma) 등과 각각 대응될 것으로 생각되므로, 이들과 상근한 음은 *doro ~ *duru일 것으로 추정된다. 그리고 이것은 현대어의 '여럿'(<여렇)과 yorozu(萬 · 여럿, Jap) · dokurjun(더미, Turk)와 동근의 말일 것이다. 즉 *dokurju(여럿 · 더미)>doroju>yoroju(*cf.* 21)항)>yorozu(Jap) · yərəh(Kor)의 발달을 겪은 말일 것이다.

21. 두먼(萬) · 골(萬)

*tumən(萬, 百濟)이 삼국시대의 지명에 나타난다.

> 萬頃縣本百濟豆乃(乃는 万의 誤記?)山縣<三史 地理三>

위에서 豆万=萬의 등식을 만족시키자면, 萬을 향가식표기로 보아 *tumən~*tümən으로 읽을 수 있는데 신라음에는 [ü · ö]가 없었으니 *tumən으로 읽을 도리 밖에 없을 것이다. 즉 豆万의 豆-는 萬을 뜻하는 말의 두음이 tu-임을 시사하는 표기법이다(*cf.* 4.넷(四)절 "四(*tək)佛山=亦德(*tək)山"의 類例).

이 말은 tümen(萬, Turk)(*cf.* tumane 萬, Tocharian) · tümen(id, Mo) · tumen(id, Ma)과 대응되는 것으로서, 豆漫江(龍歌 上33)의 豆漫(豆滿)과 圖們泊(白頭山天地)의 圖們도 같은 말인 것으로 믿어진다.

이밖에 萬을 뜻하는 말에 kuər(闕)>kōr(*cf.* 闕者萬之稱也, 규원사화)이란 것이 있었던 것으로 추정된다. 현대어 속에서도 「골백번」의 '골'에 화석화되어 나타나는데, 이것은 kavïr-(모으다, O.Turk)과 대응되는 말일 것이다.

그런데, 이것이 지명 속에서

(ㄱ) 今勿內郡一云萬弩(「삼사」 지리4. 고구려)
(ㄴ) 萬代山一名可岾山(「승람」 고령 산천)
(ㄷ) 龜城都護府本高麗萬年郡(「승람」 귀성 군명)
(ㄹ) 萬水寺在衆頭山(「승람」 김포 불우)
(ㅁ) 萬寶殿仁宗改玄德殿(「승람」 개성 고적)

위의 (ㄱ)에서는 萬을 *kumur「今勿」똥. *cf.* gübre 똥, Turk)[20]에, (ㄴ)에서는 *kabur(可. *cf.* kabul 허용 · 동의, Turk)에, (ㄷ)에서는 *kabur(龜. *cf.* kaplum-bağa 龜, Turk: -bağa 無尾兩棲類 또는 거북임을 나타내는 接尾辭)에, 각각 對比시켰으며, (ㄹ)에서는 *kāmar(群衆. *cf.* kalabalïk 群衆, Turk)에 萬 즉, *kumur을 대비시키고, (ㅁ)에서는 *kamar(黑. *cf.* hūmara-꺼멓게 되다, Ma: kāvala 暗黑, Dr-Ta)을 萬(=*kumur)에다 유음대비시키고 있다. 따라서 萬을 뜻하는 고유어는 *kabur～*kōr～*kamur～*kamar의 여러 형태에 가깝거나, 위의 여러 형태들이 어느 것에서 차례로 변한 양상이거나일 것이다. 필자의 생각으로서는 *kabur(萬) >kamur · kawur)>kōr＜신자전＞의 발달을 겪은 말인 것으로 생각하며, 이것은 kamu(皆. Turk) · qamu(id, W.Mo) · gemu(id. Ma)→*kabu(皆)와 동기원의 말인 것으로 믿어진다. 일본어에서 萬을 yorozu라고 하는데, 이것도 '모두' 라는 뜻을 가지고 있어서 이들이 의미상의 우연한 일치라고 보기에는 너무 공교롭다.

22. 國語와 印歐語의 基本數詞의 構成法 比較

이미 앞에서 말한 바와 같이 국어의 기본수사의 구성법을 보면, '5 · 10'은 손가락의 '閉 · 開'를 뜻하고 '6 · 8'은 '3 · 4'의 2배수임을 나타내는 '2-3 · 2-4'의 구조를 가진 말이며, '7'은 손가락 셋을 꼽은 모양을 뜻하고, '9'는 손가락 하나를 꼽은 모양을 뜻한다고 한바 있다.

그런데, 印歐語의 基本數詞의 構成法도 端的으로 말하면 國語의 基本數詞의 構成法과 꼭 같다고 말하고 싶다.

이미 6. 여슷(六)조 말미에서 印歐語의 '6 · 8'의 구조를 '3-2 · 4-2', 즉 3 · 4의

20) 이 책 제14장 百濟支配層語의 比較研究(31)항 참조

2배수임을 나타낸다고 한 바 있거니와, 여기서는 '5 · 10 · 7 · 9 · 6 · 8'에 대하여 차례로 고찰하기로 하겠다.

먼저 '5'을 뜻하는 印歐語를 열거하여 보이면 다음 같다.

pañca(5, Skt) · πεντε(5, Gr.) · panch(5. Hind) · fimf(5, Goth) · fif(5, O.E) · fünf(5, G)

이들의 재구형은 *penk^w e(5. *cf.* 高津春繁 1954: 印歐語比較文法 p.258)로 추정된다.

그런데, punch[pʌntʃ](E)는 '5인 회의 · 주먹질'의 뜻을 가지고 있으며, 이 말은 위의 poñca · panch와 동근어임이 확실하다(*cf.* 岡倉由三郎 新英和大辭典, 研究社刊 p.1582). 따라서 '5'을 뜻하는 *penk^w e는 '주먹'과 유관함이 분명하며, '주먹'은 손가락을 모두 꼽은 상태 즉 손바닥을 닫은(閉) 모양을 하고 있어서 국어에서 '다섯'(5)이 閉의 뜻을 가지고 있음과 같다.

'10'을 뜻하는 印歐語를 열거하여 보이면 다음과 같다.

decem(10, Lat) · δεka(10, Gr) · daśa(10, Skt) · deich-(10, O.Ir) · taihun(10, Goth) · tasn(10, Arm) · tēn · tien(10, O.E)

이들의 재구형은 *dek-m̥(10. *cf.* 印歐語比較文法 p.259 ;-m̥ '數詞形成接尾辭'. *sept-m̥ '7')로 추정된다.

그리고, ten-dō(張, Lat) · ta-nó-ti(id, Skt) · τείνω<*τεν-ɿω *(id, Gr) · tondere (伸 · 擴, Lat) · tendre(id. F) 등의 어근 *ten-은 '伸 · 張'을 뜻하는데(*cf.* 印歐語比較文法 p.142) 이것은 상고시대에

*dek(伸 · 張) dek-m̥(10)
tek>teŋ>ten(伸 · 張)

과 같이 발달한 것이 아닐까 추측되지만, 한편, das-t(手, Ir. *cf.* dest 手, Iran系 Turk)는 dasa(10, Skt) · dasa(10, Av) · deichn-(10, O.Ir) · tasn(10, Arm) · deci-

(10, E) 등의 *das-～*des-(10)와 분명히 동근인 것으로 믿어진다. 그리고 dast(手)와 δɛkoμαι(받다, Gr)·δαχτvλoς(指, Gr) 등과도 어근을 같이한 것으로 생각된다.

위에서 '5'와 '10'을 뜻하는 인구어의 어원을 추정해 보았는데, 그것을 요약하여 말하면 '주먹'(손가락이 닫힌 꼴)은 '5'를 뜻하게 되고, '손'(손가락이 열린 모양)은 '10'을 뜻하게 된 것으로 추정된다.

'7'을 뜻하는 인구어를 열거하여 다음에 보인다.

> seofon(7, O.E)·sowen·sawen(7, O.Fris)·sibun·sivon(7, O.S)·sibun(7, O,HG)·sibun(7, Goth)·seƀun(7, O.Teut)·saptá(7, Skt)·septem(7, Lat)·sedmĭ(7, O.Sl)·septyni(7, Lith)

이들의 재구형을 전게서(*cf.* 印歐語比較文法 p.259)에서 *septm̥으로 추정하고 있으나, 필자는 상고시대의 고형을 *trih·*tri＞*se(三)와 *ben(曲. *cf.* bend 曲. E: beugen 曲, G)과의 합성어로 보고자 한다. 즉 *trih-ben(三曲) ＞*se-ben＞ seven (7, E)의 발달과정을 밟은 것으로 추정된다.

'8'을 뜻하는 인구어를 열거하여 다음에 보인다.

> navan(9, Skr)·ἐννέα(9, Gr)·novem(9, Lat)·nóin(9, O.Ir)·newin-(9, O.Pruss)·niwun(9, O.Teut)·niun·niwan(9. O.HG)·niun(9, Goth).

이들의 재구형을 전게서(*cf.* 「印歐語比較文法 p.259)에서 *newn̥＜*enewn̥으로 추정하고 있으나, 필자는 상고시대의 고형을 *oino(一)와 *ben(曲)과의 합성어로 보고자 한다. 즉

> *oino-ben(一曲)＞*öno-wen＞*ene-wn̥＞*newn̥＞nine(9, E)

의 발달과정을 밟은 것으로 추정된다.

위에서 一을 뜻하는 인구어의 공통기어를 *oino(一)로 재구한 것은 인구제어

가 다음같이 나타나기 때문이다(*cf.* 印歐語比較文法 p.256).

ūn-us < *oi-nos(l, Lat) · ān(l, O.E) · ōen(l, O.lr) · ainan(l, O.Pruss) · οἰν(주사위의 1. Gr) · οἶος(혼자의, Gr)

다음에 '6'과 '8'을 뜻하는 인가어의 구성법에 대하여 생각하여 보기로 한다. 즉 six(6, E)는 얼른 보기에는 전혀 무관계한 것같이 보이는 *trih(3)-*dvā(2)의 구조를 가진 말에서의 발달형일 것이며, eight(8, E)는 *k^{w}etür(4)-*dvā(2)의 구조를 가진 말에서의 발달형일 것이다. 다시 말하면,

*trih[21](3, *cf.* seh, Ir · teoir, O.Ir · trēs, Lat · triḫ, Skt)-*trih- *dvā(3-2 '6' *cf.* šeš, Ir · sextus, Lat · saṣṭha, Skt · saihsta, Goth · šestū, O.Ch. Sl)의 관계와 *k^{w}etūr[21](4. *cf.* čahār, Ir · čethir, O.Ir · čatvārḫ, Skt · četyre, ᄀO.Ch. Sl · çorkh, Arm)-*k^{w}etür-dvā(4-2 '8'. *cf.* h-ašt, Ir · ocht. O.Ir · aṣṭau, Skt · asztu-ni, Lith · octo. Lat)

의 관계는 '3'과 '4'를 뜻하는 말을 도대로 하여, 여기에 '2'를 뜻하는 말을 첨가하여 '6'과 '8'을 뜻하는 말을 형성한 것임을 보여주며, 이것이 나중에 각양각색의 음운변화를 거쳐 오늘날과 같은 형태로 변한 것으로 생각된다.

위에서 보인 '6'과 '8'을 뜻하는 여러 인구어의 말미에 있는 -tus, -ṭha, -ta, -tū, -t, -ṭau, -tu, -to 등은 *dvā(2)의 변형일 것이며, *trih(3)는 seh, trēs, three, drei, trois, še-, sex-, saṣ-, saihs-, šes-로 실현되었을 것으로 추정되고, 한편 *k^{W}etur(4)은

21) '3'은 *trei, *tri로, '4'는 *k^{w}etwer, *k^{w}etwor, *k^{w}etur *k^{w}tur 등으로 추정하고들 있다(cf. 印歐語比較文法 pp.257~258).

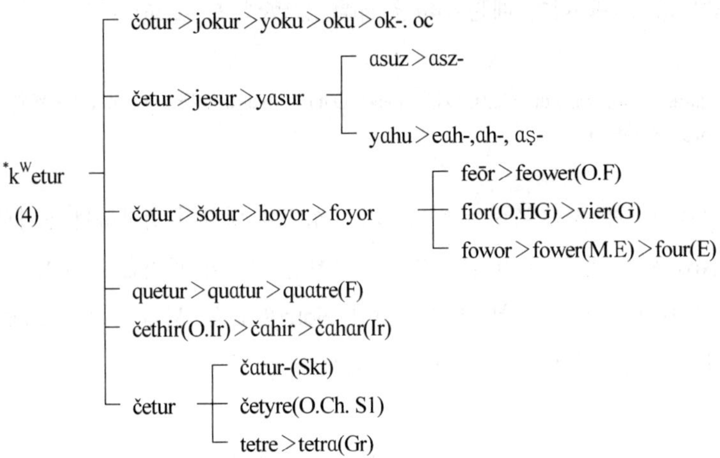

와 같이 발달한 것으로 추정되며, 8을 뜻하는 인구제어의 어두-ok-, oc-, asz-, eah-, ah-(＞eigh-), aş-는 feower, quatre, vier, four와 더불어 '4'를 뜻하는 동근어인 것으로 생각된다.

위에서 보인 고찰은, 영어학이나 인구어학에 대하여 별로 아는 바 없는 필자이기 때문에, 추정과정에서 다소의 과오가 있을 것으로 생각은 하나, 적어도 기본수사의 구성법이 그 근본이론에 있어서는 확고부동한 것이라고 생각한다.

그리고, 위와 같이 언어의 계통이 서로 다르고 지리적으로 수만리를 격하고 있는 언어간에 있어서, 그 기본수사의 구성법이 서로 동일하다는 사실은 인종을 초월하여 인간의 사고방식은 대동소이하다는 것을 말해주며, 이것은 일반언어학(言語學原論)의 성립이 가능함을 시사한다고 할 것이다. 만약 위의 유사성이 인간의 사고방식이 대동소이하여서가 아니라면, 이것은 여러 언어상의 상호교류가 언어학자들이 종래 생각하고 있던 정도보다 훨씬 더 심대하다는 것을 의미할 것이다.

위에서 국어의 수사 중에서 十단위와 百・千・萬을 뜻하는 것의 語源解釋을 주로 시도하였다. 그것을 다음 같이 요약할 수 있을 것이다.

스믈(二十)……*dubər(2)-mïš(10, Turk) 또는 *jügir(2)-mïš(10, Turk)
설흔(三十)……*serh(3)-on(10, Turk)
마순(四十)……*nar(4)-*bon(10, Turk)>mar-bon 또는 *nar(4)-on(10, Turk)>marʌn>maʒʌn
쉰(五十)……*be:š(5)-on(10, Turk)>uci-on
여쉰(六十)……*yə-seh(6)-on(10, Turk)
일흔(七十)……nilgop(7)-on(10, Turk)
또는 *yedi(7)-on(10, Turk)…一短<계림유사>
여든(八十)……*yədï(8)-on(10, Turk)
아흔(九十)……*aho(9)-on(10, Turk)
온(百, 이조)……*jağun(100, Mo)
즈믄(千, 이조)……jem'an(모든)>čïmïn(千) ; jemī(全, Turk)-n→(千)
cf. *cïmïŋ(1,000)>cïmïn(이조)> mīŋ(1,000, O.Turk)
*도로(千, 고려)……*dokurju(여럿 · 더미, Turk)
두먼(萬, 백제)……tümen(10,000, Turk) · tümen(id, Mo) · tumen(id, Ma)
*가블(萬)>그믈 / 가울(ᄂᆞ궐)>골……kavïr-(모으다, O.Turk) ; *kabu(皆) >kamu(id, Turk) · qamu(id, Mo) · gemu(id, Ma)

印歐語의 基本數詞의 語源 및 構造는 다음과 같이 추정된다.

一……*oino(1)
二……*dvā(2)
三……*trih(3)
四……*k^{W}etur(4)
五……*penk^{W}e(주먹→5)
六……*trih(3)-*dvā(2)
七……*trih(3)-*ben(구부리다)
八……*k^{W}etur(4)-*dvā(2)
九……*oino(1)-*ben(구부리다)
十……*das-~*des-(손→10)

위의 인구어수사 구성법은 국어의 그것과 대체로 같다. 즉 '1 · 2 · 3 · 4'만이 공통으로 기원적인 기본수사이고, '5 · 10'은 인구어가 '拳 · 手'의 어원을 가진 데 대하여, 국어는 '閉 · 開'의 어원을 가지고 있다.

그리고 '6 · 8'은 공통으로 '3 · 4'의 2배임을 뜻하고, '7 · 9'는 공통으로 '3-曲(꼽다) · 1-曲'의 구조로서 즉 손가락 셋을 꼽은 것이 '7'이고, 손가락 하나를 꼽은 것이 '9'임을 뜻한다.

第13章
달팽이 名稱考*

표제와 같은 내용의 논고로서는 이미 일본사람 오구라 신뻬이(小倉進平)박사가 A.D.1939년 4월에 '蝸牛名義考'의 제목 아래에 언어 연구 제2호에 발표한 바 있다. 그러나 필자는 이에 대하여 불만을 느껴 오던 터인데 「한글」 제119호에 김모 교수께서 「겨집」에 대하여 쓴 글 가운데서 다시 「달팽이」는 '달려 있는 팽이(懸獨樂)'이라고 오구라설을 답습 인용한 대목이 보이므로 이 기회에 비견을 피력하여 두는 바이다.

먼저 오구라설을 좀더 구체적으로 말하면 '달-'(懸)의 고형은 제주도방언이 「ㆍ」모음을 보존하고 있는 점으로 미루어 보아서 'ᄃᆞᆯ-'일 것이며 'ᄃᆞᆯ'로 표기된 고어에는 「月, 甘, 懸……」 등의 뜻을 가진 말들이 있으나, 전라(田螺)가 늘 물속에서 살고 땅에 기어오르지 못하는 데 대하여 달팽이는 초목, 바위 등에 기어오르기 때문에 '懸'의 뜻으로 보아야 할 것이라는 것이다.

그러나, 아무리 보아도 초목에 기어 오른 달팽이는 '달려 있다'는 느낌이라기 보다는 붙어 있다는 느낌이 적실하다. 우리말 속에 '달려 있다'는 말보다 더 나은 표현이 될 수 있는 말이 없다면 모르거니와, 보다 적실한 표현의 말이 있는 이상 전혀 실감이 안 나는 '달려 있는 팽이'라고 명명하지는 아니하였을 것으로 믿는다. 또한 육지에 있는 모양을 '달-(懸)'로 하면 어딘가 모르게 허공에 데롱데롱 늘여 있는 듯한 느낌이 난다. 그리고 「팽이」와 「달팽이」는 그 형태가 매우 다르

---

* 이 글은 「달팽이 名稱考」(「한글」 제124로. 1959刊)에 실렸던 것임

다고 하겠다. 껍데기 있는 달팽이만은 도사리고 있다는 느낌이 나는 동시에 팽이처럼 제법 둥그스럼 하지마는 그래도 팽이모양 같다는 느낌은 나지 아니한다. 한편, 팽이의 방언과 달팽이의 방언을 비교하여 보면 그 명명방식이 판이함을 알 수 있다. 즉 「팽이」는 '팽이' 자체부터가 '회전'(廻轉)의 의태어인 '팽팽'에서 유래되었다고 보아지며, '도래기' · '서리' · '세리' 등(오구라박사는 '서리, 세리'를 「立」의 뜻으로 보고 있으나, 필자는 「蟠」의 뜻으로 본다) 거의 모두 '회전'에 연유한 말들인 데 반하여 「달팽이」의 이칭에는 「달팽이」계의 말을 덮어두고는 '회전'에 연유되었다고 할만한 명칭이라곤 발견되지 아니한다. 즉 「늘팽이 · 골뱅이 · 고래 · 올뱅이 · 할미고동 · 하매 · 문듸 · 굼뱅이 · 굼비 · 무당 · 동발이 · 잘래비 · 소라 · 고동 · 우랭이」 등 어느 하나 '회전'의 뜻에서 유래한 것이라고 보아질 것은 없고, 껍데기 없는 달팽이의 능글맞은 거동에 유래된 명칭이 절대다수를 차지한다. 게다가 「달팽이계」라고 믿어지는 방언의 분포상태를 조사하여 보면 다음과 같다

① 달팽이:
<u>전남</u> 목포, 나주, 광주, 장성
<u>전북</u> 순창, 정읍, 김제, 전주, 장수, 진안, 무주, 금산
<u>경남</u> 거제, 통영
<u>경북</u> 상주, 함창
<u>충남</u> 공주, 강경, 서천, 홍성, 천안
<u>충북</u> 청주, 보은, 영동, 진천, 괴산, 충주, 단양
<u>경기</u> 장단, 연천
<u>서울</u> 서울
<u>강원</u> 통천, 장전, 고성, 간성, 영월, 평창, 원주, 횡성, 홍천, 춘천, 인제
<u>함남</u> 신고산, 안변, 덕원, 문천, 고원, 영흥, 신흥, 정평
② 달판이:
<u>전남</u> 여수, 순천, 보성, 강진, 나주, 담양, 곡성, 구례
<u>전북</u> 운봉, 남원, 임실
<u>경남</u> 진주, 남해, 하동, 함양
<u>황해</u> 김천, 연안, 해주, 옹진, 태탄, 장연, 은율, 안악, 재녕, 황주, 신계, 수안, 곡산
<u>평남</u> 평양
<u>평북</u> 박천, 영변, 희천, 귀성, 강계, 자성, 후창

③ 들팽이:
경북 홍해, 상주, 문경
강원 양양, 강릉, 삼척
④ 탈팽이:
충북 제천
⑤ 털팽이:
경북 예천
⑥ 틀팽이:
강원 주문진
⑦ 동팽이:
제주도 제주, 성산, 서귀포, 대정
⑧ 달뱅이:
함남 함흥

이와 같이 나열하여 보면 남해에 격리되어 있는 고도인 제주도에서와 변지인 함경도에서만 "-뱅이"형이 나타나고 정치의 각광을 많이 받고 교통이 편한 중부조선을 비롯하여 비교적 그것에 가까운 조건을 갖춘 지방에는 「-뱅이」형은 전혀 보이지 아니하는 대신에 모두 「팽이」 일색으로 나타남을 알 수 있다. 바꾸어 말하면 「-팽이」형의 외곽지대에 「-뱅이」형이 분포되어 었다. 방언주권설에 의하면 이것은 곧 「-뱅이」형이 「-팽이」형보다 비교적 고형이라는 시사인 것이다. 그런데, 이 「-뱅이」가 '회전'의 뜻에 연유된 말이 아님이 분명하다.

그러면, 고형어인 「돌팡이」(蝸 돌팡이 과, 「자회」)를 어떻게 해석할 것인가?

얼핏 생각하기에는 사오백년 전에 「-팡이」형이 나타나 있으니 피상적으로는 「-팽이」형이 「-뱅이」형보다 고형이라고 주장할 수도 있을 것이다. 그러나, 경기방언으로 기록되었으리라고 믿어지는 15세기초의 문헌의 순경음'ㅸ'과 반치음 'ㅿ'이 15세기말과 17세기에 각각 탈락을 보인 데 대하여, 아직 함경도·경상도·제주도 등지에서는 여전히 순음'ㅂ'과 치음'ㅅ'으로, 그 원형(?)이 잔존하고 있다는 사실은(너무나 주지의 사실이기 때문에 보기를 생략) 적어도 자음체계에 있어서만은 사오백년 전 중부방언이 현대의 제주도·함경도·경상도의 제방언보다 도리어 신형이라고 보아야 할 것임을 말하여 준다. 따라서, 앞에 말한 「돌팡이」의 'ㅍ'이 현대 제주도 방언의 「돌뱅이」의 'ㅂ'보다 신형에 속하리라는 것은 거의 의심할 여지가 없다.

시간관념으로 볼 적에는 문헌어의 「ᄃᆞᆯ팡이」가 현대 방언의 「ᄃᆞᆯ뱅이」보다 사오백년 앞선 말이니 오랜 말임이 분명하나, 우리가 음운론에서 운위하는 고형이니 신형이니 하는 개념은 시간관념을 떠나서 오직 원어(原語)내지 조어(祖語)의 원형을 보다 더 잘 보존하고 있는 것이 고형이고, 그 원형에서 보다 멀어진 것이 신형인 것이다. 그러므로, 동일지역어에 있어서는 연대의 신구가 곧 어형의 신구로 환산될 수 있지마는 이지역어(異地域語) 사이에 있어서는 연대의 신구란 참고자료가 될 뿐이지 그것으로 미루어서 곧 어형의 신구를 추정・속단할 수는 없다.

다음에 설령 문헌어의 「-팡이」가 더 고형이라고 치더라도 「팡이」가 「팽이」의 발달형이라는 문헌적 고증도 불가능한 듯하고, aŋi>äŋi의 변화는 흔하지마는 그와 반대의 äŋi>aŋi의 변화는 그 유례를 찾아낼 수 없으니 「팡이」가 「팽이」보다 고형임에는 틀림없는데 「팡이」를 '회전'의 의태어로 보기도 어렵다. 그러므로 「달팽이」라는 명칭이 '달려 있는 팽이'(懸獨樂)가 아님이 분명하다.

하여간 이렇게 보나 저렇게 보나 「달팽이」라는 명칭은 '달려 있는 팽이'가 아니라는 것이 판명되었다.

그리고 「달팽이」를 '달려 있는 팽이'의 뜻으로 해석한 이면에는 추측하건대 「달팽이」의 '-팽이'라는 음이 「팽이」(獨樂)와 우연히 일치하므로 통속어원(通俗語源, Volks-etymology)의식이 작용하여 오해를 초래하게 되었던 것으로 믿어진다. 마치 「겨집」이 '在'를 뜻하는 '겨-'와 '家'를 뜻하는 '집'과의 복합어라고 잘못 인식하고 있는 것과 같다고 생각한다.

그러면 「달팽이」의 어원을 어찌 볼 것인가?

결론부터 말하면 '달-'은 'ᄃᆞᆯ'(山)의 발달형이고, '-팽이'는 '달팽이, 고ᄃᆞᆼ(우렁이・골뱅이), 굼벵이'등을 뜻하는 범칭인 「*ᄇᆞᆯ」(*표는 추정한 재구형임을 표시함)의 발달형이라고 보고자 한다.

그렇게 보는 이유로는:—

(1) ㉮ 蝸 ᄃᆞᆯ팡이(<*ᄃᆞᆯ방이, 「자회」)

㉯ 螺 골왕이(<*골방이, 「자회」)

와 같은 고전에 있어서 ㉮ · ㉯는 방언에 나타난 「돌팽이/달판이/달뱅이」의 존재로 미루어 보아서 우선 「*돌방이」로 부터의 발달임에 틀림 없다('ㅍ'보다 'ㅂ'이 고형임은 이미 말함). 또 달팽이와 우렁이의 형태가 흡사하고 방언에 따라서는 우렁이(고둥)를 「골뱅이/골방-조개」라고 호칭하는 점으로 미루어서 「*돌방이」는 일단 '돌'과 '방이'의 복합어로 볼 수 있고, 「*돌방이」와 「*골방이」의 「방이」는 서로 그 어원을 같이하는 말임이 분명하다. 그러므로 「돌팡이」의 「돌」과 「골왕이」의 「골」과는 달팽이와 우렁이와의 차이점을 표시하는 말이라고 추단할 수 있다. 그런데, 달팽이와 우렁이와는 그 형태동작에 있어서 서로 흡사하니 그 차이점을 다른데서 구하지 않으면 안 될 것이다. 그렇다면 그 서식하는 곳에서 밖에 차이점을 찾을 수 없다. 따라서, 그들이 서식하는 곳에 있어서 수륙(水陸)을 달리하고 있으니만큼 「돌」은 '땅'이나 '언덕'이나 '산'을 뜻하는 말일 것이고, 「골」은 '물(水)'이나, '도랑 · 내 · 바다'등을 뜻하는 말일 것이 거의 확실하다고 하겠다.

(2) 「방이」는 고문헌어에서 '(골)와래'(螺ᄂᆞᆫ 골와래오, 월석서)로 나타나는데 '와래'의 「와」는 '바'가 유성음 사이에서 음운변화(p>b>w)를 일으켜 된 것이 분명하니 재구(再構)하면 '바래'가 될 것인데, 이것이 방언에서는 '(골)부리'<의성. 청송방언> '(동)바리'<진주방언> 형태로 'r'의 노두(露頭)를 보여주고 있으며, 한편, 가야지배층어와 동계인 드라비다어에서 '달팽이'를 puru(두루방언)라고하며, '벌레'를 puru(타밀방언)라고 할 뿐만 아니라, 만주어에 「달팽이, 우렁이, 굼벵이 등의 범칭(汎稱)」으로서 buren*이란 말이 있으니(오구라박사는 이 말을 앞서 말한 『蝸牛名義考』에서 '올뱅이'의 「올」과 대응(對應)시키려 한 바 있음), 위에 보인 '*바래 · 바리 · 부리 · 부루(puru) · 부런(buren)'은 우연의 일치라고 하기에는 너무나 공교롭게 자음구조가 p(b)~r로 짜여 있다.

(3) 「골」과 「돌」은 실지로 고어(古語)에 있어서 대립되는 관계를 가진 말이었다. 즉 「골, 굴」은 "渠, 川, 河, 江, 溪, 海"의 뜻으로 쓰이었다. 삼국사기(三國史記) 지리지(地理志)에서 예를 들어 보면 다음과 같다.1)

臨川郡 伐得骨火小國 今永川
河陰縣 本高句麗 梁骨縣
曲城郡 本高句麗 屈火郡 今臨河郡
江陰縣 本高句麗 屈押縣
河曲(一作西)縣 取屈阿火村 今蔚州
壁溪郡 本百濟 伯尹(一作海)郡 今長溪縣
祁梁縣 本百濟 屈直縣
海口郡 本高句麗 穴口郡 今江華縣
海寧郡 本冬彡(一作音)忽郡 今鹽州
(∴鹽海縣 本百濟 古綠只縣)

그리고, 현대어에서는 이것이 '무낮은 땅'(=浸水하기 쉬운 땅, 골짜기)을 뜻하는 말로 쓰인다. 예를 들어보면 다음과 같다.

골답 …… 물이 많아서 늘 질적질적한 논
골창 …… 개골창
골짜기 … 계곡
골안개 … 골짜기의 안개
골풀무 … 땅바닥을 파고 묻은 풀무의 한 가지

그러므로 「골」이 "河, 川, 梁, 海" 등을 표시하는 말의 범칭(汎稱)이라고 할 것이며, 이조초기(李朝初期) 문헌(文獻)에 나타나는 「걸」(渠・溝)도 그 변한 꼴이 아닌가 한다.

다음에 「돌」은 고어(古語)에 있어서 "山"과 대응되는 말이어서 삼국사기(三國史記) 지리지(地理志)에서 그 예를 들어 보면 다음과 같다.

菁山縣 本高句麗 加支達縣
蒜山縣 本高句麗 買尸達縣
土山縣 本高句麗 息達縣

1) pulbula-welx(*球形—껍질→달팽이, 길약)가 있으나 껍질없는 달팽이도 많고 pulbula(球形)이란 말은 '불'의 중첩형과 대응시킬 수는 있겠지마는 단순한 '불'과 비교하기는 곤란하기 때문에 여기서는 비교하지 아니하고, 또 '달팽이'를 뜻하는 bürege(觸角)-qoroqai(蟲, 몽고)란 말이 있어서 '*불'을 bürege에 비교할 수도 있겠으나 그것이 단독으로 달팽이나 골뱅이(고둥)의 뜻으로 쓰이지는 않기 때문에 여기서는 대응시키지 않았음.

松山縣 本高句麗 夫斯達縣
僧山縣 本高句麗 所勿達
縣眞縣 本 阿冬號縣
魯山縣 本 甘勿阿
cf. ① 阿 큰 언덕 아(新字典)
② 縣은 고대(古代)에 있어서 「懸」의 뜻으로 흔히 쓰였다. 그 예를 하나 더 들어 보면 위지동이전(魏志東夷傳) 가운데 동옥저(東沃沮)의 장사법(葬事法)을 말하는 기사 가운데 『又有瓦력鑑 置米其中 編縣之於槨戶邊』이라는 귀절이 있으며, 여기서 '縣=懸'임을 알 수 있다. 따라서 그 훈독(訓讀)은 "둘-"이다.

이상에서 말한 바로도 「골」과 「둘」이 그들의 서식처에서 유래한 대립어(對立語)임을 알 수 있거니와 우리의 이웃말인 알타이어에서 「골」·「둘」과 그 어원(語 源)을 같이 하였으리라고 믿어지는 말과 비교하여 보아서도 「골」과 「둘」이 "水陸"내지는 "山河"와 같은 대립어(對立語)였다는 것을 더욱 확신할 수 있다.

gōl＜ğool 河	(몽고어)
gorhan 小川	(몽고어)
golo 河流	(만주어)
gö:l 湖水, 河	(터키어)
tarla 野	(터키어)
tala 曠野	(몽고어)
targa, tarā 田	(몽고어)
dalang 堤	(몽고어)
tala 野	(만주어)
delhe(-n) 田地區劃	(만주어)
dooran 原野	(만주어)

이미 앞서 지명에서 보인 바와 같이 '達'(*둘→달)이 우리 옛말에 있어서 山의 뜻으로 쓰이었음이 확실하다. 그러나, 다음과 같은 原=崗(陽原王一云陽崗王＜三遺王曆＞)과 '덜팽이, 들팽이, 들빙이'와 같은 예가 보이므로 '*둘'에서의 발달형일 가능성이 큰 「드르」(＞들 野原)가 위에서 보인 만주어 dooran(原野)이나 delhen(田地區劃)의 예 등과 대응될 것이며, 또 tala(原)과 *tʌr(山)이 있어서 이들을 포괄한 그 원형은 「*둘(陸地)」로 재구할 수 있을런지도 모른다(*cf.* '*둘(山)'과

'드르(野)'는 본시 별개의 말일 개연성이 크지만). 이에 대하여는 앞으로 더 신중한 고증(考證)을 필요로 할 것이지마는, 여하간 「돌」은 "溝, 水, 川, 江, 海" 등의 뜻을 가진 「골」과 대립되는 말인 것만은 틀림없으며, "山, 野, 田, 堤" 등의 달팽이의 서식지인 것은 틀림없다.

(4) 이미 「*바래, 부리」가 「팽이, 뱅이」의 고형(古形)임은 이미 (2)에서 말한 터인데 「*바래」와 「부리」는 서로 자음구조(子音構造)에 있어서 공통으로 "ㅂ~ㄹ" (b~r)이다. 그러나 그 간모음(幹母音)이 '아(a)'와 '우(u)'로 다른 형태를 보이고 있지마는, 그 어원(語源)에 있어서는 같았을 것이매 이들은 어떠한 공통모음에서 파생한 쌍형(雙形)으로 보아야 할 것이다. 그런데, '아'와 '우'에 가장 가까운 모음은 한글에서 'ᄋᆞ'일 것이며(아래 그림 참조),

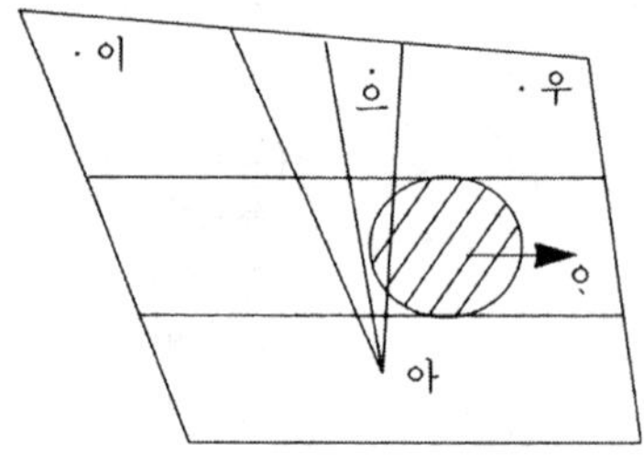

또한 "부"가 옛말에서 "브"로 나타나니, 즉

예: 블(火)>불, 믈(水)>물
브터>부터, 브섭(廚)>부억

과 같이 순음하(脣音下)의 '으'모음은 '우'모음으로 음운변화(音題變化)를 일으키는 만큼 '부리'의 「부」는 그 고형이 「*브」였을지도 모른다. 그렇다면 '브리'의 첫째 모음-'오'와 '바래'의 첫째모음-'아'에 서로 가장 가까운 음도 'ᄋᆞ'라고 보지 않을 수 없다. 'ᄋᆞ'가 현대음에 있어서 주로 '아'와 '으'로 변한 사실로 보아서 단정하여 말할 수 있을 것이다.

요컨대 'ᄋᆞ'나 'ᄋᆞ'에 가까운 음이란 'ᄋᆞ'가 후설모음(後舌母音)과 중설모음

(中舌母音)과의 사잇음이며, 그것이 '아, 오, 으, 어' 등의 여러 음으로 분산 · 편입되어 망실된 음이라는 점으로 미루어 보면 확실히 폭(幅)이 넓은 애매모호한 음이므로 실지에 있어서 'ᄋᆞ'라고 보아 무방할 것이다. 즉 '부리'와 '바래'의 첫째 모음의 재구형(再構形)은 'ᄋᆞ'임이 거의 확실하다.

다음에 둘째모음이 '이'와 '애'의 두 형태로 나타나니 이것을 어찌 볼 것인가? '이'는 명사의 접미사 또는 조음소(調音素)로서 널리 쓰이는 것은 두루 알려진 사실이니 그 예는 생략하거니와, '애'도 명사의 접미사로서 흔히 쓰이는 말임은 다음과 같은 예로서 넉넉히 짐작하고도 남음이 있다.

ᄀᆞ재(極, 자회)—ᄀᆞ장(월석)
새배(曉, 두시)—새박(함남정평방언)
아래(下)—알(로)(경남방언)
잠개(器具, 월석)—잠기(고산시조)>쟁기
가래(脚, 진본청구영언)—[갈(分)+애]
고대(今方, 이상곡 · 방언)—[곧(直)+애]
구메(孔, 청구영언)—[굼(孔)+에]
엽구레(脇, 자회)—옆구리
도개(*cf.* 둥ᄃᆡ도개 箭筒, 노걸대)—[독+애]
ᄆᆞᄎᆞ매(몽산법어)—(ᄆᆞᄎᆞᆷ+애) · 마침내
어드메(何處, 송강가사)—[어드+ㅁ+에]
바굴레(박통사)—바구니
녀계(妓, 자회)—녀기>여기
※ 소ᄅᆡ(聲, 자회)—소리
　구ᄇᆡ(曲, 송강가사)—구비
　가ᄉᆡ(荊, 자회)—가시
　가ᄇᆡ(嘉俳, 삼사유리왕조)—가ᄇᆡ(동동)>가위
　기ᄅᆡ(長, 무예제보)—길이
　기ᄆᆡ(痣, 자회)—기미
　납ᄋᆡ(蛾, 시전 물명)—나비
　노ᄑᆡ(高, 용가)—높이
　도ᄎᆡ(斧, 자회)—도끼
　동ᄒᆡ(盆, 자회)—동이
　마ᄃᆡ(上, 자회)—맏이
　설ᄆᆡ(聰, 악장)—살미
　ᄂᆡᆺ바대(진본 청구영언)—잇받이

기픠(深, 월석)—깊이
몬ᄌᆡ(塵, 월석)—몬지>먼지
션ᄇᆡ(儒生, 용가)—션비
엇ᄆᆡ(何量, 해동가요)—엇마>언마>얼마
죠ᄒᆡ(紙, 훈정해례)—종이
모ᄀᆡ(蚊, 두시 · 귀감)—모기
※ 표 이하의 예들은 '애, 에'가 아니고 'ᄋᆡ, 의'이지마는 옛말에서 '의, ᄋᆡ'가 처격(處格)에도 쓰이며,

못내(월석)—못ᄂᆡ(청구영언)
아래(前日, 월석)—아ᄅᆡ(월석)
모대(必, 월석)—모ᄃᆡ(용가)

와 같이 같은 시대에 있어서 서로 통하는 점으로 미루어 보아서 'ᄋᆡ, 의'의 예는 '애, 에'에 준(准)하는 예라고 볼 수 있겠다.

그리하여 '부리' · '바래'의 둘째모음인 '이 · 애' 는 명사의 접미사로 볼 수 있고, 어근을 벗어난 음운은 그 실현이 불확실한 것이 예사이니 그것을 문제에서 제외하여도 될 것이다. 따라서 이미 말한 바에 의하여 그 어근(語根)은 「볼」로 볼 수 있다.

다음에 만주어 'buren'(軟體虫—달팽이 · 우렁이 · 굼벵이의 범칭)과 재구형(再 構形)-'볼'과 과연 대응이 가능한가 살펴보기로 한다.

	<만주어> ————————	<우리말>
예:	buru(푸르다)	p'ʌrʌ-(푸르다)
	kudule-(소나 말을 끌다)	kodʌlp'ï- (id→매우 힘들고 피로하다)
	kūdarhan(고틀개, 채찍끝의 추)	kodʌlgä(id)
	hūlhabu-(도둑질하다)	*kʌlkö-(>kʌlö-. 침입하다)
	mulu(용마루)	mʌrʌ(id)
	šušu(자주빛)	čaju(id)
	suja-(차지하다)	č'aji(id)-
	tulergi(바깥쪽)	tule(>tulle. id)
	bura-(뿌리다)	p'uri-(id)
	fushe-(부채질하다)	puč'i-(이id)
	fulehe(뿌리)	pulhü(id)
	kūlī-(놀라서 엎드리다)	k'ulh-(꿇다)

위에서 보인 바 인례(引例)가 모두 대응이 가능하다면 만주어(滿洲語)의 첫째 모음의 u가 우리말의 첫째모음—'ᄋᆞ'·'우'와도 대응됨을 알 수 있다. 따라서 만주어의 u는 우리말의 '우'와 같은 명확한 모음이 아니고, 'ᄋᆞ'와 같은 모호한 음임을 대강 짐작할 수가 있다. 하여간 만주어의 u가 우리말의 'ᄋᆞ'와 '우'에 대응이 가능한 것만은 의심할 바 없으며, '부리'의 접미사 '-이'를 제외한 '불'과 '*ᄇᆞᆯ'(재구형)은 완전히 buren(만주어)의 「bur」과 대응된다.

그리고, buren의 -en은 -n와 더불어 명사의 접미사로서 만주어에서 흔히 쓰인다. 마치 우리말에 있어서 명사의 접미사로서 '-이·-애·-에·-ᄋᆡ·-의'가 흔히 쓰이듯이.

다음에 '-en, -n'의 예를 들어 보기로 한다.

	<만주어> ————————	<우리말>
예:	čejen(가슴)	젖
	siren(넌출)	실
	hergen(글자)	글
	hačin(가지. 종류)	가지
	čibin(제비)	져비(제비)
	fulahūn(볼기)	볼기
	fahūn(바퀴)	바회(바퀴, 자회)

그리하여, 만주어에 있어서 "달팽이, 우렁이, 굼벵이" 등의 軟體虫"의 뜻으로 쓰이는 말인 buren의 「*bur」과 우리말의 재구형(再構形)-「*ᄇᆞᆯ」과는 완전히 대응한다고 추단(推斷)할 수 있다.

한편, 드라비다어의 Turu방언의 puṛu도 바로 '달팽이'를 뜻하고, 또 Tamil방언의 puru는 '벌레'를 뜻하니 이들은 함께 '연체버러지'이고 buren과 함께 p(b)ur이라는 음운구조를 공유(共有)하고 있다. 그런데 드라비다어의 u와 국어의 u 및 ʌ(ᄋᆞ)가 다음과 같이 대응된다. 따라서 「*ᄇᆞᆯ」과 puru도 대응된다.

<드라비다어> ———————————— <우리말>

예: kuḷam(호수, Tamil) ᄀᆞ롬(호수)
kūṟu(말하다, Tamil) ᄀᆞᄅᆞ-(말하다)
cūṛ(타는것, kota) ᄉᆞᆯ-(사르다 · 타다)
cūcu(시찰하다, Telugu) ᄎᆞᆽ-(찾다)
sup(소금, kolami) ᄍᆞᆸ-(짠맛나다)
nūṟai(예리, Tamil) ᄂᆞᆯ(칼날) · ᄂᆞᆯ-캅-(날카롭다)
muṭi(완료하다, Tamil) ᄆᆞᆾ-(완료하다)
muṭṭu(손가락관절, Tamil) ᄆᆞᄃᆡ(마디)
mutal(맏=, Tamil) ᄆᆞᆮ=(맏=, 맨처음의)
muli(마르다, Tamil) ᄆᆞᄅᆞ-(id)
ucg-(옆으로 좀 움직이다, kota) 우즐~(좌우로 흔들리는 모양)
uyar(올리다, Tamil) 울월-
ura(소란해지다, Tamil) 울리-
uri(껍질벗기다, Tamil) 우리-(물에 불려 제거하다)
ūr(마을, 거리, Tamil) *우레(「慰禮」. 도성, 지명)
uvaṇ(윗부분, Tamil) 웋(위)
kuṭai(구덩이, Tamil) 굳(id)
kuṇṭi(궁둥이, Tamil) 궁둥이 (<*군디-웅이)
kuṟi(구레, 구멍, Tamil) 구레

그러므로 '돌팡이', '골왕이 (<골방이)'의 고형(古形)은 각각 '돌볼' · '골볼'로서 그 말의 뜻은 "육지에 서식하는 연체버러지" · "하천에서 서식하는 연체버러지"라는 뜻이 된다.

(5) 이 재구형(再構形)-「*볼」(명사의 어근(語根))이 과연 문헌어(文獻語)의 '-팡이, -방이(왕이)'라든가 방언의 '-방, -뱅이, -팽이' 등으로 변천할 수 있을 것인가? 다음에서 살펴 보기로 한다.

'-팡이, -팽이'는 '방이, 뱅이'가 후대(後代)에 내려오면서 유기음화(有氣音化)한 것이 분명하고, 또 '-뱅이'는 '방이'의 '-이'로 말미암아 '방'이 동화작용(同化作用)을 입어 형성된 발달한 형태이며, '-이'는 두루 알려진 바와 같이, 자음을 말음으로 하는 명사의 조음소(調音素)로서 그 명사의 뜻에는 전혀 관여하지 않는 접미사로 보아도 좋고('-앙이>-앵이'를 일괄하여 그 명사의 뜻에 관여하지 않는 접미사로 보아도 무방할 것임) 흔히 쓰이니, 결국 「볼」이 「방」으로 변천할 수 있다는 것만 판명되면 저절로 '방이, 팡이, 뱅이, 팽이' 가 「ᄇᆞᆯ」의 발달형이라는 결론에 도달하게 된다.

그런데 명사의 말음(末音) '-ㄹ'이 '-ㅇ'으로 교체되는 현상은 우리말에 있어서 항다반사(恒茶飯事)이며 하나의 법칙이라고도 할만하다. 그러한 예를 몇 개 들면 다음과 같다.

> 바ᄅᆞᆯ(海)—바<u>당</u> *cf.* 바ᄅᆞᆯ(옛말) ; 바당(제주도방언)
> 가ᄅᆞᆯ(岐)—가랭이(<가랑) *cf.* 가ᄅᆞᆯ(옛말)
> *<u>말</u>아지(仔馬)—<u>망</u>아지
> <u>돌</u>멩이(石)—<u>동</u>멩이(경남방언)
> 중대가리(削髮頭)—중대강이
> 아<u>가리</u>(容器口)—아<u>강이</u>
> <u>비레</u>(涯, 옛말)—<u>빙애</u>(옛말)

그러므로, '-방, -방이, -팡이, -뱅이, -팽이'는 모두 재구형 'ᄇᆞᆯ'의 발달형으로 추단하는 바이다('ᆞ>아'의 발달은 상식이기에 논증 생략).

그리하여 'ᄇᆞᆯ'은 모든 문헌 및 방언에 있어서 밑에 그림과 같은 발달과정을 밟았으리라고 믿어진다.

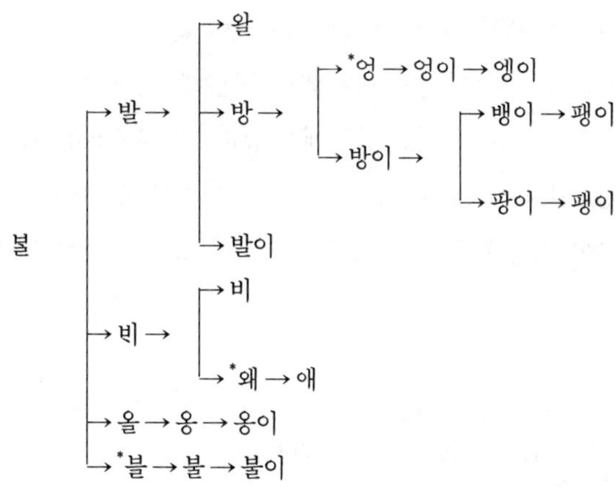

덧붙여 두거니와 필자는 이 재구형 '*ᄇᆞᆯ(연체버러지)'은 '벌에'(蟲) · '벌어

지'(=버러지)'와도 관계가 있는 것으로 보며(모르기는 하지마는 같은 말일 것임), '굼벵이'도 그 어원이 '굼-벌', 즉 "구멍 속에 사는 연체버러지"라는 뜻을 가진 명칭이라고 본다.

이로써 본고(本稿)의 목적인 '달팽이'는 "달려 있는 팽이(懸獨樂)"가 아니고 "山野에 사는 연체버러지"라는 뜻을 가진 말임이 분명하다.

다음에 「달팽이」(蝸)의 여러 방언의 어원을 추측해 보고 끝을 맺을까 한다.

(가) 골뱅이:-

골(河川)+*벌(연체버러지)＞골발＞골방＞골뱅이

아마 '달팽이'와 '골뱅이'가 그 형태가 흡사하고 달팽이계의 이름이 없었기 때문에 대신 쓰게 된 것으로 보인다.

(나) 고래:-

골(河川)+*벌(연체버러지)＞골비＞*골왜＞골애＞고래

(다) 올뱅이:-

올(山)+*벌(연체버러지)＞올발＞올방＞올뱅이

이 「올뱅이」의 '올'은 '벌'의 발달한 꼴이라고 볼 수 있음직하나, 어두(語頭) b-가 전적으로 탈락(脫落)한다고 보기도 어렵고 '올'을 '벌'의 변한 꼴로 보면 '뱅이'나 '벌'의 발달한 꼴이므로 결국 「올뱅이」는 '*벌-*벌'의 이중구조가 되어서 좀 어색하니, 필자는 '올-'의 어원을 다른데서 구할까 한다.

몽고어의 영향을 상당히 받은 제주도 방언에서 岳을 '오름'(or-ïm)이라고 하며, 또 고대몽고어-ağula(山)는 *ağula>auli>ōli>ōl(*cf.* 현대몽고어-ūla '山')로 발달할 수 있어서 '*올'이 山을 뜻하는 것으로 믿어진다. 또한, 삼국사기에 다음과 같은 지명이 있다.

> 山陰縣 本知品川縣(지리지1) *cf.* aṛi/ōr(知, 드라비다)
> 安仁縣 本蘭山縣(지리지1) *cf.* 多仁縣 本達已縣(지리지1)

위에서 '山'과 대비시킨 '已'는 경상도지명에 쓰인 것이니 그 새김은 '아리>

아래'(이미)로 보아야 할 것이며 그 어근은 '알'일 것이고, 知의 새김이 또한 '알'이니, 山을 뜻하는 옛말이 '*알'이었던 것으로 추정된다.

그리고, 만주어에 이 '*알'과 대응될 것으로 믿어지는 ari(-n)(山)라는 말이 있어서 더욱 '*알'(山)의 존재를 확신할 수 있다.

그런데, 위에 보인 알타이어의 ağula(>ūla, 몽고)·ari(-n)(만주)가 한 뿌리에서 발달한 말이라고 보자면 이들은 *ağula(山)에 소급될 것이다.

```
              ┌ uğula > uula > ūla(몽고어)
*ağula  ──────┼ ağla > ala > ali(-n)(만주어)
(山)          └ aula > auli > ōli > ōl > ol-ïm(> orïm, 제주도방언)
```

아마 峯을 뜻하는 말을 '봉오리'라고 하는데, 이것은 「봉(峯)―올이(山→峯)」의 구조를 가진 이음첩어(異音疊語)일 것이다 따라서 「올뱅이」는 「올(山)+*블(軟體虫)」의 어원을 가진 말이라고 보며 결과적으로, 「*돌블」과 같은 뜻을 가진 말이다. 이미 오구라박사는 이 '올-'을 만주말의 buren과 대응되는 말로 보았지마는 이는 이미 말한 바에 의하여 받아들일 수 없는 소설(所說)이다. 이 「올뱅이」와 같은 계통의 말로 보기 쉬우나 「우랭이, 우롱이, 우렁이」 등은 계통이 달라 welăk(달팽이껍질, 길약)과 대응되는 토박이 말이다.

(라) 할미고동:-

할미(*가냘픈)―고동(海螺)

이와 같은 계통의 말로는 "할마고딩이, 할망고딩이, 할매고딩이, 할미고딩이, 하마고딩이, 하:매, 하:ㅁ" 등의 방언이 있는데, 여기의 '하:매, 하:ㅁ' 등으로 미루어 보거나 '할미새'·'할미꽃'의 「할미」로 미루어 보아서 이들이 '노파'를 뜻한다고 보기 어렵다. "할망, 할마, 할매, 할미"가 모두 노파의 뜻이 분명하나, 이것은 그 말의 原音이 '노파'를 뜻하는 말에 유사하므로 유추(類推)로 말미암아 생겨난 이형태일 것이다. 필자의 생각으로는 이들은 xamamla-(가냘프다)<길약>와 대응되는 토박이말이 아닐까 한다. 할미새나 할미꽃은 가냘프게 보이고 늘 한들거리는 사물이고, xamamla->xamama>xāmai>xāmä(하:매)·xāma(하:

마) : xamamla>xamala> xalama<음운도치>xālma(할마)>xālmi(할미) · xālma-ŋ (할망) · xālma-i>xālmä(할매)와 같이 여러 방언형이 발달 될 수 있을 것이므로 이들과 비교하고자 한다. 달팽이는 고둥과는 달리 껍데기를 벗고 다니는 경우가 많아서 가냘프게 보인 탓일 것이다. 여기서 비교한 xamamla-는 고어의 '가믄'(細)과도 비교할 만하다.

그러나, '고동'은 그 어원이 분명하지는 않다. 아마 '하천'을 뜻하는 '골'과 '돌이'(廻轉)의 복합어로서 그것은 '하천에 서식하는 圓形物'이라는 뜻이 아니었을까 한다. 즉

kol-tori>kotori>kotoi>koto-ŋ(어형보강소)

과 같이 발달과정을 밟아서 생겨난 것이 바로 '고동'인 것으로 생각한다.

한편 「할미(노파)-고동(海螺)」이 복합되어서 생겨난 것으로 본 오구라박사의 생각도 재미있다고 보기는 하나, 곧 달팽이가 촉각(觸角)을 뒤흔드는 모습이 여성답게 부드러이 보이기 때문이라고 하였으나, 그와 같은 해석으로는 '노파'라는 느낌을 설명할 수 없다. 차라리 그 촉각을 내젓는 모습을 노파가 지팽이를 내짚는 모양에 비하는 것이 어떨까 한다.

(마) 무당:-

'무당'이라는 어원을 가진 말이라고 믿어지는데, 아마 달팽이가 두 개의 촉각을 내젓는 모습을 무당이 신이 나서 두팔을 내흔들며 춤추는 모습에 비한데서 유래한 말일 것이다.

(바) 문듸:-

이 "문듸고동"은 고동의 일종으로서 그것은 자그마하고 동그라며 반들반들하여 소라고동과 같은 삐죽삐죽한 뿔 같은 것이 없다. 그런데, 달팽이가 또한 그와 형태가 비슷하며 기어 다닐 때 고름 같은 자욱을 번들번들하게 남기기 때문에 그 모양이 문둥이와 같다고 하여 생겨난 것으로 보인다.

(사) 굼비:-

굼(穴)—뵐(연체버러지)>굼빅>굼비

곧 '굼벵이'와 같은 어원을 가진 말이다.

(아) 동발이:-

돌(山野)—볼(연체버러지)>돌발>동발>동발이

오구라박사는 이 '동발이'를 기둥(支柱)의 뜻으로 보았으나, 그 해석은 '돌볼'의 발달한 꼴이 우연히 기둥을 뜻하는 '동발'이란 말과 그 발음이 같은 데서 오는 통속어원설(通俗語源說)로 본다. 암만해도 달팽이의 모습이 기둥 같다고는 볼 수 없기로서다. 이 방언은 진주지방(晋州地方)의 것인데 'ᄋᆞ'는 제주도와 경남해안지대(慶南海岸地帶)에서 아직 쓰이며 그 현대음은 '오'와 비슷한 애매모호한 음이다. 그러므로 '돌'이 '돌' 로 바뀔 가능성이 농후하며 또 경상남도 방언에서 '돌멩이'(石)가 '동멩이'로 바뀌는 예로 미루어 보아서 '돌'이 '동'으로 바뀔 수 있다고 하겠다. 그리고 「*볼>발>발이」의 발달은 당연하니 '동발이'는 '*돌볼'의 발달한 꼴이라고 보고자 한다.

한편, 한국어와 동계인 길약어에 toŋg-welăx(달팽이)이 있으므로 이것과 '동발이'가 한 뿌리일 가능성도 있다. 즉 이들의 공통기어를 *toŋ-belak로 재구할 수 있을 것이다(*cf.* *toŋ-belak[bəlak]>toŋ-bal-ak>toŋ-bal).

(자) 잘래비:-

달팽이가 '잘래비'라는 변명을 얻게된 것은 원숭이가 사람의 흉내를 내듯이 한 다는데서, 즉 달팽이가 촉각을 내젓는 모습이 무당이 손을 내저으면서 춤추듯이 한다는 데서 얻어진 이름일 것이다.

(차) 늘뱅이:-

오구라박사는 '돌(懸)'이 '늘'로 음운변화를 일으킨 것 같다는 추단을 내렸으나, 어두(語頭)에서 t>n의 음운현상이 일어나는 유례가 없으므로 믿기 어렵다. 모르기는 하지마는 아마 달팽이가 지렁이처럼 찔찔 늘어졌다 오무라졌다 하면서 전진할 뿐만 아니라, 지나간 자리에는 몸에서 난 분비물(分泌物)이 묻어서 그 금이 앞으로 나아감에 따라서 연장되기도 하는 까닭이 아닐까 한다.

第14章
造語論 小考
—「계집」을 中心으로—*

「한글」29호에 김형규 교수께서 「계집」의 어원과 그 조어법에 대하여 일언하시는 가운데서 어떤분의 질문 가운데 [겨(在)+집(家)]과 같은 조어법이 우리말에서 가능하냐고 물었기에 이에 답변한다는 형식으로 글이 시작되었는데, 그 「어떤 분」이 바로 필자였기 때문에 이 기회에 「계집」의 어원과 조어법 일반에 걸친 비견을 피력하고자 한다.

그러나, 원래 어원의 해명이란 극히 어려운 일로서 어느 누구를 막론하고 논단에 있어서 절대성을 주장하기가 그 성질상 곤난하다. 더dnrdl 우리나라와 같이 언 어사의 자료로서 오백년이전으로 소급시킬 수 있는 문헌이라곤 향찰밖에 없는 언 어에 있어서는 지난사라 아니 할 수 없다. 따라서 다음에서 논한 바도 상대적 진 리성을 말함에 그칠 것이나, 그렇다 하더라도 조어법상의 기본원칙에 대한 비견 은 보편타당한 것이라고 확신하는 바이다. 즉 어느 나라의 어떤 말일지라도 반드 시 보편적 언어습관에 의거하여 조어되며, 어의의 파생에 있어서도 논리상 모순 이 있을 수 없다는 대원칙만은 확고부동한 것으로 믿는다(언어정책상 조작된 조 어등은 별개 문제임).

필자는 다음의 세 가지 점에서 김교수의 소론에 의아를 느낀다.

---

* 이 글은 「現代文學」 8월호(1959.8)에 실었던 것임

첫째 「겨-」가 在의 뜻을 가진 용언의 어간이고 「집」이 家의 뜻을 가진 체언이라면 우리 말에 있어서 모음으로 끝나는 용언의 어간이 그대로 체언 위에 얹힐 수 있다는 결론에 도달하는데 이것이 언어습관상 과연 용납될 수 있느냐?

둘째 어순상으로 '在一家'의 뜻을 가진 말이 「女子」란 뜻으로 전성할 가능성이 있느냐?

셋째 「겨-」가 과연 '在'의 뜻을 가진 말의 어간이라고 볼 수 있느냐?

그러면, 위의 세 가지 문제를 하나씩 차례로 검토하여 보고자 한다.

(1) 김교수께서 인용하신 오구라신뻬이(小倉進平)박사의 소론 즉 언어의 관습이 반드시 논리적으로만 되는 것이 아니라고 하였음은 이해가 안가는 바는 아니나(어원의 탐구, 조어법의 해명이 난사중 난사이기 때문에 자칫하면 통속적 어원해석이 작용하여 비논리적인 어원관이 성립되기 쉽다는 그런 의미에서), 언어가 사상을 전달하는 수단인이상 그것이 결코 맹목적 비논리적인 발달과정을 밟았으리라고는 믿기 어렵다. 우리는 언어가 논리적인 산물이라고 전제하기 때문에 글을 쓰고 있으며, 또한 법조문이란 것도 제정되는 것이라고 보아야 할 것이다.

그러나, 언어는 그렇게 논리성을 전제로 하고 있으면서도 그것이 심리적 · 생리적 · 사회적인 여러 제약을 받기 때문에 간혹 얼핏 보기에는 비논리적인 언어구조를 지닌 것으로 오인되는 일이 있을 것이나, 실은 우리 자신이 그 말의 역사를 더듬을 수 없거나 불충분하였거나 그 방법이 타당하지 못하였기 때문에 비논리적인 것으로 오인하였을 따름이라고 보아야 한다. 우리가 어법을 당위의 법칙으로 보지 않고 가능성의 법칙이라고 하는것도 언어가 논리성뿐만 아니라 심리적 · 생리적 · 사회적인 여러 제약을 받고 있기 때문이다. 언어는 논리성을 전제로 심리적 · 사회적 여러 고려가 얽히어 이루어진 것이므로 논리성만으로 언어구조를 운위할 수도 없는 노릇이다. 그러나, 언어는 어디까지나 논리적 산물인 까닭에 논리성이 전적으로 무시될 수는 없다. 논리성이 다소 불명확하여지는 일은 있을 수 있으나 비논리적인 것이어서는 결코 안된다. 우리가 일용하는 말 가운데서 그 어원이 확실시되는 복합어치고 비논리적 조어법에 의거한 것이 하나도 없다(言語政策上 造作된 新造語는 論外)는 사실로서도 넉넉히 言語는 論理的이어야 한다는 대원칙이 확인된다. 그리고 습관적 언어구조도 결국은 논리성의 명확을 기하려는 의도의 소산이라고 할 수 있으므로 語意의 派生 및 習慣的 言語

構造는 모두 言語의 論理性의 所産이라고 할 수 있다.

그러면, 모음으로 끝나는 용언의 어간 「겨-」가 체언 「집」에 직접 이어지는 조어법이 과연 우리 언어습관에 부합되는가를 살펴 보기로 한다.

용언이 체언과 결합하여 복합어를 이룰 경우에는 용언의 어간에 이른바 관형사 형어미 「-ㄴ · -ㄹ · -는」을 부가하거나, 명사형어머 「-ㅁ · (-ㅂ) · -기」 등을 부가하거나, 어간말음이 入聲-[내파음 k . t . p]으로 끝나야 후행 체언과 연결된다는 것이 우리의 언어습관이다.

바꾸어 말하면, 윗 용언을 관형사형화하거나 명사화하거나 하여야만 후행 명사와 이을 수 있으며 복합어를 이룰 수 있다. 「헌-옷」(古衣) · 「찬-밥」(冷飯) · 「밀-물」(滿潮)[*cf.* '밀-' 이 어간이기는 하지마는 그 말음이 관형사형 '-ㄹ'과 동일형태이기 때문에 거듭 쓰지 아니하고 관형사형 '-ㄹ'을 생략한다. 「놀-보」 · 「썰-물」 · 「불-통」(吹-圓形物→風船) · 「걸-상」 등도 그와 같은 예들임] · 「울음-보」(泣人 *cf.* '음'은 名詞形) · 「가깝-증」(欝症)[*cf.* 「가깝」의 말음 '-ㅂ'은 입성으로서 'ᄌᆞ-(勞)+ᄋᆞ(매개모음)+ㅂ(명사화접사)'의 구조] · 「납긱고」[*cf.* 「납삭」의 말음-'악'은 명사형 · 관형사형)]등과 같은 예들로 미루어 보아서도 용언을 관형사화하거나 명사화하거나 하여야만 후행 명사와 연접될 수 있고, 모음으로 끝나는 용언의 어간하에는 직접, 명사가 잇대이지 아니하는 것이 하나의 확고부동한 언어습관임을 알 수 있다.

그럼에도 불구하고 「겨집」을 「겨-집」과 같이 「용언의 어간+명사」의 비습관적 언어구조를 지닌 말이라고 보는 것은 모순이 아닐 수 없다. 이와 같은 모순을 모면하려면 「겨」는 어간만으로된 명사도 볼수 있거나 용언의 어간말음이 모음일 적에 그 관형사형어미 「-ㄴ · -ㄹ · (-는)」 따위가 생략되는 기타의 실례를 찾아 볼 수 있거나 해야 할 것인데, 그렇지 못하니 조어법상의 모순을 면할 길 없다.

그리고, 비습관적 조어법에 의거한 말이 이 「겨집」이외에도 있다는 확증만 보여주면 「모음으로 끝나는 용어의 어간+명사」의 언어구조도 조어론상 아무런 불합리성도 없어지지마는, 만의 하나 그렇게 되면 도시 조어론이란 무의미한 것이 되어 버린다. 조어법에 있어서 언어습관이 아무런 제약도 되지 않는다면, 결과적으로 아무렇게나 말을 만들 수 있다는 것이 되어서 조어법을 세울 수도 없고 세웠대야 체계가 설 까닭이 없다. 그럼에도 불구하고, 김교수는 비습관적 조어법을 취한 실예로서 「납작-코」, 「얼룩-소」, 「달-팽이」, 「덮-밥」을 들고 있는데, 필자는 윗 예들이 아무렇게나 무원칙하게 만들어진 것이라고는 도저히 믿어지지 아니한다. 이것들도 어디까지나 습관적 조어법을 취한 예들의 일부에 불과하다고 확언하는 바이다. 다음에서 그 조어법을 살펴 보기로 한다.

『얼록소』는 「얼룩」(紋)과 「소」(牛)의 복합으로 이루어진 말인데(*cf.* 이룩하다=이루다), 「얼룩」은 『얼룩이 지다』와 같은 용례로 보아서 명사임이 분명하고 「소」(牛)는 의심할 바 없는 명사이고 하니 [명사+명사]의 복합어는 습관적 조어법에 따른 말이며 선행 명사가 후행 명사의 수식어가 되는것이 우리 언어습관인즉 『얼룩소』는 『얼룩진 소』라는 뜻으로서 비논리적 어사(語詞)가 아니다. 김교수께서는 이 「얼룩」의 첩용(疊用)형식을 취한 「얼룩얼룩」이 부사인 점에 착안하여 「얼룩」을 부사로 간주한데서 착오를 일으킨 것이 아닌가 한다. 어디까지나 [副詞+名詞]의 언어구조를 가진 복합어란 비논리적이기 때문에 쓰일 수 없다. 그러나, 위에서 보인 바와 같이, 「얼룩」은 어디까지나 명사이다. 즉 '얼룩얼룩'(부사)에서 '얼룩'(명사)이 생겨난 것이 아니고, '얼룩' (명사)에서 '얼룩얼룩'(부사)이 생겨난 것이며 「얼룩」이란 말은 분명한 명사이다.

다음에, 『납작코』(平廣鼻)의 조어법은 『얼룩소』의 그것과 근본적으로는 같으나, 「납작」이 단독으로 명사가 되는 예가 없기 때문에 좀 긴 설명이 필요하다. 『납작하다』라는 말이 있는데 이 말은 「납작-하다」로 분석할 수 있을 것인즉 '하다'가 용언이기 때문에 그 위에는 명사나 부사가 두루 연접될 가능성은 있다. 그러나, 『—하다』형 형용사에서 그 구조가 명백한 예를 추려 보면 『美麗하다』, 『淸明하다』와 같이 [漢字語—하다]형은 두말 할 것없이 「명사+용언」의 구조가 분명하고, 고유한 우리말에서 그 구조가 거의 확실하다고 믿어지는 『-하다』형 형용사의 예를 더러 추려 보면,

빼뚜름하다 「삐뚤(傾) -음 -하다」
짜름하다 「짜르(短) -ㅁ-하다」
잣바듬하다 「잣-번(後傾) -음 -하다」

와 같이 모두 「명사형 (-ㅁ · -음) -하다」의 구조를 지니고 있다. 그러므로 조어법의 존재가치를 인정하는 이상은 『납작』을 부사로 보느니보다 명사로 보는 것이 보다 합리적이고 보다 나은 언어분석이 될 것이다.

또한 의태어의 대부분은 그 끝 소리가 『-악 · -억 · -옥 · -욱 · -암 · -엉 · -엉 · -웅 · -ㄱ · -ㅇ』으로 끝나는데, 이러한 음들은 명사의 접미사로서

맏(場)→마당(＜맏-앙)
낟(穀)→나락(＜낟-악)

등에서 보는 바와 같이 범용되는 것으로써(*cf.* 이숭녕:"접미사 -k · ŋ에 대하여 — 특히 고대 터키어와의 비교에서"), 의태어인 「납작」도 전성명사로 볼수 있으며, 더우기 '-ㄱ · -ㅇ · '을 말음으로 하지 아니하는 「더불더불」(茂貌, 부사)이란 의태어에서 형용사를 파생시킬 때 「더부룩하다」(더불-욱-하다)와 같이 '-욱'이란 접미사를 굳이 삽입하는 점으로 미루어 보아서도 『-하다』형 형용사의 구조는 「명사-하다」이어야 함을 알 수 있다.

그리고 또 『잡작-코』의 「납작」을 형태상으로는 명사와 부사의 어느 것으로도 볼 수 있지마는, 부사로 부자면 '납작하게'의 뜻이 되어야 하니 「납작코」는 "납작하게-코"의 뜻이 될 것이고, 명사로 보면 명사는 명사위에 얹혀서 수식어가 될 수 있으므로 「납작코」의 뜻이 "납작한 코"가 될 것이기 때문에 의미론상으로 보아서도 「납작」은 명사로 보는 수밖에 없다. 따라서 이 경우 원리원칙으로 따지자면 명사로 취급하여야 할 것이다(물론 「납작」은 단독으로 생활언어가 될 수 없는 것이 현실의 언어생활이니, 사어나 다름없는 것을 가지고 품사를 운위하는 것이 어색할지는 모르나 『美麗하다』의 「美麗」는 그것만으로도 당당히 명사 구실하는 것이기 「美麗」와 조어법상 동일 기능을 발휘하는 「납작」을 명사로 보는 것이 결코 무모한 것이라고는 할 수 없을 것이다.

그러므로, 『납작하다』의 「납작」이 명사로 추정되므로, 『납작코』는 「납작」이란 명사와 「코」라는 명사가 복합된 것이다. 이는 습관적 언어구조를 가진 말이며 복합어에서 선행한 명사가 후행한 명사의 수식어가 되는 것이 보통이니 『납작코

』는 『잡작한 코』라는 뜻으로 비논리적 어사가 아니다. 『쩔룩-발-이(매개모음)』도 이 『납작-코』와 동일한 구조를 가진 말이다.

다음에 『달팽이』를 김교수는 오구라박사의 견해를 좇아서 「달(懸)+팽이(獨樂)」의 구조를 가진 어사로 보고 있으나, 필자의 생각으로는 그와 같은 어원론은 실로 터무니 없는 것으로, 이에 대하여는 별도로 『달팽이 名稱考』를 한글 124호에 발표하였으므로 여기서는 그 결론만 말하여 둔다. 「달팽이」는 「달(<*돌, 山)—*볼(蝸螺의 汎稱)」의 발달형으로서 "山에서 사는 蝸螺類"의 뜻을 가진 말이다. 따라서, 이것도 습관적 논리적 어사이다.

그러나, 설사 오구라설대로 「달(懸)+팽이(獨樂)」의 언어구조를 가졌다고 치더라도 조어론상으로는 결코 비습관성 비논리적 어사는 아니다. 「달(懸)」은 어간 말음이 「-ㄹ」이기 때문에 명사와 연접하여 복합어를 형성할 때 「달-」에는 관형사형어미가 생략될 수 있음은 주지의 사실이고, 이미 『늘-보 · 썰-물, 밀-물 · 걸-상 · 불-통(풍선)』과 같은 예까지 제시하여 이미 말한 터이다. 그러므로 「달-」이 '懸'을 뜻하는 말의 어간인 동시에 관형사형 「-ㄹ」이 생략된 형태로서 관형사형의 기능을 발휘할 수 있는 것이므로, 그 뒤에 명사가 연접될 수 있을 것은 너무나 당연한 이치이다.

여하간 필자의 견해는 물론, 오구라박사설로 보아서도 『달팽이』의 조어법은 습관적 언어구조를 가진 말이라고 할 수밖에 없다. 다만 오구라설이 어원해석에 있어서 너무 소홀했다는 것 뿐이다.

다음에 『덮밥』이란 신조어에 대하여 일언하면, 우선 이 「덮밥」이란 말은 그 동기가 일본어를 일소하려는 의도에서 갑자기 그리고 생활감정과는 생소히 만들어진 일련의 신조어중의 하나이지마는, 이 말만은 귀로 들어서 어딘가 모르게 전래의 고유한 말과 같은 느낌을 주는 꽤 잘 지어낸 말이라고 본다. 아마 앞으로도 계속하여 그 생명을 유지할 수 있을 것으로 믿는다. 이렇게 말했다고 비논리적 언어구조를 가진 말도 그 생명을 가질 수 있다는 것은 결코 아니다.

『덮밥』의 표기로 보아서 이 말을 지어낸 사람들의 의도는 '덮은 밥'을 뜻하였을 것이 분명하니, 제정자의 의도로서 볼때는 「덮」이 용언의 어간이고 「밥」이 명사이어서 이말은 분명히 비습관적 언어구조를 가진 말이다. 왜냐하면 동사의

어 간말음 '-ㅍ'이 명사위에 얹혀서 복합어를 만드러낸 유례를 발견할 수 없기 때문 이다.

그런데도 불구하고 이 말이 기타의 신조어와는 달리 언중에게 구면지기와도 같이 친근감을 준다. 여기에는 무슨 곡절이 없을 수 없다. 그 곡절을 밝히기 위하여 필자는 먼저 표기법과 실제발음과를 구별하여야 한다고 생각한다.

『덮밥』이 표기상으로는 비록 비습관적 언어구조를 지닌 말이지마는, 언중이 친 근감을 느끼는 까닭은 제정자의 의도와는 달리, 「덮밥」을 [tət-pɑb＞təp-pɑb] 이라는 청각영상(聽覺影像)으로 언어대중들이 받아들여 습관적 구조를 가진 논리적인 어휘라고 느끼기 때문이라고 본다(그것이 무의식적 지각이기는 하지마는). 즉 그 말의 제정자와 그것의 사용자인 언중은 서로 다른 입장에서 그것을 분석 이해하고 있다고 본다.

다시 말하면 təp'-pɑb(덮-밥)의 「pɑb」이 '飯'을 뜻하는 말임은 일본어-『돈부리(ドンブリ)』가 "찬을 첨가하거나 얹은밥"을 의미하는 점으로 미루어 의심할 여지가 없다. 그런데 təp'-(덮-)은 그 말음이 -p'이기 때문에 종성법칙(終聲法則)이 작용하였다고 치면 təp'(덮-)의 실제발음은 təp-으로 소리 날 것이다. 따라서 『돈부리』의 개념과 상관하에 실제발음인 təp-pɑb이 습관적 언어구조를 지닌 복합어가 될 수 있도록 이 təp의 구조를 해석하여야 할 것이다. 그렇다면 이 말의 후행어가 명사이고, 그 개념이 '찬을 첨가하거나 찬을 얹은 밥'임을 고려하면 təp-pɑb의 təp은 명사나 동사의 관형사형이거나 또는 접두사여야 할 것이다. 또 청각영상 təp은 후행음이 pɑb의 p-이기 때문에 tət에서의 발달일 수 있다. 따라서 청각영상 təp은 그 원형이 təp · təp'이거나 tət일 가능성이 있다. 그리하여 청각영상 təp이 환기하는 선행 명사로서는 「덛」'동안'이 있기는 하나 『돈부리』의 개념에 무관하니 취할 바 못되며, 관형사로서는 환기되는 말이 없고, təp/təp'/tət의 말음이 -p 또는 -t이므로 용언의 관형사형이 아님이 분명하다. 또 말음 -t는 명사의 속격토 「-ㅅ」(사이시옷)으로 볼 수는 있으나, 그렇게 보면 tə가 명사여야 할 것인데 tə가 환기하는 명사는 우리말에 전무하니 명사의 관형사형이라고 볼 수도 없다.

끝으로 접두사로서 볼 수 없을 것인가 하고 살펴보면, 「덧」이라는 '添'을 뜻하는 말이 있다. 『돈부리』의 개념상으로 보아서 이 '덧-'(접두사)은 제정자의 의도한 '덮-'(蓋)의 뜻보다 더 적절한 표현이라고 생각된다. 왜냐하면 「돈부리」는 원래 "밥에 찬을 덮은 것"이라고 하기보다는 "밥에 찬을 첨가한 것"이기 때문이다. 따라서 təp-pab이라는 청각영상을 tət-pab의 순음동화(역행완전동화)로 된 형태라고 무의식 중에 추단하고 있다고 믿어진다. 환언하면 제정자가 「덮-밥」(蓋-飯)의 뜻으로 명명한 것을 언중은 「덧-밥」(添-飯)의 뜻으로서 합리적으로 분석 이해하기 때문에 즉 「덧-밥」의 실현으로서의 「təp-pab」이 생명을 가진 말이 된 것이지, 표기법상에서 본 「덮밥」(蓋飯)이 생명을 가진 것은 결코 아니다. 「덮밥」은 실지에 있어서 지은 그 순간부터 비습관적 비 논리적 신조어였기 때문에 생명을 가질 수 없는 말이었는데, 우연히도 그 발음이 「덧-밥」(添飯)을 우리 머리에 환기시킬 수 있었으므로 그런대로 「덮밥」이라는 표기가 맞춤법에 의해서 명맥을 유지하고 있는 것이다. 무심코 만들어낸 이런 말들은 그 표기법을 「덧밥」으로 시정하지 아니하는 한 미래의 조어법론자들을 무던히 괴롭힐 것은 명약관화이거니와, 우리의 언어습관을 혼란시키는 투석이 될 수 있을 것을 생각할 때 신조어 제정에는 신중에 신중을 기하여야할 것이다.

참고로 접두사 「덧-」의 쓰이는 예를 몇 개 더 보이면 다음과 같다.

> 덧—거칠다, 덧—붙이다, 덧—나다,
> 덧—니, 덧—물, 덧—문, ……

그리고 보니 김교수가 비습관적 비론리적 언어구조를 가진 말의 예로서 인용한 「얼룩소」, 「쩔룩발이」, 「납작코」, 「달팽이」, 「덮밥」(<덧밥)은 모두 실은 습관적 놀리적 구조를 가진 어사임이 판명되었다. 허다한 말 가운데는 「덧밥」을 「덮밥」으로 표기함으로 우리의 머리를 어지럽히듯이, 피상적으로 비습관적 비논리적 언어구조를 지닌듯한 말이 있을 것이나, 원칙적으로는 비습관 · 비논리적 언어구조를 가진 말이 있을 수 없다고 보아야 할 것이다.

다시 본론에 돌아가서 어떻든 모음으로 끝나는 용언의 어간에 체언이 직결되는 복합어는 있을 수 없다.

(2) 어순상으로 「在—家」의 뜻을 가진 말이 女子의 뜻으로 전성할 가능성 여부를 검토하기로 한다.

『겨집』이 在家의 뜻이라고 치더라도 漢字語의 '在家'는 우리말로 '계시는 집' 또는 '집에 계심'의 두 가지로 해석할 수 있는데 이 두 가지 뜻 가운데서 '집에 계 심'에서 女子의 뜻으로 전의할 가망은 있어도 '계시는 집'의 뜻에서는 女子의 뜻으로 전의할 가망은 전혀 없다고 보아야 할 것이다. 왜냐하면 女子란 '집에 늘 구어박혀 있는 존재이고—특히 봉건시대에 있어서는 더욱 그러했다. 남앞에서 '자기아내'를 흔히 '(집)안 사람'·'집사람'이라고 호칭하는 점으로 미루어 보아서 극언하자면, 「女子=집에 있는 것」이라고도 볼 수 있기 때문에 '집에 계심'의 뜻에서 전성할 가망이 크다고 하겠고, '계시는 집'의 뜻은 여자라는 개념과 아무런 연합관계가 없기 때문에 그것이 女子의 뜻으로 전의할 가망은 전혀 없다고 보아야 할 것이다. '계시는 집'은 '집'위에 '계시는'이란 수식어가 얹혔으므로 住宅의 개념이 크로-즈업 되어 버린다. 차라리 '계시는'이란 수식어가 없는 「집」만의 뜻이었던들 도리어 女子의 뜻으로 바뀔 가능성이 있을 것이나. 『大邱宅』·『晋州宅』·『큰宅 』·『적은宅』·『佳孝堂』·『宣禮宮』 등의 「宅·堂·宮」이 女子의 통칭으로 쓰였다고 볼 수 있으므로써이다. 어쨋든 「在-家」가 '집에 계심'의 뜻이어야 女子의 뜻으로 전성할 수 있음을 알았다. 그렇다면 「겨집=집에 계심」의 등식이 성립되는데, 「겨-집」의 구조에서는 在-家의 뜻이 분명하다면 「겨-」가 서술어가 되고 「집」이 보어가 되어야 할 것이다. 즉 『겨집』의 구조는 「서술어+보어」로서 이는 통사론상으로 볼 것 같으면 도치적 언어구조를 가진 어사이다. 이런 도치형은 이례적이고 기상천외의 것이 아닐 수 없다. 도치시켜야 할 하등의 이유가 없는데 어찌하여 『계집』만이 유독히 의미상으로 도치구조가 채택되었다는 말인가 의아함을 느껴 마지 아니한다.

× ×

우리 언어습관에서 [用言-名詞]의 언어구조를 가진 말은 예외없이 선행한 용언이 후행한 명사의 수식어가 되고 조어법에 있어서 도치구조가 쓰이지 아니한다. 또한 도치구조란 원래 문세를 강하게 하기 위한 수법인 것이다.

그러므로 『겨-집』을 '집에 계심'의 뜻으로 본다는것은 결과적으로 언어습관이란 것을 전적으로 무시한다는 말이 된다. 바꾸어 말하면, 언어습관을 무시할 수는 없는 일이기에 『겨-집』을 '집에 계심'의 뜻으로 볼 수 없다는 결론이 나온다. 그렇다고 이미 말한 바와 같이 『겨-집』을 '계시는 집'의 뜻으로 보자니 그 본의미가 '여자'의 뜻으로 전성할 가망이 없으니, 결국 『겨-집』은 在-家(「계시는 집」 또는 「집에 계심」)의 뜻을 가진 말이 아니라는 단정이 선다. 따라서 『겨집』의 어원을 다른데 구하지 아니할 수 없으며 그 구조 또한 언어습관에 맞도록 달리 해명되지 않으면 안된다.

(3) '겨-'가 과연 在의 뜻을 가진 말의 어간이 될 수 있는가? 한번 의심을 품어 보는 것도 헛된 일은 아닐 것 같다. 이제까지의 통설은 「겨시다」의 어간은 '겨-'이며 '-시-'는 주어존대법(종래는 주체존대법이라고 해옴) 어미라고 보아왔다.

오구라박사는 「鄕歌 및 吏讀의 硏究」에서 이두의 在의 새김인 「견」은 호남방언의 「ᄒᆞ겼네」(하셨네)·「ᄒᆞ겨셔」(하셔서)·「와겨셔」(오셔서)·「봐겨셔」(보셔서) 등의 용법으로 미루어 보아 존경조동사(존대선행어미를 가리킴)-「겨」의 과거연체형(관형사형)이었던 것이 후세 일전하여 경의없는 과거를 나타냄에 이르렀다고 말하고, 또 「朝鮮語方言의 硏究」에서는 在城의 在는 '겨는, 견, 결, 겨시는, 겨신, 겨실'의 어느 새김으로 읽어도 가하며 요컨대 「임금이 겨시는 성」이라는 뜻이라 하여 은연중에 「겨시다」의 어간이 「겨-」라고 단정하고 있다.

이 외에 「겨시다」의 어간을 '겨-'로 보는 이유로는 추측하건대 다음과 같은 것이 있을 것이다. 「겨시다」가 현대 존대어로 쓰이며 주어존대법어미 '-시-'와 꼭 같은 형태가 '겨-' 에 직결되어 있다.

궁중용어로서 「겨-오샤」(=겨-오시-어)에서 '-오시-'가 주어존대법어미로서 영정시대문헌인 한중록등에 산견된다.

그러나, 이와같은 생각은 다음과 같은 의문이 앞선다.

첫째, '在'가 어찌하여 이두에서 「견」으로만 나타나고 '겨-'의 형태로는 나타나지 않는가? 이는 후기신라지배층이 터키족이었으니 그들의 말인 kâin[kāin]

(있는)과 일단 관련이 있을 것으로 생각하나, 방언에서 '견'과 '겻(걸)'이 이형태를 이루고 있기 때문에 꼭 그렇게만 생각할 것도 아닐 것이다.

둘째, 「겨시다」의 '겨'가 어간이라면 문헌상에 「견」뿐만 아니라 「결」·「겨는」의 형태도 등장하였어야 할 것이 아닌가? 즉 여러 관형사형에 두루 연결되었어야 할 것이며, 더 나아가서는 각종 어미—종결어미 · 연결어미 · 전성어미에도 두루 연결되었어야 할 것인데 사실은 전혀 그렇지 못하고, 「견」이외에는 오직 「겨시」를 한 묶음으로 한 것에 각종 어미가 연결됨이 괴이하다.

셋째, 오구라박사는 居西干을 「겨시한」(겨시는 임금)의 뜻으로 해석하였는데, '겨-'(居)를 어간이라고 보면 부득이 '시'(西)는 주어존대법어미로 보아야 할 것인즉 그 '시'아래에 명사[여기서는 '한'(임금)을 가리킴]가 직결될 수 있다는 결과가 되어서 이는 조어법상 일대 모순이 아닐 수 없다. 왜냐하면 주어존대법 '시' 아래에 명사가 직결되는 복합어의 유형을 전혀 발견할 수 없기 때문이다.

필자의 생각으로는 居西干은 *kese[kəsə](天의 뜻)-*kan(>han. 統治者)으로 믿고 있다(*cf* hese 天의 뜻, 만주어).

넷째, 대체로 실사에서 허사가 파생되듯이, 일단 어의가 분화되어 고정화하면 그 뜻이 혼동되어서는 안되기 때문에 동음충돌 기피현상이 일어나서 그 어느 하나의 형태가 변질하는 것이 예사이다.

예를 하나 들면, 삼사백년전만 해도 「조차」(「좇다'隨'」의 부사형)는 동사로 쓰이는 한편, 그것이 "너조차 그러느냐"의 「조차」와 같이 토(후치사로 호칭하여야 할 것이지마는 편의상 통례에 따라 둠)로도 쓰였으나, 오늘날에 와서는 그 형태가 서로 달라져서 동사-'좇아'와 토-'조차'를 분간할 수 있게 되었다.

그런데, 앞에 보인 존대법어미-'겨-'가 「겨시다」의 어간(?)-「겨」에서 유래하였다고 치면, 그 뜻이 서로 엄청나게 멀어졌지마는 오늘날에도 여전히 어형에 있어서는 아무런 변질도 가져 오지 않았다는 말이되니 의심을 품지 않을 수 없다.

다섯째, 용언의 어간말음이 '-시-'이면서도 존대의 뜻을 갖지 않은 말이 상당히 있다. 마시다 · 쏘시다 · 가시다(變) · 부시다 등은 존대의 뜻을 갖고 있지 않음이 분명하다. 그런데, 「겨시다」도 고대에 있어서는 존대의 뜻을 갖지 않은 말이었음이 다음과 같은 예로서 확실하다.

(가) 도ᄌᆞ기 겨신ᄃᆡᆯ 무러……(용가 62장)
(나) ᄒᆞᆫᄃᆡ 겨시더*시니……(원각경 3-64)
 *主語尊待의 「시」가 첨가되어 있음에 유의할 것.
(다) 가ᅀᆞ며로ᄆᆞᆫ 萬德을 두겨시니(富有萬德, 금강삼가 2-59)
(라) 두겨신 功德과 不可思議 神力을……(월인 21-156)

또한, 방언에 있어서도 대등어의 어미로서 쓰이는 데가 있다.

하겼고……양산, 김해, 마산, 거제, 통영, 진주, 하동, 함양, 거창, 합천, 창녕, 밀양, 영덕, 대구, 고령

그러므로, 「겨시다」에서 '겨시-'까지를 어간으로 잡을 수 있다.

여섯째, 용언 가운데는 존대어로서만 쓰이는 말이 몇 개 보이는데 그 형태에 있어서도 특이한 것이 있다.

잡수시다(食)—잡숫다
좌시다(食)—자시다
주무시다(寢)
유하다(寢, 함남방언)
살외다(白)

이들은 어디까지가 어간이고 어디까지가 존대법어미라고 분석할 수 없는 말들이다. 이 가운데서도 「잡수시다」는 흔히 「잡숫다」라고도 하니 적어도 「잡수시다」의 '-시-'만은 주어존대법의 '-시-'라고 볼 수 없다. 왜냐하면, 주어존대법의 '-시-'가 '-ㅅ(시옷)-'형태로만 나타나는 예를 찾아볼 수 없기 때문이다. 따라서 수많은 말 가운데는 주어존대법어미가 따로 첨가됨이 없이, 즉 어간 그대로가 존대어인 것들이 있으니 '겨'의 형태로서 쓰이지 않고 「겨시」의 형태로만 쓰이는 존대어를 굳이 「겨(在)+시(주어존대법어미)」로 분석할 필요가 없다. 바꾸어 말하면 「겨시다」도 '시'가 부가되어서 존대어가 된 것이 아니고 본시는 『겨시다』라는 '在'를 뜻하는 말일 뿐인데, 「있다(在)」라는 동의어가 있어서 보다 다음절인 「겨시다」가 존대어로 바뀐 것으로 볼 수 있다.

이상에서 열거한 여러 이유로 하여 「겨시다」의 '겨-'가 在의 뜻을 가진 어간이라고 보기 어렵다.

× ×

다음에는 적극적 입장에서 「겨시다」의 어간을 밝혀 보고자 한다.

(1) 삼국사기 지리지에 『初赫居世二十-年築宮城號金城 婆娑王二十二年於金城 東南築城 號月城或號在城……新月城北有滿月城』이란 구절이 있는데 여기서

月城 대 在城

의 대응을 발견하게 된다. 이는 「겨시다」의 어간을 해명하는 데 절호의 자료가 아닌가 한다.

새로운 月城北쪽에 滿月城이 있다(新月城北有滿月城)고 하였으니, 滿月城이란 명칭으로 봐서 月城은 마땅히 음독되어야 할 것이며

月城=在城 → 月=在

의 등식이 성립되니 '月'의 음이 '在'의 음과 같았거나 훈(새김)과 같았거나 하였으리라는 것이 예견된다.

그런데, '月'의 음과 '在'의 음은 판이하게 다르므로 '月'의 음이 '在'의 훈(새김)과 같았다고 보아야 할 것이다. 유식층의 자랑인 한자어가 고유한 우리말을 제쳐놓고 궁중어로서 쓰인 것은 당연한 귀결이며(실지로 근대의 궁중용어 가운데서 한자어가 상당한 비중을 차지하고 있다), 한자를 잘 모르는 언어대중이 月城의 '月'음을 듣고 통속어원(Volks-etymology)해석으로 '在'의 훈(새김)을 상기하는 것도 당연한 귀결이라고 하겠다.

그러므로 '在'의 새김을 알자면 '月'의 당시의 음을 밝히면 될 것이다. 그리하여 먼저 '月'이 어찌 발음되고 있는가 살펴보기로 한다.

月 …… yüe 北京音
yüih 蘇州音
goɑt 厦門音
yet 客家音
ŋwok 福州音
yüt 關東音
ŋüet 安南音
guɑt(s) 日本漢音
get(s) 日本吳音
wəl 國語音

그런데, 日本漢字音, 厦門(아모이)音, 福州音 등의 南支郡音, 安南音, 國語音은 비교적 고형이 잘 보존되어있다고 보는 것이 학자간의 정설이며, 특히 B. karlgren氏는 그런 입장에서 『切韻』(AD.601)을 기준으로 『廣韻』·『切韻指掌圖』 등을 참고하여 가며 근대언어학의 방법에 의하여 6세기의 중국어의 움운체계를 재구한바 있다. 그에 의하면 '月'의 재구음은 [ŋiʌt](開口音)·[ŋiwʌt](合口音)이다.

그러나, 이 재구음이 곧 신라시대 음이었다고 속단할 수는 없다. 왜 그런고 하니 이조에는 벌써 어두음으로서 [ŋ]은 존재하지 않았다(「魚어」와 같은 표기가 보이기는 하나, 그것은 어디까지나 개신한자음일 뿐이고 실지음은 아니었음). 따라서 신라시대음에 어두음-[ŋ] 또는 그것에 가까운 음이 존재하였었나 살펴보아야 할 것이다.

「삼국사기」 지리지에 다행히

ŋ—g · zero

의 대응을 보여주는 귀중한 예가 보이기에 다음에 예시한다.

疑烏刀—仇刀—烏禮
(ŋudo) (gudo) (udo)

疑의 聲母는 [ŋ]인데 신라시대 국어음에는 이미 어두음으로서의 [ŋ]이 탈락되었다면 疑烏刀 대 烏禮로 미루어 疑字는 불필요한 표기가 되어버린다 따라서 疑를 [ŋ]의 표기라고 보아야 할 것이다. 그리고 이것이 [ŋ→g · zero]의 경로를 밟아서 오늘날과 같은 완전탈락을 보이게 된 것으로 믿어진다.

본론과는 관계없는 이야기지마는 나대에 어두음으로서 [ŋ] · [g]가 존재하였다는 사실은 고대 음운체계에 대한 종래의 설에 수정을 피하지 못하게 할 것이며, 고대어에서는 어두의 유성파열음 일반의 기피현상이 없었거나 적어도 심하지 아니하였다는 것을 짐작하고도 남음이 있다.

본론에 돌아가서 일본한자음이 우리나라에서(특히 백제에서) 건너간 것이 분명하니 '月'의 일본한자음을 중시하여 신라시대의 '月'의 어두음을 [ŋ]보다 [g]로 잡는 것이 보다 온당하리라고 믿는다. 그리고 [ŋ]의 표기였으리라고 믿어지는 것이 「삼국사기」 지리지에 몇 개 더 보인다(*cf.* 강길운 國語史精說.4.3.1.5항).

다음에 모음에 있어서 경상도방언은 오구라박사가 이미 지적한 바와 같이 표준어의 [wə]를 [ə]로 변개하는 경향이 있으니(예: 누워臥→누어) 이 현상은 곧 合口音의 기피현상이라고도 할 것이며, '月'의 재구韻母 [-iʌt](개구음) [-iwʌt](합구음)중 [-iʌt]만이 통용되었으리라고 본다.

그리고 신라초의 설내입성자는 [t]를 그대로 유지한 것으로 추정되므로 '月'의 말음은 입성-[t]일 것인데, 통속적 어원관에서 생긴 표기라고 믿어지는 在城이 "(임금님의) 계시는 城"이란 뜻일 것이니 '在'는 반드시 존대어의 漢譯표기어야 하며 '月=在'의 등식으로 보아서 '月'의 말음은 종성으로서의 「ㅅ」(s)와 같았을 것이고(말음을 '시'(si)로 볼 수도 있겠으나 대응형인 月의 말음이 월래 입성이기 그것은 취하지 아니함), 그 실제발음은 내파음-[t]이기 때문에 신라시대의 月의 말음은 [t]로 잡아야 할 것이다.

따라서 B.karlgren씨의 재구음에 위에서 말한 신라초기의 음운경향을 참작하여 신라시대의 月의 국어음을 [giʌt] 즉 「겯」으로 추정하는 바이다.

그러면 본론에 돌아가서 여기서 추구하는 것이 在의 훈(새김)인 만큼 '月城=在城'의 등식으로 보아 '在=겯'이라고 해야겠으나 月城이 왕성을 뜻하는 말이므로 在城의 '在'는 이미 말한 '겨시-'(在)와 유사한 *kese[kəsə](>hese[həsï]. 天의 뜻, 만주어)와 대응되는 말일 것이다. 따라서 在의 새김은 *kyəsə(<kisə<*kəsə. 天의 뜻)에 가까운 *kyəsï-에 해당하는 것이 분명하다. 즉

在=*kyəsï->kyəs-(≠겨-, ≠겨시-)

(2) 그렇다면 「겨시다」는 어찌된 발달형일 것인가?

원래 「*겨스->겻-」(在)는 존대어가 아니던 것이 「잇다」(有)와 동의충돌을 일으켜서 어느 시기에 이르러 「*겨스->겻-」이 존대어로만 쓰이게 되고(「잇다」보다 그 발음이 정중하기 때문이라고 생각된다) 다시 그것이 존대어라는 의식과 대부분의 존대어가 '시'(주어존대법어미)라는 형태를 보유하고 있기 때문에 유추를 일으켜서 「*겨스->겻-」는 드디어 「겨시-」로 형태론적 변화를 일으켰다고 보는 바이다.

그것은 마치 「잡숫다」(食) 대 「먹다」가 동의충돌을 일으키다가 어느 시기에 이르러 「잡숫다」가 존대어로만 쓰이게 되고 그것이 다시 유추에 의하여 「잡수시다」로 형태론적 변화를 일으킨 것과 같은 발달이다.

(3) 在城의 '在'가 「*겨스(>겻)」의 표기였다고 함은 용언의 어간과 체언이 직결될 수 없다는 원칙(조어법상의)에 어긋나지 않는가?

본래 王城은 *kəsə-cas 또는 *kəsə-kü(天의 뜻을 받드는 王-城 *cf.* *kü>kı 城, 신라어 : köy 村,터키어)였는데, 이것의 유사표기 *kyəsï-cas>kyəs-cas>kyə^{t}-ca^{t}과 같이 변한 *kyə^{t}-ca^{t}을 月城이라고도 칭한 것으로 추정되며(*cf.* 號月城或號在城……新月城北有滿月城), 在城(*겻잣)은 王城의 이기에 불과하다.

다시 말하면 그 城의 본이름이 *kəsə-cas(天王城)임을 모르는 호사가들이 *kəsə(天旨→天)에서 변한 *kyəs(겻)을 통속적으로 해석하여 '在'나 '月'로 표기한 것으로 보인다. 무릇 통속적 어원해석이란 것은 매우 자의적인 것이어서 전일적인 말을 임의로 토막토막 자르고 사용빈도가 가장 높은 일상용어로서 각 토막의 어의를 삼는 버릇을 말한다. 마치 「겨집」이 在家의 구조를 가진 말이라고 보듯이.

그러나, 이와같은 통속적 어원해석이 형태론적 신형을 만들어내는 계기가 되

는 수가 있다. 이조 정종대의 작품인 한중록 같은데 산견되는 궁중용어 「겨오시더니」의 '겨'(在)는 통속적 어원해석의 소산이다. 즉 「겻다」가 「겨시다」로 유추적 발달을 하자 「겨시」를 「겨(어간)-시(주어존대법어미)」의 언어구조를 가진 말로 언중이 오인한데서 생겨난 신형이다. 마치 '니거-'(去 · 行)에서 신형 '니-'가 생겨난 것처럼 말이다.

(4) 방언에서 「겻-」이 주어존대법 어미로서 (「겻-」'在'이라는 실사에서 유래한 것이라고 믿어짐) 쓰이고 있는데 예시하면 다음과 같다.

(가) 부사형어미 「-어」앞에 놓인 것:-
　(ㄱ) -겟-어: 보성, 강진, 영암, 목포
　(ㄴ) -겠-어: 나주
　(ㄷ) -겻-어: 순천, 강진, 목포, 광주, 담양, 곡성 운봉, 남원, 순창, 정읍, 김제, 임실, 장수, 진안, 안동, 영주, 청송
(나) 과거시상어미 「-엇」(-언) 앞에 놓인것:-
　(ㄱ) -겻-엇-소: 목포, 나주 담양, 운봉, 남원, 순창, 정읍, 전주, 장수, 진안.
　(ㄴ) -겻-엇-늬껴: 영주, 청송, 안동

다음에 이두에서 在가 「견」으로 흔히 읽히고 있는데, 그것이 방언에 있어서도 이두에서와 같이 대체로 존대와 과거의 뜻을 표시한다. 그러나, 오구라박사의 견해와 같이 「견」이 연체형(관형사형)이라고만 고집할 필요는 없을상 싶다. 왜 그런고 하니 방언에는 관형사형으로 쓰인 예는 전무하고 소위 보조어간이라고 학교문법에 부르는 선행어미로만 쓰인다.

그리고 「견」뿐만 아니라 「겻」·「겯」도 꼭같은 지방에서 꼭같은 기능을 발휘하고 있음을 발견할 수 있다. 즉 「견」이거나 「겻」이거나 「겯」은 모두 그 문법기능은 동일한데 그 어느 것이 연결되느냐는 오직 후행음 여하에 달려있다. 다음에 그 쓰이는 실례를 제시한다.

(가) (ㄱ) -갠-네 안동, 영주
　(ㄴ) -갠-다 청송, 목포
　(ㄷ) -갯-서라오 강진, 영암, 목포, 나주
(나) (ㄱ) -갠-네 나주, 곡성, 운봉

(ㄴ) -겐-다 임실, 장수
(ㄷ) -겟-소 진안
(다) (ㄱ) -견-네 광양, 순천
(ㄴ) 견-다 벌교, 장흥
(ㄷ) -겻-소 해남, 목포, 함평, 나주, 장성, 담양, 옥과, 곡성, 구례, 남원, 순창, 정읍, 김제, 전주, 무주(금산)

이와같은 예들로 미루어 보아서 在의 훈(새김)이 본래는 「겻-」이었고 그것에서 「견」이 파생되었음을 알 수 있다. 「겻」은 그 실제 발음이 [kyət]으로 나는 만큼 그 후행음이 비음이면 자연히 동화되어 '견'[kjən]이 된다. 그러나, 이때의 말음 'ㄴ'[n]은 'ㅅ'[t]의 실현임이 분명하니 在의 훈은 오직 '겻-'이라고 볼 수도 있다.

따라서 이두에서 在를 '견'으로만 읽은 것은 이미 말한 바와 같이 kâin(있는 · 在)<터키어>과 대응시키거나 '겻'이 원칙적인 독법이고 「견」은 결합적변화(비음동화)로 인해서 생겨난 형태로 보아야 할 것이다.

(5) 이두에서는 언제든지 在가 '견'으로 읽히며 "始築西京 在城 在者方言畎也"의 '在=畎(견)'을 어찌 볼 것인가?

이두에서 「견」으로만 읽히는 것은 전항목(4)로 미루어서 분명히 문제이며 「겻」으로도 읽혀야 한다.

생각하건대 애초에는 「겻」·「견」이 고루 쓰이던 것이 「견」의 형태가 관형사형으로도 쓰일 수 있으므로 자연히 사용빈도가 높아짐에 따라 차츰 「겻」이 망각되어간 것이 아닐가 한다.

또한, '在=畎(견)'이라함은 '月城=在城'의 등식으로 보아서 통속적인 견해임이 명백하다. '月'의 音을 '견'으로 볼 수 없는 이상, 在를 '견'으로 볼 수 없다(물론 용언 '겨시다'의 고형을 두고 하는 말임). 그리고 이두문 이외에는 「견-」형태가 문헌에 보이지 않는다. 이두문에서도 존대법 및 과거시제의 어미로서 「견」이 쓰이기는 하였지마는 在의 뜻을 가진 용언으로서는 「*겨스-(>겻-)~겨즈-」로만 쓰인다(「*겨즈-」 또는 「*겻-」의 사용례는 향가에 보인다(예는 (7)항 참조).

(6) '겻-'(在)은 만주어의 다음과 같은 말과 대응이 가능하지 않을가 한다.

(ㄱ) hasha-(울타리로 막다, 천막을 치다)

cf. kasï-(id, 터키어) · qasi-(id, 몽고어) · kecin-(살아가다, 터키어)

(ㄴ) hasha(창고)

(ㄷ) hashan(울타리, 천막) *cf.* 만주어의 h는 *k로 소급함

그런데, (ㄴ) · (ㄷ)은 (ㄱ)에서 파생된 것이 분명하니 「겻-」은 그 기능이 (ㄱ)과 같으므로 이 (ㄱ)과 「겻-」의 대응을 시도하기로 한다.

먼저 그 어의가 공통성을 띠고 있는가 살펴보면 만주나 몽고의 풍습상 "울타리로 막다, 천막을 치다"란 "방안에 머물러 있다"를 뜻한다. 그리하여 그들의 집인 「천막」이란 뜻이 파생된다. 실지에 있어서도 그들은 본래 유목민이었기 때문에 그들의 주택은 막사였던 것이다. 따라서 「겻-」의 뜻이 "집안에 머물러 있음"을 뜻함이니 어의상으로 대응이 가능하다.

다음에 음의 대응이 가능한가 살펴보기로 한다.

kjəs- 대 hasha-에서:—

우리말의 어두음-[k]와 만주어의 어두음-[h]는 아래의 유례로 보아서 대응이 가능하다.

<국어> ——	<만주어>
(ㄱ) kusək(구석)	hosho(id)
(ㄴ) kol(골짜기)	holo(id)
(ㄷ) kərï-(여과하다)	here-(id)
(ㄹ) kyəre(민종 · 동족)	hala(id)

또, 우리말의 [s]와 만주어의 [sh]는 다음과 같이 대응된다.

<국어> ——	<만주어>
(ㄱ) kusək(구석)	hosho(id)
(ㄴ) susu(수수)	shushu(id)
(ㄷ) sathang(사탕)	shatan(id)

윗 예 가운데서 「수수, 사탕」의 예는 두 말 다 차입관계에 있거나, 한쪽이 어느

한쪽에서 차입한 말일 것이나, 그 음이 이미 각기 그 민족 음에 동화되어서 개별성을 띠고 있기 때문에 음의 대응관계를 보는데 아무런 지장이 없다.

우리말의 [yə]와 만주어의 [ɑ]는

kyəre(민족 · 동족)<국어>∞halɑ(id)<만주어>

의 예로 봐서 가능하다. 즉 ɑ~ɑ>i~ɑ>yə~ɑ의 발달과정을 밟은 것이지 결코 직접 ɑ가 yə로 변한 것은 아니다.

만주어의 어간 말음-[ɑ]는 우리 말에서 zero로 대응되는 다음과 같은 여러 예가 있다.

<국어> ————————————	<만주어>
(ㄱ) ᄀᆞᆯ->갈-(換)	hala-(고대하다)
(ㄴ) tam-(담다)	tamɑ-(id)
(ㄷ) s'ïr-(쓸다)	surɑ-(id)
(ㄹ) sis-(씻다)	sisɑ-(id)

그리하여 음의 대응도 충분히 가능하다. 즉 「겻-」(在) 대 hashɑ-(울타리로막다. 천막을 치다, Mɑ)의 대응이 전적으로 가능함을 알았다.

(7) 그러면 이 「겻-」이 「겨시-」로 형태론적 변화를 일으킨 시기를 살펴 보기로 한다.

이미 인용한 바 있는 삼국사기 지리지의 "婆娑王 二十二年 於金城東南築城號月城 或號在城"이란 기록에 처음으로 「月城=在城」의 대응이 보이는데, 이것으로 미루어 「在」의 훈이 「겨시-」가 아니고 「겻-」임을 발견하게 되었는데 문헌상 처음 등장한 이 「겻-」은 파사왕22년 즉 B.C.10년경에 쓰인 말임도 기록에 확실하다.

그후 효소왕대(A.D.692~701) 득오 작인 모죽지랑가의 『毛冬居叱沙哭屋尸以憂音』(몯들 겻사/겨즈사 울올 이 시름—필자해독)의 「居叱沙」(「겻사/겨즈사」. 在)가 정해라고 하면 A.D.692-701년대에는 「겻-」의 형태가 유지되었다고 보아야겠고 그후 균여대사(A.D.917-973)작 보현십원가 가운데(恒順衆生歌)의 『法界居得丘物爲乙』(법계 겨실 구믈구믈할…)에서 「居得(「겨실」. 在)이 정해라면 A.D.900년대에 이미 「겨시-」의 형태가 등장하였다고도 볼 수 있겠다. 그러나, 「겻-」의 말음이 'ㅅ'인 관계로 어간 '겻-'과 관형사형 'ㄹ'을 연결하려면 매개모음의 개입이 필요하다(물론 '居得'을 새겨 '거득'(=가득. 滿)으로 읽을 수도 있다)

그런데, 매개모음로서는 「으, ᄋᆞ」가 쓰이는것이 일반적이지마는 치음인 『ㅅ, ㅈ, ㅊ』하에는 「이」가 쓰이는 경향이 있다. 즉 「스, 즈, 츠」가 「시, 지, 치」로 바뀌는 습관이 있기 때문에(*cf.* 이에 대해 이미 이희승 스승께서 『存在詞-「있다」에 대하여』라는 논문 p.24에서 지적한 바 있음. 또한 경상도방언에서는 그런 현상이 현저함. 예: 가실'가을') 「겨실」은 「겻을」이 「겻일」로 바뀐 것이라고 볼 수 있다.

〔**참고**〕 ㉠ 양주동박사는 고가연구에서 이것을 "모둔 것ᅀᅡ 우리 시름"으로 해독한 바 있는데 좀 무리한 해독인듯 하다. 「毛冬」을 다른데서 「몯돌」(不)로 읽으면서 여기서만 「모둔」(皆)으로 읽어야할 이유를 알 수 없고, 「哭屋尸以」의 넉자를 「울이」로 읽는 것도 불가사의 하거니와, 이와 같이 조작해낸 부사형 때문에 후행한 명사-「시름」을 억지로 동사-「시름ᄒᆞ-」의 약형으로 보지 않을 수 없었던 것도 인과라 하겠다. 따라서 무애선생의 이 해독은 재고되어야 할 것임.

㉡ A.D.737년 신충 작 원가 속의 『改衣賜』를 무애선생은 「겨샤」로 읽은 바 있으나, 필자는 그것을 「*가식스>가식시」로 읽어야 할 것으로 생각하므로 『겨스-(>겻-)→겨시-』의 시기추정에 있어서 이를 고려하지 아니함을 부기하여 둔다.

다음에 고려가사인 정석가(연대 미상)에 '겨샤'[딩아 돌아 當今에 계샹이다]가 등장하니 이때는 「겨스->겻-」이 「겨시」로 형태변화를 일으켰음이 분명하다.

따라서 막연한 시기추정이기는 하지만 지금 단계로서는 적어도 신라말기부터 고려초까지 사이에 『겨스-(>겻-)→ 겨시-』의 형태론적 변화가 완성되었다고 해두는 수밖에 없다.

요컨대 '在'를 뜻하는 말의 어근은 「겨-」가 아니고, 「겨시-」의 고형인 「겨스->겻-」임이 판명되었다.

× ×

그러면 맨먼저 문제로 돌아가서 『겨집』(女子)은 그것이 본시 어떠한 어의와 어떠한 언어구조를 가졌을까 생각해 보기로 한다.

단적으로 말해서 필자는 『겨집』이 「겻-」의 파생어라고 보는 바이다. 그렇다고 「겨-」가 「겻-」의 약형이거나 「-집」을 家의 뜻이라고는 보지 않는다. 『겨집』은 「겻-」(在)에 명사형성접미사 「-ㅂ」이 결합되어서 일우어진 말이라고 본다('-이-'는 존대의 '시'에 유추되어 첨가됨). 그러면 과연 「-ㅂ」(p)이 명사형성접미사로서 우리말에서 쓰였는가?

(가) ᄆᆡᄌᆞᆸ(流蘇結也, 사성통해 하54)=ᄆᆡᆽ-(結)+ᄋᆞ(매개모음)+ㅂ(명사형성접미사)
(나) 겳(重, 능엄 10-76)(*cf.* 세 겳'三重') ; 겳-(竝)+ㅂ(명사형성접미사)>겳>겹
(다) 거듧(>거듭. 重疊, 유합 하20)
=거들-(>거드-.列擧)+ㅂ(명사형성접미사)
(라) 트집=틀(捻)+이(피동접미사)+ㅂ(명사형성접미사)
cf. t'ïr-i-b>t'ïʒib>t'ïjib : ir(在, 드라비다어)>iri>iʒi>iši-(이시-).
(마) 사립(芭籬)=사리-(盤)+ㅂ(명사형성접미사)
(바) 곱(종기의 골마지 같은것)=곪=(>*곰-.膿)+ㅂ(명사형성접미사)
cf. kolm-b>komb>kob
(사) 江陰縣 本高句麗屈押縣(삼사 지리지) *cf.* -ㅁ(陰)=-ㅂ(押) ; ᄀᆞᄅᆞᆷ(江)
(아) 주릅(居間)=儈주릅회(자회)·儈音(주릅, 이두)

위에서 (가)~(바)는 틀림없이 「ㅂ」(p)이 명사형성접미사로서 쓰인 예들이며, (사)(아)의 예는 「ㅂ」(p)과 「ㅁ」(m)이 명사형성접미사로서 호전될 수 있음을 시사하는 예들인데, 이것들은 「p>m」의 경로를 밟았다. 그리고 (가)의 『ᄆᆡᄌᆞᆸ』도 流蘇ᄆᆡᄌᆞᆷ同心結也(「사성통해」 상40)라 실린 바와 같이 문헌어에 있어서 '-ㅂ'형·'-ㅁ'형이 두루 나타난다. 이미 이숭녕 스승께서도 "접미사 -b(p)系의 硏究"라는 논문에서 '-ㅂ'형 접미사의 존재를 지적하신 바 있다.

다음에는 『*겨시-ㅂ>겨집』으로의 발달을 입증하는 일인데, 다시 말하면 유성음간에서 「š>ʤ」의 발달이 가능한가 살피는 일만 남았다. 이미 'ㅅ, ㅈ, ㅊ'(치음)아래에서는 매개모음으로 '-이-'도 매개한다는 것을 앞서 말한 터이고, '겨스

다'->겻다'(在)가 존대말로 변하자 '-시-'에 유추되어 '겨시다'가 되었을 것이므로 남은 작업은 'ㅅ'이 모음 간에서 'ㅈ'으로 바뀔 수 있는가를 검토하는 일뿐이다. 다음과 같은 예로 미루어 그것도 가능하다고 본다.

(가) 손ᅀᅩ(친히, 고어), 손소……손조(고어)
(나) 아ᅀᆞ(아우, 고어), 아시(~타다)……아지(새끼)
(다) ᄀᆞᆺ(가, 고어)……그지(한계), ᄀᆞ재(가장, 고어), 가장
(라) 가생이(가)……가장-자리
(마) 아시(시작 · *cf.* 아시나조 '초저녁')……아적(<*아지-억. 아침, 정평방언)
(바) 다시……다짐(확인)
(사) 아ᅀᆞᆷ(친척, 고어)……아ᄌᆞ미(아주머니, 고어)
(아) 눉므를 스주니 옷기제 젓는 피오(拭淚霑襟血, 두시초 8-28)…싯다>씻다, 깃
(자) 그 짜ᄒᆞᆫ 巫峽人 이우지로다(두시초 8-35)……이웃
(차) 무ᅀᅳ다(쌓다, 고어)……무지, 무저기(방언)
(카) 거ᅀᅴ(거의, 고어)……거진
(타) 아ᅀᆞᆯ라히(아득히, 고어)……아ᄌᆞᆯᄒᆞ야(고어), 아찔-하다.

위에서 (사) (차) (카) (타)의 예는 'ㅅ→ㅈ'형 변화의 예이며, 또 직접적인 것은 못되나 'ㅿ'이 'ㅅ'에서, 'ㅊ'이 'ㅈ'에서 변한 것이라고 볼 수 있으므로 첨가되어도 무방하다고 본다.

그뿐만 아니라 향가의 "居叱沙"(모죽지랑가)를 이미 언급한 바와 같이 '*겨즈사'로도 읽을 수 있어서 여기서도 「겨즈->겨지->겨시-」의 변화가 일어난 것으로 볼 수도 있다.

이상을 종합하여 일언이폐지하면 「겨집」은

「겻-(在)+이(존대의 '시'에 유추 또는 매개모음)+ㅂ(명사형성접미사)>겨집(-시->-지 '모음간의 유성음화')」

의 언어구조 및 어원을 갖고 있다. 그리하여 「겻(在)-이-ㅂ」 즉 "집에 머물러 있는 것"이라는 뜻에서 '女子' 라는 뜻으로 전의한 것이라고 보는 바이다. 그리고 위의 언어구조가 조어법상 아무런 모순이 없는 습관적인 것임은 두말할 필요도 없다.

본고를 마침에 있어서 결론을 말하면, 조어법은 우리 언어습관에 맞아야 하며 비논리적이어서는 결코 안된다. 그리고 「겨시-」(在)의 고형은 「겻-」이며 「겨집」(女子)은 『겨-(在)+집(家)』의 구조가 아니고, 『겻-(在)+이(매개모음 또는 존대의 '시'에 유추되어 첨가)+ㅂ(명사형성접미사)의 언어구조를 가진 말이다.

第15章
「ᄒᆞᄫᆞᅀᅡ · ᄒᆞ올로」考

고문을 가르치면서 꺼림직하게 느껴지는 일이 한 두 가지가 아니지마는 여기서 는 「ᄒᆞᄫᆞᅀᅡ」, 「ᄒᆞ올로」만을 들어 문제삼아 보려한다.

高2의 국정교과서에 「音韻의 變遷」이란 글제 가운데 「ᄒᆞ오ᅀᅡ」(ᄒᆞᄫᆞᅀᅡ)는 「ᄒᆞ올 로」와 같은 뜻을 가진 말로서 「홀로」의 뜻이며 「ᄒᆞ올로」형의 新語가 등장함으로 써 「ᄒᆞ오ᅀᅡ」는 드디어 폐어가 되어 버렸다는 취지의 글이 실려 있고, 검인정교과 서인 古典文法(이숭녕저 · 을유문화사간)에 이 「ᄒᆞ올로」는 「ᄒᆞ오-」에 副詞形語尾 「-로」가 첨가된 구조를 가진 말로서 설명되어 있는데 이러한 설명은 잘못된 것이 아닌가 여겨진다.

(1) 먼저 「ᄒᆞ오ᅀᅡ」의 어의를 살펴보고자 한다. 펼자는 「ᄒᆞ오ᅀᅡ」의 뜻이 어디까지나 「혼자」라는 뜻이고 「ᄒᆞ올로」만이 「홀로」의 뜻이라고 본다.

초간본 두시언해(A.D. 1481)를 보면 「ᄒᆞ오ᅀᅡ」나 「ᄒᆞ올로」가 거의 모두 獨자의 번역임에는 틀림없으나, 본시 獨은 「혼자」 · 「홀로」의 두 가지 뜻에 두루 쓰이는 한자이어서, 번역자의 자유재량에 의하여 「혼자」의 뜻이리라고 생각하면 「ᄒᆞ오ᅀᅡ」로, 「홀로」의 뜻이리라고 믿으면 「ᄒᆞ올로」로 번역하였던 것으로 믿어 의심하지 아니한다.

적어도 우리말에 있어서는 「혼자」와 「홀로」는 그 뜻이 판이하게 다르다. 「혼자」는 名詞 · 副詞로 두루 쓰이며 그 뜻은 '單獨'이고, 「홀로」는 오직 부사로만 쓰이며 그 뜻은 '孤獨히'이어서 서로 분간하여 쓰인다. 설혹 한시에서 '獨往'이라고 되었더라도 그 글의 취지가 「홀로 간다」의 뜻일 수도 있을 것이고, 「혼자 간다」의 뜻일 수도 있을 것이기 때문에 飜譯할 적에 번역자의 자의로 『ᄒᆞ오아 가니』(중간본 두시언해 11-41) 또는 『ᄒᆞ올로 가니』(중간본 두시언해 12-20)로 서로 달리 하는 것은 도리어 당연하다고 하겠다. 그리고,

> 예: ᄒᆞ오아 브어(獨酌, 중간본 두시언해 15-36)
> 이 ᄀᆞ올히 ᄒᆞ오ᅀᅡ 오ᄋᆞ라 이쇼ᄆᆞᆯ 보리라
> (此州獨見全, 중간본 두시언해 25-39)
> 셔ᄫᅳᆯ 긔벼를 알ᄊᆡ ᄒᆞᄫᅡᅀᅡ 나ᅀᅡ가샤 모딘 도ᄌᆞᄀᆞᆯ 믈리시니이다. ᄉᆞᄀᆞᄫᆞᆯ 軍馬ᄅᆞᆯ 이길ᄊᆡ ᄒᆞᄫᅡᅀᅡ 믈리조치샤 모딘 도ᄌᆞᄀᆞᆯ 자ᄇᆞ시니이다(용가 35장)

등의 「ᄒᆞ오아」·「ᄒᆞ오ᅀᅡ」·「ᄒᆞᄫᅡᅀᅡ」는 모두 「혼자」의 뜻이지 결코 「홀로」의 뜻일 수 없는 대목이다.

그러면, 어찌하여 국어를 훈민정음으로 기사한 최초의 문헌인 용비어천가에는 「ᄒᆞᄫᅡᅀᅡ」의 예만 다섯개 보이고 「ᄒᆞ올로」의 예는 보이지 않는가 하는 의심이 날 것이다. 그 문헌의 내용상 '고독'이란 말이 나올 수 없어서 그리된 것이지, 「ᄒᆞ올로」라는 말이 없어서 등장 못시킨 것은 아니다. 악학궤범이란 책은 비록 성종 24년(A.D.1493년)에 간행되었지마는 그 가사는 대부분이 고려시대이전의 것으로서 구전되어 오다가 수록되었는데, 음운변화로 말미암은 변모는 엿보이나, 그런대로 어휘 및 형태면에서는 고형을 잘 보전해 온 것으로 확신하는 터이다. 그 가운데 실린 고려가사-『動動』에 「ᄒᆞ올로」가 등장한다.

그런데, 악학궤범이 발행될 무렵에 「ᄒᆞ올로」만 남고, 「ᄒᆞᄫᅡᅀᅡ」계는 이미 폐어가 되어 언어대중의 기억에서 사라진 후이었다면 구전되어 오는 동안에 「ᄒᆞ오ᅀᅡ」(<ᄒᆞᄫᅡᅀᅡ)가 「ᄒᆞ올로」로 교체될 가망도 없지 않을 것이나, 번역당시에 엄연히 「ᄒᆞ오ᅀᅡ」와 「ᄒᆞ올로」가 병존하여 자주 나타나므로 고려가사 가운데의 「ᄒᆞᄫᅡᅀᅡ」가 「ᄒᆞ올로」로 바뀌었다고 볼 수도 없고 바뀔 아무런 이유도 없는 것이다.

따라서 『動動』에 나타나는 「ᄒᆞ올로」는 고려조에서 구전되어 이조 초에 이르는 동안에 음운변화를 다소간 일으켜 오다가 악학궤범에 실린 형태라고 보아야

한다. 바꾸어 말하면 고려조에도 「ᄒᆞ올로」계의 말이 있었던 것으로 믿어진다.

또한, 두시의 번역자들이 「獨」자를 일률적으로 새기지 않고 내용에 따라서 달리 새겼음을 다음의 예로써 넉넉히 확인할 수 있다.

예: 수플로 가는 외로왼 새 날회야 ᄂᆞᆺ놋다
(歸林獨鳥遲 중간본 두시언해 13-37)
ᄒᆞᆫ 나모 션 늘근 노믹 지비로다
(獨樹老夫家, 초간본 두시언해 13-7)

그리고, 두공부시는 유윤겸・조위・의침 등 여러 사람이 전후 또는 동시에 번역하였다고는 하지마는 각권은 새긴 문체로 보아서 한사람의 손으로 편집된 것이라고 맏어진다. 따라서 적어도 「ᄒᆞ오ᅀᅡ」와 「ᄒᆞ올로」가 동의어였다면 각권을 맡은 번역자의 기호에 따라서 대체로 그 어느 하나의 형태로 통일성이 있게 쓰였어야 할 것인데도 불구하고 사실은 전혀 그렇지 아니하여 우열이 없이 혼용되고 있다.

다음에 품사상으로 따져도 「ᄒᆞ오ᅀᅡ」가 「ᄒᆞ올로」와 같은 단순한 부사가 아님을 알 수 있다.

예: ᄒᆞ오앗 鶴ᄋᆞᆫ 도라오몰 엇데 더듸니오
(獨鶴歸何晩, 중간본 두시언해 14-31)
ᄒᆞ오앗 鶴ᄋᆞᆫ 아디 못ᄒᆞ리로다 므스 일로 춤츠ᄂᆞ니오
(獨鶴不知何事舞, 중간본 두시언해 14-31)
ᄒᆞ오앗 모몰 쥬변 몯ᄒᆞ여(獨身不能自持, 삼강・열녀)

웃 예에서 「ᄒᆞ오앗」이 학이나 몸의 수식어인 것만은 틀림없고 관형격토-'ㅅ'이 붙은 것을 보면 기원적인 단어의 구조는 어찌 되었던 간에 「ᄒᆞ오아」가 여기서는 분명히 명사로서 인식되어 있었다고 볼 수밖에 없다. 물론 명사와 부사는 동일형태일 수 있어서 그 문장속의 위치에 따라서 서로 분간된다. 예를 들면 다음과 같다.

┌ 명사……오늘은 칠월일일이다.
└ 부사……나는 오늘 왔다.

그러나, 부사에 관형격조사 'ㅅ'이 첨가되어서 관형사적으로 쓰이는 예는 찾아볼 수 없다. 그러므로 「ᄒᆞ오아 · ᄒᆞ오ᅀᅡ · ᄒᆞᄫᅀᅡ」가 오직 부사로만 볼 수는 도저히 없다. 그렇다면 「ᄒᆞᄫᅀᅡ」계가 본시는 명사인데 차차 부사로도 쓰이게 된 것으로 보아야 할 것이지(마치 '오늘'이 명사이면서도 부사로 전용되듯이) 부사에 한해 쓰인 「홀로」의 동의어였다는 것은 믿을 수 없는 이야기이다. 이런 점으로 보아서도 「ᄒᆞᄫᅀᅡ」는 명사 · 부사로서 두루 쓰였다고 보아야 하며 그 뜻은 「혼자」(=단독)이어야 할 것이다.

다음에 초간본의 「ᄒᆞ오ᅀᅡ」가 중간본에서 「ᄒᆞ온쟈」로 교체된 다음과 같은 예로 보아서 분명히 「ᄒᆞ오ᅀᅡ」가 「혼자」(=단독)의 뜻임을 확인하는 바이다.

예: ᄒᆞ오ᅀᅡ 오ᄋᆞ라 이쇼몰 보니라(초간 두시언해 25-39)
ᄒᆞ온쟈 오ᄋᆞ라 이쇼몰 보니라(중간 두시언해 25-39)

요컨대 「ᄒᆞᄫᅀᅡ」계는 「혼자」(=단독)의 뜻을 가진 말이며 「ᄒᆞ올로」는 「홀로」(=고독)의 뜻을 가진 말로서, 이들은 같은 어원에서 파생한 말일지나 품사로서도 차이가 있고 어의도 다른 말이므로, 병존 · 양립하는것은 당연한 일로서, 어형의 교체이니 번역자의 기호이니 하는 따위는 부질없는 이야기라고 하겠다.

(2) 『ᄒᆞ올로』의 조어법은 「ᄒᆞ오-」에 부사형어미 「-로」가 첨가된 말이라고 앞서 든 古典文法(p.23)에 풀이 되어 있는데, 여기서 「ᄒᆞ오-」를 용언으로 본 것 같은데, 과연 그렇다면 이것은 조어법상의 큰 모순으로 언어습관을 무시한 견해가 아닐 수 없다.

아마 무슨 착각에서 그렇게 보신 것이 아닌가 한다. 어떻든 「ᄒᆞ오」(獨)라는 어근 또는 어간은 이 세상에 존재하지 않는다.

용언의 부사형어미 또는 용언에 부사전성접미사로서 「-로」가 쓰인 예도 우리

말에 없는 것으로 보며, 아직 그와 같은 유례를 발견하지 못하였다. 「-로」는 체언하에 첨가되어서 부사어로 쓰일 뿐이다. 따라서 「ᄒᆞ오」를 명사로 본다면 조어론상으로는 이야기가 되지마는, 'ᄒᆞᅀᆞ · ᄒᆞᄫᆞᆺ올'이라는 명사는 있어도 'ᄒᆞ오'라는 명사는 없으니 그렇게 볼 수도 없다.

즉 이 말은 halvet(獨居 · 孤獨, 터키어. *cf.* halvət>habəs *cf.* -t>-s. 예: 곧>곳, 낟>낫, 몯>못'釘') >haβʌs'ᄒᆞᄫᆞᆺ'>haβʌʒ'ᄒᆞᄫᆞᅀ')와 대응되는 말이다.

그리하여, 필자는 이 『ᄒᆞ올로』는 본시 명사-「ᄒᆞᅀᆞ」(>ᄒᆞᅀᆞᆺ · ᄒᆞ올 ; 단독형-「ᄒᆞᄋᆞᆺ」; 상고형-「하ᄫᆞᅀ」에 구격토(또는 부사파생접미사) '-ᄋᆞ로'가 첨가되어서 이루어진 말이라고 확신한다. 이 「ᄒᆞ올로」는 「하ᄫᆞᅀ-으로>ᄒᆞᅀᆞᄋᆞ로>ᄒᆞ올ᄋᆞ로>ᄒᆞ올로」(*cf.* 유성음사이의 「ㅿ>ㄹ」. 예: 아ᅀᆞ라히>아ᄅᆞ라히 : ᄉᆞ신교-'(四人轎)'>사린교 : 그ᅀᅥ'(牽)'>끌어)의 변천을 겪었을 것이고, 그것은 다시 「호올로」(>홀로)로 변하여 간 것으로 생각한다.

그러므로, 여기서 남은 문제는 「ᄒᆞᅀᆞ」(>ᄒᆞᅀᆞᆺ)을 원형으로 삼으면 여타의 모든 파생어를 합리적으로 설명할 수 있을 것인가이다.

필자는 충분히 해명하여 낼 수 있다고 보며 다음에서 차례로 설명해 나가기로 한다.

(ㄱ) 「ᄒᆞ오사」는 「ᄒᆞᅀᆞ(獨)-사(강세접미사)>ᄒᆞ오사」의 변화를 겪었을 것이며, 그것은 다시 「ᄒᆞ오사>호사 · ᄒᆞ오아 · ᄒᆞ오야」로 변하여 갔을 것이다.

(ㄴ) 「ᄒᆞ오지」는 「ᄒᆞᅀᆞ」의 변형「ᄒᆞᅀᆞᆺ」과 어형보강소-「-이」의 결합이고, 「ᄒᆞ오치」는 그것이 다시 강화된 형태일 것이다(*cf.* 「ㅿ>ㅈ」예 : ᄀᆞᅀ'邊'—가장-자리, 손ᅀᆞ'친히'—손조).

(ㄷ) 「ᄒᆞ옷」은 「ᄒᆞᅀᆞ」 또는「ᄒᆞᅀᆞᆺ」의 팔종성법에 의한 단독형이거나('ㅿ · ㅈ'이 종성으로 쓰일때 'ㅅ'으로 대치된 것이다), 어원적인 'ᄒᆞᄫᆞᆺ'이 직접 'ᄒᆞ옷'으로 변한 것이다.

(ㄹ) 「ᄒᆞ올」은 「ᄒᆞᅀᆞ-어미>ᄒᆞ올-어미」의 결합적변화(모음앞에서 'ㅿ>ㄹ')를 일으킨 것으로 보고자 한다.

현대문법에서 'ㄷ'변칙용언이라고 하는 것들이 바로 이 'ㅿ'이 모음간에서 'ㄹ'로 바뀌는 말들이라고 본다. 또한, 「ㅿ→ㄹ」의 현상이 문헌에 더러 보이는데,

이것이 'ㅿ'이 모음앞에서 'ㄹ'로 변한 현상인 것만은 분명하다.

유례: 긁어(牽, 내훈 2-15)>끌어
그슴山(文音山, 용가 1-39)—글
아ᅀᆞ라히(茫, 두시초 8-15)—아ᄅᆞ라히(두시 중1-25)

또한, 『삼사 지리지』에서 어중의 반치음자-「ᅀᅵ」(爾)가 '리 · ㄹ'로 쓰인 듯 하다.

예: 峯城縣本高句麗述爾忽縣 cf. 峯 수리
戌城縣本高句麗首爾忽 cf. 戍 슏
內乙買一云內爾米 cf. 乙 을→ㄹ

이상과 같은 여러 현상으로 보아서 「ᄒᆞᅀᆞᆯ-어미」가 「ᄒᆞ올-어미」로 변한 것이 틀림없다고 보아야 할 것이다.

(ㅁ) 「ᄒᆞ온자/ᄒᆞ온차」는 「ᄒᆞᅀᆞᆯ(獨)-ᅀᅡ(>야. 강세접미사)>ᄒᆞ오ᅀᅡ>ᄒᆞ오자 · ᄒᆞ오차>ᄒᆞ온자 · ᄒᆞ온차」의 발달을 겪었을 것인데, 여기서 '-ㄴ'이 어찌하여 어중에 끼어 들었는가 의심쩍을 것이나, 이것은 어의의 강조도를 시간의 길이로 표시한 모방적상징수단으로 삽입된 것이라고 믿어지나, 어떻든 구강폐쇄음 앞에 n-삽입현상이 다음과 같이 허다하다.

유례: 너출(蔓, 월석 1-43)-넌출
갈대로 더져(投) 두고(송강 1-21)—던지다
즁싱마(程度)도(석상 6-5)—짐승만도
너테(얼음위의 얼어붙은 얼음)—넌테
여치(벌레이름)—연치(경상도 방언)
두던(언덕)—둔덕
어치(마소의등에 덮는 담요)—언치
가치(까치)—간치(경남 · 전남 · 제주 방언)

이 「ᄒᆞ온자 · ᄒᆞ온차」에서는 'ᆞ'가 '오'위에서 동화되어 '오'로 변하였다가 다시 축약되어서 「혼자 · 혼차」가 생겨났고(*cf.* ᄒᆞ온자 · ᄒᆞ온차>호온자 · 호온차>혼자 · 혼차), 「혼자 · 혼차」에서 'ㄴ'이 원순모음 '오'의 영향으로 말미암아 'ㅁ'으로 바뀌어 「홈차」가 된 것이다. 'ㄴ'이 'ㅁ'으로 바뀌는 데 있어서도 모방적 상징수단이 가세하지 아니하였을까 한다.

예: 머추어시니(용가 54장)—멈추다
보다—보담(*cf.* 무엇보다—무엇보담)

(ㅂ) 「호자」는 「ᄒᆞ오ᇗ(獨)-ᅀᅡ(강세접미사)>ᄒᆞ오ᅀᅡ>호ᅀᅡ>호자」로 발달한 것이라고 믿어진다.

(ㅅ) 「ᄒᆞ온쟈」는 「ᄒᆞ온자」에서 자생적으로 발달한 것이라고 볼 수도 있겠으나, 「ᄒᆞ옺(獨)-야(강세접마사)>ᄒᆞ오쟈>ᄒᆞ온쟈」가 된 것으로 보는 것이 보다 순리적인 설명이 될 것이다.

위에서 고찰하여 본 바에 의하여 결론지어 말하면, 『ᄒᆞᄫᅀᅡ(<*ᄒᆞᄫᆞᇫ-ᅀᅡ)>ᄒᆞ오ᅀᅡ』의 본딧뜻은 어디까지나 「혼자」(單獨)이고, 『ᄒᆞ올로』는 본시 「ᄒᆞ오ᇗ(單, 명사)-ᄋᆞ로(구격토 또는 부사파생접미사)」의 구조를 가진 말이었는데, 그것이

「ᄒᆞ오ᅀᆞ로>ᄒᆞ오ᄅᆞ로>ᄒᆞ올로>홀로」

와 같은 발달과정을 겪은 것으로 믿어지며 , 그 본디뜻은 '孤獨'인 것으로 추정된다.

× ×

다음에서는 「ᄒᆞᄫᅀᅡ>ᄒᆞ오ᅀᅡ」의 본디뜻이 무엇이었는지를 살펴 보기로 한다.

필자의 생각으로는 「ᄒᆞ오ᅀᅡ」의 본디뜻이 單獨이라고 보지마는, 이숭녕박사께서 조선일보(1960.11.4.4면)를 통하여 거기에 이의를 제기해 온 바 있어서 혹시나 「ᄒᆞ오ᅀᅡ」에 '외롭게'의 뜻이 있었는지 그분의 제시한 예문을 좇아 아래에서 하나 하나 검토해 볼까 한다. 물론 본디뜻만 있는 것이 아니고 어떤 말이든 전의(굳어진것과 문맥상의 것이 있을 수 있음)가 있기 마련인데, 앞에서도 본디뜻만

을 거론 하였는 데도 이의가 제기된 것은 퍽 유감된 일이지만, 일이 이렇게 된 이상 답변하지 않을 수 없어 몇 마디 할까 한다.

「ᄒᆞ오ᅀᅡ」는 이미 말한 바와 같이 명사와 부사로 쓰이고, 「ᄒᆞ올로」는 부사로만 쓰이어 그 기능이 서로 다르지마는, 이들은 서로 어근이 같고(*cf.* ᄒᆞ오ᇫ>ᄒᆞ올) 또 부사로도 쓰이다 보니 「ᄒᆞ오ᅀᅡ」가 문맥상에서 '孤獨'의 뜻처럼 느껴지기도 하고, 「ᄒᆞ올로」가 문맥상에서 '單獨'의 뜻처럼 느껴지기도 한다. 그점은 현대어에서도 마찬가지다. 「ᄒᆞ오ᅀᅡ」의 발달형인 '혼자'가 문맥에 따라서는 '孤獨'이 시사되기도 하고, 「ᄒᆞ올로」의 발달형인 '홀로'가 문맥에 따라서는 '單獨'이 시사되기도 하듯이 말이다. 이들 두 단어의 어근이 같고 문법기능이 같기(서로 부사로도 쓰임) 때문에 그들의 의미영역이 일부분에서 교차되는 것은 만부득이하고, 또 자연스러운 현상이라고 할 수 있다. 그럼에도 불구하고 「ᄒᆞ오ᅀᅡ」가 孤獨(홀로)의 뜻으로 쓰인 예가 다음과 같이 좀처럼 보이지 않으니 역시 「ᄒᆞᄫᅀᅡ>ᄒᆞ오ᅀᅡ」의 본디뜻은 單獨이고, 「ᄒᆞ올로」의 본디뜻은 孤獨이라고 다시 확인시켜 준다.

① 「法王ㅅ法言이 事애 卽ᄒᆞ샤 곧 理라 法이 ᄒᆞ오ᅀᅡ 니디 아니ᄒᆞ시며 이리 虛히 밍ᄀᆞᄅᆞ시니 華嚴一字法門올 每墨으로 써도 다ᄋᆞ디 아니ᄒᆞ며」(法王法言이 卽事卽理라 法不孤起ᄒᆞ시며 事無唐設이시니 如華嚴一字法門을 書海墨而 不盡ᄒᆞ며, 능엄 7-10)

위에서 '法不孤起'를 法이 ᄒᆞ오ᅀᅡ니디 아니ᄒᆞ시며'라고 하였으니, 다시 말하면 '孤'는 「ᄒᆞ오ᅀᅡ」로 번역되었는데 위의 본문의 '孤'는 '외롭게・홀로'의 뜻이 아니고 '單獨'의 뜻이다. 마치 저 유명한 귀거래사의 「撫孤松而盤桓」의 '孤松'도 '혼자 서 있는 소나무'를 뜻할 뿐이며, 「孤舟・孤竹・孤忠・孤村・孤芳・孤客」의 '孤'도 單獨의 뜻일 뿐이다. 卽 '孤'에는 單獨이라는 전의가 있어서 본딧뜻인 孤獨의 뜻에 못지 않게 많이 쓰이고 있다.

② 「스승 업시 절로 알씨 獨覺이라도 ᄒᆞᄂᆞ니 獨覺은 ᄒᆞ오ᅀᅡ 알씨니」(월석 2-20)

위에서 「ᄒᆞ오ᅀᅡ」가 '獨'과 대응되는 말임을 알 수 있는데, 이 「ᄒᆞ오ᅀᅡ」를 '자연히'로 해석하여야 한다고 하나, 필자는 '혼자'의 뜻인 것으로 확신한다. 禪宗辭

典(1915. 光融館藏版)에 의하면 「獨覺」은 그 수업에 있어서 오직 자기의 깨달음만을 목적하여 타인을 구제하려 하지 않고 오로지 혼자 깨달으려 하거나 스승없이 혼자 깨달음」이라고 풀이 하고 있다.

③ 「엇뎨 如來 외다 아니ᄒᆞ시고 ᄒᆞ오ᅀᅡ 淨名이 외다 ᄒᆞ신ᄃᆞᆯ 알리오」(능엄 1-35)

윗글의 「ᄒᆞ오ᅀᅡ」를 '오직'의 뜻으로 보아야 한다는 것이나, 이 역시 분명한 '혼자'의 뜻이다. 그 전후문맥을 다음에 보인다.

> 「이ᄂᆞᆫ 平等히 慈行ᄒᆞ던 ᄠᅳ들 펴 니ᄅᆞ니라……ᄒᆞ나ᄒᆞᆫ 가ᄉᆞ며니ᅀᅡ 수이 布施ᄒᆞ리라 너기고 ᄒᆞ나ᄒᆞᆫ 艱難ᄒᆞ니ᄋᆡ 因 심구믈 爲ᄒᆞ니 如來 외다 ᄒᆞ샤ᄆᆞᆫ ᄆᆞᅀᆞ미 ᄀᆞ린 ᄃᆡ 업서 고ᄅᆞ디 아니타 ᄒᆞ논 疑心과 할아ᄂᆞ니ᄅᆞᆯ 업게코져 ᄒᆞ시니……維摩經에 븓들여 닐오ᄃᆡ 如來 외다 아니ᄒᆞ시니라 ᄒᆞᄂᆞ니 엇뎨 如來 외다 아니ᄒᆞ시고 ᄒᆞ오ᅀᅡ 淨名이 외다 ᄒᆞ신ᄃᆞᆯ 알리오……淨名이 須菩提ᄅᆞᆯ 외다 호ᄃᆡ 飮食에 平等히 ᄒᆞ리ᄂᆞᆫ 法에도 平等히 ᄒᆞ고 法에 平等히 ᄒᆞ리ᄂᆞᆫ 飮食에 ᄯᅩ 平等히 ᄒᆞᄂᆞ니라 ᄒᆞ고 迦葉을 외다 호ᄃᆡ 慈悲心ᄋᆞᆯ 두ᄃᆡ 너비 몯ᄒᆞ야 가ᄉᆞ며닐 ᄇᆞ리고 간난ᄒᆞ닐 조차 비다 ᄒᆞ니라」

이 말은 부처님이 평등히 자비를 행하였는데, 유마경에 국한하여 평등히 하지 못한 수보리와 가섭을 어찌 그르다고 아니하시고, 혼자 淨名(출가하지 않고 불타 정각의 지혜를 얻기 위한 수행을 닦은 석가여래와 같은 시댓사람 이름)만이 그들을 그르다고 하신 줄로 안 것인고? 라는 뜻이다.

④ 「엇데 구틔여 ᄒᆞ오ᅀᅡ……ᄒᆞ리오」(何必獨, 금강경상 76)

위의 예문에 대하여는 금강경이 수중에 없어서 그 전후의 문맥을 알 수 없으나 위 문장으로만 보아서도 「ᄒᆞ오ᅀᅡ」가 부사인 것만은 부인 못할 것이니, 그것이 부사성의존명사인 '-뿐 · -따름'과 결코 동의어가 될 수 없다. 여기서도 「ᄒᆞ오ᅀᅡ」는 '혼자'의 뜻이 분명하다.

⑤ 「菩薩이 ᄒᆞ오ᅀᅡ 안자 잇더시니」(월석 1-6)

위의 「ᄒᆞ오ᅀᅡ」는 문제를 제기하신 분 자신도 '혼자'의 뜻으로 본 것이다.

⑥ 「靈ᄒᆞᆫ 光明이 ᄒᆞ오ᅀᅡ 빗나고 法身이 샹녜 이셔」(월석 서1)

위의 일반 「ᄒᆞ오ᅀᅡ」를 "일반적으로 생각하기 어려운 일이나 특별나게"라고 하기는 하였으나 아무래도 어색하였던 모양이다. 필자의 생각으로는 이것도 역시 '혼자'의 뜻이라고 생각한다.

설사 이 「ᄒᆞ오ᅀᅡ」가 나중에 '홀로'로 새겨진 바 있다고 하더라도 '혼자'와 '홀로'는 본시 어근을 같이 하고 함께 부사로 쓰이고 있기 때문에, 이미 말한 바와 같이 때로는 부정확한 표현에서 서로 대체되는 경우도 생겨난다. 그렇다고 사전적 의미에서 그런 특수한 경우의 용법이 서로 같다는 점만으로 해서 「ᄒᆞ오ᅀᅡ」와 '홀로'를 동의어라고 할 수는 없다. 마치 「登岳陽樓」(두시언해)에 「네 洞庭ㅅ므를 듣다니」(昔聞洞庭水)라는 구절이 있는데 여기의 '믈'이 '호수'를 의미하는 말임이 분명하나 그렇다고 문맥을 떠난 사전적 의미에서 이들을 서로 동의어라고 부를 수 없음과 같다. 아뭏든 「홀로」의 본딧뜻은 '외롭게'(孤獨)이나 '혼자서만'(單獨)의 뜻으로도 쓰이고 있고, 「혼자」의 본딧뜻은 '單獨 · 자기 한몸만'의 뜻으로 쓰이고 있으나(*cf.* 이윤재:표준한글사전), 여기서 이들 두 단어의 뜻이 부분적으로 겹친다고 해서 동의어라고 할 수 없는 것과 마찬가지로, 이들 말의 고형인 「ᄒᆞ올로」와 「ᄒᆞ오ᅀᅡ」를 동의어라고 볼 수 없다. 어떻든 「ᄒᆞ오ᅀᅡ」는 '혼자'(單獨)의 뜻이지 결코 '외롭게'(孤獨)의 뜻으로는 쓰이지 않는다. 그리고 통시적으로 볼 때 「ᄒᆞ오ᅀᅡ」와 「ᄒᆞ올로」는 같은 시대에 쓰인 말로서 「ᄒᆞᄫᅀᅡ>ᄒᆞ오ᅀᅡ>ᄒᆞ올로」의 발달을 한 동의어는 아니다.

第16章
韓國語의 名詞形成接尾辭의 比較硏究

1. 序　論

오늘날까지 많은 사람들이 한국어의 기원에 대하여 그 나름대로 언급하여 왔으나 이렇다 할 성과를 거두지 못하고 있는 형편이다. 그러나 그 가운데서 G.J.Ramstedt의 여러 노작이 가장 주목을 끌고, 이기문에 의한 만주어와 한국어의 어휘 비교 및 김사엽 교수의 일본어와 한국어와의 비교가 그 버금가는 성과라고 하여야 하겠다. 그런데 일본의 지배층이 고대의 한반도에서 건너간 사람들이라는 것은 거의 공인된 바이니, 일본어의 근간까지는 알 수 없다 하더라도 한국어의 영향을 많이 받았을 것은 확실하므로 일본어의 기원을 찾는 데는 한국어와의 비교연구가 필요하나 국어의 기원을 찾는 데는 일본어와의 비교가 그리 중요한 것이 못된다.

그런 의미에서 이기문의 논문이 김사엽의 그것보다 더 주목된다고 해야 하겠다.

그러나, 지금 한국어라고 하는 우리말은 역사적으로 볼 때 즉 부여시대·삼한시대나 삼국시대에는 서로 상당히 다른 언어였던 것으로 생각되므로, 가능하다면 부여어와 마한어·진한어·변한어의 실태까지 알아내어야 하겠지만, 적어도 삼국시대의 신라·백제·고구려 및 가야의 말만은 개별적·구체적으로 파악해

1) 본고는 1976.12에 이미 발표되었던 동명의 논문을 다소 수정한 것임

야 한국어의 본질을 알아낼 수 있지 않을까 한다. 덮어 놓고 이조시대의 한국어와 만주어의 어휘비교를 한다는 것은 한국어의 계통문제 해결에 큰 도움을 주지 못한다. 그뿐만 아니라 주변민족의 언어에서 어휘 수백개를 차용한다는 것은 다반사로 있는 일이다. 현대 한국어의 한자어 차용을 보라! 그까짓 기본어휘 이외의 수백개가 비슷하거나 음운대응이 된다는 것은 큰 의미가 없다. 한국어에 개입된 영어어휘의 수를 세어 보아도 수백이 넘는다. 그렇다고 영어가 한국어와 동계어일 가능성이 있다고 믿을 사람은 없을 것이다.

그러므로 어휘비교가 한국어의 기원을 찾는 데 공헌하자면 적어도 기본어휘—신체어 · 친족어 · 수사 · 계절 · 방위와 같은 체계적인 어휘군이거나 동사 · 형용사 · 부사와 같이 사고방식과 밀접한 관계가 있는 말의 체계적인 비교가 되어야 한다. 그런 의미에서 앞서 말한 이기문의 만주어와 한국어의 어휘비교도 국어의 계통을 밝히는 데 큰 도움이 되지 못한다.

한편 G.J.Ramstedt씨의 Studies in Korean Etymology와 같이 Altai어 전반에서 한국어 어휘의 어원을 찾으려는 시도는 한국어가 퉁구스어 · 몽고어 · 터커어에 두루 가까운 말임을 시사해 줌으로써 국어의 계통을 연구하는 사람에게 연구방향을 편견없이 보여 주어 큰 공헌을 하였다. 그뿐만 아니라 Einführung in Die Altaische Sprachwissenschaft I · II(1952~7 Helsinki) 및 A Korean Grammer (1939 Helsimki)에서 한국어가 Altai어 전반과 음운형태에 걸쳐 상당히 대응관계를 가지고 있음을 입증함으로써 우리로 하여금 국어의 계통이 알타이어에 속하지나 않나 하는 생각을 갖게 만들었다.

그런데 Ramstedt씨도 한국어는 원시 알타이어에서 터키어 · 몽고어 · 퉁구스어 등이 분기하여 나가기 전에 먼저 분기해 나왔기 때문에 터키어 · 몽고어 · 퉁구스어등과 매우 소원한 관계에 있다고 하였고, 한국어가 알타이어에 속한다고 믿는 기타학자들도 모두 그렇게 보고 있는 것이 현실이다(N.Poppe, 이기문등도 마찬가지임)

그러나, 필자는 이와 견해를 달리한다. 즉, 이 책(『韓國語系統論＜語源 · 語彙比較篇＞』, 강길운) 「第15章(後 第12章) 新羅支配層語의 比較研究」(주로 삼국사기 · 고려사 지리지에 나타난 신라어와 터키어를 비교함)에서 후기신라지배층어

(이하에서 '신라어'로도 지칭함)는 터키어와 가까운 친족관계에 있다고 함으로써 간접적으로 현 한국어와의 비교에서 퉁구스어(만주어포함)나 몽고어는 터키어보다 소원한 관계에 있음을 시사하였다. 바꾸어 말하면 삼국어(신라 · 백제 · 고구려)는 원시알타이어에서 하위 범주의 여러 언어(터어키 · 몽고어 · 퉁구스어)가 분기하기 이전에 분기해 나온 것이 아니고, 후기신라지배층어는 터키어와, 고구려 · 백제지배층어는 몽고어와 각각 동계라고 생각한다. 한국어 및 우리 주변어 전반에 걸친 언어계통에 관한 필자의 생각<가설>은 다음 도표와 같다(아래의 도표에서 점선화살표는 영향을 준 것임을 나타냄).

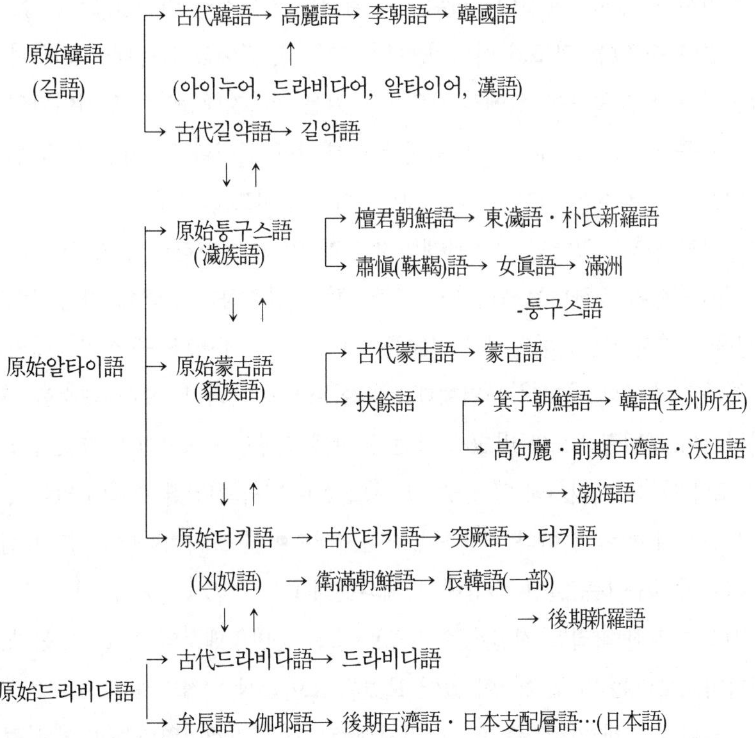

결코 이기문교수의 설처럼 부여 · 한공통어에서 부여어와 한국어가 다시 분기되고, 원시 터키어 · 몽고어 · 만주퉁구스어가 조어에서 각각 분기되기 전에 이

부여 한공통어가 조어에서 분기된 것이 아님은 이 책 제15장의 고찰로 자명해졌다고 말할 수 있을 것이다.

여하간 윗글은 '一'에서 '十'까지의 수사와 '春夏秋冬' · '東西南北'을 뜻하는 체계적 어군을 형성하는 신라어들이 터키어와 음운대응이 가능한 정도를 넘어서 거의 그 형태가 일치할 뿐만 아니라 '東西南北'을 뜻하는 말들이 터키어에 두 · 세 가지씩 있는데, 그것이 그대로 신라어 속에 다양하게 나타남을 보여 준 것이기 때문에 적어도 후기신라지배층어가 터키어족에 속하지 않는다고 할 도리가 없을 것이다.

터키어와 몽고어와 퉁구스어가 함께 알타이어에 속한다는 것이 통설처럼 되어 있으면서도, 수사 · 계절어 · 방위어의 완전한 체계적인 일치를 그들 상호간에서 발견할 수 없을 정도가 아니라, 겨우 그중 몇 단어의 음운대응을 찾아 볼 수 있을 정도에 그치는데, 위에서 보인바와 같은 신라지배층어와 터키어와의 긴밀한 관계를 보고도 동계어라고 보지 않는대서야 말이나 될 법한가 말이다.

그러나, 위의 사실은 어휘의 비교상으로 하는 말이므로 만에 하나라도 그러한 관계가 기적적으로 일어난 차용관계인지 모를 일이다. 따라서 김씨신라지배층어가 터키어족에 속한다는 가설을 더 확고히 사실화하기 위하여 가장 강력히 고유성을 유지한다는 문법형태의 비교를 꾀하여야 할 것이다. 즉 신라시대의 작품인 향가 14수중에 나타난 문법형태소와 이조어에 나타난 문법형태소를 아울러 터키어의 문법형태소와 비교해 보는 동시에 만주어 · 몽고어의 그것과도 비교함으로써 알타이어의 3대 어파 중 그 어느 것과 더욱 친밀한 관계에 있는 말인지를 확인하여야 할 것이다. (따라서 가야지배층어인 드라비다어와 昔씨 신라지배층의 아이누어는 일단 대상에서 제외된다.)

그러나, 그러한 작업은 지난한 일이므로 우선 문법형태소의 비교보다는 못하나 어휘비교보다는 더 입증력이 있어 보이는 조어론상의 접미사를 서로 비교함으로써 위에 제시한 가설, 즉 후기신라지배층어가 터키계어였다는 학설에 보다 확신을 주고자 하는 것이 본고의 목적이다.

이하에서는 다음과 같은 기호로서 여러 언어와 발음을 표시할 것이다.

㉠ T/Turk=터키어, K/Kor=한국어, Ma=만주어, Mo=몽고어, <Gily>=길약어, J/Jap=일본어 ; 그런데 옛말임을 특히 지적할 필요가 있을 적에는 'O'를 그 개별언어를 표시하는 기호앞에 첨가함. (예) O.T/O.Turk=터키고어, 또한 자음으로 시작되는 형태소에 모음조화로 좌우되는 모음이 개입할 적에는 그 자음 앞에 V(대문자)를 넣어서 표기함 (예) -악/-억/-옥/-욱→Vk.

㉡ 'ㅈ, ㅊ, ㅉ'는 č, č', č'로 표음하고 나머지 발음은 모두 IPA(국제발음기호)에 따른다.

2. 本　論

2.1. 名詞形成接尾辭

이에는 용언의 어간에 첨가되는 접미사와 명사에 첨가되는 접미사가 있다.

2.1.1. 용언의 어간에 첨가되는 명사형성 접미사

국어에서는 (1)'-아/-어', (2)'-이/-ᄋᆡ/-의/-애/-에' (3)'-오/-우', (4)'-ㅁ/-옴/-음', (5)'-ㄱ/-악/-억/-옥/욱', (6)'-ㄹ/-올/-을/-어리/-우리', (7)'-ㄴ/-온/-운', (8)'-기', (9) '-디(>-지)', (10)'-개/-게', (11)'-매/-메/-미',(12)'-ㅁ제', (13)'-ㅂ/-옵/-읍', (14) '-댱/-뎡'(>-쟝/-졍>-장/-정), (15)'-zero', (16)'-ㅅ'과 같이, 용언의 어간에 첨가되는 명사형성접미사(또는 명사형어미)를 다양하게 보유하고 있으며, 터키어에서도 이에 대응하는 것으로 추정되는 명사형성접미사(또는 명사형어미)를 거의 빠짐없이 갖추고 있다는 사실을 발견하고 놀라움을 금할 수 없다. 즉 (1)-ɑ/-ä(> -e), (2)-i/-ï, (3)-u/-ü, (4)-m/-Vm/(-ɑm/-äm), (5)-q/-k/-ğ/-g/-Vq/-Vk/-Vğ/-Vg(> -k/-Vk), (6)-r/-Vr/-Vri/-l/-Vl/-Vğlïğ/-Vglig, (7)-Vn, (8)-ğu/-qu/-gü/-kü(>gV/-kV), (9)-t/-tV/-č, (10)-ğač/-geč/-qač/ -keč(>-gač/-geč/-kač/-keč), (11)-mɑ/-mä(>-me)/ -mɑk/-mäk, (12)-miš/-mïš /-nč/-inč/-ïnč/-unč/-ünč(>-inti/-ïntï/-untu/-üntü), (13)-p, (14)-duq/-dük/-tu q/-tük/-yuq/-yük/-Vyɑq/-Vyäk, (15)-zero, (16)-š와 같이, 국어의 그것과 완벽하게 대응을 보여 주고 있다.

이에 반해서 몽고어나 만주어는 그렇지 못하다. 그런대로 몽고어는 비교적 많은 대응형을 보유하고 있으나, 만주어와 일본어는 불과 몇 개의 대응형을 보유하고 있을 따름이다.

다음에 구체적으로 예시하여 보기로 한다.

(1) <K> -ɑ/-ə(-아/-어)……그런 사물을 표시함

예: kam-ɑ(머리의 가마) *cf.* 감-
nəm-ə(월편) *cf.* 넘-

<T> -ɑ/ä-(>e)……그런 사물을 표시함

예: qutɑd-ɑ(qutɑdɑ.여성의 고유명사) *cf.* qutɑ-dɑ-(행복하게 하다)
yɑv-ā(yɑvā, 더운 곳), yɑv-(<*dɑv-.덥다)
ög-ä(ögä. 명성 · 칭찬), ög-(칭찬하다)

<J> -ɑ……그런 사물을 표시함

예: ɑs-ɑ(아침) *cf.* ɑč-(개시하다, T), ɑč‘ʌm(아침, K)

cf. 국어에서는 ɑ와 ə가 모음조화에 의하여 교체되며 터키어에 있어서도 ɑ와 ä(>e)는 마찬가지로 교체된다. 그뿐만 아니라 터키어의 ä는 모두 e로 변천하였는데, 다음에 터키어의 e가 국어의 ə(어)와 대응을 보여 주는 예를 몇 개 들어 보인다.

	e-<T> ————	ə<K>
예:	eb, ebu(아버지)	əp, əpi(id)
	edin-(얻다)	ət-(id)
	eğele-(엮다)	əlg-(얽다)
	eğri(굽은, 정반대의)	əgïrič‘-(그릇치다)
	elden(곧장)	əllïn(얼른)
	eren(철인 · 석학)	ərïn(어른)

<Mo> -ɑ/-e……그런 사물을 표시함

예: čalči-y-ɑ(허튼 소리) *cf.* čalči-(허튼 소리하다)
ɑči-ɑ(짐) *cf.* ɑči-(짐 싣다)

위의 <K> -ɑ/-ə(-아/-어)나 <T> -ɑ/-ä(>e)나 <Mo>-ɑ/-e 등은 다 같이 현대어에서 명사형성접미사로서 조어상의 생산성을 거의 잃어 버렸다.

그리고 만주어는 이와 대응할 만한 형태소를 갖고 있지 않다.

(2) <K> –i/–ɪ[1]/–E/–ä/–e(–이/–의/–ᄋᆡ/–애/–에)……그런 사물을 표시함

예: mək-i *cf.* 먹-

nor-i *cf.* 놀-

kip'-ɪ(깊이) *cf.* 깊-

nop'-ᴇ(높이) *cf.* 높-

kɑʒ-ä(가새) *cf.* ᄀᆞᇫ-(깎다, 베다)

puč'-e(부채) *cf.* 붗-

<T> –i/–ï/……그런 사물을 표시함

예: eks-i(빼기 기호) *cf.* eksil-(덜다)

sɑy-ï(계산) *cf.* sɑy-(계산하다)

yɑz-ï(글씨 쓰기) *cf.* yɑz-(글씨 쓰다)

위의 <K>-i/-ɪ/-ᴇ(이/-의/-ᄋᆡ)나 <T>-i/-ï는 다 같이 생산성이 비교적 큰 명사형성접미사이다. 한편 몽고어나 만주어에는 이와 대응하는 형태소를 보유하고 있지 않다.

(3) <K> –o/–u(–오/–우)……그런 사물을 표시함

예: kɑr-o(분파) *cf.* 가르-(分)

cf. 눉므를 여러 가로로 흐르게 우노라(萬行啼, 두시 초8-37)

kəur-u(거울) *cf.* 거우-(대결하다) ; 베플다>베프다

<T> –u/–ü……그런 사물을 표시함

예: ud-u(수행원) *cf.* ud-(수행하다)

öl-ü(시체) *cf.* öl-(죽다)

<Jap> –u……그런 사물을 표시함

예: ɑsob-u(놀다) *cf.* 諸人の游ぶを見れば(万葉集 843)

터키어의 ü는 국어의 u(우)와 대응되는데 예를 들면 다음과 같다.

---

1) 고유어를 쓴 이조어표기의 '애 · 에 · 외 · 위 · 의 · ᄋᆡ'의 음가를 [ɑj · əj · oj · uj · ïi · ʌj]로 다루는 것이 통례로 되어 있으나 필자는 그렇게 보지 않고 ä · e · ö · ü · I · E로 생각하고 있다(cf. 姜吉云: 訓民正音과 音韻體系 1992. 형설사. 제一편).

ü<T> ———————————————— ü<K>

예:	külâh(거짓 계획)	kul-(거짓말하다)
	külhan(아궁이)	kutul(구들)
	küt(둔감한)	kut-(굳다)
	külek(손잡이없는 통)	kurək(새끼 망태)

위의 형태소 <K>-o/-u(-오/-우)와 <Jap>-u는 오늘에 와서 명사형성접미사로서의 조어력을 상실하였지만, <T>-u/-ü는 아직 상당한 조어력을 갖고 있다. 그러나, 몽고어와 만주어는 이것과 대응하는 것으로 믿어지는 형태소를 가지고 있지 않을 뿐만 아니라 과거 어느 시기에 그것을 가졌던 흔적도 찾을 수 없다.

(4) <K> -m/-ʌm/-ïm/-am/-əm(-ㅁ/-옴/-음/-암/-엄)
……결과 · 목적물을 표시함

예:	k'u-m(꿈)	*cf.* 꾸-
	yər-ïm(열매)	*cf.* 열-
	mʌč'-ʌm(마침)	*cf.* 몿-(마치다)
	mud-əm	*cf.* 묻-
	por-am(표)	*cf.* 보(見)-ㄹ(aorist)-

<T> -m/-ïm/-im/-um/-üm/-(am/-äm)……그런 사물을 표시함

예:	talï-m(노획물)	*cf.* talï-(뺏다)
	käd-im(의복)	*cf.* käd-(입다)
	toğ-um(생산)	*cf.* toğ-(낳다)
	istä-m(소원)	*cf.* istä-(찾다 · 구하다)
	kat-ïm(첨가)	*cf.* kat-(첨가하다)
	öl-üm(죽음)	*cf.* öl-(죽다)

<Mo> -m/-um……그런 사물을 표시함

예:	toqo-m(언치)	*cf.* toqo-(안장을 얹다)
	nağad-um(놀이 · 경기)	*cf.* nağad-(놀다)

위에서 보인 바와 같이 이들 형태소들은 국어와 터키어에 있어선 매우 생산적인 데 반하여 몽고어에 있어선 거의 조어력을 잃어가고 있으며 만주어에는 숫재 이에 대응하는 형태소들이 발견되지 않는다.

(5) <K> -k/-ak/-ək/-ok/-uk(-ㄱ/-악/-억/-옥/-욱)……결과 · 목적물을 표시함

예: čijïl-k(왕골자리) — *cf.* 지즐-
kar(ʌ)-ak(손발의 가락) — *cf.* 가ᄅᆞ : 가ᄅᆞ-악>가락
tur(ï)-ək(두럭 · 두렁) — *cf.* 두르- : 두르-억>두럭
ip-ok(이복:옷, 咸南方言) — *cf.* 입- : 衣服
əl-uk(얼룩:斑) — *cf.* əl-(섞이다) : 얼욱>얼룩

<T> -q/-k/-ğ/-g/-Vq/-Vk/-Vğ/-Vg(>-k/-Vk)……그런 사물을 표시함

예: anu-q(준비) — *cf.* anun-(준비하다)
ay-ğ(말씀) — *cf.* ay-(말하다)
közün-ük(창문) — *cf.* közün-(출현하다)
yaŋl-uk(과오) — *cf.* yaŋïl-(그르치다)
tap-ïğ(존경) — *cf.* tap-(존경하다)
bil-ig(지식) — *cf.* bil-(알다)
kapa-k(덮개) — *cf.* kapa-(닫다, 덮다)
kač-ak(도망자) — *cf.* kač-(도망하다)

<Mo> -ğ/-g……그런 사물을 표시함

예: ǰiru-g(그림) — *cf.* ǰiru-(그리다)
biči-g(편지) — *cf.* biči-(쓰다)

위에서 보인 바와 같이 이들 형태소들은 국어 · 터키어 및 몽고어에 있어서는 매우 생산적인 접미사이지만 만주어에는 이와 대응하는 형태소가 보이지 아니한다.

(6) <K> -l/-ʌl/-ïl/-əri(-ㄹ/-ᄋᆞᆯ/-을/-어리)……그런 사물을 표시함

예: taʌ-l(다함) — *cf.* 다ᄋᆞ-(다하다)
ani-l(아닌것) — *cf.* 아닖-(아니다) *cf.* 아니-
kaʒ-ʌl(가을 · 수확) — *cf.* ᄀᆞᇫ-(베다)
pək-ïl(버금) — *cf.* 벅-(버금가다)
pəw-əri(벙어리) — *cf.* 버우-(벙어리 되다)
tari-uri(다리미) — *cf.* 다리-(煎)

<T> -r/-Vr/-Vri/-l/-Vl/-Vğlï/-Vglig……그런 사물을 표시함

예: tilä-r(독실한 여자신자) — *cf.* tilä-(구하다 · 바라다)
ögd-ir(사례) — *cf.* ög-üt-(칭찬할만하다)
öč-üri(꺼짐) — *cf.* öč-(꺼지다)
tükä-l(충분) — *cf.* tükä-(그만이다)
ïnal(작위 · 대신) — *cf.* ïnan-(신용하다)
qïs-ïl(좁은 골짜기) — *cf.* qïs-(비좁게 가두다)

er-iglig(군자) *cf.* er-(성숙하다)
yarat-ïğlïğ(창조자) *cf.* yarat-(창조하다)

cf. 위의 보기 가운데 er-iglig와 yarat-ïğlïğ의 -iglig, -ïğlïğ는 국어의 경우 k 묵음화가 일어날 수 있는 형태이어서 그것은 -iglig>-ili>il, -ïğlïğ>-ïlï>-ïl과 같이 변할 것으로 추정되기에 여기서 '-ㄹ/-올/-을'과 대응시켰다.

<Mo> -r/-l/-li/-ğul/-gül/-ğur/-gür……그런 사물을 표시함

예: amu-r(휴식 · 평화) *cf.* amu-(쉬다)
belčige-r(방목) *cf.* belčige-(방목하다)
ükü-l(죽음) *cf.* ükü-(죽다)
jirğa-l(행복) *cf.* jirğa-(행복하다)
sağa-li(젖짬) *cf.* sağa-(젖 짜다)
turši-ğul(스파이) *cf.* turši-(조사하다)
bari-ğur(핸들) *cf.* bari-(잡다, 간직하다)
iče-güri(부끄럼) *cf.* iče-(부끄러워하다)

<Gily> -r……그런 사물을 표시함

예: hunïv-r(숙박) *cf.* hunïv-(머물다)
kovrat-r(병환) *cf.* kovrat-(앓다)
kxo-r(잠) *cf.* kxo-(자다)
za-r(마심) *cf.* za-(마시다)

위에 보인 바와 같이 국어 · 터키어 · 몽고어에 두루 쓰이고 있으며, 길약어에서도 쓰이는 매우 생산적인 명사형성접미사이다. 그러나, 국어에서만은 후세에 내려와서 생산력을 잃어 버려 겨우 몇 개 단어 속에서 화석화된 형태소를 찾을 수 있을 뿐이다.

그리고 이와 대응되는 형태소가 만주어속에는 보이지 않는다.

(7) <K> -n/-un/-on(-ㄴ/-운/-온)……결과를 표시함

예: kal-on(이른바) *cf.* 갈-(말하다)
hʌ-si-n-ʌro(하신것-으로) *cf.* ᄒᆞ시-(하시다)
əl-un(어른) *cf.* 얼-(결혼하다)

<T> -in/-ïn/-un/-ün……결과를 표시함

예: tüt-ün(연기) *cf.* tüt-(연기하다)
tir-in(떼, 무리) *cf.* tir-(모이다)
yal-ïn(불꽃) *cf.* yal-(빛나다)

<Mo> -n……결과를 표시함

예: šingge-n(유동체 · 액체) *cf.* šingge-(흡수되다)

<Ma> -n……결과를 표시함

예: efi-n(놀이) *cf.* efi-(놀다)

gece-n(서리) *cf.* gece-(서리 오다)

maksi-n(춤) *cf.* maksi-(춤추다)

taci-n(학문 · 습관) *cf.* taci-(배우다)

cihala-n(즐김) *cf.* cihala-(즐기다)

위에서 보인 바와 같이 이 형태소들은 알타이어 전반에 걸쳐 쓰이고 있기는 하나 만주어에 있어서는 동사어간에 첨가되는 명사형성접미사로서 거의 유일한 존재라고 할 만큼 생산성이 큰 것이지만, 국어나 기타의 터키어 · 몽고어에서는 그 생산성을 거의 잃어 간다 할 것이고 특히 국어에서는 고어 속에서 그 화석을 발견할 수 있을 정도로 기능을 잃어버린 형태소이다. 그러나, 몽고어에서 동사어근 자체거나 그것에 -n이 첨가되어 명사화하는 조어법은 다반사로서 매우 생산적이다.

예: cimege-le(소리내다) → ċimege(n)(소리)

dağu-la-(노래하다) → dağu(n)(노래)

(8) <K> -ki(-기)……결과 · 목적을 표시함

예: kïlü-t:ï-ki(글위쁘기. 그네뛰기) *cf.* 쁘-(둥둥 뜨다)

mʌl-po-ki(대소변 보기) *cf.* 몰보-(변보다)

talli-ki(달리기) *cf.* 달리-(뛰어가다)

이 형태소는 '-이'와 더불어 현대국어에서 가장 조어력이 강할 뿐만 아니라 동사 · 형용사의 명사형으로도 널리 쓰이고 있다.

名詞形: (예) 이가 아파 밥 먹기 불편하다.

그를 믿기 어렵다

<T> -ğu/-qu/-gü/-kü(>-gV/-kV)……결과 · 목적을 표시함

예: urun-ğu(전사 · 군인) *cf.* urun-(치다)

yilpi-gü(풀무) *cf.* yilpi-(부채질하다)
sev-gi(사랑) *cf.* sev-(사랑하다)
ič-ki(마실것) *cf.* ič-(마시다)
say-gï(존경) *cf.* say-(존경하다)
duy-gu(감정 · 감각) *cf.* duy-(느끼다)
uy-ku(잠) *cf.* uy-(잠자다)
gör-gü(경험) *cf.* gör-(보다)

<Mo> -ğu/-gü……결과 · 목적을 표시함

예: qata-ğu(곤난) *cf.* qata-(어려워지다)
üle-gü(여분) *cf.* üle-(남다)
qari-ğu(귀환 · 대답) *cf.* qari-(돌아가다)

<Ma> -ku/-kū/-ko……결과 · 목적을 표시함

예: etu-ku(옷) *cf.* etu-(옷입다)
fica-kū(피리) *cf.* fica-(피리불다)
taci-kū(학교) *cf.* taci-(배우다)
for-ko(물레) *cf.* foro-(실뽑다)

<Jap> -ke/-ge/-ki……결과 · 목적을 표시함

예: nemu-ke(졸음) *cf.* nemu-(자다)
samu-ke(추위) *cf.* samu-(춥다)
sabisi-ge(쓸쓸함) *cf.* sabisi-(쓸쓸하다)
waka-ge(젊음) *cf.* waka-(젊다)
aisi-ki(사랑스러움) *cf.* aisi-(사랑스럽다)

<만뇨슈우V.14 · 3386>

위에서 보인 바와 같이 Altai어 전반에 걸쳐 쓰이고 있고, 동사어간에 첨가하여 명사를 만드는 접미사인데 상당히 강력한 조어력을 가지고 있다. 이미 지적한 바와 같이 국어에서는 그것이 용언의 명사형으로도 쓰이고 있어 더욱 명사형성 기능이 강력하다. 이 가운데서 만주어의 -ku/-kū/-ko는 주로 도구를 뜻하므로 국어의 -kä/-ke와 대응시켜도 좋을 것이나 그 음운상으로 보아 여기에 넣어 둔다.

(9) <K> -ti>či(-디/-지)……추상명사를 만듬

예: alö-ti(알리지) *cf.* 알외-(알리다)
sʌmač-ti(통하지) *cf.* ᄉᆞᄆᆾ-(통하다)
sinhʌ-ti>sint'i(믿지) *cf.* 信ᄒᆞ-(믿다)
kəlsikhʌ-ti(걸식하지) *cf.* 걸식ᄒᆞ-(빌어먹다)

위의 형태소 '-디'는 그대로 현대국어에서 쓰이지는 않고 구개음화되어 '-지'의 형태로서 부정서술어 앞에서만 쓰인다. 그러나 '-디'는 본시 이조어에서 비록 부정서술어 앞에서 더 많이 쓰이기는 하였지만 긍정서술어 앞에서도 쓰일 수 있는 명사형성접미사 내지 명사형어미였다.

-디〔긍정서술어 앞에 쓰인 예〕

예: (ㄱ) 法喜로 겨집삼디 ᄒᆞ시니라(원각 3-77)

(ㄴ) 나리 져믈ᄉᆡ 나가디 슬ᄒᆞ야 커늘(삼강 李氏負骸)

(ㄷ) ᄆᆞ술히 멀면 乞食ᄒᆞ디 어렵고(석상六 23)

(ㄹ) 듣지 ᄀᆞ장 새롭도다(두시 중17-16)

(ㅁ) 幽蘭이 在谷ᄒᆞ니 自然히 듯지 죠희, 白雲이 在山ᄒᆞ니 自然이 보지 죠희 (해동가요p.44)

<T> -t/-tV/-č……추상명사를 만듦

예:	
adïr-t(구별)	*cf.* adïr-(구별하다)
bošğu-t(가르치기)	*cf.* bošğun-(배우다)
silin-ti(닦은 것)	*cf.* silin-(문질러 닦다)
karar-tï(까:매짐)	*cf.* karar-(까:매지다)
kazan-č(이익)	*cf.* kazan-(벌나)
inan-č(믿음)	*cf.* inan-(믿다)

위에서 보인 바와 같이 몽고어·만주어에는 이것과 대응될 만한 형태소가 없고 오직 국어와 터키어만이 보유하고 있으며 양어에서 다 같이 상당한 생산력을 가진 명사형성접미사들이다.

(10) <K> -kä/-ke(-개/-게)……도구를 표시함

예:	
pyə-kä	*cf.* 벼-(벼개를 베다)
čip-ke	*cf.* 집-(잡아쥐다)
tup-ke(덮개)	*cf.* 둪-(덮다)
nʌl-kä(날개)	*cf.* ᄂᆞᆯ-(날다)

<T> -ğač/-geč/-qač/-keč……도구를 표시함

예:	
ač-qač(열쇠)	*cf.* ač-(열다)
qïs-qač(집게)	*cf.* qïs-(집다)
süz-geč(여과기)	*cf.* süz-(여과하다)
kïs-kač(뻰찌)	*cf.* kïs-(끼우다)

위에서 터키어의 여러 형태소들은 외견상 국어의 명사형성접미사 -ke/-kä와 판이하게 다르나, 그 의미기능이 똑 같이 그 동사의 동작·작용을 하는 도구를 뜻하고, 터키어에 있어서는 -ğ-/-g-/-q-/-k-는 음운론적인 이형태들이라는 것은 상식에 속하며 음절말에 있는 -č는 주로 국어의 [l](r포함)와 대응하고(때때로 [h]·[ʤ]·[d]등과 대응하기도함), 이 [l](r포함)은 다시 후세에 내려와서 그것이 탈락하면서 그에 선행하는 모음을 전설모음화하는 현상을 보인다.

다음에 각각 예를 들어 보인다.

č <T> ———————————— l(r)<K>

예:	sač(두발)	살(id) *cf.* 살쩍
	fevč(무리)	물(群)
	göč-(주거를 옮기다, 죽다)	골(棺) *cf.* 골로가다
	hač(가로)	가로
	hič(결코)	결코 *cf.* 한자어-'決'?
	kač(얼마)	혈마(얼마, 설마)
	muhtač(모자라는)	몯ᄌᆞ라->모ᄌᆞ라
	cf. ič(내부)	ir-(들다, Jap)
	kerpič(벽돌)	kawara(기와, Jap)
	memzuč(섞인)	mazer-(섞임, Jap)

-l (ㄹ) → 전설모음화

예: 녈다(가다)>녜다
살(동쪽)>새 *cf.* 東≒居·生·毛(지명)
올(단일)>오리>외
*날(하천)>나리>내 *cf.* 品川≒陰, 川≒那禮(지명)
돌->되(디시)
줄납(원숭이)>짓납
졸다>조이다>죄다
*알>애(腸) *cf.* (비)알>(비)애

그러므로 -kač/-keč는 국어에서 -*kal/-*kel>-*kä/-ke로 음운변화를 일으킬 터이니 음운론상으로도 국어의 -kä/-ke와 터키어의 -ğač/-geč/-qač/-keč는 대응된다.

그리하여 국어와 터키어에만 대응형태소가 있고 몽고어나 만주어나 일본어에는 이와 음운상으로 유사한 형태는 있으나 그 의미기능이 서로 달라, 즉 도구를 뜻하지 않아 대응한다고 보기 어렵다.

참고로 그러한 예를 다음에 몇 개 보이겠다.

예: Jap: nemu-ke(조름), samu-ke(추위)
Mo: qabta-ğai(평면: *cf.* qabta-yi-평평하다),
qabta-ğar(평면: *cf.* 〃 〃)
uta-ğan(연기: *cf.* uta-연기내다)
Ma: fada-gan(요술: *cf.* fada-요술하다)
bire-gen(변경의 목책: *cf.* bire-공격하다)

(11) <K> –mä/–me/–mi(–매/–메/–미)……그러한 사물을 표시함

예:	kïri-me(그림자)	*cf.* 그리-(그림 그리다)
	tari--mi	*cf.* 다리-(끓이다)
	yəl-mᴇ(열매)	*cf.* 열-(결실하다)
	tʌra-mi(ᄃᆞ람-쥐)	*cf.* ᄃᆞᆯ-(달리다)
	mal-mᴇ/mal-mɪ(휴가 · 고별)	*cf.* 말-(그만두다, 쉬나)

<T> –ma/–mä(>me)/–mak/–mäk……그러한 사물을 표시함

예:	čĭk-ma(외출)	*cf.* čĭk-(외출하다)
	yäl-mä(기사)	*cf.* yäl-(말타다)
	gürle-me(소음)	*cf.* gürle-(소음내다)
	uq-mak(사고력 · 이해)	*cf.* uq-(듣다, 이해하다)
	tüzül-mäk(태연함, 침착)	*cf.* tüzül-(평평하다)

<Mo> –ma/–me/–mağ/–mag/–mi……그러한 사물을 표시함

예:	bayi-ma(있을 만한 곳)	*cf.* bayi-(있다)
	qağur-mağ(기만)	*cf.* qağur-(속이다)
	egede-meg(효모)	*cf.* egede-(시어지다)
	uqu-mi(끌)	*cf.* uqu-(파다)

<Jap> –mi/–me……그러한 사물을 표시함

예:	taka-mi(높이)	*cf.* taka-(높다)
	yowa-mi(약하기)	*cf.* yowa-(약하다)
	hoso-me(가늘기)	*cf.* hoso-(가늘다)
	kiki-me(효력)	*cf.* kik-(효력있다)

위에서 보인 바와 같이 만주어를 제외하고 국어 · 터키어 · 몽고어 · 일본어에

결쳐 상당히 강력한 조어력을 가진 접미사인데, 국어에서는 이와 유사한 형태소인 -m/-ʌm/-ïm(-ㅁ/-옴/-음)에 밀려 현대에 와서는 조어력을 상실하고 말았다. 이것은 아마 -mä나 -me가 명사형성접미사 -m와 원인격토나 처격토 -ä/-e로 다시 분석되는 경향 때문에 그 자취를 감춘 것이 아닐까 한다.

(12) <K> −mje(−ㅁ제)……추상명사를 만듬
　예: kïri-mje(그림자)　　*cf.* 그리-(그림그리다)
　<T> −miš/−mïš/−nč/−inč/−ïnč/−unč/−ünč(−inti/−ïntï/−üntü/−untu)
　　……추상명사를 만듬
　예: ög-miš(칭찬)　　*cf.* ög-(칭찬하다)
　　ögr-ünč(기쁨)　　*cf.* ögir-(기뻐하다)
　　qïl-ïnč(행위)　　*cf.* qïl-(행하다)
　　ɑk-ïntï(흐름)　　*cf.* ɑk-(흐르다)
　　gir-inti(휴게)　　*cf.* gir-(들어가다)
　　kur-untu(우울)　　*cf.* kur-(내려 덮이다)
　<Mo> −mji/−mtɑ/−mte……추상명사를 만듬
　예: sere-mji(불침번)　　*cf.* sere-(알아 채리다)
　　ilğɑ-mji(차이)　　*cf.* ilğɑ-(구별하다)
　　boğo-mtɑ(성을 쌓음)　　*cf.* boğo-(폐쇄하다)

위에서 보인 바와 같이 이들 형태소들은 국어·터키어·몽고어에 두루 쓰이고 있으나, 국어에 있어서는 완전히 조어력을 상실해 버렸다.

(13) <K> −p>−ʌp>−ïp(−ㅂ/−옵/−읍)……결과를 표시함
　예: kədï(l)-p(거듭)　　*cf.* 거들-(열거하다)
　　mɛj-ʌp(매듭)　　*cf.* 미-(맺다)
　　kyəsi-p>kyəji-p(여자)　　*cf.* 겨시-(계시다)
　<T> −p……결과를 표시함
　예: tol-p(온통)　　*cf.* tol-(채우다)
　　qo-p(그 전체·모든 사람들)　　*cf.* qo-(놓다·두다)

위에서 보인 바와 같이 이 형태소들은 국어와 터키어만이 보유하고 있고 몽고어·만주어는 갖고 있지 않다. 그러나, 국어에 있어서도 -m(-ㅁ)계의 접미사에 대체되어서 지금에 와서는 완전히 그 생산력을 잃어 버렸다. 다음에 '-p→-m'의

예를 들어 보인다.

예: 江陰縣本高句麗屈押縣(삼사지리2) *cf.* ᄀᆞᄅᆞᆷ(강)
주름(중개인)→주름(儈 주름 회, 자회 중3)
ᄆᆡ잡>ᄆᆡ듭→ᄆᆡ담 · ᄆᆡ답(화음방언자의해)

(14) <K> −tyəŋ/−tyaŋ/−čəŋ/−čaŋ(−뎡/−댱/−졍/−쟝/−정/−장)
……그러한 사물을 표시함

예:	mək-tyəŋ(귀먹어리)	*cf.* 먹-(귀가 먹다)
	kəm-tyəŋ(검은것)	*cf.* 검-
	mak-čaŋ(종말)	*cf.* 막-
	čuk-čəŋ(죽졍-이)	*cf.* 죽-
	nïj-čaŋ(늦춤)	*cf.* 늦-

<T> −duq/−dük/−tuq/−tük/−yuq/−yük/−Vyaq/−Vyäk……그러한 사물을 표시함

예:	um-duq(희망)	*cf.* um-(희망하다)
	kösä-dük(동경)	*cf.* kösä-(원하여 얻다)
	sï-yuq(잔해)	*cf.* sï-(부수다)
	tut-yaq, tuta-yaq(꽉 쥠)	*cf.* tut-(넣다 · 채ᄋᆞ다)

<Mo> −dun/−dün……그러한 사물을 표시함

예:	qaniya-dun(기침)	*cf.* qaniya-(기침하다)
	iniye-dün(웃는 사람)	*cf.* iniye-(웃다)

<Ma> −cun/−tun……그러한 사물을 표시함

예:	buhiye-cun(혐의)	*cf.* buhiye-(의심하다)
	giru-cun(수치)	*cf.* giru-(부끄러워하다)
	eje-tun(地誌)	*cf.* eje-(기록하다)
	hūsi-tun(발싸게)	*cf.* hūsi-(싸다)

위에서 보인 바와 같이 알타이어 전반에 걸쳐 쓰이고 있는 형태소이며 상당한 조어력을 가지고 있다.

(15) <K> -ø(zero: 어간=명사)……그런 사물을 표시함

예: sin-ø(신) *cf.* 신-

moto-ø(모두) *cf.* 모도-(모으다)

pᴇ-ø(배) *cf.* 빈-(아기 배다)

hᴇ-ø(해, 태양) *cf.* 희-(희다)?

kʌmʌl-ø(가뭄) *cf.* ᄀᆞ물-(가물다)

<T> -ø……그런 사물을 표시함

예: aǧrï(아픔) *cf.* aǧrï-(아프다)

ek(어미) *cf.* ek-(씨뿌리다)

yaǧ(기름) *cf.* yaǧ-(많이 쏟아지다)

in(야수의 굴) *cf.* in-(움푹 들어가다)

<Ma> -ø……그런 사물을 표시함

예: aga(비) *cf.* aga-(비오다)

bolgo(청결) *cf.* bolgo-(깨끗이 하다)

hūlha(도적) *cf.* hūlha-(도적질하다)

šu(문장) *cf.* šu-(문장에 통하다)

<Jap> -ø……그런 사물을 표시함

예: mane(모방) *cf.* mane-(모방하다)

위에서 보인 바와 같이 상당한 조어력을 가지고 있다.

(16) <K> -š(-ʌ)……추상명사를 만듬

예: tor-š(돐) *cf.* 돌-

nak-š(낛시) *cf.* 낛-

<T> -š……추상명사를 만듬

예: gör-ü-š(의견) *cf.* gör-(보다)

yürü-yü-š(산책) *cf.* yürü-(걷다)

위에서 보인 바와 같이 이 형태소는 국어와 터키어만이 보유하고 있으며(길약어에도 이와 유사한 형태소가 있기는 하나 용언의 어간에 첨가된 것으로 보기 어렵다). 국어에서는 거의 생산력을 잃고 있다.

2.1.2.

알타이어에 있어서 동사(用言)의 어간에 첨가되는 명사형성접미사를 이제까지 비교해 보았다. 즉 국어에 나타나는 거의 모든 형태소를 두고 여기에 음운상 및 의미상으로 대응이 가능한 것을 골라 대조시켜 보았다. 그리하여 여기서 얻어진 결론은 이미 말한 바와 같이 국어와 터키어는 거의 완벽할 정도로 일치한다. 그 다양성에도 불구하고 그토록 일치한다는 것은 지리지에 나타난 어휘 비교 연구에 있어서 보여 준(*cf.* 이 책 제15장) 결론이 차용관계에 의한 것이 아니고, 주민의 이입으로 말미암은 것임을 다시한번 확인하여 주는 것이라고 단정할 수 있다.

이에 반해서 몽고어나 만주·일본어와 국어는 어휘비교에 있어서 천개 넘는 대응어휘를 찾을 수 있음에도 불구하고 동사의 어간에 첨가되는 명사형성접미사의 비교에 있어서는 많은 대응형태를 찾을 수 없다. 몽고어는 그래도 비교적 많은 대응형태를 보유하고 있으나 만주어·일본어(?)의 경우는 아주 적은 대응형태를 가지고 있을 뿐이다.

그러므로 국어와의 비교어휘를 찾으려면 적어도 알타이제어 가운데서는 우선 터키어족과 관련을 지어 보아야 할 것이다.

2.1.3.

다음에서는 신라의 鄕歌(삼국유사에 실려있는 14수) 속에 나타나 있는 동사나 형용사의 어간에 첨가된 명사형성접미사를 현재의 해독법에 의해서 찾아 내어 이것과 이미 말한 터키어의 명사형성접미사와 비교하여 보기로 한다.

(1) nyər-i(「舊理」. 옛, 혜성가) *cf.* 녈-(가다)
čal-E(「寢矣」. 자리, 처용가) *cf.* *잘- 〉 자-

이것은 1.1.2.에서 예시한 명사형성접미사 가운데 터키어의 -i/-ï와 국어의 '-이

/-의/-의/-애/-에'와 대응시킬 수 있는 형태소이다.

(2) *par-ïm(「風未」. 바람, 제망매가) *cf.* ***발- 〉 불-: vali(바람, Dr-Ta)**

이것은 1.1.4.에서 예시한 명사형성접미사 가운데 터키어의 -m/-Vm와 국어의 '-ㅁ/-옴/-음'과 대응시킬 수 있는 형태소이다.

(3) *macpo-ak(「逢烏支惡」. 만나기, 모죽지랑가) *cf.* **맛보-(만나다)**

이것은 모죽지랑가의 "逢烏支惡 知作乎下是"속에 보이는데 필자는 支를 虛字(指定문자)로 일관성 있게 풀어 보고 있으며 그것을 음독이나 훈독해야 할 아무런 필요성도 느끼지 못하고 있어 '逢烏支惡'을 '맛보악'으로 읽고자 한다. 여기 보인 형태는 그 뒤의 -知까지 어울려서 15세기 문헌어 '비럭질'이나 함경남도방언의 '비럭질' '도락질'에 현존하는 형태 '-악질/-억질'과 유관한 것으로 볼 수도 있으며 그렇게 보는 경우 이는 '-악/-억'에 '-질'이 첨가된 형태로 보인다.

그리하여 이것은 1.1.5.에서 예시한 명사형성접미사 가운데서 터키어의 -q/-k/-ğ/-g/-Vq/-Vk/-Vğ/-Vg(＞-k/-Vk)와 국어의 '-ㄱ/-악/-억/-옥/-욱'과 대응시킬 수 있는 형태인 것이다.

(4) kəʒ-ïl(「秋察」. 가을, 제망매가) *cf.* **ᄀᆞᇫ-(가을하다) : küz(가을, Turk)**

이것은 1.1.6.에서 예시한 명사형성접미사 가운데 터키어의 -r/-Vr/Vri/-l/ -Vl와 국어의 '-ㄹ/-올/-을/-어리/-우리'와 대응시킬 수 있는 형태소이다.

(5) nuri(「世理」. 누리, 원가) *cf.* 누리-(향유하다)

이것은 1.1.15.에서 예시한 명사형성접미사 가운데 터키어의 -ø(zero 型 즉 용언의 어간이 그대로 명사가 된 것)와 국어의 -ø와 대응시킬 수 있는 것인데 이것은 국어나 터키어에 있어서 다같이 현대에 와서는 거의 조어력을 상실하여 버리고 말았다.

(6)

이제까지 신라향가 속에 나타난 용언의 어간에 첨가되는 명사형성접미사를 훑어 보았는데, 이들은 모두 터키어속에서 이와 대응하는 형태소를 발견할 수 있었으며, 현대국어 속에서도 그 대응형태를 찾을 수 있어서 현대국어의 조어법의 주류가 후기신라어에서 전래된 것임을 시사하여 주는 동시에 신라어가 터키어와 아주 가까운 말임을 입증하여 주는 것이라고 하겠다.

2.1.4. 명사에 첨가되는 명사형성접미사

국어에서는 명사에 첨가되는 명사형성접미사로서 (1) '-치/-짝(<딱 · 싹)', (2) '-치/-추', (3) '-감', (4) '-군(꾼)', (5) '-락/-럭', (6) '-악/-억', (7) '-읏/-옷', (8) '-내', (9) '-둘', (10) '-바치'가 쓰이는데, 마침 터키어에서도 이에 대응할 것으로 추정되는 형태소들로서 (1) -čaq/-čäk/-č/-čɑ/-čä, (2) -či/-čï(>-či/-čï/-ču/-čü/-ci/-cï/-cu/-cü), (3) -xɑn/-qɑn/-kän, (4) -kün/-gün/-qun/-ǧun, (5) lɑǧ/-läg, (6) -Vq/-Vk, (7) -Vš, (8) -Vn/-lar/-lär/-Iarï/-läri, (9) -Vt을 보유하고 있다. 그러나, 만주어 · 몽고어 및 일본어는 국어 속에 나타난 이들 형태소와 대응할 형태소를 얼마밖에 갖고 있지 못하다. 다음에 예시 비교하기로 한다.

(1) <K> -c'i/-c'ɑk(-치/-짝 · 싹 · 딱2))…… 축소사
예: sɑrip-c'ɑk(사립딱=사립문) *cf.* 딱 · 싹(雙)

jim-c'ak(짐짝=짐짝)
kol-c'ak(골짝=골짜기)
so-ŋ-c'i(뱃 속의 소새끼) *cf.* 숑티(송아지, 유씨물명고)
cum-c'i(줌치. 주머니, 계축일기 p.226)
<T> -čaq/-čäk/-č/-ča/-čä……축소사
예: qolï-čaq(작은 팔) *cf.* qol(팔)
bičäk/bïčaq(작은 칼) *cf.* bï(칼)
ög-üc(어머니) *cf.* ög(어머니)
azu-ča(혹은…도, 또한) *cf.* azu(또는)
<Ma> -čan/-čen/-či……축소사
예: suhe-čen(작은 도끼) *cf.* suhe(도끼)
hoto-či(야자) *cf.* hoto(박)

위에서 보인 바와 같이 축소사로서 음운상 대응이 가능한 것만 추린 것인데 국 어와 터키어 및 만주어에서만 볼 수 있는 형태소이어서 몽고어와 일본어 속에는 그와 대응할 만한 형태소가 보이지 않는다.

(2) <K> -c'i/-c'u(-치/-추) …… 직업 · 사회적 類型 또는 사물의 비칭을 표시함
예: kərə-c'i(거지, *cf.* .자회 중1)
nəp-č'i(광어)
kamïl-c'i(가물치)

k'op-č'u(꼽추)
mək-c'u(귀먹어리)
cf. 吏文輯覽에는 '水尺 · 山尺 · 刀尺 · 墨尺'이 보이고, 三國史記卷32에는 '琴尺 · 舞尺 · 笳尺 · 歌尺'등이 보이는데 여기서 '尺'는 c'i의 음차어일 것이다.
<T> -či/-čï(>či/-čï/-ču/-čü/-ci/-cï/-cu/-cü)……직업 또는 전문을 표시함
예: aŋ-čï(사냥꾼) *cf.* aŋ(들짐승)
ičräki orun-čï(환관) *cf.* ičräki orun(안방)
<Mo> -či/-ču……직업 또는 사회적 집단을 표시함
예: alta-či(금세공하는 사람) *cf.* altan(금)
qoni-či(양치기) *cf.* qonin(양)

---

2) 'ㅄ'(初聲合用竝書)의 음가를 필자는 [pc]로 보고 있지 않다. 中聲에 직접 이어지지 않은 'ㅂ'은 장음기호로 보고 있다(cf. 강길운『訓民正音과 音韻體系』. 1992). 따라서 '짝'은 [ts:ak] 또는 [tʃa:k]의 어느것으로 보아야 할 것이다.

qara-ču(일반 민중) *cf.* qara(일반)
boro-ču(보통 사람) *cf.* boro(단순)
<Ma> -či/-si……직업을 표시함
예: adu-či(목동) *cf.* adun(가축떼)
mede-či(소식 보낸 사람) *cf.* mede(소식)
okto-si(의사) *cf.* okto(약)
seje-si(수레꾼) *cf.* sejen(수레)

위에서 보인 바와 같이 알타이어 전반에 걸친 명사형성접미사인데 국어에 있어 선 점차 그것이 비칭에만 쓰이게 이르렀다. 즉 어명에 쓰이고 '거러치'와 차용어라고 생각되는 '츄라치(吹螺赤)' 등에서 겨우 본래의 의미기능인 직업을 표시하여 주고 있다.

(3) <K> -k'am(-감)……직위를 표시함
예: tä-kam(대감)
cf. 大監・令監의 監은 본시의 한자어가 아닌 것으로 보임.
yəŋ-kam(영감)
<T> -xan/-qan/-kän……직위를 표시함
예: bur-xan(부쳐) *cf.* bur (부쳐)
täŋri-kän(神性) *cf.* täŋri(神)
<Mo> -ğana/-gene ….동식물명을 표시함
예: qula-ğana(생쥐) *cf.* qula(짙은갈색 또는 회색)
alta-ğana(식물의 하나) *cf.* altan(금)

위에서 보인 바와 같이 국어・터키어는 의미기능과 음운상으로 함께 대응되며 몽고어의 그것은 음운상으로는 대응이 가능하나 그 의미기능상으로 볼때 대응의 가능성이 희박하다. 그리고 만주어와 일본어에는 비교될 만한 것이 전혀 없다.

(4) <K> -kun/-k'un(-군/-꾼)……사람을 표시함
예: mori-k'un(몰잇군) *cf.* 몰이(짐승을 모는 일)
caŋ-k'un(시장보는 사람)
noŋ-kun(농사짓는 사람)
<T> -kün/-gün/-qun/-ğun……사람을 표시함

예: käli-gün(의자매) *cf.* kälin(의자매)
iniyi-gün(남동생들) *cf.* ini, inï(동생)
alqu-ğun(모든 사람들) *cf.* alqu(모두)

<Ma> -ngga……사람을 표시함

예: baili-ngga(은인) *cf.* baili(은혜)
algi-ngga(저명인사) *cf.* algin(평판)

위에서 보인 바와 같이 의미와 음운양면에서 완전히 대응이 되는 것은 국어와 터키어뿐이고, 만주어는 음운면에서 대응이 좀 어려우나 의미면에서는 대응이 된 다. 그러나 몽고어와 일본어에는 이에 대응할 만한 것이 발견되지 않는다. 참고 로 말하면 위의 -ngga(Ma)는 고구려의 관직의 古雛加의 加나 고구려의 五加의 加 등과 유관하지 않을까 한다.

(5) <K> -rak/-rək(-락/-럭)……성질 · 결과 등을 표시함

예: na-rak(논밭에서 베어낸 벼나 조 등) *cf.* na(땅)
hʌrï-raki(하루살이, 유씨물명고) *cf.* hʌrʌr>hʌrʌ>hʌrï(하루)
hɛo(r)-raki(히오라기. 해오라기)

<T> -lağ/-läg……성질·결과등을 표시함

예: baš-lağ(시작) *cf.* baš(머리)
yay-lağ(피서지) *cf.* yay(여름)
qïš-lağ(겨울 병영) *cf.* qïš(겨울)

위에서 보인 바와 같이 국어와 터키어에만 있는 형태소이며 만주어 · 몽고어 · 일본어에는 이들과 대응될 만한 형태소는 발견되지 아니한다.

(6) <K> -ak/-ək(-악/-억)……축소사(또는 관형사형접미사)

예: t'ər-ək *cf.* 털(毛)
tar-ak *cf.* 達(高處, 지명)
t'ïr-ak *cf.* 뜰

<T> -Vq/-Vk……축소사 또는 명사를 만듬

예: ög-ük(어머니) *cf.* ög(어머니)
yul-aq(작은 실개천) *cf.* yul(개울)
čöb-ik(탁하게 하기, 흐림) *cf.* čöp(오물)

위에서 보인 바와 같이 국어와 터키어에만 있는 형태소들이 음운상과 의미상으 로 대응된다. 그러나, 만주어 · 몽고어 및 일본어에는 이와 대응될 만한 형태소들 이 보이지 아니한다,

(7) <K> -Vs(-읏/-옷/-읫)……다른 명사를 만듬
예: pir-ïs(시작) *cf.* *pir<bir(一, 지명)
mïr-ɪs(믈읫, 무릇) *cf.* 믈(무리)
<T> -Vš……다른 명사를 만듬
예: bağ-ïš(밧줄) *cf.* bağ(띠)
tärk-iš(조급) *cf.* tärk(조급)
büg-üš(어짐) *cf.* bügü(어진이)

위에서 보인 바와 같이 국어와 터키어에만 대응되는 형태소들이 있고, 그밖의 만주어 · 몽고어 및 일본어는 이것과 대응되는 형태소를 보유하고 있지 않다.

(8) <K> -nä/-ne ; -ra/-rə/-r(-내/-네 ; *-라/-러/-ㄹ)……복수를 표시함
예: əmanim-nä(어마님내)
kïtɪ-ne(그듸네. 그대들)
*-ra/-rə/-r(「等」, 百濟 · 新羅)<지명>
<T> -Vn ; -lar/-lär/-lari/-läri(>-lar/ -ler)……복수를 표시함
예: är-än(사람들) *cf.* är(사람)
ört-än(불꽃) *cf.* ört(연소)
kutu-lar(상자들) *cf.* kutu(상자)
čocuk-lar-ïn bahče-leri(아이들의 동산들)
<Mo> -nar/-ner……복수를 표시함
예: bağši-nar(선생들) *cf.* bağši(선생)
böge-ner(무당들) *cf.* böge(무당)
<Jap> -ra……복수를 표시함
예: boku-ra(우리들)
<Ma> -ri……복수를 표시함
예: mama-ri(할머니들) *cf.* mama(할머니)

위에서 보인 바와 같이 이 형태소는 알타이어 전반에 걸쳐 동기원의 형태소가 쓰이고 있다.

터키어의 -larï/-läri와 국어의 -nä/-ne는 음운상의 대응이 잘 된다. [l]은 국어에서 파열음과 비음 다음에서는 [n]로 변하고 [i]앞에서 -r-이 탈락하는 것이 예사이니(*cf.* 누리>뉘) -lärï>-ne/-larï>-nä로 변할 수 있다고 믿는다. 일본어의 -la도 마찬가지다.

(9) <K> -tʌl(-돌>-들)……복수접미사
예: sarʌm-tʌl(사람들)
<T> -Vt……복수접미사
예: tigi-t(王子들) *cf.* tigin(王子)
alpa-ğu-t(영웅들) *cf.* alpa-ğu(영웅)
<Mo> -d……복수접미사
예: noya-d(王子들) *cf.* noyan(王子)
mö-d(길들) *cf.* mör(길)
tursiğu-d(탐정들) *cf.* tursiğul(탐정)
<Ma> -ta/-te……복수접미사
예: amji-ta(큰아버지들) *cf.* amji(큰아버지)
eme-te(어머니들) *cf.* eme(어머니)
<Jap> -taci……복수접미사
예: watakusi-taci(우리들) *cf.* watakusi(나)

위에서 보인 바와 같이 터키어 · 몽고어 · 만주어의 대응은 확실시되지만 국어와 일본어는 좀 문제가 있다

2.1.5.

이제까지 1항에서 9항까지에 걸쳐 명사에 첨가되는 명사형성접미사를 놓고 터키어 · 몽고어 · 만주어 · 일본어 · 길약어 등과 한국어를 비교하여 보았는데 여기서 얻어진 결론은 이미 지적한 바와 같이 터키어와 한국어는 서로 완전히 대응을 보여주는 데 반하여 만주어 · 몽고어 · 일본어는 그 9항목 가운데서 불과 몇 개씩의 대응형태소를 보유하고 있을 뿐임을 보여 주었다. 여기서는 해독의 미비때문에 현단계로서는 향가와의 비교는 후일로 미룰 수밖에 없다.

3. 結　論

위에서 고찰하여 온 바를 요약하여 보면,

첫째로, 용언(주로 동사)의 어간에 첨가되는 명사형성접미사는 15항목에 걸쳐 한국어와 터키어의 대응형을 갖고 있으며, 향가 속에 보이는 용언의 어간에 첨가된 명사형성접미사는 모두 터키어 속에 그 대응형태가 보인다.

이와는 달리 기타의 알타이어들은 불과 몇 개의 대응형태소를 보유하고 있을 뿐이다.

둘째로, 체언의 어간에 첨가되는 명사형성접미사는 9항목에 걸쳐 한국어와 주로 알타이어와 비교하여 보았더니 터키어와 한국어는 완전히 모든 항목에 걸쳐 대응을 보여 주고 있는 데 반하여 기타의 몽고어 · 만주어 · 일본어는 불과 몇 개의 대응형태소를 갖고 있을 뿐이다.

따라서 모든 명사형성접미사와 비교한 결과만으로 볼 때 한국어 및 후기선라지배층어가 터키어와 가장 가깝다는 것을 말해 줄 뿐만 아니라 그토록 많은(거의 모두 임) 일치점을 가지고 있다는 것은 후기신라지배층어가 터키어와 소원한 관계가 아니라는 것을 말해 준다. 다시 말하면, 한국어는 문법형태소의 비교상으로 보아서 알타이 공통조어와 동계가 아닌것은 확실하지마는 조어론상으로만 보변, 한국어는 터키어와 동계로 착각할 정도로 매우 친밀한 관계에 있다고 할 것이다.

이런 결과는 이 책 제15장에서 삼국사기 · 고려사의 지리지에 나오는 신라어 · 가야어를 터키어와 비교해 본 결과와 완전히 부합되는 것으로 여기서 후기신라지 배층어가 터키어와 동계임을 재확인한 셈이 된다.

第17章
韓國語系統論散攷*

1. 先史時代의 韓國語

좀 전까지만 하여도 국어가 알타이어족에 속한다는 것은 거의 정설처럼 되어 있었으니, 그러한 현황에서 국어의 基底語가 선사시대의 길약(gilyak)어와 아이누어라고 하면 기이한 학설을 내세워 사람을 현혹시킨다고 할지 모르나 필자는 감히 그렇게 말하고 싶은 충동을 느낀다. 고고학자들도 신석기시대에 고아시아족들이 살고 있은 듯하다고 말한다.

이제까지 아이누어와 한국어와의 관계를 논한 사람은 별로 없고, 한편 길약어에 대하여는 E.A.Krejonovič · 이기문 · 김방한들이 도합 18개 어휘를 비교함으로써 관심을 보여 왔을 뿐, 양언어 공히 전면적인 비교는 시도되지 아니 하였다.

필자는 '한민족의 뿌리'(충남대학교 「大學國語」 및 「寶雲」 11輯. 1980)라는 졸고에서 선사시대에 남한에는(일본보다 더 많은) 아이누족(백인종)이 살고 있었을 것이고, 북한쪽에는 길약족이 살고 있었을 것이며, 전자는 기초어휘에 영향을 남겼고, 후자는 음운 · 문법 · 어휘에 긍하여 매우 깊이 관련을 맺고 있어서 동계어라고 굳게 믿어진다고 말하고 비교어휘만을 몇 개씩 보인 바 있다. 앞으로 이 방면에 깊은 관심을 가지고 연구하여야 할 것이다.

---

* 본고는 1981년도에 「국어국문학」 85호에 실렸던 것인데, 뒷부분을 삭제한 것임.

(1) 지금은 일본국 동북부에만 살고 있는 아이누족의 언어와의 비교어휘를 磯部精一의 「アイヌ語辭典」(1935. 동경실업사)에서 추려 실어보인다.

<아이누어>	<한국어>
① 親族語:—	
ɑi-ɑi(유아)	ɑhE(＞ɑi. id)
ɑk(아우)	ɑk'i/äk'i(id)
ɑčɑ(숙부)	*ɑjɑ-ɑbi＞ɑjɑbi(id)
ɑkɑči(소녀)	ɑkɑs'i(id)
ɑbɑ(친척)	ɑbɑ-ŋi(아버지, 할아버지, 할아범)
iyepe-(으븟=, 접두사)	ïbu'-(id)
po(男子・子)	-po(id) *cf.* 뚱보
eu(어버이)	əbi(아버지)
ešikop(부모) *cf.* eškop＞əsi-əb	əši(id)
kuru(사람)	-kuri(id) *cf.* 멍텅-구리
koš-mɑt(아내・여성)	kɑsi-bəsi(부부)
sɑnike(자손)	sʌn(사내)
② 身體語:—	
ikui-nimɑk(어금니)	əgum-ni(id)
iporo(용모)	pojyo-kä(*빰→보조개)
pɑrɑ-ure(다리)	pɑr(id)
ure(다리)	ɑri(id)
kukew(어깨)	ək'e(id)
epoki(아래쪽・아랫도리)	porgi(볼기)
kɑtčɑm(마음)	kɑsʌm(가슴)
osomɑ(대변)	somɑ/sop'i/ojom(소변)
otom(똥)	t'oŋ(id)
ohontoki(항문)	əŋdəŋi(엉덩이)/kuŋduŋi(궁둥이)
huype(간)	*kəb(id) *cf.* 간이 떨어지다=겁나다
kiri(골수)	kor(id)
keuki-mui(고수머리)	kosu-məri(id)
sɑpɑ(머리)	*sɑp(id) *cf.* 삽-개(모자. 함남)
šiši(소변)	sū̆(id, 유아어)
nɑn/notɑ(낯)	nʌc'(id)
noiporo(이마)	nimɑ(id)
pɑke(머리)	pɑk(*id) *cf.* 박-치기
pɑpuš(입술)	puburi(부리. 함남)
poki(보지)	poji(id)

honi(배)	kon(고기의 뱃속의 이리)
moru(머리카락)	məri(id)

③ 天文地理語:—

pararu(거리)	*pər(「伐」. 거리, 신라)
kiroru(큰 길)	kir(길)
itone(왕복하다)	tʌnni-(다니다)
esoro(세로)	sero(id)
utor(가로)	ət=(id, 접두사)
ubaš(눈)	ubag(우박)
sirkas(땅)	hʌrg(흙)
opara(바람)	pʌrʌm(id)
onna(내부)/an-i(주거)	an(내부)
kim(산맥)	käma(「蓋馬」. *구릉. 지명)
kuri(구름)	kurum(id)
kot(구덩이)	kud(id)
kot(골짜기)	kor(id)
ko'či(장소)	kod(장소)
kotan(마을)	kojaŋ(고향)
šinai(본류)/činna(도랑)	šinä(시내)
šinup(구릉)	sunïlg(id)
šimpui(샘, 우물)	sEm(id)
širi(산, 언덕)	*syur(「述」. 봉우리 · 고원. 지명)
so(폭포)	soh(깊은 못)
tap(둥근 언덕)	t'am-na(「耽-羅」. *id)
čaši(성, 잣)	cas(id)
ta(처격토)	tE(처소)
toi(흙)/yači(<*dači. 진창)	t'ah(땅)
torai(하천 물줄기)	tor/toraŋ(도랑)
na/nai(내, 강)	nä(id)
nak(장소)	*na(토지)
mun(먼지)	monji(id)
peni(內地)	paŋ(「邦」. 나라)
nui(불꽃)	nor(놀) *cf.* 저녁-놀
noyap(옆 얼굴)	nyəp'(옆)
piš(물가)/peš(벼랑)	pyər(벼랑)
hesaši(가장자리)	kʌʒ(id)
peča/peci(하천) *cf.* *b>p · m	mïr(물)
pene(가랑비)	pi(비)
hemak(뒤)	kom(id)

honges̆(한가운데)	kïŋe(*가운데) *cf.* -의 그에
metot(산골)/mori(작은 산)	moro(>mö, 산)
mos̆iri(나라 · 세계)	mʌʒʌr(마을)
moi(평지)	mE(id)
mem(<*nem. 못)/nep(소 · 沖)	nïp‘(늪)
tumu(사이)	t‘ïm(틈)
④ 代名詞 · 呼稱:—	
e-koro(너의)	kwəre(너, 함남 · 경상)<노부부 용어>
ec̆i(너희)	ci(자기)
c̆i(우리, 자기)	cyə(나, 겸손어)
ɑnun(남)	ənï(어느)
nen(누구)	nu(id)
nei(그)	nə(너)
yɑi(상대를 부르는 소리)	yɑ(id)
⑤ 數詞:—	
s̆ine(1)	hʌnɑ(1)
tu(2)	tu(2)
ine(4)	ne(4)
-utɑrɑ(복수사)	-tʌr(id)
⑥ 衣食住語:—	
ɑnu(두다)/ɑmse(자리)	ɑnj-(앉다, 두다)
fuc̆i/ɑbe(불)	pïr(id)
ɑmɑmɑ(밥)	mɑmmɑ(유아식)
itɑngi(바리)	tɑnji(단지)
ic̆cɑri(체)	c‘e(id)
ibe(식품)	*nib(>ib. id) *cf.* 니뿔>입-쌀, 입-팝>이밥
imok(모이)	mos̆i(id, 방언)/məg-(먹다)
*poc̆ike(>oc̆ike, 사기 쟁반)	poʒʌ(>posiki, 보시기) cf oti>oci(오지)
omekɑp(잔치)	mok’oji(id)
kɑmɑ(솥 · 주전자)	kɑmɑ(가마)
koiki/keuk(도살)	kogi(고기, 수육)
s̆ɑn(선반)	*sən(id) *cf.* 선-반(板)
s̆u(남비)	sot‘(id)
huc̆i(불)	pïr(id)
c̆is̆uye(삶다)	c̆iji-(id)
c̆is̆ei(집)	tisä(>jisä, 기와)/*jis(집) *cf.* 짓-아비
c̆imip(하의)/tepɑ(속치마)	c‘imɑ(치마)
tusɑ(소매)	t‘osi(토시)
pɑnc̆o(목수)	p‘yənsu(목수 두목)

hoši(감발)	posyən(버선)
ru(변소)	nu-(변보다)
kasa(머리에 쓰는 갓)	kad(>kas. id)
kenru(주거)	kyən(있는. 이두)

⑦ 用言:—

arara/ara(아리땁다)	ari‘-tab-(id)
*ka’kari(>a’kari. 깨끗하다)	kʌskʌs-(>k’äk’ïs-. id)
a’či(더럽다)	ac‘yəd-(싫어하다)
anare(이기다)	naʒ-(낫다, 이기다)
arake(아프다)	ari-(찌르듯 아프다)
ikiru(엎지르다)	igïrə-di-(이그러지다)
ikere/kiki(긁다)	kïlg-(id)
iko(매우)	itkʌt(잇굿. 가장)
eširu(갈다)	s’ïr-(id)
i’tone(왕복하다)	tʌnni-(다니다)
ituiba(죽이다)	tahi-(id)
ewen/uoya(그르치다)	ö-(그르다)
fure(붉다)	pïrg->purg-(id)
ibe-sak(모자란←*식품이 없다)	ibab-(모자라다)
iyomap(귀여워하다)/	əyə’pɪ-(가엽다・귀엽다)
erampokiwen(가엽다)	
paye(가다)	pʌri-(송별하다)
poro(큰)/uare(증가하다)	pur-(증가하다)
ukomuye(결합하다)/	k‘wemä-(꿰매다)
kemeiki(바느질하다)	
ukoro(걸다)	kər-(id)
u’tara(달아매다)	tʌr-(id)
uparu(연소하다)	pəd(벋다)
uri(던져 올리다)	orʌ-(오르다)
eikaun(과다하다)	kyəu-(<kyəb-, 이기지 못하다)
ekari(주위)	kyəsi-(*울타리치다→있다)
esum/sum(물에 빠지다)	cʌm-(잠기다)
etara(박다)	tirï-(찌르다)
ečiure(지르다)	tirï-(id)
ečopopo(넣다)	cyəb-(용서하다)
ehapi(경멸하다)	kabE-ab-(가볍다)
epara(불다)	pïr-(id) *cf.* 바람 불다
epusu(나다, 나오다)	pïs-(붓다) *cf.* 물을 붓다
ehopuni(부풀다)	pup‘ur(id)

eramasu(좋다고 생각하다, 좋다)	eramansu(id)
obosore(없다)	əps-(id)
ohoro(길이)	ora-(오래다)
oštari(설사)	cïc‘E-(설사하다)
opa’tek(불을 뿜다)	piat‘->pät‘-(뱉다)
oheuge(굽은)	oguri-(오구리다)
opuš(파괴하다)	pïʒ-(부수다)
omaka(처치하다)	mag-(막다)
omu(구멍이 막히다)	mye-(id)
orai(선량하다)	olh-(옳다)
kaye(깨다)	kə’k-(꺽다)
kapa(더럽다)	kəm-(더러워지다)
kara(치다)	kal-gi-(치다)
kamuktek(눈감다)	kʌm-(>kam, id)
kiru(굴리다)	kūr-(<kubur-, 구르다)
kunne(검은)	kəm-(검다)
koerayap(감탄하다)	kwahʌ-(칭찬하다)
kot(가지다)	kaji-(id)
kohuye(그슬다)	kïsïr-(id)
šiok(슬프다)	sïlh-(슬퍼하다)
šini(쉬다)/sura(무관하다)	sü-(쉬다)
šiyara(순결하다)	hE-(희다)/sye-(머리가 세다)
šu’kake(시다)	šikur-(id)
šum(여위다)	yəü-(<yəbi-, id)
s’irapipi(기뻐하다)	cïlgi-(즐기다)
širun(나쁜)	sïl-hʌ-(>sirh-, 싫어하다)
seunin(차겁다)	sənïl-hʌ-(서늘하다)
takne(짧은)	tyəg-(적다)
čiomap(사랑받은)	s’eəb-(사랑받다. 함남)
čiš(울다)	cïj-(>cij-, 짖다)
čišuye/či(삶다)	ciji-(id)/c’i-(찌다)
čičik(뚝뚝 떨어지다)	t’ïttïr-(id)
ta(치다, 파내다)	tʌ:-(따다)
tumima(먼데)	ciman-hʌ-(소홀하다)
turuse(떨어뜨리다)	t’ərə-(id) *cf.* 떨어지다
tusare(용서하다)	tʌʒ-(사랑하다)
toe/toye(많은)	tö-(진하다)
niye(이로 물다)	nəhïr-(널:다)
nini(늘이다)	nïri-(id)

ninu(연결하다)	niʒ-(id)
nup(고원)/nupuri(오르다)	nob-(높다)
ha(물이 빠지다)	h'yə-(id)
haita(이탈하다)	pəs-(id)
hawe-ašte(호통치다)	kwa'ta-nä-(떠들다. 함남)
patu(흩다, 퍼지게 하다)	p'əji-(퍼지다)
hanke(가까운)	kak'a-b-(가깝다)
peker(밝다)	pʌlg-(id)
heuge(구불어지다)	hü-(id)
hečimi(갈라진)	karʌ-(갈르다)
hečira(흩어진)	hït'-(흩다)
hehem(당기다)	hyə-(id)
heraske(벌거숭이)	*pərg-(벌거벗은) *cf.* 벌거벗-
heriat(비치다)	pʌʒe-(부시다, 비치다)
hotui(부르다) *cf.* 사람 부르다	öt'i-(외치다)/hot'oŋ(호통)
mu(막히다)/muk(막힌)	mud-(묻다)
mui(맺다, 묶다)	mᴇ-(id)
muk(비밀스러운)	morʌ-(모르다)
meške(깨지다)	mʌs-(부수다)
mesu(베어내다)	me-/mi-(<mī-, 찢다)
moire(무딘, 늦은)	mudɪ-(무디다)
mongeš-(마치다)	mʌc'i-(id)
yainuina(다라나다)	tʌrana-(id)
yaimire(옷 차리다)	nyəmɪ-(여미다)
yairarire(따르다)	t'aro-(id)
rai-(내리다)	nʌri-(id)
riya(여투다)	yət'u-(id)
rusak(어리석다)	ərisəg-(id)

위에 200여개의 비교될 만한 어휘를 보였는데, 이밖에도 400여개의 어휘가 조사되어 있어서 이들 600여개의 어휘만 가지고도 충분히 원시생활을 알 수 있을 정도로 요긴한 기초어휘들인 것이다. 필자는 이들 어휘에 많이 추가하여 가지고 음운의 대응규칙을 세워 별고를 초하였으므로 여기서는 아이누어에 대한 관심을 불러일으키는 데 그칠까 한다.

(2) 길약어는 지금 사할린(樺太)과 그 대안인 흑룡강 강구지방에 살고 있는

인종들이 쓰고 있는 말인데, 이 길약인의 언어들이 고구려지역 지명에서 더러 발견될 뿐만 아니라, 현대어 속에도 맥맥히 살아 있고 문법의 비교에 의하면 국어와 동계어임이 분명하다.

다음에 국어와 비교가 될 만한 길약어휘 중에서 기초어휘라고 생각되는 것만을 高橋盛孝의 「樺太ギリヤク語」(1942. 아사히신문사)에서 골라 싣는다.

<길약어>	<한국어>
① 親族語:—	
ɑjmči(사내)	ɑjɑps'i(id, 존칭)
ɑinaǧɑi(아내)	ɑnhᴇ(id)
ɑčik(큰아비, 연상의 남자)	ɑjə-s'i(id)
ɑsk(아우, 누이동생)	ɑsi(id)
ɑxɑrn(자식)	ɑgi(아기)
etk(친부모)	əti(>əsi, id)
kɑrlun/xɑrk(겨레)	kyəre(id)
ge-(장가들다)	kɑs(아내)
xeymɑnɑx(노처, 노파)	hɑlməni(노파)
xɑ(이름)	kɑ(성씨)
ïmk(어머니)	əmi(id)
② 身體語:—	
hɑvɑf(폐)	həp'ɑ(id)
hilf(혀)	hyə(id)
nif(심장)	nyəm(id) *cf.* 념-통
netf(얼굴)	nʌc'(id)
nigɑx(눈)	nun(id)/nuk'ɑr(id)
ŋɑgr(껍질)/ŋɑlr(피부)	kɑj(피부)
ŋɑšïf(가슴)	kʌsʌm(id)
ŋɑč(다리)	kɑrʌr(다리)/hət'ü(다리 · 종아리)
ŋɑurk/ŋɑur(뇌)	kor(id)
ŋɑve(싸개)/ŋɑmɑč(피부)	kɑp'ïr(외피)
ŋif(간)	*kəb(id)
čvux(주먹)	cuməg(id)
ŋɑrm(갈비)	kɑlbi(id)
pïl-mi(품속)	p'ïm(품)
poč(낯)	por(뺨)
tɑrmnt(관절염)	tɑm(id)
čonkr(머리)	c'oŋ(id)

woškorɑi(인후)	mogɑji(목)

③ 天文地理語:—

ɑdï(북풍)/tïu(나중)	tü(북, 뒤)
eri(물줄기)	*ər(「於乙」·「交」. 샘)
ğor/ğorš(강가)	kor(도랑)
keŋ(태양)	hᴇ/kəŋ(「姮」. id)＜계림유사＞
xɑllu(늪)	kʌrʌm(호수)
kevui(굽이)	kubi(id)
komi(옆)	kom(뒤)
kutï/hutï(구멍)	kud(구덩이)
lef(옆)	nyəp'(id)
mɑʀi(남쪽)	mɑ(id) *cf.* 마-파람
miv/mif(뭍)	mut'(id)
nef(앞)	nim(id)
ŋuirn(오른쪽)	orhʌn(id)
pɑl(산·메)	or(봉우리)/puri(언덕·작은 산)
pɑx(바위)	pɑhö(id)
nɑllu(물굽이)	nʌrʌ(나루)
sɑmi(물이 깊은 곳)	so/s'o(id)
šmunk(위)	sunïrg(정상)
tɑkr(방향)	tɑhi(id)
tiv-(춥다)	c'ib-(＜*tib-, id)
tol(내, 바다)	tor(도랑)
tu/tū(호수)	tū(「吐」. 둑)
tri(통나무 다리)	tʌri(다리)
tul/tulv(겨울)	*tur(id) *cf.* 冬音(두름)
tïmï(북쪽)	tume(*id→벽지)
ŋɑluvz(서풍)	kɑr-pʌrʌm(id)
vɑrf/pɑrïf(밤)	pɑm(id)
vo/vu(마을)	*pur(「弗·火」. 고을)

④ 代名詞:—

enɑ/en(남의, 다른)	ənï(어느)
hu(그)	kï(그)
ye(이. 이것)	yo(id)
čiŋ/čin(너희)	cɑnä(너)
nɑx/nex(나는, 내게)	nɑ(나)
nund/rund/lund(어느, 누구)	nu(누구)
tɑ(그)	tyə(저)
či(너)	ci(너. 함남·경상방언)

⑤ 數詞:—

neč(하나)	nat'(날개)
tïr-(둘로 갈라지다)	tur(둘)
čak'r/čak'/čiax(셋)	cyak(세가닥) *cf.* 쟉살(=삼지창)
nukr/nux(넷)	neh(id)
toš(다섯)	tasʌs(id)

⑥ 衣食住語:—

bos(베, 천)	bö(id)
ŋas(서까래)	*kara(id) *cf.* 셔-가래
mos(진수성찬)	mas(id)<이조>
hak(모자)	kad>kas(모자의 일종)
ox(옷)	os(id)
yenï-(삶다)	nig-(익다)
yerer-(핥다)	harh-(id)
yot-(바느질하다)	yək'-(엮다)
huř-(주리다)	korh-(id)
kurmu-(굶어죽다)	kurm-(굶다)
nu-(행하다)	nu-(변 보다)
rak(쌀)	nak(세금←*쌀)
sari-(밥-먹다)	s'ar(쌀)
tafčin(소금)	c'apc'al-ha-(좀 짜다)
tux(도끼)	tok'ü(id)
tïk(물통)	tog(독)
čak'o(칼)	*cyak(작도) *cf.* 쟉-도(刀)
čapka(저) *cf.* 절가락→젓가락	cyə'karag/cəbun(id)
waš(바지)	paji(id)

⑦ 用言:—

abï-(지켜보다)	po-(보다)
agu-(아니다)	ani/aŋi-(id)
avele(없다)	əps-(id)
ais(아서, 금지)	asə(id)
axv/axf(과실, 실수)	əgï'-na-(어긋나다)
buija-(부서지다)	pʌʒ-(부수다)
dakï-(따뜻하다)	t'ak'ïn(따뜻한 모양)
dok'o-(벗겨지다)	tühʌ-(튀하다)
ekzü-(두드리다)	əgïrədi-(어그러지다)
eŋfi-(구부러지다)	egub-(id)
er-(잡다)	əd-(얻다)
gumu-(손으로 잡다)	kəm=(id) *cf.* 검-잡다

gui-/keʒ-(당기다) ; gusi(빼내다)	kïʒ-(끌다)
gu-/ku-(행하다)	kur-(id)
ha-(있다, 세다, 사냥하다)	hʌ-(하다)
harkav-(할퀴다)	halk'ö-(id)
hasku-(적다)	hyəg-(작다)
hui-(우비다)	hubü-(id)
huči-(떠러지다)	hït'-(흩다)
hïünčo(늦다)	humt'ï-(동작이 느리다)
if-(괴로워하다)	ib-(섞갈리다)
irvai-(말하다)	iba-gu(이야기. 경상방언)
itï-(이르다, 말하다)	nirï-(id)
ixïl-(끌어 당기다)	ik'ïr-(인도하다)
yahara-(생각하다)	hyəari-(id)
yargu-(열다)	yər-(id)
yarxon(기호)	cəg-(적다)
yespu-(젓다)	cəʒ-(id)
yevg-(건네다)	nəmgi-(id)
yulax-(초조해지다)	ciri-hʌ-(지루하다)
ɣuči-(넣다, 따르다)	nyəh-(넣다)
ka-(아래로 가다)	ku-(가디)
ka-(괴다, 버티다)	kö-(id)
karala-/kalgala-(밝다, G)	*kərə-(id. 지명)
kelai-/klai-/xer-(말하다)	kʌrʌ-(id)
ker-(그치다)	kïc'-(id)
kiji-(가지다)	kaji-(id)
kloi-(달리다)	kurï-(굴러가다)
kro-/xlo-(달아매다)	kər-(id)
koi-(나다, 나오다)	kö-(id)
kos-(노하다)	kor(노여움)
ksa-(퇴색하다)	kasᴇ-(id)
kulaŋ(길다)	kir-(id)
kumra-/kïmla-(생각하다)	kuŋri(생각)
kunk-(베다)	k'ïnh-(끊다)
kuv-(곱다)	kob-(id)
laga-(여행하다)	naga-(외출하다)
lat-(소리가 나다)	na-(나다)/nad-(나타나다)
ler-(병이 낫다)	naʒ-(id)
ler-(놀다 · 遊)	nor-(id)
lu-(노래하다)	nor-ᴇ(노래)

manka-(어렵다)	maŋga-(*id) *cf.* 망가-디다
ni-ri-(머리에 쓰다)	ni-(이다)
nusu-(보다)/yotot-(듣다)	yəʒ-(엿보다)
ŋavrke(향기)	kosʌ-(고소하다)
ŋuriyo-(코 골다)	kor-(id)
*korxgūr-(＞orxgūr-, 대적하다)	hʌlgö-(＞kʌlö-, 침범하다)
pagla(붉다)	pʌrg-(id) *cf.* 불가ᄒᆞ다
payvayā(무익하다)/pay(무익)	p'ai-(무익하다, 무용하다. 경상방언)
pant-(커지다)	pənji-(번지다)
paže-(점점 길어지다)	pʌlb-(밟다)
pe-(푸다)	p'ï-(id)
pēr-(두려워하다)	mïʒɪ-(id)
pigi-(피하다)	pik'i-(id)
piŋgu(숨기다)/ piŋiyaka-(다라나다)	p'iŋge(핑게)
pitgan(서면)	pəski-(＞pəkki-. 베끼다)
povri-(거품이 나다)	pup'ur-(부풀다)
pšu-(씻다)	pusi-(id)
prï-(돌아가다, 돌아오다)	pïrï-(소환하다)
puk'i-(포기하다)	p'äŋgä-t'i-(팽개치다)
pur-/fur-(이야기)	pur-(자백하다)
rak'u-(찌르다)	naks-(낚다)
rošxu-(지우다)	nog-(녹다)
sarui-(채우다)	c'äu-(＜*c'ɛo-, id)
si-(넣다)	si-(있다. 이조・제주도)
sï̄-(오르려하다)	syə-(서다)
ša-(베다, 자르다)	s'əhïr-(잘게 베다)
ša-(사르다)	sʌrʌ-(태우다)
šinkr-(괴롭히다)	sik'ïr-(괴롭다) *cf.* 시끌시끌-하다
šo-(보내다)	soŋi-(id)＜별주부전＞
taulu-(임하다)	tirï-(id)
teağa-(쳐 올리다)	c'uk'i-(추기다)/c'ih'yə-(올리다)
tfi-(마치다)	c'iu-(id)
tiv-(타다, 앉다)	t'ʌ-(타다)
tīv-(내려가다)	ti-(떠러지다)
tonhu-(힘 있다)	t'uŋgi-(반발하다)
tuk'ə(머리를 들다)/tu-(오르다)	tïr-(들다)
tuli-(뚫다)	t:ur-(＞t'urb-, id)/*tïrb-(id)
turgu-(들어가다)	tïr-(id)

tuzi-(쥐어 박다)	tirï-(id)
tïlant(멀리)	tur-(둘다)
-tïf(…부터)	təbïrə(더부러)
taxv-(다급하다)	tagïb-hʌ-(id)
čapeʒi-/čaprï-(가져오다)	cab-(잡다)
čart(가득히)	cʻʌ-(가득차다)
čaxru-(뛰다)	tʌr-/tʌd-(달리다)
če-(새가 울다)	cïj-(짖다)
či-(마치다)	cʻi-(id)
čiu-(빼다)	h'yə-(당기다, 빼다)
čimanki-(놀다)	ciman-hʌ-(*놀다→소홀하다)
čora-(가난하다)	cor-(*가난하다→말라붙다)
čoosxu-(파괴하다)	cos-(쫓다)
čxui-(발로 차다)	cʻʌ-(id)
urš(좋게)/urxara(아름답다)	olh-(옳다)
urlan(훌륭하다)	uram-hʌ-(id)
vantu-(만들다)	mʌndʌr-(id)
wakna-(막다)	mag-(id)
wal-(끓다)	pʌri-(발기다)
weska-(싫어하다)	mesık'əb-(매스껍다)
wuvu-/wu-(울다)	ur-(id)
žai-/ža-(마시다)	ca-si-(＜cwa-si, id)
zoorka-(파괴하다)	coji-(강타하다)

위의 200여개의 단어들이 나열되었는데, 길약어를 아이누어에서와 마찬가지로 기초어휘를 분류하여 보이고 나중에 별도로 용언을 따로 열거하여 놓았는데, 위에서 제시한 용언만도 약 120개에 달한다. 따라서 아이누어의 비교어휘만 가지고도 원시생활을 할 수 있다면, 이 길약어는 인간의 거의 모든 동작 · 상태를 표현할 수 있는 비교어휘를 포함하고 있다는 것이 되며, 이것은 그 양에 있어서 드라비다어 등보다는 비교어휘가 적으나, 이토록 많은 수량의 용언이 국어와 대응된다는 것은 거의 기적에 가까운 발견이라고 할 수 있다.

전체로 600여개가 비교될 수 있으나 좀 더 조사하여 음운대응규칙까지 만들고, 더 나아가 음운 · 문법에까지 손대어 별고를 작성하였으므로 여기서는 중요 어휘들을 열거하는 데 그친다.

2. 韓國語와 알타이諸語의 構造上의 諸問題

한국어가 알타이제어와 조어상으로 매우 유사성을 보여 주기 때문에, 지금껏 구체적인 비교어휘가 적었음에도 불구하고 우리는 한국어를 알타이어족에 속한다고 말해왔다. 물론 비교어휘가 적게 발견되기 때문에 한국어를 알타이제어와 자매관계에 있다느니, 현단계로서는 알타이어로 볼 수 없다느니 하지마는, 그들도 무의식적이건 의식적이건 간에 비교를 할 때에는 한국어를 알타이제어와 비교하는 것을 주저하지 않으니, 실질적으로는 은연중에 한국어를 알타이어족에 속하고 있는 것으로 예측하고 있음이 분명하다.

그런데 한국어와 알타이제어의 차이에는 너무 무심한 것 같이 생각된다.

다음에는 그런 차이점에 대하여 고찰하고자 한다.

(1) 알타이제어는 主格助詞가 없는 것이 특징인데, 종래 국어를 알타이어족에 속한다고 말해오면서도 이조어에 '이'나 'ㅣ'라는 주격토가 있다는 것이다. 그러나 이것은 매우 잘못된 생각이다. '이'나 'ㅣ'가 주격의 자리에 허다히 놓인 것은 사실이지만 배타적으로 주격에만 쓰인 것이 아니고, 주격 · 보격 · 속격 · 대격 · 부사격에 두루 접속되었는데, 문장은 대부분 주어가 있기 마련이므로 주격밑에서 '이'나 'ㅣ'가 많이 발견되어 그것을 주격토로 오인한 것뿐이다. 예를 들어 '이'나 'ㅣ'가 15세기에 어찌 접속되었는지 살펴보기로 한다.

① 主格下:—
海東六龍이 ᄂᆞᄅᆞ샤(용가 1장)
우리 始祖ㅣ 慶興에 사ᄅᆞ샤(용가 3장)
② 補格下:—
왼녁 피ᄂᆞᆫ 男子ㅣ ᄃᆞ외오(월석 1-8)
사ᄅᆞ미 ᄃᆞ외오도 ᄂᆞᆽ가ᄫᆞᆫ ᄂᆞᄆᆡ 죵이 ᄃᆞ외야(석상 9-16)
③ 屬格(冠形格)下:—
東州ㅣ 방 계오 새와(=동주의 밤을…)(송강가사, 관동별곡)
公州ㅣ 江南ᄋᆞᆯ 저ᄒᆞ샤(용가 15장)
臣下ㅣ 말 아니 드러(용가 98장)

④ 對格下:—
일밧긔 理ㅣ 求호믄(=事外예 求理는, 선종영가집 13)
늘근히예 盖ㅣ 기우류믈 느지 호니(두시초 23-45)
모딕 ㅂ료미 몯ᄒ리라(切不可放捨, 몽법 38)
져기 得ᄒ고 足사모미 몯ᄒ리라(不可得少爲足, 몽법 14)

⑤ 處格下:—
楊州ㅣ 사올히여(=양주에 있는 고을이여, 신도가)
劉侯ㅣ 天機ㅣ 精微ᄒ니(=유후가 천기에 정미하니, 두시초 16-30)

⑥ 在格下:—
ᄒ히를 梓州ㅣ 사로라(=한 해를 자주에서 살다, 두시중 2-1)

⑦ 比較格下:—
東海六龍이 ᄂᄅ샤 古聖이 同符ᄒ시니(용가 1장)
舍利佛이 ᄀᄒ야(석상 13-41)

⑧ 體言下의 媒介母音:—
舍利佛이 ᄒ 獅子ㅣ롤 지어내니(석상 6-32)
머리터리롤 미자(두시초 8-67)∝털(毛)
跋提라셔 阿那律이ᄃ려(월인 7-1)
그력(훈민정음)∝그려기(두시초 7-9)
아한이롤 良久토록(노계가사, 누항사)
진나비롤 沐浴 ᄀ겨(내훈서 5)
土堦三等 이우지는(해동가요 p.156 *cf.* 이운 ᄆ올도…)
외토리밤(구급간이방 6-70 *cf.* 외톨밤)
외동이(유씨물명고1 *cf.* 외동-아들)
엉덩이(청구영언 대학본 p.162 *cf.* 엉덩-방아)
能히 모매 卽ᄒ여 곧 ᄆᅀ미에 목홀씨(능엄경 10-18)
그것은 소(牛)이다.

⑨ 副詞下의 媒介母音:—
일즉(두시초 8-28)∝일즈기(노걸대 상24)
더욱(용가 125장)∝∝더욱이

위에서 보인 바와 같이 '이'나 'ㅣ'는 명사나 부사 밑에 두루 쓰이고 있으며, 명사 밑에 접속될 때에는 그것이 어떤 문의 성분이든 배타적으로 쓰이지 않는다. 바꾸어 말하면 '이'나 'ㅣ'는 용언 밑에만 쓰이지 않을 뿐이며, 명사나 부사와 같은 불변화사 밑에 두루 쓰이되 아무런 의미를 첨가함이 없이 쓰이고 있다. 그렇다고 특정한 격을 지시하지도 아니하나, 그것이 첨가됨으로써 그 어절이 명사나 부사와 같은 불변화사임을 지시하는 기능에 겸하여 불변화사가 자음을 말음으로 하여 끝날 때에는 조음적 기능도 가지고 있는 형태소임을 알 수 있다. 역사적으로는 이와 같은 기능을 가지고 있던 '이'나 'ㅣ'가 점차로 후세에 내려와서 기능이 축소되어서, 명사가 자음으로 끝나며 그것이 문의 주어의 자리일 때에는 주격토로 기능하고, 부사가 자음으로 끝날 때에 때로 조음소로서 쓰이게 이르렀다.

그러나 위에서 보아온 바와 같이 15세기에는 명사 밑에 첨가된 '이'나 'ㅣ'는 결코 주격토의 기능을 가진 형태소가 아니고, 문에는 주어가 있기 마련이고 자음으로 끝나는 주어가 주로 체언이기 때문에 대체로 늘 '이'나 'ㅣ'가 첨가된 데서 '이'나 'ㅣ'의 기능을 주격토로 오인한 것뿐임을 알 수 있다. 따라서 15세기 국어에는 주격조사가 첨가됨이 없이 명사가 그대로 주어로 쓰이었음이 확실하며, 한국어도 고대에는 알타이제어와 다름없이 주격토를 보유하고 있지 않았다는 사실을 알 수 있다. 길약어도 마찬가지로 주격토를 본시 쓰지 않았다.

(2) 알타이제어는 어두자음군을 기피하는 현상이 법칙화되었다시피하고 있는데, 국어에서는 그렇지 못하고 'ㅴ·ㅵ·ㅄ·ㅲ·ㅳ·ㅶ·ㅷ·ㅺ·ㅼ·ㅽ'과 같은 연자음이 쓰이었다는 것이다. 이 가운데서 'ㅺ·ㅼ·ㅽ'만은 경음으로 보고 나머지만 어두연자음이라고 주장하는 학자도 있다. 여하간 어두연자음이 있었다는 것은 정설화되어 있고 그것이 어떤 원인으로 중간모음이 탈락되어 이루어진 것이라고 한다. 이런 생각이 잘못이라는 것을 필자는 「訓民正音과 音韻体系」(1992) 제8장初聲合用竝書語의 比較硏究와 「五大眞言音譯考—竝書를 中心으로」(이희승선생송수기념논총, 1955)라는 논문에서 밝힌 바 있다.

이밖에도 필자는 일찍이 「완전국어」(동아출판사, 1966) 문자론 p.9에서 초성병서의 음가를 다음같이 본 바 있음을 상기시켜 둔다.

ㅅ계(ㅺ·ㅼ·ㅽ)……경음
ㅂ계(ㅄ·ㅶ·ㅳ·ㅷ)……장음
ㅄ계(ㅴ·ㅵ)……장경음

이와 같이 초성병서의 음가를 밝히는 몇 편의 글을 내어 놓았으나 아직 이렇다할 이에 대한 반박논문을 보지 못하였다. 저명한 학자가 어두자음군으로 이미 보았으니, 그것을 따르는 것이 상책이라는 식의 사고방식으로 대학강단에서조차 그리하고 있는 실정이니 딱하기만 하다. 다른 학자의 학설이라도 읽어보고나서 옳다거나 부인하기 어렵다고 생각되면, 자기설을 포기하고 그것을 채택하는 자세가 아쉬운 세상이다. 수업시간에 음운론에 언급할 때에는 '뿔'을 [pskur]이나 [pk'ur]이라 하고, 십오세기의 표기-'애'는 [ɑi]라고 가르치면서, 강독시간에는 그것을 [k'ur] · [ä]라고 읽어 가면서도 아무렇지도 않다는 듯 무신경한 현실이 안타깝기만 하다.

요컨대 필자의 전게 논문들이 반박을 받지 않는 한 십오세기 국어에도 어두연자음이 존재하지 않았고 지금도 그렇다고 볼 수밖에 없으니, 국어에도 알타이제어에서와 마찬가지로 어두연자음의 기피현상이 적용된다고 보아야 할 것이다.

(3) 알타이제어에는 본시 인칭어미(인칭이미)가 있었으나, 일부의 개별언어들(칼카몽고어 · 만주어 등)에서는 그것이 소실되어 버린 것으로 생각되고 있다.

그리고 국어에는 인칭어미가 현재 보이지 않으니 문제가 되는데, 고구려 · 백제 · 신라의 지배층이 알타이어족이었던 것으로 추정되니 일부 어휘속에서 알타이제어와 마찬가지로 인칭어미가 쓰이었던 흔적을 찾아 볼 수 있을 것 같다.

국어에 '아범' · '어멈" · '할아범" · '할멈'이라는 말이 있는데, 여기 보이는 어말음 -m이 알타이제어의 명사하의 제1인칭 단수어미 -*mV의 화석인 것으로 추정된다.

'아범'(=웃사람이 아들을 가진 손아래 남자를 친근히 일컫는 말)은 ɑbɑ(아버지)-m(친근칭접미사)로 우선 분석될 수 있으며, 그것은 다음과 같은 발달과정을 밟은 것으로 생각된다.

먼저 *ɑbɑ(아버지)는 ɑbi(아버지)와 더불어 알타이 공통기어-*babā(아버지)나 드라비다어의 ɑppɑ(아버지, kɑ)에 소급할 것으로 보인다.

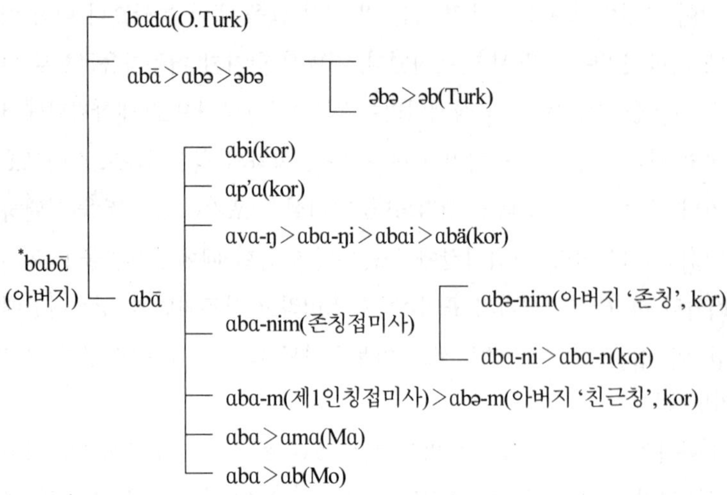

따라서 *bɑbā(아버지)-m(제1인칭단수접미사)＞ɑbā-(아버지)-m(친근칭접미사)＞ɑbəm(아버지 '친근칭')이 발달을 겪은 것이 '아범'이란 말이 아닌가 한다.

이와 같이 제1인칭단수어미-'-m'이 소멸해 버리면서 친근칭으로 쓰이는 말속에 화석화되어 남아있는 것으로 믿어진다. 그런 일연의 말로서 '아범'·'어멈'·'할아범'·'할멈' 등의 친근칭을 들 수 있으며, 이 친근칭의 접미사 '-m'이 바로 제1인칭단수어미의 화석인 것으로 추정된다.

그리고 알타이제어나 기타의 우리 주변어에서 명사하의 친근칭접미사로서 '-m'이 두루 접속되는 예가 없어서 더욱 위의 추정이 확고한 것으로 생각된다. 즉 ɑbə-m(아범)은 '내 아버지', əmə-m(어멈)은 '내 어머니', hɑr-ɑbə-m(할아범)은 '내 할아버지', hɑr-əmə-m(＞hɑlmə-m, 할멈)은 '내 할머니'를 뜻하던 말이었던 것으로 믿어진다.

터키어는 후기신라지배층어와 동계인 것으로 믿어지는데, 이 말에서 -m/-Vm은 명사의 제1인칭단수어미로 쓰이고 있다. 예를 들면 ɑnne(어머니)·ev(집)이라는 말에 -m/-Vm를 접속시키면 ɑnne-m은 '내 어머니', ev-im은 '내집'의 뜻이 된다.

그뿐만 아니라, S.M.Shirokogoroff의 「北方ツングースの社會構成」(田中克己

외 1명 번역, 1942 岩波書店)에 의하면 ɑkmo(연상의 남자, 두문한스키 · 로-드방언) · ɑkmu(연상의 남자, 오호-쯔구 퉁구스방언)는 아마 「ɑk-母音+m-母音」구조로서 m은 '자기의'라는 의미라고 한바 있고(*cf.* ibid p.344, p.371), ɑdɑ(할아버지, 구말쩬방언)와 ɑdɑ-mɑ(연장자, 구말쩬방언)가 나란히 쓰이고 있음(*cf.* ibid p.368)을 지적해둔 바 있는데, 여기의 ɑk-mo · ɑk-mu · ɑdɑ-mɑ의 접미사 -mo/-mu/-mɑ는 제1인칭단수어미가 화석화한 것으로 추정된다. 이런 형태 -mV이 다른 말에도 두루 쓰이면 기원적인 '친근 · 경의'의 접미사로 볼 수 있겠으나, 불과 몇 개의 단어에만 국한되어 쓰이므로 그렇게 보기도 어렵다.

북방퉁구스어들은 만주어 등과는 달리 인칭어미를 가지고 있다. 예를 들면 ju(집)-w(제1인칭단수어미, Evenki)가 '내집'의 뜻이 되고, ju-du(처격토)-w는 '내 집에', ju-duku(탈격토)-w는 '내 집으로부터' 등과 같이 인칭어미가 쓰인다(*cf.* 服部四郎:『日本語の系統』岩波書店, 1959 p.265)

또 몽고어의 부리아트방언에도 인칭어미가 있는데, 제1인칭단수어미는 -minū로서 gɑr-minu(내집) · yür-iig(대격토)-munū(>gäriiminū, 내집을)와 같이 쓰이고 있다.

이렇게 보면 알타이제어의 제1인칭단수어미는 -m(Turk) · -w(Evenki) · *mi-([1]Buriat Mo)와 같이 나타나므로 이들의 공통기어를 *mV로 재구할 수 있을 것이며, 국어의 일부 칭근어의 말음-m이 알타이어 특히 터키어의 제1인칭단수어미-*-m의 발달형으로 보이며, 그것의 화석이 '아범', '어멈', '할아범', '할멈'의 어말음-m이라고 보아도 대과 없을 것이다.

또한 평안도방언의 '아반', 전라도 방언의 '아바니'라든가 표준어의 '어머니' · '할머니'의 -ni/-n도 -nim(경칭접미사)에서의 발달로 볼 수 없는 것은 아니지마는 이것이 터키어의 제2인칭단수어미 -n과 대응되는 형태의 화석일 공산이 더 크다고 생각된다. 이러한 말들은 친근성이 아니고 어디까지나 존대어이며, 존대어란 그 존대의 대상이 주로 제2인칭주어이기 때문에 '아바니 · 아반'은 '네 아버

---

1) 실제형태는 minū인데, 제1인칭복수 manū, 제2인칭단수 · 복수 činū · tanū, 제3인칭단수 · 복수 inū · anū와 같이 각 인칭어미의 말음절은 -nū로 끝나기 때문에 어근을 minū의 mi로 보았음.

지', '어머니 · 어마니 · 어먼'은 '네 어머니', '할머니'는 '네 할머니'의 뜻에서 각각 '아버지 '존칭', '어머니 '존칭', '할머니 '존칭'으로 변해버린 것이 아닐까 한다. 흔히 쓰이는 말은 어형이 굳어져 인칭어미가 소멸해 버린 뒤에까지 그 화석이 남게 될 수 있기 때문이다.

이것의 방증으로서는 국어에서 '아우'와 같이 손아랫 사람이나 부정칭(不定稱)에는 -n나 -ni가 붙는 말이 없다. 따라서 '아바니 · 아반', '어머니 · 어마니 · 어먼', '할머니' 등의 국한된 존칭의 어말음 -n/-ni는 터키어의 제2인칭단수어미 -n과 대응되는 형태의 화석이라도 추정해 둔다.

그리고 제3인칭단수어미는 터키어에서 명사하에 -V거나 -sV의 형태가 쓰이고 있는데, 이것도 고어에서 명사의 말음-'ㅎ'이라고 말하기도 하고 'ㅎ'으로 시작되는 어미(또는 토)라고도 하는 h와 대응되는 것일 가능성이 없지 않다(이 h는 아이누의 소속형과 대응되는 것으로 생각되지마는).

요컨대, 고대에는 한때 국어에서도 터키어의 명사하의 인칭어미가 전용되었던 것으로 추정된다. 그리고 터키어의 제1인칭단수어미와 대응되는 것이 '아범 · 어멈 · 할아범 · 할멈'의 말음-m일 것이고, '아바니 · 아반 · 어머니 · 어마니 · 어먼 · 할머니'의 말음-n이 터키어의 제2인칭단수어미 -n과 대응되는 것으로 추정된다.

(4) 이기문 교수는 대명사의 주격형과 사격형간의 보충법적 교체가 없는 점이 알타이제어와 다르다는 것이다.

그런데 bin(나)<bi·min-(Mo) ;*bin(나)>bi·min-(Mɑ)의 변화는 b>m의 음운변화일 뿐이며, 터키어의 sanɑ('너'의 여격) · banɑ('나'의 여격)도 sen-s, ben-e에서의 발달로 볼 수 있으니 보충법적 교체로 볼 수 없다. 따라서 위에서 보충법적 교체라고 한 것은 몽고어의 제1인칭단수대명사의 주격형 *bin인데 사격형의 어간이 nɑ-나 nɑmɑ-로 나타나는 것을 가리키는 것이 분명하다. 즉 몽고문어의 제1인칭단수대명사는 다음 같이 격변화한다.

주격형 *bin > bi	대격형 nama-y-i
속격형 min-u	여격형 na-dur
	처격형 na-dur
	구격형 nama-bar
	탈격형 nama-ača

그러나 이와 같은 교체는 알타이어족의 공통된 현상이 아니고 몽고어에 한한 현상이며, 도리어 이것은 비알타이어적인 요소인 것이다. 알타이제어는 너무 규칙적이어서 동계어임을 입증하는 데 불편하기조차 한 언어들이다. 필자의 생각으로는 위의 몽고어의 보충법적 교체형 na-·nama-는 고아시아어에서의 차용으로 보고자 한다. 예를 들면, n'ax · n'ex(나를 · 나에게로 · 나로부터 · 나의—사격형, Gilyak) 등에서 차용된 것이 아닐까 생각한다.

여하간 알타이어는 기원적으로 대명사의 주격형과 사격형어간의 보충법적 교체는 없었던 것이 분명하며 국어도 마찬가지다.

(5) 이밖에 국어의 구조가 알타이제어와 다른점은 접두어가 있다는 것과, 형용사가 활용한다는 것과, 명령문은 동사의 어간에 따로 명령형어미가 붙는다는 것이다.

이 가운데서 접두사의 존재는 기원적인 것이 아니고 실사에서 발달한 것일 가능성이 있고, 위에 든 세가지 차이점은 국어의 기원이 그리 단순하지 않음을 단적으로 말해주는 사실로서, 1.의 「先史時代의 韓國語」에서 언급한 길약어와 아이누어의 영향인 것으로 믿어진다. 이에 대하여는 별도로 구체적으로 언급할 생각이다.

參考文獻

姜信沆, 「朝鮮館譯語硏究」, 光文社, 1974.
______, "鷄林類事 '高麗方言' 語釋", 「大東文化硏究 10輯」, 成均館大學, 1975.
權悳奎, 「韓國語와 姉妹語의 比照」(朝鮮語文經緯), 1923.
金東昭, 「韓國語와 Tungus語의 音韻比較硏究」, 1981.
金芳漢, 「言語學論考」, 1970.
______, "韓國語 系統硏究의 問題點", 「언어학 1」, 1976.
______, "알타이諸語와 韓國語", 「東亞文化 15」, 1978.
______, 「韓國語의 系統」, 民音社, 1983.
金秉模, "駕洛國 許黃玉의 出自", 「三佛 金之龍敎授停年紀念論叢(1)」, 1989.
金思燁, 「古代朝鮮語と日本語」 1974(改正增補版 1981).
金善琪, "한 · 일 · 몽 단어비교—계통론의 긷돌, 한글 142호, 1968.
______, "가라말의 덜(韓國語의 語源)", 「現代文學」 連載, 1976~8.
______, "鄕歌의 새로운 풀이", 「現代文學」 145~158호.
金永鎭, "伽倻語에 對하여", 「伽倻文化 제1집」, 慶南大學校, 1982.
金完鎭, 「國語音韻體系의 硏究」, 1971.
金元龍, 「韓國文化의 起源」, 探究新書, 1976.
______, 「韓國考古學槪說」, 一志社, 1977.
金貞培, 「韓國民族文化의 起源」, 1974.
金廷鶴, "韓國民族形成史", 「韓國文化史大系 Ⅰ」, 1964.
金炯秀, 「韓國語와 蒙古語의 接尾辭 比較硏究」, 1981.
______, 「蒙學三書硏究 Ⅰ」, 蒙古類解索引, 1974.
朴炳采, "古代三國의 地名語彙考", 「白山學報 5」, 1968.
朴恩用, "韓國語와 滿洲語의 比較硏究 上 · 下", 「曉星女大硏究論文集 14, 16, 17」, 1974. 1975.
______, 「滿洲語文語硏究 Ⅰ」, 1969.
______, 「滿洲語文法硏究 Ⅱ」, 1973.
成百仁, "한국어와 만주어의 비교연구(1)-알타이조어의 어두 파열음 체계에 관한 문제점-", 「언어학 3」, 1978.

宋 敏, "韓日兩國語 音韻對應試考", 「文理大學報 20」, 1965.
_____, 「韓日兩國語比較硏究史-語彙比較索引」, 1969.
_____, "古代 日本語에 미친 韓語의 影響", 「日本學會報 1」 1973.
_____, "最近의 日本語 系統論에 대하여", 「日本學會報 2」, 1974.
安秉禧, "文法史", 「韓國文化史大系 Ⅴ 韓國語發達史」, 1967.
安自山, "朝鮮語의 系統", 「朝鮮文學史」, 1922.
梁柱東, 「朝鮮古歌硏究」, 博文書館, 1945.
_____, 「麗謠箋注」, 乙酉文化社, 1947.
劉昌惇, 「李朝語辭典」, 延世大學出版部, 1964[1].
_____, 「李朝國語史硏究」, 宣明文化社, 1964[2].
李基文, "語頭子音群의 生成 및 發達에 대하여", 「震壇學會 17」, 1955.
_____, "滿洲語와 韓國語의 比較硏究"(A comparative Study of Manchu and Korea), 1958.
_____, 「國語史槪說」, 1961(1972 改正).
_____, "韓國語形成史", 「韓國文化史大系 Ⅴ」, 1967.
_____, "高句麗의 言語와 그 特徵", 「白山學報 4」, 1968.
_____, 「國語音韻史硏究」, 1972.
_____, "韓國語와 알타이諸語의 比較硏究", 「國語學論文集 10」, 1975.
_____, "韓國語와 알타이諸語의 語彙比較에 대한 基礎的 硏究", 「東亞文化 14」, 1976
_____, "百濟語硏究에 관련된 諸問題"(百濟硏究 國際學術大會 發表要旨文), 忠南大學校, 1982.
李南德, "韓日語比較方法에 있어서의 同根派生語硏究에 대하여", 「李崇寧 先生 古稀記念 國語國文學論叢」, 1977.
_____, 「韓國語語源硏究 Ⅰ~Ⅳ」, 이화여자대학 출판부, 1985~1986.
李丙燾, 「韓國史」(古代篇), 乙酉文化社, 1959.
李崇寧, "韓・日兩語의 語彙比較考-糞尿語를 中心으로-", 「學術院學報 1」, 1956.
_____, 「中世國語文法」, 1961.
李種琦, 「駕洛國探查」, 一志社, 1972.
李亨求, "考古學上으로 본 箕子別支 鮮虞中山國", 1980.
陳泰夏, 「鷄林類事硏究」, 塔出版社, 1975.
千寬宇 編, 「韓國史의 爭點」, 1975.
崔在仁, 「古代亞細亞 등불 上古朝鮮史」, 未來文化社, 1979.
崔鶴根, 「韓國方言辭典」, 玄文社, 1978.
姜吉云, 「完全國語」, 東亞出版社, 1966
_____, 「精粹國語文法特講」, 1971.
_____, "後期新羅의 支配層語는 土耳語族에 속한다-數詞, 季節語, 方位語의 體系的 比較", 「국어국문학」 68·69 합병호, 1975.
_____, "韓國語와 土耳其語의 名詞形成接尾辭의 比較", 「忠南大論文集Ⅲ-2」, 1961[1].

______, "十五世紀의 初聲合用竝書의 音價考(Ⅰ)-比較言語學的 考察", 「忠南大論文集 Ⅳ-1」, 1977[2].
______, "百濟語의 系統論 Ⅰ,Ⅱ", 「百濟硏究 8・9」, 1977[1], 1978[1].
______, "韓國語의 形成과 系統-民族의 起源", 「국어국문학 78・79호」, 1979.
______, "數詞의 硏究Ⅰ・Ⅱ", 「忠南大論文集 Ⅶ-1」, 「南廣祐 博士 華甲記念論叢」, 1980[2], 1980[2].
______, "日本語의 系統論小考", 「언어 1집」, 忠南大, 1980[3].
______, "國語系統論散考", 「국어국문학 85」, 1981[1].
______, "古朝鮮三國에 대한 比較言語學的 考察", 「언어 2집」, 忠南大, 1981[2].
______, "國語의 轉義語와 死語의 語源硏究", 「語文論誌 2집, 語文論輯 3집, 池憲英 先生 古稀記念論叢」, 1976[2], 1978[2], 1980[4].
______, "한국어와 길약어는 동계이다 Ⅰ", 「한글 182」, 1983[2].
______, "길약語와 韓國語의 比較硏究(Ⅰ)", 「黃希榮 博士 頌壽記念論叢」, 集文堂, 1983[1].
______, "韓國語와 Ainu語와의 比較", 「語文硏究 11집, 1982[2].
______, "伽倻語와 드라비다語와의 比較 Ⅰ", 「언어 3집」, 忠南大, 1982[2].
______, "伽倻語와 드라비다語와의 比較 Ⅱ", 「水原大學論文集 1집」, 1983[2].
______, "伽倻語와 드라비다語와의 比較 Ⅲ", 「具壽榮 先生 華甲記念論叢」, 1985[2].
______, "길약語와 韓國語의 比較硏究 Ⅱ", 「水原大學論文集 2집」, 1984.
______, "言語上으로 본 伽倻와 日本皇室-「沸流百濟와 日本의 國家起源」의 批判", 「水原大學論文集 3집」, 1985[2].
______, "「沸流百濟와 日本의 國家起源」의 批判-比較言語學的 考察", 「申采浩思想과 民族獨立運動」, 螢雪出版社, 1986[1].
______, 「古代史」의 比較言語學的硏究」, 새문社, 1990.
______, 「訓民正音과 音韻体系」, 螢雪社, 1993.
______, 「國語史精說」, 螢雪社, 1993.

Aalto, P. Ramstedt and Altaic Linguistics. *Central Asiatic Journal* 14-3. 1975.
______, Proposals Concerning the Affinities of Korean, *Mémemoires de la Société Fino-Ougrienne* (MSFOu.) 181. Helsinki, 1982.
Andronov, M.S. *Dravidian Languages*, Moscow, 1970.
Aston, W.G. A Comparative study of Japanese and Korean Language. *Journal of the Royal Asiatic Society of Great Britain and Ireland New Ser*. 2. 1879.
Batchelor, J. *Ainu-English-Japanese Dictionary*, 圖書刊行會, 1889.
Benzing, J. *Einführing in das Studium der altaischen Philologie und der Turkologie*. Wiesbaden. 1953.
______, *Die tungusischen Sprachen, Versuch einer Vergleichenden Grammatick*, Wiesbaden. 1955'.

Bloomfield. L. *Language*. New York. 1955.

Bouda, K. Dravidisch und Ural-altaisch. *Ural-Altaische Jahrbücher* 25. Wies-baben. 1953.

Burrow, T. and Emeneau, M.B. *A Dravidian Etymological Dictionary*, Oxford, 1960. 1984.

Caldwell, R. A. *Comparative Grammar of the Dravidian or South-Indian Family of Language*. London. 1856.

Cincius, V.I. On the pre-Altaic System of Consonants. L. Ligeti ed. *Researches in the Altaic Languages*, Budapest. 1975.

Clauson, G. *An Etymological Dictionary of pre- Thirteenth Century Turkish*, Oxford, 1972.

______, *The Earliest Turkish Loan Words in Mongolian*, 1959.

Dallet, ch. *Histoire de l'église de Corée*, 1974.

Doerfer, G. *Türkische und Mongolische Elemente im Neupersischen* I, Wies-badren, 1963.

______, *Türkische und Mongolische Elemente im Neupersischen* II, Wiesbaden, 1965.

Gabain, A. von. *Alttürkische Grammatik*, Wiesbaden. 1950.

Grube, w. *Giljakisches Wörterverzeichnis*, Reisen und Forschungen im Amur-Lande in der Jahren, 1854~1856. herausgegeben Von Dr. L.V. Schrec-k. Anhang zum Ⅲ Bande. Erste Lieferung, linguistische Ergebnisse. ST. Petersburg. 1892, 略號-[G]. [Grube 1892].

Gutzlaff, C. *Remarks on the Corean Language*. 1833.

Haguenauer, C. *Origines de la civilisation Japonaise*, 1956.

Hulbert, H.B. *A Comparative Grammar of the Korean Language and the Dravidian Dialects in India*, Seoul. 1905.

______, 「朝鮮民族의 起源」(The Korean Repository), 1985.

Hony, H.C. *Turkish-English Dictionary*. Oxford, 1947.

Janhunen, J. and Kho. S. *Is Korean Related to Tungusic*? *Han-Geul* 177, 1982.

Karlgren. B. *Analytic Dictionary of Chinese and Sino-Japanese*, 1966.

Kiyose. G.N. *A study of the Jurchen Language and script*, Kyoto. 1977.

Kothandaraman, P. *Tamil Studies*, Ambuli publication India, 2001.

Kreinovič, E.A. Gilijasko-tunguso-man'čžurskie jazykovye paralleli, *Doklady i soobsčenija Instituta jazykoznanija*. An SSSR. 8 1955.

Lessing, F.D. *Mongolian-English Dictionary*. California University, 1960.

Levin, M.G. The problem of Ethnic Origins(in Chap. 3), *Ethnic Origins of the Peoples of Northeastern Asia. Arctic Institute of North America, Translation from Russian Sources*, No.3, Univ. of Toronto press, Canada, 1963.

Lewin, B. Japanese and Korean: The problems and History of a Linguistic Comparison. *The Journal of Japanese Studies* 2-2, 1976.

______, Der Koreanische Anteil am Werden Japans. *Rheinisch-Westfälische Akademie der Wissenschaften*, Vorträge G. 215, Opladen, 1976[2].

_____, Paekche-Adel im Alten Japan, *Mélanges offerts à M. Charles Hague-nauer*, paris. 1981[1].

_____, Archaic Korean-A Component to Clarify the Origin of Japanese? *Proceedings of the International symposium on the Genetic Relationships of the Japanese Language* (= The Bulletin of International Institute for Linguistic Sciences. 2-4. Kyoto Sangyo University), Kyoto, 1982[1].

Lewis G.R. *Turkish Grammer*, Oxford, 1975.

Martin, S. Lexical Evidence Relating Korean to Japanese, *Language* 42-2, 1975.

Meillet, A. *La méthode Comparative en linguistique historique*, Oslo, 1925.

_____, *Introduction à pétude Comparative des langues Indo-Européennes*. Paris, 1922.

Menges, K.H. Altaisch und Dravidisch, *Orbis* 13-1, 1964.

_____, The Turkic Languages and peoples, *An Introduction to Turkic Studies*, Wiesbaden, 1968.

_____, Dravidian and Altaic, *Central Asiatic Journal* 19-3 (The Hague-Wiesbaden), 1975[1].

_____, Japanisch und Altaish, *Altaischen Studien II*, Wiesbaden, 1975[2].

Miller, R.A. Old Japanese phonology and Korean-Japanese relationship, *language* 43-1, 1967.

_____, *The Origin of the Japanese Language*, 1971[1].

_____, *Japanese and the Other Altaic Language*, Chicago, 1971[2].

_____, The Altaic Accusatives in the Light of Old & Middle Korean, *Altaica*. MSFOu. 158, Helsinki, 1977.

_____, Some Old Paekche Fragments, *The Journal of Korean Studies* 1, 1979[1].

_____, Old Japanese and the Koguryŏ Fragments. G. Bedel et al, eds, *Explo-rations in Lingui stics, papers in Honor of Kazuko Inoue*, Tokyo, 1979[2].

_____, Old Korean and Altaic, *Ural-Altaische Jahrbücher* 51. Wiesbaden, 1979[3].

_____, *Origins of the Japanese Language*, Seattle and London, 1980.

Panfilov, V.Z. *Grammatika nivxskogo jazyka* I-II, Moskva-Leningrad, 1962-5.

Polivanov, E.D. K. voprosu o rodstvennyx otnošenijax Korejskogo i 'altajskix' Jazykov. (朝鮮語と「アルタイ」諸語との親緣關係. 村山七郎 譯, 日本語研究, pp.174~183). 1927.

Poppe. N. Review of G.J. Ramstedt's 'Studies in Korean Etymology, *Harvard Journal of Asiatic Studies* 3.4, 1950.

_____, *Khalkha-Mongolische Grammatik*, Wiesbaden, 1951.

_____, *Grammar of Written Mongolian*, Wiesbaden, 1954.

_____, *Vergleichende Grammatik der Altaischen. Sprachen*, Wiesbaden, 1960.

_____, *Introduction to Altaic Lingtusties*. Wiesbaden. 1965.

_____, Remarks on Comparative study of the Vocabulary of the Altaic Languages. *Ural-Altaische Jahrbücher* 46. Wiesbaden. 1974.

_____, Altaic Linguistics. An Overview. *Science of Language*. 6. Tokoy, p. 1975.

Ramstedt. G. J. A Comparison of the Altaic language with Japanese, *Trans-action of the Asiatic Society of Japan. Second Series* IV. 1924.

______, "Two Words of Korean-Japanese," *Journal de la Société Finno-Ougrienne*(JSFOu.) 55. 1926.

______, Remarks on the Korean Language. *MSFOu,* 58, Helsinki. 1928.

______, *A Korean Grammar. MSFOu,* 82, 1939.

______, "The Relation of the Altaic Languages to other Language Groups," *JSFOu,* 53, 1947.

______, *Studies in Korea Etymology, MSFOu*, 95, 1949.

______, *Enführung in die altaische Sprachwissenschaft II, MSFOu,* 104-2, 1952.

______, Studies in Korean Etymology. II, *MSFOu,* 105-2, 1953.

______, Additional Korean Etymology, ed. by P. Aalto. *JSFOu*, 57. 1954.

______, *Einführuning in die altaische Sprachwissenschaft, 1, MSFOu*, 104-1, 1957[1].

______, *Materialien zur Morphologie der türkischen Sprachen*, Helsinki. 1957[2].

______, *Einführung in die altaische sprachwissenschaft III, MSFOu,* 104-3, 1966.

______, Paralipomena of Korean Etymology. ed. by S. Kho, *MSFOu*, 182, 1982.

Robins. R.H. *General Linguistics. An Introductory Survey* 1964(「言語學槪說」, 西野和子 등 譯, 1969. 開文社).

Rosny. L. de. *Aperçu de la langue Coréenne*, 1864.

Ross. J. *The Corean Language*, 1878.

Saveléva. V.N. i Taksami, Č.M. *Nivxsko-Russkiy Slovari*. Moskva. 1970, 略號―[Sav.1970].

Schiffman. H. F. *A Reference Grammar of Spoken Kannada*. University of Washington Press, 1983.

Shirokogoroff. S.M.「北方シングースの社會構成」, 田中克己 등 譯, 岩波書店, 1942.

Street. J. *0n the Loxicon of proto-Altaic: A partial Index to Reconstructions*, Wisconsin. 1974.

Swadesh. M. *Diffusional Cumulation and Archaic Residue as Historical Explanations*, 1951.

Tokunaga M. *Tamil, Asian and African Gramatical Manual No. 13*, 1981.

Troxel, D.A. *Mongolian Vocabulary*. 1953.

Trubetzkoy. N.S. *Gedanken über das Indo-germanen-problem, Acta Linguistica* 1-2, Copenha gen. 1936.

Wollaston. A.N. *English-persian Dictionary*, New Delhi. 1978.

淺野信,「日本語文法辭典 語文篇」, 1943.

池上二郎, "ツングース語の變遷",「言語の系統と歷史」, 服部四郎 編, 1971.

_______, "滿洲語とツングース語-その構造上の相違と蒙古語の影響",「東方學 58」, 1979

礒部精一,「アイヌ語辭典」, 東京實業社, 1935, 略號―[礒部 1935].

市河三喜 등,「世界言語槪說」, 上・下卷, 硏究社, 1955.

今西春秋, "高句麗の城：溝漊と忽",「朝鮮學報 59」, 1971.

大野 晉,「日本語の起源」, 1957.
______,「日本語의 成立」, 中央公論社, 1980.
______,「日本語以前」, 岩波書店, 1987.
______등,「岩波古語辭典」, 1975.
大矢透,「日本語と朝鮮語との類似」, 1898.
影山美知子,「古典文法」, 明治書院, 1985.
加藤九祚,「北東アシア民族學史の研究」, 恒文社.
金澤庄三郎,「日韓兩國語同系論」, 1910[1].
______,「國語の研究」, 1910[2].
______,「日本文法新論」, 早稻田大學出版部, 1912.
______,「日鮮同祖論」, 汎東洋社, 1943.
木枝增一,「高等國語文法講義」, 1938.
金田一京助, "日本語の系統について",「國語學 5」, 1951.
______,「明解國語辭典」, 三省堂, 1943.
______,「虎杖丸の曲ーアイヌユーカラ語法摘要」, 靑磁社, 1944, 略號ー[金], [金田一 1944].
______,「明解古語辭典」, 三省堂, 1954.
河野六郎, "滿洲語黑河地方に於ける滿洲語の一特色ー朝鮮語及び滿洲語の比較研究の一報告",「學叢 3」, 1944
______, "古代の日本語と朝鮮語",「ことばの宇宙 4」, 1949(河野六郎著作集 1).
______, "朝鮮語の系統と歷史",「言語の系統と歷史」, 服部四郎 編, 1971(河野六郎著作集 1).
榊亮三郎,「解說梵語學」, 京都專門學校出版部, 1933.
櫻井芳郎, "高句麗の言語について",「東京學藝大學 研究報告 4」, 1953.
坂本太郎外三人,「日本書紀」上下, 岩波書店, 1980.
芝烝, "ドラヴイタ語と日本語",「京都女子大學 人文論叢 19, 22, 23號」, 1970~4.
白鳥庫吉, "日本の古語と朝鮮語との比較",「國學院雜誌 4-4-12」, 1897.
______, "朝鮮語と Ural-Altai語との比較研究",「東洋學會 4-2・3・5, 5-1・2・2, 6-2・3」, 1914~6(白山庫吉全集 3집).
______, "言語上より觀たる朝鮮人種",「人類學雜誌 30-8」, 1915.
菅野裕臣, "日本語と朝鮮語",「日本の神話 9」, 1977.
______, "朝鮮からの借用語",「言語 17-2」, 1978.
高津春繁,「印歐語比較文法」, 岩波書店, 1954.
______,「比較言語學」, 河出書房, 1943.
高橋盛孝, "ギリヤク族に於ける外來語及び外來文化について",「東洋學叢編第一冊」, 刀江書院, 1934.
______,「樺太ギリヤク語」, 朝日新聞社, 1942, 略號ー[高], [高橋 1942].
______,「北方諸言語槪說」, 三省堂, 1943.
竹內和夫,「トルユ語文法入門」, 大學書林, 1977.

武富正一, 「馬來語大辭典」, 旺文社, 1943.
東條 操, 「全國方言辭典」, 東京堂, 1951.
中目 覺, 「ニブクン文典」, 1917.
長田夏樹, 「原始日本語の研究ー日本語系統論への試みー」(神戸學術叢書 2), 1972.
新村 出, "國語及び朝鮮語の數詞について", 「藝文 7-2-4 ; 言葉の歷史」, 1916.
服部建, "ギリヤク語", 「世界言語概說 下卷」, 硏究社, 1955. ー[服], [服部 1955].
服部四郎, "日本語と琉球語・朝鮮語・アルタイ語との親族關係", 「民族學硏究 13-2 ; 日本語の系統」, 1948.
______, 「日本語の系統」, 岩波書店, 1959.
______, 「アイヌ語方言辭典」, 岩波書店, 1964.
______, "日本語はどこから來にか?", 「ことばの宇宙 4」, 1967.
______, "母音調和と中期朝鮮語の母音體系". 「言語の科學 6」, 1975.
羽田 亨 編, 「滿和辭典」, 京都大學, 1937.
藤堂明保, 「漢字語源辭典」, 學燈社, 1972.
______, 「中國語音韻論」, 江南書院, 1975.
藤原明, "日本語とドラヴイダ語における人體語", 日本言語學會發表, 1975.
______, "日本語の 色彩名の起源", 1978.
______, "日本語の 基礎動詞語根の起源", 1979.
保坂弘司, 「國文法の綜合的 硏究」, 旺文社, 1939.
松岡靜雄, 「日本古語大辭典 訓詁」, 刀江書院, 1929.
馬淵和夫 등, "「三國史記」記載の百濟地名より見たる古代百濟語の考察", 「文藝言語硏究 言語編 3」, 筑波大學, 1978.
宮崎道三郎, "日韓兩國語の比較硏究", 1906~7.
村山七郎, "日本語及び高句麗語の數詞ー日本語系統問題によせて", 「國語學 48」, 1962[1].
______, "高句麗語資料および若干の日本語・高句麗語音韻對應", 「言語硏究 42」, 1962[2].
______, "高句麗語と日本語との關係に關する考察", 「朝鮮學報 26」, 1963.
______・大林太郎, 「日本語の起源」, 1973.
______, 「日本語の語源」, 1974.
______, 「日本語の起源をめぐる論爭」, 三一書房, 1981.
諸橋轍次, 「大漢和辭典」, 大修館書店, 1956.
安本美典・本多正久, 「日本語의 誕生」, 大修館書店, 1978.
山口謙吾, 「滿洲語口語基礎語彙集」, 東京外國語大學 言語文化硏究會, 1969.
山本幡男, 「北東アジアの諸民族」, 中央公論社, 1941.
小澤重男, 「古代日本語と中世モンゴル語ーその若干の單語の比較硏究」, 1968.
小倉進平, "朝鮮語と日本語", 「國語科學講座 4」, 1934(小倉進平博士著作集 4).
______, "朝鮮語の系統", 「岩波講座, 東洋思潮 7」, 1935(小倉進平博士著作集 4).
______, 「朝鮮語方言の硏究」上下卷, 岩波書店, 1944.

影印本,「高麗史」, 亞細亞文化社.
影印本,「東國正韻」, 建國大學出版部, 1477.
影印本,「三國史記」, 民族文化推進會, 1977.
影印本,「三國遺事」, 民族文化推進會, 1973.
影印本,「新增東國輿地勝覽」, 古書刊行會, 1958.
影印本,「五大眞言」, 1485.
影印本,「韓漢淸文鑑」, 延世大學出版部, 1960.
影印本,「朝鮮史第一篇三卷 支那史料」, 1939.

※ 韓國語 例文에 인용한 諸文獻名

杜詩諺解, 龍飛御天歌, 釋譜詳節, 月印釋譜, 圓覺經諺解, 蒙山和尙法語略錄諺解, 老乞大諺解, 朴通事諺解, 金剛經三家解, 內訓, 楞嚴經諺解, 法華經言解, 禪宗永嘉集, 月印千江之曲, 救急簡易方, 訓蒙字會, 小學諺解, 牧牛子修心訣, 訓民正音諺解, 鄕歌, 吏讀集成, 鷄林類事, 松江歌辭, 閑中錄, 意幽堂日記, 靑丘永言, 類合, 東韓譯語, 禪家龜鑑, 譯語類解 등

찾아보기

事項

(ㄱ)

(ㅂ)

(ㅅ)

(ㅇ)

(ㅈ)

(ㅊ)

人名

(ㄱ)

(ㄷ)

(ㄹ)